Die
Verfassung und Verwaltung
des
Preußischen Staates;

eine

systematisch geordnete Sammlung aller auf dieselben Bezug habenden gesetzlichen Bestimmungen, insbesondere der in der Gesetzsammlung für die Preußischen Staaten, in den von Kamptzschen Annalen für die innere Staatsverwaltung, und in deren Fortsetzungen durch die Ministerial-Blätter enthaltenen Verordnungen und Reskripte, in ihrem organischen Zusammenhange mit der früheren Gesetzgebung,

dargestellt

unter Benutzung der Archive der Ministerien des Innern, der Finanzen, der Justiz, der geistlichen, Unterrichts- und Medizinal-Angelegenheiten, des Königlichen Hauses, und der Hauptverwaltung der Staatsschulden,

von

Ludwig von Rönne,
Kammer-Gerichts-Rathe.

Achter Theil.
Die kirchlichen und Unterrichts-Verhältnisse.
Zweiter Band.
Das Unterrichts-Wesen.

Berlin,
bei Veit & Comp.

1855.

Das

Unterrichts-Wesen

des

Preußischen Staates;

eine

systematisch geordnete Sammlung aller auf dasselbe Bezug habenden gesetzlichen Bestimmungen, insbesondere der in der Gesetzsammlung für die Preußischen Staaten, in den von Kamptzschen Annalen für die innere Staatsverwaltung, in den von Kamptzschen Jahrbüchern für die Preußische Gesetzgebung, Rechtswissenschaft und Rechtsverwaltung, und in deren Fortsetzungen durch die Ministerial-Blätter, sowie in anderen Quellen-Sammlungen enthaltenen Verordnungen und Reskripte, in ihrem organischen Zusammenhange mit der früheren Gesetzgebung,

dargestellt

unter Benutzung der im Justiz-Ministerium ausgearbeiteten „revidirten Entwürfe der Provinzial-Rechte",

von

Ludwig von Rönne,
Kammer-Gerichts-Rathe.

Zweiter Band.

Höhere Schulen. Universitäten. Sonstige Kultur-Anstalten.

Berlin,
bei Veit & Comp.

1855.

Die

höhern Schulen

und die

Universitäten

des

Preußischen Staates

von

Ludwig von Rönne,
Kammer-Gerichts-Rathe.

Berlin,
bei Veit & Comp.

1855.

Inhalts-Uebersicht

des

zweiten oder besonderen Theils.

(Die höhern Schulen, die Universitäten und die sonstigen Kultur-Anstalten.)

Dritte Abtheilung. Die höhern Schulen.

Erster Abschnitt. Die Aufsicht über die höhern Schulen.

Seite

Zweiter Abschnitt. Die Lehrer.

Dritter Abschnitt. Die Schule.

Erstes Hauptstück. Die Gymnasien.

Seite

Zweites Hauptstück. Die höhern Bürger-, Real- und Gewerb-Schulen.

Vierter Abschnitt. Schul-Unterhaltung.

Fünfter Abschnitt. Fachschulen.

Vierte Abtheilung. Die Universitäten.

Erster Abschnitt. Die Verfassung der Universitäten.

Zweiter Abschnitt. Universitäts-Lehrer.

Dritter Abschnitt. Lehrverfassung.

Vierter Abschnitt. Die Verhältnisse der Studenten.

Fünfte Abtheilung. Sonstige zur Förderung der Kultur vorhandene Anstalten.

Dritte Abtheilung.[1])

Die höhern Schulen.

Literatur.[2])

Natorp, Grundriß zur Organisation allgemeiner Stadtschulen. Duisburg 1804.
Roth, über den Zweck und den Werth des Lateinlernens. Stuttg. 1818.
Schnell, über die Nothwendigkeit der Gründung polytechnischer Schulen. 1821.
Dingler, über die Nothwendigkeit der Gründung einer polyt. Akademie in Augsburg. Augsburg 1821.
Bernouilli, über die Entbehrlichkeit des Lateinlernens für Nichtstudirende. Basel 1825.
Bernouilli, ein Wort über den Vorzug der Realien vor der Latinität. Heilbronn 1826.

---

1) Zur Uebersicht wird darauf hingewiesen, daß das Unterrichtswesen den II. Hauptband vom VIII. Haupttheile des Gesammtwerkes über die Verfassung und Verwaltung des Pr. Staates bildet. Der VIII. Haupttheil umfaßt die kirchlichen und Unterrichtsverhältnisse. Sein I. Hauptband, das Kirchenwesen, wird binnen Kurzem erscheinen. Sein III. Hauptband, die Verhältnisse der Juden, ist bereits im Jahre 1843 (Breslau, Aderholz) veröffentlicht worden. Von dem II. Hauptbande endlich bilden der allgemeine Theil und die beiden ersten Abtheilungen des besondern Theils, Privatunterricht und Volksschule, den ersten Unterband, welcher zugleich als ein selbständiges Werk über das Preußische Volksschulwesen ausgegeben wird. Auf diesen Band muß in der Folge öfters hingewiesen werden, und er ist in solchen Fällen mit: Bd. 1. S. — citirt. Allegate dagegen aus dem gegenwärtigen zweiten Unterbande des Unterrichtswesens, welcher die höheren Schulen, die Universitäten und sonstigen Kulturanstalten umfaßt, werden blos mit: s. o. oder: s. u. S. — bezeichnet.

2) Vgl. Bd. 1. S. 211. 306. Ebenso s u. S. 5, Note 1. Da an der der erstgedachten Stelle schon eine größere Zusammenstellung der pädagogischen Literatur gegeben ist, so konnte das nachfolgende Verzeichniß auf einige spezielle Nachträge eingeschränkt werden.

Roth, über die fortdauernde Abhängigkeit unsrer Bildung von der klassischen Gelehrsamkeit. Nürnberg 1825.
Thiersch, über gelehrte Schulen. Stuttg. u. Tüb. 1826.
Herrmann, über polytechn. Schulen. I. u. II. Nürnb. 1826.
Brougham, praktische Bemerkungen über die Ausbildung der gewerbtreibenden Klassen. Aus dem Engl. nach der 20. Aufl. übersetzt von Klöden. Berlin 1827.
Kern, über die Einrichtung von Bürgerschulen. Berlin 1828.
Klumpp, die gelehrten Schulen nach den Grundsätzen des wahren Humanismus und den Anforderungen der Zeit. Stuttgart 1829. 1830.
Köhler, über die zweckmäßigste Einrichtung der Gewerbesch. u. polytechn. Inst. Göttingen 1830.
van Heusde, Briefe über den Zweck und die Natur des höhern Unterrichts. Aus dem Holl. 1830.
Nebenius, über techn. Lehranstalten. Karlsruhe 1835.
Ammermüller, die Real- und Gewerbeschulen. Stuttg. 1837.
Thiersch, über den gegenwärtigen Zustand des öffentl. Unterrichts im westlichen Deutschland, Frankreich, Holland und Belgien, 3 Bde. 1838.
Mager, die deutsche Bürgerschule. Stuttgart 1840.
Mager, Einrichtung und Unterrichtsplan eines bürgerl. Gymn. (Real- oder höhere Bürgersch.), aus dem X. Bd. der Pädagog. Revue. Bellevue bei Konstanz. 1845.
Nagel, die Idee der Realschule. Ulm 1840.
Weiß, Reg. u. Schulrath, Gymnasien und Realschulen. 1841.
Bäumlein, Ansichten über gelehrtes Schulwesen. Heilbr. 1841.
Bäumlein, die Bedeutung der klass. Studien für eine ideale Bildung. Heilbronn 1849.
Jakobi, Nachrichten über das Gewerbeschulwesen in Preußen, Sachsen rc. Leipzig, Wienbrack. 1842.
Dr. Heußi, Oberlehrer, Schulfragen unserer Zeit. I. Wenn man den Sprachunterricht auf Schulen als blos formales Bildungsmittel auffaßt, eignet sich dann hierzu mehr eine alte oder eine neue Sprache? Parchim u. Ludwigsl., Hinstorf. 1846.
Fr. Körner, die Bedeutung der Realschule für das moderne Kulturleben. Leipzig 1851.

Zeitschriften:

Die höhere Bürgerschule, Organ für Real-, höhere Bürger- und Töchterschulen, von Dr. Karl Vogel und Fr. Körner. 3. Jahrg. Leipzig 1854. Bänsch.
Der praktische Schulmann, Archiv für Materialien zum Unterricht in Real-, Bürger- und Volksschulen, von Fr. Körner. Jährl. 1 Bd. Leipzig. Brandstetter.
Akademische Monatsschrift von Dr. Lang u. Prof. Schletter. 6. Jahrg. 1854. Leipzig. Bethmann. (Jährl. 1 Bd.)

Einleitung.

I. Begriff und Wesen der höhern Schulen.

Sowohl das eigentliche Studium der Wissenschaften, als der bewußte Betrieb der Gewerbe erfordern eine umfassendere Vorbereitung, als durch die auf die Elemente der Bildung eingeschränkte Volksschule erreicht werden kann. Für eine solche Vorbereitung sind daher eigne Schulanstalten nothwendig, theils gelehrte Schulen, wie Gymnasien, Pädagogien und die ihnen als Vorschule dienenden Progymnasien, theils gewerbliche, wie höhere Bürgerschulen, Real- oder Gewerbschulen. Die Anstalten beider Richtungen werden hier unter dem Namen „höhere Schulen" begriffen.

Ueber ihre Bestimmung und ihre Gliederung [1]) spricht sich Robert v. Mohl (Polizeiwissensch. Bd. 1. S. 479) wie folgt aus:

Die Beschäftigungsweisen der Männer zerfallen in einem gesittigten Staate in drei [2]) Hauptabtheilungen, nämlich in mechanische Handarbeit, in Umarbeitung der Stoffe und in wissenschaftliches Denken und Handeln. Hiernach muß denn auch die Abtheilung und Eintheilung der Schulen für die männliche Jugend berechnet und ein dreifaches System derselben gebildet werden.

a) Der bei weitem größte Theil der erwachsenen männlichen Bevölkerung beschäftigt sich mit bloßer Handarbeit, sei es, daß einer der Zweige der Landwirthschaft, oder daß die gewöhnlichen, mehr Kraft als Geschicklichkeit und technische Kenntnisse erfordernden Handwerke, sei es endlich, daß die verschiedenen einer Privatperson [3]) geleisteten häuslichen und wirthschaftlichen Dienste der Gegenstand dieser Arbeit sind ꝛc. (Für diese Klasse wird die Elementarbildung gefordert, wie sie die Volksschule gewährt.)

b) Eine ganz andere und wesentlich weiter gehende Vorbereitung muß derjenigen Bürgerklasse zu Theil werden, welche sich mit der Ausübung der Kunst-Gewerbe im weiteren Sinne des Worts beschäftigt, also mit Handlung, Verfertigung künstlicherer Gegenstände (gleichviel ob im Kleinen oder eigentlich fabrikmäßig), mit Leitung größerer und verschiedenartige Zweige umfassender Landgüter, endlich mit den Künsten. Solche sind nicht nur in der Regel in der Lage, einer längern, und somit gründlicheren und ausgedehnteren Vorbereitung sich unterwerfen zu können, indem es ihnen weniger an den materiellen Hülfsmitteln fehlt; sondern sie bedürfen auch zum schwunghaften und für sie und für das Volksvermögen nützlichen Betriebe ihrer Gewerbe mannichfacher höherer Kenntnisse. Sie müssen nämlich, außer den zur völligen Fertigkeit zu bringenden Elementarkenntnissen, bekannt gemacht werden mit Mathematik, Physik, Chemie und Mechanik. Von großer Wichtigkeit ist für sie die Geschicklichkeit, Gewerbgegenstände zu zeichnen und zu modelliren. Außerdem bedürfen sie Kenntnisse in der Erd- und Staatenkunde, namentlich soweit sie die Gewerbe und deren Urstoffe betreffen. Sie müssen in mehreren lebenden Sprachen bis zur Sprech- und Schreibfertigkeit geübt sein. Allerdings kann mancher zu dieser Klasse im Ganzen gehörige junge Mensch auch mit einem minderen Grade solcher Kenntnisse sich behelfen. Allein je mehr die Gewerbe sich von der bloßen herkömmlichen Uebung losreißen, und verständig, d. h. mit Anwendung der Naturgesetze, betrieben werden, je größer namentlich bei einem Volke die Mitwerbung mit ausländischen, auf dem eben genannten Wege immer weiter vorschreitenden Gewerben ist, je gebieterischer die steigende Bevölkerung eine gleichmäßige Entwickelung der Nahrungsquellen fordert, je wünschenswerther aus diesen und aus andern Gründen ein Antheil von Personen aus den höhern Klassen an dem wirthschaftlichen Betriebe erscheint: desto nothwendiger ist ein möglichst vollkommener Unterricht der künftigen Gewerbenden.

c) Eine dritte Klasse von Bürgern endlich hat die Bestimmung, den Wissenschaften sich zu widmen, und somit — sei es durch Anwendung derselben auf das Leben, namentlich auf Staat und Kirche, sei es durch ihre rein theoretische Aus- und Weiterbildung — die geistige Bildung des Volks zu erhalten und zu steigern. Ihre Erziehung muß also eine gelehrte sein. Und da namentlich die

---

1) Vgl. Bd. 1. S. 311.

2) Mohl verwirft bei dieser Gelegenheit die alte Eintheilung in zwei Klassen von Bürgern: in solche, welche der Gesellschaft mit ihren Talenten, und in solche, welche ihr mit ihren Körperkräften dienen (Filangieri, Bd. VI. Kap. 5. u. 6.). Diese Eintheilung könne nur in einer Zeit Entschuldigung finden, in welcher die Gewerbe nur durch Einübung erlernt und in der geschichtlich überlieferten Weise betrieben wurden. Keinesfalls könnten unsre jetzigen Kaufleute, Fabrikanten, Maschinenbaumeister ꝛc. zu denen gerechnet werden, welche der Gesellschaft nur „mit ihren Armen" dienen, ohne daß sie deshalb eine Klasse mit den theoretischen Gelehrten ausmachen.

3) Auch solche, die dem Staat oder den öffentlichen Behörden mechanische Dienste leisten, gehören hierher. Die Beschränkung auf dergl. Dienste an „Privatpersonen" hat keinen Grund.

Bildung der neueren Völker in ihren letzten Grundlagen und selbst in manchen ihrer näheren Mittel und Theile auf der Gesittigung der Alten, d. h. der Römer und Griechen, beruht: so ist natürlich, daß auch die Erziehung von dieser Grundlage ausgehen muß, wenn man schon in denjenigen Wissenschaften, welche von den Neueren wesentlich gefördert, oder wohl neu geschaffen worden sind, ohne Unvollständigkeit und Halbheit nicht blos bei der Grundlage stehen bleiben darf. Das Wissen der gelehrten Stände wurzelt in der Geschichte, das der Gewerbenden in der Kenntniß der Naturkräfte, und beiden ist ihr Element zu erklären.

Näher ausgeführt werden diese Ansichten in der folgenden Stelle von den Gewerbschulen (a. a. O. S. 495), wo es, nachdem vor Allem gründliche Beschäftigung mit der Mathematik zu formeller Uebung der Denkkraft, und Belehrung über das vaterländische öffentliche Recht als Unterrichtszweige aufgestellt sind, hinsichtlich der übrigen für den Gewerbenden erforderlichen Kenntnisse heißt:

Es fällt in die Augen, daß alle diese Kenntnisse Erzeugnisse der Neuzeit sind. Nur sehr wenig praktisch Wichtiges würde den Gewerbenden die genaueste Kenntniß des Alterthums und seiner Sprachen lehren. Ganz verkehrt wäre also das Beginnen, die Vorbildnng der Gewerbenden mit vielem Zeitverluste auf eine geschichtlich philologische Grundlage gründen zu wollen; dies wäre ganz unfruchtbare Gelehrsamkeit für ihn, über welcher er die Fertigkeit und Gründlichkeit in unmittelbar Nothwendigem versäumen würde. Hieraus folgt, daß die alten Sprachen, wo nicht gänzlich aus dem Kreise der Lehrgegenstände zu entfernen, doch nur soweit aufzunehmen sind, als sie eine Grundlage für neue Sprachen bilden. Allerdings wird auf diese Weise die Bildung der Gewerbenden keine klassische sein. Allein theils sind ihre Verhältnisse, Neigungen und Beschäftigungen nach zurückgelegten Schuljahren selten von der Art, daß sie wirklich die Früchte dieser Bildung genießen könnten, theils bietet auch die Gesittigung der jetzigen Welt Stoff zu jeder Art und jedem Grade geistiger Verfeinerung und intellektuellen Genusses. Zu einer Ausbildung und Vermehrung des geistigen Nationalkapitals, als wozu allerdings klassische Bildung unentbehrlich sein mag, ist diese Klasse der Bürger ohnedem nicht wesentlich bestimmt.

Von den Gelehrtenschulen wird dagegen (a. a. O. S. 504) gesagt:

Unsere gelehrte Bildung beruht in ihren wichtigsten Theilen auf der Grundlage der griechischen und römischen Gesittigung. Da nun aber nur derjenige eine Wissenschaft recht auffassen und ganz durchdringen kann, welcher ihre Entwickelung von der Entstehung an kennt, da eine von ihrem geschichtlichen Boden losgerissene Kenntniß nur allzuleicht in Oberflächlichkeit ausartet, auch der Erfahrung früher bereits begangener und erkannter Mißgriffe und Verirrungen entbehrt: so kann keinem Zweifel unterliegen, daß die einzige gründliche Vorbereitung für das Studium der Wissenschaften eine genaue Bekanntschaft mit der Kultur der klassischen Völker ist. Allerdings findet hierbei zwischen den verschiedenen Wissenschaftskreisen insoferne eine Verschiedenheit statt, als bei einigen die jetzige Gesittigung bedeutender, bei andern dagegen nur wenigere Berichtigungen und Vermehrungen bewirkt hat, das Studium der Alten somit bei jenen weniger als bei diesen die vollständige Grundlage bilden kann: allein kein Fach (selbst die Natur- und die Staatswissenschaft nicht) gestattet dem gründlich zu Bildenden gänzliche Vernachlässignng der Griechen und Römer.

Hieraus ergiebt sich denn schon, welcher Unterschied zwischen den Gewerbe- und Gelehrten-Schulen stattfinden muß, und daß in letzteren den Zöglingen hauptsächlich geschichtlich Kenntnisse beizubringen sind. Damit aber ist auch ausgesprochen, daß die Beschäftigung mit den alten Sprachen eine wesentliche Aufgabe des gelehrten Unterrichts sein muß; eine Aufgabe, welche um so weniger bei Seite gesetzt zu werden braucht, als theils diese Sprachen die Grundlage von mehreren der bedeutendsten lebenden Sprachen sind, theils der Unterricht in ihrer Grammatik als Uebung der Denkkraft sehr gut benutzt werden kann. Weil aber zur Erlernung einer fremden Sprache, soll die Kenntniß gründlich sein, viele Zeit gehört; weil ferner die materiellen Nebenzwecke der Beschäftigung mit den alten Sprachen und ihrer Literatur schon früh zu berücksichtigen sind: so ist auch schon gleich beim

Eintritte in die Schule die klassische Vorbildung zu beginnen und als Hauptsache zu behandeln.

Allein einseitig und somit unrichtig ist es, wenn die ganze neuere gelehrte Bildung als lediglich auf der antiken beruhend und dieselbe nirgends überreichend dargestellt und daraus der Schluß gezogen wird; daß nur die formelle und materielle Kenntniß des Alterthums zweckmäßig und zu allen Wissenschaften hinreichend vorbereite. Theils ist Kenntniß der neueren Geschichte und Erdkunde ebenfalls nöthig; theils darf über der Wichtigkeit der alten Sprachen die unmittelbare Nothwendigkeit einer Kenntniß der lebenden, namentlich der eigenen Muttersprache, nicht übersehen werden; theils endlich muß bedacht werden, daß Mathematik und die Anfangsgründe in den Naturwissenschaften nicht nur von formellem Nutzen für die Uebung der Denkkraft sind, sondern sowohl als Bestandtheile des Wissens von jedem Manne von Bildung verlangt werden, als zur Vorbereitung auf manche bestimmte Wissenschaft (der Heilkunde, der Staatswirthschaft u. s. w.) wesentlich gehören.

Noch ist übrig von der Bildung zum Staatsbürger und der Uebung der Denkkraft zu reden. Daß die erstere bei der zu den einflußreichsten Stellen der bürgerl. Gesellschaft berufenen Jugend besonders zu berücksichtigen ist, fällt in die Augen. Auch ist das Geschäft kein schweres. Nicht nur setzt höhere Bildung solche Knaben und Jünglinge in den Stand, die Lehren richtiger und auffassender aufzunehmen; sondern schon die Beschäftigung mit den alten Schriftstellern giebt einem guten Lehrer die beste Gelegenheit, staatliche Ansichten zu wecken und durch Vergleichungen auszudehnen und zu berichtigen. Uebrigens ist auch hier der Zweck keineswegs, eine gründliche staatsrechtliche Bildung zu geben (diese bleibt der Hochschule vorbehalten für den, welcher eine Fachwissenschaft daraus macht), sondern lediglich Einsicht in das Verhältniß des Einzelnen zur bürgerlichen Gesellschaft. — Eben so hat die Uebung der Denkkraft hier keine Schwierigkeit; schon der gewöhnliche Unterricht, namentlich in der Grammatik, ist hierzu zu benutzen; dann aber kann leicht eine solche Auswahl unter den zu erklärenden Schriftstellern getroffen werden, daß ihr Inhalt auch hiezu anreizt, selbst nöthigt; endlich sind die Zöglinge in den letzten Jahren vor der Hochschule hinreichend herangewachsen und herangebildet, um durch einen vorbereitenden und übersichtlichen Unterricht zum eigentlichen Studium der Philosophie auf der Universität vorbereitet zu werden. — Noch muß hier auf die täglich steigende Nothwendigkeit, dem für die höheren Klassen der bürgerl. Gesellschaft zu bildenden Jünglinge Fertigkeit im mündlichen freien Vortrage zu verschaffen, aufmerksam gemacht werden. Gerichte, Ständeversammlungen, Vereine aller Art erfordern viele Redner; und weder mit Geist noch mit Kenntnissen ist Unbehilflichkeit in dieser edelsten aller Künste zu ersetzen, während der Einfluß eines guten Redners zu seinem und dem allgemeinen Nutzen unermeßlich sein kann.

Der hier aufgestellten und begründeten Anforderung einer durchgreifenden Trennung der höhern Schulen, je nachdem sie gewerbliche oder gelehrte Vorbildung bezwecken, ist noch nicht vollständig entsprochen. Es erklärt sich dies daraus, daß das gesammte Unterrichtswesen, wie schon in dem im allg. Theile gegebenen geschichtlichen Ueberblicke dargestellt wurde, seine Wurzel in den gelehrten Schulen hat, und daß die wissenschaftliche Vorbildung für die Industrie Bedürfniß und Schöpfung der neuern Zeiten ist. Obschon daher, namentlich in den letzten zwanzig Jahren, eine bedeutende Anzahl gewerblicher Schulen gegründet wurde, so müssen doch vielfach auch noch gelehrte Schulen zur Vorbereitung auf den gewerblichen Beruf dienen, und vielfach hat man die Errichtung besonderer Anstalten für den letzteren durch Verbindung einiger Realklassen mit dem Gymnasium zu ersetzen gesucht. 1) Hierin und in dem Umstande, daß ein großer

---

1) Eine ähnliche Verbindung wird von neuern Pädagogen empfohlen, und zwar in der Art, daß bis zum 10. Jahre die deutsche Sprache die Grundlage des Unterrichts bilden soll, vom 10. Jahre an die Englische, v. 12. J. an die Fran-

Theil der das höhere Schulwesen betreffenden Verordnungen sich auf beide Richtungen desselben, auf die gewerbliche und die gelehrte, zugleich bezieht, liegt der Grund, daß in dem Folgenden von den gesammten höhern Schulen gemeinschaftlich gehandelt und nur bei den Punkten eine Trennung der Darstellung vorgenommen wird, bei denen für die gewerblichen Schulen wesentlich eigenthümliche Bestimmungen ergangen sind.

So wie sich an das Gymnasium zur Vollendung der allgemeinen und zur Begründung der besondern Berufsbildung die Hochschule anschließt, so giebt es auch für einzelne Zweige des gewerblichen Lebens spezielle Fachschulen. Diese letztern sind, da sie nicht, wie die Universität, einen abgeschlossenen Rechtskreis bilden, schon der gegenwärtigen Abtheilung als letzter Abschnitt angereiht.

II. Verzeichniß der höhern Schulen in Preußen. [1])

A. Gymnasien und Progymnasien.

I. Prov. Preußen (14 Gymn. 3 Progymn.)

1) Braunsberg. K. kath. Gymn. 6 Kl. 330 Sch. 14 L. Et. 9115 Th. (Staatszuschuß 5578 Th.) 1565 als Jesuitenkoll. gest. 1811 reorg. verbunden mit dem Lyceum Hosianum. — 2) Königsberg. K. Friedrichs-Koll. (ev.) 6 Kl. 211 Sch. 16 L. Et. 9526 Th. (Stzsch. 6140 Th.) gest. 1703. reorg. 1810. — 3) Königsberg. Altst. Stadt-Gymn. (ev.) 8 Kl. 369 Sch. 16 L. — 4) Königsberg. Kneiphöfsches Stadt-Gymn. (ev.) 7 Kl. 312 Sch. 16 L. vorges. Beh.: die städt. Schuldeput., Patron: der Magistr. — 5) Rastenburg. K. ev. Gymn. 7 Kl. 250 Sch. 11 L. Et. 7628 Th. (Stzsch. 4800 Th.) 1546 als „lat. Schule" gegr. 1816 K. Gymn. — 6) Hohenstein. K. ev. Progymn. 6 Kl. (VII—II.) 160 Sch. 9 L. Et. 4483 Th. (Stzsch. 3460 Th.) 1845 gegr. — 7) Rößel. K. kath. Progymn. 5 Kl. 166 Sch. 9 L. Et. 3878 Th. (Stzsch. 1334 Th.) 1631 als Gymn. gegr.

---

zösische. Erst mit dem 14. J. soll die Trennung der Schüler, und ihr Uebergang in das Real- oder in das gelehrte Gymnasium erfolgen. Hinsichtlich der Methode wird zugleich gefordert: 1) die leichteren Sprachen voran (genetische Methode). 2) Jede Sprache zu Anfang massenhaft; 10—12 St. (konzentrirende Methode). 3) Nach Fassungskraft der Schüler (kalkulirende Methode). 4) Anschaulich (Pestalozzische Methode.) 5) Assoziirende Methode in Geschichte, Geographie 2c. Vgl. Pestalozzi über den Staat, Rede bei der Feier des Pestalozzifestes am 12. Jan. 1851 zu Leipzig, und bei Gelegenheit des 3. Ver. über das moderne Gesammtgymnasium in Leipzig veröffentlicht von Dr. E. J. Hauschild, Dir. Leipzig 1851.

In Preußen hatte der Min. der G. U. u. M. Ang. v. Ladenberg zur Berathung über die Reform des höhern Schulwesens im Jan. 1819 einzelne Lehrer zu einer Konferenz unter dem Vorsitze des Geh. Reg. R. Stiehl einberufen, und im März desselben Jahres eine zweite Konferenz von 31, durch die Lehrer selbst gewählten Vertretern der höhern Schulen veranstaltet. Die Verhandlungen ders. haben indessen keine Frucht getragen, da das in der Verfassung verheißene Unterrichtsgesetz (Bd 1. S. 233—236), zu welchem sie die Grundlage liefern sollten, bis jetzt nicht erschienen ist. Vgl. Dr. C. A. Kruse, die Reorganisations-Entwürfe für das höhere Schulwesen. Kritische Zusammenstellung der Min. Vorlagen und der gutachtl. Revision der Schulmänner-Konferenz. Elberfeld. Bädecker. 1849. — Dr. F. A. Gotthold, Gymn. Dir., Protest gegen die Vorschläge der Landesschul-Konferenz. Königsberg. Gräfe u. Unger. 1849.

1) Aus Dr. E. Mushacke, Pr. Schulkalender für 1854, extrahirt. Es schien von Interesse, auch die Liste der höheren Töchterschulen (D.) zu geben, obschon diese Anstalten nicht unter den hier angenommenen Begriff von höheren Schulen fallen. Vgl. über dieselben Bd. 1. S. 304. 428 ff. Im Uebrigen vgl. die statistischen Notizen Bd. 1. S. 236. 241. 316. 372., so wie die nachstehende

seit 1833 Progymn. Die Abit. Prfg. werden nach dem Regl. der Realsch. v. 8. März 1832 abgehalten. — 8) Gumbinnen. K. Friedrichs-Gymn. (ev.) 6 Kl. 220 Sch. 10 L. Et. 7240 Th. (Stzsch. 4170 Th.) 1764 gegr. 1809. K. Prov.-Sch. 1813

Uebersicht der Frequenz auf sämmtlichen Gymnasien und Progymnasien des Preuß. Staats im Winter-Semester 1839—1840.

Lehranstalten.	ordentliche Lehrer.	Hülfs Lehrer.	Klassen und Zahl der Schüler in denselben. 1.	2.	3.	4.	5.	6.	7.	Summa.
A. Gymnasien.										
14 in Preußen . . .	114	63	291	468	702	629	537	383	"	3,010
4 in Posen	38	25	69	94	206	240	242	188	"	1,039
18 in Brandenburg.	175	99	375	616	909	799	669	509	"	3,877
7 in Pommern . .	54	37	149	225	328	416	275	198	"	1,591
20 in Schlesien . . .	165	79	525	687	755	817	807	640	108	4,339
21 in Sachsen . . .	177	86	377	566	634	595	745	379	"	3,296
11 in Westphalen . .	88	53	307	315	443	268	230	192	25	1,780
18 in der Rheinprov.	157	85	417	538	474	525	542	518	"	3,014
113 im ganzen Staate	968	527	2510	3509	4451	4289	4047	3007	133	21,946
B. Progymnasien.										
2 in Preußen	9	6	17	22	49	58	69	—	—	215
1 in Posen	7	2	9	19	34	54	66	74	—	256
1 in Schlesien	3	5	—	—	8	11	13	14	—	46
7 in Westphalen . .	25	8	—	30	60	63	89	44	—	289
2 in der Rheinprov.	7	3	13	14	25	34	16	27	—	129
13 im ganzen Staate	51	24	39	88	176	220	253	159	—	935

(Min. Bl. d. i. V. 1841. S. 19,)

Ueber das Ende des Jahres 1843 werden folgende Angaben gemacht:

Provinzen.	Gymnasien.	in Prima.	Sekunda.	Tertia.	in den übrigen Klassen.	Summa der Schüler.	Progymnas.	Schüler.	Höhere Bürgerschulen.	Schüler.
Preußen.	14	311	520	779	1,633	3,243	2	252	16	2,998
Posen.	5	105	138	288	923	1,454	—	—	6	840
Brandenburg.	18	381	567	901	2,070	3,919	—	—	16	4,196
Pommern.	7	181	226	285	800	1,492	—	—	5	764
Schlesien.	20	528	732	843	2,733	4,836	1	150	6	1,279
Sachsen.	21	388	548	751	1,945	3,632	—	—	7	1,523
Westphalen.	11	315	390	495	815	2,015	7	322	7	435
Rheinprovinz.	18	437	724	588	2,019	3,768	2	125	37?	2,760
	114	2646	3845	4930	12,938	24,359	12	849	100	14,795

(Gen. hist. stat. Almanach für 1848, Weimar, S. 108.)

Endlich wird über die Frequenz der Gymnasien und der ihnen verwandten Lehranstalten im Sommerhalbjahr 1853 aus amtlichen Quellen im Staatsanzeiger 1854 S. 493. eine Zusammenstellung gegeben, deren Resultate die folgenden sind.

I. Prov. Preußen: 14 Gymn. (11 ev., 3 kath.), 182 Lehrer, 4230 Schü-

K. Gymn. — 9) Lyck. K. ev. Gymn. 6 Kl. 176 Sch. 11 L. Et. 6778 Th. (Stzsch. 4370 Th.) 1587 gest. — 10) Tilsit. K. ev. Gymn. 8 Kl. 270 Sch. 11 L. Et. 7450 Th. u. 600 Th. zu Stipendien. (Stzsch. 4500 Th.) 1587 gest. — 11) Conitz. K. kath. Gymn. 9 Kl. (III. 2 Coet.) 450 Sch. 15 L. Et. 9323 Th. (Stzsch. 200 Th.) früh. Jesuiten-Koll. 1815 neu org. — 12) Culm. K. kath. Gymn. 7 Kl. 374 Sch. 13 L. Et. 7643 Th. (Stzsch. 4195 Th.) 1837 eröffnet. — 13) Marienwerder. K. ev. Gymn. 6 Kl. 290 Sch. 12 L. Et. 8236 Th. (Stzsch. 4409 Th.) Domschule im 13. Jahrh. 1813 Gymn. — 14) Thorn. K. ev. Gymn. 6 Kl. 254 Sch. 13 L. Et. 7136 Th. (Stzsch. 3450 Th.) 1568 aus der Marien- u. Johannis-Sch. gebildt. Patr.: Magistrat u. K. Commiss. — 15) Deutsch-Crone. K. kath. Progymn. 5 Kl. (VI—II.) 150 Sch. 7 L. Et. 3668 Th. v. d. Jesuiten gegr. 1823 Progymn. — 16) Danzig. Ev. Gymn. 10 Kl. 510 Sch. 19 L. Et. 14500 Th. 1558 gest. 1817 neu org. — 17) Elbing. K. ev. Gymn. 6 Kl. 171 Sch. 11 L. Et. 7281 Th. (Stzsch. 4317 Th.) Seit 1847 königlich.

---

ler. Zu Ostern 1853 wurden 73 zur Universität entlassen. — 3 Progymn. mit 25 L., 353 Sch. — Das stärkste Gymn. ist das zu Danzig mit 19 L., 470 Sch. (ungerechnet 50 Sch. der Elementarklasse).

II. Prov. Posen: 7 Gymn. (4 ev. 3 kath.), 124 L., 2769 Sch. Abgang zur Univ. 43. — Die besuchtesten waren das Mar. Magd. Gymn. zu Posen mit 23 L. 593 Sch., das Fr. W. Gymn. das. mit 84 L. 499 Sch. und das Gymn. zu Trzemeszno mit 520 Sch.

III. Prov. Brandenburg: 16 Gymn. (alle ev.). 252 L., 4503 Sch. außer 103 Abgang zur Univ. — Dazu das Köllnische Realgymn. in Berlin mit 23 L., 402 Sch. — Die besuchtesten: Fr. W. Gymn. zu Berlin mit 571 Sch., das Friedrichswerdersche das. mit 493, das graue Kloster das. mit 485 Sch. Nächstdem Brandenburg mit 377 Sch. — Die meisten Lehrkräfte haben das Fr. W. Gymn. und das Joachimsthalsche zu Berlin, je 28 L.

IV. Prov. Pommern: 9 Gymn. (alle ev.), 120 L., 2103 Sch. Abgang zur Univ. 26. — Das besuchteste: Stettin mit 24 L., 439 Sch.

V. Prov. Schlesien: 21 Gymn. (13 ev. 8 kath.), 301 L., 6767 Sch. Abgang zur Univ. 123. — Die besuchtesten: das Mathiasgymn. (Leopold.) zu Breslau mit 22 L. 643 Sch., Gleiwitz mit 570, Neiße mit 537 Sch. Alle drei kath. Demnächst das Elisabethanum zu Breslau mit 482, und Mar. Magd. das. mit 458 Sch.

VI. Prov. Sachsen: 21 Gymn. (19 ev. 1 kath. 1 simult.), 285 L. 4450 Sch. — Die besuchtesten: lat. Hauptsch. zu Halle mit 22 L. 452 Sch., das Klostergymn. zu Magdeb. mit 18 L. 433 Sch. — Die Landessch. Pforte zählte bei 17 L. 187, die Klostersch. zu Roßleben bei 9 L. 100 Sch.

VII. Prov. Westphalen: 12 Gymn. (7 ev. 5 kath.), 162 L., 2663 Sch. Abgang zur Univ. 25. — Die besuchtesten: Münster mit 26 L. 644 Sch. und Paderborn mit 22 L. 539 Sch., beide kath. — Außerdem 8 Progymn. mit 45 L. u. 592 Sch.

VIII. Rheinprovinz: 21 Gymn. (8 ev. 12 kath. 1 simult.), 198 L., 4900 Sch. außer 46 Abgang zur Univ. — Die besuchtesten: Köln (kath.) mit 17 L. 517 Sch., Aachen (kath.) mit 21 L. u. 453 Sch. und Köln, ev. Fr. W. Gymn., mit 20 L. 444 Sch.

Im Ganzen: 121 Gymn. (87 evang., 32 kathol., 2 simult.) mit 1603 L., 32,346 Sch.

Dabei ist das Berl. Realgymn. nicht mitgezählt. Unter der Zahl der Lehrer sind nicht blos die ordentlichen, so wie die wissenschaftl. und technischen Hülfs-Lehrer, sondern auch die Geistlichen, welche den Religionsunterricht ertheilen, und die Schulamts-Kandidaten, welche zur Vorbereitung fungiren, einbegriffen.

Berücksichtigt man die Seelenzahl der Einwohner (Bd. 1. S. 318), so ist die Anzahl der Gymn., wie die der Lehrer und Schüler in der Prov. Sachsen verhältnißmäßig die größte.

Vgl. auch das Verzeichniß der Gerichtsorte, an denen sich Gymnasien, Realschulen oder sonstige höhere Bildungs-Anstalten befinden, im Just. Min. Bl. 1852. S. 326.

II. Prov. Posen. (6 Gymn. 2 Progymn.)

1) Lissa. K. evang. Gymn. 7 Kl. 310 Sch. 15 L. Et. 10104 Th. (Stzsch. 6028 Th.) 1555 gegr. Prov.-Sch. 1624. Kgl Gymn. 1821. — 2) Ostrowo. K. kath. Gymn. 10 Kl. 260 Sch. 17 L. Et. 8140 Th. (Stzsch. 6270 Th.) 1845 eröffnet. — 3) Posen. K. kath. Marien-Magdalenen-Gymn. 15 Kl. incl. 3 Realkl.) 686 Sch. (incl. 62 Realsch.) 24 L. Et. 15790 Th. (Stzsch. 8405 Th.) gegr. 968. Gymn. seit 1834. — 4) Posen. K ev. Friedrich-Wilh.-Gymn. 13 (9 Gymn.-, 3 Real- u. 1 Vorbereit.-Kl. 492 (269 ev. 17 kath. u. 206 jüdische) Sch. 24 L, Et. 11400 Th. (Stzsch. 7475 Th.) 1834 eröffnet. — 5) Rawicz. Städt. ev. Progymn. u. Real-Schule. 5 Kl. Gymn. VI—III. u. Real. III. 120 Sch. 10 L. gegr. 1853 durch Erweiterung der Bürgerschule, Patron: die Stadt.. — 6) Wreschen. K. kath. Kreisschule. 1 Kl. in 3 Abth. 21 Sch. 1 L. 1842 gegr. Patron: K. Reg. — 7) Bromberg K. ev. Gymn. 7 Kl. 257 Sch. 13 L. Et. 8910 Th. (Stzsch. 4704 Th.) früher Kreissch. seit 1817 Gymn. — 8) Trzemeszno. K. kath. Gymn. 10 Kl. 470 Sch. 14 L. Et. 12120 Th. Stzsch. 8096 Th.)

III. Prov. Brandenburg (17 Gymn. 3 Progymn., alle evang.)

1) Berlin. Berl. Gymn. zum grauen Kloster. 11 Kl. 498 Sch. 24 L. Et. 15858 Th. (Stzsch. 698 Th. u Stdtzsch. 4000 Th 1574 eröffnet. — 2) Berlin. K. Friedrichs-Wilhelms-Gymn. 12 Kl. 580 Sch. 27 L. Et. des Gymn. der Realsch. Vorsch. u. Elisabethschule: 50170 Th. (Stzsch. 9810 Th.) als Realsch. v. Joh. J. Hecker 1747 errichtet. 1797 Gymn. — 3) Berlin. K. Joachimsthalsches Gymn. 10 Kl. 340 Sch. 28 L. Et. des Gymn. und Alumnats[1]): 46490 Th. (Stzsch. 9236 Th 1607 gest. in Joachimsthal in der Ukermark. Nach Berl. verlegt 1667 — 4) Berlin. Städt. Friedrichs-Gymn. auf dem Werder. 12 Kl. 500 Sch. 27 L. Et. 15541 Th. (Stzsch. 1450 Th. Stdtzsch. 4500 Th. 1681 gegr. 1703 ward die Dorotheenstädt. Sch. mit dems vereinigt u. 1746 das Friedrichsstädt. Gymn. — 5) Berlin. Collège Royal Français. 7 Kl. 289 Sch. 19 L. Et. 11823 Th. (Stzsch 5363 Th. Gründung 1689. Reorg. 1839. — 6) Berlin. Cölnisches Real-Gymn. 10 Kl. 428 Sch. 23 L. Et. 14458 Th (Stzsch. 591 Th. Stdtzsch. 5500 Th.) In frühester Zeit gest., 1767 mit dem Berlinischen Gymn. vereinigt, 1824 selbstständig als Real-Gymn. — 7) Brandenburg. Verein. alt- u. neustädtisches Gymn. 6 Kl. 181 Sch. 10 L. Et. 7540 Th. (Stzsch. 1926 Th.) Städtischen Patronats u. Kgl. Kompatronats. — 8) Potsdam. K. Gymn. 10 Kl (incl. 4 Realkl.) 387 Sch. 17 L. Et. 10124 Th. (Stzsch. 3010 Th.) 1739 gest. 1811 K. Gymn. — 9) Prenzlau. Städt. Gymn. 6 Kl. 307 Sch 12 L. Et. 6650 Th. (Stzsch 1975 Th.) Gelehrtenschule seit 1543. Seit 1817 Städt. Patronats u. K. Kompatronats — 10) Neu-Ruppin. K. Friedr.-Wilh.-Gymn. 7 Kl. 242 Sch. 12 L. Et. 6542 Th (Stzsch. 2150 Th.) 1365 lat. Schule. Seit 1817 Städt. Patr. u. K Kompatronats. — 11) Charlottenburg. K. Pädagogium. — 12) Freienwalde a. O. Privat-Progymn. 3 Kl. 53 Sch. 5 L. 1851 v. Ob.-Pred. Melcher gegr. Patron: Curatorium (Graf v. Häseler). — 13) Spandau. Städt. Progymn. — 14) Cottbus. Fr.-Wilhelms-Gymn. 5 Kl. 170 Sch. 10 L. Et. 4860 Th. (Stzsch. 1100 Th.) 1820 reorg. Patron: Magistrat. — 15) Frankfurt. K Friedrichs-Gymn. 6 Kl. 237 Sch. 12 L. Et. 7415 Th. (Stzsch. 2760 Th.) Früher Gelehrtenschule d. reform. Gemeinde (Friedrichs-Schule), 1813 Friedrichs-Gymn. — 16) Guben. Städt. Gymn. 6 Kl. 167 Sch. 11 L. Et. 4500 Th. (Stzsch. 700 Th.) Stadtschule in Zeiten der Reformation. 1817 Gymn. — 17) Königsberg. Städt. Gymn. 6 Kl. 201 Sch. 9 L. Et. 5955 Th. (Stzsch. 3120 Th.) 1790 zu einem Friedrich-Wilhelms-Lyceum erhoben. 1817 neu organ. — 18) Luckau. Städt. Gymn. 7 Kl. 284 Sch. 10 L. Et. 4570 Th. (Stzsch. 1307 Th.) Schon in der Mitte des 14. Jahrh. Stadtsch. 1815 Gymn. — 19) Sorau. Städt. Gymn. 5 Kl. 162 Sch. 8 L. Et. 3195 Th. (Stzsch. 795 Th.) 1560 sächs. Lyceum, 1820 Gymn. — 20) Züllichau. K. Pädagogium u. Waisenhaus. 8 Kl. 227 Sch. (117 Alumnen). 16 L. Et. 13546 Th. (Stzsch. 2724 Th.) 1766 gest. —

IV. Provinz Pommern. (9 Gymn. 1 Progym., alle evangel.)

1) Anclam. Städt. Gymn. 7 Kl. 230 Sch. 14 L Et. 5181 Th. Seit 1847 Gymn. — 2) Greifenberg. Friedrich-Wilh.-Gymn. 4 Kl. 92 Sch. 6 L. Bestand

---

1) Das Alumn. ist neuerdings verlegt.

seit alten Zeiten, seit 1852 Gymn. Patron: Magistrat. — 3) Stettin. K. u. Stadt-Gymn. 11 Kl. 450 Sch. 21 L. Et. 15429 Th. 1541 gest. 1667 Gymnas. academicum illustre, mit Namen „Carolinum". Patron: Marienstift u. Magistrat. — 4) Stargard. K. Gymn. 6 K. 211 Sch. 11 L. Et. 7032 Th. (Stzsch. 1300 Th.) 1632 gest. seit 1844 K. Patronats. — 5) Demmin. Progymn. — 6) Cöslin. K. u. Stadt-Gymn. 6 Kl. 217 Sch. 10 L. Et. 7781 Th. (Stzsch. 2872 Th.) 1821 gest. Patron: Staat u. Stadt. — 7) Neu-Stettin. Fürstl. Hedwigsches Gymn. 6 Kl. 210 Sch. 10 L. Et. 6139 Th. (Stzsch. 2100 Th.) 1640 gegr. Patron: der König. — 8) Greifswald. Stadt-Gymn. 9 Kl. (3 Realkl.) 290 Sch. 18 L. Schon im 16. Jahrh. Gymn. — 9) Stralsund. Städt. Gymn. 7 Kl. 250 Sch. 15 L. 1560 gest. Patron: der Magistrat. — 10) Putbus. K. Pädagogium. 5 Kl. (mit II.a, IIIa. u. IV. sind Realkl. verb.) 83 Sch. 11 L. Et. 18575 Th. (Stzsch 5000 Th.) 1835 gegr.

V. Prov. Schlesien. (21 Gymn. 2 Progym.)

1) Breslau. St. Elisabeth-Gymn. (ev.) 12 Kl. 650 Sch. 22 L. Et. 11900 Th. 1293 gest — 2) Breslau. St. Marien-Magdal.-Gymn. (luth.) 10 Kl. (3 Elem.-Kl.) 590 Sch 17 L. 1293 gest. 1643 Gymn. — 3) Breslau. K. Friedr.-Gymn. (reform.) 9 Kl. (incl. 3 Realkl.) 260 Sch. 11 L. Et. 7282 Th. (Stzsch. 250 Th.) — 4) Breslau. K. kath. Gymn. (Leopoldinisches) 12 Kl. 647 Sch. 25 L. Et. 12440 Th. 1638 v. d. Jesuiten gest. und mit der Universität bis 1811 vereinigt. 5) Brieg. K. ev. Gymn. 6 Kl. 260 Sch. 13 L. Et. 6166 Th. (Stzsch. 510 Th.) 1564 gest. — 6) Glatz. K. kath. Gymn. 6 Kl. 318 Sch. 14 L. Et. 7362 Th. Convictorium mit 34 fund. Stellen. — 7) Oels. Ev. Gymn. 7 Kl. 238 Sch. 12 L. Et. 5326 Th. (400 Th. Stzsch. u. 300 Th. Zusch. v. Patron.) 1594 Gymn. — 8) Schweidnitz. Ev. Gymn. 6 Kl. 260 Sch. 12 L. Et. 6330 Th. (Stzsch. 1000 Th.) — 9) Gleiwitz. K. kath. Gymn. 9 Kl. 550 Sch. 17 L. Et. 9806 Th. 1816 eröffnet. 1000 Th. königl. u. 25½ Th. andere Stipendien. — 10) Leobschütz. K. kath. Gymn. 6 Kl. 324 Sch. 12 L. Et. 7430 Th. (Stzsch. 213 Th.) 1752 eröffnet u. 1802 aus d. Schles. Gymnasial-Fonds erweitert. — 11) Neisse. K. kath. Gymn. 7 Kl. 443 Sch. 14 L. Et. 8229 Th. — 12) Oppeln. K. kath. Gymn. 6 Kl. 300 Sch. 14 L. Et. 8453 Th. 1670 v. Jesuiten gestift. — 13) Ratibor. K. ev. Gymn. 8 Kl. 359 Sch. 13 L. Et. 6080 Th. (Stzsch. 3100 Th.) 1819 gegr. — 14) Glogau. Luth. Gymn. 6 Kl. 210 Sch. 10 L. Et. 5575 Th. (Stzsch. 500 Th.) 1330 vom Magistr. gegr. — 15) Glogau. K. kath. Gymn. 7 Kl. 308 Sch. 12 L. Et. 7896 Th. — 16) Görlitz. Ev. Gymn. 4 Kl. u. eine Vorbereitungskl. 180 Sch. 12 L. Et. 5987 Th. (Stzsch. 194 Th.) 1465 gegr. 1565 eingeweiht. — 17) Hirschberg. K. u. Stadt-Gymn. (ev.) 5 Kl. 120 Sch. 10 L. Et. 4848 Th. (Stzsch. 1775 Th.) Mit der evang. Gnadenkirche 1709 gegr. Kirchl. u. Kgl. Patronats. — 18) Lauban. Ev. Gymn. 5 Kl. 94 Sch. 8 L. Et. 3515 Th. (Stzsch. 500 Th.) Bestand schon 1526. besonderes Patronat. — 19) Liegnitz. K. Ritter-Akademie [1]) (ev.) 5 Kl. 114 Sch. 16 L. Et. 27802 Th. 1708 gest. bis 1809 adlige Ritterschule. Curator: Graf v. Zedlitz-Trützschler. — 20) Liegnitz. K. u. Stadt-Gymn. (evang.) 6 Kl. 260 Sch. 14 L. Et. 5007 Th. (Stzsch. 300 Th.) Aus den beiden, schon 1203 u. 1218 vorhandenen Pfarrschul. 1648 gest. — 21) Sagan. K. kath. Gymn. 7 Kl. 260 Sch. 13 L. Et. 7084 Th. 1628 von Wallenstein gegr. — 22) Jauer. Lyceum. Et. 1281 Th. (incl. 75 Th. Stzsch.) — 23) Niesky. Pädagogium.

VI. Provinz Sachsen. (21 Gymn. 4 Progymn.)

1) Halberstadt. K. Dom-Gymn. (ev.) 8 Kl. 240 Sch. 14 L. Et. 9717 Th. (Stzsch. 5300 Th.) Im 9. Jahrh. gest.; 1794 neue Einrichtung. Durch Stiftung Gleims eine classis selecta. Beneficien ꝛc. jährl. 1168 Th. 20 Sgr. — 2) Magdeburg. Dom-Gymn. (ev.) 9 Kl. 330 Sch. 18 L. Et. 15357 Th. (Stzsch. 9300 Th.) Im 10. Jahrh. Stiftssch. 1674 v. Domkapitel neu gegr. — 3) Magdeburg. Pädagogium des Klosters U. L. Frauen. (ev.) 7 Kl. 280 Sch. 18 L. Et. 36700 Th. — 4) Quedlinburg. K. ev. Gymn. 6 Kl. 182 Sch. 11 L. Et. 5811 Th. (Stzsch. 1390 Th.) 1539 aus beiden lat. Stadtsch. gegr. — 5) Salzwedel. Städt. ev. Gymn. 6 Kl. u. 1 Vorbereit.-Kl. 206 Sch. 10 L. Et. 7602 Th. (Stzsch.

1) Ist in neuerer Zeit reorganisirt, und jetzt die einzige K. Ritter-Akademie, da die zu Brandenburg aufgehoben bleibt. (Nat.-Zeit 1854. Nr. 322.) Außer ihr ist in der Rheinprovinz noch die Ritter-Akad. zu Bedburg vorhanden. (s. u.)

1810 Th.) 1329 erwähnt. Bis 1744 2 lat. Schulen, die combinirt wurden. — 6) Stendal. K. u. Städt.-Gymn. (ev.) 6 Kl. 200 Sch. 9 L. Et. 5396 Th. 1540 gest. — 7) Wernigerode. Lyceum (ev.). — 8) Erfurt. K. ev. u. kath. Gymn. 6 Kl. 180 Sch. 14 L. Et. 9210 Th. (Stzsch. 5450 Th.) 1561 evang Gymn. 1820 Reorgan. — 9) Heiligenstadt. K. kath. Gymn. 5 Kl. 192 Sch. 11 L. Et. 5311 Th. (Stzsch. 2750 Th.) 1575 gegr. — 11) Mühlhausen. Städt. Gymn. (ev.) 5 Kl. 116 Sch. 13 L. Et. 4900 Th. (3600 Th. aus der Stadtkasse.) 1543 gegr. — 11) Nordhausen. Städt. Gymn. (ev.) 7 Kl. 200 Sch. 12 L. 1550 erneuert. — 12) Schleusingen. Gemeinschaftl. Hennebergisches Gymn. (ev.) 5 Kl. 112 Sch. 9 L. Et. 5530 Th: (Stzsch. 3237 Th.) 1577 vom letzten Fürsten von Henneberg, Georg Ernst, gegr. — 13) Eisleben. K. ev. Gymn. 6 Kl. 225 Sch. 11 L. Et. 4930 Th. (Stzsch. 1100 Th.) 1525 Schule. 1545 unt. Beir. Dr. M. Luthers Gymn. — 14) Halle. K. Pädagogium. (ev.) 6 Kl. 79 Sch. 14 L. Et. der Schule u. d. Pens.-Anst.: 8655 Th. 1696 gegr. — 15) Halle. Latein. Hauptschule. (ev.) 6 Kl. in je 2 durchaus getrennten, subord. Abth. 453 Sch. 23 L. Et. 8868 Th. 1697 begr. u. 1808 mit dem luther. (gegr. 1565) und reformirten (gegr. 1712) Gymn. vereinigt. [1]) — 16) Merseburg. Dom-Gymn. (ev.) 5 Kl. 153 Sch. 11 L. Et. 5580 Th. (Stzsch. 1560 Th.) — 17) Naumburg. Dom-Gymn. (ev.) 8 Kl. (3 Real-Kl.) 180 Sch. 13 L. Et. 4440 Th. Nach der Verlegung des Stifts von Zeitz nach Naumburg (1029) gegr. 1541 reform. — 18) Pforta. K. Landesschule u. Alumneum. (ev.) 5 Kl. 210 Sch. 17 L. Et 46100 Th. (Stzsch. 600 Th.) 1543 gegr — 19) Roßleben. Ev. Gymn. 4 Kl. 100 Sch. 10 L. 1554 gegr. — 20) Torgau. Städt.-Gymn. (ev.) 7 Gymn.- u. 2 Realkl. 290 Sch. 14 L. Et. 6912 Th. Städt. Patronats u. Kgl. Kompatronats, bestand schon in der zweiten Hälfte des 14. Jahrh. Neu gest. 1557. Mit Alumnat u. Realsch. verbunden. — 21) Wittenberg. Städt. Gymn. (ev.) 6 Kl. 206 Sch. 10 L. Et. 6800 Th. bestand schon im 14. Jahrh. — 22) Zeitz. K. Stifts-Gymn. (ev.-luth.) 5 Kl. u. 1 Vorbereitkl. 68 Sch. 9 L. Et. 4896 Th. alte bischöfl. Schule, wahrscheinlich mit dem Bisthum Zeitz (968) gegr. — 23) Donndorf. Klosterschule. — 24) Merseburg. Progymn. — 25) Naumburg. Progymn.

VII. Provinz Westphalen. (13 Gymn. 8 Progymn.)

1) Burgsteinfurt. Fürstl. Bentheimsches Gymn. (Arnoldium) ev. 2 Kl. 23 Sch. 3 L. Et. 4219 Th. (Stzsch. 2000 Th.) 1588 gegr. 1853 neu eröffn. K. Patronats. — 2) Coesfeld. K. kath. Gymn. 6 Kl. 150 Sch. 10 L. Et. 6550 Th. 1627 durch die Jesuiten gest. 1828 Gymn. — 3) Münster. K. kath. Gymn. 12 Kl. 680 Sch. 25 L. Et. 14725 Th. 792 gegr. 1819 reorg. — 4) Recklinghausen. Städt. kath. Gymn. 6 Kl. 130 Sch. 11 L. Et. 4920 Th. (Stzsch. 520 Th.) — 5) Dorsten. Kath. Progymn. 5 Kl. VI bis Ob.-III. 50 Sch. 5 L. — 6) Rheine. Kath. Progymn. 6 Gymn.- u. 1 Realkl. (V-II) 80 Sch. 5 L. Et. 2149 Th. — 7) Verden. Kath. Progym. 6 Kl. (VI.—Ob. II.) 40 Sch. 5 L. — 8) Warendorf. Kath. Progymn. 5 Kl. (incl. Realkl.) 60 Sch. 7 L. Et. 2675 Th. — 9) Bielefeld. Stadt-Gymn. (ev.) 7 Kl. 192 Sch. 11 L. Et. 6695 Th. (Stzsch. 1440 Th.) — 10) Gütersloh. ev. christl. Priv.-Gymn. 7 Kl. 174 Sch. 10 L. Patron: ein Curatorium aus mehreren Geistl. u. Kaufleuten ꝛc. bestehend; 1851 eröffnet. — 11) Herford. Städt. Friedr.-Gymn. (ev.) 6 Kl. 130 Sch. 11 L. Et. 4137 Th. (Stzsch. 100 Th.) 1540 gegr. 1766 „Friedrichs-Gymnasium." — 12) Minden. Städt. ev. Gymn. u. Realsch. 9 Kl. (3 gemeinsch. Unterkl. 3 ob. Gymn.- u. 3 ob. Realkl.) 248 Sch. 15 L. Et 7398 Th. (Stzsch. 1500 Th.) Patron: Staat u. Stadt 1530 gegr.; seit 1848 ist damit eine vollst. Realschule verbunden. — 13) Paderborn. K. kath. Gymn. (Theodorianum) 9 Kl. 553 Sch. 22 L. Et. 9460 Th. 1593 gegr. — 14) Rietberg. Progym. 6 Kl. (VI—Ob. II.)

---

1) Beide Anstalten (14 u. 15) gehören zu den Frankeschen Stiftungen. Außerdem eine Realsch. (s. u.) eine Waisenanstalt und endlich folgende Schulanstalten: a. Die Bürgerschule für Knaben, mit 21 Kl. u. 690 Sch. — b. Eine höhere Töchterschule (s. u.). — c. Eine mittlere Töchterschule, mit 8 Kl. u. 400 Sch. — d. Eine Freischule für Knaben, mit 4 Kl. u. 320 Sch. — e. Eine Freischule für Mädchen, mit 4 Kl. u. 340 Sch. — f. Eine Präparanden-Anstalt für künftige Seminaristen. Zur Erhaltung aller dieser Schulen zahlt der Staat einen jährl. Zuschuß von 19000 Th.

88 Sch. 5 L. Et. 1750 Th. (Stzsch. 950 Th.) 1743 gegr. — 15) Warburg. Kath. Progymn. 5 Kl. (VI—Ob. III.) 80 Sch. 5 L. Et. 1202 Th. (Stzsch. 800 Th.) 1824 gegr. früher Klosterſch. — 16) Arnsberg. Kgl. kath. Laurentianum, Gymn. 6 Kl. 200 Sch. 12 L. Et. 6438 Th. (Stzsch. 2700 Th.) 1643 gegr. — 17) Dortmund. K. u. Städt. ev. Gymn. 8 Kl. 200 Sch. 13 L. Et. 6751 Th. (Stzsch. 896 Th.) 1543 gest. — 18) Hamm. Ev. Gymn. 6 Kl. 140 Sch. 11 L. Et. 7115 Th. (Stzsch. 1016 Th. 1652 gest. — 19) Soest. Archigymn. (ev.) 6 Kl. 150 Sch. 10 L. Et. 6608 Th. (Stzsch. 2860 Th. gegr. 1532. 1557—60 Wiederherstellung. — 20) Attendorn. Progymn. u. Realsch. 7 Kl. (2 Realkl.) 60 Sch. 8 L. Et. 2406 Th. (Stzsch. 200 Th.) 1825 gegr. — 21) Brilon. Progymn. 6 Kl. (V.—Ob. II.) 110 Sch. 7 L. Et. 2541 Th. (Stzsch. 487 Th.)

VIII. Rheinprovinz. (20 Gymn. 16 Progymn.)

1) Bedburg. Rhein. Ritter-Akademie (kath.) 8 Kl. 55 Sch. 13 L. unter d. Prov. Schul-Coll. zu Coblenz Gegr. 1841 für die Söhne der Rheinischen ritterbürtigen Genossenschaft, später allen kathol. deutschen Familien ohne Standesunterschied eröffnet; Patron: die Genossenschaft des Rhein. ritterbürt. Adels. — 2) Bonn. K. kath. Gymn. 6 Kl. 311 Sch. 15 L. Et. 10466 Th. — 3) Cöln. K. Friedr.-Wilh.-Gymn. (ev.) 11 Kl. 448 Sch. 19 L. Et. 11417 Th. (Stzsch. 4820 Th.) 1826 gest. — 4) Cöln. Kath. Gymn. 11 Kl. 493 Sch. 19 L. früh. 3 kath. Gymn. 1814 neu organ. — 5) Münstereifel. K. kath. Gymn. 6 Kl. 130 Sch. 9 L. Et. 5513 Th. (Stzsch. 1575 Th.) — 6) Siegburg. Progymn. — 7) Wipperfürth. Städt. kath. Progymn. resp. höh. Bürgerschule. 4 Kl. 40 Sch. 5 L. Et. 766 Th. — 8) Cleve. Ev. Gymn. 6 Kl. 125 Sch. 12 L. Et. 6879 Th. (Stzsch. 5038 Th.) 1817 reorg. — 9) Düsseldorf. K. kath. Gymn. 7 Kl. 250 Sch. 14 L. Et. 11980 Th. — 10) Duisburg. K. ev. Gymn. u. Realsch. 9 Kl. (2 Realkl.) 203 Sch. 15 L. Et. 7603 Th. (Stzsch. 75 Th.) — 11) Elberfeld. Ev. Gymn. 6 Kl. u. eine einkl. Vorschule. 220 Sch. 11 L. Et. 8656 Th. (Stzsch. 1000 Th.) Als latein. Schule 1592 gest. — 12) Emmerich. K. kath. Gymn. 6 Kl. 197 Sch. 11 L. Stiftssch. bis 1592, Jesuitensch bis 1787. Schule d. Kreuzherren bis 1811, unterdrückt, wiederhergestellt 1832. — 13) Essen. K. kath. u. ev. Gymn. 6 resp. 8 Kl. 216 Sch. 14 L. Et. 6434 Th. (Stzsch. 2200 Th.) 1819 durch Vereinigung der ev. u. kath. Gymn. entstanden. — 14) Neuß. Kath. Gymn.- u. Realsch. 8 Kl. (2 Realkl.) 170 Sch. 12 L. früher Progymn. seit 1852 vollst. Gymn. u. Realsch. — 15) Wesel. Ev. Gymn. 6 Kl. 190 Sch. 13 L. Et. 7800 Th. (Stzsch. 505 Th.) Schon vor d. Reformation gegr. 1823 vervollständ. Patron: das Curatorium. Die Direktorstelle u. die 7. ordentl. Lehrerstelle sind königlich. — 16) Gladbach. Progymn. — 17) Kempen. Progymn. — 18) Meurs. Progymn. — 19) Rees. Kath. Progym. — 20) Rees. Ev. Progymn. — 21) Werden. Progymn. — 22) Xanten. Rectorat (kath. Progymn.) 5 Kl. (VI. u. V. combin.) 53 Sch. 4 L. Eine der ältesten Schulen. 1822 u. 1841 reorg. Patron: der Diözesan-Bischof. — 23) Aachen. K. kath. Gymn. 9 Kl. 480 Sch. 21 L. Et. 11100 Th. (Stzsch. 2487 Th.) — 24) Düren. K. kath. Gymn. 6 Kl. 190 Sch. 13 L. Et 6650 Th. (Stzsch. 1450 Th.) Bestand schon 1358. 1618 als Jesuitensch. 1826 vollst. Gymn. — 25) Burtscheid. Progymn. — 26) Erkelenz. K. kath. Progymn. 4 Kl. 51 Sch. 6 L. Et. 1826 Th. (Stzsch. 400 Th.) Bis Ende des 18. Jahrh. vollst. Gymn. 1829 höh. Bürgersch. seit 1847 K. Progymn. — 27) Jülich. Kath. Progymn. 4 Kl. 80 Sch. 7 L. 1850 gegr. — 28) Saarbrücken. K. ev. Gymn. 9 Kl. (3 Realkl. u. 1 Vorbereitkl.) 198 Sch. 11 L. Et. 5724 Th. (Stzsch. 1850 Th.) 1604 gegr. 1805 école secondaire. 1816 Gymn. 1822 reorg. — 29) Trier. Kath. Gymn. 8 Kl. 400 Sch. 16 L. — 30) Saarlouis. Kath. Progymn. — 31) Coblenz. K. kath. Gymn. 8 Kl. 360 Sch. 16 L. Et. 14600 Th. 1580 Coll. d. Jesuiten. Zur franz. Zeit „école secondaire.“ — 32) Kreuznach. K. ev. Gymn. 6 Kl. 121 Sch. 11 L. Et. 6623 Th. (Stzsch. 3532 Th.) — 33) Wetzlar. K. ev. Gymn. 6 Kl. 120 Sch. 12 L. Et. 6090 Th. (Stzsch. 3700 Th.) 1817 eröffnet. — 34) Boppard. Progymn. — 35) Linz. Kath. Progymn. Et. 1930 Th. (Stzsch. 1000 Th.) — 36) Trarbach. Progymn. —

IX. Hohenzollersche Lande s. bei B.

B. Real- und höhere Bürgerschulen.

Die mit * bezeichneten Schulen haben das Recht zu Abiturienten-Prüfungen nach dem Regl. v. 8. März 1832 und ihre für Prima reifen Sekundaner werden zum einjährigen Militairdienst zugelassen. Die mit ** bezeichneten Schulen besitzen außerdem noch das Recht, daß ihre Abiturienten das Baufach studiren können. Das der Schule beigefügte Datum ist das des betr. Min.-R. [1])

I. Provinz Preußen.

1) **Königsberg. H. B. auf der Burg. (8. März 1832) 6 Kl. 322 Sch. 12 L. — 2) **Königsberg. H. B. in Löbenicht. (8 März 1832.) 8 Kl. 350 Sch. 13 L. — 3) **Memel. Städt. h. B. ev. (19. Dec. 1836.) 6 Kl. 203 Sch. 8 L. — 4) *Pillau. H. B. (10 Aug. 1836.) — 5) **Wehlau. H. B. (30. Okt. 1848. u. 26. Okt. 1852.) 7 Kl. 219 Sch. 10 L. — 6) **Insterburg. H. B. (28. Okt. 1836.) 6 Kl. 304 Sch. 9 L. — 7) **Tilsit. Real- u. h. B. (9. Juni 1846.) 6 Kl. 252 Sch. 9 L. Et. 4500 Th. (incl. 1500 Th. Zsch.) — 8) *Culm. H. B. (25. Juli 1836.) 5 Kl. 106 Sch. 8 L. — 9) **Graudenz. H. B. (8. März 1832 u. 8. Febr. 1851.) 7 Kl. 303 Sch. 10 L. — 10) **Danzig. Petrischule. (8 März 1832.) 7 Kl. 390 Sch. 12 L. — 11) **Danzig. St. Johannisschule. (30. Okt. 1849.) 9 Kl. 410 Sch. 14 L. — 12) **Elbing. H. B. (30. April 1846.) 8 Kl. (2 Elementarkl.) 322 Sch. 12 L. — 13) Jenkau bei Danzig. v. Conradi'sches [2]) Schul- u. Erziehungs-Institut. 4 Kl. 5 L. — 14) Marienburg. H. B.- u. Realsch. —

II. Provinz Posen.

1) Bojanowo. Ev. Bürgersch. 3 Kl. 126 Sch. 7 L. — 2) Fraustadt. K. Realsch. simultan. 6 Kl. (VII—II.) 125 Sch. 11 L. — 3) **Krotoschin. Kreis- u Realsch. paritätisch. (1. Dec. 1847. 14. Okt. 1850.) 6 Kl. 180 Sch. 10 L. — 4) **Meseritz. K. Realsch. (6. Okt. 1837.) 6 Kl. 220 Sch. 13 L. Et. 7053 Th. (Stzsch. 4690 Th.) — 5) **Posen. Real-Kl. beim Mar.-Magd.-Gymn. (7. Dec. 1852.). Mich. 1853 besondere Real-Sch. — 6) Rawicz. Gymn. u. Realsch. — 7) Bromberg. Städt. Realsch. 7 Kl. (VI—III. u. 3 Elem.-Kl.) 415 Sch. 12 L.

III. Provinz Brandenburg.

1) **Berlin. K. Realsch. (1. Juli 1833.) 12 Realkl. mit 620 Sch. u. 23 L. 1747 gest. v. J. J. Hecker. — Vorschule des K. Fr.-W.-Gymn. u. der Realsch. 6 Kl. 403 Sch. 11 L. — 2) **Berlin. Städt. Gewerbeschule. (4. Juli 1833.) 5 Kl. 176 Sch. 15 L. Einn. 5400 Th. Ausg.: 9300 Th. — 3) **Berlin. Königstädt. Realsch. (8. Aug. 1837. 8. Febr. 1851.) 14 Kl. (incl. 4 Elementkl. 720 Sch. 24 L. [3]) Schulgeld Einn.: 12500 Th. Ausg.: 11600 Th. — 4) **Berlin. Dorotheenstädt. Realsch. (26. Mai 1840. 8. Febr. 1851.) 15 Kl. (4 Elem. Kl.) 610 Sch. 29 L. — 5) **Berlin. Luisenstädtische Realsch. (4. Juni 1842. 8. Febr. 1851.) 10 Kl. (2 Elem. Kl.) 435 Sch. 14 L. — 6) Berlin. Friedr.-W. höhere Lehranstalt (Friedrichstr. 156), Vorsch. Gymn. u. Realsch. Ost. 1850 eröffnet. 10 Kl. (incl. 5 Element. Kl.) 430 Sch. 13 L. — 7) Berlin. Handelssch. Priv. Anst. (Neue Grünstr. 29). 3 Kl. 87 Sch 9 L. — 8) **Brandenburg. Saldernsche Realsch. (19. Mai 1851.) 8 Kl. (2 Elemt. Kl.) 359 Sch. 10 L. — 9) Jüterbog. Städt. h. B. 4 Kl. 5 L. Mit Sem.-Präparanden-Anst. — 10) Neustadt-Eberswalde. Oberschule. 5 Kl. 130 Sch. 9 L. — 11) **Perleberg. Realsch. (13. Jan. 1840. 30. Sept. 1851. 8 Kl. (2 Elemt. Kl.) 400 Sch. 12 L. — 12) **Potsdam. Realkl. beim Gymn. (1. Nov. 1838. 11. Juli 1854.) Seit Mich. 1852 bes. Realsch. — 13) Potsdam. H. B. — 14) Crossen. H. B. ev. luth. 4 Kl. 152 Sch 5 L. — 15) *Cüstrin. H. B. (19. Dec. 1838.) 8 Kl. 300 Sch. 10 L. Et. 3696 Th. (Stzsch. 939 Th. — 16) **Frankfurt. H. B. (10. Aug. 1836. 8. Febr. 1851.) 16 Kl. (5 Vorbereit. Kl.) 792 Sch. 21 L. — 17) Landsberg a. W. H. B. (10. Aug. 1836.) 7 Kl. 285 Sch. 10 L. — 18) *Lüb-

---

1) Vgl. das Verzeichniß v. 30. April 1850. (M. Bl. d. i. V. S. 99.) Aeltere Verzeichnisse der zu Entlassungsprüfungen berechtigten höhern Bürger- und Realschulen finden sich A. XXI. S. 996, ferner v. 31. März 1842 (M. Bl. d. i. V. S. 64.) u. v. 30. Sept. 1846 (M. Bl. d. i. V. S. 199). Das Recht zur Bauakademie zu entlassen beruht, wo nicht ein zweites Datum angegeben, auf dem C. R. v. 13. Juli 1850 (M. Bl. d. i. V. S. 206).

2) Karl Friedr. Frhr. v. Conradi (geb. d. 25. Juni 1742, gest. den 19. Juli 1798) vermachte sein ganzes Vermögen zur Gründung einer Erziehungs-Anstalt.

3) 1854 wurden 4 neue Lehrerstellen kreirt: Nat. Zeit. 322.

ben. H. B. (28. Okt. 1836.) 6 Kl. 303 Sch. 6 L. Et 2360 Th. — 19) Züllichau. H. B. 4 Kl. 180 Sch. 6 L. —

IV. Provinz Pommern [1]).

1) Pyritz. H. B. — 2) **Stettin. Friedrich-Wilhelms-Sch. (20. Feb. 1845.) 10 Kl. 480 Sch. 17 L. — 3) **Treptow a. R. H. B. (10. Aug. 1836. 16. Jan. 1854.) 7 Kl. 190 Sch. 10 L. — 4) **Colberg. Realsch. (5. Juni 1848. 14. Okt. 1850. 6 Kl. 237 Realsch. 60 Element. Sch. 14 L. — 5) **Stolpe. H. B.- u. Realsch. (8. Aug. 1837. 14. Okt. 1850.) 6 Kl. u. 1 Vorsch. 323 Sch. (47 Vorsch.) 11 L. — 6) *Stralsund. Realsch. (3. Juli 1854.)

V. Provinz Schlesien.

1) **Breslau. H. B. (28. Okt. 1836.) 12 Kl. 600 Sch. 26 L. — 2) Breslau. H. B. zum h. Geist. ev. (1. Sept. 1853.) 9 Kl. 576 Sch. 18 L. — 3) **Neiße. Realsch. (18. Apr. 1838. 20. Apr. 1854.) 4 Kl. 230 Sch. 9 L. — 4) Bunzlau. K. Waisen- u. Schul-Anstalt. 4 Kl. 171 Sch. 10 L. — 5) **Görlitz. H. B. (9. Sept. 1842. 14. Okt. 1850.) 8 Kl. 350 Sch. 16 L. — 6) Grünberg. Städt. Realsch. 5 Kl. (VI.—II.) 190 Sch. 9 L. — 7) *Landeshut. H. B. (28. Okt. 1836.) 5 Kl. 190 Sch. 10 L. —

VI. Provinz Sachsen.

1) **Aschersleben. H. B. (17. Aug. 1839. 6. Sept. 1851.) 6 Kl. 220 Sch. 12 L. — 2) *Burg. Realsch. (3. Nov. 1849.) 6 Kl. 153 Sch. 10 L. — 3) *Halberstadt. H. B. (19. Dec. 1839.) 7 Kl. 300 Sch. 10 L. — 4) **Magdeburg. Höh. Gewerb. u. Handelssch. (8. März 1832. 11. Aug. 1852.) 7 Kl 300 Sch. 12 L. — 5) **Erfurt. Städt. Realsch. Simultan. (1. Juni 1849. 14. Okt. 1850.) 6 Real u. 2 Vorbereit. Kl. 350 Sch. 13 L. — 6) **Nordhausen. Realsch. (28. Okt. 1836. 14. Okt. 1850.) 8 Kl. (1 Vorkl.) 250 Sch. 12 L. — 7) **Halle. Realsch. in den Franke'schen Stiftungen. (18. April 1838. 30. Nov. 1852.) 13 Kl. 492 Sch. 32 L. Et. 5353 Th. 8) Naumburg. H. B. — 9) Torgau. H. B.

VII. Provinz Westphalen.

1) Münster. Städt. Realsch. 4 Obkl. (auf 6 Kl. berechn.) 124 Sch. 9 L. — 2) **Minden. Realkl. mit dem Gymn. verb. (11. Febr. 1841. 14. Okt. 1850.) 3) Altena. H. Stadtsch. 54 Sch. 3 L. — 4) Lippstadt. Höh. ev. Stadtsch. 5 Kl. 125 Sch. 8 L. — 5) **Siegen. Realsch. ev. (28. Okt. 1836.) 6 Realkl. u. 2 griech. Kl. 170 Sch. 11 L. —

VIII. Rheinprovinz.

1) **Cöln. H. B. (8. März 1832.) 7 Kl. 280 Sch. 15 L. — 2) Mühlheim am Rhein. H. B. 4 Kl 80 Sch. 5 L. — 3) *Barmen. Realsch. ev. (8. März 1832.) 6 Kl. 199 Sch. 10 L. — 4) *Crefeld. H. Stadtsch. (8. März 1832.) 5 Kl. 170 Sch. 9 L. — 5) **Düsseldorf. H. B. u. Realsch. (11. März 1841.) 6 Kl. 225 Sch. 13 L. — 6) *Duisburg. Realkl. mit dem Gymn. verb. (8. Aug. 1837.) — 7) **Elberfeld. Städt. Realsch. ev. (8. März 1832.) 7 Kl. (1 Vorbereit. Kl.) 240 Sch. 11 L. — 8) Gladbach. Realsch. u. Erziehungsanstalt. 4 Kl. 86 Sch. 6 L. — 9) Lennep. Höh. Privat-Lehranstalt. 4 Kl. 65 Sch. 4 L. — 10) Mühlheim a. d. Ruhr. H. B. 4 Kl. 78 Sch. 6 L. — 11) Rheydt. Städt. h. Lehranstalt für Evang. u. Kath. 4 Kl. 90 Sch. 6 L. — 12) Solingen. H. B. 3 Kl. 95 Sch. 3 L. — 13) **Aachen. H. B. (28. Okt. 1836.) 6 Kl. 262 Sch. 14 L. — 14) Eupen. H. Stadt u. Gewerbesch. vorwiegend kath. 6 Kl. (IV. u. III. in Real- u. Gymn. Kl. geschieden.) 86 Sch. 6 L. — 15) *Malmedy. H. kath. Bürgersch. (21. Sept. 1848. auf 3 Jahre) 8 Kl. 154 Sch. 10 L. — 16) Birnkastel. H. Stadtsch. 5 L. — 17) Saarlouis. Realsch. u. Progym. 5 L. — 18) **Trier. H. B. u. Gewerbesch. (19. Okt. 1848. 8. Febr. 1851.) 6 Kl. 230 Sch. 13 L. — 19) St. Wendel. Bürgersch. 5 L. — 20) Andernach. Kath. h. Stadtsch. 2 Kl. 22 Sch. 6 L. — 21) Kirn. H. Stadtsch. ev. 1 Kl. m. 2 Ordn. 19 Sch. 4 L.

IX. In den Hohenzollernschen Landen.

1) Hechingen. Realsch mit 1 Progymn. 2 Real- u. 2 Progymn.-Kl. 60 Sch. 8 L. — 2) Hedingen bei Sigmaringen. Gymn. mit Realsch. 6 Gymn.- 2 Realkl. 86 Sch. 9 L. —

---

1) Auch die mit dem Gymnas. zu Greifswald verbundene Realsch. hat das Recht zu Entlassungsprüfungen. Bek. v. 3. Juli 1854. (Staatsanz. S. 1191.)

C. Provinzial-Gewerbeschulen.

Die mit einem * bezeichneten Schulen sind vom Min. f. Handel u. Gew. als befähigt erkannt worden, Abiturienten-Prüfungen zu halten. Auch ist mit jeder Anstalt eine Handwerker-Fortbildungsschule verbunden, die von 100—200 Zögl. besucht wird. [1]) Fast alle Prov.-Gewerbsch. sind 2klassig.

Vorhanden sind deren folgende: 1) Königsberg. 2) *Graudenz. 3) Danzig. 4) Posen. 5) Potsdam. 6) *Frankfurt. 7) *Stettin. 8) *Stralsund. 9) Görlitz. 10) *Liegnitz. 11) *Halberstadt. 12) Halle. 13) *Erfurt. 14) Münster. 15) Bielefeld. 16) *Bochum. 17) *Hagen. 18) Iserlohn. 19) *Köln. 20) *Krefeld. 21) Elberfeld. 22) *Aachen. 23) *Trier.

D. Höhere Töchterschulen.

I. Provinz Preußen.

1) Braunsberg. — 2) Königsberg, städt. 6 Kl. 190 Sch. 6 L. 6 Ln. — 3) Memel, städt. 4 Kl. 150—160 Sch. 3 L. 3 Ln. — 4) Wehlau, städt. ev. 3 Kl. 80 Sch. 2 L. 3 Ln. — 5) Insterburg. — 6) Lyk. — 7) Tilsit. - 8) Konitz. — 9) Deutsch-Krone. — 10) Graudenz, städt. mit Lehranstalt für Lehrerinnen, 6 Kl. 270 Sch. 9 L. 4 Ln. — 11) Marienwerder. — 12) Thorn, ev. 3 Kl. 103 Sch. 8 L. 2 Ln. — 13) Danzig. — 14) Elbing, städt. ev. 6 Kl. 249 Sch. 8 L. 6 Ln. — 15) Marienburg.

II. Provinz Posen.

1) Krotoschin, städt. parität. 2 Kl. 50 Sch. 5 L. 1 Ln. — 2) Lissa. 3) Meseritz. — 4) Ostrowo. — 5) Posen, K. Louisensch. — 6) Rawicz, städt. ev. 6 Kl. 300 Sch. 4 L. 1 Ln. — 7) Bromberg, städt. simultan. 7 Kl. 407 Sch. 7 L. 1 L. — 8) Trzemeszno.

III. Provinz Brandenburg.

1) Berlin, K. Louisenstiftung. — 2) Berlin, K. Elisabethsch. 11 Kl. 475 Sch. 14 L. 4 Ln. — 3) Berlin, K. neue Töchtersch. auf der Friedrichsstadt. 8 Schulkl. 2 Oberkl. 500 Sch. 9 L. 3 Ln. (8—10 Seminaristinnen.) 4) Berlin, städt. höh. T. 11 Kl. 1 Oberkl. 356 Sch. 14 L. 4 Ln. — 5) Berlin, franz. höh. T. 7 Kl. 224 Sch. 5 L. 5 Ln. — 6) Berlin, kath. höh. T. 4 Abth. 75 Sch. — 7) Berlin, jüdische h. T. [2]) — 8) Brandenburg. — 9) Freienwalde, Privat-Pensionsanst. 4 Kl. 58 Sch. 5 L. 2 Ln. — 10) Neu-Ruppin. — 11) Perleberg, ev. 6 Kl. 276 Sch. 6 L. 2 Ln. — 12) Potsdam, h. T. — 13) Potsdam, Privat-h. T. 7 Kl. 212 Sch. — 14) Prenzlau, Privat h. T. 4 Kl. 87 Sch. 6 L. 4 Ln. — 15) Schwedt. — 16) Spandau. — 17 u. 18) Frankfurt. — 19) Landsberg. — 20) Luckau, städt. Mädchensch. mit einer Selekta von 10—15 Sch. — 21) Lübben, städt. 3 Kl. u. 1 Selekta. 177 Sch. — 22) Züllichau, Priv. h. T. ev. 4 Kl. 41 Sch. 3 L. 1 Ln.

IV. Prov. Pommern.

1) Anklam. — 2) Stargard, städt. 5 Kl. u. Selekta für Ln. 5 L. 1 Ln. (578 Th. Etzsch.) — 3) Stettin. — 4) Treptow. 3 Kl. 50 Sch. 2 L. 2 Ln. Patron: der Magistrat. — 5) Kolberg. — 6) Stolpe, ev. 3 Kl. 148 Sch. 6 L. 3 Ln. Patron: der Magistrat. —

V. Prov. Schlesien.

1) Breslau, simultan, 8 Kl. 386 Sch. 14 L. 7 Ln. — 2) Brieg, ev. 6 Kl. 58 Sch. 6 L. 3) Glatz. — 4) Oels, ev. 2 Kl. 36 Sch. 4 L. — 5) Schweidnitz, Priv. h. T. 4 Kl. 75 Sch. 7 L. 4 Ln. 6) Gleiwitz. — 7) Leobschütz. — 8) Neisse. 9) Oberglogau. — 10) Oppeln. — 11) Ratibor. — 12) Sorau. — 13) Bunzlau. — 14) Glogau, simultan. 5 Kl. 85 Sch. 9 L. 1 Ln. — 15) Görlitz. — 16) Grüneberg. — 17) Hirschberg. 5 Kl. 122 Sch. 8 L. 6 Ln. 18) Landshut. — 19) Lauban. — 20) Liegnitz. — 21) Sagan.

VI. Prov. Sachsen.

1) Aschersleben. — 2) Burg, städt. 6 Kl. 280 Sch. 7 L. 4 Ln. — 3) Halberstadt. — 4) Magdeburg, städt. 9 Kl. 400 Sch. 11 L. 6 Ln. — 5) Quedlin-

---

1) Auch außerdem sind Handwerker-Fortbildungssch. vorhanden. Im ganzen Staat 220 mit 1811 Sch., theils Lehrlingen, theils Gesellen, theils Meistern. (Staatsanz. 1854. S. 1913. Nr. 253.)

2) Außerdem hat Berlin 26 Privat- höh. Töchterschulen.

burg. — 6) Salzwedel, städt. ev. 3 Kl. 100 Sch. 9 L. 1 Ln. — 7) Erfurt. — 8) Mühlhausen. — 9) Nordhausen. — 10) Schleusingen. — 11) Eisleben, Priv. h. T. 5 Kl. 140 Sch. 6 L. 1 L. — 12) Halle, ev. 8 Kl. 250 Sch. 10 L. 6 Ln. — 13) Torgau, 4 Kl. 110 Sch. 6 L. 2 Ln. — 14) Merseburg. — 15) Wittenberg. —

VII. Prov. Westphalen.

1) Dorsten, im Ursulan. Kloft. — 2) Münster im Sem. — 3) Bielefeld, ev. 5 Kl. 115 Sch. 5 L. 2 Ln. 4) Minden. — 5) Paderborn, im Franz. Nonnenkloster. — 6) Dortmund, ev. 3 Kl. 53 Sch. 5 L. 2 Ln. — 7) Hagen. — 8) Lippstadt, städt. — 9) Siegen, simultan. 3 Kl. 50 Sch. 2 L. 2 Ln.

VIII. Rheinprovinz.

1) Bonn. — 2) Köln, ev. 4 Kl. 145 Sch. 4 L. 2 Ln. 3) Köln, im Ursul. Kloster. [1]) 4) Mühlheim, kath. Patron: der kath. Schulvorstand. — 5) Barmen, städt. ev. 4 Kl. 97 Sch. 5 L. 2 Ln. — 6) Krefeld, Priv. h. T. 4 Kl. 125 Sch. 4 L. 4 Ln. — 7) Düsseldorf. — 8) Duisburg, 4 Kl. 2 L. 2 Ln. — 9) Elberfeld, städt. 5 Kl. u. 1 Selekta f. Ln. 130 Sch. 6 L. 2 Ln. — 10) Elberfeld m. Sem. 6 Kl. 150 Sch. 8 L. 2 Ln. — 11) Rheydt, ev. u. kath. 2 Kl. 30 Sch. 4 L. 2 Ln. — 12) Wesel. — 13) Xanten, Priv. h. T. 2 Abth. 19 Sch. 1 L. 1 Ln. — 14) Aachen. — 15) Malmedy. — 16) Siegburg. — 17) Saarbrück. — 18) Trier. — 19) Koblenz. — 20) Kreuznach. — 21) Wetzlar.

III. Allgemeine gesetzliche Bestimmungen über die höhern Schulen. [2])

Dieselben finden sich:

1) im 12. Tit. des A. L. R. §§. 54—66.

II. Von gelehrten Schulen und Gymnasien.

§. 54. Schulen und Gymnasia, in welchen die Jugend zu höhern Wissenschaften, oder auch zu Künsten und bürgerlichen Gewerben, durch Beibringung der

---

1) Außerdem 2 Privat. h. Töchterschulen.

2) Von ältern, blos noch historisch wichtigen V. sind anzuführen:

Die ev. reform. Inspections-Presbyterial-Classical-Gymnasien u. Schulordn. v. 24. Okt. 1713 (Bd. 1. S. 57 ff.);

Das Schulregl. für die Univ. in Breslau u. die kath. Gymn. im Herzogth. Schlesien u. der Graffsch. Glatz v. 11. Dec. 1774 nebst Instr. für die Priester des K. Schulen-Instituts v. 26. Aug. 1776 (Korn Ed. S. Bd. 19. S. 354. 400).

Diese Priester des Schulen-Instituts waren die Jesuiten, in deren Händen Friedrich II. die kathol. Gymn. Schlesiens auch nach der Aufhebung des Ordens beließ. Erst durch

das neue Schulregl. für die Univ. Breslau und die damit verbundenen Gymn. v. 26. Juli 1800 und die Min. Instr. v. 21. Nov. 1800 (Korn, neue Ed. S. Bd. 7. S. 90. 188)

hörten dieselben auf, eine privilegirte geistl. Korporation auszumachen, und wurden in Ansehung ihrer Lehrerstellen als besoldete Diener des Staats unter eine Schuldirektion gestellt, die aus 2 Räthen der Kammer, 2 Beisitzern von Seiten des Fürstbischofs, einem Schuldirektor und 2 Beisitzern aus der Zahl der Lehrer bestand. Durch die neue Organisation der Staatsbehörden ist auch diese Schuldirektion verschwunden, und das Prov. Schul-Kollegium resp. die Regierung an deren Stelle getreten.

Die Güter des Jesuitenordens in Schlesien waren dem Schuleninstitute konservirt worden. Durch das Regl. v. 26. Juli 1800 wurde darauf erklärt: daß das sämmtliche baare und in Kapitalien bestehende Vermögen des Instituts auf ewige Zeiten zum römisch-kathol. Schulfonds gewidmet, der von den geistl. Stiften bewilligte Beitrag allein dazu verwendet, und von den Kollegien- und Seminar-Gebäuden das erforderliche Gelaß zum Unterricht und zu Wohnungen der Lehrer bestimmt bleiben solle. Vergl. das Ed. v. 30. Okt. 1810 über die Einziehung

dabei nöthigen oder nützlichen wissenschaftlichen Kenntnisse vorbereitet werden soll, haben die äußern Rechte der Korporationen.

§. 55. Diese Rechte werden durch die Schulkollegien, nach der eingeführten Schulordnung jedes Orts, ausgeübt.

§. 56. Dergl. Schulen stehen unter der näheren Direktion der dem Schul- und Erziehungswesen vom Staate vorgesetzten Behörde, welche besonders darauf sehen muß, daß der Unterricht zweckmäßig eingerichtet, und die Schule unter beständiger Aufsicht gehalten werde.

§. 57. Von den Gebäuden, Grundstücken und Vermögen solcher Anstalten gilt Alles, was in Ansehung der Kirchen und deren Vermögen im vorigen Titel verordnet ist.

§. 58. Doch sind Gymnasia und Realschulen in Ansehung der Schenkungen und Vermächtnisse den Einschränkungen der Kirchengesellschaften eben so wenig, wie die gemeinen Schulen, unterworfen. [1])

§. 59. Wo die Bestellung der Lehrer und Schulaufseher nicht etwa gewissen Personen oder Korporationen, vermöge der Stiftung oder eines besondern Privilegii, zukommt, da gebührt dieselbe dem Staate. [2])

§. 60. Auch da, wo die unmittelbare Aufsicht über dergl. Schulen, oder die Bestellung der Lehrer, gewissen Privatpersonen oder Korporationen überlassen ist, können dennoch, ohne Vorwissen und Genehmigung der dem Schulwesen in der Provinz vorgesetzten Behörde, weder neue Lehrer bestellt, noch wesentliche Veränderungen in der Einrichtung des Schulwesens und der Art des Unterrichts vorgenommen werden.

§. 61. Zu Aufsehern müssen Leute von hinlänglichen Kenntnissen, guten Sitten und richtiger Beurtheilungskraft gewählt werden.

§. 62. Diese müssen junge Leute, welche sich einer Lebensart, die gelehrte Kenntnisse erfordert, widmen, und zu dem Ende die Universität beziehen wollen, gleichwohl aber sich durch Geistesfähigkeiten und Anlagen zu einer gründlichen Gelehrsamkeit nicht auszeichnen, vom Studiren ernstlich abmahnen, und deren Aeltern oder Vormünder dahin zu vermögen suchen, daß sie dergl. mittelmäßige Subjekte zu andern nützlichen Gewerben in Zeiten anhalten.

§. 63. Dagegen sollen junge Leute, welche vorzügliche Fähigkeiten und Anlagen zeigen, zur Fortsetzung ihrer Studien aufgemuntert und unterstützt werden.

§. 64. Kein Landeseingeborner, welcher eine öffentliche Schule besucht hat, soll ohne ein von den Lehrern und Schulaufsehern unterschriebenes Zeugniß über die Beschaffenheit der erworbenen Kenntnisse und seines sittlichen Verhaltens, von der Schule entlassen werden.

§. 65. Die Lehrer bei den Gymnasiis und andern höhern Schulen werden als Beamte des Staats angesehen, und genießen der Regel nach einen privilegirten Gerichtsstand. [3])

§. 66. Rückständig gebliebenes Schulgeld, so wie bei gemeinen Schulen der zum Unterhalte des Schullehrers zu leistende Beitrag, genießen bei einem über das Vermögen der Aeltern entstandenen Konkurse, das in der Konkursordnung näher bestimmte Vorrecht.

---

sämmtlicher geistl. Güter in der Monarchie (G. S. 1810. S. 32). — In ähnlicher Weise wie in Schlesien konservirte Friedrich II. in Westpreußen die Jesuiten durch

das allg. Regl. für die in Westpreußen statt der ehemal. Jesuiterkollegien etablirten kathol. Gymnasien v. 1. Juni 1781 (Rabe, Bd. 1. Abthl. 6. S. 514).

1) Aufgehoben durch G. v. 13. Mai 1833 (Bd. 1. S. 748.)

2) Vgl. V. v. 9. Dec. 1842 s. u. S. 70.)

3) Der eximirte Gerichtsstand ist aufgehoben durch §. 9. der V. v. 2. Jan. 1849 (G. S. 1849. S. 1.):

„Jedermann steht fortan unter dem ordentlichen Gerichte, welches für den Ort oder Bezirk zunächst und unmittelbar bestellt ist.“

Hiermit sind auch die Vorschriften des §. 11. des Anh. zu §. 45. u. §. 47. A. G. O. I. 2. antiquirt.

2) in der Staatsverfassung v. 31. Jan. 1850 Art. 20. flg. (Bd. I. S. 232.)

3) Außerdem lassen sich als die Grundgesetze des gesammten höhern Schulwesens folgende ansehen:

a) das Ed. v. 12. Juni 1810 wegen Prüfung der Kandidaten des höhern Schulamts, nebst dem dazu gehörigen Regl. v. 20. April 1831;

b) die verschiedenen Direktorial-Instruktionen;

c) die Instr. v. 8. März 1832 über die Entlassungsprüfungen in den höhern Bürger- und Realschulen;

d) das Regl. v. 4. Juni 1834 für die Prüfung der zu den Universitäten übergehenden Schüler;

e) das C. R. v. 24. Okt. 1837, betr. die für den Unterricht und die Zucht auf den Gymnasien getroffenen allgemeinen Anordnungen.

Diese Verordnungen sind gehörigen Orts in den folgenden Abschnitten mit ihren Erläuterungen und Ergänzungen gegeben.

Erster Abschnitt.

Die Aufsicht über die höhern Schulen.[1]

Die höhern Schulen stehen unmittelbar unter der Aufsicht der Prov.-Schulkoll. und Reg., welche dieselbe, wo nöthig, durch besondere Kommissarien ausüben.[2] Neben und unter diesen Behörden haben die Patrone, Kuratorien und die Direktoren der einzelnen Anstalten mitzuwirken. Auch konkurriren hinsichtlich des Religionsunterrichts die geistl. Behörden. Vgl. §. 56. d. T. (s. o. S. 17.)

I. Die Prov. Schulkollegien.

Denselben ist die gesammte innere Aufsicht und Leitung, so wie die Verwaltung der äußern Angelegenheiten bei den gelehrten Schulen und Schullehrer-Seminarien übertragen: §§. 6—8. Konf. Instr. v. 23. Okt. 1817, B. 8. u. 9. K. O. v. 31. Dec. 1825. (Bd. I. S. 262, 266.) Auch haben sie die Lehrpläne der höhern Bürgerschulen zu prüfen: R. v. 7. März 1835. (Bd. I. S. 642.)

II. Die Regierungen.

Die höhern Schulen gewerblicher Richtung stehen unter den Reg. und insbesondere unter der Abtheilung ders. für das Kirchen- und Schulwesen: §§. 18. 46. der Reg. Instr. v. 23. Okt. 1817, D. II. 2. K. O.

---

1) Die zusammenhängende Darstellung der Schulbehörden ist Bd. 1. S. 241 bis 279 gegeben. Hinsichtl. der Aufsicht über die Berliner Sch. vgl. ebendas. S. 371 ff.

2) Auch das Min. d. G. U. u. M. Ang. selbst hat in neuerer Zeit eine unmittelbare Aufsicht über die Gymn. ausgeübt, und dieselben durch seine Kommissäre untersuchen lassen. So hat im J. 1853 der Geh. Ob. Reg. Rath Dr. Brüggemann (Dezernent f. d. kathol. Schulwesen im Min.) die Gymn. Westphalens und der Rheinpr. u. der Geh. Reg. R. Dr. Wiese die evang. Gymn. Schlesiens bereist.

v. 31. Dec. 1825. (Bd. I. S. 270, 272, 273.) Vergl. R. v. 7. Jan. 1840 (s. u. S. 94) und das sub I. angef. R. v. 7. März 1835.

III. Die Patrone.

Das Patronatrecht äußert sich vor Allem bei der Besetzung der Lehrerstellen: §§. 59. 60. A. L. R. II. 12. (s. o. S. 17) u. die V. v. 9. Dec. 1842. (s. u. S. 70). Doch ist damit nach §. 60. A. L. R. II. 12. auch die Aufsicht über die betr. Schulen verbunden. [1]) Nähere gesetzliche Bestimmungen fehlen, und es bleibt nur übrig, wenn keine lokalen Statuten vorhanden sind, den allgemeinen Vorschriften über das Kirchenpatronat [2]) eine analoge Anwendung zu gestatten. In Ansehung der Vermögensverwaltung wird dies durch die im §. 57. a. a. O. (s. o. S. 17) enthaltene ausdrückliche Hinweisung auf die Bestimmungen des 11. Tit. über die Kirchen und deren Vermögen gerechtfertigt. [3])

In den Fällen, wo der Staat stehende Beiträge zu einer Schulanstalt giebt, nimmt derselbe ein Kompatronat in Anspruch, welches durch Kommissarien der Reg. und in höherer Instanz von den Reg. selbst wahrgenommen werden soll: K. O. v. 10. Jan. 1817. (s. in Bd. I. S. 445.)

IV. Die Kuratorien.

Nach §. 55. A. L. R. II. 12. (s. o. S. 17) sollen die äußern Rechte der höhern Schulen durch die Schulkollegia jedes Orts ausgeübt werden. Die Einrichtung von dergl. von dem Lehrerkollegium getrennten Behörden ist verschieden. Meist haben sie auch Einfluß auf die innern Angelegenheiten der Schule, und bilden so eine förmliche Zwischenbehörde zwischen dem Prov.-Schulkoll. und dem Direktor. Sie kommen unter dem Namen Ephorat, Scholarchat, Kuratorium vor. Vollständig durchgeführt ist diese Organisation in der Rheinprovinz u. in Westphalen, wo der Schuldirektor stets Mitglied dieser Lokalvorstände ist, denen laut Bek. des Prov.-Schulkolleg. zu Münster v. 28. April 1830 (Arnsb. Amtsbl. 1830. S. 255) das Min. der G., U. u. M. Ang. den Namen „Kuratorien" beigelegt wissen will. [4]) Besondere Bestimmungen in Ansehung der Kuratorien enthalten:

---

1) Vgl. §§. 2. 24. 28. der Instr. für die Gymn. Dir. der Prov. Brandenburg v. 10. Juni 1824 im folgenden und die C. Verf. des Schles. Kons. v. 25. Nov. 1824 über die Schulgeld-Befreiung im 4. Abschn.

2) §§. 568 ff. A. L. R. II. 11. insbes.:

§. 568. Derjenige, welchem die unmittelbare Aufsicht über eine Kirche, nebst der Sorge für deren Erhaltung und Vertheidigung obliegt, wird der Kirchenpatron genannt.

§. 584. Die dem Patrone obliegende Sorge für die Erhaltung der Kirche begreift die Pflicht, dazu, bei Ermangelung eines hinlänglichen Kirchenvermögens, aus eignen Mitteln beizutragen, in sich.

§ 585. Dagegen ist aber auch der Patron berechtigt, die Verwalter des Kirchenvermögens zu bestellen, und Rechnungslegung von ihnen zu fordern.

3) §§. 160 ff. 613 ff. A. L. R. II. 11. insbes. §. 621.: Doch sind sie (die Vorsteher) bei Patronatkirchen in Rücksicht auf diese Verwaltung, auch der besondern und unmittelbaren Aufsicht des Patrons unterworfen. Vgl. über die einzelnen Verwaltungszweige: §§. 629—632. 641. 644. 645. 647. 651. 654. 658. 668. 687. 689. 699 ff. A. L. R. II. 11., sowie Bd. 1. S. 444 ff. 751 ff.

4) Vgl. §§. 2. 28. der Instr. für die Gymn.-Dir. der Prov. Brandenburg v. 10. Juni 1824, §. 6. der gleichen Instr. für Pommern v. 1. Mai 1828, so

a) das R. v. 7. Jan. 1840 (s. u. S. 94);

b) der Erl. des Min. f. Handel, Gew. u. öff. Ang. (v. d. Heydt) v. 20. Dec. 1853 an die K. Reg. zu N. und abschr. zur Kenntnißnahme und Beachtung an sämmtl. übrige K. Reg. (außer Koblenz, Köslin, Oppeln, Breslau, Gumbinnen und Sigmaringen), betr. den Ersatz ausscheidender Mitglieder der Kuratorien von Prov. Gewerbeschulen.

Auf den Ber. v. 18. v. M. erwiedere ich der K. Reg., daß ich gegen den Eintritt des N. und des N. in das Kuratorium der dortigen Prov. Gewerbeschule nichts zu erinnern finde.

In Zukunft erwarte ich in solchen Fällen, in welchen es auf den Ersatz ausscheidender Mitglieder bereits bestehender Kuratoren von Prov. Gewerbeschulen ankommt, nur dann Bericht, wenn besondere Gründe vorwalten, die Qualifikation der Neugewählten in Zweifel zu ziehen und deshalb meine Entscheidung nachzusuchen. Anderenfalls überlasse ich der K. Reg., nach Umständen die Wahl zu bestätigen, oder die Bestätigung zu versagen und eine neue Wahl anzuordnen.

(M. Bl. d. i. V. 1854. S. 6.)

V. Die Direktoren.

Vergl. die im folg. Abschn. gegebenen Dienst-Instruktionen für dieselben.

VI. Die geistlichen Behörden.

Der Art. 24. der Staatsverfassung (Bd. I. S. 233) schreibt zwar den betr. Religionsgesellschaften nur in der Volksschule die Leitung des Religionsunterrichts zu, doch wahrt schon der §. 8. der Konf. Instr. v. 23. Okt. 1817 (Bd. I. S. 263) den katholischen Bischöfen allgemein ihren verfassungsmäßigen Einfluß [1]), und die Instr. für die evang. General-Superintendenten v. 14. Mai 1829 verpflichtet dieselben im §. 6. ausdrücklich: ihr Augenmerk auf die religiöse und kirchliche Tendenz der gelehrten Schulen und höhern Bürgerschulen zu richten. (Bd. I. S. 277. Vgl. das. S. 253, 261, 278.)

---

wie §. VI. der gleichen Instr. für die Rheinprov. v. 12. Dec. 1839 im folgenden Abschn. Kap. 3.

1) In den Zeitungen wird berichtet, daß den kath. Gymn. der östlichen Provinzen im J. 1853 unter Billigung der weltlichen Aufsichtsbehörde eine Instruktion Seitens der geistl. Obern zugegangen sei, welche die religiöse Erziehung für das Hauptmoment der gesammten Schulbildung erklärt, und deshalb auch dem Religionslehrer eine exklusive Stellung anweist. Der Titel „Oberlehrer" soll ihm in Zukunft nicht beigelegt werden, weil es dadurch den Schein gewinnen würde, als stände ein nicht mit diesem Titel ausgestatteter Religionslehrer unter den Oberlehrern, oder der damit begabte ihnen koordinirt, während doch jeder Religionslehrer einen selbständigen Rang als zweiter Direktor zu beanspruchen habe. Bei den Besprechungen über den Schulplan, bei Abstimmungen über Versetzungen soll ihm die Hauptstimme eingeräumt werden, überhaupt das Urtheil über die sittliche Reife das maaßgebende über den Schüler sein. Die Wochentagsgottesdienste, die er zu leiten hat, sollen täglich eingerichtet werden, und nur um der unvermeidlichsten Hindernisse willen eine Aussetzung erfahren. Ihnen sollen nicht nur die gerade mit der Aufsicht beauftragten, sondern möglichst alle Lehrer beiwohnen. Alle sechs Wochen sollen die Schüler zum heil. Abendmahl gehen, und zu Ostern soll diese Verpflichtung den Lehrern mit jenen gemeinsam sein. Falls Geistliche in irgend einem Fache Unterricht an dem Gymn. ertheilen wollen, soll ihnen dies jedenfalls mit der größten Bereitwilligkeit gestattet werden. (Nat. Zeit. 1853. Nr. 526.)

In den offiziellen Sammlungen ist diese Instr. nicht veröffentlicht.

Zweiter Abschnitt.

Die Lehrer.[1])

Die Vorbereitung für das höhere Schulfach ist dieselbe, wie für den Gelehrtenberuf überhaupt, und erfolgt auf den Gymnasien und Universitäten. Zur praktischen Einführung in die Wirksamkeit als Lehrer dient demnächst das Probejahr [2]), welches jedoch das Bestehen der ersten allgemeinen Prüfung, des Examen pro facultate docendi, voraussetzt. Besondere Anstalten zur Ausbildung der Lehrer an höhern Schulen sind die Seminarien für gelehrte Schulen in Berlin, Breslau und Stettin. Sie sind dazu bestimmt, neben und nach dem Universitätsstudium die praktische Einführung in das Lehrfach zu fördern [3]), und bilden mithin keinen Er-

---

1) Wer unter die Lehrer an höhern Schulen zu zählen sei, ergiebt sich aus §. 5 des Ed. v. 12. Juli 1810 und §. 2. des Regl. v. 20. April 1831 (s. u. im 1. Kap. I. 1. u. 2.).

In einzelnen Beziehungen ist mitunter dieser Begriff weiter aufgefaßt worden, so z. B. hinsichtlich der in dem früheren Disciplinarverfahren (Bd. 1. S. 491.) üblichen Rekurs-Instanz. Nach der K. O. v. 29. März 1837 (G. S. 1837. S. 70) sollte der Rekurs der Elementarlehrer an den Oberpräs., der Rekurs der höhern Lehrer an das Min. gehen. In dieser Beziehung stellte das C. R. des Min. der G. U. u. M. Ang. (Eichhorn) v. 20. Dec. 1841 die Gränze zwischen beiden Lehrerklassen, wie folgt, fest:

> Zu der Klasse der Elementar-Schullehrer können alle diejenigen Lehrer nicht gerechnet werden, welche an den höheren Bürger-, Real-, allgem. Stadtschulen, und an den solchen gleich zu achtenden öffentl. Lehr- und Erziehungs-Anstalten als Direktoren, Rektoren und Lehrer, interimistisch oder definitiv angestellt sind, und welche entweder vor den K. wissenschaftl. Prüf. Komm., oder vor den von den Reg. ressortirenden Prüf. Komm. zur Prüfung der Literati pro schola ihre Befähigung zur Verwaltung des Schulamts dargethan haben, indem diese nicht allein persönlich eine höhere Ausbildung nachgewiesen haben, sondern auch an einer höheren Unterrichts-Anstalt thätig sind. In Disciplinarfällen gegen diese Klasse von Lehrern wird daher der Rekurs an das Min. gestattet. (Min. Bl. d. i. V. 1842. S. 16.)

Ueber die Prüfung pro schola, d. h. für städt. Volks- oder Mittelschulen, vgl. Bd. 1. S. 424 ff., wie auch S. 553.

In andern Beziehungen wird jener Begriff wiederum verengert. So wird z. B. hinsichtlich der Heranziehung der Lehrer zu den Kommunalsteuern berichtet, daß dieselbe durch einen Oberpräsidialbescheid in Betreff der Lehrer an der Realschule zu Bromberg für unzulässig erklärt worden sei, „weil bei den K. Min. d. G. U. u. M. Ang. und d. J. die Ansicht adoptirt sei, daß Realschulen so lange als Elementarschulen anzusehen, als ihnen nicht das Recht zu Entlassungsprüfungen nach dem Regl. v. 8. März 1832 (s. im III. Abschn.) beigelegt worden." Hieraus wird gefolgert, daß den Lehrern bis zu diesem Zeitpunkte die den Elementarschullehrern durch §. 4. der St. O. v. 30. Mai 1853 beigelegte Befreiung (Bd. 1. S. 835) ebenfalls zu Gute komme. (Nat. Zeit. 1854. Nr. 244.)

2) Vgl. §. 33. des Regl. v. 20. April 1831 (unten im 1. Kap. I. 2.).

3) Im Berliner Sem. für gel. Sch., welches unmittelbar unter dem Min. steht, haben die Mitglieder sich monatlich zweimal zu versammeln, und jedes wöchentlich wenigstens 6 Lehrstunden an einem Deutschen Gymn. der Stadt oder am Pädagogium zu Charlottenburg zu geben. Sie erhalten eine jährl. Unterstützung, jedes der 5 älteren Mitglieder 200, jedes der 5 jüngeren 160 Thlr.

Vgl. Regl. v. 20. April 1831 §. 33. Nr. 13. Das dort genannte vierte Sem. für gel. Sch. zu Königsberg wird im Schulkalender pro 1854 nicht mehr aufgeführt.

Ueber die philologischen, historischen oder naturwissenschaftlichen Seminare bei den Universitäten vgl. die 4. Abth.

satz, sondern nur eine Ergänzung des allgemeinen Bildungsgangs. Von einer besondern Vorbereitung für den höhern Lehrerberuf in dem Sinne, wie von der Seminarbildung der Volksschullehrer, ist demnach nicht zu reden, und der gegenwärtige Abschnitt hat sich auf die Darstellung der Prüfungen für das höhere Schulfach, der Anstellung der Lehrer, ihrer Amtspflichten und ihrer persönlichen Verhältnisse, so wie der Amtserledigung zu beschränken.

Ueber die öffentliche Stellung der Lehrer disponirt §. 65. A. L. R. II. 12. (s. o. S. 17), welcher die Lehrer an Gymnasien und andern höhern Schulen als **Beamte des Staats** anerkennt.

Erstes Kapitel.

Die Prüfungen für das höhere Schulfach. 1)

I. Allgemeine Vorschriften.

Dieselben sind in dem Ed. v. 12. Juli 1810 und in dem Regl. v. 20. April 1831 enthalten. Beide V. sind hier durch eingeschaltete Hinweisungen in die gehörige Verbindung mit einander gesetzt. Die ergänzenden und modifizirenden Vorschriften sind als Noten beigefügt.

1) **Ed. v. 12. Juli 1810 wegen Prüfung der Kandidaten des höhern Schulamts.**

Wir Friedrich Wilhelm ꝛc. thun kund, daß Wir, um dem Eindringen untüchtiger Subjekte in das Erziehungs- und Unterrichtswesen des Staats vorzubeugen, beschlossen haben, eine ähnliche allg. Prüfung für diej., welche sich dems. widmen wollen, einzuführen, wie für die Kandidaten des Predigtamts stattfindet. Wir setzen demnach fest:

§. 1. Diese allg. Prüfung soll von den Abtheilungen der jetzt organisirten wissenschaftlichen Deputation der Sektion des öffentl. Unterrichts im Min. des J. in Berlin, Breslau und Königsberg angestellt werden, welche durch ihre Instr. schon dazu verpflichtet, und sie unentgeltlich zu übernehmen verbunden sind. 2)

---

1) In der Mitte zwischen diesen Prüfungen für das höhere Schulfach und den Lehrerprüfungen für die Volksschule steht die **Prüfung pro schola**, für städtische Volks- oder Mittelschulen. Die Vorschriften über diese sind bereits Bd. 1. S. 424 ff. gegeben, namentlich die C. R. v. 29. März 1827 u. 12. Juli 1833. Eben so finden sich dort schon die R. v. 27. Juni 1835 und 4. Sept. 1835, von denen das erstere die Prüfung pro schola für eine Unterart des examen pro fac. doc. erklärt, und das letztere zu jener auch die bereits bestandenen Kand. des höhern Schulamts verpflichtet, falls sie eine Anstellung an einer Volks- oder niedern Bürgerschule wollen.

2) Die Sektion für Kultus u. öffentl. Unterr. im Min. des J. ist seit 1817 ein besonderes Min. (Bd. I. S. 246. 250.) Statt der wissenschaftl. Deput. wurden durch K. O. v. 19. Dec. 1816 sechs **Prüfungs-Kommissionen** eingerichtet. Vergl.:

1) C. der IV. Gen. Verwalt. im Fin. Min. (Villaume) v. 10. Jan. 1817 wegen Umwandlung der bisherigen wissenschaftl. Deputation in Prüfungs-Kommissionen:

a) an die K. Reg. in Berlin.

Des Königs Maj. haben mittelst A. K. O. v. 19. Dec. v. J. zu bestimmen geruhet, daß die bisher bestandenen wissenschaftl. Deputationen aufgelöset und in deren Stelle wissenschaftliche Prüfungs-Kommis-

§. 2. Sie ist bestimmt, ohne Rücksicht auf gewisse Lehrerstellen, nur die Tauglichkeit der Subjekte für die verschiedenen Arten und Grade des Unterrichts im Allg. auszumitteln.

§. 3. Sie soll in der Regel bestehen in der Anfertigung schriftlicher Arbeiten, einer mündlichen Prüfung und einer Probelektion. Doch soll es der Prüfungs-Behörde in jedem einzelnen Falle anheim gestellt bleiben, ob sie zu vollständiger Beurtheilung eines Kandidaten in Hinsicht auf Kenntnisse nicht nur, sondern

---

sionen eingesetzt werden sollen. Für die Marken und die Prov. Pommern ist eine solche Kommission hier in Berlin, und zu deren Remuneration jährlich die Summe von 800 Thlr. bestimmt, davon nähere Anweisung von dem K. Min. des I. erfolgen wird. Die K. Reg. wird autorisirt, diese „Achthundert Thlr." für das Jahr 1817 aus den für die bisherige wissenschaftl. Deput. ausgesetzten Remunerationen nehmen, das Residuum aber als erspart berechnen, und pro 1818 von dem Etat der Geistlichen und Schul-Verwaltung absetzen zu lassen, so daß nur die jetzt erforderl. 800 Thlr. für die Prüfungs-Kommissionen stehen bleiben.

b) an die K. Reg. in Breslau bestimmt gleichlautend „für ganz Schlesien eine solche Kommission dort in Breslau" mit einer Remuneration von jährlich 640 Thlr.;
c) an die K. Reg. in Königsberg bestimmt gleichlautend „für ganz Preußen eine solche Kommission dort in Königsberg" mit einer Remuneration von jährlich 640 Thlr.;
d) an die K. Reg. in Merseburg bestimmt gleichlautend „für die Prov. Magdeburg und Sachsen eine solche Kommission in Halle" mit einer Kommission von jährlich 640 Thlr.;
e) an die K. Reg. in Münster desgl. für Westphalen in Münster;
f) an die K. Reg. in Köln desgl. für die Rheinprovinzen am Sitze der für selbige zu stiftenden Universität (Bonn) mit gleicher Remuneration. (A. I. H. 1. S. 13.)

2) Publ. des K. Konf. in Magdeburg v. 18. März 1817.
   1) Mittelst A. K. O. v. 19. Dec. v. J. sind die bisherigen wissenschaftl. Deputationen des Unterrichts-Depart. aufgehoben und in wissenschaftl. Prüfungs-Kommissionen bei den Konsist. verwandelt worden, deren Mitglieder von dem K. Min. des J. alljährlich ernannt werden.
   Die dem Konsist. der Prov. Sachsen beigeordnete wissenschaftl. Prüfungs-Kommission hat in Halle ihren Sitz, und besteht für das Jahr 1817 aus den H. Kanzler Niemeyer, als Dirigenten, den H. Prof. Hofr. Schütz, Pfaff und Voigtel, als Mitgliedern.
   2) Die wissenschaftl. Prüfungs-Komm. verrichtet im Auftrage des Konsist., außer andern, durch die vom K. Min. des J. für sie vollzogene Instr. ihr übertragenen, Geschäften, die Prüfungen aller Lehrer für gelehrte Schulen, also die allg. Prüfungen der Schulamts-Kandidaten, die Prüfungen pro loco, und die Ascensions-Prüfungen rc. (A. I. H. 1. S. 159.)

3) §. 12. der Konf. Instr. v. 23. Okt. 1817 (Bd. 1. S. 264).
4) §. 1. des nachstehenden Regl.

In neuerer Zeit ist zu den genannten sechs wissenschaftl. Prüfungs-Kommiss. laut K. O. v. 24. Dec. 1837 und R. v. 8. Jan. 1838 noch eine zu Greifswald getreten. Außerdem sind bei dieser Komm. neue Stellen kreirt worden: zur Prüfung in den Naturwissenschaften laut C. R. v. 8. Mai 1839, durch K. O. v. 16. März dess. J. (s. u. bei §. 19. des Regl.), sowie für das Französische und Englische laut C. R. v. 11. Aug. 1854. (s. u. bei §. 17. des Regl.) — Im Laufe des Jahres 1853 haben folgende Prüfungen für das höhere Lehramt stattgehabt: in Berlin 51, in Breslau 56, in Königsberg 11, in Halle 10, in Münster 19, in Bonn 35, in Greifswald 10; zusammen 192, davon 119 zum ersten Male. (Nat. Zeit. 1854. Nr. 357.) — Im Etat für 1854 stehen 7,338 Thlr. für diese Komm. (Bd. 1. S. 316.) Ueber die Wirksamkeit der wissenschaftl. Prüfungs-Komm. bei den Abiturienten-Prüfungen s. den folg. Abschnitt.

auch auf Lehrgeschicklichkeit, ihn alle diese Theile der Prüfung will durchgehen, oder ob sie einen derselben, wenn auf das von ihm zu erwartende Resultat aus den übrigen sich mit Gewißheit schließen läßt, kann wegfallen lassen. (§. 8. des Regl.)

§. 4. Die Kenntnisse, welche im Allg. von den angehenden Schulmännern werden gefordert werden, und auf welche man vorzüglich diese Rücksicht zu nehmen hat, sind philologische, historische und mathematische. Jedoch soll es keinem Kandidaten verwehrt sein, auch in anderen Fächern, denen er sich vorzüglich gewidmet hat, sich prüfen zu lassen. (§. 5. des Regl.)

§. 5. Dieser allgemein-pädagogischen Prüfung sich zu unterziehen, sind gehalten, und werden hierdurch angewiesen:

1) die künftigen Lehrer an solchen öffentl. Königl. und Patronatsschulen und Erziehungs-Anstalten, welche die Befugniß haben, Schüler zur Universität zu entlassen;

2) die künftigen Lehrer an solchen öffentl. Königl. und Patronatsschulen und Erziehungs-Anstalten, welche ihre Schüler etwa für die zweite und dritte Klasse der obenged. Schulen vorbereiten; welche Schulen zu diesen beiden Klassen gehören, soll in jedem Reg. Depart. durch namentliche Anzeige zur Kenntniß des Publikums gebracht werden. (§. 2. des Regl.)

§. 6. Folglich sind dieser Prüfung nicht unterworfen:

1) diej., welche allein in den Elementarkenntnissen der Volks- und niedern Bürgerschulen, dem Lesen, Schreiben, den einfachsten Zahl- und Maaßverhältnissen und den ersten Lehren der Religion, unterrichten wollen, über deren allg. Prüfung noch eine besondere Anordnung wird getroffen werden;

2) alle, die bloß in Familien- und Privat-Instituten Unterricht übernehmen, als welche dem Urtheil der sie wählenden Privatpersonen überlassen bleiben. Diesen wird es jedoch freigestellt, ob sie durch die verordnete allg. Prüfung bei der wissenschaftlichen Deput. die, gleich §. 10 näher anzugebenden, Vortheile und Berechtigungen, welche aus einem günstigen Resultat derselben fließen, sich erwerben wollen.

§. 7. Junge Männer demnach, welche von der Universität zurückkommen, und dem Schulfach sich widmen, oder auch nur eine Zeit lang an den obengeb. öffentlichen Anstalten unterrichten wollen, werden verpflichtet, sich bei der angewiesenen Prüfungs-Behörde zu melden (§. 6. des Regl.), und diese darf keinen von sich weisen, welcher die oben bestimmte Sphäre des Unterrichts zu seinem Ziele macht.

§. 8. Von denen, welche sich dem höhern Schulunterricht widmen, sind aber der Verbindlichkeit, sich der allg. Prüfung bei der wissenschaftlichen Deput. zu unterziehen, entledigt:

1) diej., welche nach Einreichung einer lateinischen Dissertation, und nach einer förmlichen mündlichen Prüfung bei der philosophischen Fakultät einer inländischen Universität, die Doktor- oder Magisterwürde erhalten haben. Diese bedürfen keiner schriftlichen und mündlichen Prüfung bei der wissenschaftl. Deput. mehr. Sie müssen sich nur einer Probelektion unterziehen, um sich dadurch über ihre Lehrgeschicklichkeit zu legitimiren; (§. 29. des Regl.)

2) die Mitglieder der Sem. für gelehrte Schulen, welchen die, bei ihrem Eintritt in diese Vorbereitungs-Anstalten von den Dir. derselben mit ihnen gehaltene, Prüfung die Stelle der Prüfung bei der wissenschaftl. Deput. vertritt. (§. 33. Nr. 13. des Regl.)

§. 9. Ausgezeichnete Ausländer, die von den Unterrichts-Behörden Unseres Staates zu Lehrstellen an die im §. 5. erwähnten Schulen berufen werden, sind, wie sich von selbst versteht, keiner Art von pädagogischer Prüfung unterworfen. Wenn aber Ausländer zu einer Anstellung im Schulfache sich melden, so soll nach den jedesmaligen Umständen von der Sektion des öffentl. Unterrichts bestimmt werden, ob zu ihrer Aufnahme unter die Preußischen Schulamts-Kandidaten die angeordnete allg. Prüfung erforderlich ist. (§. 7. 31. des Regl.)

§. 10. Jedem vollständig, oder auch nur theilweise Geprüften wird ein von dem Dir. und allen Mitgliedern der Prüfungs-Behörde, welche bei seiner Prüfung zugegen gewesen, unterschriebenes Zeugniß ausgestellt, das bestimmt aussagt, in welchen von den Fächern, worin er geprüft worden, und vornehmlich in welchen der drei als Hauptgegenstände der Prüfung aufgestellten Fächer, Stärke oder Schwäche, und in welchem Verhältniß die Lehrgeschicklichkeit zu den Kenntnissen sich gezeigt hat, das auch den Grad der gesammten Tüchtigkeit des Geprüften durch Bezeichnung der Stufe des Unterrichts an den §. 5. genannten Anstalten, wofür er sich eignen möchte, möglichst genau angiebt. (§. 25. des Regl.)

§. 11. Die Wirkung eines solchen günstigen Zeugnisses ist, daß nur der damit Versehene unter die Schulamts-Kandidaten Unseres Staats gerechnet wird, daß nur ein solcher an öffentlichen, gelehrten und höheren Bürgerschulen, und den ihnen gleichstehenden öffentlichen Erziehungs-Anstalten, als außerordentlicher und Hülfslehrer unterrichten, und daß kein anderer zu einer ordentlichen Anstellung an diesen Anstalten sich melden, vorgeschlagen und angenommen werden darf; daher die Prüfung, wodurch dasselbe gewonnen wird, examen pro facultate docendi genannt werden kann. (§. 5. 32. des Regl.)

§. 12. Für die im §. 8. von der allg. Prüfung Ausgenommenen haben dieselbe Wirkung:

1) die Diplome und Dissertationen, womit sie als Doktoren oder Magister über ihre förmliche Promotion sich ausweisen, ergänzt durch ein Zeugniß der wissenschaftl. Deput. über ihre Lehrgeschicklichkeit;
2) die Zeugnisse, welche die Mitglieder der Sem. für gelehrte Schulen über ihre, beim Eintritt in dieselben bestandene Prüfung, von ihrem Dir. beibringen.

§. 13. Die in diesem vorläufigen Examen Zurückgewiesenen können stets zu demſ. wieder zugelassen werden, sobald sie glauben, die an ihnen wahrgenommenen Mängel ersetzt zu haben. (§. 23. des Regl.)

§. 14. Wenn die in ihm tüchtig befundenen und mit einem vortheilhaften Zeugniß Versehenen zu einer ordentlichen Lehrerstelle in Vorschlag gebracht werden, so tritt die gewöhnliche Prüfung für diese Stelle ein, bei welcher lediglich auf die zu ders. erforderlichen Kenntnisse und Geschicklichkeiten Rücksicht genommen wird, wodurch nämlich diese Prüfung von der neu angeordneten allg. sich unterscheidet. (§. 34. ff. des Regl.)

§. 15. Von den allg., sowie von allen in der pädagogischen Laufbahn vorkommenden Prüfungen bei anderweitig bewährter Geschicklichkeit des Subjektes zu dispensiren, soll übrigens der Sektion des öffentl. Unterrichts vorbehalten bleiben. (§§. 42. 48. des Regl. Vgl. §§. 29—32. ebendas.)

§. 16. Junge Männer, die der angeordneten allg. Prüfung sich entweder unterziehen wollen, oder laut dieser Unserer Verordnung zu unterziehen gehalten sind, können sich bei einer der drei Abth. der wissenschaftl. Deput., welche die Termine, wo dergl. Gesuche am bequemsten anzubringen sind, bekannt machen werden, sofort melden. (§. 6. des Regl.)

§. 17. Allen Patronen und Vorstehern von Schulen aber wird hierdurch anbefohlen, zu keiner Anstellung an den im §. 5. genannten Anstalten andere Subjekte des Inlandes in Vorschlag zu bringen, oder als außerordentliche und Hülfslehrer anzunehmen, als die entweder ein vortheilhaftes Zeugniß von der allg. Prüfung, oder eine nach dem §. 11. dasselbe vertretende Legitimation aufzuweisen haben. Finden sie selbst keinen dieser Art, so haben sie es den Geistlichen und Schuldeputationen der ihnen vorgesetzten resp. Prov. Reg. anzuzeigen, welche ihnen verfassungsmäßig geprüfte Subjekte bekannt machen werden. (§. 52. des Regl.)

§. 18. Da jedoch erst in einigen Jahren eine hinreichende Anzahl von geprüften Schulamts-Kandidaten vorhanden sein kann, so erhält die im §. 5. gegebene Verordnung erst mit dem 1. Jan 1813 gesetzliche und verbindende Kraft.

§. 19. Bis dahin soll es von jedem, welcher sich zu einer Stelle meldet, oder dazu vorgeschlagen ist, abhangen, ob er sich bei der kompetenten Behörde für die besondere Stelle, oder bei einer Abth. der wissenschaftl. Deput. im Allg. prüfen lassen will. Im letztern Fall soll die allg. Prüfung zugleich die besondere ersetzen, auch der Kandidat den Vortheil gewinnen, daß, wenn er zu einer Unterlehrerstelle vorgeschlagen ist, oder das Tüchtigkeitszeugniß zu einer Oberlehrerstelle erhält, er von dem, durch die Sektion des öffentl. Unterrichts in der Instr. an die Geistlichen und Schuldeputationen v. 15. Sept. v. J. angeordneten, Ascensionsexamen künftig befreit bleibt.

Nach diesen unsern Bestimmungen haben alle, welche sie angehen, sich zu richten, und die Geistlichen und Schuldeput. der Prov. Reg. sowohl selbst in Ansehung der unmittelbar von ihnen abhangenden Schul- und Erziehungs-Anstalten sie wahrzunehmen, als auch über ihre Befolgung mit Ernst und Nachdruck zu halten.

(G. S. 1806–1810. S. 717. Rabe, Bd. 10. S. 378. Mathis, Bd. 9. S. 235.)

2) **Regl. des Min. der G., U. u. M. Ang. (v. Altenstein) v. 20. April 1831 für die Prüfungen der Kandidaten des höhern Schulamts.** 1)

In Gemäßheit des Allerh. Ed. v. 12. Juli 1810, wegen einzuführender allgemeiner Prüfung der Schulamts-Kandidaten wird hierdurch Folgendes festgesetzt:

§. 1. Prüfungs-Behörden. 2) Alle Prüfungen der Kandidaten des höheren Schulamts werden Namens der K. Prov. Schulkollegien von einer der K. wissenschaftlichen Prüfungs-Kommissionen vollzogen, welche ihren Sitz in Berlin, Königsberg, Breslau, Halle, Münster und Bonn haben.

§. 2. Prüfungs-Kandidaten, welche vor das Forum der K. wissenschaftl. Prüfungs-Kommissionen gehören. 3) — Den Prüfungen vor einer der K. wissenschaftl. Prüf. Komm. haben sich zu unterwerfen:

---

1) Dies Regl. wurde durch C. R. dess. Min. v. 14. Mai 1831 (A. XV. S. 311) den sämmtl. Reg., Kons., Prov. Schulkolleg, wissensch. Prüf. Komm. und Rektoren der Landes-Universitäten in mehreren Exemplaren mit dem Auftrage zugefertigt, solche an die Patrone der Gymnas. und höhern Bürger- und Realschulen zu vertheilen, und auf die Befolgung der darin vorgeschriebenen Bestimmungen genau zu halten.

Im J. 1838 ließ das Min. der G., U. u. M. Ang. einen neuen Abdruck des Ed. und Regl. veranstalten, und mit einer Sammlung der sich darauf beziehenden spätern R. verbinden. Diese Sammlung wurde durch C. R. dess. Min. v. 29. Sept. 1838 (A. XII. S. 649) den sämmtl. Prov. Schulkoll. in 3, den wissensch. Prüf. Komm. in 2 Exemplaren zugefertigt, erstern mit dem Auftrage: durch die Amtsbl. das Publikum von dem erfolgten Abdrucke dieser Sammlung, welche dem Buchhändler Mittler in Berlin, Behufs weitern Debits, in Kommission gegeben sei, in Kenntniß zu setzen.

Außerdem findet sich diese Sammlung in den A. XXII. S. 650–659. Die in ihr enthaltenen R. bilden hier einen Theil der Noten zum Regl.

2) Vgl. §. 1. des vorst. Ed. und die Note dazu.

3) Ueber die Prüfung der Religionslehrer an kath. Gymn. erging:

R. des Min. der G., U. u. M. Ang. (v. Altenstein) v. 8. Mai 1832 an das K. Prov. Schulkolleg. zu N.

Das Min. eröffnet dem K. Prov. Schulkolleg. auf den, die Prüfung der Religionslehrer an kath. Gymnasien betr. Bericht v. 24. Jan. c., daß die Konkursprüfung, welche die kath. Geistlichen, ehe sie in die Seelsorge treten, vor der bischöflichen Behörde abzulegen haben, nicht weiter reicht, als zu ermitteln, ob die Examinanden die zu dem Amte des angehenden Seelsorgers erforderliche theoretisch-theologische Bildung besitzen. Die Mehrheit der Examinatoren sind geistliche Geschäftsmänner und Pfarrer, denen der gegenwärtige Stand der theologischen Wissenschaft nicht genau bekannt ist. Die Prüfung betrifft nur die unentbehrlichsten Kenntnisse, und giebt keine genügende Gewähr, daß der Geprüfte im Stande sein werde, auch vor den Schülern der obern Gymnasialklassen die Lehren der Religion auf eine, der höheren Bildung dieser Schüler entsprechende Weise wissenschaftlich zu begründen. Das Min. sieht sich daher veranlaßt, hierdurch anzuordnen, daß von jetzt an die kath. Geistlichen, welche das K. Prov. Schulkolleg. als Religionslehrer an den kath. Gymnas. anzustellen beabsichtigt, und die nicht etwa auf einer inländischen Akademie zu Doktoren oder Lizenziaten der Gottesgelahrtheit rite promovirt sind, sich zuvor in Hinsicht ihrer theologischen Bildung und Gelehrsamkeit einer schriftlichen und mündlichen Prüfung unterwerfen, und diese ausschließlich von dem für das Fach der kathol. Theologie ernannten Mitgliede der K. wissenschaftl. Prüfungs-Komm. abgehalten werden sollen. Dagegen können an der Probelektion, durch welche die kathol. Kandida-

1) die künftigen Lehrer an solchen öffentl. Schulen und Erziehungs-Anstalten, K. und Privat-Patronats, welche die Befugniß haben, Schüler zur Universität zu entlassen;
2) die künftigen Lehrer an solchen öffentl. Schulen und Erziehungs-Anstalten K. und städtischen Patronats, welche ihre Schüler etwa für die zweite und dritte Klasse der unter Nr. 1. ged. Schulen vorbereiten;
3) die künftigen Lehrer an solchen öffentl. höheren Bürger- und Realschulen, K. und Privat-Patronats, welche über den Lehrkreis gewöhnlicher städtischen Schulen hinausgehen, und eine vollständige wissenschaftliche Verbildung ihrer Schüler bezwecken, diese aber überwiegend durch den Unterricht in der Mathematik und den Naturwissenschaften, durch historische und geographische Kenntnisse, und durch ein genaueres Studium der vaterländischen und der französischen Sprache und Litteratur zu erreichen suchen, ohne den Unterricht in der lateinischen Sprache auszuschließen;
4) die künftigen Militair-Prediger, in ihrer Eigenschaft als Lehrer der K. Divisions-Schulen. (§. 43.)

Welche Schulen zu den unter Nr. 1 — 3. gedachten Klassen gehören, soll in jeder Provinz durch namentliche Anzeige zur Kenntniß des Publikums, so wie der K. wissenschaftlichen Prüfungs-Kommissionen, gebracht werden.

§. 3. Die Lehrer im Zeichnen, in der Kalligraphie und im Gesange an den im §. 2. ged. Schulen werden nicht zu ordentlichen Lehrern gerechnet, und sind daher den Prüfungen vor einer K. wissenschaftl. Prüfungs-Kommission nicht unterworfen. Ihre Prüfung wird nach den besonderen, von dem Min. schon erlassenen oder noch zu erlassenden Bestimmungen vollzogen.[1])

§. 4. Arten der Prüfung.[2]) — Die Prüfungen, welche die K. wissenschaftl. Prüfungs-Kommissionen zu vollziehen haben, sind: 1) die Prüfung pro facultate docendi, 2) die Prüfung pro loco, 3) die Prüfung pro ascensione, 4) die colloquia pro rectoratu.

A. Von der Prüfung pro facultate docendi.

§. 5. Zweck und Gegenstände der Prüfung pro fac. doc. — Die Prüfung pro fac. doc. soll die Tüchtigkeit der Kand., welche sich dem Lehrfache an den im §. 2. gen. Schulen widmen wollen, für die verschiedenen Stufen und Fächer des Unterrichts blos im Allgemeinen und ohne Rücksicht auf eine bestimmte Lehrstelle ermitteln.[3]) Dieser Zweck der Prüfung soll das speziellere Eingehen in

---

ten sich in Hinsicht ihrer Lehrfähigkeit auszuweisen haben, auch die übrigen Mitglieder der wissenschaftl. Prüfungs-Komm. Theil nehmen. Ob übrigens der als Religionslehrer anzustellende kathol. Geistliche sich noch in einem oder dem andern wissenschaftl. Fache von der ged. Komm. prüfen lassen und den Unterricht in dems. übernehmen will, soll von seiner freien Wahl abhängig sein. (A. XXII. S. 651.)

Vgl. §. 21. und die Bestimmungen über die Prüfung der Kand. der Theologie im Schulfache unten sub II. 1.

1) Vergl. unten sub II. 2. und das Publ. v. 21. April 1821 in der Note zu §. 5.

2) Vgl. §. 7. Nr. 7. der Konf. Instr. v. 23. Okt. 1817 (Bd. 1. S. 262).

3) Schon §§. 11. u. 17. des Ed. v. 12. Juli 1810 (1) erklären diese Prüfung für unerläßlich. Mit Bezug hierauf und unter Anführung des ged. §. 11. bestimmte das Publ. des Konf. zu Königsberg v. 21. April 1821 insbes. wegen der Hülfslehrer:

Diese Prüfung, Examen pro Fac. doc. genannt, ist also unerläßlich, und das K. Min. des J. hat auf den Grund jenes seit dem 1. Jan. 1813 gesetzliche und verbindende Kraft erlangten K. Allerh. Ed. unterm 21. Juni 1820 nachträglich erklärt, daß provisorische Anstellungen mit Vorbehalt der Prüfung, zur Umgehung dieses Gesetzes, durchaus nicht stattfinden sollen, und hat durch die anher unterm 16. März 1816 erlassene Verf. bestimmt, daß die für den praktischen Unterricht im Rechnen, im Schönschreiben, im Zeichnen und Gesange anzunehmenden Hülfslehrer bei den Gymnas. von dem Konf., die wissenschaftl. Hülfslehrer aber, die in obere

diejenigen Fächer, mit welchen ein Kandidat sich vorzugsweise beschäftigt, und für welche er sich bestimmt hat, nicht ausschließen. Um die Kenntnisse und Fähigkeiten eines Kand. im Gebiete der Schulwissenschaften überhaupt erforschen zu können, muß die Prüfung auf diejenigen Sprachen und Wissenschaften, welche zu den vorgeschriebenen Haupt-Lehrgegenständen in den im §. 2. gen. öffentl. Schulen gehören, vornehmlich Rücksicht nehmen. Sie bezieht sich daher auf die Kenntnisse des Kandidaten:

A. in den Sprachen, und zwar

a) in der Deutschen, b) der Griechischen, c) der Lateinischen, d) der Französischen, e) der Hebräischen;

B. in den Wissenschaften, und zwar

a) der Mathematik, Physik und Naturgeschichte, b) der Geschichte und Geographie mit Rücksicht auf die Hauptgegenstände der Antiquitäten, der Mythologie, und der Geschichte der Litteratur der Griechen und Römer, c) der Philosophie und Pädagogik, d) der Theologie.

Jedoch soll es keinem Kandidaten verwehrt sein, auch noch in anderen Sprachen und Wissenschaften, denen er sich vorzüglich gewidmet hat, und die zu den Lehrgegenständen in den im §. 2. gen. Schulen in näherer Beziehung stehen, sich prüfen zu lassen. Den Kandidaten, welche sich vorzugsweise der Mathematik und den Naturwissenschaften gewidmet haben, und künftig nur an höheren Bürger- und Realschulen als Lehrer zu wirken beabsichtigen, kann, wenn sie es wünschen, die Prüfung in der Griechischen und Hebräischen Sprache erlassen werden. [1])

§. 6. Meldung zur Prüfung pro fac. doc. — Zu der Prüfung pro fac. doc. haben sich die Schulamts-Kandidaten bei einer K. wissensch. Prüf. Komm. schriftlich zu melden, unter Einreichung:

1) eines Zeugnisses einer Schul-Prüfungs- oder wissenschaftl. Prüfungs-Kommission, aus welchem hervorgeht, daß sie mit dem Zeugnisse der unbedingten oder bedingten Tüchtigkeit zu den Universitäts-Studien die Universität bezogen haben [2]);

Klassen nöthigenfalls zutreten müssen, von der hiesigen wissenschaftl. Prüf. Komm. jederzeit vor ihrer Zulassung zum Unterrichte geprüft werden sollen.

Ungeachtet dieser gesetzlichen Bestimmungen sind jedoch hin und wieder ungeprüfte Subjekte als Hülfslehrer in dergl. Schulen angenommen, oder auch gar mit Vorbehalt der Prüfung provisorisch als Lehrer angestellt worden, wie wir mißfällig erfahren haben.

Wir sehen uns daher veranlaßt, obenerwähnte gesetzliche Bestimmungen, damit sie nicht weiter zum Nachtheile des Erziehungs- und Unterrichtswesens umgangen werden, in Erinnerung zu bringen, und machen die Patrone der Schulen und besonders die Stadtschul-Deputationen hiermit dafür verantwortlich. (A. V. S. 372.)

Vgl. Nr. 9. des C. R. v. 29. März 1827 (Bd. 1. S. 424), wo das Examen vor der wissenschaftl. Prüf. Komm. für die ordentl. wissenschaftl. Lehrer an den höhern Bürger-, Handlungs-, Gewerbe- oder Realschulen erfordert wird.

1) Vgl. u. §§. 17—21, insbes. zu §. 17. die Vorschriften über die Prüfung von Lehrern der neuern Sprachen, und §. 19. die über die Prüfung in den Naturwissenschaften.

2) Früher, nach §. 25. der Instr. über die Prüfung der zu den Universitäten übergehenden Schüler v. 25. Juni 1812 sollte in den Zeugnissen, welche die Studirenden bei ihrem Abgange von der Universität erhalten, immer der Grad des Zeugnisses, mit welchem sie auf die Universität gekommen, resumirt werden. Bloß in dem Falle, daß dies nicht geschehen, wurde die Einreichung des Abiturientenzeugnisses selbst im Original oder in beglaubigter Abschrift gefordert. Als Motive dieser Bestimmung bezeichnet das C. R. des Min. der G., U. u. M. Ang. (v. Altenstein), des J. (v. Schuckmann) und der Fin. (v. Klewitz) v. 21. Sept. 1818 an sämmtl. K. Kons. folgende:

Die Absicht dieser Bestimmung ist gewesen, den Staats-Prüfungs-Behörden Gelegenheit zur Kenntnißnahme zu geben, in welchem Grade wissenschaftlicher Vorbereitung die jungen Männer, die sich ihnen stellen, die Universität bezogen, um sie dadurch zu veranlassen, desto sorgfältiger darauf zu halten, in wiefern sie in der

2) eines Zeugnisses über das von ihnen vollendete akademische Triennium, über die von ihnen gehörten Vorlesungen und über ihre sittliche Aufführung während ihrer Universitätsjahre [1]);

Zeit ihrer akademischen Studien sich verbessert oder verschlimmert haben, besonders aber diej., die in der vor ihrer Immatrikulation bei der Universität bestandenen Prüfung schwach befunden worden, um so schärfer zu prüfen, je fleißiger auf der Universität zu sein, ihre Pflicht war.

Die Gewißheit, daß dies wirklich geschehen, soll denn auch auf die Schulen zurückwirken, und theils die Jünglinge zum Fleiß antreiben, theils auch und besonders diej., welche zu früh zur Universität eilen, zum Bewegungsgrunde dienen, auf der Schule noch zurück zu bleiben, um sich eine gründlichere Vorbereitung, und so auch ein besseres Zeugniß zu erwerben. (A. II. S. 1061.)

1) Die Unerläßlichkeit der Absolvirung des akadem. Triennium schärfte schon das C. des Min. der G., U. u. M. Ang. (v. Altenstein) v. 19. März 1819 an sämmtl. K. Kons. mit dem Bemerken ein, daß in Zukunft keine Dispensationen davon durch das Min. ertheilt werden würden. (A. III. S. 85.)

In Betreff der Akademie zu Münster sind jedoch die nachstehenden besondern Vorschriften ergangen:

a) C. R. des Min. der G., U. u. M. Ang., Unt. Abth. (Nikolovius) v. 24. Jan. 1833 an die K. wissenschaftl. Prüfungs-Kommissionen, betr. die Anrechnung der Studienjahre auf der Akademie zu Münster, in Beziehung auf die Prüfung pro. fac. doc.

Das Min. macht der K. wissenschaftl. Prüfungs-Komm. auf den Ber. v. 22. Dec. pr., betr. das Triennium des Studiosus der Philologie N. N. und dessen Zulassung zur Prüfung pro fac. doc., hierdurch bekannt, daß nach §. 38.*) der von des Königs Maj. unterm 12. Nov. 1832 Allerh. vollzogenen Statuten der Akademie zu Münster, den Studirenden der Theologie und denj. Studirenden, die sich dem Lehrfache bei den Gymnas. widmen wollen, die Zeit, welche sie auf der ged. Akademie seit ihrer Inskription bei der dortigen philosophischen Fakultät zugebracht haben, auf die gesetzlichen Studienjahre anzurechnen ist. (A. XXII. S. 652.)

b) R. des Min. der G., U. u. M. Ang. (v. Altenstein) v. 27. Aug. 1833 an die K. wissenschaftl. Prüfungs-Komm. zu Münster, betr. den spätern Besuch vollständiger Universitäten Seitens der Studirenden auf der dortigen Akademie.

Das Min. eröffnet der K. wissenschaftl. Prüfungs-Komm. auf den Ber. v. 17. Juni d. J., betr. die Studirenden der dortigen Akademie, die sich dem Lehrfache bei den Gymnas. widmen wollen, Folgendes. Im §. 66.**) der für die dortige akademische Lehranstalt erlassenen Statuten ist festgesetzt, daß denj. Studirenden, welche sich dem höhern Lehrfache bei den Gymnas. widmen, und zu dem Ende die dortige akademische Lehranstalt beziehen wollen, die Zeit ihres Aufenthalts zwar angerechnet, sie aber in jedem Falle gehalten sein sollen, außer der

---

*) §. 38. Da die Einkünfte der akademischen Lehranstalt noch zu beschränkt sind, der philosophischen Fakultät den im §. 34. angedeuteten Umfang und ihren Apparaten die nöthige Vollkommenheit zu gewähren, so soll ihr die Ausübung des Rechts der Ertheilung akademischer Grade und Würden einstweilen noch nicht verliehen werden.

Auch begründet die Inskription bei der philosophischen Fakultät nur für die in Münster kathol. Theologie Studirenden, so wie für diej., welche sich dem Lehrfache bei den Gymnas. widmen wollen, eine Anrechnung der Zeit auf die gesetzlichen akademischen Studienjahre.

**) §. 66. Denj. Studirenden, welche sich dem höheren Lehrfache bei den Gymnas. widmen und zu dem Ende die akademische Lehranstalt beziehen wollen, soll die Zeit ihres Aufenthalts auf derselben für das akademische triennium zwar angerechnet werden, doch sollen sie in jedem Falle gehalten sein, außer der auf der akademischen Lehranstalt in Münster zugebrachten Zeit, noch zwei Jahre hindurch eine vollständige Universität zu besuchen.

3) eines Zeugnisses über den Lebenswandel und über die bisherige Beschäftigung der Kand., welches von der Behörde, unter welcher dieselben gestanden haben, ausgestellt sein muß, dessen Beibringung aber wegfällt, wenn die Kand. sich im ersten Jahre nach ihrem Abgange von der Universität zur Prüfung melden;

4) eines in lateinischer Sprache abzufassenden Lebenslaufs, welcher nicht nur über die äußeren Verhältnisse der Kand, als Namen, Geburtsort, Alter, Herkunft, Glaubensbekenntniß, frühere Bildung u. s. w. die nöthigen Angaben enthalten, sondern auch über den Gang ihrer Studien und diejenigen Fächer, in welchen sie sich die meiste Kenntniß und Geschicklichkeit zutrauen, nähere Auskunft geben muß; von den Kand., welche sich vorzugsweise der Mathematik und den Naturwissenschaften gewidmet haben, und künftig nur an höheren Bürger- und Realschulen unterrichten wollen, kann dieser Lebenslauf auch in französischer Sprache abgefaßt werden.

Uebrigens muß jeder Kand. bei der Anmeldung zugleich mit angeben, ob er für jetzt nur für die unteren und mittleren oder auch für die oberen Klassen geprüft zu werden wünscht.

§. 7. Zulassung zur Prüfung. [1]) — Wer die im §. 6. Nr. 1. und 2.

---

auf der dortigen akademischen Lehranstalt zugebrachten Zeit, noch zwei Jahre hindurch eine vollständige Universität zu besuchen. Da späterhin Allerh. Orts der Besuch auswärtiger Universitäten den inländischen Studirenden verboten worden ist, so leidet die obige statuarische Bestimmung für jetzt nur auf die inländischen Universitäten Anwendung Streng genommen gilt die fragliche Bestimmung im §. 66. der Statuten auch schon für diej., die vor der Vollziehung der Statuten sich auf der dortigen Lehranstalt für das höhere Schulfach vorbereitet und ihr triennium ganz oder theilweise vollendet haben. Das Min. ist aber nicht abgeneigt, diej., die zu Michaelis d. J. ihr triennium acad. auf der dortigen akademischen Lehranstalt vollendet haben, und keine Mittel besitzen, um noch eine vollständige Universität zu besuchen, nach Befinden der Umstände von der ihnen in Folge der Bestimmung im §. 66. der Statuten obliegenden Verpflichtung ausnahmsweise zu dispensiren, wenn sie sich mit ihrem desfallsigen Gesuche, unter Einreichung ihrer Zeugnisse, an das Min. wenden. Wenn die K. wissenschaftl. Prüfungs-Komm. ferner darauf anträgt, für diej. Studirenden, welche sich dem höheren Lehrfache bei den Gymnas. widmen, das gesetzliche triennium in ein quadriennium academicum auszudehnen, so kann das Min., da namentlich schon die Verpflichtung des Probejahres besteht, und aus andern erheblichen Gründen diesem Antrage nicht willfahren. (A. XXII. S. 654.)

1) Ueber die Zulassung der jüdischen Schulamts-Kand. bestimmte das C. R. des Min. der G., U. u. M. Ang. (v. Altenstein) v. 30 Aug. 1835 an die K. wissenschaftl. Prüfungs-Kommissionen, betr. die Zulassung inländischer jüdischer Schulamts-Kandidaten zu den Prüfungen pro fac. doc.

Der K. wissenschaftl. Prüfungs-Komm. wird hierdurch eröffnet, wie es keinem Bedenken unterliegt, daß dieselbe auch die für Inländer zu achtenden Schulamts-Kand. mosaischen Glaubens pro fac. doc., unter den in dem Regl. v. 20. April 1831 gesetzlich vorgeschriebenen Bedingungen, zulassen kann; wobei es sich von selbst versteht, daß in der mit ihnen vorzunehmenden Prüfung die christliche Theologie nicht in den Kreis der Prüfungs-Gegenstände zu ziehen ist. Jedoch hat die K. wissenschaftl. Prüfungs-Komm. allen solchen, sich zur Prüfung pro fac. doc. meldenden Kandidaten mosaischen Glaubens sogleich zu eröffnen, daß sie, in Folge der A. K. O. v. 18. Aug. und der Bek. des K. Staatsmin. v. 4. Dec. 1822 (Anl. a.) weder zur Abhaltung des gesetzlich vorgeschriebenen Probejahrs, noch zur Anstellung im Lehrfache zugelassen werden könnten.

Anl. a.

Se. Maj. der König haben durch Höchste K. O. v. 18. Aug. d. J. die Bestimmung des Ed. v. 11. März 1812 §§. 7. und 8.,

wonach die für Inländer zu achtenden Juden zu akademischen Lehr- und Schulämtern, zu welchen sie sich geschickt gemacht haben, zugelassen werden sollen,

vorgeschriebenen Zeugnisse beizubringen nicht im Stande ist, kann ohne vorherige Genehmigung des Min. nicht zur Prüfung zugelassen werden. Wenn entweder

---

wegen der bei der Ausführung sich zeigenden Mißverhältnisse, aufgehoben, welches hierdurch bekannt gemacht wird.

Berlin, den 4. Dec. 1822.

K. Staatsmin.

(A. XXII. S. 655.)

Diese Verordn. wurde modifizirt durch das G. v. 22. Juli 1847, welches im §. 2. festsetzt:

Zu einem unmittelbaren oder mittelbaren Staatsamte, sowie zu einem Kommunalamte kann ein Jude nur dann zugelassen werden, wenn mit einem solchen Amte die Ausübung einer richterlichen, polizeilichen oder exekutiven Gewalt nicht verbunden ist.

Außerdem bleiben die Juden allgemein von der Leitung und Beaufsichtigung christlicher Kultus- und Unterrichts-Angelegenheiten ausgeschlossen.

An Universitäten können Juden, soweit die Statuten nicht entgegenstehen, als Privatdozenten, außerordentliche und ordentliche Professoren der medizinischen, mathematischen, naturwissenschaftlichen, geographischen und sprachwissenschaftlichen Lehrfächer zugelassen werden. Von allen übrigen Lehrfächern und Universitäten, sowie von dem akademischen Senate und von den Aemtern eines Dekans, Prorektors und Rektors bleiben sie ausgeschlossen.

An Kunst-, Gewerbe-, Handels- und Navigationsschulen können Juden als Lehrer zugelassen werden. Außerdem bleibt die Anstellung der Juden als Lehrer auf jüdische Unterrichtsanstalten beschränkt. (G. S. 1847. S. 263.)

In der Folge bestimmte nun zwar das G. v. 6. April 1848 über einige Grundlagen der Pr. Verfassung:

§. 5. Die Ausübung staatsbürgerlicher Rechte ist fortan von dem religiösen Glaubensbekenntnisse unabhängig. (G. S. 1848. S. 88.)

Eben so sprach die Verfassung v. 5. Dec. 1848 aus:

Art. 4. Alle Preußen sind vor dem Gesetze gleich. Standesvorrechte finden nicht statt. Die öffentlichen Aemter sind für alle dazu Befähigten gleich zugänglich.

Art. 11. Der Genuß der bürgerlichen und staatsbürgerlichen Rechte ist unabhängig von dem religiösen Bekenntnisse und der Theilnahme an irgend einer Religionsgesellschaft. (G. S. 1848. S. 375.)

Auch wurde die Aufhebung der im §. 2. des G. v. 22. Juli 1847 beibehaltenen Beschränkungen anerkannt durch

C. R. des Min. der G., U. u. M. Ang. (v. Ladenberg) v. 14. Juli 1848 an sämmtl. außerordentliche Reg. Bevollmächtigte und Kuratoren der Universität, betr. die Zulassung jüdischer Gelehrten zu akademischen Lehrämtern.

In Folge einer an mich gerichteten Anfrage wegen der Zulassungs-Berechtigung jüdischer Gelehrten zu den akademischen Lehrämtern habe ich mit Rücksicht auf die von des Königs Maj. wegen Unabhängigkeit der staatsbürgerlichen Rechte von dem religiösen Bekenntnisse ertheilten Zusicherungen keinen Anstand nehmen können, zu erklären, daß ich auch jüdische Gelehrte als zulassungsberechtigt zu allen Lehrämtern an den Landes-Universitäten anerkenne, insofern nicht die Natur eines solchen Lehramtes das christliche Bekenntniß nothwendig voraussetze. (Min. Bl. d. i. V. 1848. S. 198.)

Und in gleicher Weise zählte das C. R. der G., U. u. M. Ang. (v. Ladenberg) und des I. (v. Puttkammer) v. 5. Juni 1849 an sämmtl. K. Reg., betr. die Verhältnisse der Juden, unter die mit der Verfassung nicht im Widerspruch stehenden und also fernerhin noch anwendbaren Bestimmungen des G. v. 22. Juli 1847 nicht den §. 2., sondern nur die §§. 3. 5. 6. 8—23. 34. 59. 60. 61. 63. (Min. Bl. d. i. V. 1849. S. 129.)

Dagegen wiederholte die revid. Staatsverfassung v. 31. Jan. 1850 (G. S. 1850. S. 17) den Art. 4. der oktroyirten Verfassung nur mit dem Zusatze:

die öffentlichen Aemter sind, unter Einhaltung der von den Gesetzen festgestellten Bedingungen, für alle dazu Befähigten gleich zugänglich.

Und wenn sich auch daselbst im Art. 12. die Bestimmung: „der Genuß der

die Zeugnisse des Kand., oder der eingereichte Lebenslauf gegen die Tüchtigkeit desselben erhebliche Zweifel erregen, so steht es den K. wissenschaftl. Prüfungs-Kommissionen zwar frei, dem Kand. die Prüfung zu widerrathen, ohne ihm jedoch, falls derselbe bei seinem Entschlusse beharrt, die Zulassung zur Prüfung zu versagen. Ausländer haben Behufs ihrer Zulassung zur Prüfung die ausdrückliche Erlaubniß des Ministeriums beizubringen. [1])

§. 8. Form der Prüfung. — Die Prüfung soll in der Regel bestehen in der Anfertigung schriftlicher Arbeiten, einer oder mehrerer Probe-Lektionen und einer mündlichen Prüfung. Ohne vorherige Genehmigung des Min., auf welche die betr. K. wissenschaftl. Prüfuugs-Kommission in jedem einzelnen Falle mittelst eines motivirten Berichts anzutragen hat, darf kein Theil dieser Prüfung einem Kand. erlassen werden.

§. 9. Schriftliche Arbeiten. — Nach dem Befund des eingereichten Lebenslaufs sind dem Kand. zwei oder drei Aufgaben zu schriftlichen Arbeiten mit der Anweisung zuzufertigen, diese Arbeiten innerhalb einer nach den Umständen von der K. wissenschaftl. Prüfungs-Kommission jedesmal zu bestimmenden Frist einzureichen, und die dabei benutzten Hülfsmittel anzugeben. [2]) In der Regel

---

bürgerlichen und staatsbürgerlichen Rechte ist unabhängig von dem religiösen Bekenntnisse" aus Art. 11. der oktroyirten Verfassung wiederfindet, so macht doch der neu eingeschobene Art. 14.:

die christliche Religion wird bei denj. Einrichtungen des Staats, welche mit der Religionsübung im Zusammenhange stehen, unbeschadet der im Art. 12. gewährleisteten Religionsfreiheit zum Grunde gelegt,

es um so mehr zweifelhaft, ob das Min. gegenwärtig über das im §. 2. des Ges. v. 22. Juli 1847 gebotene Maaß hinausgehen wird, als sogar einem jüdischen Kandidaten des Baufaches über die Fortsetzung seiner Laufbahn amtlich reskribirt wurde, daß er wohl seine Studien unbesorgt fortsetzen, auch künftig nach bestandener Prüfung als Privatbaumeister oder Feldmesser seinen Erwerb suchen könne, daß dagegen über die Anstellung oder Beschäftigung jüdischer Baubeamten im Staatsdienste noch nichts festgestellt, und es wahrscheinlich sei, daß er in ein Staatsamt nicht werde eintreten können. (Nat. Zeit. 1853. Nr. 199.)

Vgl. Bd. 1. S. 404. 441. 446. 892—894.

1) Die Vorschriften über die Zulassung der Ausländer sind unten II. 3. zusammengestellt. Vgl. §. 31.

2) Dazu:

a) C. R. des K. Min. der G., U. u. M. Ang. (v. Altenstein) v. 19. Mai 1833 an die K. wissenschaftl. Prüfungs-Komm. zu Halle, betr. die schriftlichen Prüfungs-Aufgaben der Kandidaten des höhern Schulamts.

Das Min. hat den Ber. der K. wissenschaftl. Prüfungs-Komm. v. 4. Febr. d. J., in welchem dieselbe auf eine nachträgliche Bestimmung zu §. 9. des Regl. v. 20. April 1831 für den Fall anträgt, daß die Examinanden den zur Einreichung ihrer schriftlichen Arbeiten gesetzten Termin ungenutzt verstreichen lassen, den übrigen K. wissenschaftl. Prüfungs-Komm. zur gutachtlichen Aeußerung mitgetheilt. Aus den desfallsigen jetzt vorliegenden Berichten geht hervor, daß bei den übrigen K. wissenschaftl. Prüfungs-Komm. der Fall, daß Kandidaten den Termin zur Einlieferung der Prüfungsarbeiten nicht inne halten, entweder noch gar nicht, oder doch höchst selten vorgekommen ist. Wenn bei der K. wissenschaftl. Prüfungs-Komm. sich öfters das Gegentheil ereignet hat, so muß das Min. den Grund hiervon zunächst in dem zur Einreichung der schriftlichen Arbeiten bestimmten Termin von zwei Monaten suchen, welcher offenbar zu kurz ist. Die übrigen wissenschaftl. Prüfungs-Komm. pflegen einen Termin von 6 Mon. zu setzen, womit das Min. sich nur einverstanden erklären kann. Der K. wissenschaftl. Prüfungs-Komm. bleibt überlassen, nach dem Vorgange der übrigen K. wissenschaftl. Prüfungs-Komm., gleichfalls einen längern Termin zur Einreichung der schriftlichen Arbeiten festzusetzen, und abzuwarten, ob bei Anwendung dieser Maaßregel sich der bisher bemerkte Uebelstand noch ferner zeigen werde.

Wenn Fälle vorkommen sollten, daß einem Kand. die Bearbeitung einer vorgelegten Aufgabe zu schwer werden, und er um Abänderung eines Thema's

muß wenigstens eine dieser Arbeiten in lateinischer Sprache abgefaßt sein [1]), jedoch ist den Kand., welche sich ausschließlich für das Lehrfach der Mathematik und der Naturwissenschaften an einer höheren Bürger- und Realschule bestimmen wollen, auf ihren Wunsch zu erlauben, daß sie sich statt der lateinischen Sprache der französischen in einer ihrer schriftlichen Arbeiten bedienen.

Die eingereichten Arbeiten, bei welchen es zunächst darauf ankömmt, die wissenschaftliche Gesammtbildung des Kand. auszumitteln, sind von demjenigen Mitgliede der K. wissenschaftl. Prüfungs-Kommission, in dessen Fach sie einschlagen, schriftlich zu beurtheilen, und hierauf auch den übrigen Mitgliedern nebst dem Lebenslaufs des Kand. mitzutheilen, damit jedes Mitglied der Kommission die Gesammtbildung des Kand. kennen zu lernen Gelegenheit habe.

§. 10. Vorladung zur mündlichen Prüfung. — Nach Einreichung der schriftlichen Arbeiten ist dem Kand. der Termin zur mündlichen Prüfung und zu den Probe-Lektionen von dem Direktor der K. wissenschaftl. Prüfungs-Kommission bekannt zu machen.

§. 11. Probe-Lektionen. — Nach dem Befund der schriftlichen Arbeiten ist der Gegenstand der Probe-Lektionen und die Klasse, worin sie gehalten werden sollen, zu bestimmen. In der Regel sind zu den Probe-Lektionen philologische, mathematische oder historische Gegenstände zu wählen, und es müssen dabei außer dem Direktor diejenigen Mitglieder der K. wissenschaftl. Prüfungs-Kommission, in deren Fach selbige einschlagen, zugegen sein; auch ist dem Direktor und den Lehrern der Anstalt, in welcher die Probe-Lektionen gehalten werden, der Zutritt zu denselben gestattet. Ueber die Probe-Lektionen wird ein kurzes Protokoll aufgenommen, oder eine von den anwesenden Mitgliedern der K. wissenschaftl. Prüfungs-Kommission zu unterzeichnende Beurtheilung zu den Prüfungsakten gegeben.

§. 12. Mündliche Prüfung. — In der mündlichen Prüfung ist auszumitteln, ob der Kand. philologische, mathematische, historische, naturwissenschaftliche, theologische und philosophische Kenntnisse in einem für den Zweck des höheren Schulunterrichts genügenden Maaße und Umfange besitzt, und wenn gleich nicht erwartet werden kann, daß ein Kand. in allen genannten Fächern etwas Vorzügliches leiste, so soll doch in allen so weit geprüft werden, als erforderlich ist, um den Standpunkt seiner Kenntnisse in jedem dieser Fächer beurtheilen zu können. Auf die schriftlichen Arbeiten und die Probe-Lektionen soll sich die mündliche Prüfung nur in soweit beziehen, als es nöthig ist, um zu beurtheilen, ob die eingereichten Arbeiten ohne fremde Hülfe gemacht, und ob die darin etwa bemerkten Verstöße bloß als Uebereilungen oder als Zeichen wirklicher Unwissenheit zu be-

---

bitten sollte, so kann das Min. ein solches Begehren nicht in jeder Rücksicht der Idee der Prüfung zuwider laufend erachten. Denn da bei der Ertheilung der Themata die Examinanden der K. wissenschaftl. Prüfungs-Komm. in der Regel nur aus dem vorliegenden curriculo vitae bekannt sind, und aus diesem nur in seltenen Fällen die ganze Richtung ihrer wissenschaftl. Bildung und der ungefähre Umfang ihrer Kenntnisse genügend beurtheilt werden kann, um ihnen danach die für sie passenden Themata auswählen zu können, so kann es leicht geschehen, daß ihnen entweder ein zu leichtes oder ein zu schweres, oder ein für sie ganz unlösbares Thema ertheilt wird. Wenn nun die K. wissenschaftl. Prüfungs-Komm. in einem solchen Falle bei dem gegebenen Thema beharren wollte, so würde sie sich dadurch eines der besten Mittel, die Kenntnisse der Kand. kennen zu lernen, zum Theil oder ganz berauben, was gewiß keinesweges der Idee der Prüfung gemäß ist. Die übrigen K. wissenschaftl. Prüfungs-Komm. pflegen in solchen Fällen dem Begehren einer anderen Aufgabe von Seiten der Kand. zu willfahren, was das Min. nur billigen kann. (A. XVIII. S. 1005.)

b) Ueber schriftliche Klausurarbeiten s. C. R. v. 3. Febr. 1838 zu §. 22.

1) Schon das R. v. 16. Sept. 1794 an die Pommersche Reg., betr. die Prüfung der zu Rektoraten an Schulen vorgeschlagenen Kandidaten, bestimmte:

Für die Zukunft dient zur Direktion: daß bei Prüfungen zu den Lehrstellen an einer lateinischen Schule auch irgend eine lateinische Probearbeit gemacht werden muß, wozu die Aufgabe aus dem Umfange ihrer Hülfsdisziplinen genommen werden kann. (Auszug, Heft 2. S. 19. Nr. 16. Rabe, Bd. 13. S. 270.)

trachten sind. Der Theil der mündlichen Prüfung, welcher sich auf die Kenntnisse der Kand. in der klassischen Philologie bezieht, muß stets in lateinischer Sprache gehalten werden.

§. 13. Nie dürfen mehr als drei Kand., und gleichzeitig immer nur solche, die sich zu Lehrern für dieselbe Art von Schulen bestimmen, zu einem und demselben Prüfungs-Termine zugelassen werden. Den K. wissenschaftl. Prüfungs-Kommissionen ist es zur Erleichterung ihrer Geschäftsführung gestattet, in jedem Jahre gewisse Termine für die mündliche Prüfung der Kand. festzusetzen.

§. 14. Die Wichtigkeit der Prüfung erfordert die fortdauernde Gegenwart des Direktors der K. wissenschaftl. Prüfungs-Kommission, auch soll außer dem jedesmal examinirenden Mitgliede noch ein Mitglied der Kommission bei der Prüfung für die einzelnen Fächer zugegen sein.

§. 15. Ueber die mündliche Prüfung wird ein vollständiges Protokoll aufgenommen, das von sämmtlichen Mitgliedern der K. wissenschaftl. Prüfungs-Komm. zu unterzeichnen und den schriftlichen Prüfungs-Arbeiten beizufügen ist. Werden mehrere Kand. in einem und demselben Termine geprüft, so ist über jeden ein besonderes Protokoll aufzunehmen. In der Regel übernimmt eins der Mitglieder der K. wissensch. Prüfungs-Komm. dieses Geschäft.

§. 16. Erfordernisse zur unbedingten facultas docendi.[1]) — a. Ueberhaupt. — Die unbedingte fac. doc. soll nur demjenigen ertheilt werden, welcher außer einer genügenden, wenn auch noch nicht ausgebildeten Lehrgabe, wenigstens in einem der drei wesentlichen Stücke des höheren Schulunterrichts, d. h. 1) in den beiden alten Sprachen und in der Muttersprache; 2) in der Mathematik und den Naturwissenschaften und 3) in der Geschichte und Geographie des Stoffes so weit mächtig ist, um bei gehöriger Vorbereitung diesen Gegenstand in einer der beiden oberen Klassen eines Gymn. mit Erfolg lehren, mit allen übrigen Gegenständen der Prüfung aber so weit bekannt ist, um ihr Verhältniß zu den übrigen Lehrgegenständen und ihre relative Wichtigkeit richtig würdigen und auf die Gesammtbildung der Schüler wohlthätig einwirken zu können. Diejenigen Kandidaten, welche bei der Anmeldung zur Prüfung erklären, daß sie entweder mit beiden alten klassischen Sprachen, oder mit der Geschichte und Geographie ganz unbekannt sind, und die Prüfung darin ablehnen, müssen von der K. wissenschaftl. Prüfungs-Kommission angewiesen werden, diesem Mangel vor ihrer Zulassung zur Prüfung abzuhelfen.

§. 17. b. In einzelnen Gegenständen. — Philologie.[2]) — Von einem Lehrer der unteren Klassen ist genaue Kenntniß der lateinischen und griechischen Elementar-Grammatik zu fordern, daß er insbes. die Hauptregeln fest und

---

1) Vgl. §. 22.

2) Nach §. 28. A. Nr. 9. und §. 42. des Regl. für die Abiturienten-Prüf. v. 4. Juni 1834 (s. im folg. Abschn.) sollen auch die Philologen das Schulexamen im Hebräischen bestehen, oder später vor einer wissenschaftl. Prüfungs-Komm. ablegen. Mit Bezug hierauf bestimmte:

C. R. des K. Min. der G., U. u. M. Ang. (v. Altenstein) v. 5. Sept. 1834 an den Dir. der K. wissenschaftl. Prüfungs-Komm. zu Königsberg, und abschriftl. an sämmtl. K. wissenschaftl. Prüfungs-Kommissionen, betr. die nachträgliche Prüfung der Studirenden der Theologie und Philologie im Hebräischen.

Das unterz. Min. eröffnet Ihnen auf die Anfrage v. 28. v. M. hierdurch, daß die Bestimmungen im §. 42. des Regl. für die Prüfung der zu den Universitäten übergehenden Schüler v. 4. Juni d. J. nur auf dies. Schulamts-Kandidaten anzuwenden sind, welche seit der Promulgation des gedachten Regl. ihr Universitäts-Studium begonnen haben. Doch ist in dem Zeugnisse der Schulamts-Kand. der Philologie, welche weder auf der Schule, noch nachher bei einer K. wissenschaftl. Prüfungs-Komm. das Examen im Hebräischen bestanden haben, dieser Mangel jedesmal ausdrücklich zu bemerken. Nach der bisherigen Erfahrung sind nur wenige Kandidaten der Philologie im Stande, den Hebräischen Sprachunterricht an den Gymnasien zu übernehmen, und es entstehen dadurch in Hinsicht der tüchtigen Besetzung der für das Hebräische bestimmten Lektionen große Verlegenheiten, welchen durch die Bestimmung im §. 42. des obenged. Regl. allmählig abzuhelfen beabsichtigt wird. (A. XIX. S. 423.)

wörtlich im Gedächtniß habe, und sie beim Uebersetzen richtig anzuwenden wisse. Davon muß sowohl sein lateinischer Probeaufsatz, der keine grammatischen Fehler enthalten darf, als auch die mündliche Prüfung und die Probe-Lektion vollkommene Ueberzeugung geben. Ferner muß er so viel Uebung in beiden Sprachen besitzen, daß er leichte Schriftsteller, wie sie von Anfängern gelesen werden, ohne Schwierigkeiten verstehe. Was die Sachkenntnisse betrifft, so wird eine allgem. historische Kenntniß vorausgesetzt, welche hinreicht, den Anfängern einige Vorbegriffe von den berühmtesten Männern und den wichtigsten Einrichtungen des Alterthums, die bei der Lesung jedes Schul-Autors vorkommen, zu geben.

Von den Lehrern für mittlere Klassen ist eine ausgedehntere, mehr wissenschaftliche Kenntniß der griechischen und lateinischen Grammatik zu fordern, die sie in den Stand setzt, das Eigenthümliche der alten Sprachen selbst aufzufassen, um ihren Schülern etwas mehr mitzutheilen, als sie sich selbst aus den Lehr- und Wörterbüchern verschaffen können. Schriftsteller wie Homer, Xenophon, Ovid, Livius und die gleichstehenden, müssen sie bis auf einzelne, besonders schwierige Stellen, mit Leichtigkeit übersetzen können. Das wichtigste aus den Alterthümern, der Mythologie und der Geschichte der Literatur der Griechen und Römer sollen sie im Allgemeinen und so weit kennen, daß sie es bei der Erklärung der Schriftsteller weder übersehen, noch unrichtig vortragen, und, wo ihre eigenen Kenntnisse noch unzureichend sind, sich durch die Benutzung der besten Hülfsbücher zu unterrichten wissen.

Für die Befähigung zum philologischen Unterrichte in den beiden oberen Klassen eines Gymn. wird, außer einer genaueren Kenntniß der griechischen und lateinischen Grammatik, ein ausgebreiteteres Studium der Klassiker beider Sprachen, besonders derjenigen, welche in den beiden obersten Klassen der Gymn. gelesen werden, Bekanntschaft mit dem gegenwärtigen Standpunkte der Philologie und den wichtigsten Hülfsmitteln des philologischen Studiums, so wie Sicherheit und Fertigkeit im lateinischen Vortrag verlangt. In den philologischen Disciplinen, namentlich der Mythologie, den Alterthümern, der Geschichte der Litteratur der Griechen und Römer und der Metrik ist von dem Kand. zwar eine vollständige Kenntniß der Einzelheiten und ein tieferes Eindringen nicht zu erwarten, doch muß seine Prüfung die Ueberzeugung gewähren, daß er sich mit diesen Wissenschaften, so weit sie in den Vorträgen der Universitäts-Professoren abgehandelt werden, beschäftigt habe, daß er auf den richtigen Weg geleitet sei, um die Lücken seiner Kenntnisse auszufüllen, und daß er sowohl Trieb als auch Fähigkeit besitze, sich durch eine selbstthätige Anstrengung immer mehr die eben gedachten philolog. Disciplinen anzueignen, welche selbst so weit, als sie für den Schulunterricht anzuwenden sind, weniger als andere aus Kompendien gelernt werden können.

Von den Kand., welche gar keinen philogischen Unterricht ertheilen, und künftig nur an höheren Bürger- und Realsch. als Lehrer wirken wollen, muß doch die Fähigkeit, ein latein. Buch zu verstehen, gefordert werden.

Im Deutschen bezieht sich die Prüfung auf die allg. Grammatik, auf den eigenthümlichen Charakter und die Gesetze der deutschen Sprache, so wie auf ihre historische Entwickelung und die Geschichte ihrer Litteratur. Wer nicht so viel Kenntniß der deutschen Sprache und Litteratur und so viel wissenschaftliche Bildung besitzt, daß er in jeder Klasse, selbst der höchsten, mit Nutzen in der deutschen Sprache zu unterrichten vermöchte, kann auf die unbedingte fac. doc. im philolog. Fache keinen Anspruch machen.

Im Französischen ist von einem Jeden, wenn er auch nicht in dieser Sprache unterrichten will, Kenntniß der Grammatik und die Fertigkeit zu verlangen, einen Dichter oder Prosaisten mit Geläufigkeit zu übersetzen.[1])

---

1) Ueber die Prüfung solcher Kand., die hauptsächlich in neuern Sprachen Unterricht geben wollen, bestimmen:

a) C. R. des K. Schulkoll. der Prov. Brandenburg v. 6. April 1839 an sämmtl. Dir. und Rektoren der Gymnasien und gelehrten Schulen in der Prov.

Auf eine Anfrage in Betreff der Prüfung solcher Kand., die sich bloß oder hauptsächlich für neuere Sprachen die fac. doc. erwerben wollen, hat das K. Min. der G., U. u. M. Ang. mittelst R. v. 9. v. M. bestimmt, daß in den

§. 18. Geschichte und Geographie. — Zum Unterrichte in der Geschichte und Geographie in den untern Klassen ist erforderlich, daß der Kand. sich eine hinlängliche Uebersicht des ganzen Feldes der Geschichte und der Geographie verschafft habe, und mit den übrigen historischen Hülfswissenschaften und ihrer Lit-

---

Fällen, wo sich Kandidaten bloß zur Prüfung für den Unterricht in einer neuern Sprache auf Gymnasien oder höhern Bürgerschulen bei der K. wissenschaftl. Prüfungs-Komm. melden sollten, von solchen Kand. außer der gründlichen und genauen Kenntniß der Sprache und Literatur, für welche sie sich eben speziell prüfen lassen, auch noch so viel allg. Bildung, und namentlich so viel lateinische, historische, geographische und philosophische Kenntnisse zu fordern sind, als die Lehrer für die mittleren Klassen eines Gymnasiums nachweisen müssen, weil sie ohne dieselben schwerlich die nothwendige Achtung und Autorität bei den Schülern in den höhern Klassen erlangen dürften. (A. XXIII. S. 378.)

b) C. R. des Min. der G., U. u. M. Ang. (v. Raumer) v. 11. Aug. 1854 an sämmtl. K. wissenschaftl. Prüfungs-Komm. und abschriftl. an sämmtl. K. Prov. Schulkoll., betr. die Prüfung der Schulamts-Kand. im Französischen und Englischen.

Nachdem den sämmtl. K. wissenschaftl. Prüfungs-Komm. noch für das Französische und Englische Mitglieder zugeordnet worden, sehe ich mich veranlaßt, Behufs der Vervollständigung des Regl. v. 20. April 1831 hinsichtlich der Prüfung im Französischen und Englischen folgende Bestimmungen zu treffen:

1) Von einem jeden Kand. des höhern Schulamts, welcher im Französischen und Englischen oder in einer dieser beiden Sprachen unterrichten will, ist über ein angemessenes Thema eine schriftliche Arbeit zu verlangen, welche in Französischer, beziehungsweise Englischer Sprache abzufassen ist, und bei welcher es darauf ankommt, sowohl die wissenschaftl. Gesammtbildung des Kand., als auch seine Kenntniß der betr. Literatur und seine Fertigkeit im richtigen schriftlichen Ausdruck zu ermitteln; 2) die mündliche Prüfung ist darauf zu richten, ob der Kand. eine gute Aussprache, Sicherheit in der Grammatik und Metrik, übersichtliche Kenntniß von dem Entwickelungsgange der Sprache und ihrer Literatur, Vertrautheit mit den Hauptwerken der hervorragendsten Schriftsteller und Geläufigkeit im mündlichen Ausdrucke besitze; so weit es erforderlich ist, um diese Geläufigkeit zu ermitteln, muß die mündliche Prüfung in Französischer, beziehungsweise Englischer Sprache abgehalten werden. 3) Wer den unter 1. und 2. gestellten Anforderungen vollständig entspricht, kann die Befähigung zum Unterrichte in den beiden oberen Klassen der Gymnas. und der höhern Bürger- und Realschulen erhalten. Dagegen ist nur zum Unterrichte in den unteren und mittleren Klassen die Befähigung zu ertheilen, wenn der Kand. eine im Ganzen fehlerlose Uebersetzung eines in Bezug auf Inhalt und Sprache nicht zu schwierigen Pensums aus dem Deutschen ins Französische, beziehungsweise Englische als schriftliche Prüfungsarbeit geliefert und in der mündlichen Prüfung dargethan hat, daß er mit einer guten Aussprache und mit genauer Kenntniß der Französischen, beziehungsweise Englischen Elementargrammatik, Geläufigkeit in Uebersetzung und Erklärung vorgelegter Stücke aus klassischen Dichtern oder Prosaikern, Bekanntschaft mit der Geschichte der betr. Literatur und einige Fertigkeit im mündlichen Gebrauche der Französischen oder Englischen Sprache verbindet. 4) Die Anstellung Französischer oder Englischer Sprachmeister, welche der allgemein wissenschaftl. und der nöthigen pädagogischen Bildung entbehren, liegt nicht im Interesse der Gymnas. und der höhern Bürger- und Realschulen. Es können indessen Fälle eintreten, wo sich Kandidaten bloß zur Prüfung für den Unterricht im Französischen und Englischen bei der K. wissenschaftl. Prüfungs-Komm. melden. In solchen Fällen, welche nur als Ausnahmen zu betrachten und zu behandeln sind, ist von den Kand. zu fordern, daß sie außer der gründlichen und genauen Kenntniß der Sprache und Literatur, für welche sie sich speziell prüfen lassen, auch noch so viel allg. Bildung und namentlich so viel lateinische, historische, geographische und philosophische Kenntnisse besitzen, als die Lehrer für die mittleren Klassen eines Gymnas. nachweisen müssen, weil sie ohne dieselbe schwerlich die nothwendige Achtung und Autorität bei den Schülern in den höheren Klassen erlangen dürften. — Hinsichtlich der Meldung und Zulas-

teratur nicht unbekannt sei, um das Allgemeine und Wichtigste, welches der Jugend zum Fachwerke und zur Grundlage dienen soll, bestimmen, mit Leichtigkeit sich überall orientiren, und bei einer zweckmäßigen Benutzung guter Hülfsmittel seinen Kenntnissen mehr Umfang und Tiefe geben zu können.

Für den Unterricht in den mittleren Klassen muß der Kand. mit der Geschichte des Alterthums, der mittleren und neueren Zeit, vorzüglich aber mit der ersten und mit dem Schauplatze der Begebenheiten und der historischen Chronologie hinlänglich vertraut sein, auch Einsicht in den welthistorischen Zusammenhang der Begebenheiten, so wie eine namentliche Kenntniß der Hauptquellen besitzen und sich mit den besten Hülfsmitteln bereits durch eigene Benutzung vertraut gemacht haben.

Für den Unterricht in den oberen Klassen ist nicht nur im Allgemeinen das, was von dem Lehrer in den mittleren Klassen verlangt ist, im höheren Grade erforderlich, sondern überdies auch ein gründliches Studium der vorzüglichsten Quellen für irgend einen Zeitabschnitt aus der alten oder mittleren oder neueren Geschichte. Daneben muß der Kand. so viel philologische Bildung besitzen, daß er die griechischen und römischen Schriftsteller nicht nur für seine Vorträge benutzen, sondern durch diese auch zum Verständnisse jener beitragen könne, und außerdem des mündlichen Ausdrucks der lateinischen Sprache so weit mächtig sein, daß er seine Vorträge in der alten Geschichte in lateinischer Sprache zu halten im Stande ist.

Bei denen, welche gar keinen historischen oder geographischen Unterricht ertheilen wollen, genügt eine durch Chronologie und Geographie begründete Uebersicht der allg. Geschichte, wie sie von einem wissenschaftlich gebildeten Manne erwartet werden kann.

§. 19. Mathematik und Naturwissenschaften. — Zum Unterricht in der Mathematik in den untern Klassen ist Kenntniß der Elementar-Geometrie, der gemeinen Arithmetik und der Buchstaben-Rechnung, für die mittleren Klassen aber gründliche Kenntniß der Geometrie, einschließlich der ebenen Trigonometrie, und der allg. Rechenkunst, erforderlich. Die Befähigung zum Unterrichte in der Mathematik in den oberen Klassen ist nur dem Kandidaten zu ertheilen, welcher sich in der Prüfung als einen mehr ausgebildeten Mathematiker zeigt und in die höhere Geometrie, die Analyse des Unendlichen und die höhere Mechanik so weit eingedrungen ist, daß er für tüchtig gehalten werden kann, Anwendung der Mathematik auf Astronomie und Physik mit Erfolg zu machen. Auch muß er wegen der genauen Verbindung, in welcher die Physik zur Mathematik steht, mit der ersteren so weit vertraut sein, daß er dieselbe in den beiden oberen Klassen vortragen kann.

Ueber die zum Unterrichte in den Naturwissenschaften [1]) erforderlichen Kennt-

---

fung zu einer solchen Prüfung sind, wie für alle übrigen Kand. des höheren Schulamts, die Bestimmungen in den §§. 6. und 7. des Regl. v. 20. April 1831 für maaßgebend anzusehen. (Min. Bl. d. i. V. 1854. S. 163.)

1) Ueber die Prüfung in den Naturwissenschaften sind insbes. ergangen:

a) C. R. des Min. der G., U. u. M. Ang. (v. Altenstein) v. 8. Mai 1839 an sämmtl. K. wissenschaftl. Prüfungs-Komm., wegen Errichtung einer sechsten Stelle bei dens. zur Prüfung der höhern Schulamts-Kand. in den Naturwissenschaften.

Nach der Bestimmung des §. 19. des Regl. v. 20. April 1831 soll sich die Prüfung der künftigen Lehrer an den Gymnas., Progymnas., höhern Bürger- und Realschulen, und an den Divisionsschulen auch auf die Naturwissenschaften erstrecken. Bis jetzt sind indessen die K. wissenschaftl. Prüfungs-Komm. nur aus den für die übrigen Prüfungs-Gegenstände bestimmten fünf Mitgliedern zusammengesetzt, und es fehlt in ihnen ein Mitglied, welchem die Prüfung der Kand., welche auch in den Naturwissenschaften Unterricht zu ertheilen beabsichtigen, zu übertragen wäre. Dieser Mangel macht sich um so fühlbarer, je häufiger bei dem auf allen Punkten angeregten Interesse für die Naturwissenschaften, und bei dem in den verschiedenen Prov. der K. Staaten lebhaft anerkannten Bedürfnisse der Errichtung von höheren Bürger- und Realschulen, gegenwärtig der Fall eintreten kann, daß die Schulamts-Kand. sich vorzugsweise zur Prüfung in den

nisse und Fertigkeiten wird das Min. ein besonderes Regl. erlassen, und beschränkt sich für jetzt auf die Bestimmung, daß für den Unterricht in den unteren Klassen, Kenntniß der Zoologie, Botanik und Mineralogie, doch ohne Durchführung einer systematischen Anordnung, genügend, für den Unterricht in den mittleren Klassen, außer einem reichen und systematisch geordneten Wissen in Zoologie, Botanik und

---

Naturwissenschaften melden. Die früher von den wissenschaftl. Prüfungs-Komm. in solchen Fällen in Anspruch genommene außerordentliche Aushülfe eines in den verschiedenen Zweigen der Naturwissenschaften wohl bewanderten Gelehrten reicht unter den jetzigen veränderten Verhältnissen nicht mehr aus, und es darf die gehörige Prüfung der Kand. in den Naturwissenschaften nicht länger von dem zufälligen Umstande abhängig bleiben, ob sich ein tüchtiger Mann zur Uebernahme dieses wichtigen Prüfungstheiles bereitwillig finden läßt, oder nicht. Das Min. hat daher Behufs der zu bewirkenden Prüfung der Kand. des höhern Schulamts, welche den Unterricht in den Naturwissenschaften in Gymnas. und höhern Bürgerschulen zu ertheilen beabsichtigen, Allerh. Orts auf Errichtung einer sechsten Stelle in den wissenschaftl. Prüfungs-Komm., und zwar für die Naturwissenschaften angetragen. Des Königs Maj. haben diesen Antrag zu genehmigen, und mittelst A. K. O. v. 16. März d. J. als jährliche Remuneration für das sechste Mitglied bei den gedachten Komm. die Summe von 100 Thlrn. zu bewilligen geruhet. In Folge dieser Allerh. Entschließung hat das Min. den Prof. Dr. N. zum Mitgliede der K. wissenschaftl. Prüfungs-Komm. für das Fach der Naturwissenschaften ernannt. (A. XXIII. S. 377.)

b) C. R. des Min. der G., U. u. M. Ang. (Eichhorn) v. 2. Dec. 1842 an die K. wissenschaftl. Prüfungs-Komm., betr. die Prüfung der Kand. des höhern Schulamts in den Naturwissenschaften.

Die Bestimmung in dem Min. R. v. 14. Dec. 1839 (Anl. a.), nach welcher nur diej. Kand. des höhern Schulamts, welche den Unterricht in den Naturwissenschaften in Gymnas. und höheren Bürger- oder Realschulen zu ertheilen beabsichtigen, sich einer förmlichen Prüfung in diesen Wissenschaften unterwerfen sollen, hat zur Folge gehabt, daß bei der Prüfung der übrigen Kand., welche nicht in den Naturwissenschaften unterrichten wollen, auf ihre Kenntnisse in dens. gar keine Rücksicht genommen und in dem ihnen ertheilten Zeugnisse über den Ausfall dieses Theils ihrer Prüfung gar nichts bemerkt worden. Mit diesem Verfahren kann ich mich um so weniger einverstanden erklären, je nöthiger und wünschenswerther, mit Rücksicht auf den jetzigen Zustand der Naturwissenschaften und ihre Anwendung auf die wichtigsten Verhältnisse des Lebens es ist, daß jeder Kand. des höhern Schulamts, auch wenn er nicht in den Naturwissenschaften unterrichten will, dennoch eine encyklopädische Kenntniß und einen richtigen Begriff von dem Inhalte und Umfange dieser Wissenschaften, von ihrem Standpunkte im Gebiete der humanen Bildung, von der Art und Weise, wie sie dieselbe befördern helfen, so wie von ihrer Nützlichkeit für alle Stände, besitze. Auf Grund der Bestimmung im §. 19. des Regl. v. 20. April 1831 mache ich daher der K. wissenschaftl. Prüfungs-Komm. zur Pflicht, auch von den Kand., die in den Naturwissenschaften gar keinen Unterricht ertheilen wollen, dennoch die Kenntniß ders. in so weit zu fordern, als es nöthig ist, um den Zusammenhang des naturhistorischen Studiums mit der Gesammtbildung des Menschen überhaupt und mit besonderer Rücksicht auf die Forderungen der Zeit und des Lebens, imgleichen das Verhältniß dieser Wissenschaften zu anderen Lehrgegenständen einzusehen und richtig zu würdigen. Auch hat die K. wissenschaftl. Prüfungs-Komm. Sorge zu tragen, daß der Ausfall dieses Theils der Prüfung in dem Zeugnisse eines jeden pro fac. doc. geprüften Kand. bemerkt, und das Zeugniß selbst auch von dem für das Fach der Naturwissenschaften ernannten Mitgliede der K. wissenschaftl. Prüfungs-Komm. mit unterschrieben werde.

Anl. a.

Das Min. hat sich im §. 19. des Regl. v. 20. April 1831 vorbehalten, über die zum Unterrichte in den Naturwissenschaften erforderlichen Kenntnisse und Fertigkeiten nähere Bestimmungen zu erlassen. Nachdem in Gemäßheit der A. K. O. v. 16. März d. J. den K. wissenschaftl. Prüfungs-Komm. ein sechstes Mitglied für das Fach der Naturwissenschaften zugeordnet worden, erachtet das

Mineralogie, noch die Kenntniß der naturwissenschaftl. Anthropologie und physischen Geographie, und endlich für den Unterricht in den oberen Klassen eine wissenschaftlich begründete Kenntniß der Physik zu verlangen ist.

Von den Kand., welche in der Mathematik, Physik und der Naturbeschreibung gar keinen Unterricht ertheilen wollen, ist dennoch die Kenntniß der eben gedachten

---

Min. nunmehr für thunlich und zeitgemäß, in Betreff der Prüfung in den Naturwissenschaften nachträglich Folgendes festzusetzen.

1) Nicht alle Kand. des höhern Schulamts, sondern nur diej., welche den Unterricht in den Naturwissenschaften in Gymnas. und in höheren Bürger- oder Realschulen zu ertheilen beabsichtigen, haben sich einer förmlichen Prüfung in diesen Wissenschaften zu unterwerfen.

2) Die Prüfung soll sich, mit den nöthigen Beschränkungen in den einzelnen Fächern, über das ganze Gebiet der Naturkunde, und insbes. auf Physik, Chemie, Zoologie, Botanik und Mineralogie erstrecken.

3) In Bezug auf die Physik genügt zur Befähigung für den Unterricht in den unteren und mittleren Klassen eine übersichtliche Kenntniß des ganzen Gebiets dieser Wissenschaft, verbunden mit einer deutlichen Einsicht in das Wesen der wichtigsten, zum Leben in näherer Beziehung stehenden Natur-Erscheinungen und Gesetze, und die genauere Bekanntschaft mit der Einrichtung und dem Gebrauche der einfacheren und gewöhnlicheren physikalischen Werkzeuge. Ein vorzügliches Augenmerk ist darauf zu richten, ob die Kand. die Fähigkeit besitzen, die zu erläuternde Lehre an bekannte Thatsachen anzuknüpfen, und durch Anwendung auf alltägliche Erscheinungen und Verrichtungen fruchtbar zu machen, dem Verständnisse durch leicht entworfene Zeichnungen an der Tafel zu Hülfe zu kommen, überhaupt den Unterricht stets anschaulich und lebendig zu erhalten, und die Schüler zur richtigen Beobachtung und Kombination der Erscheinungen der Außenwelt anzuleiten. Für den Unterricht in der Physik in den beiden oberen Klassen ist neben den im Obigen bezeichneten Kenntnissen und Fertigkeiten eine umfassendere und mehr eindringende Bekanntschaft mit allen Theilen der Physik, auch mit den neueren Entdeckungen und Hülfsmitteln, sowie mit den wichtigsten Lehren der Chemie und die Fertigkeit, geeignete Lehren mathematisch zu begründen, zu verlangen.

4) In der Chemie ist die Kenntniß dessen erforderlich, was zur Verständigung über die wichtigsten physikalischen und physiologischen Vorgänge unumgänglich nöthig, und in die meisten neueren Lehrbücher der Physik aufgenommen ist, namentlich die Kenntniß von dem chemischen Prozesse, von den einfachen chemischen Stoffen, von den Verhältnissen und Verbindungsgesetzen derselben, und der in ihnen wirksamen Gegensätze u. s. w.

5) In Bezug auf Zoologie, Botanik und Mineralogie ist zum Unterricht in den unteren und mittleren Klassen derj. Kand. als befähigt zu erachten, welcher die am häufigsten vorkommenden, namentlich einheimischen Naturprodukte aus eigener Anschauung kennt, die charakteristischen Merkmale ders. anzugeben weiß, mit den Grundsätzen einer naturgemäßen Anordnung und den üblichen naturhistorischen Systemen, so wie mit den allgemeinsten geognostischen Verhältnissen und den gangbarsten Ansichten über die Bildungsgeschichte der starren Erdrinde bekannt ist, und dabei die Fähigkeit besitzt, seinen Beschreibungen und Schilderungen die erforderliche Anschaulichkeit, Fülle und Lebendigkeit zu geben, und die Beobachtung der Schüler auf das Wesentliche, Unterscheidende und Merkwürdige hinzuleiten. Von dem Kand. aber, der sich für den Unterricht in den obern Klassen und vorzugsweise für dieses Lehrfach an den höheren Bürgerschulen bestimmen will, ist eine speziellere Kenntniß aller Hauptformen der drei Naturreiche zu fordern. In der Zoologie und Botanik muß derselbe auch die Bekanntschaft mit den allgemeinsten Lehren der Physiologie, mit der Lebensweise, namentlich der einheimischen Thiere, und mit der geographischen Verbreitung der wichtigsten Thiere und Pflanzen darlegen, die Prinzipien der natürlichen Systematik, das Wesentliche der verschiedenen naturhistorischen Systeme und deren geschichtlichen Zusammenhang kennen. In der Mineralogie ist die Kenntniß von den Haupt-Abtheilungen des oryktognostischen Systems, von den Elementen der Kristallographie, von den ausgezeichneten Kristallgestalten, von der chemischen Konstitution

Wissenschaften in soweit zu fordern, als es nöthig ist, um den Zusammenhang des mathematischen, physikalischen und naturhistorischen Studiums mit der Gesammtbildung des Menschen und das Verhältniß dieser Wissenschaften zu anderen Lehrgegenständen einzusehen und richtig zu würdigen.

---

und dem physikalischen Verhalten einzelner vorzüglich merkwürdiger Substanzen, und in der Geognosie die Kenntniß der wichtigeren Felsarten, der charakteristischen, besonders zur Unterscheidung der Formationen dienenden Petrefakten, der Lagerungs-Verhältnisse und des geographischen Vorkommens der Formationen, so wie eine auf allgemeinere naturhistorische Kenntnisse begründete Ansicht über die Bildungsgeschichte des Erdkörpers zu verlangen.

6) Bei der ganzen Prüfung ist hauptsächlich darauf zu sehen, ob die Kand. neben der speziellen Bekanntschaft mit wenigstens einer der naturwissenschaftl. Disziplinen tief genug in das Allg. derselben nach dem gegenwärtigen Standpunkte eingedrungen sind, um die Elemente mit Bezug auf das Prinzip und das Wesen jeder Wissenschaft lehren, und aus eigenem sicheren Wissen erläutern zu können, und ferner ob sie die Fähigkeit besitzen, die vorhandenen literarischen Hülfsmittel zur fortschreitenden Entwickelung ihrer speziellen naturwissenschaftl. Kenntnisse gehörig zu benutzen. Jedenfalls ist auf die Gabe, den Unterricht in den Naturwissenschaften anziehend zu machen und von trockner Systematik fern zu halten, ein besonderes Gewicht zu legen.

7) Nach der Bestimmung im §. 22. des Regl. v. 20. April 1831 und der C. Verf. v. 3. Febr. v. J. (s. u. zu §. 22.) soll die bedingte fac. doc. den Kand. ertheilt werden, welche in der Mathematik und in den Naturwissenschaften die für den Unterricht in allen Klassen erforderlichen Kenntnisse besitzen, dagegen aber in mehreren Gegenständen auch nicht diej. Forderungen befriedigen, welche um des allg. Zwecks der höheren Schulbildung willen an jeden Lehrer gestellt werden müssen. So wünschenswerth es einerseits für die Gymnas. und höheren Bürgerschulen ist, daß die Lehrer der Mathematik und des mathematischen Theils der Physik auch für den Unterricht in den Naturwissenschaften in allen Klassen befähigt seien, eben so schwierig ist es anderer Seits nach der bisherigen Erfahrung, Kandidaten zu finden, welche sich in der Mathematik und in den Naturwissenschaften gleich tüchtig erweisen. Um nicht durch zu große Anforderungen dem gründlichen Studium der Mathematik und der Naturwissenschaften Eintrag zu thun, und um auch auf die Verschiedenheit der Individualität der Kand., von welchen einige sich mehr zu der Mathematik, andere mehr zu den Naturwissenschaften hingezogen fühlen, die erforderliche Rücksicht zu nehmen, soll in allen vorkommenden Fällen sowohl den Kand., welche bei zurücktretender naturwissenschaftl. Bildung die Mathematik und den mathematischen Theil der Physik durch alle Klassen lehren können, als auch denen, welche den naturwissenschaftl. Unterricht zwar in allen Klassen der Gymnas. und höheren Bürgerschulen, den mathematischen aber nur in den unteren und mittleren Klassen zu übernehmen befähigt sind, die bedingte fac. doc. ertheilt werden.

8) Wenn sich Kandidaten finden sollten, die für den Unterricht in den Naturwissenschaften befähigt und zugleich im Stande sind, den Zeichnen-Unterricht zu übernehmen und sich hierüber vorschriftsmäßig auszuweisen; so ist solches in dem ihnen zu ertheilenden Prüfungs-Zeugnisse ausdrücklich zu bemerken, weil es wünschenswerth ist, daß der Unterricht im Zeichnen zugleich von dem Lehrer in den Naturwissenschaften könne versehen werden.

Die obigen Bestimmungen, welche an die Stelle des §. 19. des Regl. v. 20. April 1831, so weit sich derselbe auf die Prüfung in den Naturwissenschaften bezieht, treten sollen, werden der K. wissenschaftl. Prüfungs-Komm. hierdurch zur Nachachtung bekannt gemacht.

Berlin, den 14. Dec. 1839.

Min. der G., U. u. M. Ang.
v. Altenstein.

An
sämmtl. K. wissenschaftl. Prüfungs-Komm.
(Min. Bl. d. i. V. 1842. S. 417.

§. 20. Philosophie und Pädagogik. — Von jedem Kand., auch wenn er nur in den unteren Klassen zu unterrichten gedenkt, ist Kenntniß der Logik, der Psychologie und der Geschichte der Philosophie, und Bekanntschaft mit der wissenschaftlichen Pädagogik zu fordern. Außerdem muß sich vor allen Dingen in den Probe-Lektionen des Kand. ein munterer Ton, eine gewandte sichere Sprache, ein klares Hervorheben der Hauptpunkte, besonnenes Anknüpfen jedes Folgenden an das Vorhergehende, ein natürliches einfaches Betragen, und ein kräftiges Ergreifen einer ganzen Knaben-Masse kund geben. Obwohl in mittleren Klassen die oben bezeichneten pädagogischen Talente durchaus nicht vermißt werden dürfen, so wird doch bei den Kand., welche den Unterricht in diesen Klassen beabsichtigen, noch viel ernstlicher als bei denen, die nur in unteren Klassen lehren wollen, auf bestimmte philosophische Einsicht und wissenschaftliche Ableitung pädagogischer Maaßregeln zu dringen und insbes. mittelst der aus der Geschichte der Philosophie, der Logik und der Psychologie an den Examinanden zu richtenden Fragen zu erforschen sein, ob er dasjenige, was er auf der Universität in philosophischen Vorträgen gehört, sich auch wahrhaft innerlich angeeignet habe, und ob in seinem Denken die gehörige Gründlichkeit, Klarheit und Ordnung herrsche. Von den Kandidaten, welche auf den Unterricht in den oberen Klassen der Gymn. und auf die Leitung der für dieselben angeordneten philosophischen Vorbereitungs-Studien Anspruch machen wollen, ist, außer einer genauen Kenntniß der Unterrichts-Wissenschaft und einer kritischen Würdigung der verschiedenen Lehr- und Erziehungs-Systeme, auch noch zu fordern, daß sie den Inhalt der Logik und Metaphysik und der Psychologie wissenschaftlich entwickeln können, und mit einer allg. Kenntniß der Geschichte der Philosophie und der verschiedenen philosophischen Systeme nach ihren charakte-

---

c) C. R. dess. Min. v. 2. Dec. 1842 an die K. außerordentl. Reg. Bevollmächtigten bei den Universitäten, in eben ders. Angelegenheit.

Von dem meiner Leitung anvertrauten Min. ist unter dem 14. Dec. 1839 in Betreff der Prüfung der Kand. des höheren Schulamts in den Naturwissenschaften die abschriftlich beigeschlossene Instr. (s. vorstehend) erlassen worden, deren Bestimmung unter Nr. 1. ich durch die in Abschrift anliegende, an sämmtl. K. wissenschaftl. Prüfungs-Komm. unter dem heutigen Tage gerichtete Verf. (vorstehend sub b.) näher zu deklariren für nöthig erachtet habe. Indessen kann ich mir von dieser Verf. und von der eben ged. Instr., welche ihrer Bestimmung gemäß nur den regulirenden Maaßstab für die Prüfung der Kand. des höheren Schulamts in den Naturwissenschaften abgeben sollen, nur dann einen für den Unterricht in den Gymnas. und höheren Bürgerschulen ersprießlichen Erfolg versprechen, wenn es gelingt, auf den diesseitigen Universitäten zweckmäßige Vorlesungen über allg. Naturgeschichte in ihrer Anwendung auf den Gymnasial- und höheren Schulunterricht zu veranstalten. Eine solche, in Einem Semester und etwa in fünf bis sechs wöchentlichen Stunden zu vollendende Vorlesung über Naturkunde überhaupt, oder einstweilen nur über Naturwissenschaften im Umfange der sogen. allg. Naturgeschichte müßte auf das Bedürfniß künftiger Schulmänner nach den Forderungen, welche die Instr. v. 14. Dec. 1839 und die weitere desfallsige Verf. vom heutigen Tage an sie macht, berechnet und von einem besonders tüchtigen Lehrer übernommen werden, welcher im Stande wäre, durch dies. seine Zuhörer in das Verständniß der Natur und ihrer besondern Reiche auf eine wissenschaftl. und die allg. Bildung des künftigen Schulmannes fördernde Weise einzuleiten. Ew. ersuche ich daher, den einen oder den andern Lehrer der dortigen Universität, von welchem sich nach seinen bisherigen Leistungen und seiner ganzen wissenschaftl. Richtung eine befriedigende Lösung der im Obigen angedeuteten, allerdings schwierigen Aufgabe erwarten läßt, zur Ankündigung einer auf das Bedürfniß künftiger Schulmänner berechneten Vorlesung über allg. Naturgeschichte um so mehr zu veranlassen, als mit Wahrscheinlichkeit vorauszusehen ist, daß eine solche Vorlesung auch von Seiten der Studirenden, welche sich nicht gerade dem höheren Schulfache widmen wollen, Theilnahme finden und auch auf sie einen wohlthätigen Einfluß ausüben werde. (Min. Bl. d. i. V. 1842. S. 419.)

Vgl. auch unten §§. 30 38. 39.

ristischen Eigenthümlichkeiten eine eine genauere Bekanntschaft mit den Gestaltungen verbinden, welche die Philosophie durch und seit Kant erfahren hat. [1])

§. 21. Theologie und hebräische Sprache. — Die Prüfung in den theologischen Wissenschaften [2]) ist darauf zu richten, ob der Kand. die heil. Schrift,

---

1) Die philosophische Prüfung wurde schon eingeschärft durch das C. R. des Min. der G., U. u. M. Ang., Unterrichts-Abth. (v. Kamptz) v. 21. Aug. 1824 an sämmtl. K. wissenschaftl. Prüfungs-Komm.

Die K. wissenschaftl. Prüfungs-Komm. wird hierdurch angewiesen, die Prüfung der Schulamts-Kand. auch auf die Kenntnisse in der Philosophie, und namentlich in der Logik und Metaphysik, in der Psychologie und in der Geschichte der Philosophie auszudehnen, und das Ergebniß der desfallsigen Prüfung nicht nur in dem Zeugnisse jedesmal ausdrücklich zu bestimmen, sondern dasselbe auch in den jährlich einzureichenden Tabellen über die geprüften Schulamts-Kand. unter einer besondern Rubrik anzumerken.

Die K. wissenschaftl. Prüfungs-Komm. wird zugleich aufgefordert, hierbei auf die Gründlichkeit und den innern Gehalt der Philosophie und ihres Studiums strenge Rücksicht zu nehmen, damit die seichten und oberflächlichen Philosophismen, welche in neuern Zeiten nur zu oft das ganze philosophische Studium ausgemacht haben, endlich einem gründlichen Studium der Philosophie weichen, das wahre philosophische Studium seine so ehrenvolle als nützliche Stellung und Richtung wieder erhalte, und die akademische Jugend anstatt durch jene Afterphilosophie verwirrt und dunkler gemacht zu werden, durch gründlichen Unterricht im ächt philosophischen Geiste zur klaren, richtigen und gründlichen Anwendung ihrer Geisteskräfte geleitet werde. Auch dem geschichtlichen Studium ist künftig eine größere Aufmerksamkeit von der K. wissenschaftl. Prüfungs-Komm. zu widmen. (A. VIII. S. 1097.)

Dies C. R. ist unter dems. Tage auch an sämmtl. K. Kons. und an sämmtl. K. Reg. Bevollmächtigte bei den Universitäten ergangen. Vergl. die folg. Note.

2) Diese Prüfung wurde früher abgesondert bei den Kons. vorgenommen. Es bestimmte darüber das C. R. des Min. der G., U. u. M. Ang., Unterrichts-Abth. (v. Kamptz) v. 21. Aug. 1824 an sämmtl. K. Kons., wegen des Studiums der philosoph. und theolog. Disziplinen auf den Universitäten von Seiten solcher inländischen Studirenden, welche sich dem gelehrten Schulfache widmen wollen, wo es, nachdem die Anforderungen hinsichtlich des philosophischen Studiums eben so, wie in dem in der vorstehenden Note gegebenen C. R. de eod. ausgesprochen worden, weiter heißt:

Noch wichtiger erscheint es aber dem Min., geeignete Maaßregeln zu treffen, daß diej. inländischen Studirenden, welche sich dem gelehrten Schulfache an evang. Gymnas. widmen wollen, nicht länger die für jeden Gymnasiallehrer unentbehrlichen theologischen Disziplinen vernachlässigen, sondern sich vielmehr schon auf der Universität diej. Kenntnisse in der Theologie, und namentlich in der Exegese des Alten und Neuen Testaments, in der Dogmatik und christlichen Moral und in der Kirchengeschichte aneignen, welche zur Ertheilung eines gründlichen und zweckmäßigen evang. Religionsunterrichts in den evang. Gymnas. erforderlich sind, und von jedem Gymnasiallehrer, auch wenn er sich nicht für den Religionsunterricht bestimmen will, mit Grund gefordert werden können.

Das K. Kons. wird daher beauftragt, von jetzt an einen jeden gelehrten Schulamts-Kand. evang. Konfession, welcher in dem Bezirke des K. Kons. eine Anstellung als Lehrer an einem evang. Gymnas. nachsucht, und hinsichtlich seiner philosophischen, philologischen, historischen und mathematischen Kenntnisse und in Betreff seiner Lehrgeschicklichkeit das erforderliche Prüfungszeugniß einer K. wissenschaftl. Prüfungs-Komm. beibringt, noch nachträglich in Bezug auf seine Kenntnisse in der Theologie und namentlich in der christlichen Glaubens- und Sittenlehre, in der Exegese des Alten und Neuen Testaments und in der Kirchengeschichte von einem geeigneten Mitgliede des K. Kons. prüfen, und über das Ergebniß dieser Prüfung ein besonderes Zeugniß ausstellen zu lassen, welches nebst den übrigen Zeugnissen des betr. Schulamts-Kand. dem auf die Anstellung dess. bezüglichen Berichte des K. Kons. in Abschrift beizufügen ist. In dieser Prüfung ist für jetzt bei den Schulamts-Kand., welche sich nicht für den Reli-

wenigstens das neue Testament, in der Grundsprache zu interpretiren verstehe, mit den allg. Regeln der biblischen Kritik und Hermeneutik und mit der Geschichte der bibl. Bücher und deren Verfassern hinreichend bekannt sei, ob er die christliche Dogmatik und Moral in ihren Hauptmomenten zu entwickeln wisse, und sich von der Kirchengeschichte nicht blos eine allgem. Uebersicht, sondern auch eine nähere Kenntniß derjenigen Begebenheiten angeeignet habe, welche für die Gestaltung des kirchl. Lebens und die Ausbildung des Lehrbegriffs der Kirche, zu welcher der Kand. sich bekennt, von entschiedenem Einflusse gewesen sind.

Bei der Prüfung im Hebräischen, welcher sich ohne Unterschied der Konfession alle Kand., die in dieser Sprache Unterricht geben wollen, unterziehen müssen, ist wenigstens richtiges Lesen, Sicherheit in der Formenlehre und Festigkeit im Analysiren sowohl einzelner Wörter, als ganzer Sätze, erforderlich. Die historischen Schriften des alten Testaments und die Psalmen müssen die Kand. mit einer gewissen Leichtigkeit übersetzen und erklären, auch den hebräischen Text mit der griechischen oder lateinischen Kirchen-Uebersetzung gehörig vergleichen können.

Von denjenigen Kand., welche entweder gar nicht, oder nur in den unteren Klassen Religions-Unterricht ertheilen wollen, ist die Bekanntschaft mit dem Inhalte der heil. Schrift und diejenige Kenntniß der christl. Glaubens- und Sittenlehre, so wie der bestehenden kirchl. Verhältnisse zu fordern, welche nach dem Standpunkte ihrer übrigen Bildung zu erwarten ist.

§. 22. Bedingte facultas docendi. — Wer zwar in einem der im §. 16. ged. Hauptgegenstände des Unterrichts hinreichende Kenntnisse besitzt, um in den beiden oberen Klassen zu unterrichten, dagegen aber in einem oder in mehreren Gegenständen auch nicht diejenigen Forderungen befriedigt, welche um des allg. Zweckes der höheren Schulbildung willen, von jedem Lehrer verlangt werden müssen, kann die fac. doc. nur in der Bedingung erhalten, daß er die bestimmt anzugebenden Mängel seiner wissenschaftl. Ausbildung nachhole, und die K. Prov. Schul-Kollegien und K. Reg. werden hierdurch angewiesen, einen Kand., welchem die fac. doc. nur bedingt ertheilt ist, zur Prüfung pro loco nicht eher zuzulassen, als bis mit Grund zu erwarten steht, daß er die in seinem Wissen bemerkten Lücken ausgefüllt habe. Die bedingte fac. doc. ist ferner allen den Kand. zu ertheilen, welche in einem oder selbst in mehreren der im §. 16. gen. Hauptgegenstände des Unterrichts nur so viel Kenntniß besitzen, als von dem Lehrer in den

---

gionsunterricht in den evang. Gymnas. mitbestimmen wollen, hauptsächlich darauf zu sehen, ob sie die für jeden Gymnasiallehrer erforderliche Kenntniß in der christlichen Glaubens- und Sittenlehre besitzen, während von den Schulamts-Kand., welche sich für den Religionsunterricht mit bestimmen wollen, auch eine genügende Kenntniß von der Exegese des Alten und Neuen Testaments und von der Kirchengeschichte unerläßlich zu fordern ist. Ferner wird das K. Konf. beauftragt, bei seinen Vorschlägen die Besetzung von Lehrstellen und besonders von den Direktorstellen an evang. Gymnas. betr., vorzüglich diej. Kand. zu berücksichtigen, welche außer den übrigen erforderlichen Kenntnissen und Geschicklichkeiten auch eine gründliche theologische Bildung besitzen.

Sämmtl. K. außerordentliche Reg. Bevollmächtigten bei den inländischen Universitäten sind beauftragt, obige Verf. zur Kenntniß der Dir. der philologischen und pädagogischen Sem., und der betr. Studirenden zu bringen, und auf jede zweckdienliche Weise dahin zu wirken, daß besonders die Mitglieder der philologischen Sem., welche sich dem gelehrten Schulstande widmen wollen, von jetzt an neben ihren philologischen Studien, auch auf das Studium der Philosophie und der Theologie den erforderlichen Fleiß verwenden.

Wie es mit der Prüfung der gelehrten kathol. Schulamts-Kand. hinsichtlich ihrer Kenntniß in der kathol. Theologie künftig gehalten werden soll, wird das Min. mittelst einer besondern Verf. nachträglich bestimmen. (A. VIII. S. 1093.)

In gleicher Weise an die K. Reg. Bevollmächtigten bei den Universitäten ergangen. (A. VIII. S. 1096.) — Vgl. oben die Note zu §. 2., das R. v. 16. Mai 1838 zu §. 22., und über die Prüfung der Kand. der Theologie im Schulsache unten sub II. 1. — Ueber die Prüfung der Philologen im Hebräischen s. die erste Note zu §. 17.

mittleren oder unteren Klassen zufolge der Bestimmungen in den §§. 17—21., verlangt wird. [1])

---

1) Obige Bestimmung wurde modifizirt durch folgende R.:

a) C. R. des Min d. G., U. u. Med. Ang. (Nikolovius) v. 3. Febr. 1838 an die K. wissenschaftl. Prüfungs-Komm., betreff. die Prüfungen der Schulamts-Kandidaten in Beziehung auf die §§. 9., 17 — 21. u. 22. des Reglem. v. 20. April 1831.

Nach den Bestimmungen im §. 22. des unter dem 20. April 1831 erlassenen Regl. ist die bedingte fac. doc. zu ertheilen:

1) allen, die zwar in einem der im §. 16. des Regl. gedachten Hauptgegenstände des Unterrichts hinreichende Kenntnisse besitzen, um in den beiden oberen Klassen zu unterrichten, dagegen aber in einem oder in mehreren Gegenständen auch nicht diejenigen Forderungen befriedigen, welche um des allg. Zweckes der höheren Schulbildung willen von jedem Lehrer verlangt werden müssen, und

2) auch denen, welche in einem, oder selbst in mehreren der im §. 16. gen. Hauptgegenstände des Unterrichts, nur so viel Kenntnisse besitzen, als von dem Lehrer in den mittleren und unteren Klassen, zufolge der Bestimmungen in den §§. 17—21. des Regl. verlangt werden.

In Rücksicht auf das Bedürfniß der Gymn. und höheren Bürgerschulen, deren ferneres Gedeihen von der Tüchtigkeit ihrer Lehrer hauptsächlich bedingt ist, sowie durch den bisherigen, in vielen Fällen unbefriedigenden Ausfall der Prüfungen, sieht sich das Min. dringend veranlaßt, der oberflächlichen Mittelmäßigkeit, mit welcher sich, nach der Erfahrung der letzten Jahre, nicht wenige Kandidaten des höheren Schulamts in dem von ihnen ergriffenen Berufe zufrieden geben, durch gesteigerte Forderungen entgegen zu wirken, und die Bestimmungen im §. 22. den oben gedachten Regl. dahin zu modifiziren, daß von jetzt an in der Regel die bedingte fac. doc. nur den Kand. ertheilt werden soll, welche wenigstens in Einem der Hauptlehrgegenstände, d. h., entweder in den beiden alten Sprachen und in der Muttersprache, oder in der Mathematik und in den Naturwissenschaften, oder in der Geschichte und Geographie, oder endlich in der Theologie und in der hebräischen Sprache die für den Unterricht in allen Klassen erforderlichen Kenntnisse besitzen; dagegen aber in mehreren Gegenständen auch nicht diejenigen Forderungen befriedigen, welche um des allg. Zwecks der höhern Schulbildung willen von jedem Lehrer verlangt werden müssen. Hierbei wird der einsichtigen Prüfung und sorgfältigen Beurtheilung der K. wissenschaftl. Prüfungs-Kommission anheimgestellt, auch den Kand., welche in einem oder in mehreren der obenged. Hauptlehrgegenstände nur so viele Kenntnisse besitzen, als von dem Lehrer in den mittleren oder unteren Klassen zu Folge der Bestimmungen in den §§. 17—21. des Regl. gefordert werden, die bedingte fac. doc., jedoch nur zu dem Unterrichte in den unteren Klassen ausnahmsweise in den Fällen zu ertheilen, wenn die Kand. mit Sicherheit und Klarheit der Fundamental-Kenntnisse eine ausgezeichnete Gabe der Darstellung, ein vorzügliches Geschick in der Behandlung der Jugend und eine ansprechende Persönlichkeit verbinden.

Von der Einsicht und dem Takt der K. wissenschaftl. Prüfungs-Kommission erwartet das Min. vertrauensvoll, daß sie, sowohl die im Obigen modifizirten Bestimmungen des §. 22., als auch die übrigen Vorschriften des Regl. v. 20. April 1831 überall aufs zweckmäßigste in Anwendung bringen werde. Besonders bei den Prüfungen pro fac. doc., welche gewöhnlich unmittelbar nach dem Abgange der Examinanden von der Universität stattfinden, ist niemals außer Acht zu lassen, daß das kurze akademische triennium fast nur zur Sammlung eines hinreichenden Materials hinreicht, daß bei den künftigen gelehrten Schulmännern mit ihrem Berufsleben das höhere Studium, die geistige Belebung und die fruchtbare Verarbeitung der gesammelten Kenntnisse recht eigentlich erst beginnt, und daß folglich in der Prüfung pro fac. doc. nicht sowohl ein vollständiges, tiefes und in allen seinen Theilen abgerundetes Wissen und eine Gediegenheit des wissenschaftl. Erkennens zu verlangen, als vielmehr darauf zu sehen ist, ob die Examinanden, neben den allgem. Kenntnissen, die einmal für ihren

§. 23. Abweisung. — Wer noch in keinem der im §. 16. gen. Hauptgegenstände des Unterrichts den §§. 17—21. aufgestellten Forderungen genügt, ist

---

künftigen Beruf nothwendig sind, in Einem der oben gedachten Hauptfächer einen tüchtigen Grund, um darauf weiter bauen zu können, wirklich gelegt, und die von ihnen auf der Universität vorzugsweise betriebenen Wissenschaften mit Verstand aufgefaßt und mit Geist verarbeitet haben.

Da ferner bei den schriftlichen Arbeiten, welche die Examinanden, zu Folge der Bestimmungen im §. 9. des Regl. v. 20. April 1831, zu liefern haben, nicht selten die Vermuthung entstanden ist, daß dieselben mit fremder Beihülfe gefertigt worden, indem die mündliche Prüfung und die Probelektionen der Examinanden ein ganz anderes Resultat ergaben, als ihre schriftlichen Arbeiten erwarten ließen; so wird die K. wissenschaftl. Prüfungs-Kommission ermächtigt, in solchen Fällen, und überhaupt, wo sie es zur näheren Erforschung des Talents und der wirklichen Befähigung der Examinanden für zweckmäßig erachtet, außer den im §. 9. vorgeschriebenen schriftlichen Arbeiten, noch eine oder die andere, angemessen gewählte Aufgabe, unter spezieller Aufsicht und ohne alle Hülfsmittel, schriftlich bearbeiten zu lassen.

Schließlich wird der K. wissenschaftl. Prüfungs-Kommission nachrichtlich bekannt gemacht, daß das Min. beschlossen hat, von jetzt an die Dispensation von den gesetzlich vorgeschriebenen Prüfungen pro loco und pro asc. nur in solchen Fällen zu ertheilen, wo die Tüchtigkeit der Kand. durch den Inhalt des ihnen bei der Prüfung pro fac. doc. ertheilten Zeugnisses, so wie des den Antrag auf Dispensation motivirenden Ber. der betreff. K. Prov. Behörde, außer Zweifel gestellt ist. (A. XXII. S. 655.)

b) C. R. desselben Min. v. 4. Febr. 1838 an die K. Prov. Schulkolleg. in derselben Ang.

Aus den Ber., welche die K. wissensch. Prüf. Komm. über den Ausfall der während der letzten Jahre abgehaltenen Prüfungen pro fac. doc. erstattet haben, geht im Allgemeinen hervor, daß die Zahl der Kand. des höheren Lehramts, die nach einer billigen und unbefangenen Würdigung ihrer sämmtl. Leistungen und ihrer ganzen Persönlichkeit völlig genügende oder ausgezeichnete Lehrer zu werden versprechen, sich in bedenklicher Weise vermindert. Die Mittelmäßigkeit der natürlichen Anlagen, so wie auch der gelehrten Kenntnisse und der allg. wissenschaftl. Bildung, scheint, nach der bisherigen Erfahrung, unter den Kand. des höh. Schulamts immer mehr vorherrschend zu werden, so daß das Min. für nöthig erachtet hat, zur möglichen Beseitigung dieses Uebelstandes, welcher der weiteren wünschenswerthen Entwickelung der Gymn. und Bügersch., und somit dem ganzen Werke des höheren öffentl. Unterrichts Gefahr droht, die in Abschrift beigeschlossene Verf. unter dem 3. d. M. an sämmtl. K. wissensch. Prüf. Komm. zu erlassen.

Das Min. verhehlt sich indessen nicht, daß diese Verf., welche die bei der Prüfung pro fac. doc. zu machenden Anforderungen um ein Bedeutendes steigert, ihren beabsichtigten Zweck nur in einem ungenügenden Maaße erreichen wird, wenn nicht zugleich noch andere wirksame Mittel ergriffen werden, um dem immer sich vergrößernden Zudrange unfähiger und nicht gehörig vorbereiteter Kand. zum höh. Schulamte frühzeitig entgegen zu arbeiten.

Die Dir. der Gymn., welche den ganzen Entwickelungsgang der ihrer Leitung anvertrauten Jugend zu übersehen vermögen, scheinen dem Min. vorzüglich geeignet, um die Schüler in den oberen Klassen, welche sich späterhin dem höh. Schulamte zu widmen gedenken, näher zu beobachten, und diejenigen unter ihnen, deren ganze Persönlichkeit, wegen Mangels an den erforderlichen Anlagen des Geistes und Gemüths, sowie an dem eben so nöthigen, beharrlichen und fruchtbringenden Fleiße, zum Lehrstande untauglich erscheint, auf jede schickliche Weise mit der ganzen Macht ihres Einflusses von der Wahl eines Standes abzurathen, in welchem für Keinen, der ihn ohne wahrhaft inneren Beruf ergreift, Gedeihen und Befriedigung zu hoffen ist.

Diejenigen Schüler der oberen Klassen aber, welche sich für das höhere Lehrfach bestimmen und nach ihrer ganzen Persönlichkeit gegründete Hoffnungen erwecken, daß sie dereinst in demselben etwas Tüchtiges oder gar Ausgezeichnetes

zwar vorläufig zurückzuweisen, kann aber unter den im §. 27. 28. angegebenen Bedingungen zu einer abermaligen Prüfung zugelassen werden. (§. 13. des Ed.)

---

leisten werden, sind von den Dir. der Gymn. frühzeitig nicht nur auf die Bedeutung, den Umfang und die Schwierigkeiten der Aufgabe, die sie sich gestellt, und mit der Zeit zu lösen haben, bei jeder passenden Gelegenheit im Allgemeinen aufmerksam zu machen, sondern auch insbes., nach Anleitung des unter dem 20. April 1831 erlassenen Regl. und der späteren betr. Verf., in nähere Kenntniß aller der Anforderungen zu setzen, welche späterhin die Prüfung pro fac. doc. an sie machen wird. Zu dem Ende behält sich das Min. vor, nöthigenfalls dem K. Prov. Schulkolleg. eine hinreichende Anzahl von Exemplaren des oben ged. Regl., Behufs der Vertheilung an die Gymn., zuzusenden.

Da ferner, nach der bisherigen Erfahrung, diejenigen, welche sich dem höheren Lehrfache widmen, selten auf der Universität ihre vorbereitenden Studien planmäßig einrichten, und deshalb in vielen Fällen das ihnen vorgesteckte Ziel verfehlen, so wünscht das Min. recht dringend, daß die Dir., oder auch geeignete Lehrer der Gymn., ihnen im letzten Semester vor ihrem Abgange von der Schule, in außerordentlichen Lektionen, zur zweckmäßigen Einrichtung ihrer Universitätsstudien eine gehörige Anleitung geben, bei welcher eben sowohl auf die Forderungen des mehr ged. Regl. und auf die wesentlichen Bedürfnisse der gelehrten Schulen, als auf die Hauptrichtung, welche der Einzelne vermöge seiner eigenthüml. Anlagen und Fähigkeit in seinen Universitätsstudien zu verfolgen Willens ist, die nöthige Rücksicht zu nehmen ist.

Das Min. hegt zu den Dir. und Lehrern der Gymn. das wohl begründete Vertrauen, daß sie auf eine desfallsige angemessene Aufforderung des K. Prov. Schulkoll., sich zum Heil der Schulen den im Obigen angedeuteten Sorgen und außerordentlichen Bemühungen bereitwillig unterziehen, und mit ihrer gereiften Einsicht und ihren väterlichen Rathschlägen gern denen auch noch auf ihrem weiteren Entwickelungsgange förderlich sein werden, welche schon auf der Schule die ermuthigende Ueberzeugung gewonnen haben, daß der Unterricht und die Erziehung der Jugend der Beruf ihres Lebens ist.

Um endlich den Kand. des höh. Schulamts, sowie auch den jüngeren Lehrern noch mehr, als bis jetzt geschehen ist, einen äußeren mahnenden Antrieb zu geben, daß sie unermüdlich an ihrer Ausbildung fortarbeiten, und sich zur Erfüllung ihres schwierigen Berufs immer fähiger zu machen suchen, hat das Min. beschlossen, von jetzt an die Dispensation von den vorschriftsmäßigen Prüfungen pro loco und pro asc. nur in den Fällen zu ertheilen, wo die Tüchtigkeit des Kand. zu dem für ihn in Aussicht genommenen Lehramte durch den Inhalt des, ihm bei der Prüfung pro fac. doc. ertheilten Zeugnisses und des, den Antrag auf Dispensation motivirenden Ber. ganz außer Zweifel gestellt ist. Das K. Prov. Schulkolleg. wird beauftragt, der obigen Eröffnung gemäß, das weiter Erforderliche zu verfügen. (A. XXII. S. 657.)

Von den in Gemäßheit des Schlusses vorstehenden C. R. ergangenen Verfügungen der Prov. Schulkoll. finden sich in den Annal. 1) die C. Verf. des Rhein. Prov. Schulkolleg. v. 26. Febr. 1838 an sämmtl. Gymn. Dir. (A. XXII. S. 102) und 2) die C. Verf. des Schulkolleg. der Prov. Brandenb. v. 22. Mai 1838 an sämmtl. Gymn. Dir. (A. XXII. S. 354). Beide geben blos den Inhalt des vorstehenden C. R. wieder.

c) R. des K. Min. der G., U. u. M. Ang. (v. Altenstein) v. 16. Mai 1838 an das K. Prov. Schulkolleg. zu Münster, in ders. Ang.

Was die von dem K. Prov. Schulkolleg. in dem Ber. v. 26. Febr. d. J. gestellten Fragen betrifft, so bemerkt das Min.:

ad 1., daß solchen Kand., welche in einem der Hauptfächer des Stoffes so mächtig sind, daß sie diesen Gegenstand auf Sekunda (nicht aber auf Prima) mit Erfolg ertheilen können, und den vorgeschriebenen Bedingungen in Betreff der andern Prüfungsgegenstände entsprechen, das Zeugniß der unbedingten fac. doc. nicht zu ertheilen ist; vielmehr ist nur solchen Kand. die unbedingte fac. doc. beizulegen, welche in den beiden obern Klassen, also auch in Prima, in einem der Hauptfächer mit Erfolg unterrichten zu können, in der Prüfung nachweisen.

ad 2., daß zu den Haupt-Lehrgegenständen, für welche unter den im §. 16.

§. 24. Schluß der Prüfung. — Nach Beendigung der mündlichen Prüfung entfernt sich der Kand., und die sämmtl. Mitglieder der K. wissenschaftlichen Prüfungs-Kommission treten zu einer kollegialischen Berathung über das Resultat aller mit dem Kand. angestellten Prüfungen zusammen. Jeder Examinator giebt nun nach den in den §§. 16–23. enthaltenen Bestimmungen sein Votum über die Qualifikation des Kand. ab, und nach der Pluralität der Stimmen wird festgesetzt, ob der Kand. als bestanden oder als nicht bestanden anzusehen, und ob ihm die unbedingte oder die bedingte fac. doc. zu ertheilen ist. Bei gleichen Stimmen entscheidet der vorsitzende Direktor. Diese Schluß-Censur, welche das Resultat aller Prüfungen bestimmt, wird gleichfalls am Ende des Prüfungs-Protokolls bemerkt.

§. 25. Zeugniß. — Auf den Grund des Prüfungs-Protokolls wird dem Kand. ein von dem Dir. und allen übrigen Mitgliedern der K. wissenschaftlichen Prüfungs-Kommission unterschriebenes Zeugniß ausgestellt, welches enthalten muß:

a) am Eingange den vollständigen Vor- und Zunamen, den Geburtsort, das Alter, die kirchliche Konfession des Kand., den Stand seines Vaters, ferner die Angabe der Schule und des Zeugnisses, mit welchem der Kand. von derselben abgegangen ist, so wie der Universität, welche er besucht hat,

b) die ihm ertheilte Schluß-Censur,

c) die nähere Bezeichnung des Ausfalls der mit ihm in den verschiedenen Sprachen und Wissenschaften angestellten Prüfungen, der Klassen, für welche er in den einzelnen Lehrgegenständen als tüchtig anerkannt ist, und des Verhältnisses, in welchem sich die Lehrgeschicklichkeit des Kand. zu den Kenntnissen gezeigt hat, und

d) die Angaben der etwanigen Lücken und Mängel, welche in seiner wissenschaftlichen Ausbildung und in seinen Kenntnissen bemerkt worden sind. (§. 10. des Ed.)

§. 26. Gebühren für das Zeugniß. — Die K. wissenschaftl. Prüfungs-Kommissionen sind ermächtigt, für jedes Zeugniß „Vier Thaler Pr. Kour.", ohne die Gebühren für den gesetzlich vorgeschriebenen Stempel, von dem Kand. entrichten zu lassen. [1])

---

des Regl. v. 20. April 1831 angegebenen Bedingungen das Zeugniß der unbedingten fac. doc. ertheilt werden darf, allerdings nun auch die Theologie und hebräische Sprache gerechnet wird, und es darf nur solchen Theologen das Zeugniß der unbedingten fac. doc. zuerkannt werden, welche ein vorzügliches Prädikat in den theologischen Prüfungen erlangt haben, und bei der Prüfung vor der wissenschaftl. Prüfungs-Komm. eine ausgezeichnete Lehrgabe und eine gründliche Lehrmethode, sowie eine vorzügliche philosophische Ausbildung, nachweisen können. Sie werden in diesem Falle durch das Zeugniß der unbedingten fac. doc. für den Unterricht in der Religion und in der hebräischen Sprache auf allen Klassen eines Gymnasiums approbirt.

ad 3., daß bei Kandidaten der Theologie, welche — als evangelische — schon beide Konsistorial-Prüfungen bestanden, oder — als katholische — schon die höheren Weihen erhalten haben, die für selbige ausgefertigten Zeugnisse der theologischen Prüfungs-Kommissionen schon genügen, so daß die wissenschaftl. Prüfungs-Komm. die Prüfung nur auf die den Kand. beiwohnende Lehrgabe und Methode, sowie auf ihre philosophische Ausbildung, zu richten haben.

Uebrigens bleibt dem K. Prov. Schulkolleg. überlassen, die an die wissenschaftl. Prüfungs-Komm. unter dem 3. Febr. d. J. ergangene Verf. durch die Amtsbl. bekannt zu machen. (A. XXII. S. 648.)

d) Vgl. Instr. v. 14. Dec. 1839 Nr. 8. in der Note zu §. 19. und die unten II. 1. gegebenen R.

1) Vgl. unten §§. 40. 47. 51. Außerdem bestimmen wegen der Zeugniß-Gebühren:

a) R. des Min. der G., U. u. M. Ang. (v. Altenstein) v. 19. Okt. 1832 an den Dir. der K. wissenschaftl. Prüfungs-Komm. zu N.

§. 27. Vorschriften in Hinsicht der vorläufig abgewiesenen Kandidaten (s. o. §. 23.). — Auch dem Kand., welcher bei der Prüfung pro fac. doc. vorläufig zurückgewiesen worden, ist ein Zeugniß nach den im §. 25. enthaltenen Bestimmungen auszustellen [1]), und ist in demselben ausdrücklich zu bemerken, auf welche bestimmte Zeit ihm die Meldung zu einer zweiten Prüfung pro fac. doc. gestattet worden. Dieses Zeugniß hat die K. wissenschaftl. Prüfungs-Kommission, von welcher ein Kand. in der Prüfung pro fac. doc. vorläufig zurückgewiesen worden, den übrigen K. wissenschaftl. Prüfungs-Kommissionen in Abschrift mitzutheilen.

Das Min. eröffnet Ihnen auf die in Ihrem Ber. v. 2. v. M. enthaltenen Anfragen:

1) Daß das einem, wegen unzureichender Kenntnisse in Nebenfächern auf unbestimmte Zeit zurückgewiesenen, Kandidaten auszustellende Prüfungszeugniß auf einem Stempelbogen auszufertigen ist, die sogen. Kanzlei-Gebühren von 4 Thlrn. ihm nicht zurück zu geben sind, und derselbe bei dem nächsten Examen, in welchem er seine Zulassungsfähigkeit bekundet, diese Summe noch einmal zu entrichten hat.

2) Wenn ein Kand. bei dem ersten Examen in einem oder einigen Fächern ein zwar nicht hinderliches, jedoch ihm selbst nicht genügendes Zeugniß erhalten hat, und nach einiger Zeit um Zulassung zu einem zweiten Examen bittet, welches eigentlich weder pro venia noch pro ascensione ist, so sind bei einem solchen Spezial-Examen die Kanzlei-Gebühren von 4 Thlr. noch einmal zu erheben. (A. XXII. S. 652.)

b) R. deff. Min. v. 18. Febr. 1833 an den Dir. der K. wissenschaftl. Prüfungs-Komm. zu N.

Das Min. findet es der Billigkeit gemäß, daß nach Ihrem Vorschlage in dem Ber. v. 30. v. M. die K. wissenschaftl. Prüfungs-Komm. auch für das Colloquium pro rect. Gebühren erhebe, jedoch nur dieselben, welche für die Prüfung pro fac. doc., pro loco und pro asc. entrichtet werden, wie es auch bereits durch die Verf. des Min. v. 2. April 1824 (Anl. a.) an die vormalige wissenschaftl. Prüfungs-Komm. bestimmt worden ist. Die vorgeschlagene Erhebung des doppelten Gebühren-Betrages für das Colloquium pro rect. kann das Min. nicht genehmigen, da sie, namentlich für die Rektoren der höheren Bürgerschulen, deren Gehalt selten 600 Thlr. übersteigt, oft sehr drückend werden würde, weil dieselben außer den geb. Gebühren auch die Kosten der Reise hierher und eines mehrtägigen Aufenthalts hierselbst zu bestreiten haben.

Anl. a.

Das Min. ermächtigt die K. wissenschaftl. Prüfungs-Komm. hierdurch, von jetzt an von einem jeden Kand., welcher sich von ihr pro fac. doc. oder pro asc. prüfen lassen will, oder sich zum colloquio pro rect. bei ihr stellen wird, für die Ausfertigung des Prüfungszeugnisses die Summe von 4 Thlr. Pr. Kour., ohne die Stempelgebühren, als Kanzleigebühren entrichten zu lassen.

Berlin, den 2. April 1824.

Min. der G., U. u. M. Ang.
v. Altenstein.

(A. XXII. S. 653.)

c) K. O. v. 30. Juli 1833 an den Staatsmin. Frhrn. v. Altenstein.

Bei den Mir in Ihrem Ber. v. 3. v. M. vorgetragenen Umständen genehmige Ich nach dem Antrage, daß von jedem Kand. des höhern Schulamts, welcher die Prüfung pro fac. doc., oder pro asc., oder das Colloquium pro rect. besteht, für die Ausfertigung des Prüfungszeugnisses Vier Thlr., ohne die Gebühren für den gesetzlich vorgeschriebenen Stempel, in Folge Ihrer früheren Anordnung, auch fernerhin erhoben werden.

Teplitz, den 30. Juli 1833.

Friedrich Wilhelm.

(A. XVIII. S. 1007.)

Der Stempel beträgt laut Tarifs v. 7. März 1822 „Atteste“ 15 Sgr.

1) Hinsichtlich der Gebühren für dieses Zeugniß s. R. v. 19. Okt. 1832 in der vorst. Note sub a.

§. 28. Kein Kand., der auf eine bestimmte Zeit zurückgewiesen worden, ist vor Ablauf derselben zu einer neuen Prüfung zuzulassen. Auch dürfen Schulamts-Kandidaten, die zwar nicht auf eine bestimmte Zeit bei der Prüfung pro fac. doc. zurückgewiesen sind, aber doch in derselben ein so wenig günstiges Zeugniß erhalten haben, daß sie in keinem der im §. 16. genannten Hauptlehrgegenstände zum Unterrichte in den mittleren Klassen eines Gymn. für fähig erklärt sind, nicht vor Ablauf von zwei Jahren zu einer neuen Prüfung zugelassen werden. [1])

§. 29. Ausnahmen in Betreff der Prüfung pro fac. doc. (§. 8. 11. des Cb.) — Von denen, welche sich dem höheren Lehrfache widmen, sind der Verbindlichkeit, sich der schriftlichen Prüfung pro fac. doc. zu unterziehen, diejenigen entledigt, welche nach einer förmlichen mündlichen Prüfung und nach öffentlicher Vertheidigung ihrer in lateinischer Sprache abgefaßten, und durch den Druck bekannt gemachten Inaugural-Dissertation bei der philosophischen Fakultät einer inländischen Universität die Doktor- oder Magistorwürde erhalten haben; sie müssen sich aber den Probelektionen und einer mündlichen Prüfung vor einer K. wissenschaftl. Prüfungs-Kommission unterwerfen. Die Meldung hierzu erfolgt unter Einreichung der im §. 6. vorgeschriebenen Zeugnisse, ihres Lebenslaufs, ihres Doktor-Diploms und ihrer gedruckten Inaugural-Dissertation. Auf den Grund der von ihnen abgehalten Probelektionen und der mündlichen Prüfung, welche sich über alle im §. 16. genannten Hauptfächer des Unterrichts, und insbes. über die im §. 21. gedachten Lehrgegenstände, auf welche sich die Prüfung bei einem philosophischen Doktor-Examen nicht zu erstrecken pflegt, zu verbreiten hat, wird ihnen nach den im §. 25. enthaltenen Bestimmungen ein Zeugniß ausgestellt, und ihnen in demselben entweder die unbedingte oder bedingte fac. doc. ertheilt. Sollte wider Erwarten ein Kand., der von einer inländischen philosophischen Fakultät zum Doktor der Philosophie promovirt worden, sich in der Probelektion oder in der mündlichen Prüfung so unwissend und so wenig gebildet zeigen, daß ihn die K. wissenschaftl. Prüfungs-Kommission in Folge der Bestimmung im §. 23. vorläufig zurückweisen müßte, so ist ein solcher Fall jedesmal dem Min. unverzüglich von dem Direktor der K. wissenschaftl. Prüfungs-Kommission, unter Einreichung des Protokolls, anzuzeigen.

---

1) Die Vorschriften der §§. 27. u. 28. waren schon durch das C. R. des K. Min. der G., U. u. M. Ang. (v. Altenstein) v. 26. Okt. 1829 an sämmtl. K. wissenschaftl. Prüfungs-Komm., sowie abschr. an sämmtl. K. Kons. und Provinzial-Schulkollegiums, betreffend die wiederholten Prüfungen der Schulamts-Kandidaten, gegeben. Nr. 1. 2. u. 3. dieses C. R. haben in den angef. §§. des Regl. ihre Wiederholung gefunden. Nur wurde hinsichtlich der Mittheilung an die übrigen wissenschaftl. Prüfungs-Komm., welche verhindern soll, daß ein zurückgewiesener Kand. „durch Verschweigung dieses Umstandes bei einer anderen K. wissenschaftl. Prüfungs-Komm. sogleich wieder zugelassen werde, und von dieser das versagte Zeugniß erhalte", — noch ausdrücklich verlangt, auch „die etwa obwaltenden Bedenken gegen sein Verhalten in sittlicher Hinsicht" anzuführen. Der weitere Wortlaut des R. ist folgender:

4) Bei der wiederholten Prüfung ist auf größere Reife und Tüchtigkeit in den Disziplinen, in welchen es dem Geprüften bei dem ersten Examen an der nöthigen Kenntniß und Geschicklichkeit gefehlt hat, ganz besonders zu achten.

5) Sollte wider Erwarten der Fall eintreten, daß Ausstellungen gegen die Moralität des Geprüften die Ursache des Zurückweisens gewesen, so ist ihm das Prüfungszeugniß, auch wenn er die erforderlichen Kenntnisse zeigen sollte, doch nur unter der Bedingung zu ertheilen, daß er die zuverlässigsten Zeugnisse seines Wohlverhaltens beigebracht hat, wobei es nicht genügt, daß sie in allg. und verneinenden Ausdrücken, z. B. daß nichts Widriges bekannt sei, abgefaßt sind, sondern auf eine so spezielle Auffassung gehalten werden muß, daß sich aus ihnen die Wahrscheinlichkeit der erfolgten Besserung schöpfen läßt. Es wird dabei immer zweckmäßig sein, die Ansichten der K. wissenschaftl. Prüfungs-Komm., welche jene Ausstellungen gemacht hat, vorerst zu vernehmen.

(A. XIII. S. 828.)

§. 30. Diejenigen Mitglieder des naturwissenschaftl. Seminars der K. Universität in **Bonn**, welche sich über ihre Qualifikation in Bezug auf die Naturwissenschaften durch ein ihnen von der Direktion dieses Sem. bei ihrem Abgange von der Universität förmlich ausgestelltes Zeugniß ausweisen können, sind einer weiteren Prüfung in den Naturwissenschaften von Seiten der K. wissenschaftlichen Prüfungs-Kommissionen überhoben, müssen sich jedoch hinsichtlich der übrigen Prüfungs-Gegenstände der vorschriftsmäßigen Prüfung bei den gedachten Kommissionen unterwerfen, und über den Ausfall derselben ein nach den Bestimmungen des §. 25. ausgefertigtes Zeugniß beibringen. [1])

§. 31. Ausgezeichnete **Ausländer** [2]), welche bereits bei einer ausländischen Schule oder Universität angestellt sind, und von den diesseitigen Unterrichts-Behörden zu Lehrstellen an den im § 2. erwähnten Schulen berufen worden, sind in der Regel keiner Art von Prüfung unterworfen. (§. 9. des Ed.)

§. 32. **Wirkung des Zeugnisses** über die fac. doc. (§. 11. des Ed.) — Nur diejenigen, welche sich mittelst eines nach den Bestimmungen des §. 25. von einer K. wissenschaftl. Prüfungs-Kommission ausgestellten Zeugnisses über die ihnen ertheilte unbedingte oder bedingte fac. doc. ausweisen können, werden unter die Kand. des höheren Schulamts gezählt [3]), in die Liste, welche über dieselben bei dem Min. geführt wird, aufgenommen, und können sich zur Abhaltung des im §. 33. vorgeschriebenen Probejahrs melden.

§. 33. **Probejahr.** [4]) — Um die Lehrgeschicklichkeit der Kand. des höheren Schulamts weiter auszubilden, und ihre praktische Brauchbarkeit genauer, als es mittelst der im §. 11. vorgeschriebenen Pobelektionen möglich ist, kennen zu lernen, wird angeordnet:

1) Sämmtliche Kand. des höheren Schulamts, welche das Zeugniß einer K. wissensch. Prüf. Komm. über die ihnen ertheilte unbedingte oder bedingte fac. doc. beibringen können, sollen wenigstens Ein Jahr lang bei einem Gymn., oder einer höheren Bürger- und Realschule sich im Unterrichte praktisch üben, und hierin ihre Befähigung nachweisen, bevor sie sich zu irgend einer Anstellung im höheren Schulfache melden, oder in Vorschlag gebracht werden dürfen.

2) Die Wahl der gelehrten oder höheren Bürger- und Realschule, in welcher die Kand. ihre praktische Befähigung im Unterrichten nachweisen wollen, soll ihnen zwar frei stehen, doch dürfen in der Regel die evang. Kand. nur zu einer evang., und die kathol. nur zu einer kathol. gelehrten oder höheren Bürger- und Realschule, Behufs ihrer praktischen Ausbildung, zugelassen [5]), ferner an keiner dieser Schulen zu gleicher Zeit mehr als zwei Kand. angenommen, auch keinem mehr als acht wöchentliche Lehrstunden übertragen werden. Nur in dem Falle, daß Krankheit eines Lehrers der Anstalt, welcher die Kand. sich zugesellt haben, oder eine andere gültige Ursache ihn hinderte, seine Lehrstunden abzuwarten, sollen die Kandidaten verpflichtet sein, die betreffende Anstalt durch Uebernahme mehrerer Vikariats-Stunden, deren Zahl sich aber nicht über sechs erstrecken darf, zu unterstützen.

3) Der Beurtheilung der Direktoren oder Rektoren der Gymn. und höheren Bürgerschulen, an welche sich die Kand., unter Einreichung des ihnen von einer K. wissensch. Prüfungs-Komm. ertheilten Zeugnisses unbedingter oder bedingter fac. doc., Behufs ihrer Zulassung zur Abhaltung des Probejahrs, zu wenden

---

1) Dieser §. ist wörtliche Wiederholung des C. R. des Min. der G., U. u. M. Ang. (v. Altenstein) v. 18. März 1830. (A. XXII. S. 650.)

2) Vgl. ob. S. 30 §. 7. und über die Anstellung von Ausländern u. II. 3.

3) Vgl. oben S. 27 die Note zu §. 5.

4) Das **Probejahr** wurde schon durch das C. R. des Min. der G., U. u. M. Ang. (v. Altenstein) v. 24. Sept. 1826 (A. X. S. 1041) eingeführt. Der ob. §. 33. ist nur eine wörtl. Wiederholung der Vorschriften dieses R. (Vgl. u.)

5) Dieser Zusatz fehlte in dem C. R. v. 24. Sept. 1826. Die Rücksichtnahme Seitens der Kand. „auf den Konfessionsunterschied, welcher auch in Betreff der Gymnas. und höhern Bürgerschulen noch vorwalte", wurde durch C. R. des Min. der G., U. u. M. Ang. (v. Altenstein) v. 26. März 1827 an sämmtl. K. Konf., Prov. Schulkolleg. u. Univers. (A. XI. S. 416) angeordnet.

haben, bleibt die Bestimmung der Klassen überlassen, in welchen sie den Kand. die von denselben zu übernehmenden Lehrstunden anzuweisen für zweckdienlich erachten. Die Uebertragung dieser Lehrstunden kann auf ein halbes oder ein ganzes Jahr geschehen, je nachdem der Kursus in der betr. Lehranstalt halbjährlich oder jährlich ist.

4) Nicht nur die Dir. oder Rektoren der Gymn. und höheren Bürger- und Realschulen, welchen sich die Kand. beigesellen, sondern auch die Ordinarien der Klassen, in welchen die Kand. zu unterrichten haben, sollen die Lehrstunden derselben oft besuchen, sich über Materie und Form ihres Unterrichts mit ihnen besprechen, sie auf Mißgriffe, welche sie in der Lehre oder bei Ausübung der Disciplin etwa begehen könnten, aufmerksam machen, und ihnen überall mit ihrer schon gereiften Erfahrung und ihrem sachkundigen Rathe gewärtig sein. [1])

5) In Hinsicht des Disciplinarischen sollen die Kand. dem Dir. oder Rektor der Schule, an welcher sie unterrichten, überall unterworfen und verpflichtet sein, sich bei Uebernahme ihrer Lehrstunden mit den bestehenden Disciplinar-Gesetzen bekannt zu machen, und diese überall in Ausübung zu bringen; eben so müssen sie sich in Hinsicht auf das Pensum ihres Unterrichts der Verfassung der betreffenden Anstalt und der Klasse, in welcher sie zu lehren haben, sorgfältig anschließen.

6) Den Kand. soll, damit sie sich Kenntniß von Disciplinar-Gesetzen, von deren Ausübung und von dem Tone, der im Ganzen der betreff. Anstalt herrscht, verschaffen, und sich durch Anhörung von Vorträgen gebildeter und erfahrener Lehrer eine Anschauung einer zweckmäßigen Methode [2]) erwerben können, während der ersten Monate ihres Aufenthalts an einer gelehrten oder höheren Bürger- und Realschule, die Verpflichtung obliegen, während der Tagesstunden, wo sie nicht selbst zu unterrichten haben, in den verschiedenen Klassen der Anstalt den Lektionen der übrigen Lehrer als Hospites beizuwohnen.

7) Um sie in der pädagogisch-disciplinarischen Kunst zu üben, soll ihnen von dem Direktor oder Rektor der betr. Anstalt aus den Klassen, in welchen sie zu unterrichten haben, von Zeit zu Zeit und auf unbestimmte Dauer die besondere Aufsicht und Kuratel über einzelne rohe, träge oder sonst verwahrlosete Schüler übertragen werden, um diese durch Anwendung zweckmäßiger Disciplinarmittel zum Fleiße und zur Ordnung und Sittlichkeit zu gewöhnen; über die ganze, von dem Kand. hierbei beobachtete Verfahrungsart sollen sie nach geendeter glücklicher oder unglücklicher Bemühung dem Direktor oder Rektor der betreff. Anstalt in einem schriftlichen Aufsatze Rechenschaft geben.

8) Sie sollen während ihres Aufenthalts an einem Gymnas. oder einer höheren Bürger- und Realschule als wirkliche Lehrer betrachtet werden, und daher auch das Recht und die Pflicht haben, ihre Stimme bei den Censuren, jedoch unter Revision der betreff. Klassen-Ordinarien, abzugeben, bei den Konferenzen der Lehrer zugegen zu sein, und den öffentlichen und Privat-Prüfungen beizuwohnen.

9) In den Lehrstunden soll es ihnen freistehen, nach den bestehenden Disciplinar-Gesetzen der Anstalt kleinere Vergehungen und Unregelmäßigkeiten auf eine ihnen zweckmäßig scheinende Art zu ahnden; bei größeren Vergehungen, welche nicht eine augenblickliche Bestrafung nothwendig machen, müssen sie sich allemal an den betreff. Klassen-Ordinarius wenden, und ihm die weiteren Schritte überlassen, im ersten Falle aber die geschehene Bestrafung dem Dir. oder Rektor anzeigen, und die Nothwendigkeit derselben vollständig vertreten, sich auch die etwanigen näheren Bestimmungen und Einschränkungen für die Zukunft willig gefallen lassen.

10) Die Lektionen, welche von ihnen, um ihre Lehrgeschicklichkeit näher nachzuweisen, übernommen werden, sollen sie während des ersten Jahres ihres Aufenthalts an einem Gymn. oder einer höheren Bürgerschule zwar in der Regel unentgeltlich ertheilen, doch wird in billiger Rücksicht auf die beschränkten ökonomischen Verhältnisse der meisten Kand. hierdurch gestattet, daß ihnen für ihren Unterricht

---

1) Vgl. §. III. Nr. 9. der Rhein. Instr. für die Dir. v. 12. Dec. 1839 unten im 3. Kap. sub I. 2.

2) Vgl. Nr. 8. des C. R. v. 24. Okt. 1837 im folg. Abschn.

eine angemessene Remuneration, auf den Antrag des Direktors oder Rektors der Anstalt, in soweit es die Fonds derselben erlauben, bewilligt werde.

11) Die Direktoren oder Rektoren der Gymnas. und höheren Bürger- und Realschulen haben den Kand. des höheren Schulamts, nachdem sie ein Jahr lang auf die im Obigen vorgeschriebene Weise an einer Anstalt thätig gewesen sind, auf ihr Nachsuchen ein förmliches Zeugniß auszustellen, das zugleich von den Ordinarien der Klassen, in welchen die Kand. unterrichtet haben, unterzeichnet sein, und sich über den Grad der von ihnen bereits erlangten Lehrgeschicklichkeit und praktischen Brauchbarkeit mit Bestimmtheit aussprechen muß [1]); den Dir. oder Rektoren wird die strengste Gewissenhaftigkeit bei Ausstellung dieses Zeugnisses zur Pflicht gemacht. Auch haben sie Abschrift eines jeden von ihnen ausgestellten Zeugnisses mittelst des K. Prov. Schulkolleg. oder der K. Reg. an das Min. einzureichen.

12) Nur die mit einem solchen Zeugnisse versehenen Kand. des höheren Schulamts sollen zu einer Anstellung an den im §. 2. gedachten Schulen sich melden dürfen, oder vorgeschlagen und angenommen werden.

13) Die Mitglieder der Sem. für gelehrte Schulen in Berlin, Breslau, Königsberg und Stettin [2]), insofern sie sich vor dem Eintritte in das Sem. das Zeugniß der unbedingten oder bedingten fac. doc. erworben haben, sind von der Abhaltung des im Obigen vorgeschriebenen Probejahrs befreit, indem durch die Lektionen, welche sie instruktionsmäßig als Seminaristen zu ertheilen haben, der Zweck, welchem die Anordnung des Probejahrs zum Grunde liegt, genügend erreicht wird. Bei den Mitgliedern der eben ged. Sem. wird das im Obigen unter Nr. 11. vorgeschriebene Zeugniß über ihre Lehrgeschicklichkeit und praktische Brauchbarkeit von dem Dir. des betr. Sem. ausgestellt, und von dem Dir. oder Rektor der öffentlichen Schule, an welcher sie unterrichtet haben, mit unterschrieben.

B. Von der Prüfung pro loco.

§. 34. Begriff und Zweck der Prüfung pro loco. (§. 14. des Ed.) — Die Prüfung pro loco hat den Zweck, die Tüchtigkeit eines Kand. für eine bestimmte Stelle an den im §. 2. gen. Schulen zu ermitteln, und findet eben so wenig als die Prüfung pro ascensione jemals statt, wenn der Examinandus nicht zu einer bestimmten Stelle erwählt ist. Von der Prüfung pro fac. doc. unterscheidet sie sich dadurch, daß sie sich in der Regel nicht auf alle Hauptlehrfächer, sondern nur auf die Lehrgegenstände, worin der Kand. in der bestimmten Stelle unterrichten soll, erstreckt, und daß sie in diese einzelnen Lehrgegenstände tiefer eingeht, als bei der Prüfung eines Kand. verlangt werden kann, welcher nur seine allg. Qualifikation zum Unterrichte überhaupt darthun will.

§. 35. Zulassung zur Prüfung pro loco. — Zu der Prüfung pro loco kann bei den K. wissenschaftl. Prüfungs-Komm. nur derj. zugelassen werden, welcher sich durch die vorschriftsmäßigen Zeugnisse ausweist, daß er in der Prüfung pro fac doc. bestanden ist, und das im §. 33. vorgeschriebene Probejahr abgehalten hat. Die Zulassung zur Prüfung pro loco erfolgt nicht auf eigene Meldung des Kand., sondern nur auf Veranlassung des betr. K. Prov. Schulkolleg., oder der betr. K. Reg. Wenn es sich um die Besetzung einer Lehrerstelle an einem Gymnas. oder einer höheren Bürgerschule K. Patronats handelt, so ist Behufs der Zulassung eines Kand. zur Prüfung pro loco vorher die Genehmigung des Min. einzuholen.

---

1) Hierzu bestimmt das C. R. des K. Min. der G., U. u. M. Ang., Unterrichts-Abth. (Nikolovius) v. 11. Febr. 1832 an sämmtl. K. Kons. und Prov.-Schulkolleg.:

daß zwar die Dir. oder Rektoren der Gymnas. und höhern Bürgerschulen nach wie vor den gelehrten Schulamts-Kand. über das von ihnen abgehaltene Probejahr ein förmliches Zeugniß ausstellen, und in dems. die Klassen und Lehrgegenstände, worin die Kand. unterrichtet haben, gehörig bezeichnen, ihr Urtheil aber über die Lehrgeschicklichkeit, praktische Brauchbarkeit und moralische Führung derselben nicht in dem Zeugnisse selbst aussprechen, sondern vielmehr in einem ausführlichen, unmittelbar an das Min. zu erstattenden Bericht abgeben und näher motiviren sollen. Einem solchen Berichte ist zugleich Abschrift des dem Kand. ertheilten Zeugnisses beizufügen. (A. XVI. S. 931.)

2) Hierdurch werden die betr. Vorschriften in §§. 8. u. 12. des Ed. v. 12. Juli 1810 modifizirt. Vgl. auch die Einleit. zu diesem Abschn., ob. S. 21 ff.

Von den eben ged. K. Behörden sind in dem Erlasse an die K. wissenschaftl. Prüfungs-Komm., wodurch sie zu einer Prüfung pro loco aufgefordert werden, die Verhältnisse der bestimmten Stelle, ferner die Klassen, und die Gegenstände, in welchen der Kand. besonders zu unterrichten hat, genau anzugeben, auch ist das dems. früher ausgestellte Zeugniß über den Ausfall der von ihm bestandenen Prüfung pro fac. doc., sowie das Zeugniß über das von ihm abgehaltene Probejahr beizufügen, damit die K. wissenschaftl. Prüfungs-Kommissionen hierauf besonders Rücksicht nehmen können.

§. 36. Termin und Form der Prüfung pro loco. — Da die Prüfungen pro loco gewöhnlich keinen längeren Aufschub gestatten, so ist unmittelbar nach geschehener Anmeldung dem Kand. ein Termin zur Prüfung anzuberaumen, und ihm die Anfertigung schriftlicher Arbeiten, wenn nicht erhebliche Umstände eine Ausnahme erfordern, ganz zu erlassen. Die Prüfung pro loco wird daher in einer oder mehreren Probelektionen und in einem mündlichen Examen bestehen.

§. 37. Worauf die Prüfung pro loco zu richten. — Die Prüfung pro loco ist zunächst auf die Lehrgegenstände zu richten, welche der Kand. in der bestimmten Stelle übernehmen soll. Ist diese Stelle von der Art, daß der sie übernehmende Lehrer nicht für einzelne besondere Fächer bestimmt werden kann, sondern in allen Haupt-Lehrfächern in verschiedenen Klassen zu unterrichten sich anheischig machen muß, so wird die Prüfung pro loco der Prüfung pro fac. doc. in der Ausdehnung zwar gleich sein, sich aber von ihr in Rücksicht der Klassen unterscheiden müssen, für welche ein Lehrer angestellt werden soll. Wenn einem Kand. in der ersten Prüfung nur die bedingte fac. doc. ertheilt worden, so ist die Prüfung pro loco auch darauf zu richten, ob ders. die in seinen Kenntnissen und seiner allg. Bildung früher bemerkten Lücken ausgefüllt hat. Wie viele und welche Probelektionen von einem Kand. zu verlangen sein werden, um seine Lehrgeschicklichkeit und seine Brauchbarkeit zu der bestimmten Stelle gründlich beurtheilen zu können, bleibt dem Ermessen der K. wissenschaftl. Prüfungs-Komm. überlassen.

§. 38. Forderungen an die angehenden Lehrer für die oberen und unteren Klassen der Gymnasien. — Die Forderungen, welche an die angehenden Lehrer für die oberen und unteren Klassen der Gymnas. in jedem einzelnen Fache zu machen sind, werden nach den §§. 17—21. enthaltenen Bestimmungen mit Rücksicht auf die ausdrücklich anzugebenden Bedürfnisse der Lehrstelle abgemessen, für welche die Prüfung gemacht wird. Auch ist als Grundsatz anzunehmen, daß die angehenden philologischen Lehrer mindestens in drei Lehrfächern zu unterrichten fähig sein, daß die Lehrer für die Mathematik in den oberen Klassen auch den Unterricht in der Physik, und überhaupt, wo möglich, den Unterricht in den Naturwissenschaften übernehmen, und daß die Lehrer für die unteren Klassen wenigstens in einem Gegenstande den §§. 17—21. gemachten Forderungen genügen, und den etwanigen Mangel an Umfang der Kenntnisse bei vollkommener Sicherheit in den Elementen durch eine vorzügliche Gewandtheit im Unterrichten ersetzen müssen.

§. 39. Forderung an Lehrer höherer Bürger- und Realschulen. — Bei Prüfung der an den höheren Bürger- und Realschulen anzustellenden Lehrer müssen die Forderungen in der Mathematik und den Naturwissenschaften, sowie in der Geschichte und Geographie, auch im Französischen eher gesteigert als ermäßigt, und die Forderungen in der lateinischen Sprache nie ganz erlassen werden.

§. 40. Zeugniß. — Ueber den Ausfall der Prüfung findet die im §. 24. vorgeschriebene kollegialische Berathung Statt, und es wird nach der Pluralität der Stimmen entschieden, ob der Kand. für die bestimmte Stelle tüchtig ist oder nicht tüchtig. Hiernach wird das Zeugniß unter Beobachtung der im §. 25. angeordneten Form ausgefertigt, und der Behörde, welche die Prüfung veranlaßt hat, unter Beifügung der Abschrift des Prüfungs-Protokolls zugesandt. In Betreff der für die Ausfertigung des Zeugnisses zu erlegenden Gebühren gelten die Bestimmungen im §. 26.

§. 41. Wirkung des Zeugnisses. — Die Wirkung eines solchen Zeugnisses der Tüchtigkeit ist, daß der damit versehene Kand. zu der bestimmten Stelle, für welche er in der Prüfung als tüchtig anerkannt worden, zugelassen, und wegen Ausfertigung und resp. Bestätigung seiner Vokation von den betreff. Behörden das weiter Erforderliche, den bestehenden Gesetzen gemäß, verfügt werden kann. Ist einem Kand. in der Prüfung pro loco aus entschiedenen Gründen das Zeugniß der Tüchtigkeit versagt worden, so ist wegen Besetzung der fraglichen Stelle zu einer anderweitigen Wahl zu schreiten. Glaubt ein Kand., daß er Grund habe, sich über allzugroße Strenge einer K. wissensch. Prüf. Komm., von welcher er geprüft und abgewiesen worden ist, zu beschweren, so kann er zwar auf eine abermalige Prüfung beim Min. antragen, aber er muß diesen Entschluß der Behörde, welche seine Prüfung pro loco veranlaßt hat, schriftlich anzeigen, damit dieselbe nach Beschaffenheit der Umstände das Erforderliche wegen interimistischer Verwaltung der Stelle, zu welcher der Kand. geprüft worden, verfügen, und die Prüfungs-Verhandlungen nebst dem Prüfungs-Zeugnisse an das Min. einsenden könne. Das Min. wird sodann nach Beschaffenheit dieser Aktenstücke den Kand. weiter bescheiden.

§. 42. Dispensation von der Prüfung pro loco (§. 15. des Ed.) — Wenn Kandidaten des höheren Schulamts innerhalb der ersten drei Jahre nach überstandener Prüfung pro fac. doc. und nach Abhaltung des vorgeschriebenen Probejahrs zu einer Lehrstelle an den im §. 2. genannten Schulen gewählt werden, und aus ihren Zeugnissen hervorgeht, daß sie zu der bestimmten Stelle die erforderliche Tüchtigkeit besitzen, so wird ihnen das Min. die Prüfung pro loco auf den Antrag der betreff. K. Behörden, nach Befinden der Umstände, ganz erlassen. [1])

§. 43. Prüfung der zu Militair-Predigern denominirten Kandidaten. [2]) — Die zu Militair-Predigern denominirten, und von den K. Reg. an die K. wis-

---

1) Vgl. den Schluß der C. R. v. 3. u. 4. Febr. 1838 zum §. 22. (s. o. S. 44—46.)

2) Vgl. o. S. 27 §. 2. Nr. 4. Die hierher gehörigen Bestimmungen der Militair-Kirchenordn. v. 12. Febr. 1832 (G. S. 1832. S. 69 ff.) sind die nachstehenden:

§. 14. Außer der vor der gewöhnlichen geistlichen Examinations-Komm. als Prediger zu überstehenden Prüfung müssen die zu Divisionspredigern bestimmten Geistlichen, in Rücksicht auf die nach §. 83. ihnen in Bezug auf die Divisionssch. oblieg. Pflichten, auch noch einer wissensch. Prüfung vor der wissensch. Examinationskomm., nach den darüber ertheilten besond Vorschriften, sich unterwerfen, indem Niemand als Divisionsprediger angestellt werden darf, der nicht außer dem zur Erlangung des Wahlfähigkeits-Zeugnisses erforderlichen Examen pro Ministerio, auch die vorgedachte Prüfung bestanden und in Folge ders. von der Prüfungs-Komm. das Zeugniß völliger Tüchtigkeit zum Lehrer der im §. 83. bezeichneten Unterrichtsgegenstände erhalten hat, welches Zeugniß von dem Konf., durch welches die Anstellung erfolgt, dem betr. Militair-Befehlshaber jedesmal mitgetheilt werden muß.

Bei Besetzung der Divisions-Predigerstellen ist daher vorzugsweise die Wahl auf solche Individuen zu richten, welche ihre Fähigkeiten im Lehrfache schon als Lehrer an einem Gymnas. bewährt haben, vorausgesetzt, daß sie auch die zum geistlichen Amte in einer Militairgemeinde, erforderlichen Eigenschaften damit verbinden.

§. 15. Die im vorstehenden §. erwähnte wissenschaftl. Prüfung muß auch dann stattfinden, wenn ein Civilprediger als Divisionsprediger angestellt wird.

§. 83. Die Militair-Ober- und Divisionsprediger sind verpflichtet, bei den Divisionsschulen in den Lehrgegenständen, welche nicht zu den rein militairischen gehören, namentlich in der Geschichte, Geographie, Deutschen und Französischen Sprache, sowie in der Elementar-Mathematik, wöchentlich acht bis zehn Stunden Unterricht zu ertheilen, ohne dafür auf eine besondere Vergütung Anspruch machen zu können. Zu ihrer Aufmunterung wird ihnen jedoch, wie dies schon bisher geschehen, auch für den innerhalb dieser Stundenzahl von ihnen ertheilten Unterricht, wenn sie sich dems. mit erfolgreichem Eifer widmen, von Zeit zu Zeit, auf den jedesmaligen Vorschlag des Divisions-Kommandeurs, eine verhältnißmäßige außerordentliche Gratifikation aus dem dazu disponiblen Fonds zu Theil werden.

§. 84. In Bezug auf diesen Unterricht befinden die Militairprediger sich zu dem Divisions-Kommandeur und zu der Schuldirektion in demselben Verhältnisse, wie alle übrigen Lehrer der Divisionsschule, sie haben daher die für diese, nich allein in Bezug auf die Schulordnung, sondern auch auf Umfang, Plan und Methode des Unterrichts gegebenen Vorschriften gleichfalls zu befolgen. Bei

senschaftl. Prüf. Komm. gewiesenen Kand., sind ohne Weiteres zur Prüfung pro loco zuzulassen, und es ist von ihnen nicht zu fordern, daß sie sich vorher durch Zeugnisse über die bestandene Prüfung pro fac. doc. und über das von ihnen abgehaltene Probejahr ausweisen. Die Prüfung derselben ist auf Elementar-Mathematik, Geschichte, Geographie, deutsche Sprachkunde und französische Sprache zu richten, und hierbei nicht nur auf das für den Unterricht in den Divisionsschulen erforderliche Maaß von Kenntnissen, sondern auch vorzüglich auf die Unterrichts-Methode und die Lehrgeschicklichkeit der Kand. Rücksicht zu nehmen. Zu dem

---

Bestimmung der Unterrichtsstunden, sowohl in Hinsicht des Gegenstandes, als der Zeit, sind jedoch die individuellen Wünsche der Prediger möglichst zu berücksichtigen, und daher von der Direktion diese Stunden mit ihnen zu verabreden.

Außer diesem Unterrichte sind die Militair-Ober- und Divisionsprediger auch verpflichtet, an der Direktion der Divisionsschule Theil zu nehmen.

§. 85. Die Entfernung eines Militairpredigers aus diesen beiden Funktionen, des Lehrers und Mitdirektors der Divisionsschule, kann nicht anders als durch gemeinschaftl. Verfügung des General-Kommandos und des Konf. geschehen, und nur wenn, nach der pflichtmäßigen Ueberzeugung des Divisions-Kommandeurs, für das dienstliche Interesse Gefahr beim Verzuge sein sollte, darf er den Prediger einstweilen von diesen Funktionen entbinden, muß aber sofort dem General-Kommando, zur weitern Veranlassung, Anzeige davon machen.

Dazu:

a) C. R. des Min. der G., U. u. Med. Ang. v. 20. Febr. 1837 welches die vom Kriegsminister unterm 17. Dec. 1836 (A. XXI. S. 562) aufgestellten „Anforderungen, die künftig bei dem Eintritts- oder Portepeefähnrichs-Examen zu machen sind", den Konf. zur weitern Mittheilung an die betr. wissenschaftl. Prüfungs-Komm. zufertigt, damit dieselbe bei der Prüfung der zu Divisionspredigern bestimmten Kandidaten auf das für den Divisions-Schulunterricht erforderliche Maaß von Kenntnissen Rücksicht nehme.

Das Min. muß dabei noch bemerken, wie die Erfahrung gelehrt hat, daß nur ein solcher Schüler, der schon eine Zeit hindurch in Sekunda eines Gymnas. gesessen hat, im Stande ist, das Portepeefähnrichs-Examen unbedingt abzulegen, und, da vorschriftsmäßig nur solche junge Leute in die Divisionsschulen aufgenommen werden sollen, welche diese Prüfung bestanden haben, so ergiebt sich aus den mitgetheilten Vorschriften über die Kenntnisse zum Portepeefähnrich und zum Offizier, daß von dem Divisionsprediger, in Bezug auf die ihm obliegenden Unterrichtsgegenstände, vollkommen dasselbe gefordert werden muß, was von dem Oberlehrer an einem Gymnas. verlangt wird, und daß eine geringere Befähigung, als die eines Oberlehrers, für den Divisionsprediger nicht ausreichend erachtet werden kann. Diese Forderung darf an ihn um so eher gemacht werden, als er nach §. 13. der Militair-Kirchenordn. vorzügliche theologische Kenntnisse besitzen, und nach §. 14. dess. G. sich wo möglich als Gymnasiallehr. schon bewährt haben soll. (A. XXI. S. 92.)

b) R. v. 18. April 1838, betr. die Prüfung sämmtl. Militairprediger vor der wissenschaftl. Prüfungs-Komm.

Nach §. 14. der Militair-Kirchenordn. sollen nur die zu Divisionspredigern bestimmten Geistlichen in Rücksicht auf die nach §. 83. l. c. ihnen in Bezug auf die Divisionsschulen obliegenden Pflichten auch einer wissenschaftl. Prüfung vor der wissenschaftl. Prüfungs-Komm. sich unterwerfen. Da indeß der Fall eintreten kann, daß Garnisonprediger, um ihre ökonomische Lage zu verbessern, zu Divisionspredigern befördert zu werden wünschen und sie doch von der Verpflichtung, diese Prüfung noch nachträglich zu bestehen, alsdann nicht entbunden werden können, so setzt das Min., um den Garnisonpredigern die Gelegenheit zur Erlangung einer besser dotirten Divisionspredigerstelle nicht zu verschließen und ihnen vielmehr den Zugang dazu zu erleichtern, hierdurch fest, daß die Vorschrift des §. 14. l. c. auf alle künftig zu irgend einer Militairpredigerstelle ausgewählte Geistliche ausgedehnt werde, und weiset demnach das K. Konf. hierdurch an, auch die zu Garnisonpredigern bestimmten Geistlichen an die betr. Prüfungs-Komm. zu verweisen. (Prov. Schulbl. 1838. S. 211.)

Ueber den Elementar- und Religions-Unterricht der Militair-Geistlichen s. Bd. 1. S. 361. 739. Vgl. ebendas. S. 278.

Ende müssen die als Militair-Prediger anzustellenden Geistlichen auch Probelektionen vor der betr. K. wissenschaftl. Prüf. Komm. halten. Ueber den Ausfall der mündlichen Prüfung und der Probelektionen wird ihnen ein förmliches Zeugniß nach den Bestimmungen im §. 40. ausgestellt.

C. Von der Prüfung pro ascensione.

§. 44. Begriff und Zweck der Prüfung pro asc. — Die Prüfung pro asc. ist als eine Prüfung pro loco anzusehen, welche den Zweck hat, die Tüchtigkeit eines Lehrers für eine ihm zu übertragende höhere Lehrstelle auszumitteln, und zu dem Ende theils die Fortschritte des Gewählten in seiner pädagogischen und wissenschaftlichen Bildung im Allgemeinen, theils den erhöhten Grad seiner Einsicht in die Lehrfächer, worin er bisher unterrichtet hat, oder künftig unterrichten soll, und in die Art ihrer didaktischen Behandlung zu erforschen. Ueberdies ist diese Prüfung um solcher Lehrer willen angeordnet, die des äußeren Antriebes zum Fleiß in ihrer Lehrstelle für die oberen Klassen, oder überhaupt nur zu einer Stelle gewählt wird, die den Unterricht in einer Klasse erfordert, welche höher ist, als die, worin er bisher unterrichtet hat.

§. 45. Zulassung zur Prüfung pro asc. — Die Prüfungen pro asc. werden nach den Bestimmungen, welche im §. 35 hinsichtlich der Prüfungen pro loco angeordnet sind, von den betr. K. Prov. Schulkolleg. oder K. Reg. veranlaßt, welche den K. wissenschaftl. Prüf. Komm. zugleich über die Fächer und die Klassen, in welchen der zu prüfende Lehrer künftig zu unterrichten hat, nähere Auskunft ertheilen.

§. 46. Worauf die Prüfung pro asc. zu richten. — Die Prüfung ist hauptsächlich auf die Fächer zu richten, in welchen der hinaufrückende Lehrer künftig zu lehren hat. Schriftliche Arbeiten und Probelektionen werden in der Regel nicht verlangt, und die Prüfung besteht daher gewöhnlich nur in einem Colloquio mit den Mitgliedern der Kommission, doch bleibt es dieser überlassen, den Examinanden, nach genommener Einsicht seiner früheren Prüfungs-Zeugnisse, entweder statt des Colloquii, oder außer demselben eine oder mehrere Probelektionen halten zu lassen, um sich von seinen Fortschritten in der Methode, seinem Takte, und seiner Gewandtheit in richtiger Behandlung der Schüler so viel als möglich näher zu überzeugen.

§. 47. Zeugniß über den Ausfall der Prüfung pro asc. und Wirkung desselben. — Bei Ausfertigung des Zeugnisses über den Ausfall der Prüfung pro asc. ist auf die früheren Prüfungen des Lehrers zurückzugehen, um die Fortschritte und Rückschritte desselben in pädagogischer und wissenschaftl. Hinsicht überhaupt und in den Fächern, in welchen er zu lehren hat, desto bestimmter anzugeben. Im Uebrigen leiden die Bestimmungen in den §§. 40. 41. auch auf die Prüfung pro asc. ihre Anwendung. [1])

§. 48. Dispensation von der Prüfung pro asc. (§. 15. des Ed.). — Das Min. behält sich vor, einzelnen ausgezeichneten Lehrern, welche zu einer Beförderung in Vorschlag gebracht sind, die Prüfung pro asc. nach Befinden der Umstände zu erlassen. [2])

D. Von dem Colloquium pro rectoratu.

§. 49. Zweck des Coll. pro rect. — Durch das Coll. pro rect. soll ermittelt werden, ob der zum Rektorate der im §. 2. gen. Schulen Vorgeschlagene den Grad philosophischer, pädagog. und wissenschaftl. Bildung besitze, welcher erfordert wird, um das Ganze einer solchen Lehranstalt gehörig zu übersehen, und zweckmäßig zu leiten. Die Zulassung zu dem Coll. pro rect. erfolgt nach den im §. 35. hinsichtlich der Prüfung pro loco angeordneten Bestimmungen.

§. 50. Gegenstände des Coll. — Bei dem Coll. pro rect. muß, wenn die Qualifikation des Vorgeschlagenen zum Unterrichte in den oberen Klassen noch nicht nachgewiesen ist, diese zuerst gesprächsweise ermittelt werden. Demnächst muß sich die Unterredung, welche theils in latein., theils in deutscher Sprache zu führen ist, vorzüglich auf pädagogische und didaktische Gegenstände beziehen, und dem Vorgeschlagenen Gelegenheit geben, seine Ansichten über den Begriff der Erziehung, über die höchsten Gesichtspunkte für Unterricht und Disciplin, über den Einfluß

---

1) Wegen der Zeugnißgebühren s. oben S. 47 §. 26. und die Note dazu.
2) Vgl. den Schluß der C. R. v. 3. u. 4. Febr. 1838 zum §. 22. (s. o. S. 43 ff.)

derselben auf die Bildung des Charakters, über den Zweck und die relative Wichtigkeit der einzelnen Lehrgegenstände, über das Verhältniß, in welchem das religiöse und sittliche Gefühl, der Sinn für das Schöne und das verstandesmäßige und gedächtnißartige Auffassen durch einzelne Lehr-Objekte zu fördern sind, über die bei dem Unterricht in den einzelnen Fächern anzuwendende Methode, über Lehrpläne, Abgränzung der Kursus nach einer gegebenen Klassenzahl, über Lehrmittel, über einzelne Disciplinar-Einrichtungen, über die Einwirkung der Schule auf häusliche und Volks-Erziehung, und das gegenseitige Verhältniß beider, über den ganzen Standpunkt eines Direktors, sowohl in Beziehung auf die Lehrer, als auf die Schüler und das Publikum, und ähnliche den Wirkungskreis eines Vorstehers der im §. 2. genannten Schulen betr. Gegenstände vollständig zu entwickeln. In dem Coll. pro rect. mit Männern, welche zu Vorstehern höherer Bürger- und Realschulen gewählt sind, ist besonders der Unterschied zwischen Gymnas. und Bürgerschule in Betreff des Zwecks, der Lehrgegenstände und der Methode zu berücksichtigen. Es wird übrigens bei der Unterredung mehr auf Bestimmtheit und Klarheit der Antworten des zu Prüfenden, auf Sicherheit seiner Ueberzeugung, auf die Feinheit seiner Bemerkungen, auf Gewandheit in etwa neue Vorstellungen einzugehen, auf gelegentlich sich vielleicht offenbarende Wärme für die Idee der Erziehung zu sehen sein, als gerade auf genaue Uebereinstimmung mit den Ansichten des Examinators, oder mit den Lehrsätzen eines bestimmtdn philosophischen Systems.

§. 51. Bericht über den Ausfall des Coll. pro rect. — Ueber den Ausfall des Coll. ist kein eigentliches Zeugniß auszustellen, sondern an die Behörde, welche das Coll. veranlaßt hat, ein gutachtlicher Bericht von Seiten der K. wissenschaftl. Prüfungs-Komm. zu erstatten. [1])

§. 52. Allen Patronen und Vorstehern von den im §. 2. genannten Schulen wird zur Pflicht gemacht, sich bei der Anstellung oder Annahme von Lehrern nach den im Obigen enthaltenen Bestimmungen zu richten. Eben so haben die K. Prov. Schulkolleg. und Reg. in Ansehung der unmittelbar von ihnen abhangenden Schul- und Erziehungs-Anstalten das obige Regl. sowohl selbst zu beachten, als auch über dessen Befolgung mit Ernst und Nachdruck zu halten. (§. 17. des Ed.) (A. XV. S. 311.)

II. Besondere Vorschriften.

1) Ueber die Zulassung der Kandidaten der Theologie [2]) zu der höhern Lehrerprüfung.

a) Zuerst wurde den Theologen das Bestehen der Prüfung pro fac. doc. erleichtert durch das C. R. v. 3. Febr. 1838 (s. o. S. 44), welches

1) Ueber die Gebühren für das Colloq. pro rect. vgl. o. S. 47 die Note zu §. 26. In der dort gegebenen K. O. v. 30. Juli 1833 ist übrigens auch von einem Prüfungszeugniß über dies Colloq. die Rede.

2) Ueber die Ausbildung der Kand. der Theol. in der Pädagogik überhaupt vgl. Bd. 1. S. 359, über ihre Zulassung zur Prüfung pro schola: Nr. 5. des C. R. v. 29. März 1827 u. C. R. v. 12. Juli 1833 Bd. 1. S. 425. 426. —

Ueber die Beaufsichtigung der bei Schulen beschäftigten Kand. der Theol. durch die betr. Superint. bestimmte das Publ. des Kons. der Prov. Sachsen v. 23, Jan. 1821, daß diese Aufsicht der Superint. „sich auch auf die Lehrer an den gelehrten und städtischen Bürgerschulen erstreckt, wofern sie nicht ausdrücklich erklären, daß sie sich ausschließlich und mit Verzichtleistung auf dereinstige Beförderung zu geistl. Aemtern, dem Schullehrerstande widmen wollen. Es haben daher alle u. jede Kand., welche dem geistl. Stande nicht gänzlich entsagt haben, ohne Rücksicht auf ihre anderweitigen Dienstverhältnisse, sich vorschriftsmäßig bei den Superint. ihrer Diözese zu melden.“ (A. V. S. 85.) Vgl. die C. R. v. 7. Dez. 1842 (M. Bl. d. i. V. 1842. S. 415.), wonach die Pflicht dieser Meldung für alle Kand. der Theol., welche eine Anstellung im Schul- oder Predigtamte anstreben, in den akad. Abgangszeugnissen vermerkt, und Unterlassungen der Meldung durch die Superint. dem Kons. angezeigt werden sollen.

die Theologie und hebr. Sprache zu einem vierten Hauptgegenstande der Prüfung erhob, und eben dadurch es möglich machte, daß schon die Kunde dieser beiden Fächer die Ertheilung der fac. doc. zur Folge haben konnte. Nähere Bestimmung hierüber gaben Nr. 2. u. 3. des R. v. 16. Mai 1838 (s. o. S. 46).

b) Diese Begünstigung der Theologen wurde indessen modifizirt durch

α) C. R. des Min. d. G., U. u. M. Ang. (Eichhorn) v. 21. Dec. 1841 an die K. wissenschaftl. Prüfungs-Komm., betr. die Prüfung der Kand. der Theol. pro fac. doc.

In der unter d. 3. Febr. 1838 ergang. V. (s. o. S. 44 zum §. 22. des Regl. v. 20. Apr. 1831) ist zu den Haupt-Lehrgegenständen, welche das Resultat der Prüfung wesentlich bedingen, auch die Theologie und die hebr. Sprache in der Voraussetzung gezählt worden, daß die Kommission den Kand. auch in diesen Gegenständen, unter Berücksichtigung der im §. 21. enthaltenen Bestimmungen, selbst prüfe, und dadurch in den Stand gesetzt werde, die Kenntnisse dess. in der Theol. und in der hebr, Sprache beurtheilen können. Da indessen von denj. Kand. der Theol., welche sich zur Prüfung pro fac. doc Behufs der Uebernahme eines höhern Schulamtes melden, die evang. häufig, die kathol. in der Regel bereits die theolog. Prüfung bei den betreffenden Prüfungs-Kommissionen bestanden haben; so sollen die für sie ausgefertigten Zeugnisse dieser Kommission. wenn sie dem Kand. ein vorzügliches Prädikat ertheilen, zur Verleihung der fac. doc. für den Unterricht in der Religion und in der hebr. Sprache insofern schon genügen, daß eine die Kenntnisse des Kand. in diesen Gegenständen erforschende Prüfung nicht erforderlich, sondern durch ein angemessenes Kolloquium und durch Probelektionen allein die dem Kand. beiwohnende Lehrgabe und Methode näher zu ermitteln und nach dem pflichtmäßigen Ermessen der K. wissensch. Prüf.-Komm. die fac. doc. auf die unteren oder mittleren Klassen zu beschränken, oder auf die oberen Kl. auszudehnen ist. In dem Falle, daß das Zeugniß der theolog. Prüf.-Komm. sich blos über die Kenntnisse des Kand. in der Theologie, nicht aber über seine Kenntnisse in der hebr. Sprache ausspricht, bleibt eine förmliche Prüfung in derselben auch künftig vorbehalten.

In Betr. der von der K. wissensch. Prüf.-Komm. abzuhaltenden Prüfung pro fac. doc. gelten dagegen für diese Kand. nur die beiden alten Sprachen und die Muttersprache, oder die Mathematik und Naturwissenschaften, oder die Geschichte und Geographie, als Haupt-Lehrgegenstände, und ist die Prüfung genau nach dens. Grundsätzen abzuhalten, und die unbedingte oder bedingte fac. doc. in diesen Gegenständen ihnen, ohne Rücksicht auf die fac. doc. in der Religion und in der hebr. Sprache, nach dems. Maaßstabe zu ertheilen oder zu verweigern, wie es bei den Kand. weltlichen Standes in Gemäßheit der bestehenden gesetzl. Bestimmungen geschieht, so daß den Kand. der Theol. in dieser Beziehung die Prüfung weder erleichtert noch erschwert wird.

(M. Bl. d. i. V. 1842. S. 14.)

β) C. R. dess. Min. v. 28. April 1842 an die K. wissenschaftl. Prüfungs-Komm. zu Bonn, u. Abschr. an die übrigen w. Prüfungs-Komm. in ders. Ang.

Die K. wissensch. Prüf.-Komm. hat, wie Ders. auf den B. v. 1. v. M. hierdurch eröffnet wird, aus der Verf. v. 21. Dec. v. J. richtig entnommen, daß bei den Prüfungen pro fac. doc. die theolog. Wissenschaften nicht mehr als viertes Hauptfach zu betrachten, und die theolog. Prüfung wegen Uebernahme des Religions-Unterrichts an höheren Lehranstalten unabhängig für sich bestehen soll. Hieraus folgt, daß ein Kand., welcher in der Prüfung pro fac. doc. bloß in den theolog. Wissenschaften den gesetzl. Anforderungen entspricht, in den übrigen Lehrfächern dagegen die Bedingungen, unter welchen die unbedingte oder bedingte fac. doc. nach Maßgabe der Verf. v. 3. Febr. 1838 ertheilt werden darf. nicht erfüllt, abzuweisen ist. In einem solchen Falle ist auch über seine Leistungen in den theolog. Wissenschaften und über seine Fähigkeit zur Uebernahme des Religions-Unterrichts ein besonderes Zeugniß dem Kand. nicht auszustellen, da diese Prüfung nur auf besondere Anordnung der Prov.-Behörden, mithin als Prüfung pro loco vorzunehmen ist, und nach Maßgabe der Verf. v. 21. Dec. v. J. in einem bloßen Colloquio und in Probelektionen, oder, wenn der Kand. in der theolog. Prüfung nur mittelmäßig bestanden hat, auch in einer neuen Prüfung besteht, nach deren Resultat die K. wissensch. Prüf.-Komm. Sich in dem auszufertigenden Zeugnisse auszusprechen hat. Außer dem Falle einer Prüfung pro loco hat die K. wissensch. Prüf.-Komm. nur dann ein Zeugniß über die Fähigkeit zur Uebernahme des Religions-Unterrichts an höh. Unterrichts-Anstalten auszustellen, wenn der Kand. in der Prüfung überhaupt sich die unbedingte oder bedingte fac. doc. erworben hat. Von der Prüfung in den theol. Wissenschaften behufs der Uebernahme des Religions-Unterrichts an den höheren Unterrichts-Anstalten ist aber die Prüfung in den Religionskenntnissen im Allg. zu unterscheiden, welche auch von denj. nach §. 21. des Prüfungs-Regl. gefordert werden muß, die keinen Religions-Unterricht ertheilen wollen. Diese Prüfung ist stets als ein integrirender Theil der Prüfung pro fac. doc. anzusehen, deshalb in keinem Falle auszulassen und das Resultat derselben jedesmal in dem auszufertigenden Zeugnisse zu bemerken. (M. Bl. d. i. V. 1842. S. 194.)

c) In neuester Zeit hat sich das Min. dagegen wiederum den frühern Erleichterungen der Schulprüfung für die Theologen genähert, wie aus nachstehendem R. erhellt:

C. R. des Min. d. G., U. u. M. Ang. v. 10. August 1853 an sämmtl. K. Prov.-Schulkoll.

Dem K. Prov. Schul-Koll. kommunizire ich hiebei Abschrift einer an sämmtl. K. Wissensch. Prüf.-Komm. gerichteten Verf., die Zulassung der Kand. der Theol. zur Prüfung pro fac. doc. betr., (Anl. a.) zur Kenntnißnahme und Beachtung.

Ueber die in Veranlassung dieser Anordnung gemachten Erfahrungen sehe ich nach Jahresfrist dem Ber. des K. Prov.-Schul-Koll. entgegen.

(Anl. a.)

Es ist in vieler Beziehung wünschenswerth, für das Lehramt an den Gymn. Männer zu gewinnen, welche durch gründliche theolog. Bildung zur Ertheilung des Religions-Unterrichts befähigt sind, zugleich aber, durch Uebernahme von anderen Unterrichtsfächern, in die Reihe der ordentl. Lehrer einzutreten Beruf und Neigung haben. Die K. Prov.-Schul-Kollegien werden es sich daher angelegen sein lassen, den Eintritt solcher Männer in die Lehrer-Kollegien der geb. Lehranstalten nach Möglichkeit zu fördern. Zur Erleichterung dieses Zweckes setze ich hierdurch, unter Aufhebung der Verf. v. 21. Dec. 1841 u. 28. April 1842 als Ergänzung des Regl. v. 20. Apr. 1831 Folgendes fest.

Zur Prüfung pro fac. doc. sind Kandidaten der Theol. zuzulassen, welche außer dem Zeugniß der Reife für die Universitätsstudien und einem Zeugniß über das vollendete triennium academicum, ein Zeugniß über die bei einer theolog. Prüfungsbehörde gut bestandene erste theolog. Prüfung beibringen. Wo das Ergebniß dieser Prüfung durch drei verschiedene Grade bezeichnet wird, ist ein Zeugniß des ersten oder zweiten Grades erforderlich. Bei anderer Bezeichnung des Ausfalls der theolog. Prüfung ist, bis zur Feststellung übereinstimmender Zeugniß-Prädikate, die Zulassung zur Prüfung pro fac. doc. von dem guten Inhalt des Zeugnisses abhängig, in zweifelhaften Fällen ist meine Entscheidung einzuholen.

Wollen Kandidaten der Theol. das Zeugniß der unbedingten fac. doc. erlangen, so haben sie den allg. vorgeschriebenen Bedingungen zu genügen. Das Zeugniß der bedingten fac. doc. wird ihnen ertheilt, wenn sie:

1) in einer Probe-Lektion und einer mündl. Prüfung, welche sich auf die didaktische Befähigung und die eigenthüml. Erfordernisse des höheren Schul-Unterrichts zu beschränken hat, die Fähigkeit darthun, in der Religion und im Hebräischen in der ersten Kl. eines Gymn. zu unterrichten, und wenn dieselben außerdem
2) entweder a. im Lateinischen, Griechischen und Deutschen oder b. in der Mathematik und den Naturwissenschaften die Unterrichtsbefähigung für die Ober-Tertia eines Gymn., oder α. im Lateinischen, oder β. im Griechisch. oder γ. im Deutschen, oder δ. in der Mathematik, oder ε. in den Naturwissenschaften, oder ζ. in Geographie und Geschichte die Unterrichtsbefähigung für die Prima eines Gymn. darthun.

In allen unter 2., a. und b. und α. bis ζ. bezeichneten Fällen ist für die übrigen Disziplinen dasj. Maaß von Kenntnissen nachzuweisen, welches zur allg. Bildung unentbehrlich ist. Die Anfertigung schriftlicher Arbeiten ist nicht zu erfordern. Es versteht sich, daß es jedem Kand. unbenommen bleibt, entw. durch die Prüfung pro fac. doc. oder durch eine spätere Prüfung pro loco sich eine ausgedehntere Befähigung, namentlich für mehrere Unterrichts-Gegenstände die facultas für die oberen Klassen zu erwerben.

Berlin, d. 10. Aug. 1853.

Der Min. d. G., U. u. M.

(M. Bl. d. i. V. 1853. S. 186.)

2) Ueber die Prüfung der technischen Hülfslehrer.

a) Allgemeine Bestimmungen.

Es gehören hierher die Schreib-, Gesang- und Zeichenlehrer. Ueber die Prüfung derselben wurden

α) im §. 3. des Regl. (s. o. S. 27) besond. Anordnungen vorbehalten.

β) Demnächst bestimmte das Publ. v. 21. April 1821 (s. o. S. 27 Note 3.), daß dergl. Hülfslehrer vom Konf. geprüft werden müßten, und über ihre Anstellung erging

γ) das C. R. des Min. d. G., U. u. M. Ang., Unterr.-Abth. (v. Kamptz) v. 13. August 1824 an sämmtl. K. Konf.

Das Min. sieht sich veranlaßt, hierdurch anzuordnen:

1) daß die Gesang-, Zeichnen- und Schreiblehrer bei den Gymn. von jetzt an nicht weiter, wie es wohl bisher der Fall gewesen ist, förmlich angestellt, sondern nur auf gegenseitige halbjährliche Kündigung angenommen werden sollen;
2) die ged. Hülfslehrer sollen bei ihrer Annahme nicht, gleich den ordentl. bestallten Lehrern, vereidigt, vielmehr soll ihnen nur ein dem Inhalte der unter dem 17. Dez. 1799 gesetzlich vorgeschriebenen Eidesformel [1]) gleiches Versprechen abgenommen, ihnen die Bedingung der augenblickl. Entfernung, falls sie im mindesten gegen ihr an Eides Statt gegebenes Versprechen handeln sollten, ausdrücklich gemacht, und ein hierüber abzufassendes Protokoll von ihnen unterzeichnet werden;
3) die Annahme der mehr gedachten Hülfslehrer der Gymn. soll auch fernerhin, wie bisher der vorherigen Genehmigung des Min. unterliegen.

(A. VIII. S. 835.)

b) Was die Vorbildung und die Verhältnisse der Gesang- und Musiklehrer anlangt, so sind ergangen:

α) die durch Publ. der Reg. zu Bromberg v. 20. Jan. 1847 von Neuem mitgetheilte Bek. des Dir. des K. Musik-Instituts (A. W. Bach) v. 20. Juli 1833, betr. die Aufnahme in das K. Musik-Institut.

Das K. Musik-Institut zu Berlin hat den Zweck, junge Leute zu Organisten, Kantoren, Gesang- und Musiklehrern an Gymnasien und Schullehrer-Sem. auszubilden:

Die Lehrgegenstände desselben sind: 1) Unterricht im Orgelspiel. — 2) Vortrag über die Konstruktion der Orgel. — 3) Unterricht im Klavierspiel. — 4) Theorie der Musik, bestehend: a. in der Harmonielehre. — b. in der Lehre vom Kontrapunkt und der Fuge. — 5) Gesang-Unterricht. — 6) Instrumental- und Vokalübungen zur Ausführung klassischer Musikwerke. —

Obgleich der Kursus nur ein Jahr währt, nämlich von Ostern bis wieder Ostern, oder von Michaelis bis wieder Mich., so wird doch nach Umständen auch eine zweijährige Theilnahme an dem Unterricht in der Anstalt gestattet.

Die Bedingungen zur Aufnahme in das Institut sind folgende: 1) ein Alter von wenigstens 17 Jahren. — 2) daß der Aufzunehmende entweder ein Gymn. bis Sekunda besucht habe, oder mit dem Wahlfähigkeits-Zeugniß aus einem Schullehrer-Sem. entlassen sei. — 3) daß er die nöthigen Vorkenntnisse in der Musik

---

1) Rabe. Bd. 5. S. 671. Gegenwärtig: Eidesnorm v. 5. Okt. 1833, ergänzt durch Beschl. des Staatsmin. v. 12. Febr. 1850. (Bd. 1. S. 454.)

und die erforderl. Fertigkeit im Klavierspiel habe. — 4) daß, obgleich sämmtliche Unterrichtsgegenstände unentgeltlich ertheilt werden, derselbe die Kosten seines Aufenthalts in Berlin bestreiten könne. — 5) daß derselbe außer den erforderl. vorgenannten Attesten, einen von ihm selbst verfaßten Lebenslauf mit kurzer Erwähnung über seine Erziehung und Bildung, sowohl in wissenschaftlicher als musikalischer Hinsicht, 4 Wochen vor der Aufnahme an das K. Min. d. G. u. U. einreiche [1]) von welchem er den weitern Bescheid zu erwarten hat. — 6) daß derselbe vor seiner Aufnahme in das Institut sich einer Prüfung des unterz. Dir. unterziehe.

Schließlich ist noch zu bemerken, daß die Zahl der ordentl. Zöglinge des Inst. sich nur auf 20 erstrecken darf, jedoch mit Genehmigung des K. Min. noch 6 angehenden Musikern, die nicht zu Organisten oder Kantoren sich ausbilden wollen, die Theilnahme an den theoretischen Lektionen gestattet werden kann.

(M. Bl. d. i. V. 1847. S. 87.)

β) Bek. des Min. d. G., U. u. M. Ang. (v. Ladenberg) v. 8. Juli 1850, betr. die Bewilligung des Prädikats = Musikdirektor.

Es haben in neuerer Zeit so häufig wiederholte Bewerbungen um Bewilligung des Prädikats: Musikdirektor, dessen Ertheilung von mir ausgeht, stattgefunden, daß ich mich, um die Würde der durch diese Auszeichnung angedeuteten künstlerischen Stellung aufrecht zu erhalten, veranlaßt gesehen habe, die Bedingungen, unter welchen das genannte Prädikat ertheilt wird, einer Revision zu unterziehen. Nachdem ich darüber das Gutachten der musikalischen Sektion der K. Akademie der Künste entgegengenommen, habe ich gegenwärtig die Bestimmung getroffen: daß bei der ohnehin möglichst zu beschränkenden Ertheilung des Prädikats „Musikdirektor“ in Zukunft nur solche Musiker berücksichtigt werden sollen, welche eine allg. wissenschaftl. und gründl. musikalische Bildung besitzen, sich durch größere musikalische Kompositionswerke, die Anerkennung gefunden, bekannt gemacht und sich vornehmlich auch durch die Direktion bedeutender, aus feststehenden musikalischen Einrichtungen hervorgegangener Musik = Aufführungen mit Erfolg bewährt haben.

Zugleich behalte ich mir vor, in den einzelnen Fällen das Gutachten der durch die musikalische Sektion der K. Akademie der Künste vertretenen Sachverständigen einzuholen.

Ich bringe das Vorstehende zur öffentl. Kenntniß, damit zur Vermeidung unbegründeter Gesuche und zurückweisender Bescheide bei künftigen Bewerbungen um das genannte Prädikat auf die von mir gestellten unerläßlichen Bedingungen und auf die nach den Umständen erforderl. Beibringung der Zeugnisse über die vollständige Erfüllung der letzteren die nöthige Rücksicht genommen werde.

(M. Bl. d. i. V. 1850 S. 207.)

c) Speziell hinsichtlich der Zeichnenlehrer bestimmten endlich:

α) C. R. des Min. d. G., U. u. M. Ang. (v. Altenstein) v. 2. April 1824 an sämmtl. K. Kons., Prov.=Schulkoll. und Reg., betr. die Besetzung der Zeichnenlehrer = Stellen an den Gymn. u. höhern Bürgersch.

Um zu bewirken, daß zu den Zeichnenlehrer=Stellen an den Gymn. und höheren Bürgersch. nur solche Subjekte gewählt, und in Vorschlag gebracht werden, welche nicht nur die erforderl. Kunstfertigkeit, sondern auch die nicht weniger nöthige Lehrgeschicklichkeit besitzen, will das Min. hierdurch festsetzen, daß in der Regel von jetzt an bei Besetzung der ged. Stellen nur solche Kand., die mit einem genügenden Qualifikationsatteste der hiesigen K. Akademie der Künste versehen sind, berücksichtigt werden, und daß solche in Konkurrenz mit andern, die ihre Tüchtigkeit als Lehrer nicht sonst nachweisen können, den Vorzug haben sollen.

Das Min. beauftragt das K. Kons. — Prov. Schulkoll. — (die K. Reg.), dieser Bestimmung nicht nur selbst in vorkommenden Fällen bei Erledigung von Zeichnenlehrer=Stellen an Gymn. (Bürgerschulen) K. Patronats, gewissenhaft nach=

---

1) Jetzt an die nächste Prov. = Reg., und zwar nach dem Publ. v. 20. Jan. 1847 drei Monate vor dem Oster= oder Mich.=Termine. (Vgl. Bd. 1. S. 413.)

zukommen, sondern auch dieselbe den städtischen Patronen seines (ihres) Bezirks zur Nachachtung bekannt zu machen.

(A. XI. S. 417.)

β) C. R. dess. Min. v. 14. März 1831 an sämmtl. K. Prov. Schulkoll. u. Reg., betr. den Zeichnen-Unterricht in den Gymn. u. höh. Bürgersch.[1]), wo nach dem Wunsche, daß künftig ordentliche Lehrer sich dieses Unterrichts als einer Nebenbeschäftigung annehmen möchten[2]), unter Bestätigung des vorsteh. C. R. v. 2. April 1827, auch der Kunst-Akademie zu Düsseldorf das Recht beigelegt wird: die Prüfung der Aspiranten zu Zeichnenlehrerstellen nach der beigef. Instr. zu veranstalten. (A. XV. S. 81).

γ) Diese Instr. lautet:

Instr. des Min. d. G., U. u. M. Ang. (v. Altenstein) v. 14. März 1831 für die Prüfung der Zeichnenlehrer an Gymn. u. höhern Bürgersch.

1) Wer sich um eine Zeichnenlehrerstelle bei einem Gymn. oder an einer höh. Bürgersch. bewirbt, hat sich zuvor einer Prüfung zu unterwerfen, welche für die östl. Prov. der hiesigen K. Akademie der Künste, für die westl. der K. Kunst-Akademie zu Düsseldorf übertragen ist.

2) Zu dem Behuf hat sich der Bewerber bei der betr. Akademie schriftlich zu melden, und derselben eine kurze Notiz über sein Leben, begleitet von den nöthigen Zeugnissen, einzureichen, aus welchen letzteren hervorgehen muß:
   a. daß er ein Gymn. bis zur Sekunda besucht, oder den ganzen Schul-Kursus an einer vollständigen höheren Bürgersch. durchgemacht, oder seine Bildung in einem Schullehrer-Sem. empfangen habe, und aus diesem mit dem Zeugniß der Wahlfähigkeit für das Lehramt entlassen sei;
   b. an welcher Anstalt oder bei welchem Lehrer er die zur Ertheilung des Zeichnen-Unterrichts erforderl. Vorbereitung erhalten habe;
   c. daß seine sittliche Aufführung vorwurfsfrei sei.

   Ist er bereits ausübender Zeichenlehrer, so hat er in einem kurzen Berichte die von ihm befolgte Methode darzustellen, und sich durch beigefügte Zeugnisse über deren Erfolg näher auszuweisen.

3) Der Aspirant muß im Stande sein:
   a. nach einem in Perspektive gestellten Gypskopf eine schattirte Zeichnung auszuführen;
   b. nach einem Vorbilde einen saubern Riß mit Zirkel und Lineal anzufertigen;
   c. in einer mündl. Unterredung darzuthun, daß er über eine bei dem Unterricht zu befolgende zweckmäßige Methode nachgedacht und fähig sei, sich durch Fleiß und Uebung eine solche anzueignen.

4) Bei Schülern der betr. Akademie, die den prüfenden Lehrern bereits vortheilhaft bekannt sind, ist eine besondere Prüfung nicht erforderlich.

5) Die Probezeichnungen werden in der Prüfungs-Klasse der betr. Akademie vollendet.

6) Von der persönl. Gestellung zur Prüfung kann die Akademie nur dann dispensiren, wenn der diesfällige Antrag gehörig motivirt ist, und durch ein Zeugniß der Prov. Behörde, bei der der Aspirant sich zur Anstellung gemeldet hat, unterstützt wird. In diesem Falle sind die §. 3. a. und b. erwähnten Zeichnungen und eine schriftl. Darstellung der Methode, die er bei dem Unterrichte zu befolgen gedenkt, einzusenden, und ein von der Ortsbehörde oder dem Dir. eines Gymn. oder einer höh. Bürgersch. auszustellendes Zeugniß beizufügen, aus welchem unzweideutig hervorgehen muß, daß der Aspirant die ged. Arbeiten ohne fremde Beihülfe angefertigt habe.

7) Abgewiesene dürfen erst nach Verlauf dreier Jahre sich zu einer neuen Prüfung melden.

---

1) Vgl. dies C. R. im folg. Abschnitte beim Zeichnenunterricht.

2) Vgl. Nr. 8. der Instr. v. 14. Dec. 1839. (S. oben S. 40.)

Auf den Grund der abgehaltenen Prüfung ist das auszustellende Zeugniß nach folgendem Schema abzufassen:

N. N. gebürtig aus alt, hat nach beigebrachten Zeugnissen das Gymn. zu bis zur Klasse (resp. die höhere Bürgersch. zu durch alle Klassen besucht) resp. in dem Schullehrer-Sem. zu seine Bildung erhalten, (und den Unterricht im Zeichnen in der Anstalt zu (resp. bei dem Lehrer N. N. zu empfangen.)

Nach den von ihm abgelegten Proben erkennt ihn die Akademie hinreichend (resp. vorzüglich) befähigt, um als Zeichnenlehrer an einem Gymn. oder einer höh. Bürgersch. angestellt zu werden.

Das Attest ist durch das Siegel der Akademie und die Unterschriften des Dir. und des Sekretairs zu legalisiren.

(A. XV. S. 89.)

δ) Dazu: C. R. des Min. d. G., U. u. M. Ang. (v. Raumer) v. 9. Okt. 1854 an sämmtl. K. Prov.-Schulkoll. u. Reg., betr. die gleiche Prüfungs-Befugniß der K. Kunst-Akademie in **Königsberg**.

Durch die diesseitige C. Verf. v. 14. März 1831 und die ders. beigefügte Instr. von dems. Tage ist die Prüfung der Zeichenlehrer für Gymn. und höhere Bürgersch. d. K. Akademie der Künste zu Berlin und der K. Kunst-Akademie zu Düsseldorf übertragen worden.

Inzwischen hat auch die vollständige Organisation der K. Kunst-Akademie zu Königsberg in Pr. stattgefunden, so daß dies. vollkommen befähigt erscheint, die Prüfung der Zeichnenlehrer für Gymn., höh. Bürger- und Realschulen nach Maaßgabe der Instr. v. 14. März 1831 vorzunehmen und darüber das bezügl. Zeugniß auszustellen. Ich habe daher der ged. Akademie die der hiesigen und der Akad. zu Düsseldorf zustehenden Befugnisse gleichfalls beigelegt, wovon das K. Prov. Schul-Koll. zur eignen Beachtung und weitern Veranlassung hierdurch in Kenntniß gesetzt wird. —

Abschrift hiervon erhält die K. Reg. mit Bezug auf die Verf. v. 14. März 1831 zur Nachachtung bei Anstellung der Zeichnenlehrer an höh. Bürger- u. Realschulen Ihres Ressorts. (Min. Bl. d. i. V. 1854. S. 226 Nr. 235.)

3. Ueber die Zulassung von **Ausländern** [1]) zur Prüfung pro fac. doc.

Dieselbe soll ohne Genehmigung des Min. d. G., U. u. M. Ang. nicht erfolgen. So bestimmten schon §. 9. des Ed. und §. 7. des Regl. (s. o. I. 1. u. 2.) und neuerdings ist dies mehrfach wiederholt, insbes. durch:

a) C. R. des Min. d. G., U. u. M. Ang. (v. Raumer) v. 28. Mai

---

1) Ueber die Berufung ausgezeichneter Ausländer in Preuß. Schulämter s. §. 9. des Ed. u. §. 31. des Regl. (s. o. S. 24 u. 50.)

Ueber die sonstigen Anstellungen von Ausländern an Preuß. Schulen, u. ihre Voraussetzungen, als: Bestehen der inländischen Prüfung mit Auszeichnung (C. R. v. 15. Juli 1832 u. 3. Dec. 1833), Genehmigung des Min. d. Inn. (C. R. v. 12. Juli 1824) und über die Anstellung **naturalisirter** Ausländer im Schuldienst (K. O. v. 17. Okt. 1847) vgl. Bd. 1. S. 458. 459. Ueber das Schulexamen der Ausländer s. §. 40. des Abiturienten-Regl. v. 4. Juni 1834 im folg. Abschn. — In der K. O. v. 17. Mai 1834 (A. XVII 939.) welche die politischen Anfragen bei der Min. Komm. wegen anzustellender Lehrer wieder einführte (s. u. 2. Kap. I. 3.), heißt es, nachdem diese Anfragen auch wegen der Ausländer erfordert sind, weiter: „Was die Ausländer betrifft, so überlasse ich Ihrer (des Min. v. Altenstein) näheren Erwägung, ob es nicht am zweckmäßigsten sein werde, deren Anstellung ganz zu unterlassen, wenn sie nicht bereits besondere Ansprüche erworben haben, und diese Bestimmung auch auf die Privat-Patronatstellen auszudehnen, zumal über ihre frühern Verhältnisse aus hiesigen Verhandlungen in der Regel eine vollständige Auskunft nicht zu erhalten sein wird. Hierunter sind jedoch Berufungen ausländischer Gottesgel. und Schulmänner von anerkanntem persönlichen und literarischem Rufe nicht zu verstehen." —

1851 an sämmtl. K. wissenschaftl. Prüfungs-Komm., betr. die Zulassung ausländischer Kand. zur Prüfung pro fac. doc.

Da in der letzten Zeit von einigen der K. wissensch. Prüf. Komm. ausländische Kand. ohne meine Genehmigung zu der Prüfung pro fac. doc., und auf Grund des erworbenen Zeugnisses auch zur Abhaltung des vorschriftsmäßigen Probejahrs zugelassen werden sind, so veranlasse ich die K. wissensch. Prüf. Komm. den bestehenden Vorschriften gemäß, keinen ausländischen Kand. zu der Prüfung pro fac. doc. zuzulassen, ohne vorher den Kand. zur Einholung meiner Genehmigung zu veranlassen.

(M. Bl. d. i. V. 1851. S. 130.)

b) C. R. deff. Min. v. 28. Mai 1851 an sämmtl. K. Prov.-Schulkoll., betr. die Zulassung ausländischer Kand. zur Abhaltung des Probejahres.

Da in der letzten Zeit einige Male ausländische Kand. des höhern Schulamts an inländischen Unterrichts-Anstalten zur Abhaltung des Probejahrs ohne meine Genehmigung zugelassen werden sind, so sehe ich mich veranlaßt, an die in der Verf. v. 2. März 1831 [1]) enthaltene Bestimmung, daß Ausländer nur mit meiner Genehmigung zur Abhaltung des Probejahrs zugelassen werden sollen, welche nach wie vor in Geltung bleibt, hierdurch zu erinnern.

(M. Bl. d. i. V. 1851. S. 130.)

c) C. Erl. deff. Min. v. 27. Jan. 1852 an sämmtl. K. wissenschaftl. Prüfungs-Komm., Prov.-Schulkoll. und Reg., betr. die Zulassung ausländischer Kand. zu den diesseitigen höhern Lehrerprüfungen, zum Probejahr u. s. w.

Nach dem Regl. für die Prüfungen der Kand. des höhern Schulamts v. 20. Apr. 1831 §. 7. haben „Ausländer behufs ihrer Zulassung zu diesen Prüfungen meine ausdrückl. Erlaubniß beizubringen."

Zur besseren Ordnung dieses Verhältnisses bestimme ich Folgendes:

1) Die K wissensch. Prüf. Komm. haben die Anmeldungen derj. Ausländer, welche auf der Universität, an der die betr. Komm. ihren Sitz hat, ihre Studien vollendet haben, anzunehmen, diese Anmeldungen in allen Beziehungen, namentl. in Bezug auf den Fleiß, die Anlagen, die Persönlichkeit und sittliche Würdigkeit des Angemeldeten einer Erörterung zu unterwerfen, und das Gesuch, wenn es sich als berücksichtigungswerth darstellt, unter Einsendung der vorschriftsmäßigen Zeugnisse mittelst gutachtlichen Ber. meiner Entscheidung vorzulegen. Antragsteller, deren Gesuch die K. wissensch. Prüf. Komm. nicht bei mir befürworten zu können glaubt, sind ablehnend von Ders. zu bescheiden.

2) In den in Folge der Prüfung auszustellenden Zeugnissen pro fac. doc. ist ausdrücklich zu bemerken, daß damit die Zulassung zum Eintritt in ein preuß. Schul-Amt nicht ausgesprochen sei.

3) Die Zulassung zur Abhaltung des Probe-Jahrs an einer diesseitigen höh. Lehranstalt ist von den pro fac. doc. geprüften Ausländern zunächst bei den K. Prov.-Schul-Koll. resp. den K. Reg. nachzusuchen. Diese Behörden haben die betr. Anträge zu prüfen, unstatthafte zurückweisen, diej. aber, welche sich zur Berücksichtigung eignen, mir unter Beifügung der Gesuche und Zeugnisse zur Genehmigung vorzulegen.

4) Nach dem zurückgelegten Probe-Jahr sind den ausländischen Kandidaten des höheren Schul-Amts Hülfeleistungen an den diesseitigen höheren Lehr-Anstalten ebenfalls nur mit meiner Genehmigung zu gestatten.

(M. Bl. d. i. V. 1852. S. 22.)

---

1) Steht nicht in den Annal. Vgl. §. 7. des Regl. (s. o. S. 30 ff.)

Zweites Kapitel.

Anstellung im höhern Schulfach.

I. Die Bedingungen der Anstellung.

Auf die Frage, wer kann als Lehrer bei einer höhern Schule angestellt werden? ist eben so, wie bei dem Volksschullehrer (Bd. 1. S. 432 flg.) zu antworten: Derjenige, der die Prüfung bestanden und sein Probejahr absolvirt, seiner Militairpflicht genügt, und weder in politischer, noch religiöser Beziehung ein Bedenken gegen sich hat. Die Bedingungen der Anstellung sind demnach folgende:

1) Prüfung und Probejahr. Vgl. das vor. Kap. (o. S. 22 ff.), insbes. §. 32. u. 33. des Regl. v. 20. April 1831. (s. o. S. 50.)

2) Ableistung der Militairpflicht.[1])

a) Vgl. §. 69. Instr. v. 30. Juni 1817 (Bd. 1. S. 438.).

b) Zurückstellung. Während die (sub a) angef. Bestimmung die Zurückstellung angestellter Beamten für die Zukunft ausschließen sollte, ergingen in Betr. der jungen Leute, welche sich dem Schulfache oder geistl. Stande widmen:

α) Publ. des Min. d. Inn. (v. Schuckmann) v. 26. Juni 1822.[2])

Die Min. d. Inn. und des Krieg. haben sich, auf wiederholt eingegangene Anfragen über das Verfahren bei Berücksichtigung der sich dem Schulfache und dem geistl. Stande widmenden jungen Leute, hinsichts der Genügung ihrer Militairpflicht, dahin geeinigt, daß dergl. junge Leute, die sich dem Schulfache, so wie dies., welche sich dem geistl. Stande widmen, und durch glaubhafte Atteste ihre vorzügl. Qualifikation dazu, ingl. ihre gute sittliche Aufführung nachzuweisen vermögen, bei den jährl. Ersatzaushebungen in so weit berücksichtigt und zurückgestellt werden können, als das K. Oberpräs. der betr. Prov. gleichzeitig die Nothwendigkeit der Zurückstellung der betr. Individuen, mit Rücksicht auf das Bedürfniß des öffentl. Unterrichts oder Cultus bescheinigt hat.

Die Zurückstellung erfolgt jedoch zunächst immer nur für einen Ersatztermin, so daß die betr. Individuen zur nächsten Aushebung verwiesen werden.

Haben sich indeß im dritten Jahre ihre Verhältnisse nicht geändert, so werden sie sodann von den Kreisersatz-Kommissionen zur Landwehr ersten Aufgebots, bei besondern dringenden Umständen aber, sogleich zum zweiten Aufgebote überwiesen, in welchem letztern Falle indeß die ausdrückl. Genehmigung der Depart.-Ersatz-Kommission erforderlich ist.

Sollten aber dergl. in vorgedachter Art berücksichtigte junge Leute ihrem Berufe zum Schulfache oder zum geistl. Stande keine Folge leisten, und vor zurückgelegtem 32. Jahre sich entweder durch ein unangemessenes Betragen oder durch Nachlässigkeit in Fortsetzung ihrer Studien, der ihnen zu Theil gewordenen Begünstigung unwürdig machen oder zu einem Stande oder Gewerbe übergehen, so werden solche nachträglich zum 3jährigen Dienst bei den Fahnen eingestellt, und bleiben demnächst nicht bloß 2 Jahre in der Kriegsreserve, sondern späterhin auch noch 7 Jahre in dem ersten Aufgebot der Landwehr, um ihrer spätern Einstellung ungeachtet ihre zwölfjährige Dienstzeit in dem stehenden Heere und in der Landwehr ersten Aufgebots vollständig abzuleisten.

(A. VI. S. 439.)

---

1) Vergl. Art. 34—39. der Staatsverfassung v. 31. Jan. 1850. (G. S. S. 21.)

2) Vergl. C. R. v. 5. Jan. 1829 Nr. 6. (Bd. I. S. 435.)

β) Das Publ. des Oberpräs. v. Westphalen [1]) (v. Vincke) v. 29. Mai 1823 erklärt hinsichtlich der erforderten Oberpräsidial-Bescheinigung:

Daher finde ich mich gemüßigt, zur öffentl. Kenntniß zu bringen, daß den vorgeb. jungen Männern aus der Prov. Westphalen die erforderl. Bescheinigung von mir nur dann ertheilt werden wird:

1) wenn dieselben sich der Departements-Komm. zur Prüfung der einjährigen Freiwilligen dargestellt, und von solcher die zur Verschiebung ihres Dienstantritts bis zum 23. Lebensjahre berechtigende Bescheinigung erhalten haben;
2) wenn dieselben demnächst vor Antritt ihres 23. Lebensjahres, nebst letztgedachter Bescheinigung,
   a) das Abiturienten-Zeugniß Nr. 1. oder 2.;
   b) die Bescheinigung wirklicher Inscription von dem Dekan der betr. theolog. oder philosoph. Fakultät, oder von dem Vorsteher eines Priester-Seminar.;
   c) ein Zeugniß über ihr sittliches Betragen von dem Gymn. und von der Universität, welche sie besucht haben,

   bei mir einreichen.
3) Zur Beibringung der Bescheinigung sub b. behalte ich mir vor, in einzelnen Fällen, wo die Behinderung frühern Besuches der Univ. oder eines Sem. nachgewiesen werden wird, eine Frist zu bewilligen.

Durch die hiernächst von mir ertheilte und der Kreis-Ersatz-Komm. bei deren nächsten Zusammentretung einzureichende Nothwendigkeits-Bescheinigung wird jedoch nur die einstweilige Zurückstellung begründet, definitiv findet solche dann statt, wenn bis zum Ablauf des 26. Lebensjahrs von den Schulamts-Kandidaten, daß sie bei ihrer Prüfung zur Oberlehrer-Stelle eines Gymn., oder einer höh. Bürgersch., fähig befunden worden sind, bei der Kreis-Ersatz-Komm. nachgewiesen sein wird, welche letztere dieselben bis dahin in den Listen als einstweilen zurückgestellt aufführen; wenn aber nach Ablauf dieser Frist das bemerkte Zeugniß nicht vorgebracht werden könnte, dieselben nachträglich zum 3jährigen Dienst bei den Fahnen sofort einstellen wird, damit sie nicht blos zwei Jahre in der Kriegs-Reserve, sondern späterhin auch noch 7 Jahre in der Landwehr dienen, und, ihrer spätern Einstellung ungeachtet, ihre zwölfjährige Dienstzeit im stehenden Heere und der Landwehr ersten Aufgebots vollständig ableisten können.

Im Falle eines Krieges und für dessen Dauer ist die bemerkte Begünstigung von selbst suspendirt.

Die in dieser Beziehung auszustellenden Zeugnisse genießen die Stempelfreiheit.

(A. VII. S. 420.)

γ) Eben so macht das Publ. der Reg. zu Oppeln v. 24. Juni 1823 darauf aufmerksam: daß auf jene Berücksichtigung in Erfüllung der Militairpflicht

nicht indistincte alle dem geistlichen Stande und dem Schulfache sich widmenden jungen Leute, sondern nur dies. unter ihnen Anspruch machen können, welche eine vorzügliche Qualifikation nachzuweisen vermögen, daher diej. besonders dem Schulfache sich widmenden jungen Leute, welche bei lobenswerther sittlicher Aufführung zwar Fleiß und Fähigkeiten im Allg., jedoch nicht die dort bedingte vorzügl. Qualifikation nachzuweisen vermögen, wohl thun werden, ihrer Militairpflicht durch freiwilligen Eintritt auf ein Jahr in Zeiten zu genügen, und dadurch zu vermeiden, daß sie zur Ergänzung für das stehende Heer nicht zu einer Zeit in Anspruch genommen werden, wo solches vielleicht eine unangenehme Unterbrechung in ihren Studien oder in ihrer Carriere herbeiführen möchte. (A. VII. S. 419.)

---

1) In Westphalen findet die Aushebung erst mit dem 21. Jahre, 1 Jahr später als in den andern Prov., statt. Dies ist bestätigt durch K. O. v. 30 Jan. 1834 (G. S. 1834. S. 20.).

δ) Das Publ. der Reg. zu Breslau v. 26. Mai 1824 theilt mit, daß durch ein Min. R. festgesetzt sei:

daß das K. Ober-Präs. nur über die Nothwendigkeit der Zurückstellung der dem geistl. und Schulstande sich widmenden jungen Leute, rücksichtlich auf das Bedürfniß für den öffentl. Gottesdienst und für den Schulunterricht, Atteste ertheilen werde; daß aber die Entscheidung, ob die Zurückstellung eines Individuums vom Militair-Dienst erfolgen könne, der Ersatz-Kommission überlassen bleibe. (A. VIII. S. 938.)

ε) Das Publ. der Reg. zu Potsdam v. 9. April 1825 bemerkt, daß nach einem Min. R. v. 18. März deff. J.

in besonders dringenden einzelnen Fällen ein im 1. Aufg. der Landwehr dienender Schullehrer zum 2. Aufg. überwiesen werden kann, wozu indeß die ausdrückl. Genehmigung des betr. kommandirenden H. Generals jedesmal erforderlich ist, dem jedoch auch freisteht, seine diesfällige Befugniß dem in Bezug kommenden Divisions- und Landwehr-Brigade-Kommandeur zu überlassen. (A. IX. S. 267.)

ζ) Das C. R. des Min. d. Inn. (v. Schuckmann) v. 13. April 1825 an sämmtl. K. Reg., betr. das Verfahren bei Aushebung der Mil.-Ersatzmannschaften, bestätigt die (sub α) gegebene Verf.

Den Kreis-Ersatz-Komm. bleibt jedoch unbenommen, in denj. Fällen, wo die besonderen Verhältnisse die Zurückstellung eines militairpflichtigen Individui dringend und nothwendig erfordern, eine solche Zurückstellung nach den in der Instr. v. 30. Juni 1817 §. 68 bis 72 enthaltenen näheren Bestimmungen, so wie in Betreff der sich dem Schulfache und dem geistl. Stande widmenden Individuen nach dem vorläufigen Erlasse der Min. d. Inn. und d. Kr. v. 26. Juni 1822 zu verfügen.

§. 36. Jeder Militairpflichtige, der seine Zurückstellung in Anspruch nehmen will, ist verpflichtet, sich mit den zur Begründung seiner Reklamation erforderlichen Beweismitteln vor die Kreis-Ersatz-Kommission zu gestellen, indem auf Verheißung eines nachträglich zu führenden Beweises keine Rücksicht genommen werden darf.

Die diesfälligen Atteste können nur in sofern als Mittel zum Beweise der darin angeführten Thatsachen angenommen werden, als solche von wirklich in Amt und Pflicht stehenden obrigkeitl. Personen ausgestellt sind. rc. (A. IX. S. 506.)

η) Eben so geschieht dies in dem C. R. deff. Min. v. 7. Aug. 1826, betr. die Modifikationen der neuen Mil.-Ersatz-Instr., ad §. 37. der letztern, welcher die dreimal Zurückgestellten zur Kriegsreserve überwies. (A. X. S. 837.)

c) Dienstzeit.

Im Allg. kommt den Kand. des höhern Schulamts nur der allen jungen Leuten höherer Bildung zustehende Anspruch auf Verstattung zu einjährigem Freiwilligendienst zu. (Vgl. d. folg. Abschn.) Die den Volksschullehrern gewährte Vergünstigung sechswöchentlicher Dienstzeit theilen sie nur dann, wenn sie in den gelehrten Seminarien gebildet sind: C. R. v. 5. Jan. 1829. Nr. 5. (Bd. 1. S. 435.)

d) Bei Mobilmachungen genießen alle Civilbeamten und Aspiranten, welche durch ihre Einberufung zum Kriegsdienst zur Verzögerung der ihnen noch obliegenden Prüfungen und Vorbereitungsarbeiten genöthigt werden, laut Beschluß des Staatsmin. v. 19. Juli 1850 die Vergünstigung, daß:

a. wenn zur Zeit ihrer Einberufung ein Termin zu ihrer Prüfung bereits anberaumt ist, ihnen noch, sofern die Mil. Verhältnisse es gestatten, die hierzu erforderl. Frist zu bewilligen,
b. andern Falls aber ihnen nach später abgelegter Prüfung vor denj., welche später als sie in das betr. Verhältniß eingetreten, ihnen aber während des Kriegsdienstes durch Ablegung der Prüfung zuvorgekommen sind, die Anziennetät beizulegen.

(Just. M. Bl. 1850. S. 293. M. Bl. d. i. V. 1850. S. 234.)

Hierzu bestimmen:

α) Der A. Erl. v. 7. April 1852: zunächst in Bezug auf die Referendarien, daß die Verzögerung

gleichviel, ob es zum Kriege gekommen ist oder nicht, in allen Fällen dergestalt ausgeglichen werde, daß die nach dem Examen festgestellte Anciennetät als Assessor um dens. Zeitraum antedatirt wird, welchen die betr. Ref. im Militär gedient haben. (M. Bl. d. i. V. 1852. S. 157.)

β) Der Staats-Min. Beschl. v. 8. Juni 1852 dehnt dies auf alle andern betr. Beamten und Aspiranten, so wie auf die Fälle außerordentlicher Zusammenziehungen der Landwehr aus, welche das Staats-Min. auf Antrag des Kriegs-Min. den Mobilmachungen gleichstellen wird. (a. a. O. S. 158.)

γ) Insbes. erklärt der Staats-Min. Beschl. v. 24. Juli 1852 obige Bestimmungen auf diej. Beamten anwendbar, welche in Folge der verschiedenen, seit dem J. 1848 erfolgten, außerordentl. Zusammenziehungen von Truppen in dieselben eingestellt worden sind. (a. a. O. S. 158.)

3) Politische Integrität.

So wie bei der Volksschule, so sollen auch bei den höhern Schulen nur wohlgesinnte Unterthanen als Lehrer angestellt werden.

a) Die allg. Bestimmungen hierüber aus der K. O. v. 12. April 1822, das C. R. v. 12. Juli 1824 und das C. R. v. 22. Jan. 1851 sind Bd. 1. S. 440. u. 483 gegeben.

b) Insbes. soll bei Kand. des höhern Schulamts das Probejahr dazu benutzt werden, ihre sittlich-religiöse Denk- und Handlungsweise und ihre politischen Grundsätze zu erforschen: C. R. v. 16. Aug. 1833 (unten im 4. Kap. beim „politischen Verhalten“ angestellter Lehrer).

c) Der Verlust der Anstellungsfähigkeit in Folge der Theilnahme an Studenten-Verbindungen politischer Tendenz war durch §. 9. des G. v. 7. Jan. 1838 (G.-S. 1838. S. 15) ausgesprochen. Vgl. über dies G., so wie über die ältern Bestimmungen gegen das Verbindungswesen, u. über deren heutige Anwendbarkeit nach Art. 29. u. 30. der Staatsverfassung die folgende Abth.[1])

d) Um politisch Verdächtige von Schulämtern auszuschließen, wurde durch K. O. v. 30. Sept. 1819 die Anstellung oder Bestätigung aller höhern Lehrer dem Min. d. G., U. u. M. Ang. übertragen. (Vgl. R. v. 6. Okt.

---

1) Insbes. sollten nach Art. 12. der am 5. Dec. 1835 erfolgten Bek. des Beschl. der Deutschen Bundesversammlung v. 14. Nov. 1834 die akad. Abgangszeugnisse sich auf die Theilnahme an verbot. Verb. erstrecken, und ohne ein solches Zeugniß Niemand zu einem Examen oder zum Staatsdienst zugelassen werden.

Diese Bestimmung war hinsichtl. der Kand. des geistl. Standes und Schulamts in Preußen schon früher und ausgedehnter getroffen durch das C. R. des Min. d. G., U. u. M. Ang. v. 18. Juni 1831 an sämmtl. K. Reg.

Es ist dem Min. bekannt geworden, daß bei Nachsuchung der Bestätigung oder der Anstellung selbst, die Kand. zu geistl. u. Schulämtern lediglich ihre Wahlfähigkeits-Atteste, nicht aber ihre Kandidatenprüfungs-, akademische und Schul-Zeugnisse vorzulegen pflegen. Dies ist aber nicht hinreichend, da zum Zweck der den K. Reg. obliegenden Beaufsichtigung der Geistl. u. Schullehrer nöthig wird, daß sie von deren früheren Führung, namentl. auf der Universität, Kenntniß erlangen. Auch kann die spezielle Beaufsichtigung solcher Subjekte, welche an polit. Vergehungen Theil genommen haben, und demnächst begnadigt worden sind, da aus dem Wahlfähigkeitsatteste dies nicht erhellt, wenn nur dieses letztere vorliegt, nicht gehörig geführt werden. Es ist daher künftig die Vorlegung aller dieser Atteste zu verlangen, und aus dens. das Nöthige zu den betr. Akten zu bringen. (A. XV. S. 310.)

1819, Anl. a. bei dem o. S. 68 sub b. angef. C. R. v. 16. Aug. 1833.), und demnächst durch die o. S. 68 sub a. angef. K. O. v. 12. April 1822 angeordnet, daß das Min. d. G., U. u. M. Ang., da ihm die nähere Data über etwa verdächtige Individuen nicht bekannt sein könnten, von jetzt ab 5 Jahre lang vor einer neuen Anstellung oder Beförderung eines öffentl. Lehrers die Aeußerung des Min. d. Inn. u. d. Pol. über das betr. Individuum einzuholen habe.[1])

Diese Anfragen in Betr. der Geistlichen und Lehrer wurden durch die K. O. v. 17. Mai 1834 (A. XVII. S. 939.) erneuert, und dahin näher bestimmt, daß sie vor der Prüfung pro fac. doc., vor der Anstellung und vor der Beförderung stattfinden, und von der Prov.-Behörde unmittelbar an die damals eingesetzte Ministerial-Kommission (v. Kamptz, Mühler, v. Rochow) gerichtet werden sollten.[2])

Abgestellt wurden dieselben endlich durch

C. R. des Min. d. G., U. u. M. Ang. (v. Ladenberg) v. 16. Okt. 1840 an sämmtl. K. Oberpräs., Kons. u. Prov. Schulkoll., Reg. u. wissenschaftl. Prüfungs-Komm.

Nachdem des Königs Maj. durch die A. K. O. v. 10. Aug. d. J. bei allgemeiner Begnadigung aller verurtheilten oder in Untersuchung befindlichen politischen Verbrecher unter Anderen auch allen Denj., welchen die Anstellungsfähigkeit abgesprochen war, solche wieder zu verleihen geruht haben, und in Folge dessen, wie den K. Oberpräs., Kons. und Prov.-Schulkoll., Reg. und wissensch. Prüf.-Komm. bereits durch den C. Erl. der K Min.-Komm. v. 29. Aug. d. J. bekannt gemacht worden, die bei dieser Behörde vor jeder Prüfung, Anstellung und Beförderung bisher zu haltenden Anfragen nicht ferner Statt finden, nimmt auch das unterz. Min. die von ihm in Bezug hierauf erlassenen Verf., namentlich diej. v. 11. Nov. 1834 hierdurch zurück, und entbindet die K. Oberpräs., Kons. und Prov.-Schulkoll., Reg. und wissensch. Prüf.-Komm. von der ferneren Befolgung derselben.

(M. Bl. d. i. V. 1840. S. 435.)

---

1) Nähere Bestimmungen gaben: C. R. des Min. d. Inn. u. d. P. v. 23. März 1824 an sämmtl. Reg. (A. VIII. S. 171.), desgl. an sämmtl. Oberpräs. (A. VIII. S. 172.), u. insbes. d. C. R. d. Min. d. G., U. u. M. Ang. u. d. Inn. u. d. P. v. 20. Juli 1824 (A. VIII. S. 781.), welches von den Reg. die Einreichung u. monatl. Ergänzung einer Liste der geprüften Kand. verlangte, aus welcher sodann das Min. diej., wegen deren spezielle Anfrage erforderlich, bezeichnen wollte. Das C. R. des Min. d. G., U. u. M. Ang. v. 3. Mai 1826 (A. X. S. 357.) erklärte obige Bestimmungen für fortwährend anwendbar. Erst das C. R. dess. Min. v. 23. März 1830 (A. XIV. S. 76.) stellte die monatl. Listen ein, u. verlangte speziellen Bericht nur in den Fällen, wo aus dem Univ.-Zeugn. oder sonst Theilnahme an verbot. Verbindungen oder ein Bedenken in polizeilicher Hinsicht hervorgeht.

2) Ueber diese Anfragen in der zweiten Periode der Demagogenverfolgungen sind insbes. ergangen: C. R. des Min. d. G., U. u. M. Ang. v. 12. Juni 1834 (A. VIII. S. 366.), welches die in vorst. Note gedacht. Listen wieder einführte, aber beseitigt wurde durch C. R. dess. Min. v. 11. Nov. 1834, 10. März 1835, 29. Mai 1835 und C. R. der Min.-Komm. v. 18. März 1835 (A. XIX. S. 94—99.). Ferner R. v. 27. Juni 1835 (ib. S. 99.), welches die Anfrage auch bei der Prüfung pro schola, C. R. der Regier. zu Potsdam v. 16. Dec. 1835 (ib. S. 1010.), welches dieselbe in Ansehung der theolog. Kand., die an Schulen unterrichten wollen, C. R. des Min. d. G., U. u. M. Ang. v. 28. Dec. 1835 (ib. S. 893.), welches sie wegen begnadigter Theilnehmer an verbot. Verbindungen und C. R. dess. Min. de eod. (ib. S. 1008.), welches sie bei den Promotionsprüfungen verlangte. Vgl. zu letztere R. v. 15. Aug. 1836 (A. XX. S. 353.). Endlich R. der Min.-Komm. v. 26. Mai 1838 (A. XXII. S. 344.), welches auch bei wiederholten Anfragen, die durch C. R. v. 18. März 1835 angeordnete Beilegung der Universitäts- und spätere Prüfungszeugnisse für angemessen erklärte.

4) Religion.

Die Verfassungs-Bestimmungen über Religionsfreiheit s. in Bd. 1. S. 441. Was insbes.

a) die Mitglieder der freien Gemeinden, die Dissidenten, anlangt, so erklärt das C. R. v. 8. Mai 1847 (Bd. 1. S. 485.) auch die höhern Schulen für konfessionell,[1]) und nur Lehrer, die sich zur evang. oder kathol. Kirche bekennen, für anstellungsfähig. Daß das gegenwärtige Min. d. G., U. u. M. Ang. diese Bestimmung für vereinbar mit der Verfassung halte, ist, wenigstens öffentlich, nirgends ausgesprochen, aber kaum zu bezweifeln.

b) Ueber die Anstellungsfähigkeit der Juden vgl. die Note zu §. 7. des Regl. v. 20. April 1831 (s. o. S. 30 ff.).

II. Wahl und Bestallung.

1) Allgemeine Vorschriften.

Wahl u. Bestallung der Lehrer an höhern Schulen steht dem Patrone (s. o. S. 19.) und wo kein Privatpatron da ist, dem Staate zu, der auch hinsichtlich der von Privatpatronen ausgewählten Aspiranten das Recht der Bestätigung hat. A. L. R. II. 12. §§. 59—61. (s. o. S. 17.). Diese doppelte Befugniß übte der Staat früher durch die Prov. Schulbehörden (Kons. Reg.) aus, und nur in Ansehung der Rektoren und obern Lehrer, später sogar nur in Ansehung der erstern, war die Einholung einer Ministerial-Genehmigung erfordert: §. 7. Nr. 10. der Kons. Instr. v. 23. Okt. 1817 (Bd. 1. S. 263.); §. 18. lit. a. der Reg. Instr. de eod. (Bd. 1. S. 270.); B. Nr. 8. der K. O. v. 31. Dec. 1825 (Bd. 1. S. 266.). In den Zeiten der Demagogen-Verfolgung wurden jedoch diese Bestimmungen suspendirt, und alle Lehrer-Anstellungen an höhern Schulen von ministerieller Genehmigung abhängig gemacht.[2]) In diesem Sinne ist endlich auch die definitive Regulirung des Verfahrens bei diesen Anstellungen erfolgt durch die

V. v. 9. Dec. 1842, betr. die Anstellung der Dir. und Lehrer der Gymn. u. s. w.[3])

Wir Friedrich Wilhelm, rc. verordnen zur näheren Bestimmung der Vorschriften der Dienst-Instr. für die Prov.-Kons. v. 23. Okt. 1817 §§. 6. und 7., der Reg. Instr. v. näml. Tage §. 18. lit. a. und der O. v. 31. Dec. 1825. lit. B. Nr. 8. wegen Anstellung der Dir. und Lehrer der Gymn., der Schullehrer-Sem. und der zur Entlassungs-Prüfung berechtigten höheren Bürger- und Realschulen, unter Aufhebung der bisher bestandenen theilweisen Suspension dieser Vorschriften auf den Antrag Unseres Staatsministeriums, was folgt.

§. 1. Das Recht zur Anstellung und Beförderung der Lehrer an den Gymn. und Schullehrer-Sem., und wo diese Anstalten dem Patronate einer Stadt, oder anderen Korporation unterworfen sind, das Recht zur Bestätigung der Lehrer steht

---

1) Vgl. auch §. 33. Nr. 2. d. Regl. v. 20. Apr. 1831 (s. oben S. 50.), u. C. R. des Min. d. G., U. u. M. Ang. v. 19. Sept. 1834 (A. XVIII. S. 696.), welches allgemein anordnet, daß die Reg. in ihren Berichten über Kirchen- oder Schulsachen jedesmal die Konfession näher bezeichnen sollen.

Unter dem Min. Wöllner wurden von den Lehrern an höheren Schulen Reverse gegen die Neologie verlangt. (Vgl. Bd. 1. S. 78.)

2) Dies geschah durch die K. O. v. 30. Sept. 1819, (vgl. o. S. 68.), auf welche sich insbes. das ebendas. in der Note angef. C. R. v. 3. Mai 1826 bezieht.

3) Ueber die Anstellungs-Nachweisungen und deren Abschaffung s. Bd. 1. S. 460. — Ueber die Behufs der Anstellung oder Bestätigung einzureichenden Zeugnisse s. C. R. v. 18. Juni 1831. (s. ob. S. 68 Note 1.)

den Prov.-Schulkoll. zu; diese müssen jedoch zu der Anstellung, Beförderung oder Bestätigung, sofern solche nicht blos einen Hülfslehrer, oder einen auf Kündigung angestellten technischen Lehrer betrifft, die Genehmigung des Min. d. G., U. u. M. einholen. Auch sind dieselben verpflichtet, wenn das Min. sich in einzelnen Fällen veranlaßt findet, wegen der Anstellung, Beförderung oder Versetzung eines Lehrers besondere Anweisung zu ertheilen, diese Anweisung zu befolgen. Dem Min. ist daher von jeder Erledigung einer Lehrerstelle sofort Anzeige zu machen.

§. 2. Die Bestimmungen des §. 1. finden auch auf die Anstellung, Beförderung und Versetzung, imgl. auf die Bestätigung der Lehrer an den zur Entlassungs-Prüfung nach der Instr. v. 8. März 1832 berechtigten höheren Bürger- und Realschulen mit der Maaßgabe Anwendung, daß in Beziehung auf diese Anstalten die Reg. in die Stelle des Prov.-Schul-Kolleg. tritt.

§. 3. Die Ernennung der Direktoren der in den §§. 1 und 2. erwähnten Unterrichts-Anstalten, imgl. die Bestätigung der Dir. in den Fällen, wo jene Anstalten dem Patronate einer Stadt oder Korporation unterworfen sind, behalten Wir Uns Selbst vor.

§. 4. In den Rechten der Patrone der ged. Unterrichts-Anstalten zur Wahl der Dir. und Lehrer wird durch die Bestimmungen der §§. 1—3. nichts geändert.

Urkundlich 2c.

(G. S. 1843. S. 1.)

2) Ausfertigung der Bestallung.

Besondere Vorschriften darüber sind:

a) daß dieselbe allgemein gehalten und die Bezeichnung der Anstalt, wie des Einkommens in der Regel im Neben-Reskr. erfolgen soll. So bestimmte:

α) der durch C. R. des Min. d. G., U. u. M. Ang. (v. Altenstein) v. 22. Okt. 1833 sämmtl. Konf., Prov. Schulkoll. und außerord. Bevollmächtigten bei den Univ. mitgetheilte, und ausdrücklich „auf Universitäts- u. Gymnasiallehrer an K. Instituten, welche in der Kathegorie der Staatsdiener stehen", für anwendbar erklärte Beschl. des Staats-Min. v. 18. Juni 1833.

1) In allen Bestallungen, welche ein bestimmtes Dienstverhältniß andeuten, in welchem der Beamte zu einer gewissen Behörde 2c. stehen soll, wenn also Jemand zum Vorstande einer Beh. oder eines einzelnen Dienstzweiges ernannt wird, muß die Behörde 2c. genannt werden, bei welcher die Anstellung erfolgt. In allen andern Fällen aber kommt die nähere Bezeichnung der Behörde, Anstalt, des Orts, wo die Anstellung erfolgt, nicht mehr in die Bestallung, sondern in die Verf. 2c., mit welcher die Bestallung zugefertigt wird.

2) Der Betrag des Gehalts oder Einkommens soll gleichfalls nicht mehr in die Bestallungen aufgenommen, sondern dem betr. Individuo durch das vorgeb. Zufertigungs-R., oder durch abschr. Mittheilung der an die betr. Kassen oder Behörden ergangenen Anweisungen eröffnet werden, wie viel dasselbe nach dem Etat, oder falls Abweichungen von dems. eintreten, nach den deshalb besonders ergangenen Bestimmungen an Gehalt und Emolumenten zu beziehen hat.

(A. XVIII. S. 708.)

β) Dagegen ließ das C. R. der Reg. zu Magdeburg v. 20. Dec. 1844 (Bd. 1. S. 453.) bei höhern Bürgersch. die Benennung der Anstalt nach, und verbot nur die Bezeichnung bestimmter Klassen.

b) Die Bedingung dreimonatlicher Kündigungsfrist vor den Terminen Ostern oder Mich. bei etwaiger Amtsentsagung wurde durch R. des Kons. der Prov. Brandenb. v. 29. Okt. 1818 eingeführt.

Da bereits mehrere Male der Fall gewesen ist, daß von den, bei den gel. Schulen der Prov. Brandenburg angestellten Lehrern einige, nach einer kurzen Kündigungsfrist die Erlaubniß zum Uebertritt in andere amtliche Verhältnisse nachgesucht und hierdurch Verlegenheiten entweder für sich oder die gel. Schule herbeigeführt haben, so sehen wir uns veranlaßt, nicht allein sämmtliche bei den genannten Lehranstalten unserer Prov. angesetzten Lehrer auf dasj. aufmerksam zu machen, was wegen Entlassung von Beamten überhaupt im A. L. R. Th. II. Tit. 10. §. 97, ferner Th. II. Tit. 6. §. 175 und 176 [1]) vorgeschrieben worden ist, sondern wollen auch hiermit die zur Ausfertigung von Vocationen für Lehrer an gelehrten Schulen berechtigten Magisträte angewiesen und ermächtiget haben, zu noch vollständiger Erreichung des Zwecks in die von nun an von ihnen auszufertigenden Bestallungen als Bedingung der Anstellung der betr. Lehrer einzurücken, daß sie nur zu Ostern und Michaelis jeden Jahres und wenn sie drei volle Monate vor dem Eintritt des einen oder des andern Termins dem Dir. oder Rektor der gel. Schule ihren bevorstehenden Abgang schriftlich angezeigt haben, zu andern Bestimmungen entlassen werden können, es wäre dann, daß es sich möglich erwiese, die durch ihren Abgang erledigte Stelle früher zu besetzen. Die erwähnten Anzeigen haben sodann die Dir. und Rektoren bei Schulen K. Patronats unmittelbar an uns und bei denen magisträtl. Patronats an die Magisträte gelangen zu lassen, welche letztere dann sofort bemüht sein müssen, einen zum Nachfolger des abgehenden Lehrers geeigneten Mann auszumitteln und aus dem Grunde auch dens., falls er seine Prüfung bei einer wissensch. Prüf.-Komm. noch nicht bestanden haben sollte, unverzüglich zur Nachsuchung dieses Examens zu veranlassen, damit bis dahin, wo die betr. Lehrstelle offen wird, der neue Lehrer nicht allein geprüft, sondern auch mit der bestätigten Vocation versehen sein möge.

(A. II. S. 1062.)

3) Ueber Erschleichung oder Anmaßung eines Amts vgl. die allg. Bestimmungen §§. 72—82. A. L. R. II. 10. u. §. 104. Strafgb. v. 14. April 1851. Bd 1. S. 443.

4) Vorrechte auf öffentliche Aemter sind durch Art. 4. der Staatsverfassung ausgeschlossen (Bd. 1 S. 442) Hierdurch erschienen die K. O. v. 30. März 1818 (A. II. S. 563.), welche den Kadetten-Gouverneuren, und die K. O. v. 23. Sept. 1824 (A. IX. S. 570.), welche den Repetenten an den Kadetten-Instituten nach fünfjährigem Dienste Anspruch auf vorzugsweise Berücksichtigung bei geistl. und Schulämtern beilegten, als antiquirt.

5) Ueber die Anstellung von Ausländern s. o. 1. Kap. II. 3. (s. o. S. 63 ff.)

III. Vereidigung und Einführung.

Hinsichtlich der Lehrer erfolgt dieselbe durch den Dir. der Anstalt: §. 24. der Brandenb., §. III. Nr. 8. der Rhein. Dir.-Instr. (im folg. Kap.). Insbes.

1) über die Norm des Eides s. Bd. 1. S. 454.

2) Stempelfreiheit der Vereidigungs-Protokolle s. Bd. 1. S. 455. u. das durch R. des Min. d. G., U. u. M. Ang. v. 25. Jan. 1836 mitgetheilte, u. auch in den alten Prov. für anwendbar erklärte R. der Min. d. G., U. u. M. Ang. und d. Fin. v. 9. Febr. 1835 an den Oberpräs. der Rheinprovinz, wo es in Betr. der Geistl. u. Gymn. Lehrer heißt:

---

1) Vgl. Bd. 1. S. 539. Hinsichtl. der Korporations-Beamten lauten im Tit. 6. Th. II. A. L. R.

§. 175.: Auch Beamte können ihr ohne Einschränkung auf eine gewisse Zeit übernommenes Amt niemals, und wenn eine Zeit bestimmt ist, nicht vor Ablauf derselben eher niederlegen, als bis zu dessen Wiederbesetzung die nöthige Verf. getroffen ist.

§. 176.: Wenn es aber an tauglichen Personen dazu nicht ermangelt, und die Korporation gleichwohl mit Vornehmung einer neuen Wahl zögert, so kann der abgehende Beamte bei dem Staate darauf antragen, daß ihr die Anstellung einer solchen Wahl und einer zu bestimmenden Frist aufgegeben, und wenn diese fruchtlos verläuft, die Stelle für diesmal von dem Staate unmittelbar besetzt werde.

Da die Vereidigungsprotokolle nicht von Beamten, welche mit richterl. oder polizeil. Verrichtungen, oder mit der Verwaltung öffentlicher Abgaben beauftragt sind, aufgenommen werden, so bedarf es der Verwendung des Stempelpapiers dazu nicht.

(A. XX. S. 113.)

3) Handschlag an Eidesstatt.

Nach einem C. R. der Reg. zu Aachen v. 12. Juni 1834 hat das Min. d. G., U. u. M. Ang. bestimmt, daß Lehrer, welche nur versuchsweise, auf ein Jahr oder auf eine andre bestimmte Zeit, angestellt werden, ohne förmliche Eidesleistung, mittelst Handschlags die Erfüllung der übernommenen Verpflichtung und Treue gegen den König geloben sollen.[1]) (A. XVIII. S. 404.)

4) Verweisung auf den frühern Diensteid,

K. O. v. 10 Febr. 1835 (A. XIX. S. 9.), mitgetheilt an sämmtl. Oberpräs. u. außerordentl. Reg.-Bevollm. bei der Univ. durch C. R. des Min. d. G., U. u. M. Ang. v. 1. Juni 1825, ib. S. 385.

Ueber den Inhalt ders. vgl. Bd. 1. S. 456.

Drittes Kapitel.

Amtspflichten der Lehrer an höhern Schulen.

Die allgem. Vorschriften über die Rechte u. Pflichten der Civilbeamten, §§. 88. flg. A. L. R. II. 10. sind Bd. 1. S. 463. Note 1. gegeben. An besondern Vorschriften für Lehrer an höhern Schulen sind Instruktionen für die Direktoren und für die Klassen-Ordinarien vorhanden. Aus diesen und aus den Bestimmungen über Einrichtung und Verfassung der höhern Schulen (vgl. insbes. das ausführliche C. R. v. 24. Okt. 1837 und die Regl. über Abiturienten-Prüfungen im folg. Abschn.) ergeben sich die Amtspflichten der übrigen Lehrer.

I. Dienst-Instruktionen für die Direktoren.[2])

Obschon die Verfassung der höhern Schulen in Preußen keinesweges für die einzelnen Provinzen eigenthümlich und verschieden gestaltet ist, so fehlt es doch an einer allgemeinen Instruktion für dieselben, oder für ihre Direktoren und Vorsteher. Es ist vielmehr den Prov. Behörden überlassen geblieben, dergl. Instruktionen für ihre Bezirke auszuarbeiten, und wir besitzen danach

a) eine Instr. für die Gymn.-Dir. in Ostpreußen u. Litth. v. 29. März 1827.;

b) eine desgl. für Westpreußen v. 18. Jan. 1825.;

---

1) Dies. C. Verf. bestimmte, daß Menonitische Lehrer nach der V. v. 11. März 1827 (G. S. 1827. S. 28.) ebenfalls mittelst Handschlags zu verpflichten, und jüdischen Lehrern der Eid nach den Formen ihrer Religionspartei abzunehmen.

2) Soweit mit den höhern Schulen Vorschulen für den Elementarunterricht verbunden sind, müssen die für letztere gegebenen Vorschriften befolgt werden. Aus dieser Rücksicht sind die im Anh. des 1. Bds. abgedruckten drei neuen Regulative v. 1. 2. u. 3. Okt. 1855 auch den Dir. der Gymn. u. Realsch. in Berlin mitgetheilt werden. (Nat. Zeit. 1854. Nr. 571. Beil.)

c) eine desgl. des Prov. Schulkoll. v. Posen v. 14. Mai 1826.;
d) eine desgl. des Kons. v. Brandenburg v. 10. Juni 1824.;
e) eine desgl. des Pommerschen Prov. Schulkoll. v. 1. Mai 1828.;
f) eine desgl. des Schles. Kons. v. 4. Dec. 1824.;
g) eine desgl. des Sächs. Kons. u. Prov. Schulkoll. v. 1. Dec. 1827. (Abänderungen durch R. v. 26. März 1838.);
h) die Instr. des Kons. zu Münster v. 8. Jan. 1823, für die Schulvorst. der höhern Stadtsch. oder Progymn.;
i) die Instr. des Min. d. G., U. u. M. Ang. v. 12. Dec. 1839, für die Dir. der Gymn. in der Rheinprov.

Von diesen Instr. ist die (sub d.) in den A. VIII. S. 1067. flg., die (sub e.) in den A. XII. S. 375—412. abgedruckt.

Da die nächste Leitung der höhern Lehranstalten und der Gymn. insbes., in den Händen ihrer Dir. zusammengefaßt ist, so bilden die Dienst-Instruktionen für diese zugleich die Fundamental-Verfassung der Gymn. selbst. Trotzdem können jene Instr. hier nicht alle, eine nach der andern, wiedergegeben werden, da hierfür der Raum fehlt, und sie überdies in ihrem Inhalte nicht wesentlich von einander abweichen.[1]) Ihre Verschiedenheiten beschränken sich hauptsächlich auf die Redaktion, Anordnung der Materien 2c., und außerdem sind alle gleichmäßig durch das C. R. v. 24. Okt. 1837. (s. im folg. Abschn.) modifizirt. Es folgen daher hier nur die Brandenburger und die Rheinische Instr.[2]) und im Anschlusse an dies. das Min. R., welches die Instr. für die Gymn.-Dir. auch für die Vorsteher der höhern Bürgerschulen für anwendbar erklärt.

1) **Instruktion des Kons. zu Berlin v. 10. Juni 1824. für die Direktoren u. Rektoren der gelehrten Schulen in der Prov. Brandenburg.**

§. 1. **Wichtigkeit und Zweck des Amts des Dir. und Rektors einer gel. Schule**[3].) Je wesentlicher der Einfluß der gel. Schulen auf die

---

1) So sind z. B. die sub a. u. b. angef. Instr. sogar wörtlich gleichlautend mit der Brandenburger sub d. 1. Auch die Pommersche Inst. (e) ist im Wesentl. nur eine ausführlichere und besser geordnete Umarbeitung ders.

2) Hinsichtlich der einzelnen in diesen Instr. berührten Punkte aus der Schuleinrichtung und Schulverfassung ist der folg. Abschn. als sedes materiae zu vergleichen.

3) Die hier und in den zunächst folgenden §§., so wie im §. 28. 29. gegebenen Vorschriften sind in der Pommerschen Instruktion v. 1. Mai 1829 (e.) geordneter zusammengestellt, wie folgt:

A. Allgemeiner Theil.

Zweck und Bedeutung des Amts eines Direktors oder Rektors eines Gymnasii.

§. 1. Das Amt eines Dir. oder Rektors eines Gymn. begreift das Geschäft der Aufsicht und Leitung einer aus einer bestimmten Zahl von Klassen nebst dem dazu gehörigen Lehrerpersonale zusammengesetzten öffentlichen Anstalt für Knaben und Jünglinge, zu ihrer christlich-religiösen, sittlichen und wissenschaftlichen Ausbildung. Je bedeutender jede Bildungs-Anstalt der Art, nach ihren inneren und äußeren Beziehungen im öffentlichen Leben, für das wahre Wohl der Menschheit erscheint, und je mehr das künftige Heil des Vaterlandes von der richtigen Leitung und Bildung desjenigen Theils der Jugend abhängt, welcher bestimmt ist, einst in den höhern Kreisen desselben vorzugsweise zu wirken: um so wichtiger und einflußreicher ist auch das Amt des Vorstehers einer solchen Anstalt, um so größer auch seine Verantwortlichkeit, da derselbe im Vereine mit den Lehrern nicht blos für das äußere glückliche Gedeihen der Anstalt sondern als die Seele des Ganzen, von innen aus ordnend und belebend, lehrend und leitend wirken und walten soll.

Wohlfahrt des Vaterlandes ist, um so mehr muß von demj., welchem die Leitung einer solchen Lehranstalt anvertraut ist, nicht allein das Maaß der hierzu erforderl. Kenntnisse und das Bestreben nach steter Vermehrung ders., sondern auch

---

Amtliche Stellung desselben.

§. 2. Damit nun dem Dir. oder Rektor ein freies Feld für seine amtliche Thätigkeit bleibe, und die nöthige Einheit in der Verwaltung und Aufsicht erhalten werde, wollen wir, daß die ganze Schule mit allen ihren Instituten, ihren sämmtl. Beamten und Zöglingen, unter die Autorität desselben gestellt sei. Deshalb soll er

a) in allen öffentl. Verhältnissen als Vorsteher und Vertreter einer höhern Lehranstalt das derselben angemessene Ansehen und die gebührende Auszeichnung genießen. Ihm ist in dieser Eigenschaft die Führung des Schul-Insiegels anvertraut; an ihn gelangen entweder unmittelbar oder durch das Scholarchat, alle die Schule betreff. Verf. der Prov. Schul-Behörde, an ihn wenden sich die Eltern und Angehörigen der Zöglinge mit ihren Anliegen und Beschwerden. Ihm stehen alle Berichtserstattungen (falls nicht in besonderen Fällen ein anderer Referent ausdrücklich ernannt ist), so wie alle Verhandlungen mit Behörden und Korporationen zu, die das Allgemeine der Anstalt oder die Interessen einzelner Mitglieder zum Gegenstande haben. Ihm ist endlich die Verantwortlichkeit über den Geist und die Tendenz der Lehranstalt im Ganzen und die Verpflichtung auferlegt, über den Zustand derselben im Allgemeinen wie im Einzelnen stets vollständige Auskunft geben zu können.

b) Sein Verhältniß zum Lehrer-Kollegium ist, seiner amtlichen Beziehung nach, das eines Vorgesetzten und eines Mitarbeiters am gemeinsamen Werke. Wie er jedem Lehrer über seine Amtspflichten, dem allg. Plane gemäß, den Kreis seiner Thätigkeit anzuweisen hat; so hat er nicht minder über die treue Erfüllung ihrer Obliegenheiten zu wachen, ihr wissenschaftliches und sittliches Leben zu beachten, Vernachlässigungen zu rügen, Zwistigkeiten unter den Kollegen nach Möglichkeit zu schlichten, ihre Wünsche und Anliegen vor die Behörden zu bringen, und über ihre Amtsthätigkeit und ihren sittlichen Wandel jährlich in den Konduitenlisten zu berichten. Amtsaufträge, welche er ihnen ertheilt (als Uebernahme einer Aufsicht oder einer Stellvertretung, Bearbeitung einer wissenschaftl. oder Disciplinar- oder anderen Schulangelegenheit), dürfen sie anzunehmen oder zu vollziehen sich nicht weigern; doch bleibt ihnen, falls sie sich beschwert fühlen, unbenommen, unsere Entscheidung einzuholen. — In den Lehrer-Konferenzen hat der Dir. oder Rektor, welcher dieselben, so oft er es für nöthig hält, berufen kann, als Vorsitzer die Verhandlungen zu leiten. Beim Abstimmen giebt im Falle der Stimmengleichheit sein Votum den Ausschlag; sollte jedoch der Dir. von einem auf Stimmenmehrheit zu gründenden Beschlusse auf irgend eine Weise Nachtheil für die ihm anvertraute Schulanstalt befürchten, so hat er, bevor dieser Konferenz-Beschluß in Kraft tritt, zuerst an das Scholarchat über den fraglichen Gegenstand vollständig zu berichten, und die Entscheidung der vorgesetzten Behörden zu erwarten, welches Verfahren jedesmal in dem Protokolle zu bemerken ist. In dem Protokolle kann überhaupt nur durch seine eigenhändige oder seines Stellvertreters Unterschrift etwas als gültig und bindend angesehen werden.

c) Die sämmtl. Schüler der Anstalt, von der ersten bis zur letzten Klasse, sind seiner Oberaufsicht und Disciplin unterworfen. An ihn wenden sich dieselben als an ihren ersten Vorgesetzten in allen den Fällen, welche die Schulgesetze vorschreiben, oder wo sie gegen das Verfahren eines Lehrers gerechte Einwendungen zu haben vermeinen. Weiter als an den Dir. oder Rektor steht keinem Schüler eine Berufung auf eine höhere Behörde zu, nur seine Eltern oder Angehörigen können sich im Falle einer Klage wider den Vorsteher an uns wenden; in Klagefällen wider die Lehrer aber nur zunächst an den Dir. oder Rektor, der darüber an uns zu berichten hat.

erwartet werden, daß er durch sein Beispiel und seine Gesinnungen in jegl. Beziehung wohlthätig auf Lehrer und Lernende und namentlich dahin wirke, daß die

---

Wenn die gegen einen Lehrer vorgebrachte Beschwerde von der Art ist, daß die von der Verwaltungs- und Aufsichts-Behörde veranlaßte Untersuchung die Einleitung eines gerichtlichen Verfahrens nöthig macht, so hat das Scholarchat unter Beifügung der gutachtl. Erklärung des Dir. oder Rektors an uns zu berichten.

d) Die Unter-Beamten und Diener der Anstalt sind seiner besondern Aufsicht und Kontrolle unterworfen, empfangen von ihm ihre Dienstvorschriften, und haben sich in allen den Dienst betr. Angelegenheiten unweigerlich und pünktlich nach seinen Befehlen zu richten.

e) Ueber alle Institute der Anstalt, als namentlich über die Lehrer- und Schüler-Bibliothek, den naturhistorischen, physikalischen und mathematischen Apparat, über Wittwen-Institute, Stipendien, Prämienfonds (sofern und in so weit die Aufsicht über letztere der Schule selbst, und nicht einer andern Behörde, Körperschaft rc. stiftungsmäßig zusteht), und was dergl. mehr mit der Anstalt verbunden ist, führt der Direktor oder Rektor die Aufsicht, wobei jedoch unser ausdrücklicher Wunsch und Wille ist, daß er die besondere Verwaltung der Bibliotheken und der übrigen Sammlungen einzelnen dazu geeigneten Kollegen übertrage, damit seine Thätigkeit sich nicht zu sehr ins Einzelne zerstreue, und von der Aufmerksamkeit und Sorge fürs Ganze abgewendet werde.

Pflichten desselben im Allgemeinen.

§. 3. Bei einer so viel verantwortlichen Stellung des Vorstehers einer Gelehrtenschule erwarten wir, daß derselbe mit Einsicht, Kraft und Festigkeit das Ganze leite, und, da im Kreise der Anstalt Aller Augen auf ihn gerichtet sind, daß er als Gelehrter nicht weniger wie als Mensch und Christ, Lehrer und Beamter Allen stets als Muster sich darzustellen bemüht sein werde. Klassische Bildung und pädagogische Einsicht mit dem redlichen Streben, dieselben fortwährend zu mehren und zu erweitern, innige Liebe zu seinem Amt und der ihm anvertrauten Jugend, unermüdliche Treue und Sorgfalt in seiner Pflichterfüllung, ruhige Festigkeit und Besonnenheit im Handeln, Gerechtigkeit, Milde und Humanität der Gesinnung; reiner Eifer für alles Gute, Wahre und Schöne, verbunden mit einer ächten und ungeschminkten, wahrhaft christlichen Religiosität, die sich in einem rein sittlichen frommen Leben bewährt; dies sind im Allg. die Eigenschaften, welche dem Vorsteher eines Gymnas. eine segensreiche Wirksamkeit sichern.

Diese seine Wirksamkeit soll einestheils auf die äußern Beziehungen gerichtet sein, in welche die Anstalt zu den Behörden, den Eltern und Angehörigen der Zöglinge und zu dem Publikum überhaupt gestellt ist; anderntheils und hauptsächlich auf die innere, sowohl Lehr- als Disziplinar-Verfassung und Ordnung der Anstalt, auf die Verhältnisse der Lehrenden und Lernenden in ders. und auf die Erhaltung und Förderung aller zu ders. gehörigen Institute, wozu auch die Aufsicht auf die Unterbedienten der Anstalt zu rechnen ist. In ersterer Rücksicht wird der Dir. oder Rektor bei den Behörden durch Erweisung der ihnen gebührenden Achtung, pünktliche Befolgung und Ausrichtung ihrer Verordnungen, gewissenhafte Amtstreue und fleißige Berichterstattung, Zufriedenheit und Billigung, bei den Eltern und Pflegern der Zöglinge durch öftere Mittheilungen und Berathungen volles Vertrauen, bei dem Publikum überhaupt durch Zuziehung zu den öffentlichen Prüfungen, durch befriedigende Nachrichten über den Fortgang der Anstalt und durch belehrende Winke in den Schulprogrammen, besonders über die Wechselwirkung der häuslichen Erziehung mit der Schuldisziplin, Theilnahme und Mitwirkung für die Anstalt zu erwecken suchen, und überhaupt nichts versäumen, was das öffentliche Zutrauen und die Achtung für dieselbe sichern und fördern kann.

Der andere Theil der Obliegenheiten des Dir. oder Rektors begreift seine Bemühungen für das innere Wohl und das glückl. Gedeihen der ihm anvertrauten Anstalt. Die zweckmäßige Abfassung des Lektionsplans und eines damit verbundenen vollständigen Lehrplans für die einzelnen Unterrichtszweige, das

aus der Schule in das Leben tretenden Jünglinge, beides, mit sattsamen Kenntnissen versehen, und von guten Gesinnungen durchdrungen sind.

---

strenge Halten auf die Ausführung dess., wie überhaupt auf Ordnung, Regelmäßigkeit und Pünktlichkeit, sowohl von Seiten der Schüler im Klassenbesuch und in Anfertigung ihrer Arbeiten, als von Seiten der Lehrer in Abhaltung ihrer Lektionen, die Handhabung einer auf Achtung vor dem Gesetz und unbedingten Gehorsam gegen die Vertreter dess. fest gegründeten Disciplin, die sich nicht blos innerhalb der Schule, sondern auch außer ihren Grenzen überall bewähre, die Sorge für Ordnung, Erweiterung und zweckmäßige Benutzung der zur Schule gehörigen Institute: — Dies Alles, nebst den übrigen Gegenständen der Amtsthätigkeit des Dir. oder Rektors, ist in den folgenden Paragraphen dieser Instr. genauer vorgeschrieben und bezeichnet; wie denn auch erwartet wird, daß derselbe sich auch im Einzelnen, so weit immer seine amtl. Stellung es ihm möglich macht, um das geistige und sittl. Gedeihen jedes der Zöglinge seiner Anstalt bekümmern, mit dessen Fortschritten, theils durch eigene Wahrnehmung, theils durch Rücksprache mit den Lehrern sich in genauer Bekanntschaft erhalte, und ihn auf seinem Bildungswege warnend und ermunternd geleiten werde.

Insbes. aber wird die Aufmerksamkeit des Dir. oder Rektors auf die Weckung und Befestigung eines guten Geistes und Sinnes im Lehrer-Kollegio selbst — worauf das Gedeihen der Anstalt hauptsächlich beruht — gerichtet sein. Seinen sämmtl. Mitarbeitern mit Liebe und Hochachtung, wie sie es verdienen, begegnend, überall mit gutem Beispiel selbst vorleuchtend, und seine Autorität mehr auf ihre Ueberzeugung von seiner Einsicht, seiner Gelahrheit, seinem redl. Willen und seiner Unpartheilichkeit, als auf seine amtl. Stellung bauend, wird er unter ihnen eine innige Uebereinstimmung der Gesinnungen, Bestrebungen und Leistungen zu stiften, sie zu erfüllen suchen, mit freudigem Eifer für das von Gott und von der Obrigkeit ihnen anvertraute Geschäft, mit Liebe für die Wissenschaft, mit Einsicht in das rechte Wesen der Schule, daß alle, welchen Platz auch immer ein jeglicher einnehme, sich als Glieder eines organischen Ganzen fühlen und erkennen, das nur durch Einigkeit und brüderliches Zusammenwirken Aller besteht. Ueberhaupt wird er dahin streben, daß sowohl Lehrer als Lernende Ein Geist durchdringe und belebe, der Geist des Christenthums, der ein Geist der Demuth, der Liebe und Eintracht ist, des emsigen, wahrhaft wissenschaftl. Fleißes, der reinen Sitte und ungeheuchelten Frömmigkeit, auf daß die Schule, was sie im ächt christlichen Sinne sein soll, eine Werkstätte des heiligen Geistes werde.

B. Spezieller Theil.

I. Pflichten des Dir. oder Rektors in Bezug auf seine äußere amtliche Stellung.

Sorge für den gedeihlichen äußern Zustand der Anstalt.

§. 4. Wie dem Dir. oder Rektor die Sorge für das Ganze der Anstalt anvertraut ist; so hat er auch das Beste ders. in Absicht auf das Aeußere, sowohl des Lehrer-Kollegii, als des Gymn. überhaupt wahrzunehmen, und einestheils darüber zu wachen, daß Alles, was zur Anstalt gehört, — namentlich auch die Lehrer-Wohnungen — erhalten und in keinem Stücke verschlechtert oder beeinträchtigt werde; anderntheils hat er auf alles dasj. zu achten, was die Gesundheit, Ruhe, Sicherheit und Bequemlichkeit, sowohl der Lehrenden als Lernenden, innerhalb der Anstalt sichert und fördert; wie ihm denn namentlich die Aufsicht über das Polizeiliche im Innern des Schulgebäudes obliegt. Zwar gehören die baulichen Einrichtungen in der Regel nicht in seinen Geschäftskreis; doch erfordert es seine Pflicht, daß wo er in dieser oder den oben genannten Rücksichten irgend einen Mangel wahrnimmt, er dens. zur Kenntnißnahme des Patronats und Scholarchats (Ephorats), und, wenn solches erfolglos bleibt, bei uns zur Sprache bringe.

Verhalten gegen die Eltern und Angehörigen der Schüler.

§. 5. Um die so nothwendige und heilsame Uebereinstimmung der häusl. Erziehung mit der Schule möglichst zu erhalten und zu fördern, wird der Dir. oder Rektor, so oft er dazu Gelegenheit findet, mit den Eltern oder Pflegern der Schüler über ihr wissenschaftl. und sittl. Gedeihen, ihre geistige Eigenthümlichkeit und den für sie zu erwählenden Beruf Rücksprache nehmen, wozu besonders die Einsendung der viertel- oder halbjährl. Censurscheine Veranlassung

§. 2. Wiefern sie auch die Externa der Schulen wahrzunehmen haben. Den Dir. und Rektoren liegt zwar die Wahrnehmung des gesammten

---

giebt, und wird durch Einladung zur Theilnahme an den öffentl. Schulprüfungen und auf andere schickl. Weise ihr Interesse für die Lehranstalt rege zu halten suchen. Von gröbern Vergehungen der Schüler und den ihnen dafür zuerkannten Bestrafungen hat er ihre Angehörigen sofort zu unterrichten. Wenn aber entw. gänzlicher Mangel an Naturanlagen oder eingewurzelte hartnäckige Trägheit und Unlust einen Schüler für die wissenschaftl. Bestimmung untauglich machen, muß der Vorsteher die Eltern oder Pfleger darauf aufmerksam machen, sie zur Erwählung eines anderweitigen Berufs für ihren Pflegling ernstlich ermahnen, und im Fall dies nicht hilft, uns davon Anzeige machen. Etwanige Beschwerden der Eltern und Pfleger über das Verfahren einzelner Lehrer wird er mit Ruhe und Aufmerksamkeit anhören, ihnen, wo sie gegründet sind, abhelfen, und Alles der Billigkeit wie der Würde seines Amts gemäß vermitteln. Ist aber eine Sache von der Art, daß sie unsere Einschreitung erfordert, so hat er uns davon sofort ausführlichen Bericht abzustatten, und dieselbe unserer Entscheidung anheim zu stellen. Falls aber er selbst oder einer der Lehrer in ihrer Dienst-Verwaltung persönlich beleidigt, und ihr amtliches Ansehen gekränkt oder gefährdet worden, hat er die Sache dem Scholarchate (Ephorate) anzuzeigen, welches an uns darüber zur weitern Veranlassung und nöthigenfalls zur Einleitung des polizeil. oder gerichtl. Verfahrens berichten wird. Nur in dem Falle, daß der Dir. oder Rektor gegen das Scholarchat Beschwerde zu führen haben sollte, ist die unmittelbare Berichterstattung an uns zulässig.

Verhalten gegen das Scholarchat und Patronat der Schule.

§. 6. Wo eine Schule ein besonderes Scholarchat (Kuratorium, Ephorat) hat, da ist solches nach Maaßgabe seiner Befugniß und innerhalb der bestimmten Grenzen als die nächste Behörde des Dir. oder Rektors anzusehen, und er hat sich auch in allen vor dasselbe gehörenden Fällen zunächst dahin zu wenden. Seine Verpflichtung gegen das Scholarchat des Gymn. geht insbes. dahin, daß er dems. auf Erfordern über den Zustand der Anstalt Auskunft geben, ihm den Lektionsplan und die eingehenden Verf. mittheilen muß, wie es sich auch von selbst versteht, daß dems. der Besuch der Klassen und die Theilnahme an den Lehrer-Konferenzen freisteht. Ueberhaupt aber wird erwartet, daß der Dir. oder Rektor in allen außerordentl. Fällen mit den Scholarchen (Ephoren) Rücksprache nehme, ihren Rath sich ausbitte, sich eines guten Vernehmens mit dems. befleißige, und ihnen die gebührende Achtung erweise.

In allen Angelegenheiten, welche die äußere Oekonomie und Verbesserung der Anstalt angehen, hat sich derselbe, im Einverständniß mit dem Scholarchat oder durch dass., an das Patronat der Schule zu wenden, gegen welches er übrigens dieselben Rücksichten, wie gegen das Erstere, zu beobachten hat.

Wo der Dir. oder Rektor nicht bereits Mitglied des Scholarchats ist, da ist sein Eintritt in dasselbe wünschenswerth, um darin das Lehrerkollegium in allen Beziehungen zu vertreten, auf Verlangen sogleich die bestimmteste Auskunft über die Anstalt zu geben, und so eine lebendige Wechselwirkung des Scholarchats mit der Schule zu vermitteln, und das zeit- und kraftzersplitternde Hin- und Herschreiben zu vermeiden; wobei es sich jedoch von selbst versteht, daß er bei Berathungen, die ihn persönlich angehen, nicht gegenwärtig bleibe, und er dann seines Stimmrechts sich begebe.

Verhalten gegen das Königl. Konsistorium.

§. 7. Wiewohl viele Beziehungen und Obliegenheiten, welche der Dir. oder Rektor gegen das unterzeichnete Kons. hat, in den übrigen Paragraphen dieser Instr. schon enthalten sind, so wird doch hier ausdrücklich daran erinnert, daß er uns auch unaufgefordert von allem, was den innern und äußern Zustand der Schule angeht, fortwährend in Kenntniß zu setzen, und in allen wichtigen Angelegenheiten, sie mögen entweder die Pflichten oder die Rechte des Lehrer-Kollegii, die Lehr- oder Disziplinar-Verfassung oder einzelne Zweige der Anstalt betreffen, an uns sich zu wenden hat. Insbes. ist er gehalten, den Lektionsplan und die Konduitenliste jedesmal zur festgesetzten Zeit unerinnert an uns einzusenden. (A. XII. S. 375—383.)

Zustandes der ihnen untergebenen Lehranstalten ob. Da inzwischen die eigentl. äußeren Verhältnisse, als das Kassen- und Rechnungswesen, die baulichen Einrichtungen u. dergl., sie in der Regel nicht angehen, ihre etwanige Konkurrenz hierbei aber wo und so weit sie besteht, in der speciellen Verfassung der Schule gegründet und durch besondere Gesetze angeordnet ist, so wird hier nur im Allg. die Vorschrift gegeben, daß, wo immer auch der Vorsteher einer gelehrten Schule eine Verabsäumung in Gegenständen der fragl. Art wahrnimmt, er dergl. zur Kenntnißnahme des Ephorats und Patronats und, wenn solches erfolglos bleibt, bei uns zur Sprache zu bringen sich verpflichtet halten soll.

§. 3. Ihre Sorge für das Innere der Schule. Was aber ganz eigentlich in dem Bereich der Dir. und Rektoren der gel. Schulen liegt, sind die innern Verhältnisse ders. oder alles, was zu dem eigentl. Wesen solcher Lehranstalten gehört, und in dieses sollen sie nach ihrem Standpunkt und unter Verantwortlichkeit nach allen Kräften und in allen Beziehungen fortdauernd eingreifen, so daß ihnen zu jeder Zeit in fragl. Rücksicht der gesammte Zustand der Schule klar vor Augen liegt, und ihr Einwirken überall ersichtlich ist.

§. 4. Zweck dieser Instruktion. Wenn die den Dir. und Rektoren hierunter obliegenden Pflichten bereits fast ohne Ausnahme theils durch frühere V., theils in neuerer Zeit durch die jetzige höchste geistl. und Schulbehörde und durch uns festgesetzt sind, so wird die vorliegende Instr. vorzüglich einer Seits nur einen Ueberblick jener Pflichten zu geben, demnächst anderen Seits aber auch Einiges zu ergänzen, und nach seinem Zusammenhange näher zu bestimmen haben, wobei erinnert wird, daß, welche Obliegenheiten hierin nicht ausdrücklich aufgehoben, und welche Verhältnisse nicht ausdrücklich abgeändert sind, diese forthin auch bestehen sollen, eben so alles dasj., was in Betreff einer einzelnen Lehranstalt durch besondere, von den Landesbehörden ausgegangene gesetzl. Vorschriften angeordnet ist.

§. 5. Stellung der Dir. und Rektoren überhaupt. Was zuvörderst die Stellung der Dir. und Rektoren an sich betrifft, so folgt daraus, daß wir dieselben in jeglicher Beziehung für die Wohlfahrt der ihnen anvertrauten Lehranstalten verantwortlich halten, von selbst, daß, wenn wir ihnen allerdings zur Pflicht machen, alles, was irgend hierzu sich eignet, als namentlich die Entwerfung des Lektionsplans, die in disciplinarischer Hinsicht zu ergreifenden Maaßnahmen, die Berathungen über die Translocationen der Scholaren, die Anordnung der Prüfungen, die Vertheilung der Schulprämien u. s. w. als Gegenstände der Erwägung in den Lehrer-Konferenzen, zu betrachten, die Stimme der Lehrer hierüber mit Ruhe und Unbefangenheit zu vernehmen und in der Regel die Sache durch Mehrheit der Stimmen, wobei ihnen jedoch bei sich vorfindender Gleichheit der Stimmen das Votum decisivum gebührt, zum Beschluß zu bringen, wir ihnen doch auch in dem Falle, daß die Mehrheit der Stimmen wider sie ist, in allen fragl. Angelegenheiten die Entscheidung nach ihrem besten Wissen und Gewissen und die demnächstige Ausführung unter der Beschränkung gestatten, daß der vorgebrachte Dissensus und die Gründe für dens. zu Protokoll gebracht werden.

Die weitere Eintheilung dieser Instr. ist folgende:

II. Pflichten des Dir. in Bezug auf das Innere der Anstalt:
1) in Rücksicht des Lehrerkollegii: §§. 8—14. Einführung. Klassenordinarien. Konferenzen. Aufsicht. Konduitenlisten. Vertretung.
2) in Rücksicht der Schüler: §§. 15—18.: Aufnahme. Listen. Schulgeld. Entlassung.
3) in Rücksicht der Schulverfassung.
a) Disziplinarwesen: §§. 19—24.: überhaupt. Hauptmittel. Aufsicht. Censuren. Strafen. Schulgesetze.
b) Lehrverfassung: §§. 25—32.: überhaupt. Lektionsplan. Klassen-Revisionen. Versetzungs-Examina. öffentliche Prüfungen. Abiturienten-Prüfungen. Schul-Programme. Ferien.
4) in Rücksicht der zum Gymnas. gehörigen Institute: §§. 33—36.: Bibliothek. Archiv. Alumnate. Wittwen-Institute und Stipendien.
5) in Rücksicht der Unterbedienten: §. 37.

§. 6. Ihre Pflichten im Allg. Betreffend hiernächst die ihnen nach dieser Stellung obliegenden allg. Pflichten, so umfassen dieselben insonderheit folgende Gegenstände:

1) die Aufrechthaltung einer guten Zucht und Sitte,
2) die Sorge für die zweckmäßigste Einrichtung der Lehrverfassung nebst der Abhaltung der angeordneten Prüfungen,
3) die Oberaufsicht über die Schulbibliothek und die sonstigen Sammlungen und Lehrmittel;
4) die Aufsicht über das Archiv der Schule, wozu
5) die besondern Pflichten gegen Schüler, Lehrer, Vorgesetzte und Unterbediente der Schule kommen.

§. 7. Disciplin überhaupt. Vor Allem ist es heilige Pflicht der Dir. und Rektoren über den Geist der Schule zu wachen, und so wie einer Seits jeder verderbl. Richtung ders., möge sie sich bei den Scholaren in Verkehrtheit, Ungehörigkeit und Unlauterkeit der Gesinnungen oder in unerlaubtem Besuch öffentlicher Vergnügungsörter oder in ungeziemender Kleidung oder wie irgend sonst äußern — und wir machen ihnen bei eigener Verantwortlichkeit zur Pflicht, uns, wenn ihre in fragl. Beziehung anzuwendenden Bemühungen erfolglos bleiben, hierüber unverzüglich die nöthige Anzeige zu machen — entgegen zu arbeiten, so andern Seits den reinen und kindlichen Sinn ihrer Schüler zu erhalten, dies. an den strengsten Gehorsam zu gewöhnen, und ihr ganzes Wesen also mit dem Geiste der Gesetzmäßigkeit zu erfüllen, daß sie, schon jetzt mit dem lebhaftesten Willen erfüllt, sich zu guten und nützlichen Mitgliedern der bürgerl. Gesellschaft zu bilden, späterhin um so geeigneter werden, alle, ihnen aufzuerlegende Pflichten streng zu erfüllen, und als Beispiele musterhafter Amtstreue, höchster Gesetzmäßigkeit und innigster Vaterlandsliebe vorzuleuchten, alle diese Tugenden aber insonderheit auch in der Ehrfurcht vor dem Könige und in der treuesten Anhänglichkeit an dessen Allerh. Person an den Tag zu legen.

§. 8. Beaufsichtigung der Scholaren bei dem Klassenwechsel. Wie es hier nicht der Ort sein kann, in die Mittel zur Aufrechthaltung einer guten Zucht und Sitte unter den Scholaren speciell einzugehen, auch von den Dir. und Rektoren erwartet werden muß, daß sie der Handhabung ders. gehörig kundig sind, so kann doch nicht unterlassen werden, hier in Erinnerung zu bringen, daß, da viele Unordnungen der Scholaren während des Wechsels der Stunden statt finden, es nöthig ist, nicht allein diese Zwischenräume zu beschränken, und sie nicht über 10 Minuten dauern zu lassen, sondern auch selbst während dieser kurzen Zeit eine abwechselnde allg. Beaufsichtigung durch die Lehrer, von denen übrigens zu verlangen ist, daß sie ihre Lehrstunden pünktlich abwarten, und daher zur rechten Zeit anfangen und schließen, anzuordnen [1]).

§. 9. Klassen-Ordinarien. [2]) Um nun aber noch genauer, wie bis dahin der Fall gewesen ist, die Scholaren, so wie in Ansehung ihres Fleißes, so insonderheit auch in Ansehung ihres sittl. Betragens zu controlliren, haben wir die Klassen-Ordinarien angeordnet, und empfehlen unsern Dir. und Rektoren um so mehr Sorgfalt bei der Wahl ders. anzuwenden, und überall auf die Befolgung unserer desfallsigen Instr. v. 29. Jun. 1820 um so strenger zu halten, als der Einfluß dieser Lehrer auf die Sitten und den Fleiß der Schüler auch dadurch wesentlich wird, daß sie dieselben gleichfalls außer der Schulzeit thunlichst beobachten, und sich mit ihren Eltern oder sonstigen nächsten Angehörigen in die, den Umständen nach, nöthige Beziehung setzen sollen.

Daß übrigens zu Ordinarien einer Klasse, so weit irgend solches ausführbar ist, insonderheit diej. Lehrer bestimmt werden, welche in ders. den Religionsunterricht ertheilen, ist von uns schon gelegentlich in einzelnen Fällen verfügt, und wird hier zur allg. Nachachtung anempfohlen.

§. 10. Die Censuren der Schüler. Die Censuren der Scholaren

---

1) Nach der Westpreuß. Instr. tritt die 10 Min.-Pause erst nach 2 Stunden ein. Bei der Aufsicht wechseln die Ordinarien ab. Nach der letzten Stunde soll der Klassenlehrer nicht vor den Schülern hinausgehen.

2) Vergl. Nr. 3. des C. R. v. 24. Okt. 1837 u. die sub 2. nachst. Instr. Nach ersterm werden die Kl. Ordinarien vom Prov. Schulkoll. designirt.

sind ein nicht minder wesentl. Mittel zum Zweck. Sie müssen, in Folge unserer desfallsigen früheren Verf. jährlich vier oder wenigstens dreimal und, damit die Eltern oder Angehörigen wissen, wann sie die Beurtheilung ihres Sohnes oder Pflegebefohlenen entgegen zu nehmen haben, von den Dir. oder Rektoren zu einer bestimmten Zeit, mit angemessener Feierlichkeit und im Beisein sämmtl. ordentlicher Lehrer der Anstalt, sofern diese nicht, wo die Censur aller Scholaren nicht gleichzeitig statt finden kann, anderweit in den Klassen beschäftigt sind, abgehalten werden. Wir dürfen sowohl in den speciellen Urtheilen der einzelnen Lehrer, als in dem aus dens. zu ziehenden Resultat, als welches dem Schüler mitgetheilt wird, den vorwaltenden Ton väterlicher Milde, wo irgend dieselbe nur noch anwendbar ist, auch hiernächst erwarten, daß die nöthigen Veranstaltungen getroffen werden, daß die ausgefertigten Censuren auch richtig zu Händen der Eltern oder deren Stellvertreter gelangen.

§. 11. Hauptmittel zur Erhaltung guter Sitten unter den Scholaren. Als Hauptmittel zur Erhaltung einer guten Schulzucht sind noch besonders zu erwähnen, einmal die Erweckung, Nährung und Erhaltung des religiös-sittlichen Gefühls der Scholaren, und sodann das völlig übereinstimmende Verfahren sämmtlicher Lehrer in Behandlung eines Schülers. Zur Erreichung des letzten Zwecks bieten die Lehrer-Konferenzen, in welche auch die Erwägung des sittl. Zustandes der Schule insonderheit gehört, Gelegenheit dar, so wie, was die religiöse Bildung der Jugend betrifft, den Dir. und Rektoren anempfohlen wird, nicht allein die Religionsstunden jedesmal den bewährtesten Lehrern zu übertragen, den Besuch des öffentl. Gottesdienstes durch Ermahnungen und das eigene Beispiel zu befördern, sondern auch von Zeit zu Zeit sämmtliche Scholaren oder einzelne Abtheilungen ders. zur Anhörung eines besondern Vortrags religiösen Inhalts zu versammeln.

§. 12. Strafen. Sofern die obigen Mittel zur Erhaltung der Zucht bei einzelnen Subjekten, auch die gewöhnl. andern pädagogischen Strafen nicht anwendbar sind, verbleiben allerdings nur körperliche Strafen, die aber in den drei obern Klassen durchaus nie ohne Vorwissen und Genehmigung des Dir. oder Rektors und auch in den untern Klassen nur, wenn sie zu den leichtern Strafen dieser Art gehören, und nur von denj. Lehrern vollzogen werden dürfen, welche der Dir. oder Rektor hierzu besonders autorisirt hat, so daß auch alle mit der fragl. Autorisation nicht versehene Lehrer der untern Klassen, vor Vollziehung jedweder körperl. Strafe, mit dem Dir. oder Rektor Rücksprache nehmen und dessen Autorisation erhalten haben müssen. Die Karcerstrafe, auch das Nachsitzen in den Klassen darf ebenfalls nie ohne Genehmigung des Dir. oder Rektors verhängt werden. Ist aber der Unfleiß oder die Rohheit in dem Betragen eines Schülers so groß geworden, daß der Zweck des Unterrichts an dems. ganz verfehlt wird, oder wird die Disciplin durch das von ihm gegebene böse Beispiel bedeutend gefährdet, sind endlich die gewöhnlichen Korrektionsmittel ohne Erfolg geblieben, so bleibt nur übrig, einen solchen Schüler aus der Anstalt zu entfernen.

Wir geben hierzu den Dir. und Rektoren die Befugniß, jedoch unter der Beschränkung, daß die Mehrheit der ordentl. Lehrer des Kollegii über die Nothwendigkeit der Entfernung mit ihnen einverstanden ist, und unter der Bedingung, daß der Fall mit den Beweggründen der Entfernung nicht allein dem Ephoro scholae, wo ein solcher vorhanden, oder der, seine Stelle vertretenden, nächsten Behörde, angezeigt, sondern auch den Eltern oder sonstigen nächsten Angehörigen des betr. Schülers hiervon zu rechter Zeit Kenntniß gegeben wird.

§. 13. Specielle Disciplinar-Gesetze und Ordnungen. Wo Alumnate oder Pensionate mit der gel. Schule verbunden sind, da bleiben die für die Alumnen und Pensionäre in Betreff der Disciplin bestehenden besondern Regl. in Kraft. Dasselbe gilt auch von den bereits für die Disciplin einzelner Schulen bestehenden Anordnungen, so weit dies, nicht durch gegenwärtige Instr. aufgehoben oder beschränkt werden. Wo dergl. besondere Disciplinar-Gesetze aber noch nicht vorhanden sind, oder einer Revision bedürfen, müssen solche von dem Dir. oder Rektor bezugsweise entworfen oder durchgesehen, und nachdem sie dem Ephorus zur Beurtheilung vorgelegt worden, uns zur Prüfung und Bestätigung eingesandt werden. Es wird indessen nach der Natur der pädagogischen Strafen und Belohnungen, der Disciplinar-Gesetze der fragl. Art in der Regel nicht viele bedürfen, wohl aber werden die, zur Aufrechthaltung einer guten Zucht und zur mögl.

Vermeidung von Strafen dienlichen „Ordnungen für das ganze äußere Verhalten der Scholaren" überall Gegenstand der Aufmerksamkeit der Dir. und Rektoren sein müssen, und wird ihnen überlassen, das Wesentlichste hievon gleichfalls in die Disciplinar-Gesetze aufzunehmen.

§. 14. Lehrverfassung überhaupt. Eine zweite wesentl. Obliegenheit der Dir. und Rektoren der gel. Schulen ist die Sorge für die möglichst vollkommene Einrichtung der Lehrverfassung und die hievon unzertrennliche Belebung des Fleißes der Lehrenden und Lernenden. Die Dir. und Rektoren müssen zu dem Ende den Zweck der gel. Schule scharf im Auge behalten und sich, nach Maaßgabe der ihnen durch das Lehrpersonal überwiesenen Kräfte, schon in den untern Abtheilungen, vornehmlich aber von der vierten und dritten Klasse an, dort jedoch mit gebührender Berücksichtigung des Ueberganges mehrerer Scholaren zu andern Bestimmungen, demselben immer mehr nähern. Zu dem Umfange ihrer desfallsigen Pflichten gehört die Entwerfung des halbjährl. Lektionsplans, die Ueberzeugung, welche sie sich von der Ausführung dess. in allen Klassen zu verschaffen haben, und die zweckmäßige Einrichtung der öffentl. und privaten Prüfungen.

§. 15. Lektionsplan.[1]) Wie der Lektionsplan verfaßt werden müsse, darüber beziehen wir uns auf unsere hierüber verschiedentlich ergangene Verf., und namentlich auf die v. 12. Okt. 1820. Hier bringen wir nur in Erinnerung, daß, wenn derselbe allerdings hauptsächlich von dem Dir. oder Rektor ausgehen muß, wir dennoch erwarten, daß der Abfassung dess. eine Berathung mit den Lehrern vorangehe, und eines jeden billige Wünsche nach Thunlichkeit berücksichtigt werden.

In welchen Lehrobjekten und bis wie weit ein Lehrer mit Erfolg unterrichten kann, giebt theils dessen Prüfungszeugniß, theils die nachmalige Erfahrung an die Hand) nur darf der als Unterlehrer angestellte Lehrer nicht eher in den drei obern Klassen unterrichten, bevor er nicht sein anderweites Examen als Oberlehrer gemacht hat. Die Zahl der jedem Lehrer obliegenden Lehrstunden ist in der Vokation oder durch das Herkommen bestimmt; es wird indessen von den Vorstehern unserer gel. Schulen erwartet, daß sie, wenn von einem Lehrer in einer Klasse viele Korrekturen zu besorgen sind, hierauf billige Rücksicht nehmen und diese Arbeit durch andere ihm zu überweisende minder beschwerliche Stunden ausgleichen.

Außerdem erneuern wir die schon feststehende Anordnung, daß der Lektionsplan für das Sommerhalbjahr bereits in den ersten Tagen des März und der für das Winterhalbjahr in den ersten Tagen des Sept. und deshalb unerläßlich so früh bei uns zur Prüfung eingereicht werde, damit die von uns etwa zu bewirkenden Abänderungen noch zeitig genug getroffen werden können. Und sollten die Um-

1) Die Pommersche Instr. (e.) stellt folgendes Schema dazu auf:

Tag.	Prima.			Secunda.			Tertia.			Quarta.			Quinta.			Sexta.		
	Stunde.	Lektion.	Dozent.	Stunde.	Lektion.	Dozent.	Stunde.	Lektion.	Dozent.	Stunde.	Lektion.	Dozent.	Stunde.	Lektion.	Dozent.	Stunde.	Lektion.	Dozent.
Montag.																		
Dienstag ɪc.																		

(A. XII. S. 410.)

stände nicht gestatten, dann schon den Lektionsplan also zu entwerfen, wie er das ganze Semester hindurch verbleiben kann, so ist dennoch vorläufig eine einstweilige Lektionstabelle mit Vorbehalt des nachmaligen vollständigen Lektionsplans einzureichen, wie denn auch jede, im Laufe des Halbjahrs in Betreff der Vertheilung der Lektionen nöthig gewordene und verbleibende Abänderung nachträglich bei uns anzuzeigen ist. Daß kein Lehrer eigenmächtig von dem Lektionsplane abweiche, oder ein anderes Lehrbuch als das vorgeschriebene zum Grunde lege, bedarf der Erinnerung nicht; es wird aber auch von dem Dir. und Rektor erwartet, nie ohne Noth die einmal eingeführten Lehrbücher gegen andere zu vertauschen, um den Schülern und Lehrern unnöthige Ausgaben zu ersparen.

§. 16. Besuch der Klasse und Revision der schriftl. Arbeiten der Schüler. Damit nun aber der Vorsteher der Schule die Ueberzeugung erhalte, daß in allen Lehrgegenständen und in allen Klassen ganz dem Lektionsplan gemäß gelehrt werde, hat er, wie ihm schon in disciplinarischer Hinsicht obliegt, die einzelnen Klassen oftmals zu besuchen [1]), und sofern einige Lehrstunden gleichzeitig mit seinen eigenen fallen, sich zur Erreichung des fraglichen Zweckes lieber je zuweilen durch einen der andern Lehrer vertreten zu lassen, als die obige wichtige Pflicht zu verabsäumen. Außerdem ist wesentlich, daß er sich, innerhalb der Dauer des halbjährigen oder jährigen Lehrkursus, die schriftlichen Arbeiten der Scholaren in abwechselnder Ordnung, je aus einer Klasse nach der andern, vorlegen läßt, wodurch er zugleich zur Aufrechthaltung der von den Scholaren zu beobachtenden äußeren Ordnung und Reinlichkeit ihrer Hefte, als worauf mit aller Sorgfalt zu halten ist, beitragen wird. Endlich wird es gut sein, in den, während der Dauer des Lehrgangs fallenden Konferenzen im Allgemeinen Rücksprache mit den Lehrern über den Stand der Ausführung des Lektionsplans in den verschiedenen Klassen zu nehmen, wie denn außerdem auch hierbei nicht zu unterlassen sein wird, den Konspekt des gesammten Plans auch aus dem Grunde immer zur Hand zu haben, damit sofort jeder Lehrer seine Stellung zum Ganzen entnehmen, und um so mehr zur Erreichung des Zweckes beitragen möge.

§. 17. Prüfungen, Translokations-Examinä. Die von dem Dir. oder Rektor zu veranstaltenden Prüfungen betreffend, so gehören hierher die Translokations-, die jährlichen öffentlichen Examina und die Abiturienten-Prüfungen.

Daß jeder Versetzung der Scholaren aus einer niedern in eine höhere Klasse ein Translokations-Examen vorangehe, und daß diese Examina mithin jährlich oder halbjährlich stattfinden müssen, ist durch unsere Verf. v. 28. Dec. 1820 in Erinnerung gebracht.

Wenn allerdings die Versetzungsfähigkeit gemeinschaftlich von dem Dir. oder Rektor und dem Lehrer, aus dessen Klasse ein Schüler versetzt, und demjenigen, in dessen Klasse er promovirt werden soll, beurtheilt wird, so gebührt doch jedenfalls dem Dir., auf seine Verantwortlichkeit, die Entscheidung. Uebrigens muß dem mündlichen Examen, wo irgend solches anwendbar ist, das schriftliche vorangehn, und sind die schriftlichen Arbeiten der Scholaren insonderheit auch dem Lehrer, welcher den zu versetzenden Schüler annehmen soll, mitzutheilen. Ueber die ganze Verhandlung wird ein Protokoll geführt, und auf den Grund desselben der Beschluß gefaßt.

§. 18. Oeffentliche Schulprüfungen. In Ansehung des jährl. oder halbjährl. öffentlichen Examens hat der Vorsteher der Schule dahin zu sehen, daß innerhalb einer gewissen Reihe von Jahren mit den auftretenden Lehrern und Klassen abgewechselt werde, wenn anders die größere Zahl der Lehrer und Klassen solches nöthig macht. Hiernach werden denn also auch die Religions-Klassen nicht übergangen werden dürfen. Daß in der Regel die fraglichen Prüfungen innerhalb unserer Provinz zu Ostern stattfinden sollen, ist schon durch frühere Verf. festgesetzt. Ob außerdem zu Michaelis besondere Rede-Aktus veranstaltet, und diese wiederum mit besonderen Schulfeierlichkeiten verbunden werden sollen, bleibt dem Ermessen jedes Dir. oder Rektors überlassen. Dann aber ist es um so weniger nöthig, die Zeit der eigentlichen Prüfung durch zu viele von den Scholaren zu haltende Reden zu beschränken, obgleich dennoch eine und die andere von einem

1) Nr. 8. C. R. v. 24. Okt. 1837.

Primaner in deutscher und vornehmlich auch in lateinischer Sprache zu verfassende Rede nicht wohl fehlen darf.

§. 19. Abiturienten-Examina. 1) Der Abiturienten-Prüfungen darf hier nur erwähnt werden, da über dieselben eine besondere Instr. d. d. Berlin d. 25. Juni 1812 vorhanden, auch, was sonst hierunter dem Dir. und Rektor obliegt, durch mehrere von uns erlassene Verf. in dem Maaße festgesetzt ist, daß fast keine Ungewißheit hierbei Platz finden kann. Hier wollen wir die Dir. und Rektoren nur noch wiederholentlich dahin verpflichten, daß sie die zur Universität abgehenden Scholaren vor unerlaubten Verbindungen allen Ernstes verwarnen, und sie auf die unausbleiblichen Folgen der Uebertretung der hierunter bestehenden Gesetze aufmerksam machen.

Daß alle andere von der Schule abgehende Schüler, wenn sie, worauf zu halten ist, ihren Austritt gehörig anzeigen, auch mit einem gewöhnlichen, von dem Rektor zu unterschreibenden, und mit dem Schulinsiegel zu bedruckenden Zeugnisse versehen werden müssen, bedarf der Erinnerung nicht.

§. 20. Schulprogramme. Wir erwähnen auch zugleich hier der Programme, da dieselben gewöhnlich um die Zeit der jährl. öffentlichen Prüfungen verfaßt werden. Die Wahl des Gegenstandes dieser Schulschriften allerdings der eigenen Beurtheilung der Verfasser überlassend, verlangen wir dennoch, daß, wenn derselbe auch nicht in näherer Beziehung zu der Schule stehen, und selbst nicht einmal aus dem Gebiet der Pädagogik oder der Didaktik entnommen worden sein sollte, dem Schlusse desselben doch jedesmal die Chronik der gelehrten Schule für das verflossene Jahr, und zwar in deutscher Sprache beigefügt werde, wozu denn auch die Nennung der Abiturienten und die Anzeige der Prüfungsnummer, welche sie erhalten, jedoch ohne ein sonstiges Urtheil über sie, gehört. Daß übrigens jeder Gegenstand, welcher in den fraglichen Schulschriften abgehandelt wird, mit angemessener Sorgfalt, beides in Ansehung der Sache und des Vortrags, behandelt werde, erfordert schon die Würde einer gelehrten Schule und läßt sich von Männern, welche an der Spitze solcher Anstalten stehen, um so mehr auch für die Folge erwarten, da zur beeilten Abfassung dieser Schriften kein Grund vorhanden ist. Wenn wir endlich durch unsere Verf. v. 24. Okt. 1822 die Einrichtung getroffen haben, daß sämmtlichen Dir. und Rektoren durch uns ein Exemplar von jeder, innerhalb unserer Provinz erscheinenden Schulschriften dieser Art zugesandt wird, so beabsichtigen wir hierdurch, unter andern auch, eine genauere Verbindung unter den Direktoren und Rektoren, als Amtsgenossen, zu knüpfen und zu bewirken, daß das, der einen gelehrten Schule eigenthümliche Gute auch in die andere übergehe.

§. 21. Beaufsichtigung der Bibliothek. Zu den, das Innere der Lehranstalt betr. allg. Pflichten des Dir. oder Rektors einer gelehrten Schule gehört auch die Oberaufsicht, welche ihm über die zum allgem. Gebrauch stehenden Lehrmittel, über den physikalischen Apparat und andere Sammlungen, und über die Schüler- und Lehrerbibliothek zu führen obliegt.

Es ist in der Regel nöthig, daß für jeden dieser Zweige besondere Aufseher aus der Zahl der Lehrer gewählt werden, und ist, was die Bibliotheken betrifft, hierüber auch schon größtentheils das Nöthige durch besondere Instr. und Regl. festgesetzt worden. Hier empfehlen wir den Vorstehern der gelehrten Schulen nur überhaupt, alle diese Gegenstände im Auge zu behalten, und sich einer, zu bestimmten Zeiten abzuhaltenden Revision derselben zu unterziehen, zu dem Ende auch die Verzeichnisse und hierher gehörigen Inventarien von Zeit zu Zeit durchzugehen, und auf deren stete Vollständigkeit zu halten.

§. 22. Archiv der Schule. Wenn den Dir. und Rektoren bei der Aufsicht über die vorhin ged. Stücke die nöthige Hülfe durch die andern Lehrer der Anstalt wird, so verbleibt ihnen dagegen doch ausschließlich die Anlegung, Erhaltung und Anordnung des Schularchivs. Es ist nemlich zur Aufrechthaltung der Ordnung unumgänglich nöthig, daß, was in Bezug auf die Schule, von welcher Behörde es auch sei, verfügt wird, oder was sonst Bemerkenswerthes derselben

---

1) Vergl. im folg. Abschn. Nr. 7. das C. R. v. 24. Okt. 1837, sowie das Regl. v. 4. Juni 1834 und dessen Ergänzungen.

zugeht, gehörig aufbewahrt, und zu dem Ende in die nöthigen besonderen Aktenstücke und also vertheilt werde, daß, wenn ein Dir. und Rektor seine Stelle auf immer oder auf einige Zeit verläßt, sogleich sein Nachfolger oder Stellvertreter sich gehörig orientiren, und sich mit leichter Mühe die über jeden Gegenstand vorhandenen Gesetze, Anordnungen und sonstige Kenntnisse von der Lage der Anstalt erwerben könne. Um hierunter eine zusagende Vollständigkeit zu erzielen, müssen auch die Konzepte der von den Dir. oder Rektoren zu erstattenden Berichte, und ihre anderweite amtliche Korrespondenz aufbewahrt werden, wie denn endlich nicht minder hierher auch gehört, daß die Censuren der Schüler, die von ihnen gelieferten erheblichern Specimina, insonderheit auch das Album der Aufgenommenen, dann, was bei Anstellung und Abgang der Lehrer verhandelt wird, aufbewahrt, und unter besonderen Verschluß des Dir. oder Rektors genommen werde.

§. 23. Besondere Pflichten des Rektors gegen die Scholaren. Dem Rektor oder Dir. liegt es ob, die neu ankommenden Scholaren entweder allein, oder, wenn er will, unter Zuziehung eines und des andern Lehrers zu prüfen, die Klasse, in welche sie nach dem Maaße ihrer Kenntnisse und Fertigkeiten gehören, zu bestimmen, womit die Eintragung solcher Novizen in das sorgfältig aufzubewahrende Album der Schule nach Vor- und Zunamen, Geburtsort, Alter, Stand und Wohnung des Vaters sogleich zu verbinden, für die künftigen Versetzungen der Schüler, für etwanige sonstige Bemerkungen und Verzeichnung der Zeit ihres Abgangs die nöthigen besonderen Kolumnen vor der Hand leer zu lassen sind. Eben so, und wenn gleich die Schüler zunächst den Klassenordinarien zur thunlichsten Beaufsichtigung auch außer der Schulzeit überwiesen sind, hat sich doch gleichfalls auch in fraglicher Beziehung der Dir. oder Rektor in möglichst genauer Kenntniß von denselben zu erhalten, überhaupt aber sich von den Sitten, dem Fleiße und den Fortschritten jedes Schülers also zu unterrichten, daß er den Eltern und Angehörigen zu jeder Zeit die nöthige Auskunft zu ertheilen, auch im Stande ist, bei den Berathungen in der Lehrer-Konferenz über Gegenstände der Disciplin aus eigener Ueberzeugung seine mitrathende oder entscheidende Stimme zu geben. Die, der Ertheilung von Schulprämien würdig erkannten Schüler werden ihm angezeigt, und wählt er dieselben mit den andern Lehrern aus, wobei ihm, bei Verschiedenheit der Meinungen, gleichfalls jedesmal die Entscheidung zusteht.

§. 24. Besondere Pflichten gegen die Lehrer. Dem Dir. oder Rektor liegt in der Regel die förmliche Einweisung des neu angestellten Lehrers in das ihm übertragene Amt, bei den Gymn. unsers Patronats auch die vorschriftsmäßige Vereidung desselben, und in jedem Fall dahin zu sehen, ob, daß beides bewirkt werde, wie er denn auch frühzeitig von dem beabsichtigten Abgange eines Lehrers oder dessen Tode unverzüglichst die erforderliche Anzeige bei uns zu machen, und seinem Bericht zugleich eine Nachweisung sämmtlicher Einkünfte der Stelle und das Verzeichniß der durch den Abgang offen gekommenen Lehrstunden beizufügen, auch, wenn ihm ein zum Nachfolger geeignetes Subjekt bekannt ist, die Aufmerksamkeit des Patronats auf dasselbe zu leiten hat.

§. 25. Lehrer-Konferenzen. Wenn das Verhältniß der Lehrer zu dem Dir. oder Rektor allerdings ein nachgeordnetes ist, und von ihm überall eine willige Befolgung seiner Anordnungen erwartet werden kann, so wird es ihm anderen Seits nicht entgehen, wie eine solche Willfährigkeit nur im Fall der Noth aus dem Subordinations-Verhältnisse hervorgehen, ihre Hauptquelle aber in einer auf seinen musterhaften Wandel, sein umsichtiges Benehmen, seine Gelahrheit und seine Pflichtliebe gegründeten Autorität haben muß. Wenn seine Verdienstlichkeit jedem Lehrer einleuchtet, wenn er allen die Ueberzeugung zu geben versteht, sich, in welcher Klasse auch beschäftigt, dennoch als wesentl. Theil eines organischen Ganzen zu betrachten, wenn er dabei jedem, wie er es verdient, mit Liebe und Achtung begegnet, so wird er in seltenern Fällen zu dem schlichten Befehl seine Zuflucht zu nehmen nöthig haben. Um das Interesse jedes Lehrers an dem Ganzen zu erhalten, sind daher die Lehrer-Konferenzen wesentlich. Sie werden von dem Dir. oder Rektor für die gewöhnl. Berathungen zu bestimmten Zeiten, außerdem aber so oft als nöthig außerordenlich abgehalten; auch muß, was in dens. verhandelt wird, jedesmal in besondern, entweder von dem jedesmaligen jüngsten Lehrer oder in abwechselnder Ordnung von allen Lehrern zu führenden Protokollen verfaßt werden. In diesen Konferenzen hat auch der Dir. oder Rektor die von uns oder andern Behörden eingegangenen betr. Verfüg. dem Lehrer-Kollegio mitzutheilen, falls ihr Inhalt nicht eine sofortige Mittheilung auf dem Wege des Umlaufs nöthig macht. Welche Verf. vielmehr vor ihn allein, als vor die Gesammtheit der Lehrer gehören, wird in jedem einzelnen Falle leicht zu entnehmen sein.

§. 26. Konduitenlisten.[1]) Daß der Dir. oder Rektor den Wandel der Lehrer, die Art wie sie ihren Pflichten sich unterziehen, und ob sie in ihren Studien fortschreiten, sorgfältig wahrnehme, ist eine seiner wichtigsten Obliegenheiten. Die jährlich, Anfangs des Dec. zu verfassenden Konduitenlisten müssen das unbefangene und freimüthige Urtheil des Dir. oder Rektors über jeden Lehrer enthalten; jedoch erwarten wir, wenn immer es sich nöthig erweiset, in fragl. Beziehung auch besondern Bericht.

§. 27. Vertretung der Lehrer. Was der Dir. und Rektor, wenn er selbst verreiset und andern Seits, in diesem Falle, die Lehrer gegen ihn zu beobachten haben, ist durch unsere Verf. v. 26. März 1818 auf das genaueste bestimmt, und wird hierauf Bezug genommen.[2]) Wenn ein Lehrer außer der Zeit der Schulferien zu verreisen genöthigt ist, oder erkrankt, oder sonst durch unabwendbare Hindernisse von Abwartung einer Lektion zurückgehalten wird, so liegt dem

---

1) Abgeschafft durch K. O. v. 31. Juli 1848 (G. S. 1848. S. 200.) vgl. Bd. 1. S. 367.

2) Zunächst muß er selbst sorgen, in Krankheit oder andern dringenden Fällen der Klassen-Lehrer oder Vorgesetzte ex off. Westpreuß. Instr. Vgl. auch §§. 41. flg. A. L. R. I. 13. Bd. 1. S. 463. Note 1.

Nähere Bestimmungen über Urlaub und Vertretung der Lehrer enthält die schon zu §. 1. angef. Pommersche Instr.:

§. 13. Wenn der Dir. selbst oder einer der Lehrer zu kürzern oder längern Reisen, es sei in der Schul- oder Ferienzeit, veranlaßt sind; so kann dieses nicht geschehen, ohne daß gehörigen Orts Anzeige davon gemacht werde, und bringen wir darüber folgende Bestimmungen in Erinnerung:

1) Der Dir. oder Rektor ist verpflichtet, jedesmal von seinen Reisen, sowohl in als außer den Ferien das Scholarchat (Ephorat) schriftlich, mit Angabe der Art und Weise, wie und durch wen seine Amtsobliegenheiten während seiner Abwesenheit versehen werden, in Kenntniß zu setzen; für eine Reise von länger als acht Tagen aber bei uns, unter Einreichung ders. Angabe, um Urlaub nachzusuchen; worauf, nachdem dieser erfolgt ist, das Scholarchat (Ephorat) oder das Patronat davon gleichfalls schriftlich Kenntniß erhalten muß.

2) Die übrigen Lehrer der Anstalt dürfen für eine Reise während der Ferienzeit nur dem Dir. oder Rektor Anzeige machen; und wenn für sie in dieser Zeit leichtere Amtsgeschäfte fallen, zugleich angeben, wie und durch wen diese besorgt werden.

Zu einer nothwendigen Reise unter acht Tagen während der Schulzeit, kann auch der Dir. oder Rektor die Erlaubniß ertheilen, muß jedoch davon dem Scholarchate sogleich Anzeige machen; zu einer längern Reise müssen sie bei uns, in einer dem Rektor einzureichenden Vorstellung, um Urlaub nachsuchen, bei deren Einsendung der Letztere anzugeben hat, ob und wie für die Amtsgeschäfte des Abwesenden gesorgt werden könne. Im Fall von uns der Urlaub bewilligt wird, hat der Dir. auch das Scholarchat (Ephorat) davon in Kenntniß zu setzen.

Wenn aber die Erledigung einer Lehrerstelle durch den Tod oder den beabsichteten Abgang eines Lehrers eintritt oder bevorsteht — wobei wir, unserer V. v. 13. Aug. 1823. gemäß, hier erinnern, daß das Entlassungsgesuch ein halbes Jahr vorher, zu Ostern oder Mich. eingereicht werden muß, — so hat der Dir. oder Rektor unverzüglich bei uns die erforderl. Anzeige zu machen, und seinem Bericht zugleich eine Nachweisung sämmtl. Einkünfte der Stelle und das Verzeichniß der nach dem Abgang zu besetzenden Lehrstunden beizufügen, seine etwanigen Vorschläge über die Wahl eines geeigneten Nachfolgers aber dem Patronat der Schule mitzutheilen.

Nach der Westpr. Instr. kann der Dir. nur auf 2—3 Tage Urlaub geben.

Dir. und Rektor ob, auf die ihm deshalb zur rechten Zeit von dem betr. Lehrer zu machende Anzeige, das Nöthige wegen dessen Vertretung durch ein anderes Mitglied des Lehrer-Kollegii und nur in dringlichen Fällen durch Kombination der Klassen anzuordnen. Um in Ansehung der anzuordnenden Vertretung in einzelnen Lehrstunden, nicht in Verlegenheit zu kommen, wird es gut sein, die Art, wie dieselbe Statt finden soll, schon vorher und bei dem Anfang jedes Schul-Semesters zu verabreden und festzustellen. Längere Vertretungen erfordern besondere nach den Umständen zu treffende Einrichtungen.

§. 28. Pflichten der Dir. und Rektoren gegen ihre Vorgesetzte. Wo eine gel. Schule ein besonderes Kuratorium hat, da ist solches nach Maaßgabe seiner Befugniß und in den betr. Fällen als die nächste Behörde des Dir. oder Rektors zu erachten, und er hat sich auch in allen vor dass. gehörenden Fällen zunächst dahin zu wenden. Seine Verpflichtung zu dem Ephoro Gymnasii, wo ein solcher bestellt ist, liegt insonderheit darin, daß er dems., auf Erfordern, über den Zustand der Anstalt Auskunft geben, und ihm den Lektionsplan und die eingehenden Verf. mittheilen muß, wie sich denn von selbst versteht, daß dems., der Zutritt zu den Klassen und die Theilnahme an den Konferenzen der Lehrer frei steht. Die Konduitenlisten der Lehrer gelangen durch ihn an uns. Ueberhaupt aber wird erwartet, daß die Dir. und Rektoren insonderheit in allen außergewöhnl. Fällen mit dem Ephoro Gymn. Rücksprache nehmen, sich seinen Rath erbitten, sich überall eines guten Vernehmens zu dems. befleißigen, und ihm die gebührende Achtung erweisen. Eben dahin werden auch die Bemühungen der Dir. und Rektoren gegen das Patronat und jedes Mitglied dess. gerichtet sein.

§. 29. Berichte; Führung des Schulinsiegels. Die von ihnen zu erstattenden amtl. Berichte werden, wenn nicht noch ein anderer Berichterstatter ausdrücklich ernannt ist, von ihnen allein abgestattet, wie sie denn auch allein das Schulinsiegel führen, und die gewöhnl. Schulzeugnisse, jedoch auf den Grund der Urtheile der Gesammtheit der betr. Lehrer, ausstellen. Wegen Ausfertigung der Abiturienten-Zeugnisse enthält die, §. 19. angeführte Instr., besondere Vorschriften.

§. 30. Pflichten gegen die Unterbediente der Anstalt.[1]) Endlich

---

1) Die Stellen der Unterbedienten gehören zu denen, bei welchen die mit Civil-Versorgungsscheinen versehenen Militair-Invaliden vorzugsweise berücksichtigt werden müssen. Vgl. Beschl. des Staatsmin. v. 12. Okt. 1837., bestätigt durch K. O. v. 22. Dec. 1837., (A. XXII. S. 3. flg.) wo es in Nr. 3. heißt:

Nachfolgende Stellen bei den Min., bei den Central- und Prov.-Behörden, bei den K. Kreis- und Lokal-Behörden oder Verwaltungen, endlich bei den auf Kosten des Staats bestehenden kirchl. Lehr-, Erziehungs-, Kranken-, Kunst- und anderen Anstalten dürfen, mit Ausschluß aller anderen Bewerber, nur aus der Zahl der mit Civil-Versorgungsscheinen versehenen Militair-Invaliden besetzt werden:

Kastellane und Portiers in K. Dienstgebäuden, Botenmeister, Kanzlei-, Kassen-, Amts-, Gerichts-, Polizei- ꝛc. Diener, Stempler, Boten, Gewichtsetzer, Ober- und Unter-Aufseher, Aufseher, Aufwärter, Nachtwächter, Wächter und Pförtner, Hausdiener, Lampenversorger, Ofenheizer und Hausknechte, Gefangenen-, Kranken-, Kasernen- und andere Wärter, Pedelle, Küster und Organisten (insofern solche nicht zugleich öffentliche Lehrer sind), Kalkanten (Balgentreter), Todtengräber, Glöckner und andere niedere Kirchendiener, Kornmesser, Schließer, Zuchtmeister, Zuchtknechte und ähnl. Unterbediente.

In der dem vorst. Beschl. beigegebenen Nachweisung solcher Unterbedienungen, die nur bei gewissen Anstalten vorkommen, aber ebenfalls den Militair-Invaliden zu verleihen sind, werden aufgeführt, „die Oekonomen bei den drei Gymnasien zu Breslau." Außerdem finden sich dort die Rendanten der Waisenhäuser zu Zeitz und Langendorf und eine Reihe von Stellen bei den Militair-Erziehungs-Anstalten u. Waisenhäusern genannt.

Ueber den Anspruch auf Civil-Versorgung entscheidet gegenwärtig das G. v. 4. Juni 1851. betr. die Versorgung der Mil.-Invaliden vom Ober-Feuerwerker, Feldwebel u. Wachtmeister abwärts. (G.S. 1851. S. 404. flg.)

haben die Dir. und Rektoren unserer gel. Schulen auch alles Fleißes ihr Augenmerk dahin zu richten, daß die, in nächster Beziehung zu der Schule stehenden dienenden Personen, als die Aufwärter, Kalefaktoren und wie sie sonst heißen mögen, sich nicht auf eine den Scholaren ein böses Beispiel gebende Weise betragen. Wird dergl. oder eine sonst verbotene Beziehung ders. zu einem Schüler vermerkt, so haben sie solches sofort zur Kenntniß zunächst des Ephorats zu bringen und, wenn auf ihre Beschwerde nicht gehört und auf irgend eine Weise ders. nicht abgeholfen wird, uns hierüber Anzeige zu machen. Insonderheit wird in fragl. Beziehung denj. Dir. und Rektoren da die strengste Wachsamkeit anempfohlen, wo mit der Anstalt auch Alumnate oder Pensionate verbunden sind.

(A. VIII. S. 1067—1086.)

2) **Instruktion des Min. d. G., U. u. M. Ang. (v. Altenstein) v. 12. Dec. 1839. für die Direktoren der Gymnasien in der Rheinprovinz.**

§. I.

Der Dir. ist Vorsteher des Gymnas. und hat als solcher die Leitung sämmtlicher Angelegenheiten, welche das Interesse der Anstalt im Allg. und im Einzelnen betreffen. Für seine verschiedenen Dienstverhältnisse, welche sich aus den verschiedenen Verhältnissen des Gymnas. ergeben, wird ihm folgende, seine amtlichen Befugnisse und Verpflichtungen näher bestimmende Instr. ertheilt.

§. II.

Dienstverhältnisse des Dir. zu dem K. Prov. Schulkolleg.

Das K. Prov. Schulkolleg. ist die dem Dir. zunächst vorgesetzte Staatsbehörde. In diesem Verhältnisse der Unterordnung ist er einerseits das Organ, durch welches das K. Prov. Schulkolleg. alle die Anstalt betr. Anordnungen und Verf. zur Ausführung bringt, andrerseits das Organ, durch welches dies. Behörde sich von allen, den Zweck der Anstalt fördernden oder hemmenden Zuständen in Kenntniß setzt. Demnach hat der Dir.

1) alle an die Lehranstalt gerichteten Schreiben zu eröffnen, und die von der Lehranstalt ausgehenden Schreiben anzufertigen, zu vollziehen, und, was nöthig ist, mit dem Amtssiegel zu beglaubigen;

2) die an ihn gerichteten R. des K. Prov. Schulkolleg. unverzüglich in Ausführung zu bringen, oder, wenn Umstände obwalten, welche die Ausführung bedenklich machen könnten, darüber sofort zu berichten, und weitern Beschluß abzuwarten;

3) über alle wichtigeren Angelegenheiten der Anstalt, sie mögen die Personen des Lehrerkollegii, oder die didaktischen oder disziplinarischen Einrichtungen und Zustände betreffen, an das K. Prov. Schulkolleg. zu berichten;

4) die von ihm geforderten Berichte ungesäumt und mit gewissenhafter Treue zu erstatten;

5) dem Kommissarius des K. Prov. Schulkolleg. jegliche Auskunft bereitwillig zu ertheilen, welche ders. in Bezug auf die Anstalt von ihm fordert. Endlich hat er:

6) regelmäßig am Schlusse des Schuljahrs zu den durch besondere R. festgesetzten Terminen:

a) einen ausführlichen und vollständigen Bericht über den ganzen innern und äußern Zustand nebst Vorschlägen zu etwaigen Verbesserungen zu erstatten, —
b) die Konduitenliste des Lehrerpersonale nach den vorgeschriebenen Bestimmungen [1]), —
c) den für das folgende Schuljahr entworfenen Lektionsplan, und
d) eine Frequenzliste, eine Liste der Freischüler, und eine Liste der zur Universität oder sonst entlassenen Schüler, nach den darüber besonders ertheilten Vorschriften, einzureichen.

§. III.

Die Dienstverhältnisse des Dir. zu den Lehrern der Anstalt.

Der Dir. ist einerseits vorsitzendes Mitglied des Lehrerkollegiums, und ande-

---

1) Vgl. o. S. 86 die Note 1. zu §. 26. der Brandenb. Instr.

rerseits Vorgesetzter jedes einzelnen Lehrers. In ersterer Beziehung hat er wenigstens alle 14 Tage sämmtliche Lehrer, mit Ausnahme der technischen Hülfslehrer, zu einer Konferenz zu versammeln, die Berathungen über alle diesem Kollegio überwiesenen Angelegenheiten zu leiten, und durch Abstimmung die Entscheidung aller der Fragen zu bewirken, über welche nach den bestehenden besondern V. nicht ihm allein, sondern dem Lehrerkollegio die Entscheidung zusteht. Bei Stimmengleichheit giebt die seinige den Ausschlag. Wenn jedoch die Mehrzahl der Lehrer für eine Ansicht stimmt, welcher er, weil er von ders. Nachtheil für die Schule fürchtet, nicht beipflichten kann, so ist er berechtigt, die Entscheidung des K. Prov. Schulkolleg. einzuholen, an welches er in einem solchen Falle unter Einreichung des Konferenz-Protokolls zu berichten hat. Die Lehrer bleiben alsdann verpflichtet, den Anordnungen des Dir. bis zur eingegangenen höhern Entscheidung Folge zu leisten.

Ueber die Verhandlungen in den Konferenzen ist ein Protokoll zu führen, wozu der jüngste unter den ordentlichen Lehrern verpflichtet ist, wenn nicht ein anderer Lehrer freiwillig und unter Zustimmung des Dir. die Führung deff. übernimmt. Das Protokoll wird von sämmtlichen in der Konferenz anwesenden Lehrern unterschrieben.

Als Vorgesetzter der übrigen Lehrer hat er folgende näheren Pflichten und Befugnisse:

1) liegt ihm im Allg. ob, mit gewissenhafter Sorgfalt darauf zu achten, daß sie durch würdiges Verhalten und treue Erfüllung ihrer Pflichten ihren Stand ehren, und alles meiden, was ihnen in der Achtung der Schüler und des Publikums nachtheilig sein könnte;

2) hat er nicht nur selbst alles sorgfältig zu vermeiden, was das Ansehen eines Lehrers bei der Jugend schmälern könnte, sondern auch einzelne Mitglieder des Lehrerkollegiums, die sich in dieser Beziehung etwa Mißgriffe zu Schulden kommen lassen, auf solche, dem Vertrauen des Publikums und der Wirksamkeit der Anstalt nachtheilige Ungehörigkeiten aufmerksam zu machen, und nöthigenfalls ernstlich zu verwarnen;

3) ebenso hat er diej. Lehrer, welche in disziplinarischer oder didaktischer Beziehung die allg. Vorschriften unbeachtet lassen, in einseitiger Selbstüberschätzung ihre eigenen Wege gehen, und die zur Erreichung des ganzen Zwecks der Anstalt erforderliche Harmonie des Zusammenwirkens sämmtlicher Lehrer stören, mit kollegialischer Schonung, und, wo es nöthig ist, auch mit Ernst und Nachdruck zurecht zu weisen.

4) Wenn ein Lehrer sich Nachlässigkeiten im Dienste, Verwendung seiner Kräfte zu Privatzwecken, zum Nachtheil seiner amtlichen Obliegenheiten, Uebertretung der Schulordnung und ein der Würde des Lehrstandes unangemessenes Benehmen, sei es in der Schule oder außerhalb ders., zu Schulden kommen läßt, so hat er ihm darüber ernstliche Vorstellung zu machen, und wenn diese nicht fruchten sollte, desgl. bei eigentlichen Vergehungen und starken Mißgriffen, sofort an das K. Prov. Schulkolleg. zu berichten. Privatunterricht in denj. Gegenständen, welche in der Schule gelehrt werden, dürfen die Lehrer Schülern des Gymnas. nur mit seiner Genehmigung und in außerordentlichen Fällen ertheilen.

5) Er darf nicht zulassen, daß ein Lehrer ohne gegründete Ursache, und ohne ihm Anzeige davon zu machen, eine Lehrstunde aussetzt. Auch hat er der übeln, für die Schulzucht nachtheiligen Gewohnheit mancher Lehrer, die Lehrstunden nicht pünktlich anzufangen, um so entschiedener zu begegnen, als dadurch auch den Schülern ein Beispiel schädlicher Nachlässigkeit gegeben wird.

6) Bei dringenden Veranlassungen ist er befugt, einzelnen darum nachsuchenden Lehrern einen Urlaub von höchstens 8 Tagen zu ertheilen. Solche Fälle sind in dem jährlichen Schulberichte speziell anzuführen.

Wenn ein Lehrer durch Krankheit oder durch andere unabwendbare Hindernisse seine Lektionen zu halten außer Stande ist: so hat der Dir. für die Stellvertretung deff. durch die andern Lehrer mit möglichster Vermeidung von Klassen-Kombinationen zu sorgen. Ist er selbst außer der Ferienzeit zu verreisen genöthigt, so hat er für eine mehr als viertägige Abwesenheit die Genehmigung des K. Prov. Schulkolleg. einzuholen, und wegen seiner Stellvertretung geeignete Vorschläge zu machen.

7) Die Abfassung der den jährlichen Programmen beizufügenden wissenschaft-

lichen Abhandlung, welche in der Regel ihm und den Oberlehrern nach einer bestimmten Reihenfolge zukommt, kann er ausnahmsweise auch einem geeigneten ordentlichen Lehrer übertragen, jedoch nicht, wenn die Reihe der Abfassung an ihm selbst ist.

8) Jeden neu eintretenden Lehrer hat er mit angemessener Feierlichkeit in sein Amt einzuführen. die vorschriftsmäßige Vereidung dess., oder die Verpflichtung auf den etwa schon geleisteten Staatseid vorzunehmen, ihn mit dem ganzen Umfange seiner Pflichten ausführlich bekannt zu machen, endlich ihn sowohl in Bezug auf die Handhabung der Disziplin, als auf die Hülfsmittel des Unterrichts nach Möglichkeit, in schonender und liebevoller Weise zu unterstützen.

9) Die Schulamts-Kandidaten, welche bei dem Gymnas. das vorgeschriebene Probejahr abhalten wollen, hat er nach den bestehenden Vorschriften in angemessener Weise zu beschäftigen, und theils selbst, theils durch die betr. Klassen-Ordinarien zu leiten und zu unterstützen, und mit gewissenhafter Sorgfalt dahin zu wirken, daß den Kandidaten ihre Beschäftigung bei dem Gymnas. für ihre wissenschaftl. und praktische Ausbildung nützlich und förderlich werde.

§. IV.

Dienstverrichtungen des Dir. in Beziehung auf den wissenschaftl. Zweck der Anstalt.

Da ihm die Leitung des gesammten Unterrichts übertragen ist, so hat er die zu seiner Verfügung gestellten Lehrerkräfte im Allg. so zu ordnen und in Thätigkeit zu setzen, daß die in dem Abiturienten-Regl. bezeichnete wissenschaftl. Bildung eines zur Universität zu entlassenden Jünglings, und folglich auch der für die einzelnen Bildungsstufen vorgezeichnete Grad von Kenntnissen und Fertigkeiten auf dem im allg. Lehrplane verzeichneten Wege möglichst vollständig erreicht werde. Demgemäß hat er:

1) den Lektionsplan für jedes Schuljahr nach vorhergegangener Berathung mit dem Lehrerkollegio in der Art zu ordnen, daß jedem Lehrer der seinen Kräften und seiner Qualifikation angemessene Wirkungskreis angewiesen werde, und sämmtliche Wirkungskreise der einzelnen Lehrer so zusammen stimmen und in einander greifen, daß sie dem allg. Zwecke der Anstalt bestens entsprechen;

2) den Unterricht in jeder Klasse bei den verschiedenen Lehrern so zu regeln und zu beaufsichtigen, daß ein zweckmäßiges, mit verständiger Berücksichtigung der Gesundheit und der Kräfte der Schüler geordnetes, stufenweises Fortschreiten stets gesichert bleibt, und die ganze Anstalt durchdringe;

3) dahin zu wirken, daß die didaktischen Grundsätze und Lehrweisen der verschiedenen Lehrer in den einzelnen Unterrichtszweigen sich nicht widerstreiten, sondern, so viel die Individualität eines jeden Lehrers es nur immer zuläßt, in Einklang gebracht werden.

4) Um diese Zwecke möglichst zu erreichen, und zugleich bei sämmtlichen Lehrern ein gemeinsames lebendiges Interesse an dem Gedeihen der Anstalt zu erregen und zu erhalten, hat er vor dem Anfange der Lehrstunden eines jeden Semesters eine besondere Konferenz zu halten, in welcher nach gemeinsamer kollegialischer Berathung in jeder Disziplin und für jede Klasse die halbjährigen Pensa im Allg. festgestellt werden, und besonders auch bestimmt wird, wie viele häusliche und schriftliche Arbeiten jeder Lehrer von den Schülern der einzelnen Klassen wöchentlich einzufordern hat. Bei dieser letztern Bestimmung ist vorzüglich auf Gründlichkeit und sicheres Fortschreiten zu sehen, und jedenfalls mit Rücksicht auf die körperliche Entwickelung und Gesundheit der Jugend ein vernünftiges Maaß zu halten. Von dem desfallsigen Protokoll hat er spätestens 14 Tage nach dem Anfange des Semesters Abschrift mit dem erforderlichen Erläuterungsbericht dem K. Prov. Schulkolleg. einzureichen. Die weitern Konferenzen hat er demnächst so zu leiten, daß die Lehrer sich über den Erfolg ihres Unterrichts aussprechen, die Hindernisse eines guten Fortgangs im Allg. und bei einzelnen Schülern zur Kenntniß des Kollegiums bringen, damit die geeigneten Mittel der Abhülfe berathen, und von ihm, dem Dir., benutzt werden können.

5) Zu seinen wesentlichen Obliegenheiten gehört, daß er die Lehrstunden der einzelnen Lehrer möglichst fleißig besucht, die etwanigen Abwege und Nachlässigkeiten scharf ins Auge faßt, die schriftlichen Arbeiten sämmtlicher Klassen von Zeit zu Zeit durchsieht, und seine Bemerkungen demnächst in der Konferenz auf scho-

nende Weise mittheilt. Findet er Veranlassung zu ernsterem Tadel, so hat er diesen dem betr. Lehrer unter vier Augen zu eröffnen.

6) Außer den gewöhnl. Besuchen der Lehrstunden hat er in jedem Semester, und zwar in der Mitte desselben, eine allgem. Klassen-Revision anzustellen, zu welcher diejenigen Lehrer zugezogen werden können, die gerade keine Stunden zu ertheilen haben. Bei diesen Revisionen ist besonders darauf zu sehen, in wiefern den im Anfange des Semesters gegebenen Bestimmungen über die Pensa und die schriftlichen Arbeiten der Schüler von den einzelnen Lehrern genügt worden ist. Die bei diesen Revisionen gemachten Bemerkungen sind in der Konferenz zur Kenntnißnahme des Lehrer-Kollegiums und zur Nachachtung der betreff. Mitglieder mitzutheilen.

7) Hat er mit Sorgfalt darüber zu wachen, daß bei den Versetzungen der Schüler nach den bestehenden Vorschriften verfahren werde. Bei den desfallsigen Entscheidungen kann zwar nur der wissenschaftl. Zweck der Anstalt zur Richtschnur dienen, da aber auch die Interessen der Eltern dabei stark berührt werden, indem es diesen schon aus ökonomischen Gründen nicht gleichgültig sein kann, wenn ihre Söhne ein ganzes Jahr länger zurückgehalten werden, so hat er einem unpraktischen, der Schule oft sehr nachtheiligen Optimismus einzelner Lehrer nach Möglichkeit zu steuern. In einzelnen Fällen, wo sein Gewissen es nicht erlaubt, der Stimmenmehrheit der betreff. Lehrer nachzugeben, hat er an das K. Prov. Schulkolleg. zu berichten, und dessen Entscheidung zu erwarten.

8) Um zu ermitteln, welcher Klasse die neu aufzunehmenden Schüler zuzuweisen sind, hat er vor dem Anfange eines jeden Schuljahres eine Aufnahmeprüfung anzuordnen, die in Gegenwart der übrigen Lehrer entweder von ihm selbst, oder von denjenigen Lehrern, welche er dazu bestimmt, vorgenommen wird. Die Entscheidung erfolgt nach Stimmenmehrheit. Sollte der Fall sich ereignen, daß ein neu aufzunehmender Schüler zwar in den sprachlichen Kenntnissen vollständige Reife für eine bestimmte Klasse nachgewiesen hätte, rücksichtlich der Mathematik oder einer andern zum Lehrplane gehörigen Wissenschaft aber den Forderungen dieser Klasse ganz zu genügen nicht im Stande wäre, so ist derselbe zwar in die seinen sprachlichen Kenntnissen angemessene Klasse aufzunehmen, demselben jedoch zur Pflicht zu machen, seinen Fleiß vorzüglich auf die Ausfüllung der offenbar gewordenen Lücken zu richten, so daß er dem Gesammtunterrichte in der Klasse jedenfalls nach Ablauf eines Semesters mit Nutzen beiwohnen kann. In eine höhere Klasse kann ein Schüler nur dann versetzt werden, wenn er die erforderliche Bildungsstufe in allen Zweigen des Unterrichts wirklich erreicht hat. Die neu aufgenommenen Schüler sind von dem Direktor in das Album der Schule einzutragen, mit den Schulgesetzen bekannt zu machen, und in die ihnen angewiesene Klasse einzuführen.

Aufnahme von Schülern im Laufe des Schuljahrs oder im Anfange des zweiten Semesters findet nur ausnahmsweise und in außerordentlichen Fällen Statt.

9) Am Schlusse eines jeden Schuljahrs wird eine öffentliche Schulprüfung gehalten, welche den Zweck hat, dem Publikum von den Leistungen der Anstalt Kenntniß zu geben, und dadurch das Vertrauen und die wohlwollende Theilnahme desselben zu erregen und zu erhalten. Der Dir. hat daher die Pflicht, die Einladungsprogramme, die öffentlichen Reden, so wie die Prüfungen selbst so einzurichten und zu ordnen, daß diesem Zweck in würdiger Weise entsprochen werde.

§. V.

Dienstverrichtungen des Direktors in Bezug auf Zucht und Sitte der Zöglinge.

Die Schule hat es als ihre wesentlichste Aufgabe zu betrachten, mit der wissenschaftlichen Ausbildung der Zöglinge auch eine christliche Gesinnung in ihnen zu wecken, und zu einem derselben entsprechenden frommen Wandel anzuleiten. Der Dir. wird deshalb die Pflege eines christlichen Geistes und Wandels als seine heiligste Pflicht betrachten, zu dem Ende den oder die Religionslehrer mit allen der Schule zu Gebote stehenden Mitteln aufs kräftigste unterstützen, die Theilnahme der Schüler an dem öffentlichen oder dem besonderen Gymnasial-Gottesdienste durch die Lehrer der Anstalt beaufsichtigen, und dahin wirken, daß ein religiöser Charakter das ganze Leben der Anstalt durchdringe, und den Schülern in den Lehrern das Vorbild eines christlich frommen Lebens vorleuchte.

Die disciplinarische Wirksamkeit des Dir. erstreckt sich über die Schulzucht in allen ihren Richtungen und muß jederzeit mit derjenigen Kraft verbunden sein, welche die Aufrechthaltung der Schulordnung und die Handhabung der Zucht sichert. Zu diesem Zwecke hat er:

1) seine Aufmerksamkeit unausgesetzt auf den sittlich religiösen Zustand der einzelnen Schüler sowohl als der verschiedenen Klassen zu richten.

2) So wie er selbst die Schulzucht im Allgemeinen bewacht, hat er den Lehrern, besonders den Klassen-Ordinarien, die erforderl. Instr. über den ihnen zukommenden Theil der Disciplin zu ertheilen, und auf die pünktl. Ausführung dieser Instr. zu halten.

3) Um sich des Zwecks möglichst vollkommen zu versichern, daß im Innern der Schule Fleiß, Ordnung und christliche Sitte stets vorherrschen, und einzelne Bestimmungen der Schulordn. weder durch unzeitige Nachsicht oder Schlaffheit der Lehrer, noch durch übele Gewohnheiten der Schüler ihre Geltung verlieren, hat er die Lehrer in den Konferenzen zu ausführlichen Mittheilungen über den Fleiß und das Betragen ihrer Schüler zu veranlassen, und die Maaßregeln mit ihnen zu berathen, welche geeignet sind, unlöblichen oder gar verderblichen Richtungen einzelner Zöglinge oder ganzer Klassen mit kräftiger Entschiedenheit entgegen zu wirken.

4) Eben so hat er auf alles genau und umsichtig zu achten, was außer der Schule auf die sittliche Führung und den Fleiß der Schüler einen nachtheiligen Einfluß haben könnte, namentlich dafür zu sorgen, daß die auswärtigen Schüler bei ordentlichen Bürgern, und auf keinen Fall in Wirthshäusern, wenn nicht etwa verwandtschaftliche Verhältnisse eine Ausnahme rechtfertigen, untergebracht werden. Der Besuch von Wirthshäusern, gleichviel ob dies. sich innerhalb der Stadt oder in der Nähe der Stadt befinden, ist den Schülern strenge zu untersagen, und die Erlaubniß dazu ihnen nur in besonderen Fällen und stets unter der Bedingung zu ertheilen, daß sie gehörig beaufsichtigt sind.

5) Um das Leben der Schüler außerhalb der Schule vor übeln Gewohnheiten möglichst zu schützen, und den häuslichen Fleiß ders. gehörig zu beaufsichtigen, hat er nicht nur selbst einzelne Schüler, besonders diej., denen er am wenigsten zu trauen Ursache hat, von Zeit zu Zeit in ihren Wohnungen zu besuchen, sondern auch darauf zu halten, daß die Klassen-Ordinarien die ihren Klassen angehörigen Schüler auf ihren Stuben fleißig besuchen, und die bei dieser Gelegenheit bemerkten Ungehörigkeiten in den Konferenzen mittheilen. Da diese Sitte der disziplinarischen Aufsicht von großer Wichtigkeit ist, so hat er, um hierin keine Nachlässigkeit einschleichen zu lassen, in jeder Konferenz die Klassen-Ordinarien der Reihe nach zu befragen, ob und welche Schüler sie seit der letzten Konferenz besucht, und die Antworten zu Protokoll zu bemerken.

6) Da es zu den wesentlichsten Eigenschaften eines guten Lehrers gehört, gewöhnliche jugendliche Unarten mit Ruhe und väterlichem Wohlwollen zu behandeln, so hat der Dir. seine besondere Aufmerksamkeit darauf zu richten, daß die Lehrer in dieser Beziehung die Vorschriften einer vernünftigen Pädagogik gehörig beachten, und sich durch dergl. Unarten nicht zu ungeeigneten Strafen oder gar leidenschaftlichen Ausbrüchen hinreißen lassen. Sind einzelne Lehrer wider Erwarten zu solchen Mißgriffen geneigt, und verfallen sie, wiederholter Mahnungen ungeachtet, in dens. pädagogischen Fehler, so ist er befugt, ihnen jede körperliche Züchtigung auf eine bestimmte, die Dauer eines Semesters nicht übersteigende Zeit zu untersagen. Solche Fälle sind in dem Jahresberichte besonders anzuführen. Wenn Lehrer Beweise von roher Gesinnung, und somit auch von pädagogischer Unfähigkeit, dadurch geben, daß sie zu wiederholten Malen Schimpfwörter und Spitznamen gegen ihre Schüler ausstoßen, so hat er davon dem K. Prov. Schulkolleg. sofort Anzeige zu machen.

7) Da die Strafe des Nachsitzens, ohne Aufsicht in den Klassen, durch die Erfahrung als unzweckmäßig und für die Sitte der Schüler sogar als bedenklich erwiesen ist, so hat der Dir. darauf zu halten, daß jene Strafe nur unter der Bedingung verfügt werde, daß der betr. Lehrer persönlich die Aufsicht während der Zeit des Nachsitzens führt, und überdem dem Dir. und den Eltern oder Pflegern sofort die Anzeige davon macht.

8) Die Strafen für gröbere Unarten und Vergehen, wie muthwillige Beschädigung der Lehrzimmer oder der Utensilien, wiederholte Uebertretung der wichtigern

Schulgesetze, Mißhandlung der Mitschüler, freches Lügen, Widersetzlichkeit und Trotz gegen die Lehrer, Diebstahl, Straßenunfug und sonstige gröbliche Verletzungen der Sittlichkeit werden nach den bestehenden besondern Vorschriften in der Lehrerkonferenz bestimmt.

9) Zu den allg. Disziplinarmitteln gehören die am Schlusse eines jeden Viertel- oder Halbjahrs den sämmtlichen Schülern der betr. Klassen zu ertheilenden Censurzeugnisse, welche überdem noch den Zweck haben, den Eltern oder Vormündern zuverlässige Auskunft über Sitte, Fleiß und Fortschritte ihrer Söhne oder Pflegebefohlenen zu ertheilen. Der Dir. hat dafür zu sorgen, daß die darüber bestehenden besondern Vorschriften pünktlich beobachtet, und namentlich die diesen Censuren zum Grunde liegenden Klassenbücher von den Ordinarien mit gewissenhafter Sorgfalt geführt werden.

10) Außer den regelmäßigen Censuren ist den abgehenden Schülern, welche die Universität nicht beziehen, ein ausführliches Zeugniß auszustellen, in welchem die sittliche Führung ders., so wie ihre in den einzelnen Fächern des Gymnasial-Unterrichts erlangten Kenntnisse und Fertigkeiten mit gewissenhafter Genauigkeit beurtheilt sind. Diese Zeugnisse stellt der Dir. auf den Grund der Urtheile aus, welche der Ordinarius und die übrigen Lehrer der Klasse, in welcher der zu entlassende Schüler zuletzt unterrichtet worden, in ein besonderes, dazu zweckmäßig eingerichtetes Buch einzutragen haben.

11) Ueber die Prüfung der zu den Universitäten übergehenden Schüler und die dens. zu ertheilenden Zeugnisse giebt das Abiturienten-Regl. die erforderlichen Vorschriften.

12) Bei solchen neu aufzunehmenden Schülern, die vorher andere Anstalten besucht haben, hat er die Sittenzeugnisse sorgfältig zu prüfen. Ergeben sich hinlängliche Gründe zum Verdacht, so ist er befugt, ihnen die Aufnahme nur versuchsweise zu gestatten, und sie ohne Weiteres wieder zu entlassen, wenn nach dem einstimmigen Urtheile des Klassen-Ordinarius und der wissenschaftl. Lehrer der betr. Klasse die Disziplin durch das Betragen deff. gefährdet wird.

§. VI.

Dienstverrichtungen des Dir. in Bezug auf die äußern Hülfsmittel der Schule.

1) Er ist natürliches Mitglied des Verwaltungsraths, welcher für die finanziellen Verhältnisse des Gymnas. das Organ der vorgesetzten Behörde bildet, und hat als solches mit dafür zu sorgen, daß die Etats und Rechnungen vollständig und richtig zur Eingabe an das K. Prov. Schulkolleg. angefertigt werden. [1])

2) Die Schulbibliothek und sämmtliche dem Gymnas. gehörige Sammlungen stehen unter seiner Aufsicht. Die besondere Aufsicht über einzelne Sammlungen kann er mit Genehmigung des K. Prov. Schulkolleg. einzelnen Lehrern übertragen; jedoch bleibt er für die genaue Führung des Inventariums nach den bestehenden Vorschriften stets verantwortlich.

3) Ueber die Ergänzung und Vermehrung des Lehrapparats und der Schulutensilien, sowie über die Erhaltung und Ausbesserung der Gebäulichkeiten hat er das Erforderliche zur gehörigen Zeit bei dem Verwaltungsrathe (Kuratorio) zu veranlassen; es steht ihm jedoch frei, über wichtigere Angelegenheiten dieser Art noch besonders an das K. Prov. Schulkolleg. zu berichten.

4) Er führt die Aufsicht über die Verwaltung der Schulbibliothek, und hat gegen den Bibliothekar alle Rechte und Befugnisse, die aus diesem Verhältnisse und der damit verbundenen Verantwortlichkeit entspringen. Die Schulakten nimmt er unter seine besondere Verwahrung, und sorgt dafür, daß sie in gehöriger Ordnung gehalten werden. Endlich

5) hat er darüber zu wachen, daß der Schuldiener seiner Instr., vorzüglich in Beziehung auf die Reinlichkeit der Lokale, das Heizen der Oefen, pünktlich nachkomme.

---

1) Für die Dir. der Gymn. zu Elberfeld, Duisburg und Wesel:
In Bezug auf die finanziellen und anderen äußeren Angelegenheiten steht er zu dem Kuratorio (der städtischen Schulkommission) in demjenigen Verhältnisse, welches in der dieser Behörde ertheilten, und ihm zugefertigten, Instr. näher bestimmt ist.

§. VII.

Dienstverhältnisse des Dir. zu den Eltern der Zöglinge und zu den Ortsbehörden.

1) Da die Eltern, welche ihre Söhne der Anstalt übergeben, und den Disziplinargesetzen ders. unterwerfen, ihr Vertrauen vorzüglich dem Dir. schenken, indem sie vorzüglich ihm einen bedeutenden Theil ihrer elterl. Autorität abtreten, so hat er dieses Vertrauen durch freundliches Zuvorkommen in allen, das wissenschaftliche und sittlich religiöse Gedeihen ihrer Kinder betr. Angelegenheiten zu ehren und zu rechtfertigen, und ihnen bereitwillig jede Auskunft zu ertheilen, welche elterliche Liebe und Sorge von ihm besorgen mögen. Namentlich wird er sich auch nicht weigern, auswärtigen Eltern schriftliche Nachrichten von dem sittl. und wissenschaftl. Leben ihrer Söhne zukommen zu lassen.

2) Den Ortsbehörden hat er gebührende Achtung zu beweisen, und hierin den Lehrern wie den Schülern mit einem guten Beispiele voranzugehen. In allen Fällen, wo Schüler wegen polizeilicher Vergehen oder sonst von den Ortsbehörden amtlich in Anspruch genommen werden, oder wo ihre Mitwirkung zur Verhütung solcher Vergehungen und zur Aufrechthaltung der Zucht und Sitte der Schüler außerhalb der Schule wünschenswerth oder nothwendig ist, hat er sich in angemessener und höflicher Weise mit ihnen zu benehmen.

§. VIII.

Allgemeine Verpflichtung des Dir.

Schließlich wird dem Dir. zur Pflicht gemacht, allen, dem Frieden der christl. Konfessionen, den Gesetzen des Staats und der Hochachtung und Liebe gegen das Staatsoberhaupt nachtheiligen Richtungen und Bestrebungen entschieden entgegen zu treten und der vorgesetzten Behörde davon sofort Kenntniß zu geben.

(Kam. Zeit. 1840. S. 28 u. 51 ff.)

3) R. des Min. d. G., U. u. M. Ang. (v. Altenstein) v. 7. Jan. 1840. an die K. Reg. zu Köslin, betr. die Aufsichts-Behörden für die höhern Bürgerschulen.

Das Min. ist auf den Ber. der K. Reg. v. 20. Nov. v. J. ganz damit einverstanden, daß für die Direktoren und Rektoren der höhern Bürgerschulen, also auch für den Rektor der höheren Bürgerschule zu N., die für die Direktoren der Gymnasien ertheilte Dienst-Instruktion zur Richtschnur diene, und die Stellung der Dirigenten der höh. Bürgersch. zu den Reg. bis auf Weiteres ganz dieselbe sei, welche den Dir. der Gymn. zu den Prov.-Schul-Koll. angewiesen ist. Gegen die dem Ber. beigefügte Instr. für das Kuratorium der Schule hat das Min. daher im Wesentl. nichts zu erinnern; nur die §§. 16. und 19. bedürfen einer Modifikation; — jener, weil es nur dem Kuratorium in corpore oder einem als dessen Kommissario bestellten Mitgliede, nicht aber den einzelnen Mitgliedern, auch nicht willkührlich, sondern nur bei besonderen Veranlassungen gestattet sein kann, die Klassen zu besuchen, und an den Lehrer-Konferenzen Theil zu nehmen. Die im §. 19. gegebene Vorschrift, daß der Superint. seinen Ber. über die öffentl. Prüfung dem Kuratorium zur Mitvollziehung vorlegen solle, ist aber nicht ausführbar, und statt dessen anzuordnen, daß entweder der fragl. Ber. gemeinschaftlich von dem Superint. und den Kuratoren, oder besser, nur von dem Superint. allein erstattet werde.

(M. Bl. d. i. V. 1840. S. 50.)

II. Instruktion für die Klassenordinarien.

Ueber die Einführung und den Zweck des Instituts der Klassen-Ordinarien vgl. §. 9. der Brandenburger Instr. (s. o. S. 80), so wie Nr. 3. des C. R. v. 24. Okt. 1837. im folg. Abschn.

Eine besondere Instr. für die Klassen-Ordinarien enthält das Publ. des Kons. zu Köln v. 26. Febr. 1824.

Die Zeitverhältnisse erfordern mehr, als je eine strenge Disciplin in den Schulen, um den Geist einer zügellosen Freiheit und Frechheit von der heranwachsenden Jugend abzuhalten, und sie früh an Gehorsam und Unterwerfung unter die Gesetze zu gewöhnen, durch welche Eigenschaften sie dereinst als Bürger des Staats, dessen Sicherheit und Wohlfahrt sollen begründen helfen. Je genauere Aufsicht auf die in den Schulen versammelte Jugend dieser Zweck erfordert, und je mehr sich diese Aufsicht auch auf das Treiben ders. außer der Schule erstrecken muß, je weniger kann sie von dem Vorsteher der Anstalt allein ausgehen, und je stärker ist die Verpflichtung sämmtl. Lehrer ders., die dahin abzweckenden Geschäfte unter sich in der Art zu vertheilen, daß die Einheit der Grundsätze für die Disciplin der Anstalt unverletzt erhalten werde. Zu diesem Ende ist bereits an den meisten Gymn. der Prov. die Anordnung der Klassen-Ordinarien eingeführt, von denen jeder den Einheitspunkt der Disciplin für eine gewisse Klasse oder Abtheilung bildet, wie die Ordinarien selbst unter sich wieder ihren Einheitspunkt in dem Dir. finden. Um dieser löbl. Sitte eine größere Allgemeinheit zu verschaffen, und die Rechte und Pflichten der Ordinarien selbst genauer zu bestimmen, bringen wir auf den Grund höherer Ermächtigung hiermit folgende, für alle höheren Schulen der Prov. verpflichtende Bestimmungen zur allg. Kenntniß:

1) Die Anordnung der Klassen-Ordinarien wird von jetzt an in allen Gymn. der Prov., und in höheren Stadtschulen von mehr als drei gesonderten Klassen eingeführt.

2) Jede dieser Schulen hat so viele Klassen-Ordinarien, als sie selbst überall gesonderte Klassen oder Klassen-Abtheilungen hat.

3) Die Wahl des Ordinarius für jede Klasse geht von dem Dir. oder Rektor aus,[1]) der sich dabei jedoch durch die nächstfolgenden Bestimmungen leiten läßt.

4) In der Regel ist zum Ordinarius einer Klasse derj. Lehrer zu wählen, der schon durch die Zahl seiner in dieser Klasse zu gebenden Lehrstunden einen entscheidenden Einfluß auf die Schüler ders. hat.

Wenn daher, wie es bereits durch andere Bestimmungen als zweckmäßig empfohlen ist, in jeder der oberen Klassen der lateinisch und griechische, in jeder der unteren der lateinische und deutsche Unterricht einem und dems. Lehrer übertragen wird, so eignet sich dieser am meisten zum Ordinarius der Klasse.

5) Daß der Ordinarius in Achtung und Liebe bei den Schülern der Klasse stehe, oder geeignet sei, sich diese zu erwerben, ist ein Haupterforderniß dess., und es könnte diese Rücksicht allein eine Ausnahme von der vorstehenden Regel begründen. Der Dir. oder Rektor wird aber bei Vertheilung der Lektionen selbst auf diesen Umstand Rücksicht nehmen.

6) Wo die Wahl der Ordinarien auf eine zweckmäßige Weise getroffen ist, da ist zu wünschen, daß ders. Cötus von Schülern auch auf längere Zeit unter dems. Ordinarius bleibe, ohne jedoch diese Einheit der Aufsicht durch alle Klassen hindurch zu führen, was, wenn es auch in anderer Hinsicht ausführbar wäre, leicht eine Einseitigkeit zur Folge haben könnte. Auch aus diesem Grunde ist daher die bereits an einigen Gymn. der Prov. eingeführte Ordnung des Wechsels unter den Lehrern der alten Sprachen in den zu ders. Bildungsstufe gehörigen Klassen nach Beendigung des Kursus in dens sehr angemessen.

7) Die Pflichten, welche jeder Klassen-Ordinarius als solcher in diesem seinem Wirkungskreise übernimmt, hat ders. vorzüglich darnach zu ermessen, daß er sich in Hinsicht eines jeden ihm zugetheilten Schülers als denj. ansieht, der auf Ersuchen der Eltern und Angehörigen dess. es übernommen hat, die Wohlfahrt des Beaufsichtigten in jeder der Schule wichtigen Beziehung in der Schule selbst, und in Beziehung auf dieselbe auch außer der Schulzeit wahrzunehmen, um sich in den Stand zu setzen, über Anlagen, Fleiß, Fortschritte, Gesinnungen, Neigungen und Handlungsweise des Schülers während der Dauer seiner näheren Aufsicht über dens. die genaueste Rechenschaft geben zu können.

8) Demnach wird er sich überall als denväterl. Freund des von ihm Beaufsichtigten betrachten, das Vertrauen dess. zu gewinnen und sich zu erhalten,

---

[1]) Vom Prov.-Schulkoll. Nr. 3. des C. R. v. 24. Okt. 1837. (s. im folg. Abschn.)

und in der Weise auf ihn einzuwirken suchen, daß der Schüler, wo er auch in Hinsicht auf die Zwecke und den Wirkungskreis der Schule des Rathes bedürfen möchte, sich getrieben fühle, zuerst seine Zuflucht zu ihm zu nehmen. Klagen des Schülers über einen anderen Lehrer darf der Ordinarius unter keiner Bedingung annehmen; sie gehören ausschließlich vor den Dir. oder Rektor.

9) In Hinsicht der Aufsicht über die Studien der Schüler seiner Klasse hat der Ordinarius vorzüglich den Schulbesuch ders. zu kontrolliren, bei der Anschaffung der Bücher überhaupt, und der Einrichtung der zu schriftl. Aufgaben bestimmten Arbeits-, der Schreib- und Zeichnenbücher u. s. w. insbes. einzuwirken, über deren regelmäßige und ordentliche Führung und Aufbewahrung zu wachen, sie deshalb von Zeit zu Zeit und wenigstens monatlich sich in seinem Hause vorlegen zu lassen, um daraus diej. Notizen zu entnehmen, die zur Charakteristik des Schülers dienen, eine Zurechtweisung dess. oder eine Rücksprache mit den betr. Lehrern oder dem Dir., oder einen Vortrag in der Lehrer-Konferenz begründen. Das letztere wird vorzüglich dann der Fall sein, wenn er wahrnehmen sollte, daß die Schüler durch die Konkurrenz zu vieler, aus verschiedenen Lektionen und gleichzeitig aufgegebenen Arbeiten überladen werden.

10) Um sein Urtheil über den Fleiß der Beaufsichtigten zu vervollständigen, nimmt der Ordinarius auch mit seinen Kollegen freundliche Rücksprache und benutzt deren Winke.

11) Wo die monatl. Compositionen pro locis eingeführt sind, hat der Klassen-Ordinarius aus den von den übrigen betheiligten Lehrern nach den einzelnen Kompositions-Gegenständen ihm eingereichten Listen die Hauptliste für die Klasse anzufertigen, und diese mit den Arbeiten selbst dem Dir. oder Rektor vorzulegen.

12) Bei den vierteljährigen Prüfungen, welche der Dir. oder Rektor in Gegenwart der Lehrer, der Scholarchen oder Ephoren, und des K. Kommissarius hält, führt der Klassen-Ordinarius über den Ausfall der Prüfung in seiner Klasse das Protokoll.

13) Von einem noch größeren Umfange ist seine Aufsicht und Einwirkung auf das sittl. Betragen der ihm übergebenen Schüler, denen er in dieser Beziehung ganz besonders als Muster vorleuchten, als väterlicher, leitender Freund zur Seite stehen soll. Insbes. wird ihm in dieser Beziehung die Aufsicht auf die religiöse Führung und den Kirchenbesuch der ihm übergebenen Schüler empfohlen.

14) Insofern der Ordinarius den Einheitspunkt für das geistige und sittliche Leben seiner Klasse bilden, und über jeden einzelnen Schüler ders. genaue Rechenschaft geben soll, muß er auch von allem in Kenntniß gesetzt werden, was in dieser Beziehung von den übrigen Lehrern über die Klasse theils verhängt, theils in Erfahrung gebracht wird.

15) So weit einem jeden Lehrer die Befugniß zusteht, zu strafen, soll diese durch den Ordinarius nicht beschränkt werden, nur wo eine Strafe entw. von einem Lehrer, der nicht in der Klasse unterrichtet, oder wo sie von einem Lehrer ders. über die ganze Klasse, oder einen großen Theil der Klasse verhängt werden soll, muß die Sache vor den Ordinarius gebracht werden, der darüber, soweit er durch die Disciplinarordn. dazu befugt ist, selbst entscheidet, oder sie vor den Dir. oder Rektor bringt.

16) Die zu bestimmten Zeiten zu ertheilenden Censuren werden in einer mit den übrigen Lehrern der Klasse zu diesem Zweck zu haltenden besondern Konferenz von dem Ordinarius entworfen, und darauf in der allg. Lehrer-Konferenz vorgelegt. Nachdem sie hier genehmigt sind, werden sie von dem Dir. oder Rektor und dem Ordinarius vollzogen. Der Letztere hat dafür zu sorgen, daß die Koncepte oder an deren Stelle die von den Schülern selbst gefertigten Abschriften zu den Akten der Schule gebracht, die Originale aber, von den Eltern oder häuslichen Vorgesetzten der Schüler unterzeichnet, ihm wieder vorgezeigt werden.

17) Ueber den Standpunkt der Klasse im Allg. in geistiger und sittl. Beziehung hält der Ordinarius in der monatl. ordentl. Konferenz des Lehrer-Kollegiums den Vortrag, und bringt diej. Punkte zur Sprache, über welche

in Beziehung auf seine Klasse oder einzelne Schüler ders. in der Konferenz berathen und entschieden werden soll.

18) Um der Erreichung seines Zweckes, über die Wohlfahrt der ihm anvertrauten Zöglinge zu wachen und diese zu befördern, um so gewisser zu sein, wird der Ordinarius, so weit es seine Zeit und die Umstände gestatten, sich mit den Eltern oder sonstigen nächsten Angehörigen ders. in nähere Berührung setzen, und auf diesem Wege eine gegenseitige Beziehung und Uebereinstimmung der häusl. und der Schul-Erziehung zu begründen und zu erhalten suchen.

19) Insonderheit wird den Ordinarien nicht sowohl zur Pflicht gemacht, als von ihrer Liebe zur guten Sache erwartet, daß sie von Zeit zu Zeit dies. Schüler, deren Eltern nicht am Orte wohnen, und die auch nicht Alumnen der Anstalt oder Pensionäre eines der Lehrer ders. sind, in ihren Wohnungen besuchen, und die daselbst oft gefährdete Sittlichkeit derselben wahrnehmen, auch, wenn sie etwas dergl. bemerken, solches den Eltern oder Angehörigen anzeigen.

20) Auch hat der Ordinarius insbes. darüber auf geeignetem Wege Erkundigungen einzuziehen, ob die Schüler seiner Klasse unter sich oder mit andern jungen Leuten Verbindungen und Zusammenkünfte, sei es in Privat-Häusern oder an öffentl. Orten, halten, dem Zwecke ders. nachzuforschen, und wo er dergl. entdeckt, dem Dir. oder Rektor anzuzeigen, der die erforderl. durchgreifenden Maaßregeln nehmen wird, dergl. Verbindungen auf der Stelle zu zerstören, und die gefährl. Folgen ders. im Keime zu unterdrücken.

21) Um dem Zwecke dieser Anordnung der Klassen-Ordinarien um so mehr Sicherheit und Dauer und innern Zusammenhang zu geben, auch ein vollständiges Urtheil über jeden einzelnen Schüler noch dann auffinden zu können, wenn er die Schule verlassen hat, ist überall die Einrichtung zu treffen, daß bei der Aufnahme eines neuen Schülers sogleich ein Lebenslauf dess. für die Dauer seines Aufenthalts auf der Schule auf einen besondern Bogen von dem Dir. angelegt, und dem betr. Klassen-Ordinarius übergeben werde, der dens., so lange der Schüler seiner Aufsicht anvertraut ist, fortführt, alle zur Charakteristik dess. in geistiger und sittl. Beziehung dienenden Notizen in dens. einträgt, und bei der Versetzung des Schülers in eine andere Klasse dem Dir. einreicht, der ihn nach genommener Einsicht und etwaniger Ergänzung dem Ordinarius der folgenden Klasse zur Fortsetzung übergiebt. Beim Abgange des Schülers von der Schule wird dieser Lebenslauf geschlossen, und in das Archiv ders. niedergelegt.

22) Wo die Führung dieser Lebenslaufe bisher noch nicht gebräuchlich war, ist dies. mit dem Anfange des nächsten Sommer-Halbjahrs einzuführen, und auf alle bereits die Schule besuchenden Schüler anzuwenden.

23) Obige Instr. enthält nur im Allg. die Obliegenheiten der Klassen-Ordinarien, und es wird jedem Dir. oder Rektor überlassen, dens. nach den Umständen noch die besonderen Verpflichtungen beizufügen.

24) Die Dir. oder Rektoren haben dafür zu sorgen, daß jeder Klassen-Ordinarius eine Abschrift obiger Instr. zu seiner Kenntnißnahme und Nachachtung erhalte. Auch ist in den von den Dir. oder Rektoren jährlich einzureichenden Konduiten-Listen bei jedem Lehrer besonders anzugeben, in welcher Klasse er Ordinarius gewesen, und wie er als solcher seiner Verpflichtung nachgekommen sei.

(A. VIII. S. 173.)

Viertes Kapitel.

Persönliche Verhältnisse der Lehrer während der Amtsdauer.

Ein großer Theil der hierher gehörigen Vorschriften bezieht sich auf den gesammten Lehrerstand, die Volksschullehrer einbegriffen, und ist deshalb schon im 4. Kapitel des zweiten Abschnitts der vorigen Abtheilung sub III. (Bd. 1. S. 474. flg.) zusammengestellt. Hier bleiben daher, neben der speziellen Hinweisung auf jene allgemeinen Bestimmungen, nur die einzelnen, insbesondere für den höhern Lehrerstand erlassenen Anordnungen zu geben.

1) Das politische Verhalten.

a) Beaufsichtigung der Schulamtskand. und Lehrer hinsichtlich ihrer sittlich-religiösen Grundsätze. [1])

C. R. des Min. d. G., U. u. M. Ang. (v. Altenstein) v. 16. Aug. 1833. an sämmtl. K. Prov. Schulkoll.

In Folge einer A. K. O. v. 20. Juni haben S. Maj. der König das Verbot, fremde Lehranstalten zu besuchen, auf die Universitäten beschränkt, obwohl die früheren Gesetze auch den Besuch fremder Schulen und Gymn. untersagten. [2]) Ein besond. Bedürfniß schien Sr. Maj. dem Könige hierzu nicht vorhanden, desto dringender aber, daß bei der Anstellung junger Lehrer an den inländischen Schulen und Gymn. mit gründlicher Vorsicht verfahren, und der Jugend-Unterricht Keinem anvertraut werde, über dessen bisher geführten Lebenswandel nicht zuvor die genauesten Erkundigungen eingezogen und die Ueberzeugung gewonnen worden, daß er durch keine Lehren der politischen Schwärmerei auf das Gemüth und die Gesinnungen seiner Schüler verderblich einwirken werde.

Das Min. macht diese Allerh. Bestimmungen hierdurch dem K. Prov. Schulkoll. in Verfolg der C. Verf. v. 6. u. 30. Okt. 1819 (Anl. a. u. b.) und v. 12. Juli 1824 [3]) zur pflichtmäßigen Nachachtung bekannt, und erwartet zugleich, daß das K. Prov. Schulkoll. die erhöhte Verantwortlichkeit, welche auch für dasselbe aus diesem Allerh. Befehle erwächst, lebendig erkennen, und hiernach, wie auch schon bisher zur besondern Zufriedenheit des Min. geschehen ist, seine Vorschläge zur Wiederbesetzung erledigter Lehrstellen an Gymn. mit der gewissenhaftesten Umsicht abmessen werde. Das Probejahr, welches durch die C. Verf. v. 24. Sept. 1826 und im §. 33. des unter d. 20. April 1831 erlassenen Regl. [4]) angeordnet worden, giebt dem K. Prov. Schulkoll. eine sichere und schickl. Gelegenheit, die Schulamts-Kand. noch vor ihrer Anstellung auch in Hinsicht ihrer sittlich-religiösen Denk- und Handlungsweise, und insbes. ihrer politischen Grundsätze, genauer kennen zu lernen, und das Min. hegt zu dem K. Prov. Schulkoll. das wohlbegründete Vertrauen, daß dass. diese Gelegenheit sorgfältig benutzen werde, um bei den zu machenden Vorschlägen in Betreff der an den Gymn. zu besetzenden Lehrstellen dem Allerh. Befehle und der landesväterlichen Absicht Sr. Maj. des Königs in allen Punkten zu entsprechen.

Zugleich macht das Min. dem K. Prov. Schulkoll. auf's Neue zur Pflicht, auch die bereits angestellten Lehrer an den Gymn. in obiger Rücksicht auf's

---

1) Insbes. wurde hinsichtlich der Demagogenuntersuchung in einem C. R. der Min.-Komm. (v. Kamptz, Mühler, v. Rochow) v. 6. Sept. 1834 an sämmtl. K. Reg. Präs., die burschenschaftl. Verbindungen auf Schulen betr., bemerkt: „daß verschiedentlich auch jüngere Lehrer wegen ihres Treibens zur Rechenschaft haben gezogen werden müssen, und daß daher auch diese eine nähere Aufmerksamkeit verdienen.“ (A. XVIII. S. 84.) s. den folg. Abschn.

2) Die angef. K. O. ist v. 20. Mai 1833. (G. S. S. 35.), vgl. in der folg. Abtheil.

3) Vergl. in Bd. 1. S. 440.

4) Im 1. Kap. sub I., 2., s. o. S. 26 ff.

Strengste zu kontrolliren, und bei eigener Verantwortlichkeit des K. Prov. Schulkoll. und seiner einzelnen Mitglieder jede sich ergebende Spur entgegengesetzter Richtungen und Aeußerungen sofort dem Min. anzuzeigen, und hierunter einer unzeitigen und schädl. Nachsicht sich nicht schuldig zu machen. Es ist von der größten Wichtigkeit, die Gymn. von Allem rein zu erhalten, was bei den Schülern den Grund zu ungesetzl. Bestrebungen legen könnte, welche bei dem Besuch der Universitäten, wie hier und da die Erfahrung gelehrt hat, von den nachtheiligsten Folgen sind. Das Min. sieht sich daher dringend veranlaßt, das K. Prov. Schulkoll. zu einer erhöheten Aufmerksamkeit auf diesen Gegenstand aufzufordern. An sich unbedeutende Erscheinungen, wie ein gemeinsames Absondern einiger jungen Leute von den Anderen, oder wenigstens ein eigenes Anschließen derselben unter sich zu irgend einem gemeinsamen Zweck, sei es auch um des Vergnügens willen, oder das Suchen von besonderer Auszeichnung im Aeußern und Abzeichen, verdienen Aufmerksamkeit, weil solches gar leicht eine Hinneigung zu dem Verbindungswesen auf Universitäten begründet. Es kann nicht die Absicht sein, durch allgemein zu erlassende Verbote, wo keine Veranlassung dazu vorhanden ist, erst die Aufmerksamkeit auf diesen Gegenstand zu erregen, oder Mißtrauen in die jungen Leute, welches leicht zu Ungehörigem reizt, blicken zu lassen. Der richtige Takt der Dir. und Lehrer wird, wo sich eine Spur einer Unordnung hierunter findet, solchen die rechten Mittel an die Hand geben, dieselben ohne Aufsehen, mit Ernst, auf eine dem Verhältniß der Schuldisciplin angemessene Art zu beseitigen, und die Aufrechthaltung guter Sitte, als deren Verletzung die Sache zunächst aufzufassen ist, zu bewirken.

Das Min. macht dem K. Prov. Schulkoll. auf's Gemessenste zur Pflicht, da, wo sich irgend ein Verdacht zeigt, daß eine nicht gehörige Handhabung der Disciplin oder ein Mangel des Ernstes im Unterrichte einen verderbl. Einfluß auf die Schüler gewinnen könnte, durch alle zu Gebote stehenden Mittel dem Uebel vorzubeugen und nöthigenfalls die Hülfe des Min. in Anspruch zu nehmen.

Anl. a.

Des Königs Maj. haben mittelst A. K. O. v. 30. v. M. zu befehlen geruhet, daß die Bestimmung im §. 7. der Dienst-Instr. für die Prov.-Kons., vermöge welcher ihnen die Anstellung und Beförderung der Lehrer bei den gelehrten, zur Universität entlassenden Schulen und bei den Schullehrer-Sem. zusteht, und nur in Rücksicht der Rektoren und oberen Lehrer bei solchen gel. Schulen, ingl. wegen der Dir. bei den Schullehrer-Sem., die Genehmigung des vorgesetzten Min. einzuholen ist, für jetzt suspendirt sein, und die Besetzung aller Lehrstellen bei den ged. Schulen und Sem. überall unmittelbar von dem Min. abhangen soll. Diese Allerh. Bestimmung haben des Königs Maj. in der Absicht zu erlassen geruht, um das Min. Allerhöchstdenselben dafür verantwortlich machen zu können, daß bei den erwähnten Schulen und Sem. fortan keine Lehrer angestellt werden, welche der Jugend statt gründlichen Unterrichts verderbliche Grundsätze einflößen. Indem dieser Allerh. Befehl dem K. Kons. hierdurch zur pflichtmäßigen Nachachtung bekannt gemacht wird, erwartet das Min. zugleich, daß das K. Kons. die erhöhte Verantwortlichkeit, welche auch für dasselbe aus diesem Allerh. Befehle erwächst, lebendig erkennen, den von ihm zu machenden Anträgen in Betreff der an gedachten Schulen und Sem. zu besetzenden Lehrstellen mit der gewissenhaftesten Umsicht verfahren, und zu einer definitiven Anstellung als Lehrer, nach der ausdrücklich von Sr. Maj. dem Könige erfolgten Bestimmung, Keinen eher in Vorschlag bringen werde, als bis es sich durch die sorgfältigste und genaueste Prüfung von den Grundsätzen und der bisherigen Denk- und Handlungsweise des Anzustellenden vergewissert hat. Bis hierüber vollständige Gewißheit in jedem einzelnen Falle erlangt ist, dürfen Kandidaten nur unfixirt und unter Aufsicht Lehrstellen anvertraut werden, und die Vorschläge sind ausdrücklich hiernach zu richten. Daß hierunter wirklich Alles geschehen sei, was die Erreichung der Allerh. Willensmeinung Sr. Maj. des Königs erfordert, hat das K. Kons. in Hinsicht jedes neu anzustellenden oder weiter zu befördernden Lehrers nicht nur in jedem einzelnen Falle ausdrücklich zu bemerken, sondern auch von jedem Einzelnen, welcher fortan zu einer Lehrstelle wird in Vorschlag gebracht werden, eine specielle sich über die Grundsätze und die bisherige Handlungsweise des Anzustellenden in allen seinen Lebensverhältnissen verbreitende Nachweisung einzureichen, in welcher Alles, was in dieser

Hinsicht für oder wider denselben spricht, auf's Genaueste anzugeben ist, und für deren Richtigkeit das Konf. dem Min. verantwortlich bleibt.

Berlin, d. 6. Okt. 1819. Min. d. G., U. u. M. Ang.
v. Altenstein.

An
sämmtl. K. Konf.

Anl. b.

Durch die neuesten Zeitereignisse, besonders aber durch die unter dem 20. v. M., in der 35. Sitzung der deutschen Bundes-Versammlung in Frankfurt a. M. stattgefundenen Verhandlungen [1]) in Betreff der in dem deutschen Schul- und Universitätswesen wahrgenommenen Gebrechen und Ausartungen, sehe ich mich veranlaßt, Ew. hiermit dringend aufzufordern, dem höheren Schulwesen, mit Ausschluß der Universitäten, für welche ich die Mitwirkung der betr. K. Oberpräs. noch besonders in Anspruch nehmen werde — eine erhöhete und ganz vorzügl. Aufmerksamkeit zu widmen, und Sich dadurch in den Stand zu setzen, allen Mängeln und ganz vorzüglich jedem Keime der Ausartung und des Verderbens, welchen Sie etwa in dieser oder jener höhern Schulanstalt gewahren sollten, zeitig und nachdrücklich entgegen zu arbeiten, und seine weitere Entwickelung zu verhindern.

Zuvörderst muß ich daher Ew. auf's Dringendste zur Pflicht machen, auf alle zweckdienliche Weise dahin zu wirken, daß sämmtl. Dir., Rektoren, Prof. und Lehrer an den Gymn., Lyceen und höheren Schul- und Erziehungsanstalten in lebendiger Anerkenntniß ihres wichtigen Berufs und in ruhiger Erwägung dessen, was ihnen zu thun obliegt in dieser Zeit, durch eine ganz besonders strenge, alle Verhältnisse richtig würdigende Besonnenheit in ihren mündl. und schriftl. Aeußerungen, und durch ein von innerer Haltung zeugendes, einzig und allein dem Wahren und Rechten geweihtes Handeln in und außer der Schule kund thun und offenbaren, wie es ihnen ein Ernst ist, ihr Leben in Einklang zu bringen mit ihrer Lehre, und an der Reinheit, Gediegenheit und Unsträflichkeit ihres eigenen Redens und Thuns der Jugend, welche sie in das sittliche Leben einführen sollen, ein Beispiel und Vorbild zu geben, dem sie nachstreben könne. Nur in dem Grade, als sämmtliche Lehrer an den ged. höh. Schulanstalten sich fern halten von den unklaren und verworrenen Meinungen einer in selbstgefälliger Täuschung den Schein mit dem Wahren so vielfach verwechselnden Zeit, und durch ihr ganzes Leben von der Klarheit ihres Denkens und von der Lauterkeit und Festigkeit ihres Willens fortwährend unzweideutige Beweise geben, [2]) werden sie auch ihren wohlthätigen Einfluß auf die Bildung der heranwachsenden Geschlechter sichern, und die Ueberzeugung begründen, daß die Tüchtigkeit der Bildung, zu welcher sie durch ihre Lehre wie durch ihr Beispiel die ihnen anvertraute Jugend führen, alle die Besorgnisse ausschließt, welchen die deutschen Regierungen jetzt gerade in dieser Hinsicht Raum zu geben sich auf eine so dringende Weise veranlaßt sahen.

Nicht weniger nothwendig ist, durch die nachdrücklichsten Maaßregeln zu verhindern, daß kein Lehrer der ged. höhern Schulanstalten durch die Tendenz seines Unterrichts die Jugend zu der dünkelhaften Anmaaßung veranlasse, als stehe ihr schon ein eigenes Urtheil über die Zeitereignisse und die öffentl. Angelegenheiten zu, und als sei sie besonders berufen, in die Gestaltung des öffentl. Lebens thätig einzugreifen, oder gar eine erträumte bessere Ordnung der Dinge herbeizuführen. Zwar soll und muß den Gemüthern der Jugend eine werkthätige Liebe zum Könige und Vaterlande tief eingeprägt, und kann hierzu der Unterricht in der Geschichte vorzüglich benutzt werden. Aber es ist auf keine Weise zu dulden, daß irgend ein Lehrer durch künstlich herbeigeführte Vergleichungen mit der unmittelbar nächsten Gegenwart oder durch absichtliche, klar oder unklar ausgesprochene Be-

---

1) Diese Bundesbeschlüsse v. 20. Sept. 1819, wurden in Preußen publizirt durch Bek. v. 18. Okt. 1819 (G. S. 1819 S. 218.). Der I. betr. die Bundes-Exekutionsordn., der II. die Universitäten, der III. die Presse, und der IV. die Bestellung der Mainzer Centralkommission.

2) Hier ist des Verbots der Altdeutschen Tracht zu gedenken: K. O. v. 4. März 1820 (Bd. 1. S. 474. Note 1.). Dieselbe K. O. steht in den A. IV. S. 3. v. 9. März 1820 datirt.

ziehungen auf die augenblickl. Verhältnisse der Fürsten, Völker und Staaten seinem Unterrichte in der Geschichte einen unzeitigen Reiz zu geben suche, und die Jugend zu unreifen Urtheilen über Gegenstände anrege, welche sie im Zusammenhange aufzufassen und zu würdigen nicht im Stande ist. Durch ein solches ungehöriges Einmischen der Politik in den Geschichts-Unterricht wird der Jugend nur zu leicht die Unbefangenheit ihres Blicks in die Vergangenheit getrübt; sie wird von einem gründl. Auffassen der nothwendig zu erlernenden Gegenstände abgezogen und zu dem Wahne verleitet, als verstehe und wisse sie, worüber zu schwatzen sie sich herausnimmt, und als sei sie unter Hintansetzung ihres nächsten unmittelbaren Berufs verpflichtet, ihren inhaltsleeren Gefühls-Vorstellungen von einem erträumten bessern Zustande des öffentl. Lebens Wirklichkeit und Dasein zu geben. Vielmehr fordert die Gegenwart dringender als je, daß der Unterricht in der Geschichte, wie in den übrigen öffentl. Lehrgegenständen, sich streng in den Grenzen der Schule halte, auf ein klares, umfassendes und in genauer Kenntniß des Besondern ruhendes Wissen hinarbeite, und den Ernst der Wissenschaft niemals verleugne, um also die Jugend frühzeitig dem Leichtsinne und der Oberflächlichkeit im Denken zu entfremden, und sie vorzubereiten zu der ernsteren Anstrengung und zu den Pflichten ihres künftigen Berufs. Nur da, wo der öffentl. Unterricht in allen Lehrfächern in dieser Art erfolgt, und namentlich ein gründl. und ernster Unterricht in der Religion, die Grundlage der ganzen Erziehung, eine wahrhaft religiöse Bildung und nicht bloß ein höchst schädl. Schwärmen in unklaren Gefühlen bewirkt, läßt sich erwarten, daß der Jüngling, künftig sich selbst überlassen, in allen Verhältnissen die rechte Bahn mit Sicherheit verfolgen wird.

Zu der Gründlichkeit eines solchen Unterrichts muß sich in allen mehrgeb. höh. Schulanstalten eine strenge Disciplin gesellen, welche die Jugend zwar mit Liebe und Milde behandelt, aber unablässig auf Gehorsam, Fleiß und gute Sitte dringt, und die genaueste Befolgung der desfallsigen Gesetze zur heiligsten Pflicht macht. Es muß daher jede Unregelmäßigkeit, Unfolgsamkeit und Pflichtvernachlässigung der Schüler nachdrücklich gerügt, jede dünkelhafte Anmaßung sogleich bei ihrem ersten Hervortreten zurückgewiesen, vorzüglich aber jeder Ungehorsam gegen die Lehrer und die Hinantsetzung der ihnen gebührenden Ehrfurcht auf's Schärfste gestraft werden. Besonders ist in allen, die Handhabung einer guten Disciplin betr. Fällen alles unnöthige Raisonniren und Diskutiren mit der Jugend zu vermeiden, damit sie früh lerne, ohne Widerrede den vorgeschriebenen Ges. zu folgen, sich willig der bestehenden Obrigkeit zu unterwerfen, und die bürgerl. Ordnung, welche eben auf pünktliche Befolgung dessen, was Recht ist, beruht, durch die That anzuerkennen.

Diese obigen Bemerkungen werden hinreichen, Ew. die leitenden Grundsätze anzugeben, welche Sie in der gegenwärtigen Zeit auf die mehrgeb. höh. Schulanstalten Ihres Ober-Präsidialbez. mit folgerechter Strenge in Anwendung zu bringen haben. Da aber eine desfallsige öffentl. Bekanntmachung weder räthlich noch nöthig ist, weil sie theils vielfältigen Mißdeutungen unterliegen, theils gegen diej. Schulanstalten und Lehrer, welche nach vorstehender Aufgabe bis jetzt tadellos und gesetzmäßig gewirkt haben, ein unbegründetes und eben daher kränkendes Mißtrauen verrathen würde: so muß ich Ew. eigener Beurtheilung anheimstellen, nach den Bedürfnissen und Verhältnissen der einzelnen Schulanstalten und ihrer Lehrer, wie es Ihnen zeitgemäß am zweckdienlichsten und wirksamsten scheint, das Erforderl. speciell zu veranlassen.

Ew. werden Sich durch umsichtige Verfolgung und mögliche Erreichung der im Obigen angedeuteten Zwecke um die Schulanstalten, Lehrer und Schüler ein wesentl. Verdienst erwerben, und von ihnen mannigfache Nachtheile abwenden, indem jede auf Seiten der Behörden, der Lehrer oder der Schüler wahrgenommene Vernachlässigung dessen, was zu thun ihnen Pflicht und Gesetz gebietet, für sie ganz unnachsichtlich die unangenehmsten Folgen herbeiführen wird. Namentlich muß die Entfernung derj. Lehrer, welche nachtheilig auf die Jugend durch böses Beispiel und leichtsinnige Lehre einwirken, überall unnachsichtlich erfolgen.

Einer bestimmten Anzeige dessen, was Ew. in dieser Hinsicht unmittelbar oder mittelbar durch das K. Kons. oder die mit Leitung des höhern Schulwesens beauftragten Räthe desselben werden veranlaßt haben, sehe ich demnächst entgegen, sowie ich auch hierdurch Ew. noch ausdrücklich zur Pflicht mache, mich von allen den Fällen, in welchen von meiner Seite eine besondere Einwirkung nöthig sein sollte, ungesäumt in die genaueste Kenntniß zu setzen.

S. Maj. der König hat mit Großmuth die Mittel gewährt, die höh. Lehranstalten in einen besseren Zustand zu versetzen. Wir haben daher eine doppelte Verpflichtung, Alles aufzubieten, damit die wohlthätige Absicht Sr. Maj. des Königs zum Wohl und Segen des Landes vollständig erfüllt werde.

Berlin, d. 30. Okt. 1849.

Min. d. G., U. u. M. Ang.
v. Altenstein.

An
sämmtl. K. Oberpräsidenten.

(A. XVIII. S. 1007—1015.)

b) Wirksamkeit für das herrschende Regierungs-System.

C. R. v. 20. Dec. 1848, 26. Juli 1849. (s. in Bd. 1. S. 475. 478.)

c) Theilnahme an Vereinen. [1])

Vgl. Art. 29. 30. der Staatsverfassung u. C. R. v. 19. April 1850. (s. in Bd. 1. S. 480.)

Dies letztere, zunächst an die Reg. gerichtete C. R. wurde auch den sämmtl. Prov. Schulkoll. mitgetheilt durch R. des Min. d. G., U. u. M. Ang. (v. Ladenberg) v. 19. April 1850.

Das K. Prov.-Schulkoll. erhält anl. ein Exemplar der heute an die K. Reg. erlassenen C. Verf., betr. die Unstatthaftigkeit der Theilnahme von Beamten an solchen Vereinen, welche einer feindseligen Parteinahme gegen die Staatsregierung überführt oder verdächtig sind, mit der Veranlassung, danach auch in Seinem Ressort zu verfahren, und insbes. den Gymnasial- und Seminar-Direktoren eine strenge und sorgfältige Ueberwachung der ihnen untergeordneten Lehrer in der ged. Beziehung zur Pflicht zu machen. Da dem K. Prov.-Schulkoll. jedoch die Mittel zur Beurtheilung der Tendenz und Wirksamkeit politischer Vereine nicht immer zu Gebote stehen werden, so wolle sich Dass. dieserhalb in vorkommenden, zweifelhaften Fällen mit der betr. K. Reg. benehmen. Glaubt letztere einen Verein, der, in der C. Verf. bezeichneten Kathegorie beizählen zu müssen, so wird dem weiteren Einschreiten gegen den betr. Lehrer, resp. Beamten, seitens des K. Prov.-Schulkoll. ein weiteres Bedenken nicht entgegen stehen und nur noch zu erwägen sein, ob zunächst ein besonderes Verbot an den Betheiligten zu erlassen oder sofort die Einleitung der Disciplinar-Untersuchung zu verfügen, resp. in Antrag zu bringen sei.

(M. Bl. d. i. V. 1850. S. 98. Nr. 130.)

d) Abhängigkeit der Anstellungen, Beförderungen und Unterstützungen von tadelloser moralischer und politischer Haltung.

C. R. v. 22. Jan. 1851. (s. in Bd. 1. S. 483.)

Vgl. auch üb. polit. Integrität als Bedingung der Anstellung S. 68 ff.

2) Das kirchliche Verhalten.

Daß, namentlich in neuerer Zeit, von den leitenden Behörden, neben dem politischen, auch auf das kirchliche Verhalten der Lehrer vorzugsweise Gewicht gelegt wird, ist schon mehrfach erwähnt, und dadurch erklärlich, daß man, fast wie zu Zeiten des Mittelalters, eine kirchlich-religiöse Erziehung als Hauptstück der ganzen Erziehung accentuirt. Es wird in dieser Hinsicht vom Lehrer verlangt:

a) daß er sich zu einer der herrschenden Konfessionen bekenne. (s. v. S. 70.);

---

1) Was die Versammlungen anlangt, so hat von einer Hinderung der Philologenversammlungen, so wie der Versammlungen der Realschulmänner, welche seit mehreren Jahren üblich geworden sind, noch nichts verlautet. Das Verbot der Theilnahme an den allgem. deutschen Lehrerversammlungen v. 1. Febr. 1854 s. in Bd. 1. S. 482.

b) daß er dem sonntägigen Gottesdienste beiwohne, und sich am Genusse des heil. Abendmahls betheilige.[1])

3) Disziplin über die Lehrer.

Die Vorschriften über die disziplinarische Aufsicht und über Disziplinar-Verfahren gegen Lehrer, so wie über Suspension und Pensionirung derselben finden sich in dem Ges. v. 21. Juli 1852. und den dazu zusammengestellten Ergänzungen (s. in Bd. 1. S. 492 ff.). Insbes. sind hervorzuheben:

a) K. O. v. 24. Dec. 1836 gegen das Laster der Trunkenheit. (Bd. 1. S. 493. Note 3.)

b) K. O. v. 12. Mai 1841 gegen leichtsinniges Schuldenmachen. (ib. u. S. 837. Note 1.)

c) K. O. v. 21. Nov. 1835 wegen der Amtsverschwiegenheit. (Bd. 1. S. 464.)

d) Die Strafbestimmung wegen unzüchtiger Handlungen mit Schülern §. 142. Strafgb. v. 14. April 1851. (Bd. 1. S. 303.)

Die geheimen Konduiten-Listen über die Lehrer sind abgeschafft. K. O. v. 31. Juli 1848. C. R. v. 19. Okt. 1848. (Bd. 1. S. 366. flg.)[2]) Ebendas. ist jedoch der Erl. v. 6. März 1852 zu vergleichen, welcher die Konduiten-Listen durch Aeußerungen in den Jahresberichten zu ersetzen sucht.

4) Gerichtliche Untersuchungen gegen Lehrer.

Die betr. Vorschriften sind theils im vorstehend angef. G. v. 21. Juli 1852 wegen der Dienstvergehen der nicht richterl. Beamten, theils in Bd. 1. S. 508 flg. enthalten. Eben so sind über den

5) Schutz der Lehrer gegen Beleidigungen im Amte die betr. Bestimmungen des Strafgb. u. Einführungs-G. v. 14. April 1851 in Bd. 1. S. 511 zu vergleichen.

6) Urlaub.

a) Allgemeine Bestimmungen. Vgl. Bd. 1. S. 520. 276., wobei zu bemerken, daß für die Lehrer an Gymnas. und Semin. das Prov. Schulkoll. als Aufsichtsbehörde den Urlaub zu ertheilen hat.

---

1) Eine Min.-V. hierüber für den höhern Lehrerstand ist nicht veröffentlicht, u. der C. Erl. der Magd. Reg. v. 15. März 1852 (s. in Bd. 1. S. 489) geht nur auf Volksschullehrer. Doch läßt sich nach dem o. S. 20 Note 1. Mitgetheilten annehmen, daß ähnliche Verf., wie dort hinsichtl. katholischer Gymn. erwähnt, auch für evang. Gymn. und überhaupt für die höheren Schulen beider Konfessionen vorhanden sind. Schon früher, unterm 31. Mai 1843, wurde von dem Minister Eichhorn berichtet, daß derselbe sich mit Maaßregeln beschäftige, um die christliche Gesinnung des Lehrerpersonals zu beleben. Zu diesem Zwecke seien monatliche Konferenzen sämmtlicher Gymnasiallehrer Berlins bereits eingerichtet, in denen, zu gegenseitiger Stärkung gesinnungskräftige Vorträge gehalten werden sollen: denn in unsrer wissensstolzen Zeit müsse nach der Meinung der obersten Leitung im Kultusmin. vor Allem auf die Gesinnung hingearbeitet werden, auf diesen Geist der Demuth, welche die Wirkungen der Gnade allen selbsteigenen Anstrengungen bei Weitem vorziehe.

2) Außer den dort angef. ältern Vorschriften übertrug das C. R. v. 18. Juni 1844. (M. Bl. d. i. V. 1844. S. 223.) den Reg. die Anfertigung der Konduiten-Listen über die Lehrer an höhern Bürgersch. und an den für Tertia oder höhere Klassen der Gymn. vorbereitenden Mittelschulen. Diese Konduiten-Listen sollten durch das Prov.-Schulkoll. an den Min. gelangen, und auch alle pro fac. doc. geprüften Kand. enthalten, die im Probejahr oder sonst bei den betr. Lehr-Anstalten beschäftigt seien. Vgl. auch das Publ. der Reg. zu Stralsund v. 19. Mai 1820, welches insbes. die von den Superint. mit Hülfe der Pfarrer über die Kand. des Predigt- u. Schulamts zu führenden Konduiten-Listen betrifft, und Schemata dazu mittheilt. (A. IV. S. 247—251.)

b) Urlaub auf kürzere Fristen, welche in den verschiedenen Prov. verschieden bestimmt sind, können die Kuratorien den Direktoren, und die Direktoren den unter ihnen stehenden Lehrern ertheilen: §. 27. der Brandenburger Dir.-Instr. u. die Note dazu, §. III. Nr. 6. der Rhein. Dir.-Instr. s. o. S. 86 und S. 89.

7) Militairdienst. (Vgl. o. S. 65.)

Ueber die Befreiung unentbehrlicher Schullehrer bei Landwehr-Uebungen und Mobilmachungen s. Bd. 1. S. 523.

8) Ausübung der Jagd.

Die in Bd. 1. S. 524. gegebenen beschränkenden Verfügungen für die Volksschullehrer sind auch auf die Lehrer an Sem. ausgedehnt. (ib. S. 525. Note 1.)

9) Heirathskonsens. [1])

In Folge der K. O. v. 9. Juli 1839, worin jede präventive Beaufsichtigung der von Civilbeamten zu schließenden Ehen für unerlaubt erklärt und bestimmt worden war, daß diese Beamten zu ihren Ehen die Erlaubniß ihres Chefs nur deshalb nöthig hätten, um durch dieselbe den Nachweis ihres Beitritts zur Wittwen-Verpflegungs-Anstalt zu führen, wurde durch Staatsmin. Beschl. v. 7. Nov. 1839. (Just. Min. Bl. S. 302, A. XXIII. S. 529.) festgestellt, daß nur die bei der Wittwen-Verpflegungs-Anstalt rezeptionsfähigen Civilbeamten des Ehekonsenses bedürften. [2])

Unter diese gehören, wie durch die K. O. v. 10. Dec. 1816., 17. April 1820. und mehrere spätere V. ausgesprochen ist, (vgl. im folg. Kap.) die an den höhern Schulen angestellten Lehrer. [3])

Umgekehrt war schon durch die K. O. v. 17. Juli 1816. (G.S. 1816. S. 214.) bestimmt:

daß künftig jedem Civil-Offizianten, welcher den Heirathskonsens nachsucht, zur Pflicht gemacht werden soll, eine bestimmte Erklärung abzugeben, mit welcher Summe er seine künftige Gattin in die Wittwenkasse einkaufen wolle, und daß jedem Civil-Offizianten, welcher diese bestimmte Erklärung abzugeben unterläßt, der Heirathskonsens verweigert werden soll.

Dabei wurde den Behörden zur besondere Pflicht gemacht darauf zu sehen, daß die betr. Beamten auch wirklich, ihrer Erklärung gemäß, sich nach vollzogener Heirath bei der allg. Wittwenkasse associiren.

Auch diese Bestimmung findet auf Geistliche und Schulbeamte, mit Ausnahme der niedern Kirchenbeamten und der Elementarlehrer Anwendung. [4])

---

1) §. 70. Anh. z. §. 146 A. L. R. II., 1.: K. Civiloffizianten müssen vor dem Aufgebot und der Trauung nachweisen, daß sie die zu ihrer Verheirathung erforderliche Erlaubniß des ihnen vorgesetzten Chefs erhalten haben.

2) Das C. R. des Min. d. G., U. u. Med. Ang. v. 28. Febr. 1838, von dem übrigens schon das R. desselben Min. v. 9. Mai 1838 erklärte, daß dadurch in Ansehung der Geistlichen und Lehrer keine Aenderung des bisherigen Verfahrens in Betreff der Einholung des Heirathskonsenses bei den Chefs der Prov.-Verwaltungsbehörden beabsichtigt sei, erscheint demnach antiquirt (A. XXII. S. 92. 93). — Eben so die durch R. desselben Min. v. 14. Juli 1830 gebilligte Bek. des Oberpräs. von Pommern v. 29. Juli 1830, so weit sie eine Prüfung darüber verlangte: ob in Ansehung der zu wählenden Ehegattin in Rücksicht auf die Würde des Standes und des dem Publiko zu gebenden Beispiels, oder sonst etwas gegen die beabsichtigte Verheirathung zu erinnern sein möchte. (A. XIV. S. 552.)

3) Ueber den Ausschluß der Hülfslehrer und der Lehrer an Elementarklassen s. R. v. 10. Jan. 1834 Bd. 1. S. 553.

4) K. O. v. 10. Dec. 1816 (vgl. unten). Beamte, die, weil sie das statutenmäßige Alter von 60 Jahren überschritten haben, oder weil sie das Gesundheits-

Die besonderen Bestimmungen in Betreff des Heirathskonsenses für Lehrer sind folgende:

a) In Betreff der Bedingung des Beitritts zur Wittwenkasse.

α) C. Verf. des Kons. in Köln v. 6. April 1825 an die Vorsteher der Gymnasien.

Es ist der Fall vorgekommen, daß Lehrer an Gymn. aus Unkunde der bestehenden gesetzlichen Vorschriften es unterlassen haben, vor ihrer Verheirathung den Heirathskonsens bei der betr. Behörde einzuholen, wodurch es denn auch geschehen ist, daß dieselben ihren Ehefrauen eine Pension bei der allgem. Wittwenkasse nicht versichert haben. Um dergleichen Unregelmäßigkeiten für die Folge vorzubeugen, tragen wir Ihnen auf, den ordentlichen Lehrern Ihres Gymn., welche noch unverheirathet sind, bekannt zu machen, daß sie gleich den übrigen Preuß. Staatsdienern zu ihrer Verheirathung des Heirathskonsenses der Staats-Behörde bedürfen. Zu dem Ende haben dieselben, vor ihrer Heirath, ein desfallsiges Gesuch an uns einzureichen, und darin zugleich eine bestimmte Erklärung abzugeben, welche Summe sie ihrer künftigen Gattin bei der allgem. Preuß. Wittwen-Verpflegungs-Anstalt als Pension zu versichern gedenken. Auf den Grund dieser Erklärung wird alsdann der Konsens dem Bittsteller ertheilt, welcher gehalten ist, den wirklichen Einkauf seiner Gattin in die Wittwenkasse nach Verlauf des nächsten auf seine Verheirathung folgenden Rezeptionstermins durch Einsendung des Rezeptionsscheines nachzuweisen. Der Beitritt zur Wittwenkasse kann übrigens unter keiner Bedingung erlassen werden.

Vorstehende Bestimmungen finden jedoch überall nur auf die ordentl. Lehrer der höheren Schulanstalten Anwendung.

(A. IX. S. 1010.)

β) Eben so wiederholt das C. R. des Min. d. G., U. u. M. Ang. (v. Altenstein) v. 16. Mai 1833 an sämmtl. K. Reg. hinsichtlich der Geistl. und der Lehrer bei Gymnas., Schullehrer-Sem., höhern und allg. Stadtschulen die Bestimmung:

hinfüro in keinem Falle den Heirathskonsens ohne jenes bindende Versprechen, welches bei Nachsuchung des Konsenses jedesmal erforderlich ist, zu ertheilen, auch hiernächst gehörig darauf zu halten, daß die Pensions-Versicherung wirklich erfolge,

mit dem Zusatze:

daß der kopulirende Geistliche die Trauung nicht verrichten darf, ohne sich erst von erfolgter Ertheilung des Heirathskonsenses durch Einsicht desselben überzeugt zu haben.

(A. XVII. S. 383.)

γ) Das C. R. dess. Min. v. 22. Juni 1837 an sämmtl. K. Reg. u. abschr. an sämmtl. K. Prov.-Schulkoll. fordert hinsichtlich des Beitritts der Geistl. und der dazu berechtigten Lehrer zur allg. Wittwenkasse auf:

die strengste Kontrolle zur Führung des durch den Heirathskonsens aufzugebenden Nachweises des erfolgten Beitritts zu handhaben.

(A. XXI. S. 405.)

b) Ueber die Behörden, welche den Heirathskonsens zu ertheilen haben, sind ergangen:

α) R. des Min. d. Inn. 2 Abth. (v. Schuckmann) v. 21. Dec. 1816 an sämmtl. K. Reg. u. Kons., welches unter Mittheilung der K. O. v. 10. Dec. 1816. zur Nachachtung u. Bek. durch die Amtsbl. festsetzt:

Attest nicht beizubringen vermögen, bei der Wittwenkasse nicht rezipirt werden können, erhalten den Heirathskonsens gegen einen Revers, daß die Wittwe auf Pension aus Staatsfonds keinen Anspruch machen will. Dekl. v. 3. Sept. 1817 (G. S. 1817. S. 301.)

daß das Präsidium über die Beobachtung der Allerh. Bestimmungen dieser O. zu wachen, auch zu dem Behufe die Konsense zur Verheirathung für die Geistl. und Schullehrer seines Bereichs zu ertheilen haben soll.

(A. XVI. S. 102.)

β) In Betreff der Gymnasiallehrer das C. des Min. d. G., U. u. M. Ang. (v. Altenstein) v. 13. Sept. 1819 an sämmtl. K. Kons.

Die Entscheidung der Anfrage des K. Kons. v. 19. v. M., von wem den Gymnasiallehrern die Heiraths-Konsense zu ertheilen sind, ergiebt sich aus §. 41. der Reg.- und §. 7. der Kons. Instr. Da nämlich nach §. 40. der Reg. Instr. die Reg. Präsidenten nur für die Beamten der Reg. und die denselben untergeordneten Beamten die Heiraths-Konsense ausfertigen, nach §. 7. Nr. 10. der Kons. Instr. aber die Lehrer bei den gelehrten Schulen, welche zur Universität entlassen, lediglich unter den Kons. stehen, so muß von den bei Schulen dieser Art angestellten Beamten, so wie von den Beamten der Kons. und der Medicinal-Kollegien der Heiraths-Konsens bei dem vorgesetzten Ober-Präsidenten, als Präsidenten des Kons. und Medizinal-Koll. nachgesucht werden, doch bedarf es bei denjenigen Mitgliedern des Kons. und Medicinal-Kolleg., welche als Mitglieder der Reg. den Konsens bei dem Reg. Präsidio nachzusuchen haben, keines zweiten Konsenses des Ober-Präsidenten.

(A. III. S. 723.)

γ) In Betreff der Geistl., Gymnasial- und Seminarlehrer das R. des Min. d. G., U. u. M. Ang. (v. Kamptz, Nikolovius) v. 14. Juli 1830 an das Oberpräs. v. Pommern, wonach

die Heirathskonsense von den Geistlichen bei den K. Reg. Präsidien, und die Heirathskonsense der Dir., Rektoren und Lehrer an den Gymn. und Sem. bei den K. Oberpräsidien, als Präsidenten des Kons. und Prov. Schulkolleg. nachzusuchen sind.[1])

(A. XIV. S. 551.)

10) Nebenämter und Gewerbe.

Die Bedingungen, unter welchen ein Nebenamt mit dem Schulamte vereinbar ist, und zu denen insbesondere die Genehmigung der vorgesetzten Behörde gehört, sind auf Grund der K. O. v. 14. Jan. 1833., 25. Aug. 1841. und 13. Juli 1839. in den C. R. v. 31. Okt. 1841 zusammengestellt. (s. Bd. 1. S. 527. 529—531.) Vgl. auch §. 87. G. v. 21. Juli 1852. (Bd. 1. S. 507.)

Hinsichtlich etwaigen Gewerbebetriebs fordert §. 19. der Gew.-O. v. 17. Jan. 1845. ebenfalls Erlaubniß der Aufsichtsbehörde. (a. a. O. S. 572.)

Besondere Vorschriften sind:

a) Hinsichtlich der Gemeindeämter.[2])

α) Laut §. 17. der St.-O. v. 30. Mai 1853. sind die Lehrer an

---

1) Die durch dies R. genehmigte Bek. des Oberpräs. Sack v. 29. Juli 1830 ist schon o. S. 104 Note 2. erwähnt. Von ihren Bestimmungen ist noch zu beachten, daß die Gesuche von Lehrern um Heirathskonsens durch die betreff. Direktoren eingereicht, und als reine Privatangelegenheiten frankirt zur Post gegeben werden sollen.

Daß bei Schulen, die von den Reg. ressortiren, der Heirathskonsens vom Reg.-Präsidio zu ertheilen ist, folgt aus §. 40. der Reg. Instr. v. 23. Okt. 1817, wo es vom Reg. Präsidenten heißt: Er — ertheilt die Konsense zu den Heirathen der Regierungs- und der übrigen der Reg. untergeordneten Beamten. Vgl. auch Publ. v. 27. Dec. 1820 (s. unten).

2) Die Genehmigung der vorgesetzten Dienstbehörde sowohl zur Annahme der Wahl als Gemeinde-Verordneter, als zur Uebernahme eines besoldeten oder unbesoldeten Amtes in einer Gemeinde-Verwaltung erfordert für alle Staats-Beamte ohne Unterschied der Staatsmin.-Beschl. v. 2. März 1851 (Just. Min. Bl. 1851. S. 151). — Vgl. auch die in Bd. 1. S. 531. Note 2. u. S. 533 Note 1. angef. R.

höhern Schulen nicht von der Wahl zu Stadtverordneten, nach §. 30. ib. aber von der Wahl zu Magistratsmitgliedern ausgeschlossen. (s. Bd. 1. S. 531.)

b) Vormundschaften brauchen sie nur über Kinder ihrer Verwandten und Amtsgenossen zu übernehmen, und bedürfen dazu der Erlaubniß der Vorgesetzten. §§. 161. 213. A. L. R. II. 18. (s. Bd. 1. S. 533.)

c) Ueber die Erlaubniß zu Privatunterricht.[1]) §§. 6. 16. Instr. v. 31. Dec. 1839. (s. Bd. 1. S. 293. 296. vgl. 534.)

11) Titel und Rang.

a) Das Prädikat „Oberlehrer."

α) Nach Nr. 3. des C. R. v. 24. Okt. 1837. (im folg. Abschn.) soll dasselbe den Klassenordinarien vorbehalten bleiben. Dazu

β) R. des Min. d. G., U. u. M. Ang. (v. Altenstein) v. 27. Febr. 1838 an das K. Prov.-Schulkoll. zu Münster.

Das unterz. Min eröffnet dem K. Prov.-Schulkoll. auf die Anfragen in dem Ber. v. 12. v. M. wegen Verleihung des Oberlehrer-Prädikats an die Klassen-Ordinarien bei den Gymn. hierdurch Folgendes:

1) Nach der C. Verf. v. 24. Okt. v. J. will das Min. das Prädikat Oberlehrer ausschließlich den Klassen-Ord. beilegen, welche sich als solche während längerer Zeit in jeder Beziehung bewährt und ausgezeichnet haben. Die Lehrer der Mathematik und der Naturwissenschaften sind, vorausgesetzt, daß sie die zu einem gelehrten Schulamte nöthige allg. wissenschaftl. Bildung besitzen, und neben den für ihr spezielles Fach bestimmten Lektionen auch in andern Lehrgegenständen unterrichten können, von der Wirksamkeit der Klassen-Ord. nicht ausgeschlossen und dem Min. sind nicht wenige Gymn. bekannt, wo die Lehrer der Mathematik und Naturwissenschaften mit dem besten Erfolge auch als Klassen-Ord. thätig sind. Ueberdies hält das Min. für den Lehrer der Mathematik, wenn es für ihn eines besondern Prädikats bedarf, das des Mathematikus, welches bei vielen Gymn. herkömmlich ist, für das passendste. Auch behält sich das Min. vor, ausgezeichneten Lehrern der Mathematik und der Naturwissenschaften, die sich durch namhafte wissenschaftl. Leistungen vortheilhaft bekannt gemacht und während längerer Zeit in ihrem Fache mit einem besonders glückl. Erfolge gelehrt haben, zu ihrer Aufmunterung das Prädikat Professor beizulegen.

2) Daß alle Klassen-Ord., auch die jüngsten, welche in unteren Klassen mit gutem Erfolge unterrichten, das Oberlehrer-Prädikat erhalten sollen, ist keinesweges die Absicht, vielmehr muß in jedem einzelnen Falle bei dem Min. auf Ertheilung des ged. Prädikats für einzelne Klassen-Ord. unter Nachweisung ihrer Verdienstlichkeit angetragen werden.

(A. XXII. S. 103.)

b) Beibehaltung der Titel „Konrektor, Subrektor" ꝛc.

R. des Min. d. G., U. u. M. Ang. (v. Ladenberg) v. 17. März 1840 an das K. Prov.-Schulkoll. zu N.

Unter den in dem Ber. v. 2. d. M. angeführten Umständen will das unterz. Min. dem Antrage des K. Prov.-Schulkoll., wegen Verleihung des Prädikats

---

— In demselben Sinne hielt die Resol. des Min. des J. u. d. P. v. 14. Juli 1834 an die Stadtverordneten zu Stargard eine Entscheidung der Reg. zu Stettin aufrecht, nach welcher die Wahl eines Gymnasial-Oberlehrers zum Stellvertreter des Stadtverordneten-Vorstehers für nicht zulässig erachtet worden war. (Ann. XVIII. S. 740.)

1) In Schlesien ist eine Verf. des Prov.-Schulkolleg. an die Gymn. ergangen, wonach den Lehrern untersagt wird, ihren Schülern in denjenigen Gegenständen Privatunterricht zu ertheilen, welche sie selbst in der Klasse zu lehren haben. Primanern soll von den in Prima unterrichtenden Lehrern in keinem Falle Privatstunden gegeben werden (Nat. Zeit. 1853. Nr. 400). — Anderwärts ist verordnet, daß die Schüler höherer Lehranstalten nur nach Urtheil des Dir. Privatunterricht brauchen sollen, ihn aber mit Genehmigung des Dir. beim Klassenlehrer nehmen, und jedenfalls unter des Letztern Aufsicht Schularbeiten fertigen dürfen.

„Oberlehrer" an den Subrektor N. bei dem Gymn. N. zwar willfahren, jedoch unter der Bedingung, daß dem ꝛc. N. in allen amtl. Verhandlungen, neben dem Prädikate „Oberlehrer," auch sein bisheriger Titel „Subrektor" beigelegt werde. Hierbei empfiehlt das Min. dem K. Prov.-Schulkoll., zugleich Sorge zu tragen, daß die Titel: „Konrektor, Subrektor, Sub-Konrektor, Kollaborator" u. s. w. bei allen den Gymn., wo sie bisher von den Lehrern geführt worden, auch ferner beibehalten werden, indem diese Titel die Stelle, welche die betr. Lehrer am Gymn. einnehmen, zweckmäßig bezeichnen, und daher zu einem Vertauschen derselben mit dem Prädikate „Lehrer und Oberlehrer" kein hinreichender Grund vorhanden ist.

(M. Bl. d. i. V. 1840. S. 155.)

c) Rangverhältniß der Direktoren an höhern Schulen und Verleihung des Titels „Professor" an Lehrer.

Bek. des Prov.-Schulkoll. zu Breslau v. 27. Juni 1843.

Nach einem R. des K. Geh. Staats-Min. Hr. Eichhorn Exz. v. 26. Febr. d. J., haben des Königs Maj. wegen Ernennung der Professoren bei Gymnasien ꝛc. und deren Rang-Verhältniß Allerh. zu bestimmen geruht, daß:

1) die Direktoren der Gymn. und der vollständigen, zu Entlassungs-Prüfungen berechtigten, höhern Bürgerschulen den ordentl. Professoren der Universitäten im Range gleichstehen, und diese Bestimmung auch auf die bereits angestellten Dir. Anwendung finden soll, ohne daß es der Ausfertigung einer neuen Bestallung für dieselben bedarf.

2) daß die Verleihung des Prädikats als Professor an Lehrer, welche nicht zu den ordentl. Prof. der Univ. und derj. Unterrichts-Anstalten gehören, welche einzelne Fakultäten einer Univ. umfassen, künftig dem gen. H. Geh. Staats-Min. überlassen bleibt, und daß dergl. Professoren den Rang der außerordentl. Prof. an den Univ. erhalten sollen;

3) daß das Rang-Verhältniß der Seminar-Dir. in jedem einzelnen Falle durch die Ernennung bestimmt werden wird.

Auch hat des H. Geh. Staats-Min. Eichhorn Exz. unter dem 7. d. M. bestimmt, daß wenn bei gewissen Anstalten der Titel „Professor" mit einer bestimmten Lehrerstelle außer dem Direktorat dergestalt herkömmlich stets verbunden gewesen ist, daß auch Magisträte oder Privatpatrone, welche diese Stelle herkömmlich zu besetzen haben, den Lehrer als Professor berufen, es auch bei dieser Art der Ernennung ferner sein Bewenden behalte, und der von einem solchen Patrocinio berufene Professor dens. Rang haben soll, welcher den, nach der obigen Allerh. Bestimmung ernannten Prof. zukommt.[1])

(M. Bl. d. i. V. 1843. S. 192.)

d) Rangverhältniß der kathol. Religionslehrer.

R. des Min. d. G., U. u. M. Ang. (v. Altenstein) v. 2. Juli 1833 an das K. Prov.-Schulkoll. in Koblenz.

Das Min. ist mit dem Antrage des K. Prov.-Schulkoll. in dem Ber. v. 12. v. M., betr. die den Religions-Lehrern an den kathol. Gymn. zu gebende äußere Stellung, einverstanden, und genehmigt hiermit, daß die ordentl. Religions-Lehrer, welche den Religions-Unterricht durch alle Klassen des Gymn. und den hebräischen Unterricht in den obern Klassen ertheilen, die Andachts-Uebungen der Gymnasiasten leiten, und zu dem Behufe selbstredend über ihre gelehrte Bildung sich hinreichend ausgewiesen haben müssen,[2]) den Oberlehrern im Range gleichgestellt werden, und mit diesen an den betr. Gymn. nach der Anziennität rangiren.

(A. XVIII. S. 1004.)

---

1) Nach §. 63. Nr. 9. der V. v. 3. Jan. 1849 über Einführung des mündl. und öffentl. Verfahrens ꝛc. sind ohne Rücksicht auf den sonst erforderten Steuersatz (v. 18 Thlr. Klassen- oder 20 Thlr. Grund- oder 24 Thlr. Gewerbesteuer) zu Geschwornen wählbar „die Professoren." Außerdem diej. Beamten, welche unmittelbar vom Könige ernannt sind, oder ein Einkommen von wenigstens 500 Thlr. jährl. beziehen.

2) Ueber die Prüfung der kath. Geistlichen Behufs der Anstellung als Reli-

12) Jubelfeier.[1]) (s. B. 1. S. 537.)

13) Vorrechte bei der Exekution wegen Schulden.

Dieselben kommen den Lehrern in gleichem Maße wie den übrigen Staatsbeamten zu. (s. Bd. 1. S. 837.)

14) Amtseinkommen. (Vgl. Bd. 1. S. 215. flg.)

a) Gehalt.

Besondere Bestimmungen in Betr. der Lehrer an höhern Schulen fehlen. Es sind daher nur die allgemeinen Vorschriften zu erwähnen über

α) Vorausbezahlung des Gehalts. Dieselbe erfolgt bei allen Beamten die zu einem Kollegio gehören, oder bei einem solchen arbeiten, vierteljährlich,[2]) bei einzeln stehenden Beamten blos monatlich. K. O. v. 10. Mai 1828 mitgeth. durch C. R. der Min. d. Inn. und d. Fin. v. 27. Juni 1828. (A. XII. S. 309.), so wie durch R. des Just.-Min. v. 3. Juli 1828. (Jahrb. Bd. 32. S. 96. Gräff., Bd. 3. S 213.)

β) Empfang der Zahlung. Dabei braucht nicht auf dem persönlichen Erscheinen des Berechtigten, oder auf Beibringung einer förmlichen Vollmacht bestanden zu werden, sondern es kann an den Präsentanten der Quittung[3]) gezahlt werden, falls dieser eine bekannte oder sonst unverdächtige Person ist. R. des Min. d. Inn. u. d. Fin. v. 24. Okt. 1828. (A. XII. S. 964.)

γ) Goldantheil. Durch die K. O. v. 11. Aug. 1848 (G. S. 1848. S. 227.) mitgeth. durch R. des Min. d. Fin. v. 8. Sept. 1848. (M. Bl. d i. V. 1848. S. 289.) wurde angeordnet: daß das früher von $\frac{1}{5}$ des Gehaltes gewährte Goldagio wegfallen, und v. 1. Okt. 1848 an das Gehalt sämmtlicher Staatsdiener lediglich nach dem Nennwerth in Kourant berichtigt werden, jeder Staatsdiener aber erforderlichenfalls $\frac{1}{5}$ der Besoldung in Gold, den Friedrichsd'or zu $5\frac{2}{3}$ Thlr., anzunehmen verpflichtet sein solle.[4])

δ) Quittungsstempel. Derselbe beträgt $\frac{1}{12}$ Proc. der Summe, über welche die Quittung lautet. Bei Abzügen (z. B. für den Pensionsfonds) ist demnach nicht das etatsmäßige Diensteinkommen, sondern der verminderte Betrag des Jahreseinkommens der Stempelberechnung zu Grunde zu legen. Stempelges. v. 7. März 1822. §. 8. und Tarif-Pos. „Quittungen." C. R. des Gen.-Dir. der Steuern v. 27. Dec. 1828. (A. XII. S. 986.)

---

gions-Lehrer s. R. v. 8. Mai 1832 zu §. 2. des Regl. v. 20. April 1831. (s. o. S. 26 Note 3) — Eine K. O. v. 23. Dec. 1845 (G. S. 1846. S. 21.) schloß die j. Aspiranten, welche sich im Auslande zu Priestern weihen lassen, und dadurch ihre Militairpflicht zu umgehen suchen „von jeder künftigen Anstellung im Vaterlande" aus. — Ueber das Verbot Jesuiten-Schulen zu besuchen, s. im folg. Abschn. — Vgl. auch o. S. 16 Note 2.

1) Früher sollten „lange und treu gediente Schulmänner mit guten Pfarrstellen versorgt werden". R. v. 15. Jan. 1795 an die Pommersche Reg. (Rabe, Bd. 13. S. 281).

2) Doch können auch bei solchen Beamten die Reg. Präsidenten, vorbehaltlich des Rekurses an die Min., wegen leichtsinnigen Schuldenmachens oder Mangel an ordentlicher Wirthschaft, monatliche Vorausbezahlungen anordnen. (C. R. der Min. des J. und der Fin. v. 17. Okt. 1828 (A. XII. S. 965.)

3) §. 130. A. L. R. I. 13.: Hingegen ist der, welchem die Quittung über eine zu bezahlende Summe anvertraut worden, zum Empfange der Zahlung selbst für bevollmächtigt zu achten.

4) Schon die K. O. v. 19. Juni 1836 (Jahrb. Bd. 47. S. 576. — Gräff, Bd. 10. S. 277) hatte den Wegfall der Goldkolonne verordnet, aber dafür $3\frac{2}{3}$ Proz. von dem $\frac{1}{5}$ Goldantheil zu dem Ansatz der Besoldungen hinzurechnen lassen. Das R. v. 12. Nov. 1840 hatte dagegen den Goldantheil wieder in natura eingeführt. (Just. Min. Bl. 1840. S. 361.)

C. R. v. 11. Sept. 1841. (M.Bl.d.i.V.1841.S.266.); C. R. v. 10. Dec. 1848 mit Quittungs-Schema (s. u.) Vgl. Bd. 1. S. 831.

b) Naturalkompetenzen.

Ueber den Ausschluß der Ablösung (s. Bd. 1. S. 767 flg.)

c) Dienstwohnung.

Ueber die Verpflichtung des Lehrers zu Reparaturen in dem Falle, daß ihm eine Dienstwohnung gewährt wird. (s. Bd. 1. S. 820. flg.)

d) Gratifikationen.

Ueber die Bewilligung solcher aus städt. Fonds. Vergl. R. v. 27. Mai 1840 und über die Verwendung der Schulgeldüberschüsse dazu C. R. v. 27. Jan. 1844. (Bd. 1. S. 829.)

e) Diäten und Fuhrkosten.

Dieselben sind regulirt durch V. v. 28. Juni 1825. und K. O. v. 10. Juni 1848. (s. Bd. 1. S. 830. 831.)

f) Umzugskosten.

α) C. R. des Min. d. G., U. u. M. Ang. (v. Ladenberg) v. 12. Nov. 1839 an sämmtl. K. Prov.-Schulkoll. wegen Bewilligung der Reise- und Umzugskosten für die Direktoren u. Lehrer der Gymnas., der höhern Bürger- u. Realschulen, und der Elementar-Schullehrer-Seminarien.

Des Königs Maj. haben auf den Vortrag des unterz. Min. mittelst A. K. O. v. 24. Sept. d. J. zu genehmigen geruhet, daß die von Allerh. Dens. unter dem 8. März 1826 und 28. April 1827 an das K. Staatsmin. erlassenen Bestimmungen über die den Staatsbeamten bei Versetzungen zu gewährenden Umzugs- und Reisekosten von jetzt an auch auf die Dir. und Lehrer der Gymn., der höh. Bürger- und Realsch. und der Elem.-Schullehrer-Sem. angewendet werden dürfen.

Dem K. Prov.-Schulkoll. wird beigehend Abschr. dieser A. K. O. vom 24. Sept. c. (Anl. a.), sowie Abschrift der darin in Bezug genommenen Allerh. Bestimmungen v. 8. März 1826 (A. XVII. S. 582.) und 28. April 1827 (Anl. b.) zur Nachachtung kommunizirt.

Anl. a.

Ich genehmige auf Ihren Ber. v. 3. d. M., daß die von mir unterm 8. März 1826 und 28. Apr. 1827 an das Staatsmin. erlassenen Bestimmungen über die den Staatsbeamten bei Versetzungen zu gewährenden Umzugs- und Reisekosten von jetzt an auch auf die Dir. und Lehrer der Gymn., der höh. Bürger- und Realsch. und der Elem.-Schullehrer-Sem. angewendet, und dabei die Dir. nach der in Meiner Ordre v. 8. März 1826 für die Räthe, die Lehrer aber nach den für die Büreau-Vorsteher festgestellten Sätzen entschädigt werden können. Die hiernach zu bewilligenden Umzugs- und Reisekosten sind aus disponiblen Fonds der Anstalten zu entnehmen, an welche ein Beamter der ged. Kathegorien versetzt worden ist. In sofern Ihnen jedoch bei einzelnen Anstalten die Befugniß über die vorhandenen Fonds zu disponiren nicht zusteht, setze Ich voraus, daß diese Anstalten zu den hiernach anzuweisenden Entschädigungen ihre Zustimmung ertheilen, indem die Frage: ob dergl. Anstalten auch wider ihren Willen zur Bewilligung solcher Umzugs- und Reisekosten angehalten werden können, in jedem einzelnen Falle nach den bisherigen Bestimmungen und der Observanz besonders zu erörtern und zu entscheiden bleibt.

Berlin, d. 24. Sept. 1839.

Friedrich Wilhelm.

An
den Staatsmin. Frh. v. Altenstein.

Anl. b.

Nach dem Antrage des Staatsmin. in dessen Ber. v. 31. v. M. genehmige Ich, daß die Ministerien und obersten Verwaltungsbehörden in einzelnen Fällen zu den durch Meine O. v. 8. März v. J. festgestellten Entschädigungssätzen bei dem Umzuge der Beamten einen Zuschuß, der jedoch den Betrag dieser Sätze selbst nicht überschreiten muß, auf den Antrag der Beamten und ihrer vorgesetzten Behörden, bewilligen dürfen.

Berlin, den 28. April 1827.

Friedrich Wilhelm.

An das Staatsministerium.
(A. XXIII. S. 838.)

β) Die oben angef. Bestimmungen v. 8. März 1826 lauten dahin:

daß bei Versetzung der Beamten folgende Entschädigungen bewilligt werden können:

I. an Beamte mit Familien, und zwar 2c.

3) den Räthen a) auf allgemeine Kosten [1]) 80 Thlr. — b) an Transport- und Reisekosten für 10 Meilen 12 Thlr., also bis 100 Meilen 120 Thlr.; —

4) den Büreau-Vorstehern zu a) 60 Thlr. — zu b) für 10 Meilen 9 Thlr., also bis 100 Meilen 90 Thlr.

Bei etwaniger weitern Entfernung kann die Vergütung nach den Sätzen zu b. und zu 10 Meilen gesteigert, die dazwischen liegende Meilenzahl aber so abgestuft werden, daß bis 5 Meilen nur die Hälfte, über 5 Meilen aber das Ganze gewährt wird.

II. Beamten, welche keine Familie haben, erhalten überall nur die Hälfte der obigen Sätze, und

III. sollen die Entschädigungen in der Regel nur dann stattfinden, wenn mit der Versetzung keine Verbesserung im Diensteinkommen verbunden ist, in dem Falle jedoch bis zur Hälfte der obigen Sätze bewilligt werden können, wenn die Verbesserung nur geringe ist, und durch den einjährigen Betrag die Versetzungskosten nicht gedeckt werden. Dagegen dürfen

IV. bei Versetzungen, welche auf eignes Ansuchen der Beamten geschehen, ohne Meine ausdrückliche Genehmigung keine Entschädigungen bewilligt werden 2c.

Berlin, den 8. März 1826.

Friedrich Wilhelm.

An
das Staatsministerium.
(A. XVII. S. 582.)

γ) Der A. Erl. v. 21. Juni 1852 (G. S. 1852. S. 463.) dehnt vorstehende Bestimmungen auf die Hohenzollernschen Lande aus.

δ) Vgl. §. 87. G. v. 21. Juli 1852. (Bd. 1. S. 507.)

g) Rechtsweg wegen entzogenen Gehaltes.

Derselbe ist im Allgem. allen Beamten versagt. Im Falle einer Beschwerde sollen sich dieselben an das vorgesetzte Min. und event. an den König oder an das Staats-Min. wenden. K. O. v. 7. Juli 1830. (A. XIV. S. 722.), R. v. 12. Nov. 1830. (Jahrb. Bd. 36. S. 294. Gräff, Bd. 6. S. 204.)

Das Erk. des Kompetenz-Gerichtshofs v. 24. Juni 1851 (M. Bl. d. i. V. S. 198.) erklärt obige K. O. für fortwährend anwendbar, und keineswegs der Verfassung, insbes. nicht Art. 7., zuwiderlaufend. (Vgl. Bd. 1. S. 832.)

15) Immunitäten. Vgl. (B. 1. S. 833. flg.)

Die in älterer Zeit üblichen Steuerbefreiungen der Lehrer sind durch die neuere Gesetzgebung bedeutend zusammengeschmolzen, so daß den Lehrern an höhern Schulen gegenwärtig nur die für alle Amtsgehalte eingeführte Minderung des Beitrags zu den Gemeindeabgaben, und eine bedingte Befreiung von den Kreiskommunallasten zu Gute kommt.

a) Klassensteuer. Die Aufhebung der den öffentl. Lehrern früher

---

1) Als Emballage, Beschädigung der Mobilien 2c.

zugestandenen Befreiung ist durch G. v. 7. Dec. 1849 erfolgt. (s. Bd. 1. S. 834.)

b) Kommunallasten.

Die Befreiung der Schullehrer, ohne Unterschied, von den Gemeinde-Abgaben war durch §. 10. Lit. f. des G. v. 11. Juli 1822 (Bd. 1. S. 303. Note 2.) ausdrücklich ausgesprochen, und sowohl durch die spätern Gemeinde-Ordnungen (vgl. Bd. 1. S. 835.) als durch einzelne Min. R. bestätigt. So hinsichtl. der bei öffentl. Lehranstalten angestellten Musiklehrer durch R. des Min. d. Inn. u. d. P. v. 16. April 1837 (A. XXI. S. 450.) und insbes. in Ansehung der Gymnasiallehrer durch Resol. dess. Min. v. 27. Jan. 1838 an den Magistrat zu Lissa (A. XXII. S. 140.), so wie durch R. dess. Min. v. 31. Mai 1839. (A. XXIII. S. 399.)

Mit allen persönlichen Befreiungen wurde auch diese der Lehrer durch §. 3. der Gemeinde-O. v. 11. März 1850. aufgehoben, und durch §. 4. der St.-O. v. 30. Mai 1853., was den Lehrerstand anlangt, nur für Elementarschullehrer [1]) wieder hergestellt. Im Verfolg der Bd. 1. S. 836. angeführten Stelle heißt es im ged. §. 4. weiter:

Alle übrigen persönlichen Befreiungen sind ohne Entschädigung aufgehoben. Wegen der Besteuerung des Diensteinkommens der Beamten sind die Vorschr. des G. v. 11. Juli 1822 (G. S. 1822 S. 184.) und der K. O. v. 14. Mai 1832 (G. S. 1832 S. 145.) anzuwenden. Durch die in diesen G. bestimmten Geldbeiträge sind die Beamten zugleich von persönlichen Diensten frei. Sind sie jedoch Besitzer von Grundstücken, oder betreiben sie ein stehendes Gewerbe, so müssen sie die mit diesem Grundbesitz resp. Gewerbe verbundenen Dienste entw. selbst oder für den Fall der Verhinderung durch Stellvertreter leisten.

Die vorstehend angeführten, hiernach für die Kommunalsteuern der Lehrer an höhern Schulen entscheidenden Gesetze lauten:

α) G. v. 11. Juli 1822., betr. die Heranziehung der Staatsdiener zu den Gemeindelasten.

Wir Friedrich Wilhelm, v. G. Gn., König ꝛc. Da diej. Bestimmungen, welche in den §§. 2. und 3. der unterm 11. Dec. 1809 ergangenen Decl. des §. 44. der St. O. v. 19. Nov. 1808 enthalten sind, theils mehrfache Zweifel veranlaßt haben, theils nicht mehr überall zu den gegenwärtigen Verhältnissen passen; so haben Wir auf den Antrag Unseres Staatsmin., und nach erfordertem Gutachten Unseres Staatsraths beschlossen, mit Aufhebung jener Bestimmungen Nachstehendes zu verordnen:

§. 1. Das Diensteinkommen der Beamten kann von den Gemeinen, zu welchen dieselben gehören, überhaupt nur dann besteuert werden, wenn auch der Beitrag der übrigen Einwohner des Orts in der Form einer allg. Einkommensteuer erhoben wird.

§. 2. Das Diensteinkommen soll bei einer solchen Beschatzung fortan im Uebrigen zwar wie das Einkommen der Bürger behandelt, darf aber, weil es einerseits seinem ganzen Dasein nach von dem Leben, der Gesundheit und andern zufälligen Verhältnissen der Person abhängig, und andererseits seinem ganzen Betrage nach, bestimmt ist, und dadurch auf der einen Seite gegen Grund- und Kapital-Einkommen, und auf der andern gegen Gewerbs-Einkommen im Nachtheil steht, immer nur mit einem Theile seines Betrages zur Quotisirung gebracht werden, welcher hierdurch auf die Hälfte bestimmt wird. [2])

---

1) In wiefern die Realschullehrer in dieser Hinsicht den Elementarlehrern gleich geachtet werden s. S. 21. Note 1.)

2) Ein Erl. des Min. d. Inn. v. 21. Mai 1854 (Staatsanz. Nr. 159. S. 1223) erläutert dies dahin: „daß nach Herabsetzung des Diensteinkommens der Beamten auf die Hälfte seines Betrags, diese Hälfte bei der Kommunaleinschätzung eben so behandelt werden soll, wie das ganze Einkommen der Bürger von gleichem Betrage, od. mit andern Worten: daß bei der Veranlagung einer Kommunalein-

§. 3. Da auch dem Staate daran liegen muß, daß den Beamten, welche als solche ihr Einkommen durch die den übrigen Einwohnern vermittelst des städtischen Vereins dargebotene Gelegenheit zum Erwerb nicht vermehren können, ihr Unterhalt unter keinerlei Umständen zu sehr geschmälert werde; so verbleibt es bei der Bestimmung, daß im äußersten Fall an direkten Beiträgen aller Art, und zu sämmtlichen Gemeinebedürfnissen bei Gehalten unter 250 Th. nicht mehr als 1 Proc., bei Gehalten von 250 bis zu 500 Th. ausschließlich nicht mehr als 1½ Proc., und bei höheren Gehalten nicht mehr als 2 Proc. des gesammten Diensteinkommens gefordert werden können.

§. 4. Zu den sämmtl. Gemeinebedürfnissen in diesem Sinne sind zwar, wie sich von selbst versteht, die Staatssteuern und Staatslasten, welche gemeineweise erhoben und abgetragen werden, nicht zu zählen; die Beiträge der Gemeinen zu provinziellen Institutionen und zur Abwickelung sowohl der Provinzial- und Kreis-, als ihrer besondern Kriegs- und andern Schulden, Rückstände und Verpflichtungen sind aber darunter mit begriffen. Es darf auch derentwegen bei Besteuerung der Gehalte der Staatsbeamten über das vorbestimmte Maximum nicht hinausgegangen werden.

§. 5. Das Diensteinkommen von zufälligen Emolumenten wird gleich den fixen Gehalten besteuert. Zu diesem Behuf bestimmt den Betrag derselben nach einer runden Summe die dem steuerpflichtigen Beamten vorgesetzte Behörde.

§. 6. Nach diesen Grundsätzen haben die steuerpflichtigen Individuen alle diej. Gemeinesteuer-Beiträge zu leisten, welche innerhalb der Zeit, da sie der Gemeine angehören, auf dieselben vertheilt, und zugleich fällig werden, wenn auch das Bedürfniß vor ihrem Eintritte entstanden ist. Dagegen werden sie, wenn sie die Stadt verlassen, auch von jeder ferneren Beitrags-Verbindlichkeit völlig befreiet.

§. 7. Von ihrem etwanigen besonderen Vermögen und andern Einkommen haben auch die Staatsbeamten ihre Beiträge zu den Gemeinelasten ihres Wohnorts gleich andern Bürgern oder Schutzverwandten, je nachdem sie das eine oder das andere sind, zu entrichten.

§. 8. Alles Vorstehende gilt nur von Unseren besoldeten unmittelbaren Staatsdienern, wohin also städtische Beamte, die von den Städten besoldeten Polizeibeamten mit eingeschlossen, landschaftliche, Wittwenkassen- und andere Societätsbeamte, Justiz-Kommissarien und Notarien, Justitiarien bei Patrimonial-Gerichten, Aerzte, Künstler und dergl. nicht zu zählen sind. Jeder Staatsbeamter aber, welcher einer Behörde angehört, und bei derselben seinen beständigen Wohnsitz haben muß, ist unter allen Umständen als ein Einwohner derj. Stadt zu betrachten, in welcher diese Behörde ihren Sitz hat.

§. 9. Civil- und Militairbeamte, nicht minder sämmtliche Empfänger von Wartegeldern und Pensionen, werden zwar übrigens nach gleichen Grundsätzen behandelt.

§. 10. Jedoch bleiben von allen direkten Beiträgen zu den Gemeinelasten befreiet: a) die aus Staatskassen zahlbaren Pensionen der Wittwen und die Erziehungsgelder für Waisen ehemaliger Staatsdiener; b) eben dergl. Pensionen, imgl. Wartegelder der Staatsdiener selbst, sofern deren jährlicher Betrag die Summe von 250 Th. nicht erreicht; c) die Sterbe- und Gnadenmonate; d) alle diej. Dienst-Emolumente, welche blos als Ersatz baarer Auslagen zu betrachten sind; e) alle Besoldungen und Emolumente der beim stehenden Heer und bei den Landwehrstämmen in Reihe und Glied befindl. aktiven Militairpersonen, imgl. der auf Inactivitätsgehalt gesetzten Officiere; und f) diej. der Geistlichen und Schullehrer.

§. 11. Auch werden außerordentliche und einstweilige Gehülfen in den Büreaur der Staatsbehörden in Hinsicht der Gemeinelasten den Staatsdienern nicht gleich, und als solche überhaupt nicht für Einwohner des Orts geachtet, sondern nur, wenn sie anderweitig ihren Wohnsitz im rechtl. Sinne am Orte haben, gleich

---

kommensteuer nur das halbe Gehalt eines Beamten als Diensteinkommen desselben eingeschätzt werden darf." Hiernach sollen z. B., wenn die Bürger mit 250 Th. Einkommen von der Steuer frei bleiben, auch die Beamten mit einem Gehalte von 500 Th. von ders. freigelassen werden.

andern Bürgern oder Schutzverwandten behandelt, je nachdem sie zu der einen oder andern Klasse gehören

§. 12. Zu den indirekten Gemeine-Abgaben muß aber ein Jeder, und auch die von den direkten Gemeine-Beiträgen befreieten Personen, beitragen. Auch sind die Staatsdiener nicht berechtigt, dasjenige, was sie hierauf entrichten, bei den direkten Beiträgen von den Besoldungen in Anrechnung zu bringen.

§. 13. Die gegenwärtigen Bestimmungen gelten zunächst nur für dies. Städte, woselbst die St. O. v. 19. Nov. 1808 eingeführt ist. In den übrigen Städten bleiben die jeden Orts bisher bestandenen gesetzl. Vorschriften wegen Erhebung der Gemeinesteuern in Kraft; wo aber solche zweifelhaft sind oder Lücken haben, sind dieselben dergestalt, wie sie den gegenwärtigen Bestimmungen am nächsten kommen, beziehungsweise zu deuten und zu ergänzen.

Urkundlich ꝛc.

(G. S. S. 184.)

β) K. O. v. 14. Mai 1832., betr. die Anwendung des G. v. 11. Juli 1822 auf mittelbare Staatsdiener.

Da in der rev. St. O. §. 39. bestimmt ist, daß die städtischen Beamten, in Ansehung ihrer Beiträge zu den Gemeinelasten, wie die Staatsdiener behandelt werden sollen, so setze Ich, nach dem Antrage des Staatsmin. v. 27. v. M., hierdurch fest: daß das G. v. 11 Juli 1822, in allen Städten, in welchen die Kommunal-Abgaben in der Form einer allg. Einkommen-Steuer erhoben werden, auch auf städtische, landschaftliche und andere, nach der Bezeichnung des Landrechts §. 69. Tit. 10. P. II. als mittelbare Staatsdiener [1]) zu betrachtende Beamte in Anwendung gebracht und hiernach die Bestimmung im §. 8. des ged. G., in soweit sie die vorbezeichneten Beamten betrifft, abgeändert sein soll.

Friedrich Wilhelm.

(G. S. 1832. S. 145.)

γ) Wegen der Miethssteuer in Berlin vgl. Bd. 1. S. 836.

c) Kreis-Kommunal-Lasten.

In Betreff der Beitragspflicht der Lehrer an höhern Schulen bestimmt das durch Min. Erl. v 29. Sept. 1854 mitgetheilte R. der Min. d. G., U. u. M. Ang. (v. Raumer), d Inn. (v. Westphalen), d. Fin. (v. Bodelschwingh) v. 18. Juni 1854 an die K. Reg. zu Frankfurt.

Der K. Reg. wird auf den Ber. v. 12. Jan. d. J., die Freilassung der Lehrer an den Gymn. und höh. Bürgersch. von den Kreis-Kommunallasten, namentlich der Kreis-Chausseesteuer betr. Folgendes eröffnet.

Nachdem die früheren Gesetze über die Kreis- und Provinzial-Verfassungen unter Aufhebung der Kreis-, Bezirks- und Prov.-Ordn. v. 11. März 1850, durch das Gesetz vom 24. Mai v. J. (G S. 1853. S. 238.) in Kraft erhalten worden sind, müssen auch ferner die Befreiungen von den Kreis- und Provinzial-Lasten so weit Platz greifen, als sie zur Zeit der Verkündigung der aufgehobenen Kreis-Ordn. in gesetzl. Kraft bestanden. Nach den von der K. Reg. angeführten Vorschriften waren die Schullehrer ganz allgemein eben sowohl von den bezeichneten Lasten als von den Gemeinde-Beiträgen im engeren Sinne befreit. Der Umstand, daß durch die St. O. v. 30. Mai v. J. die Freiheit von den örtl. Gemeinde-Abgaben auf die Elementar-Schullehrer beschränkt worden ist, kann nicht ohne Weiteres eine gleiche Einschränkung hinsichtlich aller Kreis- und Provinzial-Lasten nach sich ziehen. Dabei ist aber allerdings Behufs der in den besonderen Fällen zu treffenden Entscheidung der Unterschied festzuhalten, der zwischen solchen Kreis-Kommunallasten, welche auf die einzelnen Einsassen des Kreises unmittelbar veranlagt werden (Kreissteuern) und denjenigen, welche nur auf die einzelnen Gemeinden im Ganzen zu legen sind, innerhalb derselben aber im Wege der gewöhnlichen (örtlichen) Gemeinde-Besteuerung aufgebracht werden, besteht; ein Unterschied, welcher in dem abschr. anl. Erl. des mitunterz. Min. d. Inn. v. 18.

1) Vgl. in Bd. 1. S. 462. Note 1.

Dez. v. J. an das K. Oberpräs. zu Stettin und dessen abschr. Anlage näher entwickelt ist.
(Staatsanz. 1854 Nr. 285. S. 2170, M. Bl. d. i. V. 1854. S. 228.)

Durch den hier erwähnten Erl. v. 18. Dec. 1853 wird ein anderer Erlaß v. 25. April 1853., betr. die Reklamation eines Beamten gegen Heranziehung zur Chausseesteuer mitgetheilt, in welchem es unter Bezugnahme auf §. 4. des G. v. 11. Juli 1822 (s o. S. 112 b. α.) und unter Hervorhebung der Worte dess. „die Beiträge der Gemeinen zu prov. Inst. ꝛc." in Betreff des dortigen Verbotes, bei Besteuerung der Gehalte der Staatsbeamten über das vorbestimmte Maximum hinauszugehen, weiter heißt:

Es bedarf keiner besondern Beweisführung dafür, daß diese Bestimmung nur da Platz greifen kann, wenn die Grundvoraussetzung vorhanden ist, daß für diese Zwecke eine städtische Steuer erhoben wird. Nur für diesen Fall ist das G. v. 11. Juli 1822 gegeben, und nur hierauf beruht das in Bezug genommene R. v. 14. März 1844 (M. Bl. 1844. S. 63.), während wenn dieser Fall nicht vorliegt, wenn also zur Bestreitung von Kreisabgaben nicht eine städtische Gemeindesteuer, sondern nur Kreissteuer erhoben wird, den Beamten eine Exemtion nicht zu Statten kommt. Der Grund für dies Letztere liegt einfach darin, daß die Beschlüsse der Kreisstände zu Belastungen dieser Art der Genehmigung der Staatsregierung unterliegen, und daß bei dieser Genehmigung die Prästationsfähigkeit sämmtlicher Kreis-Eingesessenen, und also auch der Beamten, der besondern Prüfung der Staatsbehörden unterworfen wird.
(Staatsanz. 1854. Nr. 285. S. 2171, M. Bl. d. i. V. 1854. S. 228.)

Fünftes Kapitel.

Die Erledigung des Schulamts.

I. Fälle der Amtserledigung.

Die allgem. Vorschriften über die Fälle der Amtserledigung durch Tod, Niederlegung des Amtes,[1] Pensionirung, Amtsentsetzung im Disziplinar- oder Kriminalwege und durch Amtsentlassung aus Gründen, die außerhalb der Person des Beamten liegen, sind in Bd. 1. S. 538—547 zu vergleichen. Hier bleiben nur die besondern Vorschriften zusammenzustellen, welche über die Pensionirung der Lehrer an höhern Schulen ergangen sind.

Da das allg. Pensions-Regl. für Civilbeamte v. 30. April 1825 auf Lehrer keine Anwendung finden sollte (s. Bd. 1. S. 540.), so ist das Pensionswesen für diese letztere selbständig regulirt worden, und zwar

1) durch die V. v. 28. Mai 1846., betr. die Pensionirung der Lehrer und Beamten an höhern Unterrichts-Anstalten, mit Ausschluß der Universitäten.

Wir Friedrich Wilhelm ꝛc.
Verordnen über die Pensionirung der Lehrer und Beamten an den höheren Unterrichtsanstalten, mit Ausschluß der Universitäten, nach Anhörung Unserer getreuen Stände, auf den Antrag Unseres Staatsmin., für den ganzen Umfang Unserer Monarchie, was folgt:

---

1) Außer §§. 94—97. A. L. R. II. 10. (Bd. 1. S. 539) vgl. die Konf. V. v. 29. Okt. 1818 oben S. 71. Die Pommersche Dir. Instr. v. 1. Mai 1828 fordert §. 13., daß das Entlassungsgesuch ein halbes Jahr vorher am Oster- und Michael.-Termine eingereicht werde. S. o. S. 86 Note 2.

Anspruch auf Pension.

§. 1. Alle Lehrer und Beamte an Gymn. und anderen zur Universität entlassenden Lehranstalten, desgl. an Progymnasien, Schullehrersemin., Taubstummen- und Blindenanstalten, Kunst- und höheren Bürgerschulen haben einen Anspruch auf lebenslängliche Pension, wenn sie nach einer bestimmten Dienstzeit ohne ihre Schuld dienstunfähig werden und beim Eintritt ihrer Dienstunfähigkeit definitiv und nicht blos interimistisch oder auf Kündigung angestellt sind.

§. 2. Solche Lehrer und Beamte aber, deren Zeit und Kräfte durch die ihnen, wenn auch auf Lebenszeit übertragenen Geschäfte an den §. 1. ged. Anstalten nur nebenbei in Anspruch genommen werden, haben keinen Anspruch auf Pension.

§. 3. Lehrer und Beamte, welche bei vorgerücktem Alter zwar nicht absolut dienstunfähig, aber doch nicht mehr im Stande sind, den Obliegenheiten des Dienstes zu genügen, sind, Falls die vorgesetzte Behörde es für angemessen erachtet, verpflichtet. einen ihnen zuzuweisenden Gehülfen zu remuneriren. Es muß ihnen jedoch mindestens eine der Pension gleichkommende Diensteinnahme freigelassen und der zur Remunerirung des Gehülfen etwa außerdem erforderliche Betrag von demj. gezahlt werden, welcher die Pension aufzubringen haben würde.

Verpflichtung zur Zahlung der Pension.

§. 4. Die Pension wird zunächst aus dem etwa vorhandenen eigenthümlichen Vermögen derj. Anstalt, an welcher der Lehrer oder Beamte zur Zeit seiner Pensionirung angestellt ist, gewährt, so weit von den laufenden Einkünften dieses Vermögens, nach Bestreitung des zur Erreichung der Lehrzwecke erforderl. Aufwandes, ein Ueberschuß verbleibt. Können auf diese Weise die Mittel zur Pensionirung nicht beschafft werden, und sind auch keine anderen hierzu verwendbaren Fonds vorhanden, so ist die Pension von demjenigen aufzubringen, welcher zur Unterhaltung der Anstalt verpflichtet ist.[1])

§. 5. Liegt diese Verpflichtung mehreren ob, so haben sie zu den Pensionen in demselben Verhältniß, wie zu den Unterhaltungskosten der Anstalt, beizutragen.

§. 6. Aus der bloßen Gewährung eines auf einen bestimmten Betrag beschränkten oder zu einem bestimmten Zweck ausgesetzten Zuschusses zu den Unterhaltungskosten einer Anstalt folgt keine Verpflichtung, die Pensionen mit zu übernehmen.

§. 7. Wer bei den einzelnen Anstalten, welche gar kein oder kein ausreichendes eigenthümliches Vermögen besitzen, zur Zahlung oder Ergänzung der Pensionen verpflichtet ist, wird, wenn Zweifel deshalb obwalten, nach Maaßgabe der Verhältnisse der einzelnen Anstalten, von Unseren Ober-Präsidenten festgesetzt.

§. 8. Gegen diese Festsetzung ist der Rekurs an Unser Min. der geistl. u. U. Ang. und die hierbei sonst noch betheiligten Departementschefs zulässig. Der Rechtsweg findet nur dann Statt, wenn auf Grund eines speziellen Rechtstitels die Befreiung von Beiträgen zu Pensionen behauptet wird. In einem solchen Falle gilt jedoch die im Verwaltungswege getroffene Bestimmung bis zur rechtskräftigen Entscheidung als ein Interimistikum.

§. 9. Bei solchen Unterrichtsanstalten, zu deren Unterhaltung weder Kommunen, noch der Staat verpflichtet, die vielmehr nur aus ihrem eigenen Vermögen oder von anderen Korporationen, oder von Privatpersonen zu unterhalten sind, wird das Pensionswesen für die Lehrer und Beamten, unter Zuziehung der Be-

---

1) Eine Bek. des Prov. Schulkolleg. zu Breslau v. 26. Febr. und der Reg. zu Liegnitz v. 27. März 1838 (A. XXII. S. 106) erwähnte lobend, daß eine Stadtgemeinde ihren Lehrern gegen Zahlung der gewöhnlichen Pensionsbeiträge Pensionsansprüche auf die städt. Fonds zugestanden habe, und bemerkte: im Allgemeinen sei vom Könige genehmigt, „wenn Lehrern bei Gymn. und anderen Bildungsanstalten gegen Entrichtung von Pensionsbeiträgen für den Fall eintretender Dienstunfähigkeit angemessene Pensionen von Seiten der Kommunen, Korporationen und Stiftungen, denen die Unterhaltuug solcher Anstalten obliegt, oder von besonderen zu diesem Zwecke zu bildenden Vereinen, gegen Beziehung der Pensionsbeiträge, zugesichert werden.

theiligten, durch Unsere Ober-Präsidenten nach Maaßgabe der obwaltenden Verhältnisse für jede einzelne Anstalt besonders geordnet; die streitig bleibenden Punkte werden von Unserem Min. der geistl. u. U. Ang. unter Mitwirkung der etwa sonst noch betheiligten Departementschefs und nach vorgängiger Einholung Unserer Genehmigung entschieden. Den Betheiligten sollen jedoch keine größeren Leistungen zugemuthet werden, als bei den übrigen, nicht vom Staate zu unterhaltenden Anstalten derselben Art.

Ist ein Zuschuß oder eine Erhöhung der Dotation bei diesen Anstalten zur Aufbringung der Pensionen erforderlich, so bedarf es hierzu jedenfalls der Zustimmung der betheiligten Korporationen oder Privatpersonen.

Bestimmung der Höhe der Pension.

§. 10. Die Lehrer und Beamten bei denjenigen Anstalten, welche hauptsächlich oder subsidiarisch aus Staats- oder Kommunalmitteln zu unterhalten sind, erhalten als Pension:

nach	zurückgelegtem	15.	bis	zum	zurückgelegten	20.	Dienstjahre	5/18
"	"	20.	"	"	"	25.	"	6/18
"	"	25.	"	"	"	30.	"	7/18
"	"	30.	"	"	"	35.	"	8/18
"	"	35.	"	"	"	40.	"	9/18
"	"	40.	"	"	"	45.	"	10/18
"	"	45.	"	"	"	50.	"	11/18
"	"	50.	Dienstjahre					12/18

ihres Diensteinkommens an Besoldung und rechtmäßigen Dienstemolumenten, in soweit letztere nicht als Ersatz eines besonderen Dienstaufwandes zu betrachten sind. Das Minimum einer Pension wird jedoch auf 60 bis 96 Rthlr. festgesetzt, auch wenn das Diensteinkommen 240 Rthlr. nicht erreicht; innerhalb dieser Gränze bleibt den vorgesetzten Dienstbehörden die Bestimmung nach den Umständen überlassen. [1])

---

1) Vgl. u. S. 121 sub 2. a. das C. R. v. 10. Dec. 1846. Nach §. 12. des allg. Pensionsregl. v. 30. April 1825 (A. XVI. S. 843) war der erste Ansatz gleich, dann aber stiegen die Pensionssätze von Achtel zu Achtel nach je 10 Dienstjahren. Vgl. auch §§. 15. u. 20. desselben Regl.:

§. 15. Berechnung des Dienstgenusses. Zur Berechnung des Dienstgenusses, von welchem die Pension nach §. 12. einen Theilbetrag ausmacht, ist zu ziehen:

a) das fixirte Gehalt, wie dasselbe in den Anstellungspat., R., Dekr., oder in den von den kompet. Behörden vollzogenen Verwaltungs-Etats ausgedrückt ist.

Es geht hiervon jedoch ab:

1) bei Gehaltstheilen, welche ursprünglich nur aus Allerh. Gnade als persönliche Zulage bewilligt worden, derjenige Betrag, um welchen die ganze Besoldung des Beamten, einschließlich der persönlichen Zulage, das künftige höchste Normalgehalt derjenigen Dienst-Kathegorie überschreitet, zu welcher der Beamte gehört;

2) derjenige Theil des Gehalts, welcher nicht wegen der Dienstleistungen selbst, sondern zum Ersatz eines von dem Beamten des Dienstes wegen zu bestreitenden Aufwandes ausgesetzt ist; es gehen daher ab: die Entschädigungen für Büreau- und Reisekosten, für den Unterhalt von Fuhrwerk und Wagen, für baare Auslagen, als z. E. Miethe, Unterhalt von Gehülfen u. s. w.

b) Der Werth der freien Wohnung ist nur alsdann in Rechnung zu bringen, wenn derselbe entweder bei der Geldbesoldung ausdrücklich in Abzug gebracht ist, oder daraus berichtigt werden muß. Erhält dagegen ein Beamter außer der Normal-Besoldung auch noch freies Quartier, so findet eine Anrechnung nicht Statt.

c) Eben so ist die Zurechnung freier Feuerung und freien Lichts nur zulässig, wenn die Emolumente vorher bei der Festsetzung der baaren Normal-Geldbesoldung davon wirklich in Abzug gebracht, und dem Beamten als Gehaltstheil angerechnet worden sind.

§. 11. Bei einer Dienstzeit von weniger als 15 Jahren findet ein Anspruch auf Pension nur dann Statt, wenn eine solche für diesen Fall dem Lehrer oder Beamten bei seiner Anstellung oder auch späterhin ausdrücklich zugesichert worden ist.

Berechnung der Dienstzeit.

§. 12. Die Dienstzeit wird von dem Datum der ersten eidlichen Verpflichtung des zu Pensionirenden, und wenn eine solche nicht stattgefunden hat, von dem Zeitpunkt des ersten Eintritts in den Dienst angerechnet, auch wenn die erste Anstellung nur interimistisch oder auf Kündigung erfolgt sein sollte. Das sogenannte Probejahr wird jedoch bei den Schulamtskandidaten der Dienstzeit nicht zugezählt.

§. 13. Denjenigen Lehrern und Beamten, welche aus Staatsfonds zu pensioniren sind, werden auch die im Auslande geleisteten Dienste angerechnet, wenn ihre Anstellung im Inlande vorzugsweise im Interesse des öffentlichen Unterrichts erfolgt ist. Auch werden denselben diejenigen Dienste angerechnet, welche sie sonst im Staatsdienst oder an anderen öffentlichen Unterrichtsanstalten geleistet haben.

§. 14. Sind die Pensionen vom Staate und von Kommunen gemeinschaftlich oder blos von Kommunen oder größeren Kommunalverbänden zu zahlen, so werden nur diejenigen Dienste angerechnet, welche der zu Pensionirende im Militair und den zur Pensionszahlung verpflichteten Kommunen im Schul- oder in einem anderen Amte geleistet hat, Falls hierüber nicht andere Verabredungen getroffen sind.

Aufbringung der Pension.

§. 15. Die Lehrer und Beamten an den aus Staatsfonds zu unterhaltenden Anstalten haben zum allgem. Civil-Pensionsfonds, aus welchem sie ihre Pensionen beziehen werden, nach denselben Grundsätzen, wie die übrigen pensionsberechtigten Civil-Staatsdiener, beizutragen. [1])

---

d) Natural-Bezüge an Getreide und andern Früchten sind nach den Etatspreisen in Anrechnung zu stellen.

e) Bei Dienst-Grundstücken wird der Ertrag angenommen, wie solcher dem Beamten zur Erreichung der etatsmäßigen Geldbesoldung in Zurechnung gebracht ist.

f) Dienst-Emolumente, die ihrer Natur nach steigend und fallend sind, z. B. Tantiemen bei Einnahmen, Provisionen von verkauften Produkten, Kopialien u. s. w. werden nach dem Durchschnittsertrage der letzten drei Jahre berechnet, sie kommen jedoch nur in soweit zur Anrechnung, als sie das in den bestehenden Normalbesoldungsetats bestimmte Maximum der Besoldung für diejenige Dienstkathegorie, zu welcher die Stelle gehört, nicht übersteigen.

g) Eigentliche Tafelgelder, die blos zu dieser Bestimmung gegeben werden, gelangen nicht zum Ansatz.

h) Eben so wenig gehört der blos accidentielle Dienstgenuß dahin, und sind daher Douceurs, Remunerationen, Gratifikationen, Denunciantenantheil und andere solche, außer dem eigentlichen Gehalte, rechtmäßig bezogene Vortheile nicht zu rechnen.

§. 20. Entscheidung der vorkommenden Beschwerden. Beschwerden über das Verfahren oder Reklamationen gegen die erfolgten Anträge und Festsetzungen werden zunächst von der betreff. obersten Verwaltungsbehörde entschieden. Beruhigt sich der Reklamant hierbei nicht, so wird dessen Beschwerde im gesammten Staatsmin. zur Erörterung gebracht, und durch Abstimmung definitiv festgesetzt, ausgenommen bei denjenigen Stellen, deren Besetzung Wir A. Selbst verfügen; in diesen letzteren Fällen werden Wir auf den desfalls vom Staatsmin. zu erstattenden Bericht entscheiden. Ein Rekurs an die Gerichtsbehörde findet in keinem Falle, weder wegen der erfolgenden Pensionirung, noch wegen einer behaupteten Pensionsberechtigung, oder der zu bewilligenden Pensionssumme, Statt.

1) Hierüber bestimmen §§. 21—25. des vorgedachten Pens. Regl. v. 30. April 1825:

§. 16. Zur Deckung der Pensionen für Lehrer und Beamte an den anderen Anstalten, namentlich auch an denjenigen, welche vom Staate und von Kommunen gemeinschaftlich oder von einzelnen Kommunen oder größeren Kommunalverbänden zu unterhalten sind, werden für jede Anstalt besondere Fonds aus den Einkünften des Vermögens der Anstalt und aus jährl. Beiträgen sowohl der zur Zahlung der Pension Verpflichteten, als auch der definitiv angestellten Lehrer und Beamten gebildet. [1]) Den letzteren dürfen jedoch keine höheren Beiträge, als den pensionsberechtigten Civil-Staatsdienern auferlegt werden.

§. 17. Der Betrag der zur Bildung dieser Pensionsfonds (§. 16.) erforderlichen Zuschüsse wird von Unseren Ober-Präsidenten, unter Vorbehalt des Rekurses an Unseren Min. der geistl. u. U. Ang. und die sonst betheiligten Departementschefs, mit Ausschluß des Rechtsweges, festgesetzt.

---

§. 21. Beiträge zum Pensionsfonds. a) Durch Besoldungsabzüge. — Um der Staatskasse bei der Bildung des zur Berichtigung der bereits bewilligten und künftig zu bewilligenden Pensionen erforderlichen Fonds einige Erleichterung zu gewähren, sollen die Staatsdiener in Rücksicht der ihnen durch die gegenwärtige V. zugestandenen Ansprüche nach folgenden Abstufungen Beiträge von ihrem Einkommen zum Pensionsfonds einzahlen:

1) Sätze für dieselben:

1) Von einem Diensteinkommen bis mit 400 Thlrn.	1	Proz.
2) Von einem Diensteinkommen über 400 bis mit 1000 Thlrn.	$1\frac{1}{2}$	—
3) Bei höheren Gehalten wird für das erste Tausend ebenfalls	$1\frac{1}{2}$	—
für die Beiträge innerhalb des zweiten Tausends	2	—
für die Beiträge innerhalb des dritten und vierten Tausends	3	—
für die Beiträge innerhalb des fünften u. sechsten Tausends	4	—
und von allen Beiträgen über 6000 Thlr.	5	—

an Abzug, welcher jedoch die Sumee von 500 Thlr. jährlich nicht übersteigen darf, entrichtet.

In diesen einzelnen Abstufungen selbst werden die Prozentsätze nur von 50 zu 50 Thlrn. berechnet, so daß das, was unter 50 Thlrn. oder zwischen 50 und 100 Thlrn. ist, nicht zur Berechnung kommt.

§. 22. 2) Befreiung von Zahlung dieser Beiträge. Diejenigen Staatsdiener, auf welche diese V. keine Anwendung findet, sind auch von Entrichtung dieser Gehaltsabzüge, so wie des im §. 25. erwähnten Theiles neuer Besoldungen oder Gehaltszulagen befreit. — Auch die Wartegeldbeamten zahlen dergl. Abzüge nicht, in sofern sie nicht ihr ganzes früheres Einkommen beziehen sollten.

§. 23. 3) Berechnung des Dienstgenusses. Die §. 21. vorgeschriebenen Gehaltsabzüge werden von demselben Dienstgenusse entrichtet, welcher der Berechnung der Pension des betreff. Beamten nach §. 12. zum Grunde gelegt, und nach den im §. 15. vorgeschriebenen Grundsätzen ermittelt wird, ausschließlich jedoch der im §. 15a. 1. erwähnten persönlichen Zulagen, von welchen der Beitrag ebenfalls entrichtet wird, wenn sie auch bei der Berechnung der Pension unberücksichtigt bleiben sollten.

§. 24. 4) Erhebung der Beiträge. Die Gehaltsabzüge werden in eben den Raten, in welchen die Bezahlung des Gehalts geschieht, durch Abzug an der Geldbesoldung bei derjenigen Kasse, welche letztere leistet, berichtigt.

§. 25. b) Durch Abzüge von neuen Besoldungen und Gehaltszulagen. Ferner soll jeder neu angestellte Beamte, auf welchen das gegenwärtige Regl. Anwendung leidet, den 12. Theil der ihm bewilligten jährlichen Besoldung im Laufe des ersten Dienstjahres in monatlichen oder nach Maaßgabe der erfolgenden Gehaltszahlung in vierteljährlichen Raten zum Pensionsfonds einzahlen; auch wird von den Gehaltserhöhungen, welche den hierher gehörenden Beamten bewilligt werden, der Betrag des ersten Monats zum Besten des Pensionsfonds zurückbehalten.

1) Vergl. unten S. 128 das C. R. v. 22. Febr. 1847 u. den K. Erl. v. 13. März 1848 sub 2. b. u. c.

§. 18. Ist hiernach der Zuschuß auf das Vermögen der Anstalt zu übernehmen und reichen die Einkünfte der letzteren nicht hin, um den Zuschuß, ohne Beschränkung des zur Erreichung der Lehrzwecke erforderlichen Aufwandes, zu zahlen, so haben die subsidiarisch zur Unterhaltung der Anstalt Verpflichteten auch den laufenden Beitrag zum Pensionsfonds zu ergänzen. Dieselben sind auch in allen Fällen verpflichtet, etwanige Ausfälle bei dem Pensionsfonds zu decken.

Allgemeine Bestimmungen.

§. 19. Wegen der Anrechnung früherer Militairdienste [1]), wegen der Verpflichtung, die Pension im Inlande zu genießen, so wie wegen der Beschlagnahme, der Verminderung und des Verlustes derselben, desgleichen wegen der Ansprüche der Hinterbliebenen auf einen Theil der Pension kommen die für pensionirte Kommunal- und Civil-Staatsbeamte allgemein geltenden Grundsätze zur Anwendung. [1])

---

1) Hierüber lautet §. 11. des geb. Pens. Regl. v. 30. April 1825:

§. 11. Wenn ein auf Lebenszeit angestellter Civilbeamter vorher im Militair gestanden hat, so kommt auch die im aktiven Militairdienst zugebrachte Zeit zur Berechnung. Der Bestimmung im §. 9. gemäß, kann jedoch auch diese Dienstzeit erst vom Anfang des ein und zwanzigsten Lebensjahres ab zu gut gerechnet werden; ausschließlich indeß der in einem Kriege stattgefundenen Dienstzeit, welche zur Berechnung gezogen wird, auch wenn der betreff. Beamte das zwanzigste Lebensjahr damals noch nicht vollendet hatte.

Die Zeit des vor dem Feinde geleisteten Militairdienstes wird doppelt gerechnet, jedoch nur in dem Falle, wenn solche sogleich bei der Verabschiedung aus dem Militair, von der kompet. Militairbehörde ausdrücklich bescheinigt und die Dauer derselben in dem Abschiede angegeben ist; auf deren nachträglichen Nachweis soll nicht eingegangen werden. Wird ein ehemaliger Militair während der feststehenden Probezeit wieder entlassen, so hat er keinen Anspruch auf Civilpension, und es wird ihm nur die ihm etwa früher bewilligte Militairpension aus dem Miltairpensionsfonds wieder gewährt.

Ueber die Berechnung der Dienst- und Kriegsjahre bestimmen demnächst noch die Schr. des Just. Min. v. 7. April und des Kr. Min. v. 12. Mai 1826 (A. X. S. 600. Jahrb. Bd. 27. S. 316. Gräff Bd. 3. S. 277), u. insbes. das durch R. v. 13. Nov. den Justizbehörden bekannt gemachte R. des Fin. Min. v. 24. Okt. 1826 und des Kr. Min. (A. X. S. 939. Jahrb. Bd. 28. S. 306. Gräff Bd. 3. S. 287), sowie das C. R. des Fin. Min. v. 25. Sept. 1836 und das R. desselben Min. v. 30. Sept. 1839 (A. XX. S. 510. XXIII. S. 539). Daß die Jahre der Kriegsgefangenschaft in der Regel nicht mitzurechnen, verordnete die durch R. des Min. des J. v. 24. März 1828 mitgetheilte K. O. v. 10. Jan. 1828 (A. XII. S. 38), und daß auch die Jahre 1848 und 1849 als Kriegsjahre zählen, ist durch R. v. 30. März 1850 (M. Bl. d. i. V. 1850. S. 94) festgesetzt.

2) Die betr. Bestimmungen des geb. Pens. Regl. v. 30. April 1825 finden sich in §§. 28—30:

§. 28. c) Abzug an den Pensionen, welche außerhalb Landes gehen. Die Pensionairs, welchen künftig die Erlaubniß, ihre Pension außerhalb der Monarchie verzehren zu dürfen, von Uns ertheilt wird. erleiden einen Abzug von zehn Proz. von dem Betrage der Pension, welcher der Staatskasse, behufs der Bildung der Pensionsfonds, zu gute geht.

§. 29. d) Aufhören der Pension. 1) mit dem Tode des Pensionairs. Die bewilligten Pensionen verbleiben den Erben des Pensionairs nicht allein für den Monat, in welchem ihr Erblasser gestorben ist, sondern verden auch noch für den darauf folgenden Monat gezahlt.

§. 30. 2) In sonstigen Fällen.

Die Pension wird eingezogen:

1) wenn der Pensionair im Staatsdienst wieder angestellt,

2) wenn er der, vor erfolgter Pensionirung stattgefundenen Begehung eines

§. 20. Hinsichtlich des bei Pensionirungen der Lehrer zu beobachtenden Verfahrens, insbesondere auch hinsichtlich der unfreiwilligen Pensionirungen, verbleibt es vorläufig bei den hierin befolgten Grundsätzen. [1])

§. 21. In den Ansprüchen, welche vormaligen Militairpersonen, die bei den §. 1. erwähnten Anstalten als Lehrer oder Beamte angestellt sind, nach den allgemeinen Bestimmungen über die Pensionen, das Gnadengehalt und das Wartegeld der Militairpersonen zustehen, wird durch gegenwärtige V. nichts geändert.

Urkundlich ꝛc.

(G. S. 1846. S. 214.)

2) Hierzu sind ergangen:

a) **C. R. des Min. d. G., U. u. M. Ang. (Eichhorn) v. 10. Dec. 1846 an sämmtl. K. Oberpräs., betr. die Regulirung des Pensionswesens nach der V. v. 28. Mai 1846. und die dafür zu bildenden besondern Pensionsfonds.**

Nachdem durch die V. v. 28. Mai d. J. der Pensionsanspruch der Lehrer und Beamten an den höheren Unterrichtsanstalten, mit Ausschluß der Universitäten, gesetzlich festgestellt ist, werden nunmehr die zur Ausführung der speziellen Bestimmungen erforderlichen Einleitungen und Anordnungen getroffen werden müssen, damit die betheiligten Lehrer und Beamten der Wohlthaten bald theilhaft werden, welche die V. ihnen zusichert.

Zu Erreichung dieses Zweckes wird vor Allem nöthig sein, daß

1) die Pensionsbeiträge sowohl der einzelnen Lehrer und Beamten, unter eventueller Anwendung der Bestimmungen in dem §. 21. des Pens. Regl. v. 30. April 1825, als
2) der dazu, nach den §§. 9. und 16. der V. v. 28. Mai d. J. verpflichteten Kommunen, Korporationen, Privatstiftungen und Personen festgestellt werden, und daß
3) die Ausmittelung und Normirung der zu den, nach den ebengeb. §§. bei einzelnen Anstalten zu bildenden Pensionsfonds erforderlichen Geldmittel und Zuschüsse, welche theils aus eigenen Einkünften derselben entnommen, theils von den zur Unterhaltung der Anstalten Verpflichteten aufgebracht werden sollen,

bald erfolge.

Rücksichtlich derj. Institute, welche ganz aus Staatsfonds dotirt, oder die aus eigenen Mitteln sich erhalten, aber K. Anstalten sind, oder die aus Fonds vollstän-

---

Verbrechens überführt wird, wegen dessen, wenn es während seiner Dienstzeit zur Sprache gekommen wäre, vom Richter außer der Kriminalstrafe auch auf Dienstentsetzung erkannt worden sein würde. In Fällen dieser Art ist daher künftig das Erkenntniß auf den Verlust der Pension zu richten.

3) Wenn der Pensionair während des Pensionsgenusses ein gemeines Verbrechen begeht, wegen dessen der Richter, wenn es während der Dienstzeit begangen worden wäre, außer der Kriminalstrafe auch auf Dienstentsetzung erkannt haben würde, so geht er auf die Dauer der Strafzeit der Pension verlustig.

Zum vorstehenden §. 29. vgl. C. R. v. 22. Dec. 1841 (Min. Bl. d. i. V. 1841. S. 316), wonach die Quittungen über Pensionszahlungen an Hinterbliebene stempelpflichtig sind.

Zu §. 30. vgl. auch §. 23. des Strafgesetzb. v. 14. April 1851 (s. in Bd. 1. S. 547.)

1) Gegenwärtig gelten hierüber §§. 87—96. des G. v. 21. Juli 1852. (s. in Bd. 1. S. 507.)

dig ausgestattet sind, welche zwar nur für bestimmt begrenzte Zwecke verwendet werden dürfen und daher in gewissem Sinne als Stiftungsfonds angesehen werden können, die Eigenschaft von Staatsfonds, wenn auch nur mittelbarer, dadurch aber nicht verloren haben, werde ich die erforderlichen Ermittelungen und Feststellungen durch die K. Prov. Schulkolleg., resp. die K. Reg., bewirken lassen, da bezüglich ihrer Unterhaltung weder Kommunen und Korporationen, noch Privatstiftungen und Personen betheiligt sind.

Was dagegen die Anstalten betrifft, bei denen Kommunen, Korporationen, Privatstiftungen und Personen konkurriren und welche die §§. 9. und 16. der V. näher bezeichnen, so werden mit Rücksicht auf den damit im Zusammenhange stehenden §. 17. Ew. Sich den nöthigen Verhandlungen mit den Betheiligten gefälligst zu unterziehen und die auf die Resultate ders. zu basirenden Ermittelungen und Feststellungen zu veranlassen, resp. zu treffen haben.

Wiewohl die einzuleitenden Verhandlungen voraussichtlich auf vielfache Schwierigkeiten stoßen werden, so glaube ich doch die Hoffnung hegen zu dürfen, daß es Ew. Bemühungen gelingen wird, dieselben in möglichst kurzer Frist in der Art zu bestimmten Resultaten zu führen, daß das Pensionswesen auch bei diesen Anstalten mit dem 1. Jan. k. J. in das Leben treten kann, wie es bei den in dem §. 15. der V. erwähnten Anstalten der Fall sein wird.

Anlangend das Verfahren bei Pensionirungen, so enthält die V. so genaue Bestimmungen, daß es einer Erläuterung ders. nicht bedürfen, sondern daß es genügen wird, die Betheiligten und Behörden einfach darauf hinzuweisen und ihnen die genaue Beachtung in vorkommenden Fällen anzuempfehlen. Nur in Beziehung auf die rechtmäßigen Emolumente, welche bei Berechnung des Einkommens Behufs Feststellung der Pensionsbeiträge sowohl, als der zu normirenden Pensionen, zu berücksichtigen sind, glaube ich zur Vorbeugung von Zweifeln und zur Sicherung eines möglichst gleichmäßigen Verfahrens darauf aufmerksam machen zu müssen, daß dazu neben dem Nutzungswerth der Wohnung, welcher in den Fällen, wo er in den Etats zu einem bestimmten Werthe sich noch nicht veranschlagt findet, in Berlin zu 10 und in den Prov. zu 5 Proz. des Amtseinkommens zu berechnen ist, so wie der freien Feuerung und Beleuchtung, auch die nach einer 3jährigen Fraktion festzustellenden Gebühren für die Inskriptionen, Entlassungszeugnisse rc. gehören, daß aber Gratifikationen, Remunerationen und sonstige Vergütigungen für Nebenämter und Geschäfte, wie z. B. für Beaufsichtigung der Bibliothek, des physikalischen Apparats, Führung der Kasse, Leitung des Turnunterrichts u. s. w. nur in dem Falle in Ansatz zu bringen sind, wenn sie dem betr. Lehrer oder Beamten auf die Dauer seiner Wirksamkeit in seinem Haupt-Amte bei der Anstalt, also in gleicher Art, wie das Gehalt selbst, zugesichert sein sollten.

Mit der Einziehung der laufenden Pensionsbeiträge und dem Abzuge des $\frac{1}{12}$ Betrages von neuen Gehaltszulagen [1]), die selbstredend bei dem zu bildenden Pensionsfonds vereinnahmt werden müssen, ist rücksichtlich derj. Anstalten, welche der §. 16. der V. näher bezeichnet, mit dem 1. Jan. k. J. zu beginnen, von dem Einkommen, in dessen Genuß die Lehrer und Beamten sich jetzt schon befinden, der $\frac{1}{12}$ Betrag aber nicht einzuziehen. Es wäre in vieler Beziehung wünschenswerth, wenn es Ew. Bemühungen gelänge, ein gleiches Verfahren auch in Beziehung auf die in dem §. 9. der V. erwähnten Anstalten zu erzielen.

Damit die Etats der betheiligten Anstalten in Beziehung auf das Pensionswesen künftig in einer möglichst gleichmäßigen Form aufgestellt werden, habe ich mit Rücksicht auf den Umstand, daß bei einem Theile der Anstalten die Beiträge dem Civil-Pensionsfonds zu Gute kommen, bei einem andern Theile aber den Prov.- oder sog. Stiftungsfonds zufließen müssen und bei einem dritten Theile endlich den Instituten selbst zur Bildung eigner Pensionsfonds belassen werden sollen,

1) Vergl. oben S. 119 in der Note den §. 25. des Regl. v. 30. April 1825.

die beiliegenden zwei Schemas (A. und B.) entwerfen lassen, welche den, mit der Anfertigung der Etats beauftragten Behörden und Personen zur genauen Beachtung mitzutheilen sind. [1])

Ew. gebe ich ergebenst anheim, nach den vorstehenden Andeutungen die in der Sache weiter erforderlichen Verfügungen baldgefällig erlassen zu wollen.

---

1) Vergl. u. das C. R. v. 23. Juni 1849.

A. Schema

zu dem Etat einer Anstalt, welche ganz, oder doch bei weitem überwiegend, aus Staatsmitteln, oder aus sogenannten Stiftungsfonds, d. h. mittelbaren Staatsfonds, unterhalten wird.

Nr.	Einnahme.	Betrag pro 18...			Der vorige Etat pro 18... setzte aus			Es ist also jetzt						Nr. der Beläge.	Bemerkungen.
								mehr			weniger				
		thl.	sg.	pf.	thl.	sg.	pf.	thl.	sg.	pf.	thl.	sg.	pf.		
	Tit. I. Vom Grundeigenthum.														
	Tit. II. An Zinsen von Kapitalien.														
	Tit. III. Von Berechtigungen.														
	Tit. IV. An Hebungen aus anderen Kassen und Fonds:														
	a) aus der Regierungs-Hauptkasse in N. N. laut Etat der Provinzial-, geistlichen und Unterrichts-Verwaltung, nach Abzug der sub Tit. II. der Ausgabe dieses Etats in Abzug gebrachten laufenden Pensions-Beiträge ad 49 Thlr. 15 Sgr.														
	Tit. V. Hebungen von den Schülern.														
	Tit. VI. Insgemein.														

	Ausgabe.		Beitrag zum Pensionsfonds. thl.	sg.	pf.			
	Tit. I. Verwaltungskosten.							
	Tit. II. Besoldung:							
	A. den ordentlichen Lehrern.							
1.	dem Direktor N. N.							
	a. Gehalt	1000 Thlr.						
	b. an Gebühren für Inskriptions- und Abgangs-Zeugnisse	46 „						
	c. Werth der freien Wohnung	100 Thlr.				1046	—	—
	d. Gartennutzung	30 „						
		1176 Thlr.	18	—	—			
2.	dem 2c. N. N.							
	a. Gehalt	800 „						
	b. Werth der freien Wohnung	60 „						
3.	dem 2c. N. N.		12	22	6	860	—	—
	an Gehalt		10	15	—			
4.	dem 2c. N. N.							
	a. an Gehalt	500 Thlr.						
	b. für die Verwaltung der Bibliothek . .	40 „						
	c. Werth der freien Wohnung	50 Thlr.				540	—	—
		590 Thlr.	8	7	6			
	u. s. w.		49	15	—			
	B. den außerordentlichen Lehrern und Hülfslehrern.							
	C. den sonst Angestellten.							
	Tit. III. Zu Unterrichtsmitteln.							
	Tit. IV. Zu Schul-Utensilien und deren Unterhaltung.							
	Tit. V. Zur Heizung und Beleuchtung.							
	Tit. VI. Zu Baukosten und dahin gehörigen Ausgaben.							

B. Schema

zu dem Etat einer Anstalt, welche aus Staats- und Kommunal- oder sonstigen Fonds unterhalten wird.

Nr.	Einnahme.	Beitrag zum Pensionsfonds.			Betrag pro 18…			Der vorige Etat pro 18… setzte aus			Es ist also jetzt mehr			Es ist also jetzt weniger			Nr. der Beilage.	Bemerkungen.
		thl.	sg.	pf.	thl.	sg.	pf.	thl.	sg.	pf.	thl.	sg.	pf.	thl.	sg.	pf.		
	Tit. I. Vom Grundeigenthum.																	
	Tit. II. An Zinsen von Kapitalien.																	
	Tit. III. Von Berechtigungen.																	
	Tit. IV. An Hebungen aus anderen Kassen und Fonds.																	
	Tit. V. Hebungen von den Schülern.																	
	Tit. VI. Pensionsfonds.																	
	a. an Zinsen von Kapitalien.																	
	b. an einmaligem Beitrag zum Pensionsfonds, das von neuen Besoldungen u. Gehaltszulagen in Abzug zu bringende Zwölftel.																	
	c. an Zuschuß zu dem Pensionsfonds:																	
	1) aus der Regierungs-Hauptkasse zu N. N.																	
	2) aus der Kämmereikasse zu N. N.																	
	3) aus dem N. N. Fonds.																	
	Tit. VII. Insgemein.																	
	Ausgabe.																	
	Tit. I. Verwaltungskosten.																	
	Tit. II. Besoldung.																	
	A. den ordentlichen Lehrern.																	
1.	dem Direktor N. N.																	
	a. Gehalt . . . . 1000 Thlr.																	
	b. an Gebühren f. Inskript.- u. Abgangszeugnisse 46 "																	
	c. Werth der freien Wohnung . . . . . . 100 Thlr.				1046	—	—											

	d. Gartennutzung	30 Thlr.						
		1176 Thlr.	18	—	—			
2.	dem 2c. N. N.							
	a. Gehalt	800 „						
	b. Werth der freien Wohnung	60 „	12	22	6	860	—	—
3.	dem 2c. N. N.							
	an Gehalt		10	15	—			
4.	dem 2c. N. N.							
	a. an Gehalt	500 Thlr.						
	b. für die Verwaltung der Bibliothek . . .	40 „				540	—	—
	c. Werth der freien Wohnung	50 Thlr.						
	u. s. w.	590 Thlr.	8	7	6			
			49	15	—			
	B. den außerordentlichen Lehrern und Hülfslehrern.							
	C. den sonst Angestellten.							
	Tit. III. Zu Unterrichtsmitteln.							
	Tit. IV. Zu Schul-Utensilien und deren Unterhaltung.							
	Tit. V. Zur Heizung und Beleuchtung.							
	Tit. VI. Zu Baukosten und dahin gehörigen Ausgaben.							
	Tit. VII. Zu Pensionen und Ansammlung von Kapitalien für den Pensionsfonds:	thl. sg. pf.						
	a. die unter Tit. VI. der Einnahme aufgeführten Beträge	— — —						
	b. die unter Tit. II. der Ausgabe in Abzug gebrachten Pensions-Beiträge . .	— — —						
	Summa	106. 18. 6.						
	davon werden verwendet zur Pension							
	für den Lehrer N. N.		—	—	—	100	—	—
	und zur Anlegung von Kapitalien		—	—	—	6	18	6
	Tit. VIII. Insgemein.							

(Min. Bl. d. i. V. 1847. S. 40 ff.)

b) C. R. der Min. d. G., U. u. M. Ang. (Eichhorn) und d. Inn. (v. Bodelschwingh) v. 22. Febr. 1847 an den K. Oberpräs. zu N. und abschr. an sämmtl. übrige K. Oberpräs. in ders. Ang.

Wiewohl in der von mir, dem Min. der Unt. Ang., an Ew. unterm 10. Dec. v. J. erlassenen Verf. die Grundsätze schon vorgezeichnet sind, nach denen das Pensionswesen auf Grund der V. v. 28. Mai v. J. bei den, Ihrer Kognition überwiesenen Lehranstalten zu reguliren, sowie die Bildung besonderer Pensionsfonds zu bewerkstelligen ist, und dadurch die von Ew. in dem gefälligen Ber. v. 21. Aug. v. J. gestellten Fragen und gemachten Bemerkungen im Wesentlichen bereits ihre Erledigung gefunden haben; so finden wir in diesem Ber. doch noch einige Punkte, über deren Behandlung bei Denselben noch Zweifel obwalten können und über welche unsere Ansicht zu kennen, Ew., wie uns selbst, wünschenswerth sein muß.

Sie betreffen:

1) die Art der Bildung eigener Pensionsfonds für jede Anstalt und
2) die Anordnungen in Beziehung auf ihre Verwaltung.

Wir unterlassen daher nicht, uns darüber in Folgendem näher ergebenst auszusprechen.

Zu 1. Nach den Andeutungen in dem vorged. Ber. scheint Ew. Absicht dahin zu gehen, bei den durch Zuschüsse aus Kommunalmitteln unterhaltenen Lehranstalten lediglich auf Festsetzung der von den Lehrern und Beamten selbst zu entrichtenden Beiträge sich zu beschränken, diese demnächst zu sammeln und wenn Pensionen zahlbar werden, letztere aus den aufgesammelten Pensionsbeiträgen so lange berichtigen zu lassen, als solche dazu hinreichen, sodann aber die ganzen Pensionen auf die Kommunalfonds ꝛc. übernehmen zu lassen. Hiernach soll daher von der Festsetzung laufender, von der unterhaltungspflichtigen Kommune ꝛc. alljährlich ohne Rücksicht auf das temporaire Bedürfniß zu entrichtenden Beiträge ganz abstrahirt und auf die Kommunalfonds ꝛc. erst dann zurückgegangen werden, wenn die sonstigen Mittel erschöpft sind. Im §. 16. der V. v. 28. Mai v. J. ist indessen wörtlich bestimmt: „Zur Deckung" ꝛc. (s. o. 1.), oder Zuschüsse den Oberpräs. überlassen.

Durch diese Bestimmungen allein wird es schon außer Zweifel gesetzt, daß sogleich mit der Ausführung nicht bloß von den Lehrern und Beamten, sondern auch von den zur Unterhaltung verpflichteten Kommunen und Kommunal-Verbänden ꝛc., laufende Beiträge eingezogen werden sollen und daß die Höhe dieser Beiträge dergestalt festzusetzen ist, daß unter gewöhnlichen Verhältnissen die Zinsen der in der ersten Periode gesammelten und nutzbar gemachten Beiträge, in Verbindung mit den ferneren laufenden Beiträgen, zur Berichtigung der Pensionen hinreichen und die im §. 18. am Schluß erwähnte Verpflichtung zur Deckung etwaniger Ausfälle nur ausnahmsweise geltend gemacht werde.

Wäre dies aber auch nach den Worten des Ges. noch zweifelhaft, so sind doch jeden Falles die Motive entscheidend, in denen zuvörderst die Unzulässigkeit richterlicher Einwirkung auf die Frage, wie hoch die Zuschüsse sein müssen, um die wahrscheinlichen Anforderungen in Zukunft zu decken, anerkannt, alsdann aber ausdrücklich bemerkt wird:

> Soll den Lehrern und Beamten der Pensionsgenuß gesichert sein, so müssen auch die subsidiair zur Zahlung der Pension Verpflichteten das rechnungsmäßige Defizit der Spezial-Pensionsfonds decken, so wie sie auch bei einem faktischen Defizit zuzuschießen haben.

Dies ist in dem §. 16. der V. mit anderen Worten wiedergegeben und gereicht auch unzweifelhaft den Verpflichteten selbst zum Vortheil, da ein von vorn herein vorhandenes, rechnungsmäßiges Defizit, bei Pensionsfonds mit Zinseszinsen anwächst, die spätere Deckung also dem subsidiair Verpflichteten viel schwerer fallen würde, als wenn er von Anfang an laufende Zuschüsse leistet. Es versteht sich übrigens hierbei von selbst, daß auch die Staatsfonds nach dem Verhältniß der Zuschüsse, welche sie zur wirklichen Unterhaltung einzelner Anstalten etwa gewähren, sowohl laufende Beiträge zu den Pensionsfonds entrichten, als einmalige Zuschüsse Behufs Deckung eintretender Defizits zahlen müssen. Mit Rücksicht auf die vorgedachten Bestimmungen können wir uns daher mit dem Verfahren, welches Ew. zu befolgen die Absicht zu haben scheinen, nicht einverstanden erklären, sondern müssen sowohl im Interesse der Lehrer und Beamten, als der zur Unterhaltung der Anstalten Verpflichteten, Dieselben ergebenst ersuchen, diese Bestimmungen bei Regulirung des Pensionswesens und insbesondere der einzelnen Pensionsfonds ohne irgend eine Abweichung oder Gestattung von Ausnahmen, gefälligst in Anwendung bringen zu wollen. Denn wollte man ein anderes Verfahren zulassen, was ohnedies nur mit Allerh. Genehmigung Sr. Maj. des Königs statthaft wäre, so dürfte voraussichtlich bei vielen Anstalten eine geraume Zeit verstreichen, ehe von den Kommunen oder von den sonst Verpflichteten irgend eine Leistung zu dem in Rede stehenden Zweck gefördert würde, indem in den ersten Jahren keine Pensionen zu gewähren sein und die inzwischen aufzusammelnden Beiträge der Lehrer und Beamten allein für einige Zeit die Mittel zur Berichtigung der ersten Pensionen darbieten, später aber die ganze Pensionslast mit einemmale auf die zur Unterhaltung der Anstalten Verpflichteten übergehen und von diesen um so drückender empfunden werden würde, als sie eine bis dahin ganz unbekannte wäre und sich auf Dienste bezöge, die nicht sowohl den jetzigen als den früheren Mitgliedern der Kommunen rc. geleistet worden sind. Es würde daher auch hier, wie leider ohnehin schon oft geschieht, zwar eine Verbindlichkeit übernommen, die Sorge für deren Erfüllung aber lediglich den Nachkommen überlassen werden.

Was

zu 2. die Verwaltung der Pensionsfonds betrifft, so scheint es uns weder nöthig, noch selbst angemessen, daß dieselbe von den Reg. unmittelbar geführt wird. Es wird vielmehr räthlich sein, solche resp. den Instituten und den unterhaltungspflichtigen Kommunen selbst, sofern diese es wünschen, zu überlassen. Auch wird nichts dagegen zu erinnern sein, wenn diese die sich ansammelnden Beiträge in eigenen Kommunal-Schuldpapieren oder bei ihren eigenen Sparkassen rc. zinsbar anlegen. Da die sich ergebenden Ausfälle doch von ihnen und den sonst Verpflichteten übertragen werden müssen, so haben sie selbst ein Interesse bei möglichst zweckmäßiger Benutzung der sich sammelnden Bestände, und im Allgemeinen scheint es auch billig, den Kommunen die Erfüllung der ihnen auferlegten Verbindlichkeiten so weit zu erleichtern, wie es des Zwecks unbeschadet nur immer geschehen kann.

Ob und in welchen Fällen Ew. es für räthlich halten, an den Regulirungen des Pensionswesens neben den Magisträten und den zur Unterhaltung der Anstalten sonst Verpflichteten auch die betheiligten Lehrer und die Stadtverordneten Theil nehmen zu lassen, wollen wir Ihrer nähern Kenntniß der obwaltenden Verhältnisse lediglich ergebenst anheimgeben.

(Min. Bl. d. i. V. 1847. S. 44.)

c) Allerh. Erl. v. 13. März 1848 an die Staatsmin. Eichhorn und v. Bodelschwingh, wegen Entbindung größerer Stadtgemeinden von der Bildung eines besondern Pensionsfonds.

Auf Ihren Antrag v. 4. d. M. ermächtige ich Sie, größeren Stadtgemeinden, denen die Unterhaltung einer, mit zureichendem eigenen Vermögen nicht ausgestatteten höheren Unterrichtsanstalt obliegt, von der im §. 16. der V. v. 28. Mai 1846 vorgeschriebenen Bildung eines besondern Pensionsfonds für die Lehrer und Beamten solcher Unterrichtsanstalt zu entbinden, und ihnen die Einziehung der Pensionsbeiträge der Lehrer und Beamten zur Stadtkasse zu gestatten. Dagegen behält es auch in Fällen dieser Art bei der durch jene V. bestimmten Verbindlichkeit der Stadtgemeinden zur Gewährung der gesetzlichen Pensionen an die gedachten Lehrer und Beamten sein Bewenden.

Friedrich Wilhelm.

(G. S. 1848. S. 113.)

d) Wegen Aufstellung des Besoldungstitels in den Etats der höhern Lehr-Anstalten, und Verrechnung der Pensionsbeiträge der Lehrer u. Beamten an denselben: C. R. des Min. d. G., U. u. M. Ang. (v. Ladenberg) v. 23. Juni 1849 an sämmtl. K. Prov.-Schulkoll.

Auf den Ber. v. 10. März d. J., worin die Entscheidung darüber beantragt wird:

1) ob die Bestimmungen der dem K. Prov. Schulkolleg. auf meine Veranlassung durch das K. Oberpräs. der Prov. zugefertigten C. Verf. des K.

Fin. Min. v. 10. Dec. 1848 [1]) nur auf die unmittelbaren Staatsbeamten Seines Ressorts, oder auch auf die nach der V. v. 28. Mai 1846 pensionsberechtigten Lehrer und Beamten der höheren Lehranstalten in Anwendung zu bringen seien, und ob, wenn letzteres der Fall,

2) dies auch von denjenigen Anstalten gelten solle, welche die Pensionsbeiträge

---

1) Das C. R. des Fin. Min. (Kühne) v. 10. Dec. 1848 an sämmtliche K. Prov. Steuer-Direktoren resp. Reg., betr. die Aufstellung des Besoldungstitels in den Etats und die Verrechnung der Pensionsbeiträge, bestimmt Folgendes:

— Es ist in mehrfacher Beziehung für zweckmäßig erachtet, daß künftig die Besoldungen der Beamten in den Etats ihrem vollen Betrage nach aufgeführt, und daß davon nicht, wie bisher, die laufenden Pensionsbeiträge vorweg in Abzug gebracht, letztere vielmehr nur nachrichtlich vor der Linie vermerkt, und besonders vereinnahmt werden.

Die Pensionsbeiträge sind in denselben Etats, in welchen die Besoldungen in Ausgabe stehen, bei den verschiedenen Einnahmen (Insgemein), unter einer besonderen Position, nachzuweisen.

In den Büchern, Abschlüssen und Rechnungen sind die Besoldungen ebenfalls mit dem vollen Betrage zu verausgaben, und die Pensionsbeiträge zu vereinnahmen. Einer besonderen Justifikation der Einnahme an Pensionsbeiträgen bei den Rechnungen bedarf es im Allgemeinen nicht.

Die Besoldungs-Quittungen, welche diesem gemäß über den vollen Betrag lauten müssen, sind nach dem anliegenden Schema (a.) auszustellen. Das letztere kann jedoch auf Quittungen über Remunerationen und Pensionen, welche aus vakanten Besoldungen erfolgen, nicht angewendet werden, indem auf diesen Zahlungen Pensionsbeiträge nicht haften und daher nur über den wirklich gezahlten Betrag quittirt werden kann. Nichtsdestoweniger sind auch von solchen Besoldungen und von disponiblen Gehaltstheilen die reglementsmäßigen Pensionsbeiträge zu verausgaben und zu vereinnahmen. Die im Laufe des Jahres etwa vorkommenden Mehrausgaben oder Ersparnisse an Besoldungen sind bei der Ausgabe mit dem vollen Betrage, also einschließlich der Pensionsbeiträge, die letztern aber bei der Einnahme in Zugang, resp. Abgang zu bringen. Eben so sind auch die im Laufe des Jahres nicht erhobenen Besoldungen mit dem vollen Betrage als Ausgabe- und die Pensionsbeiträge als Einnahmereste nachzuweisen.

Da es nothwendig ist, daß die vorstehenden Bestimmungen in Bezug auf die Verrechnung der Besoldungen und der Pensionsbeiträge schon vom nächsten Jahre ab durchweg in Ausführung kommen, so ist die Anordnung zu treffen, daß in den Büchern und Rechnungen, welchen die nach dem bisherigen Schema gefertigten Etats zum Grunde zu legen sind, die Pensionsbeiträge bei den Besoldungen als Mehrausgabe und dagegen extraordinair unter einer besonderen Position als Mehreinnahme nachgewiesen werden.

a.

Schema zu den Besoldungsquittungen.

a. Quartalquittung bei 800 Thlr. jährl. Gehalt.

= 200 Thaler =

geschrieben ꝛc. Gehalt für das 1ste Quartal 18 , nämlich

= 197 Thlr. baar und

= 3 Thlr. durch Anrechnung der laufenden Pensionsbeiträge habe ich ꝛc.

b. Jahresquittung:

= 800 Thaler =

geschrieben ꝛc. Gehalt für das Jahr 18 , nämlich

= 788 Thlr. baar und

= 12 Thlr. durch Anrechnung der laufenden Pensionsbeiträge, habe ich ꝛc.

(Min. Bl. d. i. V. 1848. S. 371.)

ihrer Lehrer nicht zur Staatskasse abliefern, sondern eigene Pensionsfonds zu bilden haben,

eröffne ich dem K. Prov. Schul-Kolleg., im Einverständnisse mit dem Fin. Min., daß die fraglichen Bestimmungen sowohl in Bezug auf die zu 1) wie die zu 2) bezeichneten Lehranstalten Anwendung finden müssen. Daß dies bezüglich der erstgenannten Kathegorie durchaus nothwendig ist, folgt schon daraus, weil im entgegengesetzten Falle die verschiedenen Etats in den Beträgen nicht übereinstimmen würden, und auch den Zweck, welcher dem Erlaß der gedachten C. Verf. mit zu Grunde liegt, nämlich die Ausgaben des Staatshaushalts ihrem Brutto-Betrage nach in dem Staatshaushalt nachzuweisen, nicht erreicht werden würde.

Was die Beachtung der in Rede stehenden Bestimmungen bei den Etats derjenigen Anstalten anlangt, welche die Pensionsbeiträge nicht an die Staatskasse abführen, sondern eigene Pensionsfonds besitzen, so ist solche allerdings nicht unbedingt nothwendig, aber insofern doch zweckmäßig, als es, wie auch das K. Prov. Schulkolleg. selbst anerkennt, wünschenswerth erscheint, daß sämmtliche Etats der höheren Lehranstalten möglichst gleichförmig aufgestellt werden. Daß übrigens die diesen Gegenstand berührenden Vorschriften der, zur Ausführung der V. v. 28. Mai 1846 diesseits erlassenen C. Verf. v. 10. Dec. 1846 und 30. April 1847 [1]) als aufgehoben und die Revisions-Erinnerungen der Geh. Kalkulatur meines Min., zu welchen die in mehreren Etats der zu 2) bezeichneten Anstalten gegen jene Vorschriften getroffene Einrichtung Anlaß gegeben hat, als erledigt zu betrachten sind, versteht sich von selbst.

Indem ich dem K. Prov. Schulkolleg. überlasse, hiernach das Erforderliche zu verfügen, bemerke ich nur noch, daß eine Dekl. der Etats der ad 2) genannten Unterrichtsanstalten nicht nöthig ist, weil es genügt, wenn die Abänderung derselben nach und nach bei der Aufstellung neuer Etats stattfindet.

(Min. Bl. d. i. V. 1849. S. 130.)

c) Ausdehnung der V. v. 28. Mai 1846 auf die Lehrer an Prov. Gewerbeschulen.

C. R. des Min. f. Handel, G. u. ö. A. (v. d. Heydt) v. 9. Mai 1852 an sämmtl. K. Reg.

Nachdem bereits sieben verschiedenen Prov. Gewerbeschulen in Uebereinstimmung mit dem §. 9. des Organisationsplans v. 5. Juni 1850 das Recht zur Abhaltung von Entlassungsprüfungen verliehen worden ist, findet der §. 14. des gedachten Erlasses, wonach diejenigen Lehrer, welche sich hinreichend bewährt haben, definitiv angestellt werden sollen, auf dieselben Anwendung. Ehe jedoch den in dieser Beziehung schon gestellten oder noch zu stellenden Anträgen in den vorkommenden einzelnen Fällen entsprochen werden kann, sind die Grundsätze, nach denen das Pensionswesen der Lehrer an Prov. Gewerbeschulen zu behandeln sein wird, festzustellen.

Hierbei wird die Allerh. V. v. 28. Mai 1846, auf welche der §. 14. des Organisationsplans Bezug nimmt, zur Anwendung kommen müssen.

Da die Kosten der Unterhaltung der Prov. Gewerbeschulen, soweit anderweitige Einnahmen hierzu nicht ausreichen, grundsätzlich aus Zuschüssen des Staates und der betr. Kommunen zu gleichen Theilen bestritten werden müssen und bei der Mehrzahl der bestehenden Gewerbeschulen auch auf diesem Wege aufgebracht werden, so findet zunächst der §. 16. der erwähnten V. auf sie Anwendung, gemäß welchem bei jeder Anstalt ein besonderer Pensionsfonds zu bilden ist, und zwar:

a) aus den Einkünften des etwa vorhandenen Vermögens der Anstalt,
b) aus Beiträgen der definitiv angestellten Lehrer,
c) aus Beiträgen der zur Zahlung der Pension Verpflichteten.

Wenngleich einzelne Prov. Gewerbeschulen nicht ohne eigenes Vermögen sind, so reicht dasselbe doch nirgendwo zur Bestreitung des zur Erreichung der Lehrzwecke erforderlichen Aufwandes aus und kann daher zum Vortheile des Pensionsfonds nicht in Anspruch genommen werden (§. 4. der V. v. 28. Mai 1846). Demzu-

---

1) Das C. R. v. 30. April 1847 findet sich nicht in den Sammlungen abgedruckt; das v. 10. Dec. 1846 s. o. S. 121 ff. sub a. Die hier ausgesprochene Aufhebung trifft nur den Schluß desselben.

folge werden für diesen zunächst die Beiträge der künftig definitiv angestellten Lehrer anzusammeln sein, deren Bemessung sich nach den allgemeinen Bestimmungen über die Beiträge der übrigen Civil-Staatsdiener richtet (§§. 21—25. des Pens. Regl. v. 30. April 1825). Die laufenden Pensionsbeiträge sind demnach im Etat der betr. Anstalt vor der Linie auszubringen und einzuziehen, die eingezogenen Beträge aber als ein derselben eigenthümlicher Fonds zu verwalten.

Soweit aber der hiernach zu bildende Fonds zur Bestreitung der künftig etwa nothwendig werdenden Pensionen nicht ausreicht, liegt der Staatskasse und der betreff. Kommune die Verpflichtung ob, denselben in gleichem Verhältnisse, wie sie überhaupt zur Unterhaltung der Schule beitragen, zu ergänzen. Die angeführte Bestimmung der V. v. 28. Mai 1846 setzt nun zwar fest, daß dieses durch regelmäßige Zuschüsse zu dem Pensionsfonds, deren Festsetzung den betreff. K. Oberpräs. überlassen ist, geschehe, und daß, wenn jene nicht ausreichen, Nachschüsse geleistet werden sollen. Da es aber mit Rücksicht auf die nicht vorherzusehenden Wechselfälle, welche sich in dem, nur aus drei Mitgliedern bestehenden Lehrerpersonale ereignen können, kaum möglich sein würde, die erforderlichen regelmäßigen Zuschüsse zu dem Pensionsfonds mit einiger Sicherheit zu bemessen, so empfiehlt es sich, von diesen ganz abzusehen und in jedem einzelnen Falle, wo eine Pension erforderlich wird, dieselbe mit den übrigen, für die Anstalt zu leistenden Ausgaben bis zu ihrem Erlöschen auf den jährlichen Schuletat zu bringen.

Hinsichtlich der Höhe der, den Lehrern an Prov. Gewerbeschulen zu gewährenden Pensionen behält es bei den bestehenden allgemeinen Bestimmungen sein Bewenden.

Mit Rücksicht auf die, den betreff. Kommunen aus den nöthig werdenden Pensionen möglicher Weise erwachsenden Lasten sind die vorstehenden Grundsätze zur Kenntniß der betreff. Magistrate zu bringen, damit die Zustimmung des Gemeinde-Raths dazu eingeholt werden kann.

(Min. Bl. d. i. V. 1852. S. 125.)

II. Anzeige der Schulvakanzen.

Dieselbe wird durch die Dir. an das Prov.-Schulkoll. (die Reg.) gerichtet: §. 24. der Brandenb. Dir.-Instr. (s. o. S. 85.), §. 13. der Pommerschen Dir.-Instr. (s. o. S. 86. Note 2.), §. II. Nr. 3. der Rhein. Dir.-Instr. (s. o. S. 88.)

III. Auseinandersetzung mit dem Amtsnachfolger.

Besondere Vorschriften für die Lehrerstellen an höhern Schulen sind in dieser Beziehung nicht vorhanden. Es bleibt demnach nur übrig die allgem. Bestimmungen über den Nießbrauch vorkommenden Falls anzuwenden. (s. in Bd. 1. S. 548. flg.)

IV. Sorge für die Hinterbliebenen verstorbener Lehrer.

1) Sterbequartal und Gnadenmonat.

a) Vgl. Bd. 1. S. 551. flg. und das o. S. 121 in der Note angef. C. R. v. 22. Dec. 1841., wonach Quittungen über Gehalts- oder Pensionszahlungen an Hinterbliebene nicht stempelfrei sind. Das C. R. v. 11. Sept. 1841 bestimmt in dieser Hinsicht, daß die den Hinterbliebenen gezahlte Gnadenbewilligung als fortgesetzte Gehalts- resp. Pensionszahlung behandelt, und der Quittungsstempel von der Summe berechnet werden solle, welche die Interims-Quittungen des verstorbenen Beamten und die Quittung der Hinterbliebenen über die Gnadenbewilligung zusammen ergeben, daß ferner diese letztere jedenfalls hierüber besondere Quittung ausstellen müssen, und daß zu diesen der Stempel zu bringen sei. (M. Bl. d. i. V. 1841. S. 267.)

b) Ueber die Gewährung des Gnadenquartals an die Hinterbliebenen und Erben kathol. Gymnasiallehrer bestimmt insbes. das R. des Min. d.

G., U. u. M. Ang. (v. Altenstein) v. 8. Okt. 1833 an das K. Prov.-Schulkoll. zu Breslau:

Auf den Ber. des K. Prov.-Schulkoll. v. 2. v. M. genehmigt das Min. hierdurch, daß der Wittwe des am 19. Aug. d. J. verstorbenen Oberlehrers am kathol. Gymn. daselbst, Dr. N. der Genuß des Gnaden-Quartals von dem Gehalte ihres Gatten zu Theil, auch in ähnl. Fällen solches den Hinterbliebenen und Erben anderer kathol. Gymnasial-Lehrer gewährt werde.

(A. XVIII. S. 1004.)

2) Wittwenkasse. (s. o. S. 104. flg.)

Für die sämmtl. Beamten der Preuß. Monarchie wurde durch Pat. u. Regl. v. 28. Dec. 1775 die K. allg. Wittwen-Verpflegungs-Anstalt zu Berlin gegründet, zu welcher im Allgem. alle unmittelbare Staatsbeamte, welche über 250 Thlr. Gehalt beziehen beizutreten verpflichtet sind. 1) Sie müssen ihrer Wittwe eine Pension von wenigstens $\frac{1}{5}$ des Besoldungsbetrags zusichern. 2) Beamte mit geringerem Gehalte sind zum Beitritte wohl befugt, aber nicht verpflichtet, und für sie ist die Summe von 50 Thlr. als Maximum der Wittwen-Pension bestimmt. 3) Die früher vorgeschriebene Erlegung eines Antrittsgeldes oder verzinslichen Wechsels statt desselben ist nicht mehr erforderlich, es werden nur noch die Zinsen jenes Antrittsgeldes berechnet und zu den nach dem Alter der Gatten verschiedenen Jahresbeiträgen geschlagen. 4) Wer über ein Jahr nach der Trauung verstreichen läßt, ohne beizutreten, muß 4 Proc. des zu berechnenden Antritts-Geldes Retardat-Zinsen vom ersten Rezeptions-Termine nach dem Kopulationstage ab bezahlen. 5) Wo der Staat zu den jährlichen Beiträgen, welche die Interessenten zu erlegen haben, mittellosen Beamten Vorschüsse leistet, darf die Pension nicht über $\frac{1}{5}$ des Gehalts steigen. 6)

Stirbt der Mann im ersten Jahre nach dem Beitritt, so erhält die Wittwe nichts, im zweiten $\frac{1}{5}$, im dritten $\frac{2}{5}$, im vierten $\frac{3}{5}$, im fünften $\frac{4}{5}$ und später das Ganze der versicherten Pension. 7) Sie muß einen gerichtl. beglaubigten Todtenschein, und bei jeder Hebung ein eben solches Attest, daß sie am Leben und nicht wieder verheirathet sei, einreichen. Im Falle der Wiederverheirathung verliert sie die Hälfte der Pension. 8)

Die besondern Vorschriften über den Beitritt zu dieser Wittwenkasse in Betreff der Lehrer an höhern Schulen sind folgende:

---

1) Außer dem angef. Regl. v. 28. Dec. 1775 (Rabe, Bd. 1. Abth. 6. S. 146) vgl. insbes. das Publ. v. 25. Mai 1796 (Rabe, Bd. 3. S. 398.), K. O. v. 27. Febr. 1831 (G. S. 1831. S. 3.), und K. O. v. 6. Juli 1838. (G. S. 1838. S. 378.)

2) Bek. des Staatsmin. v 12. Nov. 1824 (G. S. 1824. S. 216) Die Interessenten können mit Einwilligung der Ehefrau die versicherte Summe bis auf dies Minimum herabsetzen K. O. v. 14. Dec. 1833. (G. S. 1834. S. 2.)

3) K. O. v 6. Juli 1838 (G. S. 1838. S. 378.)

4) K. O. v. 27. Febr. 1831. (G. S. 1831. S. 3.)

5) §. 25. des Regl. v. 1775. u. Publ. v. 1. Juli 1782 in fine. (Rabe, Bd. 1. Abth. 7. S 147.)

6) R. der Min. d. Inn. u. d. Fin. v. 17. April 1830. (A. XIV. S. 256.) — Dies R. bezieht sich jedoch nicht auf Geistliche und Lehrer: R. der Min. d. G., U. u. M. Ang., d. Fin. und d. Inn. u. d. P. v. 25. Nov. 1830. (A. XIV. S. 766.) — Ueber die Unterstützung der Beamten bei den Retardatzinsen durch Vorschüsse, die aus Gehaltsabzügen gedeckt werden, s. R. v 17. April 1830 u. C. R. v. 16. März 1850. (M. Bl. d. i. V. 1850. S. 95.) — Ueber die Beiträge s. §. 22. 23. des Regl. v. 1775 u. die angehängten Tabellen. Sie werden jetzt d. 1. April u. 1. Okt. erhoben. C. R. v. 10. Sept. 1850. (M. Bl. d. i. V. 1850 S. 270.)

7) Publ. v. 25. Mai 1796. Nr. 1. —

8) §. 38. §. 27. des Regl. v. 1775.

a) Verpflichtung zum Beitritt.

α) Die K. O. v. 10. Dec. 1816[1]) bestimmt:

daß die Vorschriften der K. O. v. 17. Juli d. J.[2]) auch auf die Geistlichen und Schulbeamten, jedoch mit Ausschluß der niedern Kirchenbedienten und der Lehrer bei den Elementarschulen angewendet werden.

Sollten die Beiträge solchen Beamten in einem oder dem andern Falle, wegen des geringen Betrags ihrer Amtseinkünfte zu schwer fallen, so bin Ich nicht abgeneigt, dens. bis zur Verbesserung ihres Amts-Einkommens, oder ihrer sonstigen Glücksumstände, für den Betrag mäßiger bei der ged. Wittwen-Anstalt zu versichernden Pensionen durch Zuschüsse aus den Staatskassen zu Hülfe zu kommen, und will hierdurch als Grundsatz genehmigen, daß für diej. sich künftig verheirathenden Geistl. und Schullehrer, welche noch nicht 400 Thlr. Einkommen haben, die Beiträge für eine der Wittwe zu versichernde Pension von 100 Thlr. aus Staatskassen auf so lange gezahlt werden sollen, bis ihre Einnahme sich auf jenen Betrag erhöht. Ich sehe eintretenden Falls Ihren besondern Anträgen deshalb entgegen.

Berlin rc.

Friedrich Wilhelm.

An den Staatsmin. v. Schuckmann.
(A. XVI. S. 102.)

β) K. O. v. 17. April 1820.[3])

Die Anwendung der K. O. v. 10. Dec. 1816., in welcher Ich den künftig sich verheirathenden Geistlichen und Schullehrern, die noch nicht 400 Thlr. Einkommen haben, im Falle der Dürftigkeit, die Beiträge für eine der Wittwe zu versichernde Pension von 100 Thlr. aus Staatskassen auf so lange zugesichert habe, bis ihre Einnahme auf diesen Betrag sich erhöht, bestimme ich auf Ihren Ber. v. 8. d. M. dahin:

> daß diese Zusicherung sich nicht auf K. Patronats-Stellen ausschließlich beschränken, sondern auch den Privat-Patronats-Stellen gleichmäßig zu statten kommen soll, daß aber in beiden Fällen die Beiträge unter den in der K. O. festgesetzten Einschränkungen nur den im eigentl. Seelsorgeramte angestellten Geistlichen und den an Gymn. und diesen gleich zu achtenden Anstalten, an Schullehrer-Sem., so wie an höhern und allg. Stadtschulen angestellten wirkl. Lehrern zu Theil werden können, indem nur diese Individuen verpflichtet sein sollen, der Wittwenkasse beizutreten, wogegen die Hülfslehrer solcher Anstalten, und die Lehrer an solchen Klassen ders., die, als eigentliche Elementar-Klassen, nur die Stelle der mit höhern Unterrichts-Anstalten verbundenen Elementarschule ersetzen, zu dem Beitritt bei der Wittwenkasse nicht verpflichtet, aber auch von obiger Begünstigung ausgeschlossen sind.

Ich autorisire Sie, den Min. der geistl. Ang., hiernach, ohne weitere specielle Anträge, jedoch nach vorheriger jedesmaliger Einigung mit der General-Kontrolle, die Beiträge auf das für die Verwaltung Ihres Depart. jährlich ausgesetzte Dispositions-Quantum anzuweisen.

Berlin rc.

Friedrich Wilhelm.

An
die Staatsm. Frh. v. Altenstein u. v. Klewitz.
(A. IV. S. 789.)

---

1) Der Inhalt dieser K. O. wurde auch durch die R. des Min. d. Inn. v. 22. Aug. 1817 an die Gen.-Direktion der allg. Wittwen-Anstalt, und an sämmtl. K. Reg. mit dem Bemerken mitgetheilt, daß die von den Reg. eingehenden betr. Anträge der ged. Gen.-Direktion zugefertigt, und von dieser die zu erstattenden Beiträge halbjährlich bei dem Fin.-Min. liquidirt werden sollten. (A. I. H. 3. S. 78. 79.)

2) Vgl. dies. o. S. 104.

3) Auch durch Publ. der Reg. zu Frankfurt v. 6. Dec. 1820. (A. IV. S. 763.) mitgetheilt.

γ) Ueber die Frage, wer mit Beziehung auf vorstehende K. O. unter die Elementarlehrer zu rechnen, spricht sich das R. des Min. d. G., U. u. M. Ang. v. 10. Jan. 1834 aus. (s. in Bd. 1. S. 553.)

δ) Insbesondere in Betreff der Lehrer an höhern Töchterschulen bestimmt das R. des Min. d. G., U. u. M. Ang. v. 10. Sept. 1835 an die K. Reg. zu Potsdam.

Auf den Ber. der K. Reg. v. 24. v. M. ist das Min. damit einverstanden, daß die Lehrer an solchen Töchterschulen, welche zu den höheren oder allg. Stadtschulen gehören, und deren Einkommen die Summe von jährlich 400 Thlr. nicht übersteigt, von der Vergünstigung, die Wittwenkassen-Beiträge, jedoch excl. der Wechselzinsen, für eine Pension bis zur Höhe von 100 Thlr. aus Staatsfonds erstattet zu erhalten, nicht ausgeschlossen sind. Der K. Reg. bleibt daher überlassen, wegen des angezeigten besonderen Falles mit dem Rektor N. an der höheren Töchterschule zu N., das Erforderl. hiernach zu veranlassen.

(A. XIX. S. 714.)

ε) Im Allgem. erklärte das R. der Min. d. G., U. u. M. Ang., d. Inn. und d. Fin. v. 26. Aug. 1832 an sämmtl. K. Reg.-Präs., da bei Geistl. u. Lehrern die Beitritts-Pflichtigkeit an die Art und den Grad der Berufsstellung, ohne Rücksicht auf die Höhe des Diensteinkommens geknüpft, und durch die K. O. v. 27. Febr. 1831 (s. o. S. 133 Note 1.) nur die Beitritts-Fähigkeit auf die Verpflichteten eingeschränkt in der Verpflichtung selbst aber nichts geändert sei:

Geistliche, welche ein wirkliches Seelsorgeramt bekleiden, und Lehrer an Gymn. und diesen gleich zu achtenden Instituten, bleiben also unverändert zum Beitritt verpflichtet, und fähig zugleich, ohne Rücksicht darauf, ob ihr Diensteinkommen 250 Thlr. jährlich übersteigt oder nicht.

(A. XVI. S. 591.)

ζ) Die Bestimmungen der K. O. v. 17. April 1820 über die Beitrittspflicht werden auch im Publ der Gen.-Dir. der Wittwen-Verpflegungs-Anstalt v. 23. Aug. 1838 (A. XXII. S. 715.) wiederholt.

b) Zur Rezeption der Lehrer verlangt das Publ. der Gen.-Dir. d. allg. Wittw.-Verpfl.-Anst. v. 24. Nov. 1836., außer den reglementsmäßigen Bescheinigungen:

daß künftig die Schullehrer sich durch Atteste der ihnen vorgesetzten K. Reg. darüber auszuweisen haben, daß sie an einer höhern oder allg. Stadtschule im Sinne der A. K. O. v. 17. April 1820, und zwar nicht bei einer Elementarklasse ders. angestellt sind.[1])

(A. XX. S. 510.)

1) Die gleiche Bestimmung, allgemein dahin, daß die Aufzunehmenden nöthigenfalls sich durch ein Attest ihrer vorgesetzten Dienstbehörde darüber auszuweisen hätten, daß sie zu den rezeptionsfähigen Beamten gehören, enthielt schon die Bek. ders. Gen.-Dir. v. 18. Mai 1835. (A. XIX. S. 332.) Für Lehrer ist dies. wiederholt im Publ. der Gen.-Dir. v. 23. Aug. 1838. (A. XXII. S. 716.), wonach Heirathskonsense dies Attest nur dann ersetzen, wenn in ihnen das amtl. Verhältniß und Einkommen ausgedrückt sind.

Ueber die Atteste, welche im Allg. zur Aufnahme erforderlich sind, verordnet das Regl. v. 1775:

§. 7. Es hat also zuvörderst ein jeder, der Theil nehmen will, in Ansehung des Alters, für sich und seine Frau einen Taufschein beizubringen, welcher mit einem Certifikat der Gerichte des Orts, daß der Prediger des Orts solchen wirklich ausgestellt habe, zu begleiten ist. Sollte in besondern Fällen es nicht möglich sein, einen Taufschein zu erhalten, und diese Unmöglichkeit bescheiniget, wenigstens wahrscheinlich gemacht werden, so muß das Alter durch gültige Atteste von der Zeit der Konfirmation, durch glaubwürdige Bescheinigung

c) **Anträge auf die in den K. O. v. 10. Dec. 1816 und 17. April 1820 verheißene Unterstützung.**

α) Publ. der Reg. zu Trier v. 27. Dec. 1820.

Indem wir vorstehende Allerh. K. O. v. 17. April 1820 bekannt machen, bemerken wir, in Gemäßheit eines M. R. v. 8. Nov. d. J., zu ihrer Erklärung und Anwendung Folgendes:

1) Unter dem Ausdrucke „allgemeine Stadtschulen" sind nicht die gewöhnl. Elementarschulen, sondern die auf sie folgenden höheren öffentl. Lehr-Anstalten zu verstehen, in welchen in deutscher und lateinischer Sprache, in Mathematik, Geschichte, Geographie u. s. w. unterrichtet wird.

2) Den an uns einzureichenden Gesuchen um Erstattung der Wittwenkassen-Beiträge muß beigefügt werden:

a) der Trauungs-Schein, indem nur Individuen, welche nach d. 10. Dec. 1816. sich verheirathet haben, die Beiträge erstattet werden können; das Attest fällt weg, wenn das Gesuch vor erfolgter Verheirathung angebracht wird;

---

der Eltern oder Taufzeugen, durch gerichtliche Vormundschafts-Bestellungen, worin das Alter des Recipiendi angeführet wird, durch Dokumente, so geraume Zeit, bevor der Recipiendus sich meldet, in Druck ergangen, oder sonst durch andre, allenfalls durch das Suppletorium zu bestärkende Mittel, erweislich gemacht werden.

§. 9. Endlich muß er ein Attest eines approbirten Medici Practici beibringen, worin derselbe

> auf seine Pflicht und an Eides Statt versichert, daß nach seiner besten Wissenschaft, der Recipiendus weder mit der Schwindsucht, Wassersucht, noch einem andern morbo chronico, so ein baldiges Absterben befürchten ließe, behaftet, auch überhaupt zur Zeit nicht krank noch bettlägerig, sondern gesund, nach Verhältniß seines Alters bei Kräften, und fähig sei, seine Geschäfte zu verrichten.

Dieses Attest des Medici muß von Vier Mitgliedern der Wittwen-Societät, oder wenn solche nicht zu haben sind, von vier andern bekannten redlichen Männern unterschrieben werden, welche bezeugen:

> daß ihnen der Recipiendus bekannt sei, und sie das Gegentheil von dem, was der Medicus attestiret, nicht wissen.

Wohnet der Recipiendus außerhalb Berlin, so ist noch außerdem ein gerichtliches, oder von einem Notario und Zeugen ausgefertigtes Certifikat hinzuzufügen:

> daß sowohl der Medicus als die Vier Zeugen das Attest eigenhändig unterschrieben haben, auch keiner von denselben ein Vater, Bruder, Sohn, Schwiegersohn oder Schwager des Recipiendi oder seiner Frauen sei;

indem dergleichen nahe Verwandte, als Zeugen nicht admittiret werden können.

§. 11. Diejenigen, welche nach Errichtung der Societät heirathen, müssen künftig, wenn sie eintreten wollen, auch einen Kopulations-Schein beibringen, wobei eben, wie bei den Tauf-Scheinen, durch die Gerichte des Orts attestiret werden muß, daß der Prediger des Orts solchen wirklich ausgefertigt habe.

Hierzu ist weiter bestimmt, daß die Zahlen in den Attesten mit Buchstaben geschrieben sein müssen (§. 12. a. a. O.), daß die Behörden solche Atteste kostenfrei zu ertheilen haben (§. 13.), und daß dazu kein Stempel verwendet zu werden braucht (§. 15.). — Ein C. R. des Gen.-Dir. d. Steuern v. 12. Nov. 1842 urgirt insbes. Sorgfalt und Vermeidung von Mißstimmungen hinsichtlich der Vor- und Zunamen, und wörtliche Abfassung der Gesundheits-Atteste nach obigem §. 9. (M. Bl. d. i. V. 1843. S. 2.) — Die Aufnahme-Anträge mit vollständigen, gerichtlich beglaubigten Dokumenten sollen nach dem oben erw. Publ. v. 23. Aug. 1838 jedesmal bis zum 8. März oder 8. Sept. bei der Gen.-Dir. d. Wittwen-Anstalt eingehen. Die Gesundheits-Atteste dürfen nicht älter sein, als höchstens vom vorhergehenden 16. Jan. oder 16. Juli. Vgl. die Instr. für die Kommissarien der Wittw.-Anst. v. 16. Juli 1836 mit Nachtrag v. 5. Juli 1838. (A. XXII. S. 710.) An diese Komm. oder an die mit der Wittw.-Anst. in Verbindung stehenden K. Kassen haben sich die Recipienden zu wenden.

b) eine bei Gesuchen eines Lehrers von dem betr. K. Landrathe, bei Gesuchen eines Predigers aber von den betr. K. Superint., als richtig bescheinigte Nachweisung des Dienst-Einkommens, wobei zu bemerken ist, ob und wie hoch die Stelle schon früher geschätzt oder angegeben worden, und ob der Bittsteller auch sonst einer solchen Unterstützung bedürftig ist;

c) ist die genaue Kenntniß des halbjährl. Betrags ausschließlich der Wechselzinsen erforderlich, und zu dem Ende muß der Receptions-Schein urkundlich beigelegt werden.

Wir bringen bei dieser Gelegenheit in Erinnerung, daß die Heiraths-Konsense, welche von den Gymn.-Lehrern bei dem K. Ober-Präsidio und von den übrigen in vorstehender All. K. O. bezeichneten Lehrern, so wie von den Predigern bei dem K. Reg.-Präsidio nachgesucht werden müssen, nicht ertheilt werden können, wenn nicht zugleich mit dem desfallsigen Gesuch der Einkauf in die allg. Wittwenkasse zu einer Pension von wenigstens 100 Thlr. ausdrücklich übernommen wird. (A. IV. S. 790.)

β) C. R des Min. d. G., U u. M. Ang. (v. Ladenberg) v. 1. Juli 1849 an sämmtl. K. Reg. Konf. u. Prov.-Schulkoll.

Die sämmtl. K. Reg., Konf. und Prov.-Schulkoll. veranlasse ich, den Anträgen wegen der den Predigern und Schullehrern zu erstattenden Wittwenkassen-Beiträge künftig nur die, durch die C. Verf. v. 8. Nov. 1820. vorgeschriebene Nachweisung, den Rezeptions-Schein, die Nachweisung des Dienst-Einkommens und das Attest über die Vermögens-Verhältnisse beizufügen.

Der Einreichung der Trau- und Tauf-Scheine bedarf es fernerhin nicht mehr. (M. Bl. d. i. V. 1849. S. 165)

γ) Zu α) bemerkte das C. R. des Min. d. G., U. u. M. Ang. und der General-Kontrolle v. 24. Juli 1823., daß in den von den Reg., nach der dort alleg. C. R. v. 8. Nov. 1820. halbjährlich einzureichenden Liquidationen über die zu erstattenden Beträge noch die Rubrik „Betrag der Pension" aufgenommen werden, und kein höherer Beitrag als zu einer Pension von 100 Thlr. erstattet werden solle. (A. VII. S. 622.)

δ) Das C. R. des Min. d. G., U. u. M. Ang. v. 31. März 1832 verordnete, daß die Reg. bei Prüfung und Feststellung dieser Liquidationen die Wechselzinsen vom Ersatze ausschließen, und Behufs etwaiger Revision die Nummer des Rezeptionsscheins, so wie den Gold- und den Kourantbetrag des Ersatzes getrennt aufführen müsse. Auch seien die Liquidationen in calculo festzustellen. (A. XVI. S. 101.)

ε) Durch das C. R. des Min. d. G., U. u. M. Ang. v. 31. Jan. 1833 (A. XVII. S. 384.) wurde endlich die Aufstellung von jährlichen Etats über die den Geistl. und Lehrern zu erstattenden Beiträge an Stelle der frühern halbjährlichen Liquidationen, nach einem bestimmten Schema, angeordnet. Ihre Einreichung beim Min., die ursprünglich im Laufe des Sept. statt finden sollte, wurde durch C. R. deff. Min. v. 3. März 1840 (M. Bl. d. i. V. 1840. S. 153.) auf den Monat Nov. verlegt.

ζ) Berechnung des im Diensteinkommen begriffenen Natural-Getreides Behufs der Erstattung der Wittwenkassenbeiträge. Während das C. R. des Min d. G, U. u M. Ang. und der Gen.-Kontr. v. 31. Jan. 1822 (A. VI. S. 102.) hierbei den 30jährigen Durchschnitts-Martini-Marktpreis der nächsten Marktstadt unter Absetzung der zwei theuersten und zwei wohlfeilsten Jahre zu Grunde legte, bestimmte die Bek. der Reg. zu Potsdam v. 30. Juni 1836 (A. XX. S 603.), auf Grund eines Min. R. v. 20. deff. M., daß das Natural-Getreide künftig nach den Normal-Anschlagspreisen bei Domainen-Verpachtungen mit einem Aufgeld v. $2\frac{1}{2}$ Sgr. für den Scheffel Roggen, und reductive auf die übrigen Getreidearten, angenommen werde. Zugleich wurden die damaligen Normal-Anschlagspreise mit 1 Thlr. 5 Sgr. für den Sch. Weizen, $27\frac{1}{2}$ Sgr. für den Sch. Rogg., $22\frac{1}{2}$ Sgr. f. den Sch. Gerste u. $17\frac{1}{2}$ Sgr. f. den Sch. Hafer bekannt gemacht.

d) Ueber die Einziehung rückständig gelassener Wittwenkassenbeiträge von Geistl. u. Lehrern bestimmt das C. R. des Min. d. G., U. u. M. Ang. v. 20. Sept. 1835 an sämmtl. K. Reg., daß die Gen.-Direktion sich in Zukunft deshalb nicht mehr an das Min., sondern unmittelbar an die betr. Reg. wenden werde, und diese dergl. Requisitionen stets sobald als thunlich erledigen solle. (A. XIX. S. 692.)

e) Ueber die Kontrolle des Beitritts durch Heirathskonsense s. insbes. das C. R. v. 22. Juni 1837. (s. o. S. 105 sub γ), welches zugleich den Reg. dringend empfiehlt, nach Möglichkeit auf den nachträgl. Beitritt solcher Geistl. und Lehrer zur allg. Wittwenkasse hinzuwirken, die es bisher unterlassen haben, sich bei ders. zu associiren.[1])

3) Außerordentliche Unterstützungen.

Vgl. das C. R. v. 21. Aug. 1837. (A. XXI. S. 668.) nebst Anlagen in Bd. 1. S. 556.

Dritter Abschnitt.

Die Schule.

In diesem Abschnitte sind die Vorschriften über Einrichtung und Besuch der höhern Schul-Anstalten, über Unterricht und Zucht in denselben und über den Abgang aus ihnen zusammengestellt. Da aber in dieser Hinsicht für gelehrte und für gewerbliche Schulen zum Theil wesentlich verschiedene Haupt-Verordnungen vorhanden sind, so erschien es zweckmäßig, dieselben für die Schulen beider Richtung in getrennten Hauptstücken zu geben. Diese Trennung beschränkt sich aber auf die Grundgesetze des gewerblichen Schulwesens. So weit nicht durch diese ausgeschlossen, greift auch hier die analoge Anwendung der Vorschriften über die gelehrten Schulen auf die Unterrichts-Anstalten gewerblicher Richtung Platz. Es sind deshalb im 1. Hauptstück die Vorschriften über die Gymnasien, als diejenigen, welche in der Regel allgemeine Geltung für alle höhern Schul-Anstalten zu beanspruchen haben, vorangestellt.

---

1) Ein R. des Min. d. Inn. (v. Schuckmann) v. 17. Dec. 1819 an das K. Reg. Präs. in Berlin, gestattet gegen Beamte, die den versprochenen Beitritt zur Wittwenk. nicht effektuiren, dens. durch Innebehaltung der Beiträge vom Gehalte zu erzwingen. Dieselbe Entscheidung wird durch R. v. 6. April 1821 an die K. Reg. zu Münster wiederholt. (A. V. S. 293. 294.)

Erstes Hauptstück.

Die Gymnasien.[1])

Erstes Kapitel.

Gymnasial-Einrichtung.

I. Allgemeine Vorschriften.

Außer den im 3. Kapitel des vorigen Abschnitts gegebenen Dienst-Instruktionen für die Direktoren und Klassenordinarien gehören hierher:

1) der Schlesische Landtags-Abschied v. 30 Dec. 1831. sub II. 13. mit dem beigefügten Promemoria des Min. d. G., U u. M. Ang.

Den Gymnasial-Unterricht für Jünglinge, die sich nicht dem gelehrten Stande widmen wollen, betr.

13) Auf die von Unsern getreuen Ständen wegen mehrerer wesentlichen Abänderungen des Unterrichts in den Gymnas., zu Gunsten der sich dem gelehrten Stande widmenden Schüler, gemachten Anträge, verweisen Wir dieselben auf die diesem Landtags-Absch. beigefügte Denkschrift Unsers Min. der G., U. u. M. Ang., um daraus zu ersehen, daß die von ihnen geäußerten Wünsche zum Theil in der jetzigen Organisation der Gymnas. bereits ihre Befriedigung finden, zum Theil aber nicht zur Gewährung geeignet sind. [2]) Was namentlich den Wunsch Unserer getreuen Stände betrifft, daß bei der Zulassung zum einjährigen Militairdienst auf den Umfang der Kenntnisse im Allg., ohne besondere Rücksicht auf die alten Sprachen, gesehen werden möge, so bedarf es hinsichtlich derj. jungen Leute, welche die erste Abtheilung der dritten Klasse eines Gymnas. erreicht haben, keiner neuen Anordnung, da die Versetzung in den Gymnas. keinesweges bloß von den Kenntnissen in den alten Sprachen abhängig ist, sondern dabei auch auf die Kenntnisse in den übrigen Lehrgegenständen gesehen wird. Diej. jungen Leute, welche ein Gymnas. entweder gar nicht besucht haben, oder nicht bis zur ersten Abth. der dritten Klasse fortgeschritten sind, müssen vor ihrer Zulassung zum einjährigen Militairdienst sich einer Prüfung bei der in jedem Reg. Bez. hierzu angeordneten Kommission unterwerfen, welche letztere jedoch durch die ihnen ertheilten Instr. bereits autorisirt sind, nach den Umständen in einzelnen besondern Fällen, namentlich bei Künstlern, Oekonomen, Kaufleuten ꝛc., die eine allg. höhere wissenschaftliche Ausbildung haben, von dem Nachweis der Kenntnisse in der lateinischen und griechischen Sprache zu dispensiren.

Pro memoria des Ministers der G., U. u. Med. Ang.

Die XIII. Petition der zum dritten Schles. Prov. Landtage versammelten Stände, in welcher Allerh. Orts darauf angetragen wird:

1) den Unterricht in den Gymnas. mehr nach den Bedürfnissen der nicht studirenden Schüler einzurichten, und zu dem Ende

---

1) Mit diesem Namen sollen alle gelehrten Schulen bezeichnet werden: V. der Reg. zu Breslau v. 1. Jan. 1813 (Fürstenthal, Bd. S. 550). Laut des in der Einleitung o. S. 6 ff. gegebenen Verzeichnisses sind indessen einzelne gelehrte Schulen vorhanden, welche andere Benennungen, als Pädagogien ꝛc., führen.

2) Im 4. Schles. Landtags-Absch. v. 22. Juni 1834 II. 8. (A. VIII. S. 616) wurde der Antrag der Stände, drei Gymnas. in höhere Bürgerschulen umzuwandeln, unter Hinweisung auf das oben erwähnte Promemoria, und wegen der rechtlichen Hindernisse in Bezug auf die Fondsstiftungen und Patronatsverhältnisse zurückgewiesen, zugleich aber Beförderung von Bürgerschulen verheißen. Gleiche Zurückweisung wurde dem gleichen Antrag der Preuß. Prov. Stände in ihrem 5. Landtags-Absch. v. 31. Dec. 1834 II. 13. (A. XIX. S. 533.)

2) den Unterricht in der Mathematik und in den Naturwissenschaften vom Anfange an, mit gleichem Vorzuge und gleicher Gründlichkeit, wie den Sprachunterricht, zu behandeln;
3) das Klassensystem abzuschaffen und in jeder Wissenschaft certiren zu lassen;
4) die neueren Sprachen mehr zu berücksichtigen, und
5) die Maturitäts-Zeugnisse mehr mit Rücksicht auf den Umfang der Kenntnisse im Allg., als auf die in den alten Sprachen zu ertheilen,

giebt zu folgenden Bemerkungen Veranlassung.

ad 1. Es ist eine der nöthigen Begründung entbehrende Voraussetzung der Schles. Provinzialstände, daß das Unterrichtssystem in den Gymn. bloß auf solche Schüler, die sich künftig den Universitäts-Studien widmen wollen, berechnet, und nicht geeignet sei, jede geistige Fähigkeit zu entwickeln. Die Lehrgegenstände der Gymnas. und zwar in der Stufenfolge und in dem Verhältnisse, worin sie in den verschiedenen Klassen der Gymnas. gelehrt werden, machen die Grundlage jeder höhern allg. menschlichen Bildung aus, und die Erfahrung von Jahrhunderten, so wie das Urtheil aller stimmfähigen Männer spricht dafür, daß gerade die in den Kreis des Gymnasial-Unterrichts aufgenommenen Lehrgegenstände vorzüglich geschickt sind, um durch sie und an ihnen alle geistigen Kräfte und Fähigkeiten der Jugend zu wecken, zu entwickeln und zu kräftigen. In den unteren und mittleren Klassen der Gymnas., von welchen in Beziehung auf allg. wissenschaftliche Vorbereitung im vorliegenden Falle zunächst und fast allein die Rede sein kann, wird die Jugend durch christlichen Religionsunterricht über das Verhältniß des Menschen zu Gott und zur Welt, über seine Pflichten, seine Rechte und seine Hoffnungen als moralisches Wesen belehrt, durch den Unterricht in der Größenlehre, Naturkunde, Erdbeschreibung und Geschichte, über die räumlichen Verhältnisse, die materiellen Erscheinungen und die zeitlichen Zustände des Daseins nach äußern und innern, nach allg. und besondern Beziehungen unterwiesen; durch den Unterricht im Zeichnen befähigt, die Dinge aus der umgebenden Welt in dem Charakteristischen ihrer Form bestimmt und richtig aufzufassen und darzustellen, und zugleich die Schönheit der Formen zu erkennen, im schriftlichen und mündlichen Gebrauche der Muttersprache fortwährend und vielfältig geübt, durch die Grammatik der lateinischen und von der vierten Klasse an auch der griechischen Sprache, erstlich zum anhaltenden gedächtnißmäßigen Lernen, dann wie durch eine praktische Logik zum geregelten selbstthätigen Denken angeleitet, endlich auch mit den Anfangsgründen der Französischen Sprache bekannt gemacht, und jedenfalls durch gründliche Erlernung des Lateins in den Stand gesetzt, mit leichter Mühe auf dem Gebiete der aus demſ. entsprungenen neuern Sprachen einheimisch zu werden. Das für die absolvirte Tertia der Gymn. gesteckte Ziel ist, wenn es wirklich erreicht wird, vollkommen hinreichend, diejenigen, welche sich den Berufsarten der Landwirthe, der Gewerbetreibenden, der Berg-, Bau- und Forstbeamten und des Militairs bestimmen, zur Aufnahme in jegliche Spezialschulen und Institute zu befähigen, und es liegt nicht in der organischen Einrichtung des Lehrwesens der Gymnas., wenn die jungen Leute, welche aus den Gymnas. in die Laufbahn der Gewerbe und der praktischen Berufsarten übergehen, in geistiger Hinsicht nicht gehörig befähigt, und nicht mit den erforderlichen allgem. Vorkenntnissen versehen sind.

Nach Aufhebung der bisherigen untersten Klasse der K. Divisionsschulen, welche die Vorbereitung zum Portepeefähnrichs-Examen bezweckte, sind unmittelbar aus den Gymnas. nicht wenige junge Leute auf Avancement in das K. Heer eingetreten, welche in dem mit ihnen abgehaltenen Portepeefähnrichs-Examen unbedingt bestanden sind.

Wenn sonach die Gymnas. auch in ihrer jetzigen Einrichtung wohl geeignet sind, zu den Gewerben und den mehr praktischen Berufsarten die allg. wissenschaftliche Vorbereitung zu gewähren, so soll hiermit noch keineswegs behauptet werden, daß die Errichtung besonderer Anstalten Behufs der allg. wissenschaftlichen Vorbereitung der für die eben geb. Berufsarten bestimmten jungen Leute nicht erforderlich sei. Nur, wenn solche Anstalten auf Kosten der Gymnasialbildung befördert werden, und diese ersetzen sollen, werden sie nachtheilig. Bei der fortschreitenden Entwickelung der gewerbtreibenden Stände in den verschiedenen Prov. erscheint es wünschenswerth und zeitgemäß, daß neben den Gymnas. noch Bürgerschulen höhern und niedern Ranges, nach einem verständigen Plane errichtet, und außer diesen noch in dem Hauptorte jeder Provinz besondere Veranstaltungen getroffen werden, um die jungen Leute, welche sich den Gewerben und den praktischen Berufsarten widmen, und sich, sei es in einem Gymnas., oder in einer Bürgerschule, die allg. wissenschaftliche Vorbereitung erworben haben, in der Mathematik und in den Naturwissenschaften und in ihrer Anwendung auf das praktische Leben noch weiter auszubilden. Die Gymnas. können und sollen nicht Allen Alles sein Das ihnen gesteckte Ziel haben sie bisher redlich verfolgt, und zum größern Theile auch unter ungünstigen Umständen und mit verhältnißmäßig geringen Mitteln erreicht. Es wäre aber gewiß das sicherste Mittel, den weiteren Entwickelungsgang der Gymn. zu hemmen, und den allgemein anerkannten wohlthätigen Einfluß, welchen sie auf die höhere wissenschaftliche und sittlich-religiöse Ausbildung der Nation ausgeübt haben, und noch ausüben, aufzuheben, wenn von ihnen verlangt würde, auch den verschiedenartigen und zum Theil nicht einmal klar gedachten und deutlich ausgesprochenen Anforderungen zu genügen, welche den höhern Bürger- und Gewerbschulen als Aufgabe möchten gestellt werden. Indem aus den im Obigen angeführten Gründen es nicht thunlich erachtet werden kann, das Unterrichtssystem der Gymnas. nach den verschiedenen Bedürfnissen der zu den Gewerben und ähnlichen Berufsarten bestimmten jungen Leute abzuändern und einzurichten, vielmehr für die Befriedigung dieser Bedürfnisse durch Errichtung höherer Bürger- und Gewerbschulen und anderweitige besondere Veranstaltungen auch in der Prov. Schlesien in ähnlicher Art, als in einigen andern Prov. der K. Staaten schon geschehen ist, gesorgt werden muß, so folgt hieraus zugleich, daß es

ad 2. nicht für zweckmäßig zu erachten ist, dem Unterrichte in der Mathematik und in den Naturwissenschaften in den Gymnas., gleich vom Anfange an, wie die Schles. Provinzialstände zu wünschen scheinen, eine größere Ausdehnung zu geben. Erfahrung und Nachdenken haben gelehrt, daß es für eine gedeihliche Entwicklung des menschlichen Geistes vornehmlich darauf ankommt, die Grundlagen und Grundformen seines anschauenden und denkenden Vermögens auszubilden und auszuüben, und daß zu diesem Behufe die Naturwissenschaften im ersten vorbereiteten Unterrichte nur in einer gewissen Beschränkung zur Anwendung zu bringen sind, und auch in dieser noch mit großen Schwierigkeiten zu kämpfen haben, weil ihr Gehalt in Erfahrungen, Beobachtungen und Kombinationen besteht, für welche es dem Geiste des Knaben noch an Kraft, Uebung und Reife gebricht. Die diesseitigen Gymnas. haben daher, ohne, wie bei der früheren Einrichtung der fast allein auf Erlernung der alten Sprachen und Lesung der alten Schriftsteller beschränkten Gymnas. geschah, die materielle Natur ganz aus dem Kreise des vorbereitenden Unterrichts zu verweisen, hinsichtlich der Naturwissenschaften ihre Aufgabe dahin gestellt, die Aufmerksamkeit der Schüler auch auf die sie umgebende Natur zu lenken, ihre Beobachtungsgabe zu wecken und zu schärfen, und die zur wissenschaftl. Behandlung ders. erforderl. Grundbegriffe und Eintheilungen geläufig zu machen, die wissenschaftl. Behandlung selbst aber und deren praktische Anwendung theils den obern Klassen, theils und vornehmlich, gleich andern wissenschaftl. Spezialfächern, den Spezialschulen und den Universitäten zu überlassen.

Mit dieser Beschränkung sind für die Naturbeschreibung in den unteren und mittleren Klassen und für die Physik in den beiden obern Klassen der diesseitigen Gymnas. wöchentlich zwei Lektionen bestimmt, und in mehreren Gymnas., auch der Prov. Schlesien, welche bereits tüchtige Lehrer für die Naturwissenschaften und die erforderlichen Lehrmittel besitzen, erfreut sich auch dieser Theil des Gymnasial-Unterrichts eines guten Erfolgs.

Der Mathematik ist in dem Lehrplane der diesseitigen Gymnas. die ihr gebührende Stelle eingeräumt; in den beiden untersten Klassen, wo die Jugend für abstraktes Denken, wie es der Unterricht in der Mathematik erfordert, noch nicht empfänglich ist, werden die Schüler in dem gemeinen Rechnen mit unbenannten und benannten Zahlen gründlich unterrichtet und geübt, und von der Quarta an beginnt der strengwissenschaftliche Unterricht in der Mathematik, welcher wöchentlich in jeder Klasse wenigstens vier, und in manchen Gymnas. sogar sechs Lektionen gewidmet sind.

Auch ist der mathematische Unterricht in den Gymnas. fast überall in den Händen wissenschaftlich gebildeter Lehrer, welche dens. mit Gründlichkeit, und, wie die Abiturienten-Prüfungen auf's unzweideutigste beweisen, mit einem befriedigenden und fortwährend wachsenden Erfolge ertheilen. Da überdies in den diesseitigen Gymnas. die Religion, die Muttersprache und die Geschichte und Geographie zu den vorschriftsmäßigen Lehrgegenständen gehören, so kann diese Anführung schon genügen, um die Behauptung, daß die jungen Leute in den Gymnas. gezwungen seien, immer und vorzugsweise sich den alten Sprachen zu widmen, in das rechte Licht zu stellen. Auch wird von denen, welche der Mathematik und den Naturwissenschaften in den unteren und mittleren Klassen der Gymn. die Vorherrschaft einräumen, und den nicht zu den Universitätsstudien bestimmten Knaben den Sprachunterricht als dasj. Lehrmittel, welches die meiste bildende Kraft in sich trägt, verkümmern, oder gar entziehen möchten, das Verhältniß der Gymnas. und die für dieselben bestimmten Lehrgegenstände zu dem Wesen der höheren Geistesbildung nicht gehörig erwogen. In ihrer Eigenschaft als allgemein vorbereitende Anstalten gedacht, sind die Gymnas. nicht den ganz untersten auf den mechanischen Erwerb allein beschränkten Ständen, sondern (außer dem eigentlichen Gelehrten- und höhern Beamtenstande) denj. Bürgern bestimmt, deren Geschäfte, wenn sie gedeihen sollen, einen höhern Grad von Geistesgewandtheit, Kombinationsvermögen, Urtheilsschärfe und Erfindungskraft erfordern, denen auch, was sehr in Betracht kommt, im Leben der Gesellschaft, der Gemeinden und des Staats eine Stellung eingeräumt ist, nach welcher ihnen ein höheres Maaß von Einsicht, Bildung und logisch richtiger Denkweise, überhaupt ein Sinn für die geistigen Elemente des Lebens nicht abgehen darf, wenn nicht der Bürgerstand, anstatt in wahrer Bildung vorwärts zu schreiten, allmälig in ders. zurückgehen, wenigstens einer ganz materiellen Weltansicht anheim fallen soll. Beklagenswerth würde es zuletzt mit der Ausbildung des Menschen in allen, wie immer verschiedenen Lebensbestimmungen stehen, wenn jeder nur immer gerade das erlernen wollte, was er ausschließlich zum Betriebe seines Gewerbes und zum täglichen Broterwerb bedarf, und sonst durchaus kein edleres Wissen und keine Ahndung einer höhern Erkenntniß, die für Menschen jedes Standes allgemein und wahrhaft bildend ist, seinen Geist erheben sollte. Und gleichwohl erscheint es das Wichtigere, daß durch angemessenen Unterricht nicht sowohl das Gedächtniß bloß mit mancherlei brauchbaren Stoffen erfüllt, als Geist und Herz durch die Form des Lernens und durch die Betrachtung des Erlernten erhoben und ausgebildet wird. Dem Wunsche, im Deutschen Mittelstande Einsicht und Bildung zu steigern, würde es aber nach der Erfahrung aller Jahrhunderte und aller gebildeten Völker und nach der übereinstimmenden Ueberzeugung aller, welche der echten Wissenschaftlichkeit das Wort reden, widersprechend sein, den Sprachunterricht als dasj. Lehrmittel, welches einer gründlichen Geistesbildung am förderlichsten ist, in den untern und mittlern Gymnasialklassen den nicht studirenden Knaben zu verkümmern, und den Geist ders. vorzugsweise mit Merkwürdigkeiten aus der Naturgeschichte, oder mit Notizen aus der Naturlehre aufzunähren, und ihre Denkkraft durch die Mathematik ausschließend an das Gebiet der räumlichen Konstruktionen zu weisen. Endlich ist in Bezug auf den gegen die Gymnas. erhobenen Tadel, als wenn die jungen Leute in diesen Schulen gezwungen seien, immer und vorzugsweise sich den alten Sprachen zu widmen, auch noch dieses zu bemerken, daß in Folge einer bereits unter dem 31. Jan. 1825 erlassenen Verf. [1]) eine Verpflichtung zur Theilnahme am Unterricht im Griechischen in den unteren und mittleren Klassen der Gymnas. der Prov. Schlesien nur für diej. Schüler besteht, welche in die Laufbahn der gelehrten Studien treten wollen, oder über deren Bestimmung die Eltern noch ungewiß sind, in den obern Klassen aber den Schülern, welche sich den Studien nicht widmen wollen, auf Verlangen ihrer Eltern Dispensation von Erlernung des Griechischen ertheilt wird.

ad 3. Das Klassensystem, welches die Schles. Provinzialstände abgeschafft zu sehen wünschen, entspricht dem Zwecke der Gymnas., eine möglichst gleichmäßige Bildung zu bewirken, und es hat gewiß sein entschiedenes Gute, wenn bei denen, welche von der untersten Klasse an ein Gymnas. besucht haben, dahin gestrebt, und jeder, wie es mittelst des Klassensystems geschieht, möglichst angespornt wird, daß er in keinem Lehrgegenstande zurückbleibe. Indessen läßt sich dieses nicht bei allen Schülern, besonders in den beiden obern Klassen, in gleichem Maaße erreichen, und deshalb bleibt es wünschenswerth, das Klassensystem, welches in den diesseitigen Gymnas. mehr oder weniger vorherrscht, und sich bisher in Hinsicht auf Ordnung und Disziplin, auf das gleichmäßige Fortschreiten in dem zur Gesammtbil-

---

1) Ungedruckt. Eine ähnliche Verf. s. u. im 3. Kap. Tit. 2. sub III. 6.

dung gehörigen Wissen, und auf die Gestaltung eines näheren und innigeren Verhältnisses zwischen Lehrern und Schülern, als das zuträglichere bewährt hat, mit dem sogenannten Parallel- oder Fachsystem, besonders in den obern Klassen zu verbinden. — Dieses ist auch in mehreren diesseitigen Gymnas. bereits geschehen; die meisten Gymnas. der Prov. Schlesien sind aber zu dürftig dotirt, als daß bei ihnen die zur Verbindung und Verwirklichung beider Unterrichtssysteme erforderliche größere Zahl von Lehrern angestellt werden könnte. Aus eben diesem Grunde ist auch die Abschaffung des Klassensystems und die Einführung des Fachsystems, selbst wenn das letztere, was aber nicht der Fall ist, dem Wesen der Gymnas. mehr zusagte, nicht ausführbar. Uebrigens bringt es das Klassensystem, welches in den Schles Gymnas. mehr oder weniger vorherrscht, mit sich, daß bei der Versetzung der Schüler aus einer niedern Klasse in eine höhere nicht bloß auf die erlangte Kenntniß und Fertigkeit in einem Lehrgegenstande, z. B. den alten Sprachen geachtet, sondern vielmehr von den Schülern der Beweis, daß sie wenigstens in allen Hauptfächern, d. h. in den alten Sprachen, der Mathematik und den historischen Wissenschaften, die zur Versetzung in eine höhere Klasse nöthigen Kenntnisse erlangt haben, gefordert, und zu dem Ende auch ein Tentamen in den Hauptfächern mit den Translokanden angestellt wird.

Der desfallsige Antrag der Schles. Provinzialstände findet daher im Wesentlichen schon durch die bisherige Einrichtung seine Erledigung.

ad 4. Eine größere Berücksichtigung der neuern Sprachen, wie sie in unbestimmter Allgemeinheit von den Schles. Provinzialständen in Antrag gebracht wird, läßt sich mit der Bestimmung der Gymnas. nicht vereinigen, und wegen Mangels an Zeit und Lehrern und Mitteln nicht bewirken. Außer einem gründlichen und umfassenden Unterrichte in der Deutschen Sprache wird das Französische gegenwärtig in allen Schles. Gymnas. gelehrt, und die Schüler werden schon in den mittleren Klassen der Gymnas. auf sicherer grammatischer Grundlage bis zum Verständnisse leichterer Schriftsteller geführt. Von den zur Universität übergehenden Schülern wird bei der Abiturienten-Prüfung vorschriftsmäßig verlangt, daß sie im Französischen einen kurzen Aufsatz fehlerlos schreiben, einen vorgelegten Dichter oder Prosaisten mit Geläufigkeit übersetzen, und mit richtiger Aussprache lesen können, und von wenigstens einigen der wichtigsten Schriftsteller der Französischen Nation Kenntniß haben.

Dieser Anforderung wird nach der bisherigen Erfahrung von der Mehrzahl der Gymnas genügt. Mehr können die Gymnas. in dieser Hinsicht nicht leisten, ohne ihrer Bestimmung ungetreu zu werden.

Auch scheinen diej., welche dem Franz. Sprachunterricht in den Gymnas. noch eine größere Ausdehnung geben möchten, unbeachtet zu lassen, daß es immer bedenklich bleibt, der Deutschen Jugend die Gedankenform irgend eines andern noch lebenden Volks zum Grundtypus ihrer Bildung zu geben.

Noch weniger ist es möglich, etwa noch das Englische und Italienische, oder die eine oder die andere slavische Sprache in den Kreis der Lehrgegenstände der Gymnas. aufzunehmen, und die ohnehin schon große Zahl ders. zum Nachtheile einer gründlichen Bildung zu vermehren.

Für diej. jungen Leute, deren künftiger Beruf es mit sich bringt, daß sie Fertigkeit auch im mündlichen Gebrauche der Französischen Sprache, oder selbst des Englischen und Italienischen besitzen, muß in andern Anstalten gesorgt werden, und es scheint eine der Aufgaben der höhern Bürgerschulen zu sein, den desfallsigen allerdings noch vorhandenen Bedürfnissen abzuhelfen.

ad 5. Dem Antrage der Schles. Provinzialstände, das Maturitäts-Zeugniß mehr mit Rücksicht auf die Kenntnisse im Allg. als auf die in den alten Sprachen zu ertheilen, liegt offenbar die falsche Voraussetzung zum Grunde, als wenn bei Ertheilung des Zeugnisses der Reife oder Unreife, mit welchem die Schüler der Gymnas. nach vorheriger Prüfung zur Universität entlassen werden, hauptsächlich oder vielmehr ausschließlich auf die Kenntnisse ders. in den alten Sprachen gesehen werde.

Dieses ist aber nicht der Fall, vielmehr werden die fraglichen Abgangszeugnisse nach den Bestimmungen der dem Allerh. Ed. v. 12. Okt. 1812 beigefügten Instr. [1]) ertheilt, in welcher §. 6. sub Litt. B. und C. Mathematik und Naturwis-

1) Gegenwärtig nach dem Regl. v. 4. Juni 1834. (s. u. im 5. Kap.)

senschaften unter den Hauptfächern aufgeführt sind, und besonders die Erreichung der für die Mathematik vorgeschriebenen Kenntnißstufe zu einer wesentlichen Bedingung des Zeugnisses der unbedingten Reife gemacht wird.

(A. XV. S. 922, 924 ff.)

2) C. R. des Min. d. G., U. u. M. Ang. (v. Altenstein) v. 24. Okt. 1837 an sämmtl. K. Prov.-Schulkoll., wissenschaftl. Prüfungs-Kommiss. u. Reg., betr. die für den Unterricht und die Zucht auf den Gymn. getroffenen allgemeinen Anordnungen.

Aus den gutachtlichen Ber. sämmtlicher K. Provinzial-Schulkolleg. über den im ersten Stücke der hiesigen medizinischen Zeitung v. J. enthaltenen Aufsatz des Reg. Medizinalraths Dr. Lorinser: „Zum Schutz der Gesundheit in den Schulen" hat das Min. die erfreuliche Ueberzeugung gewonnen, daß in den diesseitigen Gymnas. der Gesundheitszustand der Jugend im Allg. recht befriedigend, und in der bisherigen Einrichtung dieser Lehranstalten kein hinreichender Grund zu der beunruhigenden Anklage vorhanden ist, welche der ꝛc. Lorinser gegen die Deutschen Gymnas. überhaupt erhoben hat. Wenn die krankhaften Erscheinungen des Geistes und Körpers, welche der ꝛc. Lorinser im Widerspruche mit andern Aerzten bei dem jüngeren Geschlechte bemerkt zu haben behauptet, wirklich vorhanden sind, so ist es wenigstens durch die bisherige Erfahrung in keiner Art erwiesen, daß durch die Gymnas. und ihre Verfassung jene krankhaften Anlagen hervorgerufen und gesteigert werden. Das Min. kann sich daher auch nicht veranlaßt sehen, auf den Grund jener Anklage die bisherige Verfassung der Gymnas. im Wesentlichen abzuändern, zumal da die Sorge wegen Beschützung der Gesundheit in den Gymnas. fortwährend die Aufmerksamkeit der K. Prov. Schulkolleg. in Anspruch genommen, die Lehrerkollegien in ihren vorschriftsmäßigen Konferenzen und die Gymnasial-Dir. in ihren außerordentlichen Zusammenkünften immer von neuem aufs Ernstlichste beschäftigt, und in den einzelnen Prov. der K. Staaten zweckdienliche Anordnungen hervorgerufen hat, damit die körperliche und geistige Gesundheit und Kräftigkeit der Jugend, so weit die Gymnas. auf dieselben einwirken können, nicht nur nicht gefährdet, sondern vielmehr auf jede thunliche Weise erhalten und gefördert werde.

In mehreren Verf. und namentlich in der ausführlichen C. Verf. v. 29. März 1829 [1]) hat das Min. diesen hochwichtigen Gegenstand den K. Prov. Schulkolleg. zur sorgfältigsten Berücksichtigung von neuem dringend empfohlen, vor jeder Uebertreibung nachdrücklichst gewarnt, und sich aufs Entschiedenste dahin ausgesprochen, daß zwar den Schülern in den Gymnas. die Beschwerden, Mühseligkeiten und Aufopferungen, welche die unvermeidliche Bedingung eines der Wissenschaft und dem Dienste des Staats und der Kirche gewidmeten Lebens sind, mittelst einer stätig und naturgemäß sich entwickelnden Bildung vergegenwärtigt, sie früh an den Ernst ihres Berufs gewöhnt und zum muthigen Vollbringen der mit dems. verbundenen Arbeiten gestählt, aber alle überspannte und dem jedesmaligen Standpunkte ihrer Kraft nicht gehörig angepaßte Forderungen durchaus vermieden werden sollen.

Wenn auch hiernach mit Grund anzunehmen ist, daß bei einer umsichtigen und gewissenhaften Ausführung der in Bezug auf die Gymnas. bereits erlassenen gesetzlichen Vorschriften die geistige und körperliche Gesundheit der Jugend nicht gefährdet, vielmehr durch den Ernst des Unterrichts und die Strenge der Zucht, wie sie in den Gymnas. herrschen, selbst gegen die verderblichen Einflüsse der oft verkehrten häuslichen Erziehung und der materiellen Richtungen der Zeit erfolgreich geschützt sein wird: so glaubt das Min. dennoch die erfreuliche Aufmerksamkeit und lebendige Theilnahme, welche der oben gedachte Aufsatz des ꝛc. Lorinser in den verschiedensten Kreisen der Gesellschaft gefunden hat, nicht unzweideutiger ehren zu können, als indem dass. wesentliche in den Gymnas. wahrgenommene Gebrechen und Mängel, welche der gedeihlichen Wirksamkeit dieser Anstalten hemmend entgegentreten, so viel als möglich abzustellen sucht, und zugleich über mehrere den Unterricht und die Zucht in den Gymnas. betr. Punkte, die noch einer näheren Bestimmung zu bedürfen scheinen, im Folgenden das Erforderliche festsetzt.

---

1) Ungedruckt.

1) Nach der bisherigen Erfahrung wird den Gymnas. ihre Aufgabe, die ihnen anvertraute Jugend formell und materiell zu einem gründlichen und gedeihlichen Studium der Wissenschaften vorzubereiten und zu befähigen, ungemein dadurch erschwert, daß ihnen zur Aufnahme in die unterste Klasse[1]) fortwährend Knaben zugeführt werden, welche nicht die erforderlichen Elementarkenntnisse, oder wegen ihres noch zu zarten Alters nicht das gehörige Maaß von körperlicher und geistiger Energie besitzen. Auf diese Weise werden die Gymnas. genöthigt, Gegenstände, welche offenbar noch der Realschule angehören, in den Kreis ihres Unterrichts zu ziehen, und während andere Knaben mit den erforderlichen Elementar-Kenntnissen gleichfalls in die unterste Klasse eintreten, wird schon hier der Grund zu der großen, das Gedeihen des Unterrichts vielfach hemmenden Ungleichartigkeit der Schüler gelegt, mit welcher die Gymnas. immer noch kämpfen. Wenn früher bei dem ungenügenden Zustande des städtischen Elementarschulwesens der Maaßstab für die Kenntnisse der in die unterste Gymnasialklasse aufzunehmenden Knaben auf mechanisches Lesen, nothdürftiges Schreiben und die ersten Elemente des Rechnens selbst mit Genehmigung des Min. beschränkt worden: so ist jetzt, nachdem fast überall in den Städten die Elementarschulen geregelt und verbessert sind, zur ferneren Beibehaltung dieses zu beschränkten Maaßstabes kein dringender Grund vorhanden. Im Interesse der Elementarschulen wie der Gymnas. will das Min. daher anordnen, daß von jetzt an die Aufnahme der Knaben in die unterste Gymnasialklasse nicht vor ihrem zehnten Lebensjahre erfolgen und von ihnen gefordert werden soll:

a) Geläufigkeit nicht allein im mechanischen, sondern auch im logisch-richtigen Lesen in Deutscher und lateinischer Druckschrift; Kenntniß der Redetheile und des einfachen Satzes praktisch eingeübt; Fertigkeit im orthographischen Schreiben;
b) einige Fertigkeit, etwas Diktirtes leserlich und reinlich nachzuschreiben;
c) praktische Geläufigkeit in den vier Spezies mit unbenannten Zahlen und in den Elementen der Brüche;
d) elementare Kenntniß der Geographie, namentlich Europas;
e) Bekanntschaft mit den Geschichten des alten Testaments und mit dem Leben Jesu;
f) erste Elemente des Zeichnens, verbunden mit der geometrischen Formenlehre.

Körperlich schwachen Knaben und Jünglingen ist zwar, wenn sie die erforderlichen Vorkenntnisse besitzen, die Aufnahme in die Gymnas. auch fernerhin nicht zu versagen. Da aber die Gymnasial-Verfassung nicht auf sieche und kranke, sondern auf gesunde Knaben und Jünglinge berechnet ist, so sind die Eltern, welche für solche körperlich oder auch geistig untüchtigen Söhne die Aufnahme nachsuchen, vor den Gefahren, welchen sie dieselben aussetzen, um so ernstlicher zu warnen, je häufiger noch immer junge Leute, die für ein Handwerk und Gewerbe zu schwach sind oder scheinen, sich ohne allen innern Beruf zu den wissenschaftl. Studien drängen und der großen in dieser Laufbahn unvermeidlichen Anstrengung erliegen. Auch ist den Eltern in angemessener Art zu empfehlen, ihre Söhne weder in einem zu sehr vorgerückten Alter, noch ohne die nöthigen Subsistenzmittel den Gymnasial-Kursus beginnen zu lassen, damit sie nicht ohne alle Schuld der Gymnas. sich gezwungen sehen, auf Kosten ihrer Gesundheit durch unnatürliche Anstrengung das früher Versäumte wieder einzubringen, oder sich am Tage durch Privatstunden den ihnen fehlenden Unterhalt zu verdienen, und der nothwendigen Nachtruhe die zur Anfertigung der Arbeiten für die Schule erforderliche Zeit zu entziehen.

2) Die Lehrgegenstände in den Gymnas., namentlich die Deutsche, Lateinische und Griechische Sprache, die Religionslehre, die philosophische Propädeutik, die Mathematik nebst Physik und Naturbeschreibung, die Geschichte und Geographie, sowie die technischen Fertigkeiten des Schreibens, Zeichnens und Singens, und zwar in der ordnungsmäßigen, dem jugendlichen Alter angemessenen Stufenfolge und in dem Verhältnisse, worin sie in den verschiedenen Klassen gelehrt werden, machen die Grundlage jeder höheren Bildung aus, und stehen zu dem Zwecke der Gymnas. in einem eben so natürlichen als nothwendigen Zusammenhange. Die Erfahrung von Jahrhunderten und das Urtheil der Sachverständigen, auf deren

1) Vgl. unten im 2. Kap. Nr. I.

Stimme ein vorzügliches Gewicht gelegt werden muß, spricht dafür, daß gerade diese Lehrgegenstände vorzüglich geeignet sind, um durch sie und an ihnen alle geistigen Kräfte zu wecken, zu entwickeln, zu stärken, und der Jugend, wie es der Zweck der Gymnas. mit sich bringt, zu einem gründlichen und gedeihlichen Studium der Wissenschaften die erforderliche, nicht bloß formelle, sondern auch materielle Vorbereitung und Befähigung zu geben. Ein Gleiches läßt sich nicht von dem Unterrichte in der Hebräischen Sprache, welche vorzugsweise nur für die künftigen Theologen bestimmt und als Vorbereitung zu einem speziellen Fakultätsstudium dem allg. Zwecke der Gymnas. fremd ist, und von der Franz. Sprache behaupten, welche ihre Erhebung zu einem Gegenstande des öffentlichen Unterrichts nicht sowohl ihrer innern Vortrefflichkeit und der bildenden Kraft ihres Baues, als der Rücksicht auf ihre Nützlichkeit für das weitere praktische Leben verdankt. Wenn indessen äußere Gründe rathen, den Unterricht in der Hebr. und Franz. Sprache auch noch ferner in den Gymnas. beizubehalten, so gehen dagegen jene oben gedachten Lehrgegenstände aus dem innern Wesen der Gymnas. nothwendig hervor. Sie sind nicht willkührlich zusammengehäuft; vielmehr haben sie sich im Laufe von Jahrhunderten als Glieder eines lebendigen Organismus entfaltet, indem sie, mehr oder minder entwickelt, in den Gymnas. immer vorhanden waren. Es kann daher von diesen Lehrgegenständen auch keiner aus dem in sich abgeschlossenen Kreise des Gymnasial-Unterrichts ohne wesentliche Gefährdung der Jugendbildung entfernt werden, und alle dahin zielenden Vorschläge sind nach näherer Prüfung unzweckmäßig und unausführbar erschienen. Indem folglich diese Lehrgegenstände, mit Einschluß der Hebr. und Franz. Sprache, ihre bisherige Stelle im System des Gymnasial-Unterrichts auch ferner behaupten sollen, besorgt das Min. aus dieser Maaßregel in keinerlei Art nachtheilige Folgen für die körperliche und geistige Entwickelung der Jugend, vorausgesetzt, daß das wahre Verhältniß dieser Lehrgegenstände zu der den Gymnas. gestellten Aufgabe von allen Lehrern und auf jeder Stufe des Unterrichts richtig gewürdigt wird. Kein Lehrgegenstand in den Gymnas. ist als Zweck für sich, sondern jeder nur als dienendes untergeordnetes Mittel zur Erreichung des gemeinsamen Zwecks zu betrachten und zu behandeln. Aber das lebendige Band, welches alle Lehrfächer umfassen und zur Einheit verbinden soll, wird gelöst, das unerläßliche Zusammenwirken aller Lehrer wird gestört und die Erreichung ihres gemeinsamen Ziels wird erschwert, selbst in vielen Fällen unmöglich gemacht, wenn ein Gymnasiallehrer einzelne ihm übertragene Lehrfächer auf Kosten der übrigen betreibt, ihr gegenseitiges Verhältniß wie das Bedürfniß der Klasse, die ihm angewiesen ist, unbeachtet läßt, und sowohl in dem, was er seinen Schülern mittheilt, als in dem, was er von ihnen fordert, maaßlos über die Schranken hinausgeht, welche dem Gymnasial-Unterrichte für jedes Lehrfach und für jede Klasse gezogen sind. Das Min. muß auf den Grund der vorliegenden Ber. befürchten, daß auch in den diesseitigen Gymnas. manche jüngere und weniger erfahrene Lehrer, bald bei der Auswahl des mitzutheilenden Lehrstoffes, bald bei der Art der Mittheilung und Behandlung dess., die Grenzen des Gymnasial-Unterrichts überschritten, und, anstatt jedes ihnen übertragene Lehrfach zur harmonischen Uebung der geistigen Kraft ihrer Schüler zu benutzen, sie mit einer zerstreuenden Masse materieller Kenntnisse überhäuft, und durch solche und ähnliche Uebertreibungen der irrigen Meinung, als ob die Mannigfaltigkeit der Lehrgegenstände in den Gymnas. den Geist der Jugend verwirre und abstumpfe, selbst Vorschub geleistet haben. Die Dir. der Gymnas. waren und sind eben so verpflichtet als berechtigt, solchen Mißgriffen einzelner Lehrer mit Entschiedenheit entgegen zu treten, gegen deren einseitige Richtung den gemeinsamen Zweck der Gymnasialbildung geltend zu machen, und rücksichtslos darauf zu halten, daß jeder Lehrer die für seine Klasse und sein Fach vorgeschriebenen Lehr-Pensen genau beachte. Die K. Prov. Schulkolleg haben die Gymnasial-Dir. für die umsichtige Erfüllung dieser ihnen obliegenden Pflicht aufs neue verantwortlich zu machen, aber auch zugleich denen unter ihnen, welche mit Lehrstunden, Korrekturen und andern Arbeiten zu sehr überhäuft sind, die erforderliche Erleichterung zu verschaffen, damit sie dem Unterrichte der andern, besonders jüngeren Lehrer desto öfterer beiwohnen können.

3) Um ungeachtet der Mannigfaltigkeit der Lehrgegenstände in den Gymnas. die nöthige Einheit im Unterrichte und in der Methode zu bewirken, eine möglichst gleichmäßige Ausbildung der Schüler herbeizuführen, und auch ihnen das lebendige Band, welches alle Lehrgegenstände vereint, fühlbar zu machen und zur geistigen

Anschauung zu bringen, hat das Min. schon längst für alle Gymnas. das Klassensystem und das Klassen-Ordinariat angeordnet. Bei einer sachgemäßen Durchführung dieses Systems müssen in ders. Klasse die verwandten Lehrgegenstände, nicht, wie bisher, getrennt neben einander in verschiedenen Stunden, sondern können in dens. Stunden mit und nach einander behandelt werden. Hiernach scheint es räthlich und thunlich, in den beiden unteren Klassen das Lateinische und Deutsche, sowie die Geschichte, Geographie und Naturbeschreibung, in den mittlern und obern Klassen die Geschichte und Geographie, sowie die Mathematik und Physik zu einander auf die angedeutete Weise in ein näheres Verhältniß zu bringen. Ferner sind zur Vermeidung der wesentlichen Nachtheile, welche für die Einheit des Unterrichts aus der Theilung der Lehrgegenstände in einer und ders. Klasse unter zu viele Lehrer erwachsen, nicht nur die Zweige eines und dess. Lehrgegenstandes und die verwandten Lehrfächer, sondern auch die einander nahe stehenden Lehrobjekte, so viel als nur irgend möglich Einem Lehrer anzuvertrauen. Dieser Bestimmung gemäß, sollen in den beiden untern Klassen jedenfalls das Lateinische und Deutsche, in den beiden mittleren Klassen das Lateinische, Griechische und Französische, und in den beiden obern Klassen das Lateinische, Griechische und Deutsche, oder auch das Griechische, Deutsche und Französische in der Regel nur Einem Lehrer übertragen, ferner in den untern Klassen die Geschichte, Geographie und Naturbeschreibung, in den mittleren und oberen Klassen die Geschichte und Geographie, und in der obersten Klasse die Mathematik, Physik und philosophische Propädeutik so viel als möglich in Eine Hand gelegt werden. Auf diese Weise werden für die Sprachen und Wissenschaften in den untern Klassen zwei, in den mittleren drei und in den oberen höchstens vier Lehrer überall ausreichen. Damit die Schüler mehr und mehr den wissenschaftl. Zusammenhang ihrer Lektionen fassen und festhalten, und zum Bewußtsein von der Einheit des Unterrichts gelangen, scheint es dem Min. räthlich und thunlich, manche Lehrgegenstände, anstatt sie wie bisher gleichzeitig und auf die verschiedenen Wochentage vertheilt, neben einander herlaufen zu lassen, von jetzt an nach einander in der Art zu behandeln, daß z. B. in dems. Semester und in ders. Klasse zwar Geographie und Geschichte, aber jene in den ersten Monaten ausschließlich, diese allein in den letzten Mon. gelehrt werde. Ein ähnliches Verfahren kann auch in Hinsicht der Arithmetik und Geometrie, sowie der lateinischen und griechischen Schriftsteller eintreten, und namentlich in Bezug auf diese letzteren die Einrichtung stattfinden, daß, während es bei der Vorschrift, in Einem Semester und in Einer Klasse nur Einen lateinischen und griechischen Prosaiker und Dichter zu erklären, auch ferner verbleibt, die erste Hälfte des Semesters ausschließlich dem Prosaiker, und die übrige Zeit nur dem Dichter zugewandt werde. Diese und ähnliche Veranstaltungen werden jedoch nur in dem Maaße ihrem Zwecke entsprechen, als es je länger je mehr gelingen wird, für das schwierige aber einflußreiche Geschäft der Klassen-Ordinarien tüchtige Lehrer von allg. wissenschaftlicher Bildung, von treuer Liebe und Hingebung für ihren Beruf und von gereifter Erfahrung zu gewinnen, welche die ihnen anvertrauten Lehrfächer wahrhaft durchdrungen haben und beherrschen, in klarer und stets wacher Einsicht von dem Zusammenhange ders. mit den übrigen Lehrobjekten und mit dem gemeinsamen Zweck des Gymnasial-Unterrichts in allen Fächern das zur allg. Entwickelung und zur intensiven Bildung ihrer Schüler dienende Material auszuwählen, das Wesentliche vom Unwesentlichen zu sondern wissen, und endlich durch die Reinheit und Würde ihres Charakters, wie durch den milden Ernst ihrer ganzen Haltung, eine unauslöschliche Ehrfurcht vor der sittlichen Macht, welche das Leben der Menschen regiert, in der ihrer väterlichen Obhut und Pflege übergebenen Klasse zu erwecken vermögen. Im Ganzen erfreuen sich die diesseitigen Gymnas. eines Lehrstandes, welchem das ehrenvolle Zeugniß gebührt, daß er sich eben so sehr durch gründliche wissenschaftl. Bildung als durch regen pflichtmäßigen Eifer für seinen Beruf, und durch willfähriges Eingehen in die wohlverstandenen Anordnungen der vorgesetzten Behörden auszeichnet. Somit giebt das Min. gern der Hoffnung Raum, daß sich in diesem Lehrstande auch eine hinreichende Anzahl von Männern finden werde, welche zur Führung eines Klassen-Ordinariats tüchtig und geneigt, und insbes. im Stande sind, die Hauptfächer und die Mehrzahl der wöchentlichen Lektionen, wie es im Wesen der Klassen-Ordinarien liegt, in der ihnen anzuvertrauenden Klasse mit glücklichem Erfolge zu übernehmen. Den K. Prov. Schulkolleg. liegt es ob, mit umsichtiger Sorgfalt unter den Lehrern nicht bloß eines Gymnas., sondern sämmtlicher Gymnas. der Prov. die fähigsten und tüchtigsten zum Klassen-Ordinariate auszuwählen, ihre Versetzung von einem Gymnas. zum andern nach dem jedesmaligen Bedürfnisse der betr. Anstalt in angemessener Art herbeizuführen, und auf ihre Beförderung sowie auf die Verbesserung ihrer äußern Lage bei jeder schicklichen Gelegenheit Bedacht zu nehmen.

Wie es dem Min. eine angelegentliche Pflicht sein wird, zu den erledigten Stellen der Gymnasial-Dir. und der Schulräthe vorzugsweise solche Lehrer, welche sich als Klassen-Ordinarien während längerer Zeit in jeder Beziehung bewährt und ausgezeichnet haben, Allerh. Orts in Vorschlag zu bringen, so hat dass. zur Aufmunterung der Klassen-Ordinarien beschlossen, ihnen von jetzt an das Prädikat: „Oberlehrer" ausschließlich beizulegen, dagegen den bisherigen Unterschied zwischen Ober- und Unterlehrer hiermit um so mehr aufzuheben, als es nöthig scheint, der irrigen Vorstellung entgegen zu treten, daß die Fähigkeit, den Unterricht in den obern Klassen zu ertheilen, wie achtungswerth übrigens auch das hierzu erforderliche Maaß von Gelehrsamkeit und wissenschaftlicher Bildung ist und bleibt, schon an sich eine höhere Würde verleihe, und dem betr. Lehrer ohne Weiteres einen so bedeutenden Vorzug gebe vor denen, die zu Folge des ihnen ertheilten Prüfungs-Zeugnisses nur zu dem Unterrichte in den unteren oder mittleren Klassen befugt sind.

4) Die gesetzliche und herkömmliche Zahl wöchentlicher Lehrstunden ist, wie die ganze Gymnasial-Einrichtung, eben so wenig auf schwache, als auf vorzüglich begabte, vielmehr auf Schüler von gewöhnlichen körperlichen und geistigen Kräften berechnet. Für diese sind nach vieljähriger Erfahrung und nach dem Urtheile von Aerzten täglich vier Lehrstunden des Vormittags, und an vier Tagen der Woche zwei Stunden des Nachmittags nicht zu viel, zumal da in allen Gymnas. nach der zweiten Stunde des Vormittags und nach der ersten Stunde des Nachmittags den Schülern eine viertelstündige Erholung im Freien gegönnt wird, zwischen jeder der übrigen Lehrstunden eine Pause von wenigstens fünf Minuten erlaubt ist, und zwischen dem vor- und nachmittäglichen Unterrichte eine größere Pause von zwei Stunden eintritt, welche in der Regel nicht zu Geistesarbeiten verwandt wird. Ferner gewähren die zwei freien Nachmittage, die Sonntage und die verschiedenen Hauptferien, welche etwa den sechsten Theil des Jahres einnehmen, kleinere und größere Ruhepunkte, und lassen den Schülern zur Abspannung des Geistes und zur Uebung des Körpers Zeit genug übrig. Bei solchen regelmäßigen Unterbrechungen der Lehrstunden, wie bei der ganzen mehr oder weniger erotematischen Art und Weise des Schulunterrichts, ist ein vier- oder sechsstündiger Aufenthalt in hellen, luftigen, geräumigen und mit zweckmäßigen Tischen und Subsellien versehenen Schulzimmern der naturgemäßen Entwickelung des Körpers nicht hinderlich, und wird überhaupt für die Gesundheit der Jugend keine andere Gefahr haben, als die, welche von jeder sitzenden Lebensart unzertrennlich ist. Das Min. kann daher eine Verminderung der gesetzlichen Zahl von 32 wöchentlichen Lehrstunden nicht für begründet erachten, macht aber den K. Prov. Schulkolleg. nochmals aufs Dringendste zur Pflicht, eine Ueberschreitung dieser Zahl in keinem Falle und unter keinerlei Vorwande weiter zu dulden.

Um bei Vertheilung dieser wöchentlichen Stundenzahl auf die einzelnen Lehrgegenstände nicht sowohl eine durchgängige Einförmigkeit, als vielmehr nur im Wesentlichen der Gymnasial-Einrichtung die nöthige Gleichheit zu erzielen, wird in der Anlage (a.) eine allgem. Uebersicht der für die Gymnas. angeordneten Lehrgegenstände, in welcher einem jeden ders. nach seiner Bedeutung für den allgem. Bildungszweck der Gymnas. eine passende Stundenzahl, und nach seinem Verhältnisse zu den verschiedenen Bildungsstufen und Klassen eine angemessene Stellung gegeben ist, zur leitenden Norm mitgetheilt. Dieser allgem. Uebersicht gemäß ist für jedes Gymnas., unter Berücksichtigung seiner eigenthümlichen Verhältnisse und des wechselnden Bedürfnisses seiner einzelnen Klassen, alljährlich ein Lektionsplan festzustellen und dems. eine genaue Abgrenzung der Zielleistungen für jede Klasse und jedes Fach beizufügen. Wenn hiernach in Hinsicht des Lektionsplans der einzelnen Gymnas. eine freie Bewegung innerhalb der allgem. Vorschrift ausdrücklich gestattet wird, so darf andererseits für die Religionslehre, für die Sprachen und die Werke des klassischen Alterthums und für die Mathematik, welche in ihrer lebendigen Gemeinschaft vorzüglich geeignet sind, den wesentlichen Zweck des Gymnasial-Unterrichts zu verwirklichen, die ihnen bestimmte wöchentliche Stundenzahl nicht vermindert, und die Stelle, welche ihnen als den Hauptgliedern des Organismus gebührt, nicht verrückt werden. Den Unterricht in der Franz. Sprache wegen ihrer Nützlichkeit für das praktische Leben schon in der 4. Klasse beginnen zu lassen; scheint dem Min. nicht angemessen, weil in dieser Klasse ohnehin schon ein neuer Lehrgegenstand, die Griechische Sprache, hinzutritt, auch der untergeordnete Zweck des Franz. Sprachunterrichts während des sechsjährigen Kursus in den drei oberen Klassen durch zwei wöchentliche Lehrstunden ganz füglich zu erreichen ist. An die Stelle der Physik in der 2. Klasse kann der naturgeschichtliche Unterricht und zwar um so mehr treten, als in dieser und der folgenden Klasse für die Physik die unentbehrliche Grundlage mittelst des mathematischen Unterrichts noch fortwährend gewonnen wird, in dem zweijährigen Kursus der ersten Klasse in zwei wöchentlichen Stunden Zeit genug für den Unterricht in der Physik, wie ihn der wissenschaftliche Zweck der Gymnas. erfordert, gegeben ist, und es endlich räthlich scheint, das Naturleben, das in den vier untern Klassen von Stufe zu Stufe entwickelt worden, nochmals in seinen wichtigsten Gestaltungen den Schülern der 2. Klasse vorüber zu führen, und ihnen die Idee deff. zum Bewußtsein zu bringen.

Der Zeichnen= und Gesangunterricht ist in allen Gymnas. so zu legen, daß an dems. auch die Schüler der obern Klassen, welche ihn aus Talent und besonderer Neigung fortzusetzen wünschen, nach freier Wahl Theil nehmen können. Um dem Uebelstande zu begegnen, daß durch Anhäufung zu vieler verschiedenartiger Lehrobjekte in Einem Tage die Kraft der Schüler zersplittert, ihr Geist durch die Verschiedenheit des Vorgetragenen verwirrt und ungebührlich angestrengt wird, scheint es zweckdienlich und ausführbar, bei Anordnung des Lektionsplans für Einen Gegenstand zwei Stunden hinter einander zu bestimmen. Auf diese Weise wird sich bewirken lassen, daß die Schüler täglich nur für drei, höchstens vier verschiedenartige Lehrobjekte in Anspruch genommen, und die ersten Morgenstunden solchen Lehrgegenständen zugewandt werden, für deren Auffassung vorzugsweise eine gespannte Aufmerksamkeit von Seiten der Schüler erforderlich ist. Ob die schon in einigen Gymnas. bestehende Einrichtung, daß während des Sommer=Semesters die Lehrstunden des Vormittags in die Zeit von 7 bis 11 Uhr fallen, überall anwendbar sein möchte, wird den K. Prov. Schulkolleg. zur nähern Beurtheilung und endlichen Entscheidung anheimgestellt.

5) Die häuslichen Arbeiten bilden ein nothwendiges Glied in dem Organismus des Gymnasial=Unterrichts. Es reicht nicht aus, daß der Schüler in der Lehrstunde den ihm dargebotenen Stoff in sich aufnehme, sich aneigne, und dem Lehrer gegenüber in der Schule auf geeignete Weise Zeugniß ablege, ob und in wie weit ihm dieses gelungen. Vielmehr muß er die in der Schule begonnene Uebung und Thätigkeit auch außerhalb derselben fortsetzen und in zweckmäßiger Art veranlaßt werden, das in sich Aufgenommene auch wieder darzustellen und seine an den einzelnen Lehrgegenst. gewonnene Bildung durch freie häusliche Arbeiten zu bethätigen. Von Seiten der Gymn. ist daher eine umsichtige Sorgfalt von Nöthen, daß in Hinsicht der Aufgaben zu diesen Arbeiten überall das richtige Maaß beobachtet, und von den Schülern nichts verlangt werde, was ihrem Bildungsstande unangemessen und mit der pflichtmäßigen Rücksicht auf die Erhaltung ihrer körperl. Gesundheit unverträglich ist. Um möglichen Mißgriffen in dieser Hinsicht vorzubeugen, ist von jetzt an in allen Gymn., wie in mehreren bereits seit längerer Zeit geschieht, zu Anfange jedes Semesters in einer Konferenz für alle Lehrfächer und Kl. Alles, was Gegenstand des häusl. Fleißes sein soll, nach Reihefolge und Vertheilung der Aufgaben auf die Tage, Wochen und Monate, in möglichster Bestimmtheit zu verabreden und durch Konferenz=Beschluß anzuordnen. Hierbei ist als Regel festzuhalten, daß keine schriftl Arbeit von den Schülern gefordert werden darf, die der Lehrer nicht selbst nachsieht. Von den Aufgaben der Lehrer für die öffentl. Lehrstunden darf nicht die ganze häusl. Arbeitszeit in Anspruch genommen werden, sondern ein angemessener Theil ders. muß der Erholung und der freien Selbstbeschäftigung der Schüler verbleiben, und auch hierin eine Abstufung nach der Verschiedenheit der Kl. stattfinden. Die für die Schüler der oberen Kl. empfohlene Privat=Lektüre der griech., latein. und deutschen Klassiker darf in keinerlei Art erzwungen, sondern muß mit der sorgfältigsten Berücksichtigung der Persönlichkeit, Anlagen und Verhältnisse der Schüler geleitet werden. Ferner ist bei allen Gymn. für jede Kl. ein Aufgabebuch einzuführen, in welches jeder Lehrer sogleich beim Unterrichte seine Aufgabe einträgt, oder durch den Primus der Kl.

eintragen läßt, damit jeder Lehrer ders. Kl. ersehen könne, wie weit der häusl. Fleiß der Schüler für eine bestimmte Zeit schon von den übrigen Lehrern in Anspruch genommen ist, und damit dem Dir. bei der Revision der Kl. die Uebersicht der häusl., besonders schriftl. Arbeiten erleichtert, und er in den Stand gesetzt werde, ob, wie weit und von wem etwa gegen den Konferenz-Beschluß gefehlt ist. Der Kl.-Ordinarius muß außer den schriftl. Arbeiten, deren Korrektur ihm nach dem Lektionsplane obliegt, sämmtliche Hefte seiner Schüler monatlich wenigstens einmal revidiren. Eben so muß der Dir. monatlich wenigstens in Einer Kl. die Schulhefte seiner besondern Durchsicht unterwerfen, um dadurch sich nicht blos von dem Fleiße und den Fortschritten der Schüler, sondern auch von der Zweckmäßigkeit und der Zahl der Aufgaben Kenntniß zu verschaffen. Eine vorzügl. Aufmerksamkeit ist den Dir. in Hinsicht der Aufgaben zu den freien deutschen und latein. Aufsätzen um so mehr zu empfehlen, je größere Mißgriffe bei ihrer Wahl noch immer gemacht werden. Themata, bei welchen der Schüler über ganz abstrakte oder ihm unbekannte Gegenstände sogen. eigene Gedanken produziren soll, überschreiten die Gränzen des Gymnasial-Unterrichts, sind folglich unzweckmäßig und gereichen dem Lehrer, der sie stellt, mit Recht zum Vorwurfe, und dem Schüler, der sie bearbeiten soll, zur Qual. Vielmehr müssen diese Aufgaben stets so gewählt sein, daß die Schüler den Stoff, den sie in ihren Aufsätzen zu bearbeiten haben, bereits kennen und einigermaßen beherrschen; überdies muß ihnen der Lehrer bei jeder nach der Verschiedenheit der Klassen zu stellenden Aufgabe den Gesichtspunkt, unter und nach welchem sie den bekannten ihnen gegebenen Stoff behandeln sollen, auf's Bestimmteste bezeichnen und entwickeln. Wenn obige Bemerkungen gehörig beachtet, wenn in allen Kl. und in allen Disziplinen der Vorschrift gemäß zweckmäßige Lehrer zum Grunde gelegt, und dadurch die häusl. Arbeiten vermindert werden, wenn endlich eine ernste häusl. Zucht die Schüler anhält, stets zur rechten Zeit zu arbeiten, und sie eben so sehr vor unnöthigem Privatunterrichte, als vor zerstreuender Gesellschaft und unzeitigen Vergnügungen bewahrt, so ist von den häusl. Arbeiten, welche das Gymn. von seinen Schülern verlangen muß, kein Nachtheil für ihre körperl. Entwickelung zu besorgen, und die Schüler werden überall, zu ihrer Erholung, wie zu ihrer freien Privatbeschäftigung, hinreichende Muße übrig behalten.

6) Bei Feststellung des von den Gymn. zu erreichenden Ziels sind sechs gesonderte, einander untergeordnete Kl. und einjährige Lehrkurse für die drei untern, zweijährige für die drei obern Kl. in Aussicht genommen. Wie jede Kl. zu dem Gesammtzwecke des Gymnasial-Unterrichts in einem bestimmten Verhältnisse steht, so ist auch jeder ein bestimmtes Ziel gesetzt, zu dessen Erreichung das erforderl. Zeitmaaß gegönnt werden muß. Für die drei untern Kl. darf der Weg zu dem ihnen gestellten Ziele nicht zu lang sein, um die noch ungeübte Kraft der Schüler nicht zu ermüden, aber auch nicht zu kurz, um ihnen die Schwierigkeiten des Weges in seinem weiteren Verlaufe wenigstens fühlbar zu machen, und um das Bildungsgeschäft nicht zu übereilen. Aus diesem Grunde, und damit die Schüler gleich auf der untersten Stufe des Gymnasial-Unterrichts gewöhnt werden, mit Interesse und Sammlung bei den ihnen dargebotenen Lehrgegenst. zu verweilen, und sie nicht blos flach und einseitig, sondern gründlich und von allen Seiten aufzufassen, zu behandeln und sich anzueignen, hat das Min. für jede der drei untern Kl. einen einjährigen Lehrkursus räthlich erachtet. Aus dieser Bestimmung folgt, daß in den eben ged. Kl. auch die Versetzung nur alljährlich stattfinden darf, und das Min. will diese Maaßregel, von welcher die Beseitigung wesentlicher an dem Gymnasial-Unterricht gerügter Mängel mit Grund zu erwarten ist, für alle Gymn., die nur aus sechs einander untergeordneten Kl. bestehen, hierdurch anordnen. Der näheren Beurtheilung der K. Prov.-Schulkoll. wird hiebei anheim gestellt, nach der Verschiedenheit der provinziellen Verhältnisse und dem Herkommen gemäß den jährl. Lehrkursus von Ostern oder von Mich. ab beginnen zu lassen. In den Gymn. der größeren Städte, welche wegen ihrer Schülerzahl mehr als sechs einander untergeordnete Kl. haben, und wo in den drei untern Kl. die halbjährl. Aufnahme und Versetzung herkömmlich ist, mag dieses Verfahren noch einstweilen fortbestehen, wenn die Lehrer-Koll. sich für dessen Beibehaltung nach reiflicher Berathung erklären, und wenn sie in sich die Kraft und die Mittel besitzen, den Uebelständen und Nachtheilen, welche in den drei untern Kl. aus der halbjährl. Versetzung und aus der mit ihr zusammenhängenden zu großen Ver-

schiedenartigkeit der Schüler in einer und ders. Kl. fast unvermeidlich erwachsen, wirksam und mit Erfolg begegnen zu können. Auf die dritte und zweite Kl., für welche ein zweijähr. Lehrkursus vorschriftsmäßig besteht, ist die Bestimmung, daß aus ihnen die Schüler jedesmal erst nach zwei Jahren versetzt werden dürfen, nicht anwendbar, einerseits, weil diesen Kl. in Folge der Versetzung aus der nächst vorhergehenden untern alljährlich neue Schüler zugeführt werden, welche ohnehin eine Theilung des zweijähr. Kursus nothwendig machen; andererseits, weil in diesen Kl. die körperl. und geist. Entwickelung der Schüler schon so weit gediehen ist, daß ihnen ohne Gefahr die Möglichkeit eröffnet werden kann, durch erhöhten Fleiß auch in einem kürzern Zeitraum das Bildungsziel ihrer Kl. zu erreichen.

Dem angeordneten Klassensystem gemäß, darf die Versetzung aus einer Kl. in die andere nicht nach einzelnen, sondern muß nach allen Lehrgegenständen erfolgen, es muß folglich jeder, welcher auf Versetzung Ansprüche macht, wenn auch nicht in allen Lehrobjekten durchaus gleichmäßig fortgeschritten, doch in den Haupt-Lehrgegenständen, an welchen sich seine Gesammtbildung am füglichsten prüfen läßt, zu dem für die zunächst höhere Klasse unentbehrlichen Grade der Reife gelangt sein.

7) Ob und in wie weit die Schüler der ersten Klasse die Gesammtbildung, welche den Zweck des ganzen Gymnasial-Unterrichts und das nothwendige Erforderniß zu einem gedeihlichen wissenschaftlichen Studium ist, wirklich erlangt haben, wird durch die Prüfung der zur Universität Abgehenden ermittelt.

Bei dem über diese Prüfung unter dem 4. Juni 1834 erlassenen Regl. [1]) waltete die Absicht vor, die Zielleistungen des Gymnas. seinem Zwecke gemäß und zugleich genauer, als in der Instr. v. 25. Juni 1812 geschehen war, festzustellen, jedem Lehrgegenstande die ihm im Organismus des Gymnasial-Unterrichts gebührende Geltung zu verschaffen, in einem enger gezogenen Kreise des positiv zu Lernenden eine gleichmäßige und intensiv gründliche Durchbildung der Schüler herbeizuführen, und die einzelnen Anforderungen an die Abiturienten so zu ermäßigen, daß jeder Schüler von hinreichenden Anlagen und von gehörigem Fleiße der letzten Prüfung mit Ruhe und ohne ängstliche und in der nächsten Folge nach der Anstrengung erschlaffende Vorbereitungsarbeit entgegen sehen könnte. Dieser dem Regl. zum Grunde liegenden Absicht entsprechen auch die einzelnen Bestimmungen desselben. Die näheren Momente, welche aus dem Begriffe der von den Abiturienten zu fordernden Gesammtbildung hervorgehen, die Lehrgegenstände, an welchen sie sich in verschiedenen Abstufungen bethätigen, der Maaßstab, nach welchem sie beurtheilt werden, und die Gesichtspunkte, denen die Prüfungs-Kommission bei ihrem ganzen Geschäfte folgen soll, sind so bestimmt angegeben, daß Voraussetzungen und Folgerungen, welche mit dem Regl. im grellsten Widerspruche stehen, nicht wohl erwartet werden konnten. Dennoch haben sich solche Mißverständnisse geltend zu machen gesucht. So ist behauptet worden, daß das Regl., indem es allen Fächern eine entschiedene und normirte Geltung bei der Beurtheilung der Reife einräume, die Schüler der obersten Klasse das letzte Jahr hindurch zu einem polyhistorischen Treiben und einem encyklopädischen Gedächtnißwesen verurtheile, von ihnen verlange, über alles in zehn Jahren historisch Erlernte in wenigen Stunden Rechenschaft abzulegen, und den Nutzen, den der Unterricht in den einzelnen Wissenszweigen gewähre, allein nach dem abmesse, was davon nachweislich behalten worden. Und dennoch wird in dem Regl. weder einzelnen noch vielen, noch allen Lehrobjekten, sondern nur der an ihnen gewonnenen Gesammtbildung des Geprüften, der durch längere Beobachtung begründeten Kenntniß der Lehrer von seinem ganzen wissenschaftlichen Standpunkte, und dem Gesammteindrucke, den seine Prüfung gemacht hat, in Hinsicht auf die Beurtheilung seiner Reife ein entscheidendes Gewicht beigelegt. Durch die weitere Bestimmung des Regl., nach welcher die Zulassung zur Prüfung von einem zweijährigen Aufenthalte in der ersten Klasse abhängig gemacht ist, soll und kann bewirkt werden, daß der Unterricht in der ersten Klasse nicht in ein Abrichten für die Prüfung ausarte, daß die Schüler, um bei einem stätigen Fleiße ohne Uebereilung in ihrer wissenschaftlichen und sittlichen Aus-

1) s. unten im 5. Kap.

bildung langsam reifen zu können, die erforderliche Zeit behalten, daß sie sich, statt durch ein hastig zusammengerafftes Wesen verwirrt und erdrückt zu werden, sicher und gründlich vorgebildet, mit frischer Kraft, mit freudigem Muthe und mit freier Umsicht zur letzten Prüfung stellen können. Während das Regl., wie es sein Zweck erfordert, die aus dem Gymnasial-Unterricht sich ergebenden Gegenstände der schriftlichen und mündlichen Prüfung aufzählt, und für jeden das mittelst dieses Unterrichts zu erreichende ideelle Ziel feststellt, unterscheidet dasselbe diese letzteren Bestimmungen, welche ausdrücklich den Prüfenden nur bei der Schlußberathung zur leitenden Richtschnur für die Ertheilung des Zeugnisses der Reife dienen sollen, aufs unzweideutigste von dem Maaßstabe, der für den Akt der Prüfung selbst in Anwendung kommen und eben kein anderer sein soll, als der, welcher dem Unterrichte in der ersten Klasse und dem Urtheile der Lehrer über die Leistungen der Schüler dieser Klasse zum Grunde liegt. So unmöglich es ist, daß ein verständiger Lehrer der ersten Klasse von seinen Schülern verlange, über alles, was ihnen in dem zweijährigen Lehrkursus gelehrt und vorgetragen worden, binnen einigen Stunden Rechenschaft abzulegen, und so wenig es ihm einfallen wird, den Grad ihrer durch die einzelnen Lehrgegenstände errungenen geistigen Bildung nur nach dem, was sie auswendig gelernt und behalten haben, abzumessen; eben so entfernt ist auch das Regl. von solchen verkehrten Forderungen, und wenn sie nichts desto weniger gemacht werden sollten, so ist es Pflicht des K. Prüfungs-Kommissarius, einem solchen Unfuge mit Nachdruck entgegen zu treten, und den Geist und wesentlichen Inhalt des Regl. gegen jegliche Mißdeutung und falsche Anwendung seiner einzelnen Bestimmungen geltend zu machen. Dem Min. gereicht es in dieser wichtigen Angelegenheit zur Beruhigung, daß sämmtliche K. Prov. Schulkolleg., im Einverständnisse mit dem Urtheile unbefangener und einsichtiger Schulmänner, die Forderungen des Regl. an den zur Universität zu entlassenden Schüler nicht für zu hoch gestellt, sondern für angemessen, und eine Herabsetzung derselben für unräthlich und unthunlich erachten. Besonders erfreulich ist die aus mehreren Provinzen der K. Staaten erfolgte Anzeige, daß der Hauptzweck des Regl., eine lebendige und regelmäßige Theilnahme an den Unterrichtsgegenständen zu wecken, der tumultuarischen Vorbereitung ein Ziel zu setzen, und durch die konsequente Richtung der Schüler auf das Wesentliche und Dauernde dem unruhigen und leidenschaftlichen Streben der Eitelkeit und des Ehrgeizes einen Zügel anzulegen, schon in mehreren Gymnas. glücklich erreicht wird. Wenn ungeachtet dieser wohlthätigen Wirkung, die das neue Regl. auf das Schulleben auszuüben beginnt, noch immer bemerkt wird, daß die Aussicht auf die Prüfung, weil von ihrem Ergebnisse eine für den weiteren Lebensgang und die Ehre der Schüler bedeutende Entscheidung abhängt, bei manchem unter ihnen Unruhe, Angst und ein erschlaffendes Uebermaaß der Anstrengung veranlaßt, und wenn zur Beseitigung dieses Uebelstandes, der mehr oder weniger mit jeder Prüfung, selbst in den reifern Lebensjahren, verbunden ist, eine Vereinfachung besonders der mündlichen Prüfung gewünscht wird, so ist der Erfüllung dieses Wunsches schon durch das Regl. selbst vorgesehen, welches der pflichtmäßigen Beurtheilung der Prüfungs-Kommission anheimstellt, die mündliche Prüfung in gewissen Fällen zu beschränken. Das Min. darf erwarten, daß die Prüfungs-Kommissionen von dieser Bestimmung des Regl. den angemessensten Gebrauch zu machen fortwährend bemüht sein werden. — Die Religionslehre, wie von mehreren Seiten in Vorschlag gebracht ist, ganz von der Prüfung auszuschließen, erscheint um so weniger thunlich, je unerläßlicher es ist, daß der abgehende Schüler gerade in dem wesentlichsten und wichtigsten Lehrgegenstande irgend ein Zeugniß ablege, in wie weit er die ewigen Wahrheiten des Christenthums aufgefaßt und sich ihren lebendigen Zusammenhang zum Bewußtsein gebracht habe.

8) Mehrere sachverständige Stimmen äußern, daß die verkehrte Methode, in welcher die Lehrgegenstände nicht selten noch behandelt werden, die wunde Stelle der Gymnas. sei. Zwar wird in aufrichtiger Achtung gegen den gegenwärtigen Lehrstand anerkannt, daß die Lehrstellen an den Gymnas. dem größten Theile nach mit Männern besetzt sind, die sich durch gründliche gelehrte Bildung, durch reges wissenschaftliches Streben, durch ächte Religiösität, Sittlichkeit und Unbescholtenheit des Wandels, durch edle würdige Haltung, so wie durch Fleiß, Gewissenhaftigkeit und Treue in ihrem Berufe auszeichnen. Aber zugleich erhebt sich gegen einen Theil dieser Männer die Anklage, daß, während das Elementarschulwesen in den letzten Jahrzehenten in Hinsicht auf Didaktik und Methodik ungemein verbessert

und ein Stand von Lehrern gebildet worden, die wegen ihrer pädagogischen Gewandheit und wegen ihres Geschicks, große Massen zu beleben, in ihrem Kreise sich als Meister zeigen, sehr viele und besonders die jüngeren Gymnasiallehrer das Studium der Pädagogik nicht gehörig beachten, die schwere Kunst des Unterrichtens vernachlässigen, die erfreulichen Fortschritte, welche die Elementarschule in dieser Beziehung gemacht hat, entweder gar nicht kennen, oder doch nicht benutzen, und sich gerade den wichtigsten Theil ihres Berufs, die ihnen anvertrauten Lehrfächer und Klassen in der rechten Methode zu behandeln, nicht gebührend angelegen sein lassen. Eben diesen Lehrern wird zum Vorwurfe gemacht, daß sie in verkehrter Methode aus falscher Gründlichkeit ihre Schüler mit einer erdrückenden Masse materiellen Wissens überhäufen, daß sie in Ueberschätzung des ihnen angewiesenen Lehrfachs sein Verhältniß zu dem Gesammtzwecke, dem es als untergeordnetes Mittel dienen soll, aus den Augen setzen, daß ihnen endlich, indem sie die Lehrweise der Universitäts-Professoren nachahmen, in ihrem Vortrage die belebende Frische und Regsamkeit sowie das Geschick abgehe, sich dem jugendlichen Geiste anzuschließen, seine Bedürfnisse und Kräfte richtig zu würdigen und eine größere Masse von Schülern zu durchdringen und zu beseelen. Nicht weniger wird behauptet, daß der Erfolg ihres Unterrichts, wie es bei einer so verkehrten Methode nicht anders sein könne, wenig befriedigend sei, und besonders in den alten Sprachen, in der Deutschen Sprache und in der Geschichte zu den großen Anstrengungen, welche sie selbst machen und auch ihren Schülern zumuthen, in keinem Verhältnisse stehe, daß sie aber in großer Selbstverblendung den Grund hiervon ganz und gar nicht in sich selbst, in ihrer Unkenntniß der Methode, in ihrem zweckwidrigen Verfahren, sondern lediglich in der geistigen Stumpfheit, Gleichgültigkeit und Starrheit ihrer Schüler suchen, und deshalb auch nicht müde werden, über die Schlaffheit, den Unfleiß und die Regungslosigkeit derselben Beschwerde zu führen. Solche und ähnliche Anklagen sind nicht blos gegen diesen oder jenen, sondern gegen eine Mehrzahl der Gymnasiallehrer erhoben. Das Min. kann sie nach der Natur der Sache aus einer durch unmittelbare Anschauung gewonnenen Erfahrung im Ganzen weder widerlegen noch bestätigen. Wenn gleich zur Beruhigung des Min. durch einzelne von ihm selbst gemachte Wahrnehmungen und durch das Ergebniß der von den K. Prov. Schulkolleg. angestellten Beobachtungen das Gewicht jener Anklage um ein Bedeutendes vermindert wird, so schien es doch nothwendig, dieselbe in ihrer ganzen Strenge und Herbheit den Gymnasiallehrern vorzuhalten, damit jeder unter ihnen sich selbst prüfe, ob und in wie weit auch ihn der Vorwurf trifft, durch blinden Eifer und verkehrte Methode seine Schüler in ihrer geistigen Entwickelung gehemmt, und ihnen die segensreiche Frucht eines zweckmäßigen Gymnasial-Unterrichts verkümmert zu haben. Mit der Erkenntniß von der Natur und der Quelle des Uebels, an welcher nach obiger Anklage die Gymnas. kranken, wird auch schon der erste Schritt zu seiner Heilung, und zwar um so sicherer gethan sein, als die Hülfe gegen die Krankheit von den Lehrern selbst ausgehen muß. Je weniger die Methode des Unterrichts und der Erziehung in den Gymnas. Gegenstand einer gesetzlichen Vorschrift sein kann, und je größere Schwierigkeiten und Hindernisse sich gegenwärtig den Gymnas. in der Mannigfaltigkeit und dem Umfange der Lehrobjekte, in der Ueberfüllung der Klassen, in der Verschiedenartigkeit der Schüler einer und derselben Klasse, in der oft verkehrten häuslichen Erziehung und in der materiellen Richtung der Zeit entgegenstellen, um desto unerläßlicher ist es, daß der Lehrer selbst aus freiem Entschlusse das Wesen der Methode und ihre der Verschiedenheit der Lehrobjekte und der Klassen entsprechende Gestaltung zu einem ernstlichen Studium mache, um desto dringender ist zu wünschen, daß er durch sorgfältiges Achten auf sich selbst und auf den größeren oder geringeren Erfolg seines Unterrichts, durch sinniges liebevolles Eingehen in die Lehrweise Anderer, die für Meister im Unterrichten gelten, durch rastlose Uebung und durch eine Strenge, die sich selbst nimmer genügt, seine Methode zu verbessern und dem Inhalte seines Unterrichts die angemessenste Form zu geben bestrebt sei. Eine weitere Hülfe gegen das fragliche Uebel ist von den Dir. zu erwarten, welche nicht nur sich selbst in ihrem Unterrichte einer zweckmäßigen Methode befleißigen, und hierin als Muster vorleuchten, sondern auch durch häufigen Besuch der einzelnen Klassen sich von der in ihnen herrschenden Lehrweise in vertrauter Kenntniß erhalten, wahrgenommene Mißgriffe rügen und abstellen, und jede schickliche Gelegenheit, namentlich die vorschriftsmäßigen Lehrer-Konferenzen benutzen müssen, um alles, was die Methode des Unterrichts, und dadurch seinen Erfolg fördern kann, zur Sprache und zur Berathung zu bringen. Einen wohlthätigen Einfluß wird in dieser Beziehung auch die folgerechte Durchführung des Klassensystems haben, theils indem durch dasselbe die Lehrer veranlaßt werden, das jeder Klasse gestellte Ziel und die Individualität des einzelnen Schülers schärfer ins Auge zu fassen, und durch Erforschung und Anwendung der zweckdienlichsten Mittel ihrem Unterrichte einen bessern Erfolg zu sichern. Nicht minder wirksam wird sich das zu diesem Zwecke angeordnete Probejahr bewähren, wenn die Dir. und Klassen-Ordinarien die Pflichten, welche ihnen in Bezug auf die zu einem gelehrten Schulamte sich ausbildenden Kand. durch die C. Verf. v. 24. Sept 1826 [1]) auferlegt sind, mit Liebe, Treue und Hingebung erfüllen, und besonders die erstern eine Ehre darin suchen, das ihrer Leitung anvertraute Gymnas. zu einer Pflanzschule auch für Lehrer zu machen. Damit eine bessere Methode des Unterrichts je länger je mehr in den Gymnas. einheimisch werde, haben die K. Prov. Schulkolleg. bei ihren Vorschlägen zur Wiederbesetzung erledigter Lehrstellen die Kand., welche außer den übrigen erforderlichen Eigenschaften auch ein ausgebildetes Lehrtalent und Einsicht in das Wesen der Methode besitzen, vorzüglich zu berücksichtigen, die Abfassung und Einführung zweckmäßiger Lehrbücher und Sprachlehren auf alle Weise zu fördern, für die richtige Abgränzung der Lehrpensa in jeder Klasse zu sorgen und bei der Revision der Gymnas., bei der Prüfung der Abiturienten, wie bei jeder andern schicklichen Gelegenheit, Mißgriffe und Ungeschicklichkeiten einzelner Lehrer in der Methode nicht unbemerkt zu lassen. Zu gleichem Zwecke und damit allmählig in hinreichender Zahl für die Gymnas. Lehrer herangebildet werden, welche sich die Kunst des Unterrichtens theoretisch und praktisch angeeignet haben, wird das Min. Bedacht nehmen, den schon bestehenden pädagogischen Seminarien so bald als möglich eine noch zweckmäßigere und dem allgemein anerkannten dringenden Bedürfnisse der Gymnasien immer mehr entsprechende Einrichtung zu geben.

9) Endlich will das Min. noch der körperlichen Uebungen gedenken [2]), deren allgem. Einführung von der Mehrzahl der K. Prov. Schulkolleg. und von fast allen Dir. und Lehrern der Gymnas. nicht nur lebhaft empfohlen, sondern auch als ein unabweisbares Bedürfniß der Gegenwart dargestellt wird. Gewiß verkennt das Min. den vielfachen Nutzen regelmäßiger, gehörig geordneter und mit Einsicht geleiteter Leibesübungen nicht, und theilt die Ansicht aller unbefangenen und erfahrenen Freunde der Jugend, daß die körperliche Ausbildung der Schüler in den Gymnas. eben so wenig als die geistige dem Zufall zu überlassen ist, und daß, wo unvermeidlich die meiste Zeit geistigen Uebungen gewidmet werden muß, es desto nothwendiger wird, die für die Körperbildung erübrigten Stunden sorgfältig auszukaufen. Auch kann für die allgemeine Einführung der Leibesübungen bei den Gymnas. geltend gemacht werden, daß der Staat, während er einerseits durch seine gesteigerten Anforderungen bei der Prüfung seiner künftigen Beamten die Jugend schon in den Gymnas. zur Gewöhnung an eine erhöhte geistige Anstrengung nöthigt, andererseits von eben dieser Jugend, um den Beschwerden während des pflichtmäßigen Dienstes im K. Heere gewachsen zu sein, einen gesunden, rüstigen und wohl ausgebildeten Körper verlangt, und daß es folglich sehr rathsam ist, diese beiderseitigen Forderungen durch eine passende Maaßregel, die allgemeine Einführung geregelter Leibesübungen, zu vermitteln und auszugleichen. Aber nicht ohne Grund kann gefragt werden, ob die körperlichen Uebungen ihrer Natur nach in den Kreis der Gymnasial-Bildung gehören, ob nach der allgemeinen bis jetzt bestehenden gesetzlichen Verfassung des öffentlichen Unterrichts den Gymnas., und nur ihnen die Verpflichtung obliegt, wie für die geistige, ebenso für die körperliche Erziehung und Ausbildung ihrer Schüler zu sorgen, ob sie Vermögen und Mittel besitzen, die Schwierigkeiten ihrer ohnehin verwickelten Aufgabe noch durch diese neue Sorge zu steigern und zu vermehren, und endlich, ob die Behauptung sich als wahr bestätigt, daß die körperliche Ausbildung der Jugend in

1) Vgl. §. 33. des Regl. v. 20. April 1831.

2) Siehe über das Turnwesen bei Schulen die neueren Vorschriften Bd. 1. S. 705—715 u. S. 914.

den Gymnas. dem Zufalle überlassen ist, wenn sie auch künftig wie bisher der pflichtmäßigen Sorge der Eltern anheimgestellt bleibt. Das Min. nimmt keinen Anstand, diese Frage im Allgemeinen zu verneinen, und hiervon nur die Gymnas. auszunehmen, welche mit einem Alumnate verbunden, und somit verpflichtet sind, sich statt der Eltern der Sorge auch für die körperliche Ausbildung ihrer Zöglinge zu unterziehen. Von den Gymnas. kann nur verlangt werden, daß sie die körperliche Gesundheit ihrer Schüler während der Lehrstunden möglichst vor jeglichem nachtheiligen Einflusse schützen, und bei den Aufgaben für die häuslichen Arbeiten ihnen die zur Erholung und zu körperlichen Uebungen erforderliche Muße übrig lassen. Dieser Ansicht ungeachtet ist das Min. weit entfernt, dem löblichen Eifer aller der Gymnasial-Dir. und Lehrer entgegentreten zu wollen, welche ihre treu gemeinte Sorge für das Heil der ihrem Unterrichte anvertrauten Jugend auch auf die körperliche Ausbildung derselben auszudehnen, besonders deshalb für räthlich und nothwendig erachten, damit durch zweckmäßige Einrichtung körperlicher Uebungen dem verderblichen Einflusse einer verweichlichenden häuslichen Erziehung gesteuert, der rechte Sinn und die wahre Achtung auch für körperliche Ausbildung geweckt und gewonnen, und die Gymnasial-Jugend sowohl mit den Mitteln, dieselbe auf eine vernünftige Weise zu fördern, bekannt gemacht, als auch durch Warnung, Belehrung und Beispiel von alle dem, was auf die Gesundheit des Körpers schädlich einwirkt, abgezogen, und für aufgegebene unzeitige Genüsse durch Freuden und Erholungen, die dem Jugendalter entsprechend und ersprießlich sind, entschädigt werde. Es ist hierbei nicht zu übersehen, daß auch künstlich veranstaltete Leibesübungen schon durch angemessene Erholungen der Jugend in der freien Natur für die Entwickelung ihres Körpers, und selbst zur Erreichung noch anderer, die ganze Bildung fördernder Zwecke sehr viel geschehen kann. Indessen bei dem sehr günstigen Ergebnisse, welches die schon seit längerer Zeit bei mehreren Gymnas. wieder eingeführten körperlichen Uebungen nach dem Urtheile der K. Prov. Schulkolleg. gehabt haben, trägt das Min. weiter kein Bedenken, auch bei den übrigen Gymnas. die Einführung geregelter körperlicher Uebungen unter Leitung und Aufsicht eines hierzu geeigneten Lehrers und unter Verantwortlichkeit des Gymnasial-Dir. hierdurch ausdrücklich zu gestatten. Jeden Schüler, der seine Untauglichkeit zu solchen Uebungen nicht durch ein ärztliches Zeugniß nachweisen kann, zur Theilnahme an denselben zu verpflichten, scheint eben so wenig räthlich, als auf den Erfolg dieses Unterrichts selbst in dem Zeugnisse der zur Universität abgehenden Schüler Rücksicht zu nehmen. Vielmehr genügt es für den beabsichtigten Zweck, wenn den Schülern bei jedem Gymnas. Gelegenheit zu regelmäßigen körperlichen Uebungen unter Aufsicht und Leitung eines Lehrers gegeben und die Theilnahme von der freien Wahl der Schüler und von der Zustimmung der Eltern abhängig gemacht wird. Zur Bestreitung der Kosten, welche aus einer solchen Einrichtung erwachsen, sowie des den Lehrern billiger Weise zu gewährenden Honorars, ist entweder ein angemessener außerordentlicher Beitrag von den an diesen Uebungen theilnehmenden Schülern zu erheben, oder nach Befinden der Umstände das vierteljährliche Schulgeld für alle Schüler etwas zu erhöhen, wenn sich nicht durch eine freie Uebereinkunft, besonders mit den städtischen Behörden, der Aufwand ganz oder größten Theils decken läßt, wie solches nach vorliegenden Beispielen bei gehöriger Einleitung und möglichster Beschränkung der Anforderung wohl zu erwarten ist. Ueber die Art und Form, in welcher diese körperlichen Uebungen zur Erreichung des beabsichtigten Zwecks in den verschiedenen Gymnas. einzurichten sein werden, enthält sich das Min. für jetzt der nähern Vorschriften, und überläßt den K. Prov. Schulkolleg., nach dem noch zu erfordernden Gutachten der Dir. und Lehrer, und unter Berücksichtigung der verschiedenen örtlichen Verhältnisse, die weiter nöthigen Maaßregeln zu ergreifen. Nur muß der Zweck dieser Leibesübungen, die Gesundheit der Jugend zu stärken und ihren körperlichen Anlagen den hinreichenden Grad der Entwickelung zu verschaffen, überall mit Strenge als wesentlichste und unerläßlichste Bedingung ins Auge gefaßt und den Dir. und Lehrern der Gymnas., bei welchen die Einführung solcher körperlichen Uebungen nöthig und thunlich erscheint, mit der Berechtigung die Verpflichtung auferlegt werden, auch diesen Zweig des Unterrichts zu leiten und zu beaufsichtigen, und von demselben alles Ungehörige und Zweckwidrige fern zu halten.

Indem das K. Prov. Schulkolleg. beauftragt wird, von dem Inhalte dieser Verf. die Dir. und Lehrer der Gymnas. seines Bereichs in Kenntniß zu setzen, und alles weiter Erforderliche zu veranlassen, giebt das Min. zugleich der zuversichtlichen Hoffnung Raum, daß die umsichtige Durchführung der im Obigen gegebenen Bestimmungen nicht nur manche wesentliche Gebrechen in den Gymnas. beseitigen, sondern auch in Verbindung mit einem Religionsunterrichte, welcher, den Vorschriften des Min. gemäß, den ganzen Inhalt des christlichen Glaubens im rechten Geiste und in angemessener Methode lehrt, neue heilsame Bewegung und frisches Leben in diese Anstalten bringen, und so wenigstens mittelbar der gegen sie aufgeregte Kampf dennoch wohlthätige Früchte für die höhere Jugendbildung tragen werde.

Anl. a.

Allgemeine Uebersicht

der für die Gymnasien angeordneten Lehrgegenstände und der jedem Lehrgegenstande in jeder Klasse zu widmenden wöchentlichen Stundenzahl. [1])

Lehrgegenstände.	Prima.	Secunda.	Tertia.	Quarta.	Quinta.	Sexta.
Lateinisch	8.	10.	10.	10.	10.	10.
Griechisch	6.	6.	6.	6.		
Deutsch	2.	2.	2.	2.	4.	4.
Französisch	2.	2.	2.			
Religionslehre	2.	2.	2.	2.	2.	2.
Mathematik	4.	4.	3.	3.		
Rechnen und geometrische Anschauungslehre					4.	4.
Physik	2.	1.				
Philosophische Propädeutik	2.					
Geschichte und Geographie	2.	3.	3.	2.	3.	3.
Naturbeschreibung			2.	2.	2.	2.
Zeichnen				2.	2.	2.
Schönschreiben				1.	3.	3.
Gesang			2.	2.	2.	2.
Zahl der wöchentlichen Lehrstunden	30.	30.	32.	32.	32.	32.
Hebräisch für die künftigen Theologen	2.	2.				

(A. XXI. S. 978.)

II. Verhältniß der Progymnasien zu den Gymnasien. [2])

1) R. des Min. d. G., U. u. M. Ang. (v. Ladenberg) v. 23. Nov. 1839 an das K. Prov.-Schulkoll. der Rheinprov., betr. die Bedeutung der Progymnasien.

Das Min. eröffnet dem K. Prov. Schulkolleg. auf die Anfrage im Ber. v. 28. v. M., daß dasselbe unter Progymnasium alle diejenigen öffentlichen Schulen

1) In der Prov. Posen tritt zu diesen Lehrgegenständen noch die Polnische Sprache in den drei untern Klassen mit wöchentlich 3, in den drei obern mit wöchentlich 2 Stunden. Dafür sind daselbst dem Lateinischen durch alle Klassen nur 8 Stunden, dem Griechischen in Quarta nur 5, dem Deutschen in Quinta und Sexta nur 3 Stunden wöchentlich gewidmet. Doch sind auch in Quarta für das Deutsche 3 Stunden bestimmt, wogegen die 1 Stunde Schönschreiben wegfällt. Auf diese Weise wird die Zahl von wöchentlich 32 Stunden nicht überstiegen, mit Ausnahme von Prima, jedoch auch hier nur für diej., welche Hebräisch treiben.

2) Ueber den Anschluß öffentlicher Vorbereitungsschulen an die Lehrpläne der höheren Anstalten vgl. auch das C. R. v. 30. Dec. 1842. (s. unten.)

der Rheinprovinz verstanden wissen will, welche, sie mögen nun höhere Stadtschulen oder Bürgerschulen oder Progymnasien genannt werden, denselben Lehrplan, welcher in den vier unteren Klassen der Gymnasien vorgeschrieben, im Wesentlichen gleichfalls zu verwirklichen suchen, und somit im Stande sind, ihre Schüler zur Aufnahme in die Quarta und resp. Tertia eines vollständigen, aus sechs gesonderten Klassen bestehenden Gymnasiums genügend vorzubereiten.

(A. XXIII. S. 840.)

2) C. R. des Min. d. G., U. u. M. Ang. (Eichhorn) v. 18. Juni 1844 an sämmtl. K. Reg. und abschr. an sämmtl. K. Prov.-Schulkolleg., betr. das Verhältniß der Mittelschulen zu den Gymnasien.

Nach den Bestimmungen des Ressortregl. stehen nicht nur sämmtliche Elementarschulen, sondern auch mit Ausschluß der Gymnasien und Schullehrerseminarien alle über die Aufgabe der Elementarschule hinausgehenden höheren Unterrichtsanstalten, als Real- und höhere Bürgerschulen, Progymnasien, lateinische Stadtschulen, Rektoratsschulen u. s. w. unter der Aufsicht und Leitung der K. Reg. Da mehrere dieser Anstalten in ein bestimmtes Verhältniß zu den Gymnas. treten, indem sie die untere und mittlere Bildungsstufe derselben umfassen, und die Aufgabe haben, ihre Schüler für die oberen Klassen der vollständigen höheren Bürgerschulen oder der Gymnas. vorzubilden, so ist bereits in einigen Provinzen in Folge näherer Verhandlung der K. Reg. mit den K. Prov. Schulkolleg. das Verhältniß solcher Mittelschulen zu den Gymnas. bestimmt geordnet, und die Gymnasialklasse festgesetzt worden, bis zu welcher jede dieser Anstalten ihre Schüler zu führen hat. Da die Fortbildung dieser Schüler in den oberen Gymnasialklassen eine dem Lehrplan der Gymnas. sich möglichst genau anschließende Vorbildung derselben voraussetzt, so liegt es sowohl im Interesse der Gymnas., als auch der bezeichneten Mittelschulen selbst, daß der engere Anschluß der letzteren an jene möglichst berücksichtigt und dem getrennten Ressortverhältniß gegenüber im Wege gemeinschaftlicher Verhandlung festgehalten, diese daher in allen Provinzen der Monarchie eingeleitet werde. Es können dabei alle diejenigen Schulen unberücksichtigt bleiben, welche blos die untere Bildungsstufe der Gymnas. umfassen, ihre Schüler demnach in die Quarta eines vollständigen Gymnas. entlassen, dagegen wird allen denjenigen Mittelschulen, welchen Namen sie auch führen mögen, eine ihren Lehrkräften entsprechende Grenze festzusetzen sein, welche ihre Schüler in die Tertia oder in eine höhere Gymnasialklasse entlassen wollen. Zu diesem Zwecke veranlasse ich die K. Reg., die hiernach in Betracht kommenden Lehranstalten Ihres Verwaltungsbezirks dem K. Prov. Schulkolleg. der Provinz zu bezeichnen, die Zahl der mit gehörig qualifizirten Lehrern zu besetzenden Lehrstellen anzugeben, und in einem speziellen Lehrplane nachzuweisen, in wie weit diese Anstalten im Stande sind, den in der C. Verf. v. 24. Okt. 1837 aufgestellten Lehrplan für die Gymnas. durchzuführen, um hiernach gemeinschaftlich festzusetzen, bis zu welcher Klasse eines Gymnas. jene Anstalten ihre Schüler führen können. Sollte in einem einzelnen Falle hierüber eine Vereinigung nicht erreicht werden, so ist unter Mittheilung der gepflogenen Verhandlungen von der K. Reg. an mich zu berichten.

Da nach den neuesten Allerh. Bestimmungen über die Anstellung der Lehrer an den Gymnas. und den zu Entlassungsprüfungen berechtigten höheren Bürgerschulen, auch bei den zuletzt genannten Anstalten die Lehrer nur mit meiner Genehmigung angestellt werden dürfen, häufig auch Lehrer der höheren Bürger- und der für die Klassen der Gymnas. vorbereitenden Mittelschulen sich um Gymnasiallehrerstellen bewerben, so veranlasse ich die K. Reg., von jetzt an über die Lehrerkollegien an den vollständigen höheren Bürger- und an denjenigen Mittelschulen, welche für die Tertia- oder eine höhere Gymnasialklasse vorbereiten, Konduitenlisten [1]) anzufertigen und dieselben zur Erleichterung des Geschäftsganges durch die K. Prov. Schulkolleg. zu einer Zeit, worüber mit diesen Seitens der K. Reg. noch Vereinbarung zu treffen ist, an mich gelangen zu lassen. In diese Konduitenlisten sind auch sämmtliche pro facultate docendi geprüften Schulamts-Kandida-

1) Die Abschaffung der geheimen Konduitenlisten ist schon im vorigen Abschn. erwähnt.

ten aufzunehmen, welche an den genannten Schulen ihr Probejahr abhalten, oder nach Beendigung desselben beschäftigt werden.

(Min. Bl. d. i. V. 1844. S. 223.)

III. Alumnate bei Gymnasien.

Dergleichen Erziehungs- und Pensions-Anstalten richten sich nach ihren besondern lokalen Reglements und Statuten: § 13. der Brandenb. Dir.-Instr. (s. o. S. 81) und §. 24. der Pommerschen Dir.-Instr. (A. XIV. S. 400.) Die Bedeutendsten derselben sind: Halle, Schulpforte, Roßleben, Züllichau, Putbus und die Ritter-Akademie zu Liegnitz. (Vergl. unten.)

IV. Schulschriften und Programme.

1) Abfassung der jährlichen Prüfungs-Programme. [1])

a) C. R. des Min. d. G., U. u. M. Ang., Unterr. Abth. (v. Kamptz) v. 23. Aug. 1824 an sämmtl. K. Kons.

Um hinsichtlich der Schulprogramme bei allen inländischen Gymnas. theils die nöthige Gleichförmigkeit und Vollständigkeit zu bewirken, theils den Vorstehern der Gymnas. dieses Geschäft durch gemessene Vorschriften zu erleichtern, ordnet das Min. Folgendes an:

I. Zu der in einem jeden Gymnas. jährlich um Ostern oder Michaelis zu veranstaltenden öffentlichen Prüfung soll durch ein in Quartform gedrucktes Programm eingeladen werden. Dem K. Kons. bleibt es überlassen, mit Rücksicht auf die provinziellen oder lokalen Verhältnisse und die bisherige Observanz zu bestimmen, ob diese öffentliche Prüfung um Ostern oder um Michaelis gehalten, und somit auch das zu derselben einladende Programm um den einen oder den andern Zeitpunkt ausgegeben werden soll.

II. Das von einem jeden Gymnasium jährlich auszugebende Programm soll in der Regel bestehen: a) aus einer Abhandlung über einen wissenschaftlichen, dem Berufe eines Schulmannes nicht fremden, ein allgemeines Interesse, mindestens der gebildeten Stände am öffentlichen Unterricht im Allgemeinen oder an dem Gymnas. insonderheit erweckenden Gegenstand, dessen Wahl innerhalb dieser Grenzen der Beurtheilung des Verfassers überlassen bleibt; auch soll gestattet sein, statt der obgedachten Abhandlung eine in dem betreff. Gymnas. schon gehaltene Rede in dem Programm abdrucken zu lassen, wenn dieselbe jenem Zwecke entspricht, oder durch inneren Werth sich besonders auszeichnet; — b) aus den Schul-Nachrichten.

III. Die den Schul-Nachrichten voranzuschickende wissenschaftliche Abhandlung soll abwechselnd das eine Jahr in lateinischer, das andere in deutscher Sprache geschrieben werden, und nicht blos dem Dir., sondern auch den sämmtlichen Oberlehrern des Gymnas. soll nach einer von dem K. Kons. näher zu bestimmenden Reihenfolge die Verpflichtung obliegen, jene Abhandlung zu den Schulprogrammen zu liefern.

IV. Der für die Schul-Nachrichten bestimmte zweite Theil des Programms ist ausschließlich von dem Dir. oder Rektor des Gymnas., und zwar nur in deutscher Sprache abzufassen, und soll folgende Abschnitte enthalten:

A. Der 1. Abschnitt stellt die allgemeine Lehrverfassung des Gymnas. dar, führt die Klassen in ihrer Reihefolge von der Prima abwärts auf, und bei jeder derselben 1) den Klassen-Ordinarius und die übrigen Lehrer, — 2) die Lehrgegenstände und die für einen jeden derselben bestimmte wöchentliche Stundenzahl, — 3) die Lehrbücher mit bestimmter möglichst kurzer Nachweisung, was während des Schuljahres in jedem Gegenstande behandelt, wo angefangen, wie weit vorgerückt, und wie viel geleistet worden ist. Es können in diesem Abschnitte die Lehrgegen-

---

1) Vgl. §. 20. der Brandenburger u. §. III. Nr. 7. der Rhein. Direktorial-Instr. im vor. Abschn. (s. o. S. 84 u. 89.)

stände die Basis ausmachen, an welche sich Lehrer und Lehrbücher anschließen, so daß es gerade nicht nothwendig ist, die Lehrer, Lehrgegenstände und Lehrbücher, jedes unter einer besonderen Rubrik aufzuführen. Dieser Abschnitt muß außerdem nicht minder wesentlich alle diejenigen Anordnungen vortragen, welche in dem Zeitraume, für welchen das Programm bestimmt ist, in Beziehung auf innere und äußere Schul-Disciplin, Lehrmethode, Lehrgegenstände und jede andere Verhältnisse, sowohl vom Min. und dem Kons. als von der Lokal- und Schulbehörde erlassen und vorgeschrieben werden, dergestalt, daß aus dieser Darstellung eine vollständige Uebersicht aller diese Gegenstände betreff. Veränderungen hervorgeht, und dem Publikum außerdem die Uebersicht des ganzen Lehrsystems jährlich gegeben wird. Dieser Abschnitt hat aber auch zugleich die Bestimmung, durch öffentliche Erwähnung des Geleisteten dem Fleiß und Eifer derjenigen Lehrer, welche sich hierin ausgezeichnet haben, die verdiente Gerechtigkeit widerfahren zu lassen, weshalb die denselben zu Theil gewordenen Belobungen und Anerkennungen in demselben anzuführen sind.

B. Der 2. Abschnitt soll eine kurze Chronik des Gymnas. von dem verflossenen Schuljahr enthalten. Als regelmäßige Artikel gehören hierher besonders: 1) die Eröffnung des Schuljahrs, — 2) die vaterländischen Schul- und etwanige andere Feste zum Andenken an die Wohlthäter der Anstalt, — 3) Nachrichten von Veränderungen im Lehrer- oder Beamten-Personal des Gymnas., längere Krankheiten der Lehrer, von der für solche Zeit angeordneten Aushülfe ꝛc. und 4) außerordentliche Ereignisse, welche sich bei einem Gymnas. während des Jahres zugetragen haben.

C. Der 3. Abschnitt soll eine statistische Uebersicht enthalten, welche hauptsächlich folgende Punkte zu berücksichtigen hat: 1) die Zahl der Schüler sowohl im Ganzen als in jeder einzelnen Klasse, — 2) eine Angabe der während des Schuljahres neu aufgenommenen, und der auf die Universität, oder zu anderen Lehranstalten, oder zu andern Berufsarten abgegangenen Schüler. Bei den zur Universität abgegangenen Schülern sind die Nummern des Prüfungszeugnisses, welches sie erhalten haben, jedoch ohne ein weiteres Urtheil über sie hinzuzufügen, so wie die ihnen ertheilten Prämien anzuführen [1]), — 3) der Stand des Lehrapparats; neue bedeutende Vermehrungen desselben in möglichster Kürze aber mit dankbarer Erwähnung der Geschenke, welche etwa von patriotischen Wohlthätern gereicht worden sind; — 4) die dankbare Erwähnung der zum Besten des Gymnas. gemachten frommen Stiftungen, und der Unterstützungen, welche die Schüler theils aus öffentlichen, theils aus Privatmitteln im Laufe des Schuljahres erhalten haben.

D. Endlich soll der 4. Abschnitt über die zu veranstaltenden öffentlichen Prüfungen, Deklamations- und Redeübungen, und namentlich über die Klassen, welche bei der Prüfung auftreten, die Gegenstände der Prüfung und die Lehrer, welche dieselbe vornehmen werden, über die einzelnen Schüler, welche Reden halten oder deklamiren werden, so wie endlich über den Anfang des neuen Lehrkursus, und über die zur Prüfung und Aufnahme neuer Schüler bestimmten Tage die erforderlichen Anzeigen enthalten.

V. Durch diese Bestimmungen sollen übrigens die Dir. oder Rektoren der Gymnas. bei Abfassung der jährlichen Schulnachrichten nicht auf die oben bezeichneten Rubriken allein beschränkt sein; vielmehr bleibt ihnen unbenommen, auch dasjenige, was sie aus ihren Beobachtungen für einen solchen öffentlichen Schulbericht Geeignetes vorzutragen wünschen, und unter den im Obigen vorgeschriebenen Artikeln keine angemessene Stelle findet, in der Einleitung oder am Schlusse der Schulnachrichten beizufügen. [2])

---

1) Vergl. §. 32. des Abit.-Prüf. Regl. v. 4. Juni 1834 unten im 5. Kap. — Wegen ausgeschlossener Schüler vgl. Nr. 6. des C. R. v. 22. Jan. 1836 (s. unten).

2) Im Preuß. Landt.-Absch. v. 28. Okt. 1838 heißt es sub II. 3:

Aus den öffentlichen Diskussionen, welche über die angeblich nachtheilige Einwirkung der Gymnasial-Einrichtungen auf die Gesundheit der Zöglinge stattgefunden haben, ist bereits Veranlassung genommen worden, eine gründliche Untersuchung

VI. Die Kosten, welche der Druck des jährlichen Schulprogramms verursachen wird, sind aus den etatsmäßigen Fonds des betreff. Gymnas., oder, falls diese hierzu nicht ausreichen, mittelst eines von sämmtlichen Schülern des Gymnas. aufzubringenden, und von dem K. Kons. näher zu bestimmenden außerordentlichen Beitrags zu bestreiten, jedoch hat das K. Kons. bei Entwerfung neuer Etats für die Gymnas. seines Bez. darauf zu achten, daß bei einem jeden Gymnas. zur Bestreitung der Druckkosten der Schulprogramme eine angemessene Summe möglichst ausgeworfen werde. Vorausgesetzt, daß die den Schulnachrichten voranzuschickende wissenschaftliche Abhandlung keine zu große Ausdehnung gewinnt, kann ein solches Schulprogramm ganz füglich auf 2 oder 3 Bogen in Quartform beschränkt, und somit die jährliche Ausgabe für den Druck desselben nicht so bedeutend werden, daß dieselbe irgend einem Gymnas. zu schwer fallen sollte. [1])

VII. Außer den Exemplaren der Programme und Schulschriften, welche vorschriftsmäßig an die K. Bibliotheken in Berlin, Breslau, Bonn, Halle, Königsberg und Greifswald jährlich einzusenden sind, hat das K. Kons. am Schlusse eines jeden Jahres von dem, im Laufe desselben ausgegebenen Programmen der Gymnas. seines Bez. Zehn gebundene und mit einem Umschlage versehene Exemplare dem Min. einzureichen. [2])

VIII. Diesen Exempl. sind die vorschriftsmäßigen Konduitenlisten über die Lehrer der Gymnas. alljährlich beizufügen [3]), und hat das K. Kons. zugleich über den Zustand jedes einzelnen Gymnas. seines Bez. über die in demselben herrschende mehr oder weniger beifallswerthe Disciplin, so wie über alle für ein Gymnasium wichtige Punkte, welche sich zur Mittheilung an das Publikum nicht eignen, und deshalb auch in dem Schulprogramm nicht füglich eine Stelle finden können, ausführlich zu berichten. In diesen Jahresbericht sind zugleich solche Anfragen, Anzeigen und Vorschläge oder Gesuche aufzunehmen, welche das Allgemeine der Gymnasial-Verfassung betreffen; die ein Gymnas. im Einzelnen angehenden Bedürfnisse, und die hierauf bezüglichen Anträge müssen aber nach wie vor der speziellen Berichtserstattung des K. Kons. vorbehalten bleiben.

(A. VIII. S. 827.)

b) C. R. des Min. d. G., U. u. M. Ang. (Eichhorn) v. 16. Juli 1841 an sämmtl. K. Prov.-Schulkoll.

Um die vielfachen Verschiedenheiten und zum Theil auffallenden Mängel, welche seither in Hinsicht der Titelblätter der von den Gymnas. jährlich ausgehenden Programme bemerkt worden sind, für die Zukunft zu beseitigen, und die Katalogisirung dieser Schulschriften zu erleichtern, ist es erforderlich, daß auf dem Titel dieser Schulschriften: a) der Name der betreff. Anstalt, b) der Sitz derselben, c) das Schuljahr, d) die Veranlassung, e) der Inhalt und endlich f) die Vornamen und der Zuname des Verfassers der den Schulnachrichten vorangehenden wissenschaftl. Abhandlung bestimmt und vollständig angegeben werden.

Ich beauftrage deshalb das K. Prov. Schulkolleg., hiernach die Dir. der Gymnas. Seines Bereichs mit der erforderlichen Anweisung zu versehen und denselben zugleich hinsichtlich des für die Schulnachrichten bestimmten zweiten Theils des Programms die genaue Beobachtung der desfallsigen in der C. Verf. v. 23. August 1824 enthaltenen Vorschriften erneuert zur Pflicht zu machen.

(Min. Bl. d. i. V. 1841. S. 217.)

---

dieses Gegenstandes anzuordnen und das Erforderliche zu verfügen. Die Gymnasial-Dir. werden hierauf nicht unterlassen, in den Schulnachrichten, welche in dem von jedem Gymnas. jährlich auszugebenden Programm enthalten sein müssen, das Ergebniß dieser Untersuchung und den Inhalt der diesfallsigen Verf., so weiter sich zur öffentlichen Bekanntmachung eignet, zur Kenntniß des betheiligten Publikums zu bringen. (A. XXII. S. 506.) Vergl. C. R. v. 24. Okt. 1837 oben S. 144.

1) Etatsüberschreitungen sollen vermieden und für Druck und Einband vorher Akkorde gemacht werden.

2) Mehr über die Einsendung der Programme s. u. sub 3.

3) Ueber die Abschaffung der Konduitenlisten s. im vor. Abschn.

2) Vorlegung des Manuskripts.

C. R. des Min. d. G., U. u. M. Ang. (v. Altenstein) v. 20. Nov. 1837 an sämmtl. K. Reg. und Prov.-Schulkoll.

Es ist in neueren Zeiten bemerkt worden, daß in den Schulprogrammen Gegenstände zur Sprache gebracht werden, die entweder gar nicht in den Kreis der in diesen Gelegenheitsschriften zu behandelnden Gegenstände gehören, oder doch, wie z. B. der Unterschied der Gymnas. und der Realschulen, ihrer Verfassung und Bestimmung, auf eine den Zweck verfehlende ungehörige Weise behandelt werden. Das Min. sieht sich deshalb veranlaßt, die schon für die Gymnas. der Rheinprovinz längst bestehende Ordnung auch auf die übrigen Gymnasien und auf die höheren Bürger- und Realschulen der Monarchie auszudehnen und hiermit zu bestimmen, daß die Dir. und Rektoren gedachter Anstalten gehalten sind, das Manuskript des herauszugebenden Programms der vorgesetzten Provinzialbehörde oder dem von dieser zu bestellenden Kommissarius vorzulegen, welche befugt sein sollen, alles Ungehörige, namentlich alle einseitige, das richtige Urtheil über bestehende Schuleinrichtungen verwirrende, oft sogar ganz persönliche Polemik zurück zu weisen und den Abdruck solcher ungeeigneten Aeußerungen zu versagen.

(A. XXI. S. 994.)

3) Einsendung der Programme. 1)

a) An das Ministerium.

α) Vergl. C. R. v. 23. Aug. 1824. Nr. VII. (s. o. S. 160) und die sub c. γ. und 4 nachfolgenden R.

β) C. R. des Min. d. G., U. u. M. Ang. (v. Altenstein) v. 8. Okt. 1832 an sämmtl. K. Prov.-Schulkoll., betr. die Unzulässigkeit der direkten Einsendung von andern als Gymnasial-Programmen.

Es sind in der letzten Zeit nicht nur von den Gymnas., sondern auch von andern, und selbst Privat-Schulanstalten Programme direkt an das Min. eingesandt worden. Das Min. nimmt daher Veranlassung, das K. Prov. Schulkolleg. aufzufordern, durch Vermittelung der K. Reg. die Vorsteher der Schulanstalten auf eine angemessene Art anzuweisen, dergl. Programme nur an das K. Prov. Schulkolleg. gelangen zu lassen. Dasselbe hat dann solche zu sammeln, und am Ende des Jahres hierher einzureichen, und was darin vorzüglich bemerkenswerth und zur bessern Kenntniß der betr. Anstalt dient, hervorzuheben.

(A. XVII. S. 406.)

γ) Bek. der Reg. zu Danzig v. 13. Nov. 1832 in derselben Ang.

Das K. Min. der G., U. u. M. Ang. hat angeordnet, daß die in letzter Zeit von einigen Bürgerschulen und selbst von Privat-Schulanstalten an dasselbe bewirkte direkte Einsendung von Programmen künftig unterbleibe.

Indem wir dies hierdurch öffentlich bekannt machen, erwarten wir die genaue Befolgung dieser Anordnung.

(A. XVI. S. 944.)

b) An die Prov.-Schulkollegien.

α) C. R. des Min. d. G., U. u. M. Ang. (v. Altenstein) v. 19. Febr. 1825 an das K. Kons. zu Magdeburg, und mit den nöthigen Veränderungen in der angegebenen Zahl der Exemplare gleichlautend an sämmtl. übrige K. Kons.

Das Min. hat, um die gelehrten Schulen einer und derselben Provinz mit einander in zweckmäßige Kommunikation zu bringen, unter dem 11. Okt. 1822 angeordnet, daß dieselben ihre jährlichen Programme oder sonstigen bei öffentlichen Feierlichkeiten erscheinenden Schulschriften sich gegenseitig unter Leitung der K. Kons. mittheilen sollen. Da sich die Zweckmäßigkeit dieser Maaßregel bereits be-

---

1) Die betreff. Vorschriften sind in den A. XVII. S. 402—406 zusammengestellt und aus dieser Zusammenstellung hier vervollständigt wiedergegeben.

währt hat, so ist von mehreren Seiten der Vorschlag gemacht worden, daß diese gegenseitige Mittheilung der Programme auf alle inländische Gymnas. möge ausgedehnt werden. In Erwägung der mannigfaltigen nützlichen Belehrung, welche für die Direktoren und Lehrer der inländ. Gymnas. aus der gegenseitigen Mittheilung ihrer Programme und Schulschriften erwachsen kann, will das Min. jetzt zur Ausführung des oben gedachten Vorschlages schreiten, und das K. Konf. hierdurch beauftragen, von allen Programmen und Schulschriften, welche die Gymnas. seines Bez. in jedem Jahre ausgeben werden, 1) an das K. Konf. in Berlin 18 Exemplare, 2) an das in Stettin 7 Ex., 3) an das in Danzig 6 Ex., 4) an das in Königsberg 7 Ex., 5) an das in Posen 4 Ex., 6) an das in Breslau 22 Ex., 7) an das in Münster 12 Ex., 8) an das in Köln 13, und 9) an das in Koblenz 8 Ex. am Schlusse eines jeden Jahres einzusenden. Die eben gedachten K. Konf. sind gleichfalls aufgefordert, von den jährlich erscheinenden Programmen und Schulschriften der zu ihrem Bez. gehörigen Gymnas. 24 Exemplare an das K. Konf. einzusenden. [1])

Das K. Konf. wird aufgefordert, diese Programme sodann an die Gymnas. seines Bez. zu vertheilen und dabei anzuordnen, daß sie, nachdem sie unter sämmtlichen Lehrern eines jeden Gymnas. zirkulirt haben, in der betreff. Gymnasial-Bibliothek aufbewahrt werden.

(A. XVII. S. 402.)

β) C. R. desselben Min. v. 1. Sept. 1828 an sämmtl. K. Konf. u. Prov.-Schulkoll. (außer Koblenz.)

Die mittelst der Verf. v. 19. Febr. 1825 angeordnete wechselseitige Mittheilung der Schulprogramme durch die K. Konf. und Prov. Schulkolleg. ist bisher von mannigfaltigem Nutzen für die Gymnas. gewesen. Sie hat nicht nur die Schulmänner mit den Lehrgegenständen und mit der Verfassung der Gymnas. in den übrigen Prov. bekannt gemacht, sondern auch durch die Vergleichung der Eintheilung und Ordnung des Unterrichts bei diesen unter sehr verschiedenartigen Bedingungen demselben Zwecke dienenden Lehranstalten nicht selten zu Verbesserungen Veranlassung gegeben. Der daraus erwachsende Vortheil würde aber noch viel bedeutender sein können, wenn die wechselseitige Mittheilung der Programme regelmäßiger stattfände, als es hin und wieder sowohl in Rücksicht der Zeit der Uebersendung, als auch der Anzahl der Exemplare, je nach dem resp. Bedürfniß der Prov., der Fall gewesen ist. Um dahin für die Zukunft möglichst zu wirken, findet das Min. es angemessen: 1) daß sämmtl. K. Konf. und Prov. Schulkolleg. sich die Zahl der Gymnas. ihres Verwaltungsbezirks mit Angabe derjenigen, welche Programme ausgeben, namentlich mittheilen, — 2) daß sich dieselben über die dem Bedürfnisse der verschiedenen Prov. entsprechende Anzahl von Exemplaren der Schulprogramme in Kenntniß setzen, und 3) daß die Programme regelmäßig, und zwar längstens innerhalb zweier Monate nach ihrer Erscheinung, versandt werden.

(A. XVII. S. 403.)

γ) R. desselben Min. v. 1. Sept. 1828 an das K. Konf. u. Prov.-Schulkoll. zu Koblenz.

Das Min. hat die von dem K. Konf. und Prov. Schulkolleg. im Ber. v. 31. Juli d. J. rücksichtlich der wechselseitigen Mittheilung der Schulprogramme unter den K. Konf. und Prov. Schulkolleg. gemachten Vorschläge zweckmäßig befunden, und danach das Erforderliche, mit Festsetzung einer Frist von zwei Monaten für die Versendung der Programme nach ihrem Erscheinen verfügt.

(A. XVII. S. 404.)

c) An die K. Bibliothek zu Berlin und an die Universitäts-Bibliotheken.

---

1) Die Veränderungen, welche der gegenwärtige Stand der Gymn. in obigen Zahlen erheischt, sind aus dem in der Einleitung S. 6 mitgetheilten Verzeichnisse zu ersehen. Ueber die Vereinigung der Konf. zu Danzig mit Königsberg und zu Köln mit Koblenz, so wie über den Eintritt der Prov. Schulkolleg. in Stelle der Konf. vgl. Bd. 1. S. 102. 201. und 261.

α) R. desselben Min. v. 26. Mai 1819.

Da es wünschenswerth ist, daß die hiesige K. Bibliothek die von den verschiedenen Unterrichts-Anstalten und deren Lehrern in der Monarchie bekannt gemachten Programme und Schulschriften möglichst vollständig besitze, so wird das K. Kons. hierdurch beauftragt, von sämmtlichen innerhalb seines Bereichs im Laufe des Jahres ausgegebenen Programmen und Schulschriften zwei Exemplare jährlich im Monat December an die hiesige K. Bibliothek unmittelbar einzusenden.

(A. III. S 428.)

β) C. R. desselben Min. v. 13. Sept. 1832 an sämmtl. K. Prov.-Schulkollegien.

Das Min. sieht sich veranlaßt, dem K Prov. Schulkolleg. die C. Verf. v. 26. Mai 1819, die Einsendung zweier Exempl. von sämmtlichen im Laufe des Jahres innerhalb des Konsistorial-Bereichs ausgegebenen Programmen und Schulschriften an die hiesige K. Bibliothek betreff., hierdurch in Erinnerung zu bringen, und die pünktliche Vollziehung dieser Verf. zur Pflicht zu machen.

(A. XVII. S. 405.)

γ) C. desselben Min. v. 9. Juni 1838 an sämmtl. K. Prov.-Schulkoll., wonach durch bisherige Unregelmäßigkeiten das Min. sich veranlaßt sieht:

das K. Prov.-Schulkoll. hierdurch zu beauftragen, vom J. 1838 incl. an für die hiesige K. Bibliothek 2 Exempl. und zugleich für die hiesige Universitäts-Bibl. 1 Exempl. der in seinem Bereiche erscheinenden Schulschriften hierher einzusenden, und diese 3 Exempl. denjenigen Exemplaren der Schulschriften, welche dem Min. regelmäßig jährlich einzusenden sind beizufügen, wonächst sie das Min. an die genannten beiden Bibliotheken abgeben lassen wird.

(Koch, Universitäten, Bd. 2. S. 617.)

δ) Vergl. Nr. VII. des C. R. v. 23. Aug. 1824. (s. o. S. 160.)

d) An die kathol. Bischöfe.

C. R. des Min. d. G., U. u. M. Aug. (v. Altenstein) v. 11. Nov. 1830 an die K. Prov.-Schulkoll. zu Koblenz, Münster, Breslau, Posen, Danzig u. Königsberg.

Das K. Prov.-Schulkoll. wird hierdurch beauftragt, den Dir. der katholischen Gymn. Seines Bezirks zur Pflicht zu machen, von jetzt an ein Exempl. des jährl. Schulprogr. dem Bischofe, in dessen Diözese die betr. kathol. Gymn. sich befinden, regelmäßig einzusenden. Eben so ist es auch von den Dir. der evang. Gymn zu halten, im Fall ein evang. Gymn. eine bedeutende Anzahl kathol. Schüler zählt.

(A. XVII. S. 404.)

4) Austausch der Programme mit ausländischen Gymnasien.[1])

a) Mit den K. Sächsischen und Kurf. Hessischen Gymnasien.

C. Verf. des Schulkoll. der Prov. Brandenburg v. 20. Juli 1836.

Nach einem Erlasse des K. Min. d G., U. u. M. Aug. v. 30. v. M. wünschen die K. Sächsische u. die Kurf. Hessische Reg. eine Mittheilung aller der auf den diesseitigen Gymn. jährl. erscheinenden Progr., und haben sich dagegen zu einer Uebersendung der auf den sämmtl. dortseitigen Gymn. erscheinenden Progr., vom Anfange des künftigen Jahres, für jedes diesseitige Gymn. erboten, welches ein Exempl. von seinen jährl. Progr. abgeben wird. Da auf diese Weise die inländischen Gymn. für die Mehrausgabe, welche ihnen durch Erfüllung jenes Wunsches der K. Sächs. und Kurf. Hess. Reg. erwachsen wird, eine angemessene Entschädigung durch die Mittheilung der jenseitigen Progr. erhalten, so ist das ged. K. Min. auf den Wunsch

---

1) Mit Bezug hierauf ermahnt das unten im 3. Kap. gegebene C. R. des Rhein. Prov.-Schulkoll. v. 21. Nov. 1840 die Dir. dahin zu wirken, daß die den Schulnachrichten vorzusetzenden Abhandlungen nach Inhalt und Form geeignet seien, von der wissenschaftlichen Befähigung der preuß. Gymnasial-Lehrer auch im Auslande ein ehrenvolles Zeugniß abzulegen.

der mehrgen. Regierungen eingegangen, und werden Sie demgemäß hierdurch angewiesen, von jetzt an regelmäßig 19 Exempl. des Progr. mehr, also überhaupt — Exemplare hierher einzureichen.

Die ausländischen Progr. werden Ihnen zugefertigt werden, sobald solche hier eingehen.

(A. XX. S. 626.)

b) Mit den Fürstl. Schwarzb. Sondershausenschen Gymn.:

C. R. des Min. d. G., U. u. M. Ang. (v. Altenstein) v. 31. Aug. an sämmtl. K. Prov.-Schulkoll.

Die Fürstl.-Schwarzburg-Sondershausensche Regierung wünscht eine Mittheilung aller auf den diesseitigen Gymn. jährlich erscheinenden Prog.., und hat sich dagegen zu einer Uebersendung der von dem Lyceum in Sondershausen und dem Gymn. in Arnstadt erscheinenden Progr. für jedes diesseitige Gymn. erboten, welches ein Exemplar von seinem jährl. Progr. für die beiden Anstalten in Arnstadt und Sondershausen abgeben wird. Da auf diese Weise die diesseitigen Gymn. für die Mehrausgabe, welche ihnen durch Erfüllung des Wunsches der Fürstlich-Schwarzburg-Sondershausenschen Reg. erwachsen wird, eine angemessene Entschädigung durch die Mittheilung der jenseitigen Gymnasial-Progr. erhalten; so hat das Min. keinen Anstand genommen, auf jenen Wunsch der genannten Reg. einzugehen, und fordert demnach das K. Prov.-Schulkoll. hierdurch auf, von sämmtl. Gymn. und höheren Schulanstalten seines Bereichs, Behufs der Abgabe an die Fürstl.-Schwarzburg-Sondershausensche Reg., zwei Exemplare ihrer jährl. Progr. von Michaelis d. J. ab hierher einzureichen. Die jährlich erscheinenden Progr. der Gymn. in Arnstadt und Sondershausen wird das Min., sowie sie hier eingehen, dem K. Prov.-Schulkoll. in der erforderl. Anzahl, Behufs der Vertheilung an die Gymn. und höheren Schulanstalten seines Bereichs, zufertigen.

(A. XXII. S. 659.)

c) Mit den Herzogl. Nassauschen Gymn., als dem Gymn. zu Weilburg und den Pädagogien zu Dillenburg, Hadamar und Wiesbaden. Dies bestimmt das im Wesentlichen dem vorstehenden gleichlautende C. R. desselben Min. v. 12. Febr. 1839 an die K. Kons. und Prov.-Schulkollegien. (A. XXIII. S. 107.)

d) Ein ähnlicher Programmen-Austausch ist noch mit verschiedenen andern Deutschen Staaten eingeführt, z. B. mit Frankfurt a. M., Lippe-Detmold, Lübeck, Meklenburg-Strelitz und Schwerin, Sachsen, Altenburg, Meinigen und Weimar, Schwarzburg-Rudolstadt, Würtemberg. Die betr. Verf. sind jedoch nicht in den Sammlungen abgedruckt.

Zweites Kapitel.

Gymnasial-Schulbesuch.

I. Aufnahme in das Gymnasium.

Vergl. §. 23. der Brandenburger, und §. IV. Nr. 8. der Rhein. Dir.-Instr. im vorigen Abschn. (s. o. S. 85 u. 91.)

1) Erfordernisse in Ansehung des Alters und der Kenntnisse.

a) Nr. 1. des C. R. v. 24. Okt. 1837 [1]) (s. o. S. 145.)

---

1) Das Publ. des Kons. zu Köln v. 17. Juli 1824 (A. VIII. S. 816.) ermahnte zu zeitigem Eintritt in die höhern Schulen, mit vollendetem 9. Jahre, und ein zweites Publ. desselben Kons. v. 10. Juni 1825 (A. IX. S. 391.) be-

b) C. R. des Min. d. G., U. u. M. Ang. (Eichhorn) v. 30. Dec. 1842 an das K. Prov.-Schulkoll. zu Königsberg und abschr. an sämmtl. übrigen K. Prov.-Schulkoll. u. Reg., betr. das zur Aufnahme in die unterste Klasse der Gymn. erforderliche Alter.

Das K. Prov.-Schulkoll. hat in Seinem Ber. v. 20. Okt. c. unter mehreren Ursachen der Verminderung der Frequenz in den beiden unteren Gymnasialklassen auch die Bestimmung der Verf. v. 24. Okt. 1837, daß die Aufnahme in die Sexta nicht vor dem 10. Lebensjahre erfolgen solle, bezeichnet und darauf angetragen, daß diese Bestimmung aufgehoben und die Aufnahme mit dem vollendeten 7. oder 8. Jahre gestattet werden möge.

Ich kann diesem Antrage nicht entsprechen, vielmehr bei der erwähnten Verf. die den Zweck hat, der Ueberanstrengung, welche der zu frühe Eintritt der Knaben in die eigentlichen Gymnasialklassen zur Folge haben kann, möglichst vorzubeugen, nur stehen bleiben. Dagegen verdienen die von dem K. Prov.-Schulkoll. hervorgehobenen Uebelstände eine besondere Berücksichtigung.

Es kann nämlich, wie das K. Prov.-Schulkoll. angezeigt hat, allerdings der Fall sein, daß die in den Gymnasial-Städten vorhandenen Elementarschulen nicht so eingerichtet sind, daß sie ihre Zöglinge mit dem 10. Jahre wohl vorbereitet in die unterste Klasse des Gymnasiums entlassen können. Eben so wenig mag in den Privatschulen, in deren Interesse es liegt, ihre Zöglinge so lange als möglich bei sich zu behalten, und die deshalb darauf ausgehen, sie wo möglich bis zum Eintritt in die Quarta oder sogar Tertia vorzubereiten, das gewünschte Ziel erreicht werden, weil sie über die erforderlichen Lehrkräfte nicht gebieten können, um den für die unteren Klassen der Gymn. vorgeschriebenen Lehrplan in allen Gegenständen durchzuführen.

Wenn dem aber so ist, so darf nicht unberücksichtigt bleiben, daß in denj. Städten, in welchen Gymn. bestehen, das gesammte Unterrichtswesen nicht nach einem alle Interessen gehörig würdigenden Plan geordnet und nicht jeder bestehenden Unterrichtsanstalt ihre dem Gedeihen aller andern noch vorhandenen Anstalten angemessene Stellung angewiesen ist, und daß daher Kräfte zersplittert werden, die, richtig verwendet, dem Ganzen viel förderlicher sein könnten. Insofern der Mangel an Einheit in dem Unterrichtswesen einer Stadt durch die Trennung der Verwaltung der Gymn. von der der übrigen städtischen Schulen veranlaßt sein sollte, fordere ich daher das K. Prov.-Schulkoll. auf, bei der Verwaltung der Gymn. auf das gesammte Unterrichts-Bedürfniß der betreffenden Stadt Rücksicht zu nehmen, sich mit dem Zustande und den Verhältnissen der neben den Gymn. bestehenden Schulen genau bekannt zu machen, und wo es sich um neue Einrichtungen und Verbesserungen des Bestehenden handelt, mit der betr. K. Reg. in Kommunikation zu treten und sich mit derselben über die Maaßregeln zu einigen, die zur Erhaltung der Einheit in dem gesammten Schulwesen der Stadt und zur zweckmäßigsten Verwendung der vorhandenen Kräfte erforderlich sind. Auf ähnliche Weise sind auch die K. Reg. angewiesen worden, bei den von ihnen ausgehenden Einrichtungen der städtischen Schulen auf die bestehenden Gymn. und deren Aufgabe Rücksicht zu nehmen und keine Anordnungen zu treffen, ohne sich des Einverständnisses des K. Prov.-Schulkoll., insoweit das Interesse des Gymn. berührt wird, versichert zu haben. In Fällen der Nichteinigung beider Behörden ist an mich zu berichten. Den gemeinschaftl Bemühungen derselben wird es, wie ich hoffe, leicht gelingen, die oben erwähnten Uebelstände zu beseitigen, und öffent-

---

stimmte das Maaß der für den Eintritt in das Gymn. zu fordernden, und mit Rücksicht hierauf von der Elementarschule in 3 Jahren, v. 6—9. Jahre, zu erreichende Kenntnisse. Beide Publ. sind durch das C. R. v. 24. Okt. 1837 antiquirt.

Für einzelne Anstalten existiren spezielle abweichende Bestimmungen. So ist z. B. in der Landesschule Pforte das Aufnahme-Alter, das vollendete 12. Jahr, in dem, 1853 auf K. Befehl von Berlin verlegten, Alumnat des Joachimsthalschen Gymn. dagegen das 14. Jahr. Bek. des Schulkoll. der Prov. Brandenburg v. 15. Dec. 1832 betreffend die Aufnahme in das Alumnat des Joachimsthalschen Gymn. A. XVI. S. 945.)

liche Vorbereitungsschulen für diejenigen Knaben, welche mit dem 10. Jahre in ein Gymn. oder eine vollständige höhere Bürgerschule eintreten wollen, einzurichten und dafür zu sorgen, daß, je nachdem diese Vorbereitungsschulen für beide Arten höherer Lehranstaltrn zugleich, oder wenn nur eine von den beiden Arten vorhanden ist, für diese bestimmt sind, nach einem feststehenden zweckmäßigen Plane von einem besonders verantwortlichen Dirigenten oder von dem Direktor der höheren Lehranstalt unmittelbar geleitet werde.

(M. Bl. d. i. V. 1843. S. 8.)

2) Zeit der Aufnahme.

Die Aufnahme findet beim Beginn des Lehrkursus an bestimmten, im Schulprogamme bekannt zu machenden Tagen statt. Nr. IV. D. des C. R. v. 23. Aug. 1824. (s. o. S. 159.)

Das Eintreten mitten im Kursus ist unstatthaft. Wünschen auswärtige Eltern oder Vormünder Aufnahme ihrer Söhne oder Kuranden außer der bestimmten Zeit, so kann dies nur in der Art geschehen, daß die Kinder zum Besuche solcher Klassen und Stunden zugelassen werden, durch welche ihnen die nöthige Nachhülfe verschafft wird, um beim Anfang des nächsten Lehrkursus in dies. Klasse einzutreten, auf welche sie nach ihren Kenntnissen Anspruch haben. V. des Kons. zu Königsberg v. 21. Dec. 1825. (Amtsbl. 1826. S. 4. Fürstenthal, Bd. I. S. 552.)

3) Nachweis der Vaccination.

Im Allg. soll jeder Schulvorsteher sich die Ueberzeugung verschaffen, daß die in seinen Unterricht tretenden Kinder geimpft sind. Zur Aufnahme in Pensions-Anstalten bei öffentlichen Unterrichts-Instituten gehört insbes. der Nachweis wirksamer Vaccination oder Revaccination innerhalb der letzten 2 Jahre oder die Bescheinigung dreimaliger erfolgloser Impfung. Die producirten Impfatteste sollen zurückgegeben werden. Regul. v. 28. Okt. 1835. §§. 54. 56., Bek. v. 6. Mai 1835., C. R. v. 24. Febr. 1834., sämmtlich Bd. 1. S. 569 zu vergleichen.[1])

4) Beibringung eines Abgangs-Zeugnisses von der früher besuchten Schule. (§. V. Nr. 12. der Rhein. Dir.-Instr. s. o. S. 93.)

Publ. des Prov.-Schulkoll. zu Münster v. 1. Dec. 1826.

Es ist die Frage aufgeworfen worden, ob ein Schüler, der nicht unmittelbar von einer öffentl. Anstalt in eine andere übertritt, sondern dazwischen Privatunterricht genossen hat, ein Abgangs-Zeugniß von der vorigen Anstalt beibringen müsse, um in die andere aufgenommen werden zu können.

Wir bestimmen darüber für die höheren Anstalten unseres Verwaltungs-Bez., daß jeder Schüler, der innerhalb zweier Jahre vor seiner Aufnahme in ein Gymnasium oder Progymn. eine andere öffentl. Anstalt besucht hat, ohne ein Abgangs-Zeugniß von derselben nicht aufgenommen werden dürfte.[2]) Die Vorsteher der besagten Anstalten werden sich daher bei neu aufzunehmenden Schülern, welche kein Zeugniß einer andern Anstalt beibringen, und deren bisherige Laufbahn sie auch nicht näher kennen, zuvor durch einzufordernde Zeugnisse überzeugen, daß dieselben innerhalb der beiden letzten Jahre keine öffentl. Schule besucht haben.

(A. X. S. 1040.)

---

1) Auch die in vorst. Note alleg. Bek. v. 15. Dec. 1832 fordert zur Aufnahme in das Alumnat des Joachimsth. Gymn., außer dem Taufschein, dem Zeugniß über den bisherigen Unterricht, und der Bescheinigung, daß die Eltern die Kosten (20 Thlr. Lehrgeld, 1 Thlr. Bibliothek-Beitrag und 37 Thlr. resp. bei befreiten Stellen, 18 Thlr. Hausgeld) bestreiten können, ein ärztliches Zeugniß über den Gesundheits-Zustand und die erfolgte Impfung der Schutzblattern.

2) Dasselbe verordnete das Publ. des Kons. zu Köln v. 6. Juni 1822, s. u. im 4. Kap. vergl. ebendas. (Nr. IV. 2.) wegen ausgeschlossener Schüler die Koblenzer C. Verf. v. 22. Jan. 1836 und das C. R. v. 11. Dec. 1851, so wie über die Gebühren für Schul-Zeugnisse das R. v. 17. April 1838, letztere beiden im 5. Kapitel.

5) Sorge für die häusliche Beaufsichtigung auswärtiger Schüler.

Die V., welche diese häusliche Aufsicht als eine Bedingung der Aufnahme hinstellen, vergl. unten im 4. Kap. sub Nr. II.

II. Kontrolle des Schulbesuchs.

Vergl. R. v. 12. Mai 1849 und Verf. des Rhein. Prov.-Schulkoll. v. 19. Juli 1840 unten im 3. Kap. Tit. 1. sub VI.

III. Schulgeld und andere Zahlungen; Unterstützung armer Schüler.

Das Schulgeld, die Einschreibungs-, Prufungs- und Entlassungs-Gebühren sind bei den einzelnen Anstalten verschieden festgesetzt. Hinsichtlich des erstern [1]) steigern sich auch oft bei einer und derselben Anstalt die Sätze nach den Schulkassen. Ueber die Verrechnung des Schulgeldes und ähnlicher Einnahmen enthält die Instr. v. 8. Sept. 1819 wegen Anfertigung der Schul-Etats allgemeine Bestimmungen, welche im 4. Abschnitte zu vergleichen sind. Hier bleiben nur die Vorschriften zusammen zu stellen, welche die §. 63. A. L. R. II. 12. (s. o. S. 17) verheißene Unterstützung armer Schüler durch Schulgeldbefreiung, Stipendien 2c. betreffen.

1) Schulgeldbefreiungen.

a) Für arme Schüler.

α) Publ. des Kons. zu Münster v. 28 Nov. 1821.

Es ist von mehreren Gymnasien der Prov. wiederholt Klage darüber geführt worden, daß sich zu viele arme Schüler zur Aufnahme drängen, und das Uebel der Ueberfüllung der Klassen, woran die meisten Anstalten jetzt leiden, vermehren. Bei einigen besteht der vierte, ja sogar der dritte Theil ihrer Schülerzahl in Nichtbezahlenden. Dieser Grund, so wie die übeln Folgen, die daraus entstehen, wenn zu viele sich dem Ackerbau und den Gewerben entziehen, ohne doch hinreichendes Talent zur höheren wissenschaftl. Ausbildung zu besitzen, haben uns bewogen, folgende Beschränkungen für die Aufnahme armer Schüler bei unsern Gymn. festzusetzen: 1) Jeder Schüler, welcher die Erlassung des Schulgeldes begehrt, muß das Zeugniß der Zahlungsunfähigkeit vorlegen. Derselbe wird von den Lehrern vor seiner Aufnahme um so genauer geprüft, und muß von ihnen, wenn sie nicht vorzüglich genügende Vorkenntnisse und hinreichendes Talent bei ihm finden, zurückgewiesen werden. — 2) Wenn sich, im Verlauf des ersten oder der folgenden Jahre, der Mangel der Anlagen oder des Fleißes und der guten Aufführung bei solchen Schülern zeigt, so sollen sie ebenfalls baldmöglichst vom Studieren zurückgewiesen werden, damit es nicht zu spät für sie wird, eine andere Bestimmung zu ergreifen. — 3) Besonders soll bei dem Uebertritt aus einer Klasse in die andere eine strenge Prüfung mit ihnen vorgenommen werden. — 4) Bei denjenigen Anstalten, zu welchen das Hinzudrängen armer Schüler besonders stark ist, haben wir das Verhältniß der Zahl derselben zu der gesammten Schülerzahl bestimmt, über welche hinaus die Lehrer berechtigt sind, keinen neuen anzunehmen. — 5) Die Lehrer sind ermächtigt, wenn aus Einer Familie mehrere Söhne die Anstalt besuchen, in geeigneten Fällen eine Ermäßigung des Schulgeldes eintreten zu lassen.
(A. V. S. 875.)

---

1) Das Schulgeld beträgt gewöhnlich 8 bis 16 Thlr. jährlich. In Berlin sollte dasselbe bei den drei städtischen Gymnas. erhöht werden, da dieselben 1853 ohngefähr 12,000 Thlr. Zuschuß erfordert haben, während bei den 4 Realschulen, deren Schulgeld 21 Thlr. beträgt, nur der Dorotheenstädtischen die Summe von 596 Thlr. zuzuschießen war. (Städtischer Verwaltungs-Bericht $18\frac{5}{5}\frac{2}{3}$. Nat. Zeit. 1854. Nr. 601. Beil.)

β) C. Verf. des Kons. für Schlesien v. 25. Nov. 1824.

Um die Ueberfüllung der gelehrten Schulen durch solche Zöglinge, welche zugleich ohne geistige Fähigkeit und ohne äußere Mittel den Weg der Studien als den nach ihrer oder ihrer Eltern Meinung bequemsten und wohlfeilsten einschlagen wollen, zu mindern, ist für nöthig gefunden worden, hinsichtlich der an dürftige Schüler zu ertheilenden ganzen oder theilweisen Befreiung von Erlegung des Schulgeldes folgendes zu bestimmen:

§. 1. Die Befreiung wird bei den Gymn. unsers sowohl ganzen als getheilten Patronats von der Verwaltungs-Kommission auf den Vorschlag des Dir. oder Rektors ganz oder zur Hälfte ertheilt. Wo für den letztern die Berechtigung vorhanden ist, besondere zur Deckung des Schulgeldes für ärmere Schüler gestiftete Legate zu vergeben, behält es dabei eben so, wie bei den Berechtigungen der übrigen Patronate, unter Verpflichtung auf die nachstehen allg. Grundsätze, sein Bewenden.

§. 2. Schüler, welche diese Wohlthat in Anspruch nehmen, müssen außer ihrer, durch ein Zeugniß der Orts-Behörde nachzuweisenden Dürftigkeit auch durch Beibringung einer vortheilhaften Censur ihre Geschicklichkeit und gute Aufführung darthun. Zu dem Ende ist die Befreiung in der Regel nicht gleich beim Eintritt, sondern erst nach zwei oder drei Monaten zu ertheilen. Doch können dann, wenn der Schüler entweder aus der obern Klasse der am Orte befindlichen Elementarschulen, oder von andern Anstalten ein vorzügliches Zeugniß mitbringt, Ausnahmen statt finden.

§. 3. Die erlangte Befreiung hört auf, wenn der Schüler durch Unfleiß oder schlechtes Betragen seine gute Censur verliert, und der Dir. die Patronats- oder Verwaltungs-Behörde davon in Kenntniß setzt. In den beiden obern Klassen zieht entschiedener Mangel an Talenten dieselbe Folge nach sich.

§. 4. In den Gymn. unseres Patronats und Kompatronats darf die Zahl der ganz befreiten Schüler höchstens bis auf den 4. Theil der gesammten Schülerzahl steigen, und ist dieselbe durch die Klassen des Gymn. dergestalt zu vertheilen, daß hinsichtlich der obern Klassen die größere Strenge der Anforderungen in Anwendung kommt. Wenn jenes Maximum erreicht ist, so kann für jetzt zum Genuß der halben Befreiung noch die Hälfte jener Zahl zugelassen werden. Es ist aber für die Folge dahin zu sehen, einen Schüler lieber die Hälfte als gar nichts erlegen zu lassen, und wird demnach, so weit jenes Maximum der ganzen Befreiungen vermieden wird, die Zahl der halben im doppelten Verhältnisse statt finden können, wobei dann die jetzt nachgegebene Hälfte ders. wieder wegfällt.

§. 5. Söhne von aktiven und inaktiven, sowie von verstorbenen Lehrern des Gymnas., desgl. von Beamten und Unterbedienten deff. sind an sich vom Schulgelde frei, und werden in die obige Zahl nicht mitgerechnet. Dasselbe gilt für die Söhne der Ortsgeistlichkeit, wenn die Lehrer von den Stolgebühren frei sind.

§. 6. Wenn mehrere Brüder zugleich das Gymnas. besuchen, und die nicht allzu bemittelten Eltern Ermäßigung des Schulgeldes suchen, so soll in der Regel der zweite und dritte Bruder jeder nur das halbe Schulgeld zahlen, und wenn mehr als drei Brüder das Gymnas. besuchen, jeder folgende ganz frei sein, in sofern nämlich die Würdigkeit nachgewiesen wird, und diese Fälle sollen vor allen andern berücksichtigt werden.

§. 7. Diej. Privat-Patronate, welche durch die Hinlänglichkeit ihrer Fonds oder durch diesfällige Stiftungen gedeckt, ihre Munificenz über die sub §. 4. gegebenen Bestimmungen ausdehnen wollen, behalten hiebei zwar freie Hand: es wird ihnen aber unter Bezugnahme auf den allgem. bereits ausgesprochenen Zweck dieser Anordnung zur Pflicht gemacht, die Mittel, über welche sie verfügen, in größerem Maaße für diej. Aermeren zu verwenden, welche in den untern und mittlern Klassen Vorbildung für andere Fächer suchen, in den obern Klassen aber die Zahl derer, die sich ohne Beruf dem Studiren widmen wollen, durch Beachtung des sub §. 4. Festgesetzten in gehörigen, vom Gemeinwohl erforderten Schranken zu halten.

(A. VIII. S. 1086.)

γ) Vgl. den Schlußsatz des R. v. 8. Nov. 1833 u. S. 169 sub b. β.

δ) R. des Min. d. G., U. u. M. Ang. (v. Altenstein) v. 26. März 1839 an das Schulkoll. der Prov. Brandenburg.

Das Min. findet die von dem K. Prov. Schulkolleg. in dem Ber. v. 7. v. M. vorgeschlagene Einrichtung in Betreff der Schulgeld-Befreiungen bei dem Gymnas. zu Sorau zweckmäßig, und will daher folgende diesfällige Anordnungen hierdurch genehmigen: 1) Die Zahl der befreiten Schüler zu ganzen und halben Befreiungen wird wie bei den meisten andern Gymnas. der Prov. auf eine gewisse Quote der Frequenz, und zwar als Maximum auf den achten Theil sämmtlicher Schüler bestimmt, vorausgesetzt, daß eine solche Zahl für das fragliche Benefizium geeigneter Schüler vorhanden ist. — 2) Vorerst und bis auf weitere Bestimmungen gehen die Befreiungen nicht vom Lehrerkolleg., sondern vom Patronate aus, welches durch Mittheilung jährlicher Verzeichnisse über das Betragen und den Fleiß der Freischüler unterrichtet, und dadurch in den Stand gesetzt wird, zu beurtheilen, ob es angemessen sei, die Befreiung fortdauern zu lassen oder nicht. — 3) Die Befreiung beginnt nicht gleich mit dem Eintritt in die Schule, sondern es wird das Benefizium nur solchen Schülern ertheilt, die wenigstens ½ Jahr hindurch die Anstalt besucht, und sich während dieser Zeit durch Fleiß und Wohlverhalten desselben würdig gezeigt haben, wodurch denn auch die bisher stattgehabte Prüfung von Freischülern, welche sich als unpassend gezeigt hat, nicht nöthig wird, der Rektor vielmehr künftig alle Aufnahme-Prüfungen zu besorgen hat.

(A. XXIII. S. 108.)

b) Für Söhne der Lehrer und Prediger.

α) Vgl. §. 5. der Konf. B. v. 25. Nov. 1824 o. S. 168 sub a. β.

β) R. des Min. d. G., U. u. M. Ang. (v. Altenstein) v. 8. Nov. 1833 an das K. Prov.-Schulkoll. zu Koblenz.

Um den Schwierigkeiten zu begegnen, die sich der Aufrechthaltung der für die Erlassung des Schulgeldes bei den Gymnas. ertheilten Vorschriften, rücksichtlich der Söhne der Lehrer und Prediger entgegen stellen, will das Min., in Erwägung, daß das Schulgeld ursprünglich als ein Honorar für die Lehrer zu betrachten ist, und obgleich es jetzt in die Schulkasse fließt, doch zur Besoldung ders. verwendet wird, es aber ungeeignet sein würde, wenn die Lehrer sich nicht gegenseitig das Honorar für ihre Söhne erlassen wollten, ferner in Betracht, daß die Schulanstalten ursprünglich mit den kirchlichen in der genauesten Verbindung gestanden, und letztern zum Theil ihre Dotation zu verdanken haben, mithin die bei der Kirche und Schule fungirenden Beamten, Pfarrer und Lehrer in einem näheren kollegialischen Verhältnisse stehen, hiermit bestimmen, daß den Söhnen der bei den Gymnas. fungirenden Lehrer und Beamten und der Ortsprediger und Lehrer, in sofern diese observanzmäßig bisher von der Entrichtung des Schulgeldes befreit gewesen, sowie den durch besondere Stipulation dazu berechtigten Schülern, ohne Rücksicht auf die vorschriftsmäßige Zahl von Freischülern, das Schulgeld so lange erlassen werde, als die Schule wegen ihres Unfleißes oder unsittlichen Betragens sie gänzlich auszuschließen sich nicht veranlaßt sieht, dagegen die andern zur Freischule zugelassenen Schüler nur so lange im Genuß des ihnen bewilligten Benefiziums bleiben können, als sie durch die erste und zweite Censur sich derselben würdig zeigen.

(A. XVIII. S. 1019.)

2) Stipendien und Studien-Stiftungen.[1])

a) Verleihung.

α) R. der Min. d. G., U. u. M. Ang. (v. Altenstein) und d. Inn. (v. Schuckmann) v. 25. Jan. 1821 an die K Reg. zu Danzig. (Vergl. Bd. 1. S. 448.)

3) Bei den Stipendien wird es zuvörderst auf die Dispositionen der Stifter ankommen. Demnächst (wenn diese schweigen) scheint zwar die Schuldeput. mehr dazu geeignet, die Würdigkeit der zu benefizirenden Subjekte zu prüfen; allein sie

---

1) Vgl. hierüber auch die folg. Abth. von den Hochschulen.

muß sich, aus dem bei voriger Nummer Angeführten, auch hierbei nach dem Konkluso des Magistrats verhalten, und kann sie auch in dieser Beziehung nicht als eine für sich unabhängig dastehende Behörde gedacht werden. Der Stadtverordneten-Versammlung kann die Kollation nicht überlassen werden; auch ist diese Angelegenheit nicht als Armensache anzusehen.

(A. V. S. 80.)

β) Publ. des Konf. u. Schulkoll. der Prov. Sachsen v. 9. Aug. 1826.

Da höhern Orts bestimmt worden, daß die Verleihung der von den höhern Schulanstalten nicht abhängigen vom Staate ausgehenden Stipendien den K. Reg. gebühre, so machen wir diese Entscheidung den betr. Behörden und den betheiligten Privatpersonen mit dem Bemerken bekannt, daß von jetzt an die Verleihung gedachter Stipendien für das hiesige Reg. Depart. auf die hiesige K. Reg. neben der ders. schon jetzt zuständigen Verwaltung dieser Benefizien übergeht. Zur Vermeidung etwaniger Mißverständnisse machen wir noch darauf aufmerksam, daß die Verwaltung der bei den Gymnas., gelehrten Schulen und Schullehrer-Sem. befindlichen Stipendienfonds und des K. Kollaturrechts fortwährend wie solches die K. A. K. O. v. 31. Dec. v. J. sub B. Nr. 9. (Bd. 1. S. 266) verordnet, der unterzeichneten Behörde verbleibt.

(A. X. S. 751.)

γ) Die Pommersche Dir.-Instr. v. 1. Mai 1828.

§. 36. Gleicherweise sind auch die mit einer Gelehrtenschule verbundenen Stiftungen zur Versorgung der Schullehrerwittwen und zur Ertheilung von Benefizien an arme Schüler und Studirende unter allgemeinere oder speziellere Beaufsichtigung des Dir. oder Rektors gestellt. Rücksichtlich der Letztern hat ders. besonders dahin zu sehen, daß die Benefizien und Stipendien nur den Würdigsten, den im Staate bestehenden allgem. Verordnungen und den besondern Stiftungs-Urkunden gemäß, zuertheilt werden. Solche Subjekte hingegen, die der äußern Mittel ermangelnd, ohne ausgezeichnete Anlagen und ohne innern Beruf, sich dennoch dem Studiren widmen wollen, wird er, nach Anleitung unsers R. v. 14. Febr. 1824 in Zeiten zu warnen, und auf die Schwierigkeit und Bedenklichkeit ihres Vorhabens aufmerksam zu machen, nicht verfehlen.

(A. XII. S. 408.)

b) Beschränkung des Genusses von Stiftungen zu gelehrten Studien auf Gymnasien.

R. des Min. d. G., U. u. M. Ang. (Eichhorn) v. 29. Mai 1841 an das K. Rhein. Prov.-Schulkolleg.

Dem K. Prov. Schulkolleg. eröffne ich auf den Ber. v. 20. v. M., daß der Genuß derj. Studien-Stiftungen, welche den Besuch eines Gymnas. fordern, auch nur an einem Gymnas. gestattet werden kann. Die Gründer solcher Stiftungen, welche ausschließlich die Vorbereitung zu gelehrter Ausbildung unterstützen wollen, haben unter den Schulen ihrer Zeit alle ausgeschlossen, welche nicht, wie die Gymnas., in allen ihren Klassen die Vorbereitung für Fakultäts-Studien als ihre wesentlichste Aufgabe betrachten. Da nun die Progymnas. auch die Ausbildung für andere Richtungen, als für jene Studien, zu berücksichtigen haben, und deshalb auch von Vielen besucht werden, welche gar nicht die Absicht haben, künftig sich Universitäts-Studien zu widmen, und da es an Gymnas. in der dortigen Prov. keineswegs fehlt, so ist kein Grund vorhanden, von der strengen Erfüllung der durch die Stifter gestellten Forderung, daß der betr. Stipendiat ein Gymnas. besuchen müsse, abzugehen.

(Min. Bl. d. i. V. 1841. S. 17.)

3) Klassen-Steuer-Freiheit der Alumnen.[1])

C. R. des Min. d. G., U. u. M. Ang. (Unterr. Abth., Nikolovius) v. 6. Febr. 1821 an sämmtl. K. Reg.

Anliegend (Anl. a.) erhält die K. Reg. Abschrift der Verf., welche das K.

1) Vgl. oben S. 158 sub III. und S. 164—165 Note 1.

Fin. Min. am 27. v. M. an die Reg. zu Merseburg wegen Befreiung der Alumnen auf der Klosterschule zu Pforta und auf den gleichartigen Instituten von der Klassensteuer erlassen hat, zur Nachricht.

Anl. a.

Bei den in dem Ber. der K. Reg. an das Min. der geistl. Ang. v. 13. v. M. angezeigten Umständen,

daß die Alumnen auf der Klosterschule zu Pforta und den übrigen gleichartigen Instituten nicht anders, als auf den von ihren Eltern oder Vormündern zu führenden Nachweis über die Bedürftigkeit der Aufzunehmenden recipirt werden,

unterliegt es keinem Bedenken, diese Schüler in Gemäßheit der Vorschrift des §. 2. f. des Klassensteuer-G. von der Heranziehung zur Klassensteuer frei zu lassen; auf solche Schüler hingegen, welche ihre Verpflegung und Wohnung bezahlen müssen (Extraneer), kann diese Befreiung dem Gesetze nach nicht ausgedehnt werden. Da es inzwischen nicht füglich angeht, in Rücksicht der letztern eine förmliche Abschätzung nach Vermögens-, Erwerbs- und sonstigen, bei andern Klassensteuerpflichtigen zu berücksichtigenden, Verhältnissen eintreten zu lassen, so will das Fin. Min. gestatten, daß selbige lediglich nach dem Personen-Steuersatz der letzten Klasse besteuert werden, zumal in finanzieller Hinsicht der Gegenstand unbedeutend ist, und es hauptsächlich nur darauf ankommt, nicht durch Gestattung einer dem Ges. nach unzulässigen Exemtion anderweite Berufungen herbeizuführen.

Berlin, den 27. Jan. 1821.

Fin. Min. v. Klewitz.

An
die K. Reg. zu Merseburg.
(A. V. S. 376.)

Die im vorsteh. C. R. angeführte Vorschrift des Klassenst.-G. v. 30. Mai 1820, §. 2. f., befreit von der Klassen-Steuer „diejenigen, die in öffentl. Anstalten auf öffentliche Kosten verpflegt werden.“ Da der §. 6. Lit. e. des neuen G. v. 1. Mai 1851, betr. die Einführung einer Klassen- und klassifizirten Einkommen-Steuer (G. S. 1851. S. 195.) dieselbe Exemtion wiederholt, so kann das obige C. R. auch zu deren Auslegung dienen. Uebrigens sind allgemein nach §. 6. Lit. a. des neuen G. „Personen vor vollendetem 16. Jahre“ eximirt, während das Ges. v. 1820 die Befreiung auf Kinder vor vollendem 14. Jahre beschränkte.

4) Beförderung von Vereinen zur Unterstützung hülfsbedürftiger Gymnasiasten.

C. R. des Min. d. G., U. u. M. Ang. (v. Altenstein) v. 17. Sept. 1818 an sämmtl. K. Reg.

Der K. Reg. wird hierbei die Stiftungs-Urkunde eines in dem Reg.-Bezirke Bromberg zur Unterstützung hülfsbedürftiger Gymnasien errichteten Vereins mit dem Bemerken mitgetheilt, daß dieses eben so wohlthätige als zweckmäßig eingeleitete Unternehmen sowohl dort, als auch in den Reg.-Bezirken von Königsberg, Danzig und Gumbinnen [1]), an welchen Orten sich schon früher ähnliche Vereine gebildet haben, bis jetzt den glücklichsten Erfolg hatte. Da sich mit Gewißheit voraussetzen läßt, daß die Wahrnehmung, welche in den eben genannten Reg. Bez.

---

1) Die Lithauische Friedensgesellschaft zu Gumbinnen hat sich die Unterstützung zur Ausbildung für die Universität vorzugsweise, jedoch ohne die zur Ausbildung in Kunst und Gewerbe auszuschließen, zum Zwecke gesetzt. Vorzügliche Befähigung, Hülfsbedürftigkeit und Wohnsitz der Eltern im Lithauischen Reg.-Bez. sind die Bedingungen der Unterstützung, welche 120 Thlr. jährlich nicht übersteigen soll. Die Stipendiaten müssen halbjährlich Probearbeiten anfertigen, und stehen unter besonderer Aufsicht eines aus ihren Lehrern zu erwählenden Patrons. Die Gesellschaft wurde am 18. Jan. 1816 gestiftet, und erneuerte ihre Statuten unterm 6. Mai 1846, bestätigt durch K. O. v. 23. April 1847, unter Ernennung eines landesherrlichen Kommissarius für die Gesellschaft. (M. Bl. d. i. V. 1847. S. 223.)

die Bildung eines solchen Vereins herbeiführte, auch in dem Bereiche der K. Reg. zu machen sein wird, so scheint es wünschenswerth, ja nothwendig, einen ähnlichen Verein zur Unterstützung hülfsbedürftiger Gymnasiasten auch in der dortigen Gegend unter Berücksichtigung der örtlichen und persönlichen Verhältnisse zu gründen, um so mehr, als aus Staatskassen wohl die Mittel zur zweckmäßigen innern und äußern Einrichtung der Gymnasien verabreicht, nicht aber die zur Unterstützung hülfsbedürftiger Gymnasiasten erforderlichen Summen gezahlt werden können.

Die K. Reg. wird daher beauftragt, auch für Ihren Bereich die Gründung eines ähnlichen Vereins, wie er bereits in Bromberg, Danzig, Gumbinnen und Königsberg besteht, auf eine zweckdienliche Weise zu veranlassen, alle durch Bildung, Gemeinsinn und Vaterlandsliebe sich auszeichnenden Männer in der dortigen Provinz für dieses verdienstliche Unternehmen möglichst zu gewinnen, und demnächst über den hoffentlich günstigen Erfolg Ihrer desfallsigen Bemühungen zu berichten.

(A. II. S. 729.)

IV. Ferien.

1) Dauer der Ferien.

Sie ist in den verschiedenen Provinzen verschieden; doch ist fast allgemein die Einrichtung getroffen, daß im Sommer oder Herbste einmal sogenannte große Ferien von drei, vier, auch fünf Wochen eintreten. Außerdem sind an den drei großen Festen kürzere Ferien. In der Rheinprov. z. B. zur Weihnacht bis zum 3. Jan., zu Ostern 14, zu Pfingsten 8 Tage, und im Herbste nach Schlusse des Schuljahres 5 Wochen. In den Sammlungen finden sich folgende hierher gehörige R.

a) Für die Prov. Westphalen.

R. des Min. d. G., U. u. M. Ang. (v. Altenstein) v. 29. Sept. 1833 an das Prov.-Schulkoll. zu Münster.

Das Min. will auf den Ber. des K. Prov. Schulkolleg. v. 12. d. M., die Ferien auf den Gymnas. der Prov. Westphalen betreff., hierdurch genehmigen, daß für die evangelischen sechs Gymnas. zu Dortmund, Hamm, Soest, Bielefeld, Herford und Minden folgende Ferien festgesetzt werden: 1) vom Weihnachts-heiligen Abende bis zum 3. Jan.; — 2) vom Palmsonntage bis zum Sonntage nach dem Osterfeste, so daß das Wintersemester jedesmal am Sonnabende vor dem Palmsonntage geschlossen wird; — 3) vom heiligen Abende vor dem Pfingstfeste bis zum Mittwoche nach dem Feste; — 4) vom 1. bis 21. Juli dreiwöchentliche Sommerferien; — 5) vom 1. bis 15. Okt. Herbstferien.

Das Sommersemester wird demnach jedesmal mit dem 30. Sept. geschlossen. Alle andere Ferien hingegen außer an den wirklichen Kirchenfesten (Bußtag, Himmelfahrtsfest) sollen fortfallen, und nur an den Orten, wo etwa Schützenfeste stattfinden, am ersten Tage desselben der Schul-Unterricht ausgesetzt werden dürfen.

Die zwei freien Nachmittage in jeder Woche werden beibehalten.

(A. XVII. S. 658.)

b) Für die Prov. Brandenburg.

R. desselben Min. (v. Ladenberg) v. 9. März 1840 an das K. Schulkoll. dieser Prov.

Auf den Ber des K. Schulkolleg. der Prov. Brandenburg v. 24. v. M. will das unterz. Min. hierdurch bestimmen, daß die Sommer-Ferien bei den Gymnas. hierselbst und in der hiesigen Provinz, mit Ausschluß des Gymnas. zu Frankfurt und des Pädagogiums zu Züllichau, in die letzten 3 Wochen des Monats Juli gelegt werden, und zwar dergestalt, daß der Unterricht nach den Ferien in derjenigen Woche wieder beginne, in welche der 3. Aug. fällt. Für das Joachimsthalsche Gymnas. hierselbst, welches reglementsmäßig 4 Wochen Sommer-Ferien hat, die jedoch gleichfalls in den Monat Juli fallen, und immer vor dem 3. Aug. beendigt sind, sowie für das Gymnas. zu Frankfurt. bei welchem die Sommer-Ferien wegen der Meßverhältnisse auf Ende Juli und Anfang August herkömmlich verlegt worden sind, und für das Pädagogium in Züllichau, bei dem keine Sommer-Ferien bestehen, sondern die Haupt-Ferien in den Herbst verlegt worden sind, muß es auch ferner bei den bestehenden desfallsigen Einrichtungen sein Bewenden haben.

Was nun die Sommer-Ferien bei den höheren Bürgerschulen betrifft, so ist das Min. damit einverstanden, daß dieselben für den Reg. Bez. Frankfurt, und für die höheren Bürger- und ähnlichen Schulen der Stadt Berlin, wie bei den Gymnas., in die 3 letzten Wochen des Monats Juli zu verlegen sind; dagegen will das Min. für die übrigen höheren Bürgerschulen im Reg. Bez. Potsdam hierdurch genehmigen, daß bei diesen die Sommer-Ferien, wie solches bisher üblich gewesen, nach der jährlichen Erntezeit anberaumt werden.

(M. Bl. d. i. V. 1840. S. 157.)

2) Ferien-Beschäftigung der Schüler der untern Klassen.

C. R. des Rhein. Prov.-Schulkoll. v. 9. Dec. 1842 an die Gymnasien-Dir. und abschr. an die Verwaltungs-Räthe der Gymnasien.

So vieles für einmalige längere Hauptferien in Rücksicht auf die Lehrer wie die Schüler höherer Lehranstalten spricht, so läßt sich doch nicht verkennen, daß sie für die Schüler der unteren Klassen mit manchen Nachtheilen verknüpft sind, indem diese während derselben häufig nicht genügend zur Arbeit angehalten werden können, und sich an Unthätigkeit und Zerstreuung in einer Weise gewöhnen, welche auch auf die Zeit des wiederbegonnenen Unterrichts mehrfach nachtheilig einwirkt.

Bei einigen Lehranstalten unseres Verwaltungsbez. ist zu Beseitigung dieses Uebelstandes die Einrichtung getroffen, daß die Schüler der unteren Klassen, einschließlich der Quarta, sofern es ihre Eltern wünschen, etwa 2 Stunden täglich in dem Schulgebäude zusammenkommen, und von einem oder mehreren Lehrern in ihren Ferienbeschäftigungen, nach Rücksprache mit den übrigen Lehrern dieser Klassen, beaufsichtigt und geleitet werden.

Diese Einrichtung, welche von den Eltern meist sehr dankbar anerkannt wird, finden wir sehr zweckmäßig, und wünschen, daß sie auch bei der dortigen Anstalt Eingang finde, sofern sie nicht schon besteht.

Den Lehrern, welche diese Ferienaufsicht auf Veranlassung der Direktion übernehmen, werden wir gern, so weit es die Mittel der Anstalt gestatten, eine angemessene Remuneration dafür jedesmal bewilligen.

In Ihrem Jahresber. wolle sich die Direktion künftig jedesmal darüber äußern, ob eine solche Ferienbeschäftigung dort besteht oder nicht.

(M. Bl. d. i. V. 1843. S. 9.)

3) Festsetzung des Beginnes und Schlusses der Ferien mit Rücksicht auf die Sonn- und Festtagsfeier.

C. R. des Min. d. G., U. u. M. Ang. v. 2. April 1853 an sämmtl. K. Prov.-Schulkolleg.

Aus den von den K. Prov. Schulkolleg. über die C. Verf. v 23. Sept. v. J. erstatteten Ber. habe ich gern entnommen, daß fast überall bereits von den Gymnasial-Dir. bei dem Beginn und Schluß der Ferien darauf Rücksicht genommen wird, daß der würdigen Feier der Sonn- und Festtage nicht durch Verwendung derselben zu Reisen von Seiten der Gymnasial-Schüler Eintrag geschehe. Diese löbliche Anordnung ist nicht allein auch für die Zukunft festzuhalten, sondern das K. Prov. Schulkolleg. hat auch dahin zu wirken, daß dieselbe bei denjenigen Gymnas. Eingang finde, wo sie bisher etwa noch nicht getroffen sein sollte. — Die näheren desfallsigen Anordnungen überlasse ich dem K. Prov. Schulkolleg. zu treffen, unter Berücksichtigung der Lokal-Verhältnisse und der sonst in Betracht kommenden Momente.

(M. Bl. d. i. V. 1853. S. 95.)

V. Frequenz-Listen.

Ueber die halbjährlich einzureichenden Uebersichten von der Frequenz der Gymnasien und Progymn. bestimmt:

C. R. des Min. d. G., U. u. M. Ang., Unterr. Abth. (Nikolovius) v. 10. Jan. 1839 an das K. Prov.-Schulkoll. in Koblenz und abschr. an sämmtl. übrigen Prov.-Schulkolleg.

Das K. Prov. Schulkolleg. erhält die Anlagen des Ber. v. 15. Aug. v. J. hierbei zurück. In die 9. Hauptkolonne des nach der Verf. v. 7. Juni 1837 (a.) vorgeschriebenen Schemas zu der halbjährlich einzureichenden Uebersicht der Frequenz der Gymnas. und Progymnas., welche deutlicher „Frequenz im ... Semester 18.." bezeichnet werden kann, sind alle diejenigen Schüler aufzunehmen, welche während des bezeichneten Halbjahres als solche Unterricht genossen haben, und deren Abgang von der Anstalt erst mit oder nach dem Ablauf des Semesters erfolgen wird. Diejenigen Schüler aber, welche im Laufe des Halbjahres und vor dem Schlusse desselben abgegangen und als solche in den betreff. Registern der Anstalt vermerkt sind, müssen auch in diesem Semester als Abgegangene aufgeführt werden. Die Schüler, welche nach dem Schlusse des halbjährigen Unterrichts die Anstalt verlassen, stehen also in der Uebersicht des laufenden Semesters in der Kolonne 9, in der Liste des darauf folgenden aber in der Kolonne 7 „Abgang im Semester 18.."; weil sonst, wenn diese bereits in der nächst vorhergehenden als abgegangen aufgeführt wären, wo sie doch noch bis zum Schlusse Unterricht in der Anstalt genossen, es keine richtige Uebersicht in dieser Rücksicht geben würde, wie viel Schüler in dem bezeichneten Semester den Unterricht in der Anstalt wirklich frequentirt haben. Hieraus folgt denn auch, daß diese Frequenzlisten immer erst nach dem Schlusse jeden Semesters angefertigt werden können, und daß die Hauptsumme der 9. Kolonne mit der in die 6. der Nachweisung des darauf folgenden Halbjahres aufzunehmenden Schülerzahl genau übereinstimmen muß. Uebrigens sind in diese halbjährlich einzureichenden Nachweisungen für die Zukunft nur die Gymnas. und Progymnas. aufzunehmen [1]), und ist der besseren Uebersicht wegen für die Progymnas. eine abgesonderte Liste anzufertigen und einzureichen.

a.

Das Min. übersendet dem K. Prov. Schulkolleg. das anliegende Schema (b.) mit der Aufforderung, vom laufenden Semester ab die anher einzureichende Uebersicht von der Frequenz der zu dessen Ressort gehörigen Gymnas. und gelehrten Schulen ganz genau damit übereinstimmend anfertigen zu lassen.

Berlin, den 7. Juni 1837.

Ministerium der Geistlichen, Unterrichts- und Medizinal-Angelegenheiten.

v. Altenstein.

An
sämmtl. K. Prov. Schulkolleg.

b.

Uebersicht von der Frequenz der zum Bereich des K. Schulkolleg. der Provinz .... gehörigen Gymnas. (Progymnas.) für das Sommer- (Winter-) Semester 18..

1) Laufende Nr.
2) Namen der Anstalten.
3) Konfessions-Verhältniß.
4) Namen der Direktoren, Rektoren, Vorsteher 2c.
5) Zahl der Lehrer,
   - ordentliche Lehrer, inkl. der Direktoren 2c.
   - wissenschaftliche Hülfslehrer,
   - technische Hülfslehrer,
   - Ortsgeistliche, welche den Religionsunterricht ertheilen,
   - Schulamts-Kandidaten, besonders solche, welche ihr Probejahr ablegen.
6) Frequenz im .... Semester 18..
7) Abgang im .... Semester 18..

---

1) In den Zeitungen wurde eine neue Verf. des Schulkolleg. der Provinz Brandenburg mitgetheilt, wonach auch die Dir. der höhern Bürger- und Realschulen die halbjährlichen Frequenzlisten nach dem vorgeschriebenen Schema einzureichen haben. (Nat. Zeit. 1854. Nr. 214.)

a) zur Universität,
b) zur anderweiten Bestimmung.
8) Aufnahme im Anfange und während des .... Semesters 18 .
8) Frequenz am 18 . .
I. II. III. IV. V. VI. VII.
Summa
10) Bemerkungen.
(A. XXII. S. 105.)

VI. Besuch ausländischer Gelehrtenschulen.

Die ältern Verbote des Besuchs fremder Schulen und Universitäten wurden durch die K. O. v. 13. April 1810 (N. C. C. T. XII. S. 1011., Rabe, Bd. 13. S. 903, A. VI. S. 666.) unbedingt aufgehoben, und ihre Erneuerung auf den Besuch fremder Universitäten beschränkt. (Vgl. den Eingang des C. R. v. 16. Aug. 1833. oben S. 98.) Nur ausländische, von Jesuiten geleitete Anstalten sind wiederholt verboten, und außerdem an den Besuch inländischer Schulen verschiedene Vorzüge geknüpft worden. Hierüber bestimmen:

a) Bek. des Oberpräs. v. Westphalen (v. Vincke) v. 11. Okt. 1827.

Des Königs Maj. haben bei der Fürsorge, welche A. dieselben allen Zweigen des öffentlichen Unterrichts widmen, wodurch die vaterländischen Lehr= und Erziehungs=Anstalten auch für die kathol. Jugend einen Standpunkt erreicht haben, der dem Bedürfnisse in religiöser und wissenschaftlicher Beziehung vollkommen genügt, ungern den Vorzug bemerkt, der ausländischen Instituten und namentlich den Jesuiten=Schulen gegeben worden ist, wohin mehrere junge Leute aus der Provinz Westphalen neuerlich von ihren Angehörigen gesandt worden sind. — Um dergleichen tadelhaften und gemeinschädlichen Ansichten entgegen zu wirken, ist durch einen an den Unterzeichneten erlassenen Kabinetsbefehl v. 1. d. M. die Bestimmung erfolgt:

> daß nur den auf inländischen Unterrichts=Anstalten gebildeten Jünglingen die Begünstigung des einjährigen Militairdienstes, so wie den sich dem geistlichen und Schullehrer=Stande widmenden jungen Leuten, die Zurückstellung bis zum 26. Jahre gewährt; daß ferner, wie es bereits in den Rheinprovinzen angeordnet ist, bei der Anstellung im Staatsdienste den auf einheimischen Unterrichts=Anstalten gebildeten Bewerbern, bei sonst gleicher Qualifikation, der Vorzug gegeben werden solle.

Indem ich dieses zur öffentlichen Kenntniß bringe, werden die landräthlichen Behörden angewiesen:

> alljährlich und zunächst am 15. April k. J. mir eine Liste einzusenden, welche die Namen und das Alter der jungen Leute aus ihren Kreisen enthält, welche sich auf auswärtigen Unterrichts=Anstalten, insonderheit den Jesuiten=Schulen, befinden, sowie ihrer Eltern und Vormünder.

Daß die auswärtigen Universitäten unter diesen Unterrichts=Anstalten nicht begriffen sind, wird ausdrücklich von mir bemerkt.

(A. XI. S. 964.)

b) die R. v. 15. Aug. 1837 und 22. Jan. 1838 (A. XXII. S. 181.) welche zu Verhinderung des Besuchs der Jesuitenschulen in Rom besondere Vorsicht bei Ausstellung von Pässen, auch nach Süddeutschland oder der Schweiz verlangen.[1])

---

1) Vgl. auch das C. v. 27. Aug. 1832 u. R. v. 6. Dec. 1837 (A. XXI. S. 166), welche den auf ausländischen Priester=Bildungs=Instituten vorbereiteten, oder im Auslande geweihten katholischen Priestern die Anstellung versagten, welches letztere durch eine K. O. v. 23. Dec. 1845 (G. S. 1846. S. 21) wiederholt bestätigt wurde, weil darin eine Umgehung der Militairpflicht liege. Gegenwärtig, wo der Staat seinen Einfluß auf die Besetzung kathol. Kirchenämter aufgegeben

c) der Westphälischen Landtagsabsch. v. 20. Sept. 1854, II., auf die ständischen Petitionen:

5) (Aufhebung des Verbots des Besuchs ausländischer, von Jesuiten geleiteten Bildungs-Anstalten und der Niederlassung der Jesuiten in Preußen.)

Die Beschwerde Unserer getreuen Stände über die den nebenerwähnten Gegenstand betr. Min. Verfügungen v. 25. Febr. 1851, 22. Mai und 16. Juli 1852 [1]) gehört, da derselbe nicht provinzieller Natur ist, an sich nicht in die Reihe derj. Angelegenheiten, welche gesetzlich der Zuständigkeit der Prov. Landtage überwiesen sind.

(Staatsanz. 1854. Nr. 242. S. 1830.)

d) und wörtlich gleichlautend der Rhein. Landtagsabsch. v. 2. Okt. 1854 sub II. 1. (Staatsanz. Nr. 264. S. 2001.)

Drittes Kapitel.

Gymnasial-Unterricht.

Erster Titel.

Die Lehrverfassung im Allgemeinen.

I. Lehrkurse und Lehrpläne.

Der Lehrgang auf den Gymnasien ist wesentlich durch die Anforderungen bestimmt, welche im Abiturinten-Examen gemacht werden, und worüber das 5. Kap. zu vergleichen. Ueber die

1) Anordnung allgemeiner Lehrkurse und Aufstellung eines Lektionsplans bestimmen:

a) §§. 14. 15. der Brandenb., und §. IV. der Rhein. Dir.-Instr. im vorigen Abschn. (s. o. S. 82 u. 90.)

b) Ferner §§. 25. 26. der Pommerschen Dir.-Instr. v. 1. Mai 1828 in folgender Art:

§. 25. Eine der wichtigsten Aufgaben zu diesem Zweck ist die Entwerfung besonderer Instruktionen für eine jede Klasse und eines allgem. vollständigen Lehrplans für die ganze Schulanstalt, welcher die Lehrinstruktionen für die sämmtlichen in den Lektionsplan aufgenommenen Unterrichtsgegenstände enthält. Es werden darin Zweck, Bedeutung und Grenzen jedes Lehrobjekts für den Schulunterricht festgestellt, sein Verhältniß zu den übrigen, auch der Stundenzahl nach, bestimmt, der Umfang deff. in wohlgegliederte Kurse nach der Stufenfolge der Klassen eingetheilt, die Lehrbücher sowohl als die Hülfswerke für jeden Kursus angegeben, das Lehrziel für jede Klasse und die Summe des zu Lehrenden genau nach den Paragraphen des Lehrbuchs bestimmt, und für die methodische Behandlungsweise feste Vorschriften gegeben, damit kein Lehrer, auch wenn er erst neu hinzutritt, so wenig über den Inhalt des Mitzutheilenden als über den Geist und die Art der Behandlung in Ungewißheit und Irrthum verfallen könne.

Daß ein solcher umfassender Lehrplan für eine Schulanstalt nicht übereilt, sondern allmählig mit scharfer Umsicht, Notiznahme und Würdigung der in jedem

---

hat (C. R. v. 6. Jan. u. 1. März 1849, M. Bl. d. i. V. 1849. S. 265, 267, Verfassungs-Urk. Art. 15.), erscheinen jedoch diese Verf. als antiquirt.

1) Keine dieser Verf. steht im Min. Bl.

Lehrfache neu erscheinenden Werke und Lehrbücher, und mit Benutzung der Erfahrungen aller übrigen Lehrer in ihren Fächern abgefaßt werden müsse, ergiebt sich aus der Natur der Sache; wie sich denn auch von selbst versteht, daß derselbe uns, vor seiner Einführung, entweder ganz oder nach und nach in seinen einzelnen Theilen, zur Prüfung und Genehmigung vorgelegt werden muß.

Auf diesen Lehrplan, der, wo er noch nicht ausgeführt vorhanden ist, doch in seinen Grundzügen von jedem Dir. oder Rektor für seine Lehranstalt angelegt sein muß, baut sich die Entwerfung des halbjährlichen oder jährlichen Lektionsplans, welche, verbunden mit der Aufsicht über die Ausführung desselben und der Anordnung der öffentlichen und Privatprüfungen, zu den Hauptgeschäften des Vorstehers einer Gelehrtenschule gehört.

§. 26. Von der Einrichtung des **Lektionsplans** wollen wir hier nur im Allgemeinen bemerken, daß ders. in einem dreifachen Schema nach den Lehrobjekten, den Lehrern und der Zeiteintheilung, eine vollständige Uebersicht der Lehrverfassung für das nächste Schuljahr oder Semester gewähren muß, und zwar so, daß die **Lektionstabelle** die für jedes Lehrfach und seine Zweige bestimmte Stundenzeit, die Lehrbücher und nach deren Paragraphen den Umfang des zu Leistenden in jeder Klasse angiebt: die **Lehrertabelle** die Folge der Lehrer, nebst den Titeln und der Stundenzahl ihrer Lektionen aufstellt: die **Zeittabelle** aber die Stundeneintheilung für alle Klassen, nebst Angabe des Lehrers bei jeder Lektion, enthält.

Wenn nun zwar die Abfassung des Lektionsplans dem Dir. oder Rektor allein zusteht, so erwarten wir doch, daß derselben eine ausführliche Berathung mit den Lehrern vorangehe, worin insbes. auch eine Uebereinkunft über die in jeder Lektion von den Schülern jeder Klasse wöchentlich zu leistenden Arbeiten getroffen werden muß, damit nirgends nie zu viel oder zu wenig statt finde: wie denn auch in der Lektionstabelle zu bemerken ist, in welchen Lehrzweigen und wie oft schriftliche Pensa aufgegeben werden.

Zu diesem, für das Sommer-Semester Anfangs März, für das Winter-Semester Anfangs Sept. dem Prov.-Schulkolleg. einzureichenden Lektionsplan wird als Anlage der Instr. folgendes Schema gegeben:

Lektionsplan
auf das

		Prima.			Secunda.			Tertia.			Quarta.			Quinta.			Sexta.	
Tag.	Stunde.	Lektion.	Dozent.	Stunde.	Lektion.	Dozent.	Stunde.	Lektion.	Dozent.	Stunde.	Lektion.	Dozent.	Stunde.	Lektion.	Dozent.	Stunde.	Lektion.	Dozent.
Montag.																		
Dienstag ꝛc.																		

(A. XII. S. 410.)

c) C. R. des Schulkoll. der Prov. Brandenburg v. 5. Dec. 1835 an sämmtl. Gymn. Dir., betr. die Anordnung allgemeiner Lehrkurse auf den Gymnasien.

Die Bestimmung des §. 7. des neuen Regl. über die Abiturienten-Prüfungen, daß das Gesuch der Schüler um Zulassung zur Prüfung erst in den letzten 3 Monaten des 4. Semesters ihres Aufenthalts in Prima erfolgen soll, bringt es mit sich, daß nunmehr in allen Gymnas. bei den Versetzungen aus Sekunda nach Prima [1]) dieselben Anforderungen an die Schüler gemacht, und die Lehrkurse wenigstens in den oberen Klassen überall nach denselben Grundsätzen geregelt werden, und das K. Min. der G., U. u. Med. Ang. hat für die Gymnas. der hiesigen Prov., um zu diesem Ziele zu gelangen, folgende allgem. Bestimmungen angeordnet: 1) die für den ganzen Gymnasial-Unterricht als erforderlich anzunehmende Zeit von 9 Jahren ist so zu vertheilen, daß 2 J. auf die untere, 3 J. auf die mittlere und 4 J. auf die obere Bildungsstufe kommen. — 2) Hiernach sollen die Lehrkursus von Sexta und Quarta einjährig, von Quarta ein-, von Tertia zweijährig, und von Sekunda und Prima gleichfalls zweijährig sein, so daß überhaupt die 3 unteren Klassen einjährige, die 3 oberen Klassen zweijährige Lehrkursus haben. — 3) In den Gymnas., wo eine hinreichende Lehrerzahl vorhanden ist, um die 3 oberen Klassen jede wieder in 2 Unterabtheilungen mit einjährigem Lehrkursus zu theilen, sollen die hiernach entstehenden Ober- und Untertertia, Ober- und Unter-Sekunda, und Ober- und Unter-Prima, je zwei Klassen, für Eine Klasse gerechnet, und hiernach soll das Pensum für den ganzen Sprach- und wissenschaftl. Unterricht in Tertia, Sekunda und Prima auf einjährige Lehrkursus in resp. Ober- und Unter-Tertia, Sekunda und Prima vertheilt werden.

(A. XIX. S. 1011.)

d) C. R. desselben Schulkoll. v. 14. Febr. 1837 an sämmtl. Vorsteher der gelehrten Anstalten, betr. die Einrichtung der Lehrpläne für letztere.

Es ist bemerkt worden, daß die über die Einrichtung der Lehrpläne bei den Gymnas. bestehenden Vorschriften nicht überall genau beobachtet, daß namentlich die einzelnen Gegenstände in einer und ders. Klasse noch immer unter zu viele Lehrer vertheilt und dadurch einerseits die Zahl der Lehrer in jeder einzelnen Klasse, sowie auch die häuslichen Arbeiten der Schüler ungebührlich vermehrt, andererseits aber das Institut der Klassen-Ordinarien um seine eigentliche Bedeutung gebracht, daß ferner noch immer zu viele, zum Theil für die Jugend nicht einmal geeignete Autoren zu gleicher Zeit gelesen und daß endlich die häuslichen Arbeiten der Schüler theils nicht überall mit der gehörigen Sorgfalt und Pünktlichkeit verbessert, theils aber zu dens. Aufgaben gewählt werden, welche über die Fassungskraft der Schüler hinausgehen.

Die Nichtbeobachtung der hierüber von dem vorgesetzten K. Min. erlassenen Anordnungen hat großen Theils zu den neuerlich gegen die Gymnas. erhobenen Beschwerden Veranlassung gegeben; es ist daher um so nothwendiger, daß diese Anordnungen künftig mit aller Pünktlichkeit in Ausführung gebracht werden, und bringen wir Ihnen, unter Beziehung auf unsere Verf., v. 13. April und 10. Aug. 1820 folgende Vorschriften in Erinnerung: 1) Um die Zerstückelung eines Lehrgegenstandes in einer und ders. Klasse unmöglich zu machen, auch besonders in den Sprachunterricht der einzelnen Klassen mehr Einheit und Zusammenhang zu bringen, und zu bewirken, daß die Lehrer durch eine größere Zahl der ihnen in Einer Klasse zu übertragenden Lektionen mehr leisten und für die Fortschritte ihrer Schüler ohne Bedenken verantwortlich gemacht werden können, ist ein für allemal festgesetzt worden: a) daß die für die Lateinische Sprache wöchentlich bestimmten Lektionen in den untern Klassen immer nur Einem Lehrer übertragen, und in den drei oberen Klassen nie unter mehr als zwei Lehrer vertheilt werden sollen; — b) daß die für die Deutsche Sprache bestimmten Lektionen in jeder Klasse nur von Einem Lehrer versehen werden sollen; — c) daß in der Regel dem oder denjenigen Lehrern, welche den Lateinischen Sprachunterricht in einer Klasse ertheilen, auch der Griechische Sprachunterricht, und, wenn dieses nicht möglich sein sollte, doch der Deutsche Sprachunterricht in ders. Klasse übertragen werden soll. — 2) Derj. Lehrer, welcher in der vorgeschriebenen Weise den Deutschen und den Lateinischen, resp. den Griechischen Unterricht besorgt, wird sich vorzugsweise zum Ordinarius der Klasse eignen; es ist aber außerdem sehr wünschenswerth, daß derselbe

---

1) Vgl. Ver. v. 16. Juni u. R. v. 18. Sept. 1835 unten sub Nr. VII.

zugleich auch wenigstens einen Theil des wissenschaftlichen Unterrichts, besonders aber den Unterricht in der Religion übernehme, und werden wir solche Lehrer, welche es sich angelegen sein lassen, in dieser Art als Hauptlehrer einer Klasse für Unterricht und Disziplin durchgreifend und vielseitig zu wirken, bei vorkommenden Gelegenheiten vorzugsweise berücksichtigen. — 3) Diej. Lateinischen und Griechischen Schriften, welche für den Gymnasial-Unterricht sich vorzugsweise eignen, und mit welchen die zur Universität abgehenden Schüler bekannt sein müssen, sind neuerdings wieder in dem Regl. für die Abiturienten-Prüfungen namhaft gemacht worden. Diese Schriften müssen vorzugsweise gelesen, die Schüler mit dens. recht vertraut gemacht und in deren Geist eingeführt, schwerere Schriftsteller aber, namentlich auch die Griechischen Tragiker, dürfen nur ausnahmsweise in einem oder dem andern Semester mit vorzüglich geförderten Schülern getrieben, in keinem Falle aber zu gleicher Zeit mehr als zwei Lateinische und zwei Griechische Autoren gelesen werden. — 4) Durch die hiernach eintretende Verminderung der Lehrer und der Lehrgegenstände wird zugleich auch eine zweckmäßige Einrichtung und Vertheilung der häuslichen Arbeiten der Schüler sehr erleichtert.

Es ist aber dennoch von den H. Dir. fortwährend eine besondere Aufmerksamkeit auf diesen für die Geistesbildung und den Gesundheitszustand der Jugend gleich wichtigen Gegenstand zu richten, und sowohl, nach vorgängiger Berathung mit den Klassenlehrern, vor dem Anfange jedes Semesters die Reihenfolge dieser Arbeiten festzusetzen, als auch während des Kursus darauf zu sehen, daß dieselben auf die einzelnen Tage gehörig vertheilt, den Kräften der Schüler angemessen gewählt, demnächst aber sorgfältig angefertigt, pünktlich eingeliefert und regelmäßig durchgesehen werden. Die Einführung eines Klassenbuchs, in welchem die aufgegebenen Arbeiten und der Zeitpunkt, an welchem sie abzuliefern sind, genau verzeichnet werden, wird zu diesem Behuf wiederholentlich empfohlen, und haben die H. Dir. sowohl durch fleißige Einsicht dieser Klassenbücher, als durch sorgfältige, von Zeit zu Zeit vorzunehmende Revisionen sämmtlicher Schülerhefte sich davon zu überzeugen, ob den hierin getroffenen Anordnungen gehörig nachgekommen wird. Auf jeden Fall ist das Diktiren und gedankenlose Nachschreiben in den Klassen, so wie alle mechanische Heftschreiberei außer dens., sofort abzustellen.

Indem wir Ihnen die pünktlichste Beobachtung obiger Vorschriften bei Ihrer persönlichen Verantwortlichkeit zur Pflicht machen, fordern wir Sie auf, die Lektionspläne nebst Angabe der für die einzelnen Klassen bestimmten Ordinarien stets zur gehörigen, durch §. 15. Ihrer Dienst-Instr. festgesetzten Zeit einzureichen, damit die Aenderungen, welche wir etwa für nöthig erachten sollten, noch vor dem Beginn des Semesters vorgenommen werden können.

(A. XXI. S. 90.)

e) Nr. 2. 3. 4. u. 6. des C. R. v. 24. Okt. 1837. (s. o. S. 145 ff.)

2) Zur Erhaltung der Einheit im Lehrgange jedes einzelnen Gymn. ist die bei starker Frequenz versuchte Theilung von Prima und Secunda in zwei parallele Cötus für bedenklich erklärt, und eine solche Maaßregel nur für die mittleren und untern Klassen bei etwaiger Ueberfüllung zugelassen. R. v. 26. Dec. 1825 s. unten sub Nr. VIII.

3) Bestätigung und Feststellung der Lehrpläne: §. 7. Nr. 2. und 3. der Konf.-Instr. v. 23. Okt. 1817 (Bd. 1. S. 262.) und R. v. 7. März 1835. (Bd. 1. S. 642.)

II. Lehrmethode.

Außer den speziell einzelne Lehrgegenstände betr., und im folgenden Titel zu vergleichenden Vorschriften, sind die nachstehenden umfassenden und allgemeinen Verordnungen ergangen:

a) C. R. des Min. d. G., U. u. M. Ang. (v. Altenstein) v. 12. Febr. 1829 an sämmtl. K. Konf. und Prov.-Schulkoll. und abschr. an dasjenige zu Posen.

Das K. Konf. und Prov. Schulkolleg. in Posen hat auf den Grund der C. Verf. des Min. v. 11. Dec. pr., die Ertheilung des Unterrichts im Griechischen auf den Gymnas. betreff. (s. u.), unterm 11 v. M. an die Dir. der Gymnas. des Großherzogth. Posen eine Verf. erlassen, welche auch in Bezug auf die andern Lehrgegenstände und deren Behandlung in den Gymnas. so viele wahre und treffende Bemerkungen enthält, daß das Min. sich veranlaßt sieht, dem K. Konf. und Prov. Schul-Kolleg. diese Verf. zur Kenntnißnahme und Beachtung in der abschriftlichen Anlage zu kommuniziren (Anl. a.). Besonders mit der Stelle derselben, welche die Anleitung der Schüler in den Gymnas. zu eigenen freien Vorträgen betrifft, erklärt das Min. sich in allen Stücken einverstanden, und fordert das K. Konf. rc. auf, mittelst einer motivirten Verf. anzuordnen, daß auch in den Gymnas. seines Bez. die Schüler in einem gehörigen Stufengange zu einem angemessenen mündlichen Vortrage angeleitet werden. Demnächst sieht das Min. der abschriftl. Einreichung der erlassenen Verf. entgegen.

Anl. a.

C. R. des Prov. Schulkoll. zu Posen v. 11. Jan. 1829 an die Dir. der Gymn. zu Lissa, Bromberg und Posen.

Je mehr die Ergebnisse der Abiturienten-Prüfungen in den Gymnas. des Großherzogth. im Allgemeinen den gesetzlichen Forderungen entsprechen, um so mehr drängen sich bei ihnen und den Leistungen der Gymnas. überhaupt, unter andern die Fragen auf, ob nun die abgehenden Schüler in der That alle, oder doch die meisten Kenntnisse, als ein sicheres Eigenthum besitzen, welche sie in der Zeit ihres Schulbesuchs sich haben aneignen sollen, ja, welche sie wirklich einmal schon während derselben besessen haben, und ob sie durch den mühevollen Unterricht einer Reihe von Jahren befähigt worden sind, in ihren künftigen Verhältnissen den nächsten, wie den höheren Forderungen des Lebens, in dem Maaße, wie es sich erwarten ließe und wie die Nothwendigkeit es erheischt, zu genügen?

Wenn es sich leicht ergiebt, daß diese Fragen zum Theil verneinend beantwortet werden müssen, so liegt doch neben dem Vorwurfe, welcher deshalb diese Unterrichts-Anstalten treffen könnte, ihre Entschuldigung.

Die Lehrgegenstände in denselben haben sich allmählig bedeutend vermehrt, und doch kann ihnen nicht mehr Zeit gewidmet werden, als sonst für die wenigeren bestimmt war.

Indem daher die Lehrer sich bestreben müssen, ihre Schüler auf jeder Bildungsstufe bis zu dem vorschriftsmäßig gesteckten Ziele zu führen, überlassen sie es in einzelnen Lehrgegenständen ihnen selbst, sich die früher erworbenen Kenntnisse gegenwärtig zu erhalten. Von den Schülern aber, zumal in den unteren Klassen, ist nicht zu erwarten, daß sie, ohne besondere äußere Veranlassung, ein anderes Ziel im Auge behalten sollten, als ihre nächste Versetzung in eine höhere Klasse.

Auf der andern Seite steigern sich die Forderungen des Lebens unaufhörlich, und es bedarf zuweilen einer Anregung von außen, damit die Vorsteher und Lehrer der Gymnas. immer auf sie und auf das Verhältniß ihrer Leistungen zu denselben aufmerksam bleiben, und jenen gemäß ihren Unterricht einzurichten. Die gegenwärtige C. Verf. hat den Zweck, jene Mängel des Gymnas. Unterrichts näher und im Einzelnen zu bezeichnen, Mittel zu ihrer Beseitigung anzugeben, und Sie, nach vorhergegangener Berathung mit den Lehrern der Anstalt, welche ihre Meinung auch schriftlich abgeben können, zur gutachtlichen Aeußerung über diesen Gegenstand, binnen 8 Wochen zu veranlassen.

Wir bemerken hierbei ausdrücklich, daß diese Verf. keinesweges etwa unsere Unzufriedenheit mit den Leistungen einzelner Lehrer, oder der Gymnas. dieser Provinz überhaupt aussprechen soll, wir wünschen nur die Zweckmäßigkeit und Wohlthätigkeit des Unterrichts, welcher in diesen Anstalten ertheilt wird, noch mehr zu erhöhen, und sind überzeugt, daß Sie und sämmtliche Lehrer hierzu mit der Bereitwilligkeit, das Wohl der Jugend zu fördern, die Hand bieten werden, welche wir, bei den meisten von ihnen, mit Achtung anerkennen.

I. Was also zuvörderst die Wissenschaften betrifft, so kann man sich leicht überzeugen: 1) daß die Schüler der oberen Klassen, wenngleich sie bei den öffentlichen Prüfungen in den zuletzt vorgetragenen Theilen der Geschichte hinreichende, ja oft ausgezeichnete Kenntnisse darlegen, in der Regel von der Geographie, etwa die alte ausgenommen, das Meiste wieder vergessen haben, und eben so fremd pflegen sie in den Theilen der Geschichte zu sein, welche ihnen früher vorgetragen worden sind, z. B. in der vaterländischen und in der biblischen Geschichte. Außerdem aber werden die Lehrer der Geschichte und Geographie wohl gern zugeben daß dieselben Schüler, welche in den Tagen der Prüfung oft so glänzend bestehen mitten im Laufe der Unterrichtszeit examinirt, größtentheils nur wenig genügen würden. — 2) Eben so häufig finden wir, daß die Schüler der obersten mathematischen Klassen die im Leben nöthigen Rechnungsarten, z. B. die Interessen-Rechnung, Gesellschafts-Rechnung und dergleichen vergessen, und die Fertigkeit, im Kopfe zu rechnen, fast ganz verloren haben. — 3) Endlich ist es bei den Abiturienten-Prüfungen eine ganz gewöhnliche Erscheinung, daß die Schüler, indem sie in der Physik wohl bestehen, aus den Vorträgen über die Naturgeschichte sich kaum einzeiner, dürftiger Bruchstücke zu erinnern im Stande sind.

Und leider pflegen die Schüler der obersten Klassen diese Lücken in ihrem Wissen keinesweges als bedeutende Mängel anzusehen, sondern sind vielmehr geneigt, auf die ihnen entfallenen Kenntnisse und Fertigkeiten aus den untern Klassen mit vornehmer Geringschätzung herabzublicken.

Um so weniger ist es zu verwundern, wenn sie nachher glauben, über den Universitätsstudien auch die Lehrgegenstände der obersten Gymnasialklassen vernachlässigen und vergessen zu dürfen.

Wenn nun aber auch, bei der großen Menge anderer Aufgaben und Beschäftigungen, welche später unsere Zeit und Kräfte in Anspruch nehmen, mehrere Gegenstände des Gymnas. Unterrichts zum Theil nur als formelle Bildungsmittel der Jugend angesehen werden, und als solche im Verhältnisse unseres weiteren Fortschreitens zurücktreten mögen, so sollte dies doch nicht schon vor der Beendigung des Gymnas. Unterrichts selbst der Fall sein. Eben so wenig sollten in den obersten Gymnasialklassen, in welchen die Richtung des Unterrichts, der Natur dieser Anstalten nach, immer mehr streng wissenschaftlich wird, jene, für den Gebrauch des Lebens nöthigen Kenntnisse und Fertigkeiten (die Sorge für eine gute Handschrift nicht ausgenommen) versäumt werden. Endlich sollte in keinem Gegenstande und in keiner Klasse die Ertheilung des Unterrichts von der Art sein, daß in den Schülern die Meinung erregt werden könnte, sie dürften bloß an gewissen Tagen, bei einer angeordneten Wiederholung einer öffentlichen Prüfung u. s. w., das Vorgetragene zu wissen verpflichtet und im Stande sein, darüber Rechenschaft zu geben.

Diese Andeutungen werden den Lehrern für die wissenschaftlichen Gegenstände genügen.

Der Vortrag der Geschichte wird überall, so viel als möglich, mit Berücksichtigung der Geographie und gegründet auf eine Zahl der wichtigsten, allmählig immer zu vermehrenden und durch beständige Wiederholung dem Gedächtnisse für das ganze Leben einzuprägenden Jahreszahlen und Begebenheiten, durch häufige Wiederholungen kleinerer und größerer Abschnitte, möglichst übersichtlich und faßlich, durch Uebergehung trockener, nur dem Geschichtsforscher wichtigen Einzelnheiten und dagegen durch Hervorhebung wirklich einflußreicher bedeutender Menschen und Begebenheiten, für Geist und Herz bildend und ansprechend eingerichtet werden; die Lehrer der Mathematik und Physik werden ihre Schüler, so oft sich Gelegenheit darbietet, zur Anwendung früher erworbener Kenntnisse und Fertigkeiten veranlassen, und die Lehrer der Physik werden zu einer kurzen übersichtlichen Wiederholung oder Auffrischung der Naturkenntnisse, wo möglich einige Stunden in jedem Jahre verwenden.

Ein solches Verfahren in diesen Lehrgegenständen ist, wenn gleich es Zeit raubt, nützlich; es ist nothwendig, wenn die Schüler wenigstens das Meiste von dem, was sie während ihres Schulbesuchs lernen, zu ihrem bleibenden Eigenthum für das ganze Leben machen sollen; es wird endlich auch als allgem. Erziehungsmittel die wohlthätige Folge haben, daß die jungen Leute sich gewöhnen, nicht von einer erreichten höheren Bildungsstufe die niedrigere mit Geringschätzung anzusehen, noch bei ihrem Streben nach einem würdigen Ziele die Hülfsmittel oder Grundlagen desselben zu vernachlässigen.

Der Einwand, daß die hier empfohlene Berücksichtigung früher vorgetragener Lehrgegenstände und so häufige Wiederholungen deshalb nicht wohl stattfinden könnten, weil ohnehin die Zeit für die, jeder Klasse zugetheilten Unterrichtspensa kaum ausreiche, ist nur scheinbar begründet; denn erstlich dürften durch jene Einrichtung jährlich höchstens 12 Stunden dem weitern Fortschreiten in den einzelnen Lehrgegenständen entzogen werden, dann aber ist der beabsichtigte Gewinn, wenn er erreicht wird, unstreitig höher anzuschlagen, als der mögliche Verlust einiger nur scheinbar und gleichsam nur auf Zeitbesitz erworbener Kenntnisse.

II. In Ansehung der Sprachen hören wir 1) was die Deutsche betrifft, häufig die Bemerkung, daß die in den letzten Jahrzehenten auf den Gymnas. gebildeten jungen Leute so selten die Fertigkeit besitzen, sich in ihrer Muttersprache leicht und gut schriftlich und mündlich auszudrücken. —

Wir unterscheiden sehr wohl, was auch in dieser Hinsicht von den Gymnas. geleistet, und was den späteren eigenen Bemühungen der jungen Leute oder anderen Bildungsanstalten überlassen werden muß. Indeß hat man allerdings ein Recht, als einen Maaßstab für den Erfolg des Gymnas. Unterrichts und gleichsam als ein Gesammt-Resultat desselben, die Leistungen der Schüler in ihrer Muttersprache anzusehen und zu erwarten, daß sie bei ihrem Abgange von der Schule die Fertigkeit besitzen sollen, richtig, folgerecht und klar zu denken, zu sprechen und zu schreiben; ja man kann sogar verlangen, wie eine gute sittliche Erziehung die Jugend, auch wenn sie aus derselben entlassen ist, vor Verirrungen und Ausschweifungen bewahrt, daß eben so ein gehöriger Unterricht in der Muttersprache auch später die Schüler vor Verirrungen und Geschmacklosigkeiten sichern, und auf ein erwünschtes Fortschreiten in derselben wirken soll.

Da wir Ihnen schon öfters bei andern Veranlassungen unsere Bemerkungen über den Unterricht in der Muttersprache zur Erwägung und Beachtung mitgetheilt haben, so verweisen wir Sie auf diese, und wiederholen hier nur zunächst, daß wir es auch in der eben angedeuteten Beziehung für einen vorzüglichen Uebelstand halten, wenn den jungen Leuten Aufgaben gegeben werden, zu deren Bearbeitung ihnen noch die nöthige Reife des Geistes und der erforderliche Umfang der Kenntnisse fehlt. Eine unausbleibliche Folge dieser Aufgaben ist, daß die Schüler sich gewöhnen und begnügen, oberflächliche Gedanken, ohne Vollständigkeit und innern Zusammenhang, mühselig und trocken, oder überladen und schwülstig vorzutragen. Dagegen werden ihre Leistungen bei denjenigen Aufgaben weit mehr befriedigen, zu welchen sie sich durch das Gefühl zureichender Kraft angezogen fühlen, und bei deren Bearbeitung sie mit innerer Freude sich dieser und ihrer Entwickelung klarer bewußt werden.

Nicht dringend und oft genug aber können wir die Aufgabe bald kürzerer, bald mehr ausgeführter, immer aber streng logischer Dispositionen empfehlen. Diese müssen jederzeit vor der Ausarbeitung gefertigt, und bei dieser muß um so mehr auf das strengste Anschließen an dieselben gehalten werden, je mehr theils Bequemlichkeit und Nachlässigkeit, theils Lebhaftigkeit, Abweichungen von denselben veranlassen, und so ihren Zweck größtentheils vereiteln.

Bei den Ausarbeitungen muß Einfachheit und Klarheit der Gedanken, wie des Vortrages, die erste Forderung sein, Mangel an diesen Eigenschaften überall und da am meisten getadelt werden, wo vorzügliche Anlagen zu besonders günstigen Erwartungen für die Zukunft zu berechtigen scheinen.

Wir sind überzeugt, daß ein solches Verfahren bei der Anleitung zum Denken und Schreiben in der Muttersprache, mehrere Jahre auf den Gymnas. durchgeführt, auch später auf die weitere Ausbildung ihrer Schüler in diesen Fertigkeiten wohlthätig fortwirken muß.

Um die jungen Leute zu einem angemessenen mündlichen Vortrage zu bilden, sind die Deklamations-Uebungen eingeführt. Diese sind jedoch, wie sie gewöhnlich angestellt werden und angestellt werden können, minder zweckmäßig, theils deshalb, weil es an der nöthigen Zeit fehlt, um ihnen die erforderliche Anweisung zu ertheilen, und sie in ihrer richtigen Anwendung zu üben. Im günstigsten Falle aber wird doch durch jene Uebungen höchstens nur eine gewisse Fertigkeit hervorgebracht, fremde, nicht aber, was im Leben so oft nothwendig ist, eigene Gedanken frei und angemessen vorzutragen.

Aus diesen Gründen sollen die gewöhnlichen Uebungen im Deklamiren seltener angestellt, und dafür die Schüler mehr zu eigenen freien Vorträgen veranlaßt werden. Die ersten hierzu nöthigen Uebungen mögen in den untersten Klassen darin bestehen, daß die Schüler längere Erzählungen, welche sie gelesen oder gehört haben, wieder erzählen. Die Schüler der mittleren Klassen sind dazu anzuhalten, den Inhalt eines gelesenen Buches oder einzelner Abschnitte aus demselben mündlich wieder zu geben, über aufgegebene Gegenstände aus der Geographie oder Naturgeschichte kurze Vorträge zu halten und dergl.

In den beiden obersten Klassen können diese Uebungen in sehr mannigfaltiger Art angestellt werden, die größere oder geringere Schwierigkeit der Aufgaben wird von den Fähigkeiten der Schüler überhaupt und von der Fertigkeit abhängen, welche sie bereits in der Auffassung, Anordnung und der mündlichen Darstellung eigener oder fremder Gedanken erlangt haben. Leichtere Aufgaben für diese Klassen sind: eine ausführliche Angabe des Inhalts und Ganges eines größeren Gedichtes, z. B. eines Drama, eines Epos u. s. w.; die Darstellung einer geschichtlichen Begebenheit, die Erzählung des Lebens eines ausgezeichneten Mannes u. s. w., schwerere: die Zusammenstellung ähnlicher, für das jugendliche Gemüth faßlicher Begebenheiten aus der Geschichte, z. B. einer Zusammenstellung der Kriege Asiens gegen Europa, Englands gegen Frankreich, eine Zusammenstellung großer Helden, bedeutender Erfindungen und dergl. Sehr nützlich wird es sein, wenn die Schüler geübt werden, kürzere und längere gehörte Vorträge in der Folge ihrer Gedanken und mit Beibehaltung ihrer Verbindung unter einander aufzufassen und wiederzugeben; diese Uebungen könnten, von Theilen der Vorträge in einzelnen Lehrstunden ausgehend, bis zu längeren Reden, Predigten u. s. w. fortgeführt werden Hierbei müßte allerdings vieles der eigenen Uebung außer den Schulstunden überlassen, indeß genügt eine Anregung dieser Uebung, welche, an sich anziehend, für viele Schüler in künftigen Lebensverhältnissen von großem Nutzen sein dürfte.

Je mehr übrigens die verschiedenen Gegenstände des Gymnas. Unterrichts in den Kreis dieser Uebungen gezogen werden können, um so vortheilhafter werden sie wirken, nicht allein, weil die Schüler dadurch veranlaßt werden, ihren Vortrag den verschiedenen Gegenständen anzupassen, sondern auch, weil dadurch der innere Zusammenhang und die wechselseitige Beziehung ihrer Kenntnisse und Fertigkeiten unter einander gefördert, und in ihnen zu deutlicherem Bewußtsein gebracht wird.

Die übrigen Regeln für die Gegenstände und die Fassung der mündlichen Vorträge sind größtentheils dieselben, welche bei den schriftlichen Ausarbeitungen in Erinnerung gebracht sind. In den meisten Fällen wird es nöthig sein, eine schriftliche Disposition zu den mündlichen Vorträgen einreichen zu lassen und darauf zu halten, daß sich diese so streng als möglich an jene anschließen.

Diese Vorträge können aber die Lehrer auch benutzen, sowohl um die Privat-Lektüre der Schüler zu leiten, als auch, um dieselben zu nöthigen, so zu lesen, daß sie nicht ohne eigene Thätigkeit das Gelesene an ihrem Geiste gleichsam nur vorübergleiten lassen, und dadurch ihr Auffassungs-Vermögen allmählig abstumpfen, sondern, daß sie vielmehr sich gewöhnen, was sie lesen, durch beständige Aufmerksamkeit und eingreifendes Nachdenken mit Bewußtsein zu ihrem wirklichen Eigenthume zu machen.

Bei dieser Veranlassung beauftragen wir Sie, sämmtlichen Schülern anzubefehlen, daß sie ein Verzeichniß aller der Bücher anlegen, welche sie sowohl aus der Schullesebibliothek als sonst gelesen haben. Dieses Verzeichniß sollen sie, so oft einer ihrer Lehrer es verlangt, in der Regel aber dem Lehrer resp. der Polnischen oder der Deutschen Sprache und dem Klassen-Ordinarius in den ersten 14 Tagen jedes Vierteljahrs zur Kenntnißnahme vorlegen. Diej. Schüler, welche sich zum Abiturienten-Examen melden, haben ihrer diesfälligen schriftlichen Eingabe an Sie, einen in der Muttersprache geschriebenen Lebenslauf und das Verzeichniß aller von ihnen gelesenen Bücher beizulegen.

2) In Betreff der Polnischen Sprache gilt alles, was so eben über den Unterricht in der Deutschen Sprache gesagt ist.

3) Griechische Sprache.

Es ist eine Thatsache, daß von den Schülern, welche auf die Erlernung dieser Sprache eine große Menge von Zeit und Kräften verwenden, nur diej. nach ihrem Abgange von den Gymnas. sich weiter mit ihr zu beschäftigen pflegen, welche sich den Studien der Philologie oder Theologie widmen; alle übrigen geben sie auf, um nie wieder zu ihr zurückzukehren. Wenn dies bei den jungen Leuten erklärlich ist, deren Neigung oder Kraft gerade nur zu den, für den künftigen Beruf unerläßlichen Studien hinreicht, so kann deshalb die Schule nicht in Anspruch genommen werden. Dasselbe wird aber auch bei fähigen und zu angestrengtem Fleiße bereitwilligen jungen Leuten bemerkt, und hier liegt der Grund dieser Erscheinung allerdings zum Theil in der Art, wie der Unterricht in der Griechischen Sprache auf den Gymnas. gewöhnlich ertheilt wird. In dieser Beziehung hat das vorgeordnete K. H. Min. sich veranlaßt gefunden, mittelst Erlasses v. 11. v. M. anzuordnen:

(Hier folgt wörtlich aus dem angef. R. die Bestimmung der zu lesenden Autoren; s. unten.)

Wir machen Ihnen zur Pflicht, diese hohe Anordnung künftig auf das Gewissenhafteste zu beobachten.

Daß die Uebungen im Uebersetzen aus der Muttersprache ins Griechische nicht Stylübungen sein, sondern sich darauf beschränken und nur dazu dienen sollen, die Schüler in ihrer Kenntniß und in der richtigen Anwendung der grammatischen Regeln zu üben und zu befestigen, daß endlich der Unterricht im Griechischen aus den beiden untersten Klassen des Gymnas. völlig ausgeschlossen bleiben soll, bringen wir auf besondern Befehl des K. H. Min. wiederholt in Erinnerung.

Ein anderer Grund aber, weshalb die Griechische Sprache von den meisten Schülern nach ihrem Abgange von den Gymnas. vernachlässigt und allmählig ganz wieder vergessen wird, scheint darin zu liegen, daß die Lehrer dieser Sprache, in der Regel Philologen, den Unterricht in ihr, in den obern Klassen so zu ertheilen pflegen, als ob alle ihre Schüler sich dem Studium der Philologie zu widmen geneigt wären. Sie vertiefen sich in langen Vorträgen über den noch keineswegs überall festgestellten Gebrauch der Partikeln, über einzelne seltene Formen und Eigenheiten der Sprache, über die Metra und Chorgesänge und Hymnen, welche jeder neue Herausgeber anders zu ordnen pflegt; sie lassen sich in ausführliche kritische Untersuchungen schwerer oder verdorbener Stellen und anderer Gegenstände ein, welche ihrer Natur nach, der Schule fremd und der Universität vorzubehalten sind.

Diese Art des Unterrichts muß die Mehrzahl der Schüler von der Beschäftigung mit einer Sprache zurückschrecken, von welcher sie beinahe nichts kennen lernen, als endlose Schwierigkeiten; sie muß in ihnen die Idee einer Unzulänglichkeit des Alterthums erwecken, welche zu überwinden sie um so weniger Hoffnung und Neigung gewinnen können, als sie von der anziehenden Eigenthümlichkeit und der Schönheit dess. keinen Begriff erhalten.

Indem wir Sie also auffordern, auch Ihrerseits dahin zu wirken, daß diese verkehrte Weise des Unterrichts in der Griechischen Sprache immer mehr aus den Gymnas. verschwinde, bemerken wir noch, daß allerdings zwar die Lateinische und Griechische Sprache Hauptunterrichts-Gegenstände in den Gymnas., diese aber deshalb keinesweges Vorbereitungs-Anstalten für die philologischen Sem. der Universitäten sind.

Jene beiden Sprachen behaupten vielmehr deshalb in den Gymnas. ihre Stelle, damit die jungen Leute, welche eine allgem. gründliche und höhere wissenschaftliche Bildung erhalten sollen, durch die Unterweisung in der Grammatik jener Sprachen formell eine Bildung gewinnen, welche die Beschäftigung mit den Grammatiken neuerer Sprachen nicht gewähren kann; damit sie die Quellen und die Vorbilder aller Wissenschaft und Kunst kennen lernen, und in den Stand gesetzt werden, wenn auch erst in späteren Jahren, den Bildungsgang des menschlichen Geschlechts und das Verhältniß der Gegenwart zu einer fernen Vergangenheit richtig aufzufassen und zu würdigen; damit sie endlich die Mittel erhalten, künftig einmal zur Vervollständigung ihrer Kenntnisse, zur Berichtigung ihrer Begriffe, zur Ausbildung ihres mündlichen und schriftlichen Vortrages und zur Förderung ihrer Muttersprache und Literatur aus jenen nie versiegenden Quellen des Alterthums schöpfen zu können.

Hieraus ergiebt sich, in Ansehung der Griechischen Sprache, daß eine genaue und gründliche Bekanntschaft mit den grammatischen Formen und den feststehenden Hauptregeln der Syntax, der Besitz einer möglichst ausgebreiteten Wortkenntniß und ein hierdurch allein mögliches leichtes Verständniß der leichteren Griechischen Schriftsteller, größtentheils ohne Hülfe des Wörterbuchs, der Zweck und das Ziel des Gymnasial-Unterrichts in dieser Sprache sein muß.

Um diesen Zweck zu erreichen, müssen vor allen Dingen die grammatischen Formen, zumal die schwereren in allen, auch den obersten Klassen, beständig eingeübt und erklärt, und sie sowohl, als die bezeichneten Regeln der Syntax, durch häufiges schriftliches und mündliches Uebersetzen aus der Muttersprache ins Griechische, in stufenweisem Fortschreiten von leichteren zu schwereren Aufgaben, dem Gedächtnisse der Schüler für immer eingeprägt werden.

Um aber die Schüler in den Besitz der nöthigen Wortkenntniß zu setzen, ist es am angemessensten, daß sie in alphabetischer Ordnung allmählig von den nothwendigsten in der untersten Klasse angefangen, und bis zur obersten immer vermehrt, etwa 3000 Stammwörter der Griechischen Sprache auswendig lernen, und zugleich, was in mannigfacher Hinsicht ihrer formellen und materiellen Bildung förderlich sein wird, angewiesen und geübt werden, die einfach und unzweifelhaft aus jenen Wörtern abgeleiteten selbst zu finden.

Endlich muß, vorzüglich in der obersten Klasse, von den eingeführten Schriftstellern so viel und so rasch gelesen werden, als die grammatische Gründlichkeit erlaubt; daß bei dem Lesen auch die Erklärung der Sachen, der Eigenthumlichkeiten des Ausdrucks und der Sinnesart der alten Völker nicht vernachlässigt werden darf, daß die Vorzüge, wie die Schattenseiten des Alterthums den Schülern bemerklich gemacht werden müssen, ist von uns wiederholt in Erinnerung gebracht worden.

4) Auf den Unterricht in der Lateinischen Sprache findet der größte Theil der hier ausgesprochenen Bemerkungen leicht Anwendung.

Daß die Schüler schon auf den Gymnas., einzelne Fälle ausgenommen, sich nicht wohl diej. Fertigkeit im Lateinisch Sprechen erwerben können, welche später bei mehreren Anstellungs-Prüfungen gefordert wird, liegt in der Natur der Sache. Um ihnen jedoch zur Erlangung einer größern Geläufigkeit im Sprechen noch mehr Gelegenheit zu verschaffen, als sie jetzt bereits haben, ist es wünschenswerth, daß die alte Geschichte in der obersten Klasse in Lateinischer Sprache vorgetragen, und häufige Wiederholungen in ders. Sprache angestellt werden.

Sollte diese Einrichtung jetzt nicht wohl getroffen werden können, so werden Sie dieselbe doch im Auge behalten.

(A. XIII. S. 105.)

b) In Folge des vorsteh. C. R. erging ferner ein R. des Prov.-Schulkoll. zu Breslau v. 8. Juni 1829 an sämmtl. Dir. u. Rektoren der Gymnasien der Prov., ähnlichen Inhalts, aus welcher die folgende Stelle, als eine Ergänzung des Posener C. R, hervorzuheben:

Es ist jedoch nicht immer das Thema, welches Mangelhaftigkeit der Deutschen Arbeiten verschuldet; oft erscheint dieselbe als Folge einer Unterrichtsweise, in welcher der Muttersprache zu weniges Recht widerfahren, und die Theorie der logischen Gedankenverbindung, wie die Praxis der rhetorischen Wortstellung zu wenig geübt worden ist. Wir empfehlen zur Abhülfe dieses Mangels zuvörderst streng logische Dispositionen, welche jederzeit vor den Ausarbeitungen gefertigt und vorangestellt, diesen zur bestimmtesten Richtschnur gesetzt werden müssen, um das maaß- und gesetzlose Schwatzen und Schweifen nach allen Richtungen zu hemmen, welchem sich ohne jene Bestimmung gerade die besseren Köpfe oft am meisten überlassen. In den Lehrstunden über die Logik muß deshalb beim Vortrage der Lehre von den Begriffen, die Kunst zu definiren praktisch geübt, und nach Vollendung der Lehre von den Urtheilen und Schlüssen eine ausführliche Anleitung zum Disponiren ertheilt werden. Wir machen auf ein für diesen Zweck geeignetes Buch, „Magazin für Verstandesübungen, von Schaller, Halle, 1806" aufmerksam, in welchem außerdem für den Vortrag der Logik eine Menge von Beispielen, nicht mit Buchstaben, sondern mit Sätzen aus der Erfahrung gegeben ist.

Bei den Ausarbeitungen selbst ist zunächst auf Richtigkeit nach den Gesetzen der Deutschen Grammatik zu halten, und jeder Verstoß gegen dies. zum Gegenstande scharfer Kritik und ausführlicher Erörterung zu machen. Wenn es nicht gerathen erscheint, in den oberen Klassen eigene Lehrstunden für die Deutsche Grammatik anzusetzen, muß in diesen Klassen besonders der Unterricht im Griechischen und im Lateinischen dazu benutzt werden, das Verhältniß, in welchem der Genius der Deutschen Sprache zu den genannten Sprachen steht, nachzuweisen. Es ist gut, bei schwierigen Stellen die Schüler in schriftlichen Uebersetzungen sich versuchen zu lassen, und einzelne grammatische Unterschiede ihnen zur besondern Ausführung aufzugeben. So dürfte z. B. eine Darstellung des Unterschiedes, der im Gebrauch des Deutschen Relativ-Pronomens gegen den Lateinischen Sprachgebrauch stattfindet, in der Prima eines Gymnas. ganz an ihrer Stelle und als Aufgabe geeignet sein, das Nachdenken zu wecken, und auf Sprachuntersuchungen hinüber zu leiten. Bei Lesung der Autoren müssen ausgezeichnete Stellen nicht bloß zum grammatischen Verständnisse gebracht, sondern durch längeres Verweilen und wiederholtes Lesen dem Gedächtnisse eingeprägt werden, so daß die Schüler, wie der Lehrer sie aufruft, dieselben allenfalls mit einiger Variation, in lautem und vernehmlichem Vortrage, zuerst in der Originalsprache, dann Deutsch, wieder zu geben im Stande sind. Der Gebrauch figürlicher Ausdrücke ist nicht zu hindern, und der Jugend ihre Freude an einer blühenden, bilderreichen Sprache nicht zu verderben, aber auch darauf zu halten, daß die gebrauchten Figuren mit einander im Einklange stehen, und nicht durch Widersprechendes den Gedanken, den sie veranschaulichen wollen, verdunkeln.

An Material zu ihren Arbeiten wird es den Schülern um so weniger fehlen, je mehr die in den klassischen Autoren niedergelegten Ideenschätze bei Lesung ders. ihnen aufgeschlossen, je mehr sie beim Religionsunterrichte für die höhere Welt des Glaubens begeistert, je anschaulicher ihnen, beim Geschichtsunterrichte, die verschiedenartigen Weltverhältnisse, die Gestalten des sittlichen Lebens und in der Entfaltung der Weltbegebenheiten, die Wege der Vorsehung gezeigt oder angedeutet werden. Zu gründlichen Erörterungen über Staats- und Volkswesen ist besonders die alte Geschichte zu benutzen, da in ders. die Quellen zur Hand sind, und die Beziehungen auf die Gegenwart nicht so nahe liegen, um die Unbefangenheit des jugendlichen Geistes zu stören, und absprechende Urtheile über Gegenstände der jetzigen Gesetzgebung und Staatsverwaltung zu veranlassen. Diese Gebiete können der Jugend nicht unbedingt gesperrt werden; desto nöthiger ist es, ihr die rechten Wege zu dens. zu bahnen. Wenn die Staatsverfassungen und Gesetzgebungen Athens und Roms in den Geschichtsstunden der Prima ausführlich behandelt, und in Verbindung damit die Reden des Demosthenes und Cicero gelesen werden, wird der einsichtige Lehrer Anlaß und Stoff genug finden, richtige Vorstellungen von den Zwecken und Formen des Staates einzuleiten, und die Zöglinge unvermerkt auf den Standpunkt zu führen, auf welchem der wahrhaft Gebildete die Verhältnisse, in welchen sich die Gegenwart bewegt, überblickt, und unter dem Geräusch widerstreitender Interessen und leidenschaftlicher Meinungen ein ruhiges und besonnenes Urtheil behauptet.

Die Ansicht, daß die alte Geschichte in den mittleren Klassen abzuthun sei, können wir daher nicht gelten lassen, da durch dieselbe der oberen Geschichtsklasse gerade der, einer wissenschaftlichen Behandlung am meisten fähige Stoff, und mit ihm das geeignetste Mittel zur Verständigung über innere Staats- und Volksverhältnisse entzogen wird. Aber freilich muß alte Geschichte in Prima nicht bloß in Wiederholung der in den untern Klassen zur Genüge erzählten Schlachten der Perser- und Punierkriege bestehen, und der Lehrer sich nicht auf den Inhalt der gangbaren Hand- und Lehrbücher beschränken, sondern für den oben erwähnten Zweck die Forschungen von N i e b u h r, H e e r e n, W a c h s m u t h, B ö c k h und Anderen benutzen, und auch die Kultur und Literatur in seinen Bereich ziehen. Mit den Grundideen der philosophischen Hauptschulen des Alterthums müssen Primaner im Geschichtsunterrichte nothwendig bekannt gemacht werden. Der Religionsunterricht wird durch Beziehungen auf das klassische Alterthum an wissenschaftlichem Interesse gewinnen, und in dens. Anlässe zu Aufgaben finden, wie etwa folgende: wie verhält sich die Lehre der Stoiker von der Vorsehung zur christlichen Lehre von der göttlichen Weltregierung? wie der vom Cicero (Catil. III. 9.) ausgesprochene Glaube: daß die Gedanken und Thaten der Menschen nicht ihnen selbst, sondern dem Einflusse der Götter gehören, zur christlichen Vorstellung von der Wirksamkeit des göttlichen Geistes?

Die für solche Behandlungsweise erforderliche Zeit läßt sich gewinnen, wenn in der mittlern und neuern Geschichte unfruchtbare Einzelheiten beseitigt, und die Schüler mit der besondern Staatengeschichte nur in soweit beschäftigt werden, daß sie den Zusammenhang ders. mit dem Universellen durch einzelne hervorstehende Charaktere und Begebenheiten kennen lernen, der Hauptfaden aber durch die Deutsche, und später durch die vaterländische Geschichte gezogen wird. Die Reihenfolge aller Könige von Frankreich, England, Spanien, Polen ꝛc. von den Schülern zu fordern, oder ihnen das Detail solcher Staats- und Kriegsgeschichten vorzutragen, welche ohne Folgen für die Entwickelung der Menschheit geblieben sind, z. B. die Schlachten und Gefechte des dreißigjährigen Krieges nach Gustav Adolphs und Wallensteins Ausscheiden, die Schlachten der Kriege Ludwigs XIV., die Bündnisse und politischen Schwankungen der ersten Hälfte des 18. Jahrhunderts, Türkenkriege und Aehnliches, würde durchaus zweckwidrig sein. Der Lehrer der Geschichte muß das Bildende und Lebendige von dem bloß Faktischen zu sondern wissen, und seine Zeit und seine Kraft nicht an unfruchtbare Stoffe setzen.

Eine andere große Zeitersparniß wird gemacht, und zugleich die Weckung der Ideen durch den Unterricht besser gefördert werden, wenn diej. Gymnasiallehrer, welche die alten Sprachen lehren, und die klassischen Autoren interpretiren, eingedenk bleiben, daß nicht der wissenschaftliche Ausbau der Höhen der Philologie, sondern Begründung humaner Geistesbildung, Aufgabe der Gymnas. ist, und daß diej., die sich der höheren Philologie widmen, gleich denen, welche die Theologie oder die Rechte studiren, an ihr eigentliches Ziel erst auf der Universität gelangen können 2c.

(A. XIII. S. 529.)

c) Eben so erließ das Schulkoll. der Provinz Brandenburg ein C. R. v. 21. Aug. 1829 an sämmtl. Direktoren und Rektoren der gelehrten Schulen der Provinz von im Wesentlichen übereinstimmenden Inhalte. (A. XIII. S. 536.)

d) Nr. 8. des C. R. v. 24. Okt. 1837 (s. o. S. 152), u. der Schluß des Koblenzer C. R. v. 21. Nov. 1840. (s. unten.)

III. Lehrmittel.

1) Schulbücher.

a) Einführung von Schulbüchern: §. 7. Nr. 4. u. 5. der Konf.-Instr. v. 23. Okt. 1817 (Bd. 1. S. 262.), V. v. 28. März 1825, 14. Dec. 1836, 24. April 1837. (Bd. 1. S. 647—649.)

b) Verkauf gebundener Schulbücher durch Buchbinder: (Bd. 1. S. 652.)

2) Schul-Bibliotheken und Sammlungen.

a) Aufsicht: §. 21. der Brandenburger, und §. VI. der Rhein. Dir.-Instr. im vorigen Abschn. S. 84. u. S. 93.[1])

b) Empfangs-Bescheinigungen und Inventarisations-Atteste über die zur Vertheilung an die Gymn. bestimmten Bücher 2c.

R. des Min. d. G., U. u. M. Ang. (v. Altenstein) v. 21. Nov. 1836 an das K. Konf. und Prov.-Schulkoll. zu Königsberg.

Das Min. eröffnet dem K. Konf. und Prov. Schulkolleg. auf die Anfrage v. 14. v. M., daß allerdings über alle die Bücher, Musikalien oder sonstigen Gegenstände, welche aus diesseitigen Centralfonds angeschafft und dem K. Konf. und Prov. Schulkolleg. zur Vertheilung an Gymnas., Sem. 2c. von hier aus zugesendet werden, auch selbst dann, wenn das diesfällige R. eine ausdrückliche Aufforderung dazu nicht enthält, Empfangsbescheinigungen und resp. Inventarisations-Atteste an die Generalkasse des Min. eingesandt werden müssen, indem dieselbe solcher zur Rechnungs-Justifikation nothwendig bedarf. Die in Rede stehenden Atteste müssen, wie sich von selbst versteht, in vorschriftsmäßiger Form ausgestellt und namentlich auch darunter jedesmal vermerkt sein, unter welcher pagina und Nummer die betr. Gegenstände in das Inventarium eingetragen worden sind. Das K. Konf. und Prov. Schulkolleg. hat daher über alle derartige Sendungen, welche Demf. für Anstalten in dessen Geschäftsbezirke von hier aus zugehen, die nöthigen Empfangsbescheinigungen und resp. Inventarisations-Atteste von den betr. Instituten einzufordern, und sobald solche Demf. vollständig zugegangen sind, dieselben, über jede Sammlung besonders, unverzüglich an die diesseitige Generalkasse gelangen zu lassen.

(A. XX. S. 917.)

---

1) In dem R. v. 25. Jan. 1821 (s. o. S. 169—170) heißt es: 4) Rücksichtl. der Verwaltung der dortigen vereinigten Gymnasial- und Rathsbibliothek ist endlich das Sentiment der K. Reg. (nämlich: die Aufsicht über dergl. Bibliotheken, wenn solche nicht auf die Kommunalkassen, sondern auf besondere Stiftungen gegründet sind, dem Magistrate ausschließlich zu übertragen) überall begründet. (A. V. S. 80.)

c) Einsendung von Verzeichnissen der vorhandenen Handschriften an die K. Bibliothek zu Berlin.

C. R. des Min. d. G., U. u. M. Ang. (v. Ladenberg) v. 4. Juli 1846 an sämmtl. K. Reg. und Prov.-Schulkoll.

Schon seit längerer Zeit und von mehreren Seiten ist darauf hingedeutet worden, daß der Besitz einer möglichst vollständigen Nachweisung über die Handschriften sämmtlicher Bibliotheken in den K. Staaten, woraus der Gelehrte sich ohne Schwierigkeit über die für seine wissenschaftlichen Arbeiten vorhandenen handschriftlichen Hülfsmittel unterrichten könnte, für die hiesige K. Bibliothek von besonderem Werthe sei. Es ist auch bereits der Anfang dazu durch Erwerbung einer Abschrift des Verzeichnisses der in den Universitäts-Bibliotheken zu Königsberg, Greifswald, Halle, Bonn und Breslau, sowie in der K. Bibliothek zu Erfurt, und in der Stadtbibliothek zu Trier befindlichen Handschriften gemacht worden. Um den beabsichtigten, sehr erheblichen wissenschaftlichen Zweck vollständig zu erreichen, wird die K. Reg. beauftragt, die sämmtlichen Vorsteher von Kirchen-, städtischen oder sonstigen öffentlichen Bibliotheken Ihres Bez. (das K. Prov. Schulkolleg. beauftragt, die sämmtl. Vorsteher der Gymnasial-Bibliotheken Seines Bez.) zu Einsendung von Verzeichnissen der von ihnen verwahrten Handschriften für die hiesige K. Bibliothek in der Art zu veranlassen, daß diese Verzeichnisse der K. Reg. eingereicht und nach vollendeter Sammlung von Ders. an den K. Ober-Bibliothekar, Geh. Reg. Rath Dr. Pertz hieselbst unter dienstlichem Rubrum übersendet werden. Wegen der Einsendung von Verzeichnissen der in den Bibliotheken der Gymnas. (in den Kirchen-, städtischen oder sonstigen öffentlichen Bibliotheken) befindlichen Handschriften, ist an die K. Prov. Schulkolleg. (an die K. Reg.) besonders verfügt worden.

(Min. Bl. d. i. V. 1846. S. 250.)

3) Schüler-Bibliotheken.

a) C. R. des Kons. zu Köln v. 14. Sept. 1824 an die Dir. sämmtlicher Gymn. Daselbst wird zunächst auf min. Befehl strenge polizeiliche Aufsicht über die Leihbibliotheken, Revision derselben mit Hülfe der Vorsteher und Lehrer der betr. höhern Schulen, und das Verbot für Schüler, Leihbibliotheken ohne spezielle Erlaubnißscheine zu benutzen angeordnet. Diese letztere Vorschriften sind gegenwärtig nicht mehr anwendbar, vergl. Nr. III. 4. im 4. Kapitel. Darauf aber heißt es weiter:

Um jedoch für die Schüler den Grund zur Benutzung der Leihbibliotheken mit der Zeit ganz zu entfernen, ist bei jedem Gymnas. eine Schülerbibliothek zu gründen, welche vorzüglich zu deren Privatlektüre zu bestimmen ist, und deren Kosten durch kleine außerordentliche Beiträge, welche von den Schülern bei ihrer Aufnahme, Versetzung oder Entlassung oder bei anderweitigen schicklichen Gelegenheiten zu erheben sind, aufgebracht werden.

Bei der Wahl der für diese Bibliothek anzuschaffenden Werke sind aber sorgfältig alle solche zu vermeiden, die den Keim revolutionairer Umtriebe in sich tragen, gegen Religion und gute Sitten anstoßen, oder die Grundsätze einzelner Konfessionen verletzen, weshalb bei dieser Auswahl überall der Religionslehrer der Anstalt zu Rathe zu ziehen ist. Aus diesem Grunde werden wir uns auch den Katalog der Schulbibliothek von Zeit zu Zeit vorlegen lassen.

Sobald diese Büchersammlung einen der Frequenz der Anstalt angemessenen Umfang gewonnen hat, wird es zweckmäßig sein, den Schülern die Benutzung der Leihbibliotheken ganz zu verbieten, und die Zuwiderhandlung dieses Verbots in jedem zu Ihrer Kenntniß kommenden Falle strenge zu ahnden. Ueberhaupt aber soll diese Einrichtung dazu dienen, daß den Schülern in ihren freien Stunden eine Erholung gewährt, und den verschiedenen Unterrichtszweigen der Anstalt eine Erweiterung für den Privatfleiß der Schüler gegeben werde, daher außer klassischen Dichtern u. s. w. auch vorzüglich geschichtliche und geographische Werke, Biographien, Reisebeschreibungen, belehrende Schriften über Naturwissenschaft, Religion, ferner Erbauungsschriften u. s. w. in die Schülerbibliothek aufzunehmen sind.

Jeder Klassenordinarius hat aber Kenntniß davon zu nehmen, welche Bücher die von ihm beaufsichteten Schüler lesen, und zu dem Ende das Ausgebebuch des

Bibliothekars von Zeit zu Zeit nachzusehn.[1]) Auch ist darauf zu halten, daß der unmittelbar für die Lektionen der Anstalt dienende häusliche Fleiß der Schüler durch die Einrichtung einer Lesebibliothek keine Störung oder eine falsche Richtung erleide, sondern es muß derselbe vielmehr überall in der Weise in Anspruch genommen werden, daß verderbliche Privatbeschäftigungen der Schüler, welcher Art diese auch sein mögen, keinen Raum finden können.

(A. VIII. S. 1091.)

b) Ein C. R. gleichen Inhalts ist von dem Konf. der Prov. Brandenb. unterm 26. Aug. 1824 an die Dir. und Rektoren der gelehrten Schulen der Provinz erlassen worden. (A. VIII. S. 1088.)

IV. Häusliche Arbeiten und Sorge für die Gesundheit der Schüler. (s. in Bd. 1. S. 645. 646.)

Die gesteigerten Anforderungen an die Gymnasialbildung hatten die für die wissenschaftliche Laufbahn bestimmte Jugend zur angestrengtesten Arbeit verurtheilt. Leibesübungen waren, seit sich die Demagogen-Verfolgung des J. 1819 auch auf das Turnwesen ausgedehnt hatte, ungünstig angesehen und fast verpönt. Das Gleichgewicht zwischen der Ausbildung des Körpers und des Geistes, welches die antike Welt angestrebt hatte, war gebrochen. Der nachtheilige Einfluß dieser Einseitigkeit auf die Kräfte des jungen Geschlechtes wurde merkbar. Da erwarb sich Karl Ignaz Lorinser, Arzt in Stettin, das Verdienst, durch seinen im J. 1836 erschienenen Aufsatz „zum Schutze der Gesundheit in den Schulen“ dem Uebel einen Damm entgegen zu setzen. Die Frage war in die Oeffentlichkeit geworfen, und Untersuchungen und abhelfende Verordnungen mußten den wach gewordenen Besorgnissen Antwort geben. Unter den auf diese Veranlassung ergangenen V. sind hervorzuheben.

a) das C. R. v. 24. Okt. 1837, insbesondere Nr. 4. (S. 144 ff.)

b) die ob. S. 159 Note 2. gegebene Stelle des Preuß. Landtags-Abschied v. 28. Okt. 1838.;

c) so wie endlich die Bestimmungen, welche insbesondere der Ueberlastung der Schüler durch häusliche Arbeiten vorbeugen sollen. Die in den Dir.-Instr. (§. 16. der Brandenb. und §. IV. Nr. 4. der Rhein. S. 83. u. 90), so wie in dem C. R. v. 24. Okt. 1837 Nr. 5. angeordneten Besprechungen in den Konferenzen, Verzeichnung in Aufgabebücher und Revisionen dieser Arbeiten durch die Dir. scheinen noch nicht vermocht zu haben, angemessene Schranken aufzustellen. Wenigstens hat sich das Min. der G., U. u. M. Ang. noch im J. 1854 genöthigt gesehen, das nachstehende C. R. an sämmtl. Prov.-Schulkoll.[2]) zu erlassen:

Es wird von vielen Seiten über unverhältnißmäßige Belastung der Schüler mit häuslichen Schularbeiten Klage geführt, die sich nach verschiedenen Wahrnehmungen in Bezug auf einen Theil der Gymnasien als begründet erweist. Die C. V. v. 24. Okt. 1837 enthält allgemeine Bestimmungen, deren gewissenhafte Befolgung geeignet ist, Mißgriffe und Vernachlässigungen in der geb. Beziehung zu verhüten; dieselbe wird den Dir. der höheren Lehranstalten zu genauer Nachachtung wiederholt in Erinnerung gebracht. Die Lehrer-Kollegien sind insbes. darauf aufmerksam zu machen, daß es für den Zweck des Schulunterrichts haupt-

---

1) Vgl. die Posener V. v. 11. Jan. 1829 sub II. 1., wonach die Schüler Verzeichnisse der gelesenen Bücher einzureichen haben. (s. o. S. 183.)

2) Offiziell ist dies C. R. nicht publizirt, doch wird auch in Magers pädagog. Revue, 1854, 2. Abth. S. 341 eine V. der Reg. in Stettin v. 23. Juni 1854 mitgetheilt, welche den Inhalt dieses C. R. wiedergiebt, und namentlich auf die Ferienarbeiten ausdehnt.

sächlich auf den geistigen Verkehr mit den Schülern in der Lehrstunde selbst ankommt, so daß diese in derselben ebenso zur Freude an der Selbstthätigkeit angeregt, wie andererseits angeleitet werden, in zweckmäßiger Weise zu Hause zu arbeiten, so weit es zur Ergänzung des Schulunterrichts erforderlich ist. Sehr zu Unrecht werden die schriftlichen häuslichen Arbeiten vielfach für das Wichtigste beim Schulunterricht gehalten, und dabei ein äußerliches und mechanisches Verfahren befolgt, welches in leiblicher und geistiger Beziehung abstumpfend wirkt. Weder das zulässige Maaß, noch die Art der Arbeit wird überall sorgfältig erwogen und den Kräften der Schüler angepaßt, besonders wenn bei dem Mangel an wahrer Kollegialität und hinlänglicher Aufmerksamkeit des Ordinarius, die verschiedenen Lehrer derselben Klasse ihre Anforderungen an die Schüler nicht ausgleichen. Die Zahl der von den Schülern zu haltenden Hefte hat an mehreren Anstalten zugenommen; es werden nicht blos neben den eingeführten Lehrbüchern hin und wieder noch besondere Regelhefte angelegt, unnöthige Ausarbeitungen, Abschriften, Reinschriften schon gefertigter Arbeiten u. dergl. mehr verlangt, sondern auch dasjenige, was lediglich eine Sache mannigfaltiger mündlicher Uebung sein sollte, wie in den untern und mittleren Klassen das latein. und griech. Dekliniren und Conjugiren, in zu ausgedehntem Maaße zu schriftl. Hausarbeiten benutzt. Die unverhältnißmäßige Zunahme häuslicher Arbeiten wird in der Regel für ein Zeichen angesehen werden können, daß es den betr. Lehrern an Sinn und Geschick fehlt, die Lehrstunde ihrer Bestimmung gemäß zu benutzen, und in vielen Fällen wird darin die Ursache ungenügender Fortschritte der Schüler zu suchen sein. Die Zahl der von den Schülern zu liefernden Arbeiten ist nicht selten so groß, daß die Lehrer außer Stande sind, sie durchzusehen und genau zu kontrolliren, während dies selbstverständlich die erste Bedingung einer erfolgreichen häusl. Thätigkeit der Schüler ist. Die Dir. sind anzuweisen, diesem wichtigen Gegenstand ihre besondere Aufmerksamkeit zu widmen. Derselbe ist baldigst in Konferenzen mit den Lehrern zu berathen, die Zahl der schriftl. und andern häuslichen Arbeiten und der von den Schülern zu haltenden Hefte ist festzusetzen und event. zu ermäßigen. Die Dir. haben die Ausführung dieser Festsetzung genau zu kontrolliren, von der zweckmäßigkeit der häuslichen Aufgaben und der Sorgfalt der Korrektur sich durch wiederholte Revision zu überzeugen, auch zu kontrolliren, ob nicht mit den sogen. Strafarbeiten sowohl an sich, als auch rücksichtlich des dabei zu beobachtenden Maaßes Mißbrauch getrieben werde. Das K. Prov.-Schulkolleg. wolle die Dir. darauf aufmerksam machen, daß die genaue Beaufsichtigung dieser Gegenstände zu den wichtigsten Aufgaben und Pflichten ihres Amtes gehört.

(Voss. Zeit. 1855. Nr. 4.)

V. Dispensation von einzelnen Unterrichtsgegenständen.

1) Allgemeines Verbot derselben.

a) V. des Kons. zu Köln v. 1. Febr. 1823.

Das hohe Min. d. G., U. u. M. Ang. hat mittelst Verf. v. 11. Jan. c. es uns zur Pflicht gemacht, die für Gymn. bestehende Regel, nach welcher kein Schüler, wer er auch sei, und welchem Stande er sich auch widmen wolle, von einem wesentl. Unterrichts-Gegenstande dispensirt werden darf, auch in unserm Bereiche auf jede zweckdienliche Weise aufrecht zu erhalten. Indem wir diese Verf. hierdurch dem Publikum zur Nachricht und den Dir. der unserer Aufsicht untergebenen Gymn. zur Nachachtung bekannt machen, bemerken wir zugleich, daß dieselbe durch den seit kurzem sehr überhandnehmenden Andrang um Dispensation vom mathemat. Unterrichte veranlaßt worden ist, und daß es nun für alle diejenigen Schulen, welche für die obern Klassen der Gymn. vorbereiten, eine um so unerläßlichere Pflicht wird, ihre Schüler in den Anfangsgründen der wesentl. Unterrichts-Gegenstände der obern Gymnasial-Klassen, so weit der Eintritt in dieselben es erfordert, gehörig zu unterrichten. Von dieser Pflicht können auch Privat-Lehrer und Privat-Unterrichts-Anstalten, wenn sie jenen Zweck haben, nicht entbunden werden. Welche Unterrichts-Gegenstände zu den wesentl. gehören, und wie weit der Unterricht in dens. für jede Klasse eines vollständigen Gymnasiums zum Eintritt in dieselbe gefördert sein muß, findet sich in unserer V. v. 3. Aug. 1818 [1]) angegeben, auf welche wir hiermit verweisen ꝛc.

(A. VII. S. 88.)

b) Die wesentlichen Unterrichtsgegenstände sind gegenwärtig durch das Regl. über die Abiturienten-Prüfung v. 4. Juni 1834 bestimmt, welches jedoch im §. 28. sub c. bei Ertheilung des Zeugnisses der Reife Rücksichtnahme auf den künftigen Beruf des Zöglings gestattet. (Vgl. im 5. Kap.)

2) Ausnahmen s. u. im 2. Tit. beim Religionsunterricht und dem Griechischen. Daß bei denjenigen Gymn., welche besondere Realklassen haben, der Lehrplan für diese letztern mehr nach den für Realschulen gegebenen Vorschriften eingerichtet wird, und daß aus ihm einzelne Zweige der gelehrten Bildung, z. B. das Griechische, die schriftl. lateinischen Arbeiten, ganz wegfallen, erwähnt beiläufig das durch C. R. v. 26. Febr. 1839 mitgetheilte Schreiben des Gen. Postm. (v. Nagler) v. 20. Jan. 1839. (A. XXIII. S. 109.)

3) Verbot, jüdische Gymnasiasten am Sabbath vom Schreiben zu dispensiren,

R. des Prov.-Schulkoll. zu Breslau v. 2. Jan. 1840 an die Dir. der Gymn. in der Provinz Schlesien.

Es ist der Fall vorgekommen, daß für jüdische, die christl. Gymn besuchenden Schüler Dispensation vom Schreiben am Sonnabende verlangt worden. Wir finden jedoch keinen Grund, solchen Gesuchen zu willfahren, sondern erachten die jüdischen Schüler für verpflichtet, sich auch in Betreff des Schreibens am Sonnabende der Schulordnung zu unterwerfen, da sie zum Besuch der christl. Gymnas. nicht genöthigt sind, und folglich keine Veranlassung haben, sich über Gewissenszwang zu beschweren, wenn in dens. in dieser Hinsicht auf ihre Religionsvorschriften keine Rücksicht genommen wird. Hiernach ist in vorkommenden Fällen zu verfahren, und die desfallsige Verpflichtung künftig jedem jüd. Vater oder Vormunde vor der Aufnahme seines Sohnes oder Pflegebefohlenen bekannt zu machen. [2])

(Vgl. im 3. Hauptband dieses Werkes, Verhältnisse der Juden, S. 96.)

VI. Schulprüfungen, Prämien-Vertheilungen, Censuren.

Es ist hier blos von dem im Laufe des Gymnasial-Kursus, insbesondere zum Behufe der Klassen-Versetzungen, vorkommenden Prüfungen und Censuren die Rede. Von der Abgangs-Prüfung handelt das 5. Kapitel.

1) Schulprüfungen und Prämien-Vertheilungen.

a) §§. 17. 18. 23. der Brandenb., §. V. Nr. 9. der Rhein. Dir.-Instr. (S. 83. u. S. 93 ff.)

b) R. des Min. d. G., U. u. M. (v. Altenstein) v. 25. Juli 1835 an das K. Prov.-Schulkoll. zu Münster.

Nach dem Antrage des K. Prov.-Schulkoll. v. 7. d. M. genehmigt das Min. hierdurch, daß für die ganze dortige Prov. bei sämmtlichen Gymn. die Anstellung öffentlicher Schulprüfungen, unter Theilnahme aller Schüler, angeordnet werde. Auch ist das Min. damit einverstanden, daß, wo die Gymn. die öffentl. Prämien-Vertheilung wünschen, diese mit dem öffentl. Examen in der Art verbunden werde, daß der Dir. oder der Klassen-Ordinarius, nach der beendigten Prüfung jeder Klasse, den Schülern die ihnen zuerkannten Prämien unter einigen herzlichen

---

1) A. II. S. 731. Vgl. unten Nr. VII. Note 1.

2) Diese Bestimmung einer Prov. Behörde muß strenggläubigen Juden den Besuch der Gymn. unmöglich machen, und würde also indirekt die gesetzliche Berechtigung derselben (§. 10. A. L. R 12. Bd .1. S. 221.) wieder aufheben, wenn sie selbst, bei diesem Widerspruch mit dem Gesetz, als zu Recht bestehend angesehen werden könnte.

Worten der Ermunterung austheilt, alles Theatralische aber, was sich mit dem Ernste der Gelehrtenschule nicht verträgt, bei dieser Vertheilung fortfällt, auch der Abdruck der Namen der Prämiaten ganz unterbleibt.

(A. XIX. S. 716.)

c) Ueber die Art, wie Prüfungen in Sprachen vorgenommen werden sollen, spricht sich das Publ. des Konf. zu Köln v. 9. Febr. 1819 aus:

Die Sicherheit in dem Verstehen einer Sprache offenbart sich zunächst in dem zusammenhängenden, richtig betonten Lesen derselben. Wir fordern daher alle diejenigen, denen es in unserm Geschäftsbereiche obliegt, bei den Versetzungen in den Schulen sowohl, als beim Uebertritt zur Universität, oder beim Eintritt in ein Lehramt an niedern und höheren Unterrichts-Anstalten, die betr. Individuen zu prüfen, hiermit auf, für jede Sprache, worin geprüft wird, in dem Protokoll besonders zu bemerken, welcher Abschnitt zu diesem Zweck den Examinanden vorgelegt, und wie von jedem derselben den Erwartungen genügt sei. Daß hierzu, wie bei diesen Prüfungen überhaupt, nur solche Abschnitte, auf welche eine Vorbereitung nicht Statt finden konnte, gewählt, und die Lesenden während des Lesens durch Zwischenfragen nicht unterbrochen werden dürfen, bedarf keiner Erwähnung. Daß aber die Zöglinge der Schulen schon von früh an in denselben gewöhnt werden, ohne Stocken, ohne Unterbrechung, was sie verstanden haben, im reinen Zusammenhange, und mit richtigem Ausdruck zu lesen, das glauben wir bei dieser Gelegenheit nicht unberührt lassen zu dürfen, und machen daher sämmtl. Lehrer, wie auch besonders die Vorsteher der Schulen dieser Prov. auf dieses Bedürfniß aufmerksam, indem wir sie zugleich auffordern, bei jedem Sprach-Unterricht und in allen Klassen zur Erreichung des gedachten Zweckes mit Ernst und Nachdruck zu arbeiten.

(A. III. S. 157.)

2) Das Censurwesen bei den Gymnasien.

a) §. 10. der Brandenb. und §. V. Nr. 9. der Rhein. Dir.-Instr. (S. 80. u. 93.)

b) R. des M. d. G., U. u. M. Ang. (v. Ladenberg) v. 1. Mai 1840 an das K. Schulkoll. der Prov. Brandenburg.

Das Min. kann sich mit den Grundsätzen, nach welchen, zufolge des sachgemäßen und erschöpfenden Ber. des K. Prov. Schul-Koll. v. 18. März d. J., das Censurwesen im Allg. in den Gymn. der dortigen Prov. bisher geleitet worden, nur einverstanden erklären, und ist nach dens. auch ferner zu verfahren. Die Bezeichnung der Censur-Zeugnisse mit Nummern hält das Min. nicht für angemessen, und hat das K. Prov.-Schulkoll. in geeigneter Weise zu veranlassen, daß in sämmtlichen Gymn. der Prov. die Zeugnisse ohne Nummern, dagegen um so ausführlicher und charakteristischer, und nicht mit allg. Prädikaten bei den einzelnen Rubriken: gut, mittelmäßig, ziemlich 2c., ausgefertigt werden. Das Min. hat zu den Dir. und Lehrern der Gymn. das wohlbegründete Vertrauen, daß sie sich der vermehrten Arbeit, welche für sie aus der Abfassung der Zeugnisse ohne Nummern in der oben bezeichneten Weise allerdings erwächst, im Interesse ihrer Schüler und des wichtigen Zwecks, der zu erreichen steht, gern unterziehen werden. Da eine Gleichförmigkeit in der Einrichtung des Censurwesens um so weniger räthlich erscheint, je nöthiger es ist, Alles zu vermeiden, daß dasselbe nicht in einen Mechanismus ausarte, so kann es im Uebrigen bei den Verschiedenheiten, welche zufolge des Ber. in Betreff des Censurwesens bei den einzelnen Gymn. nach der Eigenthümlichkeit der betr. Dir. bis jetzt Statt finden, auch ferner belassen werden, und insbes. ist dem Rektor N., welcher sich gegen alles öffentl. Beurtheilen der Schüler erklärt hat, auch in Zukunft zu gestatten, daß die Censuren nur halbjährlich ohne besondere Feierlichkeit und nicht in einer allg. Versammlung, sondern nur in den Lehrzimmern der einzelnen Klassen abgehalten werden.

(M. Bl. d. i. V. 1840. S. 230.)

c) R. desselben Min. v. 12. Mai 1840 an das K. Prov.-Schulkoll. zu Koblenz.

Der Ber. des K. Prov. Schul-Koll. v. 28. März d. J. erstreckt sich nur auf die bei den Gymn. der dortigen Prov. üblichen Schemata für die Censur-Zeugnisse, und kann somit nicht als eine genügende Erledigung der Verf. des Min. v. 29. Okt. v. J. betrachtet werden, mittelst welcher das K. Prov Schul-Koll. beauftragt ward, über die bisherige Einrichtung des Censur-Wesens bei den Gymn. der dortigen Prov. ausführlich zu berichten. Zu dem Wesen dieser ganzen Institution, soll sie anders ihrem Zwecke in Bezug auf die Schule, die einzelnen Schüler und deren Eltern vollständig entsprechen und die Lehrer nöthigen, ihre Schüler nach ihrer Individualität zu beobachten und sich in den Konferenzen über die bei Einzelnen in Anwendung zu bringenden Erziehungsmittel zu berathen, soll sie dem Lehrer-Kollegium ein sicheres Bewußtsein über den Geist der Schule und der einzelnen Kl. verschaffen, eine Vermittlerin zwischen Schule und Vaterhaus werden und die Vortheile der öffentl. Erziehung mit denen der Privaterziehung vereinigen, gehört zunächst, daß in jedem Gymn. mit aller nur mögl. Umsicht und Sorgfalt Vorbereitungen veranstaltet und Einrichtungen getroffen sind, um viertel- jährlich oder halbjährlich nach Verschiedenheit der Kl. ein gründl. und vollständiges Urtheil über die Leistungen einzelner Schüler und ganzer Kl. abgeben zu können. Zu solchen Vorbereitungen und Einrichtungen rechnet das Min. ein nach richtigen pädagogischen Grundsätzen für jede Kl. angelegtes und geführtes Tagebuch, die Anordnung vierteljähriger, theils von Dir., theils von den Klassen-Ordinarien zu haltender Revisionen der schriftl. Arbeiten der Schüler, ein zweckmäßig angelegtes Censurbuch für jede einzelne Klasse und das vierteljährliche Cirkuliren dess. bei allen Lehrern der betr. Kl. nach Beendigung der Revision der schriftl. Arbeiten, und endlich eine General-Konferenz sämmtlicher Lehrer, in welcher auf den Grund der Tagebücher, der Revision der schriftl. Arbeiten und des Ausfalls der Translokations-Prüfungen, über das jedem Schüler zu ertheilende Censurzeugniß berathen und entschieden wird. Demnächst ist es von besonderer Wichtigkeit, daß die in obiger Art vorbereitete Censur in dem rechten Geiste, mit angemessener Würde, in Gegenwart sämmtlicher Lehrer und Schüler abgehalten, dieser Schulfeierlichkeit ein christlich-religiöser Charakter gegeben, und von dem betr. Dir., welcher mit den Eigenthümlichkeiten seiner Schüler vertraut sein muß, gehörig benutzt werde, um durch die Art und Weise, wie er das Lob, das er zu spenden, so wie den Tadel, den er im Namen des Lehrer-Kollegiums auszusprechen hat, der Eigenthümlichkeit jedes einzelnen Schülers anpaßt, die ganze Einrichtung wahrhaft segensreich zu machen und ihr erst die rechte Weihe zu verschaffen. Obwohl sich aus dem Ber. der K. Prov. Schul-Koll. v. 28. März d. J. nicht ersehen läßt, ob und in wie weit bei den Gymn. der dortigen Prov. durch zweckmäßige Verf. vorgesehen ist, daß das ganze Censurgeschäft nach den im Obigen angedeuteten Gesichtspunkten geleitet wird: so glaubt das Min. dennoch voraussetzen zu können, daß solches wirklich der Fall ist und daß namentlich die zur Begründung der jedesmaligen Censur unentbehrl. Veranstaltungen bei jedem Gymn. getroffen sind. Ist diese Voraussetzung richtig, so mag in Hinsicht der zu den Censurzeugnissen anzuwendenden Formulare bei den einzelnen Gymn. immerhin einige Verschiedenheit obwalten, und ist auf dieselbe um so weniger Gewicht zu legen, als sie nicht das Wesentliche der ganzen Einrichtung betrifft. Im Allgem. erachtet das Min. für räthlich, daß das Formulare die Rubriken: I. Schulbesuch, a) versäumt, b) verspätet, — II. Aufmerksamkeit, häuslicher Fleiß, Fortschritte in den Lehrgegenständen, — III. Betragen (ohne die dreifache Spaltung: gegen Lehrer, gegen Mitschüler, außer der Schule), — IV. Besondere Bemerkungen, — enthalte, und daß das Censurzeugniß in den einzelnen Rubriken ohne Zahlen, dagegen aber um so ausführlicher und charakteristischer abgefaßt, und nicht mit allgemeinen Prädikaten bei den einzelnen Rubriken, z. B. sehr gut, gut, mittelmäßig, ziemlich u. s. w. abgefertigt werde. Gegen die Bezeichnung des Censurzeugnisses mit einer das Gesammturtheil des Lehrerkoll. über Aufführung, Fleiß u. Fortschritte des Schülers aus den einzelnen Rubriken zusammenfass. Zahl I. oder II. oder III., und zwar oben zu Anfang des Zeugnisses, läßt sich mit Grund anführen, daß es schwer, ja unmöglich ist, Aufführung, Fleiß, Fortschritte durch eine Zahl richtig und genau zu bezeichnen, und diese Bezeichnung mit Zahlen gar leicht in ein mechanisches Verfahren ausarten kann, welches gerade bei dem Censurwesen auf alle Weise vermieden werden muß. Dagegen verkennt das Min. auch die mannigfaltigen Vortheile nicht, welche die Anwendung von Zahlen Behufs der Bezeichnung des aus den einzelnen Rubriken gezogenen Gesammturtheils den Lehrern, wie den Schülern und ihren Angehörigen, gewähren kann, und erachtet daher für angemessen, daß den Lehrerkollegien der einzelnen Gymn. überlassen werde, die Censurzeugnisse oben und vor den einzelnen Rubriken, die jedenfalls in Worten ausgefüllt werden müssen, oder mit einer Zahl auszufertigen.

Die in dem Ber. des K. Prov. Schul-Koll. v. 28. März d. J. ausgesprochene Ansicht, daß, wenn auch die erste Fassung des allg. Urtheils über die sittl. Führung dem Ordinarius der betr. Kl. zu überlassen wäre, doch dem Dir. mit der Verantwortlichkeit auch die Befugniß einzuräumen sei, nach gewissenhafter Ueberzeugung zu mildern, und selbst zu ändern, kann das Min. nicht billigen, da bei einer zweckmäßigen Einrichtung des ganzen Censurwesens das jedem einzelnen Schüler auch in Hinsicht auf sittliche Führung zu ertheilende Censurzeugniß in einer desfallsigen Konferenz berathen und beschlossen werden muß, und eine Abänderung eines solchen Konferenzbeschlusses von Seiten der betr. Klassen-Ordinarien oder des Dir. sich mit dem Zwecke der Censur aus nahe liegenden Gründen nicht vereinigen läßt.

(M. Bl. d. i. V. 1840. S. 352.)

d) R. desselben Min. v. 19. Aug. 1840 an dasselbe Prov.-Schulkoll.

Die von dem K. Prov. Schulkolleg. mittelst Ber. v. 19. v. M. abschriftlich eingereichte Verf. (a.), welche Dass. in Betreff der Censurzeugnisse an die Dir. der Gymnas. seines Verwaltungsbez. auf den Grund des diesseitigen R. v. 12. Mai d. J. erlassen hat, ist recht zweckmäßig, und entspricht den diesfallsigen Intentionen des Min., so daß dass. sich gern veranlaßt sieht, dem K. Prov. Schulkolleg., und namentlich dem Referenten, Reg. und Schulrath Dr. Eilers, seine besondere Zufriedenheit darüber hierdurch zu erkennen zu geben.

Anl. a.

Die durch unsere Verf. v. 31. Okt. 1827 eingeführten Schemata zu den sogenannten Censurzeugnissen haben nach den seither gemachten Erfahrungen den beabsichtigten Zweck nicht überall erreicht, vielmehr zu Mißverständnissen und Irrthümern Veranlassung gegeben, die weder der Wirksamkeit der höheren Lehranstalten an und für sich, noch dem so wünschenswerthen Zusammenwirken der häuslichen und öffentlichen Erziehung förderlich gewesen sind. So hat zunächst die dreifache Spaltung der Rubrik „Betragen" ein richtiges Gesammturtheil über die sittliche Führung häufig erschwert, und mitunter auch Widersprüche herbei geführt, indem die Spalten mit verschiedenen, theils lobenden, theils tadelnden Prädikaten ausgefüllt wurden. Eben so hat die dreifache Spaltung jedes einzelnen Unterrichtsgegenstandes in die Rubriken: Aufmerksamkeit, häuslicher Fleiß und Fortschritte, dem wahren Zwecke der Censuren, die Schüler und deren Eltern über den Erfolg des Unterrichts zu verständigen, nicht entsprochen, vielmehr zu einem Schematismus geführt, bei welchem die wesentlichsten und wichtigsten Gegenstände des Gymnasial-Unterrichts mit dens. nackten Prädikaten abgeurtheilt wurden, wie die minder wesentlichen und weniger bedeutenden. Weder die Schüler noch deren Eltern konnten hiernach den wahren Werth der Censuren auffassen, besonders dann, wenn bei dems. Unterrichtsgegenstande das Prädikat unter der Rubrik „Fortschritte", wie dieses häufig der Fall war, nicht im Einklange stand mit den Prädikaten unter den Rubriken „Aufmerksamkeit" und „häuslicher Fleiß"; was auch noch den großen pädagogischen Uebelstand mit sich führte, daß Schüler, die bei mangelhaftem Fleiße ihre Fortschritte gelobt sahen, übermüthig wurden, diej. dagegen, die bei aller Aufmerksamkeit und allem Fleiße ihre Fortschritte getadelt fanden, den Muth verloren. Die den Censuren vorgesetzten Rangnummern haben diesem Uebelstande um so weniger begegnen können, als dieselben meistens nach dem arithmetischen Verhältnisse sämmtlicher tadelnder und lobender Prädikate bestimmt wurden und daher nicht immer das Wesentliche des Gesammtresultats richtig bezeichneten.

Endlich sind den Censuren häufig, und zuweilen mit vollem Rechte, Unrichtigkeiten und Schroffheiten in der Angabe der mit oder ohne Entschuldigung versäumten Stunden, der nicht gelieferten Arbeiten und des zu späten Kommens zur Last gelegt, und somit nicht nur die Gesinnungen und pädagogischen Fähigkeiten einzelner Lehrer, sondern auch die Glaubwürdigkeit der Censuren überhaupt in einer der Würde und dem Ansehen der Gymnas. nachtheiligen Weise verdächtigt worden.

Um diesen Uebeln und Mißgriffen für die Zukunft so viel möglich zu begegnen, ertheilen wir Ihnen, in Gemäßheit einer diesen Gegenstand betr. Verf. des

K. Min. der G., U. u. Med. Ang. v. 12. Mai d. J. folgende, das bisherige Verfahren theils abändernde, theils näher bestimmende Vorschriften.

1) Die Rubrik „Betragen" wird künftig unter Weglassung der dreifachen Spaltung: „gegen Lehrer, gegen Mitschüler, außer der Schule", mit einem allgem., nach vernünftigen pädagogischen Grundsätzen zu ermittelnden und abzufassenden Urtheile über die sittliche Führung des betr. Schülers ausgefüllt. — 2) Aufmerksamkeit, häuslicher Fleiß und Fortschritte der Schüler werden künftig nicht in dreispaltige Kolonnen für jeden einzelnen Unterrichtsgegenstand mit den nackten Prädikaten „gut, ziemlich gut" u. s. w. bezeichnet, sondern für die einzelnen Unterrichtsgegenstände auf einem umfassenden, dem Zwecke der Verständigung der Schüler und ihrer Eltern entsprechenden Urtheile charakterisirt, wobei jedoch die maaßgebenden pädagogischen Rücksichten ebenfalls nicht aus den Augen zu verlieren sind, besonders da, wo für einzelne Gegenstände Lob und Tadel stärker hervortritt. — 3) Die Rubrik „Schulbesuch" ist ebenfalls mit einem allgem. Urtheile auszufüllen, und demnächst die Zahl der versäumten Stunden anzugeben, auch zu bemerken, wie oft Verspätungen stattgefunden haben; die Unterscheidungen „mit Entschuldigung" fallen weg, so wie es sich denn auch von selbst versteht, daß Verhinderung des Schulbesuchs durch Krankheiten zwar anzugeben, nicht aber zu den Versäumnissen zu rechnen sind. — 4) Unter der besondern Rubrik „Bemerkungen" werden künftig in möglichst milder und schonender Weise alle dies. Beobachtungen und Erfahrungen der Schule aufgeführt, deren Kenntnißnahme bei der häuslichen Erziehung von Wichtigkeit ist, wobei jedoch sittliche Gebrechen ärgerer Art ausgeschlossen sind, indem diese der Privatmittheilung durch den Dir. oder den Ordinarius vorbehalten bleiben müssen. Unter dieser Rubrik können auch die Verhinderungen durch Krankheiten aufgeführt und dabei der nachtheilige Einfluß auf die Fortschritte bemerklich gemacht werden.

Hiernach wird das neue Formular, welches Sie ungesäumt anfertigen lassen wollen, folgende Rubriken enthalten: I. Schulbesuch, — II. Aufmerksamkeit, häuslicher Fleiß und Fortschritte in den Lehrgegenständen, — III. Betragen (ohne die dreifache Spaltung: gegen Lehrer, gegen Mitschüler, außer der Schule), — IV. Besondere Bemerkungen.

Die Bezeichnung des Censurzeugnisses mit einer das Gesammturtheil des Lehrerkollegiums zusammenfassenden Zahl I. II. III. u. s. w. ist zwar mit vielen Schwierigkeiten verknüpft und giebt überdem Schülern und Eltern nur zu leicht Veranlassung zu einer bloß äußerlichen Auffassung der ganzen Censur; dagegen sind aber auch die damit verbundenen und von mehreren Dir. besonders hervorgehobenen Vortheile nicht zu verkennen. Da nun überdem die in Bezug auf Freischüler bestehenden Bestimmungen auf diese Nummern basirt sind und jedes Analogon dens. Schwierigkeiten und Mißbräuchen unterworfen ist, so wollen wir diese bisher üblichen Hauptnummern der Censuren bestehen lassen und nur auf die Nothwendigkeit hinweisen, der richtigen Ermittelung ders. die gewissenhafteste Aufmerksamkeit zuzuwenden.

Was nun die Methode betrifft, den obigen Bestimmungen zweckmäßig und würdig zu genügen, so kommt es vor Allem auf gewissenhafte Beobachtung der Ihnen in Ihrer Instr. §. 4. und §. 5. auferlegten Dienstpflichten [1]) an, indem die Lehrer nur dadurch den etwa erforderlichen Antrieb erhalten können, ihre Schüler nach ihrer Individualität zu beobachten, und sich in den Konferenzen über die bei den Einzelnen in Anwendung zu bringenden Erziehungsmittel zu berathen. Geschieht dies im Geiste der erwähnten Instr., so wird dem Lehrerkollegio ein sicheres Urtheil über die Individualität der einzelnen Schüler, wie es zur zweckmäßigen, Schule und Vaterhaus freundlich verbindenden Abfassung der Censuren erforderlich ist, nicht abgehen, und auch jene dem Vertrauen und der Achtung des Publikums so nachtheilige Einseitigkeit mancher Lehrer ihre Schranken finden, die Gerechtigkeit zu üben meinen, wenn sie Unarten, welche dem jugendlichen Alter eigenthümlich und Gegenstand pädagogischer Behandlung sind, als Charakterfehler auffassen und darüber Urtheile fällen, die den Schüler erbittern und die Eltern nicht selten tief verletzen.

---

1) S. o. S. 77.

Uebrigens versteht es sich von selbst, daß die bisherigen Censurbücher der einzelnen Klassen nach den oben gegebenen Gesichtspunkten abgeändert und so eingerichtet und geführt werden müssen, daß sie bei Abfassung der Censuren für jede einzelne Rubrik einen sicheren, thatsächlichen Anhaltspunkt bieten.

Wir überlassen es Ihnen, für die Resultate der regelmäßigen Klassen-Revisionen und der Translokations-Prüfungen besondere Bücher anzulegen, oder dafür in den gewöhnlichen Censurbüchern besondere Rubriken anzuordnen. Die Abfassung selbst findet, wie bisher, in der Art Statt, daß, nachdem das Censurbuch bei allen Lehrern der betr. Klassen cirkulirt hat, in einer General-Konferenz sämmtlicher Lehrer auf den Grund der im Censurbuche enthaltenen Bemerkungen, der Revision der schriftlichen Arbeiten und des Ausfalls der Translokations-Prüfungen über das jedem einzelnen Schüler zu ertheilende Censurzeugniß, mit Einschluß der Rangnummern, berathen und entschieden wird.

Die Austheilung der Censuren an die Schüler geschieht in Gegenwart sämmtlicher Lehrer und unter den bisher üblichen Feierlichkeiten durch den Dir., wobei wir noch darauf aufmerksam machen, daß das K. Min. ein besonderes Gewicht auf den christlich-religiösen Charakter dieser Feierlichkeit gelegt hat, um die Würde und den rechten Geist ders. zu sichern.

Koblenz, den 19. Juli 1840.

K. Rhein. Prov. Schulkolleg.

An
sämmtliche Gymnasial-Dir. der Prov. und an
den Dir. der Realschule zu Elberfeld.
(Min. Bl. d. i. V. 1840. S. 354.)

VII. Die Klassenversetzungen auf den Gymnasien.

1) Allgemeine Vorschriften: §. 17. der Brandenb. und §. IV. Nr. 7. der Rhein. Dir.-Instr. (S. 83. u. 91.), Nr. 6. des C. R. v. 24. Okt. 1837. (s. o. S. 150.)

2) Anforderungen bei der Versetzung aus Secunda nach Prima.[1])

a) Ber. des Prov.-Schulkoll. zu Königsberg v. 16. Juni 1835 an das Min. d. G., U. u. M. Ang.

Einem K. Hohen Min. haben wir unterm 30. Sept. v. J. gehorsamst berichtet, daß wir uns veranlaßt gefunden haben, über die Ausführung der Bestimmung des §. 7. des Regl. v. 4. Juni pr. die gutachtlichen Aeußerungen sämmtl. Dir. der Gymn. hiesiger Prov. einzuziehen, um bei Abstattung des von uns geforderten Berichts die besondern Verhältnisse der einzelnen Gymn. unsers Bereichs nicht unbeachtet zu lassen.

Die Berichte der Gymn.-Dir. sind nunmehr eingegangen, und wir ermangeln jetzt nicht, Einem K. H. Min. unsern gutachtl. Bericht ehrerbietigst abzustatten. Da die Bestimmung des §. 7. des Regl., daß das Gesuch der Schüler um Zulassung zur Prüfung erst in den drei letzten Monaten des vierten Semesters ihres Aufenthalts in Prima erfolgen soll, es mit sich bringt, daß von jetzt an in allen Gymn. bei den Versetzungen aus Sekunda nach Prima dieselben Anforderungen gemacht werden, so halten wir unmaßgeblich dafür, daß ein Schüler aus Prima in einem zweijährigen Lehrkursus die reglementsmäßige Reife zur Universität erlangen kann, wenn bei seiner Versetzung aus Sekunda nach Prima folgende Anforderungen an ihn gemacht werden. Er muß:

I. Im Lateinischen 1) den Livius, Sallust, Cic. orat. sel. und den Virgil nach einer Vorbereitung verstehen und mit Gewandtheit übersetzen, auch

---

1) Für die Versetzungen in den untern Klassen sind keine allgem. Normen aufgestellt. Eine V. des Kons. zu Köln v. 3. Aug. 1818 (A. II. S. 731.) gab zwar dergl. für die Versetzungen nach Quarta, Sekunda und Prima, da diese V. aber auf dem alten Abiturienten-Prüf.-Regl. v. 12. Okt. 1812 beruht, während gegenwärtig das auf den Gymnasien zu erreichende Ziel durch das neue Regl. v. 4. Juni 1834 bestimmt ist, so erscheinen die dort aufgestellten Anforderungen nicht mehr anwendbar.

die hierzu wesentlichsten Sachkenntnisse aus der Geschichte und den Antiquitäten besitzen; 2) Exerzitien frei von Fehlern gegen die Formenlehre und die Hauptregeln der Syntax, desgl. gegen die Hauptausnahmen machen, und darin einige Kenntniß der Latinismen zeigen; 3) ein Extemporale im Bereich der Sekundaner-Kenntnisse ohne grobe Fehler schreiben können. — II. Im Griechischen 1) Xenoph. anab., Plut. vit. und den Homer nach Vorbereitung, leichtere Stellen auch ohne Vorbereitung fertig übersetzen; 2) sichere Bekanntschaft mit dem etymologischen Theile der Grammatik und den Hauptregeln der Syntax, desgl. mit den meisten Homerschen Formen besitzen. — III. Im Deutschen Aufsätze aus dem Gebiete der Erzählung oder des leichtern Lehrstyls, Briefe rc. sprachrichtig, deutlich, periodisch verknüpft und logisch geordnet, liefern; Hexameter, Pentameter, Trimeter rc., machen, die Literatur-Geschichte bis Luther nach Kobersteins Handbuch kennen, und einige deutsche Schriftsteller mit Verstand gelesen haben. — IV. Im Französischen: richtiges Lesen, Fertigkeit, einen leichten Prosaiker zu übersetzen, Kenntniß des etymologischen Theils der Grammatik, mit Einschluß der unregelmäßigen Verba, und entsprechende Fertigkeit im Uebersetzen aus dem Deutschen in's Französ. mit lexikalischer und grammatischer Hülfe, beweisen. — V. Im Hebräischen muß er Kenntniß der Buchstaben, Vokale, Lesezeichen, der nöthigsten Accente, des pron. pers. separatum, der Regel vom Artikel, der Hauptregeln vom genus, numerus und status der nomina, des substantivum mit den suffixis, der übrigen gebräuchlichen pronomina, der Zahlwörter und der am häufigsten vorkommenden Partikeln, auch der Verbindung der substantiva mit den suffixis und der status constructi, der Verba und deren Analysen, nebst den abweichenden Verbalflexionen besitzen, und ziemlich geläufig lesen können. — VI. In der Religion: Bekanntschaft mit den wichtigsten Glaubens- und Sittenlehren, allgemeine Bekanntschaft mit den bibl. Büchern, genauere mit den historischen Büchern des N. T. haben. — VII. In der Geschichte ist eine Uebersicht der alten und mittleren Geschichte, eine genauere Kenntniß der Gesch. der Griechen und Römer, der Deutschen, Preußens und Brandenburgs bis zum Beginn der neueren Zeit zu verlangen. — VIII. In der Geographie: Topische Erdbeschreibung und das Wichtigste aus der mathematischen und physikalischen. Von der politischen Geographie insbes. die von Europa, von Deutschland und Preußen. — IX. In der Mathematik 1) Arithmetik: Auflösung einfacher Gleichungen mit mehreren unbekannten Größen, Auflösung verwickelter quadr. Gleichungen und Einsicht in ihre Natur, Elemente der kontinuirten Brüche, unbestimmte Analytik, Syntaktik, Anwendung der Syntaktik zum Beweise des binomischen Lehrsatzes für ganz positive Exponenten, arithmet. und geometr. Reihen, Theorie und Gebrauch der Logarithmen. 2) Geometrie: Euklid. 1.—4., 6. 11. und 12. Buch mit einigen Erweiterungen, dabei Fertigkeit im Beweisen und Geschicklichkeit in der Auflösung. 3) Trigonometrie: wenigstens Auflösung des rechtwinkligen Triangels. — X. In der Physik: Elemente der Lehre von den allgem. Eigenschaften der Körper, mit Berücksichtigung der wichtigsten Begriffe aus der Chemie, Elektrizität, Magnetismus, Wärmelehre und Akustik. — XI. In der Naturbeschreibung: Kenntniß der allgem. Klassifikation der Naturprodukte. — XII. In der philosophischen Propädeutik ist aus der Logik Kenntniß der Lehre vom Begriff, Urtheil und Schluß und von der Definition zu verlangen.

Werden diese oder ähnliche Anforderungen an den Schüler als unerläßliche Bedingungen seiner Versetzung aus Sekunda nach Prima festgesetzt, so sind wir der unvorgreiflichen Meinung, daß eine allgem. Bestimmung über die Dauer der Lehrkurse in den fünf untern Klassen keinen wesentl. Einfluß auf den Gymnasial-Unterricht hat, und daß es daher füglich jedem Gymn. überlassen werden kann, sich mit den Lehrkursen in den fünf untern Klassen nach seinen eigenthüml. Verhältnissen auf die Erreichung des vorgesteckten Endzieles von Sekunda einzurichten. In allen Gymn. hiesiger Prov. sind bisher die Lehrkurse auf Sekunda zweijährig, auf Sexta, Quinta und Quarta einjährig, auf Tertia in einigen einjährig, in einem anderthalbjährig und in einigen zweijährig gewesen. Für einen zweijähr. Lehrkursus auf Sekunda scheint ein allgemein anerkanntes, in der Natur der Lehrgegenstände und der Schüler begründetes Bedürfniß entschieden zu haben. Sollte Ein K. H. Min. also nach höherem Ermessen es für zweckmäßig erachten, für alle Gymn., die sechs gesonderte Klassen haben, die Dauer der Lehrkurse in den einzelnen Klassen gleichmäßig zu bestimmen, so würden wir gehorsamst anheimstellen, für die vier untern Klassen einen einjähr. und für die Sekunda einen zweijähr. Kursus anzuordnen, dabei jedoch festzusetzen, daß Jünglinge von ausgezeichneten Fähigkeiten, die auch bei zweijähr. Kursus früher das Klassenziel erreichen, von der Versetzung nach Prima nicht länger zurückgehalten werden dürfen. Diej. Gymn., welche wegen zu großer Frequenz eine Sekunda oder Tertia superior und inferior eingerichtet haben, würden anzuweisen sein, entweder die beiden einander untergeordneten Abth. der Klasse in zwei paralelle Klassen mit gleichem Lehrkursus umzuwandeln, oder den für Sekunda oder Tertia angeordneten Lehrkursus auf die inferior und superior zu vertheilen, wodurch die Schüler solcher Gymn. in den Stand gesetzt werden würden, in dems. Zeitraume, als die Schüler der Gymn. die nur 6 und resp. 5 gesonderte Klassen haben, nach Prima zu gelangen. Die letztere dieser beiden Maaßregeln scheint uns in vielfacher Hinsicht den Vorzug zu verdienen, daher wir die Anordnung ders. dem höheren Ermessen Eines K. H. Min. ehrerbietig anheim geben.

(A. XIX. S. 717.)

b) R. des Min. d. G., U. u. M. Ang. (v. Altenstein) v. 18. Sept. 1835 an das K. Prov.-Schulkoll. zu Königsberg.

Das Min. findet die Anforderungen, welche zufolge des vorstehenden Berichts des K. Prov.-Schulkolleg. v. 16. Juni d. J. an die Schüler der Gymn. der dortigen Prov. bei der Versetzung von Sekunda nach Prima gemacht werden sollen, im Ganzen zweckmäßig, und theilt die Ansicht des K. Prov.-Schulkolleg. daß, wenn auf die Erfüllung dieser Anordnungen gehörig gehalten wird, es füglich jedem Gymn. überlassen werden kann, sich mit den Lehrkursen in den untern Kl. nach seinen eigenthüml. Verhältnissen auf die Erreichung des vorgesteckten Ziels von Sekunda einzurichten. Die in allen Gymn. der dortigen Prov. bisher stattgefundene Einrichtung der zweijähr. Lehrkurse in Sekunda ist auch in Zukunft beizubehalten, jedoch dabei festzusetzen, daß Schüler von ausgezeichneten Fähigkeiten, die früher das Klassenziel von Sekunda erreichen, von der Versetzung nach Prima nicht zurückgehalten werden dürfen. Diej. Gymn., welche wegen zu großer Frequenz eine Sekunda oder Tertia superior und inferior eingerichtet haben, sind anzuweisen, den für Sekunda oder Tertia angeordneten Lehrkursus auf die inferior und superior zu vertheilen, wodurch die Schüler solcher Gymn. in den Stand gesetzt werden, in dems. Zeitraume, als die Schüler der Gymn., die nur 6 und resp. 5 gesonderte Klassen haben, nach Prima zu gelangen.

(A. XIX. S. 721.)

3) Ueber die nöthige Strenge bei Versetzungen, insbesondere aus Tertia nach Secunda, und über die Folgen wiederholten Sitzenbleibens in den vier untern Klassen s. nachstehend sub VIII. 2. b. und 3.

4) Ueber die bei derselben Versetzung an künftige Theologen oder Philologen zu richtende Aufforderung, ihren Entschluß zu diesem Berufe anzuzeigen, vergl. im 2. Tit. sub IV., Unterricht in der hebr. Sprache, das Publ. v. 11. Febr. 1824.

VIII. Abmahnung vom Studiren.

Körperlich schwache Zöglinge sollen vor der Aufnahme, solche, die sich geistig nicht befähigt zeigen, so früh als möglich in ihrem Gymnasial-Kursus von Ergreifung der gelehrten Laufbahn abgemahnt werden; wiederholt nothwendig gewordener Ausschluß bei einer Klassenversetzung kann sogar in den untern Klassen die Entlassung aus dem Gymn. zur Folge haben.

1) Warnung bei der Aufnahme, s. Nr. 1. C. R. v. 24. Okt. 1837 (s. o. S. 151.)

2) Warnungen im Laufe des Gymnasial-Kursus.[1])

1) Vergl. auch die oben bei den Schulgeld-Befreiungen S. 167 sub. a. und bei den Stipendien S. 169 sub. a. γ. befindlichen Vorschriften, so wie ältere V. Bd. 1. S. 55. Note 4. u. S. 61.

a) §. 62. A. L. R. II. 12. (s. o. S. 17.)

b) C. R. des Schulkoll. der Provinz Brandenb. v. 18. Juli 1836 an sämmtl. Dir. der gelehrten Schulen.

Zufolge einer uns höhern Orts zugegangenen Eröffnung, ist die Zahl der bereits auf Anstellung wartenden und in der Ausbildung begriffenen Justiz-Beamten so unverhältnißmäßig groß, daß die erst jetzt auf der Universität befindlichen, oder dahin abgehenden Studirenden sehr entfernte Ansichten auf eine Anstellung im Justiz-Dienste haben. Das K. Justiz-Min.[1]) erachtet es daher für dringend wünschenswerth, die noch auf Schulen befindlichen jungen Leute, welche ohne hinreichendes Vermögen oder vorzügliche Anlagen sich dem Studium der Rechtswissenschaft widmen wollen, davon noch bei Zeiten durch angemessene Belehrungen und Bedeutungen zurück zu halten. Da auch die Zahl derer, welche sich dem eigentlichen Stande für die evangel. Kirche, oder dem gelehrten Schulwesen, oder der Ausübung der Heilwissenschaft gewidmet, und zu dem Ende Universitäts-Studien gemacht haben, nach höhern Orts gemachter Aeußerung, auf eine sehr bedenkliche Weise mit jedem Jahre wächst, und größer zu werden anfängt, als das unmittelbare Bedürfniß des Staates zu erheischen scheint, so ist es nicht minder für räthlich erachtet worden, daß die Schüler in den obern Klassen der Gymn. von dieser Lage der Sache auf eine angemessene Weise in Kenntniß gesetzt, und besonders diejenigen, welche zu den Universitäts-Studien weder die erforderl. Anlagen, noch die nöthigen Mittel besitzen, frühzeitig vor der weitern Verfolgung einer Laufbahn gewarnt werden, welcher ihnen unter den vorwaltenden Umständen Gefahr droht, ihr Ziel zu verfehlen. Vor allen Dingen hat es zweckdienlich geschienen, daß bei der Versetzung der Gymnasial-Schüler aus der dritten in die zweite Klasse, welche auf die Wahl ihres künftigen Lebensberufs einen entscheidenden Einfluß zu üben pflegt, mit größerer Vorsicht und Strenge verfahren, und der Eintritt in die zweite Klasse nur den Schülern gestattet werde, welche hierzu nach dem einstimmigen Urtheile ihrer bisherigen Lehrer in allen Beziehungen befähigt sind. Indem wir Sie hiervon im Auftrage des vorgesetzten K. Min. in Kenntniß setzen, fordern wir Sie auf, nach den obigen Bestimmungen bei der Ihrer Leitung anvertrauten Anstalt zu verfahren.

(A. XX. S. 625.)

3) Entlassung wegen Unfähigkeit.

C. R. des Min. d. G., U. u. M. Ang. (v. Altenstein) v. 10. Mai 1828 an sämmtl. Kons. und Prov.-Schulkoll.

Das Min. findet sich veranlaßt, die Verf. v. 26. Dec. 1825. (a.)

„wonach solche Schüler der vier unteren Klassen eines Gymn., welche nach dem reiflichen und gewissenhaften einstimmigen Urtheile aller Lehrer, aller Bemühungen ungeachtet, sich zu den Gymnasial-Studien nicht eignen, und wegen Mangels an Fähigkeit und Fleiß, nachdem sie zwei Jahre in einer Klasse gesessen haben, doch zur Versetzung in die nächst folgende höhere Klasse nicht für reif erklärt werden können, aus der Anstalt entfernt werden sollen, nachdem den Aeltern, Vormündern, oder sonstigen Angehörigen derselben mindestens ein Vierteljahr zuvor Nachricht davon gegeben ist,"

in Erinnerung zu bringen, da der Andrang junger Leute ohne Mittel und Beruf zum Studiren und zum Staats-Dienste dies nöthig macht. Zur Warnung und Belehrung der Aeltern und Vormünder hat das K. Kons. und Prov.-Schulkolleg. dieselbe durch die Amtsbl. zur öffentl. Kenntniß zu bringen, die Dir. und Lehrer an den gelehrten Schulen aber auch aufmerksam zu machen, daß Erweckung und Beförderung des Fleißes und der Fähigkeiten in der ihnen anvertrauten Jugend nicht minder wie der wissenschaftl. Unterricht zu ihrem Berufe und zu ihren Pflichten gehören, und daß das Min. bei dieser Verf. von dem Vertrauen ausgegangen sei, daß sie erstere gewissenhaft erfüllen werden.

Anl. a.

Obwohl zu Folge des Ber. des K. Konf. v. 12. Okt. d. J. die Frequenz in dem katholischen Gymnas. zu Breslau, und namentlich in Prima und Sekunda so

---

1) C. R. des Justiz-Min. v. 27. April 1836. (A. XX. S. 354.)

sehr gestiegen ist, daß zur Verminderung der hieraus für Lehrer und Schüler erwachsenden Nachtheile auch außerordentliche Maaßregeln als hinlänglich gerechtfertigt erscheinen: so kann das Min. dennoch die in diesem Gymnas. vorgenommene Theilung der Prima und Sekunda in zwei neben einander laufende Cötus — nicht für unbedenklich halten. Nach der bisherigen Erfahrung ist eine solche Theilung in den untern und mittlern Klassen nicht nur zulässig, sondern auch für die Schüler und Lehrer ersprießlich, vorausgesetzt, daß das Getrennte, in sofern die Schüler den ganzen Gymnasialkursus absolviren, in den oberen Klassen und namentlich in Prima wieder vereiniget wird. Im entgegengesetzten Falle und insbes., wenn auch die Prima in zwei neben einander laufende Cötus getheilt wird, entstehen aus Einem Gymnas. zwei getrennte Anstalten, welche eines Vereinigungs- und Mittelpunktes entbehren, und dieses erschwert nicht nur die Aufrechthaltung und konsequente Durchführung einer tüchtigen Disziplin, sondern führt auch in Hinsicht des Unterrichts, der Abiturienten-Prüfungen u. s. w. schwer zu beseitigende Unbequemlichkeiten und Nachtheile mit sich. Das Min. hat aus diesen und ähnlichen Gründen bisher die Theilung der Prima eines Gymnas. in zwei neben einander laufende Cötus — überall vermieden, und kann die fragliche Maaßregel auch für das dortige katholische Gymnas. nicht für heilsam halten. Das K. Konf. wird daher beauftragt, dem eben geb. Gymnas., so lange die gegenwärtige Frequenz dess. fortdauert, die Theilung der unteren und mittleren Klassen in zwei neben einander laufende Cötus zu bewirken, dagegen aber die vorgenommene Theilung der Sekunda und Prima und insbes. der letzteren Klasse so bald als möglich wieder aufzuheben.

In den kathol. Gymnas. zu Glatz, Gleiwitz, Leobschütz und Neiße müssen die zu überfüllten unteren und mittleren Klassen gleichfalls in zwei neben einander laufende Cötus — getheilt werden, und ist das Min. sehr geneigt, zur Ausführung dieser interimistischen Maaßregel die erforderlichen Geldmittel aus den disponiblen Geldern des dortigen kathol. Haupt-Gymnasialfonds auf die desfallsigen zu erwartende Anträge des K. Konf. zu bewilligen.

Die Absicht des Magistrats in Breslau, eine größere Mittelschule daselbst zu errichten, gereicht dem Min. zu einem besonderen Wohlgefallen, und ist allerdings zu hoffen, daß diese Schule, deren baldige Eröffnung unter den vorwaltenden Umständen höchst wünschenswerth ist, den allzugroßen Andrang zu den dortigen Gymnas. vermindern werde.

Schließlich will das Min. auf den desfallsigen Antrag des K. Konf. den Gymnas. hierdurch die Befugniß ertheilen, solche Schüler der mittleren und unteren Klassen, welche sich nach dem einstimmigen Urtheile aller Lehrer nicht zu den Gymnasialstudien eigenen, und namentlich solche, welche wegen Mangels an Fleiß und Fähigkeiten auch, nachdem sie zwei Jahre hindurch in einer und ders. Klasse gesessen haben, noch nicht zur Versetzung in die zunächst höhere Klasse für reif erklärt werden können, aus ihrem Kreise zu entfernen.

Dem K. Konf. bleibt überlassen, hiernach das weiter Erforderliche zu verfügen, und in dem desfallsigen Erlasse vorzubeugen, daß diese den Gymnas. zu ertheilende Befugniß nicht zur Härte gemißbraucht, sondern nur mit Schonung zur Anwendung gebracht werde.

Berlin, den 26. Dec. 1825.

Min. der G., U. u. Med. Ang.
v. Altenstein.

An
das K. Konf. in Breslau.
(A. XII. S. 371.)

IX. Schulfeste.

Dergleichen Feierlichkeiten, bei denen in der Regel Lehrer und Schüler Reden halten, letztere auch Gedichte deklamiren, finden bei Gelegenheit der Prüfungen, Prämien-Vertheilungen (s. o. S. 191 Nr. VI.) und bei der Entlassung der Abiturienten statt. Es soll diesen Festen ein religiöser Charakter gegeben werden: C. Verf. des Prov.-Schulkoll. zu Berlin v. 4. Aug. 1826

Nr. 3. (s. u. im 2. Tit. I. 2. a.) und C. R. des Prov.-Schulkoll. zu Magdeburg v. 15. Okt. 1833. (s. u. im 5. Kap.)

In neuerer Zeit ist ein gleicher Aktus an dem Geburtstage des Königs angeordnet worden. Die betreffenden Verfügungen sind jedoch nicht in den Sammlungen publizirt. Vergl. auch Bd. 1. S. 718, und über die Feier vaterländischer und kirchlicher Gedenktage in Seminarien, ebendas. S. 908.

Zweiter Titel.

Die einzelnen Lehr-Gegenstände.

I. Religions-Unterricht. (s. Bd. 1. S. 653. flg. 921. flg.)

1) Allgemeine Vorschriften:

a) Vergl. die dem C. R. v. 24. Okt. 1837 (s. o. S. 156.) beigefügte Stundentabelle. — Ferner §. 23. Nr. 5., §. 28. A. Nr. 5. des Abitur. Prüf. Regl. v. 4. Juni 1834 im 5. Kap., und insbesondere ebendaselbst in der Schlußnote zu §. 16. des R. v. 26. Juni 1835.

b) Das dem 4. Preuß. Landtagsabsch. v. 3. Mai 1832 beigefügte Promemoria des Min. d. G., U. u. M. Ang.[1])

Dem Religions-Unterrichte in den Gymn., für welchen in der vorliegenden Denkschrift des vierten Prov.-Landtags der Prov. Preußen Einheit und feste Methode und die Anstellung von wissenschaftlich ausgebildeten Lehrern, welche religiös anerkannte Geistliche sind, gewünscht wird, habe ich in Anerkennung seiner hohen Wichtigkeit und des heilsamen Einflusses, welchen er auf die Gesammtbildung der Jugend, wenn er zweckmäßig ertheilt wird, ausüben kann, fortwährend eine vorzügl. Aufmerksamkeit gewidmet, und schon längst habe ich alle die Anordn. getroffen, welche nöthig schienen, um die Erreichung des dem Religions-Unterrichte in den Gymn. zum Grunde liegenden Zwecks zu sichern. In jeder Kl. sämmtl. Gymn. sind für diesen Unterricht wöchentlich 2 Lektionen bestimmt, und die K. Konf. und Prov.-Schulkoll. sind angewiesen, Kombinationen mehrerer Klassen in diesem Unterrichts-Gegenstande nicht zu dulden. Der Stufengang, nach welchem der Religions-Unterricht in den verschiedenen Kl. der Gymn. nach dem Lehrbegriffe der betr. Konfession ertheilt werden soll, ist vorgeschrieben und wird beobachtet, wie die in den jährl. Schul-Programmen abgedruckten Lehr-Pläne für die einzelnen Kl. beweisen. Um zu verhindern, daß bei dem Religions-Unterrichte in den Gymnasien keine unzweckmäßige, und mit dem Lehrbegriffe der betr. Konfession nicht übereinstimmende Lehrbücher gebraucht werden, ist eine Revision aller in den Gymn. vorhandenen Lehrbücher für den Religions-Unterricht veranstaltet, und in Folge ders. sind die als unzweckmäßig anerkannten Lehrbücher entfernt, und ist zugleich den K. Prov.-Schulkoll. aufgegeben worden, die Einführung keines neuen Lehrbuchs für den Religions-Unterricht in den Gymn., ohne vorherige Genehmigung des meiner Leitung anvertrauten Min., zu gestatten. Auch ist angeordnet, daß der Religions-Unterricht in den Gymn. nur solchen Lehrern übertragen werde, welche von einem lebendigen Glauben an die Wahrheit des Christenthums erfüllt sind, die heilige Schrift, wenigstens das neue Testament in der Grundsprache zu interpretiren verstehen, mit den allg. Regeln der bibl. Kritik und Hermeneutik und mit der Geschichte der bibl. Bücher und deren Verfasser hinreichend bekannt sind, die christl. Dogmatik und Moral in ihren Hauptmomenten zu entwickeln wissen, und sich von der Kirchen-Geschichte nicht bloß eine allg. Uebersicht, sondern auch eine nähere Kenntniß derj. Begebenheiten angeeignet haben, welche für die Gestaltung

---

1) Mit Hinweisung auf dies Prom. wurden im ged. Landt.-Abschied sub II. 35. die betreff., mit landesväterlichem Wohlgefallen aufgenommenen Anträge der Stände als bereits erledigt, und zur Abhülfe etwaiger Mängel nähere Anzeige an das Prov.-Schulkoll. für ausreichend erklärt. (A. XVI. S. 554.)

des kirchl. Lebens und die Ausbildung des Lehrbegriffs der betr. Kirche von entschiedenem Einflusse gewesen sind. Zur Sicherung dieser Anordnung ist auf meinen Antrag von Sr. Maj. dem Könige genehmigt, daß den K. wissenschaftl. Prüf.-Komm. noch ein fünftes Mitglied beigesellt werde, welchem ausschließlich die Prüfung der Schulamts-Kand. in der Theologie und in der hebr. Sprache obliegt. An den kathol. Gymn. in sämmtl. Provinzen wird der Religions-Unterricht von wirklichen Geistlichen ertheilt, eben dieses ist auch in mehreren evang. Gymn. der Fall. Immer habe ich Bedenken getragen, diese Einrichtung bei allen evang. Gymn. zu treffen und zu einer allg. zu machen, weil dadurch den Gymn.-Lehrern das trefflichste Mittel genommen würde, auch sittlich-religiös bildend auf ihre Schüler einzuwirken, in eine innere Seelengemeinschaft mit ihnen zu treten, und so auf ihr ganzes Leben einen segensreichen Einfluß zu gewinnen, selbst davon abgesehen, daß nicht alle evang. Ortsgeistlichen zur Ertheilung dieses Unterrichts geschickt oder geneigt sind, und daß nicht alle Gymn. im Stande sind, für den Religions-Unterricht einen besonderen Lehrer geistlichen Standes anzustellen. Endlich sind auch überall von mir die nöthigen Anordnungen getroffen, um in der die Gymn. besuchenden Jugend nicht nur den christlich religiösen, sondern auch den kirchlichen Sinn zu wecken, und das kirchl. Element zum Bewußtsein zu bringen. (A. XVI. 363.)

2) Art und Weise des Unterrichts.

a) C. R. des Schulkoll. der Prov. Brandenburg v. 4. Aug. 1826 an sämmtl. Dir. und Rektoren der gelehrten Schulen in der Provinz.

Wir tragen den H. Dir. und Rektoren der gelehrten Schulen der Prov. Brandenburg hierdurch auf, bei dem Unterricht in der Religion in den unter ihrer Leitung stehenden Lehranstalten, folgende, von dem K. Min. d. G., U. u. M. A. genehmigte grundsätzliche Bestimmungen auf das genaueste zu beobachten und auch, soweit solches dahin gehört, in den von ihnen zu entwerfenden Lektionsplanen hierauf Rücksicht zu nehmen.

1) Da, in der Regel, nur vorzüglich der eine und der andere Lehrer zur Ertheilung des Religions-Unterrichts geeignet ist, diesem also derselbe in mehreren Kl. übertragen werden muß, so ist dieser höhern Rücksicht die, sonst allerdings wünschenswerthe Gleichzeitigkeit des erwähnten Unterrichts unterzuordnen, dennoch aber thunlichst darauf zu sehen, daß derselbe in die erste vormittägige Stunde falle. — 2) Es müssen aber auch alle andere erste vormittägige und nachmittägige Lehrstunden mit einem Gebet begonnen, und eben also auch die letzten vormittägigen und nachmittägigen Lehrst. geschlossen werden. — 3) Wo, wie bei den Censuren, bei der Einführung neuer Lehrer, bei den öffentl. Prüfungen, bei der Entlassung abgehender Scholaren u. s. w. die Gesammtheit der Schuljugend versammelt ist, darf in keinem Falle die erhebende religiöse Feier fehlen, und ist vielmehr stets mit einer solchen die Handlung zu beginnen. — 4) Wo Pensionate oder Alumnate mit einer Lehranstalt verbunden sind, muß der Dir. oder Rektor ganz die Stelle des frommen Familienvaters vertreten, und auf regelmäßige Abhaltung der Morgen- und Abendgebete, Sprechen des Tischgebets u. s. w. halten. Ihm und den Lehrern solcher Anstalten liegt auch insonderheit ob, mit den Zöglingen den öffentl. Gottesdienst zu besuchen, in Gemeinschaft mit den Konfirmirten das heil. Abendmahl zu genießen, und sie auf den würdigen Genuß dess. vorzubereiten. — 5) Aber auch in den andern Lehranstalten, wo eine so genaue Beziehung unter Lehrern und Schülern nicht Statt findet, wird thunlichst auf gemeinschaftl. Besuch des Gottesdienstes zu halten, und jede hierunter schon bestehende Einrichtung aufrecht zu erhalten sein. — 6) In Ansehung des, bei dem Religions-Unterricht zu befolgenden Plans, kann im Allg. die Andeutung genügen, daß in den untern Kl. vorzugsweise bibl. Geschichte durchgenommen, in den mittlern zu einem zusammenhangenden Vortrage der christl. Religionswahrheiten, insonderheit nach Luthers Katechismus übergegangen, in den obern Kl. aber, nächst Mittheilung einer Einleitung in die Bücher der heil. Schrift und einer Geschichte der christl. Kirche, zu einem ausführl. Vortrage über genannte Lehren der christl. Religion vorgeschritten, und, so wie in diesen obern und mittlern theilweise auch untern Kl. eine ganz besondere Aufmerksamkeit auf das Lesen und Erklären, nicht einzelner aus dem Zusammenhange gerissener Stellen, sondern vielmehr ganzer Abschnitte und Bücher der heil. Schrift gerichtet, so in den untern zugleich das Aus-

wendiglernen der Hauptstücke des Katechismus nebst Beweisstellen, und hierauf sich beziehender Kirchenlieder, nicht aus der Acht gelassen werden müsse. — 7) Vor Allem muß der Lehrer bei dem Religions-Unterricht nicht aus dem Auge verlieren, daß es dem Staate darum zu thun sei, in den Mitgliedern seiner Schulen Christen zu erziehen, daß also auch nicht auf eine blos in der Luft schwebende, alles tiefern Grundes beraubte sogen. Moralität, sondern auf eine gottesfürchtige, sittl. Gesinnung, welche auf den Glauben an Christum beruht, hing arbeitet werden müsse. [1]) — 8) Die zum Grunde zu legenden Religionsbücher müssen also gewählt werden, daß der unter Nr. 7. angegebene Zweck um so vollständiger erreicht werden kann. Auch ist von nun an bei dem Religions-Unterricht kein neues Lehrbuch einzuführen, ohne daß zuvor uns hiervon Anzeige gemacht, und unsere Genehmigung zu dessen Gebrauch in den Kl. ertheilt worden. — 9) Daß die Kombinationen der Religions-Klassen oder vielmehr die gemeinschaftl. religiöse Unterweisung von Schülern, welche nach ihren Vorkenntnissen und dem Standpunkt ihrer religiösen Bildung zu sehr von einander verschieden sind, vermieden werden müsse, bedarf hier der besondern Erwähnung nicht; eine solche Trennung aber in sofern auf Kosten des ganzen Cötus zu bewirken, daß, wenn bis dahin dems. 2 St. wöchentlich gewidmet waren, jede Abtheilung solches Cötus nur je 1 Stunde wöchentlich erhielte, ist unstatthaft, wie schon überhaupt irgend einem andern Lehrobjekt nur wöchentlich Eine Stunde zu widmen, bedenklich ist. Es muß endlich 10) aus allen in Betreff des Unterrichts in der Religion bei einem Gymn. getroffenen Einrichtungen hervorgehn, daß auf dens. ein vorzüglich hoher Werth gelegt werde, daher derselbe auch weder Hinsichts der ihm zu widmenden Zahl der Stunden kärglich zu bedenken, noch wie schon erwähnt, in unbequeme St. zu verlegen, noch ohne strenge Wahl jedem Lehrer zu übertragen, vielmehr den wichtigsten Lehrobjekten mindestens gleich zu stellen, auch, in welchem Erfolge er sich bei den Schülern erweist, auf eine ermunternde Weise anzuerkennen ist.

(A. X. S. 368.)

b) C. R. des Kons. u. Schulkoll. der Prov. Brandenb. v. 30. April 1838 an dieselben.

Es ist die Wahrnehmung gemacht worden, daß die Schüler der Gymn. in der Bibelkunde und in der Kenntniß des Katechismus nicht die gehörige Festigkeit erlangen, so daß dieselben nicht allein bei dem Konfirmanden-Unterricht hierin sehr häufig hinter den gewöhnl. Elementarschülern auffallend zurückstehen, sondern auch die Abiturienten in diesen für jedes künftige Lebensverhältniß so wichtigen und heilsamen Kenntnissen nicht selten sehr vernachlässigt sind, und später sogar Kandidaten und angehende Geistliche große Mühe haben, den für Kirche und Schule gleich unentbehrl. Besitz der Hauptstücke und dazu gehörigen Bibelsprüche ihrem Gedächtnisse anzueignen, um sich nicht von ihren eigenen Katechumenen beschämen zu lassen. Um dieser Disharmonie zwischen den Grundlagen des Religions-Unterrichts in den höheren und niederen Schulen zu begegnen, ist es nothwendig, daß bei dem Religions-Unterricht in den Gymn. mehr als bisher darauf Bedacht genommen werde, diej. Gegenstände, an welche die Belehrung über die Wahrheiten der christl. Religion sich wie an eine feste Grundlage anschließen muß, dem Gedächtniß der Schüler fest einzuprägen.

Es ist unerläßlich und auch bei den hiesigen evang. Elementarschulen bereits ausdrücklich vorgeschrieben, daß die zum Konfirmanden-Unterrichte zuzulassenden Schulkinder zuvor 1) die fünf Hauptstücke des kleinen lutherischen Katechismus, oder, wo Konfessions-Unterschiede dem Gebrauche dieses Lehrbuchs entgegenstehen,

---

1) Als vorzüglich geeignet zur Erweckung religiöser Gesinnungen bei der Jugend hat das Min. d. G., U. u. M. Ang. zur Aufstellung in den Schullokalen oder zur Vertheilung an Schüler als Prämien den Schulvorständen durch die Reg. den Holzschnitt empfohlen, welchen der Verein für religiöse Kunst in der evang. Kirche nach der Zeichnung des Dir. Schnorr von Karolsfeld in Dresden „Christus als Knabe im Tempel lehrend“ hat anfertigen lassen, und auf welchen der Verein durch den Ob. Trib. R. Dr. Schnaase, durch Dr. Eggers und Buchh. Ernst in Berlin direkte Bestellungen annimmt. (Nat. Zeit. 1854, Nr. 351.)

die Grundlage der drei ersten Hauptstücke, die zehn Gebote, das apostolische Glaubensbekenntniß und das Gebet des Herrn; — 2) die Benennung, die Reihenfolge und den Hauptinhalt sämmtlicher Bücher des A. und N. Testaments; — 3) diej Bibelsprüche, aus welchen die Hauptwahrheiten der christl. Religion herzuleiten sind, und 4) die vorzüglichsten und gangbarsten Kirchenlieder auswendig lernen, und es ist daher der hierdurch bezeichnete Lehrstoff dergestalt auf die unteren Kl. zu vertheilen und einzuüben, daß die in den Konfirmanden-Unterricht eintretenden Kinder die wünschenswerthe Fertigkeit in dems. erlangt haben.

Um zu verhüten, daß die Schüler diese Kenntnisse in den oberen Kl. nicht wieder aus dem Gedächtnisse verlieren, ist dafür Sorge zu tragen, daß auch in diesen nicht allein die Bibel, und zwar in der lutherischen Uebersetzung bei dem Religions-Unterrichte fortwährend fleißig benutzt und die Jugend mit dem Inhalte ders. möglichst genau bekannt gemacht, sondern auch auf den Katechismus von Zeit zu Zeit zurückgegangen, bei den Hauptstücken der christl. Glaubens- und Sittenlehre der Text deff in das Gedächtniß zurückgerufen, auch unter Hinweisung auf das oben bemerkte Bedürfniß und auf den nationalen Charakter der luther. Katechismus- und Bibelsprache den Schülern zur Pflicht gemacht werde, sich den Katechismus ganz, und von den Bibelsprüchen so viel als möglich dergestalt einzuprägen, daß sie dieselben jeder Zeit ohne Anstoß wieder zu geben im Stande sind. Eine geistvolle Behandlung dieser Lehrstoffe wird für die gereifteren Schüler um so anziehender werden, je mehr sie darthut und anschaulich zeigt, wie die höchsten Wahrheiten des Christenthums in dens. enthalten sind, und je mehr sie für dasj., was die Schüler auf den untersten Stufen des Unterrichts nur unklar aufgefaßt haben, einen der fortgeschrittenen Verstandeskraft angemessenen Gesichtspunkt eröffnet.

(A. XXII. S. 363.)

3) Dispensation Andersgläubiger vom Religions-Unterricht: §. 11. A. L. R. II. 12. (s. Bd. 1. S. 221.) und die Bd. 1. S. 658. 659. angeführten Vorschriften.

4) Sorge für den Religions-Unterricht der einer andern Konfession angehörigen Zöglinge.[1])

Obschon die konfessionelle Scheidung zwischen Protestanten und Katholiken[2]) nicht blos in Ansehung der Volksschule (Staatsverfassung Art. 24. Bd. 1. S. 233.), sondern auch hinsichtlich der höhern Schulen (s. die Ver-

---

1) Noch in neuester Zeit hat diese Sorge in Berlin zur Anstellung eines besondern Religions-Lehrers für die kathol. Schüler der dortigen höhern Lehranstalten geführt. Derselbe erhält 200 Thlr. Besoldung, wozu die Stadt ⅔ beiträgt, welche von den Stadtverordneten in der Erwägung bewilligt wurden, daß auch an kathol. Gymn. (z. B. Brandenburg, Kulm, Posen, Sagan, Oppeln, Düsseldorf, Bonn, Aachen) evang. Religions-Lehrer angestellt seien. Nach dem Vorschlage des Prov.-Schulkolleg. soll der Unterricht in drei Kursen ertheilt werden, von denen der erste die Schüler von I. und II., der zweite III. und IV., der dritte V. und VI. umfaßt. Die kathol. Schüler sind gehalten, an demselben regelmäßig Theil zu nehmen, und haben dem Dir. den Nachweis zu liefern, daß sie sich bei dem kathol. Religions-Lehrer angemeldet haben. Bei der Abit.-Prüf. hat dieser das mündliche Examen in Betreff der kathol. Schüler vorzunehmen, und über den Ausfall ein besonderes Zeugniß beizufügen. (Nat. Zeit. 1853. Nr. 563., 1854. Nr. 6. u. 199.) Einer Mittheilung des Schles. Kirchenbl. zu Folge, haben im Sommersemester 1854 in Berlin 112 Schüler diesen Religions-Unterricht genossen, und zum ersten Male die Frohnleichnams-Prozession gemeinsam mitgemacht. (Nat. Zeit. 1854. Or. 304.) — Ueber katholisch-religiöse Gymnasiasten-Vereine, vergl. unten.

2) An mehreren Gymn. ist in neuester Zeit auch die Trennung des lutherischen Religions-Unterrichts von dem reformirten durch die Gymn.-Dir. vorgenommen worden. Es sind jedoch in dessen Folge Beschwerden an die Unterrichts-Behörden eingelaufen, auf welche bereits vom Kons. der Prov. Sachsen die Abstellung dieser Neuerung angeordnet, und eine allgem. Verf. erwartet wurde, die die Unzulässigkeit dieses Verfahrens aussprechen soll. (Nat. Zeit. 1853. Nr. 417.)

zeichnisse, S. 6. flg.) besteht, so ist es doch, bei der geringern Zahl der letztern, unausbleiblich, daß sie auch von Zöglingen der andern Konfessionen besucht werden. Für diesen Fall ist den Dir. und Rektoren der kathol. Gymnasien zur Pflicht gemacht, im Einvernehmen mit dem ersten evang. Geistlichen, und den Dir. der evang. Gymn., im Einvernehmen mit dem ersten kathol. Geistlichen des Orts einen gründlichen und wohlgeordneten Religions-Unterricht derjenigen Schüler einzurichten, für welche kein eigner Religions-Lehrer am Gymn. befindlich ist, und streng darauf zu halten, daß diese Schüler den Religions-Stunden ordentlich und fleißig beiwohnen: R. des Prov.-Schulkoll. zu Breslau v. 8. März 1832. (Amtsbl. S. 110. H. Simon, Schulrecht rc. von Schlesien, S. 104.)

5) Anstellung der Religions-Lehrer.

Die betr. Vorschriften sind bereits im 1. Kap. des 2. Abschn. gegeben. (Vergl. ebendas. im 4. Kap. Nr. 11. d.) Hier bleibt nur zu erwähnen:

a) daß nach einem R. des Min. d. G., U. u. M. Ang. v. 17. Aug. 1842 die Religions-Stunden auf den Gymnasien nur frommen Kandidaten (s. das Promemoria oben sub 1. c.) anvertraut werden, und die Schulvorstände, falls sie wegen dazu tauglicher Männer in Verlegenheit wären, sich an die evang. Pastoral-Hilfsgesellschaft zu Berlin wenden sollen, welche bei einer reichen Auswahl die Mittel besitze, wodurch eingehenden Gesuchen der Art stets aufs Beste entsprochen werden könne;

b) daß zur Uebersicht über die in dieser Beziehung vorhandenen Lehrkräfte neuerdings Nachweisungen über die Qualifikation und anderweitigen Berechtigungen der den Religions-Unterricht ertheilenden Lehrer eingefordert worden sind. (Nat. Zeit. 1854. Nr. 544.)

6) Konfirmanden-Unterricht. (s. Bd. 1. S. 740. flg.)

R. des Min. d. G., U. u. M. Ang. (v. Altenstein) v. 16. Nov. 1837 an das K. Konf. und Prov.-Schulkoll. zu Koblenz.

Das unterz. Min. findet gegen die Vorschläge des K. Konf. u. Prov.-Schulkoll. in dem Ber. v. 5. v. M., betr. den Katechumenen- und Konfirmanden-Unterricht in den Gymnasial-Städten der dortigen Prov. nichts zu erinnern, und will demnach in dieser Beziehung Folgendes bestimmen: 1) Der Konfirmanden-Unterricht soll in Gymnasial-Städten und in den Städten, wo sich höhere Bürgerschulen befinden, in den Vormittagsstunden von 11 bis 12 Uhr ertheilt werden. — 2) Die Gymnasial-Dir. haben diese Stunden entw. frei zu geben, oder mit Gegenständen von minderer Wichtigkeit zu belegen. — 3) Es soll den Gymnasial-Dir. verstattet sein, sich mit den betr. Geistlichen auch über andere Stunden zu einigen. — 4) Die zu konfirmirenden Gymnasial- und Realschüler sind vier Wochen vor der Konfirmation von den schriftl. Arbeiten zu dispensiren.

Auch ist das Min. aus den, von dem K. Konf. u. Prov.-Schulkoll. angeführten Gründen damit einverstanden, daß den betr. Geistlichen durch eine nachträgl. Bestimmung die Dispensation der Gymnasial-Schüler vom Katechumenen-Unterricht gestattet werde.

(A. XXI. S. 969.)

II. Philophische Propädeutik.

1) Einführung und Umfang dieses Lehrzweigs.

a) R. des Min. d. G., U. u. M. Ang. (v. Altenstein) v. 14. April 1825 an das K. Konf. zu Magdeburg. [1])

So wenig das Min. einen theoretisch-systematischen Vortrag der philosophischen Wissenschaften für die Gymnas. als geeignet betrachten kann, eben so wenig läßt

---

1) Durch C. R. dess. Min., Unterr. Abth. (v. Kamptz) v. 26. Mai 1825 an sämmtl. K. Konf. mitgetheilt. (A. IX. S. 1029.)

sich verkennen, daß bei der bisherigen Einrichtung, wo die studirenden Jünglinge ohne alle Vorbereitung auf das Studium der Philosophie und ohne eine Vorstellung von dem, was Philosophie ist, und von dem philosophischen Standpunkte zu haben, die Universität beziehen, zwischen dieser und den Gymnas. eine zu große Kluft stattfindet, welche durch Anordnung philosophischer Vorbereitungs-Studien auf den Gymnas. auszufüllen schon seit längerer Zeit von dem Min. beabsichtigt wird. Solche philosophische Vorbereitungs-Studien würden, wie auch schon die zur Bezeichnung der Aufgabe gewählte Benennung andeutet, jeden bloß theoretisch-systematischen Vortrag der einzelnen philosophischen Doktrinen ausschließen, und sich den Zweck setzen müssen, die Schüler etwa der beiden obersten Gymnasialklassen in einer oder zwei wöchentlichen Stunden mit allgemeinen Vorstellungen, und näher mit Gedankenformen, wie sie eben sowohl dem bloß raisonnirenden, als dem höhern philosophischen Denken gemeinschaftlich sind, zu beschäftigen, sie mittelst praktischer Uebungen zu gewöhnen, mit förmlichen Gedanken umzugehen, und sie darin stufenweis bis zu dem Punkte zu führen, auf dem sie für das systematische Studium der Philosophie, womit der Universitäts-Unterricht beginnt, als reif zu erachten sind. Eine solche praktische Beschäftigung mit allgemeinen Vorstellungen und näher mit Gedankenformen auf Gymnasien würde zu dem systematischen Studio der Philosophie, welches der Universität ausschließlich verbleibt, die nähere Beziehung haben, daß das spekulative Denken theils eine Uebung voraussetzt, in abstrakten Gedanken für sich, ohne sinnlichen Stoff, der in dem mathematischen Inhalte noch vorhanden ist, sich zu bewegen, theils aber, daß die Gedankenformen, deren Kenntniß durch solchen Gymnasial-Unterricht verschafft würde, später bei dem eigentlichen Studio der Philosophie eben sowohl gebraucht werden, als sie auch einen Haupttheil des Materials ausmachen, das die Philosophie zu verarbeiten hat. Was den bestimmten Kreis der Kenntnisse betrifft, an welchen die Gymnasiallehrer die Schüler der beiden obersten Klassen mittelst solcher philosophischen Vorbereitungs-Studien zur Bekanntschaft und Gewohnheit mit förmlichen Gedanken umzugehen, anleiten könnten, so ist die Geschichte der Philosophie, welche sonst wohl in der ersten Klasse der Gymnas. gelehrt worden, zu dem fraglichen Zwecke nicht geeignet, weil sie, ohne die spekulative Idee, für welche die Schüler in den Gymnas. noch nicht reif sind, vorauszusetzen, leicht in eine Erzählung zufälliger müßiger Meinungen ausarten, und eine nachtheilige und verächtliche Meinung von der Philosophie hervorbringen könnte. Dagegen würden sich zu dem fraglichen Vorbereitungs-Unterrichte vorzüglich die Anfangsgründe der Logik und der sogenannten empirischen Psychologie eignen. Die der zuletzt gedachten Doktrin angehörigen Vorstellungen von den Empfindungen der äußern Sinne, Einbildungskraft, Gedächtniß und von den weitern Seelenvermögen könnten den fraglichen Unterricht beginnen, und um so mehr als Einleitung in die logischen Uebungen benutzt werden, als diesen nothwendig eine Erwähnung von den Geistesfähigkeiten, die von dem eigentlichen Denken verschieden sind, vorausgeschickt werden muß. An den Unterricht von den äußern Sinnen, den Bildern und Vorstellungen, von der Verbindung, sogenannten Association derselben, dann weiter von der Natur der Sprachen, vornemlich aber von dem Unterschiede zwischen Vorstellungen, Gedanken und Begriffen, würden die Lehrer in den Gymnas. viel Bildendes und Anziehendes für die Schüler anknüpfen, und zugleich, wenn sie auch den Antheil, den das Denken am Anschauen u. s. w. hat, gehörig bemerklich machten, den Schülern eine direktere Einleitung in das Logische geben können.

Als Hauptgegenstand dieser vorbereitenden Uebungen würden aber vorzüglich die Anfangsgründe der gewöhnlichen Logik, und namentlich die Lehren von dem Begriffe, dem Urtheile und dem Schlusse, und deren Arten, dann von der Definition, Eintheilung, dem Beweise und der wissenschaftlichen Methode zu benutzen sein, und an diese würde man etwa noch die Kantischen Kathegorien, als sogenannte Namenbegriffe des Verstandes anschließen, und endlich noch die Antinomien erwähnen können, um den Schülern eine wenigstens negative und formelle Aussicht auf die Vernunft und auf die Ideen, und auf die mittelst ders. zu erlangende höhere Befriedigung zu eröffnen. Für die Verknüpfung dieses beeilenden logischen Unterrichts mit der Gymnasialbildung spricht der Umstand, daß kein Gegenstand weniger fähig ist, von der Jugend nach seiner Wichtigkeit oder seinem Nutzen beurtheilt zu werden, daß der Inhalt der Logik zu wenig anziehend ist, um die Studirenden während der Universitätsjahre, wo es von ihrer Wahl abhängt, mit welchen Wissenschaften sie sich außer ihren Brotstudien beschäftigen wollen, zum Studium der Elemente des Logischen zu vermögen. Wenn das Min., obwohl von der Nützlichkeit und Nothwendigkeit solcher philosophischen Vorbereitungs-Studien überzeugt, dennoch Bedenken trägt, dieselben mittelst einer allgem. Verf. anzuordnen, so liegt der Grund hiervon in der Besorgniß, daß bis jetzt noch nicht an allen Gymnas. Lehrer vorhanden sein möchten, welche die fraglichen philosophischen Vorbereitungs-Studien auf die im Obigen bezeichnete Weise, zu leiten im Stande sind. Es scheint daher räthlich, mit dem mehrgedachten Unterrichte in einzelnen Gymnas., wo sich gerade ein für dens. fähiger und einsichtsvoller Lehrer findet, wieder anzufangen, und das Min. ermächtigt das K. Kons. hierdurch, in denj. Gymnas. seines Bez, die einen **hinreichend** qualifizirten Lehrer für die fraglichen philosophischen Vorbereitungs-Studien haben, dieselben in den beiden obersten Klassen, auf die im **Obigen angedeutete Weise**, und für jetzt nur in den Elementen der Logik und der sogenannten empirischen Psychologie vornehmen zu lassen, und zwar in der Art, daß für diese Studien wöchentlich höchstens 2 Stunden bestimmt werden, welche dem Unterricht in der Deutschen Sprache und in der Deutschen Literatur, so wie in der Mathematik am füglichsten da abzubrechen sind, wo für das Deutsche wöchentlich 3, und für die Mathematik 5 oder 6 Lektionen ausgesetzt sind. Dem K. Kons. bleibt überlassen, der obigen Eröffnung gemäß nach seiner nähern Kenntniß von den einzelnen Gymnas. und der Qualifikation der betr. Lehrer das weiter Erforderliche in dieser Angelegenheit anzuordnen, und behält sich das Min. vor, das K. Kons. auf den Grund des über diesen Gegenstand zu erstattenden Ber. mit einer weitern Instr. zu versehen.

(A. IX. S. 1026.)

b) Vergl. das Bresl. C. R. v. 8. Juni 1829 (s. o. S. 185.) und §. 23. Nr. 10. des Abit. Prüf. Regl. v. 4. Juni 1834. (s. u. im 5. Kap.)

2) Beschränkung der philosoph. Propädeutik auf Prima: vgl. die Tabelle beim C. R. v. 24. Okt 1837 (s. o. S. 156.)

3) Empfehlung von Schriften.

a) C. R. des Min. d. G., U. u. M. Ang. (v. Ladenberg) v. 25. Nov. 1839 an sämmtl. K. Prov.-Schulkoll.

In dem Junihefte der Centralbibliothek für Literatur, Statistik und Geschichte der Pädagogik und des Schulunterrichts im In- und Auslande vom Dr. H. G. **Brzoska** ist ein Aufsatz des Oberlehrers Dr. **Deinhardt** in Wittenberg über die Berechtigung der philosophischen Propädeutik im Gymnasial-Unterrichte enthalten. Da die Nothwendigkeit eines propädeutischen Unterrichts in der Philosophie auf Gymnas., und das Verhältniß dieses Unterrichts zum ganzen Gymnasial-Unterrichte noch immer verkannt wird, so beauftragt das Min. das K. Prov. Schulkolleg., den Dir. und Lehrern der Gymnas. seines Bez. den ged. Aufsatz des rc. **Deinhardt**, welcher den Begriff und die Stellung des propädeutischen Unterrichts in der Philosophie auf Gymnas. richtig entwickelt, zur Beachtung zu empfehlen, und zugleich den Lehrern bemerklich zu machen, wie das Min. vertrauensvoll von ihnen erwarte, daß sie neben und außer einer gründlichen Erkenntniß der besonderen Lehrfächer, für welche sie sich vorzugsweise bestimmt und ausgebildet hätten, auch die Idee des Gymnasial-Unterrichts im Allgem. und die methodische Entwickelung dess. zum Gegenstande eines umfassenden Studiums machen, und hierzu auch in dem mehrgedachten Aufsatze des rc. **Deinhardt** eine geeignete Veranlassung finden würden.

(A. XXIII. S. 840.)

b) Nr. 3. der C. R. des Prov.-Schulkoll. zu Koblenz v. 21. Nov. 1840 s. u. sub V.

III. Alte Sprachen.

1) Ziel und Umfang dieses Unterrichts: Nr. 1. u. 2. des Promemoria v. 1831. (s. o. S. 139), §. 16. Nr. 2. u. 3., §. 23. Nr. 2. u. 3., §. 28. A., Nr. 2. u. 3. des Abit. Prüf. Regl. v. 4. Juni 1834 (s. u. im 5. Kap.), und Nr. 3. des C. R. v. 14. Febr. 1837 (s. o. S. 178—179), sowie die Lektionstabelle bei C. R. v. 24. Okt. 1837. (s. o. S. 156.)

2) Methode.[1])

a) Vergl. die im 1. Tit. sub II. gegebenen Vorschriften.

b) Verbindung von geordneten Memorir-Uebungen mit dem latein. Sprachunterricht nach der Ruthardtschen Methode.

α) C. R. des Min. d. G., U. u. M. Ang. (Eichhorn) v. 24. Febr. 1843 an sämmtl. K. Prov.-Schulkoll.

Wenngleich über die Erfolge der versuchsweise in mehreren Gymn. angewandten Ruthardt'schen Methode, die klassischen Sprachen zu lehren, bis jetzt erst die Ber. einiger K. Prov.-Schulkoll. vorliegen, und ein hinreichend begründetes Urtheil über diese Methode erst dann gewonnen werden kann, wenn dieselbe mit Schülern der Quinta bis zur Prima durchgeführt sein wird, so stimmen doch jene Ber. in wesentl. Punkten so auffallend überein, daß ich mich veranlaßt sehe, die vorliegenden Resultate zur Kenntniß sämmtlicher K. Prov.-Schulkoll. zu bringen, und auf den Grund ders. für die Fortsetzung oder Einführung der Memorir-Uebungen einige allg. Bestimmungen zu treffen.

Ist auch der Grundgedanke der Ruthardt'schen Methode nicht neu, so gebührt dem Ruthardt doch das Verdienst, die den Gedächtniß-Uebungen auch bei dem Unterricht der alten Sprachen zu widmende Aufmerksamkeit von Neuem aufs lebhafteste angeregt, und das Nachdenken der Schulmänner auf eine zweck- und planmäßige Einrichtung ders. hingelenkt zu haben. Ueberall, wo die Sache von den Lehrern mit Eifer und Liebe aufgefaßt worden, hat sich bei den Schülern auch lebhafte Theilnahme und eine große Vorliebe für diese Uebungen gezeigt; die Lebendigkeit und Selbstthätigkeit ders. ist in hohem Grade angeregt, ihre grammat. und stylistische Bildung eben sowohl, als geläufiges Verständniß der Klassiker gefördert worden. Dieser Gewinn ist so bedeutend, und wenn bei den Memorir-Uebungen das rechte Maaß gefunden und angewandt wird, mit so geringem Zeit- und Kraftaufwande zu erreichen, daß sich fast alle Gymnasial-Dir. für ein methodisch geordnetes Memoriren, wenn auch nur sehr wenige unbedingt für die Ruthardt'schen Vorschläge ausgesprochen, mehrere vielmehr die dens. eigenthüml. Punkte in ihrer Anwendung besonders in zahlreichen Klassen als erfolglos, und die meisten loci memoriales als nicht brauchbar bezeichnet haben. Wenn nun der Unterricht in den alten Sprachen in der auf Einübung der Grammatik, auf Lektüre und Stylübungen ruhenden Lehrweise auch künftig, wie bisher, ohne Schmälerung gegründet bleiben soll, so sind doch von jetzt an mit dems. und zwar zunächst bei dem latein. Unterrichte regelmäßige, methodisch geordnete Memorir-Uebungen in einer bestimmten, wöchentlich wiederkehrenden Zeit zu verbinden, und die erlernten Sätze oder größeren Abschnitte mit Beachtung der Grundgedanken der Ruthardt'schen Vorschläge unter den verschiedensten Gesichtspunkten zu wiederholen und alle Uebungen bei dem latein. Unterrichte auf dieselben zu beziehen. Hierdurch wird nicht allein für den ganzen latein. Unterricht eine konkrete Grundlage gewonnen, sondern das in diesen Memorir-Uebungen liegende didaktische Prinzip wird zugleich auf die bei der Einübung der Gramatik zu befolgende Methode wohlthätig zurückwirken, und für jüngere Lehrer die Weisung enthalten, bei dem grammat. Unterrichte in den unteren und mittleren Kl. nicht mit der abstrakten Regel zu beginnen, sondern dieselbe erst in verschiedenartigen Beispielen anschaulich erkennen, dann für sie den passenden Ausdruck finden, und in einem schicklich gewählten Beispiel der Grammatik oder der loci memoriales festhalten zu lassen, dabei sich des zu frühen Philosophirens zu enthalten, vielmehr durch vielseitige Uebungen die unumgänglich nothwendige Sicherheit in ihren Schülern zu begründen. Die Grundgedanken der Ruthardt'schen Methode sind in dem in 25 Exemplaren beigef., von Ruthardt selbst verfaßten Aufsatze (a.) kurz und bestimmt ausgesprochen, welcher den Lehrer-Koll. zu wiederholter Erwägung und Berücksichtigung mitzutheilen ist. Es bleibt dens. anheimgestellt, bei den Memorir-Uebungen entweder die loci memoriales von Ruthardt, oder die von Meiring und Remaely herausgegebene Sammlung zum Grunde zu legen, oder in den unteren Kl. aus den in den eingeführten Grammatiken selbst enthaltenen Beispielen die passenden auszuwählen, in denj. Kl. aber,

---

1) Als Themata zu schriftlichen Aufsätzen werden Gegenstände der Geschichte und Geographie empfohlen: §. 5. der Instr. v. 18. Aug. 1830. (s. unten.)

in welchen einzelne Schriften klassischer Autoren gelesen werden, größere Abschnitte von bedeutendem Inhalte einprägen zu lassen. Indem hiernach den einzelnen Gymn. freigestellt bleibt, in der Weise zu verfahren, welche sie für die fruchtbringendste halten, ist denselben doch zur Pflicht zu machen, den ganzen Stoff zu Anfange des Schuljahres nach gemeinsamer Berathung auszuwählen und innerhalb ders. Anstalt ein konsequentes und bewußtes Verfahren zu Grunde zu legen. Da der volle Gewinn, welcher aus diesen Memorir-Uebungen hervorgehen kann, nur dann zu erreichen ist, wenn sämmtliche Lehrer dens. Lernstoff aller Klassen beherrschen und zur Anwendung bringen, so wird nach Möglichkeit darauf zu halten sein, daß der Lehrer des Latein. seine Schüler wenigstens auf der unteren, und eben so auf der mittleren Bildungsstufe behalte, also von Sexta zur Quinta, und von Quarta zur Tertia mit ihnen aufsteige, und die Aufstellung ders. Memorir-Abschnitte für sämmtl. Gymn. und Progymn. einer Prov. vorbereitet werde.

Wo bereits Memorir-Uebungen genau nach den Ruthardtschen Vorschlägen eingeführt worden, da sind dieselben einstweilen fortzusetzen und bis in die obersten Kl. durchzuführen, damit das Eigenthümliche ders. genau erkannt und sein Werth nach den in der Anwendung gewonnenen Resultaten mit Sicherheit beurtheilt werden könne. Die Gymnasial-Dir. sind zu verpflichten, diesen Uebungen, in welcher Weise sie auch angestellt werden mögen, ihre fortgesetzte sorgfältige Aufmerksamkeit zu widmen, sich von ihren Resultaten selbst zu überzeugen, und in den Jahresber. sich sowohl über die Art der Ausführung, als auch über die wahrgenommenen Erfolge ausführlich auszusprechen. Die K. Prov.-Schulkoll. veranlasse ich, über den Erfolg der nach Maaßgabe dieser Verf. zu treffenden Anordnungen, von deren pünktlichen Ausführung sich Dies. durch Ihre Kommissarien bei den Revisionen der Gymn. zu überzeugen haben, am Schlusse des künftigen Jahres Ber. zu erstatten.

Anl. a.

Die Ruthardtsche Methode unterscheidet sich von andern Sprachmethoden der neueren Zeit zunächst dadurch, daß sie den rationalen Sprachunterricht, wie er sich nach und nach in unseren Gymn. geltend gemacht hat, in seiner vollen Berechtigung stehen läßt und nur durch Hinzufügung einer stofflichen Grundlage zu veranschaulichen und zu stützen sucht. Für die formale Behandlung bleibt dem lehrenden und lernenden Individuum der freieste Spielraum; nur wird in Bezug auf jenen Normalstoff auf einen Grad von Vertiefung und Verlebendigung gedrungen, wie er bei dem Verfahren der herkömml. Praxis, das in seiner unvermittelten Ausbreitung nothwendig zu einem desultorischen werden muß, schlechthin unerreichbar ist. Am wenigsten ist hierbei eine Vergleichung mit der Hamiltonschen oder Jacototschen Methode am Platze, außer in sofern am Ende bei jedem Unterrichtsgegenstande die verschiedenen Behandlungsweisen dess. unvermeidlich gewisse Berührungspunkte haben müssen. Es wird sich dies deutlicher ergeben, wenn wir diej. Momente, auf welche die vorliegende Methode hauptsächlich basirt ist oder abzielt, einzeln aufführen.

1. Auf einem Umfange von wenigen Bogen werden an einzelnen in sich zusammenhängenden klassischen Sätzen und Abschnitten, die vom Leichteren zum Schweren und von kleinerem Umfange zu größerem aufsteigen, die syntaktischen und stylistischen Sprachverhältnisse in ihren wesentl. Analogien theils unmittelbar, theils durch Umwandlung zur Anschauung gebracht und eingeübt. Die systematische Grammatik, weit entfernt, hierdurch unentbehrlich gemacht zu werden, wird eben hieran gestützt, zum Leben geführt und repetirt. 2. Dieser konkrete Lehr- und Lernstoff wird nicht durch das herkömml. Auswendiglernen, sondern durch denkendes, alle Worte und Phrasen distinkt auseinanderhaltendes Memoriren in planmäßigen Wiederholungen der Erinnerung des Schülers und des Lehrers unverlierbar eingeprägt und von Klasse zu Klasse fortgeführt. 3. Die Auffassung und Fortführung des Verständnisses erfolgt zwar zum Theil mittelst einer Uebersetzung, doch nur in soweit diese unumgänglich erforderlich ist, und nie mittelst einer schriftl. Uebersetzung. Vielmehr wird durch die erwähnten Wiederholungen von vorn herein darauf hingearbeitet, die Vorstellungsweise der fremden Sprachen dem Geiste unmittelbar zugänglich zu machen, damit ein Denken in der fremden Sprache vorzubereiten und dem Gebrauche, also auch dem Mißbrauche gedruckter Uebersetzungen frühzeitig entgegenzuwirken. 4. An diesem Stoff haben Lehrer und Schüler ein gemeinsames, festes Eigenthum, an welches jede neu zutretende

Kenntniß möglichst angeschlossen wird, und von diesem Mittelpunkte aus verbreitet sich das tiefere Sprachverständniß wieder auf die verwandten Lektionen. 5. Die räuml. Beschränktheit dieses Stoffes und die vielfältige Wiederholung, Verwendung und Verarbeitung dess. verstattet eine Genauigkeit der Behandlung und eine Vertiefung in die Spracherscheinungen, wie sie bei einer vorübereilenden Lektüre auch unter den günstigsten Bedingungen nicht zu erreichen ist, und giebt im Ganzen ein Muster und im Einzelnen die Beispiele für die Art und Weise der Auffassung jedweden anderweitigen Sprachstoffes. Da aber die Forderung des Mitwissens und Mitkönnens dem Lehrer nicht erlassen werden kann, und die Erschöpfung sämmtlicher in dem Lehrstoffe enthaltenen Momente ohne eine mehrjährige Betrachtung und Uebung auch des Lehrers nicht zu erreichen ist, so folgt nothwendig, daß dieser Stoff nicht ein der verschiedenartigen Lektüre gelegentlich entnommener, jährlich wechselnder, sondern ein fester, für den vorliegenden Zweck ausdrücklich erlesener, kurz ein Normalstoff sein muß, der nicht früher mit einem andern vertauscht werden darf, als bis sich, nicht ein einzelner Lehrer, sondern das Koll. von der Zweckmäßigkeit des Ueberganges zu einem neuen überzeugt. 6. Alles bisher Aufgeführte wirkt wesentlich erleichternd und fördernd auf sämmtliche nebenherlaufende Lektüre, und namentlich wird das Behalten ders. durch die an dem Lernstoffe erlangte Gewöhnung an gleich anfänglich scharfe und feste Auffassung in einem bis jetzt unbekannten Grade gesteigert. 7) Der feste Besitz des klassischen Materials erzeugt nach und nach ein sicheres Sprachgefühl als unbewußte Grundlage der eigenen Produktion; die denkende Aufnahme und der bewußte Besitz jenes Materials aber gewährt zugleich ein sicheres und deutliches Bewußtsein über die Sprachgesetze, und durch das gekräftigte Festhalten der Lektüre verfügt der Schreibende auch über einen höchst umfänglichen Theil des gesammten Sprachstoffes. 8) Die bereits bei den ersten Anfängen erfolgende mündliche Verwendung und Umwandlung der Normalsätze giebt dem Sprechen der fremden Sprache eine allmälige, aber sichere stoffliche sowohl als formale Grundlage. 9) In der Gemeinsamkeit und festen Fortführung des Stoffes liegt für den Lehrer stets ein Mittel bereit, sich über den Grad des Eindringens in die Spracherscheinungen von Seiten des Schülers Gewißheit zu verschaffen. Auch hier erlaubt die Beschränktheit des Umfangs und die häufige Wiederkehr ein Eingehen auf den Gegenstand, dem keine Kunst der Täuschung zu widerstehen vermag, und andererseits ist dieser Umfang doch zu beträchtlich, und die in dem Stoffe enthaltenen Sprachmomente viel zu zahlreich, als daß sich, außer durch Schuld des Lehrers selbst, ein Formalismus und ein todtes Gedächtnißwissen einschleichen könnte. Dies Verhältniß ist gerade für zahlreiche Klassen, wo dem Lehrer bei Beurtheilung und Ausgleichung der Kenntnisse und Fähigkeiten der einzelnen Schüler so große Schwierigkeiten begegnen, von der höchsten Bedeutsamkeit. Hier und in dem folgenden Punkte aber liegt zugleich die moralische Seite der Sache. 10) In gleicher Weise ist dieser Stoff der feste Kern, um welchen der Schüler selbst sein Wissen und Können zu sammeln, sich darüber klar und dess. froh zu werden im Stande ist; und mit Gewißheit ist anzunehmen, daß er ein reiches Eigenthum, dessen er sich in Folge einer plan- und möglichst gleichmäßigen Entwickelung des Erinnerungs-, Beobachtungs- und Urtheilsvermögens, also bei allmälig gesteigerter, wahrhafter Selbstthätigkeit, in seinem ganzen Umfange und in allen einzelnen Momenten bewußt worden ist, über das Schulleben hinausträgt. 11) Im Allgem. ergiebt sich schon aus dem Vorstehenden, daß das formale und materielle Bildungselement an sich gleichmäßig berücksichtigt sind, daß es aber, je nach der vorwaltenden Bestimmung der betr. Unterrichtsanstalt, in die Willkühr des Lehrenden (oder Lernenden) gestellt bleibt, durch Erweiterung und fleißige praktische Anwendung des Normalstoffes dem materiellen, oder durch Beschränkung des Stoffes und tieferes Eindringen in dessen Bestandtheile dem formalen Zwecke das Uebergewicht zu verleihen. 12) Daß eine solche Konzentration des Stoffes noch im Besonderen für Prosodik und Metrik, in den neueren Sprachen für die Aussprache, in der Muttersprache für die Orthographie, im Griechischen- und Hebräischen für die Accentuation ꝛc. sich fruchtbar erweise, und daß in Zukunft durch analoge Uebertragung der Methode auf andere Lehrzweige und in die Elementarschule für den Gesammtunterricht Einheit, Sicherung und Beschleunigung gewonnen werden solle, kann hier nur mit Einem Worte angedeutet werden.

Ob freilich die aufgeführten Vortheile sämmtlich und vollständig erreicht werden, das hängt begreiflich von dem Eifer und Geschicke der Lehrer, von dem Einverständnisse der Kollegen und von begünstigenden Umständen ab. Vorerst ist es genug, wenn hier Erfolge zu erringen sind, die die Natur des herkömmlichen Verfahrens auch bei den größten, gewissenhaftesten Anstrengungen unmöglich machte. Daß aber diese Erfolge nicht bloß in der Phantasie des Urhebers der Methode und seiner Freunde existiren, dafür legt die Praxis selbst bereits hinreichend Zeugniß ab. Unter den mehr als achtzig Gymnas., die seit einigen Jahren den Vorschlag nach und nach in ihre Praxis aufgenommen haben, bin ich im Stande, aus zuverlässigen Quellen folgende neun als solche aufzuführen, in welchen derselbe in größerem Umfange, und mit eben so vielem Erfolge als Interesse (Umstände, die einander gegenseitig bedingen) zur Ausführung gekommen ist: Neu-Ruppin, Ratibor, Düren, Torgau, Merseburg, Eisleben, Halberstadt, Quedlinburg, Zerbst. Andere Stellen mögen mir unbekannt geblieben sein, und in jedem Falle steht zu hoffen, daß über die in der Praxis selbst gewonnenen Erfolge und Erwartungen recht bald auf direktem Wege öffentlicher Bericht erstattet werde. Allerdings werden, ehe ein unbestreitbares Resultat geliefert und ein Gesammturtheil gefällt werden kann, noch Jahre verfließen müssen; für das zum Handeln berufene, selbstdenkende Publikum aber muß es höchst wünschenswerth sein, auch vor dieser Zeit gerade solche (günstige oder ungünstige) Stimmen zu vernehmen, die nicht von einem einseitigen, wesentlich abweichenden Standpunkte ausgehend, über den Gegenstand leichthin aburtheilen, sondern auf einem selbstthätigen Angriffe fußen, der die der Sache unter den dermaligen Verhältnissen entgegenstehenden Schwierigkeiten und Bedenken zwar nicht unberücksichtigt läßt, aber um des höheren Zweckes willen, mit unbefangenem Blicke und muthvollem Eifer zu überwinden trachtet.

Ruthardt, Dr. phil.

(Min. Bl. d. i. V. 1843. S. 146—148.)

β) Dazu C. R. dess. Min. v. 24. Febr. 1843 an sämmtl. K. Reg.

Die K. Reg. erhält in der Anl. Abschrift einer an die K. Prov.-Schulkolleg. unter dem heut. Datum erlassenen Verf., wegen Anordnung planmäßiger, mit dem Unterricht in der latein. Sprache zu verbindenden Memorir-Uebungen, nebst 20 Exempl. des dazu gehörigen Aufsatzes, mit dem Auftrage, diese Uebungen in denjenigen Schulen Ihres Ressorts, in welchen die latein. Sprache gelehrt wird, einzuführen. Eine ausführlichere Darstellung ders. Methode, welche auf die Nothwendigkeit solcher Uebungen wieder aufmerksam macht, ist in der von dem Dr. Ruthardt bei Max et Comp. in Breslau 1841. herausgegebenen Schrift „Vorschlag und Plan einer äußeren und inneren Vervollständigung der grammatikalischen Lehrmethode zunächst für die latein. Prosa“ enthalten, deren Anschaffung für die Bibliothek der bezeichneten Schulen zu empfehlen ist.

(M. Bl. d. i. V. 1843. S. 149.)

c) Sorge für ausdrucksvolles Lesen.

Publ. v. 9. Febr. 1819. (s. o. S. 192.)

3) Uebung im Latein-Sprechen.

a) Vgl. den v. S. 207 sub 1. angef. §. 23. Nr. 2. des Abit. Prüf. Regl.

b) Insbes. wird Fertigkeit im Latein-Sprechen von künftigen Medizinern verlangt:

α) durch §. 25. des Regl. für die medizin. Staatsprüf. v. 1. Dec. 1825, welcher den Gebrauch der latein. Sprache bei der klinisch-medizin. Prüfung befiehlt. (A. X. S. 166.) [1])

---

1) Auch zur Doktor-Promotion ist Latein-Sprechen erforderlich. In einem Publ. des Kons. zu Köln v. 12. April 1817 (A. I. H. 2. S. 132.) heißt es:

Schon durch frühere allgem. Landes-Verordn. wird von den Kand., die sich irgend einem gelehrten Fache widmen, die Fertigkeit verlangt, sich in der latein. Sprach rein und zusammenhängend ausdrücken zu können. Eine hohe Min.-V. v. 28. Febr. c. dehnt dieses für Kand., welche in doctorem medic. promoviren wollen, noch besonders dahin aus, daß sie eine mündl. Prüfung vor einer me-

β) durch C. R. des Min. d. G., U. u. M. Ang. (v. Altenstein) v. 7. Jan. 1826 an sämmtl. K. Konf., welches das sub α. ged. Regl. zur Bekanntmachung an die Gymnasial-Jugend mittheilt, und weiter verordnet:

Zugleich wird das K. Konf. beauftragt, bei dieser Veranlassung die C. Verf. v. 23. Juli v. J., welcher zufolge zu den Prüfungen Behufs der Erlangung der medizin. Doktor-Würde nur die mit dem Zeugnisse der unbedingten oder bedingten Tüchtigkeit zu den Universitäts-Studien versehenen Inländer zugelassen werden sollen, der in den Gymnas. studirenden Jugend in Erinnerung zu bringen, damit Niemand fernerhin den schwierigen Beruf eines promovirten Arztes wähle, ohne sich vorher die erforderl. Schulbildung, und insbes. die ganz unentbehrliche Kenntniß der latein. Sprache, und die Fertigkeit lateinisch mit Geläufigkeit zu sprechen und zu schreiben, erworben zu haben. Das Min. erwartet zu dem Ende von dem K. Konf., daß dass. in den Gymnas. seines Bez. auf die pünktlichste und gewissenhafteste Ausführung und Befolgung der bestehenden Vorschriften wegen der anzustellenden Uebungen im Lateinisch-Schreiben und Sprechen mit Nachdruck und Strenge halten werde.

(A. XII. S. 207.)

c) Ebenso von künftigen Juristen.

Das C. R. des Justiz-Min. (Gr. v. Danckelmann) v. 13. März 1826 an sämmtl. O. L. G. rügt: daß bei den ersten Prüfungen nicht mit der erforderlichen Strenge auf den Nachweis der unentbehrlichen Schulkenntnisse, namentlich der latein. Sprache gesehen werde, und bestimmt:

Die Examinatoren müssen sich durchaus durch an die Rechts-Kandidaten gerichtete Fragen in latein. Sprache, und durch die darauf erfolgten Antworten in ders., die Ueberzeugung verschaffen, daß dem Kand. diese Sprache nicht fremd sei, und daß er auch in dieser Hinsicht seine Schul- und Universitäts-Zeit gut genutzt habe, und seine vorläufige Abweisung muß erfolgen, wenn die Prüfung ein entgegengesetztes Resultat gewährt.[1])

(A. X. S. 747., Jahrb. Bd. 27. S. 82., Gräff, Bd. 3. S. 34.)

4) Privat-Lektüre griech. und latein. Schriftsteller in den obern Klassen der Gymnasien.

C. R. des Min. d. G., U. u. M. Ang. (v. Altenstein) v. 11. April 1825 an sämmtl. K. Konf.

Bei dem Gymn. in Danzig findet die Einrichtung statt, daß die Schüler in den drei obern Klassen angehalten werden, griech. und latein. Schriftsteller für sich privatim nach einem festen Plane zu lesen, und zwar so, daß sich diese Privat-Lektüre ergänzend an den Cyklus der öffentlich gelesenen und erklärten Schriftsteller anschließt, und unter der Aufsicht und Kontrolle des jedesmaligen Klassen-Ordinarius steht. Diese Einrichtung, über welche das abschriftlich beigeschlossene Promemoria das Nähere enthält, scheint dem Min. aus mehreren Gründen sehr zweckmäßig. Das K. Konf. wird daher aufgefordert, die Direkt. und Lehrer der Gymn. seines Bezirks mit diesem Prom. bekannt zu machen, und sie anzuweisen, hinsichtlich der Privat-Lektüre ihrer Schüler in den zwei und resp. drei obern Kl. eine ähnl. Einrichtung zu treffen, und das Angeordnete durch das nächste Schul-Programm zur öffentl. Kenntniß zu bringen.

---

dizinischen Landes-Fakultät in latein. Sprache bestanden, und ihre Inaugural-Dissertation selbst verfaßt, oder doch wenigstens in latein. Sprache vertheidigt haben müssen 2c. (A. I. H. 2. S. 132.)

Dasselbe wiederholt §. 6. Lit. a. des angef. Regl. v. 1. Dec. 1825.

1) Das neue durch K. O. v. 10. Dec. 1849 bestätigte Regul. über die Auskultatur- und Referendariats-Examina enthält keine Aufhebung der ob. Vorschrift, welche nach der Schlußbestimmung sub III., 2. dess. Regul. mithin auch ferner maaßgebend bleibt. (J. M. Bl. 1849. S. 492—496.)

Anl. a.

Einrichtung der Privat-Lektüre am Gymn. zu Danzig.[1])

Der Zweck der Privat-Lektüre griechischer und römischer Autoren ist: 1) die Selbstthätigkeit der Schüler zu wecken, 2) den Cyklus der öffentlich gelesenen Autoren dahin zu erweitern, daß die Schüler bei ihrem Abgange zur Universität eine möglichst umfassende, jedoch die Grenzen der Gymnasialbildung nicht überschreitende Bekanntschaft mit den vorzüglichsten Erscheinungen auf dem Gebiete der altklassischen Literatur von dem Gymnasio mitnehmen.

Um den zuerst angegebenen Zweck in seinem ganzen Umfange zu erreichen, müssen die Ordinarien der drei obern Klassen (denn nur auf diese ist die Privat-Lektüre auszudehnen) es sich zur angelegentlichsten Pflicht machen, ihren Schülern eine gründliche Anleitung, wie sie ihre Privat-Studien betreiben sollen, zu ertheilen, und besonders dahin sehen, daß die Schüler jede Schwierigkeit, deren Lösung ihre Kräfte übersteigt, sich sorgfältig anmerken, und alles, was ihnen entweder in sprachl. oder sachl. Hinsicht als merkwürdig auffällt, in wohlgeordnete Adversarien eintragen. Ueberdies liegt dem Ordinarius ob, in Tertia nach Verlauf jedes Monats, in Sekunda und Prima aber nach Verlauf jedes Vierteljahres sich von dem Gelesenen Rechenschaft geben zu lassen, und die von den Schülern nicht gelösten Schwierigkeiten durch gründliche Erklärung zu beseitigen; zu welchem Geschäft der Lehrer theils einige Stunden der öffentl. Lektüre benutzt, theils aber auch, was namentlich bei zahlreichen Klassen nothwendig ist mehrere außerordentl. Stunden ansetzt. Die Erreichung des zweiten Zwecks des Privat-Studiums, Ergänzung der öffentl. Lektüre und Erweiterung ders. bis zu dem bezeichneten Grade, wird lediglich durch die Wahl der öffentlich zu lesenden Autoren bedingt, wobei aber vor allen Dingen darauf zu achten ist, daß nicht zu viele Schriftsteller zu gleicher Zeit in einer Klasse gelesen werden.

Wenn demnach

I. in Tertia, in einem zweijähr. Kursus folgende Schriftsteller öffentlich gelesen werden: a. im Griechischen: 1) fünf bis sechs Bücher der Odyssea, 2) die ganze Anabanis des Xenophon; — b. im Lateinischen: 1) die ganzen Metamorph. des Ovid. mit Ausnahme einzelner Erzählungen und des schon in Quarta gelesenen ersten Buches, 2) Jul. Caesar. bell. civile, und nach dessen Beendigung entweder einige Bücher des Livius oder des Justinus; so ist der zweiten Abth. der Klasse zur Privat-Lektüre anzuweisen: a. im Griechischen: Jakobs Elementarb. Kurs. II., soviel davon in Quarta noch nicht gelesen worden, und nach dessen Beendigung der Anacreon; — b. im Lateinischen: Jul. Caesar. bell. Gallicum; der ersten Abth. aber — die nun schon ein ganzes Jahr lang die Klasse besucht hat — a. Jakob's Attica, nach einer von dem Lehrer zu treffenden Auswahl, — b. Ovidii Tristia und einige Elegieen des Tibullus und Propertius.

II. In Sekunda wird in einem zweijähr. Kursus öffentlich gelesen: a. im Griechischen: 1) Hom. Ilias 1—12 incl, 2) Theocrit — mit Auslassung von 3—4 Idyllen. 3) Plut. vitae nach Bredow's Sammlung; — b. im Lateinischen: 1) Virg. Eclogae — zur Vergleichung mit Theocrit, und Aeneis ganz, 2) Cic. orat. pro Roscio Amer., pro Ligario, pro lege Man., pro Annio Mil. et Dejotaro und pro Archia. 3) Salust. ganz, und nach dessen Beendigung einige Bücher des Liv. — Privatim wird von der zweiten Abth. gelesen: a. im Griechischen: Hom. Odyssea ganz, soviel davon in Tertia nicht gelesen worden; — b. im Lateinischen: Ciceros Schriften de amicitia und de senectute; von der ersten Abth.: a. im Griechischen: Herodoti lib. VI. bis IX. incl. — b. im Lateinischen: Cic. orat in Catilinam.

III. In Prima wird in einem zweijähr. Kursus öffentlich gelesen: a. im Griechischen: 1) Ilias XIII—XXIV. incl, 2) Sophoclis Antigone et Oedipus

---

1) Bei der Mittheilung dieses Promemoria muß darauf aufmerksam gemacht werden, daß die in demselben aufgestellten Anforderungen gegenwärtig herabzustimmen, und mit dem C. R. v. 11. Dec. 1828 (s. u. sub 5.), dem Abit.-Prüf.-Regl. v. 4. Juni 1834, dem C. R. v. 24. Okt. 1837, und den im 1. Tit. sub IV. über die häusl. Arbeiten, sowie sub VII. über die Versetzungen gegebenen Vorschriften in Einklang zu bringen sind.

Tyr., und nach deren Beendigung Aeschyli Prometheus und septem contra Thebas, 3) Thucyd. lib. I. et II., darauf Demosth. orat. de Corona, und nach deren Beendigung Platonis Phaedon; — b. im Lateinischen: 1) Horatius — mit Weglassung einiger Epoden und Satiren. 2) Cic. de nat. deor., und nach deren Beendigung de divin. 3) Taciti annales ganz. — Privatim wird von der zweiten Abth. gelesen: a. im Griechischen: 1) Eurip. Hecuba, Orestes, Phoenissae und Medea, in jedem Vierteljahre ein Stück; — b. im Lateinischen: Cic. de officiis; — von der ersten Abth., a. im Griechischen: Eurip. Hippolytus, Alcestis, Andromache und Supplices, in jedem Vierteljahre ein Stück; — b. im Lateinischen: Cic. quaest. Tusc. —

Nach diesem Plane hat jeder Schüler, bei seinem Abgange von dem Gymn. in einem Zeitraum von 6 Jahren, folgende Schriftsteller theils öffentlich, theils privatim gelesen: 1) im Griechischen: Hom. Ilias und Odyssea ganz — mehrere Stücke des Aeschyl., Sophocl. und Eurip. — 4 Bücher des Herodot. — 2 Bücher des Thucyd. — des Xenoph. Anab. — mehrere vitae des Plutarch. — Demosth. de Corona — Plat. Phaedon. — 2) im Lateinischen: Virgil. ganz mit Ausnahme der Georgica — Horat. ganz — Ovid. metam. ganz — mehreres aus den römischen Elegikern. Jul. Caesar. bell. Gall. et civ. — 5—6 Bücher des Liv. — Salust. ganz — Taciti Annales — Cicero's Reden zum Theil, die Schriften de am. und de sen., de off., de divin., de nat. deor., disput. Tusc.

(A. IX. S. 1021.)

5) Einschränkung des Studiums im Griechischen.

a) C. des Min. d. G., U. u. M. Ang. (v. Altenstein) v. 11. Dec. 1828 an sämmtl. K. Kons. und Prov.-Schulkoll. [1])

Das Ministerium hat zu bemerken Gelegenheit gehabt, daß zeither nicht in allen Gymnas. bei der Wahl der in der ersten Klasse zu lesenden Griechischen Schriftsteller, mit der erforderlichen Rücksicht auf den Zweck und das beschränkte Verhältniß der Schule und auf die jedesmalige Bildungsstufe der betr. Schüler, verfahren worden. In einigen Gymnas. hat man die Tragödien des Sophokles, den Thucydides und die in Hinsicht ihrer Anlage oder ihres Inhalts schwierigeren, zum Theil eine Bekanntschaft mit der spekulativen Idee voraussetzenden Dialogen Plato's zur ununterbrochenen und fast ausschließlichen Lektüre der ersten Griechischen Klasse gewählt; die Dir. und Rektoren anderer Gymnas. sind noch weiter gegangen, und haben zur stehenden Lektüre in der ersten Griechischen Klasse sogar den Pindar, Aristophanes und Aeschylus gemacht, dagegen das Lesen der Homerischen Gesänge und der Schriften Xenophons schon mit der 2., ja bisweilen schon mit der 3. Klasse abgeschlossen.

Das Min. kann sich mit diesem Verfahren nicht einverstanden erklären. Ist gleich durch die Bestimmungen im §. 6. des A. Ed. v. 12. Okt. 1812 [2]) festgesetzt, daß der Examinandus im Griechischen die attische Prosa, wozu auch der leichtere Dialog des Sophokles und Euripides zu rechnen, nebst dem Homer, auch ohne vorhergegangene Präparation verstehen und einen nicht kritisch schwierigen tragischen Chor, im Lexikalischen unterstützt, soll erklären können, so folgt doch aus dieser Allerh. Bestimmung, welche nur den Maaßstab zur Ertheilung des Zeugnisses No. I., oder der unbedingten Tüchtigkeit angiebt, noch nicht, daß fortwährend und ausschließlich in der 1. Griechischen Klasse, Schriftsteller, die in Hinsicht ihres Inhalts und ihrer Form so vollendet, aber auch so schwierig sind, als der Aristophanus, Aeschylus und Plato in seinen größeren Dialogen, eine stehende Lektüre bilden sollen. Denn die Zahl der Schüler, von welchen sich erwarten läßt, daß sie mit dem Zeugnisse der unbedingten Tüchtigkeit zu den Universitäts-Studien werden entlassen werden können, ist in allen Gymnas. verhältnißmäßig nur klein; die Mehr-

---

1) Vgl. das in Folge hiervon ergangene Posener C. v. 11. Jan. 1829 beim C. R. v. 12. Febr. 1829. (s. o. S. 180.) Der Antrag: den Unterr. im Griech. auf den Gymnas. weiter zu beschränken, wurde im 2. Posener Landt.-Abschied v. 14. Febr. 1832, II. 6. zurückgewiesen. (A. XVI. S. 299.)

2) Gegenwärtig entscheiden die oben (1.) angef. Stellen des Regl. v. 4. Juni 1834.

zahl der Schüler in der obersten Klasse aller Gymnas. besteht in der Regel aus solchen, die nur auf das Zeugniß der unbedingten Tüchtigkeit Anspruch machen können; die Billigkeit erheischt es nicht weniger, als die den öffentlichen Schulen gestellte Bestimmung, bei der Wahl der in der ersten Klasse zu lesenden Griechischen Schriftsteller nicht bloß auf die immer kleinere Zahl ausgezeichneter Schüler, sondern auch auf die Mehrzahl ders. Rücksicht zu nehmen, damit auch die letzteren noch auf den Gymnas. zu der Fertigkeit gelangen, einen leichteren Griechischen Schriftsteller, wie Homer und Xenophon ist, ohne erheblichen Anstoß verstehen, und für sich lesen zu können. Diese Fertigkeit muß nothwendig auf den Gymnas. bei sämmtlichen Schülern der obersten Klasse erzielt werden, um mittelst ders. auch die Studirenden, von welchen ihr künftiger Beruf weiter keine Kenntniß der Griechischen Sprache und Literatur fordert, zur fortgesetzten Beschäftigung mit ders. aufzumuntern, und ihnen einen inneren Antrieb zu geben, daß sie ihre, auf der Schule gewonnene Kenntniß von der Griechischen Sprache und Bildung, durch Selbststudium und durch den höhern Universitäts-Unterricht tiefer begründen. Nach der bisherigen Erfahrung wird aber gerade diese Fertigkeit, von welcher in den meisten Fällen das weitere Fortschreiten im Studium des Griechischen Geistes und Lebens bedingt wird, bei vielen Schülern der Gymnas. deshalb nicht erreicht, weil ihnen zu früh die ausschließliche Lektüre von solchen Griechischen Schriftstellern zugemuthet wird, an welchen sich, wegen der mannigfaltigen, ihrem Verständnisse entgegenstehenden Schwierigkeiten, jene Fertigkeit entweder gar nicht, oder doch nicht in dem erforderlichen Maaße erlangen läßt.

Aus obigen Gründen sieht sich das Min. dringend veranlaßt, hierdurch anzuordnen, daß, um das in dem Allerh. Ed. v. 12. Okt. 1812 in Betreff des Griechischen, vorgeschriebene Ziel in den Gymnas. erreichen zu können, zwar die eine oder die andere Tragödie des Sophokles und des Eurypides und die kürzeren und leichteren Dialogen Plato's, wie der Crito, Laches, Charmides, die Apologie des Sokrates, der Menexenus und der Meno, auch fernerhin in der 1. Klasse gelesen, dagegen aber die größern und schwierigern Dialogen Plato's, wie der Protagoras, Gorgias, Phädrus, Parmenides, Phädo u. s. w, die Komödien des Aristophanes, die Oden Pindars und die Tragödien des Aeschylus, außer in wiefern einzelne Oden, Chöre oder dialogische Parthieen dieser Dichter in Chrestomatien und Antologien, die in den Schulen gelesen werden, etwa vorkommen, von der Lektüre auf den Gymnas. gänzlich ausgeschlossen werden sollen. Auch ist zur Lektüre des Sophokles, Euripides und Plato in dem eben ged. beschränkten Umfange nur dann erst fortzuschreiten, wenn in der 1. Klasse eine Mehrzahl von Schülern ist, welche es schon bis zu einem geläufigen Verstehen der Homerischen Gesänge und der Xenophonteischen Schriften gebracht haben, da, wer das Schwerere verstehen soll, vorher das Leichtere wohl zu verstehen gelernt haben muß. Die Lektüre der Homerischen Gesänge muß durch die 1. und 2. Klasse der Gymnas. hindurch gehen und daher auch in den Fällen, wo eine Tragödie des Sophokles oder Euripides für die 1. Klasse gewählt wird, entweder neben dem Lesen dieser Dichter fortbestehen, oder doch mit dens. abwechseln. Die Lektüre des Thucidydes in der 1. Klasse ist nur sehr bedingterweise, unter Auswahl der leichteren Stellen dieses Schriftstellers und bei solchen Schülern zu gestatten, die schon zu einer ausgezeichneten Fertigkeit im Verstehen der Xenophonteischen Schriften gelangt sind.

Indem dem K. Kons. rc. zur Pflicht gemacht wird, nach obigen Gesichtspunkten, bei der Bestimmung der, in der 1. Klasse zu lesenden Griechischen Schriftsteller zu verfahren, bemerkt das Min. zugleich, daß die Dir. und Rektoren mancher Gymnas. auch die Uebungen im Uebersetzen aus dem Deutschen ins Griechische weiter zu führen scheinen, als es für die Zwecke der Gymnas. räthlich und zur Erreichung des, in dieser Hinsicht, in dem A. Ed. v. 12. Okt. 1812 gesteckten Ziels, nöthig ist. Den Bestimmungen des obenged. Ed. gemäß soll der Examinandus, um das Zeugniß der unbedingten Tüchtigkeit erlangen zu können, eine kurze Uebersetzung aus dem Deutschen ins Griechische, ohne Verletzung der Grammatik und Accente, abzufassen im Stande sein. Um dieser Forderung zu genügen, bedarf es aber nicht besonderer Griechischer Stylübungen, wie in manchen Gymnas. zeither angestellt worden, indem die vorgeschriebenen Uebersetzungen aus dem Deutschen ins Griechische nur zum Zwecke haben, die Schüler in der Griechischen Grammatik und in der richtigen Anwendung der erlernten grammatischen Regeln festzusetzen, und sich hiervon durch die von ihnen zu liefernden Exercitien zu überzeugen, keinesweges aber die Schüler zu einem Griechischen Styl im Schreiben auszubilden, und ihnen zu der Fertigkeit zu verhelfen, ihre Gedanken in freien Ausarbeitungen, oder gar in der Form der Rede Griechisch ausdrücken zu können. Das Min. erwartet, daß das K. Konf. rc. in den Gymnas. seines Bezirks, überall wo es nöthig sein sollte, die Uebersetzungen aus dem Deutschen ins Griechische auf das im Obigen bezeichnete Maaß zurückführen, und auch hierin in keinem Falle Uebertreibungen, die der harmonischen, von den Gymnas. zu verfolgenden allgem. Ausbildung der ihnen anvertrauten Jugend nur nachtheilig sein können, dulden wird.

Endlich will das Min. bei dieser Veranlassung noch in Erinnerung bringen, daß den früheren Anordnungen gemäß, der Unterricht im Griechischen nur in den 4 obersten Klassen der Gymnas. statt finden, und folglich erst in der Quarta oder 4. Klasse beginnen soll. Auf die genaue Beobachtung dieser Bestimmung, welche mit dem ganzen Organismus des Unterrichts in den diesseitigen Gymnas. zusammenhängt, ist überall mit Strenge zu halten, damit sich kein Dir. oder Rektor eines Gymnas. unterfange, den Unterricht im Griechischen schon in der Quinta oder 5. Klasse zu beginnen, und dadurch möglicher Weise der Besorgniß im Publikum Raum gebe, als werde in den diesseitigen Gymnas. der Unterricht im Griechischen über die im A. Ed. v. 12. Okt. 1812 gegebenen Bestimmungen hinaus und zum Nachtheil der übrigen Lehrgegenstände befördert und getrieben.

(A. XIII. S. 101.)

b) C. R. v. 31. Juli 1834, s. u. beim Abit. Prüf. Regl. v. 4. Juni 1834 im 5. Kap.

6) Dispensation vom Griechischen.

a) Ertheilung derselben.

α) R. des Min. d. G., U. u. M. Ang. Unterr. Abth. (v. Kamptz) v. 13. Dec. 1825 an das K. Konf. zu Berlin.[1])

Das Min. findet die Grundsätze, nach welchen das K. Konf. dem Ber. v. 25. v. M. zu Folge bisher bei der Dispensation von der Erlernung des Griechischen in den hiesigen Gymnas. verfahren hat, im Ganzen zweckmäßig, und will hiemit genehmigen, daß dasselbe die Dir. und Rektoren der außerhalb Berlin belegenen Gymnas. seines Bezirks anweise, nicht schlechthin jedes Gesuch um Dispensation von Erlernung des Griechischen zurückzuweisen, dagegen dem K. Konf. vier Wochen vor dem Anfang eines jeden neuen Lehrkursus diej. Scholaren zu nennen, für welche und aus welchen Gründen und von wem die Dispensation nachgesucht worden, und dems. das Verzeichniß der zu dispensirenden zur Prüfung und unter Beifügung ihres eigenen Urtheils vorzulegen. Dabei macht aber das Min. dem K. Konf. zur Pflicht, die Dispensation von Erlernung des Griechischen solchen Schülern, die auf eine höhere wissenschaftliche Bildung und auf eine Vorbereitung für die Universität Anspruch machen, nur in seltenen außerordentlichen Fällen, deren Beurtheilung dem K. Konf. überlassen bleibt, zu ertheilen. Die Ansicht des K. Konf., daß solchen auf legale Weise von Erlernung des Griechischen dispensirten Schülern bei der nachherigen Abiturienten-Prüfung die Unkunde des Griechischen nicht angerechnet, und sie hiedurch an sich nicht des Zeugnisses der Reife Nr. I. oder II. verlustig oder vielmehr nicht theilhaftig werden könnten, widerstreitet den Bestimmungen im §. 6. der Instr. zu dem A. Ed. wegen Prüfung der zu den Universitäten übergehenden Schüler, und kann daher nicht von dem Min. genehmigt werden, indem aus dem erwähnten §. ganz unzweifelhaft hervorgeht, daß Schüler, die des Griechischen unkundig sind, niemals das Zeugniß Nr. I. oder der unbedingten Tüchtigkeit erhalten können. Das K. Konf. hat diese gesetzliche Bestimmungen bei den Gymnas. seines Bezirks mit Nachdruck aufrecht zu erhalten, und zugleich anzuordnen, daß in den Abiturienten-Zeugnissen diej. Schüler, welche aus besondern Gründen von Erlernung des Griechischen dispensirt worden, ihre Unkunde dieser Sprache und somit der Mangel der zum fruchtbaren Besuch der Universität ihnen nöthigen Bildung jedesmal ausdrücklich bemerkt werde.

(A. IX. S. 112.)

---

1) Gleichen Inhalts ist die C. Verf. des K. Konf. der Prov. Brandenburg v. 3. Jan. 1825, welche das obige R. anglisizirt. (A. IX. S. 114.) Das R. ist hiernach v. 13. Dec. 1824 nicht 1825, wie in den Annal. gedruckt.

β) Das Promem. v. 1831 sub Nr. 2. (s. o. S. 141—142.)

b) Unzulässigkeit der Dispensation für künftige Feldmesser.

α) Das C. R. der Verwalt. für Handel, Fabr. und Bauw. (Rother) v. 26. Febr. 1837 an sämmtl. K. Oberpräs. u. abschr. an die K. Ober-Baudep. in Berlin sagt, mit Bezug darauf, daß zum Feldmesser-Examen die Reife für Prima eines Gymn.[2]) erfordert wird:

In dieser Bestimmung liegt, daß in Hinsicht der Kenntniß der griech. Sprache nirgend eine Dispensation ausgesprochen ist. ꝛc. Durch die C. Verf. v. 22. April 1832 (A. S. 346.) ist zwar hinsichtlich derjenigen Kandidaten der Feldmeßkunst, welche ihre Schulbildung in höhern Real- und Bürger-Schulen erhalten haben, nachgegeben worden, daß sie auch ohne einige Kenntniß der griech. Sprache zum Feldmesser-Examen zugelassen werden sollen. Dies ist indeß aus der Rücksicht geschehen, weil das Griechische keinen Theil des Unterrichts dieser Schulen ausmacht, und sie dagegen in andern Zweigen des Unterrichts weiter geführt werden, als Gymnasial-Sekundaner.

(A. XXI. S. 17.)

β) In dem, dem vorsteh. C. R. beigefügten R. des Min. d. Inn. für Handel u. Gewerbe (v. Schuckmann) v. 15. März 1834 an die K. Reg. zu Königsberg u. abschr. an die K. Ober-Baudeput. zu Berlin, wird in Betreff der Kand. der Feldmeßkunst und anderer Kand. des Baufachs ausgesprochen, daß es nützlich und wünschenswerth sei,

daß derj. eine vollkommene Schulbildung genossen habe, der sich der höhern Architektur widmet, und vielleicht berufen wird, eine Stelle in einem Kollegio auszufüllen, ohne durch mangelhafte Schulbildung Blößen zu geben. Insofern die K. Reg. übrigens der Meinung ist, daß dem praktischen Baumeister aus der Kenntniß der Griechischen Sprache kein erheblicher Nutzen erwachse, kann Ders. nur insofern beigepflichtet werden, als Sie darunter einen Baumeister versteht, der sich wenig über die Forderungen erhebt, welche man heut zu Tage an einen Bauhandwerker zu machen berechtigt ist. Für das Studium der Bauwerke des klassischen Alterthums und das Verstehen der dabei vorkommenden Ausdrücke dürften Kenntnisse der Griechischen Sprache nicht weniger von Nutzen sein, als die der Lateinischen.

(A. XXI. S. 18. Vgl. auch v. Rönne, Baupolizei, S. 102 ff.)

IV. Hebräisch.

a) Publ. des Kons. zu Köln v. 11. Febr. 1824.

Um das den künftigen Theologen und gelehrten Schulmännern unentbehrliche Studium der Hebräischen Sprache zu befördern und zur Vorbereitung darauf schon auf Schulen hinreichende Gelegenheit zu geben, hat das Min. der G., U. u. M. Ang. Folgendes verordnet:

1) In jedem Gymnas. sollen für den Hebräischen Sprachunterricht wenigstens zwei gesonderte Klassen stattfinden, und der Unterricht in jeder Klasse soll wöchentlich zwei Stunden umfassen. Die 2. oder unterste Klasse, in welcher der Kursus auf ein Jahr festzusetzen ist, soll die Fertigkeit im mechanischen Lesen und die Erlernung der ganzen regelmäßigen Formenlehre bewirken, und sich auf Vokabel-Lernen und auf Lesen und Analysiren leichter Stücke aus den historischen Schriften des alten Testaments beschränken; auch sollen in der 2. Hälfte dieses Kursus zur Befestigung in der regelmäßigen Formenlehre bereits kurze schriftliche Uebungen im Uebersetzen aus dem Deutschen ins Hebräische eintreten. Die 1. oder oberste Klasse, in welcher ein zweijähriger Kursus anzuordnen ist, soll die anomale For-

---

1) Vgl. C. R. v. 18. Jan. 1847 mit Regl. v. 8. Sept. 1831. (M. Bl. d. i. V. 1847. S. 2.) Die Unzulässigkeit der Dispensation vom Griech. ist wiederholt ausgesprochen im R. des Min. d. G., U. u. M. Ang. v. 5. Juli 1849. (M. Bl. d. i. V. 1849. S. 173.)

menlehre und die Syntax umfassen, die Fertigkeit im genauen Analysiren und Verstehen erhöhen, und zur Lektüre einiger ausgewählten Psalmen und prophetischen Schriften übergehen, nachdem die Schüler im Lesen und Verstehen der historischen Schriften des alten Testaments hinreichend geübt und vorbereitet sind. Die schriftlichen Uebungen im Uebersetzen sind auch in dieser Klasse zur Befestigung in der unregelmäßigen Formenlehre und in der Syntax fortzusetzen. Um jedoch einem ähnlichen Mißverständnisse, wie in Ansehung der Uebungen im Uebersetzen aus dem Deutschen ins Griechische wohl stattfindet, zuvor zu kommen, wird ausdrücklich bemerkt, daß Fertigkeit im Hebräisch-Schreiben bei diesen Uebungen nicht bezweckt wird, sondern allein genauere Kenntniß und Festigkeit in dem synthetischen und syntaktischen Theile der Grammatik. — 2) Da die Erfahrung gelehrt hat, daß manche junge Leute, welche sich der Theologie oder dem gelehrten Schulstande widmen wollen, die Hebräische Sprache in den Gymnas. deshalb nicht erlernen, weil es ihnen an einer desfallsigen ernstlichen Aufforderung von Seiten ihrer Lehrer fehlt, oder weil die letzteren zu spät oder gar nicht erfahren, daß dieser oder jener Schüler sich zur Theologie oder zum gelehrten Schulstande bestimmt hat: so soll von jetzt an der Dir. oder Rektor eines jeden Gymnas. bei der halbjährlichen oder jährlichen Versetzung aus III. nach II. und aus II. nach I. die betr. Schüler auffordern, daß diej. unter ihnen, welche sich künftig den theologischen oder pädagogischen Studien widmen wollen, ihm solches in einer schriftlichen Erklärung anzeigen, welche zugleich mit der Unterschrift der Eltern oder Vormünder der betr. Schüler versehen sein soll. Die Schüler, welche sich durch eine solche schriftliche Erklärung zum Studium der Theologie oder zum gelehrten Schulstande bestimmt haben, sind sodann allen Ernstes und nöthigen Falls mit Strenge zum regelmäßigen und fleißigen Besuch der Hebräischen Lehrstunden anzuhalten. Sollten sie späterhin ihren früheren Entschluß, sich der Theologie oder dem gelehrten Schulstande zu widmen, ändern, so können sie zwar von dem ferneren Besuche der Hebräischen Lehrstunden dispensirt werden, aber nicht eher, als bis sie mittelst eines schriftlichen Scheins ihrer Eltern oder Vormünder werden dargethan haben, daß die Zustimmung ders. zur Aenderung ihres früheren Entschlusses erfolgt ist 2c.[1]

(A. VIII. S. 179.)

b) §. 16. Anmerk. 2., §. 23. Anmerk. 2., §. 28. A. Nr. 9., §. 42. des Abit. Prüf. Regl. v. 4. Juni 1834 s. u. im 5. Kap., §. 21. des Regl. v. 20. April 1831. (s. o. S. 42) — Ver. v. 16. Juni 1835. Nr. V. (s. o. S. 197) so wie Nr. 2. des C. R. v. 24. Okt. 1837 u. die sub a. beigef. Tabelle. (s. o. S. 145 u. 156.)

V. Deutsche Sprache. (s. in Bd. 1. S. 661. flg. S. 923.)

1) Ziel und Umfang des Unterrichts. Vergl. §. 16. Nr. 1., §. 23. Nr. 1., §. 28. A. Nr. 1. des Abit. Prüf. Regl. v. 4. Juni 1834 s. u. im 5. Kap., C. R. v. 24. Okt. 1837, Nr. 3., 5. u. die Tabelle sub a. (s. o. S. 146 ff. u. 156.)

2) Uebertragung des Unterrichts an den Lehrer der alten Sprachen. (Nr. 3. C. R. v 24. Okt. 1837.)

C. R. des Rhein. Prov.-Schulkoll. v. 21. Nov. 1840 an sämmtl. Gymn. Dir.

Auf Veranlassung einer auf den von uns dem vorgeordn. K. Min. erstatteten Verwaltungs-Bericht, in Beziehung auf die K. Gymnas. am 21. v. M. an uns ergangenen Verf., theilen wir Ew. folgende Bemerkungen zur Kenntnißnahme, resp. Beachtung mit.

1) In Betreff des Unterrichts im Deutschen. Schon früher hat sich das K. Min. gegen die getrennte Behandlung des Deutschen in den untern Kl. ausgesprochen und auch wir haben nach den schon länger gemachten Erfahrungen das Bedürfniß erkannt, und soweit die Individualität der betr. Lehrer dieses ge-

---

1) An die Stelle der weitern Bestimmungen des Publ. treten die oben sub b. angef. Vorschriften des Regl. v. 4. Juni 1834.

stattet, dahin gewirkt, in denselben das Latein. und Deutsche zu einander in ein näheres Verhältniß zu bringen. Auch in den mittleren Klassen wird sich, vorausgesetzt, daß der Unterricht in den alten Sprachen und im Deutschen Einem und demſ. Lehrer in Einer und derſ. Klasse anvertraut werden kann, eine nähere Verbindung des deutschen Sprachunterrichts mit latein. und zum Theil auch mit dem Griech. ganz füglich und zum Besten der Schüler durch angemessene schriftliche Uebersetzungen gehaltreicher und hinsichtlich der Direktion vorzüglich gelungener Stellen der alten Klassiker bewirken lassen. In den beiden oberen Klassen und namentlich in I. wird, soweit dieses ohne andere erhebliche Uebelstände geschehen kann, das Deutsche mit der philosoph. Propädeutik zu vereinigen und dadurch zugleich ein besserer Erfolg in der letztern herbeizuführen sein. Was die deutsche Literatur-Geschichte betrifft, so muß diese sich in den Sekundis und Primis an die Lektüre musterhafter Stellen, in welchen vorzüglich die Eigenthümlichkeit der namhaftesten deutschen Schriftsteller hervortritt, auf eine angemessene Weise anschließen, wobei als Grundsatz festzuhalten ist, daß in den Sekundis eine Uebersicht der Literatur-Geschichte vom Anfange des 17. Jahrh., in den Primis von der ältesten Zeit bis auf die neuesten literar. Bestrebungen gewonnen werden muß. Für den deutschen Unterricht in den untern und mittlern Klassen der Gymn. verdient das in diesem Herbst von dem Gymnasial-Lehrer **Bone** in Köln herausgegebene Lesebuch durch die in der Einleitung ausgesprochenen, in der Wahl, Anordnung und Bearbeitung der Lesestücke zur Ausführung gebrachten Ansichten eine vorzügliche Beachtung, und veranlassen wir Ew. hierdurch, diese Schrift zunächst zur Kenntnißnahme der betr. Lehrer für die Bibliothek anzuschaffen, und demnach dessen Einführung an dem Ihrer Leitung anvertrauten Gymn. in Erwägung zu ziehen. — 2) Betreffend den Unterricht in der **Mathematik**. Die Eifersucht, welche zwischen den Lehrern der Mathematik und denen der philosoph. Wissenschaften rege geworden ist, hat die ersteren häufig über das von dem Regl. der Abit.-Prüf. vorgeschriebene Ziel hinausgeführt. Das Min. hat uns aufgefordert, einem solchen unregelmäßigen Verfahren ferner überall mit Entschiedenheit entgegen zu treten und auf gründl. Erlernen der Elementar-Mathematik bei den Schülern zu dringen; wir aber empfehlen dies den Dir. als eine wesentl. Aufgabe mit dem Bemerken, daß unsere Prüfungs-Kommissarien fortfahren werden, dasselbe mit Ernst zu beachten, und ausnahmsweise hinsichtlich der desfallsigen Anforderungen lieber eine Ermäßigung bezüglich des Umfanges der mathemat. Kenntnisse eintreten zu lassen, als von der zur Sicherstellung des beabsichtigten Zweckes unerläßl. Gründlichkeit und klaren Einsicht in den Gang der Beweise und in das Wesen und den Zusammenhang der Sätze abzusehen. 3) Betreffend die **philosophische Propädeutik**. Als ein nachahmungswürdiges Muster, wie die Lehrer in der philosoph. Propädeutik bei Entwickelung philosoph. Begriffe zu verfahren haben, glaubt das Min. die Schrift von **J. H. Deinhardt**: „der Begriff der Seele mit Rücksicht auf Aristoteles." (Hamburg, 1840. 4.) nennen zu können. 4) Betreffend die **Programme**. Es ist, und von den Dir. zunächst, in jeder geeigneten Weise dahin zu wirken, daß die den Schul-Nachrichten in den Progr. vorzusetzenden Abhandlungen nach Inhalt und Form geeignet sind, von der wissenschaftlichen Befähigung der preuß. Gymnasial-Lehrer auch im Auslande, das durch den schon weit verbreiteten Programmentausch davon Kunde und Beweis erhält, ein ehrenvolles Zeugniß abzulegen.

Endlich finden wir uns durch das Ergebniß der **Abiturienten-Prüfungen** und einiger von unsern Kommissarien vorgenommenen Revisionen veranlaßt, überhaupt die auf Gründlichkeit und Sicherheit des Wissens zielenden Anordn. in Erinnerung zu bringen, und beauftragen Ew. hierdurch, es den unter Ihrer Leitung wirkenden Lehrern nachdrücklichst zur Pflicht zu machen, zu Anfange eines jeden Monats sich durch eine Prüfung über die in dem verflossenen Monate abgehandelten Lehr-Pensa zu überzeugen, in wiefern die Schüler sich durch fleißige Wiederholung den Gegenstand wirklich angeeignet haben, das Ergebniß in das Klassenbuch einzutragen und in der nächsten Konferenz zur Sprache zu bringen, damit zeitig gegen Läßige die geeigneten Anordnungen von Seiten der Schule getroffen werden können, und dem Geisttötenden mechanischen Anlernen in dem letzten Schuljahr endlich ein Ziel gesetzt werde.

(M. Bl. d. i. V. 1841. S. 17.)

3) Gebrauch angemessener Musterstücke.

C. R. des Min. d. G., U. u. M. Ang. (Eichhorn) v. 8. März 1843 an die K. Prov.-Schulkoll.

Das K. Prov.-Schulkolleg. zu Koblenz hat sich veranlaßt gesehen, die Gymnasial-Dir. seines Verwaltungs-Bezirks darauf aufmerksam zu machen, daß der Unterricht in der Muttersprache in den unteren und mittleren Klassen höherer Lehr-Anstalten häufig in ganz zweckwidriger Weise ertheilt werde.[1]) Namentlich sei dem theoretisch-grammatischen Unterricht in ders. unter dem Namen „Sprachdenklehre," oder auch unter anderem Namen oft eine Gestalt gegeben, welche durch abstruse Terminologien oder dürre gehaltlose Uebungen den jugendl. Geist weit öfter abstumpfte, als wahrhaft bilde, den Zweck lebendiger Anschauung der Muttersprache in gehaltvollen, Geist und Gemüth bildenden Musterstücken und sicherer Aneignung der Sprache zu geläufigem und korrekten schriftl. und mündl. Gebrauch öfter hemme, als fördere, und somit einer inhaltsvollen, den Geist selbst mit gesunder, frischer Nahrung für das Leben erfüllenden Bildung der Jugend nicht nur die Zeit und Kraft des Lehrers wie der Schüler entziehe, sondern auch derselben durch ein todtes Formelwesen positiv nachtheilich werde. Je weniger sich bis jetzt die verschiedenen Ansichten über die Ertheilung des deutschen Unterrichts in den höhern Lehr-Anstalten geeinigt haben, desto nothwendiger ist es, diejen. Versuche aus dens. fern zu halten, welche durch die Erfahrung sowohl, als durch eine richtige Würdigung derselben als unfruchtbar oder gar nachtheilig erkannt werden. Dahin gehört der in manchen Anstalten übliche theoretische grammat. Unterricht in der Muttersprache, welcher die deutsche Sprache, den Schülern gegenüber, gleichsam als eine fremde, erst noch zu erlernende betrachtet, oder die natürl. Aeußerung der Sprachthätigkeit von dem Standpunkte eines philosoph. grammatischen Systems und zu einer bewußten zu erheben sucht, und häufig schon in der Behandlung des Gegenstandes von Seiten des Lehrers, sowie in der sich kund gebenden Theilnahmlosigkeit der Schüler seine Unzweckmäßigkeit zu erkennen giebt. Während der latein. Unterricht am natürlichsten Gelegenheit darbietet, den Knaben an dieser ihm fremden Sprache grammatische Formen und Verhältnisse anschauen und auffassen zu lassen, und ihn bei fortschreitender Entwickelung anzuleiten, die so erworbenen Kenntnisse allmählig und besonders, wenn ihm das Verständniß der an Formen und feinen Unterscheidungen noch reicheren griech. Sprache eröffnet wird, zu solchen zu erheben, welche auf dem sprachl. Gebiete allgem. Gültigkeit haben: deutet das K. Prov.-Schulkolleg. zu Koblenz mit Recht darauf hin, daß der deutsche Unterricht überall die Aufgabe zu verfolgen habe, die Muttersprache in geeigneten, für das jedesmalige Alter der Schüler angemessenen Musterstücken zur lebendigen Anschauung zu bringen und dadurch die sichere Aneignung der Sprache zu fördern. Wird auf diese Weise die natürliche Sprachentwickelung unterstützt, so wird es niemals an Veranlassung fehlen, beim Lesen das Fehlerhafte in der Aussprache zu entfernen, auf die richtige Formenbildung aufmerksam zu machen, die Orthographie zu befestigen, Natürlichkeit und Wahrheit des Ausdrucks zu befördern, überhaupt das Sprachgefühl ohne ein dürres Analysiren der einzelnen Wörter und Sätze immer mehr auszubilden und zu schärfen. Sowie unlängst die gedankenreiche Schrift von Hiecke der näheren Prüfung empfohlen worden ist, so sehe ich mich jetzt veranlaßt, auf das in dem 4. Theile des von Ph. Wackernagel in Stuttgart herausgegebenen Lesebuches enthaltene Gespräch über den Unterricht in der Muttersprache, und auf die in dem Progr. des Gymnasiums zu Duisburg pro 1842. enthaltene Abhandlung des Gymn.-Lehrers Hülsmann aufmerksam zu machen, damit das K. Prov.-Schulkolleg. in ähnlicher Weise, wie es diese Behörde zu Koblenz gethan hat, auf die bei der Ertheilung des deutschen Unterrichts zu vermeidenden Mißgriffe aufmerksam mache, und die beiden genannten Schriften dem Lehrer-Kolleg. zur Erwägung und Beachtung empfehle.

(M. Bl. d. i. V. 1843. S. 149.)

---

1) C. R. v. 15. Nov. 1842. Bd. 1. S. 671. s. auch C. R. v. 21. Nov. 1840, ob. S. 218 sub 2. und v. 16. Juni 1843 nachst. sub 5.

4) Schriftliche Aufsätze. Vgl. Nr. II. 1. des Posener C. v. 11. Jan. 1829 (s. o. S. 182), das Bresl. C. v. 8. Juni 1829 (s. o. S. 185), und Nr. 5. des C. R. v. 24. Okt. 1837 (s. o. S. 149.)

5) Uebung im mündlichen Vortrag.

a) Vgl. das Posener C. v. 11. Jan. 1829 nebst C. R. v. 12. Febr. 1829. (s. o. S. 179 ff.).

b) C. R. des Rhein. Prov.-Schulkolleg. v. 16. Juni 1843 an die Gymn. Dir.

In den uns jetzt vorliegenden, auf unsre Verf. v. 8. Okt. v. J. eingegangenen Ber. sämmtlicher Gymnas. Dir. der Prov. giebt sich nicht nur, wie dies zu erwarten stand, eine ernste Auffassung und Würdigung der Aufgabe der Gymnas., ihre Zöglinge zu klarer und angemessener mündlicher Darstellung ihrer Gedanken zu befähigen, kund, sondern es tritt auch durchgängig eine erfreuliche Uebereinstimmung über die Mittel, dieser Aufgabe zu genügen, und die dabei in Betracht kommenden allgem. Gesichtspunkte hervor. Es wird durchgängig anerkannt, daß die Aufgabe der Gymnas. nicht ist, den Schein einer Beredsamkeit, welche nur die Frucht gereifter männlicher Bildung sein kann, bei Jünglingen zu erzielen, dieselben an ein Sprechen um zu sprechen, ein geläufiges Wortemachen über das, was der Jüngling noch nicht empfunden und noch nicht begriffen hat, gewöhnen zu wollen, wodurch nur eine wesentliche Grundlage ächter Beredtsamkeit, die Wahrhaftigkeit, gefährdet werden könnte; daß daher die zur Entwickelung der Redefähigkeit in den Gymnas. anzustellenden Uebungen nicht über die Sphäre, in welcher die Schüler sicher und einheimisch geworden sind, hinausgreifen, in keiner Weise zu Ostentationen und anmaßlichem Hinausgehen über den jugendlichen Standpunkt veranlassen dürfen, und sich also in der Regel auf freie Reproduktion dessen, was die Schule zum geistigen Eigenthum ihrer Zöglinge gemacht hat, beschränken müssen. Nicht minder wird aber auch anerkannt, daß durch stätige Ausbildung für die Ausbildung der Sprachorgane und der sonstigen Anlagen, durch deren Entwickelung die Wirksamkeit der Rede äußerlich bedingt ist, durch vielfache und planmäßige Uebungen des Gedächtnisses, durch strenge Gewöhnung an geordnetes Denken, und an klare Gestaltung und bündige Darstellung des Gedachten, so oft der Schüler in irgend einer Lektion Veranlassung hat, sich auszusprechen, endlich durch eigene geordnete, abgestufte Uebungen in freier Darstellung von den Gymnas. für den in Rede stehenden Zweck vieles vorbereitend gethan werden kann und muß, daß sie ihre Aufgabe nicht lösen, wenn sie ihre Zöglinge nicht außer gründlichen Kenntnissen auch mit der Fähigkeit, das Erkannte zu gestalten und darzustellen, ausrüsten. Es wird ferner durchgängig anerkannt, daß keineswegs die Lehrer des Deutschen allein für die Leistungen der Schule in dieser Hinsicht verantwortlich sein können, sondern daß alle wissenschaftlichen Lehrer theils im Allgem. durch den mächtigen Einfluß ihres Beispiels, theils dadurch, daß sie immer auf klare, bestimmte vollständige Antworten, und wo dazu irgend Gelegenheit ist, auf zusammenhängende Darstellung dringen, wesentlich mitwirken können und sollen; daß die Resignation, welche ruhig den Schüler zum Wort kommen läßt, ihn ausreden läßt, und seine Entwickelungen und Vorträge nur wo es unerläßlich ist, unterbricht, eine wesentl., wenn auch nicht immer vorhandene Eigenschaft eines guten Lehrers ist. Der Grundsatz der alten Meister: „Stylus egregius docendi magister" ist gleichermaaßen in den vorliegenden Ber. durchgängig zu voller Anerkennung gekommen, und im Zusammenhang damit unter andern auch den schriftlichen Uebersetzungen aus den Klassikern ihre volle Bedeutung als Stylübung beigelegt. Wenn in einem der vorliegenden Ber. behauptet wird, solche Uebungen machten im Gegentheil den Styl holpricht und unbeholfen, so wird dagegen in andern auf das vollgültige Zeugniß der Römischen Redner verwiesen, und in einem ders. treffend Folgendes bemerkt:

---

1) Es ist auch empfohlen: jährlich eine Liste der Themata zu den Aufsätzen aus den obern Klassen an das Prov. Schulkolleg. einzureichen. Umsichtige Auswahl dieser Themata ist wiederholt urgirt. Ihre Wahl aus Gegenständen der Geschichte und Geographie empfohlen durch §. 15. der Instr. v. 18. Aug. 1830. (s. unten.)

In den freien schriftlichen Arbeiten, zumal der untern und mittlern Klassen, deren Gesichtskreis ja nur ein beschränkter sein kann, dreht sich der Schüler im Alltäglichen ihm gewohnt gewordener Worte und Vorstellungen. In der Uebersetzung der Alten muß er für neue Vorstellungen und Verbindungen die Ausdrücke und Figuren seiner Sprache suchen. In diesem Kampfe wächst ihm die Kraft, mehrt sich der Reichthum, in jenem Geschreibe, denn es ist oft nicht mehr, bleibt die alte Armuth eben nur Armuth.

Diese durchgängige Uebereinstimmung sämmtlicher Dir. über die vorliegende Frage in ihren wesentl. Beziehungen berechtigt zu der Erwartung, daß dem in unserer Verf. v. 8. Okt. v. J. von neuem vergegenwärtigten Ziele mit Erfolg an den Gymnas. der Prov. nachgestrebt werden wird, und wenn in den meisten der vorlieg. Berichte zugleich anerkannt wird, daß die Leistungen der Anstalten in fragl. Hinsicht, auch abgesehen von ärztlichen und individuellen Hindernissen, wesentlich hinter dem zurückbleiben, was geleistet werden könnte und sollte, so zeugen diese Bekenntnisse, welche allerdings durch unsere Beobachtungen völlig bestätigt werden, von dem Ernst, mit welchem die Aufgabe erfaßt wird, und geben eine erfreuliche Bürgschaft, daß unsere Gymn. sich nicht damit zufrieden stellen werden, Mittelmäßiges oder gar Geringes in der fragl. Hinsicht zu leisten. Aus den Erfahrungen und Wünschen, welche nur in einzelnen der vorl. Berichte ausdrücklich ausgesprochen sind, glauben wir Folgendes noch hervorheben zu müssen.

Wenn ein und der andere Ber. eine Vermehrung der Lehrstunden für das Deutsche, besonders in den obern Klassen nothwendig findet, so sprechen andre sich entschieden dafür aus, daß zwei wöchentl. Stunden in den obern Klassen vollkommen hinreichen, wenn alle Lehrer und alle Lehrstunden angemessen zusammenwirken. Wir werden beide Ansichten zur Kenntniß des vorgeordn. K. Min. bringen.

Es wird ferner darauf aufmerksam gemacht, wie wichtig auch für den fragl. Zweck ein bewußtes Zusammenwirken aller Lehrer, ein gegenseitiges Kenntnißnehmen von dem Unterricht der Kollegen nach Form und Inhalt sei, wozu gegenseitiges Besuchen in den Lehrstunden wesentlich mitwirken könne. Die Richtigkeit dieser Bemerkung ist nicht zu bezweifeln, und wir können nur dringend wünschen, daß sie allgemeine Beachtung finde. Die Wichtigkeit des Gesang-Unterrichts auch für den fragl. Zweck, namentlich für Ausbildung der Sprachwerkzeuge, wird mit Recht hervorgehoben. Nicht minder, wie wichtig es sei, auf die Entwickelung der körperlichen Haltung in ihrer Beziehung angemessenen und wirksamen Vortrag zu achten, zugleich aber alles Theatralische und jede Uebertreibung fern zu halten. Es wird dabei darauf aufmerksam gemacht, daß es angemessen ist, nicht von den Bänken aus, sondern vor der Klasse oder vom Katheder aus rezitiren und vortragen zu lassen. Es wird ferner auf den Nutzen öfter wiederkehrender Redeakte im Kreise der Schule aufmersam gemacht. Was hierüber von der Dir. des Gymnas. zu N. bemerkt wird, theilen wir im Folgenden zu reiflicher Erwägung der Lehrer-Kollegien mit: Ob von Zeit zu Zeit wiederkehrende Rede-Uebungen, auf den Kreis der Schule beschränkt und mit Vermeidung jeder Art öffentl. Schaustellung, vor der ganzen versammelten Schule oder einigen Klassen, in Gegenwart mehrerer oder aller Lehrer angestellt, den Zweck fördern möchten, ist ein Gedanke, über dessen Werth und Ausführbarkeit Erfahrung entscheiden müßte. Nur die Besten, damit es Auszeichnung werde, und aus den oberen Klassen nur mit eigenen Arbeiten, als welche gelungene Uebersetzungen, zumal metrische, füglich gelten könnten, würden auftreten dürfen. In dieser Art der Oeffentlichkeit wird alles Theatralische, zu welchem in Städten mit stehenden Theatern die Versuchung nahe liegt, und Karrikirte leicht vermieden werden können. Die Rede, soll sie lohnend sein und den Redner spornen, fordert einen Kreis von Zuhörern und findet ihren Preis im Auge und Antlitz des Hörenden. In so angestellten Uebungen möchte der Knabe und Jüngling, aus dem gewöhnl. Einerlei seiner Klasse, das ihm durch achtjähriges Zusammenleben zu etwas Alltäglichem wird, auf einen etwas erweiterten Kreis hinaustretend, Vertrauen zu der eigenen Kraft finden. In diesem würde der künftige Geistliche, Lehrer oder Rechtsgelehrte zu rechter Zeit versuchen können, ob ihm die in seinem künftigen Berufe unentbehrliche Gabe der Rede einwohne oder nicht. Wie die Sachen jetzt hier stehen, entschließt sich mancher Jüngling zum Studium der Theologie, dessen erste Predigt seine erste öffentl. Rede ist, oder der Rechte, der vor seinem ersten stotternden Vortrage nur seiner Klasse den Cicero oder Demosthenes vorexponirt hat. Solche Uebungen, in Gemeinschaft angestellt, möchten ein Band mehr werden, durch welches die Schüler der einzelnen Klassen sich als Schüler einer Schule erkennten. Rede-Uebungen, wie ich sie mir anzudeuten erlaube, waren in der Landesschule Pforta Feste geworden und blieben in ihren Folgen fruchtbringend für das Leben. Unsere Rede-Uebungen bei öffentl. Prüfungen fordern, eben weil sie öffentlich sind, ganz eigene Rücksichten. Hier reden nur die Schüler der unteren Klassen gern und mit Lust, die der oberen folgen, wenn dazu aufgefordert wird, meistens nur dem Gebote der Schule. — Daß es zweckmäßig ist, nicht bloß Gedichte, sondern auch prosaische Stücke in den unteren und mittleren Klassen rezitiren zu lassen, daß zu den freien Vorträgen der oberen Klassen geschichtliche Stoffe zwar bequem für die Schüler, aber weniger geeignet sind, daß darauf gehalten werden muß, daß diesen Vorträgen eine klare Disposition zu Grunde liege, daß Disputir-Uebungen, welche sich an die Aufsätze der Mitschüler und deren Beurtheilung anschließen, von Nutzen sein können, sofern ein geübter Lehrer sie leitet und beherrscht, wird von mehreren Seiten mit guten Gründen hervorgehoben. Es hat sich ferner sehr nützlich erwiesen, am Schlusse der Lehrstunden regelmäßig etwas Zusammenhängendes aus dem Bereich des Aufgefaßten von den einzelnen Schülern wiedergeben zu lassen. Die Uebung einzelner Anstalten, bedeutende Abschnitte aus Klassikern, z. B. einer Ciceronischen Rede, nachdem sie vollständig erklärt sind, aus dem Original in freier Nachbildung deutsch vortragen zu lassen, erscheint ebenfalls sehr beachtenswerth. Erheblich erscheint auch die Bemerkung, daß Schreib-Uebungen, namentlich Abfassung von Aufsätzen in der Schule, mit Ausschließung aller fremden Hülfsmittel, und als Gewöhnung, die Gedanken mehrere Stunden lang auf einen Gegenstand zu konzentriren, in den oberen Klassen, mäßig angewendet, sehr förderlich sein würden. Die Nothwendigkeit, daß die Schüler aus dem Lesen vaterländischer Schriftsteller Muster eines guten Vortrags gewinnen, wird auch in der fragl. Beziehung mehrfach hervorgehoben. Wir müssen hier wiederholen, daß die durch die Schule bewirkten Totalanschauungen edler und reiner Erzeugnisse der vaterländ. Literatur in dieser, wie in anderen Beziehungen, sich fruchtbarer erweisen werden, als die grammat. Zergliederung, welche so oft kleinlich wird und die lebendige Totalanschauung hindert, während sie dieselbe in keiner Weise zu ersetzen vermag. Die große Bedeutung des Vorbildes der Lehrer in der fragl. Beziehung ist in keinem der vorliegenden Berichte verkannt, in einem ders. aber mit besonderm Nachdruck hervorgehoben, als das beste Förderungsmittel. Es wird mit Recht bemerkt, daß der Lehrer vor allen Dingen selbst leisten müsse, was er von dem Schüler fordert, daß also alle Ansprachen des Lehrers, wozu so manche Veranlassung sich ergiebt, nach Inhalt und Form musterhaft sein, daß namentlich die öffentlichen Reden der Lehrer wirklich freigehaltene, nicht gelesene Reden sein sollten. Daß manchem wackern Lehrer die hierzu erforderliche Gabe versagt ist, ist nicht in Abrede zu stellen, daß es aber bei ernster Auffassung der Wichtigkeit der Sache immer mehreren gelingen wird, das Talent dazu zu entwickeln, und so eine wesentliche Eigenschaft des Lehrers sich anzueignen, dürfen wir nicht bezweifeln. — Wir empfehlen die im Vorstehenden mitgetheilten Vorschläge und Erfahrungen der Dir. und dem Lehrer-Kolleg. zur sorgfältigen Prüfung und Beachtung.

(M. Bl. d. i. V. 1843. S. 212.)

VI. Polnisch, als Muttersprache.

1) Unterricht im Polnischen. Vgl. §. 16. Anmerk. 1., §. 23. Anm. 1. des Abit. Prüf. Regl. v. 4. Juni 1834 unten im 5. Kap., so wie die Note zur Tabelle beim C. R. v. 24. Okt. 1837. (s. o. S. 156.)[1])

2) Gebrauch des Poln. als Unterrichtsmedium. Instr. v. 24. Mai 1842 (s. in Bd. 1. S. 117.), womit auch die Instr. v. 15. Nov. 1850 (s. in Bd. 1. S. 399. flg.) zu vergleichen.

---

1) Der Antrag der Preuß. Prov. Stände, den Unterricht im Polnischen auf den Gymnas. zu Konitz und Thorn in den Lehrplan aufzunehmen, wurde abgelehnt: IV. Prov. Landtags-Absch. v. 3. Mai 1832. II. 37. (A. XVI. S. 554.)

VII. Französisch.

1) Umfang des Unterrichts. Vgl. Promem. v. 1831. N. 4. (s. o. S. 143) §. 16. Nr. 4., §. 23. Nr. 4., §. 28. A. Nr. 4. des Abit. Prüf. Regl. v. 4. Juni 1834 u. im 5. Kap., Nr. 2. 3. 4. des C. R. v. 24. Okt. 1837 (s. o. S. 145—149), so wie §. 17. des Regl. v. 20. April 1831. (s. o S. 34)[1])

2) Lektüre. Eine min. Verf. hat 1853 angeordnet, daß der bekannte Roman „Paul und Virginie" von Berhardin de St. Pierre vom nächsten Semester an in den höhreren Lehranstalten nicht mehr als Lektüre benutzt werde. (Nat. Zeit. 1853 Nr. 301. Vgl. Al. v. Humboldts Urtheil über diesen Roman, ib. Nr. 306.)

VIII. Mathematik.

1) Ziel und Umfang des Unterrichts. Vgl. Nr. 2. des Promemoria v. 1831 (s. o. S. 141), §. 16. Nr. 5., §. 23. Nr. 6., §. 28. A. Nr. 6. des Abit. Prüf. Regl. u. im 5. Kap., Nr. 3. 4., C. R. v. 24. Okt. 1837 u. die sub a. dems. beigef. Tabelle. (s. o. S. 146 ff. u. 156.)[2])

2) Einhaltung der vorgeschriebenen Grenzen.

a) C. R. des Prov.-Schulkoll. zu Magdeburg v. 11. Okt. 1826.

Wenn in den neuern Zeiten der Unterricht in den mathemat. Wissenschaften in den Lehrplänen unserer Gymn. den Rang und die Stellung genommen hat, welche ihm gebühren, so muß es doch leitendes Prinzip bleiben, ihn stets in einem richtigen Verhältnisse zu den klassischen Studien, deren Betrieb jedem Gymn. seinen Charakter giebt, zu erhalten und weder durch den Umfang, den man ihm bestimmt, noch durch die Stundenzahl, die man ihm zumisset, noch durch die Arbeiten, die man dem Privatfleiße der Schüler anweiset, die klass. Studien zu beeinträchtigen. Dieses Prinzip insonderheit muß erstlich über den Umfang der mathemat. Studien entscheiden. Und so werden darin, als außer seinen wesentl. Grenzen liegend, nicht aufgenommen: die rein analytische Behandlung der Kegelschnitte, die Curven höherer Ordnung, die Theorie der höhern Gleichungen, der polynomische Lehrsatz in seiner Allgemeinheit, die Entwickelung der Logarithmen und der trigonometrischen Funktionen in Reihen, auch wenn die Darstellung elementar ist, die Differential- und Integral-Rechnung, die angewandte Mathematik in ihrer Ausführlichkeit. Dagegen umfaßt der Unterricht, wobei vorausgesetzt werden muß, daß ders in der Quarta beginnt, und die gemeine Arithmetik, weshalb wir uns auf das C. v. 7. Apr. 1826 beziehen, mit ihren Anwendungen auf das bürgerl. Leben in den untern Kl. gründlich gelehrt und geübt wird, folgendes: a) aus der allg. oder höhern Arithmetik: die Rechnungsarten in entgegengesetzten Größen, die allg. Bruchrechnung mit Einschluß der Kettenbrüche, die allgem. Rechnung in Potenzen und Wurzelgrößen, die ersten Elemente der Combinationslehre für die Darstellung des Produktes aus Binomialfaktoren von der Form $a + x$, $b + x$ 2c. in unbestimmter Anzahl und des binomischen oder Newtonschen Theoremes für ganze positive Exponenten, die allg. Lehre von der arithmet. und geometr. Proportion und von der arithmet. und geometr. Reihe, die elementare Theorie der gemeinen Logarithmen mit dem Gebrauche der logarithm. Tafeln und Anwendung auf arithmet. Objekte, z. B. der Zins- und Rentenrechnung; b) aus der Algebra: die einfachen und die quadratischen Gleichungen; c) aus den geome-

---

1) Vgl. auch den in vorsteh. Note angef. Landtags-Absch., welcher einen Antrag der Stände auf Beförderung des Unterrichts im Französischen für erledigt erklärt. — Später hat das Min. der G., U. u. M. Ang. gestattet, in Städten, wo es an höhern Bürgerschulen fehlt, auf den Gymnas. das Französische vor Tertia anzufangen.

2) Daß auch die Aspiranten des kathol. geistlichen Standes die mathematische Prüfung bestehen müssen, bestimmte noch besonders das Publ. des Rhein. Oberpräs. v. 12. April 1823. (A. VII. S. 632.)

trischen Wissenschaften: aa) die Elementargeometrie, wie dieselbe in den sechs ersten Büchern und im 11. und 12. Buche des Euklides vorgetragen ist; bb) Anwendungen der Algebra (ad b) auf elementargeometr. Gegenstände in Verbindung mit der geometr. Analysis; cc) die ebene Trigonometrie mit Anweisung zum fertigen Gebrauche der trigonometr. Tafeln; dd) die Appollonische Kegelschnitte nach der Methode der Alten behandelt, wozu die Werke von Hamilton und Simson Anleitung geben, und wie sie sich aus Archimedes Schrift von der Parabeler giebt. Wenn nun zwar hiernach der Vortrag über diese Gegenstände die synthetische Form hauptsächlich anzunehmen hat, so wird es doch nicht unzweckmäßig sein, den Schülern von der analytischen Behandlungsweise ders. eine nur vorläufige Kenntniß zu geben. d) Aus der angewandten Mathematik gehört für Prima die mathemat. Geograhie in ihren Elementen.

Was die Methode des Unterrichtes zweitens überhaupt betrifft, so ist sie so anzuwenden, daß zwar ein ächt mathematischer Geist geweckt, daß aber hierin nicht ausschließlich der Zweck des mathemat. Unterrichtes auf Gymn. gesetzt werde. — Vielmehr hat dieser Unterricht neben der formellen Bildung der Schüler auch den Zweck, daß dieselben den Inhalt dieser Wissenschaft so weit er sich, nach den obigen Andeutungen für die Gymn. eignet, gründlich und tüchtig erlernen, und dadurch befähigt werden, das Studium der Mathematik auf der Universität mit Erfolg fortzusetzen und demnächst im praktischen von ihren mathemat. Kenntnissen einen geeigneten Gebrauch zu machen. Eine vorzügl. Sorgfalt ist aber auf das Studium der Geometrie nach synthetischer und konstruktiver Methode zu wenden. Diese Wissenschaft muß stets der Hauptgegenstand des mathemat. Unterrichts auf den Gymn. sein,. das Arithmetische nicht das Uebergewicht erhalten, sondern dem Inhalte und der Zeit nach mit verhältnißmäßiger Kürze, unbeschadet der Deutlichkeit und Gründlichkeit, behandelt werden.

Der Privatfleiß der Schüler ist in zweifacher Hinsicht zu beschäftigen. Die schriftl. und die mündl. Uebungen müssen mit einander verbunden werden, einander unterstützen und ergänzen. Es kommt nicht darauf an, daß der Schüler über den Vortrag jeder Stunde schriftliches ausarbeite, vielmehr wird es, wenn ihm für die klass. Studien und seine Privatlektüre der alten Autoren der nöthige Raum bleiben, und seine Kraft nicht überspannt werden soll, genügen, wenn er von Zeit zu Zeit über einzelne wichtige Theoremen und Problemen, oder über einzelne Abschnitte, um sich deren Uebersicht wieder klar zu machen, nach dazu erhaltener Anweisung eine schriftl. Arbeit liefert, welche aber von dem Lehrer genau durchgesehen und in der Klasse recensirt werden muß. Neben diesen schriftl. Uebungen sind Uebungen in mündl. Vorträgen über vorgetragene Gegenstände anzustellen. Jenes, wie dieses, muß sodann dem Schüler Gelegenheit geben, sich auch im Erfinden der Beweise und Auflösung solcher Theoremen und Problemen vielfach zu versuchen, die im öffentl. Unterrichte nicht vorkommen, aber mit dems. im engen Zusammenhange stehen, und die vorzüglich aus der Geometrie zu wählen sind, wobei Euklides eben angef. Bücher im Grundtexte, von welchen es jetzt verschiedene, für den Schüler brauchbare Ausgaben giebt, mit benutzt werden müssen. Die Kombination dieser Uebungen, die fleißig anzustellende Prüfungswiederholung in der Klasse nicht ausgeschlossen, wird bei dem Unterrichte, eine umsichtige, gründl., das richtige Zeitmaaß beobachtende Lehrmethode allerdings vorausgesetzt den Erfolg haben, daß der Schüler in formeller und wissenschaftlicher Hinsicht bei wöchentl. vier Lehrstunden, nach und nach die Vorbereitung erwerben, mit welcher er zur Abit.-Prüf. kommen soll. Die Gegenstände zu den schriftl. Prüfungsarbeiten müssen, dem Vorigen gemäß, so ausgewählt werden, daß sie den Schüler nur dazu veranlassen, seine erworbenen Kenntnisse mit Einsicht in ihrem innern Zusammenhange, mit erschöpfender Vollständigkeit, mit bündiger Klarheit vorzutragen, und seine Geübtheit in der Kombinirung seiner Kenntnisse zu zeigen. Diese Gegenstände müssen daher vorzugsweise aus der Geometrie entlehnt werden, nnd dürfen niemals bloße Aufgaben des Kalkuls sein. (A. X. S. 1036.)

b) C. R. des Min. d. G., U. u. M. Ang. (v. Altenstein) v. 13 Sept. 1834 an das K. Prov.-Schulkoll. zu Königsberg, und abschr. an die zu Stettin, Posen und Koblenz.

Das Min. eröffnet dem K. Prov.-Schulkoll. auf den Ber. v. 5. Apr. d. J. Folgendes:

1) Durch das Regl. v. 4. Juni d. J. für die Prüfung der zu den Univ. überg. Schüler ist bestimmt, was von den Abit. in Hinsicht der Mathematik verlangt werden soll. Diese Forderungen sind im Wesentl. dieselben, welche in dem Ed. v. 12. Okt. 1812 gemacht worden, und obwohl dem Min. nicht unbekannt war, daß in mehreren Gymn. in den K. Staaten der mathemat. Unterricht über diese Forderungen schon seit Jahren hinausgegangen ist, so hat das Min. dennoch Anstand genommen, in dem neuen Regl. v. 4. Juni d. J. die Anforderungen in Hinsicht der Mathematik zu steigern, theils, weil sich mittelst des Geforderten der Hauptzweck des mathemat. Unterrichts in den Gymn. welcher nicht sowohl auf Mittheilung von mathemat. Sätzen, die etwa in diesem, oder jenem Lebensverhältnisse unmittelbare Anwendung auf sinnliche Gegenstände finden, als vielmehr darauf zu richten ist, die Urtheilskraft der Schüler zu üben, und sie an Klarheit und Bestimmtheit der Begriffe und an Konsequenz im Denken zu gewöhnen, ganz füglich erreichen läßt, theils, weil nach der bisher. Erfahrung die Zahl der Gymn. in den K. Staaten nicht klein ist, welche in Hinsicht der Leistungen ihrer zur Univ. entlassenen Schüler in der Mathem. noch hinter den bisher. Forderungen zurückgeblieben sind. Manche Gymn. haben im Ganzen nur 5, andere nur 4 Kl.; nicht weniger verschieden ist die wissenschaftl. Qualifikation und die Lehrgeschicklichkeit der Lehrer der Mathem. an den Gymn. Aus diesen und ähnl. Gründen muß das Min. auch Anstand nehmen, nach dem Antrage des K. Prov.Schulkoll. v. 5. Apr. d. J. eine bestimmte nicht zu überschreitende Norm in Hinsicht des mathemat. Unterrichts für alle Gymn. festzusetzen. Zunächst hat das K. Prov. Schulkoll. darauf zu halten, daß in allen Gymn. seines Bereichs in Hinsicht der Mathem. von den aus Prima zu entlassenden Schülern das wirklich geleistet werde, was im §. 28. Nr. 6. des Regl. v. 4. Juni d. J. gefordert ist. Finden sich im Bereiche des K. Prov. Schulkoll. einzelne Gymn., wo die Zahl der vorhandenen Kl. und die Qualifikation der Lehrer und Schüler es möglich macht, über das Geforderte hinauszugehen, ohne dadurch die Gründlichkeit und den im Obigen angedeuteten Hauptzweck des mathem. Unterrichts in den Gymn. zu gefährden, so wird dem K. Prov.-Schulkoll. hierdurch gestattet, in solchen Gymn. nach Befinden der Umstände auch den Umfang des mathemat. Unterrichts zu erweitern, und dens. auf diej. in dem Regl. v. 4. Juni d. J. nicht erwähnten Lehren auszudehnen, welche in der Anlage (a.) näher bezeichnet sind. Diese Anlage enthält die Forderungen, welche an ein Lehrbuch der Mathem. für Gymn. in Hinsicht des Umfangs des mathemat. Unterrichts im günstigsten Falle gemacht werden können. — 2) Wegen der zufolge des Berichts v. 5. April d. J. bereits eingeführten, oder in Vorschlag gebrachten Lehrbücher der Mathematik, bemerkt das Min., daß das Lehrbuch der Rechenkunst und Geometrie von **Kries** nicht als zweckmäßig bei dem Unterrichte in den Gymn. erachtet werden kann. Es ist zum Theil wenig in einer der Fassungskraft der Anfänger angemessenen und klaren Darstellung abgefaßt, zum Theil zu weitläuftig, auch bleibt es, wenigstens in der Rechenkunst, und zum Theil auch in der Geometrie, besonders in der Trigonometrie und bei den Kegelschnitten, ganz bei den veralteten Ansichten stehen, und gewährt überhaupt nicht recht eindringende Einsichten von seinen Gegenständen. Gegen die in Vorschlag gebrachten Lehrbücher von **Mathias**, **Grunert**, **Förstemann**, **Lorenz**, **Lacroix** und **Crelle**, findet das Min. im Wesentlichen nichts zu erinnern, wünscht aber, daß unter den gen. Lehrbüchern denj. der Vorzug gegeben werde, welche sich nicht blos durch ihre für den Unterricht bequeme und an dem Gewöhnlichen und Hergebrachten festhaltende Form den Lehrern empfehlen, sondern sich vielmehr dadurch auszeichnen, daß sie entschieden den neuern und vervollkommneten Ansichten ihrer Gegenstände folgen, und die Wahrheiten der Mathematik ihnen selbst angemessen darzustellen bemüht sind.

Anl. a.

Das Lehrbuch der reinen Mathematik soll enthalten:

1) Aus der **Rechenkunst** (Arithmetik und Algebra). Die Theorie der Rechnung mit Zahlen, soweit sie in dem Rechenbuche sich findet, aber allgemeiner und eingreifender. Die Addition, Subtraktion, Multiplikation und Division von Buchstaben-Ausdrücken, wozu die Theorie des Positiven und Negativen gehört. Die Lehre von den incommensurablen Zahlen-Größen. Die Lehre von den einfachen und zusammengesetzten Zahlen, in einem angemessenen Umfange, und die Theorie der Kettenbrüche, nebst ihrer Bedeutung als Näherungs-Ausdrücke, mit Buchstaben

weiter auseinander gesetzt. Bestimmte Gleichungen ersten Grades zwischen einer und mehreren unbekannten, also auf Elimination zwischen Ausdrücken ersten Grades. Die Elemente der Kombinations-Lehre. Theorie der Potenzen und den binomischen Lehrsatz für ganze positive Exponenten. Differenzen-Reihen erster Ordnung und geometrische Reihen. Erste Begriffe von Näherungen und von unbestimmten Koeffizienten. Allgemeine Theorie der Potenzen und Logarithmen, und Gebrauch ders. beim Rechnen, mit Rücksicht auf die sogen. Proportionaltheile. Uebung des Gebrauchs der Logarithmen. Theorie des binomischen Lehrsatzes mit beliebigen Exponenten. Die Reihen für Exponentialgrößen und Logarithmen und das allgem. Wurzelausziehen. Auflösung der unbestimmten Gleichungen vom ersten Grade und der bestimmten Gleichungen vom zweiten Grade. Differenzen-Reihen von beliebigen Graden. Die Theorie des Imaginairen und die Entwickelung der Reihen für imaginaire Exponential- oder Kreis-Größen. Allgemeine Theorie der Gleichungen mit Einer unbekannten. Auflösungen vom dritten und vierten Grade. Auflösung der Gleichungen durch Näherung. Begriff von Auflösung der Gleichungen mit mehreren unbekannten und von einigen Reihen, z. B. von Summen-Potenzen und rücklaufenden Reihen, desgl. vom Einhalten.

2) Aus der Raumlehre. (Geometrie und Trigonometrie). Die Lehre von den graden Linien, Winkeln und Parallelen. Von der Gleichheit der Dreiecke insbes., und der Vielecke im Allgem. Von der Centrizität der Figuren und den regelmäßigen Vielecken. Vergleichung der Größe der Figuren ohne und mit Hülfe des Begriffs der Zahl. Von der Aehnlichkeit der Dreiecke insbesondere und der Vielecke im Allgem. Von den Transversalen. Von größeren oder kleineren Figuren im gleichen Umfange. Von dem Mittelpunkte der Entfernungen. Vom Kreise und Gleichheit von Kreisen und von den graden Linien, die den Kreis schneiden und berühren. Von der Größe der Kreislinien und Kreisflächen. Konstruktion durch gerade Linien und den Kreis nach der Art der Alten. Konstruktionen durch den Kreis allein. Von den geraden Linien und Ebenen im Raume, und von der Gleichheit, Größe und Centrizität der Raum-Dreiecke (körperlichen Ecken) und Raum-Vielecke. Von der Gleichheit, Größe und Aehnlichkeit der Pyramiden, Prismen und beliebigen Polyedern. Von den symmetrischen und regelmäßigen Polyedern. Von Cylinder, Kegel und Kugel. Die Elemente der beschreibenden Geometrie (géométrie descriptive). Von den goniometrischen Linien. Gleichungen zwischen denselben, für einfache und zusammengesetzte Winkel. Ausdrücke der goniometr. Linien durch die Bogen. Der Cotesische und Moivresche Satz. Anwendung der Goniometrie auf Dreiecke, der Trigonometrie, und auf Vielecke, oder Polygonometrie; desgl. auf Raum-Dreiecke und Raum-Vielecke, oder sphärische Trigonometrie und Polygonometrie. Aus der sogen. analytischen Geometrie: die Theorie der gewöhnl. Koordinaten-Systeme und die Anwendung ders. auf gerade Linien in der Ebene und im Raume, auf den Kreis, die Kugel und die Linien und Flächen zweiter Ordnung.

3) Aus der Bewegungslehre. (Statik und Mechanik). Die allgemeinen Begriffe von Kräften und ihren Wirkungen. Vom Hebel und vom Parallelogramm der Kräfte. Von den Momenten. Die Elemente der Lehre vom Schwerpunkte, desgl. von der Reibung. Von der gleichförmigen und gleichförmig-beschleunigten Bewegung. Von der allgem. Schwere. Bewegung auf einer schiefen Ebene. Von den beschleunigenden und bewegenden Kräften. Das Prinzip der virtuellen Geschwindigkeiten in Beziehung auf die abgehandelten Fälle. Von der Trägheit. Vom Schwunge und dem Stoße. (A. XIX. S. 415.)

c) C. R. dess. Min. v. 13. Dec. 1834 an das K. Prov.-Schulkoll. zu Berlin, u. abschr. an sämmtl. übrige.

Das Min. kann sich mit dem, in dem Ber. v. 20. v. M. gemachten Antrage, den bisher in der Prima des Joachimsthalschen Gymn. für die Mathematik festgesetzten Kursus auch ferner beizubehalten, und somit auch noch die sphärische Trigonometrie und die Lehre von den Kegelschnitten in den Kreis des Unterrichts zu ziehen, nicht einverstanden erklären. Zwar entgeht es dem Min. nicht, daß zur Auffassung einiger Lehren der Physik und einiger Gesetze in dem astronom. Theile der mathemat. Geographie eine genauere Kenntniß der Lehre von den Kegelschnitten erforderlich ist. Da indessen im Gymn.-Unterrichte eine streng wissenschaftl. und erschöpfende Behandlung solcher Gesetze, wobei diese Lehre ihre An-

15 *

wendung findet, nicht möglich sein wird, so scheint er räthlicher, in dem betreff. Unterrichte die nöthigen Vorstellungen von den Eigenschaften der Kegelschnitte lehrensweise ergänzen zu lassen, als den mathemat. Unterricht über das in dem Regl. v. 4. Juni d. J. gesteckte Ziel hinaus zu erweitern. Das Min. hat in dem oben ged. Regl. die Kenntniß der sphär. Trigonometrie und der Lehre von den Kegelschnitten absichtlich von den Abit. nicht verlangt, weil bei der bisher. Einrichtung, welche nicht nur in dem Joachimsth. Gymn., sondern auch in vielen andern Gymn. die Ausdehnung des mathemat. Unterrichts auch auf die sphärische Trigonometrie und die Kegelschnitte gestattete, unter den Abit. immer nur sehr wenige waren, welche auch nur die in dem Regl. v. 4. d. J. in Hinsicht der Mathematik gestellten Anforderungen wirklich erfüllen konnten. Durch die Beschränkung des mathemat. Unterrichts beabsichtigte das Min. diesem öffentlich und von mehreren Seiten gerügten Uebelstande abzuhelfen, indem es auf dem enger begrenzten mathemat. Gebiete nunmehr möglich sein wird, die Uebungen und Anwendungen zu vervielfältigen, durch die vielseitigste Betrachtung ders. Lehren den Schülern zu einer größeren Sicherheit in der Mathematik und zu einem desto intensiveren Wissen zu verhelfen, und nicht nur für einzelne, sondern wo möglich für alle, den mathemat. Unterricht wahrhaft fruchtbar und bildend zu machen. Indem das Min. also die sphär. Trigonometrie und die Lehre von den Kegelschnitten von dem regelmäßigen mathemat. Unterrichte in den Gymn. hierdurch ausschließt, will dass. zugleich gestatten, daß in außerordentl. Fällen, wo Schüler von ausgezeichneten Anlagen zur Mathematik sich in der Prima eines Gymn. befinden, und bei den Gymn., wo es die vorhandenen Lehrkräfte und Mittel erlauben, vorübergehend für die Mathematik eine classis selecta errichtet, und dieselbe aus denj. Schülern gebildet werde, welche sich das in dem Regl. v. 4. Juni d. J. in Betreff der Mathematik gesteckte Pensum wirklich zu einem geistigen Eigenthume gemacht haben und Neigung zeigen, auch schon auf der Schule über dieses Pensum hinauszugehen. Was endlich die äußere Vertheilung des mathemat. Kursus in Prima betrifft, so ist entweder ein einjähr. Kursus einzuführen, und dadurch den Schülern, welche reglementsmäßig ein Biennium in I. aushalten müssen, Gelegenheit zu geben, das für I. gestellte mathemat. Pensum zweimal durchzunehmen, oder es ist das ganze für Ober- II. und I. gestellte mathemat. Pensum auf 3 Jahre zu vertheilen. In der Voraussetzung, daß kein Schüler nach I. versetzt werde, der nicht zu einer völligen Sicherheit in dem für die Ober- II. gestellten, mathemat. Pensum gelangt ist, wird es bei der beschränkten Ausdehnung des mathemat. Unterrichts vielleicht möglich sein, für die Mathematik mit 3 wöchentl. Lehrstunden in I. auszureichen, und in diesem Falle erscheint es wünschenswerth, die erübrigte Lehrstunde dem latein. Unterrichte und namentlich den Uebungen im latein. Style zuzulegen, da hierin noch immer bei sehr vielen Abit. die nöthige Korrektheit und Gewandtheit vermißt wird. Das Min. überläßt dem K. Prov.-Schulkolleg., der obigen Eröffnung gemäß, bei den Gymnas. seines Bereichs diej. Anordnungen zu treffen, welche nach den obwaltenden Umständen als die zweckmäßigsten erscheinen. (A. XIX. S. 419.)

d) Vgl. das Koblenzer C. R. v. 21. Nov. 1840, Nr. 2. (s. o. S. 218.)

3) Gebrauch eines Lehrbuchs [1]) beim Unterricht. (Vgl. oben 2. b.)

C. R. des Rhein. Prov.-Schulkoll. v. 31. Jan. 1834 an sämmtl. Gymn.-Dir.

Das K. Min. d. G., U. u. M. Ang. hat bemerkt, daß in manchen Gymnas. noch immer nicht ein bestimmtes, in den Händen der Schüler befindliches Lehrbuch beim Unterrichte in der Mathematik gebraucht wird. Wenn irgendwo, so ist in der Mathematik ein kurzes, dem Bedürfnisse jeder Schüler-Abtheilung entsprechendes Lehrbuch unentbehrlich, damit die Schüler sowohl bei der Präparation, welche bei dem mathemat. Unterrichte eben so nothwendig, wie bei den übrigen Unterrichts-Gegenständen ist, als auch in der Klasse beim Vortrage des Lehrers, und endlich bei der Repetition einen festen Anhalt haben, und eine deutliche Uebersicht der Wissenschaft gewinnen. Ohne ein solches Lehrbuch ist die Präparation der Schüler zu den mathematischen Lektionen unmöglich, der Schüler schwebt bis zum

---

1) Ein C. R. des Min. d. G., U. u. M. Ang. v. 16. Nov. 1829 an sämmtl. K. Reg. empfiehlt, insbes. zur Anschaffung für höhere Bürgerschulen, das Crellesche Journal für reine und angewandte Mathematik. (A. XIII. S. 825.)

Schlusse des Kursus in gänzlicher Ungewißheit über das Ziel, wohin, und über den Weg, auf welchem er geführt werden solle. Mißverständnisse und Irrungen im Auffinden des Gehörten, und Lücken in den etwa nachgeschriebenen oder zu Hause ausgearbeiteten Heften sind unvermeidlich, und selbst das genaue Ineinandergreifen und Festhalten der Abschnittspunkte der Kurse wird schwieriger, und läßt sich auch nicht einmal gehörig kontrolliren. Um diesen und ähnl. Uebelständen zu begegnen, welche bisher bei dem mathemat. Unterrichte in den Gymn. wegen Mangels eines bestimmten Lehrb. sich mehr oder weniger bemerklich gemacht haben, hat das K. Min. festgesetzt, daß von Ostern d. J. ab, ein bestimmtes, in den Händen der Schüler befindl. Lehrbuch bei dem mathemat. Unterrichte in den betr. Klassen aller Gymn. gebraucht werden soll. Das K. Min. hält es für wünschenswerth und auch thunlich, daß ein und dasselbe Lehrbuch für alle mathemat. Klassen eines Gymn. bestimmt wird. Sollten hiergegen von einzelnen mathemat. Lehrern deshalb Bedenken erhoben werden, weil es bis jetzt an einem für alle Klassen gleich passenden Lehrbuche fehle, so ist es wenigstens nöthig, daß immer in je zwei Klassen, also in IV. und III., wie in II. und I. ein und dass. mathemat. Lehrb. gebraucht wird. Wir veranlassen Sie, schleunigst Vorschläge wegen des einzuführenden Lehrbuches von den Lehrern der Mathematik einzufordern, wobei zugleich anzugeben ist, welches Pensum in den einzelnen Klassen nach den resp. Lehrbüchern in jährlichem Kursus abzuhandeln ist, und uns diese Vorschläge mit Ihrem gutachtl. Berichte bis zum 1. März einzureichen. (A. XVIII. S. 403.)

4) Uebung im gemeinen Rechnen. (s. in Bd. 1. S. 674, 676, 924.)

a) C. R. des Min. d. G., U. u. M. Ang. (v. Altenstein) v. 18. März 1826 an sämmtl. K. Kons.

Das Min. hat Gelegenheit gehabt, zu bemerken, daß in mehreren Gymnas. verabsäumt wird, den Schülern zu der ganz unentbehrl. Fertigkeit im gemeinen Rechnen zu verhelfen, indem theils in manchen Gymnas. gegen die Absicht des Min. der eigentl. mathemat. Unterricht schon in der untersten Klasse beginnt, und somit der Unterricht im gem. Rechnen ganz ausfällt, theis in andern gel. Schulen, wo der Unterricht im gem. Rechnen Statt findet, derselbe nicht mit der erforderl. praktischen Einübung verbunden, oder nicht genau und sorgfältig genug von dem mathemat. Unterrichte getrennt wird. Da die Fertigkeit im Rechnen in jedem Lebensberufe nöthig ist, und da die Erfahrung lehrt, daß der Mangel an dieser Fertigkeit im spätern Altern nicht leicht gehoben, oft aber ungemein drückend empfunden wird, so sieht das Min. sich veranlaßt, hierdurch anzuordnen, daß der eigentl. mathem. Unterricht in sämmtl. Gymn. erst in der IV. beginnen, in der V. und VI. aber, als den beiden untersten Klassen, die Fertigkeit mit Rechnen, ohne alle Einmengung der Mathematik, jedoch auf eine überall den gesunden Menschenverstand und die Selbstthätigkeit des Schülers in Anspruch nehmende, und nirgends in ein bloß mechanisches und geistloses Abrichten ausartende Weise praktisch eingeübt werden soll. Der bei dem Unterrichte im gemeinen Rechnen von Seiten der Gymnasial-Lehrer am zweckmäßigsten zu beobachtende Gang, ist mit Sachkenntniß in der Vorrede zu dem, von dem Professor Ohm hier im J. 1818 herausgegebenen, kurzen, gründlichen und leichtfaßlichen Rechenbuche bezeichnet, welches überhaupt bei dem fraglichen Unterrichte nützliche Dienste wird leisten können. (A. X. S. 371.)

b) Vgl. das Posener C. R. v. 11. Jan. 1829, I. 2. (s. o. S. 180 ff.)

IX. Geschichte und Geographie. (s. in Bd. 1. S. 687. 925.)

1) Umfang des Unterrichts: §. 23. Nr. 7., §. 28. A. Nr. 7. des Abit. Prüf. Regl. v. 4. Juni 1834, s. u. im 5. Kap., und Nr. 3. des C. R. v. 24. Okt. 1837, so wie die beigef. Tabelle. (s. o. S. 146 u. 156.)

2) Anweisungen über die Ertheilung desselben.

a) Nr. I. 1. des Posener C. R. v. 11. Jan. 1829 (s. o. S. 180 ff.) und das Bresl. C. R. v. 8. Juni 1829. (s. o. S. 185 ff.)

b) C. R. des Min. d. G., U. u. M. Ang. Unterr. Abth. (Kamptz) v. 18. Okt. 1830 an sämmtl. K. Prov.-Schulkoll. (ausschließlich Münster.)

Das Min. kommunizirt dem K. Prov. Schulkolleg. beigehend Exemplare der

Instr. (a.) für den geschichtlich-geographischen Unterricht bei den Gymnas. der Prov. Westphalen, mit dem Auftrage, die ged. Instr., welche im Ganzen zweckmäßig ist, und viele beachtungswerthe Bemerkungen enthält, den Dir. sämmtlicher Gymnas. seines Bez. zur Kenntnißnahme und Benutzung bei Anordnung des historischen und geographischen Unterrichts in den ihrer Leitung anvertrauten Gymnas. zuzufertigen, auch Sorge zu tragen, daß in jedem Gymnas. der Prov., wo solches noch nicht geschehen ist, der historisch-geographische Unterricht den Andeutungen der Instr. gemäß geordnet und eingerichtet, und auf diesen Gegenstand mehr Gewicht gelegt und mehr Aufmerksamkeit gewidmet werde, als hin und wieder bisher geschehen ist.

Anl. a.

Instruktion

des Prov. Schulkolleg. zu Münster v. 18. Aug. 1830 für den geschichtlich-geographischen Unterricht bei den Gymnas. der Prov. Westphalen.

Nach reiflicher Prüfung der für die 5. Konferenz der Dir. der Westphälischen Gymnas. angefertigten Gutachten, so wie der mündlichen Verhandlungen der Konferenz selbst, über den geschichtlich-geographischen Unterricht, fassen wir das Ergebniß ders., mit Rücksicht auf die höheren Orts bereits darüber ausgesprochenen Grundsätze, in folgende Instr. für diese Unterrichtszweige zusammen.

§. 1. (Verbindung des geschichtlichen und geographischen Unterrichts.) Der geschichtliche Unterricht geht mit dem geographischen Hand in Hand und beide ergänzen einander, wie im Folgenden näher gezeigt werden wird.

§. 2. (Umfang beider.) Der geschichtliche geht durch alle drei Bildungsstufen des Gymnas., der geographische, als ein abgesonderter, aber nur durch die untere und mittlere. Dafür wird bei dem Geschichtsunterrichte auf der oberen Stufe fortwährend auf die Geographie zurückgewiesen, und alle Hülfsmittel werden benutzt, um die geographischen Kenntnisse der Schüler aufzufrischen.

§. 3. (Geschichtsunterricht. Stufenfolge dess. im Allg.) Auf jeder der drei Bildungsstufen des Gymnas. wird das ganze Feld der Geschichte, aber auf jeder in verschiedener Weise und von einem verschiedenen Standpunkte aus, durchlaufen. Auf der unteren Stufe herrscht, um den Grundcharakter der Behandlung vorläufig kurz zu bezeichnen, der biographische, auf der mittleren der ethnographische, auf der oberen der universalhistorische Standpunkt vor.

§. 4. (Zweck.) Der Zweck des geschichtlichen Unterrichts bezieht sich sowohl auf das Wissen als auf das Gemüth des Schülers. In der ersten Beziehung ist die Aufgabe diese, daß sich der Schüler eine systematische Uebersicht des ganzen Feldes, an Namen, Zahlen und Fakta geknüpft, einpräge, daß die Lust, auf der gewonnenen Grundlage fortzubauen und seinen Blick immer mehr zu erweitern, unaustilgbar in ihm geweckt, und daß sein Geschick, die geschichtlichen Studien fortzusetzen, geübt werde; in der zweiten aber, daß seine Gesinnung und sein Charakter durch die Theilnahme an dem Guten, Wahren und Schönen in allen Zeitaltern gebildet, sein Glaube an eine von höherer Hand geleitete Entwickelung der Menschheit gestärkt und der Entschluß, auch seine Kraft der Förderung jener höheren Zwecke zu widmen, für das ganze Leben fest bestimmt werde. Dieser doppelte Zweck wird, abgesehen von der richtigen Anordnung des ganzen Ganges dieses Unterrichts, von welchem sogleich die Rede sein wird, einmal dadurch gefördert, daß die rechte Gestalt und Reihenfolge der Gedächtnißübungen festgestellt, und die Selbstthätigkeit der Schüler geweckt, und zweitens, daß der Geschichtsunterricht vorzugsweise solchen Lehrern anvertraut werde, die Kenntniß der Sache mit Lebendigkeit des Vortrages, Wärme des Gemüths und sittlich religiöser Festigkeit der Gesinnung vereinigen.

§. 5. (Stufenfolge im Einzelnen.) Der Gang des Geschichts-Unterrichts im Einzelnen ist folgender:

a) Auf der unteren Bildungsstufe, also in VI. und V., wird, nach vorausgeschickter Einleitung, welche wir weiter unten noch näher bezeichnen werden, das ganze Feld der Geschichte, vom biographischen Standpunkte aus durchlaufen. Das heißt jedoch nicht etwa so viel, daß die ganze Geschichtserzählung aus Biographien bestehen solle, sondern nur, daß der Lehrer, indem er die Höhen der ganzen geschichtlichen Entwicklung, einzelner Völker sowohl als ganzer Zeitalter, dem Schüler vorführt, die Kenntniß des Faktischen, welches in seinem sogen. pragmatischen Zusammenhange zu verfolgen dem 10 und 12jährigen Knaben meistentheils zu schwierig sein würde, an das Bild von ausgezeichneten Personen knüpfe. Und diese aufzufinden wird ihm nicht schwer werden, da ja die ausgezeichneten Entwickelungen fast ohne Ausnahme von ausgezeichneten Menschen ausgegangen sind, und ihren Charakter erhalten haben. Im Gebiete der alten Geschichte zweifelt auch nicht leicht irgend jemand daran, wohl aber in dem der Völkerwanderung und der neueren Zeit. Es dürfen jedoch nur die Namen: Theodosius, Alarich, Attila, Odoaker, Theodorich, Klodwig, Justinian, Mohammed, Karl Martell, Pipin, Karl der Große, Heinrich und Otto I., Konrad II., Heinrich IV., Gregor, Gottfried von Bouillon, Friedrich Barbarossa, Saladin, Friedrich II., Rudolph von Habsburg, Wilhelm Tell, Huß, Johann Guttenberg, Heinrich der Seefahrer, Mohammed II., Maximilian I., Kolumbus, Vasko de Gama, Luther, Karl V., Moritz von Sachsen, Wilhelm von Oranien, Elisabeth von England, Kaiser Ferdinand II., Wallenstein, Gustav Adolph, Friedrich Wilhelm von Brandenburg, Ludwig XIV., Prinz Eugen und Marlborough, Peter I., Karl XII., Maria Theresia, Friedrich der Große, Washington, Ludwig XVI., Robespierre, Napoleon u. s. w, es dürfen, wie gesagt, nur diese Namen genannt werden, um die Einsicht zu erzeugen, daß sich für Schüler der beiden unteren Klassen an diese und eine gewiß nicht große Anzahl anderer Namen, die hier der Kürze wegen ausgelassen sind, eine genügende Uebersicht der Geschichte anknüpfen lasse. Mögen die Bilder, welche ihrer Seele eingeprägt sind, zunächst auch nur als Bruchstücke dastehen, die beiden folgenden Geschichtskurse werden die verbindenden Glieder schon dazwischen fügen, für jetzt ist es gerade der richtige Gang, sich um diese Mittelglieder nicht zu bekümmern, Kleines und Großes nicht zu vermischen, damit die Geschichte sich vor dem Auge des Knaben nicht wie eine große unabsehbare Ebene ausbreite, oder wie ein Strom dahin fließe, in welchem eine Welle die andere verdrängt und verwischt. Bei der biographischen Behandlung des ersten Kursus werden zunächst die hervorragenden Höhen mit einem oder einigen Denksteinen bezeichnet, der erste lebhafte Eindruck in dem so empfänglichen Alter setzt sich fest und bleibt für das ganze Leben; die Augen werden immer wieder zu jenen Höhen hingezogen, und es wird so der flachen Vielwisserei vorgebeugt, welche keinen Unterschied zwischen Wichtigem und Minderwichtigem kennt.

Außer den biographischen Merkmalen nimmt dieser Kursus auch andere, dem jugendlichen Alter zusagende, zu Hülfe. In der, dem ganzen Kursus vorangehenden Einleitung, welche den Schüler aus der engen Welt seiner Heimath in die Ferne der Zeit und des Raumes versetzen soll, wird von dem einfachsten Naturzustande des Menschengeschlechts geredet, es werden die wichtigsten Erfindungen geschildert, welche dens. nach und nach gehoben, geordnet und veredelt haben. Die historischen Anknüpfungspunkte für solche Schilderungen finden sich am natürlichsten in den Geschichten des Alten Testaments von der Entstehung und Ausbreitung des Menschengeschlechts, von der patriarchalischen Zeit und den Schicksalen des jüdischen Volks bis zu seiner festen Ansiedlung in Kanaan; sie werden daher auch am besten an die Lektionen für die biblische Geschichte geknüpft, wo diese in solchem Umfange und von solchen Lehrern ertheilt werden, daß sie in den Gang des historischen Unterrichts eingreifen können. Es wird dadurch bedeutende Zeit für den 1. zusammenhängenden Geschichtskursus selbst gespart werden. Ebenfalls läßt sich, unter der angegebenen Bedingung, eine Uebersicht der ältesten Monarchien Asiens, ferner der phönizischen und egyptischen Geschichte, an passenden Stellen der alttestamentlichen Geschichte einflechten. Die Befestigungspunkte für die jugendliche Auffassung ders. finden sich, wo das Leben und die Wirksamkeit einzelner Menschen sie nicht darbieten, bei den Asiatischen Reichen in der Beschreibung der erstaunenswerthen Städte Babylon und Ninive, bei den Phöniziern in der Entwicklung des Einflusses nützlicher Erfindungen, so wie des ausgedehnten lebendigen Verkehrs unter den Menschen; bei den Egyptiern in der Schilderung der wunderbaren Natur des Landes und der kolossalen Bauwerke u. s. w.

Wo der Abschnitt zwischen dem Kursus der VI. und V. gemacht werden möge, ob bei Christi Geburt oder bei dem Anfange oder bei dem Ende der Völkerwanderung? Diese Frage wird hauptsächlich davon abhängig, ob dadurch Zeit gespart worden ist, daß die so eben genannten Theile dieses Kursus bei der biblischen Geschichte schon ausführlich vorgekommen sind, also in den eigentlichen Geschichtsstunden nur eben wiederholend berührt zu werden brauchen. Wünschenswerth ist es immer, daß der Lehrer in der VI. so weit als möglich vorrücken möge, weil sich die Schwierigkeiten mit der Masse des Stoffes häufen, je weiter er in die neueren Zeiten vorschreitet.

Wir haben diesen 1. Kursus etwas ausführlicher durch einzelne Andeutungen erläutert, weil er in der That der schwierigste ist, und es leicht scheinen möchte, als wenn in so kleinem Umfange der Zeit ein so großer Weg gar nicht durchlaufen werden könne, denn auf den meisten Anstalten wird dieser Kursus nicht über 2 J., bei 2 wöchentlichen Unterrichtsstunden, umfassen können. Allein dieses Bedenken verschwindet, sobald nur der Gedanke aufgegeben wird, daß etwas Vollständiges und Zusammenhängendes geleistet werden müsse. Begnügt sich der Lehrer, nur jedes einzelne Gemälde, welches er aufstellt, mit lebendigen Farben der Anschauung recht einzuprägen, so hat er genug gethan. Daß es nicht ganz in seiner Einzelheit stehen bleibe, oder wohl gar von den Schülern an den unrechten Ort gerückt werde, dafür wird schon in diesem Kursus durch die, den Unterricht begleitenden und ihn beendigenden Gedächtnißübungen gesorgt, welche eine feste Uebersicht der Zeitverhältnisse einprägen müssen. Auch wird schon jetzt die ganze Geschichte in ihre Hauptperioden getheilt, und deren Bezeichnung an die gelernten Namen und Zahlen geknüpft.

b) Auf der mittleren Stufe, IV. und III., umfaßt der Geschichtskursus in der Regel drei Jahre. Er beginnt mit einer allgem. Uebersicht des gesammten geschichtlichen Feldes, anknüpfend an den 1. Kursus und dens. dadurch erweiternd, daß sowohl die eigentlich epochemachenden Begebenheiten noch schärfer im Einzelnen charakterisirt, als daß die Reihe der Hauptvölker des Alterthums, so wie der neueren Zeit, nach ihrer chronologischen Folge und nach ihrem Eingreifen in die Entwickelungen der Weltgeschichte, aufgezählt und eingeprägt werden. Indem diese Uebersicht vorzugsweise dem Theile des Geschichtsunterrichts angehört, welcher für das Gedächtniß sorgt, und das Interesse der Schüler durch Lebhaftigkeit der Uebungen, Raschheit im Abfragen der Reihen vor- und rückwärts, Vergleichung der Zahlen vor Christi Geburt mit den gleichen oder ähnlichen nach ders., und so durch den Reiz, den das Gefühl jedes sicheren Besitzes für die Jugend mit sich führt, festzuhalten weiß, so fällt es schon in die Augen, daß dieses ganze Durchlaufen und Ergänzen in der Hand eines geschickten und seiner Sache selbst gewissen Lehrers nicht gar viel Zeit wegnehmen wird, die von dem nun beginnenden dreijährigen Kursus wohl zu erübrigen ist.

Es könnte zwar scheinen, als wenn diese ganze Uebersicht mit gleichem, vielleicht mit größerem Nutzen an das Ende des dreijährigen Kursus gestellt werden möchte, wenn nicht zwei Gründe die jetzt gegebene Stellung rechtfertigten; zuerst die Rücksicht auf dies. Schüler, die neu in die Quarta hineinkommen, und entweder den Kursus der unteren Klassen nicht vollständig durchgemacht haben, oder aus anderen Anstalten oder Privatunterricht keine Uebersicht der Geschichte mitbringen; und zweitens der Umstand, daß den meisten Lehrern gerade am Ende eines Kursus die Zeit gewöhnlich zu kurz wird, weshalb das vor Allem Nothwendige lieber vorangestellt werden mag. Auch wird es sicher bei dem nachherigen Vortrage, der sich gern in das Einzelne vertieft, dem Lehrer bei hundert Gelegenheiten erwünscht sein, wenn er den Zusammenhang dieses Einzelnen mit dem Ganzen, dessen Uebersicht einmal feststeht, nur anzudeuten braucht.

Der Grundcharakter dieses 2. Kursus ist nun, wie schon früher angedeutet wurde, der ethnographische. Wie in dem 1. Kursus vorzüglich Personen das Augenmerk auf sich zogen, so hier die Völker, die aber wiederum möglichst individualisirt, durch Hervorhebung ihrer Eigenthümlichkeit dem Knaben wie Einzelwesen in ihrem Jugend-, Mannes- und wo sie schon untergegangen, in ihrem Greisenalter erscheinen mögen. Wie ferner im 1. Kursus Schilderungen von Charakteren, Handlungen und Naturmerkwürdigkeiten möglichst hervortraten, so hier von Zuständen und Begebenheiten, welche als Ganze, in ihrer Entwicklung vom Anfange, durch die Mitte bis zum Ende, möglichst übersichtlich sich darstellen. Dieser, hier mehr als früher gesuchte Zusammenhang bezieht sich jedoch wieder nur auf die Hauptbegebenheiten, nicht auf die Mittelglieder zwischen dens., welche nur kurz angedeutet werden, weil sonst weder die Zeit, noch die Fassungskraft der Schüler ausreichen würden.

Den Stoff dieses Kursus giebt vorzüglich die Geschichte der Griechen, Römer und Deutschen her. Zwar beginnt ders. wiederum mit der Geschichte der ältesten Zeit bis auf Cyrus, allein diese wird nur kurz abgehandelt, theils weil der Einfluß der älteren, wenn auch an sich merkwürdigen Völker auf den Gang der Weltgeschichte minder bedeutend und weniger bekannt ist, theils, weil das Eingehen in das Innere ihrer Geschichte mehr dem 3. Kursus vorbehalten werden kann, welcher gerade die Entwicklung der politischen Ideen der Kultur, des Handels und Verkehrs u. s. w., zu seinem Hauptgegenstande hat. Das Bild der eben genannten drei Hauptvölker dagegen muß dem Schüler klar und lieb werden; an ihre Schicksale wird aus der allgem. Geschichte nur dasj. angeknüpft, was mit der ihrigen in der nächsten Verbindung steht, und zwar gerade an denj. Punkten, wo diese Verbindung sich findet, bis gegen das Ende in den letzten Jahrhunderten die Darstellung von selbst mehr den Charakter einer Geschichte der Europäischen Staatenfamilie annimmt. Doch wird eben deshalb dieser Theil in diesem 2 Kursus am wenigsten ausführlich vorgenommen; der Lehrer kann sich damit beruhigen, daß die ausführliche Entwickelung dieser Staatengeschichte, als die Schlußaufgabe des ganzen Geschichtsunterrichts in den obern Klassen gegeben wird. Er hat genug gethan, wenn er nur die Begebenheiten, welche sich auf Deutschem Boden zutragen, — und Deutschland ist ja leider der Tummelplatz gewesen, auf welchem die meisten Streitfragen der letzten Jahrhunderte ausgefochten sind, — recht lebendig und anschaulich dargestellt hat.

Um den dreijährigen mittleren Kursus auch in seine Zeitabschnitte zu zerlegen, — so wird das erste Jahr, nach Vollendung der allgem. Gedächtniß-Uebersicht, die erste Periode bis auf Cyrus, und die Geschichte der Griechen bis auf die Zerstörung des achäischen und ätolischen Bundes, fortführen, doch so, daß die Zeit nach Alexander nur sehr kurz behandelt wird.

Das zweite Jahr fängt mit der Urgeschichte Roms an, geht die äußere Geschichte dieses Staates, doch mit Anknüpfung der Hauptpunkte aus der Geschichte der Verfassung und des Streites der Stände in Rom, bis auf die Kaiserzeit durch, giebt von der Geschichte der Kaiser nur einen Abriß, flicht dort ein die Hauptpunkte aus der Geschichte der Erscheinung und Ausbreitung des Christenthums, so wie aus der ältesten Geschichte der Deutschen, ihr erstes Auftreten am Ende des zweiten, und ihre Kämpfe mit den Römern am Ende des letzten Jahrhunderts vor Chr. Geb., und gleich nach ders., erzählt die ersten Bewegungen und dann den Fortgang der Völkerwanderung in großen Umrissen, und zeigt zuletzt die Bildung der germanischen Staaten im 5. und 6. Jahrhundert. Wäre es möglich auch noch die Geschichte der Merovinger, — jedoch nur kurz, — und als Zugabe die Geschichte Mohammeds und der Ausbreitung seiner Lehre und der Arabischen Herrschaft bis auf Karl Martell in diesem 2. Kursus aufzunehmen, so würde dadurch dem 3. Jahre auf eine wünschenswerthe Weise vorgearbeitet sein. — Denn dieses dritte Jahr wird noch eine hinreichend große Aufgabe an der Geschichte des Deutschen Mittelalters haben, in welcher auch die Ausbreitung der Hierarchie, die Kreuzzüge, die Befreiung der Schweiz, die Kirchenversammlungen zu Kostnitz und Basel, die Hussitenkriege, die Eroberung Konstantinopels, die Erfindung des Schießpulvers und der Buchdruckerei, und endlich die Entdeckung des vierten Welttheiles und des Seeweges nach Ostindien ihren Platz finden müssen; ferner an der Geschichte der Reformation und deren Folgen, der Religionskriege, des Eingreifens Frankreichs in unsere Geschichte unter Ludwig XIV., an einer kurzen Charakteristik Peters des Großen und Karls XII., wenn die Zeit dazu vorhanden ist, an der Erhebung Preußens und seiner Stellung vor und nach der Mitte des 18. Jahrhunderts, endlich an der Französischen Revolution und ihren Folgen, vorzüglich für Deutschland, welches immerfort den Mittelpunkt für diesen ganzen Jahreskursus bilden muß. Und an dieser reichhaltigen Aufgabe muß dennoch so viel Zeit gespart werden, daß die Geschichte des Preußischen Staates, entweder bei einzelnen Veranlassungen in der Deutschen Geschichte, oder zum Schlusse als ein Ganzes, erzählt werden kann, damit dieser wesentliche Theil des Geschichtsunterrichts auf Preußischen Schulen nicht versäumt werde.

c) (Obere Bildungsstufe.) Der dritte, drei bis vierjährige Kursus der Universalgeschichte beginnt wiederum, wie der 2. Kursus, mit einer Gedächtniß-Uebersicht des ganzen geschichtlichen Feldes, in ähnlicher, jedoch vollständigerer Weise, und aus denf. Gründen.

Der Standpunkt des nun folgenden Kursus ist, wie schon sein Name ausspricht, ein höherer und allgemeinerer. Die früheren Kurse hatten das Bedürfniß der Schüler, ihren Standpunkt und ihre Fassungskraft, als erste Richtschnur stets vor Augen; der Stoff mußte sich dem Zwecke wesentlich fügen. Die oberste Stufe kann und muß der Geschichte als Wissenschaft, die ihren Zweck in ihrem eigenen Werthe hat, schon mehr Recht angedeihen lassen, und da diese wissenschaftliche Würde keine andere ist, als daß das Leben der Menschheit in seinem allmähligen Werden, und die Offenbarung des höheren Planes der Vorsehung in dems, gezeigt werde, so kann sich auch die Schule der Pflicht nicht entschlagen, den Geist, der in der Entwicklung der Menschheit immer klarer und umfassender hervortritt, auch dem Geiste des Jünglings erkennbar zu machen. Immer zwar wird die Schule dieses nur in bestimmtem Maaße vermögen, sie wird der Universität sowohl das tiefere Eindringen in den Zusammenhang des Ganzen, als in viele einzelne Theile der Geschichte, überlassen müssen, allein jenes Ziel muß auch ihr vor Augen stehen, um die rechte Wahl des Mitzutheilenden treffen zu können. Zu dem, was auf den beiden ersten Bildungsstufen gegeben ist, dem eigentlich Faktischen der politischen Geschichte, müssen neue Theile hinzukommen, von welchen früher nur Andeutungen vorkamen, nämlich das Wichtigste aus der Geschichte der Verfassungen der Staaten, der Religion, der Kunst und Wissenschaft, der Erfindungen, des Verkehrs und Handels, der Sitten und Einrichtungen, überhaupt von dem, was im allgemeinsten Sinne Kulturgeschichte genannt wird. Es wird dieses an die politische Geschichte angeknüpft, welche letztere, wenn auch abgekürzt, doch keineswegs in Sekunda und Prima entbehrt werden kann. Denn theils läßt das Gedächtniß der meisten Schüler zu viel Einzelnes wieder fallen, theils wird auch immer eine Anzahl solcher darunter sein, die in ihrem früheren Unterrichte noch wesentliche Lücken behalten haben. Der Lehrer wird demnach die Hauptbegebenheiten, die schon im 1. und 2. Kursus ausführlich vorgekommen sind, zwar nur kurz wiederholen, so viel nämlich zur Auffrischung der Gedächtnißkenntnisse der Schüler nöthig sein wird; dagegen wird er die Zwischenglieder, die früher gar nicht oder nur oberflächlich berührt waren, hineinfügen, und eben dabei Gelegenheit haben, die feineren Verzweigungen von Ursache und Folge, die Gründe, welche längere Zeit im Verborgenen gewirkt haben, und erst später nur dem schärferen Auge bemerkbar, hervorgetreten sind, kurz, was man Pragmatismus in der Geschichte nennt, einzuflechten, — versteht sich, nur in so weit, als es für den Gesichtskreis des 16 bis 20jährigen Jünglings paßt.

Wenn der Lehrer so die Entwicklung der äußern Geschichte der Völker und Staaten, in Verbindung mit ihren politischen Einrichtungen, in einer Periode durchgenommen hat, so verweilt er, und handelt von den Sitten, dem Privatleben, von Religion, Kunst, Wissenschaft und Verkehr. Am Ende der 1. Periode der Weltgeschichte vollendet er somit das Bild des Orientalischen Lebens, welches an den einzelnen Völkern Asiens und Afrikas schon in manchen Modifikationen erschienen war. Am Schlusse der 2. Periode mit Alexander, wird noch einmal das Einzelne, was schon bei der Geschichte der Griechischen Staaten, besonders Athens, vorgekommen ist, in einem Gemälde vereinigt und ergänzt, um das Griechische Leben zu begreifen. Das Bild des Römischen Lebens vollendet sich in einem Gesammtüberblicke zu Augusts Zeiten, während die Geschichte der folgenden Kaiser Gelegenheit giebt, die Ursachen des allmäligen Verfalls der äußern Macht Roms aus dem Verfalle seines Geistes abzuleiten. Diesem Untergange gegenüber steht nun der Aufgang der christlichen Zeit, die den Geist erhebt, und in ihrer Entwicklung fortwährend Gelegenheit zu den fruchtbarsten Vergleichungen mit dem Charakter der heidnischen Zeit darbietet. Der äußere Faden, der durch diese Entwicklungen hindurchgeht, ist zunächst die Schilderung der Germanischen Vorzeit, dann die Völkerwanderung, welche vorzugsweise geographisch behandelt werden muß, die Stiftung der Germanischen Staaten, und die Geschichte des Fränkischen, bis zur Theilung des Reiches. Von da an geht in jeder Periode die politische Geschichte Deutschlands voraus, und es folgt die der übrigen wichtigen Staaten, während andere, die weniger Einfluß auf das Allgem. gehabt haben, am Schlusse des Mittelalters im kurzen Ueberblicke folgen, oder auch für den Schluß des ganzen Kursus aufgespart werden mögen. Die Charakteristik der wichtigsten Erscheinungen aus dem innern Leben jedes Zeitraumes finden wiederum ihren Platz am Schlusse dess.

Für den kundigen Lehrer bedarf es nur dieser allgem. Andeutungen, jedoch bemerken wir schließlich, daß in diesem letzten Kursus bei der alten Geschichte nicht versäumt werden möge, auf die Quellen, und bei allen Theilen dess., auf die Geo=

graphie hinzuweisen, zu welchem Ende historische Wandkarten, wie die Konferenz richtig bemerkt, ein wahres Bedürfniß sind.

§. 6. (Wiederholungen und Gedächtnißübungen.) Es ist im Vorigen bereits von den Haupt-Uebersichten und Wiederholnngen des ganzen geschichtlichen Feldes im Anfange des 2. und 3. Kursus die Rede gewesen. Die Wiederholungen im Einzelnen müssen aber noch viel häufiger angestellt werden, und es muß als Regel gelten, daß kein halbes Jahr ohne eine Wiederholung des bis dahin im Unterrichte Vorgekommenen als reine Gedächtnißübung, vorgehen dürfe. Darunter ist, wie schon früher bemerkt, ein Durchlaufen des Feldes nach den Namen, Zahlen und kurzen Andeutungen der Fakta, die dem Gedächtnisse fest eingeprägt werden sollen, zu verstehen, eine Arbeit, die, wenn sie hinter einander vor genommen wird, in wenigen Stunden zu vollenden ist, wenn sie auf eine längere Zeit vertheilt wird, von den Unterrichtsstunden einiger Wochen nur eine Viertelstunde kosten wird. Daß die Schüler an diesen Uebungen, gleich wie an denen über die Grammatik der Sprachen, wirklich Freude finden, wenn sie nur von Seiten des Lehrers mit Leichtigkeit, Lebhaftigkeit und Sicherheit getrieben werden, ist eine, durch Erfahrung so sehr bewährte Thatsache, daß man, wo das Gegentheil stattfindet, in der Regel die Schuld bei dem Lehrer suchen muß.

Die zweite, eben so wichtige Art der Wiederholung ist die ausführliche zusammenhangende Wiedererzählung wichtiger Begebenheiten. Der Lehrer muß sich überzeugen, ob auch das Vorgetragene im Einzelnen richtig und lebhaft aufgefaßt sei. Diese Erzählung benutzt er zugleich als Uebung im mündlichen Vortrage, welche noch immer viel zu sehr vernachlässigt wird. Recht empfehlenswerth ist hierbei die Methode, daß zu solchem Erzählen die Schüler und Gegenstände eine Stunde im Voraus bestimmt werden, damit jene sich förmlich darauf vorbereiten. Ob diese Uebungen übrigens nach längeren Zeitabschnitten, in mehreren aufeinander folgenden Stunden, zusammenhangend vorgenommen, oder ob eine bestimmte Stunde, etwa alle 14 Tage, zur Wiederholung aus allen Theilen der Geschichte festgesetzt, oder wie diese Uebungen sonst eingerichtet werden, bleibt dem Ermessen der Dir. und Fachlehrer überlassen, nur werde es als festes Gesetz gehalten, daß die Sache in der einmal angenommenen Weise unverrückt geschehe.

§. 7. Was die Hülfsmittel dieses Unterrichts für die Schüler betrifft, so ist es nicht rathsam, daß der Schüler während des mündlichen Vortrages des Lehrers irgend etwas, außer höchstens einem kurzen Abrisse der Geschichte und einer Landkarte, vor sich habe, es sei denn, daß der Lehrer etwa einmal ausdrücklich das ausführlichere Handbuch mitbringen läßt, um einen interessanten Abschnitt wörtlich daraus vorlesen zu lassen. Der Vortrag des Lehrers muß die ganze Aufmerksamkeit des Schülers fesseln. Selbst das Nachschreiben ist nur bedingter Weise zu empfehlen, und in jedem Falle nur in den oberen, nie in den unteren Klassen, und kaum einmal unter besondern Umständen in III., zu gestatten.

Ebenfalls ist in der Regel das Diktiren von Seiten des Lehrers zu vermeiden. Wo etwas für das Auswendiglernen diktirt wird, muß es sehr kurz sein, und wird auch dann am besten von dem Lehrer an die Tafel geschrieben, damit die Namen nicht gar zu falsch aufgefaßt werden. Allein es wird meistentheils ein gedrucktes Hülfsmittel hinreichen, und so besteht der Apparat, den der Schüler für den historischen Unterricht gebraucht, außer den nöthigen Karten, wenn diese nicht durch hinreichende Wandkarten in der Klasse selbst überflüssig gemacht werden: 1) aus einer chronologisch-tabellarischen Uebersicht für die Gedächtnißübungen, und 2) aus einem Handbuche, welches in lebendiger Darstellung zusammenhängend erzählt, die Schüler anzuziehen weiß, und ihnen so die Wiederholung des ausführlichen Inhalts der Geschichte zur angenehmen Beschäftigung macht, indem es ihnen den Eindruck des lebendigen Vortrages des Lehrers wiederholt. Die Auswahl der besten Hülfsmittel beider Arten verdient die fortgesetzte Aufmerksamkeit der Dir. und Lehrer, und möge ein Gegenstand ihrer fortwährenden gegenseitigen Mittheilungen sein.

§. 8. (Fachlehrer.) So wichtig es auf der einen Seite ist, Geschichtslehrer zu haben, die ihres Stoffes ganz Meister und durch Erfahrung sowohl über die rechte Methode, als über das Maaß eines jeden Kursus belehrt sind, so ist es doch nicht rathsam, den gesammten Geschichtsunterricht im Gymnas. einem einzigen, kaum zweien Fachlehrern, fortwährend zu übertragen. Der Geschichtsvortrag strengt an sich schon sehr an, und die vieljährige Wiederholung dess. Stoffes mit den häufigen

Wiederholungen der Schüler wegen, ermüdet nothwendig und stumpft ab. Auf der andern Seite darf der historisch-geographische Unterricht durchaus nicht als Nebenlektion behandelt werden, die einem jedem Lehrer zufallen dürfe, der gerade einige Stunden frei hat, wie es hin und wieder noch immer geschieht. Vielmehr ist erste Bedingung, daß der Geschichtslehrer die gehörigen Kenntnisse und daß er Herz für sein Fach habe,.und das Gemüth der Schüler durch Wärme und Lebhaftigkeit des Vortrages zu heben vermöge; er muß aus der Geschichte, für diese Zeit wenigstens, ein Hauptfach machen. Beide Extreme werden dadurch vermieden werden, wenn eine jede Anstalt nach und nach mehrere ihrer Lehrer in diesen Unterrichtszweig hineinzieht, der zugleich für ihre eigene Ausbildung so wichtig ist, ihnen aber, wenn sie neu hineintreten, möglichst viele Zeit zum Selbststudium und zur jedesmaligen Vorbereitung frei macht. Dabei ist es jedoch rathsam, daß zur Zeit niemals viele Lehrer neben einander Geschichte lehren, sondern daß jeder ders. einige Klassen übernehme, oder doch seine Schüler, mit denen er einen Kursus angefangen hat, möglichst weit führe.

§. 9. (Geographischer Unterricht. Vorbemerkungen.) Da die Geographie nur in den schriftlichen Gutachten ausführlich behandelt, bei der mündlichen Berathung auf der Konferenz nur kurz berührt ist, so bleibt die Ausführung manches Einzelnen zwar künftiger Erörterung vorbehalten, die allgem. Grundzüge dieses Unterrichtszweiges, die auch bereits durch höhere V. feststehen, werden hier jedoch schon der nothwendigen Beziehung auf die Geschichte halber, hinzugefügt. Zuvor indeß ein paar Bemerkungen. Bei dem Durchgehen der schriftlichen Gutachten über den geographischen Unterricht, in welchem viele sehr treffende und praktisch anwendbare Ideen ausgesprochen sind, hat sich gleichwohl eine viel größere Verschiedenheit der Ansichten gefunden, als bei denen über den Geschichtsunterricht. Dieses ist schon in der Natur des Stoffes begründet. Bei der Geschichte herrscht das Gesetz der Zeit vor, welches einen einfacheren und festeren leitenden Maaßstab an die Hand giebt, als das des Raumes, welcher das geographische Feld bedingt. Auf diesem sind hundert verschiedene Ausgangspunkte, also auch Wege, möglich, deren einer diesem, ein anderer jenem, gelegener ist. Das Ordnen unter ein bestimmtes Gesetz der Uebersicht hängt von dem Standpunkte ab, den der Einzelne wählt, und so wird bei diesem Unterrichtszweige noch mehr, als bei dem historischen, die Individualität des Lehrers in Betracht kommen.

Eine zweite Bemerkung ist die, daß der geographische Unterricht in noch höherem Maaße, als der geschichtliche, Gedächtnißarbeit bleibt und sie fordert. Es ist daher größere Kunst erforderlich, den einzeln stehenden Notizen solche Merkmale hinzuzufügen, welche ein Bild, eine Einheit in der Mannigfaltigkeit, hervorbringen, indem sie die Einbildungskraft, den Verstand, den Scharfsinn zur Hülfe des Gedächtnisses aufrufen. Ebenfalls ist noch öftere Wiederholung nothwendig, als bei der Geschichte.

Aus beiden Bemerkungen folgt, daß zu dem geographischen Unterrichte vorzugsweise von Natur geschickte und gut vorgebildete Lehrer gewählt werden müssen, welche lebendig, gewandt, und ihres eigenen Gedächtnisses sicher sind. Denn schlecht gegeben, ist der geographische Unterricht eine Pein für Lehrer und Schüler.

§. 10. (Stufenfolge.) Der geographische Unterricht zerfällt, wie der geschichtliche, in drei Lehrkursus, deren jeder das Ganze umfaßt, aber jeder folgende spezieller, als der vorige, und von einem andern Gesichtspunkte aus. Sie werden in den drei oder vier untern Klassen abgemacht, je nachdem die Geographie, entweder neben oder zum Theil abwechselnd mit dem Gedächtnißunterricht läuft.

1. Der erste Kursus beginnt, wie der geschichtliche, mit einer Einleitung, durch welche der Schüler erst auf dem neuen Felde orientirt wird. Sie muß das Hauptsächlichste aus der sogen. mathematischen Geographie enthalten, aber nur historisch, ohne alle Beweise. Der Schüler muß wissen, welchen Platz die Erde in unserm Sonnensysteme einnimmt, und welche Erscheinungen an ihr durch diese Stellung bedingt werden. Er muß ferner verstehen, was eine Landkarte bedeutet, und lernt dies am besten an seiner nächsten Heimath.

Nach vorausgeschickter Einleitung folgt die natürliche oder physische Geographie, welche die Grundlage der politischen bilden muß, und macht den Hauptinhalt des 1. Kursus aus. Ob auch hierbei der oben berührte Gedanke, daß von der Heimath ausgegangen und von da aus in immer größeren Kreisen die Erde zur Kenntniß der Schüler gebracht werde, ausgeführt werden möge, oder ob in entgegengesetzter Richtung eine allgem. Uebersicht der ganzen Erde den Anfang mache, und dann das Ausarbeiten des Einzelnen bis zur Heimath hin folge, — kann unentschieden und der besten Einsicht jedes Lehrerkolleg. überlassen bleiben; immer jedoch muß der Schüler aus dem 1. Kursus eine Uebersicht der gesammten Erdoberfläche, ihrer natürlichen Eintheilung, der Länder, Meere, Gebirgszüge, Hauptberge, Abdachungen, Flüsse, Seen, der Naturbeschaffenheit größerer Landstriche und einer mäßigen Reihe politischer Namen, nämlich der Hauptländer und ihrer Hauptstädte, mit sich nehmen. Ausführlicher als alles Uebrige, wenn gleich noch immer summarisch, wird Deutschland und in specie der Preußische Staat durchgenommen.

2. Der zweite Kursus hat die politische Geographie in einer Uebersicht zu geben. Die ganze Erde wird wiederum durchgenommen, und an das schon eingeprägte Bild der natürlichen Beschaffenheit der einzelnen Theile wird das, was durch menschlichen Einfluß geschaffen oder verändert ist, angeknüpft.

Das rechte Maaß zu finden, um wirklich in diesem Kursus eine lebendige Uebersicht des ganzen Feldes zu geben, wird den geübten Lehrer erfordern. Er darf sich von dem Interesse am Einzelnen, besonders in den fremden Welttheilen, und selbst in den weniger historisch wichtigen Europäischen Ländern, nicht festhalten lassen, denn sein Hauptaugenmerk muß auf Deutschland und zumeist den Preußischen Staat gerichtet sein; ja, es ist zu rathen, daß er in dem speziellen Theile mit diesen den Anfang mache, damit er ja nicht die für sie erforderliche Zeit verliere. Ueberhaupt sei er sparsam mit Namen und bedenke, daß das jugendliche Alter dies. eben so leicht vergißt, als erlernt, wenn ihr Andenken nicht durch das Leben späterhin immer wieder aufgefrischt wird. Das leitende Gesetz der Wahl sei also dieses, daß ein Land, eine Provinz, ein Ort, nur dann seinen Platz in diesem Kursus verdienen, wenn sie entweder durch besondere Naturmerkwürdigkeiten, oder menschliche Anlagen, oder eine wichtige historische Begebenheit, oder endlich durch bedeutenden Einfluß auf die menschlichen Verhältnisse der Gegenwart, also auf Handel, Verkehr, Wissenschaft, Kultur überhaupt, ausgezeichnet sind. Das Gesetz der Vollständigkeit, welches nur zu oft die geographischen Lehrbücher ungebührlich anfüllt, beherrsche hier den Lehrer so wenig, wie er sich bei der Geschichte von dems. verleiten lassen dürfte, die minder bedeutenden Mittelglieder der Entwickelungen in seinen Unterricht aufzunehmen, die freilich der Gelehrte auch kennen muß.

3. Für den dritten geographischen Kursus scheint kaum noch ein nothwendiger Gegenstand vorhanden zu sein; er wird sich jedoch finden, wenn ders. Grundgedanke auf den geographischen Unterricht angewendet wird, aus welchem der Charakter des 3. historischen Kursus abgeleitet wurde. Dieser war nämlich der, daß die innere Bedeutung, welche in den äußeren Erscheinungen der Geschichte liegt, der Geist, der in und gleichsam hinter ihnen gewirkt hat, möglichst zur Anschauung der Schüler gebracht werde. Der 3. geographische Kursus wird eben so das räumliche Bild, welches die beiden vorigen entworfen haben, dadurch vollständig beleben, daß er das Geistigste, was in der Bildung der Erdoberfläche gewirkt hat, die menschliche Kraft und Thätigkeit nämlich noch mehr und mehr hervorhebt, als sie bereits im 2. Kursus sich gezeigt hatte. Die Erdoberfläche wird, wie es in der hohen Min. Instr. heißt, als der durch menschlichen Geist und menschliche Kraft gestaltete Schauplatz des Lebens und mannigfaltiger menschlicher Thätigkeit erscheinen. Zu diesem Ende ist in dem 3. Kursus auch bei jedem irgend bedeutenden Lande die Geschichte seiner politischen Gestaltung, mit Hülfe historischer Karten, im Ueberblicke zu zeigen. Auf solche Weise wird die Geschichte in einer ganz neuen Gestalt wiederholt, und die Geographie gleichfalls durch neue Merkmale eingeprägt. Es schließt dieses natürlich das Resultat der Anwendung menschlicher Thätigkeit auf die Natur mit ein, indem die Benutzung und Verarbeitung der natürlichen Produkte eines Landes und die Anpflanzung neuer, die Verarbeitung fremder in neuer Gestalt, die dazu nöthigen Veranstaltungen der mechanischen Kunst, der Verkehr mit seinen Hülfsmitteln, also Kanäle, Heerstraßen, Brücken u. s. w., die Stufe des Wohlstandes und Lebensgenusses, die dadurch erreicht werden, die Kunst, die Anstalten, um Kunstfertigkeit zu bilden, Wissenschaft zu fördern, kurz alle Kulturanstalten, in ihrer historischen Entwicklung, so wie in ihrem gegenwärtigen Zustande, betrachtet werden. Es wird aus diesen Andeutungen schon klar sein, wie groß,

wie reich und anziehend das Feld ist, welches sich hier dem geschickten Lehrer darbietet, und wie er mehr dafür zu sorgen hat, daß er sich beschränke, und aus dem reichen Vorrathe nur das Wichtigste, für die Fassungskraft des Schülers Passende, auswähle, als daß er um Stoff verlegen zu sein brauche. Ferner wird klar, daß dieser Kursus zugleich eine belebende Wiederholung der Naturbeschreibung in sich fasse, welche hier in ihrer nothwendigen Verbindung mit dem Menschenleben erscheint, und endlich, wie ein solcher geographischer Kursus dem letzten Geschichtskursus vorarbeite, der nun um so sicherer und individueller das schon bekannte Einzelne für die Entwerfung eines allgem. Bildes des Kulturzustandes der Völker und Zeitalter benutzen kann.

Der Lehrer jedoch hat, eben der Wichtigkeit der Sache wegen, eine schwere Aufgabe. Er muß viel wissen, viel nachlesen, vielleicht Jahrelang sammeln, ehe er ein gutes Heft für seinen Zweck zu Stande gebracht hat, aber er wird eine sehr belohnende Arbeit übernommen haben, und einen bisher wenig geachteten und wenig fruchtbaren Unterrichtszweig zu Ehren und Nutzen bringen. Mögen die Dir. sich recht sorgsam bemühen, ein Mitglied ihres Lehrerkolleg. zur tüchtigen Durchführung dieser Aufgabe zu stimmen. Schon die Annäherung an das Ziel der Leistung wird rühmlich und sehr erfolgreich sein.

§. 11. (Vertheilung des geograph. Unterrichts in Verbindung mit dem geschichtl. und naturwissenschaftl.) Wenn nunmehr nach der Zeit für diese 3 geograph. Kursus gefragt wird, so fällt zunächst in die Augen, daß der 3. bei Weitem die meiste Zeit kosten wird, und die beiden ersten daher möglichst abgekürzt werden mögen. Geht der geograph. Unterricht neben dem geschichtl. her, so würde in VI. in 2 wöchentl. Stunden in einem Jahre die phys., in V. in gleicher Zeit die polit. Geographie, durchgenommen. Für die IV. käme der 3., Geogr., Gesch. und Naturbeschr. verbindende Kursus, welcher 1½ bis 2 Jahre wegnehmen möchte, und daher bis in die III. übergreifen wird, falls der Kursus der Schüler in IV. nicht so viel Zeit umfaßt. Ueberhaupt wäre es rathsamer, gerade diesen Kursus der Geogr. bis in die III. zu versparen, wo der Schüler reifer und durch den geschichtl., wie naturhistor., Unterricht besser dazu vorbereitet sein wird. Es könnte daher in IV. die ganze, für Gesch. und Geogr. bestimmte Zeit der Gesch. allein zugewendet, und darin ein um so größeres Pensum abgemacht werden, wogegen in der III. die Mehrzahl der Stunden der Geogr. zugewendet würde.

Es sind aber auch andere Zeit-Eintheilungen möglich und zulässig, falls nur im Ganzen einem jeden der gen. Unterrichts-Zweige sein volles Recht geschieht. Es kann in der VI. nur Geogr., in der V. nur Gesch., in der IV. wieder Geogr., und in der III. nur Gesch. gelehrt, und jedesmal alle Zeit, mit Ausnahme einer Repetitions-Stunde, auf den Einen Gegenstand verwendet werden. Endlich möchte sogar auch die Naturgesch. in diese Kombination mit einbegriffen, und die, durch gesetzliche Bestimmung, so wie durch den Gebrauch, ziemlich allgemein diesen drei Gegenständen zukommenden, 6 wöchentl. Stunden [1]) abwechselnd immer nur Einem ders. zugetheilt werden, um die Richtung und Theilnahme der Schüler zu koncentriren. Wenn z. B. VI. und V. jede einen einjähr., IV. und III. jede einen anderthalbjähr. Kursus hätten, so könnte das erste halbe Jahr der VI. 3 Stunden der phys. Geogr., 3 Stunden der Naturgesch. widmen, das zweite wendete 5 St. der biograph. Uebersicht der alten Welt, und 1 Stunde der Repitition der Geogr. und Naturgesch. zu. In V. würde im ersten halben Jahre in 3 wöchentl. Stunden die polit. Geogr., in 2 Naturgesch. genommen, und in 1 Stunde die alte Gesch. repetirt, im zweiten Semester in 5 Stunden die Uebersicht der neueren Gesch. vollendet, in 1 Stunde Geogr. und Naturgesch. wiederholt. In IV. würden anderthalb Jahre hindurch 4 wöchentl. Stunden dem Unterrichte in der alten und dem Anfange der mittleren Gesch., bis zur Theilung von Verdun, oder bis zum Jahre 911. gewidmet, und damit zugleich die alte Geogr. verbunden, 2 St. aber der Naturgesch. zugewendet. In III. in anderhalb Jahren in 3 wöchentl. Stunden die deutsche Gesch. bis auf die neuesten Zeiten durchgeführt, und 3 St. dem 3. Kursus der Geogr. gewidmet, welcher zugleich die Naturgesch. auffrischt, und außerdem die mathemat. Geogr. hinzufügen müßte.

---

1) Gegenwärtig nur 5, in Quarta nur 4. Vgl. die Tabelle beim C. R. v. 24. Okt. 1837. (s. o. S. 156.)

So lassen sich auch noch andere, ganz zweckmäßige Eintheilungsweisen der Zeit denken, je nachdem persönliche und örtliche Verhältnisse sie rathsam machen, und wir werden bei einer späteren Gelegenheit darauf zurückkommen.

§. 12. Die Geogr. der alten Welt kann am besten an die alte Gesch. angeschlossen werden, so daß bei dem 1. biograph. Gesch.-Kursus eine ganz allg. Uebersicht ders als Einleitung vorausgeschickt, und im 2. ethnograph. Kursus das Allgem. wiederholt und weiter ausgeführt, und die Geogr. jedes einzelnen Theiles bei der Gesch. dess. hinzugefügt wird. Außerdem finden sich Anknüpfungspunkte für die Wiederholung der alten Geogr. von selbst in dem 3. geograph. Kursus.

Sehr wichtig ist es aber für das Festhalten der alten Namen, und wird deshalb ganz besonders von uns empfohlen, daß es als Regel gelte, daß beim Unterrichte und bei den Repititionen der polit. Geogr. kein Ort, der auch in der alten Gesch. und Geogr. von Bedeutung ist, genannt werde, ohne seinen alten Namen mit anzuführen.

§. 13. Die mathematische Geographie, welche gleich im Anfange des geograph. Unterrichts in ihren Hauptpunkten vorgekommen ist, (§. 10. Nr. 1.) muß späterhin erweitert und näher begründet werden, aber so spät als möglich, bis nämlich die mathemat. Vorbildung so weit gediehen sein wird, daß die Schüler, wenn auch nicht überall die strengen Beweise, doch den Weg und die Möglichkeit, wie die mathemat. Berechnung bei ihr stattfinden könne, begreifen. Die mathemat. Geogr. wird also am besten mit dem 3. geograph. Kursus, wenn dieser in die III. fällt, oder mit dem physikalischen Unterrichte dieser Klasse, oder der II., verbunden.

§. 14. Die Hülfsmittel für den geograph. Schulunterricht sind: der Globus und Wandkarten. Die letzteren begründen einen entschiedenen Fortschritt jenes Unterrichts, indem sie Anschaulichkeit nach großem Maaßstabe und in gleichem Maaßstabe für alle Schüler und das Uebersehen größerer Länder-Massen gewähren, und zugleich den Lehrer nöthigen, von seinem Handbuche abzusehen, sich selbst zu orientiren, zu üben, und Gewandheit zu erwerben, und eben dieses ist das Mittel, daß auch die Schüler das Alles erwerben. Auch bei dem histor. Unterrichte zeige der Lehrer immer auf seine Wandkarte, und es fehle daher in keiner Schule daran. Wo sie vorhanden, bedarf der Schüler keiner besondern Karten beim Unterrichte, sondern nur zu seinen Repititionen zu Hause.

Das Kartenzeichnen ist ein sehr gutes Hülfsmittel bei den nicht überfüllten Anstalten, wo der Lehrer den Einzelnen beachten, und seine Arbeit nachsehen kann. Besitzt der Lehrer die Fertigkeit, das allmählige Entstehen einer Karte im gezogenen Netze an der Tafel mit Kreide vorzuzeichnen, so wird der Erfolg um so sicherer sein. Wo es an Wandkarten, besonders an histor., fehlt, da wird eine Anstalt, in welcher das Kartenzeichnen geübt wird, mit Hülfe der Schüler diesen Mangel ersetzen können. Es werden sich immer einige darunter finden, die eine histor. Karte kleineren Maaßstabes in den größeren übertragen können, und sie auch mit Farben und Namen versehen. Feinheit ist hierbei nicht so sehr Bedürfniß, als allgemeine Richtigkeit und Anschaulichkeit. Geschickte und fleißige Schüler werden es als eine Ehrensache ansehen, daß von ihrer Hand eine Wandkarte zum Andenken in der Klasse aufgehängt werde, und nach und nach wird eine hinreichende Sammlung entstehen.

§. 15. (Kombination von Klassen für den geschichtl. nnd geograph. Unterricht.) Diej. Anstalten, welche aus Mangel der hinreichenden Lehrerzahl zwei nebeneinander liegende Klassen zu einer historisch-geograph. verbinden müssen, werden den hier vorgezeichneten Unterrichtsplan nach ihrem Bedürfnisse modifiziren müssen. Sie werden am besten die Eintheilung gebrauchen können, nach welcher in den unteren und mittleren Klassen ein Wechsel der drei zusammengreifenden Unterrichts-Zweige der Gesch., Geogr. und Naturbeschr. stattfindet (§. 11.). Nach dieser Eintheilung werden auch die halbjährlich oder jährlich neu eintretenden Schüler nicht in Gefahr sein, mitten in einen Kursus hineinzukommen, sondern sie werden immer einen Anfang finden, sei es der Gesch., oder Geogr., oder Naturbeschreibung.

§. 16. (Modifikation des allgem. Planes bei einigen kathol. Gymn.) Die katholischen Gymn., welche nur 7 Jahre zu ihrem ganzen Kursus haben, weil ihnen die latein. Trivial-Schule vorausgeht, werden mit weiser Sparsamkeit den allgem. Plan des historisch-geograph. Kursus, bei welchem sie in Absicht der Zeit in einigem Nachtheil stehen, in Ausführung bringen müssen; denn den Anfang dieses Unterrichts etwa in die Trivial-Schule zu verlegen, wird meistentheils nicht ausführbar sein, indem die Lehrer ders. schwerlich ganz gedeihlich würden eingreifen können. Dagegen müssen sie desto strenger fordern, daß wenigstens die bibl. Gesch. in der Trivial-Schule vollständig vorgenommen und eingeprägt sei, und müssen zu dem Ende die Kenntniß ders., bei der Aufnahms-Prüfung der Schüler in das Gymnas. unerläßlich fordern, damit bei dem Geschichts-Unterricht an jene Kenntnisse angeknüpft werden könne. Der siebenjährige Kursus selbst kann auf doppelte Weise auf die Gesch. und Geogr. vertheilt werden: 1) In der VI und V. wird in 2 Jahren das Pensum des 1. Gesch.-Kursus und das des 1. und 2. geograph. Kursus vollständig abgemacht, sei es nun, daß beide Gegenstände stets neben oder zum Theil nach einander gelehrt werden. Anstatt des mittleren dreijähr. Kursus über die griech. und röm. und deutsche Gesch. in IV. und III. kann aber nur ein zweijähr. stattfinden, und der Ausfall an Zeit muß durch Vermehrung der wöchentl. Stundenzahl ersetzt werden. Von den 6 für Gesch., Geographie und Naturwissenschaft bestimmten Stunden mögen in beiden Klassen 4 für die Gesch. genommen werden, so daß im 1. Jahre die ganze alte Gesch., bis zur Völkerwanderung, im 2. die deutsche Gesch. vollendet werden kann. Die beiden übrigen Stunden werden in IV. für den 3. Kursus der Geogr., der die Naturgesch. mit berührt, in III. zunächst für die Vollendung dieses Kursus und dann für die mathemat. Geogr. und die Vorbegriffe der Physik verwendet. Die 3 J. der Sekunda und Prima bleiben alsdann für den Kursus der Universal-Gesch. — 2) Oder, es kann auch theilweise Umkehrung der Gegenstände in den oberen Kl. stattfinden. Wenn nämlich die volle Zeit, wie wir sie so eben in der IV. und III. für die Gesch. gefordert haben, nicht herauszubringen, und der mittlere Kursus vielleicht nur bis zum Ende der Karolinger in Deutschland, oder bis zu einem andern Punkte der deutschen Gesch., durchzuführen wäre, so möchte in der Unter- und Ober-Sekunda sogleich der Kursus der neueren Gesch., der den Schluß des ganzen Schulunterrichts machen sollte, und der die europ. Staatengesch. mit umfaßt, an die deutsche Gesch, in seiner ganzen Ausführlichkeit angeschlossen werden. Für die Prima bliebe dann die Universal-Geschichte der alten Welt als Schluß des Schulunterrichts. Durch desto sorgfältigere Wiederholungen müßte in diesem Falle ersetzt werden, was bei dieser Anordnung an Vollständigkeit fehlen würde. Wir haben auch diesen Weg, obgleich dabei ein Ausfall entsteht, andeuten wollen, um der Ueberlegung der Lehrer-Kolleg. bei solchen Anstalten, welche in ihrer Zeit und ihren Mitteln beschränkt sind, möglichst freien Spielraum zu lassen.

§. 17. (Benutzung anderer Unterrichtsstunden für die Gesch., Geogr. und Naturgesch.). Um bei allen Anstalten so viel Zeit als möglich für die drei so umfassenden Unterrichts-Zweige der Gesch., Geogr. und Naturbeschr. zu gewinnen, sind alle die übrigen Unterrichtsstunden dafür zu Hülfe zu nehmen, welche dies irgend gestatten; also 1) der Deutsche Sprachunterricht in allen Klassen, um Lese-, Rede- und Styl-Uebungen so viel als möglich aus dem Gebiete jener Disziplinen zu nehmen. Die, von der Konferenz zur Sprache gebrachte Ausarbeitung eines darauf berechneten Lesebuches für die unteren Klassen, welches doch auch zugleich die Folge des Sprachunterrichts und die Mannigfaltigkeit der Form beachtete, ist daher sehr wichtig, wenn auch schwierig; 2) der Lateinische und Griech. Sprachunterricht, indem in allen Klassen, wo Uebersetzungen in diesen Sprachen gemacht werden, der Stoff möglichst aus den besprochenen Wissenschaften genommen, und indem ferner die Lektüre der klass. Historiker mehr mit der Geschichte in Verbindung gebracht werde, als gewöhnlich geschieht; 3) der Schreibunterricht in den unteren Klassen, welcher seine Themata aus dem Gebiete jener Wissenschaft nehmen kann, damit auch nicht die kleinste Hülfe für ihre Förderung versäumt werde; endlich 4) der Zeichenunterricht, dessen Benutzung für die Naturgeschichte, wenn auch nicht ausgedehnt, doch in bedeutenderem Maaße möglich ist, als bisher geschehen ist.

(A. XV. S. 54. flg.)

3) Verbot, Tagesbegebenheiten in den Geschichtsunterricht einzumischen. C. R. v. 2. Mai 1831 (s. in Bd. 1. S. 645. 926. Note 1.). Vergl. auch das C. R. v. 30. Okt. 1819 beim C. R. v. 16. Aug. 1833 o. im 2. Abschn.

4) Hülfsmittel:

a) beim Geschichtsunterricht[1]) (§. 7. der Instr. sub 2. c.)

C. R. des Min. d. G., U. u. M. Ang. (v. Altenstein) v. 8. März 1834 an sämmtl. K. Prov.-Schulkoll.[2])

Das Min. hat Gelegenheit gehabt, zu bemerken, daß bis jetzt in vielen diesseitigen Gymnas. dem Unterrichte in der Gesch. gar keine gedruckten Hülfsmittel zum Grunde gelegt, vielmehr die Schüler, selbst schon der untern Klassen genöthigt werden, entweder das vom Lehrer der Gesch. Diktirte mechanisch in der Klasse nachzuschreiben, oder nach dem freien mündl. Vortrage des Lehrers, ohne daß ihnen irgend ein Schul- oder Handbuch der Gesch., welchem der Lehrer in seinem Vortrage folgt, zur Anschaffung empfohlen worden, ausführliche Hefte über die Gesch. zu Hause ausarbeiten. Es bedarf keiner weiteren Auseinandersetzung, daß dieses Verfahren unzweckmäßig und nicht geeignet ist, den beabsichtigten Erfolg des geschichtl. Unterrichts in den Gymnas. zu sichern, und denselben für die Schüler wahrhaft fruchtbringend zu machen. Das Min. sieht sich daher veranlaßt, Folgendes anzuordnen:

1) Von Ostern d. J. ab ist in jeder Klasse sämmtlicher Gymn. dem Unterrichte in der Gesch. ein Handbuch zum Grunde zu legen, welches die Schüler in den Stand setzt, dem Vortrage des Lehrers nicht nur leichter folgen, sondern auch dens. gehörig wiederholen zu können. — 2) Den betr. Lehrern bleibt überlassen, dasj. bereits vorhandene Handb. der Gesch., welches ihnen dem Zwecke am meisten zu entsprechen scheint, in Vorschlag zu bringen, und das K. Prov.-Schulkolleg. wird ermächtigt, die von den Lehrern getroffene Wahl nach sorgfältiger Prüfung der in Vorschlag gebrachten Handbücher ohne vorherigen Bericht an das Min. in diesem Falle ausnahmsweise zu genehmigen, oder nach Befinden der Umstände zu verwerfen. Im letzteren Falle bleibt dem K. Prov.-Schulkoll. überlassen, selbst das Handbuch vorzuschreiben, welches für den bevorstehenden Kursus dem histor. Unterrichte in den verschiedenen Klassen der Gymnas. zum Grunde gelegt werden soll. — 3) Wenn Handbücher der Gesch. in Vorschlag gebracht, und von dem K. Prov.-Schulkollegio genehmigt worden, welche nicht zugleich eine chronologisch-tabellarische Uebersicht für die Gedächtnißübungen enthalten, so soll neben dem Handbuche noch eine solche Uebersicht den Schülern zur Anschaffung empfohlen werden. — 4) Wenn nach dem Urtheile des K. Prov.-Schulkollegii und der betr. Lehrer kein Handbuch der Gesch. bis jetzt vorhanden ist, welches für den geschichtl. Unterricht zugleich für alle Klassen eines Gymnas. zum Grunde gelegt werden könnte, so ist doch bei der Wahl der Handbücher darauf zu sehen, daß für jede der drei Bildungsstufen nur Ein Handbuch bestimmt, und folglich für die sechs Klassen der Gymnas. in keinem Falle mehr als drei verschiedene Handbücher der Gesch. vorgeschrieben werden. — Damit der Vortrag des Lehrers der Gesch. die ganze Aufmerksamkeit des Schülers fesseln könne, ist das Diktiren von Seiten des Lehrers gar nicht, das Nachschreiben von Seiten des Schülers nur ausnahmsweise in den obern und mittlern, niemals in den untern Klassen zu gestatten. — 6) Das Verzeichniß der von dem K. Prov.-Schulkoll. für die Gymnas. seines Bezirks genehmigten Handbücher der Gesch. ist mittelst ausführl. Berichts binnen 2 Mon. hierher einzureichen.

(A. XIX. S. 421.)

b) beim geograph. Unterricht: (§. 14. der Instr. sub 2.)[3])

---

1) Ueber Empfehlung der Menzelschen und Vormbaumschen Werke über Preuß. Gesch. s. Bd. 1. S. 687. 688. — Neuerdings hat ein C. R. des Min. d. G., U. u. M. Ang. v. 11. April 1853 sieben Lithographien, die Regenten des Hauses Hohenzollern vom großen Kurfürsten an bis auf den jetzt regierenden König vorstellend, den höhern Schulen zur Anschaffung empfohlen. Ein 8. Bild, die Königin vorstellend, werde binnen Kurzem diese Gallerie vollenden. (Nat. Zeit. 1853. Nr. 223.)

2) Das C. R. des Rhein. Prov.-Schulkolleg. v. 5. Juni 1834 (A. XVIII, S. 401.) ist nur eine Wiederholung des C. R. v. 8. März 1834.

3) Ueber die Empfehlung der Krümmerschen und v. Grumbkowschen Wand-

X. Naturbeschreibung und Physik.[1]) (s. in Bd. 1. S. 686. 925.)

1) Umfang des Unterrichts: Promem. v. 1831 Nr. 1. u. 2. (s. o. S. 140 ff.) §. 23. Nr. 8. u. 9., §. 28. A. Nr. 8. des Abit. Prüf. Regl. v. 4. Juni 1834, s. u. im 5. Kap., Nr. 3. u. 4. des C. R. v. 24. Okt. 1837, nebst der angehängten Tabelle. (s. o. S. 144—156.)

2) Wiederholungen aus der Naturgeschichte in den obern Klassen: Posener C. R. v. 11. Jan. 1829 Nr. 1. (s. o. S. 180 ff), und R. v. 29. Jan. 1835 bei §. 18. des angef. Abit. Prüf. Regl. v. 4. Juni 1834.

3) Verbindung der Naturgeschichte mit Geschichte und Geographie. Vgl. §. 11. 15. der Westphäl. Instr. v. 18. Aug. 1830. (s. o. S. 230 ff.) Ebendas. §. 10. Nr. 1., und §. 13. über mathematische Geographie.

XI. Zeichnen.

1) Umfang des Unterrichts: Nr. 1. 2. u. 4. des C. R. v. 24. Okt. 1837 u. die angehängte Tab. (s. o. S. 144—156), sowie Nr. III. des Schema zum Abgangszeugniß in §. 31. des Abit. Prüf. Regl. v. 4. Juni 1834, s. u. im 5. Kap.

2) Ertheilung des Unterrichts.

C. R. des Min. d. G., U. u. M. Ang. (v. Altenstein) v. 14. März 1831 an sämmtl. K. Prov.-Schulkolleg. u. Reg.

Aus den über die Beschaffenheit des Zeichenunterrichts an den Gymnas. erstatteten Ber. der K. Prov. Schulkolleg. hat das Min. ersehen, daß dem Gedeihen dieses Unterrichtszweiges an vielen Anstalten sehr bedeutende Hindernisse im Wege stehen. Es muß freilich zugestanden werden, daß diese sich nicht überall auf einmal beseitigen lassen, indeß ist es doch keinem Zweifel unterworfen, daß sich sehr viel noch erreichen läßt, wenn der Sache die gehörige Aufmerksamkeit zugewendet, ein bestimmtes Ziel in's Auge gefaßt, und von den Lehranstalten, vorzüglich den Dir. und den Aufsichtsbehörden, mit Beharrlichkeit verfolgt wird.

Das Min. sieht sich deshalb zu nachstehenden allgem. Vorschriften und Andeutungen veranlaßt:

1) Der Unterricht im Zeichnen gehört zu den allgem. Bildungsmitteln, und darf daher in keiner Schulanstalt ganz vernachlässigt werden. Er hat den Zweck, das Auge des Knaben und Jünglings zu üben, die Dinge um ihn her in dem Charakteristischen ihrer Form bestimmt und richtig aufzufassen, die Fertigkeit für die Darstellung ders. zu gewähren, und zugleich den Sinn für die Schönheit der Formen zu beleben und auszubilden. Es ist demnach das reine Naturzeichnen der Vorwurf des Zeichenunterrichts in den Gymnas. und andern ähnlichen Schulanstalten. Was darüber hinausgeht, die Anleitung und Ausbildung des künftigen Künstlers, liegt nicht in seinem Bereich, sondern bleibt den für diesen Zweck besonders organisirten Anstalten, den eigentlichen Kunstschulen, vorbehalten.

Um nun die Gymnas. in den Stand zu setzen, auch im Zeichnen ihrer Aufgabe zu entsprechen, und um zugleich der bisher in diesem Unterrichtszweige herrschenden, in der Unklarheit der Auffassung des Zwecks gegründeten Willkühr zu begegnen, läßt das Min. dem K. Prov. Schulkolleg. den wohl durchdachten, von der hies. Akademie der Künste revidirten, und bereits für die Gymnas. des Großhzgth. Posen genehmigten Lehrplan (Beil. 1.) mit dem Auftrage zugehen, die Dir. der

---

karten, der Mahlmannschen Karte von Asien und des Kämperschen Erdglobus. s. Bd. 1. S. 688. — Neuerdings hat das Min. 25 Exempl. der mit Unterstützung der Berliner geograph. Gesellschaft von Dr. Gumprecht, herausgegebenen Zeitschr. für allgem. Erdkunde zur Vertheilung an verschiedene Gymnas. bestimmt. (Nat. Zeit. 1853. Nr. 583.)

1) Ueber die Erwerbung des Freterschen Naturalien-Kabinets für die Lehr-Anstalten der Prov. Posen. vgl. den 2. Pos. Landt.-Absch. v. 14. Febr. 1832 sub II. 9., und den 4. v. 7. Nov. 1837 sub B. 1. (A. XVI. S. 300, XXI. S. 842.)

Gymnas. anzuweisen, den Zeichenunterricht an den ihrer Leitung anvertrauten Anstalten darnach zu ordnen, darauf zu halten, daß die Zeichenlehrer den darin vorgezeichneten Stufengang im Wesentlichen genau befolgen, und wo dies. der Belehrung bedürfen, diese ihnen unter Zuratheziehung der den Gegenstand behandelnden Schriften oder in der Sache erfahrner Personen, zu gewähren. — 2) Es sind an jedem größeren Gymnas. für den Zeichenunterricht vier Klassen [1]) einzurichten, und für jede zwei aufeinander folgende Stunden wöchentlich zu bestimmen. Wo es irgend sich thun läßt, ist dafür zu sorgen, daß die Klassen-Eintheilung für den Zeichenunterricht von der Klassen-Eintheilung der Schule unabhängig sei. An Anstalten von geringerem Umfange kann die Zahl der Klassen vermindert werden, doch wird die Zahl der an dem Unterrichte theilnehmenden Schüler bestimmen müssen, ob die 1. und 2. oder die 3. und 4. Bildungsstufe zu kombiniren sind. Die Kombination der 2. und 3. ist nicht zulässig. — 3) Wenn auch nicht verlangt werden mag, daß alle Schüler zur Theilnahme an dem Zeichenunterrichte anzuhalten, so ist doch dahin zu wirken, daß künftig jeder Schüler wenigstens den Kursus der 1. und 2. Bildungsstufe durchmache. — 4) Wo es irgend geschehen kann, muß ein eigenes Lehrzimmer für den Zeichenunterricht eingerichtet werden. — 5) Es ist bei jedem Gymnas. der Bedarf des zur Ausführung des Lehrplans erforderlichen Apparats, der Vorlegeblätter 2c. genau zu ermitteln, und die Anschaffung ders., wenn es bei manchen Schulen auch nur langsam und nach und nach geschehen kann, aus den jährlichen Ersparnissen oder sonstigen disponiblen Fonds der Anstalt zu bewirken. — 6) In sofern die bisher ausgesetzten Fonds zur Remuneration für die etwa vermehrte Arbeit der Zeichenlehrer nicht ausreichen, muß ebenfalls darauf Bedacht genommen werden, dieselben aus den erwähnten Mitteln zu erhöhen. — 7) Die bessere Ordnung des Zeichenunterrichts in den Gymnas. und höheren Bürgerschulen wird zuverlässig zur Folge haben, daß künftig auch diej., welche sich dem Lehrfache widmen, diesen Gegenstand des Unterrichts nicht mehr, wie bisher, vernachlässigen werden, und indem sie sich für dens. befähigen, sich eine Gelegenheit mehr verschaffen, als dereinstige ordentliche Lehrer ihr Einkommen durch die außerordentliche Uebernahme von Zeichenstunden zu verbessern. Am meisten wird hierdurch die Schule gewinnen, weil sie der Schwierigkeiten überhoben wird, die die Anstellung von Zeichenlehrern für eine nicht bedeutende Remuneration und obendrein solcher, denen es gewöhnlich an allem pädagogischen Geschick gebricht, mit sich bringt. Das K. Prov. Schulkolleg. hat die Schuldir. auf diesen Punkt aufmerksam zu machen, damit sie mit Talent für das Zeichnen begabten Jünglingen, welche sich dem Lehrfach zu widmen gedenken, ihren Rath in dieser Beziehung ertheilen können. — 8) Auch von Seiten der Schullehrer-Sem. kann viel geschehen, wenn dahin gewirkt wird, daß dies. Zöglinge, die für das Zeichnen Talent haben, und übrigens zu einer Anstellung für den Unterricht im Schreiben und in den Realkenntnissen an den untern Klassen der Gymnas. qualifizirt werden mögen, so weit geführt werden, daß sie auch den Zeichenunterricht nach dem vorgeschriebenen Plan ertheilen können. — 9) Es bleibt bei der Bestimmung v. 2. April 1827, nach welcher für den Zeichenunterricht künftig nur solche Lehrer angenommen werden dürfen, welche ein Qualifikationsattest von einer K. Kunstakademie aufweisen können. Die K. Akademie der Künste hier, und die K. Kunstakademie zu Düsseldorf sind angewiesen, die Prüfung der Aspiranten zu Zeichenlehrerstellen nach der hier in Abschrift beigefügten Instr. (Beil. 2.) [2]) zu veranstalten. Die Schuldir. sind von dem Inhalte dieser Instr. in Kenntniß zu setzen, damit sie in vorkommenden Fällen die zu den gedachten Lehrstellen sich Meldenden darnach bescheiden können.

Das Min. empfiehlt dem K. Prov. Schulkolleg. aufs Angelegentlichste, nach Anleitung der vorstehenden Bestimmungen und Andeutungen sich der Sache des Zeichenunterrichts an den Gymnas. mit allem Ernste anzunehmen, und erwartet in dem jedesmaligen Jahresberichte einen speziellen Nachweis, was zur Förderung dieses Unterrichts an den einzelnen Anstalten geschehen ist.

---

1) Dies ist nach der Tabelle beim C. R. v. 24. Okt. 1837 zu modificiren, da hiernach nur von VI. bis IV., also in drei Klassen, Zeichnen-Unterricht stattfindet.

2) Dieselbe ist bereits oben im 1. Kap. des 2. Abschn. Nr. II. 2. gegeben, wo auch das angef. R. v. 2. April 1827 zu vergleichen.

Abschrift vorsteh. Verf. nebst Beilagen an sämmtl. K. Reg. zur Nachachtung für die Anordnung des Zeichen-Unterrichts an den höheren Bürger- und Realschulen.

(Beil. 1.)

Lehrplan

für den Zeichnen-Unterricht in den Gymnas. und höheren Bürgerschulen.

Erste Stufe.

Elemente des Linear-Zeichnens, verbunden mit der Formenlehre.

Auf dieser Stufe des Zeichnenunterrichts soll der Schüler mit den Elementen der Form vertraut werden, die Linie in verschiedenen Richtungen, Maaßverhältnissen und Verbindungen richtig auffassen, und sie sowohl nach als ohne Vorbild darstellen lernen. Mit diesem Unterrichte wird die Formenlehre verbunden, theils um bei dems. zugleich den Geist der Schüler zu beschäftigen und zu bilden, theils um durch die beständige, augenblickliche Anwendung der zu erlangenden Fertigkeit zu einem bestimmten Zweck ihre Theilnahme für den Zeichnenunterricht immer rege zu halten.

Die Einleitung bildet der Anfang der Formenlehre.

§. 1. Flächen, Kanten und Ecken am Körper, für sich betrachtet, zu unterscheiden und zu zählen. Ebene und gebogene Flächen; gerade und krumme Kanten; spitze und stumpfe Ecken. — §. 2. Flächen, Kanten und Ecken des Körpers nach dem Gesichtspunkte zu bestimmen. Oben, unten; vorn, hinten; rechts, links. — §. 3. Punkt und Linie. — Die Elemente des Zeichnens. Gerade, krumme Linie. — §. 4. Zwei Punkte bestimmen die Richtung einer geraden Linie, und wenn es die äußersten sind, ihre Länge: Endpunkte.

I. Von den geraden Linien.

§. 1. Richtung der Linien, gegen die Erde. Senkrecht, wagerecht, schräg. — Der Lehrer zeichnet die Linie, so wie er sie nach ihrer Richtung benannt hat, an der Tafel vor; die Schüler zeichnen sie nach. Um das falsch Zeichnen und beständiges Auswischen zu verhüten, darf anfangs keine Linie ohne vorherige Setzung der Endpunkte von den Schülern gezogen werden. Die Schüler zeichnen anfangs auf der Schiefertafel; nachdem sie einige Sicherheit erlangt haben, auf Papier mit Blei. Der Schüler muß von Anfang an dazu angehalten werden, nicht übereilt und nachlässig zu zeichnen, damit nicht öfteres Auswischen nöthig werde. Ist dies, nachdem er angefangen hat auf Papier zu zeichnen, doch der Fall, so muß er zur Schiefertafel zurückkehren. Niemals aber darf dieselbe Uebung zu lange fortgesetzt, sondern es muß, obwohl mit Berücksichtigung der Eigenthümlichkeit der einzelnen Schüler, mit ähnlichen abgewechselt werden, indem sonst leicht Ueberdruß und Nachlässigkeit eintreten, völlige Sicherheit und Richtigkeit der Zeichnung doch aber nur in seltenen Fällen erreicht werden würde. — §. 2. Richtung der Linien gegen einander. Gleichlaufend, ungleichlaufend, sich schneidend u. s. w. — §. 3. Durchschnittspunkte. Zwei gerade Linien können nur einen gemeinschaftlichen Durchschnittspunkt haben. — §. 4. Winkel. Zwei Schenkel. Spitze, Oeffnung, Scheitelpunkt. — §. 5. Lage der Winkel gegen einander. — Gemeinschaftliche Schenkel, gemeinschaftlicher Scheitelpunkt. Nebenwinkel, auf einer geraden Linie, in einem Winkel, um einen Winkel. Gegenwinkel, innere, äußere, Wechselwinkel, innere, äußere, Scheitelwinkel. — §. 6. Größe der Winkel. Rechter, spitzer, stumpfer. — §. 7. Figur. — Seiten. Ecken. Wenigstens 3 Linien. So viel Seiten, so viel Ecken. Dreieck, Viereck, Fünfeck 2c. — Bei der Zeichnung der Figuren finden die oben gemachten Bemerkungen Anwendung. Es wird aber mehrfachen Nutzen haben, wenn der Lehrer nicht nur die Figuren, von welchen er spricht, und welche er beschreibt, an der Tafel vorzeichnet, sondern wenn er auch Körper vorzeigt, Würfel, Dreiecke u. s. w. an ihnen die gerade zur Bildung der Figur nöthigen Linien bemerklich macht, und sie vor den Augen der Schüler auf die Tafel, natürlich in geometrischer Ansicht, überträgt. Demnächst werden vorgezeigte geradlinige Figuren von den Schülern theils an der Tafel, theils auf ihrem Papiere aus der Erinnerung gezeichnet, geradlinige zusammengesetzte Figuren werden nach dem vorgesprochenen Verhältnisse oder nach gegebenen oder gewählten Punkten von den Schülern gezeichnet; einfache Figuren durch Theilungslinien in verlangte Figuren getheilt.

Wenn die Schüler die geforderten und an der Tafel vorgezeichneten Linien nachzeichnen, muß auf ihre verschiedene Fertigkeit die erforderliche Rücksicht genommen und darauf gehalten werden, daß sämmtliche Schüler möglichst genau und richtig nachzeichnen. Den Schluß machen symmetrische Verbindungen gerader Linien, welche zuerst der Lehrer an der Tafel vorzeichnet und von dem Schüler nachzeichnen läßt, zuletzt sie den Schülern theils in der Klasse, theils zu Hause zu eigener Erfindung überläßt. Bei dieser letzten Uebung wird sich zeigen, wie weit die einzelnen Schüler zu einer freiern Auffassung und zu richtiger, genauer und freier Darstellung vorbereitet und fähig sind. Während dieser Uebungen wird die Formenlehre, welche den Stoff zu ihnen bietet, fortgesetzt. — §. 8. Vom Dreieck. Nach den Seiten: gleichseitig, gleichschenklig, ungleichseitig. Nach den Winkeln: rechtwinklig, stumpfwinklig. — §. 9. Vom Viereck. — Nach der Länge der Seiten, nach der Richtung der Seiten, nach den Winkeln. 1) Quadrat. 2) Oblongum. (1. und 2. Rechteck) 3) Rhombus. 4) Rhomboid. (1—4. Parallelogramm.) 5) Trapez. — Diagonale.

§. 10. Vierecke. Regelmäßige Figuren. Anzahl der Diagonalen bei verschiedenen Figuren. Anzahl und Namen der dadurch entstehenden Figuren. — §. 11. Symmetrie. Mittellinie. Symmetrische Figuren.

II. Von den krummen Linien.

§. 1. Einfache Bogen. Ausbiegung. Einbiegung. — §. 2. Verhältniß der geraden Linie zum einfachen Bogen. Durchschnittspunkte einer geraden Linie mit einem einfachen Bogen. Sehnen, Tangente, Berührungspunkt Maaß der Krümmung. — §. 3. Verschiedene Arten der krummen Linien. Einfache Bogen; geschlossene Linien (in sich zurücklaufend), sich schneidende Linien, Schenkellinien; Schlangenlinien; Wendepunkt. — §. 4. Verhältniß der geraden Linie zu den verschiedenen krummen Linien. Anzahl der Durchschnittspunkte; bei der geschlossenen Linie; bei der sich einmal schneidenden Linie; bei der Schneckenlinie; bei der Schlangenlinie. — §. 5. Krummlinige Winkel. Ausbiegungswinkel; Einbiegungswinkel; gemischte Winkel. — §. 6. Symmetrie. Welche krumme Linien können symmetrisch gebogen sein und welche nicht? Symmetrische Figuren. — §. 7. Der Kreis. Entstehung; Mittelpunkt; Durchmesser; Halbmesser; Tangente; Segment; Sehne; Ausschnitt. Eingeschriebene — umgeschriebene geradlinige Figuren.

Zweite Stufe.

Elemente des perspektivischen Zeichnens und der Schattirung.

Auf dieser Stufe soll der Schüler die ersten Versuche machen, theils die Veränderungen der Gestalt, welche die Körper durch die Veränderung des Gesichts- oder Sehpunktes erleiden, theils die verschiedene Beleuchtung und Beschattung der Körper aufzufassen und darzustellen. Die Umrisse von Körpern werden gezeichnet: 1) in geometrischer, 2) in perspektivischer Ansicht; — 1) ohne Rücksicht, 2) mit Rücksicht auf die Beleuchtung und mit Andeutung des Schattens. a) Würfel und Parallelepipeden in verschiedener Ansicht und Zusammenstellung. b) Eben begrenzte einzelne Gegenstände aus der Umgebung. c) Der Kreis in perspektivischer Ansicht. d) Einfache Körper mit krummer Oberfläche. e) Dergl. Umrisse mit Andeutung des Schattens.

Bemerkungen. Zur Auffindung der perspektivischen Punkte wird den Anfängern das Visiren mit der Spitze des Bleies und der Gebrauch des Fadens gestattet. Fehler dürfen die Schüler nur unter Zuziehung der Lehrer verbessern.

ad d. Hierzu dient die Walze in verschiedenen Lagen; Kugel-Abschnitte und dergl. Bei der Andeutung des Schattens bleiben hier noch die Schlagschatten und Reflexe unbeachtet. Ebenso wird eigentliche Schattirung noch nicht angewendet; nur die Linien erhalten die Dunkelheit, welche der Fläche, die sie begrenzen, zukommen würde. — Auf die höchste Sauberkeit und Präcision muß ganz besonders gehalten werden. — Es versteht sich von selbst, daß auch in diesem Lehrabschnitte Aufgaben ohne Vorbild aus der Erinnerung gegeben werden müssen. Sehr fördern wird es die Schüler, wenn der Lehrer den aufgegebenen Gegenstand, nach dem die Schüler seine Zeichnung versucht haben, vor ihren Augen an der Tafel vorzeichnet.

Dritte Stufe.

Ausgeführtes Zeichnen von Körpern und Naturgegenständen.

Nachdem der Schüler auf der vorigen Stufe die Wirkung des Vor- und Zurücktretens der Körper oder einzelner Theile derf. auf Schatten und Licht wahrnehmen und andeuten gelernt hat, soll er hier das Gelernte in vollständiger Ausführung anwenden lernen. Außerdem wird er zur freiern Behandlung der krummen Linien angeleitet, indem er an einer stufenweise geordneten Reihe von Naturgegenständen, welche immer zusammengesetzter werden, im Zeichnen geübt wird.

A. Ausführung nach Schatten und Licht.

Hier wird mit schwarzer Kreide auf weißem Papier gezeichnet. Die Körper werden ganz ausschattirt. Dabei wird, ohne zu wischen, nur mit Strichen gearbeitet, welche nicht sichtbar bleiben dürfen. Reinheit und Präcision ist auch hier eine Hauptaufgabe. Vergebliche Versuche sind nicht zu gestatten; die erste Aufgabe muß gelingen und wird also nicht wiederholt. Der Schüler muß gewöhnt werden, mit Ueberlegung zu arbeiten, und darf daher nur mit Berücksichtigung seiner Eigenthümlichkeit zu rascherem Arbeiten angetrieben werden. a) Einfache, eben begrenzte Körper. b) Einfache Körper mit krummer Oberfläche.

B. Fortgesetztes Zeichnen mit Schatten-Andeutung.

a) Conchilien. b) Lebende Pflanzen. c) Ansichten von Gebäuden, ganzen Zimmerseiten und dergl. — Für den verständigen Lehrer bedarf es nicht der Erinnerung, daß die Uebungen im Zeichnen mit vollständiger Ausschattirung mit dem Zeichnen der Umrisse abwechseln müssen.

Vierte Stufe.

Zeichnen nach Gyps und Kopiren gut ausgeführter Zeichnungen.

A. Zeichnen nach Gyps.

a) In Umrissen. — b) Vollständig ausschattirt.

B. Abwechselnd Kopiren gut ausgeführter Zeichnungen.

Der Anfang wird am zweckmäßigsten mit architektonischen Verzierungen gemacht; dann wird zu Thieren, einzelnen Theilen des menschlichen Körpers und ganzen menschlichen Figuren fortgeschritten. Uebrigens wird auch hier noch abwechselnd nach guten Vorlegeblättern gezeichnet, wobei auch die Veränderung des Maaßstabes vorzunehmen ist. Auf dieser Stufe lernt der Schüler auch auf gefärbtem Papiere zeichnen, die Lichter mit weiß aufsetzen, den Wischer (estompe) gebrauchen u. s. w.

(A. XV. S. 78.)

3) Benutzung des Zeichnenunterrichts für die Geographie. Westphäl. Instr. v. 18. Aug. 1830 §§. 14. u. 17. (s. o. S. 230 ff.)

XII. Schönschreiben. (s. in Bd. 1. S. 675. 924.)

Vgl. Nr. 1. C. R. v. 24. Okt. 1837 u. die beigef. Tab. (s. o. S. 144—156) Das Pos. C. R. v. 11. Jan. 1829 (s. o. S. 180 ff.) empfiehlt in Nr. I. auch in den obersten Klassen Sorge für eine gute Handschrift. Die Westphäl. Instr. v. 18. Aug. 1830 §. 17. (s. o. S. 230 ff.) verlangt, daß die Themata zum Schreiben aus der Geschichte, Geographie oder Naturbeschreibung gewählt werden.

XIII. Gesang. (s. in Bd. 1. S. 676. flg. 925.)

Vergl. die sub XI. angef. Stelle des §. 31. des Abit. Prüf. Regl. v. 4. Juni 1834, Nr. 4. C. R. v. 24. Okt. 1837 u. die beigef. Tab. (s. o. S. 144—156), die Koblenzer C. R. v. 16. Juni 1843 (s. o. S. 221 ff.), und insbes. über die Schonung des Stimmorgans das C. R. v. 1. April 1851. (s. in Bd. 1. S. 685.)

XIV. Leibesübungen.

Vgl. Nr. 9. des C. R. v. 24. Okt. 1837 (s. o. S. 144 ff.). Alle übrigen Vorschriften über das Turnwesen, welches endlich als ein nothwendiger Bestandtheil der männlichen Erziehung anerkannt worden ist, finden sich Bd. 1. S. 705—716. (vgl. auch S. 914.) zusammengestellt.

Viertes Kapitel.

Gymnasial - Disziplin.

Die Handhabung der Disziplin erfolgt auf den Gymn. nach den speziellen Disziplinar-Ordnungen, welche jede Anstalt haben soll. Die in den Sammlungen darüber veröffentlichen Vorschriften sind folgende:

I. Allgemeine Grundsätze.

Vgl. die Dir.-Instruktionen, insbes. §§. 7—13. 23. der Brandenb., u. §. V. der Rhein. (s. o. S. 80 ff. u. S. 91 ff.), sowie die o. S. 192 sub 2. zusammengestellten Anordnungen über das Censurwesen, und das als Beilage zum C. R. v. 16. Aug. 1833 oben S. 100—102 im 2. Abschn. gegebene C. R. v. 30. Okt. 1819.

II. Aufsicht über auswärtige Schüler.[1])

a) Publ. des Kons. zu Königsberg v. 21. März 1822.

Es ist bemerkt worden, daß mehrere unserer Gymnasiasten blos deswegen das nicht werden und leisten, was sie nach ihren Kräften sein und leisten sollten, weil es ihnen an der nöthigen Haus-Aufsicht fehlt. Wir setzen deswegen hiermit fest, daß von jetzt an jeder, der seinen Sohn, Mündel oder Pflegling einem Gymnasium anvertrauen will, in einer Stadt, in welcher er selbst nicht wohnt, verbunden sei, dem Dir. einen Mann nachzuweisen, bei dem ders. sich nach der Wahrheit der Versäumniß-Ursachen erkundigen, auch wegen der Lebensart, Vergnügungen und Gesellschaften des Jünglings zuverlässige Nachrichten einziehen, auch mit dem er über das, was den Jüngling und sein Verhältniß zur Schule betrifft, nöthigenfalls Rücksprache nehmen könne. Sagt sich der Stellvertreter der väterl. Autorität späterhin vom Jünglinge los, und es wird dem Dir. kein anderer Mann in dessen Stelle nachgewiesen, so soll der Dir., doch nicht ohne Zuziehung des Lehrer-Kolleg. ermächtigt sein, den Aufsichtslosen zu verabschieden, damit er nicht selbst auf Abwege gerathe, oder auch wohl durch Beispiel und Umgang seinen Mitschülern gefährlich werde.

(A. VI. S. 121.)

b) Publ. des Kons. zu Köln v. 6. Juni 1822.

Die von einigen Gymnas. unseres Bereiches in ihre Schulordn. bereits aufgenommenen Bestimmungen, wonach 1) jeder neu aufzunehmende Schüler, der vorher schon eine andere öffentl. oder Privatschule besucht hat, von ders. ein Zeugniß sowohl über seine Fortschritte im Wissen, als über sein sittl. Betragen beizubringen gehalten ist, und 2) jeder auswärtige Schüler bei seinem Eintritt durch ein Zeugniß seiner Eltern oder deren Stellvertreter nachweisen muß, unter wessen häusliche Aufsicht, welche die Schule als nothwendige Bedingung voraussetzt, er gestellt sei, werden hiermit alle unsrer Leitung untergebene Gymnas. und höhere Stadtschulen ausgedehnt, und sämmtl. Vorsteher ders. hierdurch angewiesen, auf deren Beobachtung streng zu halten, und namentlich in Hinsicht des 1. Punktes zu verlangen, daß in dem Zeugniß das Urtheil über das sittl. Verhalten mit Be-

---

1) Ueber Pensions-Anstalten für dgl. Schüler vgl. das C. R. v. 12. April 1842 (Bd. 1. S. 289.) — Ein R. der Min. d. G., U. u. M. Ang. und d. Jun. u. d. Pol. v. 25. Okt. 1839 an die K. Reg. zu Gumbinnen bestimmte, daß, wenn andere Einwohner, die Gymnasiasten in Pension nehmen, der Kommunalsteuer unterworfen werden, auch die Lehrer, welche dasselbe thun, in Betreff des reinen Gewinnes aus diesem Geschäfte zur Kommunalsteuer herangezogen werden können. Der Betrag des reinen Gewinnes soll durch Vereinigung zwischen den Stadtbehörden und den steuerpflichtigen Personen, event. durch die Reg. fortgesetzt werden. (A. XXIII. S. 861.)

stimmtheit ausgesprochen sei; in Hinsicht des 2. Punktes aber den Schülern zur Pflicht zu machen, von jeder in dieser Beziehung eingetretenen Veränderung die Direktion sogleich in Kenntniß zu setzen, und daß sie mit Vorwissen der Eltern oder deren Stellvertreter erfolgt sei, durch Zeugnisse ders. zu belegen. Eben so machen wir es den Vorstehern aller Schulen unsres Bereiches hiermit zur Pflicht, ihre Schüler nicht ohne Zeugnisse zu entlassen, und bei Ausstellung derselben die obigen Anforderungen sowohl, als die Bestimmungen unserer Verordn. v. 5. Juni 1817. gewissenhaft zu berücksichtigen.

(A. VI. S. 380.)

c) C. R. des Min. d. G., U. u. M. Ang. (i. A. v. Kamptz) v. 31. Juli 1824 an sämmtl. K. Konf.

Die Erfahrung hat gelehrt, daß dies. Schüler von Gymnas., deren Eltern, Vormünder oder Pfleger nicht an dem Orte des betreff. Gymn. wohnen, wegen Mangels an der erforderl. häusl. Aufsicht bisweilen auf Abwege gerathen und einen nachtheiligen Einfluß auf die in den Gymnas. aufrecht zu erhaltende gute Disciplin üben. Das Min. sieht sich daher veranlaßt, hinsichtlich der ged. Schüler Folgendes anzuordnen:

1) Jeder Schüler eines Gymn. muß, wenn seine Eltern, Vormünder oder Pfleger nicht an dem Orte des Gymn. wohnen, von diesen zur besondern Fürsorge einem tüchtigen Aufseher übergeben sein, der dem Dir. oder Rektor des Gymn. bei der Aufnahme des Schülers namhaft zu machen ist, und welcher über seinen Privatfleiß und sein sittl. Betragen außer der Schule eine ernste und gewissenhafte Aufsicht zu führen hat. — 2) Ein jeder der ged. Schüler hat dem Direktor oder Rektor des Gymn. die Wohnung, welche er in der Stadt zu beziehen gedenkt, bei seiner Aufnahme anzuzeigen. — 3) In einem Wirthshause zu wohnen, oder seine Kost an der Wirthstafel zu nehmen, ist keinem solchen Schüler verstattet. — 4) Er darf während seines Aufenthalts am Gymn. nicht seinen Aufseher oder seine Wohnung wechseln, ohne vorherige Anzeige bei dem Dir. oder Rektor des Gymn. und ohne ausdrückliche Genehmigung desselben.

Das K. Konf. wird beauftragt, diese Anordn. durch die Amtsbl. öffentlich bekannt machen zu lassen, ders. gemäß das weiter Erforderl. an die Dir. und Rektoren der Gymn. seines Bez. zu verfügen. und zugleich sämmtl. Gymnas.-Lehrern auf eine angemessene Weise zu empfehlen, daß sie auch auf das Betragen ihrer Schüler außer der Schule, so weit es nur immerhin möglich ist, ihre Aufmerksamkeit und Sorgfalt richten, wie sie denn allerdings befugt sind, dieselben wegen ihres unsittl. und anstößigen Benehmens außer der Schule zur Verantwortung zu ziehen. Die Lehrer, besonders aber die Dir. der Gymn., welche in dieser Aufsicht sich vortheilhaft auszeichnen, werden vom Min. besonders berücksichtigt werden, so wie dass. dagegen vernachlässigte Aufsicht rügen wird.

(A. VIII. S. 822. u. M. Bl. d. i. V. 1843. S. 76.)

Dazu:

C. R. dess. Min. (Eichhorn) v. 9. März 1843 an sämmtliche K. Regierungen.

Der K. Reg. lasse ich hierneben eine Abschr. der wegen Unterbringung und Beaufsichtigung der die Gymnasien besuchenden auswärtigen Zöglinge unter dem 31. Juli 1824. an die K. Konf. erlassenen Verf. mit dem Auftrage zugehen, die Bestimmungen dieser Verf. auch auf die höheren Bürgerschulen auszudehnen, und das deshalb Erforderliche an die Dir. dieser Anstalten zu veranlassen.

Abschrift an sämmtl. K. Konf. zur Kenntnißnahme und Nachachtung in Betreff der zu ihrem Ressort gehörigen höheren Bürgerschulen.

(M. Bl. d. i. V. 1843. S. 76.)

d) C. R. des Rhein. Prov.-Schulkolleg. v. 25. Jan. 1833 an sämmtl. Gymn. Dir.[1])

Damit bei den Gymnasien eine angemessene Beaufsichtigung solcher Schüler

---

1) Mit Genehmigung des Min. d. G., U. u. M. Ang. gleichlautend (doch

stattfinde, deren Eltern oder Vormünder nicht am Orte wohnen, setzen wir hierdurch fest:

1) In Gymnas. und ähnliche höhere Lehranstalten können nur solche Zöglinge aufgenommen werden, welche unter der Aufsicht ihrer Eltern, Vormünder oder anderer zur Erziehung junger Leute geeigneten Personen stehen. Schüler, welche ohne geeignete Aufsicht sind, sollen auf Gymnas. und ähnlichen Lehranstalten nicht geduldet werden. — 2) Bei der Aufnahme junger Leute, deren Eltern oder Vormünder nicht am Orte wohnen, haben die Dir. der genannten Anstalten sich nachweisen zu lassen, auf welche Weise für die Beaufsichtigung ders. gesorgt ist. Halten sie die getroffenen Einrichtungen nicht für ausreichend, so haben sie dies den Eltern oder Vormündern zu eröffnen, und den Schüler nicht eher aufzunehmen, bis eine anderweitige, dem Zweck entsprechende Einrichtung getroffen ist. — 3) Ohne Vorwissen des Dir. darf kein Schüler in eine andere Aufsicht gegeben werden. — 4) Der Dir. ist so berechtigt als verpflichtet, von dem häuslichen Leben auswärtiger Schüler entweder unmittelbar, oder durch Lehrer der Anstalt, Kenntniß zu nehmen, und wenn sich hierbei Uebelstände ergeben sollten, auf deren unverzügliche Abstellung zu dringen. — 5) Die Ordinarien haben auch ohne besondern Auftrag des Dir. die Verpflichtung, die in ihren Klassen befindlichen auswärtigen Schüler von Zeit zu Zeit in ihren Häusern zu besuchen. — 6) Findet sich, daß die Aufsicht, unter welche auswärtige Schüler gestellt worden, unzureichend ist, oder daß die Verhältnisse, in welchen sie sich befinden, der Sittlichkeit nachtheilig sind, so ist der Dir. berechtigt und verpflichtet, von den Eltern oder Vormündern eine Aenderung dieser Verhältnisse binnen einer nach den Umständen zu bestimmenden Frist zu verlangen. [1]) — 7) Die betr. Eltern und Vormünder sind verpflichtet, diese Bestimmungen zu beachten, und die Aufseher ihrer Söhne oder Pflegebefohlenen von dens. in Kenntniß zu setzen. Es bleibt auch lediglich ihnen überlassen, für den Fall, daß eine Aufhebung des Verhältnisses von der Anstalt verlangt werden möchte, mit den Aufsehern ihrer Kinder und Pflegebefohlenen die erforderlichen Verabredungen zu treffen.

Sie wollen in dem nächsten Progr. diese Bestimmungen zur öffentl. Kenntniß bringen, bei der Aufnahme der betr. Schüler die Eltern oder Vormünder auf dies. verweisen, und strenge auf die Ausführung ders. halten. Die Ordinarien haben das Ergebniß ihrer Wahrnehmungen bei den desfallsigen Besuchen, in der Konferenz mitzutheilen, und ist dass. jedesmal in kurzen Worten in das Konferenzprotokoll aufzunehmen.

(A. XVII. S. 99.)

e) §. V. Nr. 4. u. 5. der oben sub 1. angef. Rhein. Dir. Instr.

III. Einzelne Verbote. (s. in Bd. 1. S. 722. flg.)

1) Besuch von Wirthshäusern. [2])

a) Publ. des Oberpräs. zu Münster v. 22. März 1824.

Die Erhaltung eines wohlgeordneten, einfachen und stillen Lebens unter den Schülern der höhern Unterrichtsanstalten ist so wichtig für deren ganze wissenschaftliche und sittliche Ausbildung, daß es eine ernste Pflicht für alle Verwaltungs-Behörden an den Orten, wo sich Gymnas. und höhere Stadtschulen befinden, ist, auch von ihrer Seite den Bemühungen der Vorsteher und Lehrer dabei zu Hülfe zu kommen.

Einer der wesentlichsten Punkte, welcher ihre vorzügliche Aufmerksamkeit verdient, ist das Besuchen der Wirthshäuser, Billards und Konditoreien durch die

---

mit Auslassung von Nr. 5. vom Prov.-Schulkolleg. zu Berlin unterm 20. April 1833 erlassen. (A. XVII. S. 400.)

1) Vgl. Publ. v. 22. März 1824 unten sub III. 1.

2) Vgl. das Publ. des Oberbürgermeisters von Elberfeld v. 12. März 1822 (A. VI. S. 139), welches allen Knaben unter 16 Jahren 1) das öffentliche Tabackrauchen bei 3 Thlr. Strafe, und 2) den Besuch der Wirthshäuser, Kaffee's ꝛc., bei 5 Thlr. Strafe für die Wirthe, die sie aufnehmen, verbot.

Schüler jener Anstalten, ohne alle Aufsicht und oft sogar zu größeren, lärmenden Gesellschaften vereinigt.

Obwohl dieser Mißbrauch schon von Seiten der Schulen durch die Disziplinargesetze verboten ist, so ist die Kontrolle der Lehrer allein doch meistentheils nicht hinreichend, sondern die Mitwirkung der Polizei-Behörden nothwendig. Diese werden es sich daher angelegen sein lassen, nicht nur solche Gesellschaften, wo sie sich finden sollten, zu stören, sondern, wozu ich sie hierdurch autorisire, allen Wirthen und Inhabern von Billards, Konditoreien u. s. w. an den Orten der höhern Unterrichtsanstalten, und in der unmittelbaren Nähe ders., es zur strengen Pflicht zu machen, daß sie keine Schüler dieser Anstalten bei sich aufnehmen, außer wenn sie in Gesellschaft ihrer Eltern, Vormünder oder Lehrer sind, und die Disziplinargesetze der Schule es gestatten. Die Wirthe, welche dagegen handeln, sollen mit einer angemessenen, und im Wiederholungsfalle mit steigender Polizeistrafe belegt werden.

Da übrigens den Schülern der bezeichneten Unterrichtsanstalten, besonders der obern Klassen, nicht verwehrt sein soll, auf größeren Spaziergängen in einer bestimmten Weite von ihrer Stadt in ein ländliches Wirthshaus einzukehren, um eine Erfrischung zu genießen, so wird nach der Oertlichkeit bei jeder Schule bestimmt werden müssen, in welchem Umkreise vom Orte obiges Verbot gelten solle. Die Scholarchate und Vorstände der Anstalten haben hierüber die nöthigen Bestimmungen, in Vereinbarung mit den Lehrern, zu treffen, und den Polizei-Behörden anzuzeigen. Sollten sich jedoch in einzelnen Fällen auch in solchen entfernteren Wirthshäusern Gesellschaften bilden, welche aus den Grenzen der Mäßigkeit und Ordnung heraustreten, so soll ihr Besuch den Schülern verboten, und die Wirthe sollen von der Polizei angehalten werden, dieselben nicht wieder aufzunehmen.

Wenn sich, indem der Besuch der öffentlichen Häuser im Orte und seiner Nähe aufhört, vielleicht in den Wohnungen einzelner, besonders auswärtiger Schüler andere lärmende und Unordnung veranlassende Gesellschaften bilden sollten, wie wohl der Fall gewesen ist, so sind die Hauswirthe gehalten, den Lehrern davon Anzeige zu machen. Thun sie dieses nicht, oder begünstigen gar jene Gesellschaften, selbst wenn sie von den Lehrern gewarnt sind, so sollen Schulvorstand und Lehrer das Recht und die Pflicht haben, den Schülern das Wohnen in solchen Häusern zu verbieten und die Angehörigen ders. vor ihnen zu warnen.

(A. VIII. S. 181.)

Dazu:

C. R. des Min d. G., U. u. M. Ang. (Nicolovius) v. 20. Mai 1824 an sämmtl. K. Oberpräs.

Das K. Ober-Präs. der Prov. Westphalen hat unterm 22. März c. die abschriftlich beigeschlossene Aufforderung an die Polizei-Behörden dieser Prov. erlassen, um zu bewirken, daß sie auch ihrer Seits die Bemühungen der Vorsteher und Lehrer der höhern Unterrichtsanstalten in der Handhabung der Disziplin außerhalb der Schule unterstützen, und besonders den Besuch der Wirthshäuser und Billards von Schülern verhindern. Das Min. beauftragt das K. Ober-Präs., nach Befinden der Umstände und mit Rücksicht auf die eigenthümlichen Verhältnisse der einzelnen Gymnas. der Prov. eine ähnliche Aufforderung an die Polizei-Behörden zu erlassen.

(A. VIII. S. 451.)

b) R. der Min. d. G., U. u. M. Ang. (v. Altenstein) und d. Inn. u. d. P. (v. Brenn) v. 8. Nov. 1830 an die K. Reg. zu Köslin.

Die unterz. Min. finden die, von der K. Reg. in dem Ber. v. 19. Aug. c. aufgestellten Bedenken, weshalb Dies. Sich zur Gewährung des Antrages des K. Prov. Schulkolleg. in Stettin, den Kaffetiers, Schank- und Gastwirthen in N. die Aufnahme von Gymnasiasten ganz zu untersagen, nicht für ermächtigt hält, hinreichend begründet. Zur Erreichung des beabsichtigten Zweckes wird es aber auch genügen, wenn das Verbot, Schüler in Schankstätten zu dulden, auf die Fälle, wo die Schüler nicht in Gesellschaft ihrer Eltern, Lehrer oder Vormünder sind, beschränkt, und — worauf es überhaupt ankommt — das sogenannte Schnapsen der Schüler möglichst verhütet wird. Der K. Reg. bleibt überlassen, hiernach das

Erforderliche in Bezug auf die Städte Ihres Bez., in welchen sich Gymnas. befinden, zu verfügen.

(A. XIV. S. 796.)

2) Verkehr mit Schauspieler-Gesellschaften.

C. R. des Min. d. Inn. und d. P. (v. Kamptz) v. 14. Aug. 1824 an sämmtl. K. Reg.

Da in kürzer Zeit an zwei Orten Gymnasiasten heimlich zu koncessionirten Schauspieler-Gesellschaften übergegangen und von dens. als Mitglieder angenommen worden, diesem Unfug aber nicht nachgesehen werden kann, so wird die K. Reg. beauftragt:

1) sämmtlichen für ihren Bez. jetzt und künftig koncessionirten Schauspiel-Unternehmern bei Vermeidung zuverlässiger sofortiger Kassation der ihnen ertheilten Konzessionen zu untersagen, einen Verkehr der Gymnasiasten oder Schüler, mit ihrer Schauspiel-Gesellschaft oder deren Mitgliedern zu dulden, oder wohl gar sie als Mitglieder, Lehrlinge, Gehülfen oder unter irgend einem andren Schein und Namen in ihre Gesellschaft auf- oder sie mit sich zu nehmen, falls nicht der Vater oder Vormund zu dem Engagement seines Sohnes oder Mündels die Genehmigung bei der Ortspolizei-Behörde schriftlich gegeben hat, — 2) alle Polizei-Behörden, besonders die in Gymnasialstädten, anzuweisen, hierauf genau zu halten, und zu dem Ende bei der Ankunft und bei dem Abgang einer Schauspieler-Gesellschaft das Verzeichniß der Mitglieder und Angehörigen ders. genau zu revidiren, und wenn sich dabei eine Kontravention der vorstehenden Bestimmung ergeben sollte, dem Vorsteher der Schauspieler-Gesellschaft die Konzession ohne weiteres abzunehmen, und sie an die K. Reg. zur weitern Beförderung an das Ministerium einzusenden.

(A. VIII. S. 824.)

3) Verkehr mit Nachdruck-Ausgaben.

C. R. des Min. d. G., U. u. M. Ang. (v. Kamptz) v. 16. Juni 1829 an sämmtl. K. Konf. und Prov.-Schulkolleg.

Es ist der Fall vorgekommen, daß Gymnasiasten Aufforderungen zur Subskription auf nachgedruckte, zu unerhört wohlfeilen Preisen zu liefernde Werke, namentlich auf eine solche Ausgabe der Schillerschen Werke, erhalten haben, um solche weiter bekannt zu machen. Zu möglichster Verhütung des ganz unerlaubten Verkehrs der Schüler mit Nachdruck-Ausgaben hält das Min. es für angemessen, die Gymnasiasten durch die Dir. der Gymnas. vor dem Ankauf solcher Nachdrücke auf belehrende Weise warnen zu lassen, und beauftragt daher das K. Konf. und Prov. Schulkolleg. hiernach das Erforderliche an die Dir. und Rektoren der Gymn. seines Bez. zu verfügen.

(A. XIII. S. 309.)

4) Benutzung von Leihbibliotheken.

Zuerst hatte das Min., laut der o. S. 188 u. 189 angef. Konf. V., den Gymnasiasten die Benutzung der Leihbibliotheken auf spezielle Erlaubniß-Scheine der Eltern oder Dir. gestattet. Später jedoch wurde dieselbe durch C. R. des Min. d. Inn. u. der P. v. April 1825 (A. IX. S. 393.) unbedingt verboten, und dies Verbot durch C. R. des Min. d. Inn. v. 3. Sept. 1847 (M. Bl. d. i. V. S. 290.), unter Androhung des Konzessions-Verlustes nach §§. 71—74. der Gew. O. v. 17. Jan. 1845, erneuert, so wie durch R. dess. Min. v. 16. Dec. 1847 (M. Bl. d. i. V. S. 324.) auf die übrigen Unterrichts-Anstalten ausgedehnt.

Nach der erfolgten Aufhebung der Censur bestimmte dagegen das C. R. des Min. d. Inn. (Kühlwetter) v. 31. Aug. 1848 an sämmtl. K. Reg. u. das Pol. Präs. in Berlin in Betreff des Leihbibliothekar-Gewerbes:

ꝛc. Endlich kann ich es auch im Einverständniß mit dem Min. der G., U. u. Med. Ang. nicht für zweckmäßig erachten, das Verbot der Bücherausleihung an Gymnasiasten und Schüler fortdauern zu lassen, da dass. theils zu weit greift, theils, wie die Erfahrung hinreichend zeigt, jederzeit leicht umgangen werden kann.

(M. Bl. d. i. V. 1848. S. 380.) [1])

5) Oeffentliche Aufzüge oder Feierlichkeiten der Gymnasiasten bei Einführung oder Abgang von Lehrern, bei deren Geburts- und Namenstagen, bei Schulfeierlichkeiten und andern festlichen Veranlassungen wurden durch eine V. des Kons. zu Köln v. 28. April 1825 (Amtsbl. S. 291. Fürstenthal, Bd. 1. S. 543.) untersagt. Wenn auch dies Verbot kein allgemein gültiges ist, so sind doch jedenfalls bei solchen Gelegenheiten, neben den Disziplinar-Vorschriften der betr. Anstalt, die allgemeinen Polizeiverordnungen zu beobachten, welche, wie z. B. die Erfurter Straßen-Ordnung v. 15. Okt. 1817 §. 47. (A. I. H. 4. S. 211.), besondere polizeil. Genehmigung erheischen.

6) Verbot der Theilnahme an geheimen Verbindungen, polit. Vereinen und Versammlungen.

a) Verhütung burschenschaftlicher Verbindungen.

C. R. der Min. Kommission (v. Kamptz, Mühler, v. Rochow) v. 6. Sept. 1834 an sämmtl. K. Reg. Präsidien. [2])

Die Untersuchungen, welche gegen burschenschaftl. und andere polit. Umtriebe, theils hier, theils in verschiedenen Prov. unter unserer obern Leitung geführt werden, haben unter Andern ergeben, daß schon auf den Schulen verschiedentlich ein Verbindungsunfug Statt findet, und die Zöglinge noch während ihrer Schulzeit für die Theilnahme an burschenschaftl. Verbindungen gewonnen werden. Wir haben uns veranlaßt gefunden, die betr. Auszüge aus den Untersuchungs-Akten dem Herrn Geh. Staatsmin. v. Altenstein mitzutheilen, welcher dadurch bewogen worden ist, an sämmtl. Prov.-Schulkolleg. dasj. C. zu erlassen, welches wir dem K. Reg.-Präs. hierneben abschriftlich übersenden. (Anl. a.)

Bei der Wichtigkeit des Gegenstandes, bei der Nothwendigkeit, dem Verbindungsunfuge auf den Universitäten, welcher nach den stattgefundenen Ermittelungen in der neueren Zeit eine hochverrätherische Richtung angenommen hat, vorzubeugen, halten wir uns dringend verpflichtet, auch unserer Seits Maaßregeln zu treffen, um den Zweck des gedachten C. zu fördern, und die jungen Leute vor Grundsätzen, Gesinnungen und Verirrungen zu bewahren, welche, wie die hier bei dem K. Kammerger. geführten Untersuchungen beweisen, nicht nur für die Theilnehmer an den Verbindungen, sondern auch für deren Familien die traurigsten Folgen herbeiführen. Auf Veranlassung des K. Kammerger. ist eine Menge junger Leute, welche zum Theil schon längst die Universitäten verlassen hatten, hier und in den verschiedenen Prov. verhaftet worden; die Kriminal-Untersuchung hat ergeben, daß gegen die Mehrzahl zum Mindesten auf langwierigen Festungs-Ar-

1) Vgl. v. Rönne, Gewerbepolizei, Bd. 2. S. 125. — Hinsichtlich der Aufsicht über die Leihbibliotheken bestimmen jetzt: das Preßges. v. 12. Mai 1851 (G. S. 1851. S. 273) §. 1: Zum Gewerbetriebe eines Leihbibliothekars ist Genehmigung der Bezirksreg. erforderlich. Diese darf nicht versagt werden, wenn ders., der das Gewerbe betreiben will, unbescholten ist. — Verlust dieser Eigenschaft, und mithin, nach §. 71. der Gew. O., der Konzession, tritt nach dem R. des Min. des J. v. 2. Mai 1852 (Min. Bl. d. i. V. 1852. S. 122) dann ein, wenn ein Leihbibliothekar sein Gewerbe dazu mißbraucht, mittelst der von ihm verbreiteten Schriften die Prinzipien der Religion und der Sittlichkeit, so wie die Grundlagen des Staats und der Gesellschaft zu untergraben. Sorgfältige Ueberwachung der Leihbibliotheken wird den Verwaltungs-Behörden deshalb aufs Neue zur Pflicht gemacht. — Unter das Min. des J. wurden die Leihbibliotheken gestellt durch K. O. v. 17. März 1852. (G. S. 1852. S 83.)

2) Durch R. v. 1. Okt. 1834 (A. XVIII. S. 1015.) auch dem Pol.-Präs. zu Berlin mitgetheilt. — Vgl. auch das C. R. v. 16. Aug. 1833 nebst Anlage. oben im zweiten Abschn. und die erste Note zu §. 31. des Abit.-Prüf.-Regl. v. 4. Juni 1834 unten im 5. Kap.

rest erkannt werden wird, und nach dieser amtl. Anzeige des Kammerger. ist ein großer Theil der hier Verhafteten zum vorläuf. Antrite des Festungs-Arrestes bereits auf die Festungen abgeführt worden. Indem wir dies dem K. Reg.-Präs. mittheilen, sind wir im Voraus überzeugt, daß Dass. gern bereit sein wird, gemeinschaftlich mit uns und den dieserhalb mit Anweisung versehenen Prov.-Schulkolleg. dahin zu wirken, daß dem Anfange solcher Verirrungen auf den Schulen gesteuert und resp. vorgebeugt werde.

Wir beauftragen daher das K. Reg.-Präs., nach Maaßgabe des anl. C. diejenigen Polizei-Behörden, in deren Bezirke Gymn. oder sonst höhere Schul-Anstalten sich befinden, zu verpflichten, dem Treiben auf den Schulen eine besondere Aufmerksamkeit zu widmen, und etwanige Wahrnehmungen über auffällige Verhältnisse oder Ungebührnisse, namentlich in Beziehung auf den Verbindungsunfug, entw. dem Vorsteher der Schul-Anstalt mitzutheilen, oder in dazu geeigneten Fällen dem K. Reg.-Präs. anzuzeigen, welches demnächst mit dem Prov.-Schulkolleg. in Kommunikation treten wird, ingl. auch an uns zu berichten hat. Wir bemerken hierbei, daß verschiedentlich auch jüngere Lehrer wegen ihres Treibens zur Rechenschaft haben gezogen werden müssen, daß daher auch diese eine nähere Aufmerksamkeit verdienen, solche aber vorzugsweise den Studenten zu widmen ist, welche während der Ferien oder sonst mit den Schülern Umgang pflegen. Es handelt sich darum, die kommende Generation vor gesetzl. verbotenen Verirrungen zu bewahren, deren Opfer ein Theil der jetzigen Generation zu werden scheint, welcher staatsverbrecherischen Umtrieben sich ergeben, und während dieses Treibens seine Ausbildung verabsäumt hat. Diese Rücksicht wird das K. Reg.-Präs. um so mehr zur unausgesetzten Aufmerksamkeit auf diesen Gegenstand auffordern.

(Anl. a.)

C. R. des Min. d. G., U. u. Med. Ang. (v. Altenstein) v. 27. Aug. 1834 an sämmtl. K. Prov.-Schulkolleg.

Aus den Aussagen mehrerer wegen ihrer Theilnahme an der Burschenschaft zur Untersuchung gezogenen Studirenden geht hervor, daß sie schon auf den inländ. Gymn., welche sie besucht haben, für das burschenschaftl. Treiben gewonnen worden. Einige ders. haben sich mit ihren Mitschülern aus den beiden oberen Klassen, bei welchen sich eine besondere Hinneigung zur Burschenschaft fand, schon auf der Schule, wenn auch nicht zu einer förml. Verbindung, doch dahin vereinigt, daß sie auf der Universität sich zur Burschenschaft halten wollten. Anderen ist durch Studirende, ihre ehemal. Mitschüler, welche während der Ferien ihre Heimath besuchten, die Burschenschaft als eine Verbindung, die keinen anderen Zweck habe, als ein sittl. und wissenschaftl. Leben zu verbreiten, angepriesen, und sie sind dadurch verleitet worden, schon auf der Schule die Farben der Burschenschaft zu tragen, und sich für solche zu erklären, welche dieser Verbindung dereinst beitreten wollten. Noch andere sind schon auf der Schule ohne Wissen ihrer Eltern und Lehrer mit ihren Mitschülern, deren Abgang zur Universität nahe bevorstand, heimlich zusammengekommen, um sich mit Tabackrauchen, Trinken und Singen zu vergnügen, und haben sie schon als Gymnasiasten eine Richtung genommen, bei welcher es späterhin auf der Universität nicht schwer fiel, sie in burschenschaftliche Verbindungen zu ziehen. Nach solchen und ähnl. Erfahrungen ist es dringend nothwendig, daß die Lehrer sämmtlicher Gymn. in den K. Staaten den Schülern der oberen Klassen und besonders denen, welche sich zu einem baldigen Abgange auf die Universität vorbereiten, fortwährend eine erhöhte Aufmerksamkeit widmen, und jedes zweckmäßige Mittel anwenden, um sie nicht nur während ihres Gymn.-Kursus von allem studentischen Treiben fern zu halten, sondern auch mit einer solchen gründl. Abneigung gegen jede gesetzwidrige Verbindung und mit einer solchen tiefbegründeten Ehrfurcht gegen den desfallsigen auf's bestimmteste ausgesprochenen landesväterl. Willen Sr. Maj. des Königs zu erfüllen, daß sie späterhin auf der Universität allen Lockungen zur Theilnahme an burschenschaftl. und ähnl. Verbindungen ernsten Widerstand zu leisten vermögen. Bei der pflichtmäßigen und löbl. Gesinnung, von welcher sämmtl. Dir. und Lehrer der Gymn. in den K. Staaten seit einer Reihe von Jahren zur aufrichtigen Freude des Min. die entschiedensten Beweise gegeben haben, wird es nur nöthig sein, sie auf die Gefahren, welche ihren Zöglingen nicht nur auf der Universität, sondern auch schon auf der Schule von Seiten der Burschenschaft und ähnl. gesetzwidriger Verbindungen drohen, in angemessener Art aufmerksam zu machen, damit sie mit

Nachdruck und Würde jeder verderbl. Richtung ihrer Schüler angemessen entgegen treten, und nach den Grundsätzen einer richtigen Erziehungskunst und Handhabung der Disziplin nichts verabsäumen, was dies. während ihrer Universitäts-Jahre vor allen Abwegen und insbes. vor jedem Eintritte in eine gesetzwidrige Verbindung bewahren kann. Es ist unerläßlich, auch anscheinende Kleinigkeiten bei den Schülern in dieser Beziehung nicht zu übersehen, und wenn sie auch wirklich unbedeutend sind, doch das Läppische der Sache und den Nachtheil herauszuheben und recht fühlbar zu machen, welcher für die Schüler durch das Eingehen in solche Richtungen erwachsen kann. — Das K Prov.-Schulkolleg. wird beauftragt, an die Lehrerkolleg. der Gymn. seines Bereichs, der obigen Eröffnung gemäß, eine dringende Aufforderung zu erlassen, und zugleich seiner Seits auf jede zweckdienl. Weise Sorge zu tragen, daß auch fernerhin in den Gymn. eine ernste mit Liebe verbundene Zucht gehandhabt, jede Abweichung der Schüler von den Gesetzen gehörig geahndet, und insbes. alles aus dem Kreise der Schule entfernt werde, was die Schüler zu einem dünkelhaften Wesen verleiten könnte.

(A. XVIII. S. 82.)

b) Theilnahme an polit. Vereinen und Versammlungen.

Vgl. §. 8. des Vereinsges. v. 11. März 1850[1]) und C. R. v. 25. Nov. 1848. (s. in Bd. 1. S. 728.)

7) Verbot, Studenten zu beherbergen.

R. des Min. d. Inn. u. d. P. (v. Kamptz) v. 5. Aug. 1824 an den K. Reg. Bev., H. Geh. Reg. R. Neumann, zu Breslau.

Das unterz. Min ist wegen des von Ew. in dem Ber. v. 4. v. M. gemachten Vorschlags: daß die unterm 9. Juni d. J. an sämmtl. K. Univers. ergangene C. V. (s. die folg. Abth.), nach welcher den Studirenden die Beherbergung eines andern Studenten, sowohl von inländ. als ausländ. Univers., jedoch mit Ausnahme der leibl. und Stiefbrüder, unbedingt verboten worden, auch auf die Kand. und Gymnasiasten ausgedehnt werde, mit dem K. Min. d. G., U. u. M. Ang. in Kommunikation getreten. Da Dasselbe mit diesem Vorschlage einverstanden ist, so werden Ew. hiermit autorisirt, demgemäß die erforderl. Bek. zu erlassen.

(A. VIII. S. 832.)

IV. Strafen.

1) Nachsitzen, Karzer, Prügelstrafe.

a) Anwendung dieser Strafen: §. 12. der Brandenb., §. V. Nr. 6. bis 8. der Rhein. Dir.-Instr. (s. o. S. 81 u. 92—93), so wie §. 23. der Pomm. Dir.-Instr. v. 1. Mai 1828.

§. 23. Ueberall, wo die Erhaltung einer guten Disziplin unter den Schülern Bestrafung nothwendig macht, haben die Dir. und Rektoren dahin zu sehen, daß die Strafe selbst den Charakter der Ruhe, des väterl. Wohlwollens und der Zweckmäßigkeit an sich trage. Körperliche Strafen dürfen nur da, wo die pädagogischen Strafmittel nicht ausreichen, und zwar in der Regel nur von der untersten Klasse bis nach Tertia hinauf in Anwendung gebracht werden, wobei

---

1) Dies Verbot ist auf polit. Vereine eingeschränkt. Dagegen wird vom kathol. Klerus die Bildung katholisch-religiöser Jugend-Vereine an Gymnasial-Orten empfohlen. Als ein Beispiel solcher Vereine ist das vom kathol. Religions-Lehrer am Gymnasium zu Oppeln unter den dortigen Gymnasiasten gestiftete „Aloysianische Bündniß," oder „Aloysius-Sodalität" zu erwähnen. Laut der nach dem Aloysianischen Erbauungs- und Gebetbuche von Mennel ausgearbeiteten Statuten, ist der Zweck des Vereins: den heil. Aloysius Gonzaga, den Schutzpatron der Jugend, in den ihr drohenden Gefahren und Anfechtungen zum Vorbilde zu erwählen, keine gefährlichen Bücher zu lesen, unehrbare Gesellschaften, Gespräche und Spiele zu vermeiden. Alle Jahre muß eine sechswöchentl. Andacht zu Ehren des Heiligen veranstaltet, und viermal General-Versammlung gehalten werden. (Nat. Zeit. 1854. Nr. 130.)

es sich von selbst versteht, daß nur gelindere Bestrafungen der Art in minder wichtigen Fällen ohne Zuziehung des Dir. statt finden sollen, und auch diese je weiter in den Klassen hinauf, um desto seltener und behutsamer. In den beiden obern Klassen gewinnt die Körperstrafe bei den reiferen Jünglingen einen beschimpfenden Charakter, und kann deshalb dort nur bei schweren Vergehungen oder in ganz außerordentl. Fällen eintreten. Hülfs- und außerordentliche Lehrer, welche mit Autorisation nicht versehen sind, müssen in vorkommenden Fällen mit dem Rektor Rücksprache nehmen, und können nur dann, wenn sie von ihm eigends beauftragt sind, die körperliche Bestrafung der Schuldigen vollziehen. Auch das Nachsitzen in den Klassen kann nur unter der Bedingung verfügt werden, daß dem Vorsteher, wie den Eltern oder Pflegern der zu Bestrafenden, Anzeige davon gemacht wird. Auf Karzerstrafe, welche nur in den vier obern Klassen statt findet, kann nur der Dir. oder Rektor selbst, im Einverständniß mit den Lehrern der betreff. Klasse, erkennen, und selbige darf in der Regel nicht über 48 Stunden ausgedehnt werden. Sollte ein Lehrer sich genöthigt sehen — etwa um dem Trotze eines Schülers mit Nachdruck entgegen zu treten, von dem zu fürchten ist, daß er sich der Strafe entziehen werde, im Verwahrsam zu behalten, — auf der Stelle die Karzerstrafe zu verhängen, so muß gleichzeitig dem Dir. oder Rektor davon Anzeige gemacht werden, um die weitere Untersuchung des Vergehens anzuordnen.

(A. XII. S. 398.)

b) Insbes. Zulässigkeit der Prügelstrafe.

C. R. des Kons. zu Koblenz v. 28. Dec. 1824 an sämmtl. Gymnasial-Dir.

Es ist mehrmals zur Sprache gekommen, welches Strafrecht den Lehrern gegen ihre Schüler nach der hiesigen Verfassung zustehe, und namentlich von mehreren Seiten bezweifelt worden, ob die Lehrer berechtigt seien, körperliche Züchtigungen zu verhängen. Es ist jedoch sowohl durch das Erkenntniß des K. Appellat. Gerichtshofes zu Kölln gegen den Schullehrer N. zu N., als auch von dem K. Min. der G., U. u. Med. Ang. das Züchtigungsrecht der Schullehrer anerkannt, dabei aber ausdrücklich zur Bedingung gemacht worden, daß es ohne Leidenschaft und mit großer Mäßigung ausgeübt, jede Ueberschreitung dess. von der vorgesetzten Behörde gerügt, und den Umständen nach zur richterlichen Bestrafung angezeigt, wegen dabei vorgefallener körperlicher Verletzungen aber, auch ohne daß es des Antrages der vorgesetzten Dienstbehörde bedürfe, von dem Richter die Untersuchung verhängt werde. Wir beauftragen Sie demnach, diese Bestimmungen zur Kenntniß der Ihnen untergeordneten Lehrer zu bringen, und dens. besonders anzuempfehlen, daß sie, wie es eine vernünftige Pädagogik gebietet, etwanigen Unarten der Schüler mit den geeigneten gelinderen Strafen sogleich im Keime entgegenarbeiten, wo aber härtere Strafen nothwendig werden, dieselben ohne Leidenschaftlichkeit verhängen, und körperliche Züchtigungen der größern Schüler in der Regel nur nach vorhergegangener Berathung mit Ihnen oder mit sämmtlichen Lehrern der Anstalt vornehmen. [1]) Auf diese Art wird die väterliche Autorität des Lehrers und der ganzen Anstalt am besten aufrecht erhalten, und jedenfalls die mehrern jungen Leuten der neuern Zeit beiwohnende Neigung zum Trotz verhindert werden, in freche Widersetzlichkeit auszuarten.

(A. VIII. S. 1099.)

c) Gebühren für Karzer- und andere Schulstrafen:

C. R. des Min. d. G., U. u. M. Ang. (v. Ladenberg) v. 3. Juni 1850 an sämmtl. Prov.-Schulkollg.

Aus den von dem K. Prov. Schulkolleg. auf die Verf. v. 15. Sept. pr. erstatteten Ber. habe ich ersehen, daß in allen Prov., mit Ausnahme der Prov. Posen, bei einzelnen Gymnas. der Gebrauch besteht, mit der Karzerstrafe zugleich die

---

1) Es ist hier, wie in den vorsteh. V., nur von „Vornehmen, Vollziehen" der körperlichen Züchtigung durch den Lehrer die Rede. Durch den Kalfaktor ist sie demnach nicht gestattet.

Verpflichtung zur Zahlung von Gebühren an den Schuldiener, in sehr verschiedenen Sätzen von 2½ Sgr. bis zu 1 Thlr. zu verbinden. Da in dieser Beziehung eine Verschiedenheit rücksichtlich der einzelnen Prov., noch weniger aber unter den einzelnen Gymnas. ders. Prov. bestehen darf, gegen die Erhebung solcher Gebühren als ergänzender Theil der Strafe sich aber erhebliche Bedenken geltend machen, so bestimme ich, daß für die Zukunft die Einziehung von Gebühren zum Vortheil des Schuldieners für die Vollziehung der Karzerstrafe oder irgend einer andern Strafe nicht mehr stattfinden darf und veranlasse das K. Prov. Schulkolleg., die bisher üblich gewesene Erhebung von Gebühren, welche mit irgend einer Strafe verbunden war, sofort abzustellen. Insofern der eine oder andere Schuldiener vakationsmäßig auf die Erhebung solcher Gebühren angewiesen ist, hat das K. Prov. Schulkolleg. den Ertrag ders. nach einem sechsjährigen Durchschnitt zu ermitteln und eine diesfällige Entschädigung aus den Mitteln der Anstalt zu beantragen, bei neuen Anstellungen von Schuldienern aber einen Anspruch auf derartige Gebühren nicht weiter zuzugestehen.

(Min. Bl. d. i. V. 1850. S. 165.)

2) Stille Entfernung und Ausschließung von der Schule im Disziplinarwege.

C. R. des Rhein. Prov.-Schulkolleg. v. 22. Jan. 1836 an sämmtl. Gymn.-Dir. der Provinz.

Die Entfernung eines Schülers von der Schule ist eine in ihren Folgen für diesen, sowie für die Angehörigen dess. so wichtige Maaßregel, daß zu ders. nur in dem äußersten Falle geschritten werden darf. Damit bei Anwendung ders. überall möglichst gleichmäßig verfahren werde, so bestimmen wir hierdurch Folgendes:

1) Die Entfernung eines Schülers von der Schule ist in der Regel nur dann anzuwenden, wenn die gewöhnlichen Schulstrafen auch in ihrer Steigerung ohne Erfolg geblieben sind, und Besserung des vielfach Bestraften unter den obwaltenden Verhältnissen nicht zu erwarten ist. Hierin ist von selbst die nothwendige Berücksichtigung des Alters des Zöglings angedeutet, und daß bei den Mitgliedern der niedern Klassen nur selten die Entfernung nothwendig werden kann. — 2) Wird dieselbe in der Lehrerkonferenz beschlossen, so ist zuerst die stille Entfernung in der Weise zu versuchen, daß der Dir. die Angehörigen von dem Betragen des Schülers amtlich benachrichtigt, und dens. den Rath ertheilt, den Schüler zurückzunehmen. Bleibt dieser Rath unbefolgt, so trifft den Straffälligen für dieses Mal eine angemessene Schulstrafe, dems. wird aber zugleich vor der Lehrerkonferenz bedeutet, und den Angehörigen durch den Dir. angezeigt, daß bei nicht erfolgter Besserung die Ausschließung erfolgen werde. — 3) Erfolgt die Besserung nicht, so ist alsdann die Ausschließung zur Ausführung zu bringen, so daß der Dir. den Angehörigen den desfallsigen Konferenzbeschluß mittheilt. Ist der Schüler ein Fremder, so hat der Dir. auch der Polizei Anzeige zu machen, damit der Ausgeschlossene nicht länger als unter der Aufsicht der Schule stehend betrachtet werde. — 4) Wenn, besonders bei erwachsenen Schülern, die Vergehungen von wirklicher Bösartigkeit zeigen, oder bei größerer Unsittlichkeit das Beispiel und der Umgang eines Schülers den Uebrigen gefährlich werden sollte, so kann es in solchen außerordentlichen Fällen nothwendig werden, sogleich zur Ausschließung zu schreiten. Die Lehrerkonferenz hat alsdann noch zu erwägen, ob der Schüler ohne Bedenken in eine andere Anstalt aufgenommen werden könne, oder ob mit dieser Aufnahme auch für seine neuen Mitschüler Gefahr erwachsen werde. Im ersten Falle kann, wie bei den unter 2. und 3. enthaltenen Fällen, die Ausschließung ohne unsere Genehmigung ausgesprochen und vollzogen werden. In dem, dem Schüler auszustellenden Zeugnisse ist nach einer allgem. Charakterisirung dess. am Schlusse zu bemerken, daß er „still von der Schule entfernt", oder „ausgeschlossen" worden sei, worauf der Dir. eines andern Gymnas. der Prov. ihn auf erfolgende Anmeldung aufzunehmen, sich jedoch wegen Mittheilung der nähern Verhältnisse, welche die stille Entfernung oder Ausschließung veranlaßt haben, an den entlassenden Dir. zu wenden hat. Sollte jedoch die Lehrerkonferenz der Ansicht sein, daß der betr. Schüler auf ein anderes Gymnas. nicht aufgenommen werden dürfe, so hat der Dir. ausführlich an uns zu berichten und unsere Entscheidung nachzusuchen. Bestätigt diese die Ansicht der Lehrerkonferenz, so werden wir sämmtliche Dir. der Prov. von einem solchen Falle in Kenntniß setzen, so daß in dem Entlassungs-

Zeugniß auch dann nur zu bemerken ist, daß der Schüler „ausgeschlossen" sei; die Angehörigen des Schülers werden aber durch den Dir. von unserer Entscheidung in Kenntniß gesetzt. [1]) — 5) In dem unter 2. bezeichneten Falle erfolgt niemals eine Bekanntmachung an die übrigen Schüler der Anstalt; wird die Ausschließung ausgesprochen, so sind die Mitglieder der Klasse, welcher der Ausgeschlossene angehörte, nur dann von der Ausschließung in Kenntniß zu setzen, wenn auch die Vergehen des Schülers zu ihrer Kenntniß gekommen sind. — 6) In dem Programm ist eintretenden Falls nur zu bemerken, daß ein Schüler ausgeschlossen worden ist, der Namen wird jedoch verschwiegen; der stillen Entfernung geschieht gar keine Erwähnung.

Wir hegen zu sämmtlichen Dir. und Lehrern der Gymnas. das Vertrauen, daß sie bei den hiernach zu beurtheilenden Fällen mit Umsicht verfahren, und die zur Besserung und Erziehung des Einzelnen zulässige Milde mit der Strenge zu vereinigen wissen werden, welche die Erhaltung der Autorität der Schule und ihrer darin begründeten Wirksamkeit erfordert.

(A. XX. S. 124)

Fünftes Kapitel.

Abgang vom Gymnasium.

(§. 64. A. L. R. II. 12. oben S. 17)

Ueber die Entlassung einzelner Schüler wegen Unfähigkeit oder zur Strafe ist schon oben S. 199 ff. u. 256 gehandelt worden. Es bleiben daher hier nur die Vorschriften über den Abgang zur Universität oder zu einer andern Berufsart zusammenzustellen.

I. Abgang zur Universität.

Der Uebergang vom Gymnasium zur Universität, wie ihn der regelmäßige Gang gelehrter Bildung mit sich bringt, wird durch eine Prüfung bezeichnet, welche die Reife des abgehenden Gymnasial-Schülers für das Universitäts-Studium und das Universitäts-Leben ermitteln soll. Dies ist die Abiturienten- oder Maturitäts-Prüfung.

Diese Prüfung wurde früher nur auf den Universitäten selbst vorgenommen, wie z. B. das Ed. v. 25. Aug. 1708 (s. in Bd. I. S. 61.) vorschreibt, daß Landeskinder die K. Preuß. Universitäten beziehen, bei ihrer Ankunft die Testimonia von ihrem Beichtvater, und von allen Praeceptoribus unterschrieben, vorlegen, und von denen Decanis wohl examiniret werden sollen. Durch das C. v. 23. Dec. 1788 (Vgl. §. 77. A. L. R II. 12. in der folg. Abtheil., so wie §§. 78. 79. u. Anh. §§. 133. 134. ib.) wurde dagegen angeordnet, daß die Prüfung über die Universitäts-Reife auf der Schule, vor der Entlassung der Schüler statt zu finden habe. Doch bezog sich diese V. noch nicht auf alle gelehrten Schulen ohne Ausnahme. Diese Ausdehnung der Abiturienten-Prüfungen erfolgte vielmehr erst durch die mittelst Ed. v. 12. Okt. 1812 publicirte Instr. über die Prüfung der zu den Universitäten übergehenden Schüler v. 25. Juni 1812 (A. XIII. S. 77. — 98.), an deren Stelle gegenwärtig das neue Regl. v. 4. Juni 1834 getreten ist.

---

1) Ueber die Abit.-Prüfung ausgeschlossener Primaner vgl. C. R. v. 11. Dec. 1851 im folg. Kap.

Hinsichtlich der Nothwendigkeit der Maturitäts-Prüfungen stimmen die Instr. v. 1812 und das neue Regl. überein. Ihre wesentlichen Unterschiede sind dagegen: 1) daß die Anforderungen an die wissenschaftlichen Leistungen der Abit. in einzelnen Fächern, namentlich im Griechischen, durch das neue Regl. um etwas ermäßigt worden sind; 2) daß, während laut Instr. v. 1812 die Qualifikation des Abit. durch die Nummern: I.: unbedingte, II.: bedingte Tüchtigkeit, III.: untüchtig, bezeichnet werden sollte,[1]) das neue Regl. nur die Prädikate „reif" oder „nicht reif" kennt; endlich 3) daß, während die Instr. v. 1812 außer den Schul-Prüfungskommissionen noch besondere gemischte Prüfungskommissionen (die wissenschaftl. Prüf.-Komm.) an den Universitäten mit Abiturienten-Prüfungen, und zwar insbes. für diejenigen, welche aus Privatunterricht oder nicht unmittelbar vom Gymnasium zur Universität gehen, beauftragte, das neue Regl. alle Maturitäts-Prüfungen, auch die letztgedachten, den Schul-Prüfungskommissionen überweist, so daß die wissenschaftl. Prüf.-Kommissionen bei den Universitäten gegenwärtig keine Abiturienten unmittelbar zu prüfen, sondern nur die Verhandlungen über deren bei der Schule statt gefundene Prüfung zu kontrolliren haben.[2])

Geringere Modifikationen der Instr. v. 1812 durch das neue Regl.[3]) werden bei den einzelnen Paragraphen des letztern bemerkt werden, welches im Folgenden mit seinen, als Noten beigefügten, Ergänzungen und Erläuterungen gegeben wird.

K. O. v. 25. Juni 1834 mit dem Reglement für die Prüfung der zu den Universitäten übergehenden Schüler v. 4. Juni 1834.

Auf Ihren anderweitigen Ber. v. 9. d. M. genehmige Ich nunmehr das mit den übrigen Anlagen Ihres Ber. unter G. zurückfolgende Regl. für die Prüfung der zu den Universitäten übergehenden Schüler v. 4. d. M., und ermächtige Sie, dass. bekannt zu machen, und zur Ausführung zu bringen.[4])

---

1) Und zwar ohne Zusätze; C. R. v. 18. Sept. 1829 (A. XIII. S. 824.). Ein Publ. des Prov.-Schulkolleg. zu Münster v. 17. Juni 1826 (A. X. S. 373 bis 380) hatte gestattet: Nr. II. „mit Auszeichnung" zu ertheilen.

2) Nur im Hebräischen können die wissenschaftl. Prüf.-Komm. noch examiniren: §. 42. des Regl. v. 4. Juni 1834.

3) §. 50. des neuen Regl. hebt alle ältern, widersprechenden V. ausdrücklich auf. Mit der Instr. v. 1812 sind daher auch die dazu erlassenen Spezial-Instr. antiquirt, wie z. B. die Publ. des Kons. zu Köln v. 18. Juni 1822 u. 15. März 1824 (A. VI. S. 376. VIII. S. 826.), des Prov.-Schulkolleg. zu Münster v. 17. Juni 1826 (A. X. S. 373.) und andern Verf., welche, so weit sie von historischem Interesse erschienen, bei den einzelnen Paragraphen des neuen Regl. allegirt sind.

4) Nach einer in den A. S. 375 beigefügten Note „mittelst C. R. des K. Min. d. G., U. u. M. Ang. v. 30. Aug. 1834. sämmtlichen K. Prov.-Schulkoll. und Reg. zugefertigt." — Dies C. R. ist nicht gedruckt; dagegen findet sich das folgende C. R. dess. Min. (v. Altenstein) v. 31. Juli 1834 an sämmtl. K. Prov.-Schulkolleg. über die Einführung des Regl.

Das Min. kommunizirt dem K. Prov.-Schulkolleg. hierbei — Exempl. der A. K. O. v. 25. v. M. und des dazu gehör. Regl. v. 4. v. M. zur Nachricht und Befolgung mit dem Auftrage, den Rektoren oder Dir. eines jeden Gymnas. seines Bereichs zehn Exempl. der A. K. O. und des Regl. zuzufertigen, nach der Bestimmung im §. 5. des Regl. die Prüfungs-Kommission für jedes Gymnas. schleunigst zusammenzusetzen und Sorge zu tragen, daß unfehlbar schon bei den auf Mich. d. J. statthabenden Entlassungen der Schüler nach diesem Regl. verfahren werde (§. 50. des Regl.). Ob allen Gymn., die bisher in dem Bereiche des K. Prov.-Schulkolleg. zur Maturitäts-Prüfung die Befugniß gehabt haben, dieselbe auch fernerhin einzuräumen sein wird, hierüber sieht

G.

Reglement

des Min. der G., U. u. Med. Ang. (v. Altenstein) v. 4. Juni 1834 für die Prüfung der zu den Universitäten übergehenden Schüler.

§. 1. (Wer zum Bestehen der Maturitäts-Prüfung vor dem Abgange zur Universität verpflichtet ist.) Jeder Schüler, welcher sich einem Berufe widmen will, für den ein drei- oder vierjähriges Universitäts-Studium vorgeschrieben ist, muß sich vor seinem Abgange zur Universität, er mag eine inländische oder auswärtige Universität besuchen wollen, einer Maturitäts-Prüfung unterwerfen, und zwar ohne Unterschied, ob er seine Vorbereitung auf einer öffentlichen inländischen oder auswärtigen Schule, oder durch Privatlehrer erhalten hat.

§. 2. (Zweck der Prüfung.) Der Zweck dieser Prüfung ist, auszumitteln, ob der Abiturient den Grad der Schulbildung erlangt hat, welcher erforderlich ist, um sich mit Nutzen und Erfolg dem Studium eines besonderen wissenschaftl. Fachs widmen zu können.[1])

---

das Min. einem wohl motivirten Ber. des K. Prov.-Schulkolleg. binnen sechs Wochen entgegen. Die Bestimmung im §. 7. des Regl., daß das Gesuch der Schüler um Zulassung zur Prüf. erst in den drei letzten Mon. des 4. Semesters ihres Aufenthalts in Prima erfolgen soll, bringt es mit sich, daß von jetzt an in allen Gymn. bei den Versetzungen aus Sekunda nach Prima dieselben Anforderungen an die Schüler gemacht, und die Lehrkurse wenigstens in Tertia, Sekunda und Prima überall nach dens. Grundsätzen geregelt werden. Wie dieses am zweckmäßigsten zu bewirken sein möchte, hierüber hat das K. Prov.-Schulkolleg. binnen 6 Wochen in separato gutachtlich zu berichten. Soweit das Min. die verschiedenen Verhältnisse der einzelnen Gymn. zu übersehen vermag, scheint es räthlich, bei allen Gymn., welche 6 gesonderte Klassen haben, für die Sekunda, Tertia, Quarta, Quinta und Serta nur einen einjährigen, und für die Prima von jetzt an einen zweijähr. Lehrkursus anzuordnen, und hiernach die Lehrpläne abzumessen, und bei den Gymn., wo wegen zu großer Frequenz eine Secunda superior und inferior und eine Tertia superior und inferior vorhanden ist, diese Klassen-Abtheilung nöthigenfalls auch in Zukunft zwar beizubehalten, aber angemessene Anordnungen zu treffen, daß die Schüler bei guten Anlagen und einem regelmäßigen Fleiße nicht durch die größere Zahl von Klassen, die sie bis zur Prima zu bestehen haben, gehindert werden, in demselben Zeitraume, als die Schüler der Gymn., die nur 6 und resp. 5 gesonderte Kl. haben, nach Prima zu gelangen. Ueber die in der fragl. Beziehung zu ergreifenden Maaßregeln erwartet das Min. gleichfalls den gutachtl. Bericht des K. Prov.-Schulkolleg.

Aus den um ein Bedeutendes ermäßigten Anforderungen, welche das beigeschlossene Regl. an die Examinanden in Hinsicht ihrer Kenntniß und Fertigkeit im Griech. macht, ist keineswegs zu folgern, daß die griechische Sprache künftig in den Gymn. mit geringerem Eifer und in einem kleineren Umfange getrieben werden, die Lektüre der griech. Tragiker ganz wegfallen, und die bisherige Uebung im Uebersetzen aus dem Deutschen oder Latein. in's Griechische künftig aufhören soll. Vielmehr sollen die desfallsigen Anordn. des Min. auch fernerhin in allen Gymn. aufrecht erhalten werden.

Die in den §§. 39. und 41. des Regl. erwähnten Examinanden haben für ihre Prüf. und die Ausfertigung des Zeugnisses die Summe von 10 Thlr. zu erlegen, wenn solche nicht wegen nachgewiesenen Unvermögens davon dispensirt worden, und sind diese Gebühren zu gleichen Theilen unter den Rektor oder Dir. und die Lehrer des betr. Gymnas., die den Unterricht in der obersten Kl. besorgen, zu vertheilen.

Schließlich wird das K. Prov.-Schulkolleg. auf's Dringendste aufgefordert, jede zweckmäßige Sorgfalt anzuwenden, daß das beigeschlossene Regl. mit gewissenhafter Strenge zur Ausführung gebracht, und das ganze Prüfungs-Geschäft überall nach den im §. 11. angedeuteten Grundsätzen vollzogen werde. (A. XVIII. S. 1015.)

1) Zu §. 2. Ueber den Zweck der Prüf. und die Vorbereitung dazu, vergl. Nr. 7. des C. R. v. 24. Okt. 1837. (s. o. S. 151.)

§. 3. (Ort derselben.) Die Prüfung wird nur bei den Gymnas. vorgenommen, und somit ist es von jetzt an nicht mehr gestattet, dieselbe bei den K. wissenschaftl. Prüfungs-Kommissionen abzuhalten. Die Befugniß zur Maturitäts-Prüfung wird allen Gymnas., die als solche von dem unterzeichneten Min. anerkannt sind, in gleichem Maaße ertheilt.

§. 4. (Zeit der Prüfung.) Die Prüfung findet innerhalb der beiden letzten Monate eines jeden Semesters Statt.

§. 5. (Prüfungs-Behörde.) Die Veranstaltung der Prüfung ist das Geschäft der bei jedem Gymnas. befindlichen Prüfungs-Kommission, welche besteht aus: a) dem Rektor oder Dir.; — b) den Lehrern des Gymnas., welche den Unterricht in der obersten Klasse besorgen; — c) einem Mitgliede des Ephorats, Scholarchats oder Kuratoriums bei den Gymnas., wo eine solche Lokal-Schulbehörde vorhanden ist; — d) einem Kommissarius des K. Prov. Schulkolleg. [1])

---

1) Zu §. 5. Ueber die Bestellung des K. Kommissars bestimmt

a) das noch mehrere andre Punkte betr. und deshalb noch wiederholt zu allegirende, hier aber vollständig gegebene R. des Min. d. G., U. u. M. Ang. (v. Altenstein) v. 26. Sept. 1834 an das K Prov.-Schulkolleg. zu Münster.

Aus dem Ber. des K. Prov.-Schulkoll. v. 21. v. M. findet das Min. hinsichtlich der einzelnen von dem K. Prov.-Schulkolleg. gestellten Anfragen Folgendes zu bemerken: 1) Bei Abfassung des Regl. und namentlich bei Feststellung der dem K. Kommissar einzuräumenden Befugnisse, hat die Absicht vorgewaltet, daß die Stelle der K. Kommissarien nur von Schulräthen des K. Prov.-Schulkolleg. und der K. Reg., in deren Bez. sich die betr. Gymn. befinden, versehen werden soll. Das Min. trägt daher auch kein Bedenken, zu genehmigen, daß die Leitung der Prüf.-Kommissionen für alle Gymn. der Prov. den Räthen des K. Prov.-Schulkolleg. auch ferner überlassen werde, und daß für die drei entferntesten Gymn. Minden, Paderborn und Arnsberg, der Konf.-Rath Sasse, der Konf.-Rath Sauer und der Gen.-Vicar Drücke, als Spezial-Kommissarien, jedoch mit der Beschränkung ernannt werden, daß, wenn einer oder der andere der Schul-Räthe des K. Prov.-Schulkolleg., welche die inneren Angelegenheiten der gelehrten Schulen bearbeiten, nach Zeit und Umständen die Leitung der Prüf. an einem dieser Oerter selbst übernehmen kann, auch dieser für einen solchen Fall die Befugnisse eines Kommissar. ausübe. — 2) Die Bestimmung im §. 7. des Regl. soll vornemlich bewirken, daß nicht der Unterricht in der 1. Klasse, wie bisher häufig der Fall war, in ein übersetzendes Abrichten der Schüler ausarte, vielmehr die letztern, wenn sie das äußerste Stadium ihres Schulkursus erreicht haben, die erforderl. Zeit haben, um bei einem stätigen Bemühen ohne Uebereilung in ihrer wissenschaftl. und sittlichen Ausbildung langsam zu reifen, und so, statt durch ein hastig zusammengerafftes Wissen verwirrt und erdrückt zu werden, mit frischer Kraft, mit freudigem Muthe, und mit freier Umsicht ihre akadem. Laufbahn antreten. Der Umstand, daß die dortigen kathol. Gymn. durchweg sieben Klassen von Sexta bis Prima mit einjähr. Kursen für jede Klasse haben, kann nicht hindern, jene Bestimmung im §. 7. des Regl. auch auf die von den kathol. Gymn. zur Univ. übergehenden Schüler in Anwendung zu bringen. In den übrigen Prov. der K. Staaten sind nicht wenige Gymn, welche sieben und mehr Klassen haben, und bei welchen das Min. nichts desto weniger auf strenge Ausführung des mehrged. §. 7. halten wird. Es wird also dem K. Prov.-Schulkoll. zur Pflicht gemacht, auch in sämmtl. kathol. Gymn. seines Bereichs die mehrged. Bestimmung des Regl. pünktlich zur Ausführung bringen zu lassen. — 3) Die im §. 21. enthaltene Bestimmung, daß alle Lehrer des Gymnas. bei der mündlichen Prüf. der Abit. anwesend sein sollen, ist nicht, wie das K. Prov.-Schulkoll. anzunehmen scheint, der Lehrer wegen verfügt, sondern um dem Prüf.-Akte selbst die seiner Bedeutung entsprechende Feierlichkeit zu geben. In Fällen, wo die mündl. Prüfung wegen einer großen Anzahl von Examinanden mehrere Tage in Anspruch nimmt, können die Schüler der untern Klassen während der Schulzeit durch schriftliche Arbeiten beschäftigt, und von Zeit zu Zeit von den einzelnen Lehrern abwechselnd inspizirt werden. Sollte dies inzwischen wegen irgend eines Grundes nicht ausführbar scheinen, so will das Min. gestatten, daß die oben ged. Be-

Der Letztere, welcher den Vorsitz in der Komm. führt, und die ganze Prüfung zu leiten hat, wird dem unterzeichneten Min. zur Genehmigung präsentirt, sowie

---

stimmung in den eben angegebenen Fällen dahin beschränkt werde, daß alle Lehrer, soweit nicht der Unterricht in den 4 untern Klassen dadurch gestört wird, bei der mündlichen Prüf. der Abit. anwesend sein sollen. — 4) Die von dem K. Prov. Schulkolleg. in Bezug auf §. 28. des Regl. an die Dir. erlassene Verf. (Anl. a.) ist durchaus zweckmäßig. Dabei ist es inzwischen richtig, und den Absichten des Min. entsprechend, daß die hinsichtlich der Lateinischen Arbeiten im Regl. enthaltene Forderung einer billigen Erwägung und Beurtheilung der Prüfungs-Komm. auch noch Raum läßt, und nicht um einiger Flüchtigkeitsfehler willen eine sonst recht löbliche Arbeit verworfen zu werden braucht. — 5) Unter Denj., welche im §. 41. des Regl. als solche bezeichnet werden, die nicht unmittelbar von einem Gymnas. zur Universität übergehen, werden allerdings, wie das K. Prov. Schulkolleg. richtig dafür hält, alle diej. jungen Leute verstanden, welche vor Beendigung des vollständigen Gymnasial-Kursus das Gymnas. verlassen, und sich für die Universitätsstudien auf anderm Wege weiter vorgebildet haben; nicht minder diej., die zwar den Kursus eines Progymnas. beendigt, ihre weitere Studien aber bis zur Universität nicht auf einem Gymnas. fortgesetzt haben. So wünschenswerth es indessen ist, dem unzeitigen Abgange von den Gymnas. Grenzen zu setzen, so würde es doch unbillig sein, wenn man nach dem Vorschlage des K. Prov. Schulkolleg. diej. jungen Leute, welche von einer tiefern Klasse eines Gymnas. als Sekunda abgegangen sind, gar nicht zur Maturitätsprüfung zulassen wollte, vielmehr sind dieselben gleich denen zu behandeln, welche aus Privatunterricht zur Universität übergehen wollen. Wer dagegen von Sekunda oder Prima vor Beendigung des ganzen Gymnasial-Kursus abgegangen ist, darf nur dann zur Maturitätsprüfung zugelassen werden, wenn er nachweisen kann, daß von seinem Abgange von der Schule bis zu seiner Anmeldung zur ged. Prüfung eine solche Zeit verflossen ist, als er nach der Einrichtung des Gymnas. auf dems. bis zu seiner Zulassung zur Maturitätsprüfung würde haben verbleiben müssen. — 6) Das Min. ist damit einverstanden, daß von den Prüfungs-Gebühren, welche diej. Examinanden entrichten, welche von Privatunterricht zur Universität übergehen, 1 Thlr. abgezogen, und wie früher, dem Dir.-Konferenzfonds überwiesen werde. — 7) Das Min. will nach dem Antrage des Prov. Schulkolleg. genehmigen, daß allen Gymnas. der Prov. Westphalen die Befugniß der Maturitätsprüfung, welche sie schon bisher ausgeübt haben, auch für die Zukunft zugestanden werde.

Anl. a.

Auszug aus einem C. des K. Prov. Schulkolleg. zu Münster, betr. den §. 28. des Ed. v. 4. Juni 1834.

ad §. 28. Hier wird nicht allein sub lit. A. der Maaßstab für die Beurtheilung der Reife angegeben, sondern auch sub lit. B. und C. ausdrücklich bestimmt, daß, wer das Zeugniß der Reife erhalten wolle, jedenfalls und unter allen Umständen den Forderungen in Betreff der Deutschen und Lateinischen Sprache vollständig entsprechen müsse. Es wird also Jeder als unreif zurückzuweisen sein, bei welchem dies nicht der Fall ist. Das Regl. verlangt aber sub lit. A. ausdrücklich die grammatische Korrektheit des Ausdruckes in beiderlei Aufsätzen, sowie auch Sicherheit in der Rechtschreibung und Interpunktion. Obwohl wir gerne zugeben, daß der Geist einer Sprache noch nicht aufgefaßt ist, wenn man sich nur jene Art von Korrektheit angeeignet hat: so ist es doch auch auf der anderen Seite nicht zu bestreiten, daß ohne grammatische und lexikalische Richtigkeit der Styl selbst seiner nothwendigsten Eigenschaften entbehrt. Daher hat auch die Gelehrtenschule den richtigen Weg gewählt, dem Schüler erst die grammatische und lexikalische Sprachbildung zu verschaffen, ehe er zu den eigentlichen stylistischen Uebungen und zu den Feinheiten der Sprache geführt wird. Es würde daher auch eine nicht zu rechtfertigende Ansicht sein, wenn man eine Arbeit, in welcher gegen die gewöhnlichsten Regeln der Grammatik gefehlt wäre, so daß sich, wenn auch nicht Unbekanntschaft, doch großer Mangel an Uebung und Fertigkeit in der Anwendung grammatischer Gesetze offenbarte, deshalb als

es für das unter c. genannte Mitglied der Komm. der Bestätigung des K. Prov. Schulkolleg. bedarf.

§. 6. (Anmeldung zur Prüfung.) [1]) Die Abiturienten haben drei Mon. vor dem beabsichtigten Abgange zur Universität beim Dir. ein schriftliches Gesuch um Zulassung zur Prüfung einzureichen, und dems. ihren in der Muttersprache geschriebenen Lebenslauf beizufügen.

§. 7. (Bedingung zur Zulassung.) Das Gesuch der Schüler um Zulassung zur Prüfung darf erst in den drei letzten Mon. des vierten Semesters ihres Aufenthalts in Prima erfolgen. Der pflichtmäßigen Beurtheilung des Lehrerkolleg. wird indessen anheim gestellt, Schüler, welche sich durch Fleiß und sittliche Reife, durch ihre Gesammtbildung, sowie durch ihre Kenntnisse in den einzelnen Unterrichts-Gegenständen auszeichnen, selbst schon in den drei letzten Monaten des dritten Semesters ihres Aufenthalts in Prima, jedoch nur ausnahmsweise, zur Prüfung zuzulassen. [2])

§. 8. (Verfahren bei der Meldung von Untüchtigen.) Sollten sich Schüler melden, bei welchen der Dir., im Einverständnisse mit ihren Lehrern, in Hinsicht der wissenschaftl. und sittlichen Bildung noch nicht die erforderliche Reife voraussetzen darf, so hat er sie allen Ernstes mit Vorhaltung der Nachtheile eines zu frühzeitigen Hineilens zur Universität von der Ausführung ihres Vorsatzes abzumahnen, auch ihren Eltern oder Vormündern die nöthigen Vorstellungen zu machen. Indessen kann dem, welcher schon drei Semester hindurch Mitglied der ersten Klasse gewesen ist, und sich im 4. Semester zur Prüfung meldet, die Zulassung, wenn er der Warnung des Dir. ungeachtet darauf besteht, nicht verweigert werden.

§. 9. (Einleitung der Prüfung.) Der Dir. ist verpflichtet, dem K. Kommissarius und den übrigen Mitgliedern der Prüfungs-Komm. von der geschehenen Meldung der Abiturienten zur rechten Zeit Anzeige zu machen, und in Uebereinstimmung mit dem K. Komm. das Nöthige für die Prüfung einzuleiten.

§. 10. (Gegenstände der Prüfung.) Die Abiturienten werden in folgenden Sprachen und Wissenschaften geprüft: 1) In Sprachen: in der Deutschen, Lateinischen, Griechischen und Französischen [3]) Sprache; für die Abiturienten der Gymnas. des Großhzgth. Posen tritt noch die Prüfung in der Polnischen Sprache hinzu. Diej., welche sich dem Studium der Theologie oder Philologie widmen wollen, müssen sich auch einer Prüfung in der Hebräischen Sprache unterwerfen. — 2) In den Wissenschaften: in der Religionskenntniß, in der Geschichte, verbunden mit der Geographie, in der Mathematik, Physik und Naturbeschreibung und in der philosophischen Propädeutik.

§. 11. (Maaßstab und Grundsätze für die Prüfung.) Bei dem ganzen Prü-

---

genügend beurtheilen wollte, weil sich eine gewisse Anlage zu einem guten Style, z. B. eine ziemliche Klarheit in der Darstellung der Gedanken und Lebhaftigkeit, oder eine Auffassung des Sprachidioms in der Wortstellung, dem Periodenbau, der Verknüpfung der Sätze und in dem Gebrauche gewisser Wendungen, Phrasen und Bilder, wie sie jeder Sprache eigenthümlich sind, zeigte. Es kann daher den Schülern der mittleren und oberen Klassen auch nicht oft genug gesagt werden, daß sie nicht eher das Zeugniß der Reife erhalten könnten und würden, bis sie auch zu dem Besitze dieser Korrektheit in der Darstellung gelangt wären rc. (A. XIX. S. 412. Koch, Univ. II. S. 384.)

b) Das C. R. deff. Min. v. 29. Jan. 1835 vgl. zu §. 18.

1) Bei einem andern, als dem von ihm besuchten Gymnas., wird der Abiturient nur bei Wechsel des Wohnsitzes und Bewilligung des Prov. Schulkolleg. zugelassen: Nr. 6. des C. R. v. 23. März 1846 (unten sub II.).

2) Zu §. 7. Vgl. Nr. 2. des R. v. 26. Sept. 1834 oben bei §. 5. — Die Vorschriften über die Zulassung solcher Examinanden, welche ohne vollständig absolvirten Gymnasial-Kursus abgegangen sind, vergleiche zu §. 41.

3) Zu §. 10. Laut eines Publ. des Kons. zu Köln v. 2. Aug. 1818 (A. II. S. 730.) war durch ein zur Instr. v. 1812 ergangenes Min. R. das Französische aus der Reihe der nothwendigen Lehr- und Prüfungs-Gegenstände gestrichen. Dies kann indessen nur kurze Zeit gegolten haben.

fungsgeschäft ist jede Ostentation, sowie alles zu vermeiden, was den regelmäßigen Gang des Schulkursus stören, und die Schüler zu dem Wahne verleiten könnte, als sei ihrer Seits bloß zum Bestehen der Prüfung, während des letzten Semesters ihres Schulbesuchs, eine besondere, mit außerordentlicher Anstrengung verbundene Vorbereitung nöthig und förderlich. Der Maaßstab für die Prüfung kann und soll ders. sein, welcher dem Unterricht in der obersten Klasse der Gymnas. und dem Urtheile der Lehrer über die wissenschaftl. Leistungen der Schüler dieser Klasse zum Grunde liegt, und bei der Schlußberathung über den Ausfall der Prüfung soll nur dasj. Wissen und Können und nur diej. Bildung der Schüler entscheidend sein, welche ein wirkliches Eigenthum ders. geworden ist. Eine solche Bildung läßt sich nicht durch eine übermäßige Anstrengung während der letzten Mon. vor der Prüfung, noch weniger durch ein verworrenes Auswendiglernen von Namen, Jahreszahlen und unzusammenhängenden Notizen erjagen, sondern sie ist die langsamreifende Frucht eines regelmäßigen, während des ganzen Gymnasial-Kursus stätigen Fleißes.

Diese Gesichtspunkte, welche das ganze Prüfungsgeschäft leiten sollen, sind den Schülern der oberen Klassen bei jeder schicklichen Gelegenheit möglichst eindringlich vorzuhalten, damit sie zur rechten Zeit und auf die rechte Art sich eine gediegene Schulbildung erwerben, nicht aber durch ein zweckwidriges auf Ostentation berechnetes sich Abrichten für die Prüfung, sich selbst täuschen, und die Prüfungsbehörde zu täuschen suchen.

§. 12. (Formen der Prüfung.) Die Prüfung zerfällt in eine schriftliche und mündliche; die eine dient zur Berichtigung und Ergänzung der andern.

§. 13. (Schriftliche Prüfung.) Mit der schriftlichen Prüfung, welche möglichst bald nach der Meldung vorzunehmen ist, wird der Anfang gemacht.

§. 14. (Wahl der Aufgaben für die schriftliche Prüfung.) Behufs der schriftlichen Prüfung sind solche Aufgaben zu wählen, welche im Gesichtskreise der Schüler liegen, und zu deren augenblicklichen Behandlung auf eine dem Zwecke entsprechende Weise, Verstand, Ueberlegung und Sprachkenntnisse ohne spezielle Vorstudien hinreichen, und über welche eine ausreichende Belehrung durch den vorgängigen Gymnasial-Unterricht vorausgesetzt werden kann.

Die zu stellenden Aufgaben dürfen von den Abiturienten nicht schon früher in der Schule bearbeitet sein.

§. 15. Für jede schriftliche Arbeit werden mehrere Aufgaben von dem Dir. und den prüfenden Lehrern vorgeschlagen, und dem K. Kommissarius zur Auswahl vorgelegt. Dem Letzteren steht es frei, nach Befinden der Umstände, die Aufgaben selbst zu bestimmen.

Alle zugleich zu Prüfenden erhalten dieselben Aufgaben, und jede ders wird erst in dem Augenblicke, wo ihre Bearbeitung beginnen soll, den Abiturienten von dem Dir. mitgetheilt.

§. 16. (Arten der schriftlichen Prüfungsarbeiten.) Die schriftlichen Prüfungsarbeiten bestehen: 1) in einem prosaischen, in der Muttersprache abzufassenden Aufsatze, welcher die Gesammtbildung des Examinanden, vorzüglich die Bildung des Verstandes und der Phantasie, wie auch den Grad der stilistischen Reife in Hinsicht auf Bestimmtheit und Folgerichtigkeit der Gedanken, sowie auf planmäßige Anordnung und Ausführung des Ganzen, in einer natürlichen, fehlerfreien, dem Gegenstande angemessenen Schreibart beurkunden soll; — 2) in einem Lateinischen Extemporale [1]), und in der freien Lateinischen Bearbeitung eines dem Exa-

---

1) Zu §. 16. Nr. 2. C. R. des Rhein. Prov.-Schulkolleg. v. 26. Febr. 1838 an sämmtl. Gymn.-Dir.

Bei der Anordnung eines latein. Extemporale im §. 16. des Regl. hatte das K. Min. d. G., U. u. M. Ang. die Absicht, die Fertigkeit der Examinanden im augenblickl. Gebrauche des latein. Sprachidioms zu erforschen. Dieses ist bisher meistens in der Art geschehen, daß die Abit. veranlaßt wurden, dasj., was der betreff. Lehrer ihnen mündlich und langsam in deutscher Sprache diktirte, auf der Stelle und rasch in latein. Sprache nachzuschreiben. Das K. Min. findet es dagegen kürzer und zweckmäßiger, den Abit. ein kurzes deutsch geschriebenes Pensum, das keine Schwierigkeiten darbietet, und auch die

minanden durch den Unterricht hinreichend bekannten Gegenstandes, wobei außer dem allgem. Geschick in der Behandlung, vorzüglich die erworbene stilistische Korrektheit und Fertigkeit im Gebrauche der Lateinischen Sprache in Betracht kommen soll; — 3) in der Uebersetzung eines Stücks aus einem im Bereiche der ersten Klasse des Gymnas. liegenden, und in der Schule nicht gelesenen Griechischen Dichter oder Prosaiker in's Deutsche; [1]) — 4) in der Uebersetzung eines grammatisch nicht schwierigen Pensums aus der Muttersprache in's Französische; — 5) in einer mathematischen Arbeit, deren Gegenstand die Lösung zweier geometrischen und zweier arithmetischen Aufgaben aus den verschiedenen in den Kreis des Schulunterrichts fallenden Theilen der Mathematik, oder eine nach bestimmten vorher anzugebenden Rücksichten geordnete Uebersicht und Vergleichung zusammengehöriger mathematischer Sätze sein soll. [2])

Anm. 1. In den Gymnas. des Großhzgth. Posen tritt zu den Gegenständen der schriftlichen Prüfung auch noch ein Deutscher Aufsatz für die Schüler, deren Muttersprache das Polnische ist, und umgekehrt ein Polnischer Aufsatz für die, welche ursprünglich Deutsch sprechen.

Anm. 2. Von den künftigen Theologen und Philologen ist noch eine Uebersetzung eines auf der Schule nicht gelesenen Abschnittes aus einem der historischen Bücher des Alten Testaments, oder eines kürzeren Psalms in's Lateinische, nebst hinzugefügter grammatischer Analyse, zu fordern.

Anm. 3. Sollten sich Abiturienten finden, welche sich zutrauen, in einem oder dem andern Unterrichts-Gegenstande mehr als das gewöhnliche Maaß der Kenntnisse und Fertigkeiten erreicht zu haben: so soll ihnen, dieses in den, §. 28. B. und C. erwähnten Fällen geltend zu machen, gestattet werden. Es sind ihnen alsdann, nachdem sie die vorschriftsmäßigen und von allen Abiturienten zu verlangenden schriftlichen Arbeiten geliefert haben, noch besondere, und zwar schwierigere Aufgaben zu stellen, die ihnen Gelegenheit geben, sich in der fraglichen Beziehung näher auszuweisen. [3])

Uebersetzung einer ursprünglichen latein. Schriftstelle sein kann, vorzulegen, um dasselbe erst deutsch abzuschreiben und sodann rasch und ohne Benutzung des Wörterbuchs in's Latein. zu übertragen. Ew. beauftragen wir daher, hiernach künftig zu verfahren. Wenn mehrere Abit. gleichzeitig zu prüfen sind und es zu mühsam sein würde, jedem Einzelnen ein deutsches Pensum zum Abschreiben vorzulegen, dann kann dieses Pensum Allen zum Niederschreiben in deutscher Sprache diktirt werden. (A. XXII. S. 107.)

1) Zu §. 16. Nr. 3. Das Verbot, Anmerkungen zur Uebersetzung zu fordern, s. im C. R. v. 29. Jan. 1835 bei §. 18.

2) Zu §. 16. Nr. 1—5. Ueber die Vorlegung der Klassenarbeiten vgl. die Note zu §. 19.

3) Zu §. 16. Während die Instr. v. 1812 von der Religionsprüfung gänzlich schwieg, und die in den Nachträgen dazu veröffentlichte Dekl. v. 19. Nov. 1813 (A. XIII. S. 97.) eine solche, trotz der Verschiedenartigkeit der Religionskenntnisse von den weltl. Wissenschaften, zwar gut hieß, zugleich aber bestimmte, daß das Urtheil über den Grad der wissenschaftl. Reife eines Jünglings nicht davon abhängig gemacht werden könne, ist gegenwärtig neben der mündlichen (vgl. §. 23. Nr. 5., §. 28. A. Nr. 5.), in der Rheinprovinz und Westphalen auch eine schriftliche Religionsprüfung eingeführt. Die Vorschriften darüber sind folgende:

a) R. des Min. d. G., U. u. M. Ang. v. 29. Mai 1829 an das K. Prov.-Schulkolleg. in Koblenz.

Das Min. ist mit den im Bericht v. 9. Dec. v. J. aufgestellten Ansichten hinsichtlich der Abit.-Prüfungen in den dortigen Gymnas. einverstanden, und setzt hierdurch fest, daß die zur Univ. abgehenden Zöglinge dieser Lehranstalten über ihre Religionskenntnisse schriftlich geprüft werden sollen. Diese Prüfung heißt die Religions-Prüfung, und wird von der wissenschaftl. getrennt. Sie ist nach Verschiedenheit des kirchl. Bekenntnisses verschieden. Zu den Religions-Prüfungen der kathol. Schüler ernennt der Diöcesanbischof, zu denen der evang. Schüler aber das Kons. einen geistl. Kommissar, wo möglich aus der Ortsgeistlichkeit. — Die Geprüften werden in drei Klassen getheilt, und das Ergebniß

§. 17. (Bestimmung der auf die schriftlichen Arbeiten zu verwendenden Zeit.) Zur Anfertigung der sämmtlichen schriftlichen Arbeiten sind höchstens drei

---

der Prüfung wird hiernach in den Abgangszeugnissen ungefähr auf folgende Weise bemerkt:

„In den Wahrheiten des Christenthums und in den Lehren seiner Kirche „hat Abiturient 1) sehr gute, 2) hinreichende, 3) nur mittelmäßige Kennt„nisse an den Tag gelegt."

Wer in der Religions-Prüf. nur die dritte Klasse erhalten hat, kann, wie gut er auch in der wissenschaftl. Prüf. bestanden haben mag, niemals Nr. 1., sondern höchstens nur Nr. II. des Abgangszeugnisses bekommen. Wenn ein solcher Abit. sich der Philologie zu widmen gedenkt, so muß er ermahnt werden, seine Religionskenntnisse besser auszubilden, und es ist ihm dabei bemerklich zu machen, daß er bei der künftig ihm bevorstehenden Amtsprüfung auch darüber werde examinirt werden. (Koch, Univ. Bd. 2. S. 361.)

b) R. deff. Min. v. 19. Aug. 1830 an das K. Prov.-Schulkoll. zu Münster.

Das Min. genehmigt auf den Ber. v. 26. Juni d. J., daß die Vorschriften, welche in der Verf. an das Prov.-Schulkoll. zu Koblenz v. 29. Mai v. J. wegen Prüfung der Abit. in der Religion gegeben worden sind, auch in der Prov. Westphalen, und zwar sowohl bei den evang., als bei den kathol. Gymn. zur Anwendung gebracht werden. (Koch, Univ. II. S. 362)

c) R. deff. Min v. 27. Dec. 1834 an das K. Prov.-Schulkolleg. zu Koblenz.

Unter den von dem K. Prov.-Schulkolleg. in dem Ber. v. 6. v. M. angeführten Umständen, will das unterz. Min. die Beibehaltung der durch die Verf. v. 29. Mai 1829 angeordneten, schriftlichen Arbeit in der Religionslehre bei den in den K. Rheinprov. anzustellenden Abit.-Prüfungen hierdurch genehmigen, und dem ꝛc. überlassen, hiernach das weiter Erforderliche zu verfügen. Zugleich fordert das Min. das ꝛc. auf, seine Ansichten von der Entbehrlichkeit der bisher zu der in Rede stehenden Prüf. zugezogenen geistlichen Kommissarien den bischöfl. Behörden in den K. Rheinprov. mitzutheilen, und dieselben zu einer desfallsigen Erklärung zu veranlassen. Erklären sich die bischöfl. Behörden mit der desfallsigen Ansicht des ꝛc. einverstanden, so will das Min. nach dem Vorschlage des ꝛc. genehmigen, daß weiter kein geistl. Kommissar zu der fraglichen Prüf. zugezogen, dagegen aber die in der Religionslehre angefertigten schriftl. Arbeiten der kathol. Abit., der passus concernens aus dem Protokoll der mündl. Prüf., und das von der wissenschaftl. Prüfungs-Komm. über diesen Theil der Prüf. abgegebene Gutachten den bischöfl. Behörden und dem dortigen K. Konf. mitgetheilt werden. Im entgegengesetzten Falle sind die geistl. Kommissarien bei der mehrged. Prüf. auch ferner beizubehalten. (Koch, Univ. II. S. 387.)

d) R. deff. Min. v. 26. Juni 1835 an das K. Prov.-Schulkoll. zu Münster.

Auf den Ber. des K. Prov.-Schulkolleg. v. 28. März d. J. will das unterz. Min. in gleicher Art, wie mittelst Verf. v. 27. Dec. v. J. für die Gymnas. in den Rheinprov. bestimmt ist, die Beibehaltung der durch die Verf. v. 19. Aug. 1830 angeordneten schriftl. Arbeit in der Religionslehre bei den in den Gymn. in der Prov. Westphalen anzustellenden Abit.-Prüfungen hierdurch genehmigen, und dem K. Prov.-Schulkolleg. überlassen, hierdurch das weiter Erforderliche zu verfügen. Auch will das Min. hierdurch anordnen, daß die in der Religionslehre angefertigten schriftl. Arbeiten der kathol. Abit. und der passus concernens aus dem Protokolle der mündl. Prüf. der bischöfl. Behörde und dem dortigen K. Konf. mitgetheilt werde. Dagegen hält das Min. die Zuziehung eines geistl. Kommissar. zu den Abit.-Prüfungen für entbehrlich, da den geistl. Behörden unverwehrt ist, sich von dem Religionsunterrichte in den Gymnas. auf eine zweckmäßigere Weise, und zwar durch Absendung eines Kommissar., welcher an dem Religionsunterrichte in allen Klassen Theil nimmt, nähere Kenntniß zu verschaffen. Eine solche, dann und wann zu veranlassende Revision des Religionsunterrichts, resp. durch ein Mitglied des K. Konf., oder durch einen Kommissar der bischöfl. Behörde kann nur von den wohlthätigsten Folgen sein, und wird insbes. der bischöfl. Behörde eine viel genauere Kenntniß von der Art und Weise, wie der Religionsunterricht ertheilt wird, verschaffen, als es durch die bloße Theilnahme eines Commissarii perpetui an der Abit.-Prüfung

Tage [1]), jeder zu 8 Arbeitsstunden gerechnet, in der Art zuzugestehen, daß, mit Einschluß der Reinschrift, auf 1) den Deutschen Aufsatz 5 St., 2) den Lateinischen 5 St., 3) das Latein. Extemporale 2 St., 4) die Uebersetzung aus dem Griechischen 3 St., 5) die Französische Arbeit 3 St., 6) die mathematische Arbeit 4 St. verwandt werden. Für jede der im §. 16. Anm. 1. und 2. geb. Arbeiten sind außerdem noch 2 St. einzuräumen.

Die drei Arbeitstage dürfen nicht unmittelbar auf einander folgen. Für den Deutschen und den Lateinischen Aufsatz, sowie für die mathematische Arbeit sind drei Vormittage von 5 St. zu bestimmen. Es ist nicht erlaubt, eine Ausarbeitung in der Art zu theilen, daß ein Theil ders. Vormittags und die Fortsetzung Nachmittags angefertigt, und den Examinanden eine unbeaufsichtigte Zeit dazwischen gelassen werde.

§. 11. (Vorschriften für die Anfertigung der schriftlichen Arbeiten, Protokoll über die schriftliche Prüfung.) Die Anfertigung der schriftlichen Arbeiten, bei welchen, außer den Wörterbüchern der erlernten Sprachen [2]) und den mathematischen

---

geschehen kann. — Wenn übrigens die bischöfl. Behörde einen Kommissar Behufs Revision des kathol. Religionsunterrichts in den Gymnas. absenden will, so wird dieselbe das rc. unter Bezeichnung des Kommissar. davon vorher zu benachrichtigen haben, damit das rc. von der beabsichtigten Revision den betreff. Gymn.-Dir. in Kenntniß setzen und ihm die nöthige Weisung ertheilen kann. — Einverstanden ist das Min. endlich mit dem rc. darin, daß eine schriftl. Prüf. der Kandidaten des höhern Schulamts in der Religionskenntniß nicht angemessen ist, da durch die angeordnete mündliche Prüf. sich hinlänglich ermitteln läßt, ob ein Kand. den gesetzl. Forderungen in der Religionskenntniß genügt, oder nicht. (Koch, Univ. II. S. 389.)

c) R. dess. Min. v. 26. Juni 1835 an das K. Prov.-Schulkolleg. zu Koblenz. Auf den Bericht des K. Prov.-Schulkolleg. v. 25. April d. J., betreff. die Theilnahme geistl. Kommissar. an den Abit.-Prüfungen, will das unterz. Min. nach dem Antrage am Schlusse des eben geb. Ber., für die in der Münsterschen Diöcese gelegenen Gymnas. der Rheinprov. dieselbe Ordnung hinsichtlich der Prüf. in der Religionslehre eintreten lassen, welche für die übrigen Gymnas. der Rheinprov. feststeht rc. (Koch, Univ. II. S. 390.)

1) Zu §. 17. Früher nur zwei ganze oder vier halbe Arbeitstage: C. R. des Kons. der Prov. Brandenburg v. 22. Jan. 1825 und C. R. des Min. d. G., U. u. M. Ang. v. 25. Nov. 1825 an die übrigen Kons. (A. IX. S. 386. 1030.)

2) Zu §. 18. Daß auch die Latein. Wörterbücher gestattet sein sollen, bestimmt das hier vollständig gegebene C. R. des Min. d. G., U. u. M. Ang. v. 29. Jan. 1835 an das K. Prov.-Schulkolleg. zu Koblenz und abschr. an sämmtl. übrige K. Prov.-Schulkolleg.

Dem rc. wird auf den Ber. v. 9. Dec. v. J. hierdurch Folgendes eröffnet. Was zunächst die Ansicht des rc. betrifft, daß auch dem Besuche der theolog. Fakultäten in Trier, Paderborn u. s. w. eine Matrikulprüfung vorhergehen, und alsdann in dieser Beziehung dieselben Bestimmungen des neuen Regl. gelten müßten, welche hinsichtlich der Univers. und der Akademie zu Münster ausgesprochen sind, so hält das Min., bevor es dieserhalb nachträgliche Bestimmungen trifft, für räthlich, erst abzuwarten, ob die von dem rc. in dieser Beziehung geäußerte Besorgniß sich durch die Erfahrung rechtfertigen wird.

Daß der nach §. 5. d. des Regl. zur Leitung der Abit.-Prüfungen zu bestellende Kommissar, wie bisher, aus den Mitgliedern des rc. selbst bestimmt werde, genehmigt das Min. hierdurch. — Was in dem Regl. nicht vorgeschrieben ist, soll auch nicht verlangt werden. Es ist daher von den Abit. nicht zu fordern, daß sie der Uebersetzung aus dem Griech. (§. 16. Nr. 3.) noch erklärende Anmerkungen hinzufügen. Die Erforschung der grammat., mythologischen rc. Kenntnisse muß, wie das rc. richtig bemerkt, der mündl. Prüf. vorbehalten bleiben. Ob einzelne Abit. sich zutrauen, mehr als das gewöhnl. Maaß der Kenntnisse und Fertigkeiten erreicht zu haben, darüber müssen allerdings die Dir. der Gymnas. dem K. Kommissar. Anzeige machen, und die für solche Abit. erforderl. besondern Aufgaben vorlegen. — Im §. 18. des Regl. sind den Abit. bei Anfertigung der schriftl. Arbeiten die Wörterbücher der erlernten Sprachen,

Tafeln, keine Hülfsmittel zu gestatten sind, geschieht wo möglich in einem Klassenzimmer des Gymnas., unter beständiger, in bestimmter Folge wechselnden Aufsicht eines der zur Prüfungs-Komm. gehörigen Lehrer, welcher dafür verantwortlich ist,

---

ohne die Latein. Sprache auszunehmen, als Hülfsmittel gestattet, und bei dieser Bestimmung, zu welcher das Min. sich aus erheblichen Gründen veranlaßt gesehen hat, muß es sein Bewenden behalten. — Was die Bestimmung des §. 19. wegen der Korrektur der schriftlichen Arbeiten betrifft, so ist in Fällen, wo die schriftl. Arbeiten von zwanzig bis dreißig Abit. durchzusehen sind, die Einrichtung zu treffen, daß die Lehrer zuvörderst nur Behufs der Prüf. die Fehler in den Arbeiten anstreichen, und eine bestimmte schriftliche Censur abgeben, nach beendigter Prüf. aber die vorgeschriebene Korrektur der Arbeiten vornehmen, so daß diese in allen Fällen korrigirt an die wissenschaftl. Prüfungskomm. gelangen können. — Bei größeren Gymnas., wo die Prüf. vier und sechs Tage dauert, soll die Theilnahme der Lehrer der Sexta bis zur Tertia einschließlich an der Prüf. (§. 21.) nur insofern Statt finden können, als es ihnen bei Abhaltung ihrer Schulstunden möglich ist. — Im Latein. und Griech. (§. 23. Nr 2. u. 3.) sind nach dem Vorschlage des ꝛc. aus einem Prosaiker solche nicht gelesene Stellen in der mündl. Prüf. vorzulegen, welche keine besondere Schwierigkeiten enthalten, in den Dichtern dagegen gelesene, jedoch nicht zu leichte Stellen, welche aber in dem letzten, oder in den beiden letzten Semestern nicht interpretirt worden sind. — Auch findet das Min. nichts dagegen zu erinnern, daß da nunmehr auch in der Naturbeschreibung geprüft werden soll, in den obern Klassen der Gymnas. dann und wann eine Wiederholung in dieser Wissenschaft Statt finde, oder den Schülern ein Leitfaden empfohlen werde, damit sie durch Privatstudium sich in ihren Kenntnissen wieder befestigen. Eben so ist das Min. damit einverstanden, daß das nach §. 27. abzufassende Urtheil von dem Dir. vor der Prüf. mit den Lehrern berathen, festgestellt, in ein besonderes Protokoll aufgenommen und dem K. Kommissar vorgelegt werde, welcher Letztere hierbei keine Stimme hat. — Wenn der §. 28. des Regl. bestimmt, daß der Latein. und Deutsche Aufsatz grammatisch korrekt sein soll, so versteht sich von selbst, daß dies nicht mit buchstäbl. Strenge durchgeführt werden kann, wie denn überhaupt das Min. bei dem ganzen Regl. vorausgesetzt hat, daß die Mitglieder der Prüfungskomm. bei ihrem Geschäfte nicht außer Acht lassen werden, daß die Examinanden noch Schüler sind. — Der Ausdruck „nicht völlig" im §. 28. B. ist allerdings strenge zu nehmen, so daß Unwissenheit in den übrigen Fächern von dem Zeugniß der Reife ausschließt, auch wenn im Latein. und Deutschen das Erforderliche, und mehr als dieses, geleistet wird. — Daß die Bestimmung des §. 28. D. dahin zu verstehen, daß derj. für nicht reif zu betrachten ist, der das unter A. oder B., oder in besondern, als Ausnahme geltenden Fällen unter C. Vorgeschriebene nicht leistet, hat seine Richtigkeit, und ist schon durch den Zusatz „auch nicht einmal" hinreichend angedeutet. — Solchen Schülern, welche nicht für reif erachtet sind, kann allerdings auch gestattet werden, mit der nochmaligen Prüfung (§. 29.) ein Jahr zu warten. Daß sie aber, wenn diese Prüf. abermals ein ungünstiges Resultat liefert, jedenfalls von dem Gymnas. entfernt werden sollen, davon ist die Nothwendigkeit dem Min. nicht einleuchtend. Indeß können dergl. junge Leute, nachdem sie das Gymnas. verlassen haben, allerdings später zu einer nochmaligen Prüf. zugelassen werden. — Daß nach dem Vorschlage des ꝛc. die für reif erklärten Abit., um unter ihnen einige Verschiedenheit bemerkbar zu machen, nach ihren Leistungen geordnet, und die Namen derselben in den Programmen (§. 32.) nicht alphabetisch, sondern nach dieser Reihenfolge abgedruckt werden, hält das Min. nicht für nöthig. Dagegen ist dass. damit einverstanden, daß bei Abiturienten welche nach Beendigung der Prüf. die Schulstunden nachlässig oder gar nicht mehr besuchen, oder sich der Schulordn. nicht mehr unterwerfen, jedenfalls das Urtheil über Fleiß und Betragen nach einem solchen Benehmen in ihrem Zeugnisse abgeändert werde. — Schließlich will das Min. zwar genehmigen, daß das ꝛc., in so weit seine Ansichten und Vorschläge hierdurch die diesseitige Billigung erhalten haben, den Gymn.-Dir. der dortigen Prov. noch eine besondere Instr. wegen Ausführung des neuen Prüfungs-Regl. ertheile, wenn dass. schon

daß die ertheilten Vorschriften in allen Stücken genau befolgt werden. [1]) Jede Arbeit muß auf ganze, aber gebrochene Bogen, in einer leserlichen Handschrift geschrieben, und in der Regel unter der Aufsicht eines und dess. Lehrers angefertigt werden, welcher darauf zu achten hat, daß sie ohne Unterbrechung entworfen, abgeschrieben und ihm überliefert werde.

In einem besonderen, über die schriftliche Prüfung und deren Ausfall aufzunehmenden Protokolle wird von jedem der Aufseher bemerkt, in welcher Zeit, und bei welchem Gegenstande er die Aufsicht geführt, sowie auch, wann jeder Examinand die aufgegebene Arbeit beendigt hat.

Wer nach Ablauf der vorschriftsmäßigen Zeit mit der Arbeit nicht fertig ist, muß sie unvollendet abliefern. — Wird einer der Examinanden durch Erkrankung an der Ausführung seiner Arbeiten verhindert, so sind ihm, falls er nicht für dieses Mal seine Meldung zur Prüfung zurücknimmt, neue Aufgaben für seine schriftlichen Leistungen zu stellen.

§. 19. (Censur und Durchsicht der schriftlichen Arbeiten.) Die schriftlichen Arbeiten der Examinanden müssen von den betr. Lehrern genau durchgesehen, verbessert, und mit Angabe ihres Verhältnisses, sowohl zu dem im §. 28. A. bestimmten Maaßstabe, als zu den gewöhnlichen Leistungen eines jeden Examinanden ausführlich beurtheilt [2]), demnächst dem Dir. übergeben, und von diesem, nachdem alle übrige Mitglieder der Prüfungs-Komm. sie gelesen haben, mit dem über die schriftliche Prüfung geführten Protokolle dem K. Kommiss. vorgelegt werden. Nach Befinden der Umstände kann der Dir. noch andere Klassenarbeiten der Abiturienten aus dem letzten Jahre beilegen, welche jedoch nicht zur entscheidenden Richtschnur für die Prüfungs-Komm., wohl aber dazu dienen sollen, daß sich die Mitglieder ders. eine möglichst genaue Kenntniß der Abiturienten erwerben, und sich ein selbstständiges Urtheil über sie bilden. [3])

---

jetzt eine solche besondere Instr. für zeitgemäß und nöthig erachtet; das Min. ist jedoch dieser Ansicht nicht. (Koch, Univ. II. S. 387.)

1) Zu §. 18. Neuerdings hat das Min. der G., U. u. Med. Ang. den Prüfungs-Kommissionen noch besonders zur Pflicht gemacht, jeden Versuch einer Täuschung von Seiten der Examinanden bei schriftlichen oder mündlichen Arbeiten mit Ausschließung von der Prüfung zu bestrafen. Das R. findet sich nicht in dem Min. Bl., wird jedoch in den Zeitungen erwähnt.

2) Zu §. 19. Ueber die Korrektur der schriftlichen Arbeiten vgl. auch C. R. v. 29. Jan. 1835 bei §. 18.

3) Zu §. 19. Ueber die Vorlegung von Klassenarbeiten bestimmen:

a) C. R. des Prov. Schulkolleg. zu Breslau v. 5. Jan. 1841 an sämmtliche Gymnasial-Dir. und Rektoren.

Um bei Maturitäts-Prüfungen in Gymnas. in den etwa sich ereignenden Fällen, daß einem der Abiturienten der Deutsche oder Lateinische Aufsatz nicht nach Erforderniß gelungen sein sollte, was sehr häufig damit entschuldigt zu werden pflegt, daß derselbe das Jahr hindurch weit genügendere Arbeiten in diesen Fächern geleistet, zum Erweise dieser Behauptung zu gelangen, so bestimmen wir hiermit, daß die Deutschen und Lateinischen Ausarbeitungen der zur Prüfung pro abitu gemeldeten Schüler, während des letzten Schuljahrs aufzubewahren sind, damit der jedesmalige Kommiss. solche erforderlichen Falls einsehen kann. Es wird dems. dadurch ein sicheres Urtheil möglich und die Schüler werden gewiß angestrengtern Fleiß auf ihre Arbeiten, sowie die Lehrer auf die Korrektur der letztern anwenden. (Min. Bl. d. i. V. 1841. S. 19.)

Dazu:

b) C. R. des Min. der G., U. u. Med. Ang. (v. Ladenberg) v. 8. Febr. 1841 an die K. Prov. Schulkolleg.

Dem K. Prov. Schulkolleg. wird beigehend Abschrift einer von dem Prov. Schulkolleg. zu Breslau unter dem 5. v. M. an die Dir. und Rektoren der Gymnas. in der Prov. Schlesien in Betreff des Deutschen und Lateinischen Aufsatzes der Abiturienten erlassenen Verf. zur Kenntnißnahme und mit der Aufforderung kommunizirt, eine ähnliche Verf. an die Dir. und Rektoren Seines Bereichs zu erlassen. (Min. Bl. d. i. V. 1841. S. 64.)

c) Ausgedehnt auf sämmtliche in Prima gefertigte schriftliche Arbeiten,

§. 20. (Mündliche Prüfung, Zahl der Examinanden; Bestimmung des Tages der Prüfung.) Die mündliche Prüfung muß stets, die Zahl der Examinanden mag groß oder gering sein, mit gleicher Sorgfalt vorgenommen werden. In allen Fällen, wo mehr als 12 Examinanden vorhanden sind, ist sie in zwei, resp. mehreren auf einander folgenden Terminen abzuhalten. Den Tag zu der Prüfung und die einem jeden Prüfungs-Gegenstande zu widmende Zeit bestimmt der K. Kommiss. im Einverständniß mit dem Dir. des Gymnas.

§. 21. (Anwesende bei der mündlichen Prüfung.) Sämmtliche Mitglieder der Prüfungs-Komm., sowie auch die Lehrer des Gymnas., welche nicht zu dens. gehören [1]), sollen bei der mündlichen Prüfung anwesend sein; die Mitglieder der Lokal-Schulbehörde, wo eine solche vorhanden ist, sind jedesmal von dem Dir. besonders einzuladen.

§. 22. (Bestimmung der Examinatoren und ihre Pflichten.) Die mündliche Prüfung liegt den Lehrern ob, welche den Unterricht in den betr. Gegenständen in Prima ertheilt haben, wofern nicht der K. Kommiss. andere Examinatoren zu bestellen sich veranlaßt findet. Von den Lehrern ist zu erwarten, daß sie sich bei der Prüfung einer zweckmäßigen Methode bedienen, einem jeden Examinanden Raum und Gelegenheit, sich klar und zusammenhängend auszusprechen, gewähren, und überhaupt die Prüfung so einrichten werden, daß sich bei einem Jeden der Grad seines Wissens bestimmt ergebe. Wenn es gleich nicht Sache der mündlichen Prüfung ist, die von den Abiturienten gelieferten schriftlichen Arbeiten durchzugehen und zu verbessern, so bleibt es doch den prüfenden Lehrern unverwehrt, ihre Fragen auch an die schriftlichen Arbeiten der einzelnen Examinanden anzuknüpfen. Dem K. Kommiss. steht es frei, nicht nur durch Instr. der Lehrer und nähere Bestimmung der Gegenstände der jedesmaligen Prüfung die ihm zweckdienlich scheinende Richtung zu geben, sondern auch, wenn er es für nöthig erachtet, in einzelnen Gegenständen selbst die Prüfung zu übernehmen.

§. 23. (Gegenstände der mündlichen Prüfung.) Die mündliche Prüfung ist: 1) In der Deutschen Sprache auf allgemeine Grammatik, Prosodie und Metrik, auf die Hauptepochen in der Geschichte der vaterländischen Literatur, so wie auch darauf zu richten, ob die Examinanden einige Werke der vorzüglichsten vaterländischen Schriftsteller mit Sinn gelesen haben. [2]) — 2) Im Lateinischen werden von den Examinanden passende, theils früher in der Schule erklärte, theils

---

und Verwandlung der Erlaubniß dazu in ein Gebot: Nr. 2. des C. R. v. 15. Juli 1841. (Vgl. bei §. 24.)

1) Zu §. 21. Ueber die Dispensation der zum Unterricht nöthigen Lehrer der 4 untern Klassen vom Besuch der Prüf. vgl. Nr. 3. des R. v. 26. Sept. 1834 bei § 5. und C. R. v. 29. Jan. 1835 bei §. 18.

2) Zu §. 23. Nr. 1. Mündlicher Vortrag ist kein Prüfungs-Gegenstand. R. des Min. d. G., U. u. M. Ang. v. 18. Dec. 1834 an das K. Prov.-Schulkolleg. zu Posen.

Obwohl das Min. mit dem K. Prov.-Schulkolleg., wie dems. auf den Ber. v. 8. v. M. hierdurch eröffnet wird, darin einverstanden ist, daß die mündlichen, vorbereiteten und unvorbereiteten Vorträge, in welchen die Schüler der Gymn. der dortigen Prov. geübt werden, ein sehr zweckmäßiges Bildungsmittel für die Jugend sind; so hat es doch Bedenken tragen müssen, dieselben unter die Prüfungs-Gegenstände der zu den Univ. übergehenden Schüler aufzunehmen, und eine desfallsige Anordnung in dem Regl. v. 4. Juni d. J. zu treffen. Die Zahl der Gegenstände bei der mündl. Prüf. der Abit. ist ohnehin schon so groß, daß es in manchen Fällen an Zeit fehlen wird, über sämmtliche Gegenstände eine mündliche Prüf. abzuhalten Wenn indessen das K. Prov.-Schulkolleg. bei den Gymn. seines Bereichs die fragl. mündl. Vorträge unter den Prüfungs-Gegenständen der zu den Univers. abgehenden Schüler auch ferner beizubehalten für thunlich und räthlich erachtet; so will das Min. solches zwar gestatten, kann aber nicht genehmigen, daß bei der Berathung über den Ausfall der ganzen Prüf. das mehr oder weniger Gelungene der gehaltenen mündl. Vorträge der Abit. auf den zu fassenden Beschluß der Prüfungskomm. von Einfluß sei. (Koch, Univ. II. S. 386.)

nicht gelesene Stellen [1]) aus dem Cicero, oder Sallust, oder Livius, oder Virgil, oder Horaz übersetzt und erklärt, um sowohl ihre Fertigkeit und Gewandtheit im Auffassen des Sinns und im richtigen und geschmackvollen Uebersetzen, als auch ihre grammatischen und antiquarischen Kenntnisse und den Erfolg ihrer Privatlektüre Lateinischer Schriftsteller zu ermitteln. Die Prüfung erfolgt in Lateinischer Sprache, wobei den Einzelnen Gelegenheit zu geben ist, stellenweise in zusammenhängender Rede ihre erlangte Fertigkeit im mündlichen Lateinischen Ausdruck zu zeigen. — 3) Aus dem Griechischen werden gleichfalls theils in der Schule gelesene, theils nicht gelesene Stellen aus einem leichteren Prosaiker oder dem Homer übersetzt und erklärt, und hat der Examinator durch angemessene Fragen die Kenntniß der Examinanden in der Grammatik, und den auf Geschichte, Mythologie und Kunst der Griechen sich beziehenden Gegenständen zu erforschen. — 4) Die Prüfung im Französischen erfolgt durch Uebersetzung und Erklärung vorgelegter Stücke aus klassischen Französischen Dichtern oder Prosaikern. Bei der Erklärung wird den Examinanden Gelegenheit gegeben, darzuthun, in wie weit sie sich Fertigkeit im mündlichen Gebrauche der Französischen Sprache erworben haben. — 5) In Hinsicht der Religionskenntniß [2]) ist zu prüfen, ob die Abiturienten die christliche Glaubens- und Sittenlehre, die Hauptmomente der Geschichte der christlichen Kirche, und den Inhalt der heiligen Schrift im Allgem. kennen gelernt, und in der Grundsprache des Neuen Testaments Einiges mit dem Erfolge eines im Ganzen leichten Verständnisses gelesen haben. — 6) In der Mathematik ist die Gründlichkeit und der Umfang ihrer Kenntnisse in den im §. 28. A. Nr. 6. näher bezeichneten Theilen der Wissenschaft, sowohl im Allgem. als im Einzelnen zu ermitteln. — 7) In Hinsicht der Geschichte und Geographie sind die Fragen dahin zu richten, daß sich ersehen läßt, ob die Examinanden eine deutliche Uebersicht des ganzen Feldes der Geschichte und eine genauere Kenntniß der alten, besonders der Griechischen und Römischen, sowie der Deutschen und vaterländischen Geschichte gewonnen, und sich ein genügendes Wissen von den Elementen der mathematischen und physischen Geographie, sowie von dem gegenwärtigen politischen Zustande der Erde erworben haben. Die Examinatoren haben sich aller Fragen zu enthalten, deren Beantwortung eine gar zu sehr in's Einzelne gehende Sach- und Zahlenkenntniß voraussetzt. — 8) In der Naturbeschreibung ist von den Examinanden Kenntniß der allgem. Klassifikation der Naturprodukte, Uebung im Beschreiben ders. und Bildung der Anschauung für dieses Gebiet, sowie 9) in der Physik deutliche Erkenntniß der Hauptgesetze der Natur, namentlich der Gesetze zu verlangen, welche mathematisch, jedoch ohne Anwendung des höhern Kalküls, begründet werden können. — 10) Die Prüfung in der philosophischen Propädeutik hat zu ermitteln, ob die Examinanden es in den Anfangsgründen der sogen. empirischen Psychologie und der gewöhnlichen Logik, namentlich in den Lehren von dem Begriff, dem Urtheile und dem Schlusse, von der Definition, Eintheilung und dem Beweise zu einem klaren und deutlichen Bewußtsein gebracht haben.

Anm. 1. Was im Obigen unter Nr. 1. über die Prüfung in der Deutschen Sprache bestimmt ist, gilt in Bezug auf die Gymnas. des Großhzgth. Posen, auch von der Polnischen Sprache für die Examinanden, deren Muttersprache sie ist. Dagegen werden die Deutschen Schüler dieser Gymnas. im Polnischen eben so geprüft, wie in Hinsicht der Prüfung im Französischen unter Nr. 4. vorgeschrieben ist.

Anm. 2. Die Abiturienten, welche sich dem Studium der Theologie oder Philologie widmen wollen, haben Behufs der mündlichen Prüfung im Hebräischen eine Stelle aus einem der historischen Bücher des Alten Testaments zu übersetzen und grammatisch zu analysiren.

Anm. 3. Durch tieferes Eingehen in diej. Unterrichts-Gegenstände, worin der eine oder der andere Abiturient mehr als das Geforderte glaubt leisten zu können, ist auch bei der mündlichen Prüfung der im §. 16. Anm. 3. angenommene Fall zu berücksichtigen.

---

1) Zu §. 23. Nr. 2. u. 3. Gelesene Stellen aus den Dichtern, nicht gelesene aus den Prosaikern. C. R. v. 29. Jan. 1835 bei §. 18.

2) Zu §. 23. Nr. 5. Vgl. die Schlußnote zu §. 16. und Nr. 7. in fine des C. R. v. 24. Okt. 1837. (s. o. S. 151, so wie S. 204 Note 2.)

§. 24. (Beschränkung der Gegenstände der mündlichen Prüfung.) Der pflichtmäßigen Beurtheilung der Prüfungs-Komm. wird anheim gestellt, die mündliche Prüfung in dem einen oder dem andern der im §. 23. genannten Unterrichts-Gegenstände zu beschränken, wenn die Examinanden in dens. bereits durch ihre schriftlichen Arbeiten den Forderungen genügt haben. [1]) Für solche und ähnliche Fälle gilt die Regel, daß bei der mündlichen Prüfung vorzüglich die Unterrichts-Gegenstände herauszuheben sind, über welche sich die Examinanden in ihren schriftlichen Arbeiten nicht hinreichend ausgewiesen haben, oder in welchen von dem einen oder dem andern Examinanden besondere Auszeichnung zu erwarten ist.

§. 25. (Protokoll über die mündliche Prüfung.) Ueber den ganzen mündlichen Prüfungsakt wird ein genaues Protokoll auf gebrochenen Bogen geführt;

---

1) Zu §. 24. C. R. des Min. der G., U. u. Med. Ang. (Eichhorn) v. 15. Juli 1841 an sämmtl. K. Prov. Schulkolleg. und abschriftl. an sämmtl. K. wissenschaftl. Prüfungs-Komm.

Nach der bisherigen Erfahrung lassen sich auch die besseren Schüler in den Gymnas. selten überzeugen, daß es zum Bestehen der Prüfung der zur Universität Abgehenden nur eines regelmäßigen Fleißes bedarf, und beharren bei der irrigen Meinung, daß den Anforderungen der Prüfung derj. am sichersten genüge, welcher das letzte Jahr in Prima zur Wiederholung anwendet und das früher Erlernte dem Gedächtnisse einprägt. So bringen die Schüler die Zeit, wo sie ihre Schulbildung vollenden sollten, entweder in übermäßigen Anstrengungen, oder ausschließlich mit Beschäftigungen hin, die jene Bildung nicht befördern können. Um dem störenden Einflusse zu begegnen, den diese verkehrte Ansicht der Schüler von den Anforderungen des Regl. und die unter der Jugend allgemein verbreitete Furcht vor der Abiturienten-Prüfung auf die wissenschaftl. Ausbildung der Schüler zu äußern droht, halte ich für zweckmäßig, daß von jetzt an bei den Abiturienten-Prüfungen folgendes Verfahren beobachtet werde: 1) Die Prüfungs-Komm. muß bei der Prüfung, wie sie in dem Regl. vorgeschrieben ist, von der Voraussetzung ausgehen, daß jeder Schüler, der mit den nöthigen Vorkenntnissen in die erste Klasse eingetreten ist, und während seines zweijährigen Aufenthalts in ders. in allen Lehrgegenständen regelmäßigen Fleiß gezeigt hat, sich dadurch die zum Uebergange auf die Universität erforderliche Schulbildung erworben habe. — 2) Mit den schriftlichen Prüfungsarbeiten der Abiturienten und dem über die schriftliche Prüfung geführten Protokolle sind dem K. Kommiss. sämmtliche in Prima von den Abiturienten angefertigten schriftlichen Arbeiten und die Censuren, die sie bei der Versetzung aus Sekunda und als Primaner erhalten haben, vorzulegen, wie solches bereits im §. 19. des Regl. den Dir. der Gymnas. gestattet worden ist. — 3) Denj. Abiturienten, welche nach dem durch Censuren und Klassenleistungen belegten Zeugnisse ihrer Lehrer mit den nöthigen Vorkenntnissen in Prima eingetreten sind, und während ihres Aufenthalts in ders. in allen Lehrgegenständen einen regelmäßigen Fleiß bethätigt haben, kann der K. Kommiss., wenn ihre schriftlichen Prüfungsarbeiten genügend ausgefallen sind, auf den einstimmigen Antrag der übrigen Mitglieder der Prüfungs-Komm. und auf Grund der Bestimmung im §. 24. des Regl. die mündliche Prüfung in den Fächern erlassen, in welchen sie während ihres Aufenthalts in Prima stets vollständig befriedigt haben. — 4) Ist auf diese Weise einem Abiturienten die mündliche Prüfung theilweise erlassen, so ist solches in dem ihm zu ertheilenden Zeugnisse der Reife ausdrücklich zu bemerken, und auch in Gegenständen, in welchen er von der mündlichen Prüfung dispensirt worden, der Grad der von ihm erlangten Kenntnisse nach den Bestimmungen im §. 31. des Regl. genau und vollständig zu bezeichnen.

Das K. Prov. Schulkolleg. beauftrage ich hierdurch, den obigen Bestimmungen gemäß die Prüfungs-Kommissionen Seines Bez. mit der erforderlichen Instr. zu versehen, und auf alle zweckdienliche Weise dahin zu wirken, daß die Absicht, von welcher ich bei den vorstehenden Bestimmungen geleitet worden, wirklich erreicht, und eine lebendige und regelmäßige Theilnahme der Schüler an den Unterrichts-Gegenständen immer mehr geweckt, auch der tumultuarischen Vorbereitung zu der Abiturienten-Prüfung und der Furcht vor derselben ein Ziel gesetzt werde. (Min. Bl. d. i. V. 1841. S. 216.)

der Eingang zu diesem Protokoll, welchen der Dir. schon vor dem Anfange der Prüfung anfertigt, oder von einem der prüfenden Lehrer anfertigen läßt, enthält die Namen der gegenwärtigen Mitglieder der Prüfungs-Kommission, den Vor- und Zunamen, den Geburtsort, die Konfession, das Alter und den Aufenthalt der Examinanden im Gymnas. überhaupt, und in Prima insbes. In diesem Protokoll, welches den Gang der Prüfung vollständig nachweisen soll, wird mit Bestimmtheit und Genauigkeit bei dem Namen eines jeden Abiturienten vermerkt, worüber er geprüft, und wie er darin bestanden ist. Ehe die Berathung über das Endresultat der Prüfung anhebt, muß vor allen Mitgliedern der Prüfungs-Komm. das Protokoll sowohl über die schriftliche (§. 18.) als über die mündliche Prüfung vollständig vorgelesen werden, damit jedes Mitglied das Ganze der Prüfung noch einmal übersehen könne, ehe es seine motivirte Stimme abgiebt.

§. 26. (Berathung über den Ausfall der ganzen Prüfung, Abstimmung.) Nach Beendigung der mündlichen Prüfung treten die Examinirten ab, und es wird nun mit Rücksicht auf die vorliegenden schriftlichen Arbeiten, auf den Erfolg der mündlichen Prüfung und die pflichtmäßige, durch längere Beobachtung begründete Kenntniß der Lehrer von dem ganzen wissenschaftl. Standpunkte der Geprüften über das ihnen zu ertheilende Zeugniß die freieste Berathung stattfinden. Die Lehrer der einzelnen Fächer, welche examinirt, und die Arbeiten beurtheilt haben, geben zunächst, jeder in seinem Fache, ein bestimmtes Urtheil über die Kenntnisse des Geprüften in dem betr. Fache. Ueber dessen Annahme oder Modifikation wird alsdann berathen. Falls diese Berathung, in welcher dem Gesammteindruck, den die Prüfung jedes einzelnen Abiturienten gemacht hat [1]), in Hinsicht auf die Beurtheilung seiner Reife, ein vorzüglicher Werth beizulegen ist, zu keiner Einigung führt, wird zu einer förmlichen Abstimmung geschritten; jedes Mitglied der Prüfungs-Komm., mit Einschluß des K. Komm., hat Eine Stimme; das jüngste Mitglied der Komm. stimmt zuerst, und der K. Kommiss. zuletzt. Wenn einzelne Mitglieder beim Abstimmen finden, daß das Votum eines andern Mitgliedes besser begründet sei, als dasj., welches sie selbst schon ausgesprochen haben, so können sie ihr früheres Votum zurücknehmen, und ein neues definitives geben. Sind die Stimmen für und wider gleich, so giebt die Stimme des K. Komm. den Ausschlag. Sieht ders. sich bei der Stimmensammlung über einen Geprüften noch vor der Abgabe seines Votums überstimmt, so hat er die Befugniß, sich selbst vom Votiren zu entbinden, und entweder den durch die Stimmenmehrheit gefaßten Entschluß ohne Weiteres zu bestätigen, oder dems., wenn er seiner Ueberzeugung widerspricht, seine Bestätigung zu verweigern. Im letzteren Falle ist die Bekanntmachung des Beschlusses der Prüfungs-Komm. auszusetzen, und sind die schriftlichen Arbeiten, nebst dem Prüfungs-Protokolle, unter Anführung der Weigerungsgründe des K. Kommiss., der vorgesetzten Behörde zur Entscheidung vorzulegen.

§. 27. (Censur.) Bei der Berathung nach der mündlichen Prüfung wird aus den Schul-Censuren der vier letzten Semester zugleich ein allgemein. Urtheil über den Fleiß, das sittliche Betragen und die Charakter-Reife der Abiturienten abgefaßt, da dieses eine Stelle im Zeugnisse einzunehmen hat. [2])

§. 28. (Maaßstab für die Ertheilung des Zeugnisses der Reife.) Als leitende Richtschnur bei der Schlußberathung dienen folgende Bestimmungen: Das Zeugniß der Reife ist zu ertheilen:

A. wenn der Abiturient

1) das Thema für den Aufsatz in der Muttersprache in seinen wesentlichen Theilen richtig aufgefaßt und logisch geordnet, den Gegenstand mit Urtheil entwickelt, und in einer fehlerfreien, deutlichen und angemessenen Schreibart dargestellt, überdies einige Bekanntschaft mit den Haupt-Epochen der Literatur seiner Muttersprache gezeigt hat. Auffallende Verstöße gegen die Richtigkeit und Angemessenheit des Ausdrucks, Unklarheit der Gedanken, und erhebliche Vernachlässigung der Rechtschreibung und der Interpunktion begründen gerechte Zweifel über die Befä-

---

1) Zu §. 26. Vgl. Nr. 7. des C. R. v. 24. Okt. 1837. (s. o. S. 151.)

2) Zu §. 27. Hierbei hat der K. Kommissar. keine Stimme: C. R. v. 29. Jan. 1835 bei §. 18.

higung des Abiturienten; [1]) — wenn im Lateinischen seine schriftlichen Arbeiten ohne Fehler gegen die Grammatik und ohne grobe Germanismen abgefaßt sind, und einige Gewandheit im Ausdrucke zeigen, und er die weniger schwierigen Reden und philosophischen Schriften des Cicero, sowie von den Geschichtsschreibern den Sallust und Livius und von den Dichtern die Eklogen und die Aeneide Virgil's und die Oden des Horaz im Ganzen mit Leichtigkeit versteht, sicher in der Quantität ist, und über die gewöhnlichen Versmaaße genügende Auskunft geben kann; — 3) wenn er in Ansehung der Griechischen Sprache in der Formenlehre und den Hauptregeln der Syntax fest ist, und die Iliade und Odyssee, das 1. und 5. bis 9. Buch des Herodot, Xenophon's Cyropädie und Anabasis, sowie die leichteren und kürzeren Platonischen Dialoge, auch ohne vorhergegangene Präparation versteht; — 4) wenn im Französischen seine schriftliche Arbeit im Ganzen fehlerlos ist, und er eine in Rücksicht auf Inhalt und Sprache nicht zu schwierige Stelle eines Dichters oder Prosaikers mit Geläufigkeit übersetzt; — 5) wenn er eine deutliche und wohlbegründete Kenntniß der christlichen Glaubens- und Sittenlehre, verbunden mit einer allgem. Uebersicht der Geschichte der christlichen Religion, nachgewiesen; [2]) — 6) wenn er in Hinsicht auf die Mathematik, Fertigkeit in den Rechnungen des gemeinen Lebens nach ihren auf die Proportionslehre gegründeten Prinzipien, Sicherheit in der Lehre von den Potenzen und Wurzeln und von den Progressionen, ferner in den Elementen der Algebra und der Geometrie, sowohl der ebenen als körperlichen, Bekanntschaft mit der Lehre von den Kombinationen und mit dem binomischen Lehrsatze, Leichtigkeit in der Behandlung der Gleichungen des ersten und zweiten Grades, und im Gebrauche der Logarithmen eine geübte Auffassung in der ebenen Trigonometrie, und hauptsächlich eine klare Einsicht in den Zusammenhang sämmtlicher Sätze des systematisch geordneten Vortrages gezeigt hat; — 7) wenn er in Hinsicht der Geschichte und Geographie dargethan hat, daß ihm die Umrisse der Länder, das Flußnetz in dens. und eine orographische Uebersicht der Erdoberfläche, im Großen und einem klaren Bilde geordnet, auch ohne Karte gegenwärtig sind, er in der politischen Erdbeschreibung nach ihren wesentlichen Theilen bewandert, und der Umrisse des ganzen Feldes der Geschichte kundig ist, besonders sich eine deutliche und sichere Uebersicht der Geschichte der Griechen und Römer, sowie der Deutschen, und namentlich auch der Brandenburgisch-Preußischen Geschichte zu eigen gemacht hat; — 8) wenn er endlich in Betreff der Physik eine klare Einsicht in die Hauptlehren über die allgem. Eigenschaften der Körper, die Gesetze des Gleichgewichts und der Bewegung, über Wärme, Licht, Magnetismus und Elektrizität gewonnen, und sich in der Naturgeschichte eine hinreichend begründete Kenntniß der allgem. Klassifikation der Naturprodukte erworben hat; — 9) für den künftigen Theologen und Philologen tritt noch die Forderung hinzu, daß er das Hebräische geläufig lesen könne, und Bekanntschaft mit der Formenlehre und den Hauptregeln der Syntax darlege, auch leichte Stellen aus einem historischen Buche des Alten Testaments oder einen Psalm in's Deutsche zu übersetzen vermöge. (Vgl. §. 42.)

B. Um jedoch schon auf der Schule der freien Entwickelung eigenthümlicher Anlagen nicht hinderlich zu werden, ist auch dem Abiturienten das Zeugniß der Reife zu ertheilen, welcher in Hinsicht auf die Muttersprache und das Lateinische den unter A. gestellten Forderungen vollständig entspricht, außerdem aber entweder in den beiden alten Sprachen oder in der Mathematik bedeutend mehr als das Geforderte leistet, wenn auch seine Leistungen in den übrigbleibenden Fächern nicht völlig den Anforderungen entsprechen sollten. [3])

C. Obwohl die Neigung mancher Schüler, welche einzelne Unterrichts-Gegenstände in den Gymnas. mit Gleichgültigkeit treiben, weil sie dieselben für ihren künftigen Beruf weniger nöthig oder gar entbehrlich halten, keinesweges begünstigt werden soll: so können doch, namentlich bei dem schon vorgerückten Alter einzelner Abiturienten, Fälle eintreten, wo nicht nur die Billigkeit, sondern auch das Inter-

---

1) Zu §. 28. Nr. 1. und 2. Vgl. Nr. 4. des R. v. 26. Sept. 1384 und die Anl. a. dazu bei §. 5., sowie das C. R. v. 29. Jan. 1835 bei §. 18.

2) Zu §. 28. Nr. 5. Vgl. die Schlußnote zu §. 16. und §. 23. Nr. 5.

3) Zu §. 28. B. Vgl. §. 31. Anm. 4. und C. R. v. 29. Jan. 1835 bei §. 18.

esse des K. Staatsdienstes erheischt, bei der Frage über die Reife zu den Universitäts-Studien, auch das Fach, dem die Abiturienten sich widmen wollen, zu berücksichtigen, und hiernach die Entscheidung abzumessen. Für solche Fälle, die als Ausnahmen von der Regel ausdrücklich zu bemerken und besonders zu rechtfertigen sind, wird es der pflichtmäßigen Beurtheilung der Prüfungs-Komm. überlassen, auch einem solchen Abiturienten, welcher in einigen Prüfungs-Gegenständen, die nicht die nothwendige Grundlage seines künftigen Studiums ausmachen, hinter den unter A. gestellten Forderungen zurückgeblieben ist, das Zeugniß der Reife zuzusprechen, wenn er in Hinsicht auf die Muttersprache, das Lateinische und noch zwei der übrigen Prüfungs-Gegenstände, die zu seinem künftigen Berufe in näherer Beziehung stehen, nach dem einstimmigen Urtheile der Prüfungs-Komm., das unter A. Geforderte leistet. [1])

Anm. Die Schüler des Großhzgth. Posen, deren Muttersprache das Polnische ist, haben in allen Fällen auch in der Deutschen Sprache das unter A. Nr. 1. Geforderte zu leisten, weil denen, die sich durch die Universitäts-Studien für den höheren Staatsdienst heranbilden wollen, die hinreichende Kenntniß der Deutschen Sprache unerläßlich ist.

D. Wer endlich auch nicht einmal den unter C. gestellten Anforderungen genügt hat, ist als noch nicht reif zu den Universitäts-Studien zu betrachten. [2])

§. 29. (Mittheilung des Resultats an die Geprüften.) Nachdem von der Prüfungs-Komm., den in den §§. 11. 27. und 28. enthaltenen Bestimmungen gemäß, das jedem einzelnen Abiturienten zu ertheilende Zeugniß ausgemittelt, die Beschlußnahme in das Protokoll (§. 26.) aufgenommen, und das letztere von sämmtlichen Mitgliedern der Prüfungs-Komm. unterzeichnet ist, werden die Geprüften in das Zimmer zurückgerufen, und der K. Kommiss. macht ihnen das über sie gefällte Urtheil in der Art bekannt, daß sie im Allgem. erfahren, ob ihre Leistungen für ein Zeugniß der Reife genügt haben oder nicht. Denen, welche für reif erklärt sind, ist anzukündigen, daß sie die Schule mit dem Schlusse des Semesters verlassen, und zur Universität abgehen können. Denen aber, welche noch nicht für reif erachtet sind, wird der Rath ertheilt, die Schule noch eine Zeit lang zu besuchen, falls Hoffnung da ist, daß sie dadurch das Fehlende werden einbringen können. Nach Ablauf eines halben Jahres können sie sich zu einer nochmaligen Prüfung (§. 6.) melden, um sich das Zeugniß der Reife zu verdienen. Liegt die Ursache von dem ungenügenden Ausfalle der ersten Prüfung in dem Mangel an natürlichen Anlagen, so hat der Dir. in Verbindung mit den übrigen Lehrern auch jetzt noch, wie sie es schon früher zu thun verpflichtet waren, die Wahl eines andern Berufs dringend anzurathen. Bleiben solche für nicht reif Erklärte bei ihrer Absicht, die Universität zu beziehen, so ist auch ihnen auf ihr Verlangen das Ergebniß ihrer Prüfung in einem Zeugnisse auszufertigen. [3])

§. 30. (Abfassung des Zeugnisses.) Auf den Grund des Prüfungs-Protokolls (§§. 18. 25.) und der Censurbücher (§. 27.) wird in Deutscher Sprache das Zeugniß im Konzept vom Dir. ausgefertigt, und sämmtlichen Mitgliedern der Prüfungs-Komm. zur Mitzeichnung vorgelegt, demnächst in der Reinschrift zuerst von dem K. Kommiss. unterzeichnet und untersiegelt, worauf es an das betr. Mitglied des Scholarchats, Ephorats oder Kuratoriums, jedoch nur zur Unterschrift gelangt. Dann versieht solches der Dir. mit dem Insiegel der Schule und seiner Namensunterschrift, welche letztere endlich auch von den übrigen Mitgliedern der Prüfungs-Komm. beigefügt wird. [4])

---

1) Zu §. 28. C. vergl. die Note zum §. 31., so wie unten S. 277 über die Wirkung eines Zeugnisses der Reife nach B. oder C. §. 33.

2) Zu §. 28. D. vgl. C. R. v. 29. Jan. 1835 bei §. 18.

3) Zu §. 29. Ueber die Wiederholung der Prüfung vergl. C. R. v. 29. Jan. 1835 bei §. 18., und insbes. über die Fälle, in denen eine solche mehrmals gestattet ist, C. R. v. 5. Mai 1846 bei §. 39.

4) Zu §. 30. Ueber die Gebühren für Schulzeugnisse bestimmt für die Prov. Westphalen das R. des Min. d. G., U. u. Med. Ang. (Nikolovius) v. 17. April 1838 an das K. Prov.-Schulkolleg. zu Münster.

Auf den Antrag des K. Prov.-Schulkolleg. in dem Ber. v. 20. v. M. will

§. 31. (Form des Zeugnisses.) Bei der Ausfertigung des Zeugnisses [1]), welches eine sorgfältig ausgeführte Charakteristik des Abiturienten, nach seiner sittlichen Führung, seinen Fähigkeiten und deren Entwickelung, enthalten muß, ist folgendes Schema zu beobachten:

Zeugniß der Reife
für
den Zögling des Gymnasiums zu ....
N. N. (Vor- und Zunamen)

aus ...... (Geburtsort) .. Jahr alt ...... (Konfession) Sohn des ...
... (Namen und Stand des Vaters) zu .... (Wohnort desselben) [resp. unter der Vormundschaft des .... (Namen des Vormundes) zu .... (Wohn-

---

das unterz. Min. in Betreff der Gebühren für Schulzeugnisse bei den Gymn., Progymnas. und höheren Bürgerschulen der dortigen Prov., hierdurch Folgendes bestimmen: 1) Alle Zeugnisse, welche ein Gymnas., Progymnas oder eine höh. Bürgersch. einem Schüler während seines Aufenthalts auf der Schule, oder unmittelbar bei dem Abgange von ders. ausstellt, sollen gebührenfrei ausgefertigt werden. — 2) Dagegen darf für Zeugnisse, welche ein ehemaliger Schüler von der Anstalt fordert, sowie für Duplikate früher ausgestellter Zeugnisse 1 Thlr. an Gebühren, für den Dir. oder denj. Klassenlehrer, welchem er die Ausfertigung überträgt, gefordert werden. — 3) Für Zeugnisse, welche Schüler zur Erlangung eines Familien-Stipendiums nachsuchen, ist gleichfalls 1 Thlr. an Gebühren mit gleicher Bestimmung zu zahlen, wofern der Schüler nicht zu den Freischülern gehört. — 4) Für die Abit.-Zeugnisse bei den Gymnas. und für die Entlassungs-Zeugnisse bei den höh. Bürgersch. sind 15 Sgr. an Kopialien zu zahlen, welche demj. zukommen, welcher die Reinschriften der Zeugnisse anfertigt. — 5) Wenn endlich bei den Abit.- und Entlass.-Prüfungen außerdem noch ein Beitrag an die Schulkasse bisher statutenmäßig gezahlt ist, so verbleibt es auch ferner bei diesem Beitrage. (A. XXII. S. 361.) — Hinsichtlich des Stempels bestimmt ein C. R. der Min. f. Handel, Gew. u. ö. A. und d. Fin. v. 1. Juni 1850. daß, da nach Pos. „Atteste" im Stempel-Tarif alle Zeugnisse stempelfrei sind, Die ausgestellt werden, um auf ihren Grund ein amtliches Attest ausfertigen zu lassen, auch die Schulzeugnisse Behufs der Feldmesserprüfung frei sein müssen, insofern dieselben nur dazu dienen, um auf Grund derselben das amtliche Attest über die Befähigung als Feldmesser zu erhalten. (M. Bl. d. i. V. 1838. S. 193.) — Das hier ausgesprochene Prinzip wird analoge Anwendung auf ähnliche Fälle gestatten. — Ueber die Gebühren bei Prüf. von Nicht-Schülern s. §. 41.

1) Zu §. 31. Im Allgem. sind über die Form der Abgangszeugnisse noch folgende Vorschriften ergangen:

a) In Betreff der Warnung vor verbotenen Verbindungen hatte ein C. R. des Min. d. G., U. u. Med. Ang. v. 8. Febr. 1836 an sämmtl. K. Reg. besondre Bekanntm. des Bundesbeschl. v. 14. Nov. 1834, (G. S. 1835. S. 287.) über die zur Immatrikulation erforderl. Zeugnisse angeordnet (A. XX. S. 120.), und ein zweites C. R. dess. Min. von dems. Tage an sämmtl. K. Prov.-Schulkolleg. bestimmt, daß die Gymnas. Dir. die Abit. auf diesen Bundesbeschluß aufmerksam machen, und Notiz darüber auf das Abgangszeugniß setzen sollten (Kam. Zeit. S. 468.). Dies ist aufgehoben durch C. R. des Min. d. G., U. u. Med. Ang. (v Ladenberg) v. 22. Juli 1848 an sämmtl. Prov.-Schulkolleg.:

Der Verf. v. 8. Febr. 1836., wodurch das K. Prov.-Schulkolleg. beauftragt war, zu veranlassen, daß die Art. 1., 2. u. 4. des Bundesbeschlusses v. 14. Nov. 1834 (G. S. 1835. S. 287—289.) durch eine unter die Abit.- und Maturitäts-Zeugnisse zu setzende, darauf verweisende Notiz in Erinnerung gebracht werden, ist von jetzt an in Folge der Aufhebung der sogen. Ausnahmegesetze des deutschen Bundes keine weitere Folge zu geben. (M. Bl. d. i. V. 1848. S. 223.)

b) Ueber die Ausfertigung des Zeugnisses für den Fall, daß Dispensationen von der mündl. Prüfung bei einzelnen Gegenständen statt gefunden haben, vergl. Nr. 4. des C. R. v. 15. Juli 1841 bei §. 24.

ort desselben)] war . . Jahre auf dem Gymnas. in . . . . . (Ort) . . Jahre in der ersten Klasse.

I. Sittliche Aufführung gegen Mitschüler, gegen Vorgesetzte und im Allgemeinen.

Anm. 1. Unter dieser Rubrik ist die Gesetzlichkeit, Anständigkeit und Sittlichkeit des Betragens überhaupt, nicht bloß innerhalb der Schule und im Verhältnisse zu Vorgesetzten und Mitschülern, sondern auch außerhalb ders., zu würdigen, und auf den Grund der bisherigen Schul-Censuren das Urtheil aus der ganzen bisherigen Führung des Abiturienten so abzuleiten, daß der Grad seiner sittlichen Tüchtigkeit und Charakterreife so deutlich als möglich erkannt werde.

II. Anlagen und Fleiß. [1])

Anm. 2. Behufs der Würdigung des Fleißes des Abiturienten, ist die stattgehabte oder vermißte Regelmäßigkeit im Schulbesuche, die bewiesene Aufmerksamkeit und Theilnahme an allen oder einzeln namhaft zu machenden Unterrichts-Gegenständen, und die Ordnungsliebe, Sorgfalt und Pünktlichkeit nicht nur in den Schulleistungen, sondern auch in den Privatarbeiten zu erwähnen.

III. Kenntnisse und Fertigkeiten.

1) Sprachen:
   a) in der Deutschen,
   b) in der Lateinischen,
   c) in der Griechischen,
   d) in der Französischen u. s. w.

2) Wissenschaften:
   a) Religions-Kenntnisse,
   b) Mathematik,
   c) Geschichte und Geographie,

---

1) Zu §. 31. Nr. II. des Schemas. C. R. des Min. d. G., U. u. M. Ang. (Eichhorn) v. 14. Okt. 1841 an das Prov.-Schulkolleg. der Mark Brandenburg, so wie abschr. an sämmtl. übr. K. Prov.-Schulkolleg.

Der Ber., welchen das K. Prov.-Schulkolleg. unter d. 7. v. M. wegen der in einigen Schulabgangs-Zeugnissen unterlassenen Aeußerungen über Fleiß und Anlagen der Schüler erstattet hat, veranlaßt mich zu folgenden Eröffnungen.

Durch §. 31. des Regl. ist keinesweges vorgeschrieben, daß die Prüfungs-Kommissionen in den für die Abit. auszustellenden Abgangs-Zeugnissen das Maaß ihres Talents in einer besondern Rubrik beurtheilen sollen; vielmehr ist in dem §. 31. die bei Ausfertigung der Zeugnisse zu beobachtende Rubrik II. ausdrücklich durch „Anlage und Fleiß" bezeichnet, und dadurch zur Genüge angedeutet, daß nicht blos einseitig die natürl. Anlage, sondern auch zugleich der Fleiß der Abit. gewürdigt, und das Verhältniß der Anlagen zu dem Fleiße, wie des Fleißes zu den Anlagen beurtheilt werden soll. An den zu einer solchen Beurtheilung erforderl. Daten kann es den Mitgliedern der Prüf.-Kommissionen bei ihrer langjähr. Bekanntschaft mit den betreff. Schülern nicht fehlen, und ist von ihrem pädagog. Takte und ihrer gereiften Einsicht mit Grund zu erwarten, daß sie bei Abfassung ihres Urtheils über das gegenseitige Verhältniß der Anlagen und des Fleißes der Abit. alle Aeußerungen zu vermeiden wissen werden, welche in den betreff. Abit. einerseits ein eitles und falsches Selbstvertrauen hervorrufen, oder andererseits eine Muthlosigkeit verursachen könnten. Das K. Prov.-Schulkolleg. fordere ich daher auf, hiernach die Prüf-Kommissionen mit der erforderl. Anweisung zu versehen, und ihnen bei Ausfertigung der Zeugnisse der Abit. eine genaue Befolgung der desfallsigen, im §. 31. des Regl. enthaltenen Vorschriften für die Zukunft zur Pflicht zu machen. Was endlich die Ausfertigung der Prüf.-Zeugnisse für diejen. betrifft, welche ein ausländisches Gymn. besucht haben, oder aus Privat-Unterricht und nicht unmittelbar von einem inländ. Gymn. zur Universität übergehen wollen; so ist aus den, von denselben beizubringenden Zeugnissen ihrer bisherigen Lehrer über ihre Anlagen und ihren bis dahin bewiesenen Fleiß das Erforderliche in das Prüf.-Zeugniß zu übernehmen, und falls die Zeugnisse ihrer bisher. Lehrer hierüber keine näheren Data enthalten, solches in den Prüf.-Zeugnissen ausdrücklich zu bemerken. (M. Bl. d. i. V. 1841. S. 278.)

d) Physik und Naturbeschreibung,
e) Philosophische Propädeutik u. s. w.

3) Fertigkeiten:
a) Zeichnen } worüber das Urtheil nach den vorgelegten Zeichnungen des letzten Semesters und nach dem Zeugnisse des Gesanglehrers abzugeben ist.
b) Gesang

Anm. 3. Die von dem Abiturienten in den einzelnen Fächern erlangten Kenntnisse sind nicht durch einzelne Wörter, wie vorzüglich, sehr gut u. s. w. zu bezeichnen, sondern die Ergebnisse der schriftlichen und mündlichen Prüfung sind nach Anleitung des Prüfungs-Protokolls vollständig und in der Art aufzuführen, daß sich daraus deutlich ersehen läßt, ob und in wie weit der Abiturient in jedem einzelnen Gegenstande den gesetzlichen Anforderungen genügt, oder mehr als das Geforderte geleistet hat.

Anm. 4. In allen Fällen, wo die im §. 28. B. enthaltene Bestimmung auf den Abiturienten angewandt ist, sind nicht nur die Unterrichts-Gegenstände, in welchen er mehr als das Geforderte geleistet hat, sondern auch die, in welchen er hinter den Anforderungen zurückgeblieben ist, in dem Zeugnisse genau nach dem Ergebnisse der Prüfung zu bemerken. Eben so sind in dem Zeugnisse dessen, welchem in Folge der Bestimmung im §. 28. C. die Reife zuerkannt ist, die näheren Gründe, durch welche die Prüfungs-Komm. bei ihrem Beschlusse geleitet worden, ausdrücklich anzugeben, und die Unterrichts-Gegenstände besonders hervorzuheben, in welchen der Abiturient nicht genügend bestanden ist.[1])

Die unterz. Prüfungs-Komm. hat ihm demnach, da er jetzt das hiesige Gymnas. verläßt, um Theologie, Rechts- und Kameralwissenschaft, Arzneikunde, Philologie u. s. w. zu studiren, das Zeugniß

der Reife

ertheilt, und entläßt ihn unter (den dem betr. Abiturienten angemessenen Belobungen, Hoffnungen, Wünschen, Empfehlungen).

. . . . . . den . . ten . . . . . . 18 . .

Königl. Prüfungs-Kommission.

(Siegel des Königl. Kommissarius.)

N. N. Königl. Kommissarius.

(Siegel der Schule.)

(gez.) N. N. Direktor.
N. N. Oberlehrer u. s. w.

Das Zeugniß der Nichtreife wird nur auf ausdrückliches Verlangen des Geprüften oder seiner Angehörigen ausgefertigt, nach obigem Schema, jedoch mit

---

1) Zu §. 31. Anm. 4. Angabe des Fachs in der Ueberschrift: C. R. des Min. der G., U. u. Med. Ang. (Eichhorn) v. 12. Mai 1847 an sämmtliche K. Prov. Schulkolleg.

Von einzelnen Abiturienten ist zu dem Zwecke, daß ihre in der Entlassungs-Prüfung bewiesenen Leistungen nach §. 28. C. beurtheilt werden möchten, ein bestimmtes Fach, z. B. das Forstfach, die Theologie u. s. w. als dasj. bezeichnet worden, welchem sie sich auf der Universität zu widmen entschlossen seien, während die später erfolgte Meldung zur Immatrikulation ergeben hat, daß die frühere Angabe eines bestimmten Faches nicht ohne die Absicht zu täuschen erfolgt ist. Um für die Folge dergl. Versuche wirkungslos zu machen, bestimme ich hierdurch, daß in allen denj. Fällen, in welchen die Reife in Folge §. 28. C. zuerkannt wird, nicht bloß die Zuerkennung der Reife in der im §. 31. Anm. 4. angegebenen Weise erfolge, sondern daß auch in der Ueberschrift der Ausdruck „Zeugniß der Reife" durch Angabe „des Faches", für welches die Reife zuerkannt worden ist, vervollständigt werde, damit die Immatrikulations-Kommissionen bei den K. Universitäten, welche einen solchen Studirenden nur bei derj. Fakultät immatrikuliren können, welcher das von ihm gewählte Fach angehört, sogleich in der Ueberschrift die auf ein bestimmtes Fach beschränkte Reife angegeben finden. Auch der spätere Uebergang solcher Studirenden in eine andere Fakultät bleibt von dem Nachweise der erworbenen Reife, ohne deren bisherige Beschränkung auf ein bestimmtes Fach, abhängig. (Min. Bl. d. i. V. 1847. S. 257.)

Weglassung des Zusatzes der Reife in der Ueberschrift, und statt des Schlusses wird gesetzt: Es hat ihm hiernach in der Prüfung vom . . ten . . . . 18 . . das Zeugniß der Reife nicht zuerkannt werden können.

§. 32. (Einhändigung des Zeugnisses und Entlassung.) Die Zeugnisse werden den Abgehenden erst bei der Entlassung vom Dir. eingehändigt; bis dahin haben sie den Schulunterricht unausgesetzt zu besuchen, und sich der gewöhnlichen Schulordnung zu unterwerfen. [1]) Die Entlassung der Abgehenden ist in jedem Gymnas. entweder beim Schlusse der öffentlichen Schulprüfung oder bei andern in den verschiedenen Anstalten üblichen öffentlichen Feierlichkeiten vorzunehmen, und es ist darauf zu halten, daß jeder von der Schule mit dem Zeugnisse der Reife zur Universität Abgehende dabei anwesend sei. Hier werden alle für reif erklärten und die Schule wirklich verlassenden Schüler genannt, mit Ueberreichung der ihnen ausgefertigten Zeugnisse. [2]) Diese Feierlichkeit zweckmäßig einzurichten, so daß sie auf die abgehenden und zurückbleibenden Schüler, sowie auf das Publikum, die beabsichtigte Wirkung äußere, und die Entlassung der Schüler selbst nach der Individualität eines jeden und nach dem Inhalte seines Zeugnisses zu modifiziren, wird der einsichtigen Beurtheilung der Dir. überlassen. [3]) In den jährlichen Schulpro-

---

1) Zu §. 32. Sonst kann noch Aenderung des Zeugnisses erfolgen: C. R. v. 29. Jan. 1835 bei §. 18.

2) Zu §. 32. Zeitige Aushändigung des Zeugnisses oder beglaubter Abschrift davon an Abiturienten zu den militair-ärztlichen Bildungsanstalten in Berlin (mediz. chirurg. Akademie und mediz. chirurg. Friedr. Wilh. Institut, vgl. v. Rönne und H. Simon, Medizinalwesen I. S. 316 flg.): C. R. des Min. d. G., U. u. M. Ang. (Eichhorn) v. 4. Dec. 1845 an sämmtl. K. Prov.-Schulkollegien.

Der Chef des Militair-Medizinalwesens hat darauf angetragen, daß im Einklang mit der, die Dauer der Universitäts-Ferien betreff. Allerh. Bestimm. und den auf Grund ders. eintretenden früheren Anfang der Studien-Semester auch der Termin der Abit.-Prüfungen der Gymnas. vorgerückt werde oder wenigstens die Aushändigung der Abgangs-Zeugnisse an die Abit. früher erfolge, damit die nur zwei Mal im Jahre stattfindende und umfassende Vorbereitungen erheischende Aufnahme der Studirenden der hiesigen militair-ärztl. Bildungsanstalten ebenfalls rechtzeitig bewirkt werden und der Neuaufgenommene schon zum Beginne der Vorlesungen hier eintreffen könne. Indem ich das K. Prov.-Schulkolleg. von diesem Antrage zur geneigten Berücksichtigung in Kenntniß setze, veranlasse ich Dass., jeden Falls die Dir. der Gymnas. Seines Bez. zu beauftragen, Falls die Einhändigung der Maturitäts-Zeugnisse bei der öffentlichen Schlußprüfung nicht früh genug sollte erfolgen können, diej. Abit., welche sich zur Aufnahme in die hiesigen militair-ärztl. Bildungsanstalten, insbes. das hiesige K. Friedr. Wilh. Institut, melden wollen, vorläufig mit einer beglaubigten Abschrift des Abgangs-Zeugnisses zu versehen. (M. Bl. d. i. V. 1845. S. 346.)

3) Zu §. 32. Ueber Schulaktus bestimmt das C. R. des Prov.-Schulkolleg. zu Magdeburg v. 15. Okt. 1833 an sämmtl. Dir. der Gymnas.

In der, den Dir. der Gymnas. unterm 1. Dec. 1827 gegebenen Instrukt. §. 16 ist verordnet, daß die öffentl. Redeübungen oder Schulaktus nicht mit den Schulprüfungen verbunden, sondern, wenn sie Statt haben, besonders veranstaltet werden. Wir finden uns veranlaßt, diese Verordnung auch auf die feierliche Entlassung der Abiturienten auszudehnen, und zu bestimmen, mit ders. jenen Schulaktus gleichfalls nicht zu verbinden, sondern dieselbe für sich allein zu vollziehen. Der Zweck solcher feierl., für Abit. und die Bleibenden gleich wichtigen Handlung erfordert es, sie im Sinne und im Charakter einer religiösen Schulfeierlichkeit zu begehen, um den letzten Worten, welche Theilnahme und Liebe an die aus dem traulichen Kreise der Schule Scheidenden richten, einen um so wohlthätigern Eingang in das Gemüth zu öffnen; namentlich würde die Einladung eines größern Publikums zu einer solchen Feierlichkeit nicht an ihrem Platze sein. Wenn zu anderer Zeit Redeübungen oder Schulaktus veranstaltet werden, so müssen diese der Würde einer gelehrten Unterrichts- und Bildungsanstalt zusagen, und es muß Alles, was einer theatral. wohl gar mit Aenderung des gewöhnl. Anzuges verbundenen Unterhaltung ähn-

grammen sind Namen und Geburtsort der Geprüften und für reif Erklärten nebst Angabe der Zeit ihres Aufenthaltes in Prima, des ihnen ertheilten Zeugnisses, des gewählten Fakultäts-Studiums und der Universität, welche sie zu besuchen gedenken, aber ohne weiteren Zusatz [1]) aufzuführen.

§. 33. (Wirkungen des Zeugnisses der Reife [2]) in Bezug auf das Universitäts-Studium und auf Zulassung zu den Fakultäts- und Staats-Prüfungen.) Nur die mit dem Zeugnisse der Reife Versehenen sollen: 1) auf inländischen Universitäten als Studirende der Theologie, Jurisprudenz und Kameral-Wissenschaften, der Medizin und Chirurgie und der Philologie angenommen, und als solche bei den betr. Fakultäten inskribirt; [3]) — 2) zu den Prüfungen Behufs der Erlangung einer akademischen Würde bei einer inländischen Fakultät; [4]) — 3) sowie später-

---

lich wäre, davon gänzlich ausgeschlossen bleiben, worauf schon der oben angef. Paragraph hinweiset. Dagegen mögen gute dialogisirte Stücke, die dem richtig aufgefaßten Zwecke eines Schulaktus förderlich sind, allerdings ausgewählt und für die Darstellung auf zweckmäßige Weise eingeübt werden. (A. XVII. S. 962.)

1) Zu §. 32. Auch nicht nach dem Grade ihrer Leistungen geordnet: C. R. v. 29. Jan. 1835 bei §. 18.

2) Zu §. 33. Ausgedehnt auf die Abgangs-Zeugnisse Gräfl. Stolbergscher Benefiziaten im Pädagog. zu Ilfeld durch C. R. des Min. d. G., U. u. Med. Ang. (Eichhorn) v. 14. Mai 1842 an sämmtl. K. Reg. Bevollm. und an die K. Universität.

Mit dem Besitz eines Theils der Grafschaft Hohenstein ist für das gräfl. Haus Stolberg das auf Verträgen mit der Krone Hannover, welcher das in der gen. Grafschaft liegende vormalige Stift Ilfeld jetzt allein und unmittelbar unterworfen ist, beruhende Recht verbunden, von den Freistellen auf dem Pädagogium zu Ilfeld, deren gegenwärtig 16 sind, die Hälfte, mithin 8 zu besetzen, wovon die Grafen zu Stolberg-Stolberg und Stolberg-Roßla jeder 2 vergeben, während 4 von dem Grafen zu Stolberg-Wernigerode abhängen. Vorzugsweise sind es junge Leute aus den Grafsch. des Hauses, die mit diesen Freistellen bedacht werden. Des Königs Maj. haben mittelst Allerh. O. v. 13. April d. J. zu genehmigen geruhet, daß, so lange die begründete Ueberzeugung vorhanden ist, daß das Pädagog. in Ilfeld sich auf einem wissenschaftl. Standpunkte befindet, welcher dem der diesseit. gel. Schulen gleich ist, und mithin Abiturienten entläßt, welche den diesseits an die Abit. vorschriftsmäßig zu machenden Anforderungen entsprechen, den von den Benefiziaten des gräfl. Hauses Stolberg auf dem Pädagog. zu Ilfeld erlangten Abgangs-Zeugnissen der Reife dieselben Wirkungen beigelegt werden dürfen, welche im §. 33. des Regl. v. 4. Juni 1834. den Zeugnissen der Reife der von diesseitigen Schulen Entlassenen beigelegt sind. In Folge dieser Allerh. Bestimmung ist veranlaßt worden, daß dem Direktorium des Pädagog. in Ilfeld in den Abgangs-Zeugnissen der betreff. Schüler der Anstalt ausdrücklich bemerkt wird, daß die Inhaber der Zeugnisse Benefiziaten des gräfl. Hauses Stolberg seien, indem nur auf diese die Allerhöchst genehmigte ausnahmsweise Maaßregel sich erstreckt. (M. Bl. d. i. V. 1842. S. 194.)

3) Zu §. 33. Nr. 1. Vgl. §. 39. — Auch ein Zeugniß der Reife nach §. 28. B. oder C. berechtigt zur Immatrikulation: R. des Min. d. G., U. u. M. Ang. v. 30. März 1837 an den K. Reg. Bevollm. bei der Univ. zu Königsberg.

Auf Ew. Ber. v. 14. d. M. bemerkt das unterz. Min., wie in dem Regl. v. 4. Juni 1834 keineswegs vorgeschrieben ist, daß als Studirender der Medizin und Chirurgie bei einer medizin. Fakul. nur derj. inskribirt werden kann, der sich nach der Bestimmung im §. 28. A. des Regl. das Zeugniß der Reife erworben hat. Vielmehr ist im §. 33. des Regl. zum Studium der Med. und Chir. nur das Zeugniß der Reife verlangt, und dabei absichtlich unbestimmt gelassen, ob dieses Zeugniß den Forderungen im §. 28. sub Lit. A., oder B., od. C. entspricht. rc. (Koch, Univ. Bd. 2. S. 401.)

Für letztern Fall vgl. wegen des Ueberganges von einer Fakultät zur andern das C. R. v. 12. Mai 1847 bei §. 31. Anm. 4.

4) Zu §. 33. Nr. 2. Schon früher war zur medizin. Doktorprüfung das

hin zu den angeordneten Prüfungen Behufs der Anstellung in solchen Staats- und Kirchenämtern, zu welchen ein drei- oder vierjähriges Universitäts-Studium nach den bestehenden gesetzlichen Vorschriften erforderlich ist, zugelassen werden. [1])

§. 34. (Desgl. in Bezug auf öffentliche Stipendien.) Auch sollen die öffentlichen Benefizien für Studirende, worin immer sie bestehen mögen, und ohne Unterschied, ob sie Königlich sind oder von Kommunen, oder andern Korporationen abhangen, nur an solche Studirende konferirt werden, welche das Zeugniß der Reife besitzen. [2]) Privat- oder Familienstiftungen können hierdurch nicht beschränkt werden. Die K. Prov. Schulkolleg. und die K. Reg., sowie alle den Gymnas. vorgesetzte Behörden, haben mit Strenge dahin zu sehen, daß die K. oder anderweitige öffentliche Stipendien und Benefizien Keinem ertheilt werden, bevor er das vorschriftsmäßige Examen abgelegt, und sich das Zeugniß der Reife erworben hat. Auch werden sämmtliche Kollatoren öffentlicher Stipendien und Benefizien hierdurch angewiesen, alljährlich ein Verzeichniß ders. und ihrer Perzipienten mit der Bemerkung, ob sie das erforderliche Zeugniß der Reife erhalten haben, den betr. K. Reg. einzuschicken, welche befugt sein sollen, bei illegalem Verfahren die Kollation aufzuheben. Die Universitäten sollen gleiche Verzeichnisse der Stipendien und Benefizien, deren Kollation ihnen zusteht, und ihrer Perzipienten dem unterz. Min. einreichen.

§. 35. (Bedingungen zur Verstattung der Immatrikulation für die Nichtreifen.) Um das Abgehen der zur Zeit noch für nicht reif erklärten Schüler nicht unbedingt zu verbieten, ist auch solchen, die in der Maturitäts-Prüfung nicht bestanden sind, zwar die Aufnahme und Immatrikulation bei den inländischen Universitäten auf den Grund selbst des Zeugnisses der Nichtreife zu gestatten. Sie werden aber so lange, bis sie sich ein Zeugniß der Reife erworben haben, nur bei der philosophischen Fakultät in einem besondern für sie anzulegenden Album und nicht für ein bestimmtes Fakultätsfach inskribirt. In ihrer Matrikel ist ausdrücklich zu bemerken, daß sie wegen mangelnden Zeugnisses der Reife nicht zu einem bestimmten Fakultäts-Studium zugelassen worden. [3])

Zeugniß I. oder II. erfordert: C. R. des Min. d. G., U. u. M. Ang. v. 23. Juli 1825, dreifach, an die Fak., an die Konf. und an die wissenschaftl. Prüf.-Komm. (A. IX. S. 658, 659, 660.). Eingeschärft durch R. dess. Min. v. 21. Febr. 1832. (v. Rönne u. H. Simon, Medizinalwesen, Bd. 1. S. 349.)

1) Zu §. 33. Nr. 3. Auch früher schloß das Zeugniß Nr. III. von den Staatsprüfungen aus. Vgl. in Betreff der Theologen, und zwar der kathol.: die durch R. des Oberpräs. v. Westphalen v. 20. Okt. 1820 bekannt gemachte Verf. des Staatsmin. v. 31. Juli 1820 (A. IV. S. 765.) und R. des Min. d. G., U. u. Med. Ang. v. 25. Nov. 1826 an den K. Reg. Bevollm. zu Bonn (Koch, Univ. II. S. 359.), — der evang.: C. dess. Min. v. 31. Okt. 1833 an die K. Univ. (ib. S. 363.), — in Betreff der Juristen: R. des Justiz-Min. v. 30. Dec. 1831 (Jahrb. Bd. 38. S. 388. Gräff, Bd. 6. S. 491.) und C. R. des Min d. G., U. u. M. Ang. v. 11. Febr. 1832 an sämmtl. Prov.-Schulkolleg. (A. XVI. S. 929.); die obige Bestimmung des Regl. wurde vom Justiz-Min. den O. L. G. besonders zur Nachachtung bekannt gemacht durch R. v. 6. Sept. 1834. (Jahrb. Bd. 44. S. 106. Gräff, Bd. 8. S. 370.)

2) Zu §. 34. S. §. 133. des Anh. zu A. L. R. II. 12. in der folg. Abth. — Nach §. 24. der Instr. v. 1812 gab nur das Zeugniß Nr. I. oder II. Anspruch auf Benefizien, doch sollten Bittsteller mit Nr. I. vorzugsweise berücksichtigt werden. Vergl. Publ. der Reg. zu Erfurt v. 27. Aug. 1823, welches zugleich auf Grund eines R. des Min. d. G., U. u. M. Ang. v. 29. Aug. 1822 ankündigte, „daß alle Stipendien, bei welchen der Besuch einer auswärtigen Univ. nicht ausdrückliche Stiftungsbedingung sei, nur auf Preuß. Univ. bezogen werden sollen." (A. VII. S. 628.) — Darüber, daß auch zu den Honorarstunden als Bedingung das Zeugniß der Reife erfordert wird, vergl. die folg. Abth. von den Hochschulen. Laut Bek. v. 11. Sept. 1845 (M. Bl. d. i. V. 1845. S. 261.) gilt Letzteres auch für die Eleven des chirurg. pharmazeut. Instituts in Berlin.

3) Zu §. 35. Ueber die Immatrikulation überhaupt, von welcher in diesem und den folg. Paragraphen gehandelt wird, vergl. auch die folg. Abth. von den Hochschulen. Hier bleibt zu bemerken:

§. 36. (Bedingungen zur Verstattung der Immatrikulation für die gar nicht Geprüften.) Damit denen, welche gar keine Maturitäts-Prüfung bestanden, und beim Besuche einer inländischen Universität nur die Absicht haben, sich eine allgem. Bildung für die höheren Lebenskreise oder eine besondere für ein gewisses Berufsfach zu geben, ohne daß sie sich für den eigentlichen gelehrten Staats- oder Kirchendienst bestimmen, nicht die Gelegenheit vorenthalten werde, welche die Universi-

---

a) wegen Immatrikulation Nichtreifer im Allgem. C. R. v. 3. Dec. 1841 bei §. 36.

b) Ausschluß der nach §. 35. Immatrikulirten von andern als zur philosoph. Fakultät gehörigen Vorlesungen: R. des Min. d. G., U. u. M. Ang. v. 31. Okt. 1834 an die K. Univ. zu Greifswald.

Auf die Anfrage des 2c. v. 10. v. M., betr. den §. 35. des neuen Regl. für die Prüfung 2c. erwidert das Min. Folgendes: In dem §. 35. des gedachten Regl. ist ausdrücklich vorgeschrieben, daß die zur Zeit noch für nicht reif erklärten Schüler so lange, bis sie sich ein Zeugniß der Reife erworben haben, zu einem bestimmten Fakultätsstudium nicht zugelassen werden sollen. Hieraus folgt von selbst, daß sie auch von dem Besuche der zu den drei ersten Fakultäten gehörigen Vorlesungen ausgeschlossen werden müssen. Diese Absicht des Min. liegt auch der im §. 39. enthaltenen Bestimmung zum Grunde, daß das abzuhaltende gesetzliche Triennium und resp. Quadriennium bei solchen, mit dem Zeugniß der Nichtreife zur Universität Gegangenen erst von dem Zeitpunkte ab gerechnet werden soll, wo sie das Zeugniß der Reife erhalten haben. Es ist also denj., welche zur Zeit noch für nicht reif erklärt worden sind, der Zutritt zu den Vorlesungen, die innerhalb des Kreises eines bestimmten Fakultätsstudiums liegen, unbedingt zu versagen, so lange sie zu der Klasse der im §. 35. Bezeichneten gehören, und nicht etwa auf die im Regl. bestimmte Weise in die Kathegorie derer übertreten, von welchen der §. 36. handelt, und dann den gar nicht Geprüften beigezählt werden, für welche das Universitäts-Studium keine öffentliche Bedeutung hat, und welche darum der fraglichen öffentlichen Kontrole nicht unterliegen. (Koch, Univ. II. S. 385.)

c) Im Widerspruch damit: Zulassung der nach §. 35. u. 36. Immatrikulirten zu den Vorlesungen bei den übrigen Fakultäten: R. des Min. d. G., U. u. M. Ang. v. 14. Mai 1838 an den Reg. Bevollm. bei der Univ. N.

Das unterz. Min. hält es nicht für thunlich, nach Ew. Antrage in dem Ber. v. 2. v. M. zu bestimmen, daß die auf den Grund der Bestimmungen im §. 35. und 36. des Prüfungs-Regl. bei der philosophischen Fakultät inskribirten Studirenden auch nur zu dem Besuche der philosophischen Vorlesungen befähigt seien, theils weil auch bei den übrigen Fakultäten Vorlesungen Statt finden können, deren Besuch zur Erreichung des besondern Zwecks, zu welchem solche nicht Reife oder gar nicht Geprüfte die Universität bezogen haben, förderlich ist, theils weil statutenmäßig allen Studirenden, welche bei der Universität einmal immatrikulirt worden, das Recht zu dem Besuche aller Vorlesungen nach ihrer freien Wahl zusteht. Eben so wenig kann das Min. für nöthig erachten, noch besonders anzuordnen, daß in dem Universitäts-Abgangszeugnisse solcher ohne das Zeugniß der Reife Immatrikulirten ausdrücklich bemerkt werde, daß dasselbe keine Berechtigung zum Eintritt in den Staatsdienst gebe; indem bei einer gewissenhaften Beachtung der Bestimmungen im §. 33. Nr. 3., §. 39. und §. 40. des Regl. die K. Behörden, die beim Eintritt in den Staatsdienst zu entscheiden haben, über den in jedem einzelnen Falle zu fassenden Beschluß nicht wohl in Zweifel sein können. Uebrigens ist durch die Bestimmung im §. 40. des ged. Regl. nicht, wie Ew. vorauszusetzen scheinen, die bloße Beziehung auf die §§. 35. oder 36. für die Universitäts-Abgangszeugnisse vorgeschrieben; vielmehr soll in den letzteren die Angabe des Abiturienten-Zeugnisses, mit welchem die Studirenden auf die Universität gekommen sind, resumirt werden Aus dieser letzteren Bestimmung folgt von selbst, daß in den Universitäts-Abgangszeugnissen der Studirenden, die ohne das vorschriftsmäßige Zeugniß der Reife zur Immatrikulation zugelassen worden sind, solches ausdrücklich muß bemerkt werden. (Koch, Univ. II. S. 405.)

d) Ueber Wiederholung der Prüfung vergl. §. 39.

tät für ihren Zweck darbietet, so behält sich das unterz. Min. vor, diesen auf den Grund eines von ihnen beizubringenden Zeugnisses über ihre bisherige sittliche Führung zur Immatrikulation bei den inländischen Universitäten, sowie zur Inskription bei den philosophischen Fakultäten, eine besondere Erlaubniß zu ertheilen. Jedoch ist in ihrer Matrikel der bestimmte Zweck, zu welchem sie ohne vorherige Maturitäts-Prüfung mit besonderer Erlaubniß des Min. die Universität besuchen, ausdrücklich anzugeben. [1])

---

1) Zu §. 36. Ueber die Immatrikulation nach §. 36. und über die Zulassung zu akadem. Vorlesungen ohne Immatrikulation bestimmen:

a) C. R. des Min. d. G., U. u. M. Ang. (Eichhorn) v. 3 Dec. 1841 an sämmtl. K. Reg. Bevollm. bei den Univ. (außer Berlin).

Ew. theile ich in der Anl. (a.) Abschrift einer Verf., welche ich heute an die Immatrikulations-Komm. der hiesigen Univers. erlassen habe, zur Kenntnißnahme und mit der Veranlassung mit, solche der Immatrikulations-Komm. der dortigen Univ. zur Beachtung zugehen zu lassen.

Anl. a.

Der Immatrikulations-Komm. bei der K. Univ. hieselbst kommunizire ich beigehend eine Vorstellung des N. (Buchhalters und Geschäftführers in der N. N.schen Buchhandlung hieselbst) v. 10. v. M., worin ders. bittet, ihn zur Immatrikulation bei der hies. Univ. zuzulassen, um sich durch den Besuch der geeigneten Vorlesungen eine tüchtige Vorbildung Behufs der Führung eines eigenen Geschäfts erwerben zu können. Dieses Gesuch gibt mir Veranlassung, der Immatrikulations-Komm. zunächst im Allgem. bemerklich zu machen, daß zur Vermeidung zu weit führender Exemplifikationen, so wie im Interesse der akadem. Disziplin und der Studirenden, welchen die richtigen Begriffe von dem Werthe ihrer Korporation und von ihrer Bestimmung für die Ausbildung zu einem höheren wissenschaftl. Leben beiwohnen, die Immatrikulationen der Inländer auf diej. Fälle zu beschränken sind, in welchen die bestehenden Vorschriften solche ausdrücklich zulassen. Die Immatrikulation kann demnach nur stattfinden: 1) bei denen, welche das Zeugniß der Universitätsreife vorschriftsmäßig erworben haben, — 2) bei denen, welche sich der Maturitäts-Prüfung unterworfen haben, in ders. aber nicht bestanden, und 3) bei denj., welche gar keine Maturitäts-Prüfung bestanden, und beim Besuche der Univers. nur die Absicht haben, sich eine Bildung für die höheren Lebenskreise, oder eine besondere für ein gewisses Berufsfach zu geben, indem sie auf eine Anstellung im eigentl. gelehrten Staats- oder Kirchendienst verzichten. — Die Immatrikulation der zu 2. u. 3. genannten Studirenden erfolgt unter den, im Prüf.-Regl. §. 35. u. 36. vorgeschriebenen besondern Bestimmungen, und in Bezug auf diej., welche zu der unter Nr. 2. aufgeführten Kathegorie gehören, kommt wegen der Berechnung der Zeit des Trienniums, resp. Quadrienniums, die Vorschrift des §. 39. des geb. Regl. zur Anwendung.

Alle Inländer, welche zu den erwähnten drei Klassen nicht gehören, dürfen nicht immatrikulirt, sondern zu den Vorlesungen nur zugelassen werden, wenn die betreff. Dozenten solches gestatten wollen und der Hr. Rektor die akadem. Erlaubniß zur Zulassung zu den Vorlesungen ertheilt hat. (R. v. 30. Juli 1830 u. 29. Dec. 1836. Anl. b. u. c.) Es folgt hieraus von selbst, daß, den Bestimmungen der Statuten der hies. Univ. v. 31. Okt. 1816. Abschn. VI. §. 5. und Abschn. VIII. §§. 5. u. 6. gemäß, von der Immatrikulation ganz ausgeschlossen und nur zum Hören der Vorlesungen unter obigen Bedingungen zuzulassen sind: 1) alle Staatsdiener und Militairpersonen, — 2) alle, welche einer andern Bildungsanstalt angehören, — 3) alle, welche einen Gewerbeschein lösen, oder nach der jetzigen Gewerbesteuer-Gesetzgebung zur Gewerbesteuer verlangt werden müssen, so wie von dem Hören der Vorlesungen gänzlich ausgeschlossen sind, alle diej., welche nicht denjen. Grad geistiger Bildung haben, welchen die Studirenden haben sollen, namentlich Gymnasiasten und Schüler.

Was nun das Gesuch des N. betrifft, so muß ich mit Rücksicht auf die angef. Bestimmungen Anstand nehmen, ihn zur Immatrikulation zuzulassen, denn er gehört nicht zu denen, welche sich nach §. 36. des Prüf.-Regl. eine Bildung für die höheren Lebenskreise oder für ein besonderes Berufsfach erst durch Vor-

§. 37. (Vorschriften in Betreff der Immatrikulation.) Zur Immatrikulation auf einer K. Preuß. Universität und bei der akademischen Lehranstalt in Münster ist somit für Inländer, sie mögen von einem inländischen oder ausländischen Gymnas., oder aus Privatunterricht (§. 41.) oder nach schon begonnenem akademischen Studium von einer Universität des In- oder Auslandes kommen, die Beibringung des von einer inländischen Prüfungs-Komm. ausgestellten Zeugnisses über die Reife oder Nichtreife des Immatrikulanden, oder einer besondern Erlaubniß des unterz. Min. erforderlich. In Fällen, wo ohne ein solches Zeugniß, oder ohne eine solche

---

bereitung zu dems. aneignen wollen, sondern er hat ein solches Berufsfach bereits ergriffen, gehört einem bestimmten Stande an und ist daher nicht geeignet, der Klasse der Studirenden beigesellt und deren Gerichtsstande unterworfen zu werden. Dagegen ist er, unter Anwendung obiger Bestimmung, zu denen zu zählen, denen der Besuch der Vorlesungen mit Rücksicht auf ihre Bildungsstufe unbedenklich gestattet werden kann. Demgemäß ist er, unter Voraussetzung der Genehmigung des Hr. Rektors und der Einwilligung der betreff. Dozenten, zu denj. Vorlesungen, welche er Behufs der weiteren Ausbildung für seinen Beruf zu hören wünscht, zuzulassen. Der Immatrikulations-Kommission überlasse ich, den N. hiernach baldigst zu bescheiden.

Berlin, d. 3. Dec. 1841.

Der Min. d. G., U. u. M. Ang. Eichhorn.

An
die Immatrikulations-Komm. bei der K. Univ. hieselbst.

Anl. b.

Zur Beseitigung der Zweifel, welche zufolge des von Ew. unterm 10. d. M. erstatteten Ber. über die Zulassung der von der förml. Immatrikulation befreiten Personen entstanden sind, die den Vorlesungen der Lehrer der dortigen Universität nicht blos einige Male, sondern auf die längere Zeit, wofür die über einen Monat hinausgehende anzunehmen ist, als Hospites — ohne Unterschied, ob unentgeldlich, oder gegen Honorar — beiwohnen, bestimmt das Min. auf den Grund des R. v. 1. April 1828 hiermit, daß solche Hospites sich dazu vorgängig bei dem jedesmal. Rektor der Univ. zu melden, und dems. die zu ihrer Legitimation nöthigen Papiere vorzulegen, und von ihm die unentgeldlich auszufertigende akadem. Erlaubniß zu dem von ihnen gewünschten Zutritt zu den Vorlesungen nachzusuchen haben, und daß sie nur gegen Vorzeigung dieser Erlaubniß von den einzelnen Prof. zu den Vorlesungen zugelassen werden können. Der Rektor hat dem Hospitanten dabei zu eröffnen, daß ders. in Beziehung auf die von ihm besuchten Vorlesungen und die aus deren Benutzung entstehenden Verhältnisse den Universitätsges. und Anordn. unterworfen sei. Sollte der Hospitant sich gegen den Rektor nicht völlig legitimiren können, oder bei dem letzteren sonst ein Bedenken über die Zulassung des ersteren zu den Vorlesungen obwalten, so hat der Rektor die Bestimmung des K. außerordentl. Reg. Bevollm. einzuholen, welchem er auch übrigens jedesmal die einem Hospitanten ertheilte Erlaubniß zur Theilnahme an den Vorlesungen anzuzeigen hat. Das Minist. beauftragt Ew. diese näheren Erläuterungen des Eingangs ged. R. dem Rektor und Senat, und durch einen von Zeit zu Zeit zu erneuernden Anschlag am gewöhnl. Orte gemeinkundig zu machen.

Berlin, d. 30. Juli 1830.

Min. d. G., U. u. M. Ang. v. Altenstein.

An
den K. außerordentl. Reg. Bevollm. bei der Univ. Bonn.

Anl. c.

Auf den Ber. v. 10. d. M., betr. die Zulassung der Predigtamts-Kand. N. zu den Vorlesungen auf der hies. Univ. ohne vorgängige Immatrikulation, fertigt das Min. dem Hr. Rektor und dem Senat der Univ. beifolgend eine Abschrift der diesseits am 30. Juli 1830 erlassenen Verf. zu, worin das zu beobachtende Verfahren vorgeschrieben ist, welches jeder Zulassung zu den akadem. Vorlesungen auf längere, über einen Monat hinausgehende Zeit vorangehen muß. Den Hr. Rektor und den Senat der K. Univ. veranlaßt das Min. hierdurch, dieselbe Bestimmung auch hier in Berlin eintreten zu lassen, und deshalb das

Erlaubniß des Min., die Immatrikulation eines Inländers vollzogen worden, soll nicht nur die Matrikel zurückgenommen, sondern auch an dem Rektor oder Prorektor, welcher dieselbe ertheilt hat, diese Kontravention nach Befinden der Umstände gerügt werden.

§. 38. (Einsendung der halbjährlichen Listen der Immatrikulirten.) Jede Universität und die akademische Lehranstalt in Münster hat halbjährlich im Dec. und im Juni eine genaue Liste der bei ihr immatrikulirten Inländer, mit Angabe der Schule, welche sie besucht, oder bei welcher sie, falls sie durch Privatunterricht gebildet sind, die Maturitäts-Prüfung bestanden haben, der Art des erhaltenen Zeugnisses und des Fachs, dem sie sich widmen, an das unterz. Min. einzureichen. In dieser Liste sind die Studirenden, welche auf ein Zeugniß der Nichtreife, oder

---

Nöthige auf geeignetem Wege zur öffentl. Kenntniß zu bringen, event. aber die Bedenken dagegen anzuzeigen.

Berlin, d. 29. Dec. 1836.

Min. d. G., U. u. M. Ang. v. Altenstein.

An
den Rektor und Senat der Univ. zu Berlin.

(M. Bl. d. i. V. 1841. S. 326.)

b) Im Gegensatz zu der vorstehend für Hospitanten erforderten akademischen Erlaubniß des Rektors war den Dozenten unbeschränkte Freiheit in Zulassung nicht immatrikulirter Zuhörer zugeschrieben im C. R. des Min. der G., U. u. M. Ang. v. 13. Nov. 1834 an den Reg. Bevollmächtigten bei der Universität zu Königsberg und abschriftl. an sämmtl. K. Universitäten.

In dem §. 36. des Regl. ist nur von einem förmlichen Besuche inländischer Universitäten, und von der zu diesem Ende in Anspruch genommenen Immatrikulation und resp. Inskription bei der philosophischen-Fakultät die Rede. Es liegt somit am Tage, daß der vorged. §. sich nicht auf solche Personen bezieht, welche neben ihrem sonstigen Berufe einzelne Vorlesungen bei der Universität besuchen wollen, ohne deshalb auf das akademische Bürgerrecht Anspruch zu machen, und es ist also durch die fraglichen Bestimmungen des ged. Regl. die den Prof. und Dozenten der inländischen Universitäten bisher gegönnte Freiheit, auch Personen, welche nicht immatrikulirt, oder überhaupt nicht immatrikulationsfähig sind, zu ihren Vorlesungen zuzulassen, gar nicht beschränkt. (A. XIX. S. 401.)

c) Die dem Min. vorbehaltene Befugniß, im Falle des §. 36. die Erlaubniß zur Immatrikulation zu ertheilen, welche in Bezug auf Berlin schon durch R. v. 29. Nov. 1837 (Koch, Univ. II. S. 404) dem dortigen Reg. Bevollmächtigten übertragen worden war, wurde allgemein sämmtl. Reg. Bevollmächtigten verliehen durch C. R. des Min. der G., U. u. Med. Ang. (Eichhorn) v. 9. Okt. 1844.

Nach §. 36. des Prüfungs-Regl. hat sich das Min. vorbehalten, denj. jungen Männern, welche gar keine Maturitätsprüfung bestanden haben, jedoch zur Erwerbung einer höheren allgem. Bildung eine Universität zu besuchen wünschen, die Erlaubniß zur Immatrikulation zu ertheilen. Ich finde es angemessen, diese dem Min. vorbehaltene Befugniß den H. Reg. Bevollmächtigten, jedoch mit Vorbehalt des Widerrufs, zu delegiren, ermächtige demnach Ew., über dergl. Gesuche um Zulassung zur Immatrikulation unter Beachtung der sonstigen im angeführten §. 36. enthaltenen Bestimmungen zu entscheiden, und bemerke nur, daß der §. 36. cit. auch auf die von höheren Bürgerschulen mit einem Zeugniß der Reife entlassenen Schüler Anwendung findet. (Min. Bl. d. i. V. 1844. S. 287.)

d) Ueber die Zulassung der nach §. 36. Immatrikulirten zu speziellen Fachvorlesungen s. die in der Note zu §. 35. sub b. und c. gegebenen R.; über ihren Verzicht auf Anstellung im Staatsdienst und über die Maturitätsprüfung Solcher vergl. C. R. v. 5. Mai 1846 bei §. 39. — Auch vor dem Regl. v. 4. Juni 1834 wurden vom Min. d. G., U. u. M. Ang. Dispensationen von der Maturitätsprüfung in den jetzt im §. 36. zusammengefaßten Fällen ertheilt. Gesuche darum sollten stets vor Anfang des Semesters beim Reg.-Bevollm. eingereicht werden: R. des Min. d. G., U. u. M. Ang. v. 25. Dec. 1828, mitgeth. durch Publ. des Reg. Bevollm. zu Bonn v. 20. Jan. 1829. (A. XIII. S. 99.)

in Folge einer besondern Erlaubniß des Min. immatrikulirt, und bei der philosophischen Fakultät inskribirt worden, getrennt von den übrigen aufzuführen.

§. 39. (Spätere Erwerbung des Maturitäts-Zeugnisses.) Denen, welche mit dem Zeugnisse der Nichtreife die Universität bezogen haben, und den Wirkungen dieses Zeugnisses entgehen, oder sich die Ehre eines vortheilhafteren Zeugnisses erwerben wollen, soll es vergönnt sein, auch während ihres Besuchs der Universität, noch einmal aber nicht öfter die Maturitäts-Prüfung bei einem Gymnas., dessen Wahl ihnen überlassen bleibt, nachzusuchen, und sich noch nachträglich ein Zeugniß der Reife zu erwerben. [1]) Uebrigens versteht es sich, daß solchen nicht im Kreise

---

1) Zu §. 39. Ueber Wiederholung der Prüfung pro maturitate in den Fällen der §§. 29. 35. 41., und über die Prüfung der nach §. 36. Inskribirten bestimmt

a) C. R. des Min. der G., U. u. Med. Ang. (Eichhorn) v. 5. Mai 1846 an sämmtl. K. Prov. Schulkolleg. und abschriftlich an sämmtl. K. Kuratoren 2c.

Da ich aus mehrfachen Gesuchen wegen Wiederholung der Prüfung pro maturitate entnommen habe, daß die in §§. 35., 36. und 39. des Regl. enthaltenen Bestimmungen nicht gleichmäßig aufgefaßt und angewendet werden, so sehe ich mich veranlaßt, durch nachfolgende Erläuterungen eine gleichmäßige Anwendung der bezeichneten §§. herbeizuführen, durch welche einestheils eine gründliche Vorbildung für die Universitätsstudien befördert, anderntheils der Besuch der Universitäten auch denen nicht unbedingt versagt sein sollte, welche sich ein Zeugniß der Reife nicht erworben haben. Da diese Reife am sichersten auf den für den Besuch der Universitäten vorbereitenden öffentlichen Lehranstalten gewonnen werden kann, so ist

1) denj. Gymnasiasten der Prima einer Anstalt, welche zur Prüfung pro maturitate zugelassen worden sind, aber ein Zeugniß der Nichtreife erhalten haben, die Wiederholung der Prüfung in jedem späteren Termine zu gestatten, so lange sie Schüler des Gymnas. bleiben, oder das Gymnas. zwar verlassen, jedoch die Universität nicht beziehen. — 2) Auch diej., welche sich durch Privatunterricht oder auf ausländischen Gymnas. für die Prüfung vorgebildet haben, können dieselbe mehrere Male wiederholen, so lange sie die Universität nicht beziehen, vielmehr ihre Privatstudien zu genügenderer Vorbildung fortsetzen. — 3) Diej., welche die Universität mit dem Zeugnisse der Nichtreife bezogen haben, und nach den Bestimmungen des §. 35. bei der philosophischen Fakultät inskribirt worden sind, können nach §. 39. während ihres Besuches der Universität die Maturitäts-Prüfung nur einmal, aber nicht öfter, wiederholen. — 4) Alle, welche die Universität beziehen und bei ders. Vorlesungen hören, ohne zuvor sich einer Maturitäts-Prüfung unterworfen zu haben, später aber sich ein Zeugniß der Reife erwerben wollen, können unter allen Umständen nur zweimal, aber nicht öfter zur Prüfung pro maturitate zugelassen werden. Insofern dieselben nach den in §. 36. enthaltenen Bestimmungen bei der philosophischen Fakultät inskribirt sind und darüber, daß sie eine Anstellung im eigentlichen gelehrten Staats- und Kirchendienst nicht beabsichtigen, eine schriftliche Erklärung abgegeben haben, können dieselben zur Prüfung pro maturitate, durch welche sie, der abgegebenen Erklärung ungeachtet, zur Anstellung im eigentlichen gelehrten Staats- und Kirchendienste sich die Bahn eröffnen könnten, nur mit Genehmigung des Min. der G., U. u. Med. Ang. zugelassen werden, welche sowohl der betr. Prüfungs-Komm., als auch später bei der Immatrikulation als maturi und dem damit verknüpften Beginn eines akademischen Trienniums, resp. Quadrienniums, vorzulegen ist.

(An sämmtl. Kuratoren, resp. außerordentl. Reg. Bevollmächtigte der K. Universitäten und der Akademie zu Münster, und an den Rektor u. Senat der Friedr. Wilhelm-Universität zu Berlin.)

Abschrift vorstehender Verf. theile ich Ew. zur Kenntnißnahme und weiteren Veranlassung mit dem Bemerken mit, daß alle diej., welchen nach §. 36. des Prüfungs-Regl. in Folge der allgem. Ermächtigung von Seiten der H. außerordentlichen Reg. Bevollmächtigten die besondere Erlaubniß zur Inskription bei der philosophischen Fakultät ertheilt wird, schriftlich und zwar am angemessensten zum Protokoll zu erklären haben, daß sie eine Anstellung im eigentlichen gelehr-

der Schule, sondern nur vor der Prüfungs-Komm. des betr. Gymnas., das Zeugniß, welches ihnen auf den Grund einer nochmaligen Maturitäts-Prufung ertheilt worden, einzuhändigen ist. Das von ihnen abzuhaltende gesetzliche Triennium und resp. Quadriennium wird aber, wenn sie nicht eine desfallsige Dispensation des betr. K. Min. beibringen können, in der Regel erst von dem Zeitpunkte ab gerechnet, wo sie das Zeugniß der Reife erhalten haben.[1])

§. 40. (Vorschrift in Bezug auf die Abgangszeugnisse der Universitäten.) Den Universitäten, und namentlich deren Rektoren oder Prorektoren und Dekanen,

---

ten Staats- und Kirchendienst nicht beabsichtigen. Dens. ist auch zugleich bei Ertheilung jener Erlaubniß schriftlich oder zum Protokoll zu eröffnen, daß, wenn sie später sich zum Beginn des akademischen Trienniums, resp. Quadrienniums, ein Zeugniß der Reife zu erwerben gesonnen sein sollten, die Zulassung zur Prüfung pro maturitate von der Beibringung der Erlaubniß des Min. der G., U. u. Med. Ang. abhängig bleibe, welchen Falls der Kandidat dereinst, seiner Erklärung ungeachtet, im höheren Staats- oder Kirchendienst angestellt zu werden beabsichtigt, nur ausnahmsweise und aus besonders erheblichen Gründen werde ertheilt werden. (Min. Bl. d. i. V. 1846. S. 81.)

b) C. R. v. 31. Juli 1834 (s. o. S. 258—259 Note 4.), welches an Prüfungs- und Zeugnißgebühren 10 Thlr. fordert.

c) Das C. R. des Min. der G., U. u. Med. Ang. v. 18. Febr. 1831 an sämmtl. wissenschaftl. Prüfungs-Komm. (A. XV. S. 91) und das R. dess. Min. v. 7. März 1832 an das Prov. Schulkolleg. zu Königsberg (A. XVI. S. 930) beschränkte bereits die Wiederholung der Prüfung der unreif zur Universität Abgegangenen auf ein Mal und zwar innerhalb einer Frist von 18 Mon. nach der Immatrikulation.

1) Zu §. 39. Vgl. R. v. 31. Okt. 1834 bei §. 35., so wie das bei §. 33. alleg. R. des Just. Min., welches auch diese Bestimmung des Regl. einschärft. Daß keine Dispensationen mehr ertheilt werden würden, sprechen aus

a) hinsichtlich der Mediziner das C. R. des Min. der G., U. u. Med. Ang. v. 14. Juli 1837 (v. Rönne und H. Simon, Medizinalwesen, I. S. 350);

b) hinsichtlich der Juristen das C. R. des Min. der G., U. u. Med. Ang. (v. Ladenberg) v. 30. Aug. 1845 an sämmtl. K. Prov. Schulkolleg. und Reg. Bevollmächtigte bei den Universitäten.

Einer Mittheilung des H. Justizmin. zufolge wird von vielen Rechtskand. darauf angetragen, ihnen auf das akademische Triennium auch die Zeit anzurechnen, wo sie die Universität, mit dem Zeugniß der Reife noch nicht versehen, besucht haben.

Nach dem §. 39. des allgem. Prüfungs-Regl. soll das vorschriftsmäßige drei- oder vierjährige Universitäts-Studium für diej., welche die Universität ohne das Maturitäts-Zeugniß beziehen, in der Regel erst von dem Zeitpunkte ab gerechnet werden, wo sie das Zeugniß der Reife erhalten.

Dessenungeachtet sind von dem K. Justizmin. Dispensationen hiervon in der Regel bewilligt worden, wenn nur die darum Nachsuchenden nachwiesen, alle vorgeschriebenen Vorlesungen besucht zu haben. Da aber nicht zu verkennen ist, daß ein solches Verfahren das zu frühe Verlassen der Schulen zum Nachtheile einer gründlichen Vorbereitung für das Universitäts-Studium, sowie zum Schaden derj., welche mit dem Zeugnisse der Reife die Universität beziehen, begünstigt, so hat der H. Justizmin. jetzt beschlossen, dergl. Dispensationen, wenn nicht ganz besondere Gründe sie motiviren, nicht mehr zu ertheilen.

Ich gebe dem K. Prov. Schulkolleg. auf, die Gymnasial-Dir. von diesem Beschlusse des H. Justizmin. in Kenntniß zu setzen und sie aufzufordern, diej. jungen Leute, welche etwa die Gymnas. ohne das Zeugniß der Reife verlassen und die Universität beziehen wollen, um die Rechte zu studiren, in geeigneter Weise auf dens. aufmerksam zu machen.

(An die K. Reg. Bevollmächtigten der Universitäten:)

Ich veranlasse Ew., die juristische Fakultät der dortigen Universität von diesem Beschlusse des H. Justizmin. in Kenntniß zu setzen, und ihr aufzugeben, die Studirenden der Rechte in geeigneter Weise mit dems. bekannt zu machen. (Min. Bl. d. i. V. 1845. S. 296.)

wird zur Pflicht gemacht, die Immatrikulanden nicht nur unter Angabe des Prüfungs-Zeugnisses, welches sie von der Schulprüfungs-Komm. erhalten haben, in das Album einzutragen, sondern jedesmal auch in der Matrikel, so wie in den Zeugnissen, welche die Studirenden bei ihrem Abgange von der Universität erhalten, obige Angabe des Abiturienten-Zeugnisses, mit welchem sie auf die Universität gekommen sind, oder des Maturitäts-Zeugnisses, welches sie sich vielleicht nachträglich während der Universitätsjahre (§. 39.) erworben haben, zu resumiren. [1])

§. 41. (Anweisung zur Prüfung für die durch Privatunterricht oder auf ausländischen Gymnas. Gebildeten.) Diej., welche ein ausländisches Gymnas. besucht haben, oder aus Privatunterricht, und nicht unmittelbar von einem Gymnas. zur Universität übergehen, haben die Prüfung ihrer Kenntnißreife, unter Einreichung der Zeugnisse ihrer bisherigen Lehrer über ihre Studien und ihre sittliche Führung, bei der Prüfungs-Komm. eines inländischen Gymnas., dessen Wahl den Eltern oder Vormündern überlassen bleibt, schriftlich auf die im §. 6. bestimmte Art nachzusuchen, und sich den Anordnungen dieses Regl. zu unterwerfen. Jedoch ist die Prüfung derer, welche bis dahin nur Privatunterricht genossen haben, nicht mit dem Examen der zur Universität abgehenden Schüler der Gymnas. zu verbinden, sondern abgesondert anzustellen, und bei der Berathung über den Ausfall einer solchen Prüfung, ist auf den Umstand, daß die Examinanden kein Gymnas. besucht haben, und nicht von ihren bisherigen Lehrern geprüft worden, billige Rücksicht zu nehmen. Die im §. 7. enthaltene Bestimmung leidet auf diej., welche nur Privatunterricht erhalten haben, oder nachweisen können, daß seit ihrem Abgange aus der 2. Klasse eines inländischen oder ausländischen Gymnas. schon zwei Jahre verflossen sind, keine Anwendung. [2]) Für ihre Prüfung und die Ausfertigung

---

1) Zu §. 40. Dies war schon im §. 134. des Anh. zu A. L. R. II. 12., so wie im §. 25. der Instr. v. 1812 vorgeschrieben, und wurde mehrfach, namentlich in Betreff der Juristen eingeschärft. Vergl. darüber die folg. Abth. von den Hochschulen. Wegen der nach §. 35. oder 36. Immatrikulirten s. R. v. 14. Mai 1838 bei §. 35.

2) Zu §. 41. Die früher übliche Maturitätsprüf. durch die wissenschaftliche Komm. auf den Univers. verlockte vielfach dazu, die Schulprüfung zu umgehen, und vorzeitig auf die Univ. zu eilen. Um dem vorzubeugen, bestimmte das Min. d. G., U. u. M. Ang. durch die R. v. 4. Dec. 1813 (in den Nachträgen zur Instr. v. 1812. A. XIII. S. 97.) und v. 28. März 1818 (A. II. S. 370.) zunächst, daß eine Meldung bei der wissenschaftl. Prüfungs-Komm. erst ½ Jahr nach dem Abgange von der Schule zulässig sein sollte. Demnächst führte dass. durch C. R. v. 13. Mai 1825 (A. IX. S. 388.), da nur der, welcher in Prima gesessen, die Zulassung zur Maturitätsprüf. beanspruchen könne, für solche, die nicht im Stande waren, dies durch Zeugnisse zu belegen, vorläufige Tentamina ein, und bestimmte endlich durch C. R. v. 7. Juni 1828 (A. XII. S. 374.), daß die Zulassung zur Prüfung bei den wissenschaftl. Komm. erst 1 Jahr nach dem Schulabgange erfolgen dürfe.

Aehnliche Vorbeugungs-Maaßregeln sind auch nach dem neuen Regl. nothwendig geblieben. Es sind darüber folgende Anordnungen getroffen:

a) Abgegangene Primaner und Sekundaner müssen so lange warten, als wahrscheinlich ihr Gymnasial-Kursus noch gedauert hätte: Nr. 5. des R. v. 26. Sept. 1834 bei §. 5., wiederholt durch Bek. des Prov.-Schulkoll. zu Münster v. 25. Okt. 1834 (A. XVIII. S. 1018.) und nochmals vom Min. genehmigt durch R. v. 28. Aug. 1835. (A. XIX. S. 725.)

b) Dispensation hiervon kann nur in den Grenzen des §. 7. und event. nach einem vorläufigen Tentamen erfolgen:

α) C. R. des Min. d. G., U. u. M. Ang. (v. Altenstein) v. 28. Juli 1835 an das K. Prov.-Schulkolleg. zu Königsberg und abschriftl. an sämmtl. übrige Prov.-Schulkolleg.

Das Min. kommunizirt dem K. Prov. Schulkolleg. in der urschriftl. Anl. eine Vorstellung des Dir. N. v. 14. d. M., betr. die Frage, nach welcher Zeit Schüler, die aus Prima eines Gymnas. abgegangen sind, zur Maturitätsprüfung zugelassen werden können, mit dem Eröffnen, daß auch auf solche Schüler die Bestimmungen im §. 7. des Regl. v. 4. Juni v. J. Anwendung leiden.

des Zeugnisses haben sie die vorgeschriebenen, angemessenen Gebühren zu er=

Schüler, welche vor anderthalb Jahren in Prima aufgenommen, und demnächst das Gymnas. verlassen haben, um sich durch Privatunterricht für die Universität vorbereiten zu lassen, können daher nur ausnahmsweise, und wenn sie sich nach pflichtmäßiger Beurtheilung der betr. Prüfungs=Komm. durch ihre sittliche Reife, durch ihre Gesammtbildung, so wie durch ihre Kenntnisse in den einzelnen Fächern auszeichnen, schon jetzt, d. h. in den drei letzten Mon. des dritten Semesters seit ihrer Aufnahme in Prima zur Prüfung zugelassen werden. Damit die betr. Prüfungs=Komm. sich ein näheres Urtheil bilden könne, ob und wie weit solche aus Prima abgegangene Schüler der ebenged. Bedingung entsprechen, ist erforderlichen Falles mit ihnen, Behufs ihrer Zulassung zur Maturitätsprüfung, ein vorgängiges tentamen zu veranstalten, und nach dem Ausfalle dess. durch Stimmenmehrheit darüber ein Beschluß zu fassen, ob sie schon in den letzten drei Mon. ihres dritten Semesters seit ihrer Aufnahme in Prima ausnahmsweise zur Prüfung zugelassen werden können. (A. XIX. S. 722.)

β) C. R. dess. Min. v. 30. Juli 1835 an dies.

Das Min. kommunizirt dem K. Prov. Schulkolleg. in der urschriftl. Anl. eine Vorstellung des Inquisitoriats=Assessors N. v. 20. d. M., die Zulassung seines Sohnes zur Maturitätsprüfung betr. Die in der Vorstellung des N. angeführte Ansicht des Kommiss. des K. Prov. Schulkolleg., daß der Sohn des N., welcher zu Ostern v. J. aus der zweiten Klasse des dortigen Kneiphöfischen Gymnas. abgegangen ist, um sich durch Privatunterricht zur Universität vorbereiten zu lassen, erst nach Ablauf von zwei Jahren seit seinem Abgange aus der zweiten Klasse des Gymnas. zur Maturitätsprüfung zugelassen werden könne, entspricht der Bestimmung im §. 41. des Regl. v. 4. Juni v. J., welche festsetzt, daß auf diej., welche nachweisen können, daß seit ihrem Abgange aus der 2. Klasse eines inländischen oder ausländischen Gymnas. schon 2 Jahre verflossen sind, der §. 7. des ebengeb. Regl. keine Anwendung leiden soll. Bei der oben erwähnten Bestimmung im §. 41. des Regl. hat das Min. die Absicht gehabt, zu verhindern, daß Schüler, welche die 2. Klasse eines Gymnas. erreicht haben, die Schule verlassen, um sich der Abhaltung des im §. 7. des Regl. vorgeschriebenen bienii in Prima zu entziehen, und früher als ihre Mitschüler, welche den Gymnasialkursus in der Prima vollständig durchmachen, zur Maturitätsprüfung und zur Universität zu gelangen. Die Absicht des Min. würde ganz verfehlt werden, wenn diej., welche aus der 2. Klasse eines Gymnas. abgegangen sind, ohne Rücksicht auf die Zeit, welche seit ihrem Abgange vom Gymnas. verflossen ist, und unbedingt, wie der N. vermeint, zur Maturitätsprüfung müßten zugelassen werden. Bei dem Sohne des N. sind erst zu Michaelis d. J. anderthalb Jahre seit seinem Abgange vom Gymnas. verflossen, er kann also für sich die mehrged. Bestimmung im §. 41. des Regl. nicht in Anspruch nehmen, vielmehr sind auf ihn die Bestimmungen im §. 7. des Regl. in Anwendung zu bringen. Hieraus folgt, daß es lediglich der pflichtmäßigen Beurtheilung der betr. Prüfungs=Komm. anheimgestellt bleibt, ob sie den Sohn des N. in Rücksicht auf seine sittliche Reife, seine Gesammtbildung und seine Kenntnisse in den einzelnen Fächern, wovon sie sich durch ein vorgängiges tentamen die erforderliche Ueberzeugung zu verschaffen hat, schon in den drei letzten Mon. des dritten Semesters seit seinem Abgange von dem Gymnas. ausnahmsweise zur Prüfung zuzulassen für thunlich erachtet. (A. XIX. S. 723.)

c) Dispensation abgegangener Sekundaner soll nur in Fällen der Nothwendigkeit und auf vorgängige Autorisation des Min. bewilligt werden: C. R. des Min. d. G., U. u. M. Ang. v. 25. Sept. 1851 an sämmtl. K. Prov.=Schulkolleg.

Es sind bisher an mehreren Gymnas. Schüler, welche aus der Sekunda ausgetreten und seit ihrem Austritt noch nicht zwei Jahre lang Privatunterricht empfangen haben, gegen die Bestimmung des §. 41. des Abiturienten=Prüfungs=Regl. vorläufig und unter Vorbehalt meiner Genehmigung zu den schriftlichen und sogar zu den mündlichen Maturitätsprüfungen zugelassen worden. Da dieses Verfahren mit der für die Ordnung der Gymnasialstudien höchst wichtigen Vorschrift des Regl. nicht übereinstimmt und, wie die Erfahrung gezeigt hat, eine Dispensation von ders. wohl nur in den seltensten Fällen als nothwendig nach=

legen. [1])

§. 42. (Nachträgliche Prüfung der Studirenden der Theologie und Philologie im Hebräischen.) Studirende der Theologie und Philologie, welche nicht mit

---

gewiesen werden kann, so veranlasse ich das K. Prov. Schulkolleg., solche in dem Regl. nicht vorbehaltene Dispensation nicht mehr zu ertheilen und meine Autorisation dazu nur dann nachzusuchen, wenn sie durch die Nothwendigkeit gerechtfertigt zu sein scheint. Die Dir. der Gymnas. sind anzuweisen, alle Dispensations-Gesuche dieser Art abzulehnen und die betr. Aspiranten ohne ausdrückliche Ermächtigung der vorgesetzten Behörde zu den Prüfungen nicht zuzulassen. (Min. Bl. d. i. V. 1851. S. 217.)

d) Abgegangenen oder disziplinarisch entfernten Primanern wird das betreff. Semester nicht angerechnet: C. R. des Min. d. G., U. u. M. Ang. (v. Raumer) v. 11. Dec. 1851 an sämmtl. K. Prov.-Schulkolleg.

Um einerseits die Disziplin unter den Primanern aufrecht zu erhalten, und um andererseits den nicht seltenen Versuchen mittelmäßiger Primaner, durch Privatunterricht schneller, als auf dem Gymnas., zur Maturitätsprüfung zu gelangen, sowie um dem, einer gründlichen Ausbildung gewöhnlich nachtheiligen Wechsel im Besuch der Gymnas. während des Primakursus möglichst entgegen zu wirken, bestimme ich auf die, von den K. Prov. Schulkolleg. aus Anlaß der C. Verf. v. 19. Nov. v. J. erstatteten Ber., was folgt: 1) Einem Primaner, welcher im Disziplinarwege von einem Gymnas. entfernt wird, ist, wenn er an einem andern Gymnas. die Zulassung zur Maturitätsprüfung, sei es als Abiturient, sei es als Extraneer nachsucht, dasj. Semester, in welchem seine Entfernung von der Anstalt erfolgt ist, weder auf den zweijährigen Primakursus, noch auf den im §. 41. des Prüfungs-Regl. vorgesehenen zweijährigen Zeitraum anzurechnen. — 2) Nach dems. Grundsatz (ad 1.) ist zu verfahren bei der Zulassung solcher Primaner zur Maturitätsprüfung, welche ein Gymnas. willkührlich, um einer Schulstrafe zu entgehen oder aus andern ungerechtfertigten Gründen verlassen haben. Eine Ausnahme hievon und die Anrechnung des betr. Semesters ist nur mit Genehmigung des betr. K. Prov. Schulkolleg. und nur dann gestattet, wenn der Abgang von dem Gymnas. durch Veränderung des Wohnortes der Eltern oder Pflege-Eltern, oder durch andere Verhältnisse, welche den Verdacht eines willkührlichen, ungerechtfertigten Wechsels der Schulanstalt ausschließen, veranlaßt worden ist. — 4) Wenn die Prima in eine Unter- und Ober-Prima getheilt ist, so kommt bei Berechnung des zweijährigen Primakursus der Aufenthalt des Schülers in diesen beiden Klassen gleichmäßig in Betracht, wogegen der im §. 41. des Prüfungs-Regl. vorgeschriebene zweijährige Zeitraum von dem Abgang aus Ober-Sekunda zu berechnen ist, falls an dem betr. Gymnas. die Sekunda in zwei Klassen getheilt ist.

Das K. Prov. Schulkolleg. wolle diese Bestimmungen den Gymnasial-Dir. zur Nachachtung mittheilen. Zugleich sind die Dir. anzuweisen, bei der Aufnahme solcher Schüler, welche von einem Gymnas. entfernt worden sind oder dasselbe freiwillig verlassen haben, mit Vorsicht und genauer Beachtung der bestehenden Vorschriften zu verfahren. Ueber Aufnahmen der Art haben die Dir. genaue schriftliche Notizen zu führen, damit sie sich auf Erfordern über jeden einzelnen Fall ausweisen können. Die Befolgung dieser Anordnungen hat das K. Prov. Schulkolleg. genau zu kontroliren und vorkommende Zuwiderhandlungen zu rügen. (Min. Bl. d. i. V. 1851. S. 281.)

e) Ueber Wiederholung der Prüfung bestimmen: C. R. v. 5. Mai 1846 (bei §. 39.), und R. des Min. d. G., U. u. M. Ang. v. 28. Okt. 1834 an das K. Prov.-Schulkolleg. zu Stettin.

Das Min. eröffnet dem ꝛc. auf die Anfrage in dem Berichte v. 8. d. M., daß der §. 7. des neuen Abit.-Prüf.-Regl. auf solche junge Leute, welche privatim vorbereitet, in der Prüfung aber unreif befunden, noch einige Zeit in der ersten Klasse eines Gymnas. verweilen wollen, keine Anwendung findet, dieselben vielmehr, und nach Befinden des Lehrerkolleg. des betreff. Gymnas., früher als 2, oder resp. 1½ Jahre nach ihrer Aufnahme zu einer neuen Prüf. zugelassen werden können. (Koch, Univ. II. S. 385.)

1) Zu §. 41. In Betreff der Ausfertigung des Zeugnisses ist durch C. R.

der erforderlichen Kenntniß des Hebräischen (§. 28. A. 9.) die Universität bezogen, oder erst auf der Universität sich zum Studium der Theologie oder Philologie gewandt haben, also auf der Schule nicht im Hebräischen geprüft worden, können sich das Zeugniß der Reife für diesen einzelnen Unterrichts-Gegenstand durch eine Prüfung bei einer K. wissenschaftl. Prüfungs-Komm. nachträglich erwerben, müssen jedoch von diesem Zeitpunkte an noch fünf Universitäts-Semester auf das Studium der Theologie und resp. Philologie verwenden. [1])

§. 43. (Anweisung für Ausländer.) Auch für Ausländer, denen gestattet worden, sich im diesseitigen Staatsdienste um eine Anstellung zu bewerben, für welche ein drei- oder vierjähriges Universitäts-Studium vorgeschrieben ist, gelten die im §. 33. Nr. 3. gegebenen Bestimmungen, und haben dieselben, wenn sie in Hinsicht ihrer Schulbildung kein von dem betr. K. Min. als vollgültig anerkanntes Zeugniß der Reife aus ihrer Heimath beibringen können, sich der Maturitäts-Prüfung bei einem inländischen Gymnas. nachträglich zu unterwerfen. [2])

---

v. 14. Okt. 1841 (bei §. 31.) vorgeschrieben, daß die Rubrik „Anlagen u. Fleiß" aus den Zeugnissen der bisherigen Lehrer ausgefüllt, oder angegeben werden soll, daß dies nicht geschehen konnte. Was die Gebühren anlangt, vgl. das bei §. 39. sub b. angef. C. R. v. 31. Juli 1834, so wie Nr. 6. des R. v. 26. Sept. 1834 (bei §. 5.).

1) Zu §. 42. In der Instr. v. 1812 war die Prüf. im Hebr. gar nicht erwähnt, doch wurde schon unterm 26. Nov. 1812 deklarirt, daß damit weder Schulunterricht, noch Schulprüfung künftiger Theologen in dieser Disziplin ausgeschlossen sein solle (A. XIII. S. 96.). Später bestimmte das C. R. v. 15. Jan. 1831 (A. XV. S. 52.), daß das akadem. Triennium der Theologen erst von dem Zeitpunkte ab gerechnet werden solle, wo sie ein Zeugniß der Reife im Hebr. von einer Schulprüfungs- oder einer wissenschaftl. Prüf.-Komm. beigebracht haben würden. An Stelle dieser Vorschrift sind jetzt §. 28. A. 9. und §. 42. des Regl. getreten. Mit Bezug darauf erging:

a) R. des Min. d. G., U. u. M. Ang. (v. Altenstein) v. 9. Okt. 1835 an den Reg. Bevollm. bei der Univ. zu Breslau.

Das Min. ist auf Ew. Ber. v. 19. v. M. mit Ihnen ganz einverstanden, daß bei der klaren Bestimmung des §. 42. des Regl. es nicht zweifelhaft ist, daß diej. Theologen, welche das Zeugniß der Reife im Hebr. erst während ihrer Universitäts-Studien nachholen, auch vor diesem Zeitpunkte schon zu den theolog. Vorlesungen zugelassen, und resp. bei der theolog. Fakultät inskribirt werden können, weil sonst der §. 42. nicht von Studirenden der Theologie sprechen würde, und daß also auch die früheren entgegengesetzten Bestimmungen als aufgehoben zu betrachten sind. (A. XIX. S. 1012.)

b) R. dess. Min. v. 10. Dec. 1838 an den Reg. Bevollm. bei der Univ. zu Bonn, welches dems. das vorstehende R. mit dem Bemerken zufertigt, daß dasselbe eben so den theolog. Fakultäten der übrigen Univers. mitgetheilt werde, und dabei ausspricht, daß durch die Schlußbestimmung des §. 42. den Nachtheilen vorgebeugt sei, welche die evang. theolog. Fakultät zu Bonn von der Aufhebung des R. v. 15. Jan. 1831, besorge. (Koch, Univ. II. S. 506.)

c) Hinsichtl. der Philologen: C. R. v. 5. Sept. 1834 (s. o. S. 34 Note 2.)

2) Zu §. 43. Vgl. im 2. Abschn. 1. Kap. II. 3. (s. o. S. 63—64). In Betreff der Ausländer, welche in Preußen zur medizin. Doktorwürde gelangen wollen, bestimmt das C. R. des Min. d. G., U. u. M. Ang. (v. Altenstein) v. 4. Sept. 1834 an sämmtl. medizin. Fakultäten: daß in Hinsicht auf ihre Schulbildung auch das Zeugniß eines ausländ. Gymnas. oder einer ausländ. Prüf.-Komm., worin ihnen die Reife zu den Universitäts-Studien zuerkannt oder ausgesprochen ist, daß sie 2 oder nur 1½ Jahre die oberste Klasse eines Gymnas. besucht haben, für genügend zu erachten ist. (A. XIX. S. 402. v. Rönne und H. Simon, Medizinalwesen I. S. 357.)

In Betreff der Ausländer, welche keine Staatsanstellung in Preußen beanspruchen, verordnet das R. des Min. d. G., U. u. M. Ang. v. 30. Nov. 1838 an den Reg. Bevollm. bei der Univ. zu Greifswald.

Auf Ew. Anfrage in dem Ber. v. 10. d. M., über die bei der Immatrikulation von Ausländern erforderliche Qualifikation, eröffnet Ihnen das Min.,

§. 44. (Einsendung der Prüfungs-Verhandlungen.) Die Dir. der Gymnas. sind verpflichtet, sämmtliche Abiturienten-Prüfungsverhandlungen halbjährlich und unfehlbar vier Wochen nach beendigter Prüfung bei dem betr. K. Prov. Schulkolleg. einzureichen, auch, wenn keine Abiturienten-Prüfung abgehalten ist, binnen gleicher Frist hiervon Anzeige zu machen. Es müssen aber die Prüfungs-Verhandlungen enthalten: 1) eine Abschrift des über die schriftliche und mündliche Prüfung aufgenommenen Protokolls; 2) eine Abschrift der den Abiturienten ertheilten Zeugnisse; 3) die von den Abiturienten verfaßten und von den Lehrern beurtheilten schriftlichen Arbeiten im Original.

§. 45. Den K. Prov. Schulkolleg. liegt ob, diese Verhandlungen vorläufig durchzusehen, was in dens. mangelhaft befunden wird, zu vervollständigen, insbes. die schriftlichen Arbeiten vorläufig zu prüfen, sodann aber, sobald sämmtliche Verhandlungen der Gymnas. eingegangen sind, solche der betr. K. wissenschaftl. Prüfungs-Komm. vorzulegen.

§. 46. (Beurtheilung ders. durch die K. wissenschaftl. Prüfungs-Kommissionen.) Die K. wissenschaftl. Prüfungs-Kommissionen veranstalten sodann eine Revision dieser Prüfungs-Verhandlungen, und legen ihr Urtheil in einem Gutachten nieder, welches sie unter Beifügung der Verhandlungen an die K. Prov. Schulkolleg. senden. Die Obliegenheit der letztern ist, dieses Gutachten, wenn sie dems. völlig beitreten, unverändert oder mit den nöthig befundenen Modalitäten unter Kouvert des K. Prüfungs-Kommiss. an die betr. Prüfungs-Komm. zur Kenntnißnahme und Nachachtung gelangen zu lassen.

§. 47. Damit sich das Urtheil der K. wissenschaftl. Prüfungs-Komm. immer dann schon in den Händen der Abiturienten-Prüfungs-Komm. bei den Gymnas. befinde, wenn diese zu einer neuen Prüfung schreitet, wird festgesetzt, daß die Verhandlungen über die Abiturienten-Prüfungen, resp. in der Mitte des April und Okt. an die K. Prov. Schulkolleg. gesandt, von diesen spätestens in der Mitte resp. des Mai und Nov. den K. wissenschaftl. Prüfungs-Kommissionen übermacht, und von den letzteren nach zwei Mon., also in der Mitte resp. des Juli und Jan. an die K. Prov. Schulkolleg. zurückgesandt werden sollen. Die ebenged. Behörden haben dann darauf zu halten, daß die Urtheile der K. wissenschaftl. Prüfungs-Kommissionen mit den beizulegenden schriftlichen Prüfungs-Arbeiten bis resp. zum 1. Aug. und 1. Febr. an die betr. Abiturienten-Prüfungs-Komm. gelangen.

§. 48. (Jahresbericht der K. Prov. Schulkolleg. über die Abiturienten-Prüfung.) Am Schlusse eines jeden Jahres haben die K. Prov. Schulkolleg. mittelst Ber. dem unterz. Min. eine Abschrift der Urtheile der K. wissenschaftl. Prüfungs-Komm. über die aus den Gymnas. ihres Bereichs zur Universität entlassenen, und auch der bei den Gymnas. nur Behufs der Immatrikulation geprüften Schüler und eine tabellarische Uebersicht einzureichen, worin in der hier bestimmten Folge in Ansehung jedes Geprüften: a) sein vollständiger Vor- und Zuname, b) seine Konfession, c) sein Geburtsort, d) der Stand seines Vaters, e) die Zeit seines Aufenthalts auf der betr. Schule überhaupt, f) die Dauer seines Aufenthalts in Prima, g) die Angabe des Prüfungs-Zeugnisses, h) der Universität, auf welcher er studirt, i) und des von ihm gewählten Fakultäts-Studium enthalten sein muß. Endlich wird in einer besondern Kolumne aufgeführt, ob, und welche Geprüfte noch mit

---

daß nach den bestehenden gesetzlichen Vorschriften von Ausländern, welche die Immatrikulation bei einer inländischen Universität nachsuchen, und nicht ihre dereinstige Anstellung im diesseitigen K. Staatsdienste beabsichtigen, nur verlangt wird, daß sie sich durch Zeugnisse aus ihrer Heimath über die Unbescholtenheit ihrer Person ausweisen. Ein Zeugniß über ihre Schulbildung und sonstige wissenschaftliche Vorbereitung zu den Universitätsstudien wird von ausländischen Studirenden nirgend gefordert, und es scheint dem Min. bedenklich, von diesem Verfahren, welches nicht nur bei allen diesseitigen, sondern auch bei den übrigen Deutschen Universitäten Statt findet, in Hinsicht der dortigen Universität, und insbes. der dortigen medizinischen Fakultät eine Ausnahme zu machen. (Koch, Univ. II. S. 406.)

Im §. 133. des Anh. zum A. L. R. II. 12. (in der folg. Abth.) heißt es in Betreff der Maturitätsprüfung am Schlusse: Ausländer sind von dieser Prüfung ausgenommen.

keinem Zeugnisse der Reife haben versehen werden können, und ob sie sich vorgesetzt haben, länger auf dem Gymnas. zu bleiben, oder dass. zu verlassen.

§. 49. (Bekanntmachung der Bestimmungen des Regl. an die Schüler der beiden obersten Klassen.) Aus dem obigen Regl. sollen die Abschnitte, welche sich auf die Zulassung zur Maturitäts-Prüfung, und auf die an die Abiturienten zu machenden Anforderungen bei der schriftlichen und mündlichen Prüfung beziehen, jährlich zweimal, zu Anfang des Sommer- und Winter-Semesters, den versammelten Schülern der beiden oberen Klassen der Gymnas. von dem Dir. vorgelesen, und von dems. mit zweckdienlichen Erinnerungen begleitet werden.

§. 50. (Einsetzung dieses Regl.) Indem das Min. hierdurch alle bisherigen Bestimmungen und V., so weit sie dem Inhalte des obigen Regl. widersprechen, ausdrücklich für aufgehoben erklärt, weiset es zugleich sämmtliche Universitäten, Gymnas. und gelehrte Schulen der K. Staaten hierdurch an, sich nach diesem Regl. genau zu richten, und zwar dergestalt, daß schon bei den auf Michaelis d. J. Statt habenden Entlassungen der Schüler, und den Immatrikulationen auf den Universitäten, nach diesem Regl. verfahren werde. Den K. Prov. Konf. und Schulkolleg. und den K. Reg. wird aufgetragen, die Vollstreckung dieses Regl., so weit sie dazu mitzuwirken haben, mit Nachdruck zu besorgen, und mit Ernst auf die Ausführung dess. zu halten. [1])

(A. XVIII. S. 375—401.)

---

1) Vgl. C. R. v. 31. Juli 1834 (s. o. S. 258 Note 4.).

Ueber die Statistik des Abgangs von Gymnas. vgl. die in der Einleitung ob. S. 6 ff. Note 1. gegebenen Notizen. Außerdem ist darüber veröffentlicht:

a) Uebersicht der auf sämmtl. Gymnas. des Preuß. Staats im J. 1839 zu den Universitäts-Studien geprüften Schüler.

Abiturienten-Prüfungen.	In den Provinzen:								
	Preußen.	Posen.	Brandenburg.	Pommern.	Schlesien.	Sachsen.	Westphal.	Rheinland.	Summe
gemeldet	178	33	238	65	240	173	155	199	1281
zurückgetreten oder abgewiesen	8	1	22	—	45	9	8	17	110
geprüft	170	32	216	65	195	164	147	182	1171
mit Zeugniß der Reife	164	32	216	64	189	162	135	176	1138
mit Zeugniß der Unreife	6	—	—	1	6	2	12	6	33
abgegangen:									
nach inländischen Univers.	165	19	196	64	190	146	132	174	1086
nach ausländischen Univers.	2	1	4	1	5	13	12	5	43
nach in- u. ausländ. Univers.	—	—	11	—	—	2	—	3	16
unbestimmt oder zu anderm Berufe	3	12	5	—	—	3	3	—	26
Summa	170	32	216	65	195	164	147	182	1171
zur Theologie	58	20	66	26	82	82	71	85	490
zur Rechtswissenschaft	43	7	65	15	52	39	41	48	310
zur Medizin	24	1	47	15	31	23	27	28	196
zur Philosophie u. Philologie	12	4	17	4	10	8	4	10	69
zur Kameralwissenschaft	23	"	16	5	12	11	1	11	79
unbestimmt, oder zu anderem Berufe	10	"	5	—	8	1	3	—	27
Summa	170	32	216	65	195	164	147	182	1171

(Min. Bl. d. i. V. 1841. S. 20.)

b) Nach den im Staatsanz. 1854 Nr. 196. S. 1502 aus amtlichen Quellen mitgetheilten Notizen über die Zahl der im J. 1853 an sämmtlichen Preußischen

II. Befähigung der Gymnasiasten zu andern Berufsarten.

Soweit es sich um den Eintritt in Fachschulen handelt, wie z. B. in mediz. chirurgische Lehr-Anstalten, in die Bau-Akademie rc., ist der 5. Abschnitt dieser Abth. zu vergleichen. Hier bleibt die Qualifikation für die Bureaus der Civil-Verwaltung, insbesondere im Steuer-, Post- und Justizfach, so wie die zum Militair darzustellen.

1) Qualifikation zu Civilsupernumerar-Stellen.

a) Allgemeine Vorschriften.[1])

α) Die durch C. R. der Min. d. Inn. (v. Schuckmann) und d. Fin. (v. Motz) v. 19. Dec. 1827 an sämmtl. K. Reg. mitgetheilte K. O. v. 31. Okt. 1827 bestimmt:

8) Zur Bildung einer Pflanzschule für die höhern und für die, den Militair-Versorgungs-Berechtigten nicht reservirten Subaltern-Stellen zweiter Klasse[2]) sind die Regierungen und Provinzial-Behörden ermächtigt, unter jedesmaliger Theilnahme ihres Präsidenten oder Dir., und unter Genehmigung des kompetenten Verwaltungs-Chefs, eine mäßige Anzahl von Civil-Supernumerarien in ihren Bureaus zuzulassen, und unter Beobachtung des oben zu 3. festgesetzten Verhältnisses in diätarische Entgeltungen und etatsmäßige Stellen vorrücken zu lassen.

9) Wer als Civil-Supernumerar zugelassen werden will, muß a) sich über die Erfüllung der allgem. Militair-Verbindlichkeiten ausweisen; — b) ein hinlängliches Vermögen nachweisen, um sich wenigstens 3 Jahre lang aus eigenen Mitteln oder durch Unterstützung seiner Angehörigen ernähren zu können;[3]) — c) ein Gymnas. oder eine höhere Bürgerschule frequentirt und aus der 1 Klasse einer

---

Gymnas. geprüften Abiturienten und Maturitäts-Aspiranten ergiebt sich folgende Uebersicht:

	In den Provinzen:								
	Preußen.	Posen.	Brandenburg.	Pommern.	Schlesien.	Sachsen.	Westphal.	Rheinprov.	Summe.
Zahl der Gymnasien	14	6	17	9	21	21	13	20	121
Geprüft	191	108	295	75	326	218	287	352	1852
mit dem Zeugniß der Reife	155	95	245	58	253	211	220	304	1541
mit dem Zeugniß der Unreife	31	12	30	17	72	7	44	16	229
zurückgetreten	5	—	20	—	2	—	22	27	76
zurückgewiesen	—	1	—	—	—	—	1	5	7

Zu dieser Uebersicht ist zu bemerken, daß in Westphalen die Realschule zu Siegen und das Realinstitut zu Minden und in der Rheinprov. das Gymnas. zu Hedingen in den Hohenzollerschen Landen mit eingerechnet sind, so wie daß bei Schlesien die Totalsumme der Geprüften um 1 zu niedrig erscheint.

1) Vgl auch im folg. Hauptstück die Instr. v. 8. März 1832 über die Entlassungsprüfungen bei höhern Bürger- und Realschulen, insbes. die Noten zu §. 1. und §. 4. A. b.

2) Die etatsmäßigen Kanzlistenstellen sind nach Nr. 1. der K. O. den ausgedienten Unteroffizieren vorbehalten. Als Lohnschreiber sind dies. vorzugsweise zu berücksichtigen. Von den Subalternen zweiter Klasse soll nach Nr. 3. wenigstens die Hälfte aus Militair-Versorgungs-Berechtigten bestehen. Nach Nr. 5. sind die vakanten Stellen alternirend mit Militair- und Civilanwärtern, und zwar zuerst mit Militair, zu besetzen. Eingeschärft durch R. der Min. d. Inn. und d. Fin. v. 19. Febr. 1850. (M. Bl. d. i. V. 1850. S. 55.)

3) Dadurch ist jedoch geeigneten Falls frühere Remuneration nicht ausgeschlossen: R. der Min. d. Inn. u. d. Fin. v. 10. Sept. 1837 an den Reg. Präs.

solchen Anstalt mit dem Zeugnisse der Reife und guten sittlichen Aufführung entlassen sein. Ausnahmen von der Bestimmung zu c. können nur in solchen Fällen von den Min. nachgelassen werden, wo der Anzustellende seine praktische Brauchbarkeit und genügende Ausbildung bereits durch mehrjährige Beschäftigung bei andern Behörden nachgewiesen hat. [1]) Es erlangt jedoch ein, auf diese Zeugnisse zugelassener Supernumerar hierdurch noch keinesweges einen wirklichen Anspruch auf hiernächstige Anstellung, vielmehr kann derselbe bei sich erweisendem Mangel an praktischer Brauchbarkeit, so wie wegen Unfleiß und ordnungswidriger Führung, jederzeit ohne Weiteres entlassen werden, und haben die Vorsteher der Kollegien und Behörden ganz besonders darauf zu achten, daß solche Supernumerarien, durch deren Anstellung ein Vortheil für den öffentl. Dienst nicht zu erwarten ist, aus den Bureaus entfernt werden.

(A. XI. S. 871.)

β) R. ders. Min. v. 16. April 1828 an die K. Reg. zu N. [2])

Wenn in der A. K. O. v. 31. Okt. v. J. zur wissenschaftl. Qualifikation eines anzunehmenden Civil-Supernumerarii die Entlassung mit dem Zeugniß der Reife aus der 1. Klasse eines Gymnas. oder einer höhern Bürgerschule vorgeschrieben wird; so liegt es schon in der gewählten Bezeichnung der letzteren Anstalten, und mehr noch in der Zusammenstellung mit den Gymnas., daß darunter nicht gewöhnliche Stadtschulen, sondern solche Lehranstalten gemeint sind, welche sich von den eigentl. Gymnasien nur durch einen dem Studium der klass. Literatur gewidmeten minderen Zeit-Aufwand unterscheiden, dagegen ihren Schülern eine gleiche — oft noch bessere — Gelegenheit zur gründl. Erlernung der mathematischen, geschichtl. und Naturwissenschaften, und zur Ausbildung in der Muttersprache und andern lebenden Sprachen gewähren, als solche in den Gymnas. sich findet. [3]) Nur aus einer Verkennung dieses Begriffs läßt sich die Ansicht der K. Reg. herleiten, wonach dieselbe bei Schülern eines Gymnas. schon die Erreichung der III. Klasse zur Zulassung als Civil-Supernumerar für hinlänglich hält, und hätte schon der Widerspruch, in welchem dies gegen die ausdrückliche Bestimmung der A. K. O. steht, auf die Berichtigung jener Ansicht hindeuten sollen. Eben so wenig gestattet die fragliche A. K. O., daß Leute, welche den Nachweis über die Schulreife nicht zu führen im Stande sind, sich über ihre Qualifikation durch eine Prüfung bei der

---

zu Magdeburg (A. XXI. S. 591.) und R. ders. Min. v. 9. März 1842 an den Reg. Präs. zu Oppeln. (M. Bl. d. i. V. 1842. S. 50.)

1) Die strenge Beobachtung der sub a—c. aufgestellten Bedingungen ist durch die R. der Min. d. Inn. u. d. Fin. v. 30. Juni und 8. Sept. 1828, v. 26. Jan. und 5. Nov. 1831 und v. 6. Jan. 1838 (A. XII. S. 626. 628., XV. S. 3. 701., XXII. S. 2.) wiederholt eingeschärft. Zugleich sprechen sich die R. gegen Dispensationen aus, und wiederholen die Nothwendigkeit min. Genehmigung zur Annahme von Civilsup., in denen, wie es im R. v. 26. Jan. 1831 heißt: „eine Pflanzschule von jungen, mit vollständiger Schulbildung gehörig ausgestatteten Leuten zur Besetzung derj. höhern Subalternstellen gebildet werden soll, für welche die von den Mil.-Versorgungs-Berechtigten im Allgem. zu erwartende Bildung nicht ausreicht." Von einzelnen Verwaltungs-Behörden ist zwar behauptet worden, daß die Ausbildung solcher von Schulen eintretenden Anwärter störend sei, und daß solche, die früher bei Unterbehörden gearbeitet, im Durchschnitte mehr leisteten, das R. der Min. d. Inn. u. d. Pol. und d. Fin. v. 23. Juli 1840 (M. Bl. d. i. V. 1840. S. 270.) hält aber die durch die K. O. v. 31. Okt. 1827 eingeführte Einrichtung aufrecht „indem die Annahme derartiger wissenschaftlich vorgebildeter junger Leute zum Besten des Dienstes angeordnet sei." Besondere Probearbeiten sollen nach der Meldung nicht erfordert werden, da deren Stelle durch die Beschäftigung als Civilsupernumerar vertreten wird: R. der Min. d. Inn. und d. Fin. v. 25. Dec. 1829. (A. XIII. S. 754.) Dies, so wie das R. v. 26. Jan. 1831, werden wiederholt durch R. ders. Min. v. 12 März 1850. (M. Bl. d. i. V. 1850. S. 53.)

2) Gleichen Inhalts erging das R. ders. Min. v. 17. März 1829 (A. XIII. S. 5.). Auch das obige R. v. 16. April 1828 ist durch das in der vorst. Note erwähnte R. v. 12. März 1850 wiederholt.

3) Vgl. die Resol. v. 19. Aug. 1830 im 2. Hauptstück dieses Abschn.

K. Reg. ausweisen dürfen [1]) und es walten Gründe genug ob, um hierunter eine Aenderung der ergangenen Allerh. Bestimmungen durchaus nicht für wünschenwerth zu erachten.

(A. XII. S. 272.)

γ) R. des Justiz-Min. (Gr. v. Danckelmann) v. 29. Dec. 1828 an das Ober Landes-Gericht zu Königsberg.

Wenn derj., der als Civilsup. angestellt sein will, nachweisen soll, ein Gymnas. oder eine höh. Bürgerschule frequentirt, und aus der 1. Klasse einer solchen Anstalt mit dem Zeugniß der Reife entlassen zu sein, und das K. O. L. G. zweifelhaft ist, worauf sich die Reife beziehen soll, so zeigt der Zusatz „höhere Bürgerschule" schon, daß das Zeugniß der Reife zur Univ. nicht gemeint sein kann.

(A. XII. S. 950., Jahrb. Bd. 32. S. 303., Gräff, Bd. 3. S. 204.)

b) Insbesondere bei der Verwaltung der indirekten Steuern.

α) Im C. R. des Fin.-Min. (Gr. v. Alvensleben) v. 10. Juli 1839 an sämmtl. K. Prov.-Steuerdirekt. und an die Reg. zu Potsdam u. Frankfurt heißt es:

Junge Leute, welche als Supernumerare im Steuerdienst angenommen zu werden wünschen, müssen fortan a) entweder mindestens 1 Jahr lang die 1. Klasse eines Gymnas. mit gutem Erfolge besucht haben, oder b) aus einer der, in beil. Verzeichnisse aufgeführten, [2]) Real- und höhern Bürgerschulen mit dem Zeugnisse der Reife zum Abgange entlassen sein, oder endlich c) durch ein, auf den Grund vorhergegangener Prüfung ausgestelltes Attest des Vorstehers einer der geb. Anstalten darthun, daß sie diej. Kenntnisse besitzen, welche in der 1. Klasse ders. gelehrt werden, daß sie mithin die Reife zur Entlassung haben; — d) Zeugnisse über bewiesenen Fleiß, gutes Betragen und gute Fähigkeiten beibringen; — e) eine gute leserliche Hand schreiben und schnell und richtig rechnen können; — f) die Militairpflicht durch befriedigend geleistete Militairdienste erfüllt haben; — g) einen gesunden, Anstrengungen ertragenden Körper, und endlich h) die Mittel besitzen, sich überall, wo sie zu ihrer Ausbildung beschäftigt werden sollen, im Ganzen mindestens drei Jahre lang und nöthigenfalls noch länger, ohne Beihülfe des Staats zu unterhalten. rc.

Haben zum Supernumerariat sich meldende Anwärter genügend dargethan, daß sie den Erfordernissen entsprechen, so ist darauf zu sehen, ob sie eine für den Steuerdienst wünschenswerthe Persönlichkeit, Gewandtheit, gutes Auffassungsvermögen und natürlichen Verstand besitzen. Die beiden letzten Erfordernisse werden sich in der Regel schon aus den beigebrachten Schulzeugnissen beurtheilen lassen. Es wird aber zweckmäßig sein, eine längere angemessene Unterhaltung mit ihnen zu führen, und sie zu veranlassen, unvorbereitet und unter genauer Aufsicht über einige ihrem Standpunkte entsprechende Themata Aufsätze zu schreiben, und mehrere mathemat. Aufgaben, worunter auch einige aus dem Gebiete der Arithmetik, zu lösen. Den Ber. über Annahme junger Leute zu Supernumeraren sind diese Arbeiten beizufügen. Die einzureichenden Zeugnisse über Schulbesuch, Kenntnisse, Betragen rc. müssen so bestimmt gefaßt sein, daß über die Zuläßigkeit der Annahme keine Zweifel entstehen können. Werden Zeugnisse vorgelegt, welche dergleichen Zweifel zulassen, so müssen solche vor der Berichtserstattung beseitigt werden.

(A. XXIII. S. 571.)

β) Nachdem das C. R. des General-Dir. der Steuern (Kühne) v. 12. Mai 1848 (M. Bl. d. i. V. 1848. S. 203.) die Prov. Steuer-Dir. u.

---

1) Nur ausnahmsweise gestattet das oben S. 294. Note 1. C. R. v. 5. Nov. 1831 eine solche Prüfung, „wo das Schulzeugniß auf eine nicht völlig zufriedenstellende Vorbildung in den für die künftige Beschäftigung des Kandidaten wesentlicheren Fächern, z. B. in den mathemat. Kenntnissen schließen läßt." Diese Prüfung soll sich aber dann nur auf theoretische Kenntniß, wie sie die Schule lehren kann, erstrecken.

2) Vgl. das Verzeichniß in der Einleit. ob. S. 12 ff.

Reg. zu Potsdam und Frankfurt beauftragt hatte, Bittsteller um Annahme als Steuersupernumerar, wegen Ueberfüllung des Fachs und wegen der damals beabsichtigten Aenderung in Betreff der Mahl- und Schlachtsteuer, abzunehmen, schrieb das R. desselben v. 17. Nov. 1848 (M. Bl. d. i. V. 1848. S. 388.) vor: alle derartige Anträge bis auf weitere Bestimmung definitiv abzulehnen, und nur die Gesuche der Bewerber aufzuzeichnen. — Ob diese Verf. wieder aufgehoben, konstirt aus dem M. Bl. nicht.

c) Bei dem Postdienst.[1])

Außer den sub a. zusammengestellten allgemeinen Bedingungen und außer einer Kaution von 300 Thlr. verlangt zum Eintritt in den Postdienst

α) das Regl. des Min. für Handel, Gew. u. ö. A. (v. d. Heydt.) v. 20. Aug. 1849 Folgendes:

§. 1. Junge Männer, welche mit Aussicht auf Beförderung in den Postdienst einzutreten wünschen, haben in schulwissenschaftlicher Beziehung folgenden Anforderungen zu genügen.

Dieselben müssen a) entweder mindestens aus der ersten Klasse eines inländischen Gymnasii, oder b) von einer der höheren Bürger- und Realschulen, welche nach dem Regl. v. 8. März 1832[2]) zu Entlassungs-Prüfungen berechtigt sind, mit dem Zeugniß vollständiger Reife zum Abgange und guter sittlicher Führung entlassen worden sein, oder c) für den Fall, daß sie durch Privatunterricht, oder auf ausländischen Lehranstalten gebildet worden sind, mit dem nach Vorschrift des K. Min. der Unterrichts- ꝛc. Ang. v. 23. März 1846[3]) erforderlichen Zeugnisse der Prüfungs-Komm. eines Gymnas., resp. einer zu Abiturienten-Prüfungen berechtigten höheren Bürger- ꝛc. Schule, versehen sein, d) in der Französischen oder Polnischen oder Englischen Sprache in so weit bewandert sein, um sich darin mündlich mit Geläufigkeit ausdrücken und nach Deutschen Diktaten schreiben zu können[4]); e) außerdem aber eine deutliche und gefällige Handschrift besitzen.

§. 2. Der Bewerber darf in der Regel nicht über 25 Jahre alt, muß körperlich fehlerfrei, vollkommen gesund und kräftig sein ꝛc.

§. 6. Die Anträge zur Aufnahme sind an den Vorsteher des Postamts im Aufenthaltsorte des jungen Mannes, oder, wenn ein Postamt daselbst nicht vorhanden ist, an einen Postamts-Vorsteher in der Nähe zu richten, welchem die weitere Einreichung des Gesuchs an das Gen. Postamt obliegt. Dem betr. Postamts-Vorsteher muß Gelegenheit gegeben werden, sich über die Familien-Verhältnisse des Bewerbers, über seine Persönlichkeit, körperliche Tüchtigkeit und über seine moralische Führung genau zu unterrichten. Dem schriftlichen Antrage müssen folgende Beläge beigefügt werden: a) das Zeugniß über schulwissenschaftliche Bildung[5]), b) das Zeugniß über die erforderlichen Sprachkenntnisse, c) das Zeugniß über die sittliche Führung, d) das Zeugniß über die patriotische Gesinnung, e) die Probe der Handschrift, f) die Dienstpapiere über abgeleistete Militairpflicht, g) das ärztliche Attest über den Gesundheitszustand, in welchem auch der Beschaffenheit der Sehkraft ausdrücklich erwähnt sein muß. Dasselbe muß von einem Kreisphysikus oder einem anderen K. Medizinal-Beamten ausgestellt oder von einem solchen bestätigt sein, h) ein Nachweis des Alters durch Taufschein ꝛc., Falls das Alter nicht

1) Ueber die gegenwärtige Organisation des Postdienstes vgl. den K. Erl. v. 17. April 1848 (G. S. 1848. S. 109), den K. Erl. v. 19. Sept. 1849 (G. S. 1850. S. 299), und die R. v. 28. April, 5. Juli, 1. Okt., 19. Dec. 1849 und v. 21. Juli 1850. (Min. Bl. d. i. V. 1849. S. 75, 148, 207, 287, 1850. S. 262.)

2) Im 2. Hauptst. dieses Abschn.

3) Unten sub 2.

4) Schon das C. des Gen. Postm. (v. Nagler) v. 6. Juni 1829 (A. XIII. S. 275) forderte die angehenden Postbeamten auf, fremden lebenden Sprachen den größten Fleiß zu widmen, und versprach denen, die sich hierin auszeichnen würden, vorzugsweise Beförderung.

5) Und zwar mit spezieller Angabe der einzelnen Unterrichtsfächer. Dies war schon früher verordnet, und erhellt auch aus dem sub γ. angef. C. R.

durch das sub f. erwähnte Attest über die abgeleistete Militairpflicht konstirt, i) die schriftliche Verpflichtung des Vaters, der Angehörigen oder des Vormundes, resp. der vormundschaftlichen Behörde, zur Unterhaltung des Eintretenden während der ersten drei Dienstjahre und nöthigenfalls so lange, bis ihm ein ausreichendes Einkommen aus Staatsfonds gewährt werden kann. Sofern der Bewerber nicht unmittelbar aus der Schule in den Militairdienst und aus letzterem in das Postfach tritt, muß auch über seine Beschäftigung und Führung in der Zwischenzeit befriedigender Nachweis geliefert werden.

Die Zulassung junger Männer zum Postdienste richtet sich nach dem Bedürfnisse. Sie werden vorerst auf Probe einem Postamte zur Heranbildung überwiesen. Die Zuweisung und Vereidigung erfolgt als „Post-Aspirant", nach Berichtigung der Kaution.[1])

(Min. Bl. d. i. V. 1849. S. 175.)

β) Das Zeugniß der Schulreife für Prima genügt nicht. In der V. desselben Min. v. 11. Dec. 1849 heißt es:

Nach der Bestimmung im §. 1. des Regl. v. 20. Aug. d. J., deren Sinn bei richtiger Auffassung auch nicht zweifelhaft sein kann, müssen Gymnasiasten, welche mit Aussicht auf Beförderung in den Postdienst einzutreten wünschen, ebenso wie die Zöglinge der zu Entlassungs-Prüfungen berechtigten höheren Bürger- und Realschulen, die Abiturienten-Prüfung abgelegt, und mit dem Zeugnisse der vollständigen Reife zum Abgange vom Gymnas. entlassen worden sein, indem der Nachweis einer vollständigen höheren Schulbildung in dem einen wie in dem anderen Falle für unerläßlich erachtet worden ist.

(Min. Bl. d. i. V. 1849. S. 288.)

γ) Den Ausschluß der für Prima reifen Schüler der Realklassen bei Gymnasien von der Qualifikation sprach schon das C. R. des Min. d. G., U. u. M. Ang. (v. Altenstein) v. 26. Febr. 1839 an die K. Prov.-Schulkolleg. in Folge eines Schreibens des General-Postm. v. 20. Jan. 1839 aus. (A. XXIII. S. 109.)

d) Im Justizdienst.

Für die Bureaus der Justiz-Verwaltung wurde die K. O. v. 31. Okt. 1827, für maßgebend erklärt durch K. O. v. 19. Okt. 1828 (Jahrb. Bd. 32. S. 298., Gräff, Bd. 3. S. 201.). Dieselbe liegt auch den gegenwärtig geltenden Vorschriften zu Grunde, welche das C. R. des Justiz-Minist. v. 26. Nov. 1849 über die Annahme und Beschäftigung der Civilsupernumerare aufstellt, wie folgt:

1) Die Annahme als Civil-Supernumerar Seitens der Appellationsgerichte kann nach der Allerh. O. v. 31. Okt. 1827 Nr. 9. und dem A. Erl. v. 19. Nov. d. J. erfolgen, wenn der Anzunehmende a) das 18. Lebensjahr zurückgelegt hat und die Erfüllung der allgem. Militairpflicht, beziehungsweise die Befreiung vom Militairdienste nachweist, oder eine Bescheinigung darüber beibringt, daß er bei der Meldung zum Militairdienste einstweilen zurückgestellt worden ist, b) den Nachweis führt, daß er sich wenigstens drei Jahre lang aus eigenen Mitteln, oder durch Unterstützung seiner Angehörigen ohne Beihülfe des Staats zu ernähren vermag, c) aus der 1. Klasse eines Gymnas oder einer zu Abiturienten-Prüfungen berechtigten höheren Bürger- oder Realschule mit dem Zeugnisse guter, sittlicher Aufführung entlassen worden ist, oder doch das Zeugniß der vollständigen Reife für diese

1) Der Aspirant wird nach absolvirtem Probejahr „Posteleve" und kann nach zweijährigem Dienst sein 1. Examen machen, wodurch er „Assistent" und bei etatsmäßiger Anstellung „Postsekretair" wird. Die Befähigung zu höhern Stellen muß durch ein 2. Examen bewiesen werden. S. auch R. v. 27. Febr. 1854. (Min. Bl. d. i. V. 1854. S. 34.) Ueber die Ausbildung und Annahme niederer Beamten, der Postexpedienten vgl. Erl. v. 13. März 1852 (M. Bl. d. i. V. 1852. S. 54), so wie die beiden revid. Regl. v. 31. Jan. 1853 (M. Bl. d. i. V. 1853. S. 53, 56) und Bek. v. 29. Jan. 1854 (Min. Bl. d. i. V. 1854. S. 34).

Klasse erhalten hat. — Außerdem muß darauf geachtet werden, daß d) der Anzunehmende eine deutliche Handschrift besitzt und nicht etwa körperlich unfähig ist, den Dienstpflichten vollständig zu genügen. Als Regel ist anzunehmen, daß der Anzunehmende nicht über 30 Jahre alt sein darf.

2) Die durch die A. O. v. 31. Okt. 1827 gestattete Ertheilung der Dispensation von dem Erfordernisse Nr. 1. c. soll so viel als möglich beschränkt werden. Eine solche Dispensation ist daher von den Appellationsgerichten künftig nur dann bei dem Justizmin. zu beantragen, wenn der Bewerber mindestens die 3. Klasse eines Gymnas. oder einer höheren Bürger- oder Realschule besucht, oder doch das Zeugniß der Reife für diese Klasse erlangt, und außerdem seine gute praktische Brauchbarkeit bereits durch mehrjährige Beschäftigung bei Behörden dargethan hat.[1])

(Just. Min. Bl. 1849 S. 476.)

2) Nachweis dieser Qualifikation von Seiten derjenigen Inländer, welche auf ausländ. Lehr-Anstalten oder privatim ihren Unterricht empfangen haben, durch besondere Schulprüfungen.

C. R. des Min. d. G., U. u. M. Ang. (Eichhorn) v. 23. März 1846 an sämmtl. K. Prov.-Schulkolleg. und Reg.

Aus den Ber. mehrerer K. Prov.-Schulkolleg. ergiebt sich, daß in neuerer Zeit die Zahl derj. jungen Leute des Inlandes, welche auf ausländischen Lehranstalten oder privatim unterrichtet worden sind und zu ihrer Bewerbung um Anstellung im Post-, Steuerfach und anderen Zweigen des öffentl. Dienstes eines von einer diesseit. Schulanstalt ausgestellten Zeugnisses bedürfen, sich sehr gemehrt hat. Die Dir. der Gymnas., welche bisher nur zur Ausstellung solcher Zeugnisse für Feldmesser ausdrücklich verpflichtet waren,[2]) haben sich zwar bisher auch der Prüf. anderer, die sich über den Grad ihrer Schulbildung ausweisen wollten, unterzogen; es wurde jedoch dabei von ihnen nicht nach gleichen Grundsätzen verfahren. Damit diese Prüf. für die Zukunft nach einer festen Regel und dem Zwecke angemessen, abgehalten werde, bestimme ich, im Einverständniß mit den K. Min, deren Ressort bei dieser Angelegenheit betheiligt ist, hiermit Folgendes:

1) Zur Prüf. derj. Inländer, welche entweder auf auswärtigen Lehranstalten oder privatim ihren Unterricht empfangen haben und Behufs der Bewerbung um Anstellung im öffentl. Dienste, für welchen die Beibringung eines Militair-Zeugnisses nicht erforderlich ist, des Zeugnisses einer diesseit. höheren Lehranstalt bedürfen, ist bei jedem Gymnas., resp. bei jeder zu Entlassungs-Prüfungen berechtigten

---

1) Eben so sprach sich gegen Dispens. das C. R. v. 23. April 1849 (Just. Min. Bl. 1849. S. 245) aus. Der Supernum. wird zuerst bei einem Kreis-, dann bei einem Appellationsger. beschäftigt, und muß, bei Vermeidung der Entlassung, innerhalb 5 Jahren sein Aktuariats- oder Kassenexamen machen. Ueber die Ausbildung als Gerichtsschreiber vgl. C. R. v. 14. Nov. 1852. (Just. Min. Bl. 1852. S. 386.)

2) Diese Verpflichtung war ausgesprochen durch das C. R. des Min. d. G., U. u. M. Ang. v. 24. Mai 1824 und das darauf gestützte Publ. des Kons. der Prov. Sachsen v. 8. Juni 1824 (A. VIII. S. 454. vgl. v. Rönne und H. Simon, Baupolizei, S. 98.). Die Prüfung sollte sich, mit Ausschluß der den Bauprüfungen vorbehaltenen mathematischen und verwandten Wissenschaften, erstrecken auf Latein., Französ., Deutschen Styl, Geschichte, Geographie, und auf die erworbene allgem. Schulbildung überhaupt, wie sie zur Entlassung aus II. eines Gymnas. gefordert wird. An Gebühren waren 2 Thlr. gestattet. — Durch R. des Min. d. G., U. u. M. Ang. v. 4. Mai 1845 an das K. Prov.-Schulkolleg. in Posen wurde diese Verpflichtung der Gymnas.-Dir. auf alle Fälle ausgedehnt „in welchen, besondern Bestimmungen der Landesbehörden gemäß, von jungen Leuten, welche ein Gymnas. nicht besucht, oder vor längerer Zeit verlassen haben, der Nachweis verlangt wird, daß sie die Kenntnisse eines Gymnasiasten dieser oder jener Klasse besitzen." (M. Bl. d. i. V. 1845. S. 122.) An die Stelle dieses R. ist das obige C. R. v. 23. März 1846 getreten, welches dergl. Prüfungen auch bei Realschulen einführt. — Ueber förmliche Maturitäts-Prüfungen im obigen Falle vgl. §. 41. des Regl. v. 4. Juni 1834 oben sub I. und im 2. Hauptstück.

höh. Bürger- und Realschule, eine besondere Prüfungs-Kommission anzuordnen. — 2) Die Komm. besteht aus dem Dir. der Schulanstalt und zwei Oberlehrern, bei deren Wahl darauf Rücksicht zu nehmen ist, daß von den drei Kommissarien die Hauptgegenstände des öffentl. Unterrichts, nämlich alte, resp. neuere Sprachen, Mathematik und Naturwissenschaften, Geschichte und Geographie in der Prüfung gehörig vertreten werden. — 3) Die Prüf. hat auf den künftigen Beruf der Examinanden nicht Rücksicht zu nehmen, sondern sich lediglich darauf zu beschränken, den Stand der Bildung nach den Hauptgegenständen des öffentl. Schulunterrichts, so wie die Klasse zu ermitteln, zu welcher der Geprüfte als Schüler eines Gymnas. oder einer vollständigen höh. Bürgerschule sich qualifiziren würde. — 4) In dem auf den Grund der Prüf. auszustellenden Zeugnisse ist auf das Attest, welches die früheren Lehrer über den Fleiß und das sittliche Betragen des Geprüften abgegeben haben, Bezug zu nehmen und nach bestimmter Angabe der Qualifikation in den Hauptgegenst. des Unterrichts ausdrücklich die Klasse anzugeben, für welche der Geprüfte als Zögling der Anstalt reif sein würde. — 5) Die Zeugnisse sind von dem Dir. auszufertigen und mit der Unterschrift der sämmtl. Prüf.-Kommissarien und dem Siegel der Schulanstalt zu versehen. — 6) Jünglinge, welche ein inländ. Gymnas. oder eine inländ. höhere Bürger- und Realschule besucht haben, können das zum Eintritt in irgend einen Zweig des öffentl. Dienstes erforderliche Zeugniß auch nur bei dieser Anstalt erwerben und deshalb bei keiner andern zur Prüf. zugelassen werden, wenn nicht sie oder ihre Angehörigen inzwischen ihren Wohnort verändert haben und die Erlaubniß zur Zulassung von dem K. Prov.-Schulkolleg. besonders ertheilt wird. — 7) Für die Prüf. und die Ausfertigung des Zeugnisses ist eine Gebühr von 4 Thlr. zu erlegen. — 8) Die vorstehenden Bestimmungen gelten für die Zukunft auch für Prüf. der Feldmesser und wird die desfallsige Verf. v. 24. Mai 1824 hiermit aufgehoben.

Das K. Prov.-Schulkolleg. hat hiernach wegen Anordnung der Prüf.-Komm. das Erforderliche zu verfügen und die Bekanntmachung der vorsteh. Bestimmungen durch das Amtsbl. der K. Reg. zu veranlassen. Den K. Reg. ist diese Verf. zur Nachachtung für die zu deren Ressort gehörigen höhern Bürger- und Realschulen mitgetheilt.

(M. Bl. d. i. V. 1846. S. 30.)

3) Qualifikation zum Offizierstande.[1])

a) Die durch K. O. v. 4. Febr. 1844 genehmigten Bestimmungen

1) Ueber die Ausbildung künftiger Offiziere im Kadettenkorps vergl. den XIII. Theil des Gesammtwerks, welcher das Militairwesen zum Gegenstande hat. Im Allgem. ist zu bemerken, daß die Kadettenhäuser nach dem Plane eines Realgymnas. zu allgemeinen Erziehungsanstalten erhoben worden sind. Vergl. die Bestimmungen v. 3. Febr. 1844 (M. Bl. d. i. V. 1845. S. 153.), v. 1. Okt. 1848 (M. Bl. d. i. V. 1848. S. 329.) und v. 24. Febr. 1849 (M. Bl. d. i. V. 1849. S. 78.). An diese schließt sich die durch C. R. des Kriegsmin. v. 13. April 1850 mitgetheilte neue Organisation an, nach welcher das Kadettenkorps aus 720 etatsmäßigen Stellen, ⅓ zu 30, ⅓ zu 60 und ⅓ zu 100 Thlr. Erziehungsgeld, aus 216 Pensionären zu 200 Thlr. Pensionsgeld, und aus Hospitanten zu 20 Thlr. Schulgeld besteht. Anmeldungen zu etatsmäß. Stellen müssen zwischen dem 8. und 9., zu Pensionärstellen zwischen dem 8. u. 16. Jahre beim Kommandeur erfolgen. Hospitanten können bis zum 13. Jahre eintreten. Außerdem ist über die Aufnahme verordnet:

§. 1. Das Kadettenkorps hat den Zweck, eine Pflanzschule für die Offiziere der Armee und eine Erziehungs- und Unterrichtsanstalt zu sein, welche den Söhnen aller Klassen von Staatsbürgern die Gelegenheit zu ihrer Ausbildung, auch für einen anderen, als den rein militairischen Beruf darbietet. Das Korps besteht gegenwärtig aus zwei, der Formation und den pädagog. Einrichtungen nach verschiedenen, dem jedesmaligen Alter der Zöglinge entsprechend organisirten, Abtheilungen, nämlich a) aus einer höheren, dem Kadettenhause zu Berlin, mit dem Lehrplane der obern Klassen eines Realgymnas. und einer Klasse Selekta, in welcher die unmittelbare Berufsbildung beginnt, und b) aus einer niederen, mit dem, in den Parallel-Anstalten zu Kulm, Potsdam, Wahlstatt und Bens-

des Kriegsmin. v. 3. Febr. 1844 über die zukünftige Ergänzung der Offiziere des stehenden Heeres im Frieden, schreiben vor:

§. 1. Wer in Zukunft mit Aussicht auf Avancement zum Offizier in die Ar-

---

berg eingeführten Lehrplane der unteren Klassen eines Realgymnas. — Das Alter der Zöglinge dieser Kadettenhäuser steht zwischen dem vollendeten 11. und dem 15., das der Eleven des Berliner Instituts dagegen, zwischen dem 15. und 18. Lebensjahre.

§. 5. Das Kadettenkorps hat, neben der schon im §. 1. angedeuteten Bestimmung, noch außerdem den wohlthätigen Zweck: 1) die Verdienste vor dem Feinde rühmlich gebliebener, oder durch unmittelbare Dienstbeschädigung invalide gewordener Offiziere des stehendes Heeres und der Landwehr, so wie 2) die Verdienste von rühmlich gebliebenen, oder in Folge von, bei Ausübung des K. Dienstes erhaltenen Verwundungen, amputirten Unteroffizieren des stehendes Heeres und der Landwehr; 3) die Verdienste von Staatsbürgern jeder Klasse, welche sich dieselben durch besondere Einzelhandlungen um den Staat erworben haben, durch vorzugsweise Aufnahme ihrer Söhne in das Kadettenkorps zu belohnen und 4) Söhnen von unbemittelten verstorbenen, oder pensionirten gut gedienten Offizieren des stehenden Heeres und der Landwehr, so wie denj. 5) von unbemittelten Offizieren des stehenden Heeres (zu welchen jedoch, nach den 1838 Allerhöchst vollzogenen Statuten des Kadettenkorps, die Generale und höheren Stabsoffiziere im Allgem. nicht gerechnet werden können) und 6) den Söhnen von unbemittelten, 25 Jahre gut gedienten Unteroffizieren, sobald dieselben diese Dienstzeit im stehenden Heere erreicht haben, die Mittel zu gewähren, sich durch ihre Einberufung in das Kadettenkorps, eine angemessenr Ausbildung anzueignen. Alle in diese 6 Kathegorien gehörenden Staatsbürger sind berechtigt, diese Aufnahme ihrer Söhne in die §. 3. aufgeführten etatsmäßigen Stellen des Kadettenkorps, nach Maaßgabe der entstehenden Vakanzen und dem Grade ihrer Hülfsbedürftigkeit zu beanspruchen, sofern die betreff. Knaben ehelich erzeugt sind, das 11. Lebensjahr zum 1. Mai des Aufnahmejahres vollendet und das Alter von 15 Jahren noch nicht überschritten haben, und dabei die körperl. und geistige Befähigung zur Aufnahme in eine öffentl. Erziehungsanstalt besitzen.

§. 6. Ausnahmsweise werden für die in §. 5. aufgeführten Klassen der Aufnahmeberechtigten, die bezüglichen Erziehungsbeiträge aus den Mitteln des Staats gewährt, wenn dies die hülfsbedürftige Lage Einzelner unabweislich erfordert. Diese Vergünstigung hat jedoch hauptsächlich nur auf ganz arme Waisen Bezug.

§. 7. Zur Aufnahme in die Pensionairstellen des Kadettenkorps sind die legitimen Söhne von Staatsbürgern aller Klassen berechtigt. Derartige Knaben werden aber nur dann aufgenommen, wenn dies die entstandenen Vakanzen in den Pensionairstellen gestatten, und sie bei körperlicher und geistiger Befähigung zum Eintritt in eine öffentliche Erziehungsanstalt nicht unter 10 und nicht über 16 Jahre alt sind.

§. 8. Zur Aufnahme als Hospitanten sind ebenfalls die legitimen Söhne von Staatsbürgern aller Klassen berechtigt. Sie werden unter Berücksichtigung des §. 4. bei körperlicher und geistiger Befähigung zur Theilnahme an einem öffentlichen Unterrichte, und dann angenommen, wenn sie sich nicht unter 10 und nicht über 14½ Jahr alt und auch für die, ihrem Alter entsprechende, Lehrklasse nicht schon überaltet sind.

§. 16. Die wirkliche Aufnahme von Knaben in das Kadettenkorps kann aber überhaupt nur dann stattfinden, wenn dieselben die ihrem Alter entsprechenden Vorkenntnisse besitzen. Im Allgem. wird nämlich von den 11 jähr. Knaben die Reife für Quinta, von 12 jähr. für Quarta, von 13 jähr. für Unter-Tertia, von 14 jähr. für Ober-Tertia eines Realgymnas. verlangt. Knaben, die den darin gestellten Anforderungen nicht zu genügen vermögen, sich aber dennoch zur Eintritts-Prüfung stellen, werden ihren Angehörigen, und zwar auf deren Kosten, unverzüglich zurückgeschickt. Dieselben haben sich also vor der Absendung der einberufenen Exspektanten wohl zu versichern, ob diese auch die verlangte wissenschaftliche Ausbildung besitzen. rc. (M. Bl. d. i. V. 1850. S. 155.)

mee eintreten will, muß bei genügender körperlicher Entwickelung mindestens 16½ Jahr und vollständig gesund sein, sich die Kenntnisse eines Sekundaners auf einem Gymnas. oder anderweitig, und zwar die vollständige Reife für Prima erworben, auch seinen Körper durch entsprechende Leibesübungen, besonders Schwimmen, insoweit dies die Verhältnisse erlauben, gestärkt haben, und wenn er in die Kavallerie eintreten will, jedenfalls Geschick und einige Uebung im Reiten besitzen.

§. 2. Bei der Anmeldung zum Eintritt in einen Truppentheil muß der Offizier-Aspirant vorläufig a) seinen Taufschein einreichen; b) die gute Führung durch die Abgangs-Zeugnisse der besuchten öffentl. Lehranstalten oder der gehabten Privatlehrer darthun; die Atteste müssen sich über Anlagen und Fleiß, so wie möglichst genau über den in den einzelnen Disziplinen erhaltenen Unterricht nach Umfang, Dauer und Erfolg, und endlich darüber aussprechen, ob der Aspirant muntern und aufgeweckten Geistes ist; c) die genügende körperliche Qualifikation für den Militairdienst muß durch das Attest eines Preuß. Militair-Oberarztes dahin nachgewiesen sein, daß der Aspirant vollkommen gesund und frei von allen körperlichen Fehlern und Gebrechen ist, welche ihn an der Ausübung der dienstl. Obliegenheiten eines Offiziers hindern könnten. Wenn der betreff. Truppentheil den Aspiranten annehmen will, so ertheilt er darüber einen Ausweis, mit welchem und den vorerwähnten Attesten derselbe sich zur Eintrittsprüfung [1]) meldet.

(M. Bl. d. i. V. 1845. S. 150.)

b) Ueber die Vorbildung auf Realschulen erklärt mit Bezugnahme auf vorstehende V. das dies. mittheilende C. R. des Min. d. G., U. u. M. Ang. (Eichhorn) v. 22. Febr. 1845 an sämmtl. K. Reg.:

Es bestimmt diese V. im §. 1., daß die genannten Aspiranten in Zukunft sich die Kenntnisse eines Sekundaners und zwar die vollständige Reife für die Prima auf einem Gymnas. oder anderweit erworben haben sollen. Sowohl aus der hier ausdrücklich ausgeschlossenen Beschränkung der Vorbereitung auf Gymnasien, als auch aus der in §. 4. enthaltenen Angabe der Schulkenntnisse und Fertigkeiten, welche bei der Eintrittsprüfung gefordert werden, ist zu entnehmen, daß jene Vorbereitung auch auf den höheren Bürger- oder Realschulen gewonnen werden kann, in sofern dieselben denj. ihrer Schüler, welche sich dem militairischen Berufe widmen wollen, eine Gelegenheit verschaffen, sich in der Lateinischen Sprache die Kenntniß eines zur Versetzung nach Prima reifen Gymnasial-Sekundaners zu verschaffen; jedoch ist die Ober-Militair-Examinations-Kommission von dem H. Kriegsmin. angewiesen worden, von den Schülern der höhern Bürger- und Realschulen, die mit Aussicht auf Avancement zum Offizier in die Armee eintreten wollen, nicht nur die Absolvirung der Prima dieser Schulen, sondern auch ein in der vorschriftsmäßigen Entlassungsprüfung erworbenes Zeugniß der Reife zu fordern. Ich veranlasse die K. Reg., die Dir. der zu Entlassungsprüfungen berechtigten höheren Bürger- oder Realschulen von dieser V. und den an dieselbe sich anschließenden Bestimmungen in Kenntniß zu setzen, und die K. Prüfungs-Komm. anzuweisen, bei der Ausfertigung der Zeugnisse der Reife für solche Abiturienten der höheren Bürger- oder Realschulen, welche die militairische Laufbahn betreten wollen, dahin zu sehen, daß diese Zeugnisse in der wünschenswerthen Ausführlichkeit ausgestellt, und namentlich der in allen wissenschaftlichen Disziplinen erreichte Standpunkt, die Anlagen, der Fleiß und die Führung des Abiturienten genau bezeichnet werden.

(Min. Bl. d. i. V. 1845. S. 149.)

c) Befreiung vom Portepeefähnrichs-Examen.

α) Die K. O. v. 23. Jan. 1849 bestimmt, daß diejenigen, welche das

---

1) Die Eintrittsprüfung ist aufgehoben durch K. O. v. 19. Sept. 1848 (M. Bl. d. i. V. 1848. S. 238), nach welcher der Aspirant nach sechsmonatlichem Dienst auf Grund eines Führungsattestes zum Portepeefähnrichs-Examen, und nach weiterem neunmonatlichem Dienst zum Offizierexamen zugelassen wird. Dazu bestimmt die K. O. v. 23. Dec 1852 (Min. Bl. d. i. V. 1852. S. 72), daß das Portepeefähnrichs-Examen zwar gleich nach dem Eintritt abgelegt, das Zeugniß der Reife aber erst nach 6 Mon. auf Grund des Führungsattestes extrahirt werden kann. Vgl. auch oben S. 140 das Prom. von 1831 ad 1.

Dienstzeugniß (vergl. K. O. v. 19. Sept. 1848 oben S. 301. Note 1.) und „ein von einer Preuß. Abit. Prüf. Komm. vollgültig ausgestelltes Attest der Universitäts-Reife besitzen, von dem Portepeefähnrichs-Examen zu dispensiren, und ihnen auf Vorlegung der erwähnten Zeugnisse von der Ober Militair-Examinations-Kommission die Zeugnisse der Reife zum Portepeefähnrich auszuhändigen sind." (M. Bl. d. i. V. 1849. S. 108.)

β) Dazu bemerkt die Bek. des Kriegsmin. (v. Strotha) v. 17. März 1849.

Ein vollgültig ausgestelltes Zeugniß der Universitäts-Reife ist ein Zeugniß der Reife, ausgestellt von einer Abiturienten-Prüfungs-Komm. eines Preuß. Gymnas. und mit Unterschrift und Dieststiegel eines Kommissarius der Reg. versehen. (§. 31. des Regl. v. 4. Juni 1834.)

Progymnasien, Realschulen und höhere Bürgerschulen haben solche Zeugnisse nicht auszustellen, und es genügt auch nicht, wenn Jemand nur ein Zeugniß besitzt, nach welchem ihm der Besuch der Universität gestattet ist. Auch die von nicht Preuß. Gymnasien, Universitäten rc. ausgestellten Zeugnisse der Reife sind als nicht vollgültig anzusehen, in sofern sie nicht in jedem einzelnen Fall eine Bestätigung von dem K. Preuß. Min. der G., U. u. Med. Ang. nachzuweisen vermögen. (§. 43. des vorangef. Regl.)

Diej. Offizier-Aspiranten der Artillerie- und des Ingenieur-Korps, aus deren Zeugnissen der Universitäts-Reife kein hinreichender Grad des mathematischen Wissens für diese Waffen hervorgeht, müssen sich, im Verfolg der A. K. O. v. 30. Dec. v. J., in dieser Wissenschaft einer besondern Prüfung unterwerfen.
(Min. Bl. d. i. V. 1849. S. 109.)

4) Berechtigung zum einjährigen Freiwilligendienst [1])

a) Allgemeine Vorschriften.

α) Ges. v. 3. Sept. 1814, betr. die Verpflichtung zum Kriegsdienst.

§. 7. Junge Leute aus den gebildeten Ständen, die sich selbst kleiden und bewaffnen können [2]), sollen die Erlaubniß bekommen, sich in die Jäger- und Schützenkorps aufnehmen zu lassen. Nach einer einjährigen Dienstzeit können sie zur Fortsetzung ihres Berufs auf ihr Verlangen beurlaubt werden. Nach den abgelaufenen 3 Dienstjahren treten sie in die Landwehr des 1. Aufgebots, wo sie, nach Maaßgabe ihrer Fähigkeiten und Verhältnisse, die ersten Ansprüche auf die Offizierstellen haben sollen.

§. 9. Um im Allgem. körperliche und wissenschaftl. Ausbildung so wenig als möglich zu stören, ist das vollendete 20. Jahr zum Anfang des Kriegsdienstes festgestellt [3]), es bleibt aber jedem jungen Manne überlassen, nach vollendetem 17. J., wenn er die nöthige körperliche Stärke hat, sich zum Kriegsdienste zu melden, wodurch er dann um eben so viel Jahre früher wieder aus den verschiedenen Verpflichtungen heraustritt. [4])

---

1) Eine Zusammenstellung der betr. Vorschriften, namentlich auch über den Eintritt als Nichtkombattant (Chirurg oder Thierarzt), giebt das Publ. der Reg. zu Danzig v. 8. Aug. 1824. (A. VIII. S. 929—938.) — Vgl. Art. 34—39. Staatsverfassung v. 31. Jan. 1850. (G. S. 1850. S. 20.)

2) Waffen und Lederzeug werden aus den Militair-Vorräthen geliefert, und müssen zurückgegeben werden. Dagegen fallen die Freiwilligen, einzelne Hülfsbedürftige abgerechnet, bei der Geld- und Brodverpflegung aus: K. O. v. 5. März 1820. (G. S. 1820. S. 59.)

3) In Westphalen das 21. Jahr: K. O. v. 30. Jan. 1834 (G. S. 1834. S. 20) und R. v. 11. Dec. 1834 (A. XVIII. S. 1129).

4) Militairpflichtig ist jeder da, wo er seinen Wohnsitz hat. Bis zum zurückgelegten 21. Jahre folgen Söhne dem Wohnorte des Vaters: §. 2. 14. Instr. v. 30. Juni 1817 (A. XII. S. 798), auf welche auch das R. der Min. des J. und d. P. und des Kriegs v. 30. April 1838 in Betreff der Ersatzaushebung minderjähriger Gymnasiasten Bezug nimmt, wobei jedoch das als Anl. a. beigefügte R. ders. Min. v. 26. März 1836 gestattet, daß die Ersatzbehörde des Aushebungsorts die Diensttauglichkeit feststelle, wenn schon die Betr. der Ersatzaushebung ihrer

§. 16. Diej., welche freiwillig in das stehende Heer treten, erhalten dafür die Begünstigung, sich die Waffengattung und das Regiment zu wählen.

(G. S. 1814. S. 79.)

β) Instr. v. 19. Mai 1816 über den Eintritt von Freiwilligen in das Heer.

§. 9. Die Annahme der Freiwilligen im Sinne des Ed. v. 3. Sept. 1814 und die Bewilligung der ihnen darin zugesicherten Vorrechte hat vorzüglich den Zweck: jungen Leuten aus den gebildeten Ständen, die sich den Wissenschaften und einer höhern Ausbildung widmen, eine zweckmäßige Vereinigung ihres weitern Studiums mit ihrer zu lösenden Verpflichtung zum aktiven Militairdienste möglich zu machen. Die bloße Fähigkeit, seine eigene Equipirung zu bewirken, ist daher in keinem Falle zur Annahme eines sich selbst ausrüstenden Freiwilligen und zum Genuß der selbigem zustehenden Vorrechte entscheidend, sondern er muß auch bereits einen solchen Grad wissenschaftl. Bildung erworben haben, der seine Fähigkeit zu einer höhern Ausbildung bekundet und die Erreichung des Zwecks sichert, um dessentwillen der Staat ihm die Vergünstigung angedeihen läßt. Unter dem hier bedingten Grade von Bildung wird eine solche wissenschaftl. Vorbereitung verstanden, die einen jungen Mann zum Eintritt in die höheren Klassen eines Gymnas. eignet. Aus eben der vorigen Rücksicht ist auch denj. Jünglingen, welche sich schon in einer der drei höhern Klassen eines Gymnas. befinden und die ihre Studien künftig auf der Universität fortsetzen wollen, zu ihrem eigenen Wohl und zur Beförderung einer gründlichen Kultur der Wissenschaften überhaupt anzurathen, den Zeitpunkt zum Eintritt als Freiwillige nur so zu wählen, daß sie erst ihren Gymnasialkursus völlig absolvirt haben, um dann nach Beendigung ihres aktiven Militairdienstes eine Universität zu beziehen. Da die Leistung des Dienstes in diesem Zeitraume für die künftigen Verhältnisse des sich den Wissenschaften widmenden jungen Mannes die nützlichste ist, so wird sämmtlichen Behörden die möglichste Beachtung einer diesfallsigen Mitwirkung angelegentlichst empfohlen, um so mehr, als bei den meisten jungen Leuten die Beendigung ihres Gymnasialkursus zwischen das 17. und 20. Altersjahr treffen wird und viele von ihnen während ihres Militairdienstes in einer Stadt, wo sich eine Universität befindet, füglich die Gelegenheit benutzen können, nebenbei die wissenschaftlichen Vorlesungen abzuwarten und dadurch großen Theils in einem ununterbrochenen Studio zu bleiben. [1])

§. 10. Diej. Jünglinge, welche ihren Unterricht auf einem Gymnas. empfingen, müssen zur Beglaubigung ihrer bis zu dem im vorhergehenden §. bezeichneten Grade gewonnenen wissenschaftl. Ausbildung die Zeugnisse der Schulanstalten, diej. junge Leute aber, welche ihre Unterweisung auf einem andern Wege gewonnen, die Atteste ihrer Lehrer beibringen, oder sich, nach den Umständen, der Prüfung eines Sachkundigen unterwerfen. [2])

§. 12. Die Anmeldung zum freiwilligen Eintritt in den Dienst geschieht schriftlich oder persönlich bei dem Kommandeur des Regiments oder Bataillons, bei welchem der Eintritt gewünscht wird. Dieser Meldung müssen beigefügt oder bei der persönlichen Ansuchung überreicht werden: a) der Erlaubnißschein der Eltern

---

Heimath zugehörig bleiben. (A. XXII. S. 495.) Vgl. R. v. 12. Jan. 1848. (Min. Bl. d. i. V. 1848. S. 28.)

1) Solche Freiwillige dienen Ein Jahr bei dem gewählten Truppentheile, und werden demnächst zwei Jahre lang zur Kriegsreserve beurlaubt. Nach Ablauf dieser zwei Jahre tritt für sie die Verpflichtung zum 1. Aufgebot der Landwehr ein, welche 7 Jahre dauert. Hierauf folgt die Verpflichtung zum 2. Landwehraufgebot, welche wiederum 7 Jahre dauert: R. des Min. des J. v. 8. Juni 1819. (A. III. S. 586.) Vgl. R. dess. Min. v. 6. Aug. 1819, sowie das v. 17. Juni 1821 über die späteren Verhältnisse derer, die bei dem Jäger- oder Schützenkorps gedient haben. (A. III. S. 854, V. S. 459.)

2) Das C. R. des Min. des J. v. 17. Febr. 1817 (A. I. H. 1. S. 287) bemerkt, daß die Zulassung zum einjährigen Freiwilligendienst nicht auf Studirende beschränkt werden darf, sondern auf Alle Anwendung findet, die den vorgeschriebenen Grad wissenschaftlicher Ausbildung nachweisen.

oder Vormünder; b) das Zeugniß des Gymnas. oder der Lehrer über den wissenschaftl. Unterricht im Sinne des §. 10. und zugleich Bescheinigungen über den dabei bewiesenen Fleiß und sittliche Aufführung; c) eine Erklärung, in welcher Art der Freiwillige, wenn er seine eigene Equipirung bewirkt, solche zu beschaffen gedenkt; d) wenn eine schriftliche Meldung erfolgt, so ist zugleich ein Zeugniß eines Regimentschirurgus oder eines Stadt- und Kreisphysikus beizufügen, daß nicht allein der sich Meldende mit keinem körperlichen Gebrechen behaftet, sondern auch sonst von hinlänglich robustem Körperbau ist, um die Beschwerden des Militairdienstes ertragen zu können. Wer sich persönlich gestellt hat und mit den zu seiner Aufnahme erforderlichen Ausweisungen nicht versehen ist, hat es sich selbst beizumessen, wenn er die Reise vergebens gemacht hat, oder wenigstens der Beschluß über seine Annahme bis zur Beibringung der nöthigen Atteste ausgesetzt bleibt.

(Ergänz. zum A. L. R. Th. II. Tit. 10.)

b) Grad der erforderlichen wissenschaftlichen Vorbereitung und dessen Nachweis.

Den Anspruch auf Zulassung zum einjährigen Freiwilligendienst haben die Tertianer der Gymnasien und die für Prima reifen Sekundaner der zu Entlass.-Prüf. berechtigten höhern Bürgerschulen. Der Nachweis wird durch Schulzeugnisse oder durch eine Prüfung geführt, zu welcher, nachdem sie schon einige Jahre in den westl. Prov. und Berlin bestanden hatten, durch C. R. des Min. d. Inn. v. 25. Dec. 1825 in allen Prov. besondere „Departements-Prüfungs-Kommissionen" eingeführt sind. (A. IX. S. 1103.). Es bestimmen hierüber:

α) die Instr. für die Depart.-Prüf.-Komm. v. 21. Jan. 1822

§. 13. Die Qualifikation in wissenschaftl. Beziehung kann entweder durch Atteste oder durch mündliche Prüfung nachgewiesen werden. Den Nachweis durch Atteste können nur führen: a) die auf einer K. oder fremden Universität mit Erlaubniß diesseitiger Behörden studirenden Jünglinge, wenn sie mit dem Zeugnisse der Reife Nr. I. und II. versehen sind; [1]) b) die Schüler auf K. Gymnas. aus den 3 ersten Klassen, wenn sie durch ein Zeugniß der Schul-Direktion beweisen, daß sie nach einer mit ihnen vorgenommenen Prüfung in allen Zweigen des Schulunterrichts einen solchen Grad wissenschaftlicher Vorbereitung bekundet haben, der erwarten läßt, daß sie mit Nutzen den Wissenschaften sich widmen werden; c) die Kand. des kathol. geistlichen Standes, welche von den bei den bischöflichen Seminarien zu etablirenden Prüfungs-Kommissionen ein Attest ihrer Fähigkeit zur Aufnahme in das Priester-Sem. erhalten haben rc. [2]) — Die Kommissionen müssen diese Atteste einer genauen Prüfung unterwerfen; es bleibt dens. überlassen, sich den Umständen nach von der Richtigkeit der Atteste durch eine mündliche Prüfung der Freiwilligen näher zu überzeugen. Alle übrigen jungen Leute, die nicht zu den Katbegorien a. bis c. gehören, müssen unbedingt mündlich von der Kommission geprüft werden. Es findet keine Dispensation von der persönlichen Gestellung vor der Kommission Statt. [3])

β) R. der Min. d. Inn. u. d. P. (v. Brenn) und d. Kr. (i. A. v. Schöler) v. 22 Juni 1832 an die K. Reg. zu Merseburg.

Diejenigen Studirenden, welche bloß mit dem Maturitäts-Zeugnisse Nr. III. versehen sind, haben, wenn sie sich zum einjährigen freiwilligen Militairdienste melden, ihre Qualifikation allerdings durch eine besondere mündliche Prüfung nachzuweisen. Die Absicht geht gerade dahin, daß solche nur mit Nr. III. versehene junge Leute

---

1) Jetzt Zeugniß der Reife, §§. 28. 31. des Regl. v. 4. Juni 1834, s. ob. sub I.

2) Lit. d. betraf die Volksschulamts-Kandidaten, s. in Bd. 1. S. 433.

3) Die Berechtigung, nicht aber die Befreiung, kann ohne persönliches Erscheinen festgestellt werden: C. R. der Min. des Kriegs und des J. v. 26. Nov. 1842. (Min. Bl. d. i. V. 1842. S. 438.) — Der Vorschlag, die Prüfung den Schulen, statt der Departements-Komm., zu übertragen, wurde abgelehnt: R. ders. Min. v. 5. Sept. 1839 an das K. Prov. Schulkolleg. zu Münster. (A. XXIII. S. 728.)

unbedingt der mündlichen Prüfung vor der Departements-Prüfungs-Komm. unterworfen werden sollen. Wenn sie bei der Prüfung bestehen, d. h. also, wenn sie dadurch nachweisen, daß sie die zur oberen Abtheilung der dritten Klasse eines Gymnas. erforderlichen Kenntnisse besitzen, was bei solchen Individuen in dem Alter, in welchem sie sich alsdann schon befinden, nicht einmal als Regel vorauszusetzen ist, so werden sie, in wissenschaftlicher Beziehung als zum einjährigen Dienste geeignet, zugelassen, sonst aber abgewiesen.

(A. XVI. S. 502.)

γ) R. des Min. d. J. u. d. P. (Köhler) v. 7. Aug. 1833 an dies.

Es bleibt übrigens Sache der Departements-Prüfungs-Komm., in einzelnen Fällen zu erwägen und zu bestimmen, ob ein junger Mensch, welcher mit dem Gymnasial-Atteste über seine wissenschaftliche Qualifikation versehen ist, gleichwohl noch um deshalb, weil er schon eine Zeit lang das Gymnas. verlassen hat, einer mündlichen Prüfung zu unterwerfen sein werde. [1]) Es scheint jedoch nicht anräthlich, in dieser Beziehung zu ängstlich zu verfahren.

(A. XVII. S. 822.)

δ) Insbesondere über die Schulreife auf höhern Bürger- und Real-Schulen zum einjähr. Freiwilligendienst bestimmt das C. R. des Min. d. G., U. u. M. Ang. (Eichhorn) v. 2. Juni 1841 an sämmtl. K. Reg. u. abschr. an sämmtl. K. Prov.-Schulkolleg.

Des H. Kriegsmin. und des H. Min. des J. u. d. P. Ex. haben auf mein Ersuchen die oberen Provinzial-Behörden veranlaßt, die Departements-Prüfungs-Kommissionen, sowie die Kreis-Ersatz-Kommissionen, anzuweisen, daß sie die in Bezug auf den einjährigen freiwilligen Militairdienst den Tertianern der Gymnas. zustehenden Begünstigungen auch den für Prima reifen Sekundanern der höhern, zu Entlassungs-Prüfungen nach dem Regl. v. 8. März 1832 berechtigten Bürger- und Realschulen auf das Zeugniß der Dir. dieser Schulen zu Theil werden lassen. [2]) Ich eröffne dieses der K. Reg., um die Dir. der betr. Anstalten hiernach zu instruiren und ihnen dabei bemerklich zu machen, daß ich erwartete, sie würden bei Ausstellung der Zeugnisse sich von der größten Gewissenhaftigkeit leiten lassen.

(Min. Bl. d. i. V. 1841. S. 218.)

c) Anmeldungs-Termin.

Das C. R. des Min. d. Inn. (v. Schuckmann) v. 18. Mai 1826 an den Oberpräs. zu Koblenz u. abschr. an sämmtl. übrigen Oberpräs. setzt im Einverständniß mit dem Kriegsmin. fest:

daß die Anmeldungen jedesmal vor dem 1. Aug. des Jahres, in welchem die Altersklasse, zu der die betr. Individuen gehören, zum ersten Male zur Ersatz-Aushebung konkurrirt, erfolgen sollen, bis zu jenem Schlußtermin aber allgemein von den Prüfungs-Komm. angenommen werden können. [3])

(A. X. S. 457.)

---

1) Wiederholt durch R. der Min. des J. und des Kriegs v. 31. März 1834 (A. XIX. S. 294) und durch R. ders. Min. v. 10. März 1836 (A. XX. S. 238).

2) Früher genossen nur die mit dem Zeugnisse der Reife entlassenen Zöglinge von dergl. Anstalten diese Vergünstigung, welche, nachdem sie durch verschiedene einzelne R. einzelnen Anstalten zu Theil geworden war, allgemein ausgesprochen wurde durch C. R. der Min. des Kriegs und des J. u. d. P. v. 1. Dec. 1836 an sämmtliche Departements-Prüfungs-Komm. und abschriftl. an sämmtliche General-Kommandos und sämmtliche Oberpräs. (A. XX. S. 1047.) Da jedoch hiermit, wie von mehreren Provinzial-Behörden hervorgehoben wurde, die Realschüler den Gymnasiasten gegenüber in zu großen Nachtheil gestellt waren, so erfolgte die oben gegebene Erweiterung des Anrechts zum einjährigen Dienst durch C. R. der Min. des Kriegs und des J. u. d. P. v. 30. April 1841. (Min. Bl. d. i. V. 1841. S. 154.)

3) Dies soll von den Reg. und von den Dir. der Gymnas. von Zeit zu Zeit

d) Die Wahl der Waffengattung und Truppen-Abtheilung steht dem Freiwilligen nach §. 16. des Ges. v. 3. Sept. 1814 und §. 1. der Instr. v. 19. Mai 1816 zu. Eine Beschränkung [1]) liegt in der K. O. v. 17. Okt. 1850:

1) die bei den Truppen zur Ableistung des einjährigen Dienstes einzustellenden Freiwilligen dürfen die Zahl von 4 per Kompagnie, resp. per Eskadron, nicht übersteigen, und haben die Regiments- und resp. Bataillons-Kommandeure — erforderlichen Falls die höheren Befehlshaber — hiernach die Vertheilung der im Ganzen sich Anmeldenden zu ordnen. 2) Die in den Universitätsstädten Bonn, Halle und Greifswald [2]) garnisonirenden Truppen bleiben nach wie vor verpflichtet, die zum einjährigen Dienst sich meldenden Studirenden, ohne Rücksicht auf die ad 1. normirte Zahl, einzustellen. 3) Eine gleiche Verpflichtung liegt den Truppen zur Einstellung derj. zum einjährigen Dienst sich meldenden Individuen ob, welche ihren Wohnsitz in den betr. Garnisonorten haben.

Sanssouci, den 17. Okt. 1850.

Friedrich Wilhelm.

(Min. Bl. d. i. V. 1850. S. 362.)

e) Die Annahmetermine für einjähr. Freiwillige bei allen Truppen sind der 1. April u. 1. Okt. jedes Jahres. [3]) Doch können in Rücksicht auf besondere Umstände ausnahmsweise dergleichen Freiwillige auch am 1. Aug. eingestellt werden. K. O. v. 1. März 1843 und Instr. des Kriegsmin. über die Behandlung der einjähr. Freiwilligen v. 21. März 1843, mitgetheilt durch C. R. des Min. d. G., U. u. M. Ang. und d. Kr. v. 21. April 1843 (M. Bl. d. i. V. 1843. S. 135.). Früher zu jeder Zeit: §. 98. der Instr. v. 30. Juni 1817. (s. nachstehend.)

f) Aufschub des Eintritts bis in das 23. Jahr.

α) Instr. der Min. d. Inn. und d. Kr. für die jährlichen Ersatz-Aushebungen v. 30. Juni 1817:

---

wiederholt bekannt gemacht werden, mit dem Zusatze, daß die Anmeldung und der Dienstantritt bei Verlust der Begünstigung und bei Vermeidung der Einstellung zu dreijährigem Dienst zur gehörigen Zeit erfolgen müssen: C. R. des Min. des J. v. 4. Dec. 1827 (A. XI. S. 1025). — Daß die Meldung vor dem 1. Aug. desj. Jahres, in welchem der Bittsteller sein 20. Lebensjahr zurücklegt, genüge, sprach wiederholt aus das R. der Min. des Kriegs und des J. u. d. P. v. 31. Juli 1837 an die Departements-Prüfungs-Komm. zu Liegnitz (A. XXI. S. 600). — Gesuche um nachträgliche Zulassung, um Aufschub, Reklamationen ꝛc. sind den obern Prov.-Behörden (Oberpräs. und kommand. Gen.) zur Entscheidung überwiesen: C. R. ders. Min. v. 15. Jan. 1839 (A. XXIII. S. 250). — Bei solchen, die bereits bei der Ersatzaushebung konkurrirt haben, ist derartigen nachträglichen Gesuchen gar nicht statt zu geben, weil sie sonst immer zunächst versuchen würden, sich frei zu loosen: R. ders. Min. v. 27. März 1840 (Min. Bl. d. i. V. 1840. S. 203). — Ueber Reklamationen vgl. im allgem. Publ. v. 21. Okt. 1847 (M. Bl. d. i. V. 1847. S. 300—302), Publ. v. 23. Nov. 1848 (Min. Bl. d. i. V. 1848. S. 393) und die C. R. v. 31. März 1849 und 13. Sept. 1851 (ib. 1849 S. 84, 1851. S. 214.)

1) Schon früher sollte nach der K. O. v. 25. Nov. 1837 (A. XXI. S. 1122) kein Infanterie-Bataillon des stehenden Heeres mehr als 40 Freiwillige annehmen. Dies sollte jedoch nach dem R. des Kriegsmin. v. 7. März 1838 (A. XXII. S. 228) die einzige Beschränkung sein, und etwaige andere aufgehoben werden. — Auch bei der Marine kann der Freiwillige eintreten. Es gelten dafür die gleichen Vorschriften: R. der Min. des J. und des Kriegs v. 6. Juni 1850 (Min. Bl. d. i. V. 1850. S. 232).

2) Eben so in Berlin: K. O. v. 8. April 1851 (Min. Bl. d. i. V. 1851. S. 106).

3) Bei Artillerie-Brigaden nur der 1. Okt.: K. O. v. 22. Febr. 1844 (M. Bl. d. i. V. 1844. S. 103).

§. 98. Wegen der auf ein Jahr bei dem stehenden Heere zum Dienst eintretenden Freiwilligen bleibt es ganz bei den bisherigen Bestimmungen. Sie können bei gehörig früher Meldung ihren Eintritt bis vor dem Ende ihres 23jährigen Lebensalters verschieben [1]), und da sie bei dem gesetzlich auszuhebenden Ersatz auf keine Weise in Anrechnung kommen, so stehet ihnen in der Regel der Eintritt zu jeder Zeit im Jahre frei, worüber sie sich mit dem Truppentheil, den sie sich wählen, zu einigen haben.
(A. XII. S. 839.)

β) C. R. der Min. d. Kr. (v. Boyen) und d. Inn. (Gr. v. Arnim) v. 26. Mai 1843 an sämmtl. K. Gen. Kommandos und Oberpräs., Schreiben des Kriegsministeriums v. 9. Nov. und C. R. des Min. d. Inn. v. 27. Nov. 1843:

daß dergl. Freiwillige den wirklichen Eintritt bis zum 1. Okt. des Jahres aufschieben können, in welchem sie 23 Jahre alt werden, ihre Altersklasse also zum vierten Male bei der Ersatzaushebung konkurrirt.
(Min. Bl. d. i. V. 1843. S. 206, 345, 346.)

g) Zurückstellung. [2])
Wer bei der ersten Untersuchung wegen Körperschwäche zeitig unbrauchbar gefunden wurde, braucht sich nicht alljährlich, sondern nur noch einmal, vor Ablauf des 23. Jahres, zu stellen. Wird er dann diensttauglich befunden, so hat er sich sofort zum Eintritt zu melden. Entgegengesetzten Falls wird er in die für den Fall eines Krieges oder einer Mobilmachung bestehende allgemeine Ersatzreserve eingereiht. C. R. der Min. d. Kr. und d. Inn. und d. P. v. 23. März 1835 (A. XIX. S. 297, für Westphalen S. 300.), K. O. v. 3. Nov. 1833 (G. S. S. 293.) und K. O. v. 23. April 1844. (M. Bl. d. i. V. 1844. S. 214.)

Zweites Hauptstück.

Die höhern Bürger-, Real- und Gewerb-Schulen.

I. Die höhern Bürger- und Real-Schulen.

An einem umfassenden Gesetze über die Organisation dieser zur allgemeinen Vorbildung für den industriellen Beruf bestimmten Anstalten fehlt es. Es muß daher die Instr. v. 8. März 1832 über die Entlassungs-Prüfungen bei diesen Schulen als ihr Grundgesetz gelten, und so weit nicht aus dieser besondere Modifikationen hinsichtlich der Einrichtung, des Unter-

---

1) Wiederholt durch Publ. der Reg. zu Marienwerder v. 27. Juni 1820 mit dem Zusatz, daß die Truppentheile die Freiwilligen mit Attesten über die geschehene Annahme und den bewilligten Aufschub versehen sollen. (A. IV. S. 355.) — Dieser Aufschub gilt nur für die Dauer des Friedensstandes: C. R. der Min. des Kriegs und des J. u. d. P. v. 30. Nov. 1831. (A. XV. S. 892.)

2) Die Zurückstellung, resp. Befreiung, die den kathol., so wie den evang. Theologen gewährt wird (C. R. v. 26. Juni 1822 s. o. im 2. Abschn., C. R. v. 11. Okt. 1854 und Concl. des Staatsmin. v. 15. Sept. 1854. Staatsanz. Nr. 248. S. 1869) gehört in die folg. Abth. — Hier ist nur zu bemerken, daß Gymnasiasten, welche erklären, daß sie Theologie studiren wollen, deshalb noch nicht Zurückstellungsatteste erhalten, daß dergl. vielmehr nur an wirkliche Studenten ertheilt werden: R. der Min. des Kriegs und des J. u. d. P. v. 8. März 1833 und v. 23. Juni 1833. (A. XVII. S. 238, 549.)

richts 2c. hervorgehen, alles das zur analogen Anwendung kommen, was hinsichtlich der Gymnasien vorgeschrieben und im ersten Hauptstücke dieses Abschnitts zusammengestellt ist. Bei vielen der dort gegebenen V. ist diese doppelte Geltung derselben ausdrücklich ausgesprochen.

Durch die Instr. v. 8. März 1832 sind die höheren Bürger- u. Real-Schulen in zwei Klassen getheilt: 1) in solche, welche nicht das Recht zu Entlassungs-Prüfungen haben (vgl. o. S. 21 Note 1.), und 2) in solche, bei denen dies der Fall ist. Die letztern zerfallen gegenwärtig in Folge der neuen Organisation, welche die Vorbildung für das Baufach durch die Vorschriften v. 1. Aug. 1849 (vgl. den 5. Abschn.) erhalten hat, wiederum in zwei Klassen, nämlich a) in solche, welche das Recht der Entlassungs-Prüf. blos im Allgemeinen und b) in solche, welche außerdem insbesondre das Recht der Entlassungs-Prüf. für die Bau-Akademie in Berlin besitzen. Zu welcher von diesen Klassen jede einzelne Schule gehört, ergiebt sich aus dem in der Einleitung S. 12 ff. enthaltenen Verzeichnisse.[1]) Hier bleibt demnach nur die Instr. v. 8. März 1832 mit den sie ergänzenden oder abändernden Vorschriften zusammenzustellen.

C. R. und vorläufige Instr. des Min. d. G., U. u. Med. Ang. (v. Altenstein) v. 8. März 1832 an sämmtl. K. Reg. **über die an den höhern Bürger- und Real-Schulen anzuordnenden Entlassungs-Prüfungen.**

Nachdem die K. Min. des Kriegs, der Fin., des J. u. d. P. und das Gen. Postamt sich über die Bedingungen erklärt haben, unter welchen den mit dem Zeugnisse der Reife entlassenen Zöglingen der höheren Bürger- und Realschulen diej. Begünstigungen zugestanden werden dürfen, deren Bewilligung bisher von dem Nachweise des Besuchs der oberen Klassen der Gymnas. abhängig gemacht war,

---

1) Dort sind zugleich bei jeder Anstalt die C. R. der G., U. u. Med. Ang. und für Handel, Gew. u. öff. Arb., durch welche die erwähnten Berechtigungen verliehen worden sind, allegirt. Da diese C. R. immer im Wesentlichen gleich lauten, so genügt es, eines ders. als Muster zu geben:

C. Erl. der Min. der G., U. u. Med. Ang. und für Handel, Gew. u. öff. Arb. v. 11. Aug. 1852.

Die K. Reg. empfängt in der Anl. (a.) Abschrift einer Bek. vom heutigen Tage, wonach die höhere Handlungs- und Gewerbeschule in Magdeburg zur Ertheilung annehmbarer Entlassungs-Zeugnisse für die Kandidaten des Baufachs befähigt erachtet worden ist, mit dem Auftrage, solche durch ihr Amtsblatt zur öffentlichen Kenntniß zu bringen.

Anl. a.

Bekanntmachung.

Unter Bezugnahme auf die Bek. v. 30. Sept. v. J. (Min. Bl. d. i. V. 1851. S. 217) wird hierdurch zur öffentlichen Kenntniß gebracht, daß die höhere Handlungs- und Gewerbeschule in Magdeburg als zur Ertheilung annehmbarer Entlassungs-Zeugnisse für die Kandidaten des Baufachs befähigt anerkannt ist. Die ausgestellten Entlassungs-Zeugnisse dieser Anstalt werden demnach, wenn durch diese Zeugnisse nachgewiesen wird, daß der Entlassene die Kurse der Sekunda und Prima vorschriftsmäßig vollendet und die Abgangsprüfung bestanden hat, von der K. technischen Bau-Deputation und dem Direktorium der K. Bau-Akademie ebenfalls als genügend angenommen werden.

Berlin, den 11. Aug. 1852.

Der Min. der G., U. und Med. Ang.
Der Min. für Handel, Gew. und öff. Arb.

(Min. Bl. d. i. V. 1852. S. 215.)

In jedem derartigen C. R. wird auf das letztvorhergehende gleiche Bezug genommen. So betraf z. B die oben alleg. Bek. v. 30. Sept. 1851 die fragliche Berechtigung der höhern Bürgerschule in Perleberg.

hat das Min. beschlossen, bei denj. Schulen gedachter Kathegorie, die durch ihre Einrichtung den Bedingungen zu entsprechen im Stande sind, förmliche Entlassungs-Prüfungen anzuordnen. [1])

---

1) Ueber die Erhaltung und Errichtung solcher Schulen bestimmt das C. R. des Min. der G., U. u. Med. Ang. v. 3. Juli 1852 an sämmtl. K. Reg.

Eine nähere Prüfung der Verhältnisse der zu Entlassungs-Prüfungen berechtigten höhern Bürger- und Realschulen hat ergeben, daß in vielen dieser Anstalten die Zahl derj. Schüler, welche den Kursus ders. vollenden, nur sehr geringe und daher der Aufwand, den die Besoldung des für die Prima erforderlichen Lehrerpersonals in Anspruch nimmt, um so weniger zu rechtfertigen ist, als es den betr. Schulen überhaupt an hinreichenden Mitteln fehlt, die Lehrer angemessen zu besolden und den unentbehrlichen Lehrapparat zu beschaffen. Da es unter den gegenwärtigen Verhältnissen nicht möglich ist, die von mehreren Seiten für diese Schulen beantragten Zuschüsse aus allgem. Staatsfonds zu erwirken, so sehe ich mich zu folgenden Bestimmungen veranlaßt:

1) Die Etats der betr. Anstalten sind einer sorgfältigen Revision zu unterwerfen. Ergiebt sich, daß die Mittel ders. für die Bedürfnisse der betr. Schule, insonderheit für die angemessene Besoldung des zur Durchführung des Lehrplans erforderlichen Lehrerpersonals nicht ausreichen, so hat die K. Reg. darauf zu dringen, daß die Patronatsbehörde, in sofern ein Zuschuß durch Erhöhung des Schulgeldes nicht zu erzielen ist, das Nöthige beschaffe, widrigenfalls die Schule auf die Aufgabe einer allgem. Stadtschule beschränkt werden muß und das Recht zu Entlassungs-Prüfungen nach dem Regl. v. 8. März 1832 ihr nicht ferner belassen werden kann. 2) Die Errichtung neuer zu Entlassungs-Prüfungen berechtigter höherer Bürgerschulen ist nur dann zu gestatten, wenn ein ausreichender Etat für dieselben von der betr. Stadt garantirt wird. Bevor zur Ausführung des Projekts geschritten wird, ist der Einrichtungs- und Lehrplan und der Etat der zu errichtenden Schule dem K. Prov. Schulkolleg. nach der Bestimmung der Instr. für die K. Kons. v. 23. Okt. 1817 §. 7., 2. (Bd. 1. S. 262, 642) mitzutheilen und demnächst mit dem Gutachten dess. mir zur Genehmigung einzureichen. Ebenso bleibt die Anstellung der Dir. und Lehrer der zu Entlassungs-Prüfungen berechtigten höheren Bürgerschulen nach der Bestimmung der A. K. O. v. 9. Dec. 1842 §. 2. (s. o. S. 71), welche seither nicht immer pünktlich befolgt ist, meiner Genehmigung vorbehalten. 3) Wenn eine zu Entlassungs-Prüfungen berechtigte höhere Bürgerschule in Städten, in welchen ein Gymnas. sich befindet, errichtet werden soll, so hat die K. Reg. vor der Einleitung des dazu Erforderlichen mit dem betr. K. Prov. Schulkolleg. zu kommuniciren, damit dasselbe das Interesse des Gymnas. wahrnehmen könne. (Min. Bl. d. i. V. 1852. S. 161.)

Die Beförderung von Bürgerschulen war früher mehrfach durch Provinzial-Landtags-Abschiede verheißen; jedoch wurde dabei wiederholt ausgesprochen, daß die Einrichtung und Unterhaltung derselben, Sache der Kommunen sei. So heißt es im 1. Rhein. Landtags-Abschiede v. 13. Juli 1827 B. 28.: daß das Min. der G., U. u. Med. Ang. und des I. bemüht sein wird, in den geeigneten Kommunen, in welchen die Mittel zu diesem Zwecke zu beschaffen sind, zur Errichtung höherer Bürgerschulen beizuwirken, daß aber „in Hinsicht der Beschaffung der Mittel aus Kommunalfonds die besondere Mitwirkung der Stände“ erwartet werde. (A. XIII. S. 698.) — Im 2. Schles. Landtags-Abschiede v. 22. Febr. 1829 II. 16.: „dafür (für hinlängliches Auskommen wissenschaftlich gebildeter Lehrer an dergl. Schulen) zu sorgen, ist das nächste Bedürfniß, und dies die Sache der Städte, welche höhere Bürgerschulen brauchen.“ (A. XV. S. 192.) — Im 4. Preuß. Landtags-Abschied v. 3. Mai 1832 II. 33.: „Es muß aber im Allgem. dabei bewenden, daß Anstalten dieser Art nur auf Kosten der Kommunen, oder der ihrer bedürfenden größern Verbände errichtet werden können, wobei denn in allen Fällen, in welchen bei hervortretendem Bedürfnisse die Möglichkeit des Bestehens nachgewiesen wird, Unsere Behörden die Anlage möglichst befördern werden.“ (A. XVI. S. 553.) — Es wurden aber auch Staatsunterstützungen bewilligt, so z. B. durch den 4. Westph. Landtags-Abschied v. 30. Dec. 1834 II. 35.:

Es ist zu dem Behufe die in 4 Exemplaren beigef. vorläufige Instr. (Anl. a.) entworfen, welche der K. Reg. mit dem Auftrage zugefertigt wird, die Anstalten ihres Bereichs, welche den Bedingungen zu entsprechen im Stande sein möchten, dem K. Schulkolleg. der Prov. namhaft zu machen, damit dieses nach der ihm ertheilten Anweisung von dem Zustande der Schule genaue Kenntniß nehmen, und zur weiteren Veranlassung dem Min. Bericht erstatten kann.

Anl. a.

Vorläufige Instruktion

für die an den höheren Bürger- und Realschulen anzuordnenden Entlassungs-Prüfungen.

§. 1. (Zweck der Prüfung.) Der Zweck dieser Prüfungen ist: a) denjenigen Jünglingen, welche den Unterricht in einer vollständigen höheren Bürger- und Realschule genossen haben, und mit genügenden Kenntnissen aus derselben entlassen werden können, die bisher an den Besuch der oberen Klassen der Gymnas. geknüpfte Berechtigung zum Eintritt in den einjährigen freiwilligen Militairdienst, in das Post-, Forst- und Baufach und in die Büreaus der Provinzial-Behörden zuzusichern; [1]) — b) den Eltern und Vormündern eine zuverlässige Benachrichti-

---

„1000 Thlr. jährlich zu einer höhern Bürgerschule in Siegen." (A. XX. S. 774.)

Vgl. auch o. S. 156 ff. über das Verhältniß der höhern Bürger- und Realschulen zu den Gymn., und über das Schulgeld bei der Berliner Realschule oben S. 167 Note 1.

1) Vgl. die oben S. 293 ff. zusammengestellten Vorschriften. Ausführlicher hatte sich über die Qualifikation der als reif entlassenen Realschüler, mit Bezug auf die Petrischule in Danzig, schon früher ausgesprochen: die Resolution des Min. der G., U. u. Med. Ang., Unterr.-Abth. (v. Kamptz) v. 19. Aug. 1830 an den Dir. der Petrischule:

Das Min. macht Ihnen im Verfolg der Verf. v. 19. Juni c. hierdurch bekannt, daß das K. Finanzmin. es ganz unbedenklich findet, diej. Zöglinge der dortigen Petrischule, welche bei den Abiturienten-Prüfungen dasj. wirklich leisten, was in dem Auszuge aus dem diesjährigen Programme dieser Anstalt enthalten ist, und mit dem Zeugnisse der Reife entlassen sind, hinsichtlich ihrer Schulbildung zu allen solchen Stellen im Ressort dess. geeignet zu halten, für welche nicht die Vollendung des akademischen Kursus, oder eine besondere technische, dem Praktischen sich anschließende Vorbildung erfordert wird. Das K. Min. des J. u. d. P. hat sich dahin erklärt, daß diej. Schüler, welche ein Gymnas. oder eine höhere Bürgerschule frequentirt haben, und aus der ersten Klasse einer solchen Anstalt mit dem Zeugnisse der Reife und guter sittlicher Führung entlassen sind, als Civil-Supernumerarien bei den Prov. Behörden zugelassen werden sollen. Hierdurch ist also den Zöglingen der Petrischule diese Laufbahn bereits geöffnet. — Was das Baufach anlangt, so ist bisher von den Kand., welche sich dem großen oder architektonischen Examen unterwerfen, und sich dadurch für den Staatsdienst befähigen, kein anderer Nachweis erworbener Schulkenntnisse gefordert worden, als schon für ihre Prüfung als Feldmesser vorgeschrieben ist, nämlich der Nachweis, daß sie aus Sekunda eines Gymnas. als tüchtig entlassen worden. Diese Vorschrift wird das K. Min. des J. für die Feldmesser dahin deklariren, daß ein unbedingtes Zeugniß der Reife der ersten Klasse einer höhern Bürgerschule ihr gleich zu achten sei. Das K. Gen. Postamt findet es in Hinsicht der Schulbildung solcher jungen Leute, welche sich dem Postdienste widmen wollen, ebenfalls unbedenklich, daß die Zöglinge der Petrischule, wenn sie mit dem Zeugnisse der unbedingten Reife abgehen, zur Aufnahme in den Postdienst für hinreichend befähigt gehalten werden; nur ist dazu noch erforderlich, daß sie in der Franz. Sprache mehr, als das geb. Programm unter ad 3. vorschreibt, gethan haben, und so weit gekommen sein müssen, daß sie sich darin mündlich geläufig ausdrücken, und nach Deutschen Diktaten richtig schreiben können. (A. XIV. S. 556.)

Hinsichtlich des einjährigen Freiwilligendienstes s. oben S. 305, hinsichtlich der Immatrikulation auf Universitäten das C. R. v. 9. Okt. 1844 bei §. 36. des Regl. v. 4. Juni 1834 oben S. 284.

gung über den Bildungsstand des zu entlassenden Zöglings zu gewähren, um darnach zu ermessen, ob er zum Eintritte in die für ihn bestimmte Laufbahn gehörig befähigt sei; — c) den Schulen eine Gelegenheit zu geben, sich über ihre Leistungen vor den ihnen vorgesetzten Behörden auszuweisen, durch den günstigen Erfolg sich in dem Vertrauen des Publikums zu befestigen und in den Lehrern, wie in den Schülern, den würdigen Eifer für die Erreichung eines bestimmten Zieles lebendig zu erhalten.

§. 2. (Zeit der Prüfung.) Die Prüfungen werden innerhalb der beiden letzten Mon. eines Semesters gehalten. Nur diej. Schüler, welche wenigstens ein Jahr Mitglieder der obersten Klasse der Schule gewesen sind, werden zugelassen.[1]) Der Dir. oder Rektor der Anstalt wird, wenn er den zur Prüfung sich meldenden Schüler in Hinsicht seiner wissenschaftlichen und sittlichen Ausbildung noch nicht für reif erkennt, nach vorhergegangener Berathung mit seinen Kollegen, den Eltern

---

1) Auch privatim oder sonst Vorbereitete werden pro maturitate geprüft. Dies bestimmen:

a) C. R. des Min. der G., U. u. Med. Ang. (v. Altenstein) v. 24. Febr. 1837 an das Prov. Schulkolleg. in Magdeburg.

Dem K. Prov. Schulkolleg. wird auf den Ber. v. 14. v. M., betr. die Privat-Realschule des Dr. N. in N., hiermit eröffnet, daß das Min. nichts dagegen zu erinnern hat, daß junge Leute, welche in Privatanstalten oder sonst die zur Erlangung eines Zeugnisses der Reife bei höheren Bürger- und Realschulen erforderlichen Kenntnisse sich erworben haben, bei den vom Staate anerkannten höheren Bürger- und Realschulen, denen die Befugniß zu Entlassungs-Prüfungen ertheilt ist, sich der Prüfung nach der Vorschrift des Regl. v. 8. März 1832 unterwerfen, um das Zeugniß der Reife zu erlangen. (A. XXI. S. 997.)

b) C. R. dess. Min. (Eichhorn) v. 7. Mai 1842 an sämmtl. K. Reg. und Prov. Schulkolleg.

Es ist angefragt worden, ob jungen Leuten, die ihre Schulbildung nicht in einer höheren Bürgerschule erlangt haben, zu gestatten sei, sich der Maturitätsprüfung bei der Entlassungs-Prüfungs-Komm. einer höheren Bürgerschule zu unterwerfen. — Da es nach dem Abiturienten-Prüfungs-Regl. v. 4. Juni 1834 denen, welche sich über ihre Reife für die Universität ausweisen wollen, ihre Vorbereitung aber auf einem andern Wege, als auf einem Gymnas. erhalten haben, gestattet ist, sich von der Abiturienten-Prüfungs-Komm. eines Gymnas. prüfen zu lassen, so erscheint es dem analog ganz zulässig, daß diej., welche darthun wollen, daß sie die Reife eines Schülers der Real- oder höheren Bürgerschule erlangt haben, sich der Prüfung vor der Entlassungs-Prüfungs-Komm. einer höheren Bürgerschule unterwerfen dürfen. Nach vorheriger Kommunikation mit dem H. Min. des J. u. d. P., dem Geh. Staatsmin. H. v. Nagler, dem Geh. Staatsmin. H. v. Ladenberg und dem H. Finanzmin., Er., und in Uebereinstimmung mit dens., ermächtige ich daher die bei den höheren Bürger- und Realschulen bestehenden Entlassungs-Prüfungs-Kommissionen hiermit, die Prüfung solcher jungen Leute nach den Vorschriften des Regl. v. 8. März 1832 vorzunehmen, und überlasse der K. Reg. (dem K. Prov. Schulkolleg.) demgemäß das Weitere zu verfügen. (Min. Bl. d. i. V. 1842. S. 195.)

c) Hinsichtl. der Prüfungsgebühren bestimmt das C. R. dess. Min. (v. Raumer) v. 26. Aug. 1851 an das Prov. Schulkolleg. zu Berlin und abschriftlich an sämmtl. K. Reg.

Auf den Ber. des K. Prov. Schulkolleg. v. 26. Juni d. J. will ich genehmigen, daß auch von denj. fremden oder privatim vorbereiteten Schülern, welche zu den Entlassungs-Prüfungen bei höheren Bürger- und Realschulen zugelassen werden, Prüfungsgebühren, und zwar in dem Betrage von 4 Thlrn., wie sie die nach der Verf. v. 23. März 1846 Behufs Erlangung eines Gymnasial- oder Realschul-Zeugnisses zu Prüfenden zu entrichten haben, erhoben werden. (Min. Bl. d. i. V. 1851. S. 202.)

d) Das vorstehend angef. C. R. v. 23. März 1846 über die Schulprüfungen Fremder überhaupt s. oben S. 298.

und Vormündern, so wie auch dem Schüler selbst, sein Urtheil unumwunden mittheilen und zu verhindern suchen, daß er nicht zu frühe die Schule verlasse. Wird demungeachtet auf die Prüfung bestanden, und ist der Schüler bereits ein Jahr lang Mitglied der obersten Klasse gewesen, so darf die Zulassung zur Prüfung nicht verweigert werden.

§. 3. (Entlassungs-Zeugnisse.) Die Entlassungs-Zeugnisse sind entweder Zeugnisse der Reife mit den Prädikaten: vorzüglich, oder gut, oder hinreichend bestanden, oder der Nichtreife mit dem Prädikate: nicht bestanden.

Das Zeugniß der Nichtreife schließt von dem Anspruch auf den Genuß der im §. 1. a. erwähnten Rechte und Zugeständnisse aus.

§. 4. (Erfordernisse und Bedingungen für die Ertheilung des Zeugnisses der Reife.) Das Zeugniß der Reife wird ertheilt, wenn der Geprüfte in den Haupt-Unterrichtsgegenständen der höheren Bürger- und Realschulen vorzüglich, gut oder hinreichend bestanden, und überhaupt in seiner geistigen und sittlichen Ausbildung so weit vorgerückt ist, daß er für den Eintritt in die für ihn bestimmte Laufbahn hinreichend vorbereitet erscheint. Dazu ist erforderlich:

A. In Hinsicht auf Sprachen:

a) im Deutschen muß der schriftliche Ausdruck des zu Entlassenden von grammatischen Fehlern, von Undeutlichkeit und Verwechselung des Prosaischen und Poetischen frei sein, und im zusammenhangenden mündlichen Vortrage, im Disponiren leichter Themata, eine angemessene Fertigkeit, so wie auch Bekanntschaft mit dem Bildungsgange der Deutschen Literatur, insbes. mit den ausgezeichnetsten Schriftstellern seit der Mitte des vorigen Jahrhunderts, nachgewiesen werden;

b) im Lateinischen muß der Schüler Fertigkeit besitzen, den Julius Cäsar und leichtere Stellen des Ovid und Virgil zu übersetzen, die Regeln der Etymologie und Syntax inne haben und anwenden können, auch mit der Quantität und dem daktylischen Versmaaße bekannt sein.

Anm. Sollte in einer oder der andern höheren Bürger- und Realschule wegen der eigenthümlichen Bestimmung ders. das Lateinische noch von dem öffentlichen Unterrichte ausgeschlossen sein, und der Schüler daher nicht nachweisen können, daß er in dieser Sprache die geforderte Kenntniß besitze, so ist dies in dem Zeugnisse unter der Rubrik: Lateinische Sprache, ausdrücklich zu bemerken. Der Mangel an Kenntniß dieser Sprache verschließt dem Schüler zwar den Eintritt in eine Laufbahn, auf welcher sie nicht entbehrt werden kann; es soll ihm aber, wenn er in den übrigen Unterrichtsgegenständen gut besteht, das Zeugniß der Reife darum nicht versagt werden. [1])

---

1) Die Beförderung des Unterrichts im Lateinischen wurde empfohlen und auf die unbedingte Nothwendigkeit dess. zum Post-, Forst-, Baufache und Subalternendienst wiederholt aufmerksam gemacht durch folgende C. R.

a) C. R. des Min. der G., U. u. Med. Ang. (v. Altenstein) v. 18. Sept. 1838 an sämmtl. K. Reg. und abschriftlich an sämmtl. Prov. Schulkolleg.

Es sind bereits mehrere Fälle vorgekommen, daß Zöglinge der höheren Bürgerschulen, die sich zum Eintritt in das Post-, Forst- und Baufach und in die Büreaux der Prov. Behörden gemeldet hatten, zurückgewiesen sind, weil in ihrem Entlassungs-Zeugnisse bemerkt worden, daß sie des Lateinischen nicht kundig seien. Da es sich zeigt, daß die Anm. zum §. 4. des Regl. v. 8. März 1832 in dieser Beziehung zu einem Mißverständnisse Veranlassung gegeben hat, so wird hiermit ausdrücklich erklärt, daß das Entlassungs-Zeugniß der höheren Bürgerschule nur denj. die an das Zeugniß des Besuchs der II. eines Gymnas. geknüpfte Berechtigung zusichert, die auch im Lateinischen den im vorbezogenen Regl. angegebenen Forderungen bei der Entlassungs-Prüfung entsprechen. Die K. Reg. hat von dieser ausdrücklichen Bestimmung alle Vorstände der höheren Bürgerschulen ihres Bez. zur Bekanntmachung ders. an die Schüler in Kenntniß zu setzen und dahin zu wirken, daß die Lateinische Sprache, die in den höheren Bürgerschulen, wie die veranlaßten Untersuchungen ergeben haben, nur zum größten Nachtheile für einen gründlichen Unterricht vernachlässigt wird, gelehrt und mit solcher Gründlichkeit behandelt werde, daß die zu Entlassenden den Bestimmungen des Regl. vollständig entsprechen können. (A. XXII. S. 660.)

c) Im Französischen muß ein Brief oder ein Aufsatz über ein angemessenes Thema richtig geschrieben, eine in Rücksicht auf Inhalt und Sprache nicht zu

---

b) C. R. dess. Min. (Eichhorn) v. 10. Dec. 1840 an sämmtl. K. Reg.

Des Staatsmin. H. v. Nagler Ex. hat wiederholt darauf aufmerksam gemacht, daß von Zöglingen, die sich zum Eintritt in den Postdienst meldeten, immer noch Entlassungs-Zeugnisse eingereicht würden, aus denen hervorgehe, daß der Entlassene in der Lateinischen Sprache nicht unterrichtet sei und deshalb nicht berücksichtigt werden könne. Das Min. sieht sich dadurch veranlaßt, die K. Reg., mit Bezugnahme auf die Verf. v. 18. Sept. 1838 wiederholt anzuweisen, dahin zu wirken, daß der Unterricht in der Lateinischen Sprache in allen höheren Bürgerschulen ertheilt werde, und den Vorständen der höheren Bürger- und Realschulen es zur Pflicht zu machen, den Schülern alljährlich zu eröffnen, daß, wer sich dem Post-, Forst- und Baufache, oder dem Subalterndienste zu widmen beabsichtige, das Zeugniß des Besuchs der Sekunda eines Gymnas. oder das Entlassungs-Zeugniß einer höheren Bürgerschule, in welchem die nach dem Regl. v. 8. März 1832 erforderlichen Kenntnisse in der Lateinischen Sprache nachzuweisen seien, vorzulegen habe, und wenn letztere in der von ihm besuchten höheren Bürgerschule nicht erlangt werden könnten, er sich einer andern, den Unterricht in der Lateinischen Sprache gewährenden Anstalt zuzuwenden habe. (Min. Bl. d. i. V. 1840. S. 458.)

c) C. R. dess. Min. v. 29. März 1841 an dies.

Die Verf. v. 10. Dec. pr., welche zu Mißverständnissen Veranlassung gegeben, hat nur den Zweck, die Zöglinge dieser Schulen, welche sich den darin angegebenen verschiedenen administrativen Dienstzweigen widmen wollen, vor der Vernachlässigung der Lateinischen Sprache zu warnen, nicht aber den bestehenden Bestimmungen, welche für einzelne höhere Grade dieser Dienstzweige durch spezielle V. vorgeschrieben sind, neue zu substituiren. Die K. Reg. wird deshalb, um jenen Mißverständnissen vorzubeugen, veranlaßt, den Dir. und Vorstehern der höheren Bürgerschulen dieses ausdrücklich zu eröffnen und sie anzuweisen, ihre Zöglinge darauf aufmerksam zu machen, daß diej., welche dem Post-, Bau- und Forstfache und dem Subalternendienst sich zu widmen beabsichtigen, bei ihren desfallsigen Zulassungsgesuchen sich über ihre Schulbildung entweder durch die Gymnasial-Zeugnisse, welche für die Aspiranten, namentlich zu Civil-Supernumerarstellen und für Stellen bei dem Forstfache durch besondere V. vorgeschrieben sind, oder durch Entlassungs-Zeugnisse einer höheren Bürgerschule, in welchem die nach dem Prüfungs-Regl. v. 8. März 1832 erforderlichen Kenntnisse in der Lateinischen Sprache attestirt werden, auszuweisen haben. (Min. Bl. d. i. V. 1841. S. 64.)

d) Endlich wurde der Schlußsatz der obigen Anm. aufgehoben und das Zeugniß der Reife vom Latein abhängig gemacht durch C. R. dess. Min. v. 30. Okt. 1841 an sämmtl. K. Reg. und abschriftl. an sämmtl. Prov. Schulkolleg.

Da nach den von den K. Reg. erstatteten Ber. nur in wenigen zu Entlassungs-Prüfungen berechtigten höheren Bürger- und Realschulen der Lateinische Sprachunterricht noch nicht in dem Umfange ertheilt wird, daß die Zöglinge in diesem Gegenstande den Forderungen der Instr. v. 8. März 1832 §. 4. A. b. und §. 8. b. entsprechen können, ohne die hinreichende Befähigung in diesem Unterrichtsgegenstande aber die zu Entlassenden zu der an den Besuch der obern Klassen der Gymnas. geknüpften Berechtigung zum Eintritt in das Post-, Bau- und Forstfach und in die Büreaux der Prov. Behörden nicht gelangen können: so bestimme ich hiemit, daß von den Entlassungs-Prüfungs-Kommissionen von nun an nur denj. Zöglingen der höheren Bürger- und Realschulen, welche in der Prüfung den hinreichenden Grad der Befähigung in der Lateinischen Sprache nachweisen, das Zeugniß der Reife in der im Regl. vorgeschriebenen Form, unter Mitvollziehung des K. Kommissar, ausgefertigt werden, die Ausfertigung der Schulzeugnisse für die, wegen ermangelnder Kenntnisse in der Lateinischen Sprache nicht als reif zu Entlassenden aber nur durch den Dir. der Schule, unter Beidrückung des Schulsiegels, erfolgen soll. Die K. Reg. hat hiernach an die Prüfungs-Kommissionen bei den höheren Bürger- und Realschulen das Erforderliche zu verfügen und den den

schwierige Stelle eines Dichters oder Prosaikers mit Geläufigkeit übersetzt, ferner richtige Aussprache und einige Fertigkeit im Sprechen nachgewiesen werden können. Auch wird Bekanntschaft mit dem Entwickelungsgange der Französischen Literatur und den wichtigsten Schriftstellern der Französischen Nation erfordert;

d) wo das Englische und Italienische in der Schule gelehrt wird, wird von den abgehenden Schülern erwartet, daß sie darin eine ähnliche Kenntniß, wie im Französischen, nachweisen können.

B. In Hinsicht auf Wissenschaften:

a) in der Religion: Der Abgehende muß mit dem Inhalte der heiligen Schrift im Allgem., ferner mit der biblischen Geschichte und den Hauptmomenten der Geschichte der christlichen Kirche, sowie mit der christlichen Glaubens- und Sittenlehre, hinreichend bekannt sein;

b) in der Geschichte: Eine deutliche Uebersicht der wichtigsten Begebenheiten und der eigenthümlichen Verhältnisse der alten und neueren Völker, insonderheit genauere Bekanntschaft mit der Entwickelung, Verfassung und den inneren Verhältnissen der jetzt bestehenden Staaten, wobei der Schüler nachzuweisen hat, daß er die wichtigsten Epochen chronologisch richtig anzugeben weiß, und mit dem Schauplatz der Begebenheiten bekannt ist;

c) in der Geographie: Genaue Kenntniß der Elemente der mathematischen und physischen Geographie, ferner der Europäischen und der wichtigsten Länder der andern Welttheile und ihrer gegenseitigen Verhältnisse in statistischer und ethnographischer Hinsicht;

d) in der Mathematik: Fertigkeit in allen Rechnungsarten des gemeinen Lebens und in der Rechnung mit Buchstaben; Geübtheit in der Auflösung der Gleichungen des ersten, zweiten und dritten Grades, Kenntniß der Theorie der Logarithmen, der Planimetrie, Stereometrie, ebenen Trigometrie und des Gebrauchs der mathematischen Tafeln;

e) in den Naturwissenschaften:

α) in der Naturbeschreibung: auf Anschauung begründete Kenntniß der Klassifikation der Naturprodukte, genauere Bekanntschaft mit den merkwürdigsten Produkten, ihrer Anwendung und Verarbeitung für die Bedürfnisse des Lebens; — β) in der Physik: Bekanntschaft mit den allgem. Eigenschaften der Körper, den Gesetzen des Gleichgewichts und der Bewegung, mit der Lehre von der Wärme, der Elektrizität, dem Magnetismus, vom Lichte rc.; — γ) in der Chemie: Kenntniß von dem chemischen Verhalten der Grundstoffe und ihrer Hauptverbindungen, der wichtigsten organischen Substanzen und der Salze.

§. 5. (Die Prüfungs-Kommission.) Die Prüfung wird von der dazu bestellten Prüfungs-Kommission gehalten. Diese besteht aus einem Kommissar der Reg. (in der Regel dem Schul-Departements-Rathe), einem von der Reg. dazu ernannten Mitgliede der Lokal-Schulbehörde (des Ephorats, Scholarchats, Kuratorii oder der Schul-Kommission), dem Dir. oder Rektor der Schule und den in der obersten Klasse wissenschaftlichen Unterricht ertheilenden Lehrern. Uebrigens sind alle Lehrer der Anstalt verpflichtet, der Prüfung beizuwohnen, und die übrigen Mitglieder der Lokal-Schulbehörde jedesmal dazu einzuladen. Auf das Urtheil über das Resultat der Prüfung haben jedoch nur die Stimmen der wirklichen Mitglieder der Prüfungs-Kommission Einfluß.

§. 6. (Schriftliche und mündliche Prüfung.) Die Prüfung zerfällt in eine schriftliche und mündliche.

§. 7. (Bestimmung der Aufgaben für die schriftliche Prüfung.) Die Aufgaben für die schriftliche Prüfung werden von dem Dir. und den Lehrern gemein-

---

geb. Schulen vorgesetzten Lokalbehörden und Dir. angelegentlichst zu empfehlen, dafür Sorge zu tragen, daß dem Lateinischen Sprachunterrichte in allen Klassen dieser Schulen die nöthige Zeit und Aufmerksamkeit gewidmet und ihnen dadurch ein gründlicher grammatischer Unterricht, der an und für sich und besonders auch für die Erlernung der neueren Sprachen von großer Wichtigkeit ist, gesichert werde. (Min. Bl. d. i. V. 1841. S. 325.)

e) Insbes. zu der Zulassung der Feldmesserprüfung sind die oben Lit. b. bezeichneten Kenntnisse im Lateinischen wiederholt erfordert durch R. des Min. der G., U. u. Med. Ang. v. 5. Juli 1849. (Min. Bl. d. i. V. 1849. S. 173.)

schaftlich bestimmt und dem K. Kommissar zur Genehmigung eingereicht; doch steht es dem letzteren frei, nach Umständen die Themata selbst zu bestimmen. Alle zugleich zu entlassenden Examinanden erhalten dieselben Aufgaben zur Bearbeitung.

§. 8. (Schriftliche Prüfung.) Die schriftlichen Prüfungs-Arbeiten bestehen: a) in einem Deutschen Aufsatze, welcher vorzüglich die Bildung des Verstandes und der Phantasie, und die Sicherheit und Gewandtheit im Gebrauch der Sprache beurkunden soll; — b) in einer Uebersetzung eines Deutschen Stückes in das Lateinische; — c) in einem Französischen Aufsatze, wozu das Thema aus dem Ideenkreise des Examinanden, besonders aus der neueren Geschichte, zu wählen ist; — d) in einem Englischen, resp. Italienischen Aufsatze, wozu ein ähnliches oder auch dass. Thema, welches für den Französischen gegeben ist, gewählt werden kann; — e) in einem mathematischen, bestehend in der Lösung von zwei geometrischen und zwei arithmetischen Aufgaben; — f) in einem naturwissenschaftlichen, in welchem ein Thema aus der Physik und ein Thema aus der Chemie zu bearbeiten ist.

Die Anfertigung dieser Aufsätze, bei welcher, außer den Wörterbüchern der erlernten Sprachen und den mathematischen Tafeln, durchaus keine Hülfsmittel zu gestatten sind, geschieht unter ununterbrochener Aufsicht eines Lehrers in einem Klassenzimmer der Schule. Für die Arbeiten a. c. e. f. wird, mit Einschluß der Reinschrift, eine Zeit von 5 Stunden gestattet. Für b. d. müssen 2—3 Stunden genügen. Unter jeder Arbeit wird von dem Lehrer, welcher die Aufsicht geführt hat, die Zeit bemerkt, in welcher sie angefertigt worden ist.

Die eingelieferten Arbeiten werden von den betr. Lehrern durchgesehen und censirt, und kursiren demnächst, nachdem der Dir. die schriftliche Erklärung beigefügt hat, daß keine der gestellten Aufgaben von den Schülern früher schon behandelt sei, bei allen Mitgliedern der Prüfungs-Kommission.

§. 9. (Mündliche Prüfung.) Wie bei der schriftlichen Prüfung es vorzüglich darauf abgesehen ist, die geistige Fähigkeit des Examinanden zu prüfen, so hat sich die mündliche Prüfung vielmehr auf die Erforschung der positiven Kenntnisse in den §. 4. angegebenen Unterrichtsgegenständen zu richten, und wird hiernach der K. Kommissar, dem die Wahl des Prüfungstages überlassen ist, die für jeden Gegenstand erforderliche Zeit bestimmen, und den Gang der Prüfung so leiten, daß ein unzweideutiges Resultat ders. gewonnen werde. Bei der Prüfung in den fremden Sprachen sind zum Uebersetzen in das Deutsche nur passend gewählte Stellen vorzulegen, die früher in der Schule nicht gelesen und erklärt worden sind, und dabei Fragen zu stellen, deren Beantwortung die Sicherheit des Examinanden in der Grammatik und die Fertigkeit im Sprechen der fremden Sprache darthun kann.

§. 10. (Urtheil über das Resultat der Prüfung.) Nach der mündlichen Prüfung treten die Examinirten ab, und es wird nun mit Rücksicht auf die schriftlichen Arbeiten und das Resultat der mündlichen Prüfung, welches in dem über die ganze Verhandlung von einem Lehrer zu führenden vollständigen Protokoll niedergelegt worden ist, und ferner mit Rücksicht auf das Urtheil der Lehrer über den Fleiß und die sittliche Aufführung des Geprüften, der Grad der Reife des zu Entlassenden bestimmt. Jedes wirkliche Mitglied der Prüfungs-Komm. hat dabei eine Stimme. Bei Gleichheit der Stimmen giebt die des K. Kommissar den Ausschlag.

§. 11. (Bekanntmachung des Urtheils.) Das Urtheil der Komm. wird den Geprüften durch den K. Kommissar oder den Dir. der Anstalt mitgetheilt.

§. 12. (Form der Zeugnisse.) Die Zeugnisse werden auf den Grund der Prüfungs-Verhandlung von dem Dir. oder Rektor nach folgendem Schema ausgefertigt:

Zeugniß der Reife

für den Zögling der höheren Bürger-, resp. Realschule zu . . . .
N. N. (Vor- und Zunamen)
aus . . . . (Geburtsort) . . . Jahr alt . . . . (Konfession), Sohn des . . . . (Name und Stand des Vaters) zu . . . . (Wohnort dess.) [resp. unter der Vormundschaft des . . . . Name des Vormundes] zu . . . . (Wohnort dess.) . . . . war . . . Jahre auf der Schule, . . . Jahre in der ersten Klasse.

I. Aufführung:
II. Anlagen und Fleiß:
III. Kenntnisse:

1) Sprachen:
   a. in der Deutschen Sprache,
   b. in der Französischen ꝛc.
2) Wissenschaften:
   a. Religionskenntnisse,
   b. Geschichte ꝛc.
3) Fertigkeiten:
   a. Schönschreiben, | (worüber das Urtheil nach den vorgelegten Probeschriften und Zeichnungen des letzten Semesters abzugeben ist.)
   b. Zeichnen, |

Es ist ihm auf den Grund der vorstehenden Charakteristik in der Prüfung vom . . . ten . . . . 183 . das Zeugniß der Reife vorzüglich, resp. gut, resp. hinreichend bestanden zuerkannt worden.

. . . . . . den . . . ten . . . . . . 18 . .

Königl. Prüfungs-Kommission.
(gez.) N. N. Königl. Kommissarius.

(Siegel des K. Kommissar.)

N. N.
(gez.) N. N. Direktor.
N. N. Oberlehrer ꝛc.

Das Zeugniß der Nichtreife wird nur auf ausdrückliches Verlangen des Geprüften oder dessen Angehörigen ausgefertigt, nach obigem Schema, jedoch mit Weglassung des Zusatzes der Reife in der Ueberschrift und statt des Schlusses gesetzt: „Es hat ihm darnach in der Prüfung vom . . . ten . . . . . . 18 . . das Zeugniß der Reife nicht zuerkannt werden können."

§. 13. (Einhändigung der Zeugnisse.) Die Zeugnisse werden den Geprüften von dem Dir. in der Regel bei einer feierlichen Schulversammlung resp. am Schlusse der öffentlichen Prüfungen eingehändigt.

§. 14. Der Dir. der Schule hat nach der Prüfung innerhalb drei Wochen das Protokoll und die Prüfungsarbeiten und Abschrift der Atteste durch den Schulrath der betr. Reg. an das Schulkolleg. der Provinz einzusenden, welches darauf zu sehen hat, daß die Prüfungen vorschriftsmäßig gehalten werden, und bei Rücksendung der in dem Archive der Schule aufzubewahrenden Verhandlungen dem Dir. die nöthigen Bemerkungen zugehen lassen wird.

Berlin, den 8. März 1832.

Min. der G., U. u. Med. Ang.
v. Altenstein.

(A. XVI. S. 103—111.)

II. Die Provinzial-Gewerbe-Schulen.

Dieselben stehen, mit Ausnahme der dazu gehörigen, dem Min. d. G., U. u. M. Ang. überwiesenen Vorbereitungs-Klassen, unter dem Min. für Handel, Gew. u. ö. A., welches sie im Jahre 1850 neu organisirt, und mit der höchsten technischen Lehr-Anstalt, dem K. Gewerbe-Institut in Berlin, auf das engste verbunden hat. Hiernach treten die Gewerbe-Schulen aus der Reihe der allgemeinen Bildungs-Anstalten in die der Fach-Schulen, unter denen sie im 3. Abschn. dieser Abth., auf welchen hier lediglich zu verweisen, besprochen werden.

Vierter Abschnitt.

Schulunterhaltung.

I. Aeußere Rechte der höhern Lehr-Anstalten. Schul-Vermögen.

1) Allgemeine Vorschriften: §§. 54—57. 66. A. L. R. II. 12. (s. oben S. 16 ff.)

2) Insbes. über Vermögenserwerb,[1]) Verwaltung, Veräußerung,[2]) Prozesse, Vergleiche und Auseinandersetzungen, über die Vorrechte der Schulen in Betreff der Fristen,[3]) der Verjährung, im Konkurs, über Abgabenbefreiungen,[4]) Porto- Sportel- und Stempelfreiheit vergl. die im 1. Bande S. 747—778 zusammengestellten Bestimmungen.

3) Nichtbewilligung von Amtsblatt-Freiexempl. für Gymnasien und Schullehrer-Sem.

R. des Min. d. Inn. u. d. Pol. (Köhler) v. 4. März 1831 an die K. Reg. zu N.

Dem im Ber. v. 22. v. M. enthaltenen Antrage der K. Reg., den Gymnas. und Schullehrer-Sem. in Ihrem Depart. ein Exemplar Ihres Amtsblatts unentgeldlich verabfolgen lassen zu dürfen, kann, da, wie Sie Selbst bemerkt, in der V. v. 28. März 1811 (über die Einrichtung der Amtsblätter und Publikation der Ges. G. S. 1811. S. 165) die Anstalten der geb. Art unter denj. Behörden ꝛc., welchen das Reg. Amtsblatt unentgeldlich verabreicht werden soll, nicht ausdrücklich benannt sind, um so weniger gewillfahrt werden, als die Amtsblätter im Ganzen sehr bedeutende Zuschüsse erfordern, und daher nothwendig darauf Bedacht zu nehmen ist, die Ausgaben nach Möglichkeit zu beschränken, nicht aber durch Ausdehnung der Bewilligung von Frei-Exemplaren zu vermehren.[5])

(A. XV. S. 11.)

II. Schul-Einkünfte.

Dieselben bestehen in der Regel aus Einkünften des Schulvermögens

---

1) Namentlich in Betreff der Schenkungen das an die Stelle des §. 58. h. t. tretende G. v. 13. Mai 1833 nebst Ergänzungen: Bd. 1. S. 748—751.

2) Insbes. überträgt das R. des Min. der G., U. u. Med. Ang. v. 4. März 1840 (Min. Bl. d. i. V. 1840. S. 157) dem Prov. Schulkolleg. zu Koblenz die Konsens-Ertheilung zur Veräußerung von Grundstücken der Gymnas. und Stiftungen in gleicher Art, wie sie den Reg. nach der K. O. v. 24. Jan. 1838 bei Kirchen- und Pfarrgrundstücken zusteht, nämlich bei einzelnen Grundstücken und Gerechtigkeiten, nicht aber bei ganzen Landgütern und Häusern. (A. XXII. S. 90.)

3) Das Joachimsthalsche Gymnas. erhielt jura fisci durch Ed. v. 1. Jan. 1789 beigelegt. (Rabe, Bd. 1. Abth. 7. S. 753.)

4) Hinsichtlich der Kommunal-Auflagen (Bd 1. S. 774) war die Anwendung der K. O. v. 8. Juni 1834 auf die Seminare schon durch R. v. 22. Nov. 1837 (A. XXI. S. 1019) angeordnet.

5) Speziell in Betreff mehrerer Rhein. Gymnas. wiederholt durch R. dess. Min. v. 5. Juni 1833 an die K. Reg. zu Düsseldorf. (A. XVII. S. 254.)

aus Stiftungen, aus Beiträgen des Staates, der Kommunen,[1]) und aus dem Schulgelde. Die Art und Weise dieses Einkommens ist lokal verschieden. In Betreff der exekutivischen Beitreibung fälliger Zahlungen vergl. die K. O. v. 19. Juni 1836 (s. in Bd. 1. S. 806.), und insbes. über das Schulgeld[2]) oben S. 167 ff.

III. Etats- und Rechnungswesen. (Bd. 1. S. 861 ff.)

1) Allgemeine Bestimmungen.

Die Vermögens-Verwaltung, das Kassen- und Rechnungswesen der Gymnas., der gelehrten Schulen und der Seminar. steht unter den Prov. Schulkolleg.: B. 9. der K. O. v. 31. Dec. 1825 (Bd. 1. S. 266), vergl. auch §. 9. der Instr. für die Kons. v. 23. Okt. 1817 (ib. S. 263); bei andern höhern Schulen unter den Reg.: §. 18. g. und §. 19. der Instr. für die Reg. v. 23. Okt. 1817 (Bd. 1. S. 270), D. II. 5. der K. O. v. 31. Dec. 1825 (ib. S. 274).

Ob die Einwirkung dieser Staatsbehörden eine unmittelbare oder bloß eine mittelbare durch Oberaufsicht über die Kuratorien und Patrone ist, hängt von den Lokal- und Provinzialrechten, sowie davon ab, ob die betr. Anstalten Staatszuschüsse empfangen. Vergl. unten sub 3. und 4. C. R. v. 23. Dec. 1845 und 25. Juli 1843.

2) Die Aufstellung der Schuletats.[3])

a) C. R. und Instr. des Min. der G., U. u. Med. Ang. (v. Alten-

---

1) Insbes. bei höhern Bürger- und Realschulen vgl. oben S. 309 Note 1. Wegen der Gewerbeschulen s. u. im 5. Abschn. das C. R. v. 5. Juni 1850.

2) In der Pommerschen Dir.-Instr. (vergl. das 3. Kap. des 2. Abschn.) ist über das Schulgeld Folgendes bestimmt:

§. 17. Da sowohl der Betrag als die Art der Erhebung und die Verwendung der Schulgelder und anderer Abgaben der Schüler in den Gymnas. unsers Bezirks nach den Lokalitäten und dem Herkommen verschieden modifizirt ist, so wollen wir hier nur im Allgem. die Vorschrift geben, daß die Dir. und und Rektoren ihres Orts das Bestehende zu erhalten haben, bis etwa andere Bestimmungen von uns darüber erlassen werden. Schüler, welche nicht über 14 Tage vor Anfang des Quartals eintreten, haben nur für das folgende volle Quartal zu zahlen; dagegen die, welche später als 14 Tage nach Anfang des Quartals von der Schule abgehen, das Schulgeld für das ganze laufende Quartal zu entrichten haben. Schüler, welche ohne Meldung des Abgangs beim Dir. oder Rektor und beim Ordinarius der Klasse das Gymnas. verlassen, haben nicht bloß für das laufende Quartal, sondern falls es am Schluß dess. geschieht, auch für das folgende zu zahlen, und können außerdem auf ein Schulzeugniß keinen Anspruch machen. Ueber die Befreiung einer gewissen Anzahl bedürftiger, wohlgesitteter und fleißiger Schüler vom Schulgelde, da wo es die Lokalverhältnisse gestatten, ist das Weitere in unserer Verf. v. 17. Juli 1824 enthalten, doch wird hier bemerkt, daß die etwanigen Gebühren für außerordentliche Lektionen, Holzgelder, Dintengelder, Schulwärtergebühren und dergl. in dieser Befreiung nicht mit begriffen sind, und ohne Ausnahme entrichtet werden müssen. (A. XII. S. 391.)

3) Vgl. Bd. 1. S. 863. Allgemeine V. über das Kassen- und Etatswesen sind außer den dort angeführten: das Allerh. vollzogene Regul. über das Kassenwesen v. 17. März 1828. (A. XII. S. 285.) – Das C. R. des Min. d. Fin. v. 26. Mai 1828, über die Etats der Reg. (ib. S. 299.) — R. dess. Min. v. 15. März 1851, über Etats-Anfertigung und Kassen-Verwaltung. (M. Bl. d. i. V. 1851. S. 173.) und C. R. dess. Min. v. 22. Febr. 1852. (M. Bl. d. i. V. 1852. S. 77.) — Ueber Kassen-Revisionen vgl. die Instr. der Reg. zu Kös-

stein) v. 8. Sept. 1819 an sämmtl. K. Reg. und abschriftlich an sämmtliche Kons.

A.

Instr. zur Anfertigung der Etats für Gymnas. und Schulen.

Um die vorhandenen Hülfsmittel der Gymnas. und übrigen Schulen, so weit deren Etats zur Festsetzung des Min. kommen müssen, vollständig übersehen zu können, ist eine Gleichförmigkeit der Etats unerläßlich. Zu dem Ende ist das hier beigefügte Schema als Norm angenommen, welche allgemein beobachtet werden soll, in sofern nicht ganz besondere Fälle eine Abweichung davon nothwendig machen. Hierher wird gerechnet, wenn ein Gymnas. oder eine Schule Einnahmen und Ausgaben haben sollte, worauf keiner der im Etats-Schema vorgeschriebenen Titel paßte. Alsdann soll es überlassen bleiben, neue Titel den Umständen gemäß hinzuzusetzen.

Alle Haupttitel in der Einnahme 6. und in der Ausgabe 9. müssen beibehalten werden, auch wenn keine Einnahmen oder Ausgaben unter einem oder mehreren derselben vorkommen sollten. Eben so müssen die für jeden Titel vorgeschriebenen Abtheilungen beibehalten werden. Nur da, wo unter einem der Titel gar nichts vorkommt, können die Abtheilungen wegbleiben. Sollten die Verhältnisse mehrere oder andere Abtheilungen unter einem Titel unumgänglich nothwendig machen, so können dieselben projektirt werden.

Einnahme. Tit I. Vom Grundeigenthume. — Das Grundeigenthum muß nach seiner Gattung, seinen Bestandtheilen, Lage, Größe 2c. bezeichnet, bei den Erb- und Zeitpächten der Name des Pächters, das Datum des Pachtbriefes oder Kontraktes, Dauer der Zeichtpacht und die Zahlungstermine angegeben werden. Hat der Pächter außer dem baaren in der Linie auszuwerfenden Gelde noch etwas zu geben oder zu leisten, als z. B. Naturalien, Dienste 2c., es sei an die Anstalt oder an die Angehörigen ders., so muß dies ebenfalls im Etat angegeben, und vor der Linie zu Gelde berechnet werden.

Die andern vom Grundeigenthum herrührenden Hebungen müssen speziell im Etat aufgeführt, wenn aber deren zu viele wären, besondere Prästations-Tabellen darüber beigefügt werden. Etwanige Natural-Hebungen 2c. werden so behandelt, wie Hinsichts der Pachtungen eben bemerkt ist, und dürfen nicht vom Etat weggelassen werden. Von dem Grundeigenthum zur eigenen Benutzung der Anstalt wird der Nutzwerth vor der Linie berechnet; dasselbe muß geschehen, wenn ein anderes, bei der Anstalt befindliches und im Etat zu nennendes, Individuum die Nutzung zieht.

Tit. II. Zinsen von Kapitalien. — Hier muß der Name des Schuldners, die eingesetzte Sicherheit, das Datum der darüber sprechenden Dokumente, der Zinsfuß, die Zahlungstermine angegeben und die Kapitalssumme selbst so eingetragen werden, daß dieselben summirt werden können. Wenn Kapitalien auf bestimmte Zeit ausgethan sind, so muß auch dies im Etat bemerkt werden.

Tit. III. Von Berechtigungen. — Die Berechtigungen müssen im Etat gehörig bezeichnet, deren Erwerb und die Art, wie dieselben benutzt werden, angegeben werden. Besteht der Nutzen in baarem Gelde, der durch die Kasse fließt, so wird er in der Linie berechnet, fließt derselbe aber nicht durch die Kasse, und kommt er den bei der Anstalt angestellten Individuen vielleicht unmittelbar zu gut, so wird er vor der Linie berechnet.

Tit. IV. Hebungen aus andern Kassen und Fonds. — Hierbei kommt es zunächst immer darauf an, ob dens. Bedingungen zum Grunde liegen, in Folge deren sie entweder ganz wieder zurückgezogen, oder vermehrt und vermindert wer-

---

lin v. 14. Febr. 1842. (M. Bl. d. i. V. 1842. S. 250.) — Ueber Defekte, außer der V. v. 24. Febr. 1844. (G. S. 1844. S. 52.), das R. des Min. d. Inn. v. 17. April 1844. (M. Bl. d. i. V. 1844. S. 122.) und die allgem. Verf. des Justiz-Min. v. 15. Okt. 1853. (M. Bl. d. i. V. 1853. S. 258.) — Ueber Kautionen der Kassen-Beamten: C. R. der Min d. G., U. u. M. Ang., der Fin. und d. Inn. v. 18. April 1844. (M. Bl. d. i. V. 1844. S. 141.)

den können oder müssen. Daher ist es nothwendig, den Erwerb und die hierauf Bezug habende Bedingung im Etat bestimmt anzuführen, und je nachdem daß die Erwerbungsart es erheischt, die Hebungen nicht in folle, sondern speziell aufzuführen. Wenn z. B. aus einer Staatskasse Zuschuß gegeben würde:

1) Beitrag zur Besoldung des zeitigen Dir. der Anstalt . . — Thlr.
2) Besoldung des bestimmt bezeichneten Lehrers . . . . . — „
3) zur Verstärkung der Bibliothek . . . . — „
4) Zuschuß nach dem Bedürfnisse . . . . — „

so muß jede dieser Hebungen besonders aufgeführt werden, in Folge der hier zum Grunde liegenden verschiedenen Bedingungen, nämlich: bei 1) so lange der jetzige Direktor im Amte ist, bei 2) so lange der in Rede stehende Lehrer nothwendig und wirklich im Amte ist, bei 3) daß und so lange die Bibliothek vermehrt wird, bei 4) so viel und so lange das Bedürfniß es erfordert.

Tit. V. Hebungen von den Scholaren 2c. — Bei vielen Anstalten laufen die von den Schülern 2c. unter mancherlei Benennungen zu entrichtenden Gelder nicht durch die Kasse, sondern sie werden unmittelbar an die darauf angewiesenen Lehrer u. a. gezahlt. [1]) Diese die Verwaltung vereinfachende Einrichtung mag da, wo sie besteht, auch so bleiben, nur muß, um eine Uebersicht zu haben, welche Mittel vorhanden sind und wie dieselben zum Besten der Anstalt verwendet werden, theils aber auch die bestehende Einrichtung aufrecht zu erhalten, und gegen willkührliche Aenderungen zu sichern, alles dies im Etat gehörig nachgewiesen werden. Wo diese Gelder durch die Kasse fließen, müssen sie in der Linie, wo sie nicht durch die Kasse fließen, vor der Linie berechnet werden. Die Berechnung muß nach den verschiedenen vorkommenden Sätzen und unter diesen nach durch Fraktionen ermittelten Fällen geschehen. Wenn z. B. das Schulgeld nicht in allen Klassen gleich wäre, so würde zu berechnen sein: in der 1. Klasse à 1 Thlr. monatlich von 30 Schülern, in der 2. und 3. Klasse à 16 Gr. monatlich von 70 Schülern, in der 4. und 5. Klasse à 12 Gr. monatlich von 100 Schülern, u. s. w. Die Zahl der Schüler wird nach der Fraktion angenommen, mit Berücksichtigung vorhandener Gründe zur Wahrscheinlichkeit, daß dieselbe die Fraktion nicht erreichen oder übersteigen werde.

Tit. VI. Insgemein. — Die Einnahmen, welche unter keinem der vorhandenen Titel passen, oder zu unbedeutend sind, um unter einem besondern Titel aufgeführt zu werden, alle bei unvorhergesehenen Fällen eintretende Einnahmen u. s. w. sind hier mit gehöriger Ausführlichkeit und Bestimmtheit aufzuführen.

Ausgabe. — Hier wird auf die allgem. Bestimmungen und namentlich auf die unterm 7. d. M. an die K. Konf. und Reg. über die Anfertigung der Etats im Allgem. erlassene Verf. Bezug genommen. [2])

---

1) Jetzt überall in die Schulkasse: R. v. 8. Nov. 1833 oben S. 169.

2) Die hierher gehörigen Stellen des angef. C. R. v. 7. Sept. 1819 sind folgende:

2) Die Beläge zu den Etats müssen geheftet und numerirt, die Abschriften vidimirt, und die in den Verf. allegirten Beilagen dens. vollständig beigefügt werden. — 3) Die Etats selbst sind zu foliiren. — 4) Die Bemerkungen über die Veränderungen müssen in den Etats zwar möglichst kurz, jedoch vollständig enthalten sein, und es ist nicht hinreichend, sich darüber bloß auf die beigefügten Beläge zu beziehen. In Haupt-Etats, denen Spezial-Etats zum Grunde liegen, ist auch die Ursache von dem Mehr oder Weniger, mit welchem diese hier erscheinen, mit möglichster Kürze anzugeben. — 5) Bemerkungen, welche Normen oder Beschränkungen für die Einnahmen oder Zahlungen enthalten, gehören nicht zu den Randbemerkungen, sondern sind im Konterte des Etats selbst aufzuführen. — 6) Bei den Ausgaben müssen die Empfänger namentlich aufgeführt, und alle Personal-Veränderungen justifizirt werden. — 7) Wenn der in dem Etat vorkommende Empfänger außerdem noch Emolumente bezieht, als Tantieme, freie Wohnung, Beköstigung, Heitzung, Licht, Nießbrauch von Aeckern und Gärten, Kleidung, oder wie sie sonst irgend heißen mögen, so müssen diese

Schließlich ist zu bemerken, daß sowohl die Beträge vor wie die in der Linie, sowohl in Einnahme wie in Ausgabe, unter allen Abtheilungen und Titeln bis zum Total-Betrage summirt werden, und daß dann beide, die Einnahmen und Ausgaben, vor und in der Linie, wenn richtig verfahren worden, einander gleich sein müssen.

---

in dem Etat hinter der Besoldung einzeln aufgeführt, und ihr Geldwerth vor der Linie berechnet und summirt werden. — Einkommen aus andern Kassen in Folge der Dienststelle, deren Gehalt der Etat nachweist, gehört mit hierher, dagegen Einkommen von Stellen, die zu andern Etats gehören, in den Rand-Bemerkungen nachgewiesen werden müssen ꝛc.

(A. III. S. 719.)

S ch e

zu einem Etat für die Verwaltung

Nr.	Einnahme.	Betrag zum Etat pro 18 thl.	sg.	pf.
	Tit. I. Vom Grundeigenthum.			
	A. An Erbpacht			
	B. An Zeitpacht			
	C. An andern vom Grundeigenthum herrührend. Hebungen			
	D. Zur eigenen Benutzung			
	Tit. II. Zinsen von Kapitalien.			
	A. Von unablöslichen Kapitalien			
	B. Von ablöslichen Kapitalien			
	Tit. III. Von Berechtigungen.			
	Tit. IV. Hebungen aus andern Kassen und Fonds.			
	A. Aus Staatskassen.			
	1) Vermöge rechtlicher Ansprüche			
	2) An unbedingten Zuschuß			
	3) An Zuschuß zur Deckung des Bedürfnisses und zu besondern Zwecken			
	B. Aus andern Kassen und Fonds.			
	1) Unbedingte Beiträge			
	2) Bedingte Beiträge			
	Tit. V. Hebungen von den Scholaren ꝛc.			
	A. Bei der Inskription.			
	1) An Inskriptionsgeld			
	2) An andern Erlegungen			
	B. Nach der Inskription.			
	1) An Schulgeld			
	2) An andern Erlegungen (als Dinten-, Holz-, Licht-, Landcharten-Geld)			
	C. Beim Abgange			
	Tit. VI. Insgemein.			

Der vorige Etat setzte aus thl.	sg.	pf.	Es ist also jetzt mehr thl.	sg.	pf.	weniger thl.	sg.	pf.	Nummer der Beläge.

m a

von Gymnasien und Schulen.

Nr.	Ausgabe.	Betrag zum Etat pro 18 thl.	sg.	pf.
	Tit. I. Verwaltungskosten.			
	Tit. II. Besoldungen der Lehrer und sonstigen Angestellten.			
	A. Den Direktoren (Inspektoren, Rektoren rc.)			
	B. Den ordentlichen Lehrern			
	C. Den außerordentlichen Lehrern und Hülfslehrern . .			
	D. Den sonstigen Angestellten			
	Tit. III. Zu Unterrichtsmitteln.			
	A. Zur Bibliothek			
	B. Zur Anschaffung und Unterhaltung physikalischer, mathematischer rc. Instrumente und Modelle			
	C. Zu Vorschriften, Landcharten, Dinte rc.			
	Tit. IV. Zu Schul-Utensilien und deren Unterhaltung.			
	Tit. V. Zur Heizung und Erleuchtung.			
	Tit. VI. Zu Baukosten und dahin gehörigen Ausgaben.			
	A. Feuerkassen-Beiträge			
	B. Für Reinigung der Schornsteine			
	C. Zu Bau-Reparaturen			
	Tit. VII. Zu Abgaben und Lasten vom Grundeigenthum.			
	Tit. VIII. Zinsen von Passiv-Schulden.			
	A. Von unablöslichen			
	B. Von ablöslichen			
	Tit. IX. Insgemeine.			

Der vorige Etat setzte aus thl.	sg.	pf.	Es ist also jetzt mehr thl.	sg.	pf.	weniger thl.	sg.	pf.	Nummer der Beläge.

Nr.	Abschluß.	Betrag zum Etat pro 18 thl.	sg.	pf.
	Die Einnahme ist Fol.			
	Die Ausgabe ist Fol.			
	Geht auf.			

(A. III. S. 733.)

b) Aenderungen sind mit Sorgfalt zu erläutern.

C. R. des Min. d. G., U. u. M. Ang. v. 16. Jan. 1833 an sämmtl. K. Reg., Kons., Prov.-Schulkolleg. und Reg. Bevollm. bei der Univers. (A. XVII. S. 83.)

c) Staatspapiere sind blos summarisch nach Stückzahl und Hauptbetrag, unter Weglassung der Nr., Lit. und der Einzelnbeträge aufzuführen, dagegen bei der betreff. Kasse speziell nachzuweisen.

C. R. deff. Min. v. 15. April 1846 an sämmtliche K. Reg., Prov.-Schulkolleg. und Oberpräs. (Min. Bl. d. i. V. 1846. S. 51.)

d) Aufstellung des Besoldungstitels im Etat.

C. R. deff. Min. v. 10. Dez. 1848 und 23. Juni 1849. (Min. Bl. d. i. V. 1848. S. 371., 1849. S. 130.)

e) Einsendung der Etats.

Vergl. C. R. v. 30. Sept. 1825 und 16. Aug. 1839. (s. in Bd. 1. S. 864. A. IX. S. 1009. XXIII. S. 630.)

3) Ausübung des landesherrl. Ober-Aufsichtsrechts in Betreff des Rechnungswesens bei Schulen städtischen Patronats.

Vgl. die in Bd. 1. S. 861. 863. angef. Vorschriften. Insbesondere heißt es in dem dort alleg. C. R. der Min. d. G., U. u. Med. Ang. (Eichhorn) und des Inn. (v. Manteuffel) v. 23. Dec. 1845 an sämmtliche K. Reg., daß auf Ber. des Staatsmin. an den König der Grundsatz anerkannt worden sei:

Der §. 18. lit. g. und der §. 19. der Reg. Instr. haben nicht zum Zweck, die Befugnisse der Reg. in Ansehung der Bestätigung der Etats und der Superrevision und Decharge der Rechnungen von Kirchen, Schulen und Stiftungen über dasj. Maaß hinaus zu erweitern, welches der Aufsichtsbehörde, abgesehen von den Vorschriften der Reg. Instr., auf Grund besondrer Verfassungen, Prov.- oder Landesgesetze ohnedies zusteht. Insofern es sich darum handelt, ob die Reg. befugt ist, die Etats von Kirchen, Schulen und Stiftungen zu ihrer ordentlichen Bestätigung, sowie die Rechnungen derf. zu ihrer regelmäßigen Revision und Decharge einzufordern, ist daher diese Frage lediglich nach der besondern Verfassung der betr. Anstalt, nach den am Orte geltenden Lokal- oder Provinzialrechten, endlich nach den allgem. Landesgesetzen zu beurtheilen. Begründen diese Entscheidungsquellen eine solche Befugniß der staatlichen Aufsichtsbehörde nicht, überweisen dieselben vielmehr die Bestätigung der Etats und die Decharge der Rechnungen einer berechtigten Kommune, Korporation oder einem Privatberechtigten, so behält es dabei sein Bewenden, und das Oberaufsichtsrecht der Reg. beschränkt sich alsdann in Ansehung des Etats- und Rechnungswesens darauf, von der Führung deff. durch ihre lokalen Organe, oder durch Einsicht von Nachweisungen und Extrakten Kenntniß zu nehmen, in einzelnen Fällen durch speziellere Nachfragen, oder durch außerordentliche Einforderung der Etats und Rechnungen selbst, sich von dem Stande deff. zu informiren, und wahrgenommene Mängel oder Mißbräuche zur Abhülfe zu bringen.

(Min. Bl. d. i. V. 1846. S. 7.)

Das C. R. bemerkt sodann ferner:

a) hinsichtlich der Kirchen und mit Bezugnahme auf §§. 688—697. A. L. R. II. 11. und die Städte-Ordnungen:

Die Abnahme der Rechnungen erfolgt hiernach ordentlicher Weise durch den Patron. Die kirchliche Aufsichtsbehörde nimmt von der gehörigen Abnahme der Rechnungen durch das Organ des Superintend. bei Gelegenheit der Kirchenvisitation Kenntniß, von welchem ihr ein Rechnungs-Extrakt eingesendet wird. Eine Veränderung dieser Verfahrungsweise ist seit der Publikation des A. L. R. meistentheils nur in sofern üblich geworden, als von den Kirchen Privatpatronats alljährlich ein Rechnungs-Extrakt eingesandt wird, desgl. eine Abschrift der erst nach Einführung des A. L. R. üblich gewordenen Etats zur Einsicht. Bei diesem Verfahren muß es auch in Ansehung der städtischen Patronatkirchen — soweit nicht besondere Rechtstitel ein Anderes begründen — der Regel nach verbleiben. Die Bestätigung der Etats und die Decharge der Rechnungen gebührt ordentlicherweise den Magisträten; die regelmäßige Aufsicht der kirchlichen Aufsichtsbehörde über das Etats- und Rechnungswesen beschränkt sich auf die fortlaufende Einsicht jährlicher Rechnungs-Extrakte und von Abschriften der üblichen Etats, welche sich, je nach dem Bedürfniß, auch über mehrjährige Perioden erstrecken können. Vorbehalten bleibt aber derselben, in besondern Fällen die Rechnungen selbst einzufordern, oder sonst auf geeignete Weise von dem Zustande des Kassen- und Rechnungswesens genauere Kenntniß einzuziehen.

b) Dasselbe, was hier von den unter städtischem Patronat stehenden Kirchen gesagt ist, gilt der Regel nach auch von den unter städtischem Patronat stehenden Gymnasien.

c) Die übrigen städtischen Schulen bestehen meistentheils nicht als besonders dotirte, mit eigenem Vermögen versehene moralische Personen, sondern in der Regel nur als Kommunal-Institute, welche aus dem städtischen Haushalt unterhalten werden.

Ist dies letztere der Fall, so beschränkt sich die Aufsicht der vorgesetzten Behörde in Absicht des Etats- und Rechnungswesens dieser Kommunalschulen der Regel nach nur auf diej. Maaßnahmen, welche nach §. 2. der Städteordn. v. 19. Nov. 1808, resp. nach den in Folge der rev. Städteordn. an den einzelnen Orten getroffenen Anordnungen, zur Beaufsichtigung des städtischen Haushalts zugelassen sind. Dem Bedürfniß der Aufsicht in Absicht des Vermögens dieser Schulen ist genügt, wenn nur die ersten Einrichtungspläne solcher Schulen, und die über ihre Vermögens-Verhältnisse gelegten Rechnungen extraktweise, jährl. oder in mehrjährigen Perioden, zur Kenntniß der Aufsichtsbehörde gelangen 2c.

(Min. Bl. d. i. V. 1846. S. 8.)

4) Einsendung von Final-Abschlüssen.

a) C. des Min. d. G., U. u. M. Ang. (v. Altenstein) v. 21. Juni 1819 an sämmtl. K. Reg.

Es liegt in der Natur des jetzigen Etats- und Rechnungswesens, und ist in mehreren instruirenden Verf. des K. Finanzmin. bestimmt und ausdrücklich darauf hingedeutet worden, daß einem jeden Min., mit Ausnahme des K. Justizmin., mit dem Abschlusse eines Rechnungsjahres über die dems. etatsmäßig und extraordinair überwiesenen Fonds, mittelst eines Final-Abschlusses, über die Verwaltung derselben, Rechenschaft abgelegt, und über die im Laufe der Verwaltung bewilligten oder nothwendig gewesenen Abweichungen vom Etat, Genehmigung und resp. Decharge nachgesucht werde. Gleichwohl sind bis jetzt nur von einzelnen Reg. Final-Abschlüsse für die geistliche und Schul-Verwaltung und für die Med. Verwaltung eingereicht, und Genehmigungen von Etats-Ueberschreitungen, letztere gewöhnlich am unrechten Orte, beiläufig bei Berichtserstattungen über andere Gegenstände, nachgesucht worden. Hiernach ist ein fast durchgehends von einander abweichendes Verfahren, womit nachtheilige Verwickelungen des Kassen- und Rechnungswesens unvermeidlich verbunden sind, veranlaßt worden, daß es nicht mehr möglich ist, aus den über einzelne Theile eingeforderten Nachrichten ein übereinstimmendes Ganze zusammen zu bringen. Es ist daher dringend nothwendig, das Versäumte nachzuholen, und ein gleichmäßiges Verfahren herzustellen. Die K. Reg. wird deshalb hierdurch aufgefordert, für jedes der Jahre 1816, 1817 und 1818 einen Final-Abschluß für die geistliche und Schul-Verwaltung, und für das Jahr 1818 einen solchen für die Med. Verwaltung, letztern jedoch mittelst besondern Berichts, einzureichen.

Wo Provinzial-Geistliche- und Schul-Kassen bestehen, sind die Final-Abschlüsse von diesen einzureichen. Wo die Fonds der Geistlichen- und Schul-Verwaltung bei einer Haupt-Institutenkasse verwaltet, und daher von der Reg. Hauptkasse nach dem Etat in solle an diese abgeführt werden, muß der Final-Abschluß für diese Fonds von beiden Kassen von jeder nach Lage ihres Etats gegeben werden. Alle diese Final-Abschlüsse müssen natürlich mit dem Haupt-Final-Abschlusse korrespondiren ꝛc.

(A. III. S. 312. 713.)

b) Vergl. C. R. v. 16. Dez. 1833 und 16. Aug. 1839. (A. XVII. S. 946. XXIII. S. 615. s. in Bd. 1. S. 864.)

c) C. R. deff. Min. (i. A. v. Ladenberg) v. 25. Juli 1843 an sämmtl. K. Prov.-Schulkolleg.

Um den Haushalt und die Mittel der Gymnas. und Sem., welche Zuschüsse aus allgem. Staatsfonds beziehen, immer genau übersehen zu können, erscheint es nothwendig, die Einreichung von Final-Abschlüssen anzuordnen, welche mit Vermeidung aller Spezialien, die Einnahmen und Ausgaben, nach den Etatstiteln geordnet, nachweisen und die verbliebenen Bestände ersichtlich machen. Das Königl. Prov. Schulkolleg. fordere ich hierdurch auf, wegen Einreichung solcher Final-Abschlüsse von den Gymnas., Progymnas. und Sem., welche Staats-Zuschüsse empfangen, das Geeignete zu verfügen, und solche demnächst bis zum 1. März eines jeden Jahres vorzulegen.

(Min. Bl. d. i. V. 1843. S. 258.)

Fünfter Abschnitt.

Fachschulen.

Hierher gehören sowohl die Fachschulen im engern Sinn, welche der Vorbereitung für einen speziellen Berufszweig ausschließlich gewidmet sind, als auch die Provinzial-Gewerbeschulen und das Gewerbe-Institut, welche Mechaniker, Chemiker und Bauhandwerker bilden sollen, und sich durch diese umfassendere Bestimmung mehr den allgemeinen gewerblichen Schulen (Realschulen) nähern, obschon auch sie ausdrücklich als Fachschulen bezeichnet werden. Hinsichtlich der eigentlichen Spezialschulen muß sich die folgende Darstellung auf Hinweisungen auf dies. Theile des Gesammtwerks beschränken, in denen die betreff. Berufszweige, z. B. Medizinalwesen, Bauwesen, Forstwesen u. s. w., abgehandelt sind. Die Verfassung der Provinzial-Gewerbeschulen und des Gewerbe-Instituts ist dagegen ausführlich zu geben.

I. Provinzial-Gewerbeschulen [1]) und Gewerbe-Institut.

Beide stehen unter dem Min. für Handel, Gewerbe und öffentliche

---

1) Vgl. das Verzeichniß oben S. 15. Im Etat für 1853 sind für die Gewerbeschulen, incl. der Baugewerbeschulen (II. 2.), der Handels- und Navigationsschulen (IV. und V.), so wie der Spinnschulen (vgl. Bd. 1.), 52,000 Thlr. ausgesetzt. — Aeltere V. sind das C. R. des Handelsmin. (v. Bülow) v. 27. Dec. 1821 über Einrichtung von Handwerksschulen (A. V. S. 862), die Bek. v. 14.

Arbeiten, und haben in neuerer Zeit eine vollständige Organisation erhalten. Die darüber ergangenen Verfügungen [1]) sind folgende:

C. R. des Min. f. Handel, Gew. u. ö. A. (v. d. Heydt) v. 5. Juni 1850 an sämmtl. K. Reg.

Die weitere Entwickelung des Gewerbeschulwesens im Preuß. Staate ist während der beiden letzten Jahre Gegenstand wiederholter Berathungen gewesen, welche theils in dem Min. für Handel rc., theils auf dessen Veranlassung unter dazu berufenen Sachverständigen stattgefunden haben. Auf Grund derselben habe ich A. einen Organisationsplan für die Prov. Gewerbeschulen, B. ein Regl. für einzurichtende Entlassungs-Prüfungen an denselben, C. ein Regul. zur Organisation des K. Gewerbe-Instituts ausarbeiten lassen, welche der K. Reg. anl. in 3 Exempl. zugehen.

Die Aufgabe des K. Gewerbe-Instituts und die der Prov. Gewerbeschulen sind in ihrer Grundlage dieselben und nur der Größe nach verschieden. Jenes soll, wie diese, künftigen Gewerbtreibenden und Bauhandwerkern eine theoretisch-praktische Ausbildung verschaffen; während sich aber das K. Gewerbe-Institut, als die höchste technische Lehranstalt des Staates, die Ausbildung von eigentlichen Technikern, die zur Einrichtung und Leitung von Fabrikanlagen befähigt sind, zum Ziele setzen muß, sind die Prov. Gewerbeschulen dazu bestimmt, die verschiedenen Handwerker, Maurer- und Zimmermeister, Brunnenmacher, Mühlenbauer, Gerber, Bierbrauer, Destillateure, Färber rc., so wie Werkführer für Fabriken, zu unterrichten. Daraus folgt, daß die Anwendung des theoretischen Wissens auf die Gewerbe auch in den Prov. Gewerbeschulen vorwalten muß; denn das blos theoretische Wissen in Mathematik und Naturwissenschaften ist für den Praktiker nur von geringem Nutzen, und es kann ihm nicht allein überlassen werden, eine mögliche Anwendung dess. erst selbst zu suchen. Bei der Gründung neuer und der allmäligen Umgestaltung schon bestehender Prov. Gewerbeschulen ist also auf die in dem oben beigefügten Organisationsplane §. 4. aufgeführten praktischen Unterrichtszweige, die Maschinenlehre, die praktisch-chemischen Uebungen, die Technologie und Bau-Konstruktionslehre, ein besonderer Nachdruck zu legen. Soll aber dieser Unterricht fruchtbringend sein, so muß der Lehrer bei den Schülern der oberen Klasse der Prov. Gewerbeschule eine gründliche Kenntniß der elementaren Mathematik und der allgem. Physik und Chemie, so wie große Fertigkeit im Zeichnen, vorfinden. Indem also hier Maaß gehalten wird in dem, was gelehrt wird, ist um so mehr auf Gründlichkeit des Wissens und Sicherheit in seiner Anwendung zu sehen. Es kann darum beispielsweise nicht gebilligt und ferner auch nicht geduldet werden, daß einzelne Prov. Gewerbeschulen den Vortrag über reine Mathematik weit über die Gränzen hinaus, welche dems. in dem Organisationsplan angewiesen sind, fortführen, und durch den Umfang dessen, was sie hierin lehren, andere Schulen zu überbieten streben. Wenn es dem Lehrer auch möglich sein sollte, in rascher Entwickelung einen gründlichen Vortrag über analytische Geometrie und höheren Kalkul, der sich in einigen Anstalten findet, zu halten, so sind dagegen die Zöglinge doch nicht wohl im Stande, in der kurzen, für ihre Ausbildung bestimmten Zeit, sich diese Lehren, zu deren praktischer Ausbildung sie gar nicht gelangen, auf eine fruchtbare Weise anzueignen.

Die Umgestaltung der bestehenden Prov. Gewerbeschulen in dem angedeuteten Sinne wird nicht ohne Schwierigkeit sein, weil nicht nur zum Theile die geeigneten Lehrer, sondern auch für die angegebenen praktischen Vorträge die Lehrmittel, wie Modelle und Apparate, und die nöthigen Räumlichkeiten noch fehlen werden. Eine sofortige und vollständige Durchführung des Organisationsplanes in allen

---

März 1824 über die Handwerksschule zu Potsdam (A. VIII. S. 184) und die Bek. v. 9. Jan. 1830 über die Aufnahme in die Gewerbeschule zu Berlin. (A. XIV. S. 160.)

1) Spätere Ergänzungen und Abänderungen sind als Noten beigefügt. Das C. R. v. 5. Juni 1850, mit den Anlagen A., B. und C., ist in besonderm Abdrucke erschienen, u. d. Tit. „Verordnungen über die Organisation des Gewerbeschulwesens in Preußen", Berlin, Decker's Geh. Ober-Hofbuchdruckerei, 1850.

seinen Theilen kann daher noch nicht erwartet werden, und es wird dabei überhaupt auf die örtlichen Verhältnisse immer gebührende Rücksicht genommen werden müssen. Derselbe soll zunächst zu einer Verständigung über die eigentliche Aufgabe der Prov. Gewerbeschulen dienen und das Ziel bezeichnen, zu welchem sie allmälig hinzuführen sind. Die betr. K. Reg. werden zu erwägen haben, wie dieses geschehen kann, welche Mittel und Lehrkräfte dazu erforderlich sind. Der §. 6. des Organisationsplans bietet dem Min. für Handel 2c. Gelegenheit, dafür zu sorgen, daß jene Umgestaltung rasch, sicher und auf möglichst übereinstimmende Weise erfolge. Im jetzt laufenden Jahre erwarte ich aber von denj. K. Reg., welchen Prov. Gewerbeschulen untergeordnet sind, noch vor Eröffnung des neuen Jahres-Kursus Bericht darüber, in wie weit die neue Organisation sofort eintreten oder vorbereitet werden kann und welche Hindernisse ihr im Wege stehen, wobei auch Anträge auf Abänderungen des allgem. Planes nicht ausgeschlossen sind. Ich darf von den K. Reg. voraussetzen, daß sie dabei mit Umsicht und Entschiedenheit verfahren und der Rücksicht auf lokale Schwierigkeiten und persönlichen Wünsche der betheiligten Lehrer keinen ungebührlichen Einfluß auf ihre Vorschläge einräumen, indem es sonst niemals gelingen wird, die große Verschiedenartigkeit der jetzt bestehenden Gewerbeschulen, von denen manche diesen Namen nicht wohl verdienen, zu beseitigen. Bei neu zu gründenden Schulen ist der neue Lehrplan sofort zu Grunde zu legen.

Es ist unzweifelhaft, daß die bisher auf die Prov. Gewerbeschulen verwandten Mittel nicht überall ausreichen werden, um sie der angedeuteten Entwickelung entgegen zu führen. Es darf indessen erwartet werden, daß das Bedürfniß und die Wichtigkeit zweckmäßig eingerichteter Gewerbeschulen auch bei den Kammern Anerkennung finden, und so das Min. für Handel 2c. durch entsprechende Normirung des betr. Fonds in den Stand gesetzt werden wird, auch seinerseits, wo es nothwendig ist, größere Zuschüsse aus Staatsmitteln zu bewilligen. Insbes. darf ich mich aber auch zu der Annahme berechtigt halten, daß die Gemeinden, in deren Interesse die einzelnen Schulen zunächst gegründet sind, bereit sein werden, ihnen durch geeignete Bewilligungen zu Hülfe zu kommen, weshalb in dieser Beziehung künftig an folgenden beiden Grundsätzen festzuhalten sein wird: 1) daß bei allen neu zu gründenden Gewerbeschulen die betr. Gemeinde, außer freier Gestellung der nöthigen Lokalien, die Hälfte der aus dem Schulgelde oder aus besonderen Einnahmen nicht zu deckenden Ausgaben zu tragen hat, während der Staat die andere Hälfte übernimmt und außerdem für die erste Einrichtung des Lehrapparates sorgt; [1]) — und 2) daß bestehende Gewerbeschulen aus Städten, welche billigen

1) Hierzu C. R. dess. Min. v. 20. Okt. 1850 an sämmtl. K. Reg.

Die mittelst C. Verf. v. 5. Juni d. J. der K. Reg. mitgetheilten Erlasse haben in mehreren Städten einen erfreul. Eifer zur Gründung neuer oder zur bessern Einrichtung bestehender Prov.-Gewerbeschulen hervorgerufen. Während aber einige Kommunen sich sofort in anerkennenswerther Weise zu den, für sie daraus entstehenden Opfern bereit erklärt haben, sind von manchen Seiten Anträge auf den Besitz solcher Schulen unter Bedingungen, denen ich meine Zustimmung versagen mußte, gerichtet worden, weshalb ich mich zur Vermeidung aufschiebender Zwischenverhandlungen veranlaßt finde, die Betheiligung an den Unterhaltungskosten der Prov.-Gew.-Schulen, welche von den betreff. Kommunen künftighin überall in Anspruch genommen werden wird, näher zu bezeichnen.

Ist man, wie es den Anschein hat, über die Zweckmäßigkeit der diesen Anstalten durch den Organisationsplan v. 5. Juni d. J. für die Zukunft angewiesenen Richtung und über die Nothwendigkeit der dadurch bezweckten Ausbildung des Handwerker- und Gewerbestandes einverstanden, so wird auch die Pflicht der Kommunen, zu ihrer Unterhaltung beizutragen, nicht verkannt werden können. Alle Gründe, durch welche man diese Verpflichtung abzulehnen versuchen könnte, würden wenigstens in noch höherem Maaße auf die Realschulen und ähnliche Anstalten Anwendung finden. Denn deren Wirksamkeit ist noch weniger bloß auf eine einzige Stadt berechnet, als die der Prov.-Gew.-Schulen; jene nehmen hauptsächlich die Söhne aus wohlhabenderen Familien in sich auf, während diese zum Vortheile derj. Bürgerklasse bestimmt sind, die

Anforderungen zu ihrer Unterstützung nicht entsprechen, in andere verlegt werden, wo sich das zu ihrem Gedeihen wesentliche Interesse dafür offenbart.

Das oben mitgetheilte Regl. zu Entlassungsprüfungen an den Prov.-

---

am wenigsten in der Lage ist, ihre Söhne, denen die gewöhnl. Elementarkenntnisse zu einem lohnenden Betriebe ihres künftigen Gewerbes nicht mehr genügen, auf entfernt gelegene Schulen zu schicken. Wenn daher keine der zahlreichen Städte, in welchen bis jetzt Realschulen eingerichtet worden sind, Zuschüsse zu ihrem Unterhalte verweigert hat, so darf der Handwerker- und Gewerbestand für die in seinem Interesse gegründeten Schulen billiger Weise eine gleiche Rücksicht erwarten. Aber auch die Rücksicht auf die Bestimmung der Prov.-Gew.-Schulen und ihre, den lokalen Verhältnissen entsprechende Einrichtung wird nicht gestatten, von einer Betheiligung der Gemeinden an ihrem Unterhalte abzusehen. An die Gründung einer derartigen Schule wird nur da gedacht werden können, wo ein wirkliches Bedürfniß darnach vorhanden, und dieses Bedürfniß muß sich durch ein reges Interesse der Bürgerschaft an ihr kundgeben, indem jene sonst keine, den auf sie verwandten Mitteln entsprechende Bedeutung erhält.

Ob sich der Unterricht im Zeichnen und in den prakt. Wissenschaften mehr dem Bauhandwerke oder der Technik zuwenden, und welche Gewerbe, ob z. B. die Weberei, die Färberei oder die Metallarbeiten und die weniger fabrikmäßigen Gewerbe, die Technologie vorzüglich berücksichtigen soll, läßt sich nicht ebenso durch allgem. Bestimmungen regeln, wie der mehr theoretische Unterricht, weshalb auch in den Erlassen v. 5. Juni d. J. in jener Beziehung die Rücksicht auf lokale Verhältnisse als maaßgebend bezeichnet ist. Hiernach kann aber eine zweckentsprechende Richtung der Schule nur dadurch gesichert werden, daß die betreff. Bürgerschaft durch ihre Organe in angemessener Verbindung mit ihr bleibt, wie denn von da ausgehende, sachdienliche Vorschläge bereits mehrfach vorgekommen sind und Berücksichtigung gefunden haben. Nun erscheint aber eine solche Stellung der Kommune zu der Schule nur dann gerechtfertigt, und wird auf die Dauer nur zu bewahren sein, wenn jene nicht allein ein Interesse, sondern auch durch ihre Leistungen einen Anspruch darauf hat, zu erfahren, wie die Schulmittel verwandt werden. Indem ich daher verlange, daß die Kommune mit zu dem Unterhalte der Schule beitrage, bin ich zugleich weit entfernt, ihr die, ihr gebührende Mitwirkung bei der Leitung ders. entziehen zu wollen, muß vielmehr darauf halten, daß die Gemeindevertretung in dem durch §. 16. des Organisationsplans vorgeschriebenen Schulvorstande vertreten sei.

Von einigen Städten ist geltend gemacht worden, daß die Gewerbeschulen mehr provinzielle Anstalten seien, und daß daher die Provinz oder doch der Reg.-Bezirk, wo sich eine solche befinde, statt der einzelnen Gemeinde, zu ihrer Unterhaltung beizutragen habe. Wenn dieser Gesichtspunkt richtig wäre, so würde daraus allerdings folgen, daß die bisherigen Staatszuschüsse in Wegfall zu bringen wären und eine einzelne Prov. oder ein Reg.-Bez. dafür einzutreten hätte; man würde aber auch dann noch, selbst abgesehen von den vorher entwickelten Gründen, gewiß mit Recht fordern, daß die Kommune, in welcher die Schule besteht, einen besondern Beitrag dazu leiste, weil sie im Besitze ders. einen Vorzug und selbst nicht unbedeutende materielle Vortheile genießt, welchen durch die nirgendwo unerwünschte Aufnahme auswärtiger Schüler keinesweges Abbruch geschieht. Es ist aber auch unbegründet, wenn, vielleicht aus einer Mißdeutung des Namens der Prov.-Gew.-Schulen, der sie nur von der Centralanstalt des ganzen Landes, dem K. Gew.-Institute, bestimmter unterscheiden soll, vorausgesetzt wird, daß jede solche Schule für eine ganze Prov. bestimmt sei, da schon jetzt in Aussicht steht, daß nach dem Bedürfnisse einzelne Reg.-Bezirke mehrere Schulen der Art erhalten werden, und dies wird um so häufiger der Fall sein, je mehr der Handwerker- und Gewerbestand das Bedürfniß einer über den Elementar-Unterricht hinausgehenden Bildung erkennen und sich jenen Schulen zuwenden wird. Haben diese an manchen Orten noch nicht die gewünschte Bedeutung erlangt, so ist der Grund dazu vorzugsweise in der Unzugänglichkeit der auf sie verwendbaren Mittel zu suchen.

Gewerbeschulen ist bis auf geringe Modifikationen hervorgegangen aus den Berathungen einer zu diesem Zwecke im vor. Jahre berufenen Konferenz von Direktoren solcher Anstalten. Es tritt von jetzt an so lange in Kraft, bis nach längeren Erfahrungen über seinen Erfolg das Min. für Handel rc. sich etwa veranlaßt sehen wird, Abänderungen darin zu treffen. Dadurch, daß der Eintritt in das K. Gewerbe-Institut auf Grund des in der Entlassungsprüfung erworbenen Zeugnisses der Reife erfolgen kann, haben die Zöglinge der Prov. Gewerbeschulen einen ehrenvollen Antrieb, sich zur Ableistung der Entlassungsprüfung zu befähigen. Aber auch für solche, welche ihre theoretische Ausbildung in den Prov. Gewerbeschulen abschließen, wird jenes Zeugniß ein für sie wichtiges amtliches Dokument über ihre erworbene Qualifikation sein, und es wird einen Gegenstand fernerer Erwägung für das Min. für Handel rc. bilden, inwiefern sich daran einestheils die Zulassung der Geprüften zum einjährigen Militairdienste, anderentheils etwaige Begünstigungen bei der Meisterprüfung der Bauhandwerker knüpfen lassen. Für die Prov.-Gewerbeschulen wird die Erlangung des Rechtes zu Entlassungsprüfungen, welche durch §. 9. des Organisationsplanes geregelt ist, der Maaßstab zur Beurtheilung sein, ob sie den an sie gestellten Forderungen entsprechen, und die Lehrer ders. werden in den sich daran knüpfenden Bemerkungen des §. 14. erkennen, daß es in der Absicht liegt, ihre Stellung möglichst zu verbessern und zu sichern, sobald die Schule, an welcher sie wirken, die unerläßlichen Bedingungen dazu darbietet und ihr Bestand selbst gesichert ist. Zur Vermeidung jedes Mißverständnisses mache ich jedoch wiederholt darauf aufmerksam, daß die Ausführung der darin aufgestellten Grundsätze dadurch bedingt ist, daß solche auf verfassungsmäßigem Wege festgestellt und die zur Durchführung des Planes nöthigen Geldmittel von den Kammern bewilligt werden.

Das oben mitgetheilte Regulativ bezeichnet in allgem. Umrissen die künftige Organisation des K. Gewerbe-Instituts. Wenn das letztere bisher die gesammte Elementar-Mathematik in seinen Unterrichtskreis aufnehmen mußte, weil die Zöglinge, die in dasselbe eintraten, nicht genügend darin befestigt erschienen, so darf jetzt vorausgesetzt werden, daß dieses unnöthig sei, und es ist allein durch Aufgabe eines Theiles jenes Unterrichtes eine größere Vertiefung derj. Vorträge, welche das eigentliche Objekt des Unterrichtes in einer höheren technischen Lehranstalt bilden müssen, ermöglicht. Eine Wiederholung der Stereometrie, die an allen zu dem Institute vorbereitenden Lehranstalten demj. Jahreskursus, der dem Abgange der Zöglinge unmittelbar vorhergeht, angehört und daher nicht wohl mit ders. Sicherheit eingeübt sein kann, wie die übrigen Zweige der Elementar-Mathematik, ist für nöthig erachtet worden. Auch habe ich, um den Uebergang zu der neuen Einrichtung zu vermitteln, nachgegeben, daß in den beiden nächsten Jahren eine Wiederholung einzelner Abschnitte der ebenen Geometrie und Trigonometrie damit verbunden werde. Die hauptsächlichste Aenderung, welche das K. Gewerbe-Institut

---

Demgemäß ist bereits in der C. V. v. 5. Juni d. J. ausgesprochen, daß rc. (wie oben sub 1.)

Eine sofortige Umgestaltung der bestehenden Gewerbeschulen kann allerdings wie dieses ebenfalls dort ausdrücklich hervorgehoben ist, nicht beabsichtigt werden, allein um dieselbe wenigstens nach und nach zu bewirken, muß auf die Mitwirkung der Kommunen gerechnet werden, und ich werde demnach künftighin als maaßgebend ansehen,

daß die aus der veränderten Einrichtung einer bestehenden Prov.-Gew.-Schule hervorgehenden Mehrausgaben so lange durch die betreff. Gemeinde aufzubringen sind, als deren Zuschuß, abgesehen von den zu stellenden Lokalien, dem Staatszuschusse nicht gleichkommt.

Ob aber Aussicht vorhanden sei, daß eine solche Schule Bedeutung genug erhalten werde, um solche Opfer der Kommunen zu rechtfertigen, muß diesen zu erwägen überlassen bleiben, wird aber auch größtentheils von der Unterstützung abhangen, welche die Schule findet. Wo diese auch in Zukunft nicht zu erlangen ist, wird auf Verlegung der Schule bedacht genommen werden müssen, wenn in andern Kommunen eine entsprechendere Theilnahme zu erwarten ist. (Min. Bl. d. i. V. 1850. S. 351.)

durch seine Umgestaltung erfährt, besteht darin, daß die drei Klassen der Zöglinge, die es ausbilden soll, Mechaniker, Chemiker und Bauhandwerker, auch in mehr gesonderten Kursen unterrichtet werden, so daß jeder ders. Gelegenheit gegeben wird, ihr Hauptfach mit besonderem Nachdrucke zu treiben, ohne den nothwendigen Unterricht in den Hülfswissenschaften aus den danebenstehenden Fächern zu entbehren. Es ist eine unzweideutige Erfahrung, welche zu dieser Einrichtung geführt hat.

Die K. Reg. wird veranlaßt, den Dir. der höheren Lehranstalten Ihres Verwaltungs-Bez. von den Anlagen Kenntniß zu geben.

A.

Plan deff. Min. v. 5. Juni 1850 zur Organisation der Provinzial-Gewerbeschulen.

§. 1. Jede vollständig eingerichtete Prov. Gewerbeschule erhält 2 Klassen, eine untere und eine obere. Die untere ist hauptsächlich für den theoretischen Unterricht und die Uebung im Zeichnen bestimmt, die obere für die Anwendung des Erlernten auf die Gewerbe. Der Kursus jeder Klasse ist einjährig. Eine Kombination zwischen einer Prov. Gewerbeschule und einer höhern Bürger- oder Realschule kann nur in der Art stattfinden, daß die Schüler der letzteren an einzelnen Unterrichtsstunden der ersteren Theil nehmen. Eine Verlängerung des Kursus der Prov. Gewerbeschule auf mehr als 2 Jahre, so wie eine Kombination, welche namentlich den Kursus der oberen Klasse alterirte oder den Zweck der unteren Klasse, junge Leute in einem Jahre für den Unterricht der oberen vorzubereiten, störte, ist unzulässig.

§. 2. Die Aufnahme der Zöglinge in die untere Klasse einer Prov. Gewerbeschule ist an folgende Bedingungen geknüpft: 1) daß der Aufzunehmende mindestens 14 Jahr alt sei; [1]) 2) daß er nicht bloß Deutsch geläufig lesen, sondern auch durch Lesen eines seinem Gesichtskreise entsprechenden Buches sich unterrichten könne; 3) daß er Deutsch ohne grobe orthographische Fehler zu schreiben verstehe und eine leserliche Handschrift besitze; 4) daß er mit ganzen Zahlen und gewöhnlichen Brüchen geläufig rechnen könne und die Anwendung dieser Rechnungen auf die gewöhnlichen arithmetischen Aufgaben kenne, so wie daß er ebene geradlinige Figuren und prismatische Körper praktisch auszumessen wisse; 5) daß er Uebung im Zeichnen besitze. — Junge Handwerker, welche keinen anderen als Elementar-Unterricht genossen haben, und in eine Prov. Gewerbeschule eintreten wollen, können ihre Vorbildung durch den Besuch der mit der letzteren nach §. 8. zu verbindenden Handwerker-Fortbildungsschule vervollständigen. Für andere junge Leute wird der Besuch einer gut eingerichteten höheren Bürger- oder Stadtschule oder eines Gymnas. bis zur Quarta einschließlich genügen. Wo sich ein Bedürfniß dazu zeigt, kann mit der Prov. Gewerbeschule eine Vorbereitungsklasse verbunden werden; diese ist dann aber nur als eine höhere Elementarschule und nicht als ein Theil der Prov. Gewerbeschule zu betrachten und zu behandeln; sie muß ein in sich abgegränztes Pensum haben, welches das der Prov. Gewerbeschule nicht zum Theile antizipirt, so daß sie auch solchen, welche die letztere nicht zu besuchen beabsichtigen, nützlich werden kann, und ihre Unterhaltung bleibt lediglich Sache der Kommune. [2])

---

1) Eingeschärft durch C. R. v. 29. Nov. 1854. s. u. zu §. 6.

2) Ueber die Stellung dieser Vorbereitungsklassen, und event. Eintheilung der untern Kl. der Gew.-Schulen in zwei Cötus bestimmt das C. R. deff. Min. (v. Pommer-Esche) v. 31. März 1852 an die K. Reg. zu N. und abschriftl. an sämmtl. übrigen K. Reg.

Aus Veranlassung des Ber. v. 21. Okt. v. J. und anderweitiger Anträge, betreff. die Stellung der mit Prov.-Gew.-Schulen verbundenen Vorbereitungsklassen, ist dieser Gegenstand einer wiederholten Erwägung unterzogen worden, in Folge deren ich der K. Reg. nunmehr Folgendes eröffne.

Die bisherigen Erfahrungen lassen es nicht zweifelhaft, daß sich die Aufgabe einer Gewerbesch., wie sie durch den Erl. v. 5. Juni 1850 bestimmt ist, in einem zweijähr. Kursus vollständig lösen läßt, indem häufig gerade solche

§. 3. Der Uebergang von der unteren Klasse der Prov. Gewerbeschule in die obere findet auf Grund einer sorgfältigen Prüfung statt, welche sich auf alle Gegenstände des Unterrichts der unteren Klasse erstreckt. Zöglingen, welche diese

---

Schüler, welche, nur mit einer guten Elementar-Bildung ausgerüstet, nach bestandener Lehrzeit in eine Gewerbesch. übertreten, nicht allein im Stande waren, die Entlassungs-Prüf. am Schlusse eines zweijähr. Kursus zu bestehen, sondern sich auch nicht selten vor solchen Schülern auszeichneten, die vorher schon eine andere höhere Lehranstalt besucht hatten. Die ganze Einrichtung der Gewerbeschulen beruht vorzugsweise auf die Berücksichtigung ähnlicher Lebensverhältnisse; die Beschränkung in der Zahl ihrer Lehr-Objekte, ihres Unterrichtszieles in jedem von ihnen und der Zeit, welche auf seine Erreichung verwandt wird, macht es den Handwerkern allein möglich, auf diesem Wege eine weitere Ausbildung zu suchen, läßt ihnen aber auch eine Frische der Auffassung und der Thätigkeit, welche nicht selten vermißt wird, wo der Unterricht in frühem Alter beginnt, sich durch viele Jahre hindurchzieht und sich einer großen Zahl verschiedenartiger Lehrgegenstände zuwendet. Es ist aber allerdings bei den, in dem Organis.-Plane v. 5. Juni 1850 getroffenen Bestimmungen vorausgesetzt, daß die Schüler diejen. Vorkenntnisse, welche im §. 2. bezeichnet sind, in die Gewerbeschule vollständig mitbringen. Trifft diese Unterstellung nicht zu, so wird es schwierig, die Aufgabe der untern Klasse in einem Jahre zu bewältigen, nicht, weil der Unterrichtsstoff zu ausgedehnt wäre, da im Gegentheil die Stundenzahl, welche den einzelnen Disziplinen zugetheilt ist, verhältnißmäßig größer ist, als anderwärts, sondern weil bei dem allmähligen Fortschritt, an den die Entwickelung des jugendl. Geistes gebunden ist und der sich nicht künstlich beschleunigen läßt, das sachlich Gelernte nur äußerlich haftet und nicht zu einem verwendbaren Eigenthum wird. Nun kann es nicht ausbleiben, daß die Schüler, welche sich zur Aufnahme in die Gewerbesch. melden, sehr verschieden und mit Rücksicht auf die, an sie gestellten Forderungen theilweise mangelhaft vorgebildet sind. Ihnen deshalb den Weg durch die Gewerbesch. abzuschneiden, würde sich nicht rechtfertigen; es wird daher darauf Bedacht zu nehmen sein, den hieraus entspringenden Uebelständen in geeigneter Weise zu begegnen.

Zu diesem Zwecke bieten sich zwei Wege dar. Der eine besteht in der Errichtung einer Vorbereitungsklasse neben der Handwerker-Fortbildungsschule; der andere kann nur in der Ausdehnung des Kursus der Gewerbesch. auf drei Jahre gefunden werden.

An sich ist der erstere von diesen beiden Wegen vorzuziehen, weil junge Leute mit unvollständiger Elementar-Bildung auch einer Nachhülfe in andern Unterrichts-Gegenständen bedürfen, als solchen, die zu dem Bereiche der Gew.-Schulen gehören, weshalb auch jener Weg im §. 2. des Organisations-Planes empfohlen ist. Eine Folge dieser Einrichtung muß aber die sein, daß die Unterhaltung solcher Vorbereitungsklassen Sache der betreff. Kommunen bleibt; und um in dieser, wie in jeder andern Beziehung ihr Verhältniß zu den Gew.-Schulen noch bestimmter zu bezeichnen und entgegenstrebenden Anträgen im Voraus zu begegnen, habe ich im Einvernehmen mit dem Herrn Min. d. G., U. u. M. Ang. die bestehenden Vorbereitungsklassen an dessen Ressort abgegeben. Ich muß daher der K. Reg. überlassen, bei weiterer Verfolgung der Frage, ob eine Vorbereitungsklasse dort errichtet werden soll, sich an diesen zu wenden.

Wenn indessen die Hindernisse, welche der Errichtung einer solchen Klasse bisher entgegenstanden, nicht zu beseitigen oder dieselbe zu der Gewerbesch. nicht in ein befriedigendes Verhältniß zu setzen sein sollte, so werde ich es gerne als einen Gegenstand meiner Sorgfalt anerkennen, die dadurch für die Gewerbesch. erwachsenden Nachtheile in anderer Weise zu beseitigen, und will dann genehmigen, daß der Kursus der Gewerbeschule dort ausnahmsweise auf drei Jahre ausgedehnt werde. Dieses ist auf dem Wege zu erreichen, daß die untere Kl. ders. in 2 Cötus getheilt wird. In den 1. Cötus ders. werden die vollständig vorbereiteten Schüler aufzunehmen sein, welche aus ihm in die obere Kl. übergehen. Dagegen bilden die ungenügend vorbereiteten den 2. Cötus und kön-

Prüfung nicht bestehen, ist die einmalige Wiederholung der unteren Klasse und der Prüfung zu gestatten. Schüler von anderen Lehranstalten können auf Grund der durch dies. Prüfung nachgewiesenen Reife unmittelbar zu der oberen Klasse zugelassen werden.

§. 4. Die Unterrichts-Gegenstände der Prov. Gewerbeschule [1]) sind folgende:

---

nen aus diesem nur in den ersten, nicht aber unmittelbar in die obere Kl. versetzt werden. Zum Behufe einer solchen Theilung wird es aber unerläßlich, einen vierten Lehrer für die Gewerbesch. anzunehmen. Die entstehenden Kosten sind auf den Etat der Gewerbesch. zu übernehmen und zu gleichen Theilen von der Staatskasse und der Stadt zu tragen. Der Unterricht des untern Cötus hat sich von dem des obern hauptsächlich durch einen langsamern Fortschritt und einen geringern Umfang des Lehrstoffes zu unterscheiden, so daß es möglich wird, durch häufigere Wiederholungen und zahlreichere Uebungen die Schüler in dem Gelernten mehr zu befestigen. Der Lehrplan dieses Cötus wird daher, übereinstimmend mit dem des obern Cötus, zunächst folgende Gegenstände umfassen müssen: 1) Freihand- und Linearzeichnen; 2) Rechnen; 3) Anfangsgründe der Geometrie; 4) Elemente der Naturlehre, wobei auf dieser Stufe eine Sonderung zwischen den einzelnen Disziplinen derselben noch vermieden werden kann, so daß der Gegenstand mehr encyklopädisch zu behandeln ist. — Sollte sich indessen mit Rücksicht auf die, Schülern dieser Stufe in der Regel abgehende sprachliche Ausbildung ergeben, daß besondere Stunden, in denen Anleitung zu schriftl. Ausarbeitungen ertheilt wird, nicht zu entbehren sind, damit die Schüler einerseits in dem darauf folgende Jahre im Stande sind, die von ihnen geforderten Notaten und selbstständigen Arbeiten zu erledigen, andererseits auch mit der formalen Einrichtung der Geschäfts-Aufsätze, wozu ihr künftiger Gewerbebetrieb ihnen Veranlassung bieten wird, bekannt werden, so sehe ich den diesfälligen Anträgen der K. Reg. entgegen. — Für den obern Cötus ist der Kursus, wie er in dem Organis.-Plane für die untere Kl. der Gewerbesch. bestimmt ist, im Allgem. festzuhalten. Wenn für Schüler, welche aus dem untern Cötus in ihn übertreten, in einzelnen Zweigen dadurch eine Wiederholung eintritt, so wird dies nur zu größerer Sicherheit der erworbenen Kenntnisse beitragen. Sollte sich zeigen, daß durch den hierdurch ermöglichten, raschern Fortgang des Unterrichts vielleicht die Gleichungen des zweiten Grades und die Körpermessung noch in dem ersten Cötus der untern Kl. erledigt werden können, so ist die Zahl der mathemat. Stunden für die obere Kl. zu vermindern und die dadurch gewonnene Zeit ausschließlich zur Vermehrung der prakt. Uebungen, welche mit dem künftigen Gewerbe der einzelnen Schüler in spezieller Beziehung stehen, zu verwenden. Die weiteren Anträge der K. Reg. erwarte ich bis zum 1. Juni d. J. (Min. Bl. d. i. V. 1852. S. 90.)

Vgl. auch den Schluß des C. R. v. 29. Nov. 1854 bei §. 6., so wie §. 7.

1) Ueber den Ausschluß des Religions-Unterrichts erging insbes. das C. R. dess. Min. v. 4. Mai 1854 an sämmtl. K. Reg. (außer Gumbinnen, Bromberg, Köslin, Posen, Oppeln.)

Da aus verschiedenen Anläßen die Frage zur Erörterung gelangt ist, ob nicht der Religions-Unterricht in den Unterrichtskreis der Gew.-Schulen zu ziehen sein möchte, so eröffne ich der K. Reg. hierüber Folgendes:

Dadurch, daß die Gew.-Schulen dem Ressort des Min. f. Handel ꝛc. zugewiesen sind, sind dieselben als Fachschulen bezeichnet, welche, wie die Berg-, Navigations- und Webeschulen, eine spezielle Vorbereitung für gewisse Berufsarten gewähren sollen; sie können demnach als ein Mittelglied in der Reihe der allgem. Bildungsanstalten nicht angesehen werden. Die Umgränzung ihres Unterrichtsstoffs, wie sie der §. 4. des Organis.-Planes v. 5. Juni 1850 enthält, hat in dieser Auffassung ihren Grund. Wollte man den Religions-Unterricht zu ihren Lehr-Objekten hinzufügen, so würden sie in ein Gebiet übergreifen, welches nach den bestehenden Ressort-Verhältnissen der Fürsorge des Min. d. G., U. u. M. Ang. anvertraut ist, und ich muß Bedenken tragen, in dieser Beziehung Anordnungen zu treffen, deren Erfolg nur gesichert ist, wenn sie von dens. Behörden ausgehen und speziell überwacht werden, welche dazu berufen

a) Reine Mathematik. Aus der Geometrie: Die Planimetrie, ebene Trigonometrie, Stereometrie und die Anfangsgründe der beschreibenden Geometrie nebst einer synthetischen Darstellung der Haupteigenschaften der Kegelschnitte. — Das Feldmessen ist theoretisch zu erklären und in seinen Hauptoperationen praktisch zu zeigen. — Aus der Zahlenlehre: Die gewöhnliche Arithmetik mit vielfachen Uebungen des praktischen Rechnens; die Buchstaben-Rechnung bis zu den Gleichungen des 2. Grades einschließlich, nebst der arithmetischen und geometrischen Progression. Die Rechnung mit Logarithmen ist sorgfältig einzuüben. Anwendung der Algebra und Trigonometrie zur Lösung planimetrischer und stereometrischer Aufgaben. — b) Physik. Die statistischen und mechanischen Gesetze, welche in der Physik der wägbaren Körper vorgetragen zu werden pflegen, ohne eigentlich dahin zu gehören, sind hier zu übergehen, weil die Schüler noch nicht mathematische Kenntnisse genug zu einem hinreichenden Verständnisse ders. besitzen und dies. doch später vorkommen. Nach der Einleitung in die Physik wird bei den festen Körpern abgehandelt: Dichtigkeit (Bestimmung des spezifischen Gewichtes), Dehnbarkeit, Elastizität, Festigkeit, Sprödigkeit, Struktur (Krystallisation); bei den flüssigen: Dichtigkeit, Zusammendrückbarkeit, Gleichgewicht in Gefäßen und kommunizirenden Röhren, Druck auf die Wände des Gefäßes, Kapillarität, Endosmose; bei den luftförmigen: Elastizität, Dichtigkeit, Barometer, Mariotte'sches Gesetz, Luftpumpe, Mischungsgesetz, Absorption durch Flüssigkeiten und feste Körper. — Akustik. — Die Lehre von den Imponderabilien, welchen der größte Theil der Zeit zu widmen ist. — c) Chemie. Vorzugsweise anorganische Chemie nebst einem kurzen, ausgewählte Kapitel behandelnden Vortrag über organische. Dagegen ist bei den technischen Prozessen, die dazu Veranlassung geben, auf die letztere gelegentlich tiefer einzugehen. — Praktische Uebungen. Schon vor der Spirituslampe und dem Löthrohr können eine Menge Untersuchungen angestellt werden; ein kleines Laboratorium kann die Provinzial-Gewerbeschule aber auch nicht entbehren. — Chemische Technologie, als Fortsetzung des chemischen Kursus. Es ist dabei mehr auf gründliche Verfolgung einzelner wichtiger Prozesse, als auf Vollständigkeit zu sehen. — d) Mineralogie. — e) Mechanik und Maschinenlehre. Es werden die allgem. statischen Gesetze entwickelt und zur Erläuterung der einfachen Maschinen angewandt. — Schwerpunktsbestimmung, so weit sie elementar erreichbar. — Bewegungsgesetze: Gesetz vom freien Fall, Fall auf der schiefen Ebene, Pendel. — Reibung, Steifigkeit der Seile, Widerstand der Luft. — Gesetze des Stoßes. — Die einfachen Maschinentheile. — Wasserhebewerke, hydraulische Presse, Wasserräder, Mühlwerke. — Die Luft als Motor. — Dampfmaschinen. — Einiges aus der mechanischen Technologie mit Rücksicht auf die speziellen Verhältnisse der Gegend, in welcher sich die Provinzial-Gewerbeschule befindet. — Der Vortrag muß möglichst anschaulich sein und vorzugsweise Thatsachen aufsuchen; ohne Hülfe von Modellen ist er unmöglich. — f) Bau-Konstruktions-Lehre. Der Umfang, in welchem sie zu lehren ist, bestimmt sich nach dem Regl. über die Prüfung der Bauhandwerker. Auf Vollständigkeit kann es auch hier nicht ankommen; das Unentbehrliche ist auf eine praktische Weise zu lehren. — g) Zeichnen und Modelliren. Das minutiöse Kopiren von Vorlegeblättern ist einzuschränken und, sobald es thunlich ist, nach Modellen zu zeichnen, dann zu Versuchen von eigenen Entwürfen fortzuschreiten. Das Modelliren folgt zuletzt.

---

und im Besitze der Mittel zu ihrer Ausführung sind. Hiernach kann ich der, auf die Einführung des Religions-Unterrichts in den Lehrplan der Gew.-Schulen gerichteten Anregung keine Folge geben. Dies schließt indessen nicht aus, daß die des Religions-Unterrichts noch bedürfenden Gewerbeschüler an anderweitig eingerichtetem Religions-Unterricht Antheil nehmen. — Bei Anordnung der Lehrpläne ist darauf Rücksicht zu nehmen, daß auf die für den Religions- insbes. den Konfirmanden-Unterricht angesetzten Stunden solche Lehrgegenstände fallen, bei denen eine zeitweise Unterbrechung weniger nachtheilig ist. Es bleibt der K. Reg. überlassen, hiernach die weiteren Maaßregeln zu treffen, und soweit nöthig, zu vermitteln, damit einerseits der Zweck erreicht, andererseits der Lehrplan der Gewerbesch. so wenig als möglich gestört werde. Auf eine weitere Einwirkung in Beziehung auf den Religions-Unterricht ist aber vom Standpunkt der Leitung der Gew.-Schulen nicht einzugehen. (Min. Bl. d. i. V. 1854. S. 92.)

Für die Vertheilung des Unterrichts in beiden Klassen kann folgender Plan als Anhalt dienen:

Untere Klasse.

(Winter- und Sommer-Semester.) Planimetrie 4, Buchstaben-Rechnung bis zu den Gleichungen 1. Grades einschließlich 3, praktisches Rechnen 4, Physik 4, Chemie 4, Freihandzeichnen 7, Linearzeichnen 9 Stunden, zusammen 35 Stunden wöchentlich.

Obere Klasse.

(Winter-Semester.) Fortsetzung der Buchstaben-Rechnung, Trigonometrie 3, Stereometrie, beschreibende Geometrie 3, praktisches Rechnen 2, Mechanik und Maschinenlehre 3, chemische Arbeiten, zugleich Wiederholung von Physik und Chemie 4, Mineralogie 2, Bau-Konstruktionslehre und Bauanschläge 3, Freihandzeichnen 7, Linearzeichnen 9 Stunden, zusammen 36 Stunden wöchentlich.

(Sommer-Semester) Fortsetzung der beschreibenden Geometrie; Kegelschnitte 3, Anwendung der Algebra und Trigonometrie zur Lösung planimetrischer und stereometrischer Aufgaben, Feldmessen 3, praktisches Rechnen (besonders Wurzel-Ausziehungen, logarithmisches Rechnen und Körper-Berechnungen 2, Maschinenlehre, mechanische Technologie 3, chemische Technologie 4, Mineralogie 2, Bau-Konstruktionslehre und Bauanschläge 3, Freihandzeichnen und Modelliren 7, Linearzeichnen 9 Stunden, zusammen 36 Stunden wöchentlich.

§. 5. Die Zahl von 36 Unterrichtsstunden wöchentlich ist in keiner Klasse zu überschreiten. Der Jahreskursus beginnt mit dem Anfange des Monats Okt. Im Uebrigen richten sich die Ferien nach dem Ortsgebrauche, dürfen aber zusammen nicht mehr als zwei Monate betragen.

§. 6. Um Abweichungen in der Organisation der einzelnen Gewerbeschulen, die nicht durch örtliche Verhältnisse nothwendig sind, für die Zukunft vorzubeugen, wird bis auf Weiteres bestimmt, daß der Lehrplan jeder Anstalt gegen Ende des Mon. Aug. eines jeden Jahres für das folgende Schuljahr dem Min. für Handel 2c. zur Genehmigung eingereicht werde. Die betr. K. Reg. hat sich bei dieser Gelegenheit ausführlich über den Zustand der Schule zu äußern. [1])

---

1) Ueber diese Jahresberichte bestimmt Näheres das C. R. dess. Min. v. 29. Nov. 1854 an sämmtl. K. Reg. (außer Gumbinnen, Bromberg, Posen, Köslin, Breslau, Oppeln, Koblenz, Sigmar. und abschriftlich an Breslau, Koblenz, Sigmaringen.)

Die nach §. 6. des Organisationsplanes v. 5. Juni 1850 zu erstattenden Jahresberichte liefern nicht immer ein genügendes Material zur Beurtheilung des Zustandes dieser Anstalten, indem sich dieselben in der Regel auf die nähere Bezeichnung des befolgten Lehrganges beschränken und weder die Verhältnisse der dabei beschäftigten Lehrer, noch die Zahl und Qualifikation der aufgenommenen Schüler übersehen lassen. Um in dieser Beziehung eine Uebersicht zu gewinnen, ist eine Statistik jeder einzelnen Gewerbeschule nach dem anl. Formular (a.) aufzustellen und pünktlich innerhalb 4 Wochen einzureichen.

Der §. 2. des Organisationsplanes bestimmt unter 1., daß die Gewerbeschüler bei ihrer Aufnahme in die Anstalt mindestens 14 Jahre alt sein sollen. Dem Vernehmen nach soll aber auf die Ausführung dieser Bestimmung nicht überall mit gehöriger Strenge gehalten werden, so daß mitunter Schüler vor vollendetem 14. Jahre aufgenommen würden. Die anzustellenden Ermittelungen werden das Nähere ergeben, weshalb der K. Reg. empfohlen wird, auf die Genauigkeit der Angaben der 2., die Schüler betr. Kolumne des Formulars besonders zu achten. Da die Gewerbeschulen nach ihrem Zweck, ihrer Einrichtung und ihrer Stellung weder den Religions-Unterricht in ihren Lehrplan aufnehmen, noch unmittelbar zur Vervollständigung der in der Elementarschule zu erwerbenden Kenntnisse beitragen können, sondern sich auf technischen Unterricht beschränken müssen, wie in der Verf. v. 4. Mai d. J. erörtert ist, so liegt eine dringende Veranlassung vor, darauf zu halten, daß Knaben, welche das 14. J. noch nicht vollendet haben und sich daher noch im schulpflichtigen Alter befinden, in dieselben nicht aufgenommen werden. Kinder jüngeren Alters können weder die geistige Reife, noch die körperliche Entwickelung besitzen, um den Anforde-

§. 7. Wo eine Vorbereitungsklasse besteht (§. 2.), ist dieselbe unter die Direktion der Prov. Gewerbeschule zu stellen. Der Hauptunterricht darin ist jedoch in der Regel einem tüchtigen Elementarlehrer zu übertragen.

---

rungen einer Gewerbeschule zu genügen. Diese setzt in der Regel Schüler voraus, welche ihr Gewerbe bereits erlernt haben. Außerdem aber kann der Unterricht, den sie in einer nothwendigen Beschränkung bietet, den Elementar-Unterricht im Deutschen, Schreiben u. s. w. nicht ersetzen und am wenigsten darf auf die sittliche Erziehung, welche durch den regelmäßigen Abschluß des Religions-Unterrichts bedingt ist, verzichtet werden. Die Bestimmung im §. 2. 1. des Organisationsplanes ist daher ohne Ausnahme bei den Klassen der Gewerbeschulen, welche zum diesseitigen Ressort gehören, in Anwendung zu bringen. — Die Ausfüllung der Rubriken des anl. Formulars hat nach dem gegenwärtigen Bestande jeder Schule zu erfolgen. Hinsichtlich der mit drei Gewerbeschulen verbundenen Vorbereitungsklassen, welche zum Ressort des Min. der G., U. u. Med. Ang. gehören, sind nur die beiden ersten Kolumnen der Rubrik „Zahl der Schüler", und zwar abgesondert von den Klassen der Gewerbeschule, nachrichtlich auszufüllen.

Anl. a.

Gewerbeschule zu N. N.

Lehrer.								
Namen.	Wirkungskreis.	Alter.	Konfession.	Dienstzeit		Modus der Anstellung. (ob definitiv)	Einkommen	
				an der Gewerbeschule.	vorher in andern Aemtern.		bei der Gewerbeschule.	aus anderen Aemtern.

Zahl der Schüler,								
nach Klassen.		nach dem Alter.		vorbereitet durch		nach ihrer Berufsart.		nach der Konfession.
obere Klasse untere Klasse		unter 14 J. zwischen 14 u. 16 J. zwischen 16 u. 20 J. über 20 J.		Elementarschule. Gymnasium. andere höhere Lehranstalten.		Maurer. Zimmerleute. Maschinenbauer.		evangelisch: a. konfirmirt. b. nicht konfirmirt. katholisch: a. konfirmirt. b. nicht konfirmirt. Juden;

(Min. Bl. d. i. V. 1854. S. 249.)

§. 8. Mit jeder Prov. Gewerbeschule ist eine Handwerker-Fortbildungsschule zu verbinden, in welchen Handwerker-Lehrlinge und Gesellen an den Abenden der Wochentage und Sonntags unterrichtet werden. [1]) Die Lehrer der Prov. Gewerbeschule sind gehalten, an derselben Unterricht im Rechnen, den bei den Handwerken am häufigsten zur Anwendung kommenden Sätzen und Konstruktionen der Geometrie, den Anfangsgründen der Naturlehre und im Zeichnen zu ertheilen, jedoch unter Anrechnung dieser Stunden auf ihre Unterrichts-Pensa. (§. 12.)

§. 9. An den vollständig eingerichteten Prov. Gewerbeschulen werden Entlassungs-Prüfungen angeordnet; dieselben finden nach Maaßgabe eines besonders darüber zu erlassenden Regl. statt. (s. u. B.) Das Recht zu Abhaltung von Entlassungsprüfungen mit der den auszustellenden Zeugnissen in diesem Regl. beigelegten Wirksamkeit erhält eine Prov. Gewerbeschule nur durch ausdrückliche Verleihung des Min. für Handel rc. Der Antrag auf Verleihung dieses Rechtes an eine Prov. Gewerbeschule ist von der betr. K Reg. unter Einreichung von Probe-Zeichnungen und schriftlichen Arbeiten sämmtlicher Zöglinge der oberen Klasse an das Min. für Handel rc. zu richten, welches darüber entscheiden wird, ob die Abhaltung von Entlassungsprüfungen vorzugsweise gestattet werden soll. — Um ein möglichst übereinstimmendes Verfahren und eine gleichförmige Beurtheilung bei diesen Prüfungen zu erzielen, wird das Min. einen besonderen Kommissarius zur Leitung der ersten Prüfung an jede solche Schule entsenden. Dieser hat außerdem sich durch eine Revision der ganzen oberen Klasse zu überzeugen, ob auch die übrigen, nicht zur Prüfung sistirten Schüler annähernd die zu dieser erforderliche Reife besitzen, um dadurch zu verhüten, daß die Anstalt nicht der Ausbildung einzelner Zöglinge, unter Vernachlässigung der übrigen, ihre Kraft hauptsächlich zuwende. Die sämmtlichen Prüfungs-Verhandlungen sind mit dem Begleitschreiben des Kommissarius direkt an das Min. einzureichen, worauf dieses entscheiden wird, ob der Schule das Recht zu Entlassungsprüfungen verliehen werden soll. Die Ausfertigung der Zeugnisse bleibt von dieser Entscheidung abhängig.

§. 10. An jeder vollständig eingerichteten Gewerbeschule werden drei [2]) or-

---

1) Im Ganzen, auch die durch Kommunen, Privatvereine und Privatpersonen gegründeten mitgezählt, bestanden 1853 in Preußen 220 Handwerker-Fortbildungsschulen, welche von 18,011 Schülern (Lehrlingen, Gehülfen, Gesellen und selbst Meistern) besucht waren. Der Unterricht (Schreiben, Rechnen, Zeichnen, auch Geometrie und Naturlehre) fand theils an den Abenden der Wochentage, theils Sonntags Statt. Die Vertheilung dieser Schulen auf die einzelnen Reg. Bezirke war folgende: 1) Königsb. 19 Sch. 1119 Schüler; 2) Gumb. 5 Sch. 258 Schüler; 3) Danzig 2 Sch. 155 Schüler; 4) Marienw. —; 5) Posen 6 Sch. 332 Schüler; 6) Bromb. 1 Sch. 150 Schüler; 7) Potsdam mit Berlin 13 Sch. 1862 Schüler; 8) Frankfurt 5 Sch. 415 Schüler; 9) Stettin 4 Sch. 99 Schüler; 10) Stralsund 1 Sch. 160 Schüler; 11) Köslin 3 Sch. 289 Schüler; 12) Breslau 16 Sch. 2,022 Schüler; 13) Liegnitz 13 Sch. 1219 Schüler; 14) Oppeln 2 Sch. 415 Schüler; 15) Magdeb. 10 Sch. 695 Schüler; 16) Merseb. 14 Sch. 733 Schüler; 17) Erfurt 10 Sch. 953 Schüler; 18) Münster 10 Sch. 749 Schüler; 19) Arnsberg 37 Sch. 2393 Schüler; 20) Minden 4 Sch. 397 Schüler; 21) Aachen 5 Sch. 499 Schüler; 22) Koblenz 6 Sch. 511 Schüler; 23) Köln 8 Sch. 635 Schüler; 24) Düsseld. 22 Sch. 1814 Schüler; 25) Trier 4 Sch. 137 Schüler. (Staats-Anz. 1854. Nr. 253. S. 1913.)

Handwerker, welche gewerbliche Lehranstalten besuchen, oder sonstige Gelegenheiten benutzen, die zu dem beabsichtigten Gewerbebetriebe erforderlichen Kenntnisse und Fertigkeiten zu erwerben, können vom Gewerberath schon nach einem Lehr-Jahre, mit Zustimmung des Lehrherrn, zur Gesellen-, und nach einem Gesellen-Jahre zur Meisterprüfung verstattet werden, während sonst drei Lehr- und drei Gesellen-Jahre absolvirt werden müssen: §§. 35. 36. V. v. 9. Febr. 1849 (G. S. 1849. S. 101.), Bek. v. 30. Jan. 1850 (G. S. 1850. S. 43.) und §. 5. V. v. 15. Mai 1854. (G. S. 1854. S. 258.)

Der Verein für Gewerbefleiß in Berlin verwaltet seit 1832 eine Webersche Stiftung, aus welcher die Zinsen von 10,000 Thlr. gegenwärtig Zöglingen der Fortbildungs-Anstalten zufallen. (Nat. Zeit. 1854. Nr. 42.)

2) Bei Theilung der untern Klasse vier: C. R. v. 31. März 1852 s. o.

dentliche Lehrer angestellt, 1) einer für Mathematik, Mechanik und Maschinenlehre und mechanische Technologie, 2) einer für Naturwissenschaften (Physik, Chemie, Mineralogie und chemische Technologie, 3) einer für Zeichnen, Modelliren und Baukonstruktionslehre. — Die Direktion der Anstalt wird einem der beiden erstgenannten Lehrer übertragen; der Rang der beiden anderen unter sich bestimmt sich nach ihrem Dienstalter. Wo bisher ein Theil des Unterrichts durch Hülfslehrer versehen worden ist, sind dieselben nach und nach durch ordentliche Lehrer zu ersetzen.

§. 11. Die Qualifikation als Lehrer an einer Prov. Gewerbeschule wird durch eine Prüfung vor einer damit beauftragten Prüfungs-Kommission erworben; die Thätigkeit dieser Komm. wird durch ein besonderes Regl. demnächst geordnet. Dem Min. für Handel ꝛc. bleibt es vorbehalten, in einzelnen Fällen auf Grund eines von einer wissenschaftl. Prüfungs-Komm. für Kandidaten des höhern Schulamts erlangten Zeugnisses oder erprobter Lehrertüchtigkeit von einer neuen Prüfung zu dispensiren.

§. 12. Der Dir. einer Prov. Gewerbeschule hat in der Regel 16—18 Unterrichtsstunden, die beiden anderen haben jeder 20 — 24 Stunden wöchentlich zu ertheilen. Kombinationen der beiden Klassen sind nur beim Zeichen-Unterrichte zulässig, und auch hier nur so lange, als die Gesammtzahl der zu unterrichtenden Schüler 40 nicht übersteigt. Wird eine Trennung der beiden Klassen im Zeichen-Unterrichte nothwendig, so ist ein Hülfslehrer für die untere Klasse anzunehmen.

§. 13. Alle Anstellungen von ordentlichen Lehrern an Prov.-Gewerbeschulen bedürfen vorher der Genehmigung des Min. für Handel ꝛc. — Hülfslehrer können auf bestimmte Zeit von der betr. K. Reg. angenommen werden; doch ist nachträglich über deren Annahme an das Min. zu berichten.

§. 14. Es wird darauf Bedacht genommen werden, die Stellung der ordentlichen Lehrer an solchen Prov. Gewerbeschulen, welche das Recht zu Entlassungsprüfungen besitzen, deren Einrichtung sonach ihren Bestand genügend verbürgt, auf verfassungsmäßigem Wege nach folgenden Bestimmungen zu regeln: a) Die erste Anstellung eines Lehrers an einer Prov. Gewerbeschule geschieht, falls ders. seine Tüchtigkeit nicht schon an anderen Lehranstalten hinreichend bewährt hat, im Wege des Vertrags mit Vorbehalt gegenseitiger sechsmonatlicher Kündigung. — b) Lehrer, welche sich in diesem provisorischen Verhältnisse als tüchtig erweisen, werden definitiv angestellt; die definitive Anstellung soll jedoch in der Regel nicht früher als nach 3, und muß, wenn nicht vorher von dem Rechte der Kündigung Gebrauch gemacht worden, spätestens nach 5 Probejahren erfolgen. Die bereits fungirenden Lehrer können, mit Genehmigung des Min. für Handel ꝛc., ohne weitere Probejahre definitiv angestellt werden, sobald die betr. Prov. Gewerbeschule sich das Recht zu Entlassungsprüfungen erworben hat. — c) Die definitiv angestellten Lehrer treten in die Rechte und Pflichten der Staatsbeamten. Sie sind pensionsberechtigt und erleiden an ihrem Einkommen die reglementsmäßigen Pensionsabzüge.[1]) Bei der Bemessung ihrer Pensionen werden die Jahre, während welcher sie im Wege des Vertrags angestellt waren, mit auf die Dienstzeit in Anrechnung gebracht. (§. 12. der allgem. V. v. 28. Mai 1846, s. o. S. 118.) — d) Das Gehalt eines definitiv angestellten Lehrers an einer Prov. Gewerbeschule soll mindestens 500 Thlr., das des Dir. 700 Thlr. jährlich betragen.

§. 15. An den nicht zu Entlassungsprüfungen berechtigten Prov. Gewerbeschulen geschieht die Anstellung der Lehrer in der bisherigen Weise, im Wege des Vertrags mit Vorbehalt gegenseitiger sechsmonatlicher Kündigung.

§. 16. Jeder Prov. Gewerbeschule wird zur Leitung ihrer äußeren Angelegenheiten ein Schulvorstand vorgesetzt, welcher aus fünf Mitgliedern besteht. Die Zusammensetzung dess. geht von der betr. K. Reg. aus; der Dir. der Schule gehört als solcher zu seinen Mitgliedern.[2])

---

zu §. 2. — Juden können als Lehrer angestellt werden: §. 2. G. v. 23. Juli 1847 (G. S. 1847. S. 269.) s. o. S. 31. in der Note.

1) Vgl. C. R. v. 9. Mai 1852 oben S. 131—132.

2) Vgl. Erl. v. 20. Dec. 1853 oben S. 20.

B.

Reglement dess. Min. v. 5. Juni 1850 für die **Entlassungs-Prüfungen** bei den Provinzial-Gewerbeschulen.

§. 1. Der Zweck dieser Prüfungen ist: 1) auszumitteln, ob der Abiturient den Grad der Ausbildung erlangt hat, welcher erforderlich ist, um sich mit Erfolg der gewerblichen Laufbahn widmen zu können; 2) den Schulen und ihren Zöglingen in den Forderungen des Prüfungs-Regl. ein erreichbares würdiges Ziel hinzustellen, nach welchem das gemeinsame Streben gerichtet sein muß; 3) den mit dem Zeugnisse der Reife zu entlassenden Zöglingen die Befugniß zur Aufnahme in das K. Gewerbe-Institut in Berlin, insofern den übrigen Anforderungen Genüge geleistet wird, zuzusichern.

§. 2. Die Prüfungen können nur bei solchen Prov. Gewerbeschulen stattfinden, welchen auf Grund ihrer genügenden Organisation und der Qualifikation ihrer Lehrer von dem Min. für Handel rc. die Berechtigung dazu beigelegt worden ist. [1]) Die Prüfungen werden, wenn nicht ausnahmsweise von dem gen. Min. anders verfügt ist, in dem Mon. Juli oder in der 1. Hälfte des Mon. Aug. eines jeden Jahres abgehalten.

§. 3. Ein Recht, sich zu der Entlassungsprüfung bei einer Prov. Gewerbeschule zu melden, haben. a) diej. Zöglinge ders., welche wenigstens 1 Jahr lang die 1. Klasse besucht haben; b) die Zöglinge von Gymnasien und von zu Entlassungsprüfungen berechtigten Realschulen, welche wenigstens 1 Jahr lang Mitglieder der 1. Klasse einer solchen Anstalt waren; c) auch andere junge Leute, welche außer den genannten Schulen den erforderlichen Grad der Schulbildung glauben erreicht zu haben. — Bei der Meldung, welche vor der Mitte Juni jeden Jahres bei dem Dir. der betr. Prov. Gewerbeschule schriftlich eingegeben werden muß, ist von jedem Examinanden ein kurzer Lebenslauf vorzulegen, und von jedem Fremden sind ferner noch ein Schulzeugniß, so wie Probezeichnungen, einzureichen.

§. 4. Die der Anstalt selbst nicht angehörigen Examinanden haben sich bei der Anmeldung zur Prüfung bei dem Dir. zu einem abzuhaltenden Tentamen persönlich zu stellen. Hat der Dir., bei fremden Examinanden durch das beigebrachte Schulzeugniß und das abgehaltene Tentamen, bei den Zöglingen der eigenen Anstalt aber durch Rücksprache mit den Lehrern und aus eigener Wissenschaft, die Ueberzeugung gewonnen, daß der Examinand noch nicht die erforderliche Reife erhalten hat, so muß er ihn unter Vorhaltung der Nachtheile eines voreiligen Abschlusses der Schulbildung ernstlich verwarnen, seinen Vorsatz auszuführen, auch wo möglich den Eltern oder Vormündern in dems. Sinne Vorstellungen zu machen. Besteht der Examinand dennoch auf seinem Vorhaben, so ist er zur Prüfung zuzulassen.

§. 5. Die Prüfung wird durch die dazu bestellte K. Prüfungs-Kommission abgehalten. Diese besteht: a) aus einem Kommissarius der Regierung; b) aus einem von der Reg. dazu ernannten Mitgliede der Lokal-Schulbehörde; c) aus dem Dir. der Prov. Gewerbeschule; d) aus den übrigen Lehrern der Anstalt, welche in der 1. Klasse Unterricht ertheilen, oder sonst durch ihre Stellung an der Prüfung theilzunehmen berufen sind.

§. 6. Die Prüfung zerfällt in eine schriftliche und eine mündliche. Für die schriftliche Prüfung hat der Dir., den reglementarischen Bestimmungen gemäß, die nöthigen Anordnungen zu treffen. Die mündliche Prüfung und die auf sie bezüglichen Verhandlungen leitet der Reg. Kommissarius und er führt bei dens. den Vorsitz.

§. 7. Auf Grund der abgehaltenen Prüfungen werden Entlassungszeugnisse ausgestellt, welche von sämmtlichen Mitgliedern der Kommission unterzeichnet werden. Die Entlassungszeugnisse sind entweder Zeugnisse der Reife mit den Prädikaten: mit Auszeichnung bestanden, gut bestanden oder hinreichend bestanden; oder es sind Zeugnisse der Nichtreife. Ein Zeugniß der Nichtreife versagt jede Berechtigung, welche mit dem Besitz eines Zeugnisses der Reife verbunden ist.

---

1) Vgl. §. 9. des Organisationsplans sub A. (o. S. 337), sowie das Verzeichniß oben S. 15.

§. 8. Das Zeugniß der Reife wird nach den drei verschiedenen Abstufungen ausgestellt, je nachdem, nach Ausweis der abgehaltenen schriftlichen und mündlichen Prüfung, der Examinand in den Prüfungs-Gegenständen der Prov. Gewerbeschulen mit Auszeichnung, gut oder hinreichend bestanden und überhaupt in seiner geistigen und sittlichen Ausbildung den Anforderungen genügt hat.

§. 9. Diese Anforderungen sind die folgenden: a) Im Deutschen. Der Examinand muß im zusammenhängenden mündlichen Vortrage und im Disponiren leichter Themata einige Fertigkeit erlangt haben, und über einen ihm bekannten Gegenstand in einem einfachen, ziemlich korrekten Style sich schriftlich auszudrücken verstehen. -- b) Im gemeinen und kaufmännischen Rechnen müssen ihm nicht allein die Regeln, nebst ihrer Begründung, vollständig bekannt sein, sondern er muß sich auch Fertigkeit im praktischen Rechnen erworben haben. — c) In der Buchstaben-Rechnung und Algebra müssen seine Kenntnisse in sicherer Begründung die Lehre von den vier Rechnungsarten mit allgemeinen Größen, von den Potenzen und Wurzeln, von der arithmetischen und geometrischen Progression, von den Logarithmen, von den bestimmten Gleichungen des 1. und 2. Grades umfassen, so wie er auch praktische Fertigkeit und Sicherheit in algebraischen Rechnungen erlangt haben muß. — d) In der Geometrie muß er mit den Lehrsätzen der Planimetrie, Stereometrie und ebenen Trigonometrie und ihren Beweisen, so wie mit der Auflösung von geometrischen Aufgaben durch Konstruktion, genau bekannt sein; ferner noch in der Anwendung der Algebra und Trigonometrie auf Geometrie, so wie in trigonometrischen Zahlenrechnungen, sich gute Uebung verschafft haben. — e) In der Physik müssen sich seine Kenntnisse über das ganze Gebiet dieser Wissenschaft in elementarer, aber sicherer, möglichst auf Anschauung begründeter Auffassung erstrecken. — f) Eben so müssen sich seine chemischen Kenntnisse möglichst auf eigene Anschauung und Erfahrung stützen, gründlich aufgefaßt sein und einen Abriß des Gebiets der anorganischen Chemie darstellen. Einzelne chemisch-technische Prozesse müssen ihm gegenwärtig und verständlich sein, ohne daß es auf Vielheit des Wissens hier ankommt. — g) Die naturhistorischen Kenntnisse müssen sich namentlich auf diejenigen Mineralien erstrecken, welche in den Gewerben zur Anwendung kommen. — h) Die Anfangsgründe der Mechanik und Maschinenlehre muß er sicher aufgefaßt haben. — i) Die einfacheren Bau-Konstruktionen muß er kennen. — k) Im Linearzeichnen muß er im Stande sein, eine Zeichnung korrekt und sauber auszuführen, nach den gründlich aufgefaßten Elementen der Projektionslehre und Schatten-Konstruktion einfachere Maschinen und Gebäude aufzunehmen und in Grundrissen, Aufrissen und Durchschnitten genau darzustellen. Im Freihandzeichnen und Modelliren muß er eine gute Uebung erlangt, sein Augenmaaß geschärft haben.

§. 10. Die schriftlichen Prüfungs-Arbeiten bestehen: 1) In einem Deutschen Aufsatze über einen Stoff, der dem Examinanden voraussichtlich zu Gebote steht, so daß es nur auf sprachrichtigen Ausdruck und verständige Anordnung bei der Ausarbeitung ankommt. — 2) In der Bearbeitung von vier mathematischen Aufgaben aus dem Gebiete der Algebra, Planimetrie, Stereometrie und Trigonometrie. — 3) In einem Aufsatze über ein Thema der Physik. — 4) In einem Aufsatze über ein Thema der Chemie oder chemischen Technologie. — 5) In einem Aufsatze über einen Gegenstand der Mechanik und Maschinenlehre. — Keine dieser Aufgaben darf schon früher von den betreffenden Zöglingen in der Schule bearbeitet worden sein.

§. 11. Die Reinschrift wird auf ganze, gebrochene Bogen geschrieben; sie muß am Kopfe rechts das Thema und links den Namen des Examinanden nebst dem Datum enthalten. Wird einer der Examinanden durch Krankheit verhindert, seine schriftlichen Arbeiten gleichzeitig mit den übrigen auszuführen, so sind ihm, falls er nicht ganz von der Prüfung zurücktritt, neue Aufgaben vorzulegen.

§. 12. Die betr. Lehrer bringen für jede schriftliche Arbeit drei verschiedene Aufgaben oder Themata in Vorschlag; diese werden vom Dir. dem Reg. Kommissar eingereicht, welcher diej. unter ihnen bezeichnet, die bearbeitet werden sollen. Von dem Dir. wird, ohne frühere Mittheilung an die Lehrer, am Tage der Bearbeitung selbst den Examinanden das betr. Thema vorgelegt. Alle Examinanden bearbeiten dass. Thema; es dürfen während der Bearbeitung keinerlei Kommunikationen zwischen dens. stattfinden.

§. 13. Für jede schriftliche Arbeit, mit Ausnahme des Deutschen Aufsatzes, welcher in 4 Stunden vollendet sein muß, wird in der Regel eine Zeit von 7 St. gestattet. Die Examinanden arbeiten unter spezieller Aufsicht eines Lehrers; sie dürfen vor Ablieferung der Reinschrift weder das Schullokal verlassen, noch sich der Aufsicht des inspizirenden Lehrers entziehen. Außer Logarithmentafeln darf kein anderes Hülfsmittel benutzt werden Ueber die Beaufsichtigung nimmt der inspizirende Lehrer ein kurzes Protokoll auf, worin auch die Zeit bemerkt wird, in welcher jeder Examinand seine Arbeit vollendet hat.

§. 14. Die eingelieferten Arbeiten werden von den betr. Lehrern durchgesehen, korrigirt und censirt. Sie kursiren demnächst, nachdem auch Probezeichnungen von jedem Examinanden beigefügt worden sind, bei allen Mitgliedern der Prüfungs-Kommission.

§. 15. Die mündliche Prüfung erstreckt sich über die im §. 9. namhaft gemachten Fächer und hat vorzugsweise die Erforschung des Umfangs und der Sicherheit der positiven Kenntnisse der Examinanden zum Zweck. Ueber den Gang und die Resultate der mündlichen Prüfung wird ein ausführliches Protokoll aufgenommen.

§. 16. Nach der mündlichen Prüfung treten die Examinanden ab, und es wird nunmehr auf Grund der schriftlichen Arbeiten, nach Anhörung des zu verlesenden Protokolls über die mündliche Prüfung und endlich unter Berücksichtigung der Urtheile der Lehrer oder der vorliegenden Schulzeugnisse über den Fleiß, die Fortschritte und die sittliche Führung des Geprüften, der Grad der Reife auf Grund der bestehenden Vorschriften nach Stimmenmehrheit festgesetzt. Jedes Mitglied der Komm. hat dabei eine Stimme; bei Stimmengleichheit entscheidet die Stimme des Reg. Kommissars. Der letztere hat allein das Recht, ein Separatvotum zu Protokoll zu geben; findet er dieses für nöthig, so bleibt die Entscheidung über das Resultat der Prüfung dem Min. für Handel ꝛc. vorbehalten. — Bei dem Examen selbst, so wie auch bei diesen Beurtheilungen, ist vorzugsweise die Sicherheit und Gründlichkeit in den erlangten Kenntnissen zu berücksichtigen. Wer in allen Gegenständen gut und in wenigstens zwei Gegenständen vorzüglich gut bestanden, erhält das Prädikat: mit Auszeichnung bestanden. Wer in sämmtlichen mathematischen Disziplinen, so wie in Physik und Chemie, gut, in den übrigen obligatorischen Prüfungs-Gegenständen wenigstens ziemlich gut bestanden, erhält das Prädikat: gut bestanden. Wer in der Mathematik gut und in den übrigen Gegenständen wenigstens ziemlich gut bestanden, erhält das Prädikat: hinreichend bestanden. Demj. Examinanden, der in einem noch geringeren Grade den Anforderungen des Prüfungs-Regl. entspricht, muß das Zeugniß der Reife versagt werden. — Die Mehrleistung in dem einen Prüfungsgegenstande kann die Minderleistung in dem anderen nicht kompensiren.

§. 17. Das Urtheil der Komm. wird durch den Reg. Kommissar den Geprüften bekannt gemacht und in das Protokoll mit aufgenommen; dieses wird von sämmtlichen Kommissions-Mitgliedern unterzeichnet und somit die Prüfungs-Verhandlung geschlossen.

§. 18. Auf Grund der Prüfungs-Verhandlungen wird von dem Dir., und unter Mitwirkung der betr. Lehrer, nach folgendem Schema das Prüfungszeugniß ausgestellt:

Zeugniß der Reife (Nichtreife)
für

N. N., geboren den . . . . zu . . . . Konfession, Sohn des . . . . N. N. zu . . . . (resp. unter der Vormundschaft des . . . . zu . . . .)

Derselbe besuchte seit . . . . Jahren die hiesige Prov. Gewerbeschule und war . . . . Jahre in der 1. Klasse.

I. Aufführung:
II. Anlagen und Fleiß:
III. Kenntnisse:

Im Deutschen: — Im gemeinen Rechnen: — In der Algebra: — In der Geometrie: — In der Physik: — In der Chemie und chemischen Technologie: — In der Mineralogie: — In der Mechanik und Maschinenlehre: — In der Projektionslehre: — In der Bau-Konstruktionslehre: —

IV. Fertigkeiten:

Im Linearzeichnen: — Im Freihandzeichnen: — Im Modelliren: —

Es ist dem N. N. auf Grund der bestandenen Prüfung und in Gemäßheit der vorstehenden Charakteristik von der Prüfungs-Kommission unter dem . . . . 18 . . das Zeugniß der Reife . . . . bestanden zuerkannt worden.

K. Prüfungs-Kommission.

(L. S.) des K. Kommissars.

N. N. K. Kommissar.

N. N. Mitglied des Schulvorstandes.

(L. S.) der Prov. Gewerbeschule.

N. N. Direktor.

N. N. Lehrer ꝛc.

Die Urtheile im Zeugnisse sind nicht blos in nackten Prädikaten, sondern vollständig und in der Art auszudrücken, daß sie über das sittliche Verhalten, so wie über den Umfang und die Gründlichkeit der vorhandenen Kenntnisse des Examinanden, namentlich im Verhältniß zu den gesetzlichen Anforderungen, genauen Aufschluß geben.

§. 19. Denj. Examinanden, welche in dem einen oder anderen Prüfungs-Gegenstande sich einen höheren Grad von Kenntnissen und Fertigkeiten angeeignet haben, soll in der mündlichen Prüfung Gelegenheit gegeben werden, den Nachweis davon besonders zu liefern und in dem Zeugnisse des in den bezüglichen Fächern gewonnenen Maaßes der Kenntnisse und Fertigkeiten ausdrücklich Erwähnung geschehen. Wenn der Examinand noch in anderen, als den Prüfungs-Gegenständen, Unterricht genossen hat, so wird das Maaß der in diesen Fächern erlangten Kenntnisse auf Grund der Urtheile des Dir. und der Lehrer in einer Abth. V. des Zeugnisses näher angegeben.

§. 20. Das Zeugniß der Nichtreife wird nur auf ausdrückliches Verlangen des Geprüften oder seiner Angehörigen nach obigem Schema ausgefertigt. Jedoch heißt es in dems. am Schlusse: Es hat dem N. N. auf Grund der bestandenen Prüfung und in Gemäßheit der vorstehenden Charakteristik das Zeugniß der Reife nicht zuerkannt werden können.

§. 21. Die Zeugnisse müssen den Geprüften innerhalb acht Tagen nach der Prüfung ausgehändigt werden. — Die Prüfungs-Akten, bestehend: 1) in dem von jedem Examinanden eingereichten Lebenslaufe, 2) in den schriftlichen Arbeiten, Zeichnungen und Modellen, 3) in den Protokollen über die geführte Inspektion, 4) in dem Protokoll über die mündliche Prüfung, 5) in den Abschriften der ausgestellten Zeugnisse, werden innerhalb 14 Tagen nach der Prüfung an die K. Reg. eingesandt, welche dieselben sofort an das Min. für Handel ꝛc. weiter befördert. Diese Akten gelangen später durch Vermittelung der K. Reg. mit den nöthigen Bemerkungen an die Direktion der Prov. Gewerbeschule zurück, um in dem Archive der Anstalt aufbewahrt zu werden.

§. 22. Jeder fremde Examinand hat für die Abhaltung eines solchen Examens fünf Thlr. zu entrichten, welcher Betrag unter die Lehrer der betr. Examinations-Kommission zu gleichen Theilen vertheilt wird. — Es muß alljährlich auch dann, wenn sich nur fremde Examinanden bei der Direktion einer Prov. Gewerbeschule angemeldet haben, eine Entlassungs-Prüfung abgehalten werden.

C.

Regulativ dess. Min. v. 5. Juni 1850 für die Organisation des K. Gewerbe-Instituts zu Berlin.[1])

§. 1. Die Aufnahme von Zöglingen in das K. Gewerbe-Institut findet all-

1) Dasselbe besteht seit den 29. April 1820, und hatte im Sommer 1853 in Klasse I. 43, in Kl. II. 61, in Kl. III. 38, zusammen 142 Zöglinge. Den Unterricht ertheilten, außer dem Dir., 12 Lehrer. Mit der Anstalt ist eine Sonntagsschule für die Musterweberei verbunden. Nach dem Etat für 1853 wurden vom Staat auf die Unterhaltung des Inst. 43,995 Thlr. verwandt. (v. Reden, Gewerbs- u. Verkehrs-Statistik v. Preußen, Darmst. 1854. III. S. 2133. 2137.)

jährlich am 1. Okt. statt. Bewerber, welche nicht auf den Genuß eines Stipendiums Anspruch machen, haben sich bis zum 1. Sept. jeden Jahres schriftlich unter Einreichung der nöthigen Papiere bei dem Dir. des Gewerbe-Instituts zu melden.

§. 2. Die Bedingungen der Aufnahme sind: a) Der Bewerber muß wenigstens 17 und darf höchstens 27 Jahre alt sein, was durch seinen Geburtsschein nachzuweisen ist. Nur außergewöhnliche Umstände können hierbei eine Ausnahme veranlassen. — b) Er muß sich darüber ausweisen, daß er wenigstens ein Jahr regelmäßig praktische Arbeiten als seine Hauptbeschäftigung getrieben habe, es sei denn, daß er Chemiker werden wolle. — c) Er hat nachzuweisen, daß er entweder bei einer zu Entlassungsprüfungen berechtigten Prov. Gewerbeschule oder Realschule oder bei einem Gymnas. das Zeugniß der Reife erlangt hat. — d) Ausländer, welche den Erfordernissen ad a. und b. entsprechen, werden, so lange es die Räumlichkeiten gestatten, zugelassen, wenn sie vor einer dazu bestellten Prüfungs-Komm. im K. Gewerbe-Institute selbst eine genügende Vorbildung nachweisen. — So lange jedoch nicht in jeder Prov. des Staates mindestens eine Prov. Gewerbeschule besteht, welche das Recht zu Entlassungs-Prüfungen besitzt, findet auch für Inländer in den ersten Tagen des Mon. Okt. jeden J. im K. Gewerbe-Institut eine Aufnahmeprüfung statt. Bei ders. ist vorzugsweise darauf zu sehen, daß die Kenntnisse der Bewerber in der Elementar-Mathematik, so weit dieselbe zu dem Unterrichtskreise der Prov. Gewerbeschulen gehört, vollständig genügen.

§. 3. Die Zöglinge des K. Gewerbe-Instituts zerfallen in Mechaniker, Chemiker und Bauhandwerker.

§. 4. Der theoretische Unterricht dauert für alle Zöglinge drei Jahre und

---

Ueber die frühern Verhältnisse der Anstalt vgl. das Publ. der Reg. zu Frankf. v. 11. April 1826. (A. X. S. 422.) — Die sonst bei der Aufnahme übliche Bevorzugung der Mechaniker wurde durch C. R. des Finanz-Min., Abth. für Handel 2c. (Beuth) v. 21. März 1842 (M. Bl. d. i. V. 1842. S. 86.) aufgehoben. Auch wurde bereits durch C. R. dess. Min. v. 20. März 1844 von den Stipendiaten der Nachweis körperlicher Tüchtigkeit durch Gesundheitsatteste verlangt. (Min. Bl. d. i. V. 1844. S. 91.)

Außer den gewerbl. Lehranstalten dienen zur Beförderung der Gewerbe:

a) Die Gewerbe-Vereine, die in allen Theilen des Staats vorhanden sind. Ein Verzeichniß von 41 solchen Vereinen findet sich in v. Reden, a. a. O. S. 2138. Vorzugsweise ist der Verein zur Beförderung des Gewerbfleißes in Berlin zu erwähnen, dessen Statut v. 29. April 1820, mit Bestätigung der Min. d. Handels (Gr. v. Bülow) und des Inn. (v. Schuckmann) v. 24. Okt. 1820 sich in den A. IV. S. 753 flg. abgedruckt findet. Zugleich wurde durch C. R. ders. Min. v. 24. Okt. 1820 (A. IV. S. 759.) sämmtl. Reg. bekannt gemacht: daß sich der geb. Verein gebildet habe und durch Kenntnißnahme von dem Zustande der Gewerbsamkeit im In- und Auslande, Prüfung von Entdeckungen und Erfindungen, Unterricht, Aufmunterung mittelst Belohnung bedeutender Erfindungen, Konkurrenz durch das Aussetzen von Prämien 2c. den durch seinen Namen ausgesprochenen Zweck zu erreichen. — Von sonstigen ähnlichen Vereinen findet sich in den A. (XX. S. 689) nur noch das vom Ober-Präs. bestätigte, und durch Publ. der Reg. zu Düsseldorf v. 16. Juli 1836 mitgetheilte Statut des dortigen Gewerbe-Vereins v. 20. Juni 1836.

b) Gewerbe-Ausstellungen, Preise und Verlosungen. Vgl. v. Rönne Gewerbe-Polizei I. S. 264. Auch ist eine besondere Medaille für Verdienst um Gewerbe und gewerbliche Leistungen eingeführt durch K. O. v. 22. 1849, mitgetheilt durch C. R. v. 31. Aug. 1850. (M. Bl. d. i. V. 1850. S. 280, v. Rönne, a. a. O. S. 262.)

c) Endlich wurden schon mehrfach von dem Min. nützliche Belehrungen über einzelne Gegenstände des Gewerbebetriebs veröffentlicht. Vgl. v. Rönne a. a. O.

Zu Prämien für neue Erfindungen im Gewerbegebiet und zur Unterstützung von Vereinen und Privaten in dessen Förderung setzt der Fin. Etat für 1853: 26000 Thlr., zu wissenschaftl. Versuchen gleichen Zieles 4000 Thlr. aus. (v. Reden, a. a. O. S. 2137.)

zerfällt in drei Kurse. — Den Mechanikern und Chemikern wird auch Gelegenheit zu praktischen Arbeiten in den Werkstätten und dem Laboratorium des Gewerbe-Instituts geboten; diese beginnen schon vor dem Abschlusse des theoretischen Unterrichts. [1]) Den Mechanikern ist gestattet, diese Arbeiten nach Vollendung der letzteren noch ein Jahr lang fortzusetzen.

§. 5. Der theoretische Unterricht ist anfangs gemeinschaftlich für die drei Kathegorien der Zöglinge; später tritt eine Trennung nach Fächern ein.

Der gemeinschaftliche Unterricht umfaßt folgende Gegenstände;

im I. Kursus: a) Reine Mathematik, und zwar: Stereometrie und sphärische Trigonometrie; beschreibende Geometrie; Algebra, Differential- und Integral-Rechnung; analytische Geometrie, Kurvenlehre; praktisches Rechnen; — b) Physik; — c) Chemie; — d) Linearzeichnen, besonders Konstruktionen der beschreibenden Geometrie, Schatten-Konstruktion und Perspektive; dann Maschinenzeichnen; — e) Freihand- und architektonisches Zeichnen;

im II. Kursus: a) Reine und angewandte Mechanik, in analytischer Darstellung; — b) Wiederholungen und Ergänzungen aus Physik und Chemie; — c) Mineralogie; — d) Bau-Materialienkunde und Bau-Konstruktionslehre.

Der getrennte Unterricht erstreckt sich auf folgende Gegenstände:

A. Für die Mechaniker:

im II. Kursus: Ausführliche Maschinenlehre: über Maschinen-Baumaterialien; die einfachen Maschinentheile; Maschinen, die bei Bauten vorkommen; Maschinenverbindungen; Vortrag und Uebungen;

im III. Kursus: a) Fortsetzung der Maschinenlehre; Kraftmaschinen, insbes. Dampfmaschinen; Uebungen im Entwerfen; — b) Ueber Eisenbahnen und eiserne Bau-Konstruktionen; — c) Mechanische Technologie; — d) Arbeiten in der Werkstätte (an 3 Wochentagen).

B. Für die Chemiker:

im II. Kursus: a) Chemische Technologie; — b) Analytische Chemie; — c) Arbeiten im Laboratorium (an 2 Tagen jeder Woche);

im III. Kursus: a) Arbeiten im Laboratorium (täglich); — b) Abriß der Maschinenlehre.

C. Für die Bauhandwerker:

im II. Kursus: a) Freihand- und architektonisches Zeichnen; Entwerfen von Bau-Konstruktionen, namentlich Steinverband und Holzverbindungen; — b) Modelliren in Thon;

im III. Kursus: a) Entwerfen und Veranschlagen von Gebäuden; — b) Steinschnitt, ein Semester; — c) Ueber Feuerungs-Anlagen, ein Semester; — d) Ueber Anlage von Fabrikgebäuden; — e) Abriß der Maschinenlehre (mit den Chemikern); — f) Modelliren von Bau-Konstruktionen in Gyps, Holz oder Stein.

Sämmtliche Vorträge, bei denen das Gegentheil nicht vermerkt ist, werden durch zwei Semester fortgesetzt.

§. 6. Die Zahl der wöchentlichen Unterrichtsstunden ist für jeden Kursus, so lange keine praktischen Arbeiten dazwischentreten, auf 36 bestimmt. — Ferien finden statt vom 15. Aug. bis zum 1. Okt. jeden Jahres, außerdem zu Weihnachten und Ostern jedesmal 10 Tage.

§. 7. Den Zöglingen des 1. Kursus ist gestattet, statt an den praktischen Arbeiten sich an anderen als den speziell für sie bestimmten Vorträgen zu betheiligen. Insofern sie jedoch dadurch gehindert würden, an den letzteren Theil zu nehmen, ist die Genehmigung des Dir. dazu nöthig.

§. 8. Junge Leute, welche sich nicht einem besonderen technischen Fache widmen, sich aber eine allgem. technische Ausbildung am K. Gewerbe-Institut erwerben wollen, können mit Genehmigung des Dir. an den Vorträgen des Instituts, so weit es der Raum gestattet, Theil nehmen, ohne an die vorgeschriebenen Kurse gebunden zu sein.

---

1) Es ist ein analytisches und ein technisches Laboratorium, so wie eine auf 35 Arbeiter berechnete mechanische Werkstätte beim Inst. vorhanden. Außerdem besitzt dasselbe mineralogische, physikalische, chemische, Gypsen- und Bronzen-Sammlungen für den Unterricht, ferner eine Bibliothek und Modellen-Kabinet, welche auch dem Publikum zugänglich sind. (Staatsanz. 1854. Nr. 88. S. 664.)

§. 9. Zur Erläuterung des Unterrichts dienen die Sammlungen des Gewerbehauses, welche den Lehrern jederzeit zu Gebote stehen. Außerdem ist den Zöglingen der Besuch der Sammlungen von Modellen, Bronzen und Gypsen, so wie die Benutzung der Bibliothek, nach dem bestehenden Regul. gestattet.

§. 10. Die mechanischen Werkstätten des Instituts haben nicht blos die Aufgabe, die Zöglinge zu unterrichten, sondern auch die, Versuche anzustellen, neue Maschinen zu konstruiren und Modelle für allgemeine gewerbliche Zwecke, so wie zum Unterrichte am K. Gewerbe-Institut und an den Prov. Gewerbeschulen, anzufertigen.

§. 11. Der Unterricht am K. Gewerbe-Institut ist unentgeltlich. [1])

---

1) Die §§. 11. und 12. sind durch C. R. deff. Min. 5. März 1855 an sämmtl. K. Reg. (einschl. Sigmaringen) aufgehoben und durch neue Bestimmungen, wie folgt, ersetzt:

Als das K. Gew.-Institut begründet wurde, um den Mangel an theoretisch und praktisch ausgebildeten Technikern abzuhelfen, mußte darauf Bedacht genommen werden, den Besuch deff. in angemessener Weise zu erleichtern, weil eine besondere Empfänglichkeit für technische Studien bei denj., welchen die Mittel zur Erlangung einer anderweiten Lebensstellung geboten waren, sich damals weniger voraussetzen ließ. Aus diesem Grunde ist nicht allein der Unterricht am Gew.-Inst. unentgeltlich ertheilt, sondern viele Zöglinge der Anstalt sind auch mit Stipendien unterstützt worden. Das Regul. v. 5 Juni 1850 hat es hierbei vorläufig bewenden lassen; nach §. 11. l. c. soll der Unterricht unentgeltlich sein, und der §. 12. gestattet jeder der K. Reg., jährl. einen Bewerber zur Aufnahme in das Inst. mit einem Staatsstipendium in Vorschlag zu bringen. Seit jener Zeit haben sich indessen die Verhältnisse nicht unwesentlich geändert. Die Gesuche um Aufnahme in die Anstalt sind in den letzten Jahren so zahlreich erfolgt, daß es, bei der durch die dermal. Räumlichkeiten bedingten Beschränkung der Schülerzahl, nicht möglich gewesen wäre, sämmtliche Bewerber, welche ohne Unterstützung aus Staatsmitteln aufgenommen zu werden wünschten, zu berücksichtigen, wenn auch Stipendiaten überhaupt nicht zugelassen worden wären. Um daher eine schädl. Ueberfüllung der einzelnen Klassen zu vermeiden, und qualifizirten Bewerbern die Anstalt zugänglicher zu machen, wird eine Trennung der Klassen in Parallel-Cötus zum 1. Okt. d. J. vorbereitet. Es hat aber auch in Erwägung gezogen werden müssen, ob noch Veranlassung vorhanden sei, die bisher den Zöglingen gewährten Begünstigungen in gleichem Umfange fortbestehn zu lassen.

Was zunächst die Stipendien anlangt, so besteht von denj. beiden Motiven, welche bei deren Bewilligung früher maaßgebend gewesen sind: besonders tüchtigen, aber bedürftigen jungen Leuten den Besuch des Gew.-Inst. möglich zu machen, und bei Andern den Sinn für technische Studien anzuregen, das Erstere noch fort. Wie bei andern höhern Bildungsanstalten wird man auch bei dem Gew.-Inst. sich die Mittel erhalten müssen, aufkeimende Talente, die sonst vielleicht verkümmern würden, im allgem. Interesse zu unterstützen; es erscheint indessen aus diesem Gesichtspunkte allein nicht gerechtfertigt, fast der Hälfte der Zöglinge, welche bisher aufgenommen werden konnten, Staats-Stip. zu verleihen. Einer äußern Anregung zu technischen Studien auf dem angegebenen Wege bedarf es überdies jetzt weniger als früher, weil die wachsende Stellung der einheimischen Industrie eine genügende Zahl talentvoller junger Leute bestimmt, sich ihr zu widmen, und mit ihrem Aufschwunge zugleich die Ueberzeugung unter den Industriellen Raum gewonnen hat, daß die Leitung eines Fabrikgeschäfts nicht mehr vorzugsweise eine kaufmännische sein könne, und daß sie ihren Söhnen ihr Geschäft nur dann mit Aussicht auf Erfolg hinterlassen können, wenn diese sich eine höhere technische Ausbildung erworben haben. Da außerdem die von Seydlitzschen Stip. nach den testamentar. Bestimmungen des Stifters vorzugsweise Söhnen aus den höhern Ständen, welche das Gew.-Inst. besuchen, zuzuwenden sind, so ist um so weniger Grund vorhanden, die Bewilligung von Staats-Stip. in dem bisher. Umfange fortdauern zu lassen. — Mit Rücksicht auf die angef. Umstände ist die Zahl der Stipend. schon seit einigen Jahren faktisch durch größere Strenge bei der Auswahl der

§. 12. Um unbemittelten jungen Leuten den Besuch des Gewerbe-Instituts

---

Bewerber vermindert worden. Um jedoch in dieser Beziehung zu einer festen Regel zu gelangen, wird der §. 12. des Regul. v. 5. Juni 1850 hierdurch aufgehoben, und es kommen statt dessen in Zukunft folgende Bestimmungen zur Anwendung:

1) Für jeden Reg.-Bez. besteht ein Stip. bei dem K. Gew.-Inst. Dass. beträgt 200 Thlr. jährlich. Reise-Unterstützungen werden den Stipendiaten weder beim Eintritt in die Anstalt, noch für die Rückreise gewährt. — 2) Bei Erledigung eines Reg.-Stipendiums hat nur die betreff. K. Reg. einen Kandidaten zu dems. in Vorschlag zu bringen. Wird das Stip. diesem verliehen, so bleibt er vom Zeitpunkt der Bewilligung bis zur Beendigung seines Kursus am Gew.-Inst. im Genuß dess., es sei denn, daß ihm dass. aus besondern Gründen schon vorher entzogen würde. — 3) Für die Zeit, während welcher ein von einer Reg. vorgeschlagener Kand. das ihm bewilligte Stip. bezieht, ist von dieser ein anderer Stipendiat nicht in Vorschlag zu bringen. Die Zahl aller Reg.-Stip. wird also künftighin 26 nicht übersteigen. — 4) Von der bevorstehenden Erledigung eines Stip. wird die betreff. K. Reg. im Monat Mai desj. Jahres in Kenntniß gesetzt, in welchem der betreff. Stipendiat voraussichtlich seinen Kursus im Gew.-Inst. beendigen wird, oder bei unerwartet eintretender Vakanz, unmittelbar nach deren Eintritt. Die K. Reg. erläßt dann eine Aufforderung zur Bewerbung um das erledigte Stip. in dem Amtsbl. ihres Bez. — 5) Zur Begründung des Gesuchs um ein Reg.-Stip. hat der Bewerber, wenn derselbe noch nicht Schüler des Gew.-Inst. ist, der K. Reg. folgende Zeugnisse einzureichen: a) seinen Geburtsschein; b) ein Gesundheits-Attest, in welchem ausgedrückt sein muß, daß der Bewerber die körperliche Tüchtigkeit für die prakt. Ausübung des von ihm erwählten Gewerbes und für die Anstrengungen des Unterrichts im Inst. besitze; c) ein Zeugniß der Reife von einer zu Entlassungs-Prüfungen berechtigten Gewerbe- oder Realschule oder einem Gymnasium; d) die über seine prakt. Ausbildung sprechenden Zeugnisse; e) ein Führungs-Attest; f) ein Zeugniß der Ortsbehörde über seine Bedürftigkeit; g) die über die militair. Verhältnisse des Bewerbers sprechenden Papiere, aus denen hervorgehen muß, daß die Ableistung seiner Militairpflicht keine Unterbrechung des Unterrichts herbeiführen werde. — Ist der Bewerber bereits Zögling des Gew.-Inst., so bedarf es der Einreichung der Zeugnisse zu a., c, d. und e. nicht. — 6) Bei der Prüfung der eingehenden Bewerbungen ist davon auszugehen, daß nur solchen jungen Leuten Stipendien verliehen werden können, welche durch ihre bisher. Leistungen und ihr Talent die Erwartung erregen, daß sie künftig in ihrem Gewerbe Tüchtiges leisten werden, und welche durch ihr sittliches Verhalten einer Unterstützung würdig, und solcher nach ihren Verhältnissen durchaus bedürftig sind. Bewerber, die mit einem Zeugniß der Reife von einer Prov.-Gew.-Schule versehen sind, und den übr. Bedingungen der Aufnahme in das Gew.-Inst. genügen, haben vor andern Bewerbern den Vorzug. Unter Mehreren entscheidet der Grad der in ihrem Zeugnisse ausgedrückten Befähigung. Bewerber, welche ein Zeugniß der Reife nicht besitzen, oder nur das Prädikat „hinreichend bestanden" bei der Prüfung erworben haben, sind, da die im §. 12. D. des Regul. enthaltene Bestimmung fernerhin keine Anwendung findet, nicht zu berücksichtigen. Von frühern Gymnasiasten und Realschülern ist der Nachweis, daß sie die nöthige Uebung im Freihand- und Linearzeichnen erworben haben, und ein Ornament nach Gyps zu zeichnen, so wie eine einfache Maschine oder ein Gebäude aufzunehmen im Stande sind, noch besonders zu verlangen. — 7) Mit dem Antrag auf Verleihung eines Stip. sind mir von der K. Reg. alle eingegangenen Gesuche um dass. einzureichen.

Die vorstehenden Bestimmungen kommen in Zukunft mit der Maaßgabe zur Anwendung, daß schon im laufenden Jahre aus denj. Reg.-Bez., aus welchen zum 1. Okt. v. J. ein Stipendiat in die III. Kl. des Gew.-Inst. auf den Antrag der betreff. K. Reg. aufgenommen worden ist, kein Stipendiat zu präsentiren ist. Diej. Reg., bei welchen Bewerbungen um ein Stipend. in diesem Jahre zulässig sind, werden hiervon im Monat Mai d. J. benachrichtigt werden.

Was sodann die Unentgeltlichkeit des Unterrichts am Gew.-Inst.

möglich zu machen, werden denselben, so weit es die Fonds gestatten, ganze oder halbe Stipendien gewährt. — Diese sind theils Staatsstipendien, theils Stipendien der von Seydlitzschen Stiftung. [1]) Die Verleihung der letzteren steht dem Kura-

---

anlangt, so fehlt es zunächst an einer Veranlassung, Ausländer und Hospitanten, welche nach §. 8. des Regul. v. 5. Juni 1850 mit Genehmigung des Dir. der Anstalt an deren Unterricht Theil nehmen können, von der Entrichtung eines Honorars zu befreien. Aber auch rücksichtlich der inländ. Zöglinge, welche den vollständigen Kursus des Gew.-Inst. durchmachen wollen, empfiehlt es sich, eine Aenderung eintreten zu lassen, da es sich nicht rechtfertigen läßt, die Unentgeltlichkeit des Unterr. als Regel festzuhalten, während jungen Leuten, welche für den Besuch des Gew.-Inst. vollständig vorbereitet, und zur Zahlung eines Honorars bereit und im Stande sind, wegen Mangels an Raum und zur Vermeidung der Ueberfüllung der Anstalt die Aufnahme versagt werden muß. Mit der hierdurch bedingten veränderten Einrichtung wird sich eine billige Berücksichtigung besonderer Verhältnisse in dazu geeigneten Fällen auch künftig immer noch vereinigen lassen. Es würde keinem Bedenken unterliegen, die Unentgeltlichkeit des Unterr. für Alle, welche sich an dems. betheiligen — mit Ausnahme der Stipendiaten und der bereits aufgenommenen Zöglinge — schon mit Beginn des nächsten Kursus aufzuheben. Ich will indeß, wenngleich ich die Entrichtung des Honorars zur Regel zu machen beabsichtige, nicht unberücksichtigt lassen, daß eine Anzahl junger Leute in der Vorbereitung für die Aufnahme in das Inst. begriffen und darin mehr oder weniger vorgeschritten ist; daß in der Wahl des Ganges der Ausbildung für das Gewerbe die derzeit rücksichtlich der Stip. und des Unterrichts im Inst. bestehenden Einrichtungen öfters maaßgebend gewesen sein können, und daß eine gleichzeitige Beschränkung resp. Aufhebung ders. Verlegenheiten mit sich führen könnte. Um diesen möglichst zu begegnen, will ich nicht allein den Zeitpunkt, mit welchem Unterrichts-Honorar zu zahlen ist, hinausrücken, sondern auch, bis auf Weiteres, jeder der K. Reg. überlassen, für ihren Bez. einen Bewerber vorzuschlagen, welcher für den Unterricht im Inst. kein Honorar zu zahlen hat. Es werden demnach, bis auf Weiteres, neben den Reg.-Stip. auch 26 Unterrichts-Freistellen bestehen. Ich bestimme daher, unter Aufhebung des §. 11. des Regul. v. 5. Juni 1850, hierdurch Folgendes:

1) Für den Besuch des vollständigen Kursus einer Klasse des Gew.-Inst. ist vom 1. Okt. 1856 ab ein Honorar von 40 Thlr. jährlich in Quartalraten praenum. an die Kasse des Gew.-Inst. zu entrichten. — 2) Hospitanten zahlen für jede Vorlesung, zu welcher sie zugelassen werden, ein Honorar von ½ Thlr. pro Semester für jede wöchentliche Stunde. — 3) Unentgeltlichen Unterricht im Gew.-Inst. erhalten a) diej., welche vor dem 1. Okt. 1856 in die Anstalt aufgenommen sind; b) die Stipendiaten; c) diej., welchen auf den Antrag der K. Reg. Unterrichts-Freistellen bewilligt werden; d) diej., welche der Dir. des Gew.-Inst. wegen nachgewiesener Bedürftigkeit von der Entrichtung des Honorars entbindet. — 4) In Beziehung auf die Anmeldung und Begründung der Anträge auf Verleihung einer Unterrichts-Freistelle (Nr. 3. Lit. c.) finden die oben in Betreff der Stipend. gegebenen Bestimmungen Nr. 2 bis 7 ebenfalls Anwendung. (Staats-Anz. 1855. Nr. 60. S. 437)

Durch vorstehendes C. R. ist zugleich das C. R. dess. Min. (v. Pommer-Esche) v. 20. Juni 1851 beseitigt, welches ebenfalls die Aufnahme von Stipendiaten in das Gew.-Inst., insbes. die Prüfungen und Vorprüfungen der Bewerber nach §. 12. D., betraf. (Min. Bl. d. i. V. 1851. S. 119.)

1) Näheres über die Verwendung dieser Stiftung enthält das nachstehende Publ. des Vereins für Gewerbefleiß (Vorsitzender Beuth) v. 3. Juni 1929.

Der Ritterschaftsrath Hr. Ernst Friedr. v. Seydlitz hat den Verein für Gewerbefleiß in Preußen zu seinem Universal-Erben eingesetzt, so, daß der größte Theil der Rente aus seinem über 90,000 Thlr. betragenden Vermögen zu Stipendien für Zöglinge des K. Gew.-Inst. verwendet werden soll, deren ein jedes für jetzt 300 Thlr. jährlich beträgt. Anmeldungen zu diesen Stip. geschehen bei dem Unterzeichn. als Vorsitzenden des Vereins, und zwar für den jährl. mit dem 1. Okt. beginnenden Lehrgang spätestens bis zum 1. Aug. eines

tor der Stiftung zu, welcher in Erledigungsfällen die öffentliche Bekanntmachung veranlaßt. Hinsichtlich der Staatsstipendien, deren Verleihung von dem Min. für Handel rc. erfolgt, sind folgende Bestimmungen festgesetzt: a) Der Betrag eines ganzen Stipendiums ist 200 Thlr. jährlich; über ihn hinaus können nur ausnahmsweise und in dringenden Fällen temporäre Unterstützungen gewährt werden. — b) Auswärtigen Stipendiaten kann zu ihrer Hierherkunft beim Eintritt in das K. Gewerbe-Institut, so wie auch zur Rückreise nach vollendetem Kursus, eine angemessene Reise-Unterstützung gewährt werden. — c) Stipendiaten, welche das Institut freiwillig oder gezwungen verlassen, ohne den theoretischen Kursus darin vollständig absolvirt zu haben, erhalten keine Reise-Unterstützung. — d) Ausländer und die im §. 8. bezeichneten Zuhörer erhalten weder Stipendien noch Reisegelder. — e) Die Bedingungen zur Erlangung eines Stipendiums sind: tüchtige Leistungen, sittliches Verhalten und Bedürftigkeit. Die Verleihung derselben wird bis auf Weiteres durch folgende Bestimmungen geregelt:

A. Die einzelnen K. Reg. haben im Mon. Juni jeden Jahres eine Aufforderung zur Bewerbung um die Stipendien in dem Amtsbl. ihres Verwaltungsbez. zu erlassen, wobei die Einreichung folgender Zeugnisse zu verlangen ist:

1) Der Geburtsschein des Bewerbers; 2) ein Gesundheitsattest, in welchem ausgedrückt sein muß, daß der Bewerber die körperliche Tüchtigkeit für die praktische Ausübung des von ihm gewählten Gewerbes und für die Anstrengungen des Unterrichts im Institute besitze; 3) ein Revaccinations-Attest; 4) das Zeugniß der Reife von einer der unter §. 2. genannten Anstalten oder, wenn der Bewerber ein solches nicht besitzt, seine Schulzeugnisse; 5) die über seine praktische Ausbildung sprechenden Zeugnisse; 6) ein Führungsattest; 7) ein Zeugniß der Ortsbehörde, worin die Vermögens-Verhältnisse des Bewerbers näher bezeichnet und insbes. bescheinigt ist, daß der Bewerber nicht im Stande sein würde, ohne Unterstützung das K. Gewerbe-Institut zu besuchen; 8) die über die militairischen Verhältnisse des Bewerbers sprechenden Papiere, aus denen hervorgehen muß, daß die Ableistung seiner Militairpflicht keine Unterbrechung des Unterrichts für ihn herbeiführen werde. [1])

---

jeden Jahres. Außer den Vorschriften des Inst. für die Aufnahme, hat der Erblasser folgende Bedingungen vorgeschrieben:

1) Um Söhne aus den höhern Ständen dem Betriebe technischer bürgerl. Gewerbe zuzuwenden, dürfen die Eltern der jungen Leute nicht Handwerker sein; 2) in sofern der Aufzunehmende sich nicht einem technischen Gewerbe widmet, welches im K. Gew.-Inst. praktisch gelehrt wird, muß ders. nachweisen, daß er bereits ein Handwerk gelernt, und sich hinreichende Geschicklichkeit zu dessen Betriebe erworben habe; 3) muß der Aufzunehmende durch ein Gesundheitsattest des Kreisphysikus nachweisen, daß er die Gesundheit und Körperkräfte besitze, welche sein Gewerbe erfordern, auch daß er die Blattern durch Impfung oder sonst überstanden habe; 4) die Aeltern oder Vormünder des Stipendiaten müssen, wenn er nicht dispositionsfähig ist, sich verpflichten, für den Fall, daß er in den Staatsdienst tritt, alles, was er an Stipendien oder Prämien aus der Stiftung erhielt, von seinem Gehalte in solchen Abzügen zu erstatten, welche gesetzlich als Maximum zulässig sind; 5) den Vorzug haben bei gleicher Qualifikation die rechten Schwesterkinder der Mutter des Erblassers (einer von Laroche-Starkenfels) und deren Descendenten; die von Gagern; die Descendenten des Herrn v. Bassewitz auf Schönhof bei Wismar aus der letzten Ehe mit einer von Laroche. (A. XIII. S. 363.)

Laut Berichts über die Sitzung des Vereins v. 7. Nov. 1853 waren am 1. Okt. dess. J. 11 Stipendiaten in den Genuß je eines Stip. von 200 Thlr. getreten. (Nat. Zeit. 1853. Nr. 523; 1854. Nr. 42.)

1) Schon durch C. R. der Min. des Inn. (v. Schuckmann) und des Kr. (v. Hake) v. 23. Sept. 1825 wurde bestimmt: „daß dies. Zöglinge des Gew.-Inst., welche mit dem Zeugniß der Reife aus der I. Kl. abgehen, als Individuen betrachtet werden sollen, die sich einer höhern künstlerischen Ausbildung gewidmet haben, und demgemäß zum einjähr. Militairdienste zuzulassen sind.“ (A. IX. S. 1118.)

Gegenwärtig wird der Regel nach diese Berechtigung schon aus den bei der Aufnahme vorzulegenden Schulzeugnissen folgen.

B. Ein Zeugniß der Reife von einer Prov. Gewerbeschule mit dem Prädikate: mit Auszeichnung bestanden, gewährt dem Inhaber einen Anspruch auf ein Stipendium, wenn derselbe auch den übrigen Bedingungen der Aufnahme in das Gewerbe-Institut entspricht.

C. Außerdem kann jede K. Reg. jährlich einen Bewerber, der mit einem Zeugniß der Reife versehen ist und den übrigen Bedingungen der Aufnahme entspricht, in Vorschlag bringen. Unter sonst gleichen Umständen begründen Zeugnisse von Prov. Gewerbeschulen vor denen anderer Lehranstalten einen Vorzug. Uebrigens sind die Zeugnisse auch der übrigen Bewerber, welche die Reg. zur Aufnahme nicht vorschlägt, dem Min. für Handel rc., welcher sich die Entscheidung vorbehält, einzureichen.

D. Jungen Leuten, welche ein Zeugniß der Reife noch nicht erlangt haben, können vor ihrem Eintritt in das Gewerbe-Inst. Stipend. nicht verliehen werden. Diese Verleihung kann vielmehr, so lange die im §. 2 vorgesehene Aufnahme-Prüfung im Gewerbe-Institute selbst fortbesteht, nur nach Ableistung ders. auf Grund eines Vorschlags der Prüfungs-Kommission erfolgen. Um es jedoch unbemittelten jungen Leuten zu ermöglichen, sich zu jener Prüfung zu sistiren, kann aus jedem Reg. Bez., in welchem eine Prov. Gewerbeschule mit dem Recht zu Entlassungsprüfungen nicht besteht, ein Bewerber zu einer Reise-Unterstützung in Vorschlag gebracht werden. Die K. Reg. hat sich aber vorher durch ein nach Maaßgabe der Verf. v. 15. Mai 1848 und mit Rücksicht auf die jetzt geforderte größere Vorbildung anzustellendes Tentamen von der Wahrscheinlichkeit seiner Aufnahme in das K. Gewerbe-Institut zu überzeugen und ihrem Ber. die darüber geführten Verhandlungen beizufügen.

E. Die Anmeldungen der Bewerber Seitens der K. Regierungen müssen spätestens bis zum 15. Aug. bei dem K. Min. eingehen.

F. Die gegenwärtigen Bestimmungen treten mit dem Jahre 1851 in Kraft; für das laufende Jahr ist überall noch nach der Verf. v. 15. Mai 1848 zu verfahren, jedoch mit der Modifikation, daß nur solche Stipendiaten in Vorschlag gebracht werden dürfen, welche sich die Kenntnisse in der Elementar-Mathematik, so weit diese zu dem Unterrichtskreise der Prov. Gewerbeschulen gehört, ganz vollständig erworben haben.

§. 13. Um eine stetige Entwickelung des K. Gewerbe-Instituts zu sichern, wird ein Studienrath gebildet, welcher die Veränderungen in dessen Organisation zu berathen und dem Min. für Handel rc. zur Genehmigung vorzulegen hat. Derselbe wird bestehen: a) aus einem höheren Beamten des Min. für Handel rc. als Vorsitzenden; b) aus dem Dir. des Gewerbe-Instituts als dessen Stellvertreter; c) aus zwei Lehrern des Gewerbe-Instituts; d) aus zwei anderen Männern der Wissenschaft und Technik.

(Staatsanz. 1850. Nr. 188. ff.)

II. Bauschulen.

(v. Rönne und Simon, Baupolizei, S. 42 flg.)

An der Spitze der Anstalten zur Ausbildung im Baufache steht

1) die Bauakademie zu Berlin.[1])

Dieselbe wurde 1799 gestiftet, 1824 reorganisirt (vgl. Publ. v. 23. April 1824. A. VIII. S. 444.) und 1831 in eine allgemeine Bauschule umgewandelt (K. O. v. 27. Aug. und C. R. v. 8. Sept. 1831. A. XV. S. 523.). Gegenwärtig führt sie wieder den Namen „Bauakademie“, ist als solche im Jahre 1849 von Neuem organisirt, und unter das Min. für Handel, Gewerbe und öffentl. Arbeiten gestellt worden. Die hierüber im Jahre 1849

---

1) Erhält 8560 Thlr. Staatszuschuß. Im Jahre 1853 waren außer dem Direktorium (Geh. Ob. Bau-R. Busse, Geh. Ob. Bau-R. Stüler, Ob. Bau-R. Hartwich) 19 Lehrer an dieser Anstalt beschäftigt. Im Winter 18$\frac{53}{54}$ waren 277 Eleven der Bauakad. zugleich nicht immatrikulirte Zuhörer bei der Univ. — Auch das Gew.-Inst. ist zugleich Bauschule.

und zu deren Ergänzung später erlassenen Verordnungen[1]) sind durch neue Vorschriften A. über die Prüfung derj., welche sich dem Baufache widmen, und B. für die K. Bauakademie v. 18. März 1855, mitgetheilt durch C. R. des Min. für Handel ꝛc. (v. d. Heydt) de eod. an sämmtl. K. Reg., ersetzt. Wie früher, findet nach diesen letztern zum Staatsdienst: a) die Bauführer- und nach weiterer Ausbildung b) die Baumeisterprüfung Statt. Daneben giebt es noch eine Prüfung für Privat-Baumeister. Zur Bauführerprüfung muß durch (nicht stempelpflichtige Atteste) a) die Reife des Abgangs zur Univers., b) eine einjährige praktische Lehrzeit, c) eine zweijährige Studienzeit, in der Regel, wenn nicht der Min. dispensirt, bei der Bauakademie nachgewiesen, und d) ein selbstverfaßter Lebenslauf eingereicht werden. (Staatsanz. Nr. 82)

Ueber das Ressort bestimmte der K. Erlaß v. 14. Jan. 1850 mit der V. v. 22. Dec. 1849 über die obere Verwaltung des Bauwesens, wodurch

---

1) Diese Verordnungen waren: a) Amtl. Bek. v. 18. Aug. 1849, betreff. die Bauakademie zu Berlin. (M. Bl. d. i. V. 1849. S. 160.) — b) C. R. des Min. f. Handel ꝛc. (i. V. v. Pommer-Esche) v. 17. Aug. 1849 an sämmtl. K. Reg. mit den Vorschriften deff. Min. (v. d. Heydt) v. 1. Aug. 1849 für die Ausbildung und Prüfung im Baufache, so wie für die K. Bauakademie zu Berlin. (Min. Bl. d. i. V. 1849. S. 198—202.) — c) C. R. deff. Min. v. 30. Sept. 1849 an sämmtliche K. Reg. mit der Bek. der Ober-Baudeputation v. 18. Sept. 1849 über die Anforderungen, welche bei den Prüfungen der Bauführer, Baumeister und Privatbaumeister gestellt werden. (Min. Bl. d. i. V. 1849. S. 225 bis 227.) — d) Bek. der Ober-Baudeputation v. 1. Dec. 1849 über das bei den geb. Prüfungen nach der Vorschrift v. 1. Aug. 1849 zu beobachtende Verfahren. (Min. Bl. d. i. V. 1849. S. 276—280.) — e) Bek. der techn. Baudeput. v. 8. Mai 1850 über Prüfung der Bauführer in der Differential- u. Integral-Rechnung, so wie in analytischer Beweisführung. (M. Bl. d. i. V. 1850. S. 110.) — f) Bek. v. 20. März 1852 über den Nachweis der Uebung im Zeichnen zur Aufnahme in die Bauakademie. (Min. Bl. d. i. V. 1852. S. 95.)

Nach diesen ältern V., insbes. b., wurde an Schulkenntnissen zur Bauführer-Prüfung, wie zur Aufnahme in die Bauakademie, Reife des Abgangs aus Prima eines Gymn. oder einer als dazu berechtigt bezeichneten Realschule (s. o. S. 13.) erfordert. Laut der Bek. über die Anmeldung zur Bauakademie v. 14. Febr. und 15. Aug. 1854 waren diese Verf. im Akademie-Gebäude beim Geh. Sekr. Röhl käuflich zu haben. (Staats-Anz. 1854. Nr. 41. 192.)

Nach B. §. 13. der neuen Vorschriften über die Bauprüfungen und Bauakademien sollen die Abgangszeugnisse dazu berechtigter Realschulen noch bis Mich. 1858 (einschließlich) zur Aufnahme in die Bau-Akademie und zur Bauführerprüfung genügen. (Staats-Anz. 1855. Nr. 83.)

Für jede Prüfung im Baufach werden laut Bek. v. 16. Dec. 1854 10 Thlr. Gebühren erhoben. (Staats-Anz. 1854. Nr. 298. 300.)

Daß weder Baubeflissene noch Feldmesser vom Latein. oder Griechischen auf Schulen dispensirt werden sollen, war hinsichtlich des erstern durch C. R. des Finanz-Min. v. 7. Dec. 1837 (A. XXI. S. 880.), hinsichtlich des letztern durch C. R. v. 26. Febr. 1837 und R. v. 15. März 1834 (s. o. S. 217.) bestimmt.

Neben den speziellen Bauprüfungen giebt es noch eine Prüfung zum Feldmesser, welche vor einer Prüfungskommission der betreff. Reg. erfolgt, und an Schulkenntnissen die Reife für Prima eines Gymnas. oder die Entlassungsreife aus einer zu Entlassungs-Prüfungen berechtigten Realschule voraussetzt: Vorschrift v. 8. Sept. 1831 (A. XV. S. 517. Auch Min. Bl. d. i. V. 1847. S. 2.); R. des Min. d. G., U. u. M. Ang. v. 5. Juli 1849 (Min. Bl. d. i. V. 1849. S. 173.); v. Rönne u. Simon, Baupolizei, S. 95 flg. — Feldmesser, die sich im Baufache weiter ausbilden wollen, unterliegen den allgem. Bedingungen: Bek. v. 17. Sept. 1845. (Min. Bl. d. i. V. 1845. S. 282.) — Ueber die Bezeichnung der verschiedenen Stufen: Feldmesser, Bauführer, Baumeister, vgl. auch das C. R. des Finanz-Min. v. 14. Jan. 1848. (Min. Bl. d. i. V. 1848. S. 33.)

unter Aufhebung der Ober-Baudeputation, neben der Bau-Abtheilung im Min. eine technische Baudeputation errichtet wurde, die nicht blos das gesammte Baufach in künstlerischer und wissenschaftlicher Hinsicht repräsentiren soll, sondern namentlich „die sämmtlichen Prüfungen der Bauführer und Baumeister zu bewirken, und das Kuratorium der Bauakademie zu bilden" hat. (G. S. 1850. S. 13—16., Min. Bl. d. i. V. 1850. S. 14—16., woselbst auch der Ber. des Staatsmin. v. 22. Dec. 1849 und die betreff. Bek. des Min. f. Handel 2c. v. 22. Jan. 1850. Vergl. auch die Bekenn. deff. Min. v. 28. Febr. 1850 mit dem Geschäfts-Regl. für die techn. Baudeput. de eod. Min. Bl. d. i. V. S. 34—36.)

2) Die Bau- und Gewerbeschule in Berlin, welche mit der Bauakademie verbunden, und in Winterkursen zur Ausbildung von Bauhandwerkern bestimmt ist.[1])

3) Die Kunst- und Gewerbeschule zu Berlin, welche mit der Akademie der Künste daselbst verbunden,[2]) und der Geschmacksbildung von Handwerkern gewidmet ist. Bei der Zulassung werden die in Arbeit stehenden Lehrburschen und Gesellen vorzugsweise berücksichtigt. Sie zerfällt in 3 Klassen: 1) für freie Handzeichnung (1842: 877 Schüler in 7 Abtheilungen); 2) die sogen. Reißklasse für Linearzeichnung (1842: 308 Sch. in 3 Abth.); 3) die sogen. Bossirklasse für Modelliren (1842: 205 Sch. in 3 Abth.) In dieser, so wie in den sub 4. folgenden Schulen finden Prämienvertheilungen (große u. kleine silberne Medaille für Handwerker) Statt.[3])

4) Provinzial-Bauschulen sind namentlich a) die Kunst- und Bauhandwerks-Schule in Breslau (1842: 247 Schüler.); b) die Kunst- und Handwerksschule in Danzig (1842: 201 Schüler.); c) die Kunstschule bei der Kunstakademie in Düsseldorf; d) die Kunst- und Bauhandwerks-Schule in Erfurt (1842: 49 Schüler.); e) die Kunst- und Baugewerksschule in Magdeburg (1842: 312 Schüler.); f) die Kunstschule in Königsberg (1842: 403 Schüler); g) die Gewerbesch das. —

III. Die öffentl. Webeschule in Elberfeld.

Sie wurde, laut Bek. der Reg. zu Düsseldorf v. 26. Dec. 1844 und Bek. des Vorstandes der Webeschule v. 14. Dec. 1844 (M. Bl. d. i. V. 1845. S. 44.) von der Stadt-Gemeinde mit Staatsbeihülfe nach dem Muster der Lyoner Webeschulen eingerichtet, am 1. Jan. 1845 eröffnet, mit den verschiedensten Hand- und mechanischen Webestühlen ausgestattet, und im März 1853 durch Lehrkurse über Maschinenweberei, Stoff- und Farbenlehre, so wie durch eine Dessinateurschule erweitert, so daß sie jetzt als eine

---

1) Der Kursus dauert v. 15. Okt. bis 15. März. Laut Bek. des Dir. (Busse) v. 26. Aug. 1854 müssen Gesellen des Maurer-, Zimmer- und Steinmetz-Handwerks zu ihrer Aufnahme sich bis zum 20. Sept. melden, unter Einreichung a) ihres selbst verfaßten Lebenslaufs; b) des Nachweises über gehörig zurückgelegte dreijähr. Lehrzeit; c) der Bescheinigung ihrer Brod- und Lehrherren über ihre bisher. Führung. An Gebühren sind bei der Aufnahme 5 Thlr. zu erlegen. Bei denj., die die Gew.-Schule schon früher besucht haben, genügt Angabe des Jahres, in welchem dies geschehen. Die Anzahl der Schüler ist bestimmt, deshalb gehen frühere Meldungen den spätern vor. (Staats-Anz. 1854. Nr. 202. 211.)

2) Die Akademie der Künste steht unmittelbar unter dem Min. d. G., U. u. M. Ang., zu dessen Ressort daher auch die mit ihr verbundenen Lehranstalten gehören. Dies sind außer den oben sub 3. und 4. genannten: a) die Akademie oder hohe Schule für Künstler, und b) die akademische Zeichnenschule. Vergl. R. des M. d. G., U. u. M. Ang. v. 22. Mai 1830 mit der Nachricht über die bei der K. Akad. der Künste bestehenden Lehrinstitute. (A. XIV. S. 337.)

3) Vergl. den Ber. des Dir. der Ak. d. Künste (Schadow) v. 6. Juni 1833. (Voss. Zeit. Nr. 132.)

„industrielle Hochschule" bezeichnet wird.[1]) (v. Reden, Erwerbs- und Verkehrs-Statistik v. Preußen, II. S. 1306—1308. Nat. Zeit. 1853. Nr. 355. 357.)

IV. Handelsschulen.

Dieselben bestehen nur als Kommunal- oder Privatanstalten. Vom Staate werden unterstützt:

1) die Handels-Akademie zu Danzig, gegründet 1832, mit zweijähr. Kursus. (Bek. des Ober-Präs. v. Posen v. 1. April 1835 A. XIX. S. 726) Sie erhält einen jährl. Staatszuschuß v. 500 Thlr.

2) Die Noback'sche Handels-Lehranstalt in Berlin, laut Bek. der Min. d. G., U. u. M. Ang. (Eichhorn) und d. Fin. (Beuth) v. 30. April 1843 mit Regul. für die Anstalt de eod. (Min. Bl d. i. V. 1843. S. 170.) am 1. Mai 1843 eröffnet. An Stelle dieser bis 1848 fortgeführten Anstalt ist gegenwärtig die neue Handelsschule des Dr. Schweitzer getreten.[2])

Außerdem führt v. Reden (a. a. O. III. S. 2136.) als Beispiele von Anstalten zu kaufmännischer Ausbildung noch Handelsschulen zu Breslau, Posen, Naumburg, Köln, Bonn und Gladbach an.

V. Schiffahrts-Schulen.

Es bestehen Staats-, Schiffahrts- (Navigations-) Schulen zu Memel, Pillau, Danzig, Stettin[3]) und Stralsund.[4]) Sie dienen zur Ausbildung von Seeschiffern, Lootsen und Steuerleuten, haben im J. 1852 neue Lehrpläne erhalten,[5]) und stehen seit 1840 unter einem, dem Handels-Min. untergeordneten Navigations-Direktor. Die bezüglichen Verordnungen sind folgende:

a) R. des Fin.-Min. (Gr. v. Alvensleben) v. Aug. 1840 an die K. Reg. zu Königsberg, Danzig, Stettin und Stralsund, mit der Instr. für den K. Navigations-Direktor zu Danzig.

Die K. Reg. empfängt hierneben Exemplare der mittelst A. K. O. v. 29. Juli

---

1) Schülerzahl: 1850: 23, 1851: 44, 1852: 23. Die Zeichnenschule hatte 30 Schüler. — Auch bei Mühlheim am Rhein erwähnt v. Reden, a. a. O. S. 1026. eine städtische höhere Webe- und Zeichnenschule. — Eine Flachsbauschule ist mit Staatsbeihülfe (jährl. 500—700 Thlr.) im J. 1853 zu Worbis gegründet worden. (Nat. Zeit. 1853. Nr. 302. 502.) — Ueber Spinnschulen vergl. Bd. 1. S. 704.

2) Nat. Zeit. 1853. Nr. 446., s. auch das Verzeichn. S. 13.

3) Vergl. Bek. des Ob. Präs. v. 25. Okt. 1823 (A. VII. S. 853.) — Mit der Stettiner Navig. Schule ist auch eine Schiffbauschule verbunden, in welcher die Schiffs-Zimmer-Gesellen und Lehrlinge in den Wintermonaten die zum Schiffs-Baumeister erforderliche Ausbildung erhalten: Bek. der Reg. zu Stettin v. 20. Sept. 1834. (A. XVIII. S. 821.)

4) Der Unterhalt dieser Anstalten erfordert jährlich 14—15,000 Thlr. Davon werden 6807 Thlr. durch die Zinsen ihres Kapitalvermögens von 193,226 Thlrn. gedeckt, 3800 Thlr. gehen an Schulgeld, 163 Thlr. an außerordentlicher Einnahme ein, so daß für den Staat nur etwa 3400 Thlr. zuzuschreiben bleiben. Stettin ist die am meisten, Pillau die am wenigsten besuchte dieser Schulen. (v. Reden, a. a. O. III. S. 2136.) Memel hat seit 1854 auch eine Navig. Vorbereitungsschule. (Nat. Zeit. 1854. Nr. 546.)

5) Insbesondere ist 1853 der Kursus der Steuermannsklassen auch in der Prov. Preußen aus einem halbjährigen in einen einjährigen umgewandelt worden, wie er dies auf den beiden Pommerschen Navig. Schulen schon früher gewesen war. Jeder Steuermann soll vor der Zulassung der Prüfung einen vollen Kursus absolviren. (Nat. Zeit. 1853. Nr. 215., Beil. Nr. 353.)

c. genehmigten Instr. für den Navig. Dir., um daraus die Grenzen seiner Amtsverhältnisse zu entnehmen, und Sich Ihrerseits darnach zu achten. (Anlage a. und b.)

Anl. a.

Instruktion für den K. Preuß. Navigations-Direktor. [1])

Der Navig.-Dir. ist bestimmt: dem Min. des Handels als konsultative Behörde in allen, die Handelsmarine und das Lothsenwesen betr. Gegenständen zu dienen, sein Gutachten nicht blos auf Erfordern abzugeben, sondern dems. auch Vorschläge darüber zu machen; ein Centralpunkt für die Sammlung und Zusammenstellung derj. Nachrichten zu sein, welche das Handelsmin. für seine Verwaltung in jener Beziehung nöthig und ihm durch spezielle Verf. zu überweisen angemessen findet; als Kommissarius des Min. sämmtliche Navigationsschulen und die Schiffsbauschule in Stettin zu dirigiren, die Prüfungen aller Navigationslehrer, Seeschiffer, Steuerleute und Seelothsen in den Grenzen und mit den Rechten der darüber zu erlassenden Instr. vorzunehmen, und, so weit es sich um den wissenschaftlichen Theil der Prüfung handelt, über deren Befähigung zu entscheiden, auch die von den Reg. ausgefertigten Befähigungszeugnisse dieser Seeleute zu kontrasigniren; endlich ist ihm derj. Theil des Unterrichts übertragen, welcher für alle Navigationsschulen ein gemeinsamer und mit den jährlichen Uebungsreisen verbundener ist, die unter seinem Kommando vorgenommen werden.

Als Direktor sämmtlicher Navigationsschulen führt derselbe die Aufsicht auf diese Anstalten, auf die Ertheilung eines zweckmäßigen und gleichförmigen Unterrichts, auf die Erhaltung und Vervollständigung der Lehrmittel, auf die Befolgung der Ministerial-Vorschriften und setzt das Min. von den Resultaten seiner örtlichen Revisionen unmittelbar in Kenntniß.

Damit ders. von allen, die Verwaltung dieser Schulen betr. Gegenständen stets unterrichtet sei, werden die K. Reg. entweder vor Erstattung ihrer dahin einschlagenden Berichte ohne Ausnahme das Gutachten des Navig. Dir. über den Gegenstand einholen und es dem Ber. beifügen, oder, wenn sie dies in schleunigen Fällen vorziehen, den Ber. durch dessen Hände hierher gelangen lassen. Der Navig. Dir. wird ihn dann ohne Zeitverlust, mit seinem Gutachten begleitet, einreichen.

Die Kuratorien der Navigationsschulen werden weder für sich allein, noch mit Genehmigung der Reg., einseitig Verfügungen über den Unterricht, dessen Vertheilung unter die Lehrer oder über die Annahme bloßer Hülfslehrer im Wege des Vertrages treffen, sondern sich darüber mit dem Navig. Dir. benehmen, der darin mit Vorbehalt der Ministerial-Instanz eine entscheidende Stimme hat. Umgekehrt wird der Navig. Dir. seine Anordnungen und Korrespondenzen in Angelegenheiten der Navigationsschulen nicht direkt an die Lehrer, sondern den Umständen nach an die K. Reg. oder an das Kuratorium der Schulen richten.

Die Bestätigung des ganzen Lehrerpersonals, es werde fixirt angestellt oder auf Zeit im Wege des Vertrages angenommen, wird dem Handelsministerium vorbehalten.

Das Min. theilt dem Navig. Dir. Abschrift der Etats sämmtlicher Schulen seines Ressorts mit. Von den Inventarien ders., so weit sie deren Lehrmittel betreffen, empfängt er Abschrift durch die Schulen, wird von den Veränderungen darin, sei es durch Abgang oder durch Anträge auf Anschaffung neuer Lehrmittel, in steter Kenntniß erhalten und hat für die angemessene Ausstattung der Schulen in dieser Beziehung Einleitungen zu treffen.

Berlin, den 23. Juni 1840.

Der Finanzminister.
v. Alvensleben.

Anl. b.

Ich finde gegen die Mir mit Ihrem Ber. v. 23. v. M. vorgelegte Instr.,

---

1) Bereits durch R. dess. Min. v. 2. Mai 1840 (Min. Bl. d. i. V. 1840. S. 248) wurde den gen. Reg. eine K. O. v. 26. April mitgetheilt, welche dem Navig. Dir. den Rang eines Rathes vierter Klasse und die Befugniß beilegt, die Uniform der Reg. Räthe zu tragen.

welche Sie für den Navig. Dir. haben ausarbeiten lassen, nichts zu erinnern und genehmige dieselbe hierdurch.

Sanssouci, den 29. Juni 1840.

Friedrich Wilhelm.

An
den Staats- und Finanzmin. Grafen v. Alvensleben.

(Min. Bl. d. i. V. 1840. S. 249.)

b) R. dess. Min. (Flottwell) v. 19. März 1846 an dies. Reg. und abschr. an die Reg. zu Köslin, mit der Bek. de cod., betr. die Aufnahme in die Navigationsschulen. In dieser Bek. heißt es:

Vom 1. Okt. 1848 an ist die Aufnahme in eine Navig.-Schule abhängig von dem Ausfalle einer Prüfung. Der Bewerber hat darin nachzuweisen: 1) eine leserliche Handschrift und Kenntniß der Deutschen Sprache in dem Maaße, daß er hinreichende Fertigkeit im Richtigschreiben und im Ausdrucke besitzt; 2) Fertigkeit im Rechnen mit Einschluß der Proportionen und der vier Spezies mit entgegengesetzten Größen, Uebung im Rechnen mit Buchstaben, im Potenziren und in der Ausziehung der Wurzeln; 3) genügende Kenntnisse in der Elementar-Geometrie, einschließlich der Stereometrie, und 4) einige Vorbereitung in der Geographie, einschließlich der mathematischen. — Wer diesen Nachweis nicht führen kann, wird zurückgewiesen.

(Min. Bl. d. i. V. 1848. S. 62.)

c) R. dess. Min. (Gr. v. Alvensleben) v. 15. Okt. 1840 an die gen. Reg. und abschr. an den Navig.-Dir. zu Danzig, mit der Instr. des Min. de cod. über die Befähigung und Prüfung der Steuerleute, Seeschiffer u. Seelootsen.[1]) (Min. Bl. d. i. V. 1844. S. 42 flg.)

d) Daß Privat-Schiffahrtschulen nur von solchen Lehrern gehalten werden dürfen, welche ihre Qualifikation durch eine wohlbestandene Prüfung und ihre praktische Ausbildung durch Zeugnisse über mehrjährigen Steuermanns- oder Schifferdienst, oder über Seereisen, nachweisen können setzte schon das Publ. der Reg. zu Stralsund v. 24. April 1824 fest. (A. VIII. S. 455.)

VI. Höhere landwirthschaftliche Lehranstalten.[2])

Die landwirthschaftlichen Lehranstalten Europas, ihre Geschichte, Organisation und Frequenz von Will. Löbe. Stuttg. u. Tüb. 1854.

---

1) Diese Instr. mit den ergänzenden R. v. 26. Sept. 1842 wegen der Schifferprüfung in Memel; v. 31. Dec. 1843 wegen Aufhebung der den Steuerleuten auferlegten Verpflichtung, eine Uebungs-Expedition der Navigationsschulen mitzumachen; und v. 15. Jan. 1844, wegen Theilnahme junger Seeleute an Uebungsreisen der Korvette „Amazone“, ist abgedruckt in v. Rönne, Gewerbepolizei, I. S. 300 ff. — Ebendaselbst: S. 312 das R. v. 20. Aug. 1840 über die, zunächst auf drei Jahre für Steuerleute und Navigationsschüler ausgesetzten Stipendien und Prämien (Min. Bl. d. i. V. 1840. S. 482), so wie die Vorschriften über das Anrecht der Steuerleute und Navig. Schüler auf den einjährigen Militairdienst (R. v. 19. Febr. 1818, v. 6. Jan. und 28. Juni 1832. A. II. 213, XVI. 268, 503), und über Ablösung der Dienstpflicht durch Schiffsdienst (K. O. v. 4. Okt. 1827, 18. Nov. 1832, 25. März 1833, 29. Juli 1839. A. XL 1031, XVI. 1040, XVII. 242, XXIII. 732), oder Uebungsreisen (R. v. 5. Jan. 1844. K. O. v. 1. Dec. 1843. Min. Bl. d. i. V. 1844. S. 50). Vgl. dazu die Erlasse v. 5. u. 25. Jan. 1849 (Min. Bl. d. i. V. 1849. S. 56).

2) Ueber sonstige landwirthschaftlich-technische Institute, so wie über Ackerbauschulen vgl. O. Mentzel und Dr. A. v. Lengerke, landwirthschaftlicher Kalender, 1854, Th. II. S. 156—163. — Ueber Beförderung landwirthschaftlicher Bildung s. Lette und v. Rönne, Landeskultur-Gesetzgebung, Bd. 2., Abth. 2. S. 767 ff.

Es bestehen höhere landwirthschaftliche Staats-Lehranstalten zu Eldena bei Greifswald, zu Poppelsdorf bei Bonn, beide in Verbindung mit den dortigen Universitäten, und zu Proskau bei Oppeln. Sie gehörten Anfangs zum Ressort des Min. d. Inn., wurden durch K. Erlaß v. 17. April 1848 dem Min. f. Handel ꝛc. überwiesen, und stehen gegenwärtig nach dem K. Erl. v. 25. Juni 1848 unter der Oberleitung des Min. für landwirthschaftliche Ang. (G. S. 1848. S. 109. 159. Min. Bl. d. i. V. 1848. S. 89. 190.) Der Zweck dieser Anstalten ist theoretische und praktische Ausbildung sowohl künftiger Verwaltungsbeamten als Landwirthe. Ihr Unterrichtskreis erstreckt sich auf die Landwirthschaften in ihrem ganzen Umfange (Ackerbau, Viehzucht, landwirthschaftliche Betriebslehre), auf die Grundwissenschaften, namentlich Chemie, Physik, Naturkunde, Mathematik, insbes. angewandte und Volkswirthschaftslehre, und endlich auf die Hülfswissenschaften, als landwirthschaftl. Technologie, Thierheilkunde, Forstwissenschaft, landwirthschaftl. Baukunst, Landwirthschaftsrecht, Geschichte und Statistik der Landwirthschaft. Mit dem Unterricht geht die praktische Ausführung so viel als möglich Hand in Hand.[1])

Die Frequenz dieser Anstalten ergiebt sich aus der nachstehenden Tabelle:

	Eldena			Poppelsd.			Proskau.				Davon aus der Prov.								Summe der	
	aus vor. Sem.	neu aufgenommen.	Summe.	aus vor. Sem.	neu aufgenommen.	Summe.	aus vor. Sem.	neu aufgenommen.	Summe.	Summe.	Preußen.	Posen.	Brandenburg.	Pommern.	Schlesien.	Sachsen.	Westphalen.	Rheinland.	Inländer.	Ausländer.
1853	23	9	32	28	14	42	36	30	66	140	15	14	19	3	43	4	6	16	120	20
18 53/54	25	17	42	25	19	44	39	42	81	167	20	16	22	9	44	5	11	20	147	20
1854	26	13	39	27	15	42	46	23	69	150	14	20	17	8	33	9	11	13	125	25
18 54/55	22	20	42	17	25	42	45	36	81	165	16	22	21	9	35	10	7	20	140	25

(Min. Bl. d. i. V. 1853. S. 194, 284. Staatsanz. 1854. Nr. 151., 1855. Nr. 1.)

Ueber die einzelnen Anstalten sind folgende Verordn. ergangen:

1) Die staats- und landwirthschaftliche Akademie zu Eldena betr.[2])

a) C. R. des Min. d. G., U. u. M. Ang. (v. Altenstein) v. 9. Febr. 1834 an sämmtl. K. Reg., Prov.-Schulkolleg., Ob. Präf. und außerordent-

---

1) Im Sommer 1853 hat auch für Beamte und Geometer ein Kursus über Drainage stattgefunden. (Nat. Zeit. 1853. Nr. 269.) Auch beschäftigen sich die landwirthschaftl. Lehranstalten mit Versuchsaufgaben, die ihnen das Landes-Oekonomie-Kollegium mittheilt. (a. a. O. Nr. 229.). Versuchsfelder sind bei allen Anstalten eingerichtet. Eben so sind alle mit Sammlungen, Apparaten, Laboratorien ꝛc. ausgestattet.

2) Das Gut Eldena, ½ Stunde von Greifswald, umfaßt 1826 Morgen Land, hat Bierbrauerei, Brennerei, Stärke-, Syrup- und Essigfabrik, Ziegelei, und durch die nahen Universitätswaldungen Gelegenheit zum Forstunterricht. Die Zöglinge wohnen in der Regel das 1. Jahr in Greifswald, das 2. in Eldena. Der für Unterricht und zum Aufenthalt erforderliche Gesammtaufwand wird pro Semester auf 150 Thlr. geschätzt.

lichen Reg. Bevollm. ꝛc., betr. den an der Univers. zu Greifswald gegründeten Lehrstuhl der Staatswirthschaft und die damit in Verbindung gesetzte landwirthschaftl. Akademie. (A. XIX. S. 404.)

b) C. R. dess. Min. v. 19. Mai 1835 an sämmtl. K. Reg. mit der Nachricht des Direkt. (Fr. Schulze) v. 22. März 1835, über die auf den 18. Mai dess. J. festgesetzte Eröffnung der Akademie und deren Einrichtung. (A. XIX. S. 408.)

c) Nachricht des Dir. (Dr. Pabst) v. 28. Mai 1840 über die K. staats- und landwirthschaftl. Akademie zu Eldena. (Min. Bl. d. i. V. 1840. S. 359.)[1] Hiernach beträgt der volle Kursus 2 Jahre, wovon 1½ Jahr wenigstens erforderlich sind, um auch nur die Mehrzahl der Disziplinen in geeigneter Reihenfolge zu hören. Die Inskription verpflichtet jedoch nur auf ein Semester. Das Honorar ist für jedes der 3 ersten Semester 60 Thlr., für das 4. Semester 40 Thlr.[2]) Ueber die Aufnahme ist bestimmt:

Von jedem Eintretenden wird verlangt: 1) daß er das achtzehnte Jahr zurückgelegt habe. 2) Falls er das Maturitätszeugniß, wie es für die Studirenden, welche zu einem Staatsdienste sich vorbereiten wollen, auch hier Erforderniß bleibt, nicht beibringt; daß er sich ausweise, diej. Elementar-Vorkenntnisse und den Grad der Gedankenreife sich erworben zu haben, welche als Erforderniß aus der ganzen Tendenz der Anstalt sich leicht ermessen lassen. 3) Beibringung eines amtlichen oder amtlich beglaubigten Zeugnisses über die sittliche Führung im letzten Jahre. 4) Die gerichtlich bestätigte väterliche oder vormundschaftliche Erlaubniß zum Eintritt in die Anstalt. 5) Endlich wird von den Akademikern, welche sich der Landwirthschaft widmen, erwartet, daß sie einen mindestens einjährigen praktischen Unterricht in der Landwirthschaft genossen haben, oder wenigstens in Verhältnissen standen, in denen sie zu einer näheren Kenntniß der landwirthschaftlichen Praxis gelangen konnten. Auf die unter 3. und 4. angegebenen Zeugnisse hin und das vom Dir. der Anstalt weiter auszustellende, daß das betr. Individuum zum Eintritte qualifizirt sei, erfolgt die Immatrikulation bei der Universität Greifswald, mit welcher die Akademie Eldena in angemessener Verbindung steht, deren Gesetze unter gewissen Modifikationen auch in Eldena gelten, und deren akademisches Bürgerrecht jeder in Eldena aufzunehmende Akademiker erwerben muß.[3]) — Die Vorlesungen des Wintersemesters beginnen bald nach dem 20. Okt., und für das Sommersemester zu Anfang Mai.

(Min. Bl. d. i. V. 1840. S. 360.)

---

1) Ausführlichere Nachrichten des Dir. aus Nov. u. Dec. 1837 s. in Koch's Univ. II. S. 753. 760.

2) Stundung oder Erlaß findet unter den nöthigen Voraussetzungen statt. — Für angehende Oekonomie-Kommissarien, welche eine landwirthschaftl. Akademie besuchen wollen, sind durch C. R. des Min. des J. u. d. P. v. 31. Jan. 1841 u. C. R. v. 1. Febr. 1837 (Min. Bl. d. i. V. 1841. S. 83) drei Stipendien a 200 Thlr. ausgesetzt, zu denen sich sowohl Referendarien, als auch praktische Landwirthe melden können. Letztere müssen jedoch die Schulreife für Prima eines Gymnas. und entweder einjährige Selbstbewirthschaftung eines größeren Gutes, oder vierjährige Beschäftigung als Lehrling oder Gehülfe in einer größeren Landwirthschaft nachweisen.

3) Die Bedingungen der Aufnahme in die Akademie beruhen auf dem R. des Min. der G., U. u. Med. Ang. v. 10. Mai 1835, welches durch C. R. v. 19. Dec. 1836 sämmtlichen Universitäten mitgetheilt wurde. (Koch, Univ. II. S. 765, 767.) Die Zöglinge von Eldena stehen unter den akademischen Behörden von Greifswald, doch werden die Disziplinar-Befugnisse des Rektors der Univ. durch den Dir. der Anstalt ausgeübt: R. v. 11. Juli 1836, und die vom Dir. gegebenen Ges. für die Mitglieder der Akademie v. 28. Okt. 1836. (Koch, II. S. 766, 762.) — Die Meldung erfolgt bei dem Dir, der auch die Befugniß hat, wegen Unfleiß, Unordnung oder unsittlichem Leben die fernere Theilnahme an der Akademie zu versagen. (Koch, II. S. 714.)

d) Allerh. Erl. v. 21. Mai 1850:

Auf den Ber. des Staatsmin. v. 24. Febr. c. genehmige Ich, daß die obere Leitung der staats- und landwirthschaftl. Akademie zu Eldena auf den Min. für die landwirthschaftl. Ang. übergehe, vorbehaltlich jedoch der Mitwirkung des Unterrichtsmin. bei allen, die gegenseitigen Beziehungen und Verpflichtungen der Akademie und der Universität zu Greifswald betr. Angelegenheiten. In diesen gegenseitigen Beziehungen und Verpflichtungen soll übrigens durch den eintretenden Ressortwechsel in keiner Art Etwas geändert werden. Das der Akademie zu Eldena zur Benutzung überwiesene Vorwerk Eldena nebst Pertinenzien bleibt Eigenthum der Universität Greifswald.

Charlottenburg ꝛc.

Friedrich Wilhelm.
v. Ladenberg. v. Manteuffel.

(Min. Bl. d. i. V. 1850. S. 190.)

Nach einem R. des Min. der G., U. und Med. Ang. v. 10. Jan 1838 sollten alle Mittheilungen zwischen der Akademie und dem Min durch das Kanzellariat der Universität vermittelt werden. (Koch, Univ. II. S. 767.)

2) Die höhere landwirthschaftl. Lehranstalt zu Poppelsdorf betr.[1])

a) Erl. des Min. d. Inn. (v. Manteuffel) v. 11. April 1847 an den Ob. Präs. der Rheinprov. mit Bek. de eod., und Plan der Min. d. G., U. u. M. Ang. (Eichhorn) und d. Inn. (v. Bodelschwingh) de eod. über die Errichtung einer landwirthsch. Lehranstalt zu Poppelsdorf bei Bonn. (Min. Bl. d. i. V. 1847. S. 54–58.)

b) K. O. v. 4. Febr. 1848, betreff. die Disziplin und den Gerichtsstand der Akademiker.

Auf Ihren Antrag v. 20. v. M. bestimme Ich, daß die auf der höheren landwirthschaftl. Lehranstalt zu Poppelsdorf bei Bonn studirenden Akademiker, durch die Immatrikulation und Inskription bei der Universität Bonn das akademische Bürgerrecht erlangen und demzufolge den für die übrigen Studirenden auf gedachter Universität geltenden Gesetzen, Disziplinar- und polizeilichen Anordnungen unterworfen sein sollen.

Berlin ꝛc.

Friedrich Wilhelm.

An
die Staatsmin. Eichhorn, v. Bodelschwingh und Uhden.

(G. S. 1848. S. 97. Min. Bl. d. i. V. 1848. S. 160.)

c) Erl. der Min. d. G., U. u. Med. Ang. (Gr. v. Schwerin) und d. Inn. (v. Manteuffel) v. 29. März 1848 an den Oberpräs. der Rheinprov. in ders. Ang. mit der betr. Abänderung der §§. 15. u. 16. des Einrichtungsplans. (Min. Bl. d. i. V. 1848. S. 159.)

d) Eine neue Redaktion des Einrichtungsplans, welche mit Ausnahme der §§. 12., 15., 16., 17. mit der ältern wörtlich gleichlautet, ist als Regul. der Min. d. G., U. u. Med. Ang. (v. Ladenberg)[2]) und für landwirthschaftl. Ang. (v. Bode) v. 11. Juni 1849, mitgetheilt in Dr. Ed. Hartstein, die höh. landwirthsch. Lehranstalt zu Poppelsdorf bei Bonn, (Bonn, 1854.) S. 7 flg. Die Anstalt steht hiernach unter Oberaufsicht eines Kuratoriums, zu welchem der Kurator der Univers. Bonn (gegenwärtig der Rektor und Univers.-Richter zusammen), ein Kommissar des Min. für landwirthsch. Ang., der Präsident des rheinpreuß. landw. Vereins, und

---

1) Die Gutswirthschaft umfaßt 120 Morgen.

2) Die Mitwirkung des Min. der G., U. u. Med. Ang. beschränkt sich auf die Angelegenheiten, welche zugleich die Interessen der Univ. berühren: §. 18. des Regul.

ein von diesem Vereine auf 3 Jahre zu wählender Deputirter gehören. Der Kursus ist zweijährig, in 4 Semester, die mit denen der Univers. zusammenfallen, abgetheilt. Die Inskription verpflichtet auf ein Semester. Das Honorar beträgt 40 Thlr. für das 1., 30 für das 2., 20 für das 3. und 10 Thlr. für das 4. Semester, praenum. zu zahlen. Erlaß dess. für Bedürftige erfolgt durch das Kuratorium, und setzt halbjährl. Bewährung in Fleiß und sittlichem Betragen voraus. Geeigneten Falls kann sodann auch die Rückzahlung des für das 1. Semester erlegten Honorars erfolgen. Außerdem sind auch noch 6 Thlr. Eintrittsgeld an die Kasse der Lehranstalt und die Immatrikulations- und Inskriptions-Gebühren bei der Univers. zu bezahlen.[1]) Ueber die Aufnahme, die Disziplin und die Zeugnisse der Akademiker bestimmt das Regul., wie folgt:

§. 10. (Aufnahme der auf der Anstalt Studirenden.) Diej., welche die landwirthschaftl. Lehranstalt zu ihrer Ausbildung benutzen und sich auf selbiger förmlich ausbilden lassen wollen, sind, wie bereits im §. 1. angedeutet worden: 1) theils solche, die sich daselbst zu tüchtigen theoretischen und praktischen Landwirthen auszubilden beabsichtigen; 2) theils solche, die sich den Studien der Rechtskunde und Kameralwissenschaften auf der Universität widmen und daneben, oder nach deren Vollendung, noch mit dem landwirthschaftl. Gewerbe in allen seinen Verzweigungen sich genau bekannt machen wollen, um späterhin in das Verwaltungsfach mit desto sicherer Aussicht auf Erfolg eintreten zu können; 3) oder endlich solche, die schon früher einem anderen Berufe obgelegen haben, und sich nunmehr der Landwirthschaft widmen wollen. — Die Aufnahmebedingungen für diese drei Klassen sind verschieden und es ist in dieser Hinsicht Folgendes festgesetzt:

a. Sämmtliche an der Anstalt Aufzunehmende müssen sich, ohne Ausnahme und ohne Rücksicht auf oben angegebene Zwecke, bei der Universität in Bonn immatrikuliren und bei der dortigen philosophischen Fakultät inskribiren lassen. Die Aufnahme kann, wie an der Universität, bei dem Beginn jeden Semesters stattfinden. — b. Zum Behuf der Immatrikulation ist es nothwendig, daß diej. Inländer, welche der ersten Klasse angehören, d. h. diej., welche ohne Ansprüche auf Staatsdienste dereinst die Landwirthschaft oder ein anderes gewerbliches Geschäft betreiben wollen, vor dem Besuch der Anstalt ein vorschriftsmäßiges Zeugniß der Reife zu den Universitätsstudien beibringen. Dagegen müssen sie sich zu Protokoll verpflichten, daß sie auf ihre solchergestalt erlangte Zulassung zur Universität einen Anspruch auf Anstellung im gelehrten, Staats- oder Kirchendienst nicht begründen wollen. Unter dieser Maaßgabe ist zu ihrer Aufnahme nur nöthig, daß sie ein befriedigendes Zeugniß über ihr bisheriges sittliches Verhalten, sowie den Rezeptionsschein und ein Zeugniß des Dir. der Anstalt beibringen, welches aussagt, daß er sie hinsichtlich ihrer Kenntnisse für hinreichend vorbereitet zur Aufnahme erachte. Um dem Dir. die Ausstellung eines solchen Zeugnisses zu erleichtern, auch wohl ohne vorher vorgenommene Prüfung von Seiten einer dazu ernannten Prüfungs-Kommission möglich zu machen, wird bemerkt, daß diej. zur Aufnahme in die Anstalt für reif erachtet werden sollen, die, ob sie gleich nicht aus der 1. Klasse eines Gymnas. mit dem vorschriftsmäßigen Zeugnisse der Reife zu den Universitätsstudien entlassen worden, doch durch das Zeugniß eines Gymnasial-Dir. nachweisen, daß sie zum Eintritt in die 1. Klasse eines Gymnas. für fähig anzusehen seien. Auch diej., welche von einer zu Entlassungsprüfungen berechtigten höheren Bürger- oder Realschule mit dem vorschriftsmäßigen Zeugnisse der Reife abgegangen sind, sollen ohne wiederholte Prüfung für reif zur Aufnahme in die landwirthschaftl. Lehranstalt erachtet werden. Ueberdies wird in Bezug auf diese Klasse von Akademikern, welche sich zu eigentlichen Landwirthen ausbilden wollen, sehr gewünscht, daß sie vor der Aufnahme auf der Anstalt mit der Praxis ihres Gewerbes sich vertraut gemacht haben und sich hierüber durch Zeugniß ausweisen können. — c. Dagegen

---

1) Die sonstigen Kosten des Aufenthalts an Wohnung, Nahrung, Kleidung rc. berechnet Hartstein, a. a. O. S. 31, auf jährlich 163—197 Thlr. — Dispensation von einzelnen Lehrstunden kann der Dir. bewilligen, jedoch hat dieselbe keinen Einfluß auf das Honorar.

müssen die zur 2. Klasse der Akademiker gehörigen Inländer Behufs ihrer Immatrikulation, außer dem Rezeptionsschein des Dir. der Anstalt, auch noch das vorschriftsmäßige Zeugniß der Reife zu den Universitätsstudien beibringen. — d. Die Akademiker der dritten Klasse endlich, in welcher auch alle Ausländer mitbegriffen sind, die auf diesseitige Staatsdienste keinen Anspruch machen, müssen darüber die unter lit. b. gedachte Erklärung zu Protokoll abgeben und haben ebenfalls die daselbst genannten Zeugnisse beizubringen, doch ist in letzterer Beziehung weniger streng zu verfahren, sobald nur das Zeugniß über ihre bisherige sittliche Führung befriedigend ist.

§. 11. Der Dir. trägt die sich Anmeldenden, sobald gegen ihre Zeugnisse nichts einzuwenden ist, und er Ursache hat, sie zur Aufnahme für tüchtig zu erachten, in eine besondere Liste ein, nimmt ihnen das Versprechen eines sittlichen Wandels und eines beharrlichen Fleißes, sowie einer strengen Befolgung der akademischen Gesetze ab und ertheilt ihnen dann den Aufnahmeschein, nach dessen Vorzeigung ihre Immatrikulation und Inskription bei der philosophischen Fakultät der Universität in Bonn erfolgt. Sollte die Immatrikulations-Kommission in einzelnen Fällen aus besondern Gründen die Immatrikulation noch für bedenklich halten, so hat sich dieselbe darüber mit dem Dir. zu verständigen.

§. 14. (Besuch der Vorlesungen von Seiten anderer Studirenden.) Sollten Studirende, die bereits auf der Universität in Bonn immatrikulirt und bei einer der verschiedenen Fakultäten inskribirt sind, einzelne von den eigentlich nur für die Anstalt berechneten Vorträgen mit annehmen wollen, so haben sie hierzu bei dem Dir. der Anstalt die Erlaubniß nachzusuchen [1]), welcher das zu zahlende Honorar im Verhältniß der Vorlesungen, deren Annahme beabsichtigt wird, festzusetzen hat. Auch diese Honorare fließen in die Kasse der Lehranstalt. Diej. aber, welche mehr als drei Lektionen an der Anstalt täglich besuchen wollen, müssen sich förmlich auf ders. aufnehmen lassen, und außer 6 Thlr. Eintrittsgeld das volle Honorar nach Vorschrift (s. §. 12.) an die Kasse der Anstalt zahlen.

§. 15a. (Disziplinar-Angelegenheiten.) Durch die Immatrikulation und Inskription (§. 10. Lit. a.) erlangen die Akademiker das akademische Bürgerrecht und sind demzufolge den für die übrigen Studirenden auf der Universität Bonn geltenden Gesetzen, Disziplinar- und polizeilichen Anordnungen unterworfen.

§. 15b. Der Dir. der Anstalt hat in Beziehung auf die Disziplin über die Akademiker alle Rechte und Pflichten, welche einem Dekan in Betreff der Studirenden seiner Fakultät beigelegt sind. Er hat daher das Recht des Zutritts zu allen, einen Akademiker betr. Verhandlungen, die entweder vor dem Richter oder im versammelten Senat geführt werden, und ist ihm zu solchen Verhandlungen jedesmal eine Einladung unter Bezeichnung des Gegenstandes zuzustellen.

§. 16. (Zeugnisse.) Die Führungs- und Sittenzeugnisse sind dem Akademiker bei ihrem Abgange vom Rektor und Richter der Universität, unter Mitzeichnung des Dir. der Lehranstalt, auszustellen. Wünscht der Abgehende auch ein Zeugniß über die erworbenen Kenntnisse, so muß er sich deshalb einer Prüfung unterwerfen, welche der Dir anordnet. Das von dem Sittenzeugniß getrennt abzufassende Zeugniß über das Ergebniß der Prüfung ist auf die Bezeichnung der erworbenen Kenntnisse und deren Grades zu beschränken. Es wird von dem Dir. unter dem Beirath und der Mitzeichnung der übrigen Examinatoren ausgestellt.

3) Die K. landwirthschaftl. Lehranstalt zu Proskau betreff. [2])

Bek. des Oberpräs. v. Schlesien v. 6. Aug. 1847 mit dem Plane zur Organisation der K. landwirthschaftl. Lehranstalt zu Proskau. (M. Bl. d. i. V. 1847. S. 206—210.) Hiernach steht diese Anstalt unter der höhern

---

1) Eben so können Akademiker mit Erlaubniß ihres Dir. Vorlesungen bei der Universität belegen.

2) Die Domaine Proskau liegt am linken Oderufer, besteht aus den Gütern Proskau, Zlattnig, Schimnitz und Neuvorwerk, nebst Brennerei-, Brauerei- und Ziegeleibetrieb, und umfaßt außer Gartenanlagen zu Pflanzenbau und Baumzucht gegen 2800 Morgen Ackerland, circa 500 Morgen Wiesen und 400 Morgen Teiche.

Leitung des Oberpräs. von Schlesien, und demnächst unter Ueberwachung eines Kuratoriums von 2 durch den Min. ernannten Mitgliedern, welche der Oberpräs. vorschlägt, und von denen eines aus dem landwirthsch. Centralverein von Schlesien gewählt werden soll. Die Zöglinge wohnen theils im Institutgebäude, theils im Flecken Proskau, benutzen die angekündigten Vorlesungen nach eigener, aber dem Dir. anzuzeigender Auswahl, haben dafür halbjährl. praenum. in Pausch und Bogen 45 Thlr. Honorar zu bezahlen, und stehen unter der Ortspolizei und den Ortsgerichten. Abgangsprüfungen finden nicht statt, wohl aber werden vom Dir., durch Stimmenmehrheit des Lehrerkollegiums festzustellende Abgangszeugnisse ertheilt. Ueber die Aufnahme in die Anstalt bestimmt der Organisationsplan, wie folgt:

§. 17. (VII. Von der Aufnahme der Zöglinge.) Um in die Anstalt aufgenommen zu werden, müssen die Zöglinge in der Regel eine zweifache Vorbildung, nämlich die eine in den Schulkenntnissen, die andere in der Praxis der Landwirthschaft, erworben haben und durch Zeugnisse nachweisen. In den Schulkenntnissen müssen sie das Ziel der Sekunda eines Gymnas. erreicht haben, also zur Versetzung in die Prima reif sein. Auch diej., welche von einer zu Entlassungsprüfungen berechtigten höheren Bürger- oder Realschule mit dem vorschriftsmäßigen Zeugnisse der Reife abgegangen sind, sollen als in den Schulkenntnissen genügend vorbereitet erachtet werden. — In der praktischen Landwirthschaft müssen die aufzunehmenden Zöglinge, — mit Ausnahme der in §§. 20. u. 21. gedachten Fälle — eine zweijährige Lehrzeit mit einem praktischen Landwirthe durchgemacht haben und Zeugnisse über ihr gutes Verhalten während ders. vorlegen.

§. 18. Sollten angehende Landwirthe sich die nach §. 17. erforderlichen Schulkenntnisse durch Privatstudium erworben haben, so müssen sie sich, um in die Anstalt aufgenommen zu werden, bei dem Dir. eines Gymnas. oder einer der im §. 17. bezeichneten Schulanstalten wegen ihrer Prüfung melden und durch das in dieser Prüfung erlangte Zeugniß den oben bezeichneten Grad der Schulbildung nachweisen.

§. 19. Der Nachweis des bestandenen Examens als Offizier der Linie ist dem Nachweise der erforderlichen Gymnasialbildung gleich zu achten.

§. 20. Zöglinge, welche vermöge ihrer Familienverhältnisse in Landwirhschaften aufgewachsen und dadurch so viel Kenntnisse in deren praktischem Betriebe erlangt haben, wie man sie von einem zweijährigen Lehrlinge der Oekonomie zu fordern berechtigt ist, können das Zeugniß über die bestandene Lehrzeit dadurch ersetzen, daß sie sich einer Prüfung über den Grad der erworbenen Kenntnisse unterwerfen. Dies Tentamen hält der Dir. ab, und bestimmt danach die Aufnahme oder die einstweilige Zurückweisung des Zöglings.

§. 22. Jeder, der in die Anstalt aufgenommen sein will, muß sich über sein Alter und seine Militair-Verhältnisse ausweisen. — Alle diese Nachweisungen sind dem Dir. vorzulegen, welcher, wenn er sie genügend findet, den Aspiranten in das Verzeichniß der aufgenommenen Zöglinge einträgt. In das Ermessen des Dir. ist es gestellt, ob noch die Beibringung anderer Führungsatteste, als des im §. 17. gedachten, für erforderlich erachtet.

(M. Bl. d. i. V. 1847. S. 208.)

Außer den genannten drei Staatsanstalten werden noch insbes. aufgeführt:

4) die landwirthschaftl. Akademie zu Möglin bei Wriezen a. O., vom Staatsrathe Thaer im Jahre 1806 gestiftet, und seit 1819 zu einer Königl. Lehranstalt erhoben. Vergl. Möglinsche Jahrb. Bd. 4. S. 337 flg., Bd. 17. S. 301 flg., desgl. Programm der Akad. Berl. 1836, und C. R. v. 1. Febr. 1837.[1]) (s. o. S. 356. Note 2.)

---

1) Daselbst wird auch eine landwirthschaftl. Lehranstalt des Amtsrath Block zu Schierau in Schlesien genannt.

5) die landwirthschaftliche Lehranstalt zu Regenwalde in Hinterpommern.

Endlich gehört hierher:

6) die Gärtner-Lehranstalt und Landesbaumschule zu Potsdam, welche unter Theilnahme des Vereins zur Beförderung des Gartenbaues[1]) und in Verbindung mit den K. Hofgärten im J. 1823 errichtet wurde,[2]) und im J. 1854 eine neue Organisation erhalten hat, gehört zum Ressort des Min. für landwirthsch. Ang. und steht unter der Direktion des Dir. der K. Gärten, so wie unter einem Kuratorium, in welchem der Intendant der K. Gärten den Vorsitz führt, das 2. Mitglied vom Min. ernannt, und das 3. vom Gartenbau-Verein erwählt wird. Die Lehranstalt zerfällt in 2 Abtheilungen. Die erste bildet praktische Gartenarbeiter,[3]) die zweite in 2 Klassen a) Kunst- und Handels-Gärtner, b) Gartenkünstler. Die Zöglinge der ersten, auf die niedern Stufen der Gartenkunst eingeschränkten, Abtheilung werden als Lehrlinge in der Baumschule, ausnahmsweise auch in K. Gartenrevieren, verwandt und erhalten einen Wochenlohn von 1 Thlr. Auch sind jährl. 150 Thlr. zu Stipendien ausgesetzt. Ueber die Ertheilung dieser, so wie über die Aufnahme, welche körperliche Rüstigkeit voraussetzt, entscheidet der Dir. der Landesbaumschule. In der zweiten Abtheil. ist theoretischer Unterricht mit praktischen Uebungen verbunden. Ueber die Aufnahme bestimmt der neue Einrichtungsplan:

§. 1. Um in die zweite Abth. der Gärtner-Lehranstalt aufgenommen zu werden, muß der Zögling: 1) ein Schulzeugniß eines Obertertianers oder eines Schülers der Sekunda einer Realschule beibringen, oder durch eine Prüfung nachweisen, daß er die entsprechenden Schulkenntnisse besitzt; — 2) in der Regel durch glaubhaftes Zeugniß darthun, daß er eine zweijährige Lehrzeit in einer praktischen Gärtnerei beendet hat. Es soll jedoch ausnahmsweise gestattet sein, in diese Abth. der Lehranstalt solche junge Leute aufzunehmen, welche durch ihre früheren Lebensverhältnisse Gelegenheit gehabt haben, mit der praktischen Gärtnerei vertraut zu werden, wie dies bei Söhnen Königl. und Fürstl. Hofgärtner, bedeutender Handelsgärtner oder Privatgärtner häufig der Fall ist, und welche außerdem noch einen einjährigen Lehrkursus in einer anerkannt tüchtigen Gärtnerei vollendet haben und ihre genügenden Kenntnisse und Fähigkeiten durch Zeugnisse oder Prüfung darthun. Der Dir. der Anstalt bestimmt auch in solchen Fällen über die Zulässigkeit der Aufnahme. Auch Zöglinge der ersten Abth., wenn sie sich zwei Jahre in ders. gut geführt haben und die eben bezeichneten Schulkenntnisse besitzen, können in die zweite Abth. aufgenommen werden.

§. 2. Der Dir. der Anstalt prüft die Befähigung der sich zur Aufnahme Meldenden und bestimmt über die Aufnahme oder Zurückweisung.

§. 3. In der unteren Klasse dieser Abth. werden in einem einjährigen Kursus die einem Kunst- und Handelsgärtner nöthigen wissenschaftl. und gewerblichen Kenntnisse, theils in Vorträgen im Zimmer, theils durch Anschauung und praktische Ausübung gelehrt.

§. 4. Zöglinge, welche ein Zeugniß über die in dieser Klasse erworbenen Kenntnisse erhalten wollen, haben sich dazu am Schlusse des Kursus einer Prüfung zu unterwerfen. Der Dir. hat diese Prüfung anzuordnen. Den Mitgliedern des Kuratoriums ist gestattet, nach eigenem Ermessen dabei gegenwärtig zu sein und

---

1) Vergl. das durch K. O. v. 4. Juli 1822 genehmigte Statut (A. VI. S. 864—874).

2) Vergl. die Publ. der Reg. zu Minden v. 18. Febr. 1824, zu Magdeburg v. 25. Febr. 1824 (A. VIII. S. 127 ff., 137 ff.). Die damals in Schöneberg bei Berlin eingerichtete Lehrstufe der Anstalt ist jetzt aufgehoben, und demzufolge der Staatszuschuß für die Anstalt von 2620 auf 1620 Thlr. vermindert.

3) Das gleiche Ziel verfolgt die mit Staatshülfe im J. 1853 errichtete Gärtner-Lehranstalt von Topf in Erfurt. (Nat. Zeit. 1853. Nr. 502.)

selbst mitzuwirken und sind dieselben daher vom Tage der Prüfung in Kenntniß zu setzen. Die Zeugnisse werden von dem Kuratorium und dem Dir. ausgestellt.

§. 5. In der oberen Klasse der zweiten Abth. wird der vorgedachte Unterricht (§. 3.) fortgesetzt, insbes. aber ausgedehnt auf Entwerfung, Veranschlagung und Ausführung von Parkanlagen, Schmuckgärten und ähnlichen Verschönerungen, so wie auch auf höhere Botanik, namentlich Pflanzen-Geographie.

§. 6. In diese Klasse sollen nur diej. Zöglinge aufgenommen werden, welche sich in der unteren Klasse durch besondere Anlagen für Landschafts-Gärtnerei ausgezeichnet haben. Ueber die Aufnahme bestimmt das Kuratorium auf Antrag des Dir. [1])

§. 7. In Betreff der Zeugnisse über die in dieser Klasse erworbenen Kenntnisse gelten die Bestimmungen ad §. 4.

(Min. Bl. d. i. V. 1853. S. 81.)

Zu den praktischen Uebungen werden die Zöglinge beider Klassen vom Dir. verschiedenen K. Hofgärtnern zugetheilt, welche zu ihnen in das Verhältniß von Lehrherren treten und ihnen Wohnung mit Heizung und Licht zu gewähren haben. Die regelmäßige Zahl der Zöglinge ist auf 12 bestimmt, darunter 4—6 Freistellen mit einem monatl. Kostgeld von $4\frac{1}{6}$ Thlr. so wie mit einem freien Bett und Waschgeräthe ausgestattet. Die übrigen Zöglinge haben jährlich 24 Thlr. Honorar, praenum. in halbjährl. Raten, zu entrichten. Erlaß desselben erfordert Zustimmung des Min. Nach beendigtem vollen Kursus können befähigte Zöglinge ihre Studien sowohl auf der Univers.,[2]) als im botan. Garten zu Schöneberg fortsetzen, und genießen dabei die Rechte und Vorzüge der Akademiker: Revidirtes Statut der Gärtner-Lehranstalt und Landesbaumschule zu Potsdam, mit den Einrichtungs- und Betriebsplänen: 1) der Landesbaumschule zu Potsdam, 2) der 1. Abtheil. der Gärtner-Lehranstalt daselbst, so wie mit der auf Grund K. Ermächtigung ertheilten Bestätigung des Min. für landwirthsch. Ang. (v. Westphalen) v. 12. März 1854. (Staats-Anz. 1854. Nr. 68. und 69., Min. Bl. d. i. V. 1854. S. 76. flg.)

VII. Forstschulen.

Es besteht eine höhere Forst-Lehranstalt zu Neustadt-Eberswalde, deren Besuch das Zeugniß der Reife von einem Gymnas. oder einer Realschule voraussetzt. Vergl. das Regul. des Finanz-Min. v. 15. Aug. 1830. (A. XIV. S. 520., v. Rönne, Domainen-Forst- und Jagdwesen, Berlin, 1854. S. 312. 293. 297.) Außerdem werden genannt Forstschulen zu Königsberg und Düben, und das Jäger-Lehrinstitut zu Berlin.

VIII. Bergwerksschulen zur Bildung von Bergeleven und höhern Bergbeamten sind zu Berlin, Halle und Bonn vorhanden, niedere Bergwerksschulen an verschiedenen Bergamtsorten, z. B. Tarnowitz u. a. m. Auf Universitäten werden die Bergeleven, so wie die Bergwerks-Expektanten, nur als nicht immatrikulirte Zuhörer[3]) zugelassen. Dies erhellt aus den R. des Min. d. G., U. u. Med. Ang. (v. Ladenberg) v. 20. Juni 1840 an den außerordentl. Reg. Bevollm. zu Bonn, und abschr. an den zu Halle:

---

1) Die Zöglinge, welche die Stufe der Gartenkünstler bestanden haben, sind zum einjährigen Militairdienst berechtigt: C. R. v. 19. Juli 1829 (A. XIII. S. 669), C. R. v. 1. Dec. 1836, Nr. 27. der Nachweisung b. (A. XX. S. 1049.)

2) Im Sem. $18\frac{52}{53}$ besuchten 6 Zöglinge der Garten-Lehranstalt die Univers. Berlin als nicht immatrikulirte Zuhörer.

3) Als solche waren im Sem. $18\frac{52}{53}$ in Berlin 37 Bergeleven.

Mit der von Ew. in dem Ber. v. 21. v. M. geäußerten Ansicht einverstanden, will das Min. hiermit die Anordnung der Verf. v. 1. Sept. 1829, wonach die inländischen Bergeleven, weil sie einer andern Bildungsanstalt angehören, nach der Bestimmung im §. 92. der Universitäts-Statuten von der Immatrikulation ausgeschlossen sind, und daher nur als Hospitanten zu den Vorlesungen zugelassen werden können, auch auf die Bergwerks-Expektanten ausdehnen, da diese nach §. 1. des von dem K. Finanzmin. unter dem 27. März 1839 erlassenen Regl. [1]) gar nicht immatrikulirbar sind, weil die für die Maturitätsprüfung erforderlichen Qualitäten bei ihrer Zulassung nicht von ihnen gefordert werden, und da sie nach mehreren Bestimmungen jenes Regl. einer Art von Disziplin der Ober-Bergämter unterliegen, und also im Fall der Immatrikulation bei der Universität ein doppeltes Forum haben würden. Das Min. überläßt Ihnen, bei Rücksendung der Anlagen Ihres Ber., von der vorstehenden Bestimmung den dortigen Rektor und Senat zur Nachachtung in Kenntniß zu setzen, auch den oben angeführten zweiten Grund dem dortigen Ober-Bergamte offiziell mitzutheilen, und es dabei zu ersuchen, den in Rede stehenden jungen Leuten eine besondere Aufmerksamkeit zu widmen.

(Min. Bl. d. i. V. 1840. S. 230.)

IX. Die geographische Kunstschule zu Potsdam.

Sie wurde vom Dr. Heinr. Berghaus im J. 1838 mit K. Genehmigung eröffnet, und ist dazu bestimmt, geographische und topographische Kupferstecher zu bilden. Der Unterricht dauert 5 Jahre, und ist theils wissenschaftlich, theils technisch. Für erstern werden 100, für letztern 50 Thlr. Honorar berechnet, im Ganzen also 150 Thlr., wovon auf jedes Jahr 30 praenum. zu zahlen. Zur Aufnahme werden die Kenntnisse der absolvirten Tertia eines Gymnas., insbes. in Mathematik, Geographie und französ. Sprache, so wie Fertigkeit in Zeichnen verlangt: C. R. des Min. d. G., U. u. Med. Ang. (v. Altenstein) v. 17. Sept. 1838 an sämmtl. K. Reg. mit einer Bek. des Dir. Dr. Berghaus und dem Lehrplane der Anstalt. (A. XXII. S. 664 flg.)

X. Medizinische Schulen.

(v. Rönne und H. Simon, Medizinalwesen d. Pr. Staats, Breslau, 1844. Bd. 1. S. 316 flg.[2])

1) Das medizinisch-chirurgische Friedrichs Wilhelms-Institut in Berlin (bis 1818 med. chir. Pepinière.);

2) Die medizinisch-chirurgische Akademie zu Berlin.

Beide Anstalten sind hauptsächlich zur Bildung von Armee-Wundärzten bestimmt, und die Theilnahme am unentgeltlichen Unterricht in denselben muß durch Dienst in der Armee von doppelter Dauer abgelöst werden. (K. O. v. 26. Febr. 1824. A. VIII. S. 297.) Da jedoch auch andere Studenten die akademischen Lehrvorträge benutzen können, und eine große Anzahl der eigentlichen Zöglinge nach erfüllter Dienstpflicht in den Civilstand zurücktritt, so gehören beide Anstalten zugleich zu den allgemeinen medizinischen Schulen. Sie stehen unter dem Kriegsmin. als beständigem Kurator. Ueber ihre Einrichtung vergl. Medizinalwesen S. 321 u. 316, insbes. das Regl. für die med. chirurg. Akademie v. 27. Juli 1811.

---

1) Diese, so wie die vorallegirten V. finden sich nicht in den Sammlungen.

2) Ueber Entbindungsanstalten und Hebammenschulen s. ebendas. Bd. 1. S. 335, 538 ff. Dergl. sind nicht blos an den Universitätsorten, sondern auch sonst zahlreich vorhanden.

Die Aufnahme erfolgt auf besondere Prüfung.[1]) Die Frequenz der Anstalten seit ihrer Stiftung war folgende:

a) Im Friedrich Wilhelms-Institut:

Gesammtzahl der Studirenden seit 2. Aug. 1795 bis 2. Aug. 1854.		Abgegangen			Gegenwärtiger Bestand.
		zum oder zurück zum mil.-ärztl. Dienst.	anderweitig oder vor Ende des Studiums.	in der Studienzeit gestorben.	
Eleven . . .	1296	970	190	47	89
Volontairs . .	136	41	88	5	2
Attachirte Chirurgen . .	1561	1520	11	19	11
Summe	2993	2531	289	71	102

Von den 2531 Militairärzten sind später ins Civil (eine geringe Zahl auch ins Ausland oder anderweite Verhältnisse) zurückgetreten: 391 Eleven, 33 Volontairs, 658 attachirte Chirurgen.

b) In der medizinisch-chirurgischen Akademie:

Gesammtzahl der Studirenden seit 2. Aug. 1811 bis 2. Aug. 1854.	Abgegangen				Gegenwärtiger Bestand.
	zum militair.-ärztlichen Dienst.	zum Friedrich Wilhelms-Institut.	vor Ende des Studiums.	in der Studienzeit gestorben.	
860	516	101	172	14	57

Die bei der Garnison in Berlin angestellten Unterärzte, welche die Akademie besuchen, sind nicht mitgezählt.
(Staatsanz. 1854. Nr. 184. S. 1410.)

3) Die medizinisch-chirurg. Lehranstalt zu Münster, gegründet 1822. Vergl. Publ. v. 20. Okt. 1826 mit Nachtrag v. 1. Dec. 1830, Medizinalw. S. 322.

4) Die medizinisch-chirurg. Lehranstalt zu Breslau, gegründet 1823. Vergl. Publ. v. 11. Okt. 1823, a. a. O. S. 325.

5) Die medizinisch-chirurg. Lehranstalt zu Magdeburg, gegr. 1827. Vergl. Publ. v. 2. Sept. 1827, a. a. O. S. 325 flg.

6) Die medizinisch-chirurg. Lehranstalt zu Greifswald, gegr. 1831. Vergl. Publ. v. 29. April 1831, a. a. O. S. 329.

Ueber die Schulkenntnisse, welche diejenigen nachweisen müssen, welche sich dem medizinisch-chirurgischen Berufe widmen, bestimmen im Allgem.

---

1) Vgl. C. R. v. 4. Dec. 1845 zu §. 32. des Regl. v. 4. Juni 1834 oben S. 278 Note 2.

das Regl. v. 1. Dec. 1825 über die Staatsprüfungen der Medizinal-Personen (a. a. O. S. 372 flg., A. X. S. 153.),[1]) so wie die durch C. R. des Min. d. G., U. u. M. Ang. v. 15. Juli 1836 veröffentlichte Instr. de eod. über die schulwissenschaftliche Prüfung der nicht immatrikulationsfähigen Kandidaten des medizin.-chirurg. Studiums. (a. a. O. S. 360 flg., A. XX. S. 731 flg.) Hiernach wird von Wundärzten I. Klasse die Reife für Sekunda eines Gymnas., von Wundärzten II. Klasse und Zahnärzten die Reife für Tertia verlangt. Diese Reife muß entweder durch ein Examen vor dem Medizinal-Kolleg., oder durch Schulzeugnisse nachgewiesen werden. Hinsichtlich der letztern sind durch R. v. 16. Aug. 1841 (Medizinalw. S. 359., Min. Bl. d. i. V. 1841. S. 232.) den Gymnasial-Zeugnissen die Zeugnisse der Reife für Prima resp. Sekunda einer zu Entlassungs-Prüf. berechtigten Realschule gleich gestellt. Hinsichtlich der Wundärzte II. Klasse ist durch C. R. des Min. d. G., U. u. Med. Ang. v. 23. März 1843 noch besonders eingeschärft, daß sie die erforderliche Schulbildung vor der Aufnahme in die Lehranstalt und, wenn ausnahmsweise Nachholung gestattet wird, jedenfalls vor der Staatsprüfung nachholen müssen. (a. a. O. S. 363., Min. Bl, d. i. V. 1843. S. 159.)

Nach beendigtem Kursus werden die Zöglinge der oben ged. Lehranstalten, so wie andere Kandidaten der Chirurgie, welche die erforderte Schulreife besitzen, auf den Univ. als nicht immatrikulirte Zuhörer zugelassen.[2]) Als solche haben sie keinen Anspruch auf Univers.-Stipend. (R. v. 16. Okt. 1833 und 5. Sept. 1837, Koch, Univers. II. S. 893. 896.), sind aber in Betrag der Honorarstundung, der Reisescheine, Legitimationskarten ꝛc. den Studenten gleich gestellt.[3]) (R. des Min. d. G., U. u. Med. Ang. v. 11. Sept. 1837 an den Reg. Bevollm. zu Bonn, Koch, a. a. O. S. 449.) Hinsichtlich ersterer bestimmt außerdem die Bek. der Direktion des chirurg. u. pharm. Studiums bei der Univ. zu Berlin (Dr. Klug) v. 11. Sept. 1845:

Bei der noch immer großen Anzahl nicht immatrikulirter Studirender der Chirurgie und Pharmazie, die ohne Mittel, die Honorare zu entrichten, ihr Studium beginnen, findet die unterz. Dir. sich veranlaßt, dieselben auf den Beschluß der medizinischen Fakultät, d. d. 8. Juni v. J.: „Denj. Eleven des chirurgisch-pharmazeutischen Instituts, welche das Zeugniß der Reife nicht erlangt haben, die bisher in Dürftigkeitsfällen üblich gewesene Stundung der Honorare für die Vorlesungen nicht mehr zu bewilligen, da nach §. 26. des Regl. v. 16. März v. J. das Zeugniß der Reife unerläßliche Bedingung der Stundung sei", hierdurch aufmerksam zu machen.

(Min. Bl. d. i. V. 1845. S. 261.)

In Bezug auf die Militairpflicht werden die Zöglinge der sub 3 bis 6. gen. Anstalten den Studenten gleich behandelt (R. v. 10. Juli 1829, Medizinalw. S. 330.), und überhaupt können Chirurgen und Pharmazeuten dieselbe durch Dienst in der Armee als solche ablösen. K. O. v. 7. Aug. 1820, v. 18. Nov. 1830. (A. XI. S. 249, XV. S. 156.)

---

1) Es ist dreijähriges Studium, von welchem jedoch 1 Jahr durch zweijährigen praktischen Dienst ersetzt werden kann, vorgeschrieben: §. 6. lit. b. l. c.

2) Das med. chir. pharmazeutische Studium steht auf den Univ. unter einer besondern Direktion. Die betr. Verordnungen sind in Koch, Univ. Bd. 2. S. 410 ff. zusammengestellt. Vgl. Medizinalwesen S. 365. In Berlin waren im Sem. 18⅘ als nicht immatrikulirte Hörer zugelassen: 17 Kandidaten der Chirurgie und Zahnheilkunde, 134 Pharmazeuten, 74 Eleven des Fr. Wilh. Inst., 67 Eleven und attachirte Unterärzte der med. chir. Akademie.

3) Zur Staatsprüfung müssen sie sich durch vollständige Abgangszeugnisse, sei es von der Univ., sei es von einer Spezialanstalt, legitimiren: R. v. 10. Okt. 1829 und 8. Aug. 1833. (Medizinalw. S. 366, A. XIII. 941, XVII. 814.)

XI. Apothekerschulen. (Medizinalw. Bd. 1. S. 340 flg.)

1) Lindes pharmazeutisches Institut in Berlin.
2) Pharmazeutische Lehranstalt zu Höxter.
3) Das Tromsdorffsche Institut in Erfurt.
4) Das pharm. Inst. v. Dr. Marquart in Bonn. (R. v. 14. Nov. 1837 mit Plan des Instituts, Koch, Univers. II. S. 669.) Außerdem zu Breslau, Halle.

Es wird von Pharmazeuten die Reife von Tertia eines Gymnas., insbes. im Lateinischen, gefordert. (Publ. v. 9. Juni 1836, 13. März 1815, 25. Jan. 1831, Medizinalw. a. a. O. S. 367, 368.) Im Uebrigen gilt von ihrem Studium und ihrer Zulassung zur Univers. das sub X. Gesagte.[1])

XII. Veterinärschulen.

1) Die Thierarzneischule in Berlin, (Medizinalw. Bd. 1. S. 336 flg.) gegr. 1790, neu organisirt 1838. Sie bildet Thierärzte I. u. II. Klasse.[2]) Zur Aufnahme wird von letztern die gewöhnliche Elementarbildung, von erstern dagegen die Reife für Sekunda eines Gymnas. gefordert. Der Kursus dauert $3\frac{1}{2}$, für Thierärzte II. Klasse 3 Jahre und beginnt zu Michael. Die Eleven zerfallen in Militair-Eleven, Civil-Eleven und Hospitanten. Von erstern, die sich, wenn sie nicht schon im Heere dienen, beim betreff. Magistrat oder Landrath zu melden haben, wird außerdem vollständige Erlernung des Schmiedehandwerks, von den Civil-Eleven Bekanntschaft mit den Anfangsgründen desselben verlangt. (Publ. v. 5. Juni 1838, a. a. O. S. 338.) Freier Unterricht muß durch Dienst in der Armee nach der K. O. v. 26. Febr. 1824 (s. o. sub X.) abgelöst werden. Ueberhaupt können Thierärzte ihrer Militairpflicht durch Dienst als solche genügen: K. O. v. 19. März 1821. (A. VII. S. 422.)

Die Thierarzneischule steht unter dem Min. d. G., U. u. Med. Ang. (K. O. v. 10. Dec. 1847., G. S. 1848. S. 19., vergl. Bd. 1. S. 244. Note 1.), welches jedoch den Lehrplan vor der Genehmigung den Min. d. Kr. und der landwirthsch. Ang. mitzutheilen, und mit dieser die organischen Verfügungen über Ausbildung der Thierärzte zu berathen hat. (K. O. v. 22. Juni 1849., G. S. 1849. S. 335., Min. Bl. d. i. V. 1849. S. 169.)

2) Die Thierarzneischule in Münster.

XIII. Militairbildungs-Anstalten.

Zu denselben gehören, außer den Garnisonschulen und Militair-Waisenhäusern, als höhere Anstalten: die Kadettenhäuser (vergl. im 5. Kap. des 3. Abschn. II. 3.), die Divisionsschulen, die Allgemeine Kriegsschule in Berlin und die vereinigte Artillerie- und Ingenieurschule daselbst. In Betreff dieser Schulen wird auf den XIII. Theil des Gesammtwerks, welcher das Militairwesen behandelt, verwiesen.

---

1) §. 6. c. des Regl. v. 1. Dec. 1825 schreibt den Apothekern I. Klasse ein Univ. Studium von 2 Semestern vor. Gegenwärtig ist die Eintheilung der Apotheker in zwei Klassen aufgehoben. Es werden nur Apotheker I. Klasse zum Betriebe des Gewerbes zugelassen: C. v. 15. Dec. 1853. (Min. Bl. d. i. V. 1853. S. 277.)

2) Nur Thierärzte I. Klasse werden Kreisthierärzte. Ueber ihre Prüfung als solche ist ein neues Regl. v. 6. Sept. 1853 (Min. Bl. d. i. V. 1853. S. 190.) ergangen.

Vierte Abtheilung.

Die Universitäten.

Literatur.[1])

Michaelis, Raisonnement über protest. Univ. in Deutschland, Frankfurt a. M. u. Leipz. 1768—75. 4 Thle. (4 Thlr.)
Meiners, Gesch. der Entstehung und Entwickelung der hohen Schulen unsers Erdtheils, Götting. 1802—5. 4 Bde. (6⅔ Thlr.) — Verfassung und Verwaltung Deutscher Univ., Götting. 1800—2. 2 Bde. (3 Thlr.)
Schleiermacher, Gelegentliche Gedanken über Univ. im Deutschen Sinne. Berl. 1808. (¾ Thlr.)
Ch. Villers, Coup d'oeil sur les Univ. allemand., Capel. 1808, Deutsch von Hagena, Götting. 1808. (⅔ Thlr.)
Steffens, die Idee der Univ., in Vorlesungen, Berl. 1809. (¾ Thlr.) — über die protestant. Univ. Deutschlands, Breslau, Max, 1819.
v. Jakob, über akadem. Freiheit und Disziplin. 1819.
Scheidler, Apologie der Deutschen Univ. 1832. — Die Idee der Univ. Jena. 1838. — Ueber Deutsches Studentenleben. 1842. — Deutscher Studentenspiegel. 1844.
Benecke, Unsre Univ., und was ihnen Noth thut. 1836.
Mayerhoff, die Deutschen, besonders die Preuß. Univ. 1836.
Diesterweg, über das Verderben der Deutschen Univ. 1836.
Leo, Herr Diesterweg und die Deutschen Univ. 1836.
Rosenkranz, der Zweikampf auf unsern Univ. 1837.
Fr. Schulze, die Selbstständigkeit des Deutschen Universitäts-Geistes. 1843.
H. Boden, die Deutschen Studentenverhältnisse in der Gegenwart. In Wigand's Vierteljahrschr. Leipz. 1844. Bd. 3. S. 1.
E. Zeller, Gedanken über Deutsche Univ. In Schwegler's Jahrbüchern der Gegenwart. Tüb. 1845. S. 1073.
Fr. Vischer, das akademische Leben und die Gymnastik. Ebendas. S. 648.
(K. Vogt), Einiges über die Stellung der Hochschulen in unserer Zeit. In der Cotta schen Vierteljahrschr. 1848.

Ueber die Preuß. Universitäten insbesondere:

W. Dieterici, Geschichtliche und statistische Nachrichten über die Univ. im Preuß. Staate. Berlin, 1836, bei Duncker und Humblot.
J. F. W. Koch, die Preuß. Universitäten, eine Sammlung der Verordnungen, welche die Verfassung und Verwaltung dieser Anstalten betreffen [2]), Berlin, Posen und Bromberg, 1839, bei Mittler. 2 Bde., wovon der 2. in 2 Abth. (9 Thlr.)

---

1) Vgl. oben S. 1 und Bd. 1. S. 211, 306. Von den dort angeführten Schriften sind hier vorzugsweise die von Mohl, Filangieri, Talleyrand und Thiersch wieder zu erwähnen.

2) In den A. XX. S. 844 vom Min. der G., U. u. Med. Ang. mittelst R. v. 23. Sept. 1839 empfohlen. ib. S. 1059.

Einleitung.

I. Geschichtlicher Abriß der Entwickelung der Universitäten in Deutschland.[1])

Eigentliche Gelehrtenschulen, d. h. Vereine von Lehrenden und Lernenden, in welchen der Einzelne zur Wissenschaft herangebildet werden soll, damit er seinerseits die Wissenschaft auch selbst weiter bilde, finden sich nur bei solchen Völkern, bei denen einerseits eine vorzügliche Energie der geistigen Kraft und lebendiges Interesse an dem idealen Leben Grundzug des Volksthums ist, und andrerseits auch die übrigen, insbesondere die politischen und religiösen Lebensverhältnisse der Grundbedingung aller Wissenschaft, der Freiheit in der Forschung sowohl wie in der Mittheilung der gewonnenen Resultate, nicht hemmend in den Weg treten. Aus diesem Grunde führt die Geschichte fast aller Wissenschaften auf die Hellenen zurück, nicht aber auf die weit früher gebildeten Nationen der Egypter, Chinesen, Hindus ꝛc., von denen die Griechen allerdings die Elemente ihrer Bildung erhielten, die sie aber selbständig zu eigentlichen Wissenschaften verarbeiteten.[2]) Bei ihnen erst konnte wahre Wissenschaft existiren, nicht allein wegen ihrer glücklichen Begabung[3]), sondern vorzüglich wegen ihrer freien Staatsverfassungen[4]), und ganz besonders deshalb, weil es bei ihnen keine Priesterkaste gab.[5]) Im Gegensatze zu den Priesterschulen, auf denen im alten Egypten, Indien, Persien ꝛc. allerlei Kenntnisse gelehrt und gelernt wurden, entstanden in Griechenland Gelehrtenschulen für die Wissenschaft, und blühten von Solon bis zu Alexander, in dem kurzen Zeitraume von noch nicht drei Jahrhunderten, zu einer von keinem der übrigen alten Völker erreichten Höhe empor. Nicht blos niedere Schulen (Bd. 1. S. 4.), sondern namentlich jene ältesten Weisheits- und Philosophenschulen, in denen Männer aus eigenem Antriebe als Lehrer auftraten, welche in freier Wahrheitsforschung sich zum Lebensberufe gemacht hatten, die Räthsel des Daseins der Dinge und der Bestimmung des Menschen durch selbständiges Denken zu ergründen, und, was sie erforscht, den Wißbegierigen mitzutheilen, die sich, ebenfalls aus freiem Antriebe, um sie gesammelt.[6]) Es genügt an die Namen Thales, Anaxagoras, Heraklit, Pythagoras[7]), Sokrates, Platon[8]), Aristoteles[9]) und an die Schulen

---

1) Das Folgende ist zum Theil dem Aufsatze über Universitäten von Dr. K. H. Scheidler (Staatslexikon 1. Aufl. Bd. 15. S. 499) entnommen.

2) Herder, Ideen z. Phil. d. Gesch. Buch XIII. §. 5 ff.

3) Winkelmann, Winke (v. Fernow) Bd. I. 13. 133., III. 9. 58., IV. 5. 18. 33.

4) Tittmann, Griech. Staatsverf. S. 71, Hüllmann, Staatsr. des Alterth. S. 197, 283, Herrmann, Griech. Staatsalt. S. 52, 48, 92, 182.

5) Heeren, Ideen ü. d. Pol. Abth. III. S. 430 ff.

6) Meist in lakonischen, oft paradox erscheinenden Aussprüchen: Gnomen. Ottfr. Müller, Dorier. II. S. 391.

7) „Den Pythagoras im Kreise seiner Jünglinge kann man die älteste Universität nennen. Von ihm an gab es nur Spezialschulen der Philosophen und Redner bis auf Aristoteles.“ Dahlmann, Politik, I. S. 277.

8) Von dem Orte, wo Platon seine Vorträge hielt, einem vom Bürger Akademos dem Staate geschenkten Landgute nebst Lusthain, stammt der Name Akademie.

9) Eben so der Name Lyceum von dem Orte, wo Aristoteles „die Gesammtheit der damals bekannten Wissenschaften in gleich lebendigem Zusammen-

des Epikur, der Stoiker 2c. zu erinnern. Die Philosophen- und später sogenannten Sophisten-Schulen erhielten sich nicht nur nach dem Verfalle der Literatur und ganz Griechenlands seit seiner Unterwerfung unter die Römer, sondern es blieb namentlich Athen noch Jahrhunderte lang die berühmteste hohe Schule für die ganze damalige Welt, auf welcher auch die großen Römer der letzten republikanischen Zeit, ein Cicero und Cäsar, ein Kato und Brutus ihre Bildung fanden. [1]) Noch unter den Kaisern, und selbst nach Einführung des Christenthums bestand das alte Verhältniß und Ansehen dieser Schulen, die sich im 3. Jahrh. nach Chr. Geb. über alle Theile des Röm. Reichs ausgebreitet hatten, und deren Lehrer seit Vespasian zum Theil ansehnliche Besoldungen aus der Staatskasse empfingen. [2]) Die gebildete Welt huldigte noch lange der heidnischen Kultur, während Hof und Volk schon christlich waren. [3]) Erst gegen Ende des 14. Jahrh., unter Theodosius dem Aeltern, setzte der zur Herrschaft gelangte Klerus es durch, daß die heidnischen Schulen von Staatswegen geschlossen wurden. Doch blieben trotzdem im Orient, insbesondere in Syrien, Schulen bestehen, auf denen die Griechen ihre Wissenschaften fortpflanzten, und sie später den Arabern überlieferten, von denen sie endlich dem Abendlande zurückkamen, als im 11. und 12. Jahrh. auch dort Männer aus dem Laienstande auftraten, und dem Trivium und Quadrivium der Kloster- und Stiftsschulen gegenüber, frei die Wissenschaft zu lehren begannen. [4]) So hielt in Paris Abälard Vorträge über Philosophie und Theologie, in Bologna Irnerius [5]) über die Rechte, in Salerno der getaufte Jude Konstantin aus Karthago über die Medizin. Hiermit verlor der Klerus sein Monopol des Unterrichts, und in der Verweltlichung der Wissenschaft, zu welcher so der Grund gelegt wurde, ist der Ursprung der neuen Universitäten zu finden, deren Zahl sich nach und nach vermehrte, und welche sich im Laufe des 14. und 15. Jahrh. auch über das Deutsche Reich verbreiteten. So wurde insbesondere nach dem Muster der Pariser Hochschule und mit Hülfe von dort berufener Lehrer 1347 die Universität zu Prag ge-

---

hange des Ganzen und in harmonischer Entwickelung der einzelnen auf eine Weise lehrte, wie wohl auf keiner unserer Universitäten gelehrt worden ist." Dahlmann, a. a. O.

1) Schon hier gab es ein „Burschenleben mit Landsmannschaften und Klubbs." Trinkgelage, Schuldenmachen, Borgen zu 25 und 50 Proz., ingleichen Prügeleien kamen häufig in den dortigen Landsmannschaften vor, die sich an einen der Lehrer anschlossen, und für diesen alle „Füchse" ganz so „preßten", wie noch heut zu Tage die Matrosen in England gepreßt werden. Die Auditorien waren in theaterähnlichen Sälen (Theophrast soll über 2000 Zuhörer gehabt haben), und die Katheder hießen „Throne." Schlosser, Arch. f. Gesch. u. Lit. 1830. I. S. 22.

2) 100,000 Sestertien (10,000 Fl.) Thiersch, Gel. Schulen, I. 1. S. 33. — Insbes. wurde die hohe Schule zu Athen seit Antonius Philosophus als eine Staatsanstalt betrachtet, und den Hauptlehrern reichliche Besoldung ausgesetzt: Schlosser, a. a. O. S. 224. — Ueber die Rechtsschulen im Latein. Reich mit „Professoren" oder „Antecessoren", unter denen Berytus die berühmteste war, für welche Justinian einen auf ein Quinquennium berechneten Studienplan festsetzte, vergl. Zimmern, Röm. Rechtsgesch. I. S. 254, 258.

3) Religion war bei den Griechen kein Gegenstand des Unterrichts. Schlosser, a. a. O. S. 217. Thiersch, a. a. O. S. 32.

4) Bd. 1. S. 11. — Meiners, Gesch. d. hoh. Schulen, I. S. 7.

5) Er hatte früher die Artes in Ravenna gelehrt, zog später nach Bologna, und hielt daselbst, nachdem ihn ein Streit über die Bedeutung des Wortes As auf das Studium der in Vergessenheit gerathenen Justinianischen Gesetzbücher geführt hatte, auf Verlangen der Markgräfin Mathildis Vorträge über Röm. Recht. Henr. de Sugusio, card. Ost. ad cap. 1. de testam. Vergl. das Chron. Ursperg.

gründet, und nach damaliger Sitte in 4 Nationen abgetheilt [1]), 1365 Wien, $13\frac{46}{86}$ Heidelberg, 1388 Köln, 1392 Erfurt, 1403 Würzburg, 1409 Leipzig, 1419 Rostock, 1426 Löwen, 1456 Greifswald, $14\frac{57}{60}$ Freiburg, 1460 Basel, 1472 Trier, 1472 Ingolstadt, 1477 Tübingen [2]), 1482 Mainz, 1486 Grätz, 1502 Wittenberg, 1506 Frankfurt a. O.

In ihrem ersten Anfange waren die neuen Hochschulen, die in der Regel ihre Wirksamkeit ursprünglich nur auf einzelne Zweige des Wissens erstreckten, und sich nur sehr allmählig zu Gesammtschulen der Wissenschaft entwickelten [3]), völlig freie Vereine gewesen. Bald jedoch traten sie nach Sitte des Mittelalters in geschlossene Innungen zusammen, und wurden als universitates, d. h. Korporationen, anerkannt. [4]) Wie in allen Zünften, so war auch in diesen Gelehrten-Innungen der Grundzug ihres Wesens die Autonomie. Vermöge dieser gaben sie selbst sich ihre Statuten, und ordneten ihre Gemeinheits-Angelegenheiten selbständig, obschon sichtlich nach dem Vorbild der gewerblichen Zünfte, die ja auch früher Scholae hießen. [5]) Dies spricht sich namentlich in der administrativen und richterlichen Gewalt der Vorsteher über die Zunftgenossen und in der, auf dem Gesetze der Arbeitstheilung beruhenden, Sonderung der Wissenschaften in einzelne Fächer aus, so wie auch die Gliederung der Zünfte in Lehrlinge, Gesellen, Altgesellen und Meister ihre Analogie fand, und die Lieferung des Meisterstücks und Lossprechung der Gesellen mit den gelehrten Deputationen und Promotionen verglichen werden kann. [6])

In diesen letztern, in dem frühzeitig entstandenen Rechte der Korporation, zur Ertheilung der Erlaubniß (Lizenz) öffentlich zu lehren [7]), lag

---

1) Die 4 Nationen waren Böhmen (incl. Mähren und Ungarn), Baiern (incl. Oesterreich, Schwaben, Franken und Rhein), Sachsen (Ober- u. Niedersächs., incl. Dänen und Schweden) und Polen (incl. Schlesier, Litthauer und Russen). Auf Betrieb von Joh. Huß entschied K. Wenzel, daß bei der Doktorwahl die Stimmen der Böhmischen Magister vor denen der 3 andern Nationen zusammen Geltung haben sollten. Dies gab Anlaß zur Auswanderung und Gründung von Leipzig. — In Bologna waren anfangs nur 2 Nationen geschieden: diesseits und jenseits der Alpen. Keuffel, Merkw. der Bonon. Schule. Helmst. 1749. S. 30.

2) Nach dem Muster von Bologna, u. nach Tübingens: Wittenberg.

3) Erst in den folgenden Jahrhunderten wurden in Bologna außer der Jurisprudenz die freien Künste, Theologie und Medizin, in Salerno außer der Medizin auch Philosophie und Jurisprudenz gelehrt, und Paris erhielt erst vierthalb Jahrhundert nach der Stiftung eine ordentliche Professsion des Rechts. Dahlmann, a. a. O. S. 278.

4) Savigny, Gesch. des Röm. Rechts im Mittelalter, Bd. 3. S. 137—387. Die Grundform der Vereinigung war in Paris die universitas Doctorum, in Bologna die universitas Scholarium. Ueber den Schutz der Lehrer und Studenten vergl. die Authentica Habita (K. Friedrichs I. de a. 1158) im Cod. Just. lib. IV. tit. 13. — Der Name universitas wird zuerst 1205 in einem Schreiben des Papsts Innozenz III. an die Schüler in Paris gebraucht, worin derselbe ihnen gestattet, Stellvertreter zu schicken, da ihre Gesammtheit (vestra universitas) nicht erscheinen könne. Auch Heinr. III. von England, als er die Pariser Universität bei Gelegenheit des dortigen Fastnachtstreites von 1229 zur Uebersiedelung in sein Reich einlud, schrieb „magistris et universitati Scholasticorum" zu Paris. Hegewisch, Deutsche Kult. Gesch. Hamb. 1788. S. 138.

5) Muratori, Script. rer. ital. tr. IV. diss. 75. p. 475.

6) Herder, Metakritik, II. 227., Nikl. Vogt, Grund- und Aufriß des christl. germ. Kirchen- und Staatsgebäudes, 1836, S. 171, 209.

7) Dies führte zur Entstehung der gelehrten Würden oder Grade (Baccalaureus, Lizentiat, Magister, Doktor) und zu der der Fakultäten, als besondere Klassen von Lehrern auf Hochschulen, welche das ausschließliche Vorrecht haben, nicht nur gewisse Fächer zu lehren, sondern auch in diesen angehende Gelehrte zu

ein wesentlicher Unterschied von den ältern kirchlichen Schulen. Doctores und Magistri waren nunmehr, nicht von einem Prälaten, sondern von der Universität berechtigte Personen, und Folgen dieser Berechtigung, daß sie als solche von jeder andern Universität anerkannt wurden, daß der gelehrte Grad mithin, wie der ordo oder die Ritterwürde, eine allgemeine Bedeutung bekam. In diesem Sinne hieß die Universität, welche eine solche Würde ertheilen konnte, ein studium generale [1]), eine Eigenschaft, die den ältesten Universitäten wohl lediglich aus dem Ruhme ihrer Lehrer erwuchs, die aber sodann aus dem bloßen Dasein der universitas, der Korporation, aus der bloßen Zulassung einer solchen gefolgert worden zu sein scheint. [2])

Dabei findet sich indessen bald eine Konkurrenz der kirchlichen Gewalt. Denn, obschon die Universitäten nie als rein kirchliche Anstalten betrachtet worden sind, so behielten sie doch durch Vorträge über Theologie und kanonisches Recht eine kirchliche Beziehung, und blieben um so mehr unter kirchlicher Oberaufsicht, als ein Theil der ältesten Lehranstalten, wie Paris und Bologna, ihr Dasein Lehrern verdankte, welche die licentia docendi ursprünglich von einem Prälaten erhalten hatten [3]), und als später das Eindringen von Mönchen in akademische Lehrstühle sehr überhand nahm. [4]). Demzufolge entwickelte sich seit dem 13. Jahrh. die Uebung, daß

---

prüfen, und ihnen die akademischen Würden, so wie die Befugniß zum Lehren zu übertragen. Mit den gelehrten Würden wurde, im Gegensatze zur Geburtsaristokratie und Hierarchie, der gelehrte Adel verbunden, der insbesondere von den Doktoren der Rechte schon auf Grund des Röm. Rechts (c. 7. Cod. II., 6. und c. 14. Cod. II., 7.) in Anspruch genommen wurde, und auf welchen sich die Aeußerung des Kaisers Sigismund bezieht, als der zum Ritter geschlagene Jurist Georg Fiscellinus zweifelhaft war, ob er sich auf dem Konzil zu Basel zu den Rittern oder den Doktoren setzen solle: Nae tu Georgi nimis ridiculus es, qui militiam literis anteponis, cum scias exidiotis me vel sexcentos uno die equites creare posse, at ex codem genere ne unum quidem Doctorem. Dubravii hist. Bohem. lib. 25. p. 665. Runde, Deutsch. Privatr. §. 420. Note c., Phillips, Deutsch. Privatr. II. 65. Vergl. die Reichsabsch. v. 1495, §§. 11—13., v. 1498, §. 39., v. 1500, Tit. 22. §. 5. Auf den Unterschied zwischen gelehrtem und Geburts-Adel deutet Bartolus ad l. 1. Cod. de dign. (XII., 1.): Quilibet doctor dicitus nobilis, et nullus praesumitur nobilis. Pitaval, caus. celebr. T. 18. S. 59, avocats et medicins de Lyon, attaqués pour avoir pris le titre de noble. Kremsier, Wirkung der Wissenschaft und Künste, 1817, S. 10. Wachsmuth, Europ. Sittengesch. IV. 121. 130. 165. 669. 688.

1) Dieser Name deutet, eben so wenig, wie die universitas, auf Umfassung der Gesammtheit der Wissenschaften. Savigny, a. a. O. S. 381. Eichhorn, Kirchenr. II. S. 632.

2) Savigny, a. a. O. S. 383. Wachler, Gesch. der Lit. II. S. 139. — So lehrt Bartolus: habere studium vel licentatiam docendi proceditex privilegio tantum, vel ex consuetudine longissima sicut Paduae, ubi est studium generale ex consuetudine, et sic eadem privilegia sunt ibi, quae Bononiae, ubi est studium ex consuetudine et privilegio Lotharii imp. ut dicunt quidam.

3) Eichhorn, a. a. O. S. 634. Savigny, a. a. O. S. 205, 314, 336.

4) Hegewisch, a. a. O. S. 142. Spittler, Kirchengesch. 5. Aufl. Gött. 1812. S. 318. „Durch sie (die Dominikaner und Franziskaner) wirkte der Papst selbst auch auf die Universitäten, welche sich sonst bald als geschlossene privilegirte Gesellschaften fühlen gelernt hätten, und bei der glücklichen Unabhängigkeit, welche ihnen theils ihr Ruf, theils auch die ganze Art ihrer Einkünfte versicherten, entschlossene Gegner des päpstl. Despotismus geworden wären. Aber Bettelmönche drangen sich in die theol. und philos. Fakultäten, widersetzten sich jedem einmüthigen Schlusse, der gegen eine päpstliche Usurpation gefaßt werden sollte, und beschwuren jede Fakultätsstatuten und jede Universitätsgesetze immer nur salva ordinis

bestehende und neu anzulegende Universitäten als studium generale vom Papste bestätigt, und päpstliche Privilegien zur allgemeinen Anerkennung des Promotionsrechts für unentbehrlich gehalten wurden. [1]) In Deutschland sind alle vor der Reformation errichtete Universitäten mit päpstlichen Privilegien angelegt, oder diese wenigstens nachgesucht worden. [2]) Daneben war natürlich, schon wegen der bürgerlichen Verhältnisse der Korporation, die Zustimmung des Territorialherrn erforderlich [3]), und später entstand die Ansicht, daß zu diesen beiden auch noch ein kaiserliches Privilegium kommen müsse. Die ältesten Beispiele von solchen letztern sind aus der Reg. K. Friedrichs III.[4]), und sie sind erst seit der Reformation allgemein geworden, da die Protestanten die Anerkennung ihrer Promotions-Fakultäten nur auf diese Weise sichern konnten, für die Katholischen aber die päpstlichen Privilegien nicht mehr ausreichten, weil sie von den Protestanten nicht respektirt wurden. [5]) In dem spätern Staatsrecht des Deutschen Reichs wird demnach die Ertheilung der akademischen Würden als ein kaiserliches Reservatrecht bezeichnet, und Ausübung desselben durch die Universitäten nur auf Grund eines kaiserlichen Privilegiums gestattet. [6])

---

regula, in welcher Gehorsam gegen den Papst immer nur mit begriffen war." Auch der damalige Disputirgeist, die scholastische Zanksucht auf den Univ. wird diesen Mönchen zugeschrieben.

1) So heißt es im päpstl. Priv. für Prag v. 1347: illi vero qui in eodem studio dictae civitatis examinati et adprobati fuerint, ac docendi licentiam et honorem seu titulum magisterii obtinuerint, — absque examinatione et adprobatione alia, loquendi et docendi eam, tam in praedicta civitate quam alibi ubicunque, quibuscunque tam dictae civitatis quam quorumlibet aliorum locorum seu generalium studiorum, in quibus voluerint legere vel docere — licentiam habeant. Dabei wurde gemeiniglich dem Diözesanbischofe die Kanzelwürde mit der Gerichtsbarkeit übrr die zur Univ. gehörigen geistlichen Personen und mit der Aufsicht über die Ertheilung der akademischen Grade vorbehalten. Pütter, Entwickelung der Staatsverf. des Deutsch. Reichs, Th. 1. S. 277. In Paris wurden schon 1074 u. 1138 Promotionen an die Genehmigung des Domkanzlers oder des Kanzlers der Abtei St. Genevieve gebunden. In Bologna hatte 1219 Papst Honorius III. ausdrücklich verboten, Jemand ohne Erlaubniß des Archideakonus ad docendi regimen anzunehmen. Eichhorn, Savigny a. a. O. — Auch spezielle Einrichtungen ordneten die Päpste, wie z. B. Wien 1365 sein Privilegium nur für nicht theologische Lehrfächer, und die theol. Fakultät erst durch Urban IV. erhielt. Savigny, a. a. O. S. 163, 259. Dasselbe war bei Rostock der Fall. Bacmeister, Antiquit. Rostock ap. Westphalen in monum. ined. Tit. III. p. 781. Hegewisch, a. a. O. S. 142.

2) Moser, Deutsch. Staatsr. Bd. 5. S. 363.

3) Als 1222 Lehrer und Schüler aus Bologna auswanderten und in Padua eine neue Hochschule gründeten, brauchten jene, um lehren zu dürfen, keine Autorisation. Das Recht, Doktoren zu kreiren, verschafften sie sich durch Unterwerfung unter das bischöfl. Recht des Kanzellariats. Zur Universitas wurden die Scholaren durch Anerkennung ihrer Korporationsrechte von Seiten der Stadt. Savigny, a. a. O. S. 267, 268, 256.

4) Moser, a. a. O. S. 26. Pütter,s a. a. O. erwähnt bei Leipzig die erste Kaiserl. Bestätigung, sodann die für Greifswald v. 16. Okt. 1456, und für Marburg v. 16. Juli 1541.

5) Häberlin, Handb. des Deutsch. Staatsr. Bd. 3 S. 117.

6) Pütter, a. a. O. Bd. 3. S. 265: höhere und niedere Schulen oder gelehrte Gesellschaften von allen Gattungen in seinem Lande anzulegen, hat zwar ein jeder Reichsstand in seiner Gewalt, sofern es auf Ernennung, Besoldung und Befreiung der dazu gehörigen Personen ankommt. Sobald aber eine hohe Schule mit dem Rechte, akademische Würden nach Abtheilung der sogen. Fakultäten zu ertheilen, begabt sein soll, wie das eigentlich den unterscheidenden Begriff unserer

Trotz der geschilderten Einwirkung der geistlichen und weltlichen Gewalt standen die Universitäten vermöge ihrer Korporativ-Verfassung im Ganzen selbständig da. Sie waren, nach Herders Ausdruck [1]), „ein Freistaat im Staate", auf besondere Stiftungen gegründet, durch zahlreiche Privilegien geschützt, mit eigenem Vermögen, eigenen Gesetzen, eigener Rechtspflege und selbständiger Verwaltung. So nahmen sie an den öffentlichen Angelegenheiten Theil, und übten auf Reichs-, Stände- und Rathsversammlungen, auf Synoden und allgemeinen Konzilien, theils als Gesetzgeber, theils als Schiedsrichter zwischen Kirche und weltlicher Macht, bedeutenden Einfluß. Rechtsgelehrte wurden die Orakel der Fürsten, und die Fakultäten bewährten sich oft als wahre Phalangen der Literatur, in deren Lehrfreiheit auch der sogenannte Ketzer Schutz, und die Reformation ihren ersten Stützpunkt fand. [2]) Diese letztere führte wiederum in ihrer Rückwirkung zur Erhöhung des wissenschaftlichen Strebens und zur Kräftigung nicht blos der wissenschaftlichen, sondern überhaupt der akademischen Freiheit, welche den Deutschen Universitäten schon seit Mitte des 15. Jahrh. durch die Stellung, welche vermöge derselben die Studenten einnahmen, ein eigenthümliches Gepräge verliehen hatte. Denn in dieser Beziehung war das Muster der Pariser Universität [3]) für Deutschland nicht lange maaßgebend geblieben. Während dort sehr frühe schon der Grundsatz klösterlicher Disziplin galt, die Studenten in Kollegienhäusern (z. B. in der Sorbonne) zusammen, unter Aufsicht, und von Unterstützungen [4]) lebten, und jeder, der nicht in den Mitgenuß der Stiftung eingekauft war, und nicht zur eigentlichen Universität gezählt wurde, sondern sich in communi befand, war in Deutschland das akademische Bürgerrecht nicht an das Kollegium gebunden. Derartige Einrichtungen [5]), wo sie bestanden,

---

Universitäten ausmacht; so wird hierzu ein Kaiserl. Privilegium erfordert, wie auf solche Art noch die neuesten Univ. 1733 zu Göttingen, 1742 zu Erlangen, 1781 zu Stuttgart (letztere jedoch ohne theol. Fak. und mit Einschränkung der akad. Graduirung auf dortige Studenten) mit Kaiserl. Privilegien versehen sind. Vgl. Borowski, Kameral- und Finanzw. I. S. 396. — Auch durch die Pfalzgrafen ließ der Kaiser dies Reservatrecht ausüben, daher doctores bullati im Gegensatz zu den auf einer Univ. promovirten. Neben den akadem. Würden umfaßte das Reservatrecht auch die des poeta laureatus.

1) Werke, III. Philos. u. Gesch. 1829. XIV. S. 253.

2) Huß wie Luther waren Universitätslehrer. Dahlmann, Pol. S. 279, Mayerhoff, die Deutsch. Hochsch. S. 31, Meiners, Gesch. d. Univ. Bd. 1. S. 310, Bd. 4. S. 366. — Ueber die Förderung des wissenschaftl. Strebens durch die Humanisten und durch die Erfindung der Buchdruckerkunst, s. Bd. 1. S. 12, 14. Namentlich hatte letztere unmittelbaren Einfluß auf die akadem. Vorträge durch Minderung des Diktirens und daraus folgende Abkürzung der Kurse. Man las z. B. nur noch zwei Jahre an den Institutionen, kam auf ein Jahr, jetzt auf ein Semester. Mißbräuche, wie der von Bologna, wo reiche Studenten ihre Bedienten zum Nachschreiben in das Kollegium schickten (Scheidler, Hodeget., S. 301), und bandwurmartige Vorlesungen, wie die des Prof. Thomas von Haselbach in Wien, der, nach Aeneas Sylvius Bericht, 21 Jahre über das erste Kapitel des Jesaias las, ohne damit zu Ende zu kommen (Pfister, Gesch. d. Deutsch., III. S. 652), mußten nunmehr von selbst aufhören.

3) Auf den ältesten Italien. Univ. hatte, so lange die Studirenden aus erwachsenen Männern bestanden, eine fast unbeschränkte Freiheit derselben geherrscht, so daß sie den Rektor aus ihrer Mitte wählten, und eine Gerichtsbarkeit über die Lehrer ausübten. Wachler, Gesch. d. Lit. II. 140., Savigny, a. a. O.

4) Bursae, davon bursatii, Burschen. Meiners, Gesch. der Univ. Bd. 4. S. 366, Verfass. u. Verwalt. d. Univ. Bd. 1. S. 144.

5) Spezielle Institute der Art existiren jedoch noch: z. B. das Stift in Tü-

wurden sehr bald zu freien Pensions-Anstalten, die ihre Mitglieder gegen Zahlung aufnahmen; der Student stand innerhalb der Korporation frei, und wählte frei die Lehrer und die Vorträge, denen er folgen wollte.

Dies war der Zustand der Deutschen Universitäten vor und in den ersten Zeiten nach der Reformation.[1]) Der allgemeine Entwickelungsgang des öffentlichen Wesens strebte aber nach Zusammenfassung des mittelalterlichen Korporationenkomplexes zur Staatseinheit. Ihm konnten sich auch die Hochschulen nicht entziehen. Sie kamen mehr und mehr in das Verhältniß von Staatsanstalten, wobei es, in Folge davon, daß sie die allgemein berechtigte theoretische Freiheit, die Denk- und Lehrfreiheit, als ein Privilegium beansprucht hatten,[2]) nicht immer ohne Schädigung dieser abging. Entscheidend trat jedoch der Wendepunkt in dieser Beziehung erst in der neuesten Zeit ein. Die äußere Veranlassung gab das Verbindungswesen.

Die alte Eintheilung der Universitäts-Mitglieder in Nationen hatte sich unter den Studenten als Sonderung in Landsmannschaften fortgepflanzt, Vereinigungen, deren Grundzug, in Folge des akademischen Vorrechts, den Degen zu tragen, immer ausschließlicher das Streben wurde, sich gegenseitig in Waffenübung[3]) und an Waffenehre zu überbieten. Auf

---

bingen. In England machen zu Oxford und Cambridge noch jetzt die Kollegien die eigentliche Universität aus.

1) Nach der Reformation entstanden folgende Universitäten: 1527 Marburg, 1544 Königsberg, $15\frac{48}{58}$ Jena, 1549 Dillingen, 1568 Straßburg, 1576 Helmstädt, 1581 Olmütz, 1585 Bamberg, 1607 Gießen, 1616 Paderborn, 1622 die Nürnbergsche Univ. zu Altdorf, 1622 Salzburg, 1632 Osnabrück, 1655 Duisburg, 1665 Kiel, 1672 Inspruk, 1694 Halle, 1702 Breslau, 1733 Göttingen, 1734 Fulda, 1742 Erlangen, 1773 Münster, 1781 Stuttgart, 1802 Landshut, 1809 Berlin, 1818 Bonn, 1826 München (aus Landshut, vormals Ingolstadt). Nur die hier und oben S. 370 gesperrt gedruckten bestehen noch als Deutsche Universitäten. Köln, Trier, Mainz hörten zur Zeit der Französischen Okkupation auf, Bamberg 1803, Dillingen, Fulda 1804, Helmstädt, Altdorf, Rinteln 1809, Salzburg 1810, Frankfurt 1811, Duisburg 1815, Erfurt 1816, Wittenberg 1817, Paderborn und Münster 1818. Auch Osnabrück, die Stuttgarter Karlsakademie, und eine zweite Mecklenburger Univ. in Bützow haben nur temporäre Existenz gehabt. Zum Theil sind sie nie vollständige Univ. im heutigen Sinne gewesen. An die Stelle der aufgehobenen sind meist gelehrte Sch. od. Sem. oder auch Akademieen getreten.

2) Vgl. Bruno Bauer, Politik, Kult. u. Aufklär. des 18. Jahrh. (Charlottenb. 1843.) Bd. 1. die ersten vierzig Jahre, S. 65: „Die Professoren sahen es als ihren Beruf an, jede Regung eines freien Gedankens niederzuhalten, jeden Fortschritt zu verdammen und die Kritik der hergebrachten Uebel bei den Regierungen zu verklagen. Ja! Die Universitäten haben auf unser Volk einen außerordentlichen Einfluß gehabt, aber nur nicht den, um dessentwillen die Unwissenheit und Sentimentalität sie bisweilen rühmen! Man muß nur daran denken, wie die protestantischen Univ., die nach der Reformation gestiftet sind, nur deshalb entstanden, weil jeder kleine Fürst wo möglich seine eigene Winkel-Universität haben wollte, und die Geistlichkeit nicht genug Katheder zur Vertheidigung der Orthodoxie erhalten konnte."

Unter den Eingriffen in die Lehrfreiheit erinnern wir beispielsweise an die Vertreibung des Thomasius in Leipzig, an den K. Sächsischen Befehl v. 14. Febr. 1716 an die Univ. in Leipzig, daß sie die dortigen Lehrer „von allen verdächtigen Meinungen und neuerlichen Arten zu reden und zu schreiben, abhalten solle", an die Preuß., auf Betrieb der Halleschen Pietisten, ergangene K. O. v. 8. Nov. 1723, durch welche Friedr. Wilh. I. den Philosophen Wolf „binnen 48 Stunden bei Strafe des Stranges aus seinen Landen" verwies. Br. Bauer, a. a. O. S. 73. 239.

3) Auf der Uebung im Gebrauche der Waffen, die sich der jüngere Student

Stammesverwandschaft wurde zuletzt gar nicht mehr gesehen. Daneben pflegten diese Verbindungen, als Rest der alten privilegirten korporativen Absperrung ihre eigenthümlichen, baroken Gebräuche und Formen (Komment), und überhoben sich über die ganze nichtstudentische Welt in Ungebundenheit und Uebermuth.[1]) So bestanden sie lange Zeit öffentlich, und dauerten auch seit ihrer offiziellen Unterdrückung um Mitte des vor. Jahrh. anfangs als geheime Orden, und später wiederum als Landsmannschaften oder Korps bis in die Neuzeit fort. Dem nichtigen Taumelleben dieser Verbindungen trat der altdeutsche Idealismus, der aus den Feldzügen gegen Napoleon zu den Universitäten zurückgekehrten jungen Männer entgegen. Der Wiener Kongreß hatte die Hoffnung auf Wiedergeburt der Deutschen Reichseinheit nicht verwirklicht, und sie verbanden sich daher, um sich durch wissenschaftliche und sittliche Ausbildung zum Kampfe für diese geschickt zu machen. Es entstanden auf einzelnen Universitäten, namentlich Jena und Gießen, Burschenschaften, welche am Reformationsfeste 1817 auf der Wartburg bei Eisenach zu einer allgemeinen Deutschen Burschenschaft zusammentraten. Beim Schlusse dieser Feier wurden, nach Luthers Beispiel, eine Anzahl freiheitsfeindlicher Schriften verbrannt. Die beleidigten Autoren schlugen Lärm, die Burschenschaft wurde als staatsgefährlich denunzirt,[2]) und, als am 23. März 1819 ein Mitglied derselben, der Stu-

---

erst aneignen mußte, beruhte es auch, daß der ältere Student einen höhern Grad der Ehre in Anspruch nahm. Daher die Eintheilung nach Semestern in Füchse, Brandfüchse, Jung- und Altburschen, und weiter in alte Häuser und bemooste Häupter. H. Bode, Studentenverhältnisse, in Wigands Vierteljahrsschr. 1844. III. S. 116.

1) Br. Bauer, a. a. O. S. 67: „Eine Folge und Ergänzung der geistigen Rohheit und Barbarei der Lehrer war das rohe und ausschweifende Leben der Schüler. Die jungen Leute, die auf den Univ. keinen Gedanken fanden, der sie innerlich beschäftigt oder erhoben hätte, suchten im gehaltlosesten Muthwillen, in gedankenlosem Spiel Genugthuung. Wachten die Lehrer über der hierarchischen Ordnung der Fakultäten, so hielten die Schüler die Aufrechterhaltung ihrer zwecklosen Verbindungen für die wichtigste Angelegenheit. In einer Anstalt, wo die Lehrer dem übrigen Theil der Nation wie Wesen einer fremden Welt gegenüberstanden, mußten auch die Schüler sich das Ansehen geben und selbst das Gefühl haben, als seien sie ganz andere Wesen als das übrige Volk — kurz, der Hauptgewinn, den die Schüler von diesen Anstalten mit nach Hause brachten, war die Gewißheit, daß sie besonders monopolisirte und privilegirte Wesen seien." — Deutsche Jahrb. 1842. Nr. 56.: „Auch das Deutsche Gewächs, der Bruder Studio, der sich für das einzige Rechtmäßige, alles Andere für das Unberechtigte hält, es als Philisterthum verachtet — der flotte Bursch, der nur der Flotte ist, weil der andere Theil Philister ist — ist eine reflektirte Spiegelung der Apolitie in Deutschland." — Immermann bemerkte in seinen Epigonen: „es sei nur der Philister, der in den gewaltigen Hähnen auf der Universität stecke und treibe, weil er herauswolle", — aber nicht herauskommt. Die flottesten Studenten haben erfahrungsmäßig die servilsten Beamten gegeben. Kein Wunder. Denn die Frucht des Komments ist ein Zwitterwesen zwischen Herrschsucht und Knechtsinn; Arroganz gegen Seinesgleichen und gegen Nichtstudenten, und unbedingter Gehorsam gegen den Senior und gegen den Seniorenkonvent. Vgl. H. Bode, a. a. O. S. 126.

2) Unter den Deutschen Angebern nahm, nächst dem Göttinger Prof. Dabelow, der Prof. und Geh. Rath Theod. Ant. Heinr. Schmalz zu Berlin die erste Stelle ein. Seine bezüglichen Schriften sind a) Berichtigung einer Stelle aus der Bredow-Venturinischen Chronik, Berl. 1815, bei Maurer; und als Niebuhr (über geheime Verbindungen, Berl. 1815. Realschulb.) diese Schrift für Klatscherei erklärte, und auch Schleiermacher u. a. antworteten: b) Bemerkungen über Niebuhrs Schr., und c) Letztes Wort über politische Vereine. — Unter den ausländischen Delatoren ist hauptsächlich der Russische Staatsrath Alex. v. Stourdza,

dent Sand von Jena, einen in Mannheim wohnenden russischen Berichterstatter, Deutscher Geburt, den Staatsrath v. Kotzebue, ermordet hatte,[1]) brach eine Verfolgung los, welche nicht blos gegen die Studenten und deren Verbindungen, sondern auch gegen die Lehrer und deren Lehrfreiheit gerichtet war. Vergeblich suchten die Großherzogl. u. Herzogl. Sächsischen Regierungen den Sturm abzulenken, indem sie in der Bundestagssitzung vom 1. April 1819 durch ihren Gesandten v. Hendrich eine Denkschrift über den Zustand der Univers. Jena überreichten. Sie erklärten, daß sie wohl zu einer Vereinigung über gewisse Grundsätze der akademischen Disziplin die Hände bieten, nie aber zu Einrichtungen stimmen würden, welche das innere Wesen der Universitäten zerstören, und sie durch Aufhebung der akademischen Freiheit zu bloßen gelehrten Schulen, Gymnasien umformen müßten. Auch die Freiheit der Meinungen und der Lehre müsse den Universitäten verbleiben; denn im offenen Kampfe der Meinungen solle hier das Wahre gefunden, gegen das Einseitige, gegen das Vertrauen auf Autoritäten solle hier der Schüler bewahrt, und zur Selbständigkeit erhoben werden.[2]) In Folge hiervon wurde zwar in der Sitzung

---

ein Moldauer, bekannt geworden, welcher dem Aachener Kongreß ein Mémoire sur l'état actuel de l'Allemagne überreichte, für dessen ursprünglichen Verfasser man vielfach den H. v. Kotzebue hielt, da dieser früher in Weimar in gleichem Sinne geschrieben hatte.

1) Karl Ludw. Sand, 1795 in Wunsiedel geb., Stud. der Theol., 1815 Freiwilliger, wurde am 20. Mai 1820 in Mannheim hingerichtet. Mitschuldige hat er nicht gehabt. Auf die durch seine That hervorgerufenen Maaßregeln hat ohne Zweifel auch der Mordversuch eingewirkt, den am 1. Juli 1819 der Apotheker Löning aus Idstein gegen den Nassauischen Präs. Ibell in Schwalbach unternahm. Löning entleibte sich selbst im Gefängnisse.

2) Vgl. Nauwerck, Thätigk. der Deutsch. Bundesvers., Berl. 1845. II. S. 61. Die Denkschrift berief sich insbes. auf die Eröffnungsrede des Oesterr. Präsidialgesandten, Gr. Buol-Schauenstein, welcher laut Prot. der 1. Sitz. des Bundest. v. 5. Nov. 1816 gesagt hatte: „Wem sind unsere Univ. nicht ein stolzes Denkmal Deutscher Entwickelung? Selbst Ausländer, nicht immer gerecht gegen uns mit der Wagschale des Verdienstes, räumen der Form dieser unserer wissenschaftlichen Institute, schon wegen ihrer — die Wissenschaft, alle einzelnen Haupt- und Hülfszweige als ein Ganzes — berücksichtigenden Umfassung einen großen Vorzug ein." Klüber, Staatsarch. d. Deutsch. B., H. 5. S. 31. — Ueber das Verbindungswesen heißt es in der Denkschrift: „Zu den Uebeln, an welchen die Deutschen Univ. allerdings von Zeit zu Zeit gelitten haben, gehören die Landsmannschaften, Studentenorden ꝛc. Sie waren heimliche Verbindungen, sie störten, da sie einander immer feindlich gegenüberstanden, den Frieden auf den Univ., sie wirkten eben dadurch noch über die Universitätsjahre hinaus, sie haben, in der Zeit von hundert Jahren und darüber, manchem jungen Manne das Leben gekostet. Ohne entscheidenden Erfolg war die Gesetzgebung einzelner Lande und selbst die Reichsgesetzgebung gegen diese Verbindungen. Wie erfreulich also, daß nach den Kriegsjahren 1813 und 1814 die aus dem Felde zurückkehrenden Jünglinge das Thörichte und Schädliche jener Spaltungen selbst erkannten, daß sie den Entschluß faßten, die Einigkeit der Deutschen, deren Folgen ihnen vor die Augen getreten waren, auch in ihrem Zusammenleben zu erhalten, schon in ihrem Jugendleben einer Idee zu huldigen, die für das Deutsche Vaterland von so hoher Bedeutung ist. „„Einheit aller Studirenden unter einander, christlich Deutsche Ausbildung einer jeden geistigen und leiblichen Kraft zum Dienste des Vaterlandes"" waren die Grundsätze, auf welche sich die in Jena Studirenden, mit Aufhebung aller Orden, aller Landsmannschaften, öffentlich die Hände reichten. Hätte man dies an sich für unerlaubt ansehen und hindern sollen, zumal da noch ausgesprochen wurde: „„Mit denj. Studirenden, die in diese Gemeinschaft nicht förmlich treten wollen, steht die allgem. Verbindung in den allerfreundschaftlichsten Verhält-

vom 6. Mai 1819 vom Bundestage einstimmig [1]) eine Kommission ernannt, welche „die Eröffnung der Großherzogl. Sachs. Weim. Eisenachschen Bundestags-Gesandschaft, betreff. den gegenwärt. Zustand der Universitäten, so wie auch die Maaßregeln, zu welchen dieselbe Veranlassung gebe, baldmöglichst zu einem gemeinsamen Einverständnisse vorzubereiten" habe; allein über die Thätigkeit dieser Kommission ist nichts bekannt geworden. Dagegen trafen am 28. Juli der Preuß. Staatskanzler, Fürst v. Hardenberg und der Oesterr. Min. des Auswärtigen, Fürst v. Metternich in Teplitz zusammen, von wo sie nach mehrtägigen Verabredungen sich im Anfange des August nach Karlsbad begaben, und am 6. dess. Mon. unter Zuziehung von Gesandten der größern Bundesstaaten [2]) Konferenzen eröffneten, welche, neben der Auslegung des Art. 13. der Bundesakte [3]) und der Bundesexekutions-Ordnung, auch III. die „Gebrechen des Schul- und Universitätswesens" und IV. den „Mißbrauch der Presse" zum Gegenstande hatten. Die in diesen Konferenzen entworfenen Beschlüsse wurden dem Bundestage in der Sitzung v. 20. Sept. 1819 mittelst Präsidialvortrags im Namen des Kaisers von Oesterreich vorgelegt, und „mit dem Ausdrucke des lebhaftesten und ehrerbietigsten Dankes für die von Sr. K. K. Majestät andurch neuerdings bethätigte, unermüdete hohe Sorgfalt für das Beste des Deutschen Bundes," einmüthig angenommen. [4]) Der

---

nissen?"" — Die Studirenden waren in den J. 1816 und 1817 leichter zu regieren, als je."

1) Der Preuß. Gesandte, Gr. v. d. Goltz, stimmte mit dem Bemerken bei, „daß sein Hof den Gegenstand als der sorgfältigsten Prüfung jeder einzelnen Regierung zunächst angehörend in der Art betrachte, um ihn erst nach dieser Prüfung als zu gemeinsamer Entschließung gereift erachten zu können." Nauwerck, a. a. O. II. S. 66.

2) Vertreten waren Oestreich durch F. Metternich, Preußen durch Gr. v. Bernstorff und v. Krusemark, Baiern durch Gr. Rechberg und v. Stainlein, Sachsen durch Gr. Schulenburg und Gr. Einsiedel, Hannover durch Gr. Münster und Gr. Hardenberg, Würtemberg durch Gr. Winzingerode, Meklenburg durch Frh. v. Plessen, Baden durch Frh. v. Berstett, Nassau durch Frh. v. Marschall. Auch Sachsen Weimar betheiligte sich durch Frh. v. Fritsch an einer Konferenz, Kurhessen durch Frh. v. Münchhausen, jedoch ohne Instruktion, an mehreren. Die Konferenzen wurden abwechselnd bei Fürst Metternich oder Fürst Hardenberg gehalten. Protokollführer war der bekannte Oesterr. Hofrath v. Gentz, nach ihm Frh. v. Plessen. Nach 23 Sitzungen wurde am 31. Aug. die Konferenz geschlossen.

3) „In allen Bundesstaaten wird eine landesständische Verfassung statt finden." Es heißt nicht „landständische". Klüber, Quellensammlung, S. 166.

4) In dem Präsidialvortrage wird hinsichtlich der Universitäten zunächst die Aufmerksamkeit der einzelnen Regierungen und der Bundesversammlung damit motivirt, daß diese Anstalten die Jugend unmittelbar zur öffentlichen Wirksamkeit vorzubilden haben, daß sie ein Hauptglied in dem Gesammtverbande der Deutschen sind, und daß Deutschland ihnen von Alters her einen Theil seines Ansehens im Europäischen Gemeinwesen verdankt. Dann heißt es: „daß der wirkliche Zustand der Deutschen Univ., mit einigen allgem. anerkannten ehrenvollen Ausnahmen, ihrem in bessern Zeiten erworbenen Ruhme von vielen Seiten nicht mehr entspricht, kann wohl schwerlich in Zweifel gezogen werden. Schon seit geraumer Zeit haben einsichtsvolle und nachdenkende Männer bemerkt und beklagt, daß diese Institute ihrem ursprünglichen Charakter, und den von ihren glorreichen Stiftern und Beförderern beabsichtigten Zwecken, in mehr als einer Hinsicht, fremd geworden waren. Von dem Strome einer Alles erschütternden Zeit mit fortgerissen, hat ein großer Theil der akademischen Lehrer die wahre Bestimmung der Univ. verkannt, und ihr eine willkührliche, oft verderbliche, untergeschoben. Anstatt, wie es ihre erste Pflicht gebot, die ihnen anvertrauten Jünglinge für den Staatsdienst, zu welchem sie be-

hierdurch zum Deutschen Bundesbeschluß erhobene „Entwurf eines provisorischen Beschlusses über die Ansehung der Universitäten zu ergreifenden Maaßregeln“ lautet:[1])

§. 1. Es soll bei jeder Univ. ein, mit zweckmäßigen Instruktionen und ausgedehnten Befugnissen versehener, am Orte der Universität residirender, außerordentlicher landesherrlicher Bevollmächtigter, entweder in der Person des bisherigen Kurators, oder eines andern, von der Regierung dazu tüchtig befundenen Mannes angestellt werden. Das Amt dieses Bevollmächtigten soll sein, über die strengste Vollziehung der bestehenden Gesetze und Disziplinar-Vorschriften zu wachen, den Geist, in welchem die akademischen Lehrer bei ihren öffentlichen und Privatvorträgen verfahren, sorgfältig zu beobachten, und dems., jedoch ohne unmittelbare Einmischung in das Wissenschaftliche und die Lehrmethoden, eine heilsame, auf die künftige Bestimmung der studirenden Jugend berechnete Richtung zu geben; endlich Allem, was zur Beförderung der Sittlichkeit, der guten Ordnung und des äußern Anstandes unter den Studirenden dienen kann, seine unausgesetzte Aufmerksamkeit zu widmen. Das Verhältniß dieser außerordentlichen Bevollmächtigten zu den akademischen Senaten soll, so wie Alles, was auf die nähere Bestimmung ihres Wirkungskreises und ihrer Geschäftsführung Bezug hat, in den ihnen von ihrer

---

rufen waren, zu erziehen, und die Gesinnung in ihnen zu erwecken, von welcher das Vaterland, dem sie angehörten, sich gedeihliche Früchte versprechen konnte, haben sie das Phantom einer sogen. weltbürgerlichen Bildung verfolgt, die für Wahrheit und Irrthum gleich empfänglichen Gemüther mit leeren Träumen angefüllt, und ihnen gegen die bestehende gesetzliche Ordnung, wo nicht Bitterkeit, doch Geringschätzung und Widerwillen eingeflößt. Aus einem so verkehrten Gange hat sich nach und nach, zu gleich großem Nachtheil für das gemeine Beste und für die heranreifende Generation, in dieser der Dünkel höherer Weisheit, Verachtung aller positiven Lehre, und der Anspruch, die gesellschaftliche Ordnung nach eigenen unversuchten Systemen umzuschaffen, erzeugt, und eine beträchtliche Anzahl der zum Lernen bestimmten Jünglinge hat sich eigenmächtig in Lehrer und Reformatoren verwandelt.“ Es wird sodann bemerkt, daß theils die Kriegszeit, theils der „löbliche Wunsch, die Freiheit des Unterrichts, so lange sie nicht unmittelbar und zerstörend in die bürgerlichen Verhältnisse eingriff, nicht zu hemmen“, von früherem Einschreiten abgehalten habe, daß aber fernere Schonung, Schwäche und „Gleichgültigkeit gegen den fernern Mißbrauch einer so verunstalteten akademischen Freiheit“ schwer zu verantworten sein würde, seitdem von den Univ. „die bestimmtesten Feindseligkeiten gegen die Grundsätze und Ordnungen, auf welchen die gegenwärtige Verfassung und der innere Friede Deutschlands beruht, ausgegangen; seitdem, sei es durch sträfliche Mitwirkung, sei es durch unverzeihliche Sorglosigkeit der Lehrer, die edelsten Kräfte und Triebe der Jugend zu Werkzeugen abenteuerlicher politischer Pläne und, wenn gleich ohnmächtiger, doch darum nicht minder frevelhafter Unternehmungen gemißbraucht worden sind, seitdem diese gefahrvollen Abwege sogar zu Thaten geführt haben, die den Deutschen Namen beflecken.“ Mit der Bevorwortung, daß gründliche Abhülfe fernere Bemühungen voraussetze, werden sodann schließlich die fraglichen Beschlüsse empfohlen, um zunächst dem unmittelbar drohenden Unheil zu begegnen, und durch wirksame Maaßregeln dafür zu sorgen: „daß unbesonnene Schwärmer oder erklärte Feinde der bestehenden Ordnung in dem gegenwärtigen zerrissenen Zustande mehrerer Deutscher Univ. nicht Stoff zur fernern Aufregung der Gemüther, verblendete Werkzeuge zur Beförderung unsinniger Pläne, oder Waffen gegen die persönliche Sicherheit der Staatsbürger aufsuchen können.“ Nauwerck, a. a. O. II. S. 276.

1) In *Preußen* sind die Bundesbeschl. v. 20. Sept. 1819 durch Bekanntm. v. 18. Okt. 1819 besonders publizirt (G. S. 1819. S. 218). Der Preuß. Gesandte, Graf Bernstorff, bezeichnete in einer Cirk. Note nach dem Karlsb. Kongreß die Universitäten als „Giftquellen“, und bemerkte: „Man hat geglaubt, daß das sicherste Mittel, die *politischen und religiösen Abweichungen der Professoren zu unterdrücken*, darin bestände, ihnen die schlimmen Folgen anzukündigen, die ihre falschen Lehren für ihre ganze Existenz haben würden.“ *Kieler*, Beiträge, I. S. 3.

obersten Staatsbehörde zu ertheilenden Instr., mit Rücksicht auf die Umstände, durch welche die Ernennung dieser Bevollmächtigten veranlaßt worden ist, so genau als möglich festgesetzt werden.[1])

§. 2. Die Bundesregierungen verpflichten sich gegen einander, Universitäts- und andere öffentliche Lehrer, die durch erweisliche Abweichung von ihrer Pflicht, oder Ueberschreitung der Gränzen ihres Berufes, durch Mißbrauch ihres rechtmäßigen Einflusses auf die Gemüther der Jugend, durch Verbreitung verderblicher, der öffentlichen Ordnung und Ruhe feindseliger, oder die Grundlagen der bestehenden Staatseinrichtungen untergrabender Lehren, ihre Unfähigkeit zu Verwaltung des ihnen anvertrauten wichtigen Amtes unverkennbar an den Tag gelegt haben, von den Univ. und sonstigen Lehranstalten zu entfernen, ohne daß ihnen hierbei, so lange der gegenwärtige Beschluß in Wirksamkeit bleibt, und bis über diesen Punkt definitive Anordnungen ausgesprochen sein werden, irgend ein Hinderniß im Wege stehen könne. Jedoch soll eine Maaßregel dieser Art nie anders, als auf den vollständig motivirten Antrag des der Univ. vorgesetzten Reg. Bevollmächtigten, oder von demselben vorher eingeforderten Bericht beschlossen werden. Ein auf solche Weise ausgeschlossener Lehrer darf in keinem andern Bundesstaate bei irgend einem öffentlichen Lehrinstitute wieder angestellt werden.

§. 3. Die seit langer Zeit bestehenden Gesetze gegen geheime oder nicht autorisirte Verbindungen auf den Univ. sollen in ihrer ganzen Kraft und Strenge aufrecht erhalten, und insbes. auf den seit einigen Jahren gestifteten, unter dem Namen der allgemeinen Burschenschaft bekannten Verein und um so bestimmter ausgedehnt werden, als diesem Verein die schlechterdings unzulässige Voraussetzung einer fortdauernden Gemeinschaft und Korrespondenz zwischen den verschiedenen Univ. zum Grunde liegt. Den Reg. Bevollmächtigten soll in Ansehung dieses Punktes eine vorzügliche Wachsamkeit zur Pflicht gemacht werden. — Die Regierungen vereinigen sich darüber, daß Individuen, die nach Bekanntmachung des gegenwärtigen Beschlusses erweislich in geheimen, oder nicht autorisirten Verbindungen geblieben, oder in solche getreten sind, bei keinem öffentlichen Amte zugelassen werden sollen.

§. 4. Kein Studirender, der durch einen von dem Reg. Bevollmächtigten bestätigten, oder auf dessen Antrag erfolgten Beschluß eines akademischen Senats, von einer Univ. verwiesen worden ist, oder der, um einem solchen Beschlusse zu entgehen, sich von der Univ. entfernt hat, soll auf einer andern Univ. zugelassen, auch überhaupt kein Studirender, ohne ein befriedigendes Zeugniß seines Wohlverhaltens auf der von ihm verlassenen Univ., von irgend einer andern Univ. aufgenommen werden.

(Protokoll der B. V. §. 220. Sitz. 35. von 1819, Klüber, Quellensammlung, S. 282, v. Meyer, Grundges. d. D. B. S. 65.)

Zugleich wurde eine außerordentliche Central-Untersuchungs-Kommission zu Mainz bestellt,[2]) zu dem Zwecke, „gemeinschaftliche, möglichst gründliche und umfassende Untersuchung und Feststellung des Thatbestandes, des Ursprungs und der mehrfachen Verzweigungen der gegen die bestehende Verfassung und innere Ruhe sowohl des ganzen Bundes, als ein-

---

1) In Baden erhielt der Reg. Bevollmächtigte die Befugniß, die Hefte der Studenten zu untersuchen, und vom kirchlichen oder politischen Dogma abweichende Lehrer zurecht zu weisen. Der akademische Senat von Freiburg protestirte dagegen ohne Erfolg. — In Jena erklärte Prof. Martin: unter solchen Beschränkungen nicht mehr zu lesen, und erhielt darauf persönliche Exemtion von der Weimarschen Reg. Auch die Berliner Univ. protestirte gegen die erhobenen Vorwürfe in Bezug auf sich.

2) Laut Nr. 4. der in der Sitzung v. 20. Sept. 1819 angenommenen Entwürfe. Der über die Univ. war Nr. 2., Nr. 1. die Exekutionsordn., Nr. 3. das Preßgesetz. Sie korrespondiren den Anträgen II. bis V. Ueber den I. Antrag, Auslegung des Art. 13. der B. A., wurde zwar auch ein entsprechender Beschluß gefaßt, die Auslegung selbst erfolgte jedoch erst durch die Wiener Schlußakte Art. 54—62. Klüber, Quellens. S. 215. v. Meyer, Grundges. d. D. V. S. 12. Nauwerck a. a. O. II. S. 298. I. S. 37.

zelner Bundesstaaten, gerichteten revolutionären Umtriebe und demagogischen [1]) Verbindungen" vorzunehmen. Die Ernennung der einzelnen Mitglieder dieser Kommission wurde den Regierungen von Preußen, Baiern, Hannover, Baden, Hessen-Darmstadt und Nassau überlassen. Sie sollte keine richterliche Behörde sein, [2]) und über die Resultate ihrer Wirksamkeit an die Bundesversammlung berichten. [3]) Installirt mit großer Oeffentlichkeit, erhielt sie in der Stille, nach und nach, ihre Auflösung im J. 1828, ohne daß ein Resultat ihrer Wirksamkeit bekannt gemacht ward. [4]) Auch hat sie nie verlautet, daß sie Personen oder Verbindungen unmittelbar in Untersuchung genommen habe. [5]) Dagegen hat sie allerdings in den Einzelnstaaten Untersuchungen, insbes. gegen Studentenverbindungen veranlaßt und unterstützt. [6])

Der, namentlich auch in Preußen, [7]) ohne Weigerung ausgeführte

---

1) Der ursprüngliche Entwurf lautete gegen „hochverrätherische" Untersuchungen, was aber wegen des zeitlich noch mangelnden Thatbestandes abgeändert ward: Staatslex. Art. Kongreß, Bd. 3. S. 703.

2) Eine der großen Mächte hatte zur Beseitigung der linksrheinischen Geschwornengerichte zwar verlangt, daß die Central-Kommission auch Bundesgericht sein solle, allein, da verschiedene Einzeln-Konstitutionen im Wege standen, wurde der Beschluß hierüber bis nach Ergebniß der Untersuchung vorbehalten. Staatslex. a. a. O.

3) In der Sitzung v. 21. Sept. 1820 beschloß die B. V., die Kommission zum Berichte aufzufordern. Derselbe erfolgte im Mai 1822. Nauwerck, a. a. O. III. S. 123. — In der Sitzung v. 16. Aug. 1824 wurde im Präsidialvortrage bemerkt, daß „nur die vollständige Erfüllung ihrer Aufgabe über den Zeitpunkt der Auflösung der Central-Komm. entscheiden könne, die vorliegenden Berichte ders. aber die leidige Ueberzeugung gäben, daß dieser Zeitpunkt noch nicht gekommen sei" Dem wurde einhellig beigestimmt, von Baden und Hessen-Darmstadt mit ausdrücklicher Anerkennung der Nützlichkeit der Central-Komm. Protokolle d. B. T. §. 131. 24. Sitz. von 1824. Nauwerck, a. a. O. III. S. 157, 162, 165.

4) In dem Präsidialvortrage v. 20. Sept. 1819 hieß es: „Endlich wird, durch die am Schlusse der Untersuchung zu verfügende öffentliche Bekanntmachung der gesammten Verhandlungen dieser Behörde, die Furcht, Unschuldige verletzt, oder Schuldige der verdienten Strafe entzogen zu sehen, aufs Wirksamste beseitigt werden." Nauwerck, a. a. O. II. S. 283.

5) Klüber, Quellensamml. S. 281.

6) z. B. in Preußen die Untersuchung gegen den sogen. Bund der Jungen und der Männer. Dieselbe wurde von dem durch K. O. v. 4. März 1824 ernannten K. Spezial-Untersuchungs-Gericht zu Köpnick geführt. Das Erkenntniß gegen die Mitglieder des Bundes der Jungen wurde dem O. L. G. in Breslau übertragen. Es ist unterm 25. März 1826 ergangen, und Annal. X. S. 245—284 abgedruckt. — Ueber die auf Antrag der Central-Komm. vom Bundestag in der Sitzung v. 30. Mai 1823 verfügte Unterdrückung des Deutschen Beobachters vgl. Nauwerck, a. a. O. III. S. 79—121.

7) Die Instr. für die Reg. Bevollm. v. 18. Nov. 1819, und das Regl. für die künftige Verwaltung der akadem. Disziplin und Polizeigewalt von dems. Tage s. u. Hierher gehört auch die K. O. v. 12. April 1822 (G. S. 1822. S. 105), welche die politischen Anfragen vor Anstellung von Lehrern einführte, und Versetzungen und Amtsentsetzungen derselben, wie der Geistlichen, in die Hände des Min. der G., U. u. Med. Ang. legte. Zur Motivirung dieser Maaßregel wird daselbst, mit Bezug auf die Untersuchungen wegen demagogischer Umtriebe, gesagt: „Zu Meinem Leidwesen hat sich hierbei ergeben, daß auch in Meinem Staate mehrere öffentliche Lehrer den Verirrungen der Zeit huldigen, anstatt wahre Intelligenz, welche die Grundlage des Staats ausmacht und auf jede Weise befördert werden muß, zu verbreiten, die Ausartungen derselben begünstigen, einen Oppositionsgeist gegen Meine Anordnungen zeigen, und sich namentlich auf Angelegenhei-

Bundesbeschluß v. 20. Sept. 1819 gegen die Universitäten bestand, wenn schon als provisorisch bezeichnet, fort. In der Sitzung v. 16. Aug. 1824,[1]) in welcher sich der Bundestag wiederholt mit Maaßregeln „zur nöthigen Aufrechterhaltung der innern Sicherheit und öffentlichen Ordnung im Bunde" beschäftigte, wurde seine Fortdauer als „selbstverstanden" erklärt,[2]) und als vom Hambacher Feste (den 27. Mai 1832) aufs Neue Veranlassung genommen wurde, durch die Bundesbeschlüsse vom 28. Juni und 5. Juli 1832[3]) „Maaßregeln zur Aufrechterhaltung der gesetzlichen Ruhe und

---

ten der Staatsverfassung und Verwaltung eine nähere oder entferntere Einwirkung anmaßen, welche mit der pflichtmäßigen Führung eines Lehramts unverträglich ist. Ich kann und will die weitere Verbreitung solcher Verirrungen nicht dulden, da Ich dens. vorzubeugen und abzuhelfen den übrigen Deutschen Reg. schuldig bin; auch die Pflicht fühle, die gegenwärtige und die kommenden Generationen vor Verführung zu bewahren, und nicht minder die Ehre des Lehrstandes und der Lehrinstitute es erfordert, dens. unwürdige, Meinen landesväterlichen Absichten und ihrem hohen Berufe nicht entsprechende Individuen auszuschließen." Vgl. Bd. 1. S. 440, 491.

1) In der Sitzung v. 11. Dec. 1823 hatte der Bundestag, veranlaßt durch das vom Würtemb. Gesandten, v. Wangenheim, erstattete und auf verschiedene Rechtslehrer (Klüber, Gönner, Pfeifer, Bergmann) gestützte Gutachten über die Ansprüche der Westphäl. Domainenkäufer, auf Präsidialantrag erklärt: daß er dgl. neuen Bundeslehren keine Autorität gestatte, übrigens glaube, „der hohen Weisheit sämmtlicher Bundesregierungen mit vollem Vertrauen die Fürsorge anheim stellen zu können, daß nicht auf ihren Schulen und Univ. jene Lehren Eingang finden, und dadurch von dem eigentlichen Verhältnisse des Bundes falsche und unrichtige Ansicht aufgefaßt und verbreitet werde." Nauwerck, a. a. O. III. S. 17, 77. Klüber, Quellensamml. S. 312.

2) Der vorausgegangene Präsidialvortrag spricht von der planmäßigen Thätigkeit, die Jugend zu Werkzeugen jener politischen Sekte zu machen, die das Bestehende stürzen will, „um nach den siechen Erzeugnissen ihrer unseligen Theorie selbst zu regieren", wirft den Schulen vor: daß sie, statt Glauben, Zweifel, und von der Bestimmung des Menschen und seinem Verhältniß zum Staat ein ideales Bild mit trügerischen Farben geben, und fügt hinzu: wenn der Jüngling so in die Hochschulen tritt, und dort Verachtung aller positiven Lehre, oder die Sucht vorfindet, die gesellschaftliche Ordnung nach eignen, unversuchten Systemen umzuschaffen u. s. w., — „dann darf es nicht befremden, daß wir nicht blos auf Universitäten und Hochschulen, sondern fast auf allen Lehranstalten die absprechendsten Urtheile über Religion und Staat, über das Höchste, wie über das Heiligste vernehmen; es darf nicht befremden, daß auf solche Art erzogene und unterrichtete Knaben unzuverlässige, dem Gehorsam abgeneigte Staatsdiener, und mißvergnügte Staatsbürger werden. Was läßt sich dann für die Erhaltung der Throne und der bestehenden Verfassungen, für die Ruhe Deutschlands hoffen, wenn die so Gebildeten sich in allgemeiner Thätigkeit verbreiten?"

Der einmüthig und mit Dankesbezeigung zum Bundesbeschluß erhobene Antrag des Präs. ging, außer der selbstverstandenen Fortdauer des Beschl. v. 20. Sept. 1819, auf Ernennung einer Kommission zur Erörterung der Gebrechen des Erziehungswesens und der zur Abhülfe vorzuschlagenden Maaßregeln. Dieselbe sollte auf die Verhandlungen der frühern Komm. v. 1. April 1819, namentlich auf den vom Referenten ders. zur Konferenz v. 27. Aug. 1819 erstatteten Vortrag Rücksicht nehmen. Ueber ihre Thätigkeit ist nichts bekannt geworden. —

Dies war Punkt 2. des Beschlusses v. 16. Aug. 1824. Punkt 1. war gegen die Repräsentativ-Verfassungen gerichtet, Punkt 3. bestätigte das am 20. Sept. 1819 auf 5 Jahre erlassene provisor. Preßgesetz bis zur Einigung über ein definitives. Nauwerck, a. a. O. S. 152, 169. Klüber, Quellens. S. 321.

3) Dem Bundesbeschl. v. 5. Juli 1832 wurde in Preußen durch V. v. 5. Dec. 1845 (G. S. 1845. S. 831) auch für die Prov. Preußen und Posen Gesetzeskraft verliehen. Für die zum D. B. gehörigen Prov. war er bereits durch P. v. 25. Sept. 1832 (G. S. 1832. S. 216) besonders publizirt.

Ordnung" zu treffen, erfolgte im letzged. Beschlusse sub Nr. 5. die Bestimmung:

Der am 20. Sept. 1819 gefaßte, gemäß weitern Beschlusses v. 16. Aug. 1824 fortbestehende, provisorische Beschluß über die in Ansehung der Universitäten zu ergreifenden Maaßregeln wird sowohl im Allgem., als insbes. hinsichtlich der in den §§. 2. und 3. dess. enthaltenen Bestimmungen, in den geeigneten Fällen, insoweit es noch nicht geschehen, unfehlbar zur Anwendung gebracht werden.
(v. Meyer, Grundges. d. D. B. S. 76. Protok. 1832. 24. Sitz. §. 231.)

Hierbei blieb es nicht. Das nächste Jahr brachte das Frankfurter Attentat (d. 3. April 1833), welches einem Theile der Burschenschaft, den Germanen, zugeschrieben wurde, bei denen man, im Gegensatze zu den ebenfalls burschenschaftlichen Arminen, eine praktisch politische Tendenz vermuthete. Man schritt in dessen Folge nicht blos zu neuen Untersuchungen, sondern auch zu geschärften Maaßregeln über das Universitätswesen überhaupt. In ersterer Beziehung wurde durch den Bundesbeschluß v. 20. Juni 1833 eine neue Centralbehörde in Frankfurt a. M. niedergesetzt, um „die nähern Umstände, den Umfang und den Zusammenhang des gegen den Bestand des Bundes und gegen die öffentliche Ordnung in Deutschland gerichteten Komplotts, insbes. des am 3. April l. J. zu Frankfurt stattgehabten Attentats, zu erheben," und einen Mittelpunkt für die Einzelnuntersuchungen in den verschiedenen Bundesstaaten abzugeben.[1] In letzterer Hinsicht wurde die Thätigkeit des Bundestags, wie im J. 1819, durch eine Ministerialkonferenz vorbereitet. Der Vorschlag dazu ging von Oesterreich und Preußen aus, welche noch im J. 1833 gemeinschaftlich sämmtliche Deutsche Höfe einluden: nach dem Modus der engern Versammlung des Bundes nach Wien Gesandte zu schicken, um daselbst in Kabinetskonferenzen die Maaßregeln zu verabreden, welche zur Beseitigung der der monarchischen Regierungsgewalt und landesherrlichen Autorität von Seiten der demokratischen Partei in Deutschland drohenden Gefahren zu

---

1) Nauwerck, a. a. O. IV. S. 73. Die Mitglieder dieser Centralbehörde wurden ernannt von Oesterreich (Frh. v. Wagemann, später Frh. Pratobevera), v. Preußen (Kamm. G. R. Eichmann, später Mathis, nach ihm v. Strampff), Baiern (v. Heinrichen, 1838 v. d. Becken), Würtemberg (v. Prieser, 1836 v. Breitscherdt), Hessen-Darmstadt (v. Preuschen, 1834 v. Hembergk). Ergänzende Bundesbeschlüsse erfolgten am 8. Aug. u. 10. Okt. 1833, so wie am 5. Juni 1834. Durch letztern wurde die Centralbeh. ermächtigt, die Aburtelung von Einzel-Untersuchungen unter Fortdauer der Haft der Inkulpaten bis nach genommener Akteneinsicht zu hemmen. Sie wurde auf Vortrag des betr. Bundestagsausschusses v. 15. Aug. 1842 vertagt. Ihre „Darlegung der Hauptresultate aus den wegen der revolutionären Komplotte der neuern Zeit in Deutschland geführten Untersuchungen" kam 1838 in der Bundespräsidial-Druckerei ans Licht. Frankf. bei Krebs. Ein Auszug daraus steht in v. Meyer, Staatsakten (Frankf. 1833—40.) Th. 2. S. 430 ff. Aehnliche „aktenmäßige Darstellungen" erschienen über Würtemberg, Stuttg. 1839, über das Grhzth. Hessen, Darmst. 1839. — In 23 Bundesstaaten waren über 1800 Angeschuldigte in Untersuchung.

In Preußen wurde behufs dieser Untersuchungen, welche durch Spezialkommissarien an den einzelnen Univ. im Auftrage des Kammergerichts geführt wurden, noch eine besondere Ministerialkommission (v. Kamptz, Mühler, v. Rochow) als Centralbehörde eingesetzt. Die Straf-Erkenntnisse des Kammerger. gegen die Burschenschaften zu Greifswald und zu Breslau v. 5. und 17. Dec. 1835 sind Annal. XIX. S. 538—572 abgedruckt. Vgl. auch die „Verhandlungen der Bundesversammlung von den geh. Wiener Min. Konf. bis 1844, Heidelberg, Groos, 1848 S. 162—204. Ebendas. s. den Bericht der Centralbeh. gegen die Aktenversendungen S. 103, und über die Maaßregeln gegen Frankfurt und gegen die polit. Flüchtlinge, zu denen die Centralbehörde ebenfalls mitwirkte, S. 120 ff., 142 ff.

treffen wären. Dieser Einladung wurde von den übrigen Höfen bereitwillig Folge geleistet. Bei den Verhandlungen stießen zwar einzelne Anträge auf Widerspruch, insbes. Seiten Baierns, und mußten deshalb zurückgezogen werden,[1]) in der Hauptsache kam aber eine Vereinigung zu Stande, deren Ergebniß in dem Schluß-Protokolle v. 12. Juni 1834 in 60 Artikeln niedergelegt ist.[2]) Hiervon betrafen Art. 38—57 die Schulen und Universitäten. Von ihnen ist zwar nur ein Theil (Art. 42—56) zu einem förmlichen Bundesbeschlusse erhoben worden, indessen konnte dies nach dem in der letzten Note mitgetheilten Schlußart. 60. nicht auf die Anwendung, sondern nur auf die Publizität der übrigen Artikel von Einfluß sein. Dieselben lauten:

Art. 38. Damit die nach Bundesbeschluß v. 20. Sept. 1819 für die Univ. bestellten landesherrlichen Bevollmächtigten ihre Obliegenheiten mit gesichertem Erfolge ausüben können, werden sich die Reg. die dens. ertheilten Instruktionen nach vorgenommener Revision gegenseitig durch den Weg der Bundesversammlung mittheilen, und solche zur Erzielung möglichster Gleichförmigkeit in ihren Anordnungen auf den verschiedenen Univ. benutzen.

Art. 39. Privatdozenten werden auf den Univ. nur zugelassen, wenn sie wenigstens die für die Kandidaten des öffentlichen Dienstes in dem erwähnten Fache vorgeschriebene Prüfung, und diese mit Auszeichnung, bestanden haben. Die Reg. werden übrigens, sofern die bestehenden Einrichtungen es zulassen, darauf Bedacht nehmen, daß diej., welche in Wissenschaften, die zur Vorbereitung auf den Staatsdienst gehören, Unterricht ertheilen wollen, sich vorher auf dem für den wirklichen Dienst vorgezeichneten Vorbereitungswege mit den Geschäften bekannt machen. — Die venia legendi wird nur mit Genehmigung der der Univ. vorgesetzten Behörde, und stets widerruflich, ertheilt werden. Kein Studirender wird an ders. Univ.,

---

1) Z. B. die erneuerte Erklärung über Fortdauer des prov. Preßges. v. 20. Sept. 1819, welcher Baiern die Fristbestimmung von 6 Jahren hinzufügen wollte, und ein auf Einschränkung oder Beseitigung der Schwurgerichte lautender Artikel.

2) Art. 1—27. gingen auf Einschränkung der Repräsentativ-Verfassungen, 28—37. gegen die Presse, 58. betraf die Anwendung der Beschlüsse auf die freien Städte, 59. verfügte die Beseitigung der den Beschlüssen in den Einzelstaaten durch Verfassung oder Gesetze entgegenstehenden Hindernisse, der Schlußartikel 60. endlich lautete: „Die Reg. werden sich gegenseitig an vorstehende Art., als das Resultat einer Vereinbarung zwischen den Bundesgliedern, eben so für gebunden erachten, als wenn dies. zu förmlichen Bundesbeschlüssen erhoben worden wären. Die Art. 3—14. werden sofort mittelst Präsidialvortrags an den Bundestag gebracht, und dort in Folge gleichlautender Erklärungen der Bundesregierungen zu Bundesbeschlüssen erhoben werden (geschah durch Bundesbeschl. v. 30. Okt. 1834 über das Schiedsgericht in Streitigkeiten zwischen Regierungen und Ständen, Nauwerck, a. a. O. IV. S. 22. v. Meyer, Grundges. d. D. B. S. 78). Hinsichtlich der übrigen im gegenw., in das geh. Bundes-Präsidialarchiv niederzulegenden Schlußprotokolle enthaltenen, derzeit zur Verlautbarung nicht bestimmten Art. werden die Reg. ihren Gesandtschaften am Bundestage, unter Aufbietung strenger Geheimhaltung, sowohl zur Bezeichnung der allg. Richtung, als zur Anwendung auf vorkommende spezielle Fälle die geeigneten, mit den durch Gegenwärtiges übernommenen Verpflichtungen übereinstimmenden Instruktionen ertheilen." Unterz. Metternich. Münch-Bellinghausen. Alvensleben. Mieg. Minkwitz. Ompteda. Gr. v. Beroldingen. Frh. v. Reitzenstein. Tettenborn. Trott zu Solz. Frh. v. Gruben. Reventlow-Criminil. Verstolk v. Soelen. Frh. Fritsch. (Fehlt die 13. Stimme.) Frh. v. Plessen. v. Berg. v. Strauch. Schmidt. — Der Preuß. Min. v. Ancillon, der den Schluß der Konferenz nicht abwarten konnte, hatte um Nachsendung des Protokolls zur Unterschrift gebeten. So wird in den verschiedenen Abdrücken dieses Protokolls, die seit den 40er Jahren erschienen (in Newyork, „Deutschland", Straßburg, Paris, Mannheim durch Welcker, Heidelberg rc.) berichtet. Nauwerck, a. a. O. IV. S. 75.

auf welcher er studirt hat, vor Verlauf von zwei Jahren nach seinem Abzuge von dort, als Privatdozent zugelassen werden.

Art. 40. Kein akademischer Lehrer soll, ohne Genehmigung der vorgesetzten Behörde, Vorlesungen über Wissenschaften halten, die einer andern Fakultät als der seinigen angehören. Es wird da, wo es noch nicht geschehen ist, die Einrichtung getroffen werden, daß die Honorare für die Vorlesungen von den Studirenden nicht unmittelbar an die Professoren bezahlt, sondern durch einen von der Universitäts-Behörde ernannten Einnehmer erhoben, und von diesem dem Lehrer eingehändigt werden.

Art. 41. Die Reg. werden sich vereinigen, die Ferien an den Univ., dem Anfangs- und Endtermine nach, möglichst übereinstimmend zu ordnen. Den Studirenden soll übrigens außer den Ferien in der Regel keine Erlaubniß zu reisen ertheilt werden, und ausnahmsweise nur dann, wenn die Eltern oder deren Stellvertreter, sowohl der Zeit als den bestimmt anzugebenden Gegenden nach, die Reise genehmigen, oder der Nachsuchende dringende Motive zu einer Reise glaubwürdig darthun kann. Es soll Studirenden, welche an geheimen Verbindungen Theil genommen haben, oder sich einer tadelhaften Aufführung schuldig gemacht haben, auch während der Ferien nur die Reise nach ihrer Heimath gestattet, und die Reiseroute wo möglich nicht über eine Univ. gerichtet werden. [1])

Art. 57. Da sich ergeben hat, daß die im Art. 12. der Bundesakte [2]) enthaltene Bestimmung wegen Verschickung der Akten auf eine Deutsche Univ. oder an einen Schöppenstuhl zur Abfassung des Endurtheils zum Theil auch auf Polizei- und Kriminal-Erkenntnisse ausgedehnt worden ist, eine solche Auslegung aber nicht in dem Sinne jenes Art. liegt, so vereinigen sich die Reg. zu der Erklärung, daß der geb. Art. 12. der Bundesakte nur auf Civilstreitigkeiten Anwendung zu finden habe. [3])

Der die Artikel 42—56. wörtlich wiedergebende Bundesbeschluß v. 13. Nov. 1834 über gemeinsame Maaßregeln in Betreff der Universitäten und anderer Lehr- und Erziehungs-Anstalten Deutschlands [4]) bestimmte:

---

1) Laut eines Ber. des Preuß. Bundes-Gesandten v. Nagler v. 31. Juli 1833 war schon damals von den Großherzogl. und Herzogl. Sächsischen Reg. ein Antrag an die Bundesversammlung gelangt: die Reisen der Studirenden genauer zu beobachten und ein strengeres Verfahren bei Ertheilen von Pässen an dieselben eintreten zu lassen. Dieser Antrag wurde durch Bundesbeschluß den einzelnen Reg. zur Veranlassung der geeigneten Verfügungen mitgetheilt: Kombst, Authentische Aktenstücke, 2. Aufl., S. 124.

2) „Diej. Bundesglieder, deren Besitzungen nicht eine Volkszahl von 300,000 Seelen erreichen, werden sich mit den ihnen verwandten Häusern, oder andern Bundesgliedern, mit welchen sie wenigstens eine solche Volkszahl ausmachen, zur Bildung eines gemeinschaftlichen obersten Gerichtes vereinigen. — Bei den solchergestalt errichteten gemeinschaftlichen obersten Gerichten soll jeder der Parteien gestattet sein, auf die Verschickung der Akten auf eine Deutsche Fakultät, oder an einen Schöppenstuhl, zur Abfassung des Endurtheils anzutragen."

3) Auch dieser Art. ist ein Bundesbeschluß v. 13. Nov. 1834 geworden. In der Sitzung v. 27. Nov. 1834 sprach der Bundestag seine Ueberzeugung aus, daß jenes Verbot, insbes. in politischen Strafsachen, auch auf die Fälle ausgedehnt werden müsse, wo bei andern, als den Art. 12. der B. A. gedachten Gerichten, nach Verfassung oder Observanz die Aktenversendung üblich sei. Durch Beschl. v. 5. Nov. 1835 endlich wurde festgesetzt: daß die Aktenversendung in Kriminal- und Polizeisachen v. 1. Jan. 1837 aufhören, und vom gleichen Termine an den Univ. die Annahme solcher Akten zum Spruche untersagt werden solle. Verhandl. der Bundesvers. (Heidelb. 1848) S. 91—112. Nauwerck, a. a. O. IV. S. 19. v. Meyer, Grundges. d. D. B. S. 11 Note 7. — Vgl. auch unten 1. Abschn. 3. Kap. II.)

4) Dieser Bundesbeschluß wurde in Preußen durch K. Bek. v. 5. Dec. 1835 (G. S. 1835. S. 287) besonders publizirt, mit dem Zusatze:

Wir bringen hierdurch diesen Bundesbeschl. zur allg. Kenntniß Unserer Behörden und Unterthanen, und wollen, daß die in dems. enthaltenen Bestim-

Art. 1. Die Regierungen werden auf ihren Univ. für die Immatrikulation eine eigne Kommission niedersetzen, welcher der außerordentliche Reg. Bevollmächtigte oder ein von der Reg. dazu ernannter Stellvertreter dess. beiwohnen wird. — Alle Studirende sind verbunden, sich bei dieser Komm. innerhalb zwei Tagen nach ihrer Ankunft zur Immatrikulation zu melden. Acht Tage nach dem vorschriftsmäßigen Beginnen der Vorlesungen darf, ohne Genehmigung der von der Reg. hiezu bestimmten Behörde, keine Immatrikulation mehr stattfinden. Diese Genehmigung wird insbes. alsdann erfolgen, wenn ein Studirender die Verzögerung seiner Anmeldung durch Nachweisung gültiger Verhinderungsgründe zu entschuldigen vermag. — Auch die auf einer Univ. bereits immatrikulirten Studirenden müssen sich beim Anfange eines jeden Semesters in den zur Immatrikulation angesetzten Stunden bei der Komm. melden und sich über den inzwischen gemachten Aufenthalt ausweisen.

Art. 2. Ein Studirender, welcher um die Immatrikulation nachsucht, muß der Komm. vorlegen:

1) Wenn er das akademische Studium beginnt — ein Zeugniß seiner wissenschaftl. Vorbereitung zu dems. und seines sittlichen Betragens, wie solches durch die Gesetze des Landes, dem er angehört, vorgeschrieben ist.

Wo noch keine Verordnungen hierüber bestehen, werden sie erlassen werden. Die Reg. werden einander von ihren über diese Zeugnisse erlassenen Gesetzen, durch deren Mittheilung an die Bundesversammlung, in Kenntniß setzen. — 2) Wenn der Studirende sich von einer Univ. auf eine andere begeben hat, auch von jeder früher besuchten — ein Zeugniß des Fleißes und sittlichen Betragens. — 3) Wenn er die akademischen Studien eine Zeit lang unterbrochen hat — ein Zeugniß über sein Betragen von der Obrigkeit des Orts, wo er sich im letzteren Jahre längere Zeit aufgehalten hat, in welchem zugleich zu bemerken ist, daß von ihm eine öffentliche Lehranstalt nicht besucht sei. Pässe und Privatzeugnisse genügen nicht; doch kann bei solchen, welche aus Orten außerhalb Deutschland kommen, hierin einige Nachsicht stattfinden. — 4) Jedenfalls bei solchen Studirenden, die einer väterlichen oder vormundschaftlichen Gewalt noch unterworfen sind — ein obrigkeitlich beglaubigtes Zeugniß der Eltern oder derer, welche ihre Stelle vertreten, daß der Studirende von ihnen auf die Universität, wo er aufgenommen zu werden verlangt, gesandt sei.

Diese Zeugnisse sind von der Immatrikulations-Komm. nebst dem Passe des Studirenden bis zu seinem Abgange aufzubewahren. — Ist Alles gehörig beobachtet, so erhält der Studirende die gewöhnliche Matrikel; die Reg. der Bundesstaaten werden aber Verfügung treffen, daß diese in keinem ders. statt eines Passes angenommen werden kann.

Art. 3. In den Zeugnissen über das Betragen sind die etwa erkannten Strafen nebst der Ursache ders. anzuführen, und zwar in allen Fällen, wo irgend eine Strafe wegen verbotener Verbindung erkannt ist. Die Anführung der Bestrafung wegen anderer nicht erheblicher Kontraventionen kann nach dem Ermessen der Behörde entweder ganz unterbleiben, oder nur im Allgem. angedeutet werden. In allen Zeugnissen ist (wo möglich mit Angabe der Gründe) zu bemerken, ob der Inhaber der Theilnahme an verbotenen Verbindungen verdächtig geworden sei oder nicht. — Jeder ist verpflichtet, um diese Zeugnisse so zeitig nachzusuchen, daß er sie bei der Immatrikulation vorzeigen kann, und die Behörden sind gehalten, solche ohne Aufenthalt auszufertigen, Falls nicht Gründe der Verweigerung vorliegen, welche auf Verlangen des Studirenden bescheinigt werden müssen. Gegen die Verweigerung kann derselbe den Rekurs an die Behörde nehmen. — Kann ein Studirender bei dem Gesuche um Immatrikulation die erforderlichen Zeugnisse nicht vorlegen, verspricht er jedoch deren Nachlieferung, so kann er, nach dem Ermessen

---

mungen von Unsern sämmtlichen Behörden und Unterthanen, und zwar nicht blos in Unsern zum Deutschen Bund gehörenden, sondern auch in allen übrigen Landestheilen Unserer Monarchie, so weit es sie angeht, pünktlich befolgt werden sollen. Berlin, &c.

Der Bundesbeschl. wird in der geb. Bek. als am 14. Nov. 1834 ergangen bezeichnet. Anderwärts ist ihm überall das Datum v. 13. Nov. gegeben.

der Immatrikulations-Komm., vorerst ohne Immatrikulation, auf die akademischen Gesetze verpflichtet und zum Besuche der Kollegien zugelassen werden. Von Seiten der Universität soll aber sofort an die Behörde, welche die Zeugnisse auszustellen oder zu beglaubigen hat, um Nachricht geschrieben werden, welche von ders. ohne Aufenthalt zu ertheilen ist.

Art. 4. Die Immatrikulation ist zu verweigern: 1) Wenn ein Studirender sich zu spät dazu meldet, und sich deshalb nicht genügend entschuldigen kann (Art. 1.). — 2) Wenn er die erforderlichen Zeugnisse nicht vorlegen kann. — Erfolgt auf Erkundigung von Seiten der Univ. längstens binnen vier Wochen, vom Abgangstage des Schreibens an gerechnet, keine Antwort, oder wird die Ertheilung eines Zeugnisses, aus welchem Grunde es auch sei, verweigert (Art. 2. und 3.), so muß der Angekommene in der Regel sofort die Univ. verlassen, wenn sich die Reg. nicht aus besonders rücksichtswürdigen Gründen bewogen findet, ihm den Besuch der Kollegien unter der im vorstehenden Art. enthaltenen Beschränkung noch auf eine bestimmte Zeit zu gestatten. Auch bleibt ihm unbenommen, wenn er später mit den erforderlichen Zeugnissen versehen ist, sich wieder zu melden. — 3) Wenn der Ankommende von einer anderen Univ. mittelst des Consilii abeundi weggewiesen ist. — Ein solcher kann von einer Univ. nur dann wieder aufgenommen werden, wenn die Reg. dieser Univ., nach vorgängiger nothwendiger, mittelst des Reg. Bevollmächtigten zu pflegender Rücksprache mit der Reg. der Univ., welche die Wegweisung verfügt hat, es gestattet. Zu der Aufnahme eines R e l e g i r t e n ist nebst dem die Einwilligung der Reg. des Landes, dem er angehört, erforderlich. — 4) Wenn sich gegen den Ankommenden ein dringender Verdacht ergiebt, daß er einer verbotenen Verbindung angehört und er sich von dems. auf eine befriedigende Weise nicht zu reinigen vermag.

Die Regierungs-Kommissaire werden darüber wachen, daß die Universitäten jede Wegweisung eines Studirenden von der Univ., nebst der genau zu bezeichnenden Ursache und einem Signalement des Weggewiesenen sich gegenseitig mittheilen, zugleich aber auch die Eltern des Weggewiesenen oder deren Stellvertreter davon benachrichtigen.

Art. 5. Jedem Studirenden werden vor der Immatrikulation die Vorschriften der §§. 3. und 4. des Bundesbeschlusses v. 20. Sept. 1819 über die in Ansehung der Univ. zu ergreifenden Maaßregeln, so wie die Bestimmungen der hier folgenden Artikel, in einem wörtlichen Abdrucke eingehändigt, welcher sich mit folgendem Reverse schließt:

„Ich Endesunterzeichneter verspreche mittelst meiner Namensunterschrift auf Ehre und Gewissen: 1) daß ich an keiner verbotenen oder unerlaubten Verbindung der Studirenden insbes. an keiner burschenschaftlichen Verbindung, welchen Namen dieselbe auch führen mag, Theil nehmen, mich an dergl. Verbindungen in keiner Beziehung näher oder entfernter anschließen, noch solche auf irgend eine Art befördern werde; 2) daß ich weder zu dem Zwecke gemeinschaftlicher Berathschlagungen über die bestehenden Gesetze und Einrichtungen des Landes, noch zu jenem der wirklichen Auflehnung gegen die obrigkeitlichen Maaßregeln mit Andern mich ververeinigen werde. Insbesondere erkläre ich mich für verpflichtet, den Forderungen, welche die diesem Reverse vorgedruckten Bestimmungen enthalten, stets nachzukommen, widrigenfalls aber mich allen gegen deren Uebertreter daselbst ausgesprochenen Strafen und nachtheiligen Folgen unweigerlich zu unterwerfen."

Erst nachdem dieser Revers unterschrieben worden ist, findet die Immatrikulation statt. Wer diese Unterschrift verweigert, ist sofort und ohne alle Nachsicht von der Univ. zu verweisen.

Art. 6. Vereinigungen der Studirenden zu wissenschaftlichen oder geselligen Zwecken, können mit Erlaubniß der Reg., unter den von letzterer festzusetzenden Bedingungen stattfinden. Alle andere Verbindungen der Studirenden sowohl unter sich, als mit sonstigen Geheimen Gesellschaften, sind als verboten zu betrachten.

Art. 7. Die Theilnahme an verbotenen Verbindungen soll, unbeschadet der in einzelnen Staaten bestehenden strengeren Bestimmungen, nach folgenden Abstufungen bestraft werden:

1) Der Stifter einer verbotenen Verbindung und alle dies., welche Andere zum Beitritte verleitet oder zu verleiten gesucht haben, sollen niemals mit bloßer Karzerstrafe, sondern jedenfalls mit dem Consilio abeundi, oder, nach Befinden, mit

der Relegation, die den Umständen nach zu schärfen ist, belegt werden. — 2) Die übrigen Mitglieder solcher Verbindungen sollen mit strenger Karzerstrafe, bei wiederholter oder fortgesetzter Theilnahme aber, wenn schon eine Strafe wegen verbotener Verbindungen vorangegangen ist, oder andere Verschärfungsgründe vorliegen, mit der Unterschrift des Consilii abeundi, oder dem Consilio abeundi selbst, oder, bei besonders erschwerenden Umständen, mit der Relegation, die dem Befinden nach zu schärfen ist, belegt werden. — 3) Insofern aber eine Verbindung mit Studirenden anderer Univ., zur Beförderung verbotener Verbindungen, Briefe wechselt, oder durch Deputirte kommunizirt, so sollen alle diej. Mitglieder, welche an dieser Korrespondenz einen thätigen Antheil genommen haben, mit der Relegation bestraft werden. — 4) Auch diej., welche, ohne Mitglieder der Gesellschaft zu sein, dennoch für die Verbindung thätig gewesen sind, sollen, nach Befinden der Umstände, nach obigen Strafabstufungen bestraft werden. — 5) Wer wegen verbotener Verbindungen bestraft wird, verliert nach Umständen zugleich die akademischen Benefizien, die ihm aus öffentlichen Fondskassen oder von Städten, Stiftern, aus Kirchenregistern u. s w. verliehen sein möchten, oder deren Genuß aus irgend einem andern Grunde an die Zustimmung der Staatsbehörden gebunden ist. Desgl. verliert er die seither etwa genossene Befreiung bei Bezahlung der Honorarien für Vorlesungen. — 6) Wer wegen verbotener Verbindungen mit dem Consilio abeundi belegt ist, dem kann die zur Wiederaufnahme auf eine Univ. erforderliche Erlaubniß (Art. 4. Nr. 3.) vor Ablauf von sechs Mon., und dem, der mit der Relegation bestraft worden ist, vor Ablauf von einem Jahre nicht ertheilt werden. — Sollte die eine oder andere Strafe theils wegen verbotener Verbindungen, theils wegen anderer Vergehen erkannt werden, und das in Betreff verbotener Verbindungen zur Last fallende Verschulden nicht so groß gewesen sein, daß deshalb allein auf Wegweisung erkannt worden sein würde, so sind die oben bezeichneten Zeiträume auf die Hälfte beschränkt. — 7) Bei allen in den akademischen Gesetzen des betr. Staats erwähnten Vergehungen der Studirenden ist, bei dem Dasein von Indizien, nachzuforschen, ob dazu eine verbotene Verbindung näheren oder entfernteren Anlaß gegeben habe. Wenn dies der Fall ist, so soll er als erschwerender Umstand angesehen werden. — 8) Dem Gesuche um Aufhebung der Strafe der Wegweisung von einer Univ. in den Fällen und nach Ablauf der festgesetzten Zeit, wo Begnadigung stattfinden kann (Nr. 6. oben), wollen die Reg. niemals willfahren, wenn der Nachsuchende nicht glaubhaft darthut, daß er die Zeit der Verweisung von der Univ. nützlich verwendet, sich eines untadelhaften Lebenswandels beflissen hat, und keine glaubhafte Anzeigen, daß er an verbotenen Verbindungen Antheil genommen, vorliegen.

Art. 8. Die Mitglieder einer burschenschaftlichen oder einer auf politische Zwecke unter irgend einem Namen gerichteten unerlaubten Verbindung trifft (vorbehaltlich der etwa zu verhängenden Kriminalstrafen) geschärfte Relegation. Die künftig aus solchem Grunde mit geschärfter Relegation Bestraften sollen eben so wenig zum Civildienste, als zu einem kirchlichen oder Schulamte, zu einer akademischen Würde, zur Advokatur, zur ärztlichen oder chirurgischen Praxis, innerhalb der Staaten des Deutschen Bundes zugelassen werden. — Würde sich eine Reg. durch besonders erhebliche Gründe bewogen finden, eine gegen einen ihrer Unterthanen wegen Verbindungen der bezeichneten Art erkannte Strafe im Gnadenwege zu mildern oder nachzulassen, so wird dieses nie ohne sorgfältige Erwägung aller Umstände, ohne Ueberzeugung von dem Austritte des Verirrten aus jeder gesetzwidrigen Verbindung und ohne Anordnung der erforderlichen Aufsicht geschehen.

Art. 9. Die Reg. werden das Erforderliche verfügen, damit in Fällen, wo politische Verbindungen der Studirenden auf Universitäten vorkommen, sämmtliche übrige Univ. alsbald hievon benachrichtigt werden.

Art. 10. Bei allen mit akademischen Strafen zu belegenden Gesetzwidrigkeiten bleibt die kriminelle Bestrafung, nach Beschaffenheit der verübten gesetzwidrigen That, und insbes. auch dann vorbehalten, wenn die Zwecke einer Verbindung der Studirenden, oder die in Folge ders. begangenen Handlungen die Anwendung härterer Strafgesetze nothwendig machen.

Art. 11. Wer gegen eine Univ., ein Institut, eine Behörde oder einen akademischen Lehrer eine sogen. Verrufserklärung direkt oder indirekt unternimmt, soll von allen Deutschen Univ. ausgeschlossen sein, und es soll diese Ausschließung öffentlich bekannt gemacht werden. Diej., welche die Ausführung solcher Verrufserklärung vorsätzlich befördern, werden, nach den Umständen, mit dem Consilio abeundi oder mit der Relegation bestraft werden, und es wird in Ansehung ihrer Aufnahme auf eine andere Univ. dasj. stattfinden, was oben Art. 7. Nr. 6. bestimmt ist. — Gleiche Strafe, wie Beförderer vorgedachter Verrufserklärungen, wird diej. Studirenden treffen, welche sich Verrufserklärungen gegen Privatpersonen erlauben oder daran Theil nehmen. Der Landesgesetzgebung bleibt die Bestimmung überlassen, in wie weit Verrufserklärungen außerdem als Injurien zu behandeln seien.

Art. 12. Jeder, der auf einer Univ. studirt hat und in den Staatsdienst treten will, ist verpflichtet, bei dem Abgange von der Univ., sich mit einem Zeugnisse über die Vorlesungen, die er besucht hat, über seinen Fleiß und seine Aufführung zu versehen. — Ohne die Vorlage dieser Zeugnisse wird keiner in einem Deutschen Bundesstaate zu einem Examen zugelassen und also auch nicht im Staatsdienste angestellt werden. Die Reg. werden solche Verfügungen treffen, daß die auszustellenden Zeugnisse ein möglichst genaues und bestimmtes Urtheil geben. Vorzüglich haben diese Zeugnisse sich auch auf die Frage der Theilnahme an verbotenen Verbindungen zu erstrecken. Die außerordentlichen Reg. Bevollm. werden angewiesen werden, über den gewissenhaften Vollzug dieser Anordnung zu wachen.

Art. 13. Die akademischen Gremien, als solche, werden der von ihnen bisher ausgeübten **Strafgerichtsbarkeit** in Kriminal- und allgem. Polizeisachen über die Studirenden allenthalben enthoben. Die Bezeichnung und Zusammensetzung derjenigen Behörden, welchen diese Gerichtsbarkeit übertragen werden soll, bleibt den einzelnen Landes-Regierungen überlassen. Vorstehende Bestimmung bezieht sich jedoch eben so wenig auf einfache, die Studirenden ausschließlich betr. Disziplinar-Gegenstände, namentlich die Aufsicht auf Studien, Sitten und Beobachtung der akademischen Statuten, als auf Erkennung eigentlich akademischer Strafen.

Art. 14. Die Bestimmungen der Art. 1. bis 12. sollen auf sechs Jahre als eine verbindliche Verabredung bestehen, vorbehaltlich einer weitern Uebereinkunft, wenn sie nach den inzwischen gesammelten Erfahrungen für angemessen erachtet werden. [1])

Art. 15. Die Art. 1. bis 12. sollen auch auf andere öffentliche sowohl als Privat-, Lehr- und Erziehungsanstalten, so weit es ihrer Natur nach thunlich ist, angewendet werden. Die Reg. werden auch bei diesen die zweckmäßigste Fürsorge eintreten lassen, daß dem Verbindungswesen, namentlich so weit dass. eine politische Tendenz hat, kräftigst vorgebeugt und sonach die Vorschriften des §. 2. des Bundesbeschlusses v. 20. Sept. 1819 insbesondere auf die Privat-Institute ausgedehnt werden.

(Protok. 1834. 39. Sitz. §. 546. v. Meyer, Grundges. d. D. B. S. 66. Nauwerck, a. a. O. IV. S. 81.)

Sowohl der vorstehende Bundesbeschluß, als die in der Einschränkung auf 6 Jahre einbegriffenen andern Art. des Schluß-Protokolls, insbes. die oben mitgetheilten Artikel 39—41., wurden von dem Bundestag in der Sitzung v. 29. Juli 1841 auf weitere 6 Jahre verlängert und als fortbestehende verbindliche Verabredungen anerkannt. [2])

Hatte sich nach der bisherigen Darstellung die Thätigkeit der Deutschen Behörden hauptsächlich darauf gerichtet, die akademische Freiheit innerhalb der Schranken des politischen Dogmas zu halten, so wurde seit Eintritt

---

1) Die Beschränkung auf 6 Jahre erfolgte auf der Wiener Min. Konferenz, weil Baiern erklärte, ohne diesen Zusatz den Art. 28 — 34. des Schlußprotokolls über die Censur, und den Art. 39—53. über die Univ. nicht beistimmen zu können. In dem korrespondirenden Art. 55. des Schlußprot. v. 12. Juni 1834 ist daher die Beschränkung auf 6 Jahre auch für die gen. Art. 28—34. u. 39—53. ausgesprochen. Ueber ihre Verlängerung s. u.

2) Protok. und Separat-Prot. v. 29. Juli 1841: Verhandl. d. Bundesvers. (Heidelb.) S. 25. **Nauwerck**, a. a. O. IV. S. 90. — Spezieller Bundesbeschlüsse, wie z. B. des Verbots der Univ. Zürich und Bern, ist unten zu gedenken.

des Ministeriums Eichhorn neben diesem in Preußen auch das kirchliche Dogma streng betont.[1]) Der Minister empfahl bei seinem Besuche in Breslau am 12. Aug. 1842 der theol. Fakultät: in ihren Vorträgen eine „Position" festzuhalten, und seinen Grundsatz „credo, ut intelligam" auch zu dem ihrigen zu machen. In Wittenberg äußerte er bei der zum 25jährigen Bestehen des dortigen Predigerseminars veranstalteten Feier am 29. Sept. dess. Jahres: daß man irrigerweise den Namen und das Beispiel Luthers zur Vertheidigung einer schrankenlosen Lehrfreiheit zu mißbrauchen sich erlaube, die obere Leitung der kirchl. Ang. jedoch nur eine in den Schranken kirchlicher Symbole und des christl. Glaubens sich bewegende Lehrfreiheit gestatten könne, weshalb sie auch nicht Lehrer dulden werde, die unverholen auf die Untergrabung der Kirche ausgingen. In ähnlichem Sinne sprach derselbe sich bei der 300jährigen Stiftungsfeier der Landesschule Pforte am 21. Mai 1843, so wie bei seiner Rundreise im Herbste dess. Jahres am 7. Sept. in Bonn, am 18. in Münster, am 20. Sept. auf der Geistlichenkonferenz in Herford aus, und ebenso handelte seine am 25. Aug. 1844 bei der Sekularfeier der Univers. Königsberg gehaltene Rede von diesem Thema.[2]) Er erklärte hier, unter Verwahrung vor willkührlicher Beschränkung der Lehrfreiheit: daß diese letztere ihr inneres Maaß habe, nnd der individuellen Lehrfreiheit der einzelnen Lehrer der positive Beruf der Universität und der objektive Inhalt ihrer hierdurch bestimmten Idee gegenüberstehe; daß demnach zwar im Gebiete der Naturwissenschaften die individuelle Lehrfreiheit eben so wenig auf eine Grenze stoße, als das individuelle Forschen, daß es sich aber mit dem Vortrage der Philosophie in ihrer Anwendung auf das Leben, mit der Geschichte, mit der Theologie und mit der Jurisprudenz anders verhalte. Das erste Erforderniß sei eine tüchtige Gesinnung, die aber ihren Grund, ihren dauernden Halt nur in der Religion finde. Wenn man die rechte Gesinnung habe, werde man nicht Lehren vertragen wollen, welche das Leben des vaterländischen Staates in seinen Wurzeln angreifen. — Die praktische Anwendung dieser Grundsätze ließ nicht auf sich warten. Sie zeigte sich nicht blos in Maaßregeln gegen Studirende,[3]) und in Herbeiziehung solcher Do-

---

1) Vgl. Bd. 1. S. 222, und über das Folgende: Materialien zur Regierungsgeschichte Fr. W. IV. (Königsb. Voigt. 1845) I. S. 74, 80, II. S. 96, III. S. 8, 10, Julius „zur Gesch. des öffentl. Geistes in Deutschl." in Wigands Vierteljahrsschr. 1845 II. S. 98.

2) Wigands Vierteljahrsschr. 1844 III. S. 294.

3) So erhielten Hallesche Studenten, welche um Berufung des Dr. Strauß gebeten hatten, im Febr. 1841 einen Verweis. Die drei ersten Unterzeichner der Petition wurden sogar mit dem Consil. abeundi bestraft: Materialien, I. S. 17, 23. — Ein im Juni 1843 von den Studenten in Berlin gegründeter Leseverein wurde im Okt. auf Min. Befehl aufgelöst. Die Theilnehmer wandten die gesammelten Beiträge (c. 300 Thlr.) der Familie des Prof. Jordan in Marb. zu: Mat. II. S. 103. III. S. 14, 17. — Wiederholte Warnungen vor Verbindungen und Versammlungen erfolgten in Berlin am 14. Okt. 1841, 11. Okt. 1842, 31. Jan. u. 28. Febr. 1844: Mat. I. S. 41, 82. III. S. 28, 31. — Dagegen mußte der akadem. Senat in Berlin den „Bund zum historischen Christus", den Studirende auf Antrieb mehrerer Lehrer errichten wollten, um die verderblichen Neuerungen des Glaubens schon im Keime zu vernichten, auf Min. Befehl v. 25. Juli 1842 gestatten. Der Senat hatte am 24. Mai diesem Bunde seine Genehmigung verweigert, weil, wie er zu seiner Rechtfertigung gegen den Min. anführte, sonst auch Vereine im Sinne des Gegentheils nicht zurückgewiesen werden dürften. Er erhielt jedoch die strenge Weisung: anderweitige Vereine als unchristlich und verwerflich nicht zu genehmigen. Es sei jetzt die Zeit gekommen,

zenten, welche sich zur orthodoxen Richtung bekannten,[1]) sondern namentlich darin, daß bei andern Lehrern Abweichungen von dem herrschenden, politischen oder kirchlichen Dogma mit Verweisen oder Absetzungen bestraft wurden.[2])

Diesem Verhältnisse der Universitäten, wie es war, stellten sich die Ansprüche, wie es sein sollte, gegenüber. Dieselben werden von Robert v. Mohl (Polizei-Wissenschaft, I. S. 511 flg.) wie folgt, zusammengefaßt:

Die Hochschule ist dazu bestimmt und eingerichtet, das Studium der sämmt-

---

wo man den wahren Glauben mit den kräftigsten Mitteln anfrecht erhalten müsse, und höhern Orts zur Stiftung ähnlicher Vereine, wie der fragl., bereits für Bonn und Halle die Zustimmung gegeben: Mat. I. S. 63, 72, 73.

1) Als Beispiel mag die Berufung des Prof. Hävernick aus Rostock nach Königsberg dienen, eines Schülers von Tholuck und Hengstenberg, dem das Gerücht die Anzeige gegen Gesenius und Wegscheider vom J. 1830 zur Last legte. Die Vorstellungen des Senats beim Min. und die Beschwerde beim Könige blieben ohne Erfolg. Demonstrationen der Studenten (d. 1. Nov. 1841) wurden bestraft. Mat. I. S. 71.

2) So wurde am 24. Okt. 1841 durch Min. Befehl dem Dr. Bruno Bauer in Bonn, in Folge seiner Geschichte der Synoptiker Bd. I., untersagt, Vorlesungen zu halten, und ihm laut Eröffnung v. 29. März 1842 die licentia docendi in der theol. Fak. entzogen. Der Min. hatte zu diesem Behufe die Gutachten sämmtlicher theol. Fak. unterm 20. Aug. 1841 eingefordert. Von diesen war eins einstimmig für, zwei waren einstimmig gegen die Absetzung. Die übrigen sprachen sich mit getheilten Stimmen aus, so daß, die einzelnen Stimmen gerechnet, 11 für und 16 gegen die Absetzung gingen. Diese Gutachten erschienen 1842 bei Dümler in Berlin. Schon vorher hatte Prof. Marheinecke in Berlin sein Separatum herausgegeben. Der Versuch, ihn dafür zur Verantwortung zu ziehen, wurde auf Protestation der Univ. eingestellt. Mat. I. S. 42, 58, 63, II. S. 18. Julius, a. a. O. S. 150. — Prof. Hoffmann v. Fallersleben in Breslau wurde wegen des 2. Bds. seiner Unpolitischen Lieder auf Befehl des Min. Eichhorn v. 17. Okt. 1842 zur Untersuchung gezogen und durch Beschluß des Staatsmin. v. 4. Dec. 1842, vom Könige bestätigt unterm 20. deff. M., seines Amtes entsetzt. Staatsler. Suppl. Bd. 3. S. 113 ff., Bresl. Zeit. 1843. Nr. 15. v. 18. Jan., Mat. I. S. 43, II. S. 39. Julius, a. a. O. S. 146. — Am 1. Dec. 1843 sandte der Min. der philos. Fak. in Berlin mehrere Schriften des Dr. Nauwerck, mit der Frage zu: „ob ein so rücksichtsloser Verfechter subversiver Theorien einer Universitäts-Korporation in den Pr. Staaten noch länger angehören dürfe?" Obschon die Fak. ein Einschreiten ablehnte, befahl der Min. am 1. März 1844, die Nauwerckschen Vorlesungen über Geschichte der vorzüglichsten Systeme der philos. Staatslehre zu schließen, und dies wurde vom Dekan, Geh. Ob. Reg. R. Prof. Dieterici, und den übr. Prof. der Fak. laut Erklärung v. 22. Aug. 1844 gebilligt. Mat. III. S. 26, 32, 38. — Dagegen weigerte sich wiederum dies. Fak. am 9. April 1844, auf eine Veranlassung den Dr. Märker wegen seiner Schrift: Was ist Kunst? zur Verantwortung zu ziehen. Mat. III. S. 36. — Um gleiche Zeit verbot der Min. die Habilitirung des Dr. Prutz in Halle, befahl der dortigen theol. Fak. dahin zu wirken, daß der Privatdoz. Dr. Schwarz eine angekündigte Vorlesung über Encyklopädie und Methodologie der Theologie nicht halte, und sprach dem Prof. Hinrichs daselbst wegen seiner politischen Vorlesungen im Winter $18\frac{4}{4}\frac{3}{4}$ die wissenschaftl. Fähigkeit ab, dergl. Gegenstände zu behandeln. Mat. III. S. 31. — Auch die Prof. der kathol. Theol. Achterfeld und Braun zu Bonn mußten ihre Vorlesungen einstellen, weil ihnen wegen Heterodoxie die erzbischöfliche Approbation entzogen wurde, doch ließ ihnen die Staatsregierung ihren vollen Gehalt. Mat. II. S. 88, III. S. 27.

Aehnliches geschah übrigens auch auf andern Deutschen Universitäten. Es braucht nur an Dr. Strauß und Prof. Vischer in Tübingen erinnert zu werden (über letztern s. Schweglers Jahrb. der Gegenwart. 1845. Jan.), so wie an Rotteck u. Welckers Pensionirung 1832.

lichen Zweige des gelehrten Wissens den hierzu gehörig vorbereiteten [1]) Jünglingen durch mündliche Lehre und durch Benutzung des erforderlichen Materials zu erleichtern und sie dabei zu leiten. Wesentlich ist, das aus dem Gesammtgebiete der höhern geistigen Ausbildung auch nicht Ein Theil übergangen sei. Die spekulativen, die geschichtlichen und die auf Anwendung unmittelbar gerichteten Wissenschaften müssen gleiche Berücksichtigung finden. Dadurch allein kann Einseitigkeit in der Bildung des Volks verhindert werden. Die vorgetragenen Lehren aber müssen auf dem jeweiligen höchsten Punkte der Wissenschaft stehen, und diese ist ihrer selbst wegen zu pflegen und zu achten, nicht blos wegen ihrer unmittelbaren Anwendung, etwa auf den Staatsdienst. Es ist eine unverständige und niedrige Ansicht, die Hochschule nur zu einem Haufen von Anstalten zur nothwendigen Abrichtung der handwerksmäßigen Arbeiter in den verschiedenen Theilen des öffentl. Dienstes herabzuwürdigen, oder gar sie in ihre einzelnen Bestandtheile zu zerlegen und diese nun vereinzelt als Sonderschulen da und dort im Lande zu zerstreuen. [2]) Die gemeine mechanische Anwendung der Wissenschaft wird sich bei nur allzu Vielen schon von selbst ergeben, und die fehlende Einübung kann in kurzer Zeit bei den Behörden selbst beigebracht werden. Allein übel stünde es um das Volk, dessen höchste geistige Bildung in bloßer Geschäftsbrauchbarkeit bestände; und schlecht um den Staat, dessen leitende und befehlende Beamten nicht auch die Gebildetsten seiner Bürger wären, nicht im Amte sich bestrebten, die Lehren der Wissenschaft zur Verbesserung und Veredlung des bürgerl. Zustandes ins Leben einzuführen. Wie aber kann die größte Einseitigkeit der Bildung, eine unverständige kastenmäßige Abgeschlossenheit der verschiedenen Stände bei einer Zersplitterung in Sonderschulen verhindert werden? Davon ganz abgesehen, daß das Studium der allgem. Wissenschaften bei solcher Einrichtung entweder große Noth leiden, oder nur durch höchst kostbare, und somit unverantwortliche Vervielfältigung von Lehrstellen und Einrichtungen nothdürftig erreicht werden mag. Bei keiner Art des Studiums, auch nicht bei dem der Theologie, ist eine Abweichung von diesem Grundsatze gerechtfertigt.

Zu kräftigem Gedeihen einer Hochschule ist aber viererlei erforderlich: geistige Freiheit; Sorge für tüchtige Lehrer; zureichende materielle Lehrmittel; zweckmäßige äußere Einrichtung.

1) Geistige Freiheit. Vollständige Bildung ist da nicht vorhanden, wo einzelne Theile des Wissens oder bestimmte Arten die Wahrheit zu erforschen und darzustellen von dem Staate untersagt sind. Beschränkung der Bildung ist aber gegen den ersten Begriff des Rechtsstaats, welcher die Förderung der möglichst allseitigen Entwickelung aller Kräfte des Menschen sich als Zweck setzt. Ueberdies ist ein solches Verbot eine Lächerlichkeit, da es — mit mehr oder weniger Mühe — umgangen werden kann. Demgemäß ist nöthig: a) Lehrfreiheit, d. h. die dem Lehrer zustehende Befugniß, jede Wissenschaft auf die ihm zweckmäßig scheinende Weise vorzutragen. Von diesem Rechte findet nur in zwei Punkten eine durch die Natur der Sache gegebene Ausnahme statt. Einmal nämlich versteht es sich von selbst, daß der für ein bestimmtes Fach angestellte Lehrer vor Allem dieses vollständig als seinen Hauptgegenstand und in der für die bestehende Studieneinrichtung passenden Zeitausmessung vorzutragen hat, Anderwärtiges aber

---

1) Unvorbereiteten den Besuch der Univers. zu wehren, oder ein unzweckmäßiges Streben nach Bildung, aus dem ja Dritten kein Nachtheil entsteht, zu hindern, hat aber der Staat kein Recht: Schleiermacher, Gedanken über Univers. S. 51. — Nur denj., welche einst öffentl. Aemter suchen, mag der Nachweis wissenschaftlicher Vorbildung und wirthschaftlicher Möglichkeit zur Verfolgung der höhern Studien auferlegt werden.

2) Hiergegen: Schelling, Methode des akadem. Studiums, Schleiermacher, a. a. O., Savigny, Wesen und Werth der deutschen Univers. (in Rankes Zeitschr.), Scheidler, Idee der Univers., Villers, Blick auf die Univers. Deutschl. S. 57., Meiners, Gesch. der hoh. Sch. IV. S. 330., Aretin, Staatsr. der konst. Mon. 1827. II. S. 55. — Vergl. auch Cousins Klagen über diese Zersplitterung in Frankreich in seinem „Bericht," übers. v. Kröger, I. S. 179. — Dafür: Filangieri, Bd. IV. Kap. 24—33.

nur in Nebenstunden zu treiben und zu lehren berechtigt ist. Zweitens aber darf der Lehrer so wenig als ein anderer Bürger die Rechte des Staates oder der Privaten und anerkannter Gesellschaften angreifen, weil widrigenfalls ihn die Strafe des Verläumders, Injurianten, selbst des Hochverräthers treffen würde. — Daß diese Lehrfreiheit in staatlicher, religiöser und wissenschaftl. Beziehung auch gemißbraucht werden, und zur Verbreitung von Irrlehren führen kann, ist zwar unleugbar. Allein die Aufstellung einer amtlichen und ausschließenden Staatswahrheit hat solche entschiedene Nachtheile für die allgem. Bildung, und ist ein so schreiendes Unrecht, daß von ihr nicht die Rede sein kann. Ueberdies überschätze man auch die Gefahr nicht. Die richtige Wissenschaft wird sich selbst Bahn brechen. Auch tritt dem Einflusse des Lehrers die Wirkung der gedruckten Werke und das dem jugendl. Alter beiwohnende nur allzugroße Vertrauen auf das eigene Urtheil und die Lust, Anderes und Besseres zu wissen, entschieden entgegen. Das einzige wirksame Mittel gegen Unfug und Einseitigkeit liegt in der sorgfältigen Wahl der Lehrer. — b) Ein nothwendiges Korollar der Lehrfreiheit ist die Lernfreiheit der Studirenden. Sie seien also ganz ungehindert in der Art, wie sie ihre Studien einrichten wollen, und besuchen die beliebigen Vorlesungen in freier Wahl, Reihenfolge und Ausdehnung. Allerdings wird Mancher diese Freiheit zum Müßiggange oder zu Verkehrtheiten mißbrauchen; auch läßt sich nicht leugnen, daß strenge Studienvorschriften gewöhnliche Brauchbarkeit bei fast Allen erzwingen können: aber nur bei völliger Unbeschränktheit können sich die verschiedenen Talente vollständig entwickeln, und widerfährt jeder Individualität ihr Recht. Dies aber ist mehr werth, als regelmäßige Mittelmäßigkeit Aller. Es ist nicht Sache des Staats, sondern der Eltern und Erzieher, den Einzelnen zu warnen und zu leiten. Und höchst nachtheilig wären die Folgen eines, denn doch auch möglichen, schlechten Studienplanes. Auch ist nicht zu vergessen, daß bei einem gezwungenen Studienkurs ein hauptsächlicher Sporn zu möglichster Anstrengung für die Lehrer wegfällt. Unzweifelhaft spricht endlich die Erfahrung für die Freiheit. Eine Vergleichung der Bildungsstufe derj. Länder, welche den folgerichtigsten Zwang anwenden, mit dem geistigen Zustande jener Staaten, welche Studienfreiheit gewähren, muß jeden Zweifel beseitigen.[1])

2) Die Nothwendigkeit tüchtiger Lehrer bedarf keiner Auseinandersetzung. Die richtigen Mittel zu der nicht immer leichten Erlangung sind aber hauptsächlich folgende: a) Möglichste Förderung der Privatdozenten-Anstalt, damit durch Erfahrung die Brauchbarkeit nachgewiesen sei. Die Erlaubniß, Vorlesungen an der Hochschule zu halten, soll daher nur von der Erfüllung solcher Bedingungen abhängig sein, welche die Reife zum öffentl. Lehrer versichern.[2]) — b) Bei Besetzung einer erledigten Lehrstelle ist zur Beseitigung von Unkenntniß einerseits und von Selbstsucht und Befangenheit andrerseits sowohl ein umsichtiges Gutachten von Sachverständigen, als die Entscheidung einer unparteiischen Behörde nöthig. Deshalb sind die akadem. Kollegien um ihre Ansicht zu befragen; die Ernennung selbst aber muß nach der eignen Ueberzeugung der, vielleicht auch noch auf anderm Wege belehrten, höchsten Studienbehörde erfolgen. Ob der Tauglichste ein Fremder oder Einheimischer ist, mache keinen Unterschied.[3]) —

---

1) Dafür insbes.: Talleyrand, Rapport, S. 48., Michaelis, Räsonnement, II. S. 37., Meiners, Bd. 2. S. 116., Wagner, System, S. 314., Thiersch, gel. Sch., Bd. 2. S. 87. 386., Ders. über die Freiheit der Studien, München, 1829. 4. — Dagegen: Ueber die Univers. in Deutschl. S. 5., Hoffbauer, Perioden der Erziehung, Leipzig, 1800. S. 145. — Als Beispiel für die Folgen des Zwangs führt Mohl in der Note das System der Jesuiten mit dem Bemerken auf, daß die wissenschaftl. Kampffähigkeit der kathol. Kirche erst nach Aneignung der freiern protestantischen Studienweise wieder erwacht sei. — Vorgeschriebene Zwangskollegien bezeichnet C. Vogt (Einiges über die Stellung der Hochschulen in unserer Zeit. 1848) als reduzirte Studienpläne.

2) Vergl. Michaelis, Räs., III. S. 2., Thiersch, a. a. O S. 313., Scheidler, Idee der Univers. S. 302. — Ueber die Anstellung bezahlter Privatdoz. sagt Mohl in der Note: solche Lehrer sind Professoren. Man nenne sie aber auch so, damit nicht der Charakter der Anstalt verloren gehe.

3) Die Vorschläge Schleiermachers (Gedanken rc. S. 97.) über die Ver-

c) Die Stellung des akadem. Lehrers sei eine ehrenvolle und unabhängige; er werde seinem Berufe ungetheilt erhalten. Die Geldbelohnung muß anständig, über Verlegenheit erhebend, doch nicht so groß sein, daß nicht weiterer Erwerb durch besondere Anstrengung bei Vorlesungen und durch Schriftstellerei als wünschenswerth erscheint.[1]) Von besonderer Wichtigkeit ist die alsbaldige Entfernung unglücklich gewählter oder untüchtig gewordener Lehrer.[2])

3) Aus zwei Ursachen bedarf eine Hochschule bedeutender wissenschaftlicher Vorrichtungen. Einmal hat der Lehrer, um auf der Höhe der Wissenschaft zu bleiben, einen mit den Entwickelungen des Wissens immer gleichen Schritt haltenden, folglich so bedeutenden Vorrath von Büchern, Werkzeugen u. s. w. nothwendig, daß dessen Anschaffung die Kräfte des Privatmannes übersteigt. Zweitens sind diese Sammlungen nöthig für die Studirenden. Der mündliche Unterricht allein genügt für den jungen Mann nicht; er soll nicht auf die Worte des Lehrers schwören, sondern selbst prüfen und arbeiten lernen. Dazu gehören aber mannigfache Mittel, welche der Studirende nicht besitzen kann. Nothwendig also ist vor Allem eine große Büchersammlung aus allen Fächern; dann aber sind physikalische, astronomische, chemische, technologische Instrumente und Gebäude, eine Anatomie, ein botanischer Garten, ein Naturalienkabinet, Hospitäler, eine Thierarzneischule erforderlich.

4) Von verhältnißmäßig untergeordneter Wichtigkeit, aber doch nicht zu vernachlässigen, sind die Bestimmungen über die äußere Einrichtung der Hochschule. a) Die Verfassung der Univ. zerfällt in die Einrichtung der einzelnen Fakultäten und in die Gestaltung des Ganzen. — Eine Fakultät ist ein Verein derj. vom Staate bestellten Lehrer, welche sich in die verschiedenen Zweige eines wissenschaftl. Ganzen theilen. Sie haben zur Berathung der Interessen dieses Studiums, namentlich auch zur Ertheilung der akadem. Würden,[3]) kollegialisch zusammentreten. Die Zahl der Fakultäten aber richtet sich nach dem Umfang der auf den Univ. vorgetragenen Wissenschaften und ist somit keineswegs unabänderlich. Wenn eine Wissenschaft sich innerlich und äußerlich so ausgebildet hat, daß sie eine Mehrzahl von Lehrern verlangt, und ein für sich bestehendes Studienfach bildet, so muß auch eine eigene Fakultät für sie gebildet werden.[4]) — Die organische Vereinigung der sämmtl. Fakultäten bildet die Universität. Die Regelung des Zusammenlebens, die Unterordnung aller Einzelnen unter den allg. Zweck der Hochschule, die Einrichtung der gegenseitigen Unterstützung und Durchdringung der verschiedenen Wissenschaften ist Sache dieser Gesammtheit. Dazu bedarf sie aber eines sachkundigen, unparteiischen Organes. Dasselbe kann an sich entweder

---

theilung des Einflusses bei Anstellung der Lehrer bezeichnet Mohl als zu künstlich. Auch gegen die Französ. Sitte der Besetzung durch Konkurs spricht er sich mit Berufung auf Wolowsky, Revue de legislation, Bd. 9. S. 241. aus, weil sie die Auswahl auf die sich Meldenden beschränke, und Umtriebe und Partellichkeit durch die Prüfung keineswegs abgeschnitten würden. — Meiners, Gesch. der hoh. Sch. Bd. 1. S. 123., Bd. 2. S. 35. will die Anstellungen der Studienbehörde allein überlassen.

1) Ueber Honorarien: Meiners, a. a. O. Bd. 2. S. 78., Thiersch, a. a. O. S. 332.

2) Schleiermacher, a. a. O. S. 100. — s. auch Meiners, a. a. O. Bd. 2. S. 45.

3) Vgl. Meiners, a. a. O. S. 323, Schleiermacher, a. a. O. S. 151. — Auf manchen Univ. hat ein Kanzler die Ertheilung der gelehrten Grade zu überwachen. Michaelis, Räs., Bd. 4. S 332.

4) Schleiermacher, a. a. O. S 71. — Mohl fügt hinzu: Es ist schwer zu begreifen, wie Thiersch die Zahl der Fak. gerade auf die alten vier beschränken und darauf großes Gewicht legen will. So beweist z. B. seine Verwerfung der staatswissenschaftlichen Fak. und die Gleichstellung der Staatswissenschaften mit dem Straßen- und Wasserbau als „spezielle Fächer" einen, freilich kaum verzeihlichen Grad von Unkenntniß. Die Zeit dürfte auch nicht fern sein, in welcher auch die Naturwissenschaften überall als eine eigene Fakultät sich abrunden werden. — Die letztere Hoffnung ist noch nicht verwirklicht. Dagegen hat Tübingen eine staatswirthschaftl, Fakultät, mit der kathol. Theol. also sechs Fakultäten.

aus einem Ausschusse bestehen, in welchem sämmtliche Fakultäten vertreten sind, oder aus der Versammlung sämmtlicher öffentl. Lehrer. Am Zweckmäßigsten würden wohl aber, unter passender Geschäftsabtheilung beide Behörden neben einander bestellt werden. Zur Stätigkeit der Geschäftsbesorgung und zur Erhaltung des Gedächtnisses von Früherem ist aber jedenfalls ein bestimmter Beamter nöthig; sei es nun, daß derselbe als bleibender Vorstand der Hochschule bestellt, oder nur als Geschäftsmann dem akadem. Senate und dem wechselnden Vorstande desselben beigegeben ist.[1]) — b) Alle Bürger eines Rechtsstaats sind vor dem Gesetze gleich und demselben in gleicher Form Gehorsam schuldig. Es ist daher nicht abzusehen, wie eine eigenthümliche Gesetzgebung über das Betragen der Studirenden, ein Privilegium in Form und Sache zu ihrer Begünstigung oder zu ihrer Benachtheiligung irgend gerechtfertigt werden will. Sie mögen nach den Vorschriften des gemeinen Rechts leben und sich innerhalb desselben nach ihrem Belieben und den ihnen genehmen Formen bewegen, so weit keine Rechte dritter oder allgemeine Gesetze verletzt werden. Deshalb kann auch von einer eigenen Gerichtsbarkeit der Hochschule keine Rede sein. Nur das liegt im Wesen einer Erziehungsanstalt, daß derj., welcher durch Unordnung, Rohheit und Liederlichkeit sich und Andere um den Zweck des Universitäts-Aufenthalts bringt, disziplinarisch gerügt und, in schweren Fällen, von der Hochschule ausgeschlossen wird.[2]) — c) Keineswegs gleichgültig ist der Ort der Univ. Der Aufenthalt in einer kleinen abgelegenen Stadt wird die Lehrer einseitig, in engerem Gedankenkreise befangen, oft unter sich uneinig machen, die Studirenden aber vielleicht roh und linkisch. Auch fehlt an solchem Orte manche allgemeine und besondere Bildungs-Gelegenheit, namentlich für Heilkunde und Naturwissenschaften. In den Hauptstädten dagegen droht Verwendung der Lehrer zu fremdartigen Geschäften, Uebertragung von Lehrstellen an mittelmäßige Geschäftsmänner, Verfolgen von außerwissenschaftlichen Zwecken, Zerstreuung und Verführung für die Studirenden. Am besten erscheint also eine Hochschule gelegen in einer mittleren Stadt an einer großen Weltstraße.

Wenn im Vorstehenden stillschweigend angenommen ist, daß der Staat die Hochschulen stifte und unterhalte, so ist nicht übersehen, daß allerdings möglicher Weise eine Hochschule auch durch Privatkräfte zu Stande gebracht werden kann.[3]) Allein es wird von der Ansicht ausgegangen, daß der Staat unter allen Umstän-

---

1) Michaelis, Räs. Bd. 4. S. 207, über die Univ. in Deutschl. S. 38, Meiners, a. a. O. Bd. 1. S. 195. — Kollegialischer Leitung schreibt Mohl zwar nur mittlere Güte, diese aber mit Sicherheit zu, während die Leitung durch einen Einzelnen bei glücklicher Wahl ausgezeichnet, bei unglücklicher Wahl aber um so verderblicher wirken könne.

2) Ueber akadem. Strafen s. Michaelis, Bd. 4. S. 20. Ueber die Univ. in Deutschl. S. 40 ff., Meiners, Bd. 1. S. 294. — Für Abschaffung der akadem. Gerichtsbarkeit: Seckendorf, Sollen die akadem. Gerichte noch ferner in der itzigen Verfassung gelassen werden? Leipz. 1800. — A. M. ist Michaelis, Bd. 4. S. 164, Cäsar, Gedanken über die Nothwendigkeit der ak. Ger. Leipz. 1800, Meiners, Bd. 1. S. 133, Villers, Blick auf die Univ. S. 65, Thiersch, gel. Sch. Bd. 2. S. 246. — Vgl. auch (C. Vogt) Einiges über die Stellung der Hochschulen S. 19: „Auch dies ganze Wesen, das die Studirenden als eigene Kaste von den übrigen Staatsbürgern lostrennt, ist noch ein Rückstand des schauderhaften Rechtszustandes jener Zeit, in welcher die Univ. entstanden, und führt in seinem Gefolge alle jene Auswüchse mit sich, an welchen das Studentenleben unserer Zeit krankt. Dem durch diese Einrichtung gepflanzten Kastengeiste verdanken wir das Duellwesen, die Corps, den rohen Unterschied zwischen Philistern und Burschen. Wir verdanken ihm als Zugabe die Ertödtung des Gefühls für Recht, die Vernichtung des bürgerlichen Gemeinsinns. — Die Gleichheit vor dem Gesetz ist der erste Grundzug unserer bürgerl. Einrichtungen. — Warum ist es noch Niemanden eingefallen, den Commis einen separaten Gerichtsstand, den Gesellen auch einen zu verleihen?"

3) Als Beispiele führt Mohl an: die ersten Italien. Univ. des Mittelalters, die Englischen Univ., sowohl die alten als die neue Londoner, manche Amerikan. Anstalten, die freie Brüsseler Univ. und die kathol. Univ. in Löwen.

den diese Aufgabe zu lösen habe. In der Regel werden schon die großen Kosten einer Univ. an die Gründung und Erhaltung aus Privatmitteln nicht denken lassen. Wenn aber auch entw. reiche Stiftungen oder mächtige Privatbestrebungen in einzelnen Fällen diesen Anstand wegräumen, so wird der Staat doch nicht unterlassen können, auch neben solchen Privat-Univ. seine eigene Anstalt zu unterhalten. Theils ist in den meisten Fällen dieser Art für eine Dauer des Unternehmens keine Sicherheit; die wissenschaftl. Bildung des Volkes kann aber nicht von Laune und Zufall abhängen. Theils wird in andern Fällen nicht die unbefangene Wissenschaftlichkeit, sondern eine bestimmte Partheirichtung den Geist des Unterrichts bestimmen, ein Gegengewicht also doppelt nöthig sein. Theils endlich haben Privatanstalten der Natur der Sache nach mit manchen Schwierigkeiten bei der Gewinnung guter, der Entfernung schlechter Lehrer, der Verhinderung von Schlendrian und Unfug zu kämpfen, welcher ihrer vollständigen und wünschenswerthen Wirkung sehr im Wege sind.

Aus dem Angeführten ist ersichtlich, daß die Freiheit der Wissenschaft und ihrer Lehre im Prinzip allgemeiner als in der Praxis anerkannt war. Auf der andern Seite hatte zwar die allgemeine Bildung der Zeit auf die Abschaffung mancher Mißbräuche und Rohheiten des akademischen Lebens hingewirkt, im Ganzen waren aber die Universitäten in ihrer abgesonderten, obschon vom Staate streng beaufsichtigten und geregelten, Korporativstellung geblieben,[1]) als deren nothwendige Folgen sich Kastengeist unter den Professoren, Standesrenommage unter den Studenten und Abschließung der Anstalt vom Leben[2]) bis auf unsere Tage erhielten.

So fand die Bewegung des Jahres 1848 die Deutschen Hochschulen vor. Sie brachte denselben als erste Frucht die Aufhebung der beschränkenden Bundesbeschlüsse, welche in der 27. Sitzung der Deutschen Bundesversammlung v. 2. April 1848 durch nachstehenden Beschluß erfolgte:

Auf den in der 22. Sitz. v. 23. März d. J. §. 176. erfolgten Antrag der

---

1) (C. Vogt) Einiges über die Stell. d. Hochsch. S. 3: „Unsere Univ. sind Korporationen, und zwar vom Staate überwachte Korporationen, denen man das Gute genommen hat, welches sie als solche besaßen, nämlich die freie Selbstbestimmung, während man das Privilegium und den Zwang, d. h. das Odiöse der Korporation ihnen vollständig beließ."

2) (C. Vogt) a. a. O.: „Ist es möglich zu behaupten, daß die Bewegungen auf dem kirchl. Gebiete, die Agitation für Geschwornengericht und freie Gerichtsverfassung, der Ruf nach Preßfreiheit und zeitgemäßer Umgestaltung der sozialen Verhältnisse bei den Univ. ein Echo gefunden hätten? Selbst von den Naturwissenschaften, kann man von ihnen sagen, daß sie sich auf der Univ. in einer Weise entwickelt hätten, wie sie den Anforderungen unserer Zeit und deren Bedürfnissen entsprach? Wahrlich, nein! Die Univ. fahren fort, Kandidaten des Predigtamts, Accessisten und Doktoren der Medizin aus dem Stoffe zu fabriziren, der aus der Preßanstalt der Gymnasien in ihre Hörsäle hinein gezwängt wird, und sie trösten sich mit dem Bewußtsein, dem Staate Diener und sich Kollegiengelder verschafft zu haben."

Als die Prof. Hotho, Vatke und Benary in Berlin eine Zeitschrift gründen wollten, welche die Wissenschaft „in ihrer mächtigen Einwirkung auf die Gestaltungen des Lebens und der Gesellschaft" darstellen sollte, so wurde ihnen vom Min. Eichhorn eröffnet: „daß die Verfolgung eines solchen Planes dem Zwecke der Univ. und dem Berufe der an ihr angestellten Lehrer nicht angemessen sei", daß vielmehr nur „bedenkliche Konflikte und Verlegenheiten" zu erwarten seien, weil sie „ohne praktisch lebendige Kenntniß von Kirche und Staat, ihr Blatt auch in Bezug auf diese Gebiete vom Standpunkte einer Philosophie (der Hegelschen) redigiren würden, die nach dem Urtheil sowohl Sr. Exc., als auch aller höhern Pr. Staatsmänner, mit der Kirche und dem Staate, wie sie sein könnten und dürften, unverträglich wäre." Mat. III. S. 29. — E. Zeller, Gedanken über Deutsche Univ., in Schweglers Jahrb. 1845. S. 1082.

freien Städte für Frankfurt, daß, da die seit dem J. 1819 erlassenen sogen. Ausnahmegesetze des Deutschen Bundes unter veränderten Umständen bereits allenthalben außer Wirksamkeit getreten, dieselben auch von Seiten des Deutschen Bundes förmlich als aufgehoben und beseitigt zu erklären seien; beschließt die Bundesversammlung: daß die geb. beanstandeten Ausnahmegesetze und Beschlüsse für sämmtliche Bundesstaaten aufgehoben, mithin als bereits völlig beseitigt zu betrachten, und wo es noch erforderlich befunden werden sollte, darüber die nöthigen Bekanntmachungen zu erlassen seien.[1])

(Frankf. O. P. A. Zeitung 1848. Nr. 102. v. 11. April 2. Beil., Verhandl. des Deutschen Parl., Frankf. Sauerländer, 2. Lief. S. 40.)

Desgleichen trat jetzt der Satz „die Wissenschaft und ihre Lehre ist frei" an die Spitze aller Verfassungsbestimmungen über das Unterrichtswesen, sowohl in der Reichsverfassung, als in den Einzelnverfassungen, namentlich in den Preußischen v. 5. Dec. 1848 und v. 31. Jan. 1850. (Bd. 1. S. 31. 226. 232). Dies war aber auch Alles, was erreicht wurde. Im Uebrigen fanden wohl vielfach Bestrebungen nach einer Verbesserung Statt. So hielten schon vom 12—15. Juni die Studenten eine allgemeine Versammlung zu Eisenach,[2]) in den Tagen vom 27—29. Aug. war ein akademischer Kongreß zu Frankfurt a. M.,[3]) und vom 21. Sept. an traten zu Jena die akadem. Dozenten zu gemeinschaftlicher Berathung zu-

---

1) In Preußen ist dieser Bundesbeschluß nicht besonders publizirt, seine Wirksamkeit aber faktisch anerkannt worden, z. B. durch Aufhebung des Instituts der Reg. Bevollm., desgl. der Beschränkungen der Aktenversendung u. s. w.

2) Von weit über Tausend Studenten besucht, ließ die Versammlung durch Heinrich Simon eine Adresse der Deutschen Nat. Vers. überreichen, in welcher sie folgende Wünsche aussprach: 1) Die Univ. sollen Nationalanstalten werden. Das Vermögen der einzelnen Univ. soll vom Gesammtstaat eingezogen werden. Dieser bestreitet ihre Bedürfnisse. Die Oberleitung übernimmt das Deutsche Unterrichts-Min. Im Einzelnen wird das Prinzip der Selbstverwaltung anerkannt. — 2) Unbedingte Lehr- und Hörfreiheit. — 3) Die Univ. sollen die ganze Wissenschaft vertreten und nach diesem Prinzip die Lehrfächer vervollständigt werden; jede Fakultätssonderung hört auf. — 4) Die einzelnen Staaten sollen den Bundesbeschl. über Aufhebung der Ausnahmegesetze seit 1819 sofort in Wirksamkeit treten lassen. — 5) Absolute Aufhebung aller Exemtionen in der Gerichtsbarkeit. — 6) Betheiligung der Studirenden bei der Wahl der akadem. Behörden und bei Besetzung der Lehrstellen. — 7) Zur Erlangung eines Staatsamtes soll der Universitätsbesuch nicht erforderlich sein. — Andere Punkte, wie Wegfall der Kollegienhonorare und Examinationsgebühren; Wegfall der Prüfungen während der Studienzeit, außer wegen Stipendien; Oeffentlichkeit der Prüfungen und Ablegung ders. vor von der Univ. unabhängigen Prüfungskommissionen; Freiheit des Universitätsbesuchs; Abschaffung der Latein. Sprache, als offizieller; Benutzung der akadem. Räume für die Stud., so wie endlich die Organisation und Vertretung der allg. Studentenschaft, Einführung von Schiedsgerichten u. dergl. wurden der Begutachtung eines Ausschusses von Vertrauensmännern (Vorparlament) überlassen, welcher demnächst ein neues Studentenparlament berief, welches um dieselbe Zeit, wie der Dozentenkongreß in Jena, wiederum in Eisenach zusammentrat. Frankf. O. P. A. Zeit. 1848. Nr. 166. 168. 169. 171., Beil.

Dieser allg. Versammlung gegenüber beschloß ein von etwa 10 Univ. beschickter Korps-Kongreß in Jena v. 15—18. Juli einen von allgemeinem Duellzwang als Grundprinzip ausgehenden „Komment." Auch erschien in Göttingen eine Studentenzeitung, obschon in Eisenach der Ausspruch dagegen ausgefallen war. a. a. O. Nr. 204.

3) Hier wurde die Gründung einer freien, akademischen Univ. zu Wien, event. zu Frankfurt beschlossen. Die Versammlung war nicht auf Universitätsangehörige beschränkt. a. a. O. Nr. 239. und Beil.

Einzelne Deutsche Univ. errichteten eigene Reformkommissionen, z. B. Gießen. a. a. O. Nr. 250.

sammen.[1]) Manches Wünschenswerthe wurde beschlossen, aber Alles ohne Resultat. Eben so wenig war ein Erfolg der Bemühungen sichtbar, welche in Preußen das Min. d. G., U. u. Med. Ang. einer zeitgemäßen Neugestaltung des Universitäswesens zuwandte, indem es die Gutachten der einzelnen Landes-Universitäten einforderte, und denselben, obschon ohne den Charakter einer amtlichen Vertretung, den Besuch der Jenaer Konferenz gestattete.[2]) —

Als nothwendig wurde die Reform von allen Seiten proklamirt, von keiner ausgeführt.

II. Statistische Nachrichten über die Preuß Universitäten.

1) Ueber die Anstalten und ihre Ausstattung. (s. o. S. 367. und S. 374 Note 1.)

---

1) Sie war von 130 Dozenten besucht, unter denen 80 von den andern Deutschen Univ., und zwar meist ausdrücklich ernannte Abgeordnete. Nur aus Berlin und Königsberg waren blos einzelne Theilnehmer ohne Mandat zugegen. Die Beschlüsse waren: 1) Lehrfreiheit. Die Wissenschaft und ihre Lehre ist frei. Sie steht unter keiner Staatspolizei, sondern ist nur dem richterl. Spruch unterworfen. Jeder kann über das lesen, worin er sich habilitirt, und über verwandte Fächer. Im Zweifel enscheiden die beiden betr. Fak. in vereinigter Sitzung. (Minorität: Jeder Univ. Lehrer kann über das lesen, wofür er sich befähigt erachtet.) — 2) Lernfreiheit. Kein Kollegienzwang, kein Studienplan, keine Landesuniversität. Die Versammluug erachtet es nicht für eine Beeinträchtigung der Lernfreiheit, wenn Staat oder Kirche den Besuch einer Univ. überhaupt zum Behufe der Zulassung zum Examen verlangen. Der Gebrauch der Latein. Sprache ist den Fak. überlassen. (Min.: Der Gebrauch der Latein. Sprache ist abgeschafft.) Semesterexamina fallen weg. — 3) Verfassung der Univ. Das Corpus academ. besteht aus sämmtlichen Univ. Lehrern. Für Alles, was die Studenten unmittelbar berührt, wird dasselbe durch eine Deputation der Letztern, welche stimmfähig ist, verstärkt. Die Ordinarii, als solche, hören auf Senat zu sein. Der Letztre besteht vielmehr aus 12 Mitgliedern des Corpus academ., deren Wahl halbjährlich zur Hälfte erneuert wird. Das Corpus academ. gliedert sich in wissenschaftliche Sektionen. Das Wie setzt die dazu niedergesetzte Kommission fest. In Civil-, Polizei- und Kriminalsachen hat das gewöhnl. bürgerl. Gericht abzuurtheilen. Für Disziplinar- und Ehrensachen wird jedoch ein aus freier Wahl der Lehrer und Studenten hervorgegangener Rath eingesetzt. Frankf. O. P. A. Zeit. 1848. Nr. 261., Beil. 263. 265. 271.

Das gleichzeitige, von gegen 70 Deputirten besuchte Studentenparlament in Eisenach (s. o.) faßte, neben einem Organisations-Entwurf für die Deutsche Studentenschaft, einzelne von den Jenaern abweichende, oder sie ergänzende Beschlüsse; z. B.: daß die Deutsche Nation zur Unterhaltung der Univ. verpflichtet sei; daß das Corpus academ., dem man die Bezeichnung „Universitäts-Ausschuß" beilegte, aus den Lehrern und der gleichen Anzahl Studenten bestehen solle; daß jeder, der sich befähigt hält, Vorlesungen halten könne; daß die Fakultätssonderung, die Kollegiengelder und der Gebrauch der Latein. Sprache abzuschaffen. a. a. O. Nr. 265, Beil. 266. 268. und Beil. 272., Beil.

2) Die in beiden Beziehungen erlassenen Verfügungen waren folgende: a) C. R. des Min. d. G., U. u. Med. Ang. (v. Ladenberg) v. 15. April und 24. Aug. 1848 an sämmtl. Kur. der K. Landesunivers., betreff. die Reformvorschläge Seitens Letzterer. (Min. Bl. d. i. V. 1848. S. 269.) — b) C. R. deff. Min. v. 22. Aug. 1848 an die Rektoren und Senate der Landesunivers. zu Bonn, Greifswald und Berlin, so wie an die Prorekt. derj. zu Halle und Königsberg, desgl. an den Univers. Kur. zu Breslau, betr. die Betheiligung diesseitiger Univers.-Lehrer an dem in Jena behufs der Univers. Reformen angesetzten Kongresse. (Min. Bl. d. i. V. 1848. S. 270.) — c) Schreiben deff. Min. v. 15. Sept. 1848 an den Geh. Justiz-R. Dr. Guyet in Jena, als Mitglied der die Versammlung Deutscher akadem. Lehrer vorbereitenden Kommission, in derselben Ang. (Min. Bl. d. i. V. 1848. S. 297.)

Im J. 1697 besaß der Preuß. Staat die vier Univers. Frankfurt, dotirt mit 11,000 Thlr., Königsberg mit 4900, Duisburg mit 3300 und Halle mit 7000 Thlr., zusammen also mit 26,200 Thlr. ausgestattet. [1]) Ein Jahrhundert später, beim Regierungsantritt Friedrich Wilhelm III., im J. 1797 war der Etat von Frankfurt 12,648, Königsberg 6,920, Duisburg 5,527, Halle 18,116 Thlr. Zu ihnen war in Folge des Erwerbes der fränkischen Besitzungen (Anspach und Baireuth) durch den Vertrag v. 22. Dec. 1791 die Univers. Erlangen mit einem Etat von 17,143 Thlr. hinzugekommen, so daß im Ganzen der Aufwand für die damaligen fünf Univers. 60,354 Thlr. betrug. Dazu trat 1803 die Univers. Erfurt mit einem Etat von 4175 Thlr. Außerdem erhielten auch die andern Univers. zum Theil bedeutende Verbesserungen ihrer Einkünfte (Halle 15,000, Erlangen 14,700 Thlr.), so daß 1805 der Aufwand für die sämmtlichen Univers. auf 95,955 Thlr. gestiegen war. [2])

Die folgenden Jahre brachten bedeutende Veränderungen. Durch den Tilsiter Frieden ging mit Baireuth die Univers. Erlangen, [3]) so wie mit den Besitzungen jenseit der Elbe Duisburg, Halle und Erfurt verloren. Dies gab die Veranlassung zur Gründung der Univers. zu Berlin und zur Vereinigung der Frankfurter Univers. mit der zu Breslau, die nun vollständig organisirt wurde. Im J. 1812 war der Etat: Königsberg 35,585 Thlr., Berlin 54,209, und Breslau 61,642 Thlr., zusammen 151,436 Thlr.

Dagegen kamen durch die Landerwerbungen Preußens nach Beendigung der Feldzüge gegen Napoleon nicht nur Duisburg, Halle und Erfurt zurück, sondern auch noch zwei Universitäten neu hinzu, nämlich mit Schwedisch Pommern: Greifswald, und mit der Hälfte des Königsreich Sachsen: Wittenberg, [4]) so daß der Staat unmittelbar nach dem Frieden acht Univers. zählte. [5])

Von diesen wurde Wittenberg mit Halle vereinigt. Erfurt, dessen Studentenzahl seit Jahrhunderten zwischen 20 und 40 geschwankt und sich 1814 auf 13 vermindert hatte, wurde durch K. O. v. 24. Sept. 1816 unter Ueberlassung des Universitätsfonds an andre dortige Unterrichtsan-

---

1) Dieterici, Nachrichten, S. 184.

2) Dieterici, S. 185. Auf S. 177 giebt derselbe den Etat der damaligen Univers. noch höher an. Nämlich: Frankfurt 15,315 Thlr., Königsberg 6,921, Duisburg 6,131, Halle 36,113, Erlangen 33,010, Erfurt 4,176 Thlr., zusammen 101,666 Thlr. — Breslau, obschon 1702 mit Universitätsprivilegien ausgestattet, ist nicht mit gezählt, weil es nur theol. u. philos. Fakultät besaß.

3) Im J. 1810 gelangte es an Baiern.

4) Vergl. Art. 15. und 21. der Wiener Kongreßakte v. 9. Juni 1815 über die Erwerbungen von Sachsen, Art. 23. über die Rückerwerbungen, Art. 24. u. 25. über die Erwerbungen zu beiden Seiten des Rheins. (Klüber, Quellensammlung S. 24 flg.) — Schwedisch Pommern und Rügen war durch den Kieler Frieden v. 14. Jan. 1814 als Entschädigung für Norwegen an Dänemark versprochen, wurde jedoch von diesem durch Vertrag v. 4. Juni 1815 an Preußen gegen Lauenburg ausgetauscht, welches dies letztere laut Art. 29. der Kongreßakte von Hannover erhalten sollte.

5) Eigentlich 10. Denn auch Paderborn und Münster, welche schon 1803 an Preußen gelangt, im Tilsiter Frieden verloren, und jetzt zurückerworben waren, führten den Namen Universitäten. Doch sind sie nicht vollständig organisirt, und so unbedeutend gewesen, daß sie bei Dieterici gar nicht unter den Univers. aufgezählt werden. Münster wird ausdrücklich als ein „unvollkommenes Mittelding zwischen Gymnas. und Univers." bezeichnet. Beide wurden 1818 aufgehoben, und Münster in eine Akademie, Paderborn in ein Seminar für kathol. Priester umgewandelt.

stalten aufgehoben. Dasselbe war schon 1815 mit Duisburg geschehen, wo auch seit langer Zeit die Studentenzahl nur ausnahmsweise über 50 gestiegen war. Dagegen erhob sich im J. 1818 als Ersatz für die alten verkümmerten Hochschulen der westlichen Landestheile, die neue Universität zu Bonn.

Hiernach bestehen gegenwärtig in Preußen sechs Universitäten mit folgender Ausstattung:

Universitäten.	Gegründet.	Etat: 1820.	Etat: 1834.	Etat: 1853.	Unter letzterm Staatszuschuß:
		Thlr.	Thlr.	Thlr.	Thlr.
1) Greifswald.	1456	46,933	57,696	62,100	1,200
2) Königsberg.	1544	53,335½	60,912	85,165	53,645
3) Halle.	1694	60,566	70,737	79,200	71,310
4) Berlin.	1809	80,441	99,846	157,210	151,462[1])
5) Breslau.	1811	67,056½	72,299	90,890	80,318
6) Bonn.	1818	87,687	89,685	105,780	101,050
		396,019	451,175	580,345	458,985[2])
Dazu: 7) die Akademie zu Münster. [3])	1818	—	9,600	15,278	1,250

Ueber die einzelnen Zweige der Einnahmen und Ausgaben vergl. die unten bei der Verfassung der Universitäten mitgetheilten Verwaltungsetats. Die obigen Angaben beruhen für die Zeit bis 1834 auf Dietericis Nachrichten, für 1853 auf Dr. Mushackes Schulkalender v. 1854. Dasselbe gilt von den Tabellen sub 2. und 3.

2) Die Lehrkräfte.

Die Anzahl und Vertheilung derselben ergiebt sich aus nachstehender Tabelle:

---

1) Im J. 1849: 176,818 Thlr., wovon 170,869 Staatszuschuß; 1851: 160,961¼ Thlr., wovon 155,012 Staatszuschuß; 1854: 156,710 Thlr., wovon 150,962 Staatszuschuß; 1855: 158,540 Thlr., wovon 151,262 Staatszuschuß.

2) Im Etat für 1854 (s. in Bd. 1. S. 316. Note 3.) sind für die Univers. 479,990 Thlr. ausgeworfen.

3) Ueber ähnliche Anstalten zur Ausbildung katholischer Priester, so wie über die Anstalten zur praktischen Bildung der Geistl. evang. und katholischer Konfession s. u. die bei Nr. 2. gegebenen Nachrichten.

Jahr.	Universität.	Lehrer. Theologische Fakultät. evangel. ordentl. Prof.	außerord. Prof.	Privatdozent.	Summe.	katholische. ordentl. Prof.	außerord. Prof.	Privatdozent.	Summe.	Jur. Fak. ordentl. Prof.	außerord. Prof.	Privatdozent.	Summe.	Med. Fak. ordentl. Prof.	außerord. Prof.	Privatdozent.	Summe.	Philos. Fak. ordentl. Prof.	außerord. Prof.	Privatdozent.	Summe.	Sprach- u. Exercitienmstr.	Summe.
1800.	Frankfurt	3	2	—	5	—	—	—	—	3	—	—	3	2	—	–	2	5	2	—	7	4	21
	Königsberg	5	—	—	5	—	—	–	—	4	—	1	5	3	—	1	4	5	5	2	12	1	27
	Duisburg	2	—	—	2	—	–	—	–	3	—	—	3	2	—	—	2	3	–	—	3	1	11
	Halle .	3	1	—	4	—	—	—	—	4	1	5	10	5	1	1	7	10	6	8	24	3	48
	Erlangen.	3	1	—	4	—	—	—	—	5	—	—	5	5	3	1	9	11	4	1	16	7	41
	Erfurt . (1804)	3	1	—	4	6	—	1	7	4	1	1	6	3	4	4	11	6	4	6	16	3	47
	Summe	19	5	—	24	6	—	1	7	23	2	7	32	20	8	7	35	40	21	17	78	19	195
1834.	Berlin .	5	2	8	15	—	—	—	—	8	1	3	12	16	10	14	40	22	30	23	75	7	149
	Bonn . .	5	—	1	6	4	1	—	5	3	3	2	8	11	1	3	15	21	8	2	31	6	71
	Breslau .	4	—	—	4	4	1	3	8	5	—	1	6	7	3	5	15	16	7	6	29	10	72
	Greifswald	3	2	—	5	—	—	—	—	4	2	1	7	4	1	3	8	10	2	4	16	5	41
	Halle . .	7	5	—	12	—	—	—	—	7	1	2	10	6	2	1	9	18	7	9	34	9	74
	Königsberg	5	1	—	6	—	—	—	—	5	4	1	10	4	2	3	9	13	3	13	29	6	60
	Münster [1])	—	—	—	—	3	2	—	5	—	—	—	—	—	—	—	—	3	3	4	10	—	15
	Summe	29	10	9	48	11	4	3	18	32	11	10	53	48	19	29	96	103	60	61	224	43	482
1853.	Berlin .	5	4	4	13	—	—	—	—	9	4	3	16	11	6	20	37	27	27	33	87	8	161
	Bonn . .	3	2	1	6	6	—	2	8	8	1	1	10	6	2	3	11	24	8	16	48	6	89
	Breslau .	6	3	1	10	6	1	1	8	5	—	2	7	7	1	11	19	16	9	10	35	13	92
	Greifswald	4	3	—	7	—	—	—	—	5	1	1	7	4	2	3	9	12	2	3	17	5	45
	Halle . .	6	4	1	11	—	—	—	—	6	—	—	6	6	–	2	8	18	6	15	39	6	70
	Königsberg	4	2	1	7	—	—	—	—	5	1	–	6	7	2	2	11	13	3	12	28	6	58
	Münster .	—	—	—	—	4	1	1	6	—	—	—	—	—	—	—	—	5	3	1	9	1	16
	Summe	28	18	8	54	16	2	4	22	38	7	7	52	41	13	41	95	115	58	90	263	45	531

Von den 1834 vorhandenen Lehrern waren besoldet: in Berlin 74, Bonn 57, Breslau 58, Greifswald 33, Halle 57, Königsberg 37, Münster 15, im Ganzen also 337, werunter 233 ordentliche und 77 außerordentliche Professoren. Die etatsmäßige Besoldungen für sämmtl. Lehrer betrugen in Summa: 260,584 Thlr. 5 Sgr. 5 Pf., wovon 226,850 Thlr. 23 Sgr. 5 Pf. auf die ordentlichen und 27,681 Thlr. 15 Sgr. 3 Pf. auf die außerordentl. Professoren kamen. Vergl. auch die bei der Verfassung der einzelnen Univ. mitgetheilten Verwaltungs-Etats.

Die Anzahl der Lehrer der katholischen Theologie erhellt aus der obigen Tabelle nicht vollständig. Die kathol. Fakultäten zu Bonn, Breslau und Münster sind zunächst für die Diöcesen Köln, Breslau und Münster bestimmt, und an sie schließen sich, zur praktischen Weiterbildung des Kand. nach absolvirtem Kursus, die bischöfl. Seminare in Köln, Breslau und Münster an. Aehnlich ist es in der Diözese Braunsberg, wo das Lyceum Hosianum zu Braunsberg, und in

---

1) Auch der Dir. des Gymnas. zu Münster gehört zu den akadem. Lehrern, indem er das philol. Sem. dirigirt.

der Diözese Paderborn, wo die philos. theologische Lehranstalt zu Paderborn für die theoretische Ausbildung der kathol. Priester dienen, während die praktische auf den dortigen Seminarien erfolgt. In den übrigen Diözesen des Preuß. Staats: Trier, Kulm, Posen und Gnesen geben dagegen die bischöfl. Seminare den Kandidaten des Priesterstandes, die vom Gymnas. aus in sie eintreten, sowohl die theoretische als die praktische Vorbildung. Die Lehrkräfte an den gen. Anstalten waren im J. 1853: a) am Lyceum Hosianum in Braunsberg 2 ord. Prof. und 1 Priv. Doz. in der theol., 3 ord. Prof. und 1 außerord. Prof. in der philos. Fak., in Summa 7 Lehrer. (Etat: 6,133 Thlr. incl. 2,140 Thlr. Staatszuschuß.) — b) Am Theodorianum zu Paderborn 4 ord., 2 außerord. Prof. der Theol., 3 Prof. der Philos., in Summa 9 Lehrer. (Etat: 10,506 Thlr. 3 Sgr. 10 Pf. excl. 1080 Thlr. 16 Sgr. 8 Pf. Staatszuschuß.) — c) Am Priesterseminar zu Trier (1835:) 8 Lehrer. (Etat: 17,400 Thlr. incl. 2851 Thlr. Staatszuschuß.) — d) Am Klerikalseminar für die Diöz. Kulm zu Pelplin: 5 Lehrer. (Etat: 7125 Thlr. incl. 5558 Thlr. Staatszuschuß.) — e) Am theoretischen Priesterseminar zu Posen: 5 Lehrer. (Etat: 10,891 Thlr. incl. 4389 Thlr. Staatszuschuß.) — f) Am weltgeistl. Seminar in Gnesen: 5 Lehrer. (Etat: 5260 Thlr. incl. 3691 Thlr. Staatszuschuß.)

Die übrigen praktischen Priesterseminare haben in der Regel Regens, Subregens und Repetenten. Sie sind dotirt, wie folgt: a) das erzbischöfl. Sem. zu Köln mit 19,190 Thlr. (incl. 7470 Thlr. Staatszuschuß.) — b) das Klerikal-Alumnat in Breslau mit 7426 Thlr. (incl. 1872 Thlr. Staatszuschuß.) — c) das Priestersem. in Münster mit 9308 Thlr. (incl. 2587 Thlr. Staatszusch.) — d) das Priestersem. in Braunsberg mit 6004 Thlr. (incl. 2219 Thlr. Staatszuschuß.) — e) das Priestersem. in Paderborn mit 9843 Thlr. (incl. 2131 Thlr. Staatszuschuß.)

Auch für evang. Theologen ist bei der Jubelfeier des Reformationsfestes 1817 ein praktisches Predigerseminar zu Wittenberg errichtet und aus dem Fonds der ehemal. Univers. dotirt worden. Es hat 25 Stellen mit freier Wohnung und einem Stipendium von jährlich 200 Thlr. auf zwei Jahre. Die Aufnahme erfolgt auf Vorschlag des Konf. durch den Oberkirchenrath. Die Anstalt steht unter 3 Direktoren, ist mit einer Uebungsschule verbunden und ressortirt unmittelbar vom Oberkirchenrath, in externis vom Min. (s. u. im 2. Kap. 1. Abschn. Nr. V. die Univers. Halle.) — Zu gleichem Zweck dient auch das Domkandidatenstift in Berlin mit 9 Stellen, gest. 1714, neu organisirt 1853. — Ueberhaupt über die Anstalten zur praktischen Ausbildung der Prediger vergl. den 1. Hauptbd. dieses Theils vom Gesammtwerke, der das Kirchenwesen enthält.

3) Die Frequenz.

Vor der Neugestaltung des Pr. Staats, zu Ende des vorigen und zu Anfang dieses Jahrh., waren die damals bestehenden Universitäten besucht, wie folgt:

Jahr.	Universität.	Studenten:						
		Theologen.	Juristen.	Medizıner.	Philosoph. u. Kameralisten.	Summe.	Davon	
							Inländer.	Ausländer.
1797.	Frankfurt . .	16	148	10	—	174	169	5
	Königsberg .	123	204	19	—	346	309	37
	Duisburg . .	10	15	16	2	43	31	12
	Halle . . .	357	353	52	—	762	634	128
	Erlangen . . (1799)	33	106	33	30	202	129	73
		539	826	130	32	1527	1272	255
1800.	Frankfurt . .	17	150	14	—	181	169	12
	Königsberg .	95	225	10	—	330	323	7
	Duisburg . .	8	14	28	2	52	23	29
	Halle . . .	326	372	55	—	753	660	93
	Erlangen . .	41	113	28	35	217	141	76
		487	874	135	37	1533	1316	217
1805.	Frankfurt . .	36	228	13	30	307	298	9
	Königsberg .	101	221	8	3	333	325	8
	Duisburg . .	5	—	16	—	21	10	11
	Halle . . .	360	456	83	45	944	836	108
	Erlangen . .	47	125	22	22	216	139	77
	Erfurt . . .	6	6	2	7	21	20	1
		555	1036	144	107	1842	1628	214

Unter den Studenten der Theol. zu Erfurt studirten 5 kathol. und 1 protest. Theol. Im J. 1804 war die dortige Frequenz 10 evang. und 11 kathol. Theologen, 21 Juristen, 8 Mediziner, 15 Philosophen, im Ganzen 65, woron 61 Inländer. Die Durchschnittszahl sämmtlicher Studirenden berechnet Dieterici für die Jahre 1797—1805 auf 1562,08, woron 1337,26 Inländer und 224,82 Ausländer. (a. a. O. S. 172.)

Die Frequenz der jetzigen Universitäten im Pr. Staate erhellt aus der nachstehenden Tabelle:

Studirende:

Semester.	Universität.	Theologen. evangel. Inländer.	Theologen. evangel. Ausl.	Theologen. kathol. Inl.	Theologen. kathol. Ausl.	Juristen. Inländer.	Juristen. Ausländ.	Mediz. Inländer.	Mediz. Ausländ.	Philos. Inländer.	Philos. Ausländ.	Summe. Inländer.	Summe. Ausländ.	Summe. Summe.	Nicht immatrikul. Zuhörer.
1832.	Berlin . . .	411	72	—	—	432	136	237	135	202	106	1294	506	1800	. .
	Bonn . . .	112	32	221	18	222	27	127	13	97	21	779	111	890	. .
	Breslau . .	238	3	227	2	246	3	114	5	171	4	996	17	1013	. .
	Greifswald	114	5	—	—	40	3	39	7	17	—	210	15	225	. .
	Halle . . .	487	82	—	—	153	19	56	34	74	9	770	144	914	. .
	Königsberg	175	12	—	—	94	2	37	8	94	4	400	26	426	. .
	Münster . .	—	—	172	62	—	—	—	—	70	10	242	72	314	. .
		1537	206	620	82	1187	190	610	202	725	154	4691	891	5582	. .
1837.	Berlin . . .	321	109	—	—	367	108	265	91	230	94	1183	402	1585	415
	Bonn . . .	46	25	105	3	196	21	146	13	78	24	571	86	657	41
	Breslau . .	168	—	193	2	104	—	118	5	128	3	711	10	721	122
	Greifswald	34	1	—	—	12	1	65	9	78	18	189	29	218	42
	Halle . . .	314	56	—	—	62	16	86	53	65	11	527	136	663	26
	Königsberg	135	5	—	—	62	2	60	5	106	4	363	16	379	. .
	Münster . .	—	—	107	31	—	—	—	—	59	9	166	40	206	. .
		1008	196	405	36	803	248	738	176	764	163	3710	719	4429	646
1843/44.	Berlin . . .	249	94	—	—	394	156	220	100	286	157	1149	507	1656	. .
	Bonn . . .	18	52	117	5	170	42	91	16	89	52	485	167	652	. .
	Breslau . .	94	–	204	1	128	—	112	3	163	2	701	6	707	. .
	Greifswald	40	2	—	—	26	1	73	4	49	15	188	22	210	. .
	Halle . . .	301	90	—	—	91	4	68	37	43	11	503	142	645	. .
	Königsberg	73	3	—	—	70	1	72	4	110	8	325	16	341	. .
	Münster . .	—	—	134	24	—	—	—	–	67	1	201	25	226	. .
		775	241	445	30	879	204	636	164	807	246	3552	885	4437	. .
1853/54.	Berlin . . .	133	36	—	—	582	138	224	58	267	126	1206	358	1564	719
	Bonn . . .	46	17	209	3	241	28	87	9	169	57	752	114	866	30
	Breslau . .	45	1	257	3	280	4	87	9	153	3	822	20	842	30
	Greifswald	27	—	—	—	40	—	86	2	45	8	198	10	208	4
	Halle . . .	276	55	—	—	144	12	70	11	55	2	545	80	625	39
	Königsberg	45	—	—	—	150	—	72	2	50	3	317	5	322	. .
	Münster . .	—	—	195	*	—	—	—	–	149	*	305	39	344	. .
		572	109	661	6	1437	182	626	91	888	199	4145	626	4771	822
1854.	Berlin . . .	160	26	—	—	497	87	239	40	220	79	1116	232	1348	545
	Bonn . . .	41	7	195	1	247	34	80	5	163	58	726	105	831	29
	Breslau . .	45	1	217	3	268	3	103	4	128	6	761	17	778	21
	Greifswald	28	—	—	—	59	3	82	2	47	7	216	12	228	3
	Halle . . .	316	64	—	—	142	4	55	4	49	6	562	78	640	32
	Königsberg	67	—	—	—	130	—	72	6	50	6	319	12	331	. .
	Münster . .	—	—	182	*	—	—	—	—	133	*	278	37	315	. .
		657	98	594	4	1343	131	631	61	790	162	3978	493	4471	630
1854/55.	Berlin . . .	174	42	—	—	546	113	236	44	221	108	1177	307	1484	618
	Bonn . . .	46	5	207	2	201	32	68	4	156	44	678	87	765	36
	Breslau . .	54	1	201	3	282	3	129	7	135	8	801	22	723	32
	Greifswald	28	1	—	—	55	1	72	2	56	7	211	11	222	4
	Halle . . .	299	79	—	—	136	6	46	3	52	8	533	96	629	31
	Königsberg	74	—	—	—	148	1	73	7	45	5	340	13	353	. .
	Münster . .	—	—	203	*	—	—	—	—	158	*	315	46	361	. .
		675	128	611	5	1368	156	624	67	723	178	4055	582	4637	721

Wo Sternchen stehen (*), sind in der vorhergehenden Inländerzahl die Aus=

länder mit einbegriffen. Im J. 1837 waren von den Ausländern 5 aus Frankreich, 13 aus England, 33 aus der Schweiz, 62 aus Rußland, 2 aus Polen, 20 aus Krakau, 1 aus Schweden, 63 aus Dänemark mit Holstein, 2 aus den Niederlanden, 5 aus Amerika, 1 aus Afrika, 38 aus Oesterreich (incl. 3 Ital.) und die übrigen aus andern Deutschen Bundesstaaten. (Die meisten aus Meklenburg: 104, aus den freien Städten: 79, aus Hannover: 73, wovon 25 in Münster, und aus den Anhaltinischen Landen: 57.) —

Zu der Gesammtzahl der Studenten katholischer Theologie müssen auch noch die Zöglinge derj. Anstalten gerechnet werden, welche nach der Bemerkung zu der sub 2. mitgetheilten Tabelle, gleich den kathol. theol. Fakultäten, die theoretische Vorbildung für den kathol. Priesterstand gewähren; und zwar die Zöglinge des Lyc. Hos. in Braunsberg, so wie die der Lehranstalt zu Paderborn vollständig, die dagegen der für theoretische und praktische Ausbildung zugleich bestimmten Seminare zu Trier, Pelplin, Posen und Gnesen etwa zur Hälfte, da in der Regel von dem vierjährigen Kursus zwei Jahre auf das theoretische Studium verwandt werden. Die Frequenz dieser Anstalten war folgende:

	Braunsberg.			Paderborn.			Trier.			Pelplin.			Posen.			Gnesen.		
	Inländer.	Ausländer.	Summe.	Inländer.	Ausländer.	Summe.	Inländer.	Ausländer.	Summe.	Inländer.	Ausländer.	Summe.	Inländer.	Ausländer.	Summe.	Inländer.	Ausländer.	Summe.
Theolog.	29	—	29				92	4	96									
1832.				152	1	153				29	5	34	31	—	31	21	—	21
Philos.	4	—	4				23	1	24									
1843—44.	—	—	37	—	—	76	—	—	57	—	—	35	—	—	35	—	—	11

Was die nicht immatrikulirten Zuhörer anlangt, so vertheilten sich dieselben auf folgende Fächer:

In Berlin 1837: 51 Chirurgen, 95 Pharmazeuten, 90 Eleven des Friedr. Wilh.-Inst., 5 Volontäre, 107 Eleven der med. chirurg. Akad. u. attachirte Chir., 38 Eleven der Bauakad., 6 Zöglinge der Forstakad., 6 Bergeleven, 6 remunirirte Schüler der Akad. der Künste, 6 Zöglinge der Gärtnerlehranstalt, 5 Stud., bei denen die Immatrikulation in suspenso. — 18$\frac{53}{54}$: 17 Chirurgen und Beflissene der Zahnheilkunde, 134 Pharmaz., 74 Eleven des Fr. Wilh.-Inst., 67 Eleven der med. chirurg. Akad. etc., 277 Eleven der Bauakad., 37 Bergeleven, 6 rem. Sch. der Akad. d. Künste, 6 Zögl. der Gärtnerlehranstalt. —

In Bonn 1837: 18 Chirurgen, 5 Pharmazeuten, 9 Hospitanten, 9 in suspenso, — 18$\frac{53}{54}$: 36 Hospitanten. —

In Breslau 1837: 116 Eleven der med. chirurg. Lehranstalt, 5 Pharmazeuten u. Oekonomen, 1 in suspenso, — 18$\frac{53}{54}$: 20 Pharmazeuten, Oekonomen und Bergeleven, 12 in suspenso. —

In Greifswald 1837: 42 Eleven der med. chirurg. Lehranstalt, — 18$\frac{53}{54}$: 4 Hospitanten. —

In Halle 1837: 22 Chirurgen, 2 Pharmazeuten, 2 in suspenso, — 18$\frac{53}{54}$: 3 Pharmazeuten, 28 Hospitanten.

(Nebst den bei der Tabelle sub 1. gen. Quellen haben zu den obigen Notizen gedient: für 1837 Kochs Univers.; für 18$\frac{43}{44}$ der Weimarsche gen. histor. stat. Almanach von 1848; für 18$\frac{53}{54}$ der Staatsanzeiger 1854 Nr. 162, 159, 163, 160, 153, 161, 164., — 1855 Nr. 2., 1854 Nr. 305, 307, 298, 302, 292, und 1855 Nr. 20. — Auch im Min. Bl. d. i. V. 1840. S. 356 u. 357 befindet sich eine Uebersicht der Frequenz der Preuß. Univers. Nach derselben studirten im Sommersemester 1839: 3579 Inl., 746 Ausl., in Sa. 4325: im Semester 13$\frac{39}{40}$: 7362 Inl., 791 Ausl., in Sa. 4463.)

Zur Vergleichung mögen hier schließlich die folgenden Angaben hinsichtlich des Besuchs der übrigen Deutschen Univers. Platz finden:

	Universität.	Jahr.	Studenten.	Davon Ausländer.	Lehrer.
Baden	Heidelberg .	1847	955	659	65
	Freiburg . .	—	219	44	—
Baiern . . .	München . .	—	1471	125	76
	Würzburg .	—	521	72	—
	Erlangen . .	—	364	7	—
Hannover . . .	Göttingen .	—	591	—	—
Kurhessen . . .	Marburg . .	$18\frac{47}{48}$	241	60	circa 60
Hessen-Darmstadt	Gießen . .	1847	570	159	40
Holstein [1]) . .	Kiel . . .	1846	191	26	—
Meklenburg . .	Rostock . .	$18\frac{44}{45}$	120	—	40
Sachsen, Königr.	Leipzig . .	1846	832	233	111
Sächs. Herzogth.	Jena . . .	1847	425	183	60
Würtemberg . .	Tübingen . .	—	867	92	69

Dazu die Oesterreichischen Universitäten, über welche aus dem J. 1842 folgende Angaben gemacht werden: Grätz 942 Stud., 28 Lehrer, 26,846 Fl. Aufwand; Innspruck 416 Stud., 24 Lehrer, 27,653 Fl. Aufw.; Olmütz 559 Stud., 25 Lehrer, 29,954 Fl. Aufw.; Prag 2741 Stud., 71 Lehrer, 71,189 Fl. Aufw.; Wien 5395 Stud., 85 Lehrer, 190,033 Fl. Aufwand. [2])

Für das Wintersemester $\frac{1854}{1855}$ wird die Gesammtzahl der auf Deutschen Universitäten Studirenden auf 18,201 (2,711 Ausländer), die der Lehrer auf 1699 (847 ordentl., 253 außerord. und 49 Honorar-Professoren) angegeben.

Erster Abschnitt.

Verfassung der Universitäten.

Die Pr. Universitäten sind privilegirte Korporationen, bestehend aus der Gesammtheit der Lehrer, aus den immatrikulirten Studenten und aus den zur Geschäftsführung angestellten Beamten und Unterbeamten. Jede Univers. ist in die althergebrachten vier Fakultäten der Theologie, Jurisprudenz, Medizin und Philosophie abgetheilt. Nur bei Bonn und Breslau findet eine Ausnahme statt, indem hier eine fünfte Fakultät, die der katholischen Theologie, hinzutritt. Die zu einer Fakultät gehörigen ordentlichen Professoren bilden als Fakultät im engern Sinne eine akadem. Behörde, an deren Spitze ein aus ihrer Mitte erwählter Dekan steht. Zur

---

1) Neben Kiel ist auch die Univers. zu Kopenhagen, gegr. 1475, im J. 1841 mit 1260 Stud., zu erwähnen.

2) In seinen außerdeutschen Landen besaß Oesterreich Universitäten zu Padua: 1825 Stud., 46 Lehrer, 91,429 Fl. Aufwand; Pavia: 1484 Stud., 57 Lehrer, 79,837 Fl. Aufw.; Pesth: 1250 Stud., 48 Lehrer, 96,493 Fl. Aufw.; Lemberg: 1128 Stud., 35 Lehrer, 55,984 Fl. Aufwand.

innern Leitung der gesammten Universität wird durch das Generalkonzil aller ordentlichen Professoren ein Ausschuß, der akademische Senat, und zum Vorsitz in demselben, so wie überhaupt als erste Person der akademischen Obrigkeit ein Rektor [1]) gewählt. Die staatliche Beaufsichtigung der Anstalten erfolgt durch das Min. d. G., U. u. Med. Ang. und durch die Kuratorien der einzelnen Univers.

Erstes Kapitel.

Die Aufsicht über die Universitäten.

Früher standen die Univers. unter einem besondern Oberkuratorium (s. in Bd. 1. S. 244.). An seine Stelle trat laut Instr. v. 22. Febr. 1787 (s. in Bd. 1. S. 76.) das Oberschulkollegium; doch wurden schon im J. 1802 demselben die Univers. wiederum entzogen, und von Neuem dem Oberkuratorium untergeordnet. Bei der neuen Organisation der Staatsverwaltung kamen sie laut Publ. v. 16. Dec. 1808 und V. v. 27. Okt. 1810 (s. in Bd. 1. S. 246, 249.) unter die Unterrichts-Abth. im Min. des Inn. Gegenwärtig ressortiren dieselben unmittelbar

I. von dem Ministerium der Geistlichen, Unterrichts- und Medizinal-Angelegenheiten: V. v. 3. Nov. 1817. (s. in Bd. 1. S. 250.)

Als Stellvertreter des Min. dienen bei den einzelnen Univers.

II. die Kuratorien.

Die über diese ergangenen Bestimmungen sind folgende:

1) R. v. 26. Dec. 1808, wegen verbesserter Einrichtung der Prov.-Polizei und Finanzbehörden.

§. 10. (Absatz 3, bei Universitäten) In Rücksicht der Univers. beschränkt sich die Mitwirkung der Regierungen nur auf die allgem. polizeil. Aufsicht. Die innere Einrichtung, die ökonomische Kuratel, imgl. die Berufung und Anstellung der Lehrer, besorgt das Kuratorium, und Wir behalten uns vor, den jedesmaligen Kurator besonders zu ernennen.

(G. S. 1806—1810. S. 467., Rabe, Bd. 9. S. 472.)

2) Nach dem R. v. 30. April 1815, wegen verbesserter Einrichtung der Prov.-Beh. §. 16., sollten die Oberpräsidenten als beständige Kommissarien des Min. zugleich die Kuratoren [2]) der Univers. in der betreff. Prov. sein. (s. in Bd. 1. S. 256.)

3) In Folge der Bundesbeschl. v. 20. Sept. 1819 (s. o. S. 378 ff.) traten an die Stelle der Kuratoren außerordentliche Regierungs-Bevollmächtigte. Sie erhielten die nachstehende Instr. v. 18. Nov. 1819: [3])

Wir Friedrich Wilhelm rc. wollen in Gemäßheit des Beschl. Art. 2. §. 1. im Protokoll der Deutschen Bundes-Versamml. v. 20. Sept. d. J., dessen Anwendung Wir hiermit auch auf die Univers. in Königsberg ausdehnen, und Unserer denselben aufnehmenden V. v. 18. Okt. d. J., über die Obliegenheiten und Ver-

---

1) In Halle, wo das Rektorat dem Landesfürsten als Fundator vorbehalten blieb, ein Prorektor. Ebenso in Königsberg.

2) Besondere Instr. für den Kurator der Univers. zu Breslau v. 12. April 1816, u. zu Bonn v. 8. Juli 1819 sind mitgeth. in Kochs Univ. I. S. 313. 184.

3) Obschon zum Verständniß des Folgenden nur Nr. III. und IV. der Instr. gehören, so ist dieselbe doch wegen ihres historischen Interesses vollständig gegeben.

hältnisse der für Unsere Univers. ernannten außerord. Reg.-Bevollm., Nachfolgendes anordnen und festsetzen:

I. Da ged. Beschlusse zufolge der Reg.-Bevollm. erste Bestimmung ist, über die strengste Vollziehung der bestehenden Gesetze und Disziplinarvorschriften zu wachen, so wird ihnen 1) die sorgfältigste Aufmerksamkeit auf die Befolgung dieser Ges. und Vorschriften, darunter besonders, mit Beziehung auf Art. 2 §. 3. des erwähnten Beschlusses, der Ges. gegen geheime oder nicht autorisirte Verbindungen auf den Univers. zur Pflicht gemacht. 2) Um sie in Stand zu setzen, dieser Pflicht zu genügen, sollen ihnen nicht nur alle zur Kunde der Rektoren und Senate, oder der Univers.-Gerichte gelangten Disziplinarereignisse ohne Ausnahme von diesen Behörden bekannt gemacht werden, sondern es sind auch die Polizeibehörden verpflichtet, jeden zu ihrer Kenntniß gekommenen, das Betragen des akadem. Personals überhaupt betreff. Fall, den Reg.-Bevollm. anzuzeigen, unabhängig von der Anzeige, die sie über Sachen der Art den Univers.-Gerichten und andern kompetenten Behörden, zu erstatten haben. Ueberdem müssen die Reg.-Bevollm. selbst alles anwenden, sich in einer so genauen und vollständigen Kenntniß des ganzen Lebens und Treibens der Univers. zu erhalten, daß sie im Stande sind, sowohl zweckmäßig und treffend, wenn es nöthig ist, darauf einzuwirken, als auch jederzeit befriedigende Rechenschaft darüber zu geben. 3) Sie sind verpflichtet, auf alle zu ihrer Kenntniß gelangten und den akadem. Behörden entgangenen oder von diesen nicht genugsam beachteten Fälle, dieselben aufmerksam zu machen und zu ihrer Untersuchung aufzufordern. 4) Der Universitätsrichter ist ihnen allein untergeordnet, und ihnen steht in Fällen der akadem. Disziplin und Rechtspflege in Disziplinarsachen, wo zwischen jenem und dem Rektor oder Senate Verschiedenheit der Meinungen obwaltet und das Regl. für die Verwaltung der akadem. Gerichtsbarkeit (s. u.) auf ihre Entscheidung verweiset, die Entscheidung zu. Gleichfalls entscheiden sie, wenn in polizeilichen die Univers. betreff. Fällen die akadem. Behörde und die Ortspolizei nicht übereinstimmen. 5) Sie erhalten das Recht, sowohl sämmtlichen von den Univers.-Behörden vorzunehmenden Jurisdiktions- und Disziplinarverhandlungen, als auch den Senatsversammlungen beizuwohnen, und wo sie eine Berichtigung oder Vervollständigung des Verfahrens für nöthig halten, diese zu veranlassen. Auch sind sie befugt, außerordentliche Senatversammlungen durch die Rektoren zu veranstalten. 6) Die Entscheidungen der akadem. Gerichte in Disziplinarsachen, sollen ihnen vor deren Vollziehung vorgelegt werden, und sie haben durch Beischrift ihres Namens ihre Zustimmung zu dens. zu bezeugen. Ihnen wird das Recht beigelegt, in Fällen, wo sie gegen die Meinung der ged. Behörden eine ernstlichere Ahndung für nöthig erachten, auf diese bei dem vorgeordneten Min. anzutragen. 7) Sie werden berechtigt, wenn die Univers.-Behörden ihren Aufforderungen zu Untersuchung gewisser Fälle nicht gleich nachkommen, oder lässig dabei verfahren und ihrem Anmahnen nicht Folge leisten, sogleich dazu einen Kommissarius aus den Ortsgerichten zu requiriren, welcher sich der Sache mit Beobachtung der akadem. Vorschriften zu unterziehen hat. Ueber Fälle der Art müssen sie sogleich an das vorgeordnete Min. berichten und dieses muß die Univers.-Behörden zur Verantwortung ziehen. 8) Sie werden berechtigt, erforderlichen Falls gemischte Untersuchungs-Kommissionen aus den akadem. Behörden und der Polizei unter ihren Vorsitz zu ernennen. 9) Alle Rekurse gegen Urtheile der akadem. Behörden gehen durch sie und mit ihrem Gutachten begleitet an das vorgeordnete Min. 10) Sie kontrolliren die Vollziehung der Strafen und müssen namentlich darauf sehen, daß Relegirte durch die Polizei gleich aus der Stadt entfernt werden, und sich in einem vier Meilen von ders. abstehenden Umkreise nicht aufhalten. 11) Bei allen Gelegenheiten, wo erhebliche Unordnungen der Studirenden zu besorgen sind, und wovon sie im Voraus Nachricht erhalten, sind sie berechtigt, den Univers.-Behörden und der Polizei die Anweisungen, welche sie für erforderlich halten, zu geben und diese sind ihnen in Allem, was die Univers. angeht, zu folgen verbunden. Mit den Militairbehörden treffen sie nöthigenfalls die erforderl. Verabredungen zur Aufrechthaltung der Ordnung. 12) Bei Tumulten und andern öffentl. Exzessen der Studirenden haben sie sowohl die Univers.-Behörden, als auch die Polizei, so weit sie einzugreifen für erforderlich halten, mit Anweisung zu versehen und nöthigenfalls das Militair zu requiriren. 13) Ueber Disziplinarfälle, welche die akadem. Lehrer selbst betreffen, müssen sie dem vorgeordneten Min. ungesäumt Anzeige und Anträge machen und von ihm Instr. einholen.

II. Die Reg.-Bevollm. sind ferner, dem Beschlusse des Bundestages zufolge, bestimmt, den Geist, in welchem die akadem. Lehrer bei ihren öffentl. und Privatvorträgen verfahren, sorgfältig zu beobachten und dems., jedoch ohne unmittelbare Einmischung in das Wissenschaftliche und die Lehrmethode, eine heilsame auf die künftige Bestimmung der Jugend berechnete Richtung zu geben. Um dieser Bestimmung nachzukommen, müssen sie sich 1) von der Beschaffenheit der Vorträge der Dozenten und ihrem Geiste die erforderl. Ueberzeugung verschaffen. 2) Den Dozenten die nöthigen Bemerkungen sowohl schriftlich als mündlich mittheilen. 3) Die halbjähr. Lektionskataloge und die Verzeichnisse der halbjährig gehaltenen Vorlesungen mit ihrem Gutachten begleitet dem vorgeordneten Min. einreichen. 4) Ueber jede Zulassung eines Privatdozenten, so wie über jede Anstellung und Beförderung eines Prof., sollen sie ihr Gutachten abgeben. 5) Die akadem. Institute müssen sie beaufsichtigen und dafür sorgen, daß sie in einer der künftigen Bestimmung der Studirenden zusagenden Verfassung bleiben. 6) Um über dies alles mit den Fakultäten Rücksprache nehmen und ihnen die erforderl. Mittheilungen machen zu können, sind sie befugt nicht allein den Sitzungen jeder Fak. beizuwohnen, sondern auch außerordentliche Versammlungen der Fakultäten durch deren Dekane zu veranlassen.

III. Weiter sollen sie Allem, was zur Beförderung der Sittlichkeit, der guten Ordnung und des äußern Anstandes unter den Studirenden dienen kann, ihre unausgesetzte Aufmerksamkeit widmen und müssen deswegen 1) den herrschenden Geist und den Ton der Studirenden fortwährend beobachten und selbst Einfluß darauf zu gewinnen suchen. 2) Solche Studirende, die sich durch unanständige Tracht und durch ein unanständiges oder anstößiges Betragen nachtheilig auszeichnen, müssen sie durch die Rektoren erinnern lassen und nöthigenfalls sorgen, daß sie durch angemessene Disziplinarmittel zur Aenderung ihres Betragens veranlaßt werden. 3) Auf die Entfernung derer, welche auf die Sitten und den Geist der übrigen einen nachtheiligen Einfluß haben, müssen sie bei dem vorgeordn. Min. antragen, sind aber berechtigt, in dringenden Fällen die Entfernung solcher Individuen, unter Vorbehalt der Verantwortung selbst anzuordnen. 4) An der Verleihung der Freitische und übrigen akadem. Benefizien sollen sie den Antheil nehmen, daß alle Kollationsdekrete ihnen vorgelegt werden, und sie durch Beisetzung ihres Namens ihre Zustimmung bezeugen. Sie haben darauf zu sehen, daß nur Würdige dergl. Wohlthaten erhalten und genießen. Deswegen soll auch von dem vorgesetzten Min. keinem Studirenden eine Unterstützung bewilligt werden, dem nicht seine Würdigkeit dazu von dem Reg.-Bevollm. bezeugt ist. 5) Alle den Studirenden von den Rektoren und den Fak. zu ertheilenden Zeugnisse müssen sie mitzeichnen. 6) Sie sollen darauf sehen, daß völlig genaue Ab- und Zugangslisten der Studirenden gehalten und ihnen fortlaufend vorgelegt werden. Hierbei müssen sie darauf Acht haben, daß keine von andern Univers. Relegirte, auch keine von einer andern Univers. kommenden und nicht mit einem von deren Reg.-Bevollm. mit unterschriebenen Zeugniß versehenen Studenten aufgenommen werden. 7) Sie haben regelmäßig monatlich Bericht über die Disziplinar-Ereignisse, den herrschenden Geist und die Beschaffenheit der Sitten auf der Univers. an das vorgesetzte Min. zu erstatten, erhebliche Vorfälle aber dems. außerordentlich ohne Vorzug anzuzeigen.

IV. Da es den Oberpräs. in den Prov. wegen ihrer übrigen ausgedehnten Geschäfte und häufigen Abwesenheit nicht wohl möglich sein würde, den an die Reg.-Bevollm. zu machenden, sehr ins Einzelne gehenden Forderungen vollkommen zu entsprechen, so wollen Wir die Bestimmung im §. 16. der V. v. 30. April 1815, wonach jeder Oberpräs. Kurator der in der ihm anvertrauten Prov. befindl. Univers. sein soll, und die bestehenden Kuratorien der Univers. überhaupt, auf so lange, als die gegenwärtige Maaßregel dauert, hiermit aufheben. Es werden demnach 1) die Reg.-Bevollm. an den Univers., welche Kuratoren haben, so lange an die Stelle der letztern treten, und auf dieselben gehen, daher auch alle den Kuratoren in den ihnen bereits ertheilten Instr. gegebenen Obliegenheiten und Befugnisse in den übrigen Univers.-Angelegenheiten über. 2) Dieselben Obliegenheiten und Befugnisse werden hiermit auch dem Reg.-Bevollm. bei der Univers. Halle zugesprochen, welchem das Min. d. G., U. u. M. Ang. hiernach noch mit weiterer Instr. versehen wird. 3) Ged. Min. bleibt es vorbehalten, da von ihm unmittelbar die Kuratorialgeschäfte der hiesigen Univers. wahrgenommen werden, diese auf den Reg.-Bevollm. so weit zu übertragen, daß er gehörig zum Wohl der Univers. einwirken und seine Bestimmung ganz erfüllen könne. 4) Die Univers. in Greifswald bleibt bis zu ihrer beendigten neuen Organisation in ihrem bisherigen Verhältniß zu ihrem Kanzler, welcher jedoch die den Reg.-Bevollm. gegebene Bestimmung nach der ihm von Unserm Min. zugehenden Instr. im Allgem. wahrzunehmen hat. — Den Oberpräs. bleibt übrigens die Verpflichtung, so viel als nur immer möglich, zum Besten der Univers. und zur Erreichung des Zweckes bei der Anstellung der Reg.-Kommissarien mitzuwirken. Wir erwarten, daß sie allen Einfluß ihrer Stellung dazu aufbieten und die Reg.-Kommissarien mit allen ihnen zu Gebote stehenden Mitteln kräftigst unterstützen werden.

V. Die Reg.-Bevollm. stehen im Allgem. in dens. Verhältnissen, wie die Kuratoren der Univers. Sie sind demnach 1) in Beziehung auf dieselben als die Stellvertreter des ihnen vorgesetzten Min. zu betrachten, und es muß ihnen deswegen von den akadem. Behörden und Personen willig Folge geleistet, auch müssen ihnen alle Ber. gedachter Behörden, imgl. die Ber. der Direktoren und Vorsteher der akadem. Institute, Sammlungen und Apparate vorgelegt werden, wobei es ihnen frei steht, selbige unter bloßer Beischrift ihres Namens weiter zu befördern, oder auch mittelst besonderer Berichte zu überreichen. 2) Sie sind dem Min. d. G., U. u. M. Ang. unmittelbar untergeordnet, erstatten an dieses allein alle ihre Ber., indem dems. überlassen bleibt, in vorkommenden Fällen mit andern dabei interessirten Min. zu verhandeln. Eben so erhalten sie auch nur von dem erstged. Min. alle Aufträge und Resolutionen, und werden hiermit angewiesen, den Verf. dieser Behörde in allen Stücken pünktlich und ohne Aufschub nachzukommen. 3) Sie sollen in Stand gesetzt werden, das für ihre Geschäfte nöthige Dienstpersonal zu halten, doch sollen ihnen auch erforderlichen Falls alle Subalternen der Univers. zu Gebote stehen.

Nach diesen Festsetzungen haben sowohl die Reg.-Bevollm. selbst, die Univers. und ihre Behörden, als auch die in vorkommenden Fällen mitzuwirken angewiesenen polizeil., richterl. und militair. Behörden, sich streng zu achten. Letztere sind hierzu von den ihnen vorgesetzten Min. anzuhalten, das Min. d. G., U. u. Med. Ang. aber hat im Allgem., wie in Hinsicht auf die Reg.-Bevollm. und die Univers. insonderheit darüber zu halten, daß obige Vorschriften genau befolgt werden. (G. S. 1819. S. 233.)

4) In Folge des Bundesbeschl. v. 2. April 1848 (s. o. S. 395.) wurden die außerordentl. Reg.-Bevollm. wiederum auf den Wirkungskreis von Kuratoren eingeschränkt. laut nachstehender Verf.

a) C. R. des Min. d. G., U. u. M. Ang. (v. Ladenberg) v. 18. Juli 1848 an sämmtl. Kuratoren der K. Landes-Univers.

Die Deutsche Bundesversammlung hat in ihrer 27. diesj. Sitzung v. 2. April d. J. den Beschluß gefaßt: daß, nachdem die seit dem Jahre 1819 erlassenen sogen. Ausnahmegesetze des Deutsch. B. unter veränderten Umständen bereits allenthalben außer Wirksamkeit getreten, dieselben für sämmtl. Bundesstaaten aufgehoben, mithin als bereits völlig beseitigt zu betrachten, und wo es noch erforderlich befunden werden sollte, darüber die nöthigen Bek. zu erlassen seien. Dieser Beschluß begreift, wie auf amtlichem Wege durch eine Mittheilung des K. Min. der ausw. Ang. so eben mir mitgetheilt worden ist, auch die Bundesbeschlüsse wegen der Anordnung außerordentlicher Reg. Bevollm. bei den Deutschen Univ. in sich. Das Min. d. G., U. u. Med. Ang. ist daher von verschiedenen Seiten, sowohl von den akad. Senaten, als auch von außerord. Reg. Bevollm. selbst, mit der Bitte angegangen worden, die auf den allg. Bundesbeschlüssen beruhende Thätigkeit der außerord. Reg. Bevollm. auch auf den Pr. Landes-Univ. schon jetzt, und noch ehe die durch den Erl. v. 15. April d. J. (s. o. S. 397 Note 2) eingeleiteten Berathungen über die Reform der Univ. zum Schlusse gediehen sein werden, außer Wirksamkeit treten zu lassen. Diesen Anträgen zu genügen, steht ein Bedenken nicht entgegen. — Ew. ersuche ich daher, von dem Empfange des gegenw. Erl. ab, die von Ihnen bisher geübten Befugnisse eines außerord. Reg. Bevollm., wie solche in den allg. Bundesges. und in den darauf gegründeten besonderen diesseit. Landesges. näher bestimmt sind, fernerhin nicht mehr in Anwendung zu bringen und sich in

Ihrer [1]) bei der dortigen Univ. auf die, mit der Eigenschaft eines Kurators verbundenen Funktionen, wie solche in §. 10. Absatz 3. der V. v. 26. Dec. 1808 (s. o.) näher bezeichnet und den Reg. Bevollm. in Nr. V. der Instr. v. 18. Nov. 1819 (s. o.) beigelegt worden sind, zu beschränken. — Die definitiven Bestimmungen über die Kuratorien an den Univ. bleiben bis nach Beendigung der durch den Erl. v. 15. April d. J. getroffenen Einleitungen und der demgemäß bewirkten allg. Reform der Univ. vorbehalten.

Als eine nothwendige Folge des Aufhörens der Wirksamkeit des außerord. Reg. Bevollm. ergiebt sich insbes., daß in denj. Fällen, in welchen das Regl. für die künftige Verwaltung der akadem. Disziplin ꝛc. v. 18. Nov. 1819 (§§. 6. 12. 13. 22. s. u) eine Berufung auf die Entscheidung des außerord. Reg. Bevollm. gestattet, solche von jetzt ab nicht mehr stattfindet, sowie daß die Mitwirkung, welche die Allerh. Bek. v. 5. Dec. 1835 (s. o. S. 384 Note 4) den Reg. Bevollm. bei Gelegenheit der Immatrikul. zuweist, fernerhin aufhört. Im Uebrigen enthalte ich mich der näheren Bezeichnung der einzelnen Funktionen, welche von den außerord. Reg. Bevollm. als solche fernerhin nicht mehr auszuüben sind und indem ich solches zu erwägen Ew. eigenem Ermessen anheimstelle, spreche ich nur den Wunsch aus, daß bei etwaigen Zweifeln Sie Sich, ohne daß es deshalb weiterer Anfrage bedarf, auf eine möglichst enge Bezeichnung ugd Ausübung des den Kuratoren verbleibenden Wirkungskreises beschränken mögen. Auch versteht es sich von selbst, daß Ew. von nun ab sich nicht mehr außerord. Reg. Bevollm., sondern nur Kurator zu nennen haben ꝛc.

(M. Bl. d. i. V. 1848. S. 222.)

b) C. R. dess. Min. v. 6. Nov. 1848 (v. Ladenberg) an den Prorektor der Univ. zu Halle und in ähnl. Weise an die übrigen Landes-Univ., betr. die Einstellung der seither den Reg.-Bevollm. obgelegenen Hauptverwaltungsberichte, der Disziplinarlisten ꝛc.

Nachdem durch meinen Erl. v. 18. Juli d. J. die Funktionen der außerord. Reg. Bevollm. bei den Landesuniv. außer Wirksamkeit gesetzt worden sind, habe ich es für angemessen befunden, daß die Erstattung der jährl. Hauptberichte, welche durch Erlaß v. 31. Juni 1830 den außerord. Reg. Bevollm. aufgegeben worden — um in gleicher Art, wie dies Seitens der Prov. Behörden alljährlich geschehen, so auch in Betreff der Univ. das Wesentlichste von demj. zusammenzustellen, was im Laufe des Jahres bei der Verwaltung sich zugetragen und die innern und äußern Verhältnisse derselben verbessert habe, oder deren Vervollkommung hinderlich gewesen sei, sowie auch über die Leistungen ihrer Mitglieder ꝛc. sich auszusprechen — gleichfalls auf sich beruhen bleibe, und habe ich demgemäß die Kuratoren der K. Univ. benachrichtigt, daß von der Erstattung eines deart. Hauptber. schon für den nächstbevorstehenden Jahresschluß abzusehen, vielmehr von Seiten der Kuratorien nur darauf zu halten sei, daß die Direktoren und Vorsteher der bei den Univ. bestehenden Sammlungen und Institute die Spezialberichte über ihre Anstalten regelmäßig erstatten und durch das Kuratorium an das Min. gelangen lassen. — Dagegen werde ich es gern sehen, wenn die H. Rektoren und Prorekt. auf den Univ. diese Veränderung der bisherigen Einrichtungen, als eine Aufforderung für sich betrachten, bei Niederlegung ihres Amts eine um so umfassendere Uebersicht über die Ergebnisse des verflossenen akadem. Jahres, über den Stand der Univ., ihre Entwickelungen und ihre Bedürfnisse, aufzustellen, und solche, nach vorgängigem Vortrage im Senat, resp. in der öffentl. Handlung bei Uebergabe des Rektorats dem Min. mitzutheilen. Bei dieser Gelegenheit wird es zugleich der schickl. Ort sein, über die Disziplin unter den Studirenden in dem verflossenen Studienjahre eine offene Auskunft zu geben. Das statistische Material dazu wird der Universitätsrichter leicht dazu liefern können, und will ich, unter der Voraussetzung, daß der Univ. Richter fortan dem Rektor oder Prorekt. der Univ. gegen den Schluß seiner Amtszeit eine, mit vollständigem statistischen Material versehene Uebersicht über die Ausübung der akadem. Gerichtsbarkeit in dem verflossenen Jahre liefere, um bei der Hauptübersicht des abgehenden Rektors be-

1) Hier fehlt ein Wort „Amtsthäthigkeit" oder ein ähnliches.

nutzt zu werden — hierdurch genehmigen, daß die seither von dem Univ. Richter dem Min. eingerichten Quartallisten über die vorgekommenen Disziplinarfälle und Schuldklagen von jetzt ab wegfallen.[1])

(M. Bl. d. i. V. 1848. S. 344.)

5) Die Kuratorien der einzelnen Univers. sind, wie folgt, bestellt:

a) In Berlin werden die betr. Geschäfte einstweilen vom Rektor und Universitätsrichter gemeinschaftlich besorgt; b) in Bonn desgl.; c) in Breslau: Kurator: Geh. Ob. Reg. R. Heinke; d) in Greifswald: Kanzler (s. o. Nr. IV. 4. der Instr. v. 18. Nov. 1819): Malte, Fürst zu Putbus, Gen. d. Inf. u. Gen. Gouverneur v. Neu-Vorpommern; Kuratorium, wie in Berlin; e) Halle, Kurator: Geh. Ob. Reg. R. Prof. Dr. Pernice; f) Königsberg: Kurator: Ob. Präs. Eichmann;[2]) g) Münster: Kurator: Staatsmin. u. Ob. Präs. Dr. v. Düesberg.

Neben dem Min. d. G., U. u. Med. Ang. ist

III. dem Erzbischofe zu Köln und dem Fürstbischofe zu Breslau eine Einwirkung auf die kathol. tholog. Fakultäten zu Bonn, resp. Breslau zugestanden.[3]) So bestimmen:

1) Hinsichtlich Breslaus:

a) die Instr. v. 26. Aug. 1776 für die Priester des K. Schulen-Instituts in Schlesien:

§. 5. Daß, wenn von Besetzung eines Lehrstuhls bei der thol. Fak. die Rede ist, das von dem Institut dazu vorgeschlagene Subjekt zuvörderst dem Ordinario präsentirt werden, und dieser bei begründeten Einwendungen gegen Lehre oder Wandel des Präsentati demselben Exklusivam zu geben berechtigt sei, falls aber dieser nichts dagegen zu erinnern findet, sodann das Placitum des K. Kommissarii eingeholt werden solle.

§. 6. Daß der Bischof, wenn er in Erfahrung bringt, was gestalten ein oder anderes, entweder schon im Lehramte stehendes oder dahin zu promovirendes Mitglied des Instituts, sich eines groben oder ärgerlichen Verstoßes gegen die Regeln der Glaubens- und Sittenlehre schuldig gemacht habe, solches der K. Schulenkommission zur weiteren Untersuchung und der Sache gemäßen Verfügung anzeigen könne, diese aber auf dergl. Anzeigen mit allem Ernst und Aufmerksamkeit reflektiren solle.

§. 7. Daß die Dekani und Lehrer der theol. Fak. nicht nur über die bei dem Vortrag der theol. Wissenschaften zu beobachtende Methode, über die Wahl der Lehrbücher, Eintheilung der Stunden, und andere dergl. ad mere Theologica gehörigen Gegenstände, auf den Rath und die Anweisung des Bischofs zu rekurriren haben, sondern, daß auch dems. der jährlich zu formirende Lektions-Katalogus dieser Fakultät zu seiner Einsicht und Approbation vorgelegt werden muß.

§. 8. Daß der Bischof das Recht habe, die Hörsäle sowohl in dieser Fak., als auch in den übrigen Klassen, besonders in denen zum Religionsunterricht gewidmeten Stunden, selbst, oder durch seine Kommissarien zu visitiren, und den

---

1) Ueber den gleichmäßigen Wegfall der wegen des Verbindungswesens eingeführten Einsendung von Studentenverzeichnissen an das Min. des Inn. Vgl. C. R. v. 26. Juni 1848 u. im 4. Abschn.

2) Zugleich Kurator des Lyc. Hos. in Braunsberg.

3) Auch die evang. Prov. Synaden der Rheinprov. und Westphalens beanspruchen eine Hinwirkung auf die Besetzung der Professuren in der evang. theol. Fak. zu Bonn, wogegen sie, die Fertrauer der kirchl. Stellung der Fak. voraussetzt, ders. die Befugniß einräumen, zu jeder die beiden Prov. Synoden einen stimmberechtigten Deputirten zu senden. (Nat. Zeit. 1853. Nr. 431.) Ein ähnlicher Antrag, die Besetzung der protestantisch-theologischen Lehrstühle vom Gutachten der Synode abhängig zu machen, war schon im J. 1841 auf die Prov. Synode zu Bonn gestellt worden. (Nat. H. I. S. 36.).

öffentl. Schulprüfungen, imgl. dem Examini der Kandidaten zum Lehramte beizuwohnen.

(Koch, Univ. I. S. 247.)

b) das neue Schulregl. v. 26. Juli 1800 für die Univ. Breslau ꝛc.

§. 19. Da Wir nicht gemeint sind, durch gegenwärtiges Regl. die gegründeten Rechte des Bischofs, als Ordinarii, zu schmälern, so bleiben ihm selbige sowohl in Absicht der geistl. Lehrer des bisher. Instituts, als auch in Absicht der anderen niedern Schulen, deren Besetzung und Visitation vorbehalten.

(Koch, a. a. O.)

2) Hinsichtlich Bonns: die Statuten der dasigen kathol. theol. Fakultät v. 18. Okt. 1834:

§. 3. (Verhältniß der Fak. zum erzbischöfl. Stuhl.) Des Königs Maj. haben durch die A. K. O. v. 13. April 1825 festzusetzen geruht, daß der Erzbischof von Köln zu der kathol. theol. Fak. der Univ. zu Bonn im Wesentl. dies. Stellung einnehmen soll, in welcher sich der Fürstbischof von Breslau zur kathol. theol. Fak. der Univ. daselbst, in Folge der im Auszuge hier beigeschlossenen V. v. 26. Aug. 1776 und v. 26. Juli 1800 (s. o.) befindet, und daß insbes. in Betreff der Anstellung, Disziplin und Entfernung der Lehrer der kathol. theol. Fak. in Bonn dem erzbischöfl. Stuhle dies. Befugnisse beigelegt werden sollen, deren sich in dieser Beziehung der Fürstbischof von Breslau erfreut. Die desfallsigen genaueren Bestimmungen haben Se. Maj. der König dem Min. zu überlassen und zugleich zu befehlen geruht, daß dieselben in die Statuten der kathol. theol. Fak. der Univ. zu Bonn übernommen werden sollen. — Diesem A. Befehle gemäß ist nach Anleitung der in den §§. 5. 6. 7. und 8. der V. v. 26. Aug. 1776 und im §. 19. der V. v. 26. Juli 1800 enthaltenen Bestimmungen bereits unter dem 20. April 1825 statutarisch festgesetzt und wird hiermit wiederholt: 1) Daß in der kathol. theol. Fak. zu Bonn Niemand angestellt oder zur Ausübung des Lehramts zugelassen werden soll, ohne vorhergegangene Rückfrage bei dem erzbischöfl. Stuhle, und daß dieser berechtigt sein soll, wegen erheblicher, der Lehre oder den Lebenswandel des in Vorschlag Gebrachten betr. Bedenken die Anstellung oder Zulassung dess. abzulehnen. — 2) Sollte wider Verhoffen ein der kathol. theol. Fak. in Bonn angehöriger Lehrer in seinen Vorlesungen oder in Schriften der kathol. Glaubens- und Sittenlehre, welche er wissenschaftlich zu begründen berufen ist, zu nahe treten, oder auf andere Art in sittlich-religiöser Beziehung ein auffallendes Aergerniß geben: so ist der erzbischöfl. Stuhl befugt, hiervon Anzeige zu machen, und das Min. wird, auf den Grund einer solchen Anzeige mit Ernst und Nachdruck einschreiten und Abhülfe leisten. — 3) Ueberhaupt steht die kathol. theol. Fak., in so weit die kathol. Kirche an der Wirksamkeit ders. betheiligt ist, unter der geistl. Aufsicht des Erzbischofs. Dieser hat das Recht, sie, so oft es ihm gut scheint, zu visitiren oder visitiren zu lassen; die halbjährigen Lektionenverzeichnisse müssen ihm vorgelegt werden, und die Fak. ist gehalten, die Bemerkungen dess. über rein theol. Gegenstände ehrerbietig aufzunehmen und und nach Möglichkeit zu beachten. Jene Ansicht erstreckt sich auch auf die einzelnen Mitglieder der Fak. in ihrer Eigenschaft als kathol. Geistliche, und der Erzbischof ist berechtigt, in den Fällen, wo wider diese Eigenschaft verstoßen ist, mit Vorwissen des Min. die geeignete Zurechtweisung eintreten zu lassen.

(Koch, Univ. I. S. 233.)

3) Endlich sind hinsichtlich der Akademie zu Münster dem Erzbisch. zu Münster die gleichen Rechte verliehen: §. 6. der Statuten v. 12. Nov. 1832. (Koch, I. S. 684.)

Zweites Kapitel.

Die Grundgesetze der Universitäten.

Als allgemeine für alle Pr. Univers. gültige Grundgesetze lassen sich, neben Art. 20. der Staatsverfassung (s. in Bd. 1. S. 232.) und §§. 1. u. 2. A. L. R. II. 12. (ib. S. 221.), woselbst die Univers. als Veranstaltungen des Staats bezeichnet werden, nur noch die beiden nachstehenden §§. 67. u. 68. im all. Titel 12. des A. L. R. Th. II. aufführen:

§. 67. (Von Universitäten.) Universitäten haben alle Rechte privilegirter Korporationen.

§. 68. (Innere Verfassung.) Die innere Verfassung derselben, die Rechte des akademischen Senats und seines jedesmaligen Vorstehers, in Besorgung und Verwaltung der gemeinschaftlichen Angelegenheiten sind durch Privilegien, und die vom Staate genehmigten Statuten einer jeden Universität bestimmt.

Von den Statuten und Privilegien der einzelnen Univers., auf welche in dem vorstehenden §. 68. verwiesen wird, kann hier blos ein Beispiel gegeben werden. Sie sämmtlich aufzunehmen, gestattet der beschränkte Umfang des Werkes nicht, auch sind die Verschiedenheiten derselben keineswegs wesentliche. Es wird daher im Folgenden das Statut der Univers. zu Berlin, als der bedeutendsten, mitgetheilt, hinsichtlich der übrigen aber die Darstellung auf bloße Allegate eingeschränkt. Zugleich aber werden die Nachrichten über Stiftung, Personal, Fonds, Institute und Sammlungen der einzelnen Univers. eingereicht, soweit dieselben nicht bereits durch die in der Einleitung unter Nr. II. enthaltenen statistischen Mittheilungen erledigt sind.[1])

I. Die Friedrich Wilhelms-Universität zu Berlin.

1) Gründung der Univers.

Nachdem durch den Tilsiter Frieden v. 9. Juli 1807 mit dem ganzen Gebiet jenseits der Elbe auch Halle für Preußen verloren gegangen war, baten die nach Memel gesandten Deputirten der dortigen Universitäts-Professoren, Schmalz und Froriep, in einer Immediateingabe v. 22. Aug. 1807 im Namen ihrer Kollegen um Errichtung einer Hochschule in Berlin. Fr. A. Wolff schrieb in gleichem Sinne an den Großkanzler Beyme, und Hufeland unterstützte diesen Wunsch persönlich bei dem Könige. Dieser entschied darauf durch eine an den Großkanzler Beyme gerichtete K. O. v. 4. Sept. 1807: daß die Ausfüllung der durch den Verlust der Halleschen Univ. entstandenen Lücke eine der ersten Sorgen sein müsse, daß eine ähnliche allgemeine Lehranstalt in Berlin in angemessener Verbindung mit der Akademie der Wissenschaften errichtet werden solle, und daß dieser die aus den Generalkassen und den bleibenden Prov. bisher nach Halle geflossenen Fonds zu überweisen seien. In Folge hiervon zog Beyme vorläufig eine Anzahl von Dozenten (Fichte, Hufeland, Niemeyer, Reil, Schleiermacher, Wolff u. a.) nach Berlin, und die Vorlesungen begannen. Die definitive Organisation der Universität verzögerte sich dagegen bis zum J. 1809, in welchem W. v. Humboldt, als Chef der Sektion für öffentl. Unterricht im Min. d. Inn., die Angelegenheit in seine Hände nahm. Derselbe entwarf, unter Mitwirkung des damaligen Finanz-Min.

---

1) Das Folgende beruht auf Dietericis Nachrichten und Kochs Univ.

v. Altenstein, einen vollständigen Plan, und erstattete darüber unterm 12. Mai 1809 einen eigenhändigen Immediatbericht, auf welchen der König durch K. O. v. 16. Aug. 1809 erklärte: daß er den Plan für höhere Geistesbildung im Staate und über die Grenzen dess. hinaus, für die Erhaltung und Gewinnung der ersten Männer jeden Faches, und für die Verbindung der in Berlin vorhandenen Akademien, wissenschaftl. Institute und Sammlungen zu einem organischen Ganzen, so wichtig fände, daß er die Errichtung einer solchen allgemeinen Lehranstalt mit dem alten hergebrachten Namen einer Universität, und mit dem Rechte zur Ertheilung akademischer Würden, nicht verschieben, und ihren Sitz ihr in Berlin anweisen wolle. Für sämmtliche Akademien und wissenschaftl. Anstalten wurde eine Dotationssumme von 150,000 Thlr. jährlich bestimmt, und der Univers. mittelst Schenkungs-Diploms v. 24. Nov. 1810 das Palais des Pr. Heinrich als Universitätsgebäude übereignet. Durch K. O. v. 28. Juni 1828 erhielt sie ihren jetzigen Namen „Friedrich Wilhelms-Universität."

2) Statuten.

a) Statuten der Fr. Wilh.-Univers. zu Berlin v. 31. Okt. 1816.

Wir Friedrich Wilhelm ꝛc.

Nachdem Wir durch Unsern Kabinetsbefehl v. 16. Aug. 1809 eine Univ. zu Berlin gestiftet haben, diese auch bereits seit dem Okt. 1810 in Thätigkeit ist, so so wollen Wir ders. nunmehr, nachdem die Univ. mit ihrem Gutachten darüber vernommen worden, die nachstehenden, von Unserem Min. des J. Uns vorgelegten Statuten hierdurch ertheilen, und indem Wir sämmtliche Mitglieder der Univ., so wie die Behörden anweisen, sich darnach zu achten, wollen Wir dagegen die früheren für die Univ. zu Berlin provisorisch erlassenen Anordnungen, namentlich das vorläufige Regl. v. 24. Nov. 1810, hierdurch aufheben und außer Kraft setzen.

Abschnitt I. Von der Universität überhaupt.

§. 1. So wie die Universität zu Berlin den gleichen Zweck hat, mit andern Univ. in Unseren Staaten, nämlich die allgem. und besondere wissenschaftl. Bildung gehörig vorbereiteter Jünglinge durch Vorlesungen und andere akademische Uebungen fortzusetzen, und sie zum Eintritt in die verschiedenen Zweige des höheren Staats- und Kirchendienstes tüchtig zu machen: so soll sie auch sowohl als Lehranstalt und als eine privilegirte Korporation unter Unserem Landesväterl. Schutze, in Gemäßheit Unseres A. L. R. II. Th. XII. Tit. §. 67. und 68., die wesentlichen Rechte einer Univ. genießen, vorzüglich auch das Recht, die im Folgenden namhaft zu machenden akademischen Würden zu ertheilen. Sie soll ein Siegel mit Unserem Bildnisse führen, solches in Wachs abdrucken dürfen, und ist in allen Stücken unter die unmittelbare Aufsicht Unseres Min. des J. gestellt.

§. 2. Der Sitz der Univ. ist das von Uns ders. durch die Urkunde v. 24. Nov. 1810 zum Eigenthum geschenkte, ehemalige Prinz Heinrichsche Palais, welches deshalb nunmehr den Namen des Universitäts-Gebäudes führt und führen soll.

§. 3. Die Univ. besteht: 1) Aus der Gesammtheit der Lehrenden, sowohl der von Uns und Unserem Min. des J. berufenen und angestellten, ordentlichen und außerordentlichen Professoren, als auch aus den mit Genehmigung und unter Autorität der Univ. unter dem Namen der Privatdozenten an dem Lehrgeschäfte Theil nehmenden Lehrern. 2) Aus den in den Verzeichnissen der Univ. eingetragenen, oder immatrikulirten Studirenden. 3) Aus den zur Geschäftsführung der Univ. nothwendigen, ihres Orts namhaft gemachten Beamten und Unterbeamten.

§. 4. Der höhere wissenschaftliche Unterricht, dessen Ertheilung der Zweck der Univ. ist, zerfällt, wie auf andern Deutschen Univ., in folgende vier Abtheilungen: die theologische, die juristische, die medizinische und die philosophische, zu welcher letzteren, außer der eigentlichen Philosophie, auch die mathematischen, naturwissenschaftl., historischen, philologischen und staatswissenschaftl. oder sogen. kameralistischen Wissenschaften und Disziplinen gehören.

§. 5. Jede dieser vier Abth. steht als ein selbstständiges Ganzes unter der besondern, unten näher zu bestimmenden Aufsicht und Leitung derj., welche Wir als ordentliche Professoren für dieselbe berufen und besolden, deren Gesammtheit daher die vier Fakultäten bildet, an welche sich sowohl die übrigen Lehrer, die außerordentlichen Professoren und Privatdozenten, als auch die Studirenden anschließen.

§. 6. Um die Rechte und gemeinsamen Angelegenheiten der Univ. wahrzunehmen; die gemeinsamen Angelegenheiten ders. zu verwalten; um über die Studirenden die allgem. Aufsicht zu führen und die disziplinarische Autorität über sie auszuüben; wie auch, um über die Angelegenheiten der Univ. an das ihr vorgesetzte Min. zu berichten; um mit Unseren übrigen Staatsbehörden zu verhandeln: besteht in der Univ. ein Ausschuß der ordentlichen Professoren unter dem Namen des Senats, an dessen Spitze der Rektor der Univ., als Präses, sich befindet.

§. 7. Die Univ. genießt für Druckschriften, welche sie unter ihrem Gesammtnamen und mit Unterzeichnung des Rektors erläßt, die in dem Censur-Ed. v. J. 1788 bewilligte Censurfreiheit. Derselben erfreuen sich auch alle ordentlichen Prof. in Ansehung aller wissenschaftlichen, nicht die zeitigen politischen Verhältnisse betr. Schriften, welche sie unter Beisetzung ihres Namens und Charakters herausgeben, unter der eigenen Verantwortlichkeit, daß in ihren Schriften nichts erscheine, was den Gesetzen entgegen ist.

§. 8. Der Rang der ordentlichen Prof. unter einander richtet sich für jetzt nach dem Datum ihres ersten ordentlichen Professor-Patents an irgend einer Univ. Dies bleibt auch bei künftigen Anstellungen die Regel; jedoch in einzelnen Fällen anders darüber zu bestimmen, wird Unserer jedesmaligen Genehmigung vorbehalten.

Abschnitt II. Von den Fakultäten und ihren Dekanen.

§. 1. Die Gesammtheiten der für ein jedes der oben benannten Unterrichtsgebiete, das theologische, juristische, medizinische und philosophische, von Uns mit dem Prädikat der ordentlichen Professoren berufenen und besoldeten Lehrer, bilden die resp. Fakultäten im engern Sinne, wo die Fakultäten auch als Behörden betrachtet werden; im weitern Sinne begreift jede Fakultät, als lehrendes Korps, auch die zu ihr gehörenden außerordentl. Prof. und Privatdozenten in sich. — Jeder neu angestellte ordentl. Prof. wird in einer Fakultätssitzung vom Dekan den ältern Mitgliedern vorgestellt und in die Fakultät eingeführt.

§. 2. Wenn in einer, oder der andern Fakultät nur einigen ordentl. Prof. vorzugsweise die unten zu bestimmenden pekuniären Vortheile der Fakultät beigelegt sind, so thut dieses der Theilnahme der übrigen an den wesentlichen Rechten und Verpflichtungen der Fakultät keinen Eintrag, sondern sie sind gleicherweise ordentliche Mitglieder ders. Jedem aber, der von Uns als ordentlicher Prof. berufen wird, liegt ob, in Jahresfrist, falls er den Doktorgrad noch nicht hat, ihn bei ders. zu erwerben, oder, falls er ihn hat, denj. Prästationen, welche die Fakultät zur Aufnahme, ihrem Regl. gemäß, fordert, zu genügen, widrigenfalls seine Ausübung aller Vorrechte eines ordentlichen Prof. so lange suspendirt wird.

§. 3. Jede Fakultät ist verpflichtet, halbjährig und sonst, so oft sie will, die bei ihr eingeschriebenen Studirenden wegen der Kollegien, die sie hören, zu vernehmen und sie durch die Listen, welche ihre eigene Mitglieder über ihre Zuhörer führen, zu kontrolliren, wobei sie Folgendes zu beobachten hat: a) Findet es sich, daß ein Studirender binnen einem halben Jahre gar kein Kollegium gehört hat, so wird er [vermöge des §. 6. der Constit. academic.] von der Univ. exkludirt. b) Behauptet er, bei anderen Fak. seine Kollegien gehört zu haben, während er bei der seinigen keins gehört hat, so muß er dies durch die Zeugnisse der Prof., deren Vorlesungen er gehört zu haben angiebt, beweisen. c) Scheint es der Fak., daß er zu lange bei den Vorbereitungskollegien verweile, oder auch nur weniger Vorlesungen über sein eigentliches Fach besuche, als ihm ihrer Meinung nach zuträglich ist, so muß sie ihn über die Gründe hören, und ihm nach Befinden derselben rathen, mit der Ankündigung, daß die Nichtbefolgung ihres Rathes Einfluß auf sein akadem. Zeugniß haben werde. d) Folgt er ihrem Rathe in dem Grade nicht, daß er die Zeit seines Aufenthalts auf der Univ. hindurch gar kein Kollegium bei ihr hört, ohne doch zu einer andern Fak. übergegangen zu sein, so hat sie das Recht, ihm ihr Zeugniß ganz zu versagen und es darauf ankommen zu lassen, wie ihm die Zeugnisse, die er sich sonst etwa verschafft, bei den Staatsbehörden, bei welchen er sich um Anstellung meldet, helfen werden, und wie er in der desfalls mit ihm vorzunehmenden Prüfung besteht. e) Hat er weniger Kollegien bei seiner Fak. gehört, als dieser zu einem vollständigen Kursus bei ihr nöthig zu sein scheinen, so muß sie in dem Zeugniß bemerken, er habe nur dieses und jenes bestimmte Kollegium über Disziplinen seines Hauptfaches gehört, und den Staats-Prüfungsbehörden dadurch einen Fingerzeig geben, desto schärfer auf die Lücken zu sehen.

§. 4. Verlangt ein Studirender vor seinem Abgange von der Univers. ein Zeugniß, so steht es der Fak., zu welcher er sich bekennt, zu, es ihm nur in dem Maaße zu geben, als er ihre Kollegien gehört hat, und ihm zu überlassen, wegen der übrigen etwa besuchten, Zeugnisse der einzelnen Prof. beizubringen.

§. 5. Die Kommunikation der Fakultäten unter einander über die freiwillig zu einer andern Fak. Uebertretenden ist durchaus nothwendig, daher dieselben hierdurch ausdrücklich dazu angewiesen werden.

§. 6. Jede Fak. ist in solidum für die Vollständigkeit des Unterrichts in ihrem Gebiete in so weit verantwortlich, daß jeder, der drei volle aufeinander folgende Jahre den Studien auf der Univ. obliegt, Gelegenheit haben muß, über alle Hauptdisziplinen ders. Vorlesungen zu hören. Hierbei dürfen jedoch außer den Vorlesungen der ordentl. Prof., selbst auch die der außerordentl. und die der Mitglieder der Akademie der Wissenschaften, nicht aber die der Privatdozenten mit in Anschlag gebracht werden.

§. 7. Um aber dieser Verantwortlichkeit genügen zu können, hat sie das Recht, Unserem Min. des J., wenn sie sich für zu schwach hält, mit Gründen belegte Vorstellungen zu machen, und sich, wenn sie nachweisen kann, daß eine jener Hauptdisziplinen in dem für den Kursus bestimmten Zeitraume von keinem der vorhandenen Lehrer habe gelesen werden können, für diesen Gegenstand außer Verantwortlichkeit zu erklären.

§. 8. Wenn ein außerordentl. Prof. in seiner Bestallung für eine bestimmte Disziplin besonders berufen ist, so giebt ihm dieses nicht etwa ein Recht, mit Ausschluß Anderer diese Disziplin allein zu lehren; wohl aber ist er alsdann derj., an den sich die Fak. für diesen Gegenstand zuerst und vorzüglich zu halten hat.

§. 9. Vermöge des Aufsichtsrechts auf ihr gesammtes Unterrichtsgebiet ruht in der Fak. allein das Recht, die gelehrten Würden zu ertheilen, wenn dieses gleich unter der Autorität der gesammten Univ. ausgeübt wird. Eben so auch ertheilt sie allein die Erlaubniß, Vorlesungen über ihr Gebiet unter ihrem Rubrum in das Verzeichniß der Univ. rücken und am schwarzen Brette anschlagen zu lassen. Aus der Verantwortlichkeit der gesammten Univ. und jeder Fak. insbes., für den ordentlichen Fortgang der Vorlesungen, folgt auch die Verpflichtung für jeden Dozenten, wenn er die Univ., außer den Ferien, auf länger als drei Tagen verläßt, außer dem bei dem Min. nachzusuchenden Urlaub, auch dem Rektor und dem Dekan der Fak. davon Anzeige zu machen.

§. 10. Zur Leitung ihrer Geschäfte erwählt jede Fak. aus ihrer Mitte auf Ein Jahr jedesmal einen Dekan.

§. 11. Die Dekane werden jedesmal innerhalb zweier Tage nach erfolgter Wahl des neuen Rektors gewählt, und die Gewählten dem Senat, und durch diesen Unserem Min. des J. zugleich mit der Rektorwahl angezeigt. Jedoch erfolgt die Uebernahme des Dekanats erst an dem, zum Rektoratswechsel und zur Erneuerung des Senats bestimmten Tage.

§. 12. Jedes Fakultätsmitglied hat das Recht, jedoch nur Einmal, das Dekanat auch ohne Anführung bestimmter Gründe abzulehnen.

§. 13. Wenn ein Fakultätsmitglied krank oder erlaubterweise abwesend ist, darf es zur Dekanswahl seine Stimme schriftlich abgeben, muß aber auch zugleich seine Erklärung, ob es das Dekanat anzunehmen geneigt sei, einsenden.

§. 14. Der Dekan eröffnet alle an die Fak., als solche, gelangende Verf., Zuschriften und Gesuche, und bringt sie, so wie seine eigene, oder eines jeden Fakultätsmitgliedes Propositionen bei der Fak. zur Berathschlagung, die nach seinem Gutfinden eine mündliche oder schriftliche sein kann. Er kann aber, mit Ausnahme dessen, was in den gewöhnlichen Gang der ihm besonders kommittirten Geschäfte gehört, für sich nichts verfügen oder beantworten.

§. 15. Er beruft, so oft er es nöthig hält, zur Berathung die Fak. zusammen, in deren Versammlung er den Vorsitz führt, und bringt deren Beschlüsse zur Ausführung. Hiezu gehört auch, daß er Promotionen verrichtet, oder durch ein anderes Mitglied der Fak., welches er dazu einladet, und ad hunc actum als Prodekanus konstituirt, verrichten läßt. Jedoch ist kein Anderer diese Substitution, außer bei unvermeidlicher Verhinderung des Dekans, zu übernehmen verpflichtet.

§. 16. Der Dekan hat das Recht, die Versammlungen der Fak. in seiner Behausung abzuhalten, insofern er im Universitätsbez. wohnt. Sonst, oder wenn er sich jenes Rechts nicht bedienen will, versammeln sich die Fakultäten im Universitätsgebäude.

§. 17. Sämmtliche zur Fak. gehörige Lehrer, so wie auch Prof. aus andern Fak., welche über einen zu ihrer Fak. nicht gehörigen Gegenstand unter dem rubro der kompetenten Fak. lesen wollen, reichen dem Dekan die Anzeige der beabsichtigten Vorlesungen ein, worauf die Fak. zur Revision ders., in Bezug auf ihre Verantwortlichkeit, zusammenberufen wird, und darauf vom Dekan die Lektionen für das allgem. Verzeichniß geordnet, und dem Prof. der alten klassischen Literatur eingereicht werden.

§. 18. Eben so überreicht jeder Lehrer die namentlichen Listen der Zuhörer in allen zur Fak. gehörigen Vorlesungen dem Dekan, welcher verpflichtet ist, auf diej., die ihm auf diesem Wege als unfleißig bekannt werden, ein wachsames Auge zu haben, und berechtigt, jede hierauf Bezug habende Untersuchung entweder selbst einzuleiten, oder den Rektor um deren Einleitung zu ersuchen.

§. 19. Der Dekan trägt die neuangekommenen Studirenden, welche ihm ihre Matrikel vorzeigen, und ihren Entschluß, sich zur Fak. zu bekennen, erklären, in das Album der Fak. ein, und ertheilt ihnen darüber die Bescheinigung. Dass. gilt von denen, welche von einer andern Fak. zu der seinigen übergehen.

§. 20. Der Dekan fordert sämmtlichen Lehrern ihre Erklärung ab, was für Studirende jeder als ausgezeichnet namhaft zu machen wisse, auf deren Grund dann in einer Fakultätsversammlung die Liste der Ausgezeichneten halbjährig zusammengetragen wird.

§. 21. Aus den Zeugnissen der einzelnen Prof., die ihm eingereicht werden, ertheilt er den Studirenden die vor dem Abgange oder sonst erforderlichen Zeugnisse, über den Besuch der Vorlesungen und den bewiesenen Fleiß, im Namen und unter dem Siegel der Fak. So wie er auch diej., welche ihren Uebergang zu einer andern Fak. anzeigen, im Albo bemerkt.

§. 22. Die Einkünfte des Dekans bestehen in den Inskriptionsgebühren und in den Gebühren für die Zeugnisse und in der besondern Quote von den Promotionsgebühren, alles, wie es in dem Regl. jeder Fak. festgesetzt ist.

§. 23. Der Dekan hat das Album und Siegel der Fak., wie auch ihre schriftliche Verhandlungen in seinem Beschlusse und ist dafür verantwortlich.

Abschnitt III. Vom Rektor und Senat.

A. Von Bestellung des Rektors und Senats.

§. 1. Das Recht, den Rektor und den Senat, so weit letzterer wählbar sein soll, aus ihrer Mitte zu wählen, stehet der Gesammtheit der ordentl. Prof. zu, und sollen darüber die folgenden näheren Bestimmungen Statt haben.

§. 2. Rektor und Senat werden jedesmal auf Ein Jahr gewählt, und geschieht die Wahl des künftigen Rektors am 1. Aug., oder, wenn dieser auf einen Sonntag fällt, am 2. in einer, von dem zeitigen Rektor ausdrücklich zu diesem Zwecke auszuschreibenden Versammlung aller ordentl. Prof., bei welcher jeder zu erscheinen, oder durch gültige Gründe sich schriftlich zu entschuldigen gehalten ist.

§. 3. Jeder Wählende wirft den Namen dessen, den er zum Rektor ernannt wünscht, in das Wahlbecken. Nur, wenn ein ordentl. Prof. zugleich in einem andern Staatsamte steht, darf diesem, ohne ausdrücklich vorhergegangene Genehmigung des Chefs jenes Amtes und des Min. des J., bei der Rektorwahl keine Stimme gegeben werden. Die gleichnamigen Zettel werden von dem zeitigen Rektor unter der Kontrolle des Sekretairs gezählt und der Stimmenbefund verzeichnet. Die drei Kandidaten, welche die meisten Stimmen haben, werden hiernächst auf die enge Wahl gesetzt. Sollte hiebei über eine Stimmengleichheit zu entscheiden sein, so geschiehet dieses durch das Loos.

§. 4. Ueber die drei Kand. der engen Wahl wird nun auf dieselbe Weise auf's neue gestimmt. Erhält einer von den dreien die absolute Majorität, so ist die Wahl beendigt und er wird als gewählter Rektor designirt. Ist dieses nicht der Fall, so werden die zwei, welche die meisten Stimmen haben, zu einer letzten Wahl gebracht. Sollte auch hier über eine Stimmengleichheit entschieden werden müssen, so geschieht es ebenfalls durch das Loos. Wer auf dieser letzten Wahl die meisten Stimmen erhält, oder, wenn Gleichstimmigkeit eintritt, wen das Loos trifft, ist zum Rektor gewählt.

§. 5 Wer das Rektorat nicht annehmen will, kann dies entweder, indem er auf die enge Wahl gebracht wird, oder nach der definitiven Wahl erklären. In beiden Fällen ist er schuldig, seine Gründe anzugeben. Er tritt hierauf ab, und die Versammlung entscheidet, mit Vorbehalt des Rekurses an das Min. des J., durch einfache Abstimmung, ohne alle Erläuterung oder Debatten, ob seine Gründe für gültig anzusehen sind oder nicht, welcher Entscheidung er sich unterwerfen muß. Nur der zeitige Rektor und seine beiden unmittelbaren Vorgänger haben das Recht, das Rektorat ohne weitere Gründe und ohne Stimmung abzulehnen. — Wenn die Stimmen über die Ablehnung gleich getheilt sind, so wird die des Ablehnenden selbst als hinzukommend angesehen, und die Ablehnung ist gültig.

§. 6. Jeder abwesende Wähler ist deshalb verpflichtet, zur Wahlversammlung seine schriftliche Erklärung versiegelt einzuschicken, ob er, falls die Wahl ihn trifft, das Rektorat annehmen will oder nicht, und über diese, im letzteren Falle gehörig zu motivirende Erklärung wird, wie über die des Anwesenden, entschieden. — Wer dies versäumt, wird als einwilligend betrachtet. — Die eingelaufenen Erklärungen, deren man nicht bedarf, werden in der Versammlung uneröffnet verbrannt.

§. 7. Lehnt Jemand vor der engern Wahl ab, und werden seine Gründe gültig befunden, so wird die engere Wahl mit Ausschluß seiner gebildet. Eben so, wenn der definitiv Gewählte ablehnt und seine Ablehnung angenommen wird.

§. 8. Die getroffene Wahl wird sofort vom Rektor und Senat mit Einreichung des Wahlprotokolls Unserem Min. des J. angezeigt, welches Unsere Allerh. Bestätigung baldigst nachsucht, und sobald über dieselbe Unsere Erklärung eingegangen ist, diese dem Senat sofort bekannt gemacht.

§. 9. Ist die getroffene Wahl bestätigt, so macht dies der Senat den sämmtlichen Wählern per circ. bekannt; ist sie nicht bestätigt, so hat der Rektor, nach dem Senat gemachter Kommunikation, die Gesammtheit der ordentl. Prof. abermals zusammenzuberufen, welche dann zu einer neuen Wahl schreitet.

§. 10. Wenn das Rektorat vor dem zur Wahl bestimmten Termin durch Tod, oder Abberufung oder Abdikation, welche jedoch allemal der Genehmigung des Min. des J. bedarf, erledigt wird, so hat dieses zu entscheiden, ob bis zum festgesetzten Termin der vorletzte Rektor die Stelle des abgehenden vertreten, oder die Wahl sogleich vor sich gehen soll.

§. 11. Auf den ersten Tag des Winterkursus berufen Rektor und Senat die Univ. in den großen Hörsaal, wo der Rektor öffentlich feierlich durch eine Eidesformel, welche das Min. des J. vorschreibt, verpflichtet wird. Hierauf proklamirt der abgehende Rektor den neuen Rektor, die Dekane und den Senat namentlich, stellt den ersten besonders vor, überreicht ihm die Statuten, die Schenkungsurkunde und das Album, legt die Dekoration ab und bekleidet ihn damit, der neue Rektor kann hierauf nach Befinden, entweder mit einer kurzen Anrede schließen, oder mit einer längern auf den Anfang des Lehrkursus sich beziehenden Rede.

§. 12. Auf den letzten Sonnabend der großen Ferien beruft der zeitige Rektor die Gesammtheit der Prof. zur Uebergabe des Rektorats. Der bisherige Rektor theilt zuerst die wichtigsten Universitäts-Begebenheiten mit und proklamirt darauf den neuen Rektor. Hierauf überliefert diesem der abgehende Rektor die Siegel und die Schlüssel, übergiebt ihm die Aufsicht über die Registratur, und weiset die Unterbeamten zum Gehorsam gegen ihn an.

§. 13. Die Anwesenden konstituiren sich hierauf zur Wahlversammlung des Senats.

§. 14. Der Senat besteht aus: 1) dem Rektor, 2) dessen Vorgänger, dem vorletzten Rektor. Ist das Rektorat durch Abdikation erledigt worden, so ist auch während des folgenden Rektorats nicht der Abgegangene, sondern sein Vorgänger als Vorletzter anzusehen, 3—6) den jedesmaligen vier Dekanen, und 7—11) fünf aus, und von der Versammlung sämmtlicher ordentl. Prof. zu wählenden Mitgliedern.

§. 15. Die Verhandlung beginnt damit, daß der Rektor seinen Vorgänger und die neugewählten Dekane als Senatsmitglieder proklamirt. Da nach Obigem von den gewählten Mitgliedern des bisherigen Senats jedesmal zwei, durch das Loos, aus dem vorigen in den folgenden Senat übergehen, in dem darauf folgenden Jahre aber nothwendig ausscheiden sollen, so werden hierauf von den dreien, die noch nicht zwei Jahre im Senat gesessen haben, zwei durch das Loos in den neuen Senat hinüber genommen, die andern drei aber als ausgeschieden erklärt.

§. 16. Die drei neu zu wählenden werden hierauf aus der Gesammtheit der ordentl. Prof., mit Ausnahme der zwei nothwendig und des einen, durch das Loos ausgeschiedenen Senators, und so, daß die abgegangenen Dekane für diese Stelle wählbar bleiben, auf folgende Art gewählt: Jeder Wähler schreibt auf einen Zettel drei Namen, welche er mit der Zahl 3. 2. 1. bezeichnet. Die bei einem jeden Namen auf den verschiedenen Zetteln befindlichen Zahlen werden zusammengezählt, und die drei, welche auf diese Weise die drei höchsten Zahlen bekommen haben, sind die Gewählten. Ueber Stimmengleichheit entscheidet das Loos.

§. 17. Wenn von den in dem bisherigen Senat durch Wahl befindlichen Mitgliedern die beiden nothwendig ausscheidenden oder einer von ihnen Dekan geworden, so werden demohngeachtet von den drei andern zwei durch das Loos herübergenommen und drei neue gewählt. — Sind aber von den drei einjährigen Senatoren einer oder mehrere Dekane geworden, so scheiden demohngeachtet die beiden zweijährigen aus, von den andern werden so viele als nöthig ist, damit inklusive des vorletzten Rektors drei mit den laufenden Geschäften bekannte Mitglieder im Senate seien, durch das Loos herübergenommen und die übrigen neu gewählt. Ist der vorletzte Rektor Dekan geworden, so wird ein Senator mehr gewählt, um die Zahl voll zu machen.

§. 18. Nachdem der Senat auf diese Weise erneuert worden, leisten zuerst die neuen Senatoren, den vorletzten Rektor an ihrer Spitze, hierauf die übrigen Prof. dem neuen Rektor den Handschlag auf getreue Mitwirkung zum Besten der Universität.

B. Von den Geschäften des Rektors und des Senats.

§. 19. Der Senat hat nach Abschnitt I. §. 6. unter dem Vorsitze des Rektors der Univ. die innere Leitung und Entscheidung in allen ihren Gesammt-Angelegenheiten, verhandelt, wo es erfordert wird, mit Unsern Behörden und übt die Disziplinargewalt in wichtigeren Fällen über die Studirenden aus.

§. 20. Der Rektor hat im Senate die Direktion und ist in dems. überall, wie der Präses eines nach Stimmenmehrheit verfahrenden Kollegiums, zu betrachten. Er ist die erste akademische obrigkeitliche Person und der Repräsentant der Univ. in allen ihren äußern Verhältnissen. Der Senat versammelt sich auf Einladung des Rektors regelmäßig zweimal in jedem Mon. an demj. Tage, welcher dazu festgesetzt wird.

§. 21. Außerdem ist der Rektor berechtigt und verpflichtet, so oft eine wichtige Angelegenheit es erfordert, den Senat außerordentlich zusammenzuberufen, jedoch ohne daß dieses die Ordnung der regelmäßigen Versammlungen unterbrechen darf.

§. 22. Wenn der Rektor verhindert wird, im Senate zu erscheinen, so überträgt er mit schriftlicher Anzeige seiner Gründe den Vorsitz dem vorjährigen Rektor, der auch in allen Abwesenheitsfällen der Stellvertreter des Rektors ist. Ist auch dieser verhindert, so gebührt der Vorsitz dem ersten unter den gewählten Senatoren.

§. 23. Wenn der Rektor versäumt hat, 24 Stunden vor der bestimmten Zeit die Senatoren zur gewöhnlichen Versammlung einzuladen, so hat der vorletzte Rektor an dem Morgen des bestimmten Tages ihn daran zu erinnern, und, wenn die Einladung nicht erfolgt, die Versammlung selbst auf den folgenden Tag auszuschreiben.

§. 24. Alle an den Senat oder die Univ. überschriebene Eingaben, Briefe oder Verf. werden von dem Rektor eröffnet.

§. 25. Diese sowohl, als alles an ihn, als Rektor, Eingegangene, was nicht von Uns oder Unserem Min. des J. rc. persönlich und ausschließend an ihn gerichtet ist, oder zu den ihm besonders vorbehaltenen laufenden Geschäften gehört, ist er verpflichtet, wenn es nicht etwa an eine Fak. zu verweisen ist, in ein Journal eintragen zu lassen und im Senat entweder selbst vorzutragen, oder durch einen Senator oder durch den Syndikus zum Vortrag zu bringen.

§. 26. Nachdem der Vortragende sein Gutachten abgegeben, ist jeder Senator berechtigt, seine Ansicht mitzutheilen, wobei der Rektor, dem Senatsregl. gemäß, auf Ordnung zu halten hat.

§. 27. Nach beendigtem Vortrage stellt der Rektor den Gegenstand zur Berathung und Abstimmung, welche von unten auf erfolgt. Der Rang aber im Senate ist dieser. Auf den Rektor folgt der vorletzte Rektor, dann die Dekane, nach dem Range der Fak., dann die gewählten Senatoren nach der Anciennität.

§. 28. Alle Senatoren, wie auch die im Senate anwesenden Beamten, sind verpflichtet, die Senatsbeschlüsse bis zu deren Publikation geheim zu halten. Jedes Vergehen hiergegen gehört zur Kognition des Senats, und hat dieser das Recht, einen Senator in solchem Falle von den Versammlungen auszuschließen, gegen die Beamten aber bei dem Min. auf Strafverfügung anzutragen.

§. 29. Jeder anwesende Senator hat das Recht, seine Erklärung, daß er sich in der Minderheit befunden, oder auch sein von der Mehrheit abweichendes Votum zu Protokoll zu geben, oder dass., wenn die Sache an Unser Min. des J. geht, dem Berichte beizulegen.

§. 30. Die Abwesenden hingegen sind nicht nur an alle Beschlüsse der Anwesenden gebunden, sondern auch als der Mehrheit beigetreten anzusehen.

§. 31. Wenn jedoch ein Disziplinarfall vorkommt, bei dem auf Relegation erkannt werden könnte, so muß dies in der Einladung besonders bemerkt werden, und kann ein Beschluß in dergl. Fällen nur gefaßt werden, wenn wenigstens acht Senatoren anwesend sind.

§. 32. Der Rektor hat das Recht, denj., welche auf eine solche qualifizirte Einladung nicht erschienen sind (ohne gegründete Entschuldigungen einzuwenden), darüber einen Verweis zu ertheilen, und ist er verpflichtet, über Fleiß oder Unfleiß in Beobachtung der Senatorspflichten der Wahlversammlung aus den Akten zu referiren.

§. 33. Jeder Senator hat das Recht, nachdem die von dem Rektor eingeleiteten Gegenstände verhandelt sind, Motionen zu machen, welche ganz auf dieselbe Weise müssen behandelt werden, die er jedoch verpflichtet ist, wenn ein Senator es verlangt, schriftlich abzufassen.

§. 34. Schriftlich durch Cirk. darf, ohne vorhergegangene persönliche Versammlung, nichts unter den Senatoren zur Abstimmung kommen, damit Niemand seine Stimme gebe, ohne eine hinreichende Kenntniß von den verschiedenen Ansichten der Sache zu haben. Wie denn überhaupt der Senat, als solcher, nur besteht und gültig verfügen kann, wenn er unter dem Vorsitze des Rektors oder seines Stellvertreters versammelt ist.

§. 35. Wenn jedoch ein Senator etwas die Person des Rektors Betreffendes vor den Senat zu bringen hat, so ersucht er den Rektor, zu diesem Behuf den vorletzten Rektor zu delegiren, dem er von seinem Gesuche zugleich Kenntniß giebt. Erfolgt dann die Delegation nicht binnen zwei Tagen, so ist dieser befugt, auf eine außerordentliche Versammlung oder auf Entscheidung der Sache bei Unserem Min. des J. anzutragen.

§. 36. Ueber jede Senatsversammlung wird ein Protokoll geführt, worin die Anwesenden bemerkt und die Anträge und Beschlüsse verzeichnet werden, wie auch die Stimmenmehrheit, mit der sie durchgegangen oder verworfen werden.

§. 37. Für die pünktliche Ausführung alles dessen, was im Senate beschlossen ist, wird der Rektor, in dessen Händen die vollziehende Gewalt ruht, verantwortlich. Zu diesem Ende sind ihm die Unterbeamten persönlich untergeben und das Siegel der Univ. in seinem Gewahrsam.

§. 38. Um die Ausführung übersehen zu können, wird in der letzten Senatssitzung jedes Monats dem vorletzten Rektor eine Liste von den auszuführen gewesenen Beschlüssen mit Vermerk, was abgemacht ist und was noch schwebt, durch den Universitäts-Sekretär zum Vortrag vorgelegt.

§. 39. Im Senat beschlossene Bekanntmachungen an die Studirenden, oder Anschläge, desgl. Antwortschreiben an Einzelne oder an anderweitige Behörden unterzeichnet der Rektor allein, jedoch mit dem Beisatz, Rektor und Senat, und mit Kontrasignatur des Sekretärs.

§. 40. Alle Latein. Bekanntmachungen, Antwortschreiben und Anschläge dieser Art hat der Prof. der alten klassischen Literatur auszufertigen. Auch hat er zu diesem Behuf das Recht, sich, wenn er auch nicht Senatsmitglied ist, die Akten vorlegen zu lassen.

§. 41. Die Berichte des Senats an Unser Min. des J. unterzeichnen in der Reinschrift, außer dem Rektor, noch die vier Dekane. Wenn sie jedoch die Person des Rektors betreffen und unter Vorsitz des vorletzten Rektors gefaßt sind, so tritt dieser auch in der Unterschrift an die Stelle des Rektors.

§. 42. Außer dem Vorsitz im Senat und in den Wahlversammlungen und außer der Sorge für die Vollziehung der Senatsbeschlüsse gebühret dem Rektor noch ein, unten näher zu bestimmender Antheil an der Gerichtsbarkeit. — Auch hat er die Oberaufsicht über die Registratur der Univ., und ist ihm dafür der Sekretär besonders verantwortlich; jedoch müssen Akten jedem Senator ohne Weiteres verabfolgt werden.

§. 43. Er hat ferner die Pflicht, die Studirenden durch die Immatrikulation in die Univ. aufzunehmen und erforderlichenfalls mit dem Universitätszeugniß von ders. zu entlassen.

§. 44. Was sich auf diese §. 42. 43. benannten Geschäfte nicht bezieht und auch der Vollziehung eines Senatsbeschlusses nicht nothwendig anhängt, kann er für sich allein nicht verfügen; jedoch hat er das Recht, in Fällen, wo Gefahr im Verzuge sein möchte, was dringend nöthig ist, zu verfügen. Von solchen Verf. hat er sobald als möglich in einer Senatssitzung Rechenschaft zu geben.

§. 45. Der jedesmalige Rektor ist kourfähig und führt in seinen Amtsverrichtungen den Titel Magnifizenz. Seine Amtskleidung besteht in einem gewöhnlichen schwarzen Staatskleide, gleichen Unterkleidern, einer goldenen Halskette mit Unserem Brustbildnisse und, wenn er nicht von der theol. Fak. ist, in stählernem Degen mit weißer Scheide.

§. 46. Er genießt an Einkünften die Hälfte der Einschreibungsgebühren, den bei den Promotionen für ihn festgesetzten Antheil und die beim Abgange von den erforderlichen Sittenzeugnissen bestimmten Gebühren.

Abschnitt IV. Von der akademischen Gerichtsbarkeit.

(An die Stelle der in diesem Abschnitt enthaltenen Vorschriften ist das Regl. v. 18. Nov. 1819 getreten, s. u. im 3. Kap. sub I. 2.)

Abschnitt V. Von den Unterbeamten der Universität.

§. 1. Unterbeamte der Univ. sind: der Sekretär, der Quästor, der Logiskommissarius, der Kastellan, der Kanzellist, die zwei Pedelle, der Thürhüter.

§. 2. Der Sekretär der Univ. ist verpflichtet, in jeder Versammlung der ordentl. Prof. und des Senats das Protokoll zu führen, auf Aufforderung des Rektors und des Syndikus bei denselben persönlich zu erscheinen und die Aufträge ders. in Universitäts-Angelegenheiten treu auszurichten, die in dem Senate und in andern Versammlungen der Univ. vorgekommenen Verhandlungen geheim zu halten, und, wenn er irgend etwas, das der Univ. Nachtheil bringen könnte, entdeckt, dem Rektor davon unverzüglich Bericht zu erstatten.

§. 3. Er ist verpflichtet, ein genaues, vollständiges Diarium über alle bei der Univ. vorgefallene Ereignisse zu halten, und diese Tagesgeschichte in ein besonderes dazu angefertigtes Buch einzutragen. Auch muß er alle von der Univ. ausgehende Druckschriften, auch solche nicht ausgeschlossen, welche nur in einzelnen Bogen oder Blättern bestehen) sammeln, darüber ein Verzeichniß halten und sie in Ordnung aufbewahren.

§. 4. Er bewahrt das Archiv der Univ. und hat die Urkunden und Akten in den dazu angewiesenen Schränken und Repositorien in Ordnung zu halten.

§. 5. Ist der Syndikus durch Krankheit oder Abwesenheit gehindert, seine Geschäfte zu besorgen, so tritt der Sekretär so lange als Stellvertreter desselben ein, bis das Min. des I. eine andere Verf. trifft.

§. 6. Die nicht fixirten Emolumente des Sekretärs sind: 1) der vierte Theil der Gebühren für die Matrikel; 2) der vierte Theil eines von den Promotionsgebühren abzuziehenden Zehntheils; 3) 12 Gr. Kour. für jedes Zeugniß, welches ein abgehender Studirender von der Univ. über seine Sitten, so wie für jedes, welches derselbe von seiner Fak. über seine Studien erhält. (Abschn. VI.)

§. 7. Der Quästor empfängt die Honorare, welche die Studirenden an ihn für Rechnung der ordentl. und außerordentl. Prof., bei welchen sie Kollegien hören wollen, prän. zu zahlen haben. Er befolgt hierbei die Instr., welche ihm jeder Prof. für seine Vorlesungen giebt, und ist verpflichtet, über die eingehenden Honorarien genaue Listen und Rechnungen zu halten und diese den Prof., deren Einnahme darin verzeichnet ist, vorzulegen.

§. 8. Als Emolument hierfür ist dem Quästor der Abzug von zwei Proz. von den durch ihn eingenommenen Honorarien verstattet.

§. 9. Der Logiskommissar und Kastellan des Universitäts-Gebäudes erhalten vom Min. des J. ihre Instruktionen.

§. 10. Der Kanzellist hat alle Reinschriften und Abschriften, welche ihm in Universitätssachen vom Rektor, von den Dekanen, von dem Syndikus oder Sekretär aufgetragen werden, pünktlich und schleunig zu besorgen, die in den §§. 6. u. 10. des IV. Abschn. gedachten Protokolle zu führen, auch bei der Registratur der Univ. alle Dienste, welche von ihm gefordert werden, zu leisten. Er ist für die strengste Geheimhaltung alles dessen, was durch seine Amtsführung zu seiner Kenntniß gelangt, verantwortlich.

§. 11. Die Pedelle sind verpflichtet, alle Aufträge, welche ihnen in Universitätssachen von dem Rektor, den Dekanen, dem Syndikus oder Sekretär gegeben werden, pünktlich und schleunig zu vollziehen und den Inhalt derselben geheim zu halten. Sie haben die Lebensweise der Studirenden zu beobachten und alle Vergehen und Unordnungen, die sie erfahren, sofort dem Rektor anzuzeigen, bei eigener Verrntwortlichkeit für alle aus deren Verschweigung entspringende nachtheilige Folgen. Endlich wird ihnen die genaue Beobachtung der Karzerordnung zur besondern Pflicht gemacht.

§. 12. An dem schwarzen Brette dürfen sie ohne Vorwissen und Genehmigung des Rektors keine Anschläge anheften, mit Ausnahme der Ankündigungen von Vorlesungen. — In sofern diese von ordentl. oder außerordentl. Professoren, oder von Mitgliedern der K. Akademie der Wissenschaften herrühren, bedürfen sie gar einer Genehmigung. Die Ankündigungen der Privatdozenten müssen von dem Dekan ihrer Fak. die Genehmigung erhalten haben, um angeschlagen werden zu önnen.

§. 13. Die nicht fixirten Emolumente jedes Pedellen bestehen in: 1) ¼ der Gebühren der Immatrikulation; 2) ⅛ des von den Promotionsgebühren abzuziehenden Zehntheils; 3) den Citationsgebühren.

§. 14. Zu den Stellen sämmtlicher Unterbeamten geschieht der Vorschlag vom Senat, die wirkliche Ernennung von Unserem Min. des J.

§. 15. Sämmtliche Unterbeamte stehen, in Ansehung ihrer Amtsführung, unter der besondern Aufsicht des Rektors, welcher ihnen deshalb Verweise geben, auch dem Kanzellisten und den Pedellen eine Ordnungsstrafe bis zu 2 Thlr. auferlegen kann, wogegen jedoch der Rekurs an Unser Min. des J. zulässig ist.

Abschnitt VI. Von den Studirenden. 1)

§. 1. Die Aufnahme der Studirenden bei der Univ. geschieht durch das Einschreiben in die Matrikel.

§. 2. Wer auf der Univ. zu Berlin immatrikulirt werden will, muß, wenn er ein Inländer ist, sich nach dem Ed. wegen Prüfung rc. v. 12. Okt. 1812 legitimiren; ist er aber ein Ausländer, sich durch Zeugnisse aus seiner Heimath über die Unbescholtenheit seiner Person ausweisen.

§. 3. Wer diesem Ed. zufolge sich noch bei der gemischten Prüfungs-Kommission in Berlin dem Maturitätsexamen unterziehen muß, ist verpflichtet, sich spätestens drei Tage nach seiner Ankunft zu melden, und, wenn er nach gehaltener Prüfung noch die Univ. zu beziehen entschlossen ist, sich spätestens drei Tage nach ders. immatrikuliren zu lassen. Inländer, die schon von Schulen gesetzliche Prüfungszeugnisse mitbringen, imgl. Ausländer, müssen sich binnen spätestens 8 Tagen nach ihrer Ankunft in Berlin zur Immatrikulation anmelden. Wer dies länger aufschiebt, muß die Immatrikulationsgebühren doppelt entrichten.

§. 4. Wer von einer Univ. relegirt worden ist, mit der die hiesige ein unbedingtes Kartel abgeschlossen hat, kann gar nicht; wer von einer Univ. relegirt ist, mit der die hiesige in einem bedingten Kartel steht, kann nur nach den Bedingungen dess. immatrikulirt werden.

§. 5. Von der Immatrikulation sind gänzlich ausgeschlossen: 1) Alle Staatsdiener und Militairpersonen. Junge Leute, welche um ihrer, aus Unserer V. v. 3. Sept. 1814 fließenden allgem. Verpflichtung zu genügen, in den Linientruppen der Armee dienen, sind demnach, so lange sie dies thun, der Immatrikulation noch nicht fähig, oder scheiden, wenn sie zu der Zeit, wo sie, dem Ges. gemäß, zu dem

---

1) Dieser Abschnitt ist durch neuere Ges. vielfach modifizirt, wie unten im 4. Abschn. dieser Abth. zu vergleichen.

stehenden Heere treten, schon auf der Univ. studiren, während ihrer Dienstzeit von dem akademischen Bürgerrechte aus, weil sie binnen ders. nicht einem zwiefachen Gerichtsstande unterworfen sein können. Jedoch sollen sie eines Theils, wenn sie in Berlin in Garnison stehen, und so weit es ohne Verletzung ihrer militairischen Pflichten geschehen kann, berechtigt sein, auch binnen dieser Zeit den Universitätsvorlesungen unter den sonst für jeden Theilnehmer ders. geltenden Bedingungen beizuwohnen, andern Theils sollen diej., welche schon auf der Univ. Berlin studirten, und deren Matrikel durch den Eintritt der Dienstjahre suspendirt wurde, wenn sie nach Beendigung der letztern auf dieselbe Univ. zurückkehren, die Erneuerung der Matrikel ohne weitere Kosten oder Umstände — vorausgesetzt, daß ihre Aufführung während der Dienstzeit ihnen kein Bedenken entgegen stellt, welches, wenn es erheblich ist, ihre gänzliche Zurückweisung begründen kann — erhalten. Kommen sie aber nach Ablauf der Dienstjahre von einer andern zu der Berliner Univ., so müssen sie auf ders., aber gleichfalls unter obiger Voraussetzung, auf's neue immatrikulirt werden, und es wird mit ihnen gehalten, wie nach §. 8. mit jedem, der eine andere Univ. mit der Berliner vertauscht. — Uebrigens soll die Zeit, wo dgl. junge Leute vom Militair die Kollegia besuchen, sobald dies nur mit gehörigem Fleiße geschieht, zum Triennium acad. mit in Anrechnung kommen. Der Dienst in der Landwehr schließt von der Immatrikulation nicht aus, da die Militärjurisdiktion nur in der Uebungszeit eintritt. 2) Alle, welche zu einer andern Bildungsanstalt gehören. 3) Alle, welche einen Gewerbschein lösen müssen.

§. 6. Die Immatrikulation geschieht vor dem Rektor mit Zuziehung des Sekretärs in den von dem Rektor dazu angesetzten Stunden.

§. 7. Der Rektor verpflichtet den Aufzunehmenden mit einem Handschlage an Eides Statt, die Ges. treu zu beobachten, und händigt ihm hierauf die Matrikel, die Gesetze der Studirenden und die Erkennungskarte ein.

§. 8. An Immatrikulationsgebühren zahlt der Aufzunehmende: 1) für die Matrikel 4 Thlr.; 2) für die Bibliothek 1 Thlr. — Wenn er schon auf einer andern Univ. studirt hat, bezahlt er die Hälfte. — Der Rektor kann die Immatrikulationsgebühren wegen Unvermögens erlassen, auch kann in höherer Instanz Unser Min. des J. davon dispensiren.

§. 9. Nach der Immatrikulation muß ein Jeder innerhalb Acht Tagen sich von dem Dekan der Fak., zu welcher er gehören will, in die Liste ders. eintragen lassen Für diese Inskription entrichtet er dem Dekan 1 Thlr., oder, wenn er schon auf einer andern Univ. studirt hat, die Hälfte.

§. 10. Wenn ein hiesiger Studirender sein Fach verlassen will, um sich zu einem andern zu wenden, so hat er dieses sowohl dem Dekan der Fak., von der er abgeht, als dem Dekan der Fak., zu welcher er sich wendet, anzeigen, zahlt jedoch für die neue Inskription Nichts. Ein solcher Uebergang von einer Fak zu einer andern kann aber nur am Ablauf oder Anfang eines Semesters Statt finden.

§. 11. Durch die Immatrikulation bekommen die Studirenden alle Rechte, welche ihnen die Ges. bewilligen, namentlich das Aufenthaltsrecht in Berlin mit Freiheit von persönlichen bürgerlichen Lasten, den ihnen in Unserm Ed. v. 28. Dec. 1810 bewilligten Gerichtsstand, das Recht, die Vorlesungen der Univ zu besuchen und, sowohl ihre Institute, als Unsere Bibliothek und die Unterrichtsanstalten in der Charitee und Thierarzneischule, so wie es deren Regl. verstattet, zu benutzen.

§. 12. Die Studirenden sind nicht nur den Ges. der Univ. und den Verf. des Rektors und Senats, sondern auch den Landesges., namentlich den Verboten des Duells und geheimer Verbindungen, so wie den polizeilichen Einrichtungen unterworfen, mit welchen Ges. und Einrichtungen der Rektor jeden, bei seiner Immatrikulation, bekannt zu machen hat. — Ihre Erkennungskarte müssen die Studirenden stets bei sich tragen. Wenn sie ein anderes Logis bezogen haben, so müssen sie dieses innerhalb 24 Stunden dem Sekretär anzeigen.

§. 13. Es wird von ihnen Fleiß und Sittsamkeit, Folgsamkeit gegen ihre Vorgesetzten, Achtung gegen ihre Lehrer und ein friedliches Betragen unter sich gefordert. Wer sich des Gegentheils schuldig macht, verfällt in die von der akadem. Obrigkeit zu bestimmenden Disziplinarstrafen. Diese Obrigkeit ist nach A. L. R. Th. II Tit. 12. §. 86. für alle Unordnungen der Studirenden, welche durch genaue Aufmerksamkeit und Sorgfalt hätten verhütet werden können, verantwortlich.

§. 14. Die Strafen sind: Verweis von dem Rektor privatim, öffentlicher

Verweis vor dem Senat, Karzerstrafe, Androhung des consilii abeundi, das consilium abeundi selbst und die Relegation.

§. 15. Wenn ein Studirender wegen Verbrechen zur gerichtlichen Untersuchung gezogen, oder wegen grober Unsittlichkeiten in Anspruch genommen ist, so wird sein akadem. Bürgerrecht bis zu abgemachter Sache suspendirt. Nach förmlicher Freisprechung von dem angeschuldigten Vergehen wird sogleich die Suspension aufgehoben, ist die Freisprechung aber nur vorläufig (ab instantia), so kann die Suspension nur durch die besondere Bewilligung des Senats aufgehoben werden. Durch die Verurtheilung ist er von dem akadem. Bürgerrecht definitiv ausgeschlossen, und es hat in diesem Falle der Senat die Befugniß, seine Entfernung aus der Stadt zu verlangen, wenn sein Wohnort in ders. nicht durch Familienverhältnisse begründet ist.

§. 16. In den Fällen, wo ein wegen gemeiner Vergehen zur Kriminaluntersuchung gezogener Studirender zu einer nicht höhern Gefängnißstrafe verurtheilt wird, als der akadem. Senat nach dem Jurisdiktions-Regl. v. 28. Dec. 1810 erkennen darf, wird von dem Kammerger. die Vollstreckung der Strafe dem Senate überlassen, dergestalt, daß der Verurtheilte seine Strafe auf dem Karzer abbüßen kann.

§. 17. Die Karzerstrafe wird, bald nach Bekanntmachung des Urtheils, an dem Studirenden vollzogen, und muß, wenn sie nicht auf längere Zeit als Acht Tage verhängt worden, ohne Unterbrechung abgesessen werden. Ist sie auf längere Zeit zuerkannt, so kann sie nach dem Ermessen des Rektors ohne Unterbrechung abgesessen, oder zum Theil in die Zeit der großen Ferien verlegt werden, falls diese nicht zu lange nach dem Urtheil eintreten. — Uebrigens wird hierbei auf die Karzerordnung verwiesen.

§. 18. Beleidigung der Lehrer der Univ., besonders bei Ausübung ihres Amtes, soll dem Befinden nach mit strenger Karzerstrafe, consilium abeundi oder Relegation bestraft werden.

§. 19. Beleidigungen und Widersetzlichkeiten gegen die Unterbedienten der Univ., besonders in ihren Amtsverrichtungen, sollen ernstlich und auf die im vorigen §. angegebene Art bestraft werden.

§. 20. Eben so die Verletzungen der am schwarzen Brette angeschlagenen Verordnungen, und selbst unanständiger Tadel über sie, oder andere obrigkeitliche Verf.

§. 21. Wer in den Hörsälen, in den Museen der Univ., auf dem anatomischen Theater, in den Klinicis, in der Charitee oder an öffentlichen Orten Unruhe und Störungen erregt, verfällt in eben die Strafe.

§. 22. Wer den öffentlichen Gottesdienst stört, verfällt nach A. L. R. Tit. 12. Anh. §. 137. in die durch die Landesges. bestimmte Strafe.

§. 23. Es ist untersagt, öffentliche Aufzüge und Musiken zu veranstalten. Sollte bei außerordentlichen Gelegenheiten die Erlaubniß dazu nachgesucht werden, so muß der Rektor mit dem Polizeipräsidium darüber kommunizieren, welches Unsere Entscheidung zu erbitten hat.

§. 24. Wegen anderer Vergehungen der Studirenden und ihrer Bestrafung, imgl. wegen des Verhaltens in Ansehung der Schulden der Studirenden und des Vermiethens der Wohnungen an sie, wird auf die betr. Festsetzungen des A. L. R. Bezug genommen.

§. 25. Das akadem. Bürgerrecht hört auf: 1) durch Promotion auf der hiesigen Univ. Doch kann ein hier Promovirter, nach besonderer Erklärung von seiner Seite, das akadem. Bürgerrecht noch ein halbes Jahr behalten. 2) Durch Erwählung eines andern Standes, namentlich durch eine bestandene Staatsprüfung. 3) Durch den Ablauf von Vier Jahren nach der Immatrikulation. 4) Durch sechsmonatliche freiwillige Abwesenheit von Berlin. 5) Durch das consilium abeundi und die Relegation.

§. 26. Wer in den drei letztgenannten Fällen (3 — 5) des vorigen §. die Erneuerung der Matrikel auf seine Bitte erhalten will, hat die im 6. und 7. §. dieses Abschnitts festgesetzte Gebühren auf das neue zu entrichten.

§. 27. Sollte ein Studirender die Matrikel zurück geben, so hat er dadurch nicht allein das akadem. Bürgerrecht verloren, sondern dies wird auch der Polizei angezeigt, und sein Name wird an das schwarze Brett angeschlagen. Ist der, welcher die Matrikel zurück giebt, ein Mediziner, so wird diese Zurückgabe auch der medizinisch-chirurgischen Akademie für das Militair angezeigt, damit dieselbe ihn ebenfalls nicht mehr zu ihren Vorlesungen zulasse.

§. 28. Jeder Inländer ist verpflichtet, seinen Abgang von der Univ. dem Dekan seiner Fak. anzuzeigen und bei dem Rektor ein Universitätszeugniß über seine Aufführung einzuholen. Als Gebühren werden dafür entrichtet: an den Rektor 1 Thlr., an den Sekretär 12 Gr., an den Kanzellisten 2 Gr., in Summa 1 Thlr. 14 Gr. Jeder Ausländer ist verpflichtet, seinen Abgang sowohl dem Rektor, als dem Dekan seiner Fak. anzuzeigen, hat jedoch, nur wenn er es gut findet, ein Universitätszeugniß über sein Betragen einzuholen, wofür er dann die bemerkten Gebühren zu bezahlen hat. — Wer diese Vorschriften zu befolgen unterläßt, dessen Name soll am schwarzen Brett bekannt gemacht werden.

§. 29. Jeder Studirende ist berechtigt, von seiner Fak. ein Zeugniß über die von ihm besuchten Vorlesungen und seinen darin bewiesenen Fleiß zu verlangen, welches in der Universitätskanzellei ausgefertigt, und vom Dekan vollzogen wird. Als Gebühren werden dafür entrichtet: an den Dekan 2 Thlr., an den Sekretär 12 Gr., an den Kanzellisten 2 Gr., in Summa 2 Thlr. 14 Gr.

§. 30. Wenn ein Studirender seine Matrikel erlöschen läßt, ohne dies anzuzeigen, so wird sein Name an das schwarze Brett geschlagen.

Die allgem. Vorschriften wegen des triennii acad. gelten auch für die Univ. zu Berlin.

Abschnitt VII. Von den Instituten und Sammlungen.

§. 1. Alle öffentliche, in Unserer Residenz befindliche und mit Unseren Akademien der Wissenschaften und der Künste und Unserer Univ. verbundene wissenschaftliche Institute und Sammlungen sind zugleich zur Belehrung der Studirenden und zur Beförderung der Wissenschaften bei der Univ. bestimmt.

§. 2. Dahin gehören die Bibliothek, die Sammlungen von Kunstwerken, die Sternwarte, die physikalischen und chemischen Apparate, das Mineralienkabinet, der botanische Garten, die Herbarien, das zoologische Museum, das anatomische und zootomische Museum, das anatomische Theater, die Sammlung der chirurgischen Instrumente und Bandagen, die medizinischen und chirurgischen Klinika.

§. 3. Ueber die Benutzung und Verwaltung der Sammlungen wird Unser Min. des J. Regl. erlassen, wonach sich Jeder, bei dem Besuch und der Benutzung derselben, zu achten hat.

§. 4. Zur Univ. gehörig sind das theolog. und philolog. Sem., für welche besondere Regl. vorhanden sind.

Abschnitt VIII. Von den Vorlesungen bei der Universität.

§. 1. Vorlesungen bei der Univ. sind alle diej. Vorträge, welche unter der Autorität der Univ. gehalten werden sollen und deshalb im Lektionsverzeichniß, so wie auch am schwarzen Brette angekündigt werden. Bloß über Vorlesungen bei der Univ. werden den Studirenden, von Fakultätswegen, Zeugnisse ertheilt.

§. 2. Das Recht, Vorlesungen bei der Univ. zu halten, wird erworben: 1) durch eine ordentl. oder außerordentl. Professur, nach vorgängiger Habilitirung; 2) durch die Stelle eines ordentl. Mitgliedes der Akademie der Wissenschaften; 3) von Privatdozenten durch Habilitirung in derj. Fak., zu welcher die zu haltenden Vorlesungen gehören.

§. 3. Ein jeder Prof. ist berechtigt, über alle, in seine Fak. einschlagende Fächer Vorlesungen zu halten. (Abschn. II. §. 5.) Sollte er aber eine Vorlesung ankündigen, welche der Dekan der Fak. nicht unter den Vorträgen ders. rubriziren zu können glaubt, so hat derj., welcher dieselbe ankündigt, die Einwilligung der Fak., in welche sie einschlägt, nachzusuchen; wobei ihm jedoch im Verweigerungsfalle der Rekurs an Unser Min. des J. unbenommen bleibt.

§. 4. Privatdozenten müssen sich in der Fak., in welcher sie lesen wollen, habilitiren, und haben hierbei zugleich mit der Meldung zur Habilitation die Fächer anzuzeigen, über welche sie Vorlesungen zu halten gesonnen sind. Nur in Bezug auf diese erhalten sie die Erlaubniß zu lesen. Zur Habilitation können sich nur solche melden, welche den Doktorgrad, und bei der theolog Fak. auch solche, welche den Licentiatengrad haben. Die Habilitation geschieht durch eine öffentliche Vorlesung in freiem Vortrage über ein Thema, welches von der Fak. aufgegeben, oder mit Beistimmung ders. von dem Aspiranten gewählt wird, nachdem die Fak. vorher auf die in den Regl. bestimmte Art sich von der Fähigkeit des Aspiranten vergewissert hat. Uebrigens hängt es lediglich von dem Urtheil ders. über den

Aspiranten ab, ob er die Erlaubniß zu lesen erhalten könne; und es steht ihr frei, dens. nach Befinden abzuweisen.

§. 5. Zum Hören der Vorlesungen sind berechtigt: 1) alle diej., welche bei einer Univ. immatrikulirt sind; 2) die remunerirten Eleven und Schüler der Akademie der Künste; 3) die Eleven der Bauakademie; 4) die Berg-Eleven; 5) die Zöglinge der medizin.-chirurg. Militairakademie; 6) die Zöglinge der chirurg. Pepiniere; 7) Militairpersonen, deren Studien durch Eintritt in die Linientruppen unterbrochen worden.

§. 6. Gänzlich ausgeschlossen vom Hören der Vorlesungen sind: 1) die, welche nicht denj. Grad geistiger und sittlicher Bildung haben, welchen die Studirenden haben sollen, namentlich Gymnasiasten und Schüler; 2) alle der Immatrikulation fähige Fremde, welche noch in dem gewöhnlichen Alter der Studirenden sind und sich nicht haben immatrikuliren lassen; 3) die von der hiesigen Univ. Exmatrikulirten; 4) diej., welche ders. die Matrikel freiwillig zurück gegeben haben. — Der Rektor hat hierauf von Amts wegen zu achten, und die Profess., lesende Mitglieder der Akademie der Wissenschaften und Privatdozenten, werden jeder für sich verpflichtet, auf diese Vorschrift streng zu halten. Insbes. aber ist der Quästor verbunden, die ihm vorkommenden Fälle, welche dieser Vorschrift entgegen sind, dem Prof., welchen sie angehen, und im Falle, daß dieses unwirksam bliebe, dem Rektor anzuzeigen. In Betreff von Nr. 3. und §. 2. und 3. hat in streitigen Fällen der Rektor mit den vier Dekanen die Entscheidung.

§. 7. Ob ein Lehrer andere, die weder durch §. 5. zu den Vorlesungen berechtigt, noch nach §. 6. von dens. ausgeschlossen sind, zulassen wolle, hängt lediglich von seinem Ermessen ab.

§. 8. Die Vorlesungen bei der Univ. müssen in dem Universitäts-Gebäude oder wenigstens in dem Universitäts-Bezirk gehalten werden, in so fern solche nicht an öffentliche gelehrte Institute gebunden sind, welche außerhalb dem den. Bezirke liegen. — Ueber den Gebrauch der zu den Vorlesungen bestimmten Hörsäle im Univ.-Gebäude einigen sich die sämmtl. Lehrer in einer dazu berufenen Versammlung, wobei die ordentl. Prof. und Mitglieder der Akademie der Wissenschaften den Vorzug vor den außerordentl. Prof., und diese vor den Privatdozenten haben.

§. 9. Die Perioden der Vorlesungen werden, vorbehaltlich anderweiter Bestimmung, wenn es nöthig sein sollte, wie folget, geordnet: der erste Kursus der Vorlesungen fängt an im Herbste, an dem Montage, der zunächst auf den 14. Okt. folgt, und schließt an dem auf den 20. März zunächst folgenden Sonnabend; — der zweite Kursus fängt an im Frühling am nächsten Montage nach dem 8. April, und schließt am ersten Sonnabend nach dem 17. Aug.

§. 10. Das Lektionsverzeichniß wird aus den von den Dekanen zusammengestellten Angaben sämmtlicher Lehrer von dem Prof. der Beredsamkeit geordnet und unter Autorität des Rektors und Senats jedesmal zwei Wochen vor dem gesetzlichen Schlusse des laufenden Semesters publizirt, nachdem sechs Wochen vor dems. Termin ein Duplikat des zum Drucke bestimmten Manuskripts Unserem Min. des J. zur Genehmigung eingereicht worden.

§. 11. Wenn ein Lehrer durch dringende Umstände veranlaßt werden sollte, während des Lehrkursus die Stunden seiner Vorlesungen zu dupliren, so dürfen dazu doch nur solche Stunden genommen werden, in denen weder in der Fak., wozu er gehört, noch in der philos. Fak. Vorlesungen gehalten werden.

§. 12. Die Bestimmung des Honorars für die Vorlesungen, so wie die Bestimmungen über die Erlassung dess., bleibt zwar in der Regel der Liberalität jedes Lehrers überlassen; nur sind die Perzipienten des Kurmärkischen Stipendiums schon durch diese Eigenschaft berechtigt, die Vorlesungen frei zu hören. Jeder Prof. hat den Quästor zu instruiren, wie er es mit dem Honorar gehalten wissen wolle, und jeder, der ein Kollegium hören will, hat sich zuerst bei dem Quästor zu melden und von dems. einen Schein, entweder über die Bezahlung des Honorars, oder über die instruktiongemäße Erlassung dess. zu holen, und ihn dem Lehrer zuzustellen. Sollte es sich jedoch als nöthig zeigen, so werden die dieserhalb erforderlichen Festsetzungen dem vorgesetzten Min. vorbehalten.

Abschnitt IX Von den akademischen Würden.

§. 1. Die theol. und philos. Fak. ertheilen zwei Grade, den geringeren eines Licentiaten und den höhern eines Doktors; die jurist. und medizin. Fak. aber bloß den letztern.

§. 2. Wer den Licentiatengrad erwerben will, muß wenigstens drei Jahre auf einer Univ. studirt haben, hier selbst anwesend sein und zugleich mit der Meldung bei der Fak. entweder vorzügliche Zeugnisse, oder Proben seines Fleißes und seiner Kenntnisse, und, wenn er auf hiesiger Univ. studirt hat, sein testimonium morum beibringen. Hierauf wird er von der Fak. auf die, in dem Fakultätsregl. bestimmte Weise examinirt, und hat, nach bestandenem Examen, unter Präsidium des Dekans oder eines zu dieser Handlung mit Uebereinstimmung des gewählten ernannten Prodekans über Theses oder über eine von ihm verfaßte Dissertation zu disputiren. Die nähere Bestimmung dieses und des Promotionaktes selbst ist gleichfalls in den Regl. der theol. und philos. Fak. enthalten.

§. 3. Die Doktorwürde wird in jeder der vier Fak., theils durch förmliche Promotion, theils mittelst bloßer Ueberreichung des Diploms ertheilt, und die letztere ist der erstern völlig gleich zu achten.

§. 4. Wer bei einer Fak. den Doktorgrad sucht, kann dens. nur durch feierliche Promotion erhalten.

§. 5. Jeder, der den Doktorgrad erlangen will, muß drei Jahre studirt haben, sich zuerst zum Examen stellen, und zugleich mit der Meldung dazu eine kurze Darstellung seines Lebenslaufes, besonders aber seiner bisherigen Studien, und, wenn er auf hiesiger Univ. studirt hat, sein testimonium morum einreichen. Auch ist der Kandidat berechtigt, zugleich damit die Abhandlung, auf welche er promovirt werden will, einzugeben; so wie andererseits die Fak. die Eingabe dieser Abhandlung vor dem Examen zu fordern oder, anstatt ders. ein Tentamen durch den Dekan anstellen zu lassen das Recht hat, ohne jedoch dazu verpflichtet zu sein. — Nach dem Examen, dessen Art und Weise durch die Fakultätsregl. zu bestimmen ist, hat der Aspirant, wenn er bestanden, eine vorher von der Fak. zu approbirende, in Latein. Sprache verfaßte Dissertation drucken zu lassen, bei deren Einreichung er zugleich die schriftliche Versicherung geben muß, daß er allein der Verfasser derselben sei, in sofern das Fakultätsregl. davon nicht eine Ausnahme verstattet. — Diese Abhandlung muß von ihm in einer öffentlichen Disputation in Latein. Sprache vertheidiget werden, und zwar in der theol., jur. und philos. Fak. ohne, in der medizin. mit oder ohne Präses. — Ist der Kandidat designirter Prof., so steht es ihm frei, einen Respondenten anzunehmen. Die ordentl. oder gebetenen Opponenten, welche von der Fak. anerkannt und wenigstens drei sein müssen, opponiren zuerst, und zwar nach ihrem Range von unten auf; hiernach steht es jedem zur Univ. Gehörigen frei, außer der Ordnung zu opponiren.

§. 6. Die feierliche Doktorpromotion geschieht, nach beendigter Disputation, von dem Dekan der Fak. oder einem zu dieser Handlung mit seiner Einwilligung ernannten Prodekan, nachdem dem Kand. der seiner Fak. vorgeschriebene Doktoreid durch den Sekretär der Univ. verlesen und von ihm angenommen worden, mit den herkömmlichen Förmlichkeiten und symbolischen Handlungen, worüber die Fakultätsregl. das Nähere enthalten.

§. 7. Die Doktorpromotion durch bloße Uebersendung des Diploms ist eine, von der Fak. bezeugte freiwillige Anerkennung ausgezeichneter Verdienste um die Wissenschaft. Der Antrag zu ders. muß von zwei Mitgliedern der Fak., oder von einem Mitgliede ders. und zwei Doktoren geschehen, und es müssen dem Antrage zugleich die Werke des Vorgeschlagenen beigelegt werden, auf welche die Promotion dess. gegründet werden soll. Ob aus diesen das ausgezeichnete Verdienst des Verfassers um die Wissenschaft erhelle, welches ihn der Promotion honoris causa würdig mache, wird von den Fakultätsmitgliedern durch schriftliches Votiren entschieden. Nur wenn dieselben einstimmig die vorgeschlagene Promotion billigen, wird das Diplom mit Bezugnahme auf die eingereichten Schriften ertheilt.

§. 8. Für den Licentiatengrad in der Theologie oder Philosophie werden Funfzig Thlr. in Golde entrichtet. Bei ausgewiesener Dürftigkeit der zu Promovirenden in der medizin. Fak. bleibt jedoch dem Min. des J. die Befugniß, diese Gebühren zu mindern. — Von den Promotionsgebühren wird die Hälfte vor dem Examen entrichtet und geht verloren, wenn der Kandidat in dems. nicht besteht; bleibt jedoch für seine Rechnung, wenn er sich binnen einem halben Jahre zu einer zweiten Prüfung stellt. Die andere Hälfte wird nach der Promotion, jedoch vor Aushändigung des Diploms gezahlt. Von den eingegangenen vollen Gebühren wird abgezogen: 1) ein Zehntheil, wovon der Rektor die Hälfte, der Sekretär ein Viertheil und jeder der beiden Pedelle ein Achttheil empfängt; 2) ein Zehntheil für den Dekan, welches ihm auch verbleibt, wenn er die Promotion durch einen Prodekan hat verrichten lassen; 3) ein Zwanzigtheil für jedes, bei dem Examen anwesende Fakultätsmitglied. — Die Examinationsgebühren, welche ein Doktorand entrichtet hat, den die Fak. nach der Prüfung abgewiesen, werden eben so vertheilt, mit der Ausnahme jedoch, daß Rektor, Dekan und Sekretär keine besondere Abzüge davon erhalten. — Der Dekan, welcher sämmtliche Promotionsgebühren einzieht, sammelt die nach den vorgen., bei jeder Promotion Statt habenden Abzügen übrigen Gelder und vertheilt sie halbjährig unter die sämmtlichen, oder die besonders dazu berechtigten Fakultätsmitglieder zu gleichen Theilen. — Indem Wir durch vorstehende Statuten die Verfassung Unserer Univ. zu Berlin festsetzen, befehlen Wir derselben, sich überall danach zu richten und Unserem Min. des J., auf die Befolgung derselben überall zu achten, und die in Verfolg und zur Vollstreckung dieser Stututen für die einzelnen Fak., Institute und Gegenstände erforderl. Instr. und speziellen Regl. und Bestimmungen zu erlassen. (Koch, I. S. 41—62.)

b) Zur Ergänzung der Universitäts-Statuten, insbes. was Habilitation der Dozenten und Promotionen, so wie Benefizien und Prämien für Studenten anlangt, dienen die unterm 29. Jan. 1838 ergangenen Statuten der vier Fakultäten, mitgetheilt in Koch's Univers. Bd. 1., und zwar Stat. der theol. Fak. S. 62 flg., der jurist. S. 88 flg., der mediz. S. 112 flg., der philos. S. 138 flg.

3) Personal der Universitäten.

Ueber Lehrer und Studenten s. oben S. 399 flg. An Beamten zählte die Univers. im Jahre 1834 mit Einschluß des Univers.-Richters 13 Univers.-Beamte und Unterbeamte, und außerdem 9 Instituten-Beamte, als Rechnungsführer, Inspektoren, Aufseher ꝛc. (Koch, I. S. 38.) Vergl. Abschn. V. der Statuten.

4) Fonds der Universitäten und deren Verwaltung.

Ueber den Etat der Univers. im Allgem. s. o. S. 397 ff. Das Nähere erhellt aus dem nachstehenden

Verwaltungs-Etat für 1837—39.

	Einnahme.[1])	Thlr.	sg.	pf.		Ausgabe.	Thlr.	sg.	pf.
1.	Staatszuschuß . . .	102,523	27	6	1.	Lehrerbesoldungen:			
2.	Zinsen von Kapitalien	302	—	—		a) theol. Fakultät Thlr. 8,100			
3.	aus eigen Erwerbe[2]):					b) jur. Fak. 9,400			
	a) Bibliothekbeiträge Thlr. 600					c) med. Fak. 15,550			
	b) Auditoriengelder 1,750					d) phil. Fak. 33,240			
	c) Zeugnißgebühren 230					Summe	66,290	—	—
					2.	Besold. für die akad. Verwaltung . . .	4,745	15	—
	d) Debit der Verzeichnisse 233				3.	Amtsbedürfnisse ders.	620	—	—
	Summe	2,813	—	—	4.	Zu besondern akadem. Zwecken	450	—	—
	Summe	105,638	27	6	5.	Institute der Univ. .	30,350	10	—
					6.	Akadem. Bedürfnisse .	2,323	—	—
					7.	Zinsen von Passiv-Kapitalien . . .	317	10	—
					8.	Insgemein	542	22	6
							105,638	27	6

1) Die Verwaltung der Fonds erfolgt bei der Generalkasse des Min. der G., U. u. M. Ang. (Koch, I. S. 33, II. S. 1023). — Im J. 1810 wurden für die Gesammtheit der wissensch. Institute in Berlin 113,880½ Thlr. aufgewandt, davon für die Univ. 57,787½ Thlr.

2) (Zu Pos. 3. der Einnahme.) Die Bibliothek-Beiträge à 5 Thlr.

5) Institute und Sammlungen. (s. o. Abschn. VII. der Statuten.)

Ueber die mit der Univers. verbundenen oder zu ihrer Benutzung stehenden Institute und Sammlungen giebt Koch (I. S. 40.) aus dem Etat pro 18$\frac{37}{38}$ folgende Nachweisung:[1])

---

werden entrichtet bei jeder Doktorpromotion, Habilitation eines Privatdozenten, Anstellung od. Beförderung eines Prof. — Die Audit. Gelder à 2½ Sgr. werden vom Quästor für jedes Kolleg. von den Stud. erhoben. — Die Zeugnißgebühren sub c. sind nur für den Registrator und Kanzlisten. — Die Verzeichnisse sub d. sind die über die Lektionen und über die Studenten.

Außerdem erwachsen noch 15,995⅔ Thlr. Einn. aus eign. Erw., welche nicht in die Univ. Kasse fließen, sondern statutengemäß unter Rektor, Dekane, Professoren und Beamte vertheilt werden. Nämlich: a) 8146⅔ Thlr. Promotionsgebühren (im Jahresdurchschnitt: 66⅔ Thlr. theol. à 50 Thlr., 133⅓ Thlr. jur. à 100 Thlr., 7680 Thlr. med. à 120 Thlr., 266⅔ Thlr. phil. à 100 Thlr.). — b) 3490 Thlr. Immatrikulationsgebühren à 5 resp. 2½ Thlr. — c) 561 Thlr. Inskriptionsgebühren à 1 resp. ½ Thlr. (92 und 41½ Thlr. theol., 143 und 97½ Thlr. jur., 79 und 41½ Thlr. med., 47 und 19½ Thlr. phil.). — d) 3152 Thlr. Gebühren für Abgangszeugnisse à 4⅙ Thlr. (875 Thlr. theol., 1454⅙ Thlr. jur., 545⅚ Thlr. med., 408⅓ Thlr. phil., zusammen 3283⅓ Thlr., wovon 131⅓ Thlr. für den Kanzlisten in die Kasse. Dasselbe ist mit den 99 Thlr. der Fall, welche für Sitten-, Stipendien- und Fakultätszeugnisse à 2½ Sgr. eingehen). — e) 642 Thlr. Urtelsgebühren des Spruchkoll. — f) 4 Thlr. Citationsgebühren.

1) Diese Institute und Sammlungen haben sich gegenwärtig vermehrt. So besitzt z. B. seit 1853 die Univ. auch ein mikroskopisches Laboratorium. (Nat. Zeit. 1853. Nr. 487.) Ueber andere in Berlin zur Förderung der Wissenschaft und Kunst bestehende Institute, namentlich die beiden Akademien und den zoologischen Garten vgl. die 5. Abth.

Nachweisung der mit den Universitäten verbundenen Institute und Sammlungen.

	Benennung der Institute und Sammlungen.	Aus Universitäts-fonds. Thlr.	sg.	Aus andern Kassen. Thlr.	sg	Aus eigenem Erwerbe. Thlr.	sg.	Ueberhaupt. Thlr.	sg.
1	Die mit dem Charitee-Krankenhause verbundene klinische Anstalt, sonst medizin.-klinisches Institut . . .	1500	—	—	—	—	—	1500	—
2	das chirurgisch-klinische Institut	3300	—	1200	—	2240	—	6740	—
3	das Poli-Klinikum	2000	—	—	—	—	—	2000	—
4	das geburtshülflich-klinische Institut	5650	—	—	—	408	—	6058	—
5	die Professoren-Wittwenkasse .	1000	—	—	—	4783	—	5783	—
6	das theologische Seminar . .	500	—	130	—	—	—	630	—
7	das philologische Seminar .	500	—	—	—	—	—	500	—
8	der Universitätsgarten . . .	500	—	—	—	—	—	500	—
9	die Sternwarte	2850	—	—	—	—	—	2850	—
10	das chemische Laboratorium .	400	—	—	—	—	—	400	—
11	das Herbarium in Schöneberg	1400	—	—	—	—	—	1400	—
12	die Anatomie und das anatomische Museum	3370	10	—	—	—	—	3370	10
13	das Mineralien-Kabinet . .	1520	—	—	—	—	—	1520	—
14	das Kabinet chirurg. Instrumente rc.	430	—	—	—	—	—	430	—
15	der mathemat.-physik. Apparat	500	—	—	—	—	—	500	—
16	das Seminar für gelehrte Schulen	2000	—	—	—	—	—	2000	—
17	das landwirthschaftl. Institut zu Mögelin	1000	—	—	—	—	—	1000	—
18	die Universitäts-Bibliothek .	600	—	—	—	—	—	600	—
	Summa	29020	10	1330	—	7431	—	37731	10
	dazu	1330	—	—	—	—	—	—	—
	überhaupt	30350	10	—	—	7431	—	37781	10
	Außerdem zur Benutzung:								
19	das zoologische Museum			3350	—	460	—	4010	—
20	der botanische Garten in Schöneberg . .			12600	—	—	—	12600	—
21	die Königliche Bibliothek			16008	15	—	—	16008	15
	Summa			32158	15	460	—	32618	15
	dazu die obigen			30350	10	—	—	37781	10
	Ueberhaupt aus Staatskassen			62508	25	mit eignem Erwerbe		70399	25

Anmerkung zur vorstehenden Nachweisung.

Die Sternwarte (9.), das Mineralien-Kabinet (13.), das Sem. für gelehrte Schulen (16.), das Institut zur Ausbildung von Kameralisten in praktischer Landwirthschaft, zu Mögelin (17.), das zoologische Museum (19.), der botanische Garten in Schöneberg (20.) und die K. Bibliothek (21.), sind an sich selbstständige Institute, welche unmittelbar unter der Direktion des K. Min. d. G., U. u. M. Ang. stehen, und welche nachrichtlich deshalb hier aufgenommen worden, weil entweder die Unterhaltungskosten aus dem der Univ. überwiesenen Fonds entnommen werden, oder der letztern die unbeschränkte Benutzung zusteht. Außerdem stehen zur Benutzung der Univ. das Charité-Krankenhaus und die damit verbundenen klinischen Institute, als: a) die medizin. Klinik für Aerzte; b) die medizin. Klinik für Wundärzte; c) die chirurg. Klinik; d) die augenärztl. Klinik; e) die geburtshülfl. Klinik; f) die Klinik für syphilitische Krankheiten; g) die Klinik für Kinderkrankheiten; h) die Klinik der psychischen Krankheiten.

An Spezial-Verordnungen und Instruktionen für einzelne Institute werden mit Bezug auf vorstehende Nachweisung von **Koch**, Bd. II., mitgetheilt:

Zu 2. Gesetze der Dir. des klin. Inst. für Chirurgie und Augenheilkunde v. 20. Sept. 1819 für die Mitglieder (S. 562); so wie die Dienstinstruktionen ders. Dir. v. 24. Juni 1834 für den Sekundärarzt (S. 566); v. 1. Okt. 1831 für den Assistenzarzt (S. 569); und de eod. für den Oekonomieinspektor (S. 570); endlich die Instr. des Min. d. G., U. u. Med. Ang. v. 4. April 1835 für den Rechnungsführer bei dem geb. Inst. (S. 572).

Zu 3. Verwaltungs-Instr. des Min. der G., U. u. M. Ang. v. 10. Sept. 1838 für den Dir. des poliklin. Inst. (S. 596); und Dienstinstr. dess. Min. v. 30. Juni 1836 für den Rechnungsführer des Inst. (S. 597).

Zu 4. Die Instruktionen dess. Min. v. 2. Juli 1833: a) für den Dir. des klin. Inst. für Geburtshülfe (S. 573); b) für den Sekundärarzt (S. 574); c) für den Assistenten (S. 575); d) für den Rechnungsführer (S. 577); e) für die Hebammen (S. 580); f) für die Wärterinnen (S. 583); g) für den Thürsteher (S. 586); h) für die Wirthschafterin (S. 586); i) für die Küchenmagd (S. 593); so wie die von der Dir. unter dems. Datum erlassenen Gesetze für die Studirenden, welche die Anstalt besuchen (S. 594).

Zu 6. Regl. des Min. d. G., U. u. M. Ang. v. 15. Mai 1828 für das theol. Sem. (S 555), und Deklar. dazu v. 30. Nov. 1835 (S. 559). Aufzunehmende müssen sich vor Ablauf des Semesters beim Dekan der Fak. melden. Die Anstalt hat Stipendien und Prämien, welche vom Min. konferirt und nur gegen vom Dekan beglaubigten Quittungen ausgezahlt werden: R. dess. Min. v. 19. Febr. 1836 (S. 560).

Zu 7. Regl. dess. Min. v. 28. Mai 1812 für das philolog. Sem. (S. 560). Ausgezeichnete Seminaristen sollen bei Stipendien und Benefizien vorzüglich berücksichtigt, auch beim Druck ihrer Spezimina und ihrer Promotion durch Entschädigung für die Kosten unterstützt werden.

Zu 12. Die Instr. dess. Min. v. 28. April 1832: a) für den ersten, b) für den zweiten Prosektor des anatom. Theaters (S. 599, 601); Instr. der Min. d. G., U. u. M. Ang. und d. Kr. v. 13. April 1829 für den Kastellan der Anatomie und Bestallung de eod. für dens. (S. 602, 604); Instr. des Min. d. G., U. u. M. Ang. v. 31. Juli 1833 für den Wärter der anatom. Sammlung (S. 605). Alle Mißgeburten und ähnliche Merkwürdigkeiten sollen an diese Sammlung abgeliefert werden. [1])

---

1) So bestimmen:

a) C. des Min. d. Inn. (Depart. für Kult. u. öff. Unterr.) v. 27. Febr. 1811. Den Kreis-Physikern ist bereits durch den §. 6. ihrer Instr. v. 17. Okt. 1776 aufgegeben worden, Mißgeburten und andere ihnen vorkommende medizinische Merkwürdigkeiten hierher einzusenden. Um nun der Verbreitung falscher Gerüchte und Urtheile bei vorkommenden Mißgeburten und der Bestärkung unwissender Leute in den bei solchen Gelegenheiten gewöhnlich geäußerten schädlichen Vorurtheilen und Aberglauben vorzubeugen, wird hierdurch festgesetzt, daß jede menschliche Mißgeburt von den Hebammen den Physikus angezeigt, und wenn sie todt ist, ungesäumt übersendet werden muß. Hebammen, welche dieses zu thun unterlassen, werden in eine angemessene Geld- oder Gefängnißstrafe genommen. — Damit aber solche Monstra für die Wissenschaft von den zu solchen Untersuchungen geübten Forschern benutzt werden können, haben die Physiker diese für das hiesige anatomische Museum wohlverwahrt, nebst der Liquidation der etwa dabei gehabten Unkosten und Auslagen einzusenden. Unbedeutende und gewöhnliche Mißbildungen, wie Hasenscharten, Wolfsrachen, Fingern ähnliche Auswüchse an Händen mit fünf Fingern bei todtgebornen Kindern, solche Acephali, wo nur ein Theil der Seiten-

Zu 13. Instr. des Min. d. G., U. u. M. Ang. v. 5. Mai 1833 für den Prof. N. als Vertreter des Dir., und v. 24. Juni 1833 wegen der demf. bewilligten Schlüssel (S. 612, 613); Instr. dess. Min. v. 8. Aug. 1837 für den Assistenten beim Mineralienkab. (S. 614).

Zu 18. Instr. dess. Min. v. 18. Aug. 1831 für den Aufseher bei der Univ. Bibliothek (S. 615). Wegen Einsendung der Schulprogramme s. o. S. 161 ff., wegen Einsendung der akadem. Schriften s. u. das folg. Kap.

Zu 19. Die Instruktionen des Min. d. Inn. (Depart. für Kult. u. öff. Unterr.) v. 15. Juni 1814: a) für den Dir. der zoologischen Sammlung hinsichtlich deren Benutzung durch Studirende, b) für dens. hinsichtlich der Benutzung der Samml. durch Gelehrte und Naturforscher, c) für dens. hinsichtlich der Benutzung der Samml. durch das Publikum (S. 607, 608); Instr. dess. Min. v. 19. April 1811 für den Gehülfen und Inspektor der Sammlung (S. 608); Instr. dess. Minst. v. 12. Aug. 1813 für den Aufwärter (S. 610).

Im Allgem. ist durch R. des Min. d. G., U. u. M. Ang. v. 2. Juli 1836 auf Befehl des Königs bestimmt, daß der Name Museum nur dem Kunstmuseum zu Berlin beigelegt, nnd keine Sammlung der Univ. offiziell ferner Museum genannt werden soll.

(Koch, II. S. 612.)

6) Honorariengelder.

Der Betrag derselben war in den beiden Semestern des J. 1832 folgender:

---

beine und Stirnbeine rc. mangelt, können zurückgegeben oder begraben werden. Monstra und pathologische Präparate von bedeutendem Umfange, welche ihrer Beschaffenheit oder der weiten Entfernung und der Jahreszeit wegen nicht sicher uud schnell hierher gesandt werden können, sind in taugliche hölzerne Gefäße unter Branntwein oder reines Wasser, worin etwas Alaun aufgelöst worden, zu setzen und so zu übersenden. Alle Aerzte und Chirurgen sind aufzufordern, die bei Leichenöffnungen, Operationen u. s. w. gefundenen, besonders merkwürdigen pathologischen Mißbildungen auf eben gedachte Weise an das hiesige anatomische Museum einzusenden, und die Vergütigung ihrer liquidirten Auslagen und Unkosten zu gewärtigen. Demnächst sind auch die Gutsbesitzer, Bauern, Jäger, Schäfer, Fischer über die Merkwürdigkeiten der ihnen etwa vorkommenden thierischen Mißbildungen, und über den Nutzen ihrer Aufbewahrung zu unterrichten, und sie zu gleichmäßiger Einsendung aufzumuntern. Es ist zu hoffen, daß Niemand wissentlich eine Gelegenheit versäumen werde, sich um ein eben so bedeutendes, als nützliches vaterländisches Institut, wie das hiesige anatom. Museum ist, verdient zu machen. Desto nöthiger ist es das Publikum dafür zu interessiren, und dasselbe über die rechte Art, dem Institute nützlich zu sein, zu belehren. Auch die Einsendung der in hiesigen Gegenden selten vorkommenden Thiere zum Zergliedern wird erwünscht sein, und es soll in den über das Museum von Zeit zu Zeit herauszugebenden Schriften rühmlicher Erwähnung aller derer geschehen, welche sich um die Bereicherung desselben auf die eine oder die andere Art verdient gemacht haben.

(Koch, II. S. 598.)

b) C. R. dess. Min. v. 13. Febr. 1817, welches vorstehende V., unter Ausdehnung auf die neuen Prov. hinsichtlich menschlicher Mißgeburten in Erinnerung bringt, die Einsendung jedoch von Zustimmung der Eltern abhängig macht. (A. I. H. 1. S. 279.)

c) C. R. des Min. d. G., U. u. M. Ang. v. 19. Mai 1828, welches ebenfalls den K. Reg. die V. v. 27. Febr. 1811 einschärft, mit dem Bemerken, daß entbehrliche Stücke vorzugsweise an die Univ. derj. Provinz, aus welcher die Einsendung erfolgt, zurückgegeben werden soll. (Koch, II. S. 599.)

Fakultät.	Sommersemester 1832.								Wintersemester $18\frac{32}{33}$.							
	im Ganzen				baar eingegangen				im Ganzen				baar eingegangen			
	Gold		Kour.		Gold		Kour.		Gold		Kour.		Gold		Kour.	
	thlr.	gr.	thlr.	gr.	thlr.	gr.	thlr.	gr.	thlr.	gr.	thlr.	gr.	thlr.	gr.	thlr.	gr.
theologische .	5180	—	16	15	2400	—	16	15	5502	15	9	15	3247	15	9	15
juristische . .	6240	—	5	10	5130	—	5	10	7000	—	25	10	5935	—	25	10
medizinische .	6287	15	176	25	4917	15	165	15	8187	15	9	—	6865	—	9	—
philosophische	7880	—	32	—	5560	—	32	—	9755	—	90	15	6662	15	90	15
Summe	25587	15	230	20	18007	15	219	20	30445	—	134	10	22710	—	134	10

Gestundet waren: bis nach Anstellung: im Sommersemester $6812\frac{1}{2}$ Thlr. Gold; im Wintersemester $6597\frac{1}{2}$ Thlr. Gold; — auf kürzere Zeit im Sommersemester $767\frac{1}{2}$ Thlr. Gold und 11 Thlr. Kur.; im Wintersemester $1137\frac{1}{2}$ Thlr. Gold. (Koch, I. S. 36.)

Für die 6 Semester von 1832 bis $18\frac{34}{35}$ berechnet Dieterici (S. 74) den durchschnittlichen Jahres-Betrag des Honorars auf 61,204 Thlr., wovon $45{,}450\frac{2}{3}$ Thlr. baar eingegangen, 13,971 Thlr. bis nach der Anstellung, und $1779\frac{2}{3}$ Thlr. auf kürzere Zeit gestundet. Die höchste Semestral-Einnahme eines Lehrers an baarem Honorar war 1840 Thlr., die niedrigste 5 Thlr. Nach durchschnittlicher Vertheilung erhielten pro Semester an baarem Honorar: 3 Lehrer über 1200 Thlr., 1 zwischen 1000 und 1200, 3 von 800 bis 1000, 5 von 600 bis 800, 5 von 400 bis 600, 13 von 200 bis 400, 14 von 100 bis 200, 14 von 50 bis 100, und 24 unter 50 Thlr.

II. Die Rheinische Friedrich Wilhelms-Universität zu Bonn.

1) Gründung.

Bereits in dem aus Wien unterm 5. April 1815 erlassenen Besitzergreifungs-Patente hatte der König den mit dem Preuß. Staate vereinigten Rheinländern verheißen:

Ich werde die Anstalten des öff. Unterrichts für Eure Kinder herstellen, die unter der vorigen Regierung so sehr vernachlässigt wurden. Ich werde einen bischöfl. Sitz, eine Univ. und Bildungsanstalten für Eure Geistlichen und Lehrer unter Euch errichten.

Noch in dems. Jahre wurden Verhandlungen über die Wahl eines Ortes für die Univers. eingeleitet. Es konkurrirten Duisburg, Köln und Bonn, auch Wetzlar wurde genannt. Am Rhein jedoch entschied man sich für Bonn, für welches sich auch der Min. v. Schuckmann, als Chef des Depart. für den öffentl. Unterricht, gegen den Staatskanzler Fürst Hardenberg erklärte. Eben so sprach sich der König auf eine Immediat-Eingabe des Magistrats zu Bonn durch K. O. v. 22. Okt. 1815, unter Vorbehalt definitiver Entschließung, für Bonn aus. Es wurde mit den Prov.-Regierungen, den Magisträten, den geistlichen Behörden weiter verhandelt, und so schob sich die wirkliche Errichtung der Univers. hinaus, bis im Nov. 1817 Altenstein das Min. d. G., U. u. Med. Ang. erhielt. Dieser ließ die Gründung der versprochenen Univers. seine erste Sorge sein, und legte in kurzer Frist dem Könige einen umfassenden, insbesondere auf reiche Ausstattung der Anstalt berechneten Plan vor, welcher durch K. O.

v. 26. Mai 1818 genehmigt wurde. Unterm 18. Okt. 1818 erging die nachstehende, durch K. O. de eod. dem Staatskanzler zugefertigte

Stiftungsurkunde.

Wir Friedrich Wilhelm rc. thun kund und fügen hiermit zu wissen:

Nachdem Wir in Unserm, an die Einwohner der mit dem Preuß. Staate vereinigten Rheinländer d. d. Wien, d. 5. April 1815 erlassenen Patente, den aus landesväterlicher Fürsorge für ihr Bestes gefaßten Entschluß, in Unsern Rheinlanden eine Universität zu errichten, erklärt haben, so stiften und gründen Wir nunmehr durch gegenwärtige Urkunde diese Univ., in der Absicht und mit dem Wunsche, daß solche zur Ehre Gottes und zu aller Unserer getreuen Unterthanen Wohlfahrt gereichen möge, und daß durch solche Frömmigkeit und gründliche Wissenschaft und gute Sitte in der studirenden Jugend gefördert und immer mehr allgemein verbreitet werde. — Wir bestimmen demnach und verordnen:

1) Die Univ. soll zu Bonn am Rheine ihren Sitz erhalten, da dieser Ort, nach sorgfältiger Prüfung, ganz vorzüglich gut dazu gelegen ist und alles darbietet, was die erste Einrichtung erleichtern kann.

2) Wir räumen der Univ. das Schloß in Bonn nebst Zubehör, auch das nahe gelegene Schloß Poppelsdorf nebst Zubehör, in sofern solches wirklich nöthig ist, ein, und wollen, daß ihr erstged. Grundstück als beständiges Eigenthum sogleich, letzteres aber eintretenden Falls,[1]) überwiesen und für ihre Zwecke so, wie jedes dazu am nutzbarsten ist, auf Unsere Kosten eingerichtet werden.

3) Die Univ. besteht aus fünf Fakultäten, nämlich einer evang. und einer kathol. theologischen, einer jurist., einer medizin. und einer allgemein-wissenschaftl. oder philosoph. Fakultät. — Die beiden theolog. Fak. sollen an Rang einander gleich sein, aber in allen Verhältnissen, wo es auf den Vortritt ankommt, Jahr um Jahr hierin unter einander wechseln.

4) Jede Fak. wird mit einer, zu vollständiger Ausfüllung der in ihrem Gebiet liegenden Fächer nöthigen Anzahl ordentlicher und außerord. Professoren versehen und immer besetzt erhalten, auch sollen zur Bildung angehender akadem. Lehrer Anstalten getroffen werden.

5) In der philos. Fak. soll immer ein ord. Prof. der Philos. von kathol. Konfession, neben einem ord. Prof. der Philos. von evang. Konfession angesetzt, außerdem aber in keiner Fak., die beiden theolog. ausgenommen, auf die Konfession der anzustellenden Lehrer Rücksicht genommen werden.[2])

6) Es soll ein akadem. Gottesdienst für jede der beiden Konfessionen besonders Statt finden, und für die evangelische dazu die Kapelle des Schlosses in Bonn eingerichtet werden, für die kathol. Konfession aber, dem akadem. Mitgebrauch einer der dortigen kathol. Kirchen ausgewirkt werden.

7) Das Lehrwesen der Univ. wird nach dens. Grundsätzen, wie auf Unsern übrigen Univ., so eingerichtet, daß die Kollegia in jeder Fak. in sich, als auch aller Fak. mit den allgemein-wissenschaftl. Vorlesungen in der philos. Fak. gehörig in einander greifen und durch ihre Anordnung und Folge selbst den Studirenden für die Anlage ihrer Studien Anleitung geben.

8) Die Univ. soll mit allen einer solchen Anstalt nöthigen wissenschaftlichen Sammlungen, Hülfs- und Uebungs-Instituten versehen, auch sollen wissenschaftliche Zwecke, wozu sich Professoren der Univ. vereinigen, außerordentlich unterstützt werden.

9) Bei der Aufnahme und Entlassung der Studirenden muß nach den hierüber auf allen Unsern Univ. bestehenden allg. Gesetzen und Vorschriften verfahren werden.

10) Die Disziplin und Rechtspflege, in Ansehung der Studirenden, soll auf dieselbe Weise, wie auf Unsern übrigen Univ., nach den darüber bestehenden Ges.

---

1) Die Ueberweisung von Poppelsdorf ist erfolgt. In §. 4. der Statuten wird es, gleich dem Schlosse zu Bonn, als beständiges Eigenthum der Univ. bezeichnet.

2) Doch muß nach §. 6. der Statuten in der jur. Fak. wenigstens einer der ord. Prof. katholisch sein, um das Fach des kathol. Kirchenrechts zu übernehmen.

und Vorschriften geübt werden,[1]) und in ihrer Verwaltung der Ernst herrschen, welchen das gereiftere Alter der Studirenden erfordert.

11) Wir ertheilen hierdurch der Univ. das Recht, in ihren Fak. akademische Grade und Würden, namentlich in der philos. Fak. die Grade des Magisters und Doktors, in der medizin., nach erlangtem philos. Magister-Grade, den Grad des Doktors, in der jurist. und den beiden theolog. Fak., die Grade des Lizentiaten und Doktors, an Männer, welcher dieser Auszeichnungen würdig sind und dies gehörig dargethan haben, in Unserm Namen zu verleihen, und legen den von Unserer Univ. in Bonn zu ertheilenden akadem. Graden und Würden dieselben Prärogative und Rechte bei, welche mit den von Unsern übrigen Univ. verliehenen akadem. Graden und Würden verbunden sind.

12) Die innere Verwaltung des Lehrwesens, der Disziplin und Rechtspflege und der Promotionen zu akadem. Würden, soll auf dem Rektor, dem akadem. Senate, welchen beiden für die Disziplin und Rechtspflege ein Syndikus zur Seite steht, und auf den Dekanen der fünf Fakultäten beruhen. Der Rektor und die fünf Dekane sollen jährlich aus den ord. Prof. gewählt, und der Senat jährlich aus letzteren durch Wahl ergänzt, der Syndikus aber soll lebenslänglich ernannt werden und darf weder Professor der Univ., noch eine von den Prof. oder Studirenden in andern Beziehungen abhängige Person sein.

13) Die Univ. wollen Wir mit einem zu ihrer Unterhaltung vollständig hinreichenden jährlichen Einkommen mit landesherrlicher Milde ausstatten, wie Wir denn zu Anweisung des ihr Benöthigten Unserm Staatskanzler Vollmacht ertheil haben.

14) Wir setzen hierdurch ausdrücklich fest, daß von ihrem jährl. Einkommen auch für Freitische und andere Benefizien dürftiger, fleißiger und gesitteter Studirenden ohne Unterschied der Konfession gesorgt, auch ein Zuschuß zu einer Kasse für die Wittwen der Prof. dieser Univ., wozu Wir durch Anweisung eines bedeutenden Kapitals den Grund gelegt haben, erfolgen soll. Der Fond der Freitische und anderer Benefizien soll durch den Ertrag einer jährlich zweimal in allen Kirchen Unserer Westphäl. und Rheinprovinzen zu haltenden Kollekte, welche Wir hiermit anordnen, verstärkt werden.

15) Wir versehen Uns zu den Einwohnern der Rheinprovinzen und Westphalens, daß sie möglichst darauf bedacht sein werden, zu allem, was zum Flor der neubegründeten Univ. dienen kann, namentlich durch Ueberweisung von zu solchen Zwecken bereits vorhandenen Stiftungen rc. und Fonds, kräftigst mitzuwirken, und werden uns dadurch veranlaßt sehen, auch fernerhin kräftigst für das Bedürfniß der Univ., so weit solches nicht durch Privat-Anstrengungen Einzelner oder ganzer Korporationen beschafft werden kann, mit landesväterlicher Milde zu sorgen.

16) Der Univ., ihren Prof. und Beamten, ihrem Vermögen und ihren Einkünften, den bei ihr jetzt oder künftig von Korporationen oder Einzelnen zu gründenden Vermächtnissen und milden Stiftungen sichern Wir alle dies. Rechte und Vorzüge, welche Unsere übrigen Univ., deren Professoren und Beamte, wie die milden Stiftungen überhaupt in Unserm Staate, gesetzlich genießen und wollen, daß sie darin jederzeit behauptet und kräftig geschützt werden.

17) Zur nächsten Aufsicht, imgl. zur ökonomischen und Kassenverwaltung der Univ. und zur Wahrnehmung ihrer Gerechtsame soll ders. ein Kurator an Ort und Stelle oder in dessen Nähe vorgesetzt werden, welchen jedesmal zu ernennen Wir uns vorbehalten.[2])

18) Die obere Leitung und Aufsicht der Univ. soll Unser Min. d. Geistl. u. Unterr. Ang. auf dies. Art führen, wie die obere Leitung und Aufsicht Unserer übrigen Univ., die einen eigenen Kurator haben.

19) Die ausführlicheren Bestimmungen über die Verfassung der Univ. soll ein durch Unsern Min. d. Geistl. und Unterr. Ang. Uns vorzulegendes und von Uns

---

1) In Folge hiervon wurde ein Auszug aus dem Regl. v. 28. Dec. 1810 nebst den Bestimmungen aus §§. 64. und 73. ff. A. L. R. II. 12. unterm 1. Febr. 1819 als Univ. Regl. publizirt. (A. III. S. 130.) Vgl. im folg. Kap. über akadem. Gerichtsbarkeit.

2) Vergl. o. S. 406 Note 2.

zu vollziehendes Statut enthalten. — Indem Wir solchergestalt die neue Univ. begründen und stiften, empfehlen Wir sie dem allmächtigen Schutze des Höchsten.

So gegeben Aachen rc.

Friedrich Wilhelm.
C. Fürst v. Hardenberg. v. Altenstein.

(A. II. S. 1055.)

Durch eine spätere K. O. v. 28. Juni 1828 erhielt die Univers. den Beinamen „Rheinische Friedrich Wilhelms-Universität." Seit 1847 ist in Verbindung mit ders. zu Poppelsdorf eine höhere landwirthschaftl. Lehranstalt errichtet. (s. o. S. 357.)

2) Statuten.

Die vom Könige vollzogenen Statuten der Univers. v. 1. Sept. 1827, so wie die vom Min. d. G., U. u. Med. Ang. unterm 18. Okt. 1834 erlassenen Statuten der 5 Fakultäten sind mitgetheilt in Kochs Univers. I. S. 190, 219, 232, 248, 260, 278.

3) Personal der Universität.

Ueber Lehrer und Studenten s. o. S. 399 ff. An Beamten und Unterbeamten der Univers. waren im J. 1834 11, an Institutsbeamten 10 vorhanden. (Koch, I. S. 180.)

4) Fonds und deren Verwaltung.

Ueber den Universitäts-Etat im Allgem. s. o. S. 397 ff. Näheres erhellt aus dem nachstehenden

Verwaltungs=Etat für 1838—40.

	Einnahme.	thlr.		Ausgabe.	thlr.	sg.	pf.
1	Staatszuschuß	86,750	1	Verwaltungskosten . . .	1,450	—	—
2	Vom Grundeigenthum .	2,167	2	Akademische Besoldungen: a) Univ. Richter 1,200 thl. b) evang. theol. Fakultät . 5,900 „ c) kathol. theol. Fakultät [1]) 3,600 „ d) jur. Fak. 4,500 „ e) med. Fak. 9,600 „ f) phil. Fak. 24,649 „ Summe	49,449	—	—
3	Von Promotionen, Immatrikulationen, Zeugnissen rc. . . . . (Außerdem davon noch 4909 Thlr., die jedoch nicht zur Univ. Kasse fließen, sondern statutengemäß unter Rektor, Dekane, Professoren und Beamte vertheilt werden. Nämlich a) von Promotionen, Nostrifikationen und Habilitationen 1,710 thl. b) von Immatrikulationen zu 5 resp. 2½ Thlr. 1,252 „ c) von Fakultätsinskriptionen zu 1 resp. ½ Thl. 67 „ d) von Zeugnissen . . 1634 „)	1,548	3	Besoldungen der Repetenten, Sprach= und Exercitienmeister	1,900	—	—
			4	Besoldungen der Beamten	2,589	15	—
			5	Zu Gehaltszulagen zur Disposition	698	15	—
			6	Gehaltszuschüsse . . .	1,980	—	—
			7	Amtsbedürfnisse. . . .	640	—	—
			8	Institute und Sammlungen	20,808	—	—
			9	Evang. Univ. Gottesdienst	580	—	—
			10	Zu Preisaufgaben . . .	300	—	—
			11	Zu Unterstützungen für Studirende	3,000	—	—
			12	Unterhaltung der Gebäude	4,180	8	—
		90,465	13	Heizung und Erleuchtung	1,300	—	—
			14	Reinigung	170	—	—
			15	Abgaben und Lasten . .	212	17	4
			16	Zinsen von Passiv=Kapit.	225	—	—
			17	Insgemein	982	4	8
				Summe	90,465	—	—

Die Verwaltung erfolgt durch die Univ. Kasse zu Bonn, für welche eine besondere Instr. des Min. d. G., U. u. M. Ang. v. 26. Mai 1826 ergangen ist, mitgetheilt, nebst den spätern Modifikationen der §§. 1. 3. 16 23. 57. 59. 67. u. 68. ders. in Koch, II. S. 1023 ff. Ebendas. S. 1039: Instr. dess. Min. v. 26. Okt. 1829 für das Depositorium bei der Universitätskasse. Für die Univ. Gebäude in Bonn und Poppelsdorf hat das Min. d. G., U. u. M. Ang. am 6. Febr. 1837 eine eigene Feuerordnung erlassen. (ib. S. 990.) — Von 1842 an wurde der Univ. ein jährlicher Dotations=Zuschuß von 9000 Thlr. bewilligt.

(Mat. H. I. S. 61.)

5) Institute und Sammlungen.

Ueber dieselben giebt Koch (I. S. 182.) folgende Nachweisung nach dem Etat $18\frac{38}{40}$:

---

1) Ein ordentl. Prof. dieser Fak. ist in der Regel Mitglied des Domkapitels in Köln, und zieht von dorther 1000 Thlr. Gehalt.

	Benennung der Institute und Sammlungen.	Aus Universitäts-fonds. Thlr.	sg.	Aus andern Kassen. Thlr.	sg.	Aus eigenem Erwerbe. Thlr.	sg.	Ueberhaupt. Thlr.	sg.
1	die Universitäts-Bibliothek .	4503	—	—	—	45	10	4548	10
2	das evang. theol. Seminar .	300	—	—	—	—	—	300	—
3	das kathol. theol. Seminar .	300	—	—	—	—	—	300	—
4	das Konviktorium für kathol. Theologen	—	—	5393	26¼	1700	—	7093	26¼
5	das medizinisch-klin. Institut	3200	—	500	—	374	—	4074	—
6	das chirurgisch-klin. Institut und Bandagen-Kabinet . .	3300	—	230	—	1155	—	4685	—
7	das geburtshülflich-klin. Instit.	1500	—	200	—	80	—	1780	—
8	das anatomische Theater und Museum	1500	—	—	—	—	—	1500	—
9	der botanische Garten . . .	2500	—	—	—	—	—	2500	—
10	das naturhistorische Museum	900	—	—	—	—	—	900	—
11	das technisch-chemische Laboratorium	350	—	—	—	—	—	350	—
12	das technologische Kabinet .	100	—	—	—	—	—	100	—
13	das physikalische Kabinet . .	400	—	—	—	—	—	400	—
14	das pharmaceutische Laboratorium	50	—	—	—	—	—	50	—
15	der pharmakologische Apparat	50	—	—	—	—	—	50	—
16	das Seminar für die Naturwissenschaften	400	—	—	—	—	—	400	—
17	das Kunstmuseum	200	—	—	—	—	—	200	—
18	das philologische Seminar .	575	—	—	—	—	—	575	—
19	die akademische Wittwen-Versorgungsanstalt	500	—	—	—	3920	—	4420	—
20	die Sternwarte	50	—	—	—	—	—	50	—
21	das Museum Rheinisch-vaterländischer Alterthümer . .	130	—	—	—	—	—	130	—
	Summa	20808	—	6323	26¼	7274	10		
	hierzu	6323	26¼						
	überhaupt aus öffentl. Fonds	27131	26¼	mit dem eignen Erwerbe				34406	6¼

Für die genannten Institute sind in Koch, Bd. II., folgende Spezial-Verordnungen und Instruktionen mitgetheilt:

Zu 1. Regl. des Min. d. G., U. u. M. Ang. v. 25. Aug. 1819 für die Univ. Bibliothek (S. 631).

Zu 2. Regl. dess. Min. v. 19. Dec. 1819 für das evang. theolog. Sem. (S. 617). Auszeichnung in dems. wird durch besondere Stipendien, Prämien und Benefizien belohnt.

Zu 5. und 6. Regl. dess. Min. v. 16. Jan. 1826 für die medizin. und chirurg. klinischen Anstalten (S. 642); R. dess. Min. v. 3. Juli 1835, wodurch dem Klinikum, nach Analogie der Militairlazarethe, das Selbstdispensiren einiger Heilmittel gestattet wird; Anweisung des Dir. des chirurg. augenärztl. Klinikums v. 17. April 1837 für die Praktikanten (S. 646).

Zu 8. Instr. des Min. d. G., U. u. M. Ang. v. 1. April 1828 für den Kastellan der Anatomie (S. 649); Instr. dess. Min. v. 1. Nov. 1824 für den Diener beim anatom. Theater (S. 650); Regl. dess. Min. v. 4. Juni 1826 über Benutzung und Besuch des anatom. Museums (S. 656); Instruktionen des Min. der Gesetzrevision rc. (v. Beyme) und d. Inn. (v. Schuckmann) v. 9. Dec. 1819 a) für die Aufseher der Arbeitsanstalt in Brauweiler, b) für die Aufseher der

Gefängnisse in Köln, wegen Ablieferung der dortigen Leichen an die Anatomie in Bonn (S. 653, 665).

Zu 9. Instruktionen des Min. d. G., U. u. M. Ang. v. 1. Sept. 1822 a) für den Inspektor des botan Gartens, b) für den botan. Gärtner, mit Bek. de eod. wegen Besuchs des botan. Gartens (S. 665, 667).

Zu 10. Regl. dess. Min. v. 26. Juli 1820 wegen Benutzung des naturhistor. Museums (S. 671); Instruktionen dess. Min. v. 14. Nov. 1820 für den Dir., und v. 27. Dec. 1834 für den Konservator des naturhistor. Mus. (S. 658, 660).

Zu 16. Regl. dess. Min. v. 3. Mai 1825 für das Sem. für die gesammten Naturwissenschaften (S. 624); dies Sem. hat ebenfalls besondere Stipendien. Vgl. auch §. 30. des Prüfungsregl. v. 20. April 1831 (s. o. S. 50 u. S. 37 Note 1.). Zur Benutzung auch für die östl. Provinzen wurde dies Sem. empfohlen durch C. R. v. 20. Mai 1831 an die Prov. Schulkoll. (S. 631).

Zu 17. Regl. dess. Min. v. 15. März 1824 für das Kunstmuseum, und Instr de eod. für den Bibliothekdiener als Kastellan des Kunstmuseums (S. 641, 642).

Zu 18. Regl. dess. Min. v. 16. Febr. 1819 für das philolog. Sem., welches ebenfalls mit besondern Stipendien und Unterstützungen ausgestattet ist.

Zu 19. Vgl. den folg. Abschn.

Zu 20. Nach Kochs Bemerkung war 1838 der Bau einer neuen Sternwarte erst im Werke.

Zu 21. Instr. des Min. d. G., U. u. M. Ang. v. 31. Mai 1824 für den Beschließer oder Aufwärter des Rhein. Museums der Alterthümer (S. 688).

6) Honorariengelder.

In den beiden Semestern des J. 1832 war nach Koch (I. S. 178.) der Ertrag:

Fakultät.	Sommersemester 1832.				Wintersemester 18$\frac{32}{33}$.			
	im Ganzen		baar eingegangen		im Ganzen		baar eingegangen	
	thlr.	gr.	thlr.	gr.	thlr.	gr.	thlr.	gr.
evang. theol.	961	15	868	15	760	—	666	—
kathol. theol.	1,951	15	957	15	2,067	5	1,085	20
juristische . .	3,864	20	2,221	15	3,927	—	3,094	—
medizinische .	2,941	5	2,243	20	4,084	5	3,091	25
philosophische	4,802	15	3,707	5	3,911	10	3,023	5
Summe	14,521	10	10,998	10	14,749	20	10,960	20

Gestundet waren: bis nach Anstellung: im Somm.: 3441$\frac{1}{3}$ Thlr., im Wint.: 3717$\frac{2}{3}$ Thlr.; auf kürzere Zeit: im Somm.: 81$\frac{1}{3}$ Thlr., im Wint.: 71$\frac{1}{3}$ Thlr.

Nach Dieterici (S. 82) war in den 3 J. 1832 bis 18$\frac{34}{35}$ der durchschnittl. Jahres-Betrag des baaren Honorars: 19,080 Thlr. 28 Sgr. 4 Pf. Dasselbe vertheilte sich unter die Lehrer wie folgt: 1 mit 1751 Thlr., 4 mit 1000 bis 1400, 3 mit 700, 6 mit 600 bis 700, 6 mit 500 bis 600, 10 mit 400 bis 500 Thlr., die übrigen mit geringeren Beträgen.

III. Die Universität zu Breslau.

Notitia Universitatis Francofurtanae ed. Becmannus. 1707.

C. Renatus Hausens, Gesch. der Univ. und Stadt Frankfurt. 1800.

Fülbener, historische und rechtliche Anmerkungen über das Compendium Pandectarum juris Lauterbachio-Schützianum. I. Stück.

1) Gründung.

Die Univers. zu Breslau in ihrer jetzigen Gestaltung ist aus den Universitäten Frankfurt und Breslau entstanden.

In Frankfurt a. O. beabsichtigte schon Kurfürst Albrecht Achilles (1470—1486) eine Univers. zu errichten, doch übereilte ihn bei seinen vielen Kriegen der Tod vor Ausführung des Plans. Sein Sohn und Nachfolger, Johann Cicero (1486—1499) gab den Gedanken nicht auf. Er wurde darin insbes. durch seinen Leibarzt Simon Pistoris bestärkt, der, zugleich Prof. in Leipzig, mit seinem dortigen Kollegen Pollich über die Natur der syphilitischen Krankheit in einen so heftigen Streit gerathen war, daß er Leipzig verlassen wollte. Um dies in günstiger Lage zu thun, gedachte er, erster Rektor einer neuen Univers. in Frankfurt zu werden. Als jedoch sein Gegner ihm in gleicher Absicht zuvorkam, und Kurfürst Friedrich von Sachsen die Gründung einer Univers. zu Wittenberg unter Pollichs Rektorat beschloß, ließ Pistoris in seinem Streben nach, und die Errichtung der Frankfurter Univers. verzögerte sich, obschon darüber bereits mit Kaiser und Papst verhandelt, und das Fürsten-Kollegium in Frankfurt zu Wohnungen für Lehrer und Lernende hergerichtet war. Erst unter Joachim I. (1499—1535) kam die Univers. zu Stande. Kaiser Maximilian I. ertheilte das Privilegium dazu unterm 26. Okt. 1500, die feierliche Einweihung erfolgte am 4. Okt. 1505, die Bestätigung durch Papst Julius II. im J. 1506. Die Einrichtungen von Leipzig dienten als Muster. Gleich im ersten Jahre zählte die Univers. an Lehrern und Studenten 928 Mitglieder, unter denen auch Ulrich von Hutten als immatrikulirt genannt wird. Ihre Dotation war anfänglich auf einige Kanonikate, baare Besoldungen, Häuser und Abgabenbefreiungen beschränkt. Kurfürst Joachim II. (1535—1571) fügte jedoch die Güter eines aufgehobenen Stiftes in Stendal hinzu, und später bestimmte noch Kurfürst Friedrich Wilhelm d. Gr. (1640—1688) einen Fonds zur Vermehrung der Bibliothek und zu dem, jetzt nach Berlin gehörigen, Kurmärkischen Stipendium.

In Breslau wurden dem dortigen Jesuiten-Kollegium durch die aurea bulla des Kaisers Leopold v. 21. Okt. 1702 die Rechte einer vollständigen Univers. verliehen. Es haben jedoch, obschon nach dem Privilegium die Univers. alle 4 Fakultäten umfassen sollte, nie mehr als zwei bestanden, die kathol. theol. nnd die philos., jede mit 6 Prof. Eine eigene Dotation ward dieser Universitas Leopoldina nicht zu Theil, die nöthige Besoldung der Lehrer vielmehr aus den Fonds der Jesuiten und später aus der kathol. Hauptschulkasse bestritten. Dagegen besaß dieselbe das früher den Jesuiten gehörige große Universitätsgebäude, eine Bibliothek und mehrere Sammlungen.

Als nun im J. 1810 die Berliner Univers. zu Stande kam, erschien es unzweckmäßig, in einer solchen Nähe, wie Frankfurt, eine ähnliche Anstalt bestehen zu lassen. Durch K. O. v. 3. Aug. 1811 wurde daher angeordnet, daß die beiden Univers. Frankfurt und Breslau in Breslau vereinigt werden sollten, und der das Nähere bestimmende Plan zu dieser Vereinigung an dems. Tage vollzogen. (Abgedruckt in Koch, Bd. 1. S. 294, H. Simon, Schulrecht v. Schlesien S. 110.)

2) Statuten.[1])

Die vom Könige vollzogenen Statuten der Univers. Breslau sind v. 21. Febr. 1816, und im Wesentlichen, die Verdoppelung der theol. Fak.[2])

---

1) Ueber die Instr. für den Kurator s. o. S. 406 Note 2.

2) Hierüber bestimmt, im Einklang mit §. 7. des Vereinignngs-Plans v. 3. Aug. 1811, der 3. Abschn. der Statuten:

§. 24. Was die Verhältnisse der beiden theol. Fak. insonderheit anlangt, so haben sie gleichen Rang, und wechseln daher jährlich unter einander in der

so wie einige Nebenbestimmungen und Redaktions-Verbesserungen abgerechnet, den Berliner Statuten (s. o. sub I.) wörtlich gleichlautend. Sie finden sich in Koch, I. S. 318 flg., H. Simon, a. a. O. S. 122. An die Stelle der bisherigen Regl. für die Fakultäten sollten, wie Koch bemerkt (S. 341), neue Fakultäts-Statuten treten, welche ders. indessen noch nicht mittheilt.

3) Personal der Univers.

Außer den Lehrern und Studenten (s. o. S. 399 ff. u. 401 ff.) zählte die Univers. zu Ende des J. 1834 11 Univers.-Beamte und Unterbeamte und 12 Beamte an akadem. Instituten, zusammen also 23 Beamte.[1]) (Koch, I. S. 303.)

4) Fonds und deren Verwaltung.

Ueber den Univers.-Etat im Allgem. vergl. S. 397 ff. Näheres erhellt aus nachstehendem

---

Ordnung, sowohl im Lektionsverzeichnisse, worin sie abgesondert von einander aufgeführt werden, als auch bei Feierlichkeiten und in den Unterschriften. Jede von beiden verrichtet die Fakultätsgeschäfte für sich, und hat zur Leitung ders. ihren eigenen Dekan, so wie auch jede von beiden die aus diesen Geschäften entspringenden Emolumente für sich behält und vertheilt. — Die protestantisch-theol. Fak. behält das in Kapitalien, Stiftungen und Stipendienantheilen bestehende Peculium, welches von Frankfurt aus mit ihr verbunden ist, oder in der Folge ihr zufallen möchte, eigenthümlich, verleihet auch für sich die Stipendien, deren Kollation der theol. Fak. der ehemal. Univ. in Frankfurt zustand. — Gleiche Absonderung des jetzigen oder künftigen Vermögens der jetzigen oder künftigen Stiftungen findet auch in Ansehung der kathol. theol. Fak. Statt, welcher auch aufs Neue hierdurch zugesichert wird, daß von den Universitätseinkünften jährlich Vier Tausend Thaler allein für sie im Etat ausgesetzt, und zu keinen andern Universitätsbedürfnissen in Anspruch genommen werden sollen. (Koch, I. S. 323.)

1) Eine besondere, vom Rektor und Senat unterm 18. Juni 1836 erlassene, und vom Min. d. G., U. u. M. Ang. durch R. v. 13. August 1836 genehmigte Dienst-Instr. für den Univ. Sekretär zu Breslau ist mitgetheilt in Koch, II. S. 330 ff.

Verwaltungs-Etat für 1837—39.

Einnahme.

		thlr.	gr.	pf.
1	Vom Grundeigenthum .	2000	—	—
2	Zinsen von Aktiv-Kapit. (18,444 Thl 22 gr 9 pf.)	735	18	-
3	An beständigen Gefällen	64059	1	10
4	Hebungen aus andern Kassen und Fonds . .	1433	22	6
5	Aus eignem Erwerbe: Diese Einnahme fließt blos zum Theil in die Univ. Kasse. Der größere Theil ders. wird bestimmungsmäßig unter die dazu berechtigten Prof. und Beamten vertheilt. Es kommen:			
		z. Vertheil. Thl.	z. Kasse Thl.	
	a) Von Promotionen .	2005⅝	81	
	b) Von Immatrikulationen . . .	455	682½	
	c) Von Inskriptionen	227½	—	
	d) Von Zeugnissen . . .	916½	327⅙	
	e) Von Prüfungen . .	270	—	
	Summe	3874⅝ Thl.		
	Summe	1090	20	—
6	Kollektengelder	1906	—	—
7	Gold-Agio	1702	25	—
8	Insgemein	2	2	8
	Summe	72930	—	—

Ausgabe.

		thl.	gr.	pf.	thlr.	gr.	pf.
1	Besoldungen:						
	a) dem Rektor, Senior und Senat . .	460	—	—			
	b) ev. theol. Fakultät .	4900	—	—			
	c) kath. theol. Fakult.[1]	2800	—	—			
	d) jur. Fak.	5500	—	—			
	e) med. Fak.	6550	—	—			
	f) phil. Fak.	17000	—	—			
	g) Inspektoren, Sprach- u. Exercitienmeister	2035	—	—			
	h) Beamte	3231	27	8			
	i) Beamte beim Kuratorio .	450	—	—			
	Summe				43286	27	8
2	Zur akad. Wittwen- und Waisenanstalt				1000	—	—
3	Institute u. Sammlungen				17666	26	8
4	Zu Stipendien und Unterstützungen				3505	5	—
5	Zu Preisfragen				300	—	—
6	Amtsbedürfnisse				1477	21	—
7	Heizung, Beleuchtung, Reinigung				925	—	—
8	Mieths-Entschädigungen .				157	—	—
9	Abgaben und Lasten . .				48	20	—
10	Bauten und Reparaturen				2426	6	—
11	Remissionen				40	—	—
12	Diäten und Reisekosten .				100	—	—
13	Zinsen von Passiv-Kap.				425	—	—
14	Zu Geldverwechselung .				1502	15	—
15	Insgemein				68	28	8
	Summe				72930	—	—

(Zu Pos. 3. der Einnahme.) Die Univ. in Frankfurt bezog aus ihrem Vermögen in liegenden Gründen eine Einnahme von 20,933 Thlr. 28 Sgr. 9 Pf. die Leopoldina in Breslau 9440 Thlr. 21 Sgr. 7 Pf. Bei der Vereinigung wurde die neue Univ. Breslau, außer diesen 30,374 Thlr. 20 Sgr. 4 Pf. mit 21,625 Thlr. 9 Sgr. 8 Pf. aus dem durch die Aufhebung der Klöster in Schlesien ge-

---

1) Bei Besetzung aller Stellen wurde der etatsmäßige Besoldungsbetrag der kathol. theol. Fak. auf 4000 Thlr. zu stehen kommen. Dazu sind noch 1000 Thlr. zu rechnen, welche in der Regel einer der ord. Prof. als Mitglied des Breslauer Domkapitels bezieht.

bildeten Hauptsekularisationsfonds dotirt, so daß sie im Ganzen 52,000 Thlr. Einnahme hatte. Der Zuschuß aus dem Sekularisationsfonds wurde von 1812 an auf bestimmte Güter durch sogen. reservirte Mehrsteuern überwiesen, eine Benennung, die sich daher schreibt, daß von der bei der Katastrirung unter Friedrich II. den geistl. Gütern auferlegten Grundsteuern von 50 Proz. des Katastral-Reinertrags bei sekularisirten Gütern nur 28⅔ Proz., als der den weltl. Gütern auferlegte Steuerbetrag, zur Staatskasse gezogen, und die übrigen 21⅓ Proz. zum Univ. Fonds gewiesen wurden. Diese Einrichtung stieß jedoch, insbesondere durch die Parzellirungen der pflichtigen Güter, auf Schwierigkeiten, und ist nie völlig zur Ausführung gekommen. Sie ist daher durch K. O. v. 23. März 1839 (A. XXIII. S. 104) dahin: abgeändert worden, daß die Univ. Breslau, wie die im gleichen Falle befindlichen beiden Schles. Schulfonds: „die ihnen auf die reservirten Mehrsteuern überwiesenen Summen anderweitig aus Staatskassen, und zwar unmittelbar wie bisher, erhalten", während die reserv. Mehrsteuern mit einigen Modifikationen in das Verhältniß der Grundsteuer zurücktritt. (H. Simon, a. a. O. S. 107, Koch, I. S. 293, 301.) — Im J. 1842 wurde der Etat jährl. um 10,000 Thlr. erhöht.

(Mat. H. I. S. 59.)

Im Allg. führt Koch (Bd. II.) zur Breslauer Universitätskassen-Verwaltung nur zwei Instr. auf: a) Instr. des Min. d. G., U. u. M. Ang. v. 2. Sept. 1830 für den Quästor bei der Univ. zu Breslau (S 1041); b) Instr. dess. Min. v. 9. Mai 1833 für den Kassen-Kontroleur und Quästur-Assistenten daselbst (S. 1049).

5) Institute und Sammlungen.

Ueber diese giebt Koch (Bd. 1. S. 307) folgende Nachweisung:

	Benennung der Institute und Sammlungen.	Aus Universitäts-fonds. thl.	sg.	Aus andern Kassen. thl.	sg.	Aus eigenem Erwerbe. thl.	sg.	Ueberhaupt. thl.	sg.
1	die Königliche, die Universitäts- und die ihnen einverleibten, aus Privatstiftungen herrührenden Bibliotheken .	5089	20	—	—	2	—	5091	20
2	das medizinische Klinikum .	2569	$6\frac{2}{3}$	—	—	80	$23\frac{1}{3}$	2650	—
3	das chirurgische Klinikum . .	2000	—	—	—	—	—	2000	—
4	das geburtshülfliche Poliklinikum	600	—	—	—	—	—	600	—
5	die Hebammen-Lehranstalt. .	400	—	4520	—	40	—	4960	—
6	der botanische Garten . . .	2610	—	—	—	—	—	2610	—
7	die Sternwarte	370	—	—	—	—	—	370	—
8	das anatomische Institut . .	860	—	1538	—	—	—	2398	—
9	das zoologische Museum . .	868	—	—	—	—	—	868	—
10	das Mineralienkabinet . . .	300	—	100	—	—	—	400	—
11	das evangelisch-theologische Seminar	300	—	—	—	—	—	300	—
12	das katholisch-theologische Seminar	300	—	—	—	—	—	300	—
13	das homiletische Institut . .	50	—	—	—	—	—	50	—
14	das philologische Seminar .	300	—	—	—	—	—	300	—
15	der mathematisch-physikalische Apparat	80	—	—	—	—	—	80	—
16	der physikalische Apparat . .	348	—	—	—	—	—	348	—
17	das chemische Laboratorium .	372	—	—	—	—	—	372	—
18	das Institut für Kirchenmusik	200	—	620	—	53	—	873	—
19	die Modellsammlung zu landwirthschaftlichen Geräthen	50	—	—	—	—	—	50	—
20	die akademische Wittwen- und Waisen-Versorgungsanstalt	1000	—	—	—	2173	15	3173	15
21	die medizinisch-chirurgische Lehranstalt.	—	—	2300	—	100	—	2400	—
	Summa	18666	$26\frac{2}{3}$	9078	—	2449	$8\frac{1}{3}$	30194	5
	hierzu	9078	—						
	überhaupt aus öffentlichen Fonds . . .	27744	$26\frac{2}{3}$	mit dem eignen Erwerbe				30194	5

Spezial-Verordnungen und Instruktionen für die gen. Institute sind nach Koch, Bd. II., folgende:

Zu 1. Regl. des Min. d. Inn. (Depart. für Kult. und öff. Unterr.) v. 19. Mai 1815 für die K. und Univ. Bibliothek (S. 697). Mit der Bibl. sind noch andre Sammlungen verbunden, zu denen auch eine Gemäldesammlung gehört. Daß diese letztere für das Publikum unentgeltlich geöffnet werden kann, genehmigte das R. deff. Min. v. 27. Juli 1815 (S. 708). Die mit der K. und Univ. Bibl. vereinigten Bibliotheken sind insbes. die Oelrichssche, der Univ. Frankfurt nebst einem Unterhaltungskapitale v. 500 Thlr. vom Legationsrath Dr. Oelrichs in Berlin durch Testament v. 21. Dec. 1798 vermacht, und die Steinwehrsche, aus einem Geldlegat des Prof. Steinwehr zu Frankf. im J. 1766 errichtet.

Zu 5. Dienstinstr. des Min. d. G., U. u. M. Ang. v. 4. Juli 1831 für den 2. Lehrer an der Hebammenlehranstalt und dem mit ihr verbundenen Geburtshause (S. 690).

Zu 7. Die Instruktionen der Dir. der K. Sternwarte v. 5. Dec. 1833 a) für den artistischen Gehülfen, b) für den Aufwärter (S. 708, 709).

Zu 8. Die Instruktionen des Min. d. G., U. u. M. Ang. v. 29. April 1839 a) für den Dir. des anatom. Instituts, b) für den ersten Prosektor (S. 682, 687).

Zu 9. Die Instruktionen dess. Min. v. 26. Nov. 1821 a) für die Direktoren des zoolog. Museums, b) für den Konservator dess. (S. 693, 695).

Zu 11. Regl. des Min. d. Inn. (Depart. für Kult. und öff. Unterr.) v. 15. Juni 1812 für das evang. theol. Seminar (S. 673), welches besondere Stipendien und Prämien hat.

Zu 12. Regl. des Min. d. G., U u. M. Ang. v. 19. April 1822 für das kathol. theol. Sem. (S. 676). Gleichfalls mit eigenen Stipendien und Prämien ausgestattet.

Zu 14. Regl. des Min. d. Inn. (Depart. f. Kult. u. öff. Unterr.) v. 5. April 1812 für das philolog. Sem. (S. 679). Ausgezeichnete Mitglieder sollen bei Stipendien und Benefizien vorzugsweise berücksichtigt, auch durch Prämien belehnt werden.

6) Honorariengelder.

Der Betrag der Kollegien-Honorare war in den beiden Semestern des J. 1832, wie folgt:

Fakultät	Sommersemester 1832.								Wintersemester $18\frac{32}{33}$.							
	im Ganzen				baar eingegangen				im Ganzen				baar eingegangen			
	Gold		Kourant		Gold		Kourant		Gold		Kourant		Gold		Kourant	
	thlr.	gr.	thlr.	gr.	thlr.	gr.	thlr.	gr.	thlr.	gr.	thlr.	gr.	thlr.	gr.	thlr.	gr.
evang. theol.	—	—	4320	—	—	—	1658	15	—	—	3582	—	—	—	1391	—
kathol. theol.	—	—	1916	—	—	—	270	15	—	—	2607	—	—	—	367	—
juristische . .	—	—	4220	—	—	—	2369	—	—	—	4157	15	—	—	2564	—
medizinische .	170	—	1628	—	110	—	1133	15	—	—	2752	15	—	—	2300	15
philosophische	50	—	2676	—	50	—	941	—	645	—	2822	—	515	—	906	—
Summe	220	—	14760	—	160	—	6372	15	645	—	15921	—	515	—	7528	15

Mehr als die Hälfte des Honorars blieb gestundet, und zwar: bis nach Anstellung: im Somm.: 60 Thlr. Gold und 7754 Thlr. Kur.; im Wint. 130 Thlr. Gold und 7954 Thlr. Kur.; auf kürzere Zeit: im Somm. $633\frac{1}{2}$ Thlr. Kur.; im Wint. $438\frac{1}{2}$ Thlr. Kur.

(Koch, I. S. 304.)

Für die drei J. v. 1832—1834 berechnet Dieterici (S. 39) den durchschnittl. Jahres-Betrag des Honorars (nach Abzug v. 1782 Thlr. erlassenen Honorars) auf 26,496 Thlr., wovon jedoch nur 10,705 Thlr. baar eingehen. Diese letztern vertheilen sich auf die Lehrer in Einnahmen von $2\frac{1}{2}$- bis 1120 Thlr. Es erhielten 1 Lehrer 1120 Thlr., 7 von 500 bis 1000, 3 von 300 bis 500, 4 von 200 bis 300, 13 von 100 bis 200, und 25 unter 100 Thlr.

IV. Die Universität zu Greifswald.

C. Gesterding, Beitrag zur Gesch. der Stadt Greifswald. 1827.

Schlegel, Beschreibung des gegenw. Zustandes der K. Univ. zu Greifswald. 1798.

J. C. Dähnert, Sammlung gemeiner und besonderer Pommerscher und Rügischer Landesurkunden.

Dr. Cranz, Beiträge zur Kenntniß der Prov. Neu-Vorpommern und der Insel Rügen. Berl. 1834.

1) Gründung.

Wegen der zu Rostock in den J. 1435—1443 herrschenden Unruhen hatten mehrere der dortigen Professoren ihren Wohnsitz nach Greifswald verlegt. Dies gab die Gelegenheit zur Verwirklichung des schon lange gehegten Planes, daselbst eine Hochschule zu errichten. Der Bürgermeister Dr. Heinr. Rubenow zu Greifswald betrieb das Werk mit beispielloser Aufopferung seiner Habe, und vermochte endlich den Herzog Wratislav IX. von Pommern-Wolgast (1417—1457) dazu, daß er, mit Zustimmung des Herzogs Otto III. von Pommern-Stettin, eine öffentliche Erklärung über die Gründung der neuen Universität erließ. Dieselbe ist v. 15. Dec 1455 (feria secunda post festum Luciae Virginis gloriosae) datirt, bezieht sich zunächst auf die der Anstalt von der Stadt zu widmenden Einkünfte, und verheißt sodann Namens des Fürsten, daß er ihr vier benachbarte Güter verleihen wolle, aus deren Einkünften jeder Professor wenigstens 600 Fl. jährlich beziehen könne, was, nach seiner Räthe Versicherung, ein „glorioses" Auskommen gewähre. Auch hoffe er auf Vermehrung der Dotation durch Bischöfe, Aebte und andere Geistliche. Papst Calixt III., der durch eine vorläufige, dem Bischof Stephan von Brandenburg übertragene Untersuchung die Ueberzeugung von der Hinlänglichkeit der vorhandenen Mittel erlangt hatte, bestätigte die Univers. durch eine Bulle v. 29. Mai 1456. In demselben J. erhielt sie das Kaiserliche Privilegium von Friedrich III., und wurde am 17. Okt. feierlich eröffnet. Ihr erster Rektor wurde Rubenow, der jedoch durch die großen Opfer, welche er — neben seinem Vermögen — auch aus städtischem Eigenthume der neuen Anstalt zuwandte, den Haß seiner Mitbürger so erregte, daß sie ihn bei einem Aufstande 1462 im Rathe erschlugen. Sein Werk blieb aber bestehen Zwar hatte die junge Univers. im Anfange des folgenden Jahrh. eine schwere Krisis zu überwinden, als in den J. 1516 und 1524 die Pest Lehrer und Lernende aus Greifswald vertrieb, und diese fast alle durch die Reformation nach Wittenberg gezogen wurden. Damals blieben nur drei Professoren, wovon zwei zugleich Mitglieder des städtischen Magistrats, zurück, und ein großer Theil der Einkünfte ging verloren. Indessen stellte, nachdem mit dem J. 1534 in ganz Pommern die katholische Lehre abgeschafft war, Herzog Philipp I. die Universität wieder her. Die Dotation bestand allerdings nur aus einigen Hebungen nebst einem fürstlichen Geldbeitrage von jährlich 1000 Fl., und die Verhältnisse der Anstalt blieben, da auch die Hoffnung, daß die Landstände sich ihrer annehmen würden, nicht in Erfüllung ging, lange Zeit auf das Dürftigste bestellt. Endlich wurde ihr aber durch ein Geschenk des letzten Herzogs, Bogislavs XIV., im J. 1634 das Vermögen des bisher als fürstliche Domaine verwalteten Klosters Eldena, mit geringem Abzuge, zu Theil, und die Anstalt erlangte dadurch einen Grundbesitz von gegen 48,000 Morgen Land und 14 bis 16,000 Morgen Waldung, eine Ausstattung, die, wenn sie auch anfangs nur wenig Einkünfte gewährte,[1]) doch nach und nach in ihrem Ertrage gesteigert worden ist, und gegenwärtig fast ausreicht, die bedeutend vermehrten Bedürfnisse der heutigen Hochschule zu decken.

Als zu Ende des 30jährigen Krieges Pommern an Schweden fiel, wurde die Bogislavsche Schenkung von der Königin Christine durch eine, in ihrem Auftrage von dem General-Gouverneur von Pommern, dem Feldmarschall Leonhard Torstensohn, vollzogene Urkunde v. 19. Sept.

---

1) Bei der ersten Visitation im J. 1646 war das Einkommen daraus nicht höher als 4865 Fl.

1646 bestätigt, und fortdauernd blieb der General-Gouverneur zugleich der Kanzler der Univers. Weitere Versuche, mit Hülfe der Landstände den Fonds der Univers. zu bessern, waren fruchtlos. Unter Christinens Nachfolgern wandte namentlich Karl XII. seine Sorgfalt der Anstalt zu, und erließ im J. 1702 eine Reihe Reglements zur Hebung ihrer Einrichtungen, unter denen insbes. das v. 4. Jan. eine Kollegien-Ordnung enthielt, und Geldstrafen für Professoren, welche Vorlesungen versäumen, einführte. Später erfolgten wieder abändernde Verordnungen bis zum letzten ausführlichen Rezeß, der 1775 unter Gustav III. erging, und noch unterm 20. Febr. 1795 mit wenigen Abänderungen bestätigt wurde.

Im J. 1815 vertauschte, wie oben erwähnt (S. 398 Note 4.), Dänemark das ihm zugesicherte Schwedisch-Pommern an Preußen. Dieses letztere schloß darüber auch mit Schweden einen Vertrag dd. Wien, den 7. Juni 1815 ab, welcher insbes. über die Univers. Greifswald folgende Bestimmung enthält: „Sa Maj. le Roi de Prusse s'engage à maintenir les établissements pieux, et notamment l'académie de Greifswalde, dans leur état actuel, en les laissant jouir de tous leurs biens, fonds, capitaux et revenus actuels.“ In Folge hiervon ist für Greifswald im Wesentlichen seine alte Verfassung, das Kanzellariat des General-Gouverneurs von Neu Vorpommern, und die Verwaltung der Güter durch einen eigenen Amtshauptmann in Geltung geblieben. Seit 1835 ist mit der Universität die staats- und landwirthschaftl. Akademie zu Eldena verbunden. (s. o. S. 355 ff.)

2) Statuten.

Koch theilt mit der Bemerkung, daß neue Statuten bearbeitet würden, folgende ältere Verordnungen mit:

a) Statuta, Reformation und Ordnung der Akademie zu Greifswald, erneuert und konfirmirt 1545, mit den Statutis der vier Fakultäten. (I. S. 358—417.)

b) K. Visitationsrezeß für die Akademie zu Greifswald v. 20. Mai 1702.

c) Statuta Oeconomiae publicae in Academ. Gryphisw.

d) K. Visitationsrezeß v. 11. Mai 1775.

e) Verbesserter Rezeß für die Akademie zu Greifsw. v. 20. Dec. 1795.

(Zu b. bis e. Koch, der diese V. blos anführt, verweist auf Dähnerts Sammlung, Bd. II. S. 924, 994., Bd. V. S. 110., Bd. VI. S. 598.)

f) Das K. Regl. der akadem. Administration der Univers. Greifsw. v. 5. Febr. 1835 nebst dem Projekt zu einer Veränderung der akadem. Administration in Greifswald v. J. 1813 (Koch, I. S. 418, 424.). Dies Regl. faßt die durch die Pr. Ges. eingetretenen Veränderungen der ältern Rezesse zusammen, namentlich die Unterordnung der Univers. unter das Min. d. G., U. u. Med. Ang., die Stellung des Kanzlers, der durch K. O. v. 23. Okt. 1817 in das Verhältniß eines Kurators und Kommissars des Min. getreten ist, und die Modifikationen, welche in Folge der Einführung der außerord. Reg.-Bevollm. nothwendig geworden waren.[1])

3) Personal der Universität.

Ueber Lehrer und Studenten s. o. S. 399 ff. u. 401 ff. An Beamten zählte die Univers., einschließlich der Kanzellariats- und Administrations-Beamten und des Forstmeisters, im J. 1834 20, wovon 10 bei der akadem. Vermögensverwaltung beschäftigt waren. Außerdem waren noch 5 Unterförster angestellt. Bei den akadem. Instituten waren 3 Beamte und

---

1) Ueber die akadem. Gerichtsbarkeit, Rektor und Senat, vgl. das folg. Kap. sub I. 6. b.

Unterbeamte vorhanden, zusammen also, excl. der Unterförster, 23. (Koch, I. S. 352.)

4) Fonds und deren Verwaltung.

Ueber den Etat im Allgem. s. o. S. 397 ff. Das Nähere erhellt aus nachstehendem

Verwaltungs-Etat für 1836—38.

Einnahme.

Nr.		thlr.	gr.	pf.
1	Staatszuschuß	1600	—	—
2	Zinsen von Aktiv-Kapit.	729	27	3
3	Beständige Gefälle . .	1524	2	11
4	Von Grundeigenthum .	50192	6	7
5	Unbeständige Gefälle: (thl. sg. pf.)			
	a) Zinsen von rückständiger Pacht . . . . 75 — —			
	b) Aus eignem Erwerbe: Es gehen ein für Promotionen, Habilitationen 2c. 956 thlr. — für Immatrikulationen u. Fak.-Zeugnisse 451½ thl. für Abgangszeugnisse 284 thl. — zusammen 1691½ thlr., wovon 1400⅔ thlr. bestimmungsmäßig unter die dazu berechtigten Prof. u. Beamten vertheilt werden, so daß zur Univers.-Kasse fließen 290 25 —			
	c) kontraktliche Fuhren der Pächter . . . 799 22 —			
	d) insgemein 408 6 3			
	Summe	1553	23	3
	Summe	55600	—	—

Ausgabe.

Nr.		thlr.	gr.	pf.
1	Oeffentl. Abgaben u. Lasten	2495	19	5
2	Verwaltungskosten (incl. 1600 thl. aus Einnahme Nr. 1. für den Univ.-Richter u. Reg.-Bevollmächt.)	7840	3	—
3	Akademische Besoldungen: (thlr. sg.)			
	a) theol. Fak. . 4449 23			
	b) jur. Fak. . 4470 23			
	c) med. Fak. . 4163 4			
	d) philos. Fak. 9239 1			
	e) Sprach-, Musik- und Zeichnenlehrer 337 11			
	f) Pedelle . . 431 21			
	Summe	23091	23	—
4	Amtsbedürfnisse	710	—	—
5	Institute u. Sammlungen	8461	29	—
6	Bauten u. Reparaturen	2417	6	—
7	Zinsen von Passiv-Kap.	65	7	2
8	Zur Vermehrung d. Fonds	2800	—	—
9	Pensionen und Unterstützungen	4093	21	—
10	Zu Remissionen	2000	—	—
11	Zu unvorhergesehenen Ausgaben	1624	11	5
	Summe	55600	—	—

Im J. 1700 betrug die Einnahme der Univ.: 6000 Thlr., 1750: 11,000 Thlr., 1775: 22,000 Thlr. Von dem Etat v. 57,696 Thlr. 7 Sgr. 5 Pf. im J. 1834 flossen 52,630 Thlr. 12 Sgr. 4 Pf. aus den 29 Gütern der Univ., von denen jedoch nur 11 Ackerwerke enthalten, welche einzeln zu über 1000 Thlr. verpachtet sind. Die übrigen bestehen, mit Ausnahme einiger, welche noch 5, 6 und 7 hundert Thlr. Pachtertrag abwerfen, aus kleineren Parzellen zu Pachtrenten von 50 bis zu 15 Thlr. hinunter. Außerdem werden 10,816 Morgen Forst von der Univ. selbst bewirthschaftet. Das gesammte Grundeigenthum ders. beläuft sich 44,504 Morgen 132 QR. Unter die größeren Güter gehört Eldena, 1834 zu 3088 Thlr. verpachtet.

(Zu Pos. 5. b. der Einn.) Promotionen 6 durchschnittl. im J., in der philos. Fak. à 56 Thlr., in den übrigen Fak. à 150 Thlr. — Die Immatrikulationsgebühren betragen 6 resp. $3\frac{1}{4}$ Thlr. — Ein Abgangszeugniß kostet 4 Thlr. 22 Sgr., die Rezeption als prof. ord. 17 Thlr. 9 Sgr. 11 Pf.

(Koch, I. S. 347.)

Im Allgem. sind bei der Kassen-Verwaltung der Univ. Greifswald ergangen:

a) Instr. des Min. d. G., U. u. M. Ang. v. 10. Mai 1825 für die Univ.-Kasse in Greifsw.,

b) Anweis. des Kanzellariats v. 16. Juli 1821 zur Geschäftsführung bei der Univ.-Forstkasse (Koch, II. S. 1064, 1069).

Beide V. sind mehrfach modifizirt durch das Regl. v. 5. Febr. 1835 (s. ob. S. 447 sub 2. f.).

5) Institute und Sammlungen.

Ueber diese giebt Koch (I. S. 354.) nach dem Etat für $18\frac{34}{35}$ folgende Nachweisung:

	Benennung der Institute und Sammlungen.	Aus Universitäts-Fonds. thl.	gr.	Aus andern Kassen thl.	gr.	Aus eignem Erwerbe thl.	gr.	Geldwerth der Natural-Lieferungen. thl.	gr.	Ueberhaupt thl.	gr.
1	die Bibliothek	1714	25	—	—	35	5	33	$11\frac{1}{3}$	1783	$11\frac{1}{3}$
2	das ambulatorisch-medizinische Klinikum	200	—	—	—	—	—	—	—	200	—
3	das ambulatorisch-chirurgische Klinikum	46	—	—	—	—	—	—	—	46	—
4	das stehende medizin.-chirurg. klinische Lazareth	650	—	—	—	—	—	—	—	650	—
5	das geburtshülflich-klinische u. Hebammen-Institut	245	—	140	—	52	—	76	15	513	15
6	die akadem. Professoren-Wittwenkasse	227	—	—	—	—	—	—	—	227	—
7	die akadem. Freitische und die Leve'sche Stiftung	2257	—	288	—	558	—	—	—	3103	—
8	der botanische Garten	772	—	—	—	330	—	124	—	1226	—
9	die Reitbahn	150	—	—	—	—	—	—	—	150	—
10	das astronomische Kabinet	60	—	—	—	—	—	—	—	60	—
11	das chemische Institut	165	—	—	—	—	—	29	—	194	—
12	das anatomisch-zootomische Museum	675	—	—	—	—	—	42	$22\frac{1}{2}$	717	$22\frac{1}{2}$
13	das Mineralien-Kabinet	57	—	—	—	—	—	—	—	57	
14	die zoologische Sammlung	975	—	—	—	—	—	18	$7\frac{1}{2}$	1011	$7\frac{1}{2}$
15	das Kabinet physikalischer Instrumente	60	—	—	—	—	—	—	—	60	—
16	die Prüfungs-Kommission	1	4	—	—	—	—	8	5	9	9
17	das theologische Seminar	67	—	—	—	—	—	—	—	67	—
	Latus	6421	29	428	—	975	5	332	$1\frac{1}{3}$	10075	$5\frac{2}{3}$

	Benennung der Institute und Sammlungen.	Aus Universitäts-Fonds. thl.	gr.	Aus andern Kassen thl.	gr.	Aus eigenem Erwerbe thl.	gr.	Geldwerth der Natural Lieferungen. thl.	gr.	Ueberhaupt thl.	gr.
	Transport	6421	29	428	—	975	5	332	$1\frac{2}{3}$	10075	$5\frac{2}{3}$
18	Fonds zur Unterstützung armer Studirender	75	—	—	—	—	—	—	—	75	—
19	die Musikaliensammlung . .	15	—	—	—	—	—	—	—	15	—
20	die Sammlung der Gemälde akademischer Lehrer . . .	50	—	—	—	—	—	—	—	50	—
21	die Akademie zu Greifswald und Eldena	—	—	—	—	4342	$9\frac{3}{8}$	—	—	4342	$9\frac{3}{8}$
22	die medizinisch-chirurg. Lehranstalt	—	—	2225	—	114	—	—	—	2339	—
	Summa	8461	29	2653	—	5449	$14\frac{3}{8}$	332	$1\frac{1}{3}$	16895	$15\frac{1}{2}$
	dazu	2653	—								
	überhaupt	11114	29	mit eignem Erwerbe und Naturalien . .						16896	$15\frac{1}{2}$

In Ansehung der vorbenannten Instruktionen und Sammlungen werden von Koch (Bd. II.) folgende Spezial-Instruktionen mitgetheilt:

Zu 1. Instr. des Min. d. G., U. u. M. Ang. v. 18. Nov. 1820 für die Geschäftsführung bei der akadem. Bibliothek (S. 715).

Zu 4. Verf. der Reg. zu Stralsund v. 30. Juli 1833 mit dem Verwaltungsregl für das klin. Lazareth (S. 745).

Zu 8. Instr. des Min. d. G., U. u. M. Ang. v. 11. Sept. 1820 für den Dir. des botan. Gartens (S. 741). Vgl. zu 14.

Zu 12. Die Instruktionen dess. Min. v. 5. Juni 1833 a) für den Dir. des anatom. Inst., b) für den Prosektor (S. 733, 738) und v. 30. Okt. 1820 für den Anatomiewärter (S. 740).

Zu 14. Die Instruktionen dess. Min. v. 11. Sept. 1820 a) für den Dir. des zoolog. Museums, b) für den Konservator und Ausstopfer (S. 742, 743) und v. 7. Dec. 1831 für den Assistenten bei dem zoolog. Museum und botan. Garten (S. 744).

Zu 17. Die durch R. dess. Min. v. 3. Febr. 1830 genehmigten Statuten der theol Fak. de eod. für das theol. Sem., welches mit besondern Stipendien und Prämien ausgestattet ist (S. 722).

Außerdem findet sich (a. a. O. S. 770 ff.) eine allgem. Uebersicht der bei der Benutzung der wissenschaftl. Inst. der Univ. zu beobachtenden Regeln, in welcher neben den gen. noch folgende Institute aufgeführt werden:

23) die philologische Gesellschaft: Regl. des Min. d. G., U. u. M. Ang. v. 8. Febr. 1822 (S. 718).

24) das theologisch-praktische Institut: Regl. dess. Min. v. 11. Jan. 1824 (S. 727).

25) die pädagogische Gesellschaft.

26) die mathematische Gesellschaft.

6) Honoraniengelder.

Der Betrag der Kollegien-Honorare war in den beiden Semestern des J. 1832, wie folgt:

Fakultät.	Sommersemester 1832.				Wintersemester 18$\frac{32}{33}$.			
	im Ganzen		baar eingegangen		im Ganzen		baar eingegangen	
	thlr.	gr.	thlr.	gr.	thlr.	gr.	thlr.	gr.
theologische .	195	—	49	—	186	—	32	—
juristische . .	41	—	20	—	106	—	60	—
medizinische .	193	—	80	—	309	—	107	—
philosophische	150	—	69	—	246	—	138	15
Summe	579	—	218	—	847	—	337	15

Gestundet waren: bis nach Anstellung: im Somm. 343 Thlr., im Wint. 468 Thlr.; auf kürzere Zeit: im Somm. 18 Thlr, im Wint. 41½ Thlr.

Nach Dieterici (S. 26) war von 1832—34 der durchschnittl. Jahres-Betrag des Honorars 2037 Thlr.,[1]) wovon 470 Thlr. baar und 1567 Thlr. gestundet. Die höchste Honorar-Einnahme eines Lehrers betrug 80 Thlr. baar und 150 Thlr. gestundet; die niedrigste 4 Thlr. baar und 20 Thlr. gestundet.

V. Die vereinigte Friedrichs-Universität Halle-Wittenberg zu Halle.

Hoffbauer, Geschichte der Univ. zu Halle bis zum J. 1805. Halle. 1805.
Joh. Christoph v. Dreyhaupt, Beschreibung des Saalkreises. Halle. 1755. 2 Bde. Fol.

1) Gründung.

Die jetzige Univers. zu Halle ist aus Vereinigung der Universitäten Halle und Wittenberg entstanden.

In Halle wollte schon Markgraf Albrecht von Brandenburg, als Erzbischof von Magdeburg, eine Hochschule errichten, um durch dieselbe der Lehre Luthers in Wittenberg entgegen zu arbeiten. Er ließ sich am 27. Mai 1531 vom Kardinal Campeggi, dem päpstlichen Legaten in Deutschland, eine Bestätigung für die beabsichtigte Univers. ertheilen, baute zur Wohnung für die Domgeistlichen und künftigen Professoren die noch heute stehende Residenz, und hob mit päpstlicher und kaiserlicher Bewilligung mehrere Klöster in Halle auf, um aus ihren Einkünften die neue Anstalt auszustatten. Bei der raschen Ausbreitung der Reformation unterblieb jedoch die Ausführung dieses Planes. Der Erzbischof selbst zog sich nach Mainz zurück, und überwies das Vermögen der aufgehobenen Klöster seiner erzbischöfl. Kammer, wohin sie in einem besondern Amte, der Stiftungsschreiberei, vermehrt wurden. Anderthalb Jahrhunderte später, im J. 1680 fiel Halle mit dem Herzogth. Magdeburg an die Brandenburger Kurfürsten, und kurz darauf erhielt von dem damals regierenden Kurf. Friedrich Wilhelm ein französischer Refügie Milié, genannt la Fleur, welcher bei dem letzten Administrator von Magdeburg, Herz. August v. Sachsen, Kammerdiener gewesen war, die Erlaubniß, in Halle eine Exercitien-Akademie für neue Sprachen, Reiten, Fechten, Tanzen u. s. w. zu errichten. Als in den

1) Dieser die Jahreseinnahme von 1832 weit übersteigende Durchschnitt beruht auf Erhöhung des Ertrags in den folgenden Semestern: 1833: 892 Thlr., 18$\frac{33}{34}$: 1237 Thlr., 1834: 1132 Thlr., 18$\frac{34}{35}$: 1554 Thlr. — Die Zahl der Studenten war in der gleichen Zeit gesunken, und betrug im Wint. 18$\frac{34}{35}$ nur noch 187.

nächsten Jahren in Folge der Aufhebung des Ediktes von Na tes die Zahl der einwandernden Franzosen bedeutend anwuchs, und auch in Halle sich eine eigene französische Kolonie gebildet hatte, vermehrte sich der Besuch der dortigen Akademie von Seiten des jungen Adels so bedeutend, daß Kurf. Friedrich III. (nachheriger König Friedrich I.) dieselbe 1689 in eine Ritter-Akademie umwandelte, und 1690 dem von Leipzig vertriebenen Thomasius gestattete, daselbst Vorlesungen über philosophische und Rechtswissenschaften zu halten. Der Ruf des Thomasius, der in Deutscher Sprache las, übte große Anziehungskraft, und der Kurfürst fand schon im folgenden Jahre auf seiner Rückreise von Karlsbad viele Studenten in Halle vereinigt. Auf Bitten einer Anzahl junger Edelleute beschloß er daher, an Stelle der Akademie eine ordentliche Univers. aufzurichten, und erließ darüber, so wie über die Bestellung und Besoldung der Direktoren und Professoren schon unterm 27. Aug. 1691 ein R. an die Magdeburgische Reg.[1]) Bald danach wurden berühmte Dozenten, der Jurist Sam. Stryk, die Mediziner Hoffmann und Stahl, der Theologe Aug. Herm. Franke, nach Halle berufen,[2]) und die neue Anstalt hob sich ungemein. Sie erhielt das Privilegium des Kaisers Leopold am 19. Okt. 1693, wurde am Geburtstage des Kurfürsten, den 1. Juli 1694, feierlich eingeweiht, und später am 4. Sept. 1697 noch mit einem vollständigen Kurfürstl Privilegium versehen. Ihre Ausstattung bestand 1694 in 4200 Thlr.,[3]) noch unter König Fr. Wilh. I. erhob sich ihr Gehaltsetat nicht über 7000 Thlr., dagegen erhielt sie später, namentlich aus den Schlesischen Jesuitengütern, mehrfache Zuwendungen, so daß sie 1806, als sie durch die Invasion der Franzosen aufgehoben wurde, etatsmäßig 36,213¼ Thlr. (wovon 36,007 Thlr. aus Staatskassen) an Einkünften bezog.

In Wittenberg errichtete Kurf. Friedrich der Weise von Sachsen im J. 1502 eine Univers (s. o. S. 440.). Die Stiftungsurkunde ist vom 18. Okt. 1502, an welchem Tage auch die feierliche Einweihung der Anstalt erfolgte. Das Privilegium des Kaisers Maximilian, der überhaupt auf dem Reichstage zu Worms v. J. 1495 sämmtlichen Kurfürsten die Gründung von Hochschulen anempfohlen hatte, war schon unterm 6. Juli 1502 ertheilt. Die Bestätigung des Papstes Julius II. erfolgte 1506. Von 1502 bis 1507 wurde die Univers. unmittelbar aus der Kasse des Kurfürsten unterhalten, von 1507 an aber wurde ihr die Stiftskirche mit allen dazu gehörigen Dörfern und Gütern inkorporirt, so daß sie von da ab ihre Einnahme gänzlich aus Grundbesitz und Realabgaben bezog.

Als 1815 Halle und Wittenberg zusammen unter Preuß. Hoheit kamen, schien es nicht zweckmäßig, in Wittenberg, wo ohnedies in den letzten Dezennien nur eine geringe Anzahl von Studenten gewesen, und während der Belagerung die Univers. völlig auseinander gegangen war, eine besondere Hochschule bestehen zu lassen. In Gemäßheit des Art. 21. der Wiener Kongreßakte v. 9. Juni 1815, welcher den geistlichen und Unterrichtsstiftungen in den von Sachsen abgetretenen Landestheilen ihr Eigenthum sicherte (Klüber, Quellensamml. S. 30.), bestimmte daher der König durch die Vereinigungsurkunde der Univers. Halle und Wittenberg vom

---

1) Es wurden darin zu Besoldungen nur 2400 Thlr. ausgesetzt, weil ein Theil der Prof. schon aus andern Bedienungen reichlichen Gehalt bezöge.

2) Das gleichzeitige Wirken von Franke und Thomasius gab zu dem Sprichwort Anlaß: „Du gehst nach Halle? — Du kommst als Pietist oder Atheist zurück!"

3) 1200 Thlr. aus der Landeskasse, 1200 Thlr. aus den Accisegefällen der Stadt Burg, und 1800 Thlr. aus der Stiftsschreiberei.

12. April 1817 (A. I. H. 2. S. 128. Koch, I. S. 528.): daß beide Univers. in Ansehung der Lehrer und ihrer wissenschaftl. Anstalten unter dem Namen der „vereinigten Univers. von Halle und Wittenberg" zu einem Ganzen verbunden, die gesammten Fonds der Univers. Wittenberg unter der Benennung „die Wittenberger Fundation" besonders verwaltet, daraus zunächst die darauf angewiesenen Zahlungen für das in Wittenberg zu errichtende Prediger-Seminarium und für das Lyceum (Gymnasium) daselbst, so wie für die Verwaltung der Fundation, bestritten, und die Ueberschüsse der Univers.-Kasse zu Halle überwiesen werden sollten.

2) Statuten.

Mit der Bemerkung, daß neue Statuten[1]) im Werke seien, theilt Koch (Bd. I.) folgende ältere mit:

a) Programma Seren. Electoris Friderici III. nomine ante inaugurationem Univers. Fridericianae conscriptum, den 5. Juni 1694. (S. 451.)

b) Kaiser Leopolds Privilegium der Univers. Halle,[2]) ertheilet den 19. Okt. 1693. (S. 453.)

c) Kurf. Friedrich III. zu Brandenburg, Privilegium der Friedrichs-Univers. zu Halle, ertheilet d. 4. Sept. 1697. (S. 459.)

d) Kurf. Friedrichs III. Statut der Friedrichs-Univers. zu Halle v. 1. Juli 1694 (S. 466.), nebst den 4 Fakultäts-Statuten de eod. (S. 482, 500, 518, 523.) und dem R. des Min. d. G., U. u. Med. Ang. v. 31. Jan. 1824, über die Ertheilung der Lizentiaten- und Doktorenwürde in der theol. Fak. (S. 491.), so wie dem Regl. dess. Min. v. 17. Dec. 1827 für die theol. Prüfungen der mit dem J. 1828 eingeführten theol. Prüfungs-Kommission in Halle. (S. 495., A. XII. S. 97.)

3) Personal der Universitäten.

Ueber Lehrer und Studenten s. o. S. 399 ff. u. 401 ff. An Beamten zählte die Univers. im J. 1834 8 Univers.-Beamte und Unterbeamte, und 9 Beamte und Unterbeamte bei den akademischen Instituten, zusammen 17. (Koch, I. S. 436.)

4) Fonds und deren Verwaltung.

Ueber den Etat im Allgem. s. o. S. 397—399. Das Nähere erhellt aus nachstehendem

---

1) Dies. sind inzwischen ergangen. Vgl. R. v. 20. Juni 1840 (s. o. S. 363).

2) Daselbst heißt es: in qua erigenda Aacademia — Doctores et Scholares cum consensu Principis — Prorectorem et Pro-Cancellarium (manente penes principem Electorem, uti fundatorem, et successores suos dignitate Rectoris et Cancellarii) — creare possint et valeant. — Und in Cap. II. der sub d. angef. Univ. Statuten: §. 1. Ser. ac Pot. Elector Brandenb. etc. Dominus noster clementissimus quotannis submisse rogandus est, ut ementissimum hoc Academiae Regimen sive Rectoratum vel benignissime retinere, vel alii Serenae aut illustri Personae conferre velit, ex quo decus et tutamen Alma haec nostra sibi promittere valeat certissimum. (Koch, S. 454, 468.)

Verwaltungs-Etat für 1836–38.

Einnahme.

		thl.
1	Von Grundeigenthum . . .	203
2	Staatszuschuß	41330
3	Aus dem Kloster-Bergeschen Stiftungsfonds	15072
4	Aus dem Wittenb. Univ.-Fonds (excl. der Naturalien: 263½ Sch. Roggen zu 263½ thl., 174 Sch. 6 M. Hafer zu 116¼ thl. u. 18 Kl. Holz zu 45 thl. Geldwerth, zusammen 424¾ thl., welche zu den Besoldungen verwendet werden.)	8292
5	Beitrag der Stadt Halle zum Poliklinikum.	400
6	Aus d. Griesstädt. Stiftungsfonds	5000
7	Aus dem Fonds der Prokuratur Meißen	100
8	Aus eignem Erwerbe:	
	a) Promotionen (100 thl. Gold theol. Dokt. zu 150, Licentiaten zu 50 thl. — 300 thl. jur. à 150 thl. — 1980 thl. med. à 132 thl. — 799 thl. phil. à 47 thl., zusammen 3179 thl. Gold, incl. 423 thl. Agio 3602 thl.	
	b) Habilitationen (werden nur in der jur. Fak. mit 30, u. in der phil, jedoch blos von Ausländern, mit 10 thl. bezahlt) jährlich . . . . . 10 „	
	c) Immatrikulationen à $4\frac{1}{7}$ thl. . . . 1300 „	
	d) Inskriptionen bei der phil Fak. à 1⅛ thl. 234 „	
	e) Abgangszeugnisse à 1⅔ thl. . . . 458⅓ „	
	f) Fakultätszeugnisse (95⅞ thl. theol. à 2 thl. 3 gr. — 90 thl. jur. à 3 thl. — 10 thl. med. à 2 thl. nur von denen, die anderwärts ihre Fak.-Prüfung machen. — 321⅔ thl. phil. à 2⅛ thl. für Mitgl. der Fak. u. 1⅛ thl für andere) 517½ „	
	g) Gerichtssporteln 75 „	
	Summe 6196⅞ thl.	
	wovon 5996⅞ thl. zur statutengemäß. Vertheil., u. z. Univ Kasse	200
	Zufällige Einnahmen . . .	3
	Summe	70600

Ausgabe.

		thl.	gr.	pf.
1	Zinsen von Passiv-Kap	333	22	6
2	Abgaben und Lasten . .	26	23	7
3	Miethszins	64	—	—
4	Besoldungen:			
	a) theol. Fak. 7150 thl. (excl. 75 thl. 9 gr. 4 pf. an Naturalien.)			
	b) jur. Fak. 9180 „ (excl. 75 thl. 9 gr. 4 pf. an Naturalien.)			
	c) med. Fak. 5650 „ (excl. 48 thl. 5 gr. 8 pf. an Naturalien.)			
	d) phil. Fak. 19124 „ (excl. 225 thl. 28 gr. an Naturalien.)			
	Se. an Naturalien 424 thl. 22 gr. 4 pf., baar 41104 thl.			
	e) Sprach- u. Exercitienmstr. 1046½ „			
	f) Beamte . 2640 „			
	g) reservirte Besoldungen . 2209½ „			
	Summe	47000	—	—
5	Institute u. Sammlungen	14045	29	1
6	Zu wissenschaftl. Zwecken	350	—	—
7	Zu wohlthätigen Stiftungen (1000 thl. zur Wittwenkasse, 4400 thl. zu Freitischen, 350 thl. zu Krankenunterstützungen)	5750	—	—
8	Zu Bauten u. Reparaturen	1650	—	—
9	Amtsbedürfnisse . . .	1254	15	—
10	Insgemein	124	29	10
	Summe	70600	—	—
	Nachträglich ist noch eine Erhöhung des Staatszuschusses um 1434 Thlr. bewilligt worden, u. zwar			
11	Erhöhung des Baufonds	800	—	—
12	Erleuchtung und Heizung	334	—	—
13	Zuschuß für das geburtshülfl. Institut und chirurgische Klinikum . .	300	—	—
	Summe	72034	—	—

(Koch, I. S. 341.)

Für die Verwaltung der Univ.-Kasse zu Halle hat das Min. der G., U. u. Med. Ang. unterm 27. Mai 1829 eine besondere Instr. erlassen. (Koch, II. S. 1053.)

Der Fonds der ehemal. Univ. **Wittenberg** wird unter spezieller Leitung der Reg. zu Magdeburg von einem eigenen Administrator verwaltet. Ueber diesen Fonds giebt **Koch** (Bd. I. S. 340) nachstehenden

Etat für 1836—38.

Einnahme.		thl.	gr.	pf.	Ausgabe.		thl.	gr.	pf.
1	Von Grundeigenthum .	1497	4	8	1	Verwaltungskosten . .	2556	23	9
2	Zinsen von Aktiv-Kapit.	11517	20	8	2	Steuern und Abgaben .	153	2	11
3	Zinsen von Berechtigungen	283	—	8	3	Für Unterrichtsanstalten: thl. sg. pf.			
4	Aus Verkauf von Naturalien	3461	25	1		a) Prediger-Seminar in Wittenberg . 7341 1 3			
5	Insgemein	341	1	2		b) Gymn. in Wittenberg . 2200 — —			
	Summe	23600	—	—		c) Univers. Halle-Wittenb. 8292 — —			
	(Im Jahre 1834 war die Einnahme 24,680 Thl.)					Summe	17833	1	3
					4	Zu Stipendien . . .	1000	—	—
					5	Zu Unterstützungen . .	1443	6	3
					6	Baukosten	415	—	—
					7	Meliorationen der Grundstücke	30	—	—
					8	Pensionen ꝛc.	91	—	—
					9	Zahlungen aus Stiftungen	22	15	10
					10	Insgemein	55	10	—
						Summe	23600	—	—

5) **Institute und Sammlungen.**

Ueber diese wird folgende Nachweisung nach dem Etat für 18$\frac{36}{38}$ gegeben:

	Benennung der Institute und Sammlungen.	Aus Universitäts fonds. thl.	gr.	Aus andern Kassen. thl.	gr.	Aus eigenem Erwerbe. thl.	gr.	Ueberhaupt thl.	gr.
1	der akademische Gottesdienst .	315	—	—	—	—	—	315	—
2	die Universitäts-Bibliothek .	2820	—	573	—	—	—	3393	—
3	die Sternwarte	240	—	—	—	—	—	240	—
4	der botanische Garten . . .	1090	—	60	—	388	—	1538	—
5	das geburtshülfliche Institut .	1000	—	—	—	—	—	1000	—
6	das medizinische und ambulatorische Klinikum. . . .	3140	—	—	—	—	—	3140	—
7	das chirurgische Klinikum . .	1210	—	—	—	—	—	1210	—
8	das anatomische und zootomische Museum	1470	—	—	—	—	—	1470	—
9	das Naturalien-Kabinet . .	885	—	—	—	—	—	885	—
10	das physikalisch-chemische Laboratorium.	520	—	—	—	—	—	520	—
11	das theologisch-pädagogische Seminar	—	—	190	10	2015	6	2205	16
12	das philologische Seminar .	550	—	—	—	—	—	550	—
13	das Mineralienkabinet . . .	280	—	—	—	—	—	280	—
14	das Kunstkabinet	115	—	—	—	—	—	115	—
15	der Gesangverein	130	—	—	—	—	—	130	—
16	die Reitbahn	280	29 1/12	—	—	—	—	280	29 1/12
	Summa	14045	29 1/12	823	10	2403	6	17272	15 1/12
	Dazu kommen:								
17	die akademische Wittwen- und Waisen-Versorgungsanstalt	1000	—	375	—	4138	28⅔	5513	28⅔
18	die akademischen Freitische .	4400	—	1135	—	794	—	6329	—
	überhaupt	19445	29 1/12	2333	10	7336	4⅔	29115	13¾
	hierzu	2333	10						
	Summa aus öffentl. Fonds	21779	9 1/12	und mit eignem Erwerbe				29115	13¾

Nach späterer Bewilligung erhält das geburtshülfl. und das chirurgische Klinikum jedes noch jährlich einen Zuschuß von 150 Thlr.

(Koch, I S. 438.)

Von Spezial-Instruktionen für die vorben. Institute theilt **Koch** (Bd. II.) folgende mit:

Zu 2. Regl. des Min. d. G., U. u. M. Ang. v. 20. Mai 1823 für die Univ. Bibl. und Instruktionen dess. Min. v. 3. Jan. 1824 a) für den zweiten Bibliothekar, b) für den Amanuensis, c) für den Bibliothekdiener (S. 778, 791, 792, 794).

Zu 3. Die durch R. dess. Min. v. 15. Aug. 1826 genehmigte Instr. für den Observator bei der Sternwarte (S. 806).

Zu 4. Instr. dess. Min. v. 16. Juni 1823 a) für den Dir. des botan. Gartens, b) für den Gärtner (S. 811, 812).

Zu 5. Instr. dess. Min. v. 14. Juni 1823 für den Dir. der Entbindungsanstalt, und v. 18. Jan. 1824 für die Hebamme bei ders. (S. 836, 837).

Zu 6. Instr. dess. Min. v. 27. Jan. 1833 a) für den Dir. des medizin. Klinikums, b) für den Assistenten bei dems. (S. 819, 823).

Zu 7. Instr. dess. Min. v. 26. Jan. 1832 a) für den Dir. des klin. Inst. für Chirurgie und Augenheilkunde, b) für den Assistenten, c) für den Oekonomen und Krankenwärter (S. 823, 825, 827); Hausordnung dess. Min. de eod. für die Kranken (S. 828).

Für beide klin. Anstalten (6. u. 7.) sind außerdem ergangen:

R. dess. Min. v. 3. Sept. 1835 mit den Vorschriften für die Aufnahme von zahlenden Kranken, nebst Entwürfen zu den betr. Kontrakten u. Speiseordn. (S. 830), sowie R. dess. Min. v. 5. Febr. 1838 wegen Modifikation obiger Vorschriften (S. 836). Daß die gezahlten Verpflegungsgelder gehörig in die Rechnung aufzunehmen, bestimmte das R. der Oberrechn. Kammer v. 22. Mai 1830 (S. 1014).

Zu 8. Die durch R. des Min. d. G., U. u. M. Ang. v. 11. Aug. 1838 genehmigte Instr. a) für den Dir., b) für den Prosektor, c) für den Gehülfen, d) für den Aufwärter beim anatom. Museum (S. 815 ff.).

Zu 9. Instr. dess. Min. v. 26. Juni 1823 a) für den Dir., b) für den Inspektor des zoolog. Museum (S. 795, 797); ferner v. 17. Jan. 1832 für den Ausstopfer und Konservator nebst Bestallung dess. de eod. (S. 799, 800); und Regl. dess. Min. v. 3. Jan. 1825 für die Benutzung des zoolog. Mus. (S. 801).

Zu 10. Instr. dess. Min. v. 6. Dec. 1823 a) für den Dir. des physikal. chem. Kabinets und Laboratoriums, b) für den Gehülfen bei dems. (S. 808, 809).

Zu 11. Regl. dess. Min. v. 4. Juni 1826 für das theol. Sem. und Regul. dess. Min. v. 22. Febr. 1835 für das theol. pädagog. Sem., welches einen Zweig des erstern bildet. Beide haben eigne Stipendien, auch sollen ausgezeichnete Seminaristen überhaupt bei Stipendien vorzugsweise berücksichtigt werden. Schulamtskandidaten, welche 1 Jahr das theol. pädagog. Sem. besuchen, werden vom Probejahr befreit: §. 15. des Regul. (S. 767, 772).

Zu 12. Regl. dess. Min. v. 18. Nov. 1829 für das philolog. Sem. Ebenfalls mit eigenen Stipendien ausgestattet (S. 775).

Zu 13. Instr. dess. Min. v. 13. Febr. 1827 a) für den Dir., b) für den Assistenten, c) für den Aufwärter des mineralog. Museums, und Regl. dess. Min. de eod. für die Benutzung dess. (S. 802, 803, 804, 805).

Zu 16. Bestallung dess. Min. v. 20. April 1820 für den Stallmeister bei der Univ. (S. 837).

Zu den oben gen. Instituten tritt noch:

19) das Seminar für die Mathematik und die gesammten Naturwissenschaften, dessen Besuch den Schulamtskandidaten nach bestandener Prüf. pro fac. doc. als Probejahr angerechnet werden kann: Regl. des Min. d. G., U. u. M. Ang. v. 27. Nov. 1839 für das Sem. rc., insbes. §. 13. (S. 839).

Im Allg. ist noch durch Instr. dess. Min. v. 22. Okt. 1837 für den akadem. Zeichner und Zeichnenlehrer bestimmt, daß ders. den Prof. der Zoologie, Botanik, Mineralogie und Anatomie von 8, im Wint. von 9 bis 10 in den Sammlungen oder Privatbehausungen zur Abzeichnung vorgelegter Gegenstände zur Disposition steht (S. 838).

6) Honorariengelder.

Der Betrag der Kollegien-Honorare war in den beiden Semestern des J. 1832, wie folgt:

Fakultät.	Sommersemester 1832.								Wintersemester 18 32/33.							
	im Ganzen				davon baar:				im Ganzen				davon baar:			
	Gold.		Kur.		Gold.		Kur.		Gold.		Kur.		Gold.		Kur.	
	thl.	sg.	thl.	sg.	thl.	sg.	thl.	sg.	thl.	sg.	thl.	sg.	thl.	sg.	thl.	sg.
theologische	—	—	5176	—	—	—	1389	—	—	—	4719	—	—	—	1508	—
juristische .	1545	—	—	—	1130	—	—	—	1623	22½	—	—	1177	15	—	—
medizinische	3290	—	—	—	2400	—	—	—	3310	—	—	—	2320	—	—	—
philosoph.	655	—	591	—	395	-	231	—	445	—	1163	—	247	15	435	—
	5490	—	5767	-	3925	-	1620	—	5378	22½	5882	—	3745	—	1943	—

Gestundet waren: bis nach Anstellung: im Somm. 720 Thlr. Gold und 2600 Thlr. Kur., im Wint. 631¼ Thlr. Gold und 2513 Thlr. Kur.; auf kürzere Zeit: im Somm. 845 Thlr. Gold und 1547 Thlr. Kur., im Wint. 1002½ Thlr. Gold und 1426 Thlr. Kur. (Koch, I. S. 434.)

Der höchste Honorarbetrag, den ein Dozent jährlich empfängt, kann auf 2500, der geringste auf 10 Thlr. gerechnet werden.
(Dieterici, S. 60.)

VI. Die Albertus-Universität zu Königsberg.

M. Christophorus Hartknoch, Alt- und neues Preußen, oder Preuß. Historie. 2 Th. 1. Bd. Frankf. u. Leipz. 1684. Fol.
Arnoldt, Ausführliche und mit Urkunden versehene Historie der Königsbergischen Univ., Königsb. 1746. 2 Bde. und Zusätze 8.

1) Gründung.

Markgraf Albrecht v. Brandenburg, 1490 geb. und 1510 zum Hochmeister der Deutschen Ritter in Preußen erwählt, erhielt 1525 von seinem Oheime, König Sigismund von Polen, Preußen als ein weltliches Herzogthum für sich und seine Nachkommen zu Lehn. Schon 1522 hatte er insgeheim die Lehre der Reformation angenommen. Nunmehr trat er auch öffentlich über, hob Stifte und Klöster auf, und verwandte deren Einkünfte wesentlich zur Verbesserung der Schulen. Er errichtete zunächst 1541 in Königsberg ein Pädagogium mit philosophischen Vorlesungen in den obern Klassen, welches bis 1619 bestand, bald nachher aber im J. 1543, durch Berufung mehrerer Professoren, die Universität, deren Fundationsurkunde jedoch erst unterm 20. Juli 1544 erging. Nach dem Sinne des Stifters sollte die neue Hochschule rein evangelisch sein. Dennoch bewarb er sich, wegen des Promotionsrechts um die päpstliche Bestätigung derselben. Der Papst erklärte auf das diesfällige, vom ersten Rektor Sabinus an den Kardinal Petrus Bembus gerichtete Gesuch, daß seiner Genehmigung das Kaiserliche Privilegium vorausgehen müsse. Dieses letztere war jedoch nicht zu erlangen. Dagegen wurde die Univers. vom König Sigismund August von Polen, auf Ansuchen des Herzogs Albrecht, im J. 1560 nach dem Muster der zu Krakau in allen Beziehungen bestätigt, und ihr insbes. auch das Promotionsrecht in allen Fakultäten ausdrücklich beigelegt. Bei der Gründung hatte Markgraf Albrecht im J. 1544 der Univers. 3000 Mark jährlich ausgesetzt, welche die Professoren, deren Anzahl im ersten Jahre nur 11 betrug, nach eigener Vereinigung unter sich vertheilen sollten. Dies gab jedoch so vielen Zwiespalt, daß er 1547 die Besoldungen anf resp. 200, 150, 70 und 60 Floren fixiren mußte. 1557 überließ er der Univers. das Gut Thalheim bei Königsberg. In der Folge wurden derselben von seinen Nachfolgern noch verschiedene Güter, Renten und Intraden aller Art zugewandt.

2) Statuten.

Mit der Bemerkung, daß neue Statuten zu erwarten, theilt Koch (Bd. I.) folgende ältere mit:

a) Diplom des Markgr. Albrechts v. 20. Juli 1544, betreff. die Fundation der Königsberger Akademie. (S. 563.)

b) Privilegium der Königsb. Univers. v. 18. April 1557. (S. 566.)

c) Extrakt aus dem Testament des Markgr. Albrecht, † 1568. (S. 571.)

d) Constitutiones Academiae Regiomontanae, v. 28. Juni 1546. (S. 572.)

e) Statuta Academiae Regiomont, d. a. 1554. (S. 584.)

f) Statuta Collegii facultatis artium priora (S. 599.), St. facultatis actium et philosophiae posteriora (S. 603.), St. facultatis Juridicae v. 17. Aug. 1616 (S. 613.), Theolog. (S. 629.), Medicae (S. 650.).

3) Personal der Univers.

Ueber Lehrer und Studenten s. o. S. 399 ff. u. 401 ff. An Beamten wurden im J. 1834 gezählt 9 Univers.-Beamte und Unterbeamte, und 41

Beamte und Unterbeamte bei den akadem. Instituten, in welcher Anzahl indeß diej. Professoren mit einbegriffen sind, welche den verschiedenen Anstalten als Direktoren vorstehen. (Koch, I. S. 544.)

4) Fonds und deren Verwaltung.

Ueber den Etat im Allgem. s. o. S. 397 — 399. Das Nähere erhellt aus dem nachstehenden

Etat für 1837 — 39.

Einnahme.

		thl	gr.	pf.
1	Vom Grundeigenthum (44 thl. 13 gr 4 pf. Grundzins von Wagnicken und 506⅔ thl. Wohnungsmiethe)	551	3	4
2	Zinsen von Aktiv-Kapit.	2521	24	6
3	Getreide in natura aus Staatsdomainen 3714¾ Scheffel Roggen			
4	Staatszuschuß	58359	20	—
5	Beim Aerar. Pauperum	82	12	—
6	Aus eignem Erwerbe (Immatrikulationen) . .	64	—	—
	(Aus gleichem Titel, sowie aus eignem Vermögen nehmen die einzelnen Fakultäten ein:			
	a) die theol. 236 Thl., nämlich: 67 Thl. für Inskriptionen, 109 Thl. für Abgangszeugnisse u. 60 Thl. für Promotionen.			
	b) die jur. 130 Thl. 24 gr, nämlich: 22 Thl. 24 gr. Zinsen, 39 Thl. für Inskript., 69 Thl. für Abgangszeugnisse.			
	c) die med. 461 Thl., nämlich: 29 Thl. für Inskr., 32 Thl. für Abgangszeugnisse, 400 Thl. für Promotionen.			
	d) die philos 931½ Thl., nämlich: 88½ Thl. Zinsen, 335 Thl. für Inskript., 45 Thl. für Abgangszeugnisse, 463 Thl. für Promotionen.			
	Diese Beträge kommen bestimmungsgemäß zur Vertheilung.)			
7	Kleinere Nutzungen . .	224	23	8
8	Insgemein	114	6	6
	Se. 3714¾ Scheffel Roggen und baar	61918	—	—

(Koch, I. S. 539.)

Ausgabe.

		thl.	gr.	pf.
1	Besoldungen der akadem. Verwaltung: 160 Sch. Roggen und	2596	—	—
2	Desgl. der akad. Lehrer: Sch. Rogg. Thl. a) theol. Fak. 159 4756 b) jur. Fak. 115 4309 c) med. Fak. 219 5908 d) phil. Fak. 494 13450 987 Scheffel Roggen und	28423	—	—
3	Remunerationen u. Reisekosten	1000	—	—
4	Pensionen 183¾ Scheffel Roggen und	620	8	—
5	Konviktorium 2384 Scheffel Roggen und . . .	2845	—	—
6	Institute u. Sammlungen	19724	—	—
7	Zu Roggen-Vergütigung, 13⅓ gr. pro Scheffel .	1651	—	—
8	Baukosten	1489	15	6
9	Prämien für Studirende	225	—	—
10	Stipendien	2000	—	—
11	Amtsbedürfnisse . . .	577	23	4
12	Zum Aerar. Pauperum .	82	12	—
13	à Conto der Einn. Nr. 6.	64	—	—
14	Für Verwaltung des ehemal. Nelsonschen Hauses	81	7	3
15	Insgemein	538	23	11
	Se. 3714 Scheffel Roggen und baar	61918	—	—

Für den Rendanten der Univ. Hauptkasse hat das Kuratorium unterm 31. Aug. 1825 eine besondre, vom Min. d. G., U. u. M. Ang. durch R. v. 8. Aug. 1825 genehmigte Instr. erlassen, welche, nebst ihren spätern Modifikationen, insbes. durch Verf. der Oberrechnungskammer v. 14. Jan. 1829 über die Termine zur Einreichung der Rechnungen, von Koch (II. S. 1076, 1082) mitgetheilt wird. Außerdem ist eine Instr. des Min. d. G., U. u. M. Ang. v. 11. Juni 1821 für den Kontroleur der Univ. Hauptkasse und der damit verbundenen Nebenkassen ergangen. (Koch, II. S. 1082.)

5) Institute und Sammlungen.

Ueber diese giebt der Etat für 18$\frac{37}{38}$ folgende Nachweisung:

	Benennung der Institute und Sammlungen.	Aus Universitätsfonds		Aus andern Kassen		Aus eignem Erwerbe		Ueberhaupt	
		thl.	gr.	thl.	gr.	thl.	gr.	thl.	gr.
1	der botanische Garten . . .	2100	—	—	—	25	—	2125	—
2	das medizin.-klinische Institut	2300	—	—	—	40	—	2340	—
3	das chirurg.-klinische Institut	2450	—	—	—	18	—	2468	—
4	das theologische Seminar . .	440	—	—	—	—	—	440	—
5	das philologische Seminar .	400	—	—	—	—	—	400	—
6	das pädagogische Seminar .	400	—	—	—	—	—	400	—
7	das geburtshülfl. Poliklinikum	100	—	—	—	—	—	100	—
8	die Kgl. u. Univ.-Bibliothek .	3590	—	165	—	85	—	3840	—
9	das anatomische Theater . .	1180	—	—	—	—	—	1180	—
10	die Sternwarte	1970	—	—	—	—	—	1970	—
11	das zoologische Museum . .	700	—	—	—	—	—	700	—
12	die akademische Wittwen- und Waisenkasse 139¾ Scheffel Roggen und	1000	—	72	—	1437	—	2509	—
13	das naturhistorische Seminar	350	—	—	—	—	—	350	—
14	das historische Seminar . .	150	—	—	—	—	—	150	—
15	das Kabinet physikalischer Instrumente	158	—	—	—	—	—	158	—
16	das Institut für die Kirchenmusik	164	—	—	—	—	—	164	—
17	das Institut für den Gesang	108	—	—	—	—	—	108	—
18	die Mineralien- und Bernstein-Sammlung	100	—	—	—	—	—	100	—
19	das Polnische Seminar . .	50	—	—	—	—	—	50	—
20	die Sammlung von Gypsabgüssen u. Kunstgegenständen	312	—	—	—	—	—	312	—
21	das medizin.-poliklin. Institut	250	—	—	—	—	—	250	—
22	das Münzkabinet	50	—	—	—	—	—	50	—
23	das Hebammen-Lehrinstitut .	220	—	—	—	—	—	220	—
24	zu Ankäufen rc. für die Institute, insbesondere								
	a) dem zoolog. Museum .	300	—	—	—	—	—	300	—
	b) der Bibliothek . . .	200	—	—	—	—	—	200	—
	c) Miethe für Auditorien u. andere Unterstützungen .	682	—	—	—	—	—	682	—
	139¾ Scheffel Roggen und baar in Summa . . .	19724	—	237	—	1605	—	21566	—
	dazu	237	—						
	überhaupt aus öffentl. Fonds 139¾ Schfl. Roggen und	19961	—	und mit eignem Erwerbe				21566	—

Als Abtheilungen des theolog. Seminars können das homiletische und das Litthauische Seminar, die aber besondere Einnahmen aus der Staatskasse nicht beziehen, angesehen werden. Das letztere, wie das Polnische Seminar, ist für diej. Studirenden der Theol. bestimmt, deren Muttersprache resp. die Litthauische und Polnische ist, und welche in diesen zu ihren künftigen Kanzelvorträgen eine größere Ausbildung erhalten sollen.

(Koch, I. S. 545.)

Für die vorbenannten Institute theilt Koch (Bd. II.) folgende Spezial-Instruktionen mit:

Zu 1. Die durch R. des Min. d. G., U. u. M. Ang. v. 21. Nov. 1833 genehmigte Instr. für den botan. Gärtner (S. 866).

Zu 2. Instr. dess. Min. v. 24. Aug. 1837 für den Assistenzarzt beim medizin. Klinikum (S. 862).

Zu 4. Regl. dess. Min. v. 19. Jan. 1837 für das theol. Sem., und v. 16. Jan. 1827 a) für das Litthauische, b) für das Polnische Sem., sämmtlich mit besondern Prämien, den Renteistipendien, und vorzugsweiser Berücksichtigung bei andern Stipendinn und Benefizien verbunden (S. 843, 846, 848).

Zu 5. Regl. dess. Min. v. 10. Nov. 1822 für das philol. Sem., ebenfalls mit eigenen Stipendien verbunden (S. 850).

Zu 8. Regl. dess. Min. v. 17. Okt. 1822 für die K. Bibliothek (S. 868). Außerdem ist nach einem durch R. dess. Min. v. 30. April 1833 genehmigten Statut eine neue Handbibliothek für die Univ. errichtet worden (S. 877).

Zu 10. Instr. dess. Min. v. 22. Okt. 1838 für den Observator bei der Univ. Sternwarte (S. 879).

Zu 11. Regl. des außerordentl. Reg. Bevollm. v. 30. Mai 1821 über die öffentl. Benutzung des zoolog. Museums.

Zu 13. Regl. des Min. d. G., U. u. M. Ang. v. 17. März 1834 für das Sem. für die Naturwissenschaft, welches auch mit eigenen Stipendien und Prämien verbunden ist (S. 860).

Zu 14. Regl. dess. Min. v. 13. Dec. 1832 für das histor. Sem., dessen ausgezeichnete Mitglieder vorzugsweise bei Stipendien berücksichtigt werden sollen (S. 855).

Zu 19. Vgl. zu 4.

Zu 20. Regl. des Kuratoriums v. 1827 für diej., welche die Sammlung der Gipsabgüsse benutzen wollen (S. 879).

Zu 21. Regl. des außerord. Reg. Bevollm. v. 10. Okt. 1831 für das poliklin. Inst. (S. 864).

Das pädagog. Sem. (6.) besteht nicht mehr (S. 842 Note). Dagegen tritt hinzu:

25) das mathemathisch-physikalische Seminar. Vorläufige Statuten des Min. d. G., U. u. M. Ang. v. 8. Juni 1834, und K. O. v. 16. März 1839, welche den Prämienfonds von 150 auf 350 Thlr. erhöht (S. 858, 859 Note).

Für die Direktoren der wissenschaftl. Inst. der Univ. ist in Bezug auf die Kassenwirthschaft eine besondere Instr. des Min. d. G., U. u. M. Ang. v. 11. Juni 1821 ergangen, die sich jedoch hinsichtlich des Dir. des medizin. Klinikums insofern ändert, als die Kasse dieses Inst. gegenwärtig von der Univ. Kasse verwaltet wird (S. 841 und 842 Note).

6) Honorariengelder.

Der Betrag der Kollegien-Honorare war in den beiden Semestern des J. 1832, wie folgt:

Fakultät.	Sommersemester 1832.				Wintersemester 18 32/33.			
	im Ganzen		davon baar:		im Ganzen		davon baar:	
	thlr.	gr.	thlr.	gr.	thlr.	gr.	thlr.	gr.
theologische .	1079	—	575	—	1358	—	619	—
juristische . .	847	15	601	15	1248	—	882	—
medizinische .	238	—	157	—	597	—	425	—
philosophische	557	—	425	—	1052	—	777	—
	2721	15	1758	15	4255	—	2703	—

Gestundet waren: bis nach Anstellung: im Somm. 693, im Wint. 1552 Thlr.; auf kürzere Zeit Nichts. Für Publica im Collegio Albertino, eben so für Publcia der seit 1831 angestellten Prof. überhaupt, wird ein Auditoriengeld v. 5 Sgr. erhoben, welches im Durschnitt jährl. 177 Thlr. abwirft, und zur Bestreitung der Licht- und Heizungskosten, so wie zur Anlegung einer akadem. Handbibliothek dient: R. des Min. d. G., U. u. M. Ang. v. 6. Okt. 1832.

(Koch, I. S. 541.)

Die Solleinnahme an Honorar beträgt nach dem Durchschnitte der 3 J. 1832 bis 1834 pro Semester (120⅚ Thlr. erlassenes Honorar abgerechnet) 3515⅓ Thlr., wovon 1820 Thlr. als baar eingehend zu rechnen. Diese letztern vertheilen sich wie folgt: es erhielten: 1 Lehrer 288 Thlr., 6 von 100 bis 150, 10 von 50 bis 90, 12 von 12 bis 40, und 1: 4 Thlr.

Dieterici, S. 48.)

VII. Die theologisch-philosophische Akademie zu Münster.

Diese Akademie ist den Univers. anzureihen, weil sie nicht ausschließlich katholische Geistliche, sondern auch Schulmänner für höhere Schulen bildet,[1]) und weil sie zwei vollständig organisirte Fakultäten, die philos. und die theologische, besitzt, von denen wenigstens der letztern das Promotionsrecht zugestanden ist. Die übrigen o. S. 400—401 aufgef. theologischen Lehranstalten gehören in die Darstellung des Kirchenwesens (1. Hauptband dieses Theils vom Gesammtwerke).

1) Gründung.

Schon Ferdinand I. (Herzog v. Baiern), Erzbischof und Kurfürst v. Köln, Bischof zu Lüttich, Münster, Paderborn und Hildesheim (1612 bis 1650), hegte den Plan, in Münster eine Akademie nach dem Muster der zu Ingolstadt, auf der er selbst bis 1595 seine Studien gemacht hatte, zu errichten. Die von ihm überreichte Fundationsurkunde, nach welcher die Anstalt alle vier Fakultäten umfassen, mit dem Promotionsrecht versehen werden, aber nur für Katholiken zugänglich sein sollte, wurde in Wien vom Kaiser Ferdinand II. im J. 1631 bestätigt. Aber der Krieg hinderte die Ausführung, und erst nach 142 Jahren, im J. 1773, griff der Kurfürst v. Köln und Fürstbischof v. Münster, Max Friedrich, Graf v. Königseck-Rothenfels, angetrieben von seinem Minister, dem Domherrn Freihr. v. Fürstenberg, den alten Gedanken wieder auf. Er erweiterte die Stiftung von 1631 durch Hinzufügung der Einkünfte des zum Aussterben bestimmten Nonnenklosters Ueberwasser, und holte von Neuem die höhere Bestätigung für die zu gründende Anstalt ein. Das päpstliche Privilegium

1) Vgl. o. S. 29. Auch den Eleven der med. chirurg. Lehranstalt steht der Besuch der Vorlesungen der philos. Fak. frei.

wurde von Clemens XIV. am 12. Juni 1773, das kaiserliche von Joseph II. am 8. Okt. dess. J. ertheilt. Die feierliche Eröffnung der Univers. verzögerte sich aber noch mehrere Jahre. Sie erfolgte endlich am 16. April 1780, obschon auch damals erst drei Fakultäten, die theolog. mit 4, die jurist. und philosoph. mit je 3 Prof., vereinigt, und zur Errichtung der vierten, der medizin., noch keine Geldmittel vorhanden waren. Ueberhaupt kam die Univers. nie zu Kräften, und es wurde noch 1815 berichtet, daß ein Fremder Jahre lang in Münster verweilen könne, ohne zu ahnen, daß sich daselbst eine Hochschule befinde. Sie wurde daher bei der Errichtung der Univers. zu Bonn aufgehoben, zugleich aber, da Stadt und Provinz großen Werth auf die Erhaltung einer höhern Bildungsanstalt legten, durch die K. O. v. 18. Okt. 1818 bestimmt, daß in Münster, an Stelle der Univers., ein theologischer Kursus für künftige Geistliche der Diözese, und als Vorbereitung darauf ein philosophischer und allgemein wissenschaftlicher Kursus verbleiben solle. Eine Erweiterung dieser Bestimmung wurde bereits durch den 2. Westph Prov.-Landtagsabsch v. 31. Dec. 1829 verheißen, der auf den betreff. Antrag der Stände folgenden Bescheid giebt:

(II. 6.) Das Fortbestehen einer höhern akadem. Lehranstalt zu Münster mit einer theol. und philolog. Fak. ist bereits durch K. O. v. 18. Okt. 1818 bestimmt worden. Derselben werden die erforderl. akadem. Ehrenrechte und die früher sistirte Befugniß, akademisch, theologische Grade [1]) zu ertheilen wieder verliehen werden, und sollen die ihr zu ertheilenden Statuten bald möglichst erfolgen.
(A. XIV. S. 211.)

In Erfüllung dieser Zusage ordnete die K. O. v. 14. April 1832 an: daß die theolog. und philos. Fakultät zu Münster in der Form und mit gleichen Rechten, unter welchen dieselben auf den Landesuniversitäten bestehen (jedoch ohne Promotionsrecht der philos. Fak.), unter der Benennung einer akadem. Lehranstalt ein Ganzes bilden sollen, [2]) mit einem aus sämmtlichen ord. Prof. bestehenden Senat und einem, immer auf drei Jahre zu erwählenden Rektor. Die Anstalt wurde unmittelbar dem Min. d. G., U. u. Med. Ang. untergeordnet, dem Erzbischofe zu Münster eine Mitaufsicht (s. o. S. 412 sub 3.) vorbehalten, und das Amt des Kurators mit dem Oberpräsidium der Prov. verbunden.

2) Statuten.

Die vom Könige vollzogenen Statuten der akadem. Lehranstalt zu Münster sind v. 12. Nov. 1832 datirt, und in Koch, I. S. 684 flg. mitgetheilt.

3) Personal, [3]) Fonds, Institute.

Ueber Lehrer und Studenten s. o. S. 399 ff. und 401 ff., über den Etat im Allgem. S. 397—399. Näheres ergiebt der nachstehende

---

1) In Betr. der philos. Fak. wurden die beschränkenden Bestimmungen durch den 4. Westph. Landtagsabsch. v. 30. Dec. 1834 (II. 34) aufrecht erhalten, weil das Einkommen der Akademie nicht ausreiche, auch dieser Fak. die erforderliche Vollständigkeit zu geben (A XX. S. 773). Die Lehrfächer der philosoph. Fak. sind: theoretische und praktische Philosophie, Philologie und Geschichte, höhere Mathematik und Physik, Anthropologie, Chemie, Botanik, Mineralogie und Zoologie.

2) Auch von der Ak. Münster kommende Studenten zahlen auf den Univ. blos halbe Immatrikulationsgebühren: C. R. v. 30. Jan. 1844 s. u. im. 4 Abschn.

3) Für den Sekretär der Akad. theilt Koch eine besondre Instr. v. 28. Febr. 1837 nebst Gebührentaxe mit, bestätigt durch R. des Min. d. G., U. u. M. Ang. v. 7. Okt. 1837. (Bd. II. S. 341 ff.)

Etat für 1836—40.

Einnahme.

	Einnahme.	thl.
1	Von der Rentei Münster . . und Geldwerth von Naturalien 548 thl. 28 gr. 2 pf. (Die Gesammt-Einnahme ist: 22,440 thl. 24 gr. 1 pf. baar u. 744 thl. 26 gr. 1 pf. für Natural., letztere u. 12,437 thl. 15 gr. 10 pf. baar aus Grundeigenthum, 9572 thl. 20 gr. 9 pf. Zinsen der 283,725 thl. 20 gr. 2 pf. betragenden Aktivkap., 430 thl. 17 gr. 6 pf. kleinere Einn., — die Verwaltungskosten, Abgaben u. Lasten absorbiren hiervon 6740 thl. 24 gr. 1 pf. baar u. 195 thl. 27 gr. 11 pf. an Naturalwerth.)	15700
2	Von der Rentei Geist . . . und Geldwerth von Naturalien . . . 24 thl. 4 pf. (Die Gesammt-Einn. ist: 6961 thl. 28 gr. 1 pf. baar u. 222 thl. 17 gr. 3 pf. für Natur., — letztere u. 6017 thl. 5 gr. 8 pf. baar aus Grundeigenthum, 744 thl. 22 gr. 5 pf. Zinsen der 22,197 thl. 21 gr. betragenden Aktivkap., 200 thl. aus Berechtigungen, — Verwalt.-Kosten, Abgaben und Lasten absorbiren hiervon 1961 thl. 28 gr. 1 pf. baar u. 198 thl. 16 gr. 11 pf. an Naturalwerth.)	5000
3	Von den inkorporirten Vikarien St. Ant. et Magd. zu Alberslo, St. Nic. et Marg. zu Havirbeck u. St. Crutis zu Stromberg (Gesammteinn. 605 thl. 9 gr. 6 pf. baar u. 8 thl. 23 gr. 9 pf. Naturalwerth, wovon zu Kosten u. Lasten die Natur. und 415 thl. 9 gr. 6 pf. baar.) .	190
4	Behrensche Fundation . . .	38
5	Dombibliothekfonds (8442 thl. 16 gr. 8 pf. Kapital) . .	278
6	Schulgeld beim Gymnas. (à 16, 14, 12 u. 10 thl. pro I—IV.)	3476
7	Eintrittsgelder das. à 2 thl. .	148
8	Von Immatrik.-Geb. bei d. Akad. (à 10 gr. z. Bibliothekfonds, der übrige Betrag wird vertheilt)	25
9	Pflanzenverkauf aus dem botanischen Garten	1092
	Se. Naturalienwerth: 572 thl. 28 gr. 6 pf. und baar	25947

Ausgabe

	Ausgabe	thl.	gr.
1	A. für die Akad. ausschließlich:		
2	für die theologische Fakultät	2696	15
3	für die philosophische Fakultät	4400	—
	für den botan. Garten ($413\frac{2}{3}$ thl. dem Gärtn., 292 thl Gehülfen, 500 thl. Tagelohn, 60 thl. Dünger, 150 thl. Feuerung, 380 thl. Inventar)	1795	20
4	für die Paulinische Bibliothek	765	—
5	Apparate rc. (40 thl. physik., 60 thl. chem. Appar., 50 thl. naturhist. Museum, 20 thl. Museum der Alterthümer) .	170	—
6	Druck des Lektionsverzeichnisses	50	—
7	philolog. Sem. (200 thl. den Vorstehern, 180 thl. zu sechs Stipendien)	380	—
8	akademische Preise	100	—
9	Beamten-Besoldungen (40 thl. der Richter, 50 thl. Sekretair, 20 thl. Pedell, 360 thl. Gehülfen b. naturhist. Museum rc)	470	—
10	Pensionen.	1483	10
11	Reinigung, Licht, Heizung . u. Holzdeputat von $78\frac{2}{3}$ thl.	100	—
	Deputat von $78\frac{2}{3}$ thl. u. baar	12410	15
	B. für die Akademie u. andre Anstalten gemeinschaftlich, od. für letztere allein:		
12	für das Gymnas. zu Münster u. an Naturalienwerth 58 thl.	9317	14
13	Apparate im Gymnas (40 thl. phys. App., 40 thl. Landkarten)	80	—
14	Druck der Schulprogramme .	100	—
15	dem Oekonom im Kolleg 50, dem Pförtner $86\frac{1}{2}$ thl., zus.	136	15
16	für die med.-chirurg. Lehranstalt	1750	—
17	für das Seminar in Büren .	400	—
18	für das Gymnas. in Coesfeld	530	—
18	Gratifikationen	400	—
20	Unvorhergesehenes . . . . und an Naturalienwerth 436 thl. 8 gr. 6 pf.	822	16
	Se. Naturalienwerth 572 thl. 28 gr. 6 pf., und baar	25947	—

Nr. 3. u. 4., so wie das Mus. d. Alterth. sub 5. der Ausgabe sind selbständige Institute, der Akademie jedoch zur Benutzung freigestellt Von der Ausgabe bei 4. dienen 520 Thlr zur Vermehrung der Bibliothek, 240 Thlr. als Zuschuß zum Gehalt des Bibliothekars, 5 Thlr. als Zuschuß zu dem des Dieners.
(Koch, I. S. 677 ff.)

Seit dem J. 1843 bezieht die Akademie einen Dotationszuschuß von 3000 Thlr. In Betreff desselben bestimmt der Landtagsabschied für die Prov.-Stände der Prov. Westphalen v. 20. Sept. 1854:

(II. auf die ständischen Petitionen. 7. Unverkürzte Zuwendung des der Akademie zu Münster im J. 1843 bewilligten Dotations-Zuschusses von jährl. 3000 Thlr. an das gen. Institut.) Ueber die in Betr. der nebenbezeichneten Angelegenheit vorgetragene Bitte sind nähere Erörterungen eingeleitet worden, solche aber noch nicht so weit gediehen, um schon jetzt eine Entscheidung über das Gesuch Unserer getreuen Stände treffen zu können.
(Staatsanz. 1854. Nr. 242. S. 1830.)

4) Honorariengelder.

Dergl. werden blos in der philos. Fakultät aufgeführt. Ihr Ertrag war in den beiden Semestern des J. 1832:

	Baar eingegangen.		Gestundet bis nach Anstell.		Zusammen.	
	thlr.	gr	thlr.	gr.	thlr.	gr.
im Sommer 1832	242	15	21	—	263	15
im Winter 18 32/33	356	15	117	—	473	15
In Summe für die 6 Semester 1832 bis 18 35/36	1859	—	769	—	2628	—

(Koch, I. S. 682.)

Drittes Kapitel.

Einzelne akademische Einrichtungen.

Mit Ausnahme der das Vermögen (s. das folg. Kap.) betreffenden, sollen hier dies. Vorschriften zusammengestellt werden, welche sich auf solche verfassungsmäßige einzelne Einrichtungen bei den Universitäten beziehen, die nicht unmittelbar zu ihrer Lehrverfassung (s. u. den 3. Abschn.) gehören. Dies sind die Vorschriften über akadem. Gerichtsbarkeit, über die Thätigkeit der jur. Fakultäten als Spruchkollegien, und über die Anstellung der Beamten und Unterbedienten bei den Universitäten.

I. Die akademische Gerichtsbarkeit.

Es werden hier die formellen Bestimmungen über die akadem. Gerichtsbarkeit gegeben, die materiellen folgen im 4. Abschn. unter den Vorschriften über akadem. Disziplin und die Schulden der Studenten.

1) Fortbestehen der akadem. Gerichtsbarkeit.

Die V. v. 2. Jan. 1849, welche die Privatgerichtsbarkeit und den eximirten Gerichtsstand aufgehoben hat, bestimmt im §. 10.:

Der Militairgerichtsstand in Strafsachen, so wie der Gerichtsstand der Studirenden soll durch besondere Gesetze anderweit bestimmt werden. Bis dahin verbleibt es bei den bestehenden Vorschriften.

(G. S. 1849. S. 4.)

Das vorbehaltene besondere Gesetz ist bis jetzt nicht ergangen.

2) Umfang und Verwaltung der akadem. Gerichtsbarkeit

a) §§. 69—72. A. L. R. II. 12.

§. 69. (Gerichtsbarkeit.) Zur nachdrücklichen Aufrechthaltung der Ruhe und Ordnung auf Akademien ist dem akademischen Senate die Gerichtsbarkeit über alle, sowohl lehrende, als lernende Mitglieder verliehen.

§. 70. Diese Gerichtsbarkeit erstreckt sich auch auf die Offizianten der Universität, so wie auf die Familien und das Gesinde aller derer, die für ihre Personen derselben unterworfen sind.

§. 71. Sie ist aber nur eine persönliche Gerichtsbarkeit, und kann auf Grundstücke, welche diese Personen besitzen, in der Regel nicht ausgedehnt werden.

§. 72. Soll sie auch auf die Grundstücke sich erstrecken, oder sollen noch andere als die vorbenannten Personen derselben unterworfen sein, so muß dergleichen Ausdehnung durch ausdrückliche Privilegia, oder aus andern Rechtsgründen, besonders nachgewiesen werden.

b) §. 76. A. G. O. I. 2.

§. 76. Studenten stehen, während ihres Aufenthalts auf Universitäten, unter dem akadem. Gerichte. Nach geendigten Studien aber können sie auf keine Exemtion Anspruch machen; sondern bleiben dem Gerichtsstande ihrer Herkunft oder ihres Wohnorts so lange unterworfen, bis eine Veränderung desselben durch die Geschäfte, denen sie sich widmen, veranlaßt wird. Uebrigens wirkt ein solcher blos temporeller Gerichtsstand keine Veränderung in den Gesetzen, nach welchen die Person und der Nachlaß eines solchen Studirenden zu beurtheilen sind. (§§. 17 bis 21.)[1])

c) Die in den vorstehenden Gesetzen der akadem. Gerichtsbarkeit gegebene Ausdehnung wurde eingeschränkt durch das folgende Reglement v. 28. Dec. 1810, wegen Einrichtung der akadem. Gerichtsbarkeit bei den Univers.

Wir Friedrich Wilhelm rc. haben beschlossen, der akadem. Gerichts-Verfassung eine zweckmäßigere Einrichtung zu geben; dem gemäß verordnen Wir folgendes:

§. 1. Die bisher auf Unsern Univ. ausgeübte Gerichtsbarkeit, sie sei in Ges. oder Privilegien gegründet, wird hiermit aufgehoben und alle das Verfahren in Rechtssachen der Studirenden bestimmenden frühern V., in wie fern sie dieser Vorschrift widerstreiten, treten hiermit außer Kraft.

§. 2. Die Rektoren, Prof., Privatdozenten, Syndici und Sekretärs der Univ. haben den Gerichtsstand K. Staatsbeamten.

§. 3. Alle andere Universitäts-Verwandte, selbst Hofmeister und Bediente der Studirenden stehen unter denj. Gerichten, denen andere Bürger ihres Ranges oder Standes nach der Regel zugewiesen sind.

§. 4. Nur die Studirenden selbst genießen, ohne Unterschied ihrer Herkunft, eines besondern Gerichtsstandes und zwar in der Regel des Gerichtsstandes der Exemten.

§. 5. Dem gemäß stehen sie, in allen durch die gegenwärtige V. nicht ausgenommenen Fällen zu Berlin unter dem Kammergericht, zu Königsberg und Breslau unter dem O. L. G., zu Frankfurt an der Oder unter dem Stadtger., dem alle dasige Eximirte untergeordnet sind.[2])

§. 6. Eltern und Vormünder der Studirenden, deren Zuziehung und Beitritt zur gerichtl. Verhandlung nöthig ist, müssen gleichfalls, so lange der Sohn

---

1) Der folgende §. 24. des Anh. verweist auf das Regl. v. 28. Dec. 1810.

2) Daß dieser eximirte Gerichtsstand aufgehoben ist, wurde schon sub 1. bemerkt. Nach der dort angef. Verordn. v. 2. Jan. 1849 steht Jeder unter dem ordentlichen Gerichte seines Wohnorts.

oder Pflegebefohlene akademischer Bürger ist, vor diesen Gerichten Recht nehmen, sie seien in sonstiger Rücksicht dens. unterwerfen oder nicht.

§. 7. Der akadem. Obrigkeit bleibt die ausgedehnte Disziplin und Polizeigewalt in allen rein akademischen und vermöge dieser V. ihr vorbehaltenen Fällen und Geschäften.

§. 8. Kraft dessen kann sie auf Abbitte, Verweis, Unterschrift des Consilii abeundi, Exklusion, wirkliches Consilium und Relegation erkennen, auch mit Gefängniß bis zu 4 Wochen bestrafen.

§. 9. Außer den eigentlich akadem. Vergehen, die sich auf den Stand und Beruf des Studirenden und dessen Verhältniß gegen die Obern und Lehrer der Univ. beziehen, stehen zur Kognition der akadem. Obrigkeit und werden disziplinarisch behandelt: a) Injuriensachen der Studenten unter sich; b) Duelle mit Studenten, in sofern dabei weder Tödtung noch Verstümmelung noch bedeutende Verwundung vorgefallen ist; c) alle geringere Vergehen der Studenten überhaupt, d. h. solche, denen das Gesetz nur ein vierwöchentliches Gefängniß oder eine noch geringere Strafe androhet.

§. 10. Wenn Jemand, der nicht zur Univ. gehört, gegen einen Studirenden auf Injurien klagen will, so muß er zuvor die akadem. Obrigkeit angehen. Wenn vor dieser die Sache nicht verglichen, oder nicht zur Zufriedenheit des Klägers entschieden wird: so steht diesem frei, den ordentl. Rechtsweg, vor den im §. 4. gen. Gerichten einzuschlagen, ohne daß er eine Instanz verloren hat, und die Entscheidung der Univ. Obrigkeit hat nur den Zweck eines einfachen Resoluts.[1])

§. 11. Der Kläger muß jedoch seine Unzufriedenheit mit dem akadem. Spruche innerhalb acht Tagen nach dessen Publikation bei Verlust seines ferneren Klagerechts, dem Rektor schriftlich anzeigen.

§. 12. Uebrigens bleibt den Univ. die Instruktion und der richterliche Ausspruch a) wenn ein Student wegen gesetzmäßiger Schulden belangt, oder b) bei Gelegenheit der im § 9. gedʼ. geringen Vergehen auf Schadensersatz oder Erstattung fremden Eigenthums in Anspruch genommen wird.

§. 13. Die Appellation von den Entscheidungen der Univ. in dergl. Geldsachen geht an die Obergerichte der Prov., hingegen in den bloßen Disziplinarsachen hat gar keine Appellation statt, sondern nur der Weg einer simplen Beschwerde an die den Landes-Univ. vorgesetzte Abth. Unsers Min. d Inn. (seit 1817 Min. d. G., U. u M. Ang. s. o. S. 406.), wenn auf Relegation oder Consilium abeundi erkannt ist.

§. 14. Zur Ausübung der den Univ. vermöge dieser V. zustehenden Macht und Befugnisse wird der akadem Obrigkeit ein Syndikus zugeordnet, der ein Rechtsverständiger sein muß; übrigens weder akadem. Lehrer noch Privatdozent sein darf.[2])

§. 15. Die Ernennung dess. geschieht von der Abth. im Min. d. Inn. für den öff. Unterr. mit Zustimmung Unsers Justiz-Min.

§. 16. In den §. 13. erwähnten Civilsachen erkennt dieser Syndikus für sich allein: hingegen an der Ausübung der Disziplin und Strafgewalt nimmt er mit dem Rektor und Senat denj. Antheil, den ihm seine von der Abth. für den öff. Unterr. zu vollziehende Instr. anweisen wird.

§. 17. Der ordentl. Polizei sind Professoren und Studenten ganz in der Art wie andere Bürger unterworfen, in wiefern nicht diese V. eine Ausnahme begründet. Alle Exemtionen, die dieser Bestimmung widerstreiten, sind hiermit aufgehoben und die Polizei übt auch wider Studirende das Recht des ersten Angriffs.

Nach dieser V., welche zu Jedermanns Wissenschaft öffentlich bekannt gemacht

---

1) Wird ein Student reconveniendo wegen Injurien belangt, so hat das Gericht die instruirten Akten dem Rektor und Senat zur Abfassung des Resoluts zu übersenden. Beruhigt sich der Widerkläger nicht (§. 11.), so erkennt das Gericht in con- und reconventione. R. v. 12. Mai 1812. (Jahrb. Bd. 1. S. 56, Gräff, Bd. 2. S. 146.)

2) §§. 14. 15. und 16. sind durch das folgende Regl. aufgehoben.

werden soll, haben alle, die es angeht, besonders Unsere Univ. und alle Staatsbehörden sich zu achten. Gegeben Berlin rc.

Friedrich Wilhelm.
v. Hardenberg. v. Kircheisen.

(G. S. 1810. S. 142.

d) Eine veränderte Einrichtung und strengere Regelung ihrer Verwaltung wurde den akadem. Gerichten durch das nachstehende Regl. v. 18. Nov. 1819 über die künftige Verwaltung der akadem. Disziplin und Polizei-Gewalt bei den Universitäten.

Wir Friedrich Wilhelm rc. haben Uns überzeugt, daß die bisher auf Unsern Univ. Rücksichts der Verwaltung der akadem. Disziplin und Polizeigewalt bestandenen Einrichtungen nicht überall den gehofften Erfolg gehabt haben. Die Rektoren und Senatoren Unserer Univ., in deren Händen sich bisher die akadem. Disziplin und Polizeigewalt konzentrirte, standen nicht in der nothwendigen Verbindung mit den Orts-Polizeibehörden und die jährl. Veränderungen in dem mit jenen akadem. Würden bekleideten Personale verhinderten eine gleichförmige Ausübung der den Univ. verliehenen Disziplinargewalt. Wir haben daher beschlossen, bei jeder Unserer Univ. statt des bisherigen Syndikus einen eignen Universitätsrichter anzustellen, und diesem hauptsächlich die Verwaltung der akadem. Disziplin und Polizeigewalt zu übertragen. Dem gemäß verordnen Wir, indem Wir alle dem gegenwärtigen Regl. widersprechende Bestimmungen Unsers Regl. v. 28. Dec. 1810, wegen Einrichtung der akadem. Gerichtsbarkeit bei den Univ., und der Unsern Univ bisher ertheilten Statuten hierdurch ausdrücklich abändern und aufheben, hiermit Folgendes:

§. 1. Die durch das Ed. v. 28. Dec. 1810 den Univ. anvertraute akadem. Disziplin und Polizeigewalt wird, nach Verschiedenheit der Fälle, von dem Rektor oder dem Univ. Richter oder dem akadem. Senat ausgeübt.

§ 2. Dem Rektor allein gebührt die Ausübung der Disziplin, so weit sie sich über die Sitten und den Fleiß der Studirenden erstreckt, und härtere Maaßregeln als Ermahnungen und Verweise nicht erfordert. Schriftliche Verhandlungen finden in diesen Fällen nicht Statt, doch ist der Rektor verpflichtet, in einer kurzen Registratur die von ihm gewählte Maaßregel, die Veranlassung zu ders., so wie den Vornamen, Namen, das Vaterland des dadurch Betroffenen und die Fakultät, zu welcher ders. gehört, aufzuzeichnen, und diese Registratur dem Univ. Richter und dem Dekan der Fak., zu welcher der Betroffene gehört, nachrichtlich vorlegen zu lassen.

§. 3. Wenn wegen Unfleißes oder unsittlichen Betragens, ungeachtet solches in einer Verletzung der allg. Landesgesetze und V. noch nicht besteht, dennoch härtere als die §. 2. bemerkten Strafen nothwendig werden, z. B. Beraubung der unter der Verwaltung des akadem. Senats stehenden Benefizien, Freitische und Stipendien, oder Verweisung von der Univ., so tritt das unter §. 10. sqq. bemerkte Verfahren ein.

§. 4. Streitigkeiten unter den Studirenden selbst, so lange sie nicht in Thätlichkeiten übergegangen, werden zunächst von dem Rektor allein erörtert; insofern ihm aber deren gütliche Beilegung nicht gelingen, oder, seiner Ansicht nach, einer der Theilnehmer eine härtere Strafe als einen bloßen Verweis verwirkt haben sollte, ist er verbunden, die weitere Verhandlung dem Univ. Richter zu überlassen.

§. 5. Die Ernennung des Univ. Richters geschieht von Unserm Min. d. G., U. u. M. Ang.[1]) mit Zustimmung Unseres Justiz-Min. und Unsers Min. zur Revision der Gesetzgebung u. s. w. für die Univ. Bonn. Der Univ. Richter soll in der Regel dieselbe Qualifikation zur Verwaltung des Richteramtes haben, welche Wir von den Mitgliedern Unserer O. L. G., nach näherer Anweisung der A. G. O., erfordern. Er darf weder akademischer Lehrer noch Privatdozent sein, hat

1) In Ansehung der Aufsicht und polizeil. Untersuchung gegen geheime Verbindungen wurde der Univ. Richter wie der Reg. Bevollm. durch K. O. v. 21. Mai 1824 unmittelbar dem Polizeimin. untergeordnet. (Vergl. u. im 4. Abschn.)

aber den Rang der ord. Prof. Er ist Mitglied des akadem. Senats und nimmt in dems., so wie bei feierl. Aufzügen, die Stelle zur Linken des jedesmaligen Rektors ein. Er ist befugt, in Sachen seines Amtes dem Sekretair und den Unterbeamten der Univ. Aufträge und Anweisungen zu ertheilen, und steht seinerseits zunächst unter dem Reg. Bevollm. bei der Univ., welcher in allen Sachen, worin es auf Kenntniß der Gesetze und Landesverfassung ankommt, ihm Gutachten abzufordern und Aufträge zu geben berechtigt ist.

§. 6. Der Univ. Richter ist zugleich Rechtskonsulent der Univ., und als solcher dafür verantwortlich, daß die Beschlüsse und Verhandlungen des akadem. Senats, nach Inhalt und Form, den bestehenden Ges. und der Verfassung vollkommen gemäß sind. Er hat daher in allen hieher einschlagenden Gegenständen ein Votum decisivum gleich den andern Senatsmitgliedern. Es steht ihm auch frei, wenn er glaubt, daß der Beschluß der Pluralität des Senats sich nicht vertreten lasse, die obwaltende Differenz zur Entscheidung des Reg. Bevollm. zu bringen. In solchen Fällen findet nur eine mündl. Deliberation Statt, bei welcher die Pluralität des Senats durch zwei von ihm erwählte Deputirte vertreten wird. Der Richter hält dem Reg. Bevollm. dann Vortrag, der durch die Deputirten nöthigenfalls ergänzt wird, und nur der Beschluß des Reg. Bevollm. wird, von ihm vollzogen, niedergeschrieben. In den Rechtsangelegenheiten der Univ. diese vor Gericht zu vertreten ist der Richter nicht verbunden, er ist vielmehr befugt, gemeinschaftlich mit dem Rektor der Univ. einen Bevollmächtigten zu bestellen, über dessen Auswahl er sich mit dem Senat vereinigen, und den er, nach vorgängiger Rücksprache mit dems., mit der nöthigen Information versehen, und Hinsichts des Betriebes des Prozesses fortgesetzt kontrolliren muß.

§. 7. Wo der Univ. Richter zugleich die Jurisdiktion auf den akadem. Gütern verwaltet, liegen ihm in dieser Hinsicht die durch die A. G. O. den Justitiarien vorgeschrieben Pflichten ob.

§. 8. Bei Verwaltung der eigentl. akadem. Disziplin und Polizeigewalt verfährt der Univ. Richter völlig selbständig a) bei allen Civilklagen gegen Studirende, deren Gegenstand lediglich pekuniair ist; b) bei allen leichteren Vergehen, deren Strafe nur in Verweis oder in Karzerstrafe bis zu vier Tagen besteht. — Es werden daher alle Civilklagen, so wie alle Anzeigen gegen Studirende wegen Verletzungen der Polizeiverordnungen [1]) und Strafgesetze bei dem Univ. Richter angebracht, an den auch der Rektor dieselben sofort abzugeben verbunden ist, falls sie zufällig in seine Hände gekommen sein sollten. Der Univ. Richter ist verbunden, zunächst zu prüfen, ob der Gegenstand der Anzeige an die akadem. oder ordentl. Gerichte gehört, und letzteren Falls verbunden, die Anzeige sofort dorthin abzugeben. Er behält jedoch entw. Abschrift ders. zurück, oder wenn die Sache hierzu zu weitläuftig sein sollte, registirt er aus den durch seine Hände gehenden Verhandlungen deren wesentlichen Inhalt, damit auf den Grund derselben in der nächsten Senatssitzung oder bei besonders wichtigen Fällen in einer von dem Rektor zu veranstaltenden außerordentl. Versammlung geprüft werden könne, ob es etwa besonderer Disziplinarmaaßregeln bedürfe. Gehört die Sache aber vor das akadem. Gericht, so ist der Univ. Richter in den oben ad a. und b. angegebenen Fällen befugt, sie selbständig zu untersuchen und zu entscheiden. Es steht ihm

---

1) Resolution des Min. d. Inn. u. d. Pol. v. 17. Nov. 1829 an den Stud. N. zu Breslau.

Auf Ihre Vorstellung v. 10. d. M., worin Sie Sich über das von dem dortigen Univ. Gerichte gegen Sie wegen zu schnellen Fahrens abgefaßte, Ihrer Meinung nach inkompetent gefällte Erkenntniß beschweren, wird Ihnen hierdurch eröffnet: daß Sie in Betreff der Kompetenz von einer ganz unrichtigen Ansicht ausgehen. Die Ihnen zur Last gelegte Polizei-Kontravention gehört nach klarer Vorschrift des §. 8. des Regl. v. 18. Nov. 1819 zum Ressort des Univ. Gerichts. Die Reg. hat daher auch auf Ihre Beschwerde nicht eingehen können. Halten Sie solche indessen doch, so weit sie die Strafe selbst betrifft, für begründet, so müssen Sie Ihren Rekurs an die dem Univ. Gerichte vorgesetzte Dienstbehörde nehmen. In der Ministerial-Instanz ist übrigens nicht das Polizei-Min., sondern das Min. d. G., U. u. M. Ang. in dieser Sache kompetent. (A. XIII. S. 865.)

aber frei, den Rektor, Dekan der betr. Fak., oder jedes andere Mitglied der Univ., dessen Anwesenheit bei der Untersuchung er aus besonderen Umständen etwa für nützlich hält, um Beiwohnung der Termine zu ersuchen, und diesen Requisitionen muß von den Requirirten unweigerlich Folge geleistet werden. Dagegen steht es auf der andern Seite jedem Mitgliede des Senats frei, in den Terminen gegenwärtig zu sein, und dem Univ. Richter seine Bemerkungen, jedoch ohne alle weitere Einmischung mitzutheilen.

§. 9. Ist der Univ. Richter der Meinung, daß nach Lage der beendigten Ausmittelungen ein bloßer Verweis hinreiche, so giebt er die Verhandlungen an den Rektor zurück, dem, wenn er der Ansicht des Richters beitritt, die Ertheilung des Verweises überlassen bleibt. Weicht die Ansicht des Rektors von der des Richters ab, und findet keine Vereinigung zwischen beiden nach gegenseitiger Berathung Statt, so trägt der Rektor die Sache dem versammelten Senate bei der nächsten Sitzung vor, und der Beschluß der Pluralität des Senats entscheidet in diesem Falle unbedingt.

§. 10. Bei allen größeren Vergehen, wo die vermuthliche Strafe viertägige Inkarzeration übersteigt, wird die Untersuchung zwar von dem Univ. Richter gleichfalls selbständig nach §. 8. geleitet, er ist jedoch verbunden, zu den Terminsverhandlungen den Rektor zuzuziehen, der sich in Verhinderungsfällen den Rektor des nächstvorigen Jahres oder, wenn auch dieser verhindert wird, den Dekan, oder, wenn auch dieser verhindert wird, einen Professor ord. der Fak., zu welcher der Angeschuldigte gehört, zu substituiren berechtigt ist.

§. 11. Als größere Vergehen, jedoch mit den Beschränkungen, welche das Ed. v. 28. Dec. 1810 §. 9. enthält, sollen ohne Ausnahme betrachtet werden: Duelle unter den Studenten, bei denen keine erhebliche Verwundung oder Verstümmelung vorgefallen, Realinjurien, Störung der Ruhe an öffentlichen Orten, Beleidigungen einer Obrigkeit, Beleidigung eines Lehrers, Rücksichts ihrer nur disziplinellen Folgen, Aufwiegelei, Rottenstiftung unter Studenten, Verrufserklärung oder Ausführung einer Verrufserklärung, Theilnahme an geheimen oder nicht autorisirten Verbindungen.[1])

§. 12. Auch die Entscheidung erfolgt in den §§. 10. und 11. bestimmten Fällen, sobald sie nicht auf Ausschließung von der Univ. ausfällt, selbständig durch den Univ. Richter, jedoch nach vorgängigem Vortrage im Senate.[2]) Sämmtlichen Mitgliedern des Senats steht bei diesem Vortrage eine berathende Stimme zu. Ist aber die Hälfte der Mitglieder des Senats der Meinung, daß die Entscheidung des Richters zu hart oder zu gelinde sei, und betrifft die Verschiedenheit in den Ansichten eine achttägige Inkarzeration oder eine noch härtere Strafe, so muß, wenn der Richter sich von den Gründen der übrigen Senatsmitglieder nicht überzeugen läßt, der Reg. Bevollmächtigte über die Differenz entscheiden. Dieser Rekurs auf den Reg. Bevollm. findet, sobald der Rektor sich unter den Dissentirenden befindet, schon dann statt, wenn ein Drittheil sämmtlicher Stimmen des Senats sich gegen den Univ. Richter erklärt.

§. 13. Sobald von dem Richter oder einem andern Senatsmitglied auf Ausschließung von der Univ., sei es nun durch Exclusion, Consilium abeundi oder Relegation, angetragen wird, haben sämmtliche Senatsmitglieder eine völlig entscheidende Stimme, und die einfache Pluralität der Stimmen giebt den Aus-

1) Durch §. 10. G. v. 7. Jan. 1838 (s. u. im 4. Abschn.) wurde in Untersuchungen gegen Verbindungen politischer Tendenz das Kammergericht als Spezialgerichtshof bezeichnet, nachdem bereits durch K. O. v. 25. April 1835 (G. S. 1835. S. 47) alle Staatsverbrechen vor dasselbe gezogen waren. Dies wurde durch §. 2. der V. v. 6. April 1848 (G. S. 1848. S. 87) und durch Art. 7. der Staatsverfassung aufgehoben, doch räumte das G. v. 25. April 1853 (G. S. 1853. 162) dem Kammerger. von Neuem eine ausschließliche Kompetenz zur Untersuchung und Entscheidung von Staatsverbrechen ein.

2) Das Min. d. G., U. u. M. Ang. empfiehlt durch R. v. 14. März 1836 an den außerord. Reg. Bevollm. zu Bonn, die hier vorgetragene Species facti zu den Entscheidungsgründen zu benutzen, damit die Absetzung des Urtheils keinen Aufschub erleide. Bei längerer Dauer einer Untersuchung sollen die Gründe der Verzögerung in den Akten angegeben werden. (Koch, II. S. 150.)

schlag; dem Richter steht jedoch frei, wenn er dem Beschlusse sich nicht fügen zu können glaubt, auf die Entscheidung des Reg. Bevollm., wie im Falle ad 12., zu provoziren.

§. 14. Alle Entscheidungen, über welche Vortrag im Senate gehalten worden, werden in dessen Namen abgefaßt und von dem Rektor und Richter unterschrieben. Alle sonstige Ausfertigungen, und in den ad a. und b. des §. 8. bezeichneten Sachen, auch die Erkenntnisse werden von dem Univ. Richter allein unterschrieben.

§. 15. Alle Ausfertigungen, an denen der Univ. Richter Theil nimmt, werden von dem Sekretarius kontrasignirt; das Protokoll in den Terminsverhandlungen führt der Kanzellist und Registrator der Univ.

§. 16. Der im §. 13. des Regl. v. 28. Dec. 1810 gegen Entscheidung des Senats in Disziplinarsachen nachgelassene Rekurs muß, wenn auf Relegation erkannt ist, binnen vier Tagen, und gegen andere Disziplinarstrafen, binnen 48 Stunden, bei Vermeidung der Präklusion, ergriffen werden. [1]) Im letzteren Falle kann das Min. d. G., U. u. M. Ang. der Strafe eine Verschärfung hinzufügen, wenn der Rekurs zur Ungebühr ergriffen ist. In Ansehung der durch das ged. Ges. nachgelassenen Appellationen in Civilsachen bleibt es bei den festgestellten Fristen.

§. 17. Der Rektor sowohl als der Univ. Richter sind verpflichtet, in jeder Senats-Sitzung von allen Sachen Nachricht zu geben, welche von ihnen nach §§. 2. 4. 8. 9. seit der vorhergehenden Senats-Sitzung entschieden worden sind.

§. 18. Die Sorge für die Vollstreckung der Strafe liegt dem Richter ob, der, insofern von Inkarzeration die Rede ist, das Gutachten des Dekans der Fak. des zu Bestrafenden darüber hören muß, wie die Strafe ohne zu großen Nachtheil für das Studium des zu Bestrafenden zu vollstrecken sei. Dem Richter gebührt daher auch die Aufsicht über die zweckmäßige Einrichtung des Karzers und über Befolgung der Karzerordnung.

§. 19. Hält der Richter im Laufe der Untersuchung die Verhaftung eines Studirenden für nothwendig, so muß er darüber, wenn nicht Gefahr auf dem Verzuge haftet, mit dem Rektor und Dekan zuvörderst Rücksprache nehmen, weichen beide von seiner Ansicht ab, so entscheidet nach §. 6. der Reg. Bevollm., auf welchen ihrerseits Rektor und Dekan provoziren können, wenn der Richter die von ihnen behauptete Nothwendigkeit der Verhaftung nicht anerkennen will.

§. 20. In allen Angelegenheiten, wo außer dem pekuniairen Interesse noch ein disziplinelles eintritt, ist nach §. 10. die Art des Verfahrens davon abhängig, ob Rücksichts des letztern eine härtere als viertägige Karzerstrafe zu erwarten ist; die Entscheidung über das pekuniaire Interesse gebührt auf jedem Fall dem Richter allein.

§. 21. Dem Univ. Richter steht die Benutzung der untern Polizeibeamten des Orts für die von ihm zu führenden Untersuchungen, unter Rücksprache mit den Ort-Chefs derselben, frei. Zu Mittheilungen zwischen diesem und dem Univ. Richter bedarf es keiner förmlichen Schreiben, die Verhandlungen werden vielmehr gegenseitig in originali brevi manu mitgetheilt, und mit den Originalvermerken, welche erbeten worden, zurückgegeben. [2])

---

1) Das Min. d. G., U. u. M. Ang. erklärte durch R. v. 8. Febr. 1836 an den außerord. Reg. Bevollm. zu Bonn, den Rekurs an das Min. nur dann zulässig, wenn auf Relegation, Consil. abeundi oder Exklusion erkannt worden, nicht aber gegen andere Entscheidungen. (Koch, II. S. 149.)

2) Ueber das Verhältniß zwischen den akadem. und den Polizeibehörden spricht sich das R. des Min. d. Inn. u. d. P. v. 18. Juli 1822 dahin aus: daß die Polizei die von der akadem. Obrigkeit innerhalb ihres Ressorts erlassenen Verf. auf Requisition vollstrecken muß, ohne daß ihr eine Beurtheilung auf Rechtmäßigkeit derselben zusteht, welche letztere lediglich die akadem. Behörde ihrem vorgesetzten Min. gegenüber zu vertreten hat, an welches deshalb auch die Betroffenen mit etwaigen Einreden von Seiten der Polizei zu verweisen sind. In eiligen Fällen soll die akadem. Behörde, ohne vorherige Anzeige an den Orts-Polizei-Chef, auch einzelne Unterbeamte der Polizei unmittelbar, schriftlich oder mündlich, requiriren dürfen. (A. VI. S. 712.)

§. 22. Der Richter soll überhaupt das Organ sein, durch welches der Rektor und Senat mit den Ortspolizeibehörden in Verbindung tritt, es muß daher in allen Anlegenheiten, bei welchen ein polizeil. Interesse Statt findet, insbes. also über die Anträge der Studirenden auf Zulassung öffentlicher Aufzüge, der Veranstaltung von Bällen und Konzerten, zwischen dem Rektor und Richter und, wenn diese sich über die Zulassung vereinigt haben, zwischen dem Richter und dem Chef der Ortspolizeibehörde berathen werden. Der Reg. Bevollm. entscheidet, wenn bei den Berathungen keine Vereinigung Statt findet.

§. 23. Der Richter muß wöchentlich dem Reg. Bevollm. eine Uebersicht der eingegangenen und der beendigten Klagen und Anzeigen einreichen, in welche auch die nach § 2 von dem Rektor aufgenommenen Registraturen aufzunehmen sind. Das Schema hierzu wird ihm der Reg. Bevollm. mittheilen. Es ist damit eine Anzeige von der geschehenen Vollstreckung der Urtheile zu verbinden Bei Vorfällen unter Studirenden, die am Orte ein besonderes Aufsehen erregt haben, muß die Anzeige an den Reg. Bevollm. sogleich erfolgen, mit bestimmter Bezeichnung des bereits Feststehenden und des zur Zeit noch unverbürgt bekannt Gewordenen.

§. 24. Der Univ. Richter ist befugt und verpflichtet, gesetzlich zulässige Schuldkontrakte der Studirenden aufzunehmen, auch die, studirenden Ausländern in ihren Privatangelegenheiten etwa nöthigen gerichtl. Beglaubigungen zu ertheilen; und sollen diese Verhandlungen, für welche er aber in keinem Falle eine Taxe erheben darf, gerichtl Glauben haben.

Nach dieser V., welche zu Jedermanns Wissenschaft durch Unsere G. S. öffentlich bekannt gemacht werden soll, haben alle, die es angeht, besonders alle Univ. und Staatsbehörden sich zu achten.

Gegeben Berlin rc. Friedrich Wilhelm.
C. Fürst v. Hardenberg.

(G. S. 1819. S. 238.)

e) Noch engere Einschränkung der akadem. Gerichtsbarkeit wurde durch Art. 13. des Bundesbeschl. v. 13. Nov. 1834 (s. o. S. 388.) ausgesprochen. Diese jedoch, so wie die in Folge des Bundesbeschl. v. 20. Sept. 1819 (s. o. S. 378 ff.), der Instr. v. 18. Nov. 1819 (s. o. S. 406 ff.) und des vorstehenden Regl. eingeführte Mitwirkung der außerord. Reg.-Bevollm. bei der Verwaltung der akadem. Gerichtsbarkeit, ist beseitigt durch den Bundesbeschl. v. 2. April 1848 (s. o. S. 395 ff.) und C. R. v. 18. Juli 1848 (s. o. S 409.). Im Uebrigen sind die vorstehend sub c. und d. gegebenen V. noch heute maaßgebend.

3) Die Listen, welche der Univers.-Richter vierteljährlich über Disziplinarfälle und Schuldklagen einzureichen hatte, sind abgeschafft, und sollen durch die vom abgehenden Rektor aufzustellende Hauptübersicht über die Ergebnisse des verflossenen akadem. Jahres ersetzt werden: C. R. v. 6. Nov. 1848 (s. o. S. 410.).

4) Gebühren.

K. O. v. 22. Juni 1827 an den Min. d. G., U. u. Med. Ang.

Auf Ihren Ber. v. 30. v. M. genehmige Ich nicht nur, daß Sie wegen der vermehrten Polizei- und Kanzleigeschäfte bei der Univ. zu Bonn eine Gebühr von 1 Thlr. für eine Entscheidung in einer Strafsache, und von 15 Sgr. in einer Schuldsache eingeführt haben, sondern autorisiren Sie auch bei den übrigen Univ., sobald die zunehmende Erregung das Bedürfniß rechtfertigt, eine ähnl. Einrichtung zu treffen.[1]) Berlin rc.

Friedrich Wilhelm.

(Koch, II. S. 157.)

Dazu bestimmen:

1) Dies geschah für Königsberg durch R. des Min. d. G., U. u. M. Ang. v. 17. Dec. 1837. (Koch, a. a. O.)

a) Ueber Unzulässigkeit von Haft oder Beschlagnahme des Abgangszeugnisses wegen restirender Disziplinar-Untersuchungs-Gebühren: R. des Min. d. G., U. u. Med. Ang. v. 3. Sept. 1835 an den außerord. Reg.-Bevollm. zu Bonn.

Ew. erwidert das Min. rc., wie dasselbe der von Ihnen geäußerten Ansicht, daß die Substitution einer Gefängnißstrafe für schuldige Kosten oder Gebühren nicht zulässig sei, völlig beitritt, und auch Bedenken trägt, eine Beschlagnahme der Abgangszeugnisse wegen Nichtberichtigung der Kosten zu gestatten. Es wird vielmehr dabei vornehmlich auf Vigilanz ankommen, damit nicht zu oft diese Gebühren uneinziehbar werden.

(Koch, II. S. 147.)

b) Ueber Unzulässigkeit von Citationsgebühren für die Pedelle.

R. dess. Min. v. 23. Dec. 1836 an dens.

Den Parteien kann für die ganze Instruktion der Sache und für die Entscheidung nicht mehr als das Aversionsquantum von resp. 1 Thlr. und 15 Sgr. abgefordert werden, und da diese Gebühren bei der dortigen Univ. ganz dem Kassenkontroleur und Kanzlisten zufallen, so kann daraus für den Pedellen nichts entnommen werden; derselbe muß also, wie sich von selbst versteht, die Zeugencitationen unentgeltlich verrichten.

(Koch, II. S. 152.)

5) Stempel.

C. R. des Min. d. G., U. u. Med. Ang. v. 6. April 1838 an die außerord. Reg.-Bevollm.

Das K. Staatsmin. hat durch einen Beschl. v. 13. v. M. festgestellt, daß zu den Entscheidungen der akadem. Gerichte in Civilsachen, wenn das Objekt stempelpflichtig ist, das erforderl. Stempelpapier, wie sich von selbst versteht, verwendet werden müsse, die Erkenntnisse und Resolute in Straf- und Injuriensachen dagegen, wie schon bisher geschehen, stempelfrei zu expediren sind, obschon nach den bestehenden Vorschriften die Anwendung des Stempelpapiers gefordert werden könnte, und der Revision des Stempelges. die weitere Bestimmung dieserhalb vorbehalten bleibe.

(Koch, II. S. 161.)

6) Besondere Vorschriften für einzelne Universitäten.

Von den Preuß. Univers. liegt Bonn in dem Bezirke des Französischen, Greifswald in dem des gemeinen Rechts. Dies hat bei beiden besondere Einführung der die Verwaltung der akadem. Gerichtsbarkeit betreff. Bestimmungen nöthig gemacht.

a) Für Bonn wurde zunächst

α) durch das von dem Min. d. G., U. u. Med. Ang. (v. Altenstein) und dem Min. zur Revision der Gesetzgebung und Justizorganis. in den neuen Prov. (v. Beyme) unterm 1. Febr. 1819 erlassene Regl. die Einrichtung der akadem. Gerichtsbarkeit und das Verfahren in akadem. Disziplinar- oder Schuldsachen, wie es auf den übrigen Univers. im Gange war, eingeführt, und gleichzeitig das materielle Recht, wie es im A. L. R. II. 12. für die Studenten bestimmt ist, publizirt.[1])

β) Demnächst erging das Regl. v. 18. Nov. 1819 (s. o. 2, d.), wie aus §. 5. desselben erhellt, auch für Bonn.

γ) So wie die speziell akadem. Gesetze, sollten aber für die Studirenden in Bonn überhaupt die altländischen Kriminal-Gesetze und die Kriminal-Ordnung Gültigkeit haben. So bestimmte eine K. O. v. 31. Dec.

---

1) A. III. S. 130 ff. Der erste Abschn. des Regl. ist nur eine neue Redaktion des Regl. v. 28. Dec. 1810. Der zweite enthält die §§. 64. u. 73—129. A. L. R. II. 12., sammt Anh., in wörtlicher Wiederholung.

1836,[1]) welche zugleich, in Abänderung des Regl. v. 1. Febr. 1819 die Kognition der akadem Obrigkeit dahin erweiterte: „daß alle Vergehen der Studirenden, denen das nunmehr anzuwendende Ges. nur eine vierwöchentliche Gefängniß oder eine noch geringere Strafe androht, von der akadem. Behörde untersucht und disziplinarisch geahndet werden sollen." (A. XXI. S. 89.)

δ) Was die von den Studirenden zu Bonn begangenen und zur gerichtlichen Entscheidung geeigneten strafbaren Handlungen betrifft, so wurde die K. O v. 31. Dec. 1836 durch die K. O. v. 4. Okt. 1847 dahin abgeändert: „daß die Untersuchungen, mit Beseitigung der Krim. O. v. 1805 nach der Rheinischen Strafprozeß-Ordnung geführt und erledigt werden sollten." (G. S. 1847. S. 260.)

ε) In Folge der durch §. 2. der V. v. 6. April 1848 (G. S. 1848. S. 87.) zugesicherten Aufhebung des Ausnahme-Gerichtsstandes bei Staatsverbrechen, wurden durch §. 1. der V. v. 15. April 1848 auch das Rheinische Strafgesetzbuch und die zu dessen Ergänzung oder Abänderung vor dem 6. März 1821 erlassenen Gesetze in Ansehung aller ders. Verbrechen, Vergehen und Uebertretungen wieder in Kraft gesetzt, „welche gegen den Staat oder dessen Oberhaupt gerichtet, oder von Geistlichen, oder von Studirenden der Univers. Bonn begangen sind ꝛc." Im §. 15. wurde die K. O. v. 31. Dec. 1836, „insoweit sie nicht schon durch die K. O. v. 4. Okt. 1847 aufgehoben," als außer Kraft tretend bezeichnet. (G. S. 1848. S. 101.)

ζ) Gegenwärtig gilt für die Bonnenser Studenten, wie für den ganzen Staat, das Strafgesetzbuch v. 14. April 1851 (G. S. 1851. S. 101 bis 178.), durch welches, laut Art. II. des Einführungsges. de eod. (G. S. 1851. S. 93.), wie alle allgemeinen Strafbestimmungen, so auch das Rheinische Strafgesetzbuch, außer Wirksamkeit gesetzt ist. Was dagegen das Verfahren anlangt, so steht die Rhein. Strafprozeß-Ordnung (s. o. sub *δ*.) noch in Gültigkeit, indem die neue V. v. 3. Jan 1849 über Einführung des mündl. und öffentl. Verfahrens mit Geschwornen in Untersuchungssachen (G. S. 1849. S. 14.) sich nicht auf den Bezirk des Apellationsgerichtshofes zu Köln bezieht, zu welchem Bonn gehört, obschon sie außerdem im ganzen Staatsgebiete gilt.

b) Für Greifswald erfolgte die Einführung der Regl. v. 28. Dec. 1810 und 18. Nov. 1819 (s. o. 2, c. u. d.), so wie der zu §. 5. des letztern angeführten K. O v. 21. Mai 1824 erst durch K. O. v. 15. März 1835, welche im §. 1. bestimmt: daß, wie anderwärts, die nach den ged. V. der Univers. zustehende Disziplinar- und Polizeigewalt, unter der Mitwirkung des Reg.-Bevollm. „durch den jedesmaligen Rektor, den Univers.-Richter[2]) und einen akademischen Senat ausgeübt" werden solle. Weiter heißt es:

2) Da bei der Univ. Greifswald ein Senat in der Art, wie solchen das

---

1) Mitgetheilt durch R. des Min. d. G., U. u. M. Ang. v. 29. Jan. 1837 an den außerord. Reg. Bevollm. zu Bonn. Schon in diesem R. wurde empfohlen, und in einem zweiten R. dess. Min. v. 14. Juli 1837 an dens. angeordnet: als wesentlichste Abänderung die Strafbestimmungen des A. L. R. über das Duell (§§. 666—688. II. 20.) mit dem Bemerken in Bonn zu publiziren, daß §. 5. c. des Regl. v. 1. Febr. 1819 (= §. 9. b. des Regl. v. 28. Dec. 1810, s. o. 2. c.) dadurch nicht geändert sei. (Koch, II. S 155.)

2) Neben diesem wurde auch ein Univ. Syndikus beibehalten, sein Amt aber auf Vertretung der Univ. in Prozessen und Geschäften der akadem. Vermögens-Verwaltung eingeschränkt: Regul. des Min. d. G., U. u. M. Ang. v. 28. Juni 1837 über die Funktionen des Univ. Richters und die Geschäftsvertheilung zwischen ihm und dem Syndikus bei der Univ. Greifsw. (Koch, II. S. 153.)

Regl. v. 18. Nov. 1819 für die Theilnahme an der Vollziehung der akadem. Disziplinar- und Polizeigewalt voraussetzt, nicht existirt, so bestimme Ich, daß aus dem Rektor, Prorektor, den Dekanen der vier Fak. und vier aus den ord. Prof. vom akadem. Konzil gewählten Mitgliedern ein akadem. Senat gebildet werden und mit dem 1. Juli l. J. in Thätigkeit treten soll. — 3) An die Stelle der bisher. Ges. für die Studirenden zu Greifswald treten die für die Studirenden der übrigen Landes-Univ. gültigen Ges., deren Publikation durch das Amtsbl. der Reg. zu Stralsund Sie, der Min. d. G., U. u. M. Ang. zu veranlassen haben.[1]) — 4) An den im §. 2. geordneten Senat gehen auch die Freitisch- und Stipendiensachen über. — 5) Außer diesem Senate wird bei der Univ. Greifswald künftig nur noch das große Konzil fortbestehen, dessen Wirkungskreis auf die Wahl des Rektors, der im §. 2. erwählten Senats-Beisitzer, die Beaufsichtigung des Lehrwesens mit Einschluß der Regulirung des Lektions-Katalogs, die Bibliothek-Angelegenheiten, die Annahme des akadem. Buchhändlers und Buchdruckers, und auf die Ausübung des über mehrere Kirchen und Schulen der Univ. zustehenden Patronatrechts beschränkt bleibt.

(G. S. 1835. S. 41.)

II. Die Spruchkollegien bei den jurist. Fakultäten.

Jede jurist. Fak. bildet ein Spruchkollegium, an welchem in der Regel die ord. Prof. berechtigt, aber nicht verpflichtet sind, Theil zu nehmen, zu welchem aber auch außerord. Professoren und Privatdozenten als außerordentliche Mitglieder zugelassen werden können. Diese Spruchkollegien haben ihre eigenen Statuten.[2]) Die gegen die Thätigkeit derselben in Kriminal- und Polizeisachen gerichteten Bundesbeschlüsse sind ob. S. 384 u. Note 3. das. mitgetheilt. Von ihnen wurde insbes. der Beschl. v. 13. Nov. 1834 durch Bek. des Staatsmin. v. 31. März 1835 (G. S. 1835. S. 45.) für Preußen publizirt, und sowohl dieser, als der ihn erweiternde Beschl. v. 5. Nov. 1835 durch die R. des Min. d. G., U. u. Med. Ang. v. 14. Jan. 1835 (A. XIX. S. 131) und 8. Jan. 1836 den jurist. Fak. zur Nachachtung eingeschärft. Die hierdurch eingeführte Beschränkung der jurist. Fakultäten auf Civil-Spruchsachen ist jedoch im J. 1848 wieder aufgehoben worden, wie aus dem nachstehenden C. R. des Min. d. G., U. u. Med. Ang. (v. Ladenberg) v. 21. Juli 1848 an sämmtl. Spruchkollegien der Juristenfakultäten der K. Landes-Univers., erhellt:

Das K. Min. d. ausw. Ang. hat die Mittheilung gemacht, daß durch einen am 2. April d. J. gefaßten Beschluß der Deutschen Bundesvers. (s. o. S. 395.) alle v. J. 1819 ab erlassenen sogen. Ausnahmegesetze des Deutschen Bundes für sämmtliche Bundesstaaten aufgehoben seien, und daß diese Aufhebung auch die Bundesbeschl. v. 13. Nov. 1834 und 5. Nov. 1835, betr. die Beschränkung der Aktenversendung in Kriminal- und Polizeisachen an die Spruchkoll. der Jur. Fak. in sich begreife. — Das Spruchkoll. der Jurist. Fak. wird hiervon mit dem Bemerken in Kenntniß gesetzt, daß die auf den erwähnten früheren Bundesbeschl. beruhenden Minist. Verf. v. 14. Jan. 1835 und 8. Jan. 1836 nunmehr außer Wirksamkeit treten.

(M. Bl. d. i. V. 1848. S. 223.)

III. Die Beamten bei den Universitäten.

Die Anzahl und Art der zur Geschäftsführung einer Univers. erfor-

---

1) Dies geschah durch Publ. des Min. d. G., U. u. M. Ang. v. 18. Mai 1835, wodurch für Greifsw. nicht nur die obengeb. Regl. v. 1810 u. 1819 mit der K. O. v. 21. Mai 1824, sondern auch §§. 80—126. A. L. R. II. 12. nebst Anhang publizirt wurden. (Koch, I. S. 418.)

2) Die vom Min. d. G., U. u. M. Ang. unterm 25. Juli 1836 bestätigten

derlichen Beamten ist nach der verschiedenen Frequenz, nach dem verschiedenen Bedürfnisse verschieden. Außer dem als Oberbeamter anzusehenden Universitätsrichter finden sich in der Regel: ein Quästor zur Vereinnahmung und Verrechnung der Honorarien, ein Rendant zur Kassenführung, ein Sekretär, der gewöhnlich auch die Registraturgeschäfte besorgt, und nöthigenfalls den Richter zu vertreten hat, und als Unterbeamte und zu mechanischen Diensten: Kanzlisten, Kastellane, Pedellen, Karzeraufseher u. s. w.[1]) Vergl. die Berliner Statuten, Abschn. V. (s. o. S. 421 ff.), so wie überhaupt die im vorig. Kap. bei den einzelnen Univers. über das Personal gegebenen Notizen.

1) Ueber die Ansprüche, welche Militairpersonen durch den Civilversorgungsschein auf vorzugsweise Anstellung in den Unterbedienungen erlangen, vergl. die in der 3. Abth. bei den Gymnasien angeführten Vorschriften.[2]) Insbes. ist der Beschl. des Staatsmin. v. 19. Sept. 1836, welcher den in der Regel auf 6 Mon festgesetzten Probedienst solcher Militairpersonen bei Anstellungen im Rechnungssache, in den Kanzleien, im Dienste der exekutiven Polizei ꝛc. für nothwendig, bei blos mechanischen Dienstverrichtungen dagegen für nicht erforderlich erklärt, den Univers. durch C. R. des Min d. G., U. u. Med. Ang. v. 9. Dec. 1836 zur Nachachtung zugefertigt (Koch, II. S. 340.)

2) Vereidigung.

a) C. des Min. d. G., U. u. Med. Ang. v. 7. Aug. 1835 an sämmtliche außerord. Reg.-Bevollm. bei den Univers.

Die in Folge des R. v. 20. Mai v. J. hier eingegangenen Nachweisungen über diej. Gattungen von Personen, welche, ohne zu einer der verschiedenen Klassen der Civiloffizianten zu gehören, in dem diesseitigen Ressort mit der Beaufsichtigung oder Verwaltung irgend eines Staatseigenthums beschäftigt und in Eid und Pflicht genommen worden, sind in ein Hauptverzeichniß zusammengetragen und solches durch das K. Staatsmin. Sr. Maj. dem Könige eingereicht. Allerh. Dies. haben zwar dagegen nichts zu erinnern gefunden, jedoch mittelst Allerh. K. O. v. 16. Juni d. J. zu bestimmen geruht: daß bei keiner anderen, in jenes Verzeichniß nicht aufgenommenen Klasse von Personen dieser Art, die Personen mögen jetzt schon angestellt sein, oder erst künftig angestellt werden, die Eidesleistung ohne Allerh. vorgängige Genehmigung erfolgen, und eben so wenig eine schon jetzt der Eidesleistung unterworfene Klasse ohne Allerh. Genehmigung von ders. entbunden werden soll.

(Koch, II. S. 329.)

b) R. dess. Min. v. 10. Mai 1838 an den außerord. Reg.-Bevollm. zu N.

Ew. eröffnet das Min., daß die Vereidung und sonstige Verpflichtung der

---

Statuten für das jur. Spruchkoll. bei der Univ. zu Bonn sind mitgetheilt: Koch, II. S. 87.

1) In Halle steht auch der Auktionarius, nach der durch R. des Min. d. G., U. u. M. Ang. v. 4. Dec. 1835 für ein gültiges Spezialges. erklärten Auktionsordnung v. 1745 für die dort. Univ., mit dieser letztern in gewisser Verbindung. Doch soll förml. Anstellung und Verpflichtung dess. Seitens der Univ. nicht erfolgen. (Koch. I. S. 531.)

2) Vgl. auch Ergänz. der Preuß. Rechtsb. zu §. 64. A. L. R. II. 10. Die hauptsächlichen V. sind: a) hinsichtlich der Civilversorgung der Invaliden und Freiwilligen aus den Kriegen v. 1813—15: der Beschl. des Staatsmin. v. 22. Okt. 1837, best. durch K. O. v. 22. Dec. 1837; das auf Grund der K. O. v. 11 Sept. 1846 ergangene C. R. v. 17. Okt. 1846 und das G. v. 4. Juni 1851. — b) hinsichtlich der 12 Jahre gedienten Unteroffiziere: die K. O. v. 7. Aug. 1820, 31. Okt. 1827 und 7. Nov. 1835. — c) hinsichtlich der Offiziere: K. O. v. 20. Dec. 1828 und 13. Dec. 1835.

Institutsgehülfen und Beamten bei der Univ. dem officio academico und nicht den Instituts-Direktoren obliegt, wie solches auch bei der hies. K. Univ. Observanz ist.

(Koch, II. S. 554.)

Im Uebrigen, namentlich was die Eidesnorm anlangt, s. o. S. 72 sub III., so wie Bd. 1. S. 454. Insbes ist die K. O. v. 10. Febr. 1835 über die Verweisung auf den frühern Diensteid durch C. des Min. d. G., U. u. Med. Ang. v. 1. Juni 1835 den Univers. zur Berücksichtigung mitgetheilt. (Koch, II. S. 329.)

Viertes Kapitel.

Vorrechte und Vermögen der Universitäten.

Da sich fast sämmtliche Vorrechte der Univers. auf ihr Vermögen beziehen, so erscheint es zweckmäßig, ihre Aufzählung dem, was über die Verwaltung dieses letztern zu sagen ist, unmittelbar vorangehen zu lassen.

I. Vorrechte der Universitäten.

Vermöge ihrer Stellung als privilegirte Korporationen [1]) (s. o. S. 413 und Bd. 1. S. 745. Note 2.) kommt den Universitäten.

1) Verdoppelung der Frist bei Einlegung der Rechtsmittel nach Art. 13. der Dekl. v. 6. April 1839 zu Gute (Bd. 1. S. 771.);

2) Verdoppelung der Verjährungsfrist, nach §. 624. A. L. R. I. 9., so weit sie nicht für unmittelbares Staatseigenthum oder milde Anstalten (§. 43. A L. R. II. 19.) die 44jährige Verjährung nach §. 629. A. L. R. I. 9. (Bd. 1. a. a. O.) zu beanspruchen haben;

3) das den milden Stiftungen im Konkurse beigelegte Vorrecht, insbes. nach §§. 405. 444. A. G. O. I. 50. (Bd. 1. S. 773.);

4) die Befreiung von der Grundsteuer für Universitäts-Gebäude und Gärten nach §. 2. G. v. 24. Febr. 1850, und von Gemeindelasten [2]) nach §. 4. der St. O. v. 30. Mai 1853 und der K. O. v. 8. Juni 1834 (Bd. 1. S. 774.). Auch eine Zollbefreiung steht den Univers. für ihre Bibliotheken und wissenschaftl. Sammlungen zu laut des C. R. des Gen. Dir. der Steuern (Kuhlmeyer) v. 3. März 1840, welches mit Bezugnahme auf die frühere Befreiung von Kunstsachen für Ausstellungen und landesherrl. Kunstinstitute erklärt:

daß nach einer Vereinbarung unter den Zollvereinsstaaten die Befreiung vom Eingangszolle auf Vereinsrechnung nunmehr auch solchen Gegenständen zugestanden werden soll, welche für Bibliotheken und andere wissenschaftliche, besonders naturhistorische Sammlungen öffentlicher Anstalten eingehen. — Es können demnach in Zukunft auch Gegenstände der letztern Art, mit Genehmigung der

---

1) Die Univ. wie die mit ihnen verbundenen Institute, führen Dienstsiegel. Doch nimmt für Anschaffung der letztern das Min. d. G., U. u. M. Ang. auf Grund des G. v. 6. Juni 1835 (G. S. 1835. S. 99) die Einholung seiner Genehmigung in Anspruch, deren Ertheilung für Bonn es indessen dem dort. Reg. Bevollm. delegirte: R. v. 17. April 1836 und 19. Aug. 1837. (Koch, II. S 553.)

2) Sub a. des geb. Paragraphen werden auch „Spaziergänge, Lust- und botanische Gärten" als grundsteuerfrei bezeichnet.

Prov. Steuerbehörde, auf gehörigen Nachweis ihrer Bestimmug, vorläufig frei verabfolgt werden, indessen ist, wie bei den Kunstsachen rc., in jedem speziellen Falle der Art, unter näherer Bezeichnung dess., die diesseitige Zustimmung zur Freischreibung auf Vereinsrechnung einzuholen.

(M. Bl. d. i. V. 1840. S. 125.)

5) Portofreiheit.

C. R. des Min. d. G., U. u. Med. Ang. (v. Altenstein) v. 21. Jan. 1822 an sämmtl. K. Reg.

Die K Reg. erhält in der Anlage Abschrift eines von dem K. Gen. Postamte unter d. 14. d. M. an sämmtl. Postämter erlassene C., wegen der den Univ, und deren Instituten zustehenden Portofreiheit, mit der Anweisung, sich danach bei der Korrespondenz mit den inländ. Univ. zu achten, und insbes. auf den Kouverten jedesmal auch die Journal-Nummer zu bemerken.

(A. VI. S 45. — Das als Anlage bezeichnete C. v. 14. Jan. 1822 ist Bd. 1. S. 775 Note 2. zu vergleichen.)

6) Sportelfreiheit. Nach §. 145. Anh. zu §. 46. A. G O. I. 23. war die Kostenfreiheit den Univers. Berlin, Königsberg und Breslau zugestanden.[1]) Laut des durch R. des Min. d. G., U. u Med. Ang. v. 2. April 1838 mitgetheilten C. des Justiz-Min. v. 17. März 1838 wurde die fiskalische Kostenfreiheit (§. 26. A. G. O. I. 35.) auch für Halle anerkannt. (Koch, II. S. 993., Jahrb. Bd. 51. S. 162., Gräff, XII. S. 142.) Gegenwärtig ist dieselbe nach §. 4. G. v. 10. Mai 1851[2]) zu beurtheilen. (Bd. 1. S 777.)

7) Stempelfreiheit: laut Dekl. v. 27. Juni 1811 und K. O v. 16. Jan. 1827. (Bd. 1. S. 778.)

8) Zum Halten der Gesetzsammlung sind die Univers. nicht verpflichtet.

Verf. des Gen.-Postamts v. 28. Aug. 1854 an die Ober-Postdirekt. zu N.

— Hinsichtlich der K. Universitäten und Bibliotheken endlich hat der H. Min. d. G., U. u. M. Ang. erklärt, daß dieselben, so wie deren Organe, zum Halten der G. S. nicht verpflichtet seien, daß den Univ. Richtern indessen diese Verpflichtung obliege.

(Staatsanz. Nr. 207. S. 1507.)

9) Schutz gegen Nachdruck:[3]) G. v. 11. Juni 1837:

§. 8. Akademien, Universitäten, öffentliche Unterrichtsanstalten, gelehrte und andere erlaubte Gesellschaften genießen das ausschließende Recht zur neuen Her-

---

1) Der Anhangs-Paragraph ist aus den R. des Just. Min. v. 4. Aug. 1812 und 12. April 1814 entnommen, von denen das erstere „den Univ. in ihren Prozessen und andern gerichtl. Ang. jura fisci dergestalt" beilegt, daß sie zur Zahlung von Gerichtskosten nicht verbunden. (Koch, II. S. 988, Jahrb. Bd. 1. S. 244, Gräff, II. S. 154.)

2) „Von der Zahlung der Gerichtskosten sind befreit: 1) der Fiskus und alle öffentl. Anstalten und Kassen, welche für Rechnung des Staats verwaltet werden, oder diesen gleich gestellt sind;" Nr. 2. 3. und 8. f. im 1. Bd. a. a. O.

3) Ein anderes literarisches Privilegium, die der Akademie der Wissenschaften und den Univ. im Censured. v. 19. Dec. 1788 sub IV. (Rabe, Bd. 1. Abth. 7. S. 747) zugestandene Censurfreiheit wurde durch §. VII. des Ges. v. 8. Okt. 1819 auf 5 Jahre suspendirt, und dies G. durch K. O. v. 18. Sept. 1824 bis auf Weiteres prolongirt. (G. S. 1819. S. 224, 1824. S. 164.) Für amtliche Schriften der Akad. und der Univ. stellte schon §. 2. V. v. 30. Juni 1843 (G. S. 1843 S. 258) die Censurfreiheit wieder her. Im J. 1848 aber wurde die Censur allgemein abgeschafft: G. v. 17. März und v. 6. April 1848 (G. S. 1848. S. 69, 87) und ihre Aufhebung sowohl in der oktroyirten, als revidirten Staatsverfassung beibehalten.

ausgabe ihrer Werke dreißig Jahre lang. Diese Frist ist a) bei Werken, die in einem oder mehreren Bänden eine einzige Aufgabe behandeln, und mithin als in sich zusammenhängend betrachtet werden können, zu denen namentlich auch die lexikalischen zu zählen sind, von dem Zeitpunkte ihrer Vollendung an; b) bei Werken aber, die nur als fortlaufende Sammlungen von Aufsätzen und Abhandlungen über verschiedene Gegenstände der gelehrten Forschung anzusehen sind, von dem Erscheinen eines jeden Bandes an zu rechnen. — Veranstalten jedoch die Verfasser besondere Ausgaben solcher Aufsätze und Abhandlungen, so kommen ihnen die Bestimmungen der §§. 5. und 6. zu statten. (Schutz auf Lebenszeit und 30 Jahre lang nach dem Tode.)

(G. S. 1837. S. 165. Vgl. V. v. 5. Juli 1844. G. S. 1844. S. 261.)

Dieser Schutz ist durch den Bundesbeschluß v. 19 Juni 1845 [1]), in Preußen publizirt durch Pat. v. 16. Jan. 1846, — die Erfüllung der am Orte des Erscheinens vorgeschriebenen Förmlichkeiten vorausgesetzt — auf ganz Deutschland ausgedehnt:

— 2) Werke anonymer oder pseudonymer Autoren, so wie posthume und solche Werke, welche von moralischen Personen (Akademien, Universitäten u. s. w.) herrühren, genießen solchen Schutzes während 30 Jahren, von dem Jahre ihres Erscheinens an.

(G. S. 1846. S. 149.)

10) Vertretung in der Ersten Kammer [2]): V. v. 12. Okt. 1854 wegen Bildung der Ersten Kammer:

§. 3. Als Mitglieder auf Lebenszeit wollen Wir berufen: 1) Personen, welche Uns in Gemäßheit der folg. Paragraphen präsentirt werden; —

§. 4. Das Präsentationsrecht steht zu: — 5) einer jeden Landes-Universität; —

§. 5. — die von den Univ. zu präsentirenden (Vertreter werden) von dem akadem. Senate aus der Zahl der ord. Prof. — erwählt.

§. 7. Das Recht auf Sitz und Stimme in der I. Kammer kann nur von Preuß. Unterhanen ausgeübt werden, welche sich im Vollbesitze der bürgerl. Rechte befinden, ihren Wohnsitz innerhalb Preußens haben, und nicht im aktivem Dienste eines außerdeutschen Staates stehen. — Ferner ist dazu — außer bei den Prinzen Unseres K. Hauses — ein Alter von 30 Jahren erforderlich. [3])

(G. S. 1854. S. 244.)

II. Vermögen der Universitäten.

Ueber Erwerb, Verwaltung und Verlust des Vermögens gelten für die Univers. die allgem., aus ihrer Eigenschaft als Korporationen fließen-

---

1) Der ältere Bundesbeschl. v. 9. Nov. 1837, publ. durch P. v. 29. dess. M. (G. S. 1837. S. 161), erkannte das literar. Eigenthum im Allg. nur auf 10 Jahre an.

2) Jetzt „Haus der Herren." Zu den Prov. Landtagen haben die Univ. nur, sofern sie Rittergüter besitzen, Wahlrecht, müssen aber von diesen zu den Landtagskosten beitragen: R. des Min. d. Inn. v. 21. Juli 1845. (M. Bl. d. i. V. 1845. S. 200.) — In früherer Zeit wurden den Univ. Rechte und Rang der Prälaten beigelegt: R. v. 20. Aug. 1688, Borowski, Kameral- und Finanzwesen, S. 396, Hausen, von den Prälaten-Rechten und Rang der Preuß. Univ. Frankf. 1788.

3) Mit Verlust der Eigenschaft, in welcher die Präsentation erfolgt ist, erlischt das Recht der Mitgliedschaft. Außerdem geht es verloren in den Fällen der §§. 12. und 21. des Strafgb. oder durch Kammerbeschluß, der „einem Mitgl. das Anerkenntniß unverletzter Ehrenhaftigkeit oder eines der Würde der Kammer entsprechenden Lebenswandels oder Verhaltens versagt." Auch kann es wegen Untersuchung oder sonst wichtiger Gründe durch Kammerbeschluß zeitweise sistirt werden. In beiden Fällen ist aber zum Beschluß Königl. Genehmigung erforderlich: §§. 8—10. a. a. O.

den Vorschriften. (Bd. 1. S. 745 flg.) Insbesondere findet auf sie wegen Schenkungen und Vermächtnissen das G. v. 13. Mai 1833, und wegen Sistirung der Ablösungen die V. v. 13. Juni 1853 (Bd. 1. S. 748. 768.) Anwendung. Eben so haben die Univers.-Verwaltungen beim Ausleihen von Kapitalien und Ankauf von Werthpapieren die zur Sicherung der Fonds gegebenen Anordnungen zu beachten.[1]) (Bd. 1. S. 757, γ 758.)

III. Kassen- und Rechnungswesen.

Die für die einzelnen Univers. ergangenen Kassen-Instruktionen sind im vor. Kap. bei den über die Fonds und deren Verwaltung gegebenen Etats aufgeführt. Ueber die allgem. Vorschriften ist Nr. III. des 4. Abschnitts in der 3. Abth. (s. o. S. 318 ff.) zu vergleichen. Die Grundlage derselben bilden:

1) überhaupt: die Instr. für die Oberrechnungskammer v. 18. Dec. 1824 und das K. Regul. v. 17. März 1828 wegen künftiger Einrichtung des Kassenwesens.[2])

(Koch, II. S. 995, 1005). Vgl. R. des Fin. Min. v. 15. März 1851. (M. Bl. d. i. V. 1851. S. 173.)

2) in Betr. der Kassenrevisionen: die K. O. v. 19. Aug. 1823.

(Koch, II. S. 994.)

3) in Betr. der Quartalextrakte und Finalabschlüsse: das C. R. des Min. d. G., U. u. M. Ang. v. 23. Febr. 1829 nebst dem vom Fin. Min. entworfenen Schema.

(Koch, II. S. 1012.) Vgl. C. R. des Fin. Min. v. 22. Febr. 1852. (M. Bl. d. i. V. 1852. S. 77.)

4) über das Kautionswesen: die K. O. v. 11. Febr. 1832, und Beschl. des Staatsmin. v. 14. März 1833.

(Koch, II. S. 1014, 1016.) Vergl. Ergänz. der Preuß. Rechtsb. zu §. 83. A. L. R. II 10.

5) in Betr. der Defekte und deren Ersatz: V. v. 24. Jan. 1844 (G. S. 1844. S. 52.) und C. R. v. 22. Juli 1847.

(M. Bl. d. i. V. S. 184.)

---

1) Zu den Werthpapieren, die pupillen- und depositalmäßige Sicherheit gewähren, treten die Obligationen der nach K. Erl. v. 14. März 1853 (G. S. 1853. S. 88) und G. v. 7. Dec. 1849 (G. S. 1849. S. 437) zu dem Bau der Ostbahn, der Westphälischen und Saarbrücker Eisenbahn aufgenommenen Staatsanleihe von 5 Millionen Thlr., so wie die der nach G. v. 20. Mai 1854 (G. S. 1854. S. 313) für den außerordentl. Geldbedarf der Militärverwaltung aufgenommenen Staatsanleihe von 15 Millionen Thlr.: K. Erl. v. 9. Sept. 1854 (G. S. 1854. S. 539.).

2) Insbesondere wurde den Univ. vom Min. d. G., U. u. M. Ang. zur Nachachtung zugefertigt: a) durch R. v. 29 Sept. 1834: das C. der Oberrechnungskammer v. 27. Sept. 1828 über das Verfahren bei Erledigung der Monita (Koch, II. S. 1018). — b) durch R. v. 12. März 1834: das C. des Fin. Min. v. 9. Jan. 1834 wegen Uebertragung von Beständen in die folgende Jahresrechnung zur Verstärkung des etatsmäßigen Fonds. (Koch, II. S. 1017.)

Daß auch über die Stipendienfonds in Königsberg und Breslau die Revision und Decharge der Rechnungen bei der Oberrechnungskammer erfolge, bestimmte das R. des Min. d. G., U. u. Med. Ang v. 25. Okt. 1838 (Koch, II. S. 1022). Die Decharge der Kirchenrechnungen akademischen Patronats ist in Greifswald der akadem. Administration beigelegt: R. des Min. d. G., U. u. M. Ang. v. 25. Sept. 1839 (A. XXIII. S. 621); die Ausübung des Patronats steht dem akadem. Senate zu: R. dess. Min. v. 6. März 1836. (Koch, II. S. 990.)

Zweiter Abschnitt.

Universitäts-Lehrer.

Die Lehrer an der Univers. sind theils solche, welche vom Könige und Min. berufen und angestellt werden: Professoren, oder solche, welche mit Genehmigung und unter Autorität der Univers. an dem Lehrgeschäft theilnehmen: Privatdozenten.[1])

Nothwendige Bedingung der Ausübung jedes akademischen Lehramtes ist bei jeder Fakultät die vorherige Gewinnung des akadem. Grades. Es folgen daher hier zunächst die Vorschriften über:

I. Die akademischen Würden.

Die Arten der akademischen Würden oder Grade sind zwar nach den Statuten der einzelnen Univers. und Fak. verschieden; überall aber ist die Hauptwürde die des Doktor, und wo außer dieser noch zu andern Würden promovirt wird, wie zu der des Lizentiaten, oder der des Magister[2]), befähigen diese nur zur Ausübung des Lehramtes als Privatdozent, von einem ordentl. Professor wird dagegen stets das Doktorat verlangt. Da, wo dieses letzere als eine höhere Würde gilt, werden die Anforderungen an den Doktor intensiv gesteigert, auch werden zum Theil bereits anerkannte Verdienste verlangt.[3]) Der äußere Gang der Promotion ist aber in der Regel derselbe, wie beim Lizentiaten oder Magister, oder da, wo nur Doktoren creirt werden. Es genügt daher, ihn in seinen allgem. Umrissen darzustellen. Hinsichtlich der lokalen Ausnahmen von der gewöhnlichen Regel kann nur auf die wesentlichsten aufmerksam gemacht, und muß im Uebrigen auf die betreff., im 2. Kap. angeführten Fakultäts-Statuten verwiesen werden.

1) Erfordernisse der Promotion.

Der Aspirant muß sich in einem lateinischen Gesuche an die Fakultät wenden, und diesem a) ein Latein. Curriculum vitae mit Angabe der Konfession, b) den Nachweis über das absolvirte Studium durch ein wenigstens vorläufiges Abgangszeugniß von der Univers., c) das Schulzeugniß (§. 33. Regl. v. 4. Juni 1834 s. o. S. 279.) und d) ein Spezimen

---

1) Ueber die Sprach- und Exercitienmeister bei den Univ. finden sich in den Sammlungen keine besondere Vorschriften. (Vergl. o. S. 60).

2) Z. B. in Berlin ertheilt die theol. Fak. die Grade des Lizentiaten und des Doktor, die philos. die des Magister actium liberalium und des Doktor, die jur. und med. blos den Grad des Doktor. In Bonn ertheilen beide theol. Fak. und die jur. die Grade des Lizentiaten und des Doktor, die med. den des Doktor, die philos. die des Magister und des Doktor. Hier setzt die Gewinnung der theol. Doktorwürde die vorherige Promotion zum Lizentiaten voraus, während sonst in der Regel, wo zwei Grade ertheilt werden, jeder unabhängig oder auch zugleich mit dem andern gewonnen werden kann.

3) In Berlin, wo die Promotion zum Doct. theol. anerkannte kirchl. oder theol wissenschaftliche Verdienste voraussetzt, erfolgt sie auf Einreichung einer Dissertation, mit einer Latein. Rede des Doktorandus. Nur wenn die Dissertation ungenügend befunden wird, kann vorher noch ein Colloquium angestellt werden. In Bonn dagegen ist das Verfahren bei der Promotion zum Doktor ganz dasselbe, wie bei der zum Lizentiat, nur das der Doktorand auch noch eine schriftliche Prüfung abzulegen hat, und ohne Präses disputirt.

beilegen.[1]) Die Fakultät stimmt über das Gesuch schriftlich ab.[2]) Erklärt sie die Zulassung, so hat der Adspirant eine mündliche Prüfung[3]) vor ihr zu bestehen, und nach dieser eine öffentliche Latein. Disputation zu halten, an welche sich unmittelbar der Promotionsakt und die Sponsion anschließen. Um hiervon ein deutliches Bild zu geben, folgt nachstehend der 5. Abschn. aus den Statuten der philos. Fak.[4]) der Fr. Wilh.-Univers. in Berlin:

Von den Promotionen.

§. 95. I. Von den Graden, welche die Fakultät ertheilt. — In der Fak. allein ruht das Recht, in ihrem Gebiete die akadem. Würden zu ertheilen, wenn gleich dass. unter der Autorität der gesammten Univ. ausgeübt wird.

§. 96. Die philos. Fak. ertheilt zwei Grade, den geringeren eines Magistri artium liberalium und den höheren eines Doctoris philosophiae. Mit der Ertheilung des letztern kann jedoch die des ersteren verbunden werden, und wird gewöhnlich damit verbunden; auch wird angenommen, daß wer, ohne Magister zu sein, schlechthin den Doktorgrad nachsucht, auf gleichzeitige Ertheilung beider Anspruch mache.

§. 97. Der wesentliche Unterschied beider Grade, in Rücksicht der zu ihrer Erlangung erforderl. Eigenschaften, besteht darin, daß der Magistergrad demj. ertheilt wird, der das Erlernte mit Fertigkeit zu erneuern und wohl zu ordnen versteht, und auf diese Weise ein taugl. Glied in der Kette der wissenschaftl. Ueberlieferung zu werden verspricht; der Doktorgrad aber demj., der in seiner Behandlung der Wissenschaft Eigenthümlichkeit und Erfindungsvermögen zeigt. Jedoch versteht sich, daß bei der Beurtheilung hiervon der Maaßstab nach den verschiedenen Fächern und Gegenständen, womit sich der Bewerber vorzüglich beschäftigt, ein ganz verschiedener sein kann.

§. 98. II. Von der Bewerbung um die Promotion. — Wer sich zur Promotion bei der Fak. meldet, muß wenigstens drei Jahre auf einer oder mehreren Univ., und zwar, wenn er ein Inländer ist, drei Jahre nach Erlangung des Zeugnisses der Reife, studirt haben, falls ders. nicht eine von dem Min. ihm für die Promotion ertheilte Dispensation von dem Triennium, oder der angegebenen Berechnung deff., oder von der Erlangung des Zeugnisses der Reife beibringt. In dem Alter der Studirenden befindliche und immatrikulationsfähige Kandidaten, welche hierselbst entw. gar nicht immatrikulirt gewesen, oder vor der Meldung zur Promotion von hier abgegangen sind, müssen sich, wenn sie auch das Triennium schon vollendet haben, der Jurisdiktion wegen, zuvörderst wieder hier immatrikuliren lassen. Sowohl diese, als noch immatrikulirte Studirende der hiesigen Univ., welche sich zur Promotion melden, müssen vor der Meldung ein vorläufiges Abgangszeugniß nehmen, und erhalten das wirkliche Abgangszeugniß erst nach der Promotion, damit sie bis dahin unter akademischer Gerichtsbarkeit stehen.

§. 99. Das Gesuch um die Promotion, und zunächst um die Zulassung zur Prüfung, ist in einem Latein. Schreiben bei der Fak. anzubringen. Diesem ist beizulegen: eine kurze latein. Darstellung des Lebenslaufs, unter Angabe auch des Religionsbekenntnisses, und besonders der bisher. Studien des Ansuchenden, welche

---

1) In kathol. theol. Fakultäten setzt der Lizentiatengrad auch die höheren Weihen voraus. Ohne sie wird der Aspirant für würdig zum Lizentiat erklärt, aber nicht dazu ernannt.

2) Die früher eingeführten politischen Anfragen vor der Doktor-Promotion (C. R. v. 28. Dec. 1835, 15. Aug. 1836, und 18. Dec. 1837. A. XIX S. 1008, XX. S. 353, Koch, II. S. 79, 80, 83) wurden schon durch C. R. v. 16. Okt. 1840 abgeschafft. (Vergl. oben S. 69 und Bd. 1. S. 424 Note 1.)

3) Vielfach daneben eine schriftliche, z. in der jur. Fak. zu Berlin, in der med. Fak. zu Bonn.

4) Die Bestimmungen, welche sich nicht auf den der Fak. eigenthümlichen Inhalt der Prüfung und auf den Unterschied der beiden Grade beziehen, kehren in den Stat. der übrigen Fak. meist wörtlich gleichlautend wieder. Vgl. auch den IX. Abschn. der o. S. 426 ff. mitgetheilten Univ.-Stat. von Berlin.

nach glücklich bestandener Prüfung der Dissertation des Doktoranden beigedruckt wird; ferner der Nachweis über das nach den Bestimmungen des §. 98. vollendete Triennium, oder die davon ertheilte Dispensation, und von Kandidaten, welche sich in dem Alter der Studirenden befinden, und immatrikulationsfähig sind, das nach §. 98. genommene, vorläufige Abgangszeugniß; sodann, von Seiten der Inländer, das bei der Entlassung von der Schule oder später erlangte Zeugniß der Reife, oder die Dispensation von dessen Beibringung; endlich ein Specimen der wissenschaftl. Kenntnisse des Kandidaten. Es steht dem Kand. übrigens frei, auch andere, als die nothwendig erforderl. Zeugnisse seines Fleißes, seiner Kenntnisse, seines Lebenswandels und seiner früheren Lebensverhältnisse beizufügen.

§. 100. Das Specimen, welches der Bewerber einzureichen hat, besteht in einer oder mehreren Abhandlungen aus seiner Hauptwissenschaft, welche bei philolog. oder histor. Gegenständen in Latein. Sprache abgefaßt sein müssen; in Rücksicht anderer Fächer wird zwar ebenfalls Latein. Abfassung erwartet, doch ist sie nicht unerläßliche Bedingung. Die Probeschrift kann auch in einem gedruckten Buche, so wie, nach gewöhnlichem Universitätsgebrauch, in der von dem Doktoranden in der Folge bekannt zu machenden Dissertation bestehen.

§. 101. Der Dekan läßt das eingereichte Specimen, nebst den übrigen nach §. 99. erhaltenen Eingaben, bei sämmtl. Mitgliedern der Fak., von denj., deren Fach es besonders betrifft, anfangend, umlaufen, und die Mitglieder stimmen schriftlich, ob der Kandidat darauf zur Prüfung zuzulassen sei, oder nicht. Der Fak. ist gestattet, jedoch nur in denj. Fällen, wenn sie für dies Geschäft, ihrer Ueberzeugung nach, in dem Augenblick nicht genügend besetzt ist, einen zu ihr gehörigen Prof. ordin. designatus, oder Prof. extraordin., der nicht mehr blos designatus ist, zu der Prüfung der Probeschriften mit seiner Bewilligung zuzuziehen, wofür jedoch keine Remuneration gegeben wird; auch ist sein Votum nur gutachtlich, und zählt in der Abstimmung nicht mit.

§. 102. Fällt bei dieser Abstimmung das Urtheil der Mehrzahl für den nachgesuchten Grad ungünstig aus, so steht es noch bei der Fakultät, ob sie, nach Erwägung der Umstände, den Kand. für diesen Grad ganz abweisen, oder andere Probeschriften von ihm fordern will.

§. 103. Wenn es die Fak. nöthig findet, so kann sie, bei der Einreichung der Probeschriften (§§. 99. und 100.), dem Kand. die schriftl. Erklärung auf sein Ehrenwort, daß er sie selbst und ohne fremde Hülfe verfaßt habe, abfordern.

§. 104. III. Vom mündlichen Examen. — Ist die Zulassung des Kand. zum Examen beschlossen, so setzt der Dekan den Termin zu dems. an, ladet dazu die sämmtl. Mitglieder der Fak. ein, und weiset den Kand. an, sich dens. vorher persönlich vorzustellen. Bei dem Examen können zwar Mitglieder der Fak., nach vorhergegangener Entschuldigung, fehlen, doch müssen diej. gegenwärtig sein, auf deren Fächer es dabei besonders ankommt. Die Fak. ist auch berechtigt, im Nothfall einen zu ihr gehörigen Prof. ordin. designatus, oder Prof. extraordin., der nicht mehr blos designatus ist, mit dessen Einverständniß, zum Examen zuzuziehen; derselbe giebt jedoch nur ein Gutachten ab, und hat bei der Entscheidung keine Stimme, erhält aber aus der Fakultätskasse eine Remuneration, welche dem Gebührensatze gleich ist, der nach §. 135. 3. einem beim Examen anwesenden Fakultätsmitgliede zukommt, muß sich jedoch, wenn, nach §. 132., Erlassung oder Ermäßigung der Gebühren beschlossen ist, das Wegfallen oder die verhältnißmäßige Verringerung seiner Remuneration, ohne selbst bei dem Beschlusse mitzustimmen, gefallen lassen.

§. 105. In dem mündl. Examen wird der Kand., besonders auf den Grund der von ihm eingereichten Proben, geprüft: 1) in der Regel von zwei Prof., in deren Wissenschaft der Inhalt ders. fällt, oder deren Fächern derselbe zunächst verwandt ist; 2) von einem der Prof. der Philosophie, falls er es für nöthig findet, über die in den Abhandlungen gezeigte Klarheit der Begriffe und Folgerichtigkeit; 3) von jedem Prof. der Fak., der sich dazu erbietet, besonders durch beliebige Fragen aus der Philosophie, der Philologie, der Geschichte, der Mathematik und den Naturwissenschaften.

§. 106. Wird das Examen in Beziehung auf die Magisterwürde angestellt, so ist dabei nicht sowohl auf ein bestimmtes Fach, als auf eine allgem. wissenschaftl. Bildung zu sehen, dass. also über mehrere Hauptzweige der in das Gebiet der Fak. gehörigen Wissenschaften, in so fern sich der Kand. nicht den einen oder den andern verbittet, auszudehnen. Das Doktorexamen beschränkt sich, wenn der Kand. schon Magister von der hiesigen Fak. ist, in der Hauptsache auf die besondere Hauptwissenschaft des Kand. Sollten beide Grade zugleich erworben werden, so finden beide Bestimmungen auf das Examen Anwendung; eben dies gilt von solchen, die auf einer anderen, als der hiesigen Univ. den bloßen Magistergrad erhalten haben, und hier den Doktorgrad erlangen wollen.

§. 107. Die Prüfung wird, nach der Beschaffenheit der Fächer und der Beurtheilung der Examinatoren, theils in Latein., theils in Deutscher Sprache gehalten.

§. 108. Nach vollendeter Prüfung tritt der Kand. ab, und die Fak. entscheidet über den Ausfall der Prüfung durch absolute Stimmenmehrheit der anwesenden Fakultätsmitglieder. Der Dekan macht hierauf dem Kand. diese Entscheidung außerhalb der versammelten Fak. bekannt.

§. 109. Wer nach vollendetem Examen für einen oder den anderen Grad abgewiesen worden ist, darf sich nicht früher, als nach einem halben Jahre wieder zur Promotion für dens. oder den höheren Grad melden.

§. 110. Hat Jemand, der noch nicht Magister ist, den Doktorgrad nachgesucht, wird jedoch nicht für diesen, wohl aber für den Magistergrad tüchtig befunden, so hat ihm der Dekan dies mit der Bemerkung zu eröffnen, daß es ihm frei stehe, diesen Grad anzunehmen, oder nicht. — Der Kand. hat sich darüber binnen drei Tagen zu erklären. Wer nach dem ersten Examen nur den Magistergrad erhalten hat, sei es, daß er nur diesen nachgesucht, oder nur dafür geeignet erklärt worden, dem steht es frei, später, jedoch nicht vor Ablauf eines halben Jahres, durch Einreichung einer neuen Abhandlung, um die Doktorwürde anzuhalten, und es bleibt dem Ermessen der Fak. anheimgestellt, wie viel von dem, was er bei der ersten Prüfung geleistet hat, sie ihm bei dieser anrechnen zu können glaubt.

§. 111. Hat der Kand. blos um die Magisterwürde angehalten, die Fak. findet ihn aber nach dem, was er geleistet, des Doktorgrades würdig, so ist ihm mit dem Erfolge seiner Prüfung zugleich bekannt zu machen, daß es ganz in seinen Willen gestellt sei, sogleich oder zu einer anderen Zeit, gegen Erlegung der mehr erforderlichen Kosten, und mit den übrigen zur Erlangung der Doktorwürde eigenthümlich vorgeschriebenen Bedingungen, ohne neue Prüfung, den Doktorgrad von der Fak. anzunehmen.

§. 112. IV. Von der Disputation. — Auf das bestandene Examen, es werde nun auf dass. die Magister- oder die Doktorwürde ertheilt, folgt die öffentl. Disputation in Latein. Sprache, mit welcher der feierliche Akt der Promotion unmittelbar verbunden wird. Den Termin zur Disputation setzt der Dekan fest, aber nie darf sie später als sechs Monate auf das Examen folgen.

§. 113. Der Kand. der Magisterwürde kann entw. blos über Theses, welche der Dekan zuvor gebilligt hat, disputiren, und hat diese Theses alsdann vorher drucken und durch die Fak. an die Mitglieder des Min., an die Prof. der Univ. und die übr. berechtigten Personen, so wie an seine Opponenten vertheilen zu lassen; weshalb, und damit die erforderl. Zahl zu den Akten und zur Registratur gebracht werden könne, 150 Exemplare von ihm an die Universitätsregistratur abzuliefern sind, oder er läßt eine Latein., von der Fak. vorher genehmigte Dissertation drucken, und auf dies. Weise vertheilen und in ders. Anzahl zur Registratur abliefern, und disputirt über dieselbe, oder die ihr anzuhängenden, vom Dekan vorher gebilligten Theses, oder über beide. Läßt der Kand. der Magisterwürde eine Dissertation drucken, so ist ders. auch ein Curriculum vitae, nach ders. Vorschrift wie §. 114., beizufügen.

§. 114. Der Kand. der Doktorwürde muß eine, von der Fak. zuvor gebilligte latein. Dissertation, welcher ein, auch das Religionsbekenntniß des Doktoranden anzeigendes Curriculum vitae beizufügen ist, vor der Promotionsfeierlichkeit auf seine Kosten drucken und durch die Fak. an die Mitglieder des Min., die Prof. der Univ. und die übr. besonders berechtigten Personen, so wie an seine Opponenten, vertheilen lassen; weshalb, und damit die erforderl. Anzahl zu den Akten und zur Registratur gebracht werden könne, der Kand. 150 Ex. an die Universitätsregistratur abzuliefern hat. Er disputirt über die Dissertation, oder die ihr anzuhängenden, von dem Dekan vorher gebilligten Theses, oder über beide.

§. 115. Bei Einreichung der Dissertation an die Fak. muß der Kand. in jedem Falle die schriftl. Versicherung geben, daß er selbst und ohne fremde Hülfe sie verfaßt habe, wenn dies nicht schon früher, nach §. 113., geschehen ist.

§. 116. Als Einladung zur Disputation und Promotionsfeierlichkeit dient bei der Doktorpromotion das Anschlagen des Titels der Dissertation am schwarzen Brett und die §. 114. verordnete Austheilung der Dissertation; bei der Magisterpromotion das Anschlagen und die §. 113. angeordnete Austheilung der Thesen, oder das Anschlagen des Titels der Dissertation, und die Austheilung der letzteren an die Mitglieder des Min., die Prof. der Univ. und die übr. besonders berechtigten Personen.

§. 117. Der Kand. der Magisterwürde disputirt unter dem Präsidio des Dekans, oder eines zu dieser Handlung, mit Uebereinstimmung des Gewählten, von ihm genommenen Stellvertreters; der Kand. der Doktorwürde disputirt ohne Präses; beide vom unteren Katheder. Ist der Kand. der Doktorwürde designirter Professor einer inländischen Univ., so steht ihm frei, einen Respondenten anzunehmen, er muß aber ebenfalls bis zur Promotion auf dem unteren Katheder verbleiben. Der Dekan, der Kand. und die Opponenten erscheinen bei dem Disputationsakte in schwarzer Kleidung.

§. 118. Die ordentl. oder gebetenen Opponenten, welche von der Fak. anerkannt und wenigstens drei an der Zahl sein müssen, werden auf den Titel der Dissertation oder der Thesen gesetzt. Sie opponiren zuerst, und zwar, nach ihrem Range, von unten auf. Hiernach steht es jedem zur Univ. Gehörigen frei, außer der Ordnung zu opponiren.

§. 119. Sollte der Doktorandus auf sein Ansuchen keine, oder nicht die hinreichende Zahl von Opponenten finden, so sind die bei der Fak. habilitirten Privatdozenten, auf Anforderung des Dekans, verbunden, in ihren Fächern das Geschäft der Opponenten zu übernehmen.

§. 120. V. Vom feierlichen Akte der Promotion. — Nach beendigter Disputation geschieht die feierliche Promotion von dem Dekan oder einem zu dieser Handlung von ihm, mit seiner Einwilligung, ernannten Stellvertreter auf die unten näher bestimmte Weise.

§. 121. Die Magisterpromotion leitet der Promotor mit einem Proömium ein, verkündet dann den Promovirten von dem oberen Katheder herab, und übergiebt ihm das auf Pergament abgezogene und mit dem großen Insiegel der Fak. versehene, und vom Dekan eigenhändig unterzeichnete Diplom, zu dessen Empfang sich der Kand., auf des Promotors Aufforderung, an die Stufen des oberen Katheders zu begeben und dann wieder auf seine vorige Stelle zurückzukeheren hat, von wo er noch eine kurze Anrede an jenen zur Danksagung hält, womit die Handlung geschlossen ist. Eine Sponsion wird dem Magister nicht abgenommen.

§. 122. Die Doktorpromotion leitet der Promotor ebenfalls durch ein Proömium ein, und ruft hierauf den Kand. an die Stufen des oberen Katheders. Während er dort steht, liest der Universitätsrichter dem Doktoranden die diesen Statuten als Anhang beigefügte Sponsion vor, und der Doktorandus bekräftigt dieselbe dem Promotor mit den vorgeschriebenen Worten: „Ex animi sententia data fide jurisjurandi loco polliceor et confirmo“, und einem Handschlage. Hierauf tritt der Doktorandus wieder auf das untere Katheder zurück und wird, während er daselbst verbleibt, von dem Promotor als Doktor verkündet. Nach geschehener Verkündigung wird der neue Doktor vom Promotor auf das obere Katheder gerufen, wo er von dem Promotor mit einer kurzen Anrede empfangen, und das auf Pergament abgezogene und mit dem großen Insiegel der Fak. versehene, und vom Dekan eigenhändig unterzeichnete Diplom ihm übergeben wird. Hierauf verläßt der Promotor das obere Katheder, und die Feierlichkeit wird durch eine, vom oberen Katheder herab zu sprechende Danksagung des neuen Doktors geschlossen.

§. 123. Ist der Kand. schon Magister, so wird dieses sowohl in der Sponsionsformel, als in der Formel der Verkündigung bei der Nennung seines Namens bemerkt, und die Worte „Magistrum artium liberalium“, welche, bei gleichzeitiger Ertheilung beider Grade, dem Doktortitel beizufügen sind, werden ausgelassen.

§. 124. Das Diplom, sowohl des Doktors als des Magisters, wird von dem Dekan, der jedoch der Fakultät dafür verantwortlich ist, mit einer, nach seinem

Ermessen bestimmten Censur ausgefertigt, auf Kosten des Kand. gedruckt, nach geschehener öffentl. Promotion angeschlagen, gehörigen Orts zu den Akten gebracht, und an die Mitglieder des Min., die Prof. der Univ. und die übr. besonders berechtigten Personen vertheilt. Zu diesen Zwecken hat der Kandidat 150 Ex. des Diploms an die Universitätsregistratur abzuliefern.

§. 125. VI. Von den Wirkungen der Promotion. — Die von der hiesigen philosoph. Fak., nach der im Vorhergehenden bestimmten Art, kreirten Magistri und Doktoren haben alle diej. Rechte, welche den auf inländ. Universitäten rite kreirten Magistris und Doktoren der Philosophie durch die Staatsgesetze und die Statuten der Univ. gegeben sind.

§. 126. Durch die hier vollzogene Promotion zum Doktor oder Magister erlischt das akadem. Bürgerrecht der hiesigen Univ. Doch kann es ein hier Promovirter, nach besonderer Erklärung von seiner Seite, noch ein halbes Jahr behalten. Die Registratur der Univ. hat deshalb jeden Promovirten unmittelbar nach der Promotion zu seiner Erklärung hierüber aufzufordern, deshalb eine Verhandlung aufzunehmen, hiernächst das erforderliche in den Listen der Studirenden anzumerken, und den Dekan von der Erklärung des Promovirten in Kenntniß zu setzen.

(Koch, I. S. 160.)

2) Hinsichtlich der Promotionen in den theol. Fakultäten ist außerdem besonders vorgeschrieben:

a) durch R. des Min d. G., U. u. Med. Ang. v. 29. Okt. 1830 an die kathol. theol. Fakultäten zu Breslau und Bonn, und gleichzeitig an das Prov.-Schulkolleg. zu N.:

daß von jetzt an keinem Kand. die theol. Doktorwürde zu ertheilen, welcher sich nicht gehörig ausgewiesen hat, daß er eine gründliche Kenntniß der Hebr. Sprache und der verwandten Dialekte, und die nöthige Fertigkeit besitze, die Bücher des A. Test. in der Ursprache zu verstehen.

(Koch, II. S. 73, s. oben S. 34 und §. 42. des Regl. v. 4. Juni 1834, s. oben S. 289);

b) durch R. dess. Min. v. 30. Nov. 1833 an die bischöfl. und erzbischöfl. Behörden:

daß, da bezüglich auf die vom Staate ausgehenden Beförderungen ein im Auslande erworbener akadem. Grad, insonderheit die bullirte Promotion, kein empfehlendes Moment ist, die im Auslande Graduirten sich der Nostrifikation bei einer inländ. Univ. unterziehen müssen, um innerhalb der K. Preuß. Staaten, zu einem geistl. oder Lehramte, welches einen akadem. Grad voraussetzt, gelangen zu können.

(Koch, II. S. 77.)

c) Für Halle erließ das Min. der G., U. u. Med. Ang. unterm 31. Jan. 1824 eine Deklaration der Statuten von 1694 über die Promotionen zum Lizentiaten oder Doktor der Theol. (Koch, I. S. 491.), jetzt durch die neuen Statuten ersetzt.

d) Eben so regulirte dass. Min. durch R. v. 24. Nov. 1831 die Promotion zum Lizentiaten bei der theol. Fak. zu Königberg. (Koch, II. S. 74.)

3) Für die Promotionen in den med. Fakultäten sind, da der med. Doktorgrad nicht blos zum akadem. Lehramt,[1]) sondern auch zur ärztlichen Staatsprüfung erfordert wird (§. 6. Regl. v. 1. Dec. 1825. A. X. S. 156.), zahlreiche besondere Vorschriften ergangen. Sie bestimmen namentlich: daß Mediziner vor ihrem Doktorexamen ein philosophisches Tentamen vor der dazu eingerichteten Examinations-Kommission der philos. Fak. zu bestehen

---

1) Die Assistenten an den klinischen Instituten müssen nicht nur den Doktorgrad besitzen, sondern auch die Staatsprüfung bestanden haben: C. R. des Min. der G., U. u. Med. Ang. v. 9. Mai 1825 und v. 21. Febr. 1828. (Koch, II. S. 547, 550.)

haben, und daß außerdem ihre Zulassung zum examen rigorosum pro gradu Doctoris von dem Ausfalle einer Probeprüfung vor dem Dekane der medizin. Fak. abhängt. Diese Vorschriften sind zusammengestellt in: v. Rönne und H. Simon, Medizinalwesen, Bd. 1. S. 303 flg., wo sich insbes. die Statuten der med. Fak. zu Bonn v. 18. Okt. 1834 vollständig mitgetheilt finden.

4) Der Doktoreid, die sogen. Sponsio,[1]) welche bei der Promotion abgenommen wird, hat für jede Fak. ihr besonderes Formular. (Vgl. Koch, I. S. 87. 111. 138. 168.) Im Allgem. ist durch C. R. des Min. d. G, U. u. Med. Ang. v. 12. April 1826 an die K. Univers. vorgeschrieben:

daß bei allen Promotionen christlicher Kand. in sämmtlichen Fak. dem Eide die Obstriktionsformel: Ita me Deus adjuvet et sacrosanctum ejus Evangelium zugefügt werden soll. Bei Promotionen jüdischer Kand. in denj. Fak., worin sie stattfinden können, genügt die Obstriktionsformel: Ita me Deus adjuvet.

(Koch, II. S. 68.)

5) Die Gebühren für die Promotion betragen in der Regel für den niedern Grad 50, für die Doktorwürde 100 Thlr. Gold.[2]) Die Hälfte muß voraus bezahlt werden, und verfällt bei nicht bestandenem Examen.[3]) Sie werden zwischen Rektor, Beamten und der Fakultät[4]) in dem durch die einzelnen Statuten geregelten Verhältnisse vertheilt.

6) Promotion zum Doktor honoris causa. Dieselbe erfolgt nur als freiwillige Anerkennung ausgezeichneter Verdienste um die Wissenschaft, nie aber auf bloße Einsendung einer Dissertation.[5]) Sie setzt einen motivirten Antrag zweier Fakultätsmitglieder, (in Bonn eines) und einstimmige Bewilligung der Fakultät voraus. (Vgl. §. 7. des IX. Abschn. der ob. S. 427 mitgetheilten Berliner Univers.-Statuten.) Gebühren werden dafür

1) In Berlin werden Licentiati sacrosanctae Theologiae und Magistri nicht vereidigt, in Bonn wird auch den Licentiaten das Gelübde abgenommen.

2) Dazu tritt gewöhnlich ein Bibliothekbeitrag, in Berlin von 5 Thlr. Kour. — Auch sind bei einzelnen Univ. die Gebühren höher. In Berlin z. B. kostet der Dr. med. 125 Thlr. Gold, in Breslau 150 Thlr. Kour. Auch der Dr. jur. kostet in Breslau 130 Thlr. Kour. und der Dr. evang. Theol. 46 Dukaten.

3) Doch wird bei einzelnen Univ., wenn der Kand. das Examen innerhalb bestimmter Frist (in Berlin bei der theol. und jur. Fak. nach 1 und vor 2 J., bei der med. und phil. nach ½ bis 1 J.) glücklich wiederholt, die früher vorausbezahlte Gebührenhälfte ihm auf die neuen Gebühren zu Gute gerechnet.

4) Für die phil. Fak. in Berlin bestimmte das R. des Min der G., U. u. Med. Ang. v. 7. Aug. 1835, daß, wenn die Gebühren nicht ausreichen, um jedes dem Examen beiwohnende Mitglied mit 5 Thlr. Gold zu honoriren, die jüngeren Mitglieder verzichten müssen. (Koch, II. S. 18.)

5) Insbes. wurde der Univ. Halle durch R. v. 12. Nov. 1821 vom Min. der G., U. u. Med. Ang. verboten, Abwesende ohne förmliche mündliche Prüfung zu promoviren, und durch R. v. 22. Okt. 1829 die durch die Dekl. v. 31. Jan. 1824 (s. o. 2. c.) bei der theol. Fak. erforderte Ministerial-Genehmigung zu jeder prom. hon. c. auf alle Fak. ausgedehnt. Noch durch R. v. 8. Sept. 1837 wurde das R. v. 12. Nov. 1821 wiederholt eingeschärft, und nur in Ansehung Dänischer Aerzte durch R. v. 28. März 1836 ausnahmsweise die Promotion in absentia auf Grund einer Dissertation gestattet. (Koch, II. S. 22, 73, 83, 79.)

Hinsichtlich der Promotionen von Wundärzten honoris causa ist noch im J. 1853 vom Min. der G., U. u. Med. Ang. die Einholung seiner Genehmigung in jedem Falle auf Grund der durch die K. O. v. 28. Juni 1825 genehmigten Bestimmungen (Koch, II. S. 29) für nothwendig erklärt worden. (Nat. Zeit. 1853. Nr. 569.)

Doktoren der Thierheilkunde werden auf Preuß. Univ. nicht kreirt, und bei auswärt. Verleihung nicht anerkannt: R. dess. Min. v. 24. Okt. 1840. (Min. Bl. d. i. V. 1840. S. 475.)

nicht erhoben. Will eine Fak. für große, außerhalb der Wissenschaft erworbene Verdienste ihre Verehrung durch Uebersendung des Dokterdiploms bezeugen, so ist Genehmigung des Min. erforderlich.

7) Besondere Wirkungen der Doktorwürde.

a) Hinsichtlich der Doctores juris utriusque.

α) Entbindung vom Auskultatur-Examen.

K. O. v. 20. Dec. 1839 (mitgeth. durch C. R. des Min. d. G., U. u. M. Ang. v. 21. Jan. 1840 an die jur. Fak. sämmtlicher K. Univers.

Auf Ihren Ber. v. 6. d. M. will ich Sie nach Ihrem Antrage autorisiren, solche Doktoren der Rechte, welche den akadem. Doktorgrad auf Grund der auf einer Preuß. Univ. abgelegten gesetzmäßigen Prüfung erlangt haben, von der Auskultator-Prüfung, Behufs ihrer Zulassung zur Auskultatur, zu entbinden, und überlasse Ihnen, diese Autorisation auf den an der Univ. Breslau als Privatdoz. angestellten Doktor der Rechte, N., in Anwendung zu bringen.

Berlin, 2c.

Friedrich Wilhelm.

An
den Staats- und Justizmin. Mühler.

(Min. Bl. d. i. V. 1840. S. 50.)

β) Zulassung als Defensor. G. v. 3. Mai 1852, Zusätze zur V. v. 3. Jan. 1849 über Einführung des mündl. und öffentl. Verfahrens mit Geschwornen in Untersuchungssachen:

Art. 20. (zu §. 10. der V.) Als Vertheidiger können nur auftreten: — 2) die an Preuß. Univ. habilitirten Doktoren der Rechte 2c.

(G. S. 1852. S. 213.)

b) Hinsichtlich der Doctores philosophiae und Magistri art. lib.: Befreiung von der schriftl. Prüfung pro fac. doc. (s. o. S. 49.)

8) Für Ausländer, welche in Preußen promoviren wollen, ist insbes. der Nachweis der erforderl. Schulbildung,[1]) nöthigenfalls durch nachträgliche Prüfung bei einem inländ. Gymnas. vorgeschrieben: §§. 33. 43. Regl. v. 4. Juni 1834. (s. o. S. 279 u. 290.)

9) Im Auslande Promovirte endlich müssen sich der Nostrifikation bei der inländ. Fak. unterwerfen, um der der inländ. Promotion beigelegten Wirkungen theilhaftig zu werden. Dies ist ausdrücklich vorgeschrieben:

a) für Mediziner, welche in Preußen die Staatsprüfung ablegen wollen: durch §. 6. des Regl. v. 1. Dec. 1825, und in den betreff. Fakultätsstatuten, in denen als Nostrifikationsleistung in der Regel ein Lateinisches Examen und ein Latein. Extemporale medicum gefordert wird.

b) Behufs der Ausübung des akadem. Lehramts:

α) für Bonn, wo jede Fak., nach der übereinstimmenden Vorschrift sämmtlicher Fakultätsstatuten, den im Auslande promovirten Kand., wenn aus den von ihm vorgelegten Schriften seine wissenschaftliche Tüchtigkeit nicht zur Genüge erhellt, einem Kolloquium behufs der Nostrifikation unterwerfen kann.[2])

---

1) Für Mediziner soll nach dem R. des Min. der G., U. u. Med. Ang. v. 4. Sept. 1834 das Zeugniß eines auswärt. Gymnas. oder einer auswärt. Prüfungs-Kommission genügen, welches ihnen die Reife zur Univ. oder zwei- oder anderthalbjährigen Besuch von Prima bescheinigt. Wiederholt durch R. v. 10. Nov. 1834 und 11. Juni 1838. (Koch, II. S. 78, 84, Medizinalwesen, I. S. 357.)

2) Nach den Berliner Fakultätsstatuten werden auswärts promovirte Kand. als Privatdozenten zugelassen, wenn sie als solche bereits auf einer ausländ. Univers. in Wirksamkeit waren, oder wenn sie der Min. dispensirt. (s. u. sub II.)

β) Für die evang. theol. Fak. in Halle durch die Dekl. v. 31. Jan. 1824 (s. o. 2. c.), wo es heißt:

§. 21. Wer auf einer ausländ. Univers. Doktor der Theol. geworden ist — muß sich nostrifiziren lassen. Diese Nostrifikation besteht in denselben wissenschaftl. Leistungen, als die Promotion selbst, aber das Honorar wird nur zur Hälfte bezahlt. [1])

γ) Für die kathol. theol. Fakultäten: s. ob. S. 487 2. b.

II. Habilitation der Privatdozenten.

Die Einschränkungen, denen die Privatdozenten in Betreff ihrer Vorlesungen unterliegen, gehören in den folgenden Abschn. von der Lehrverfassung. Hier sind die Bedingungen darzustellen, welche sie Behufs ihrer Zulassung als Dozenten zu erfüllen haben.

1) Anforderungen und Verfahren bei der Habilitation. (Vergl. Art. 39. der Konfer. Beschl. v. 12. Juni 1834 (s. ob. S. 383).

Der Habilitand hat der Fak. ein Latein. Gesuch einzureichen und diesem die Zeugnisse über die erfüllte Militairpflicht, seinen akademischen Grad und die Benutzung der zwischen dem absolvirten Studium und der Habilitation vorgeschriebenen Zwischenfrist von 2 oder 3 Jahren, ferner ein Curriculum vitae und eine Abhandlung aus jedem seiner Hauptfächer beizulegen. Nach vorgängiger Prüfung der Schriften entscheidet die Fakultät über seine Zulassung. Wird diese bejaht, so muß der Habilitand vor der Fak. eine Probevorlesung halten, und nach ihr ein Kolloquium bestehen. Hierauf stimmt die Fak. über seine Annahme ab, und der Habilitand hat, wenn diese erfolgt, noch eine öffentl. Latein. Antrittsvorlesung zu geben.

Beim Kuratorium muß vor der Zulassung angefragt, und die Habilitation dem Min. angezeigt werden Das Nähere ergiebt sich aus den nachstehenden, dem 3. Abschn. der Statuten der philos. Fak. zu Berlin [2]) entnommenen Vorschriften:

II. Von der Habilitation der Privatdozenten.

§. 53. Wer bei der Fak. als Privatdozent Vorlesungen halten will, muß sich bei derselben habilitiren. Zur Habilitation wird Niemand zugelassen, als wer den philosoph. Doktorgrad oder Magistergrad von der hiesigen Fak., oder den Doktorgrad auf einer inländ. Univers. rite erworben hat, oder, wenn er auf einer ausländ. Univers. zum Doktor promovirt worden, doch bereits auf einer inländ. oder ausländ. Univers. Privatdozent gewesen ist: wobei indeß dem Min. vorbehalten bleibt, auch solchen, die auf ausländ. Univers. zu Doktoren promovirt sind, wenn sie auch noch nicht Privatdozenten gewesen, Dispensation von dieser V. zu ertheilen. [3]) Inländer haben zugleich nachzuweisen, daß sie der Militairpflicht genügt

---

1) In den med. Fak. Stat. von Berlin und Bonn sind die Kosten der Nostrifikation auf 30 Thlr. Gold festgesetzt.

2) Hinsichtlich der Uebereinstimmung ders. mit den Statuten der übr. Fak. in Berlin, und hinsichtlich der speziellen Abweichungen, welche sich in den Statuten der andern Univers. finden, gilt das oben bei den Promotionen Gesagte. Im Allgem. s. o. §. 4. des VIII. Abschn. der S. 425 mitgetheilten Univers.-Stat. von Berlin.

3) Diese Bestimmung wurde eingeführt durch C. R. des Min. d. G., U. u. Med. Ang. v. 9. März 1825 an die außerord. Reg.-Bevollm. bei sämmtl. Univ. (Koch, II. S. 8.) Sie gilt daher allgemein.

Inwiefern Nostrifikation ausländ. Doktoren erforderlich ist s. o. S. 489 I. 9. Insbes. ist dies bei den med. Fak. der Fall in Folge der nachstehenden durch C. R. des Min. d. G., U. u. Med. Ang. v. 17. Jan. 1820 sämmtlichen Univers. zugefertigten K. O. v. 6. Jan. 1820:

haben, und können ohne diese Nachweisung nicht zugelassen werden. Dasselbe gilt von Habilitanten, welche Ausländer, und aus einem der Deutschen Bundesstaaten gebürtig sind. Auch wird Niemanden die Habilitation früher, als nach drei Jahren nach vollendetem akadem. Triennium gestattet, welches bei Inländern von dem Zeitpunkte an, da sie mit dem Zeugnisse der Reife studirt haben, zu berechnen ist, wenn das Min. nicht von dieser Berechnungsweise dispensirt hat; und es muß zugleich nachgewiesen werden, daß der Habilitand diese drei Jahre auf eine wissenschaftl. Weise benutzt habe.[1]) Für hiesige Gymnasial-Lehrer, welche sich zur Habilitation gemeldet haben, muß die Fak., nach vorhergegangener Berathung, die Genehmigung des Min. auf den Fall einholen, daß der Adspirant zugleich Gymnasial-Lehrer bleiben will. Endlich hat der Dekan, ehe dem Adspiranten, welchen die Fak. für zulassungsfähig erklärt hat, die Habilitationsleistungen aufgegeben werden, bei dem Offizio des K. außerord. Reg.-Bevollm. anzufragen, ob der Zulassung des Adspiranten keine anderweitige Gründe entgegenstehen.[2]) — Jedem, der sich zur Habilitation meldet, hat der Dekan, nach §. 51. und 52., die Verhältnisse eines hies. Privatdoz[3]) und insbes. die Abschn. V. §. 119.[4]) ihnen auferlegte Verpflichtung, ausdrücklich, unter Aufnahme eines Protokolls, bekannt zu machen.

§. 54. Der Nachsuchende hat in einem Latein. Schreiben bei der Fak. um die Zulassung zur Habilitation anzuhalten. Diesem Schreiben sind beizulegen: 1) die Dokumente über alles dasj., was, nach §. 53., für die Zulassung zur Ha-

---

Auf Ihren Ber. v. 26. Dec. v. J. bestimme ich hiermit, daß bei den med. Fak. der Universitäten künftig nur solche Doktoren der Arzneiwissenschaft als Privatdozenten zu Vorlesungen zugelassen werden sollen, welche bereits die Approbation zur Praxis in meinen Staaten erlangt haben. Berlin, ꝛc.

An Friedrich Wilhelm.

den Staatsmin. Frh. v. Altenstein.

(Koch, II. S. 7.)

Die jurist. Fak. in Berlin wurde durch R. des Min. d. G., U. u. Med. Ang. v. 16. Dec. 1828 ermächtigt, um dem übermäßigen Andrange von Privatdoz. abzuwehren, mit allen doct. alienis, auch mit denen von andern Preuß. Univers., nicht blos ein Kolloquium, sondern eine Prüf. vorzunehmen. (Koch, II. S 8.)

1) Die dreijähr. Frist wurde eingeführt für die med. Fak. in Berlin durch R. dess. Min. v. 16. Juni und 12. Nov. 1833 (Koch, II. S. 10 und 11.). Früher war durch das in der vor. Note all. R. v. 16. Dec. 1828 für alle Fak. ein Quinquennium seit der ersten Immatrikulation festgesetzt. — Die Bonner Fak. Stat. fordern Ablauf von 2 Jahren seit absolvirtem Triennium, resp. Quadriennium, doch können Theologen beider Konfess. schon innerhalb dieser Frist als Repetenten auftreten. (s. u. II. 3.) — Vergl. §. 39. Regl. v. 4. Juni 1834. (s. o. S. 285.)

2) Jetzt beim Kurator: C. R. v. 18. Juli 1848. (s. o. S. 409.) In Bonn muß der Habilitand selbst nach den Fak. Stat. die Genehmigung des Kurators beibringen.

3) §. 51.: Wenn ein Privatdoz. auf ergangene Aufforderung für zwei Semester keine Anzeige von Vorlesungen eingereicht hat, so ist sein Recht, bei der Fak. zu lesen, auf so lange suspendirt, bis er von selbst wieder um Aufnahme in den Lektionskatalog ansucht, und ist diese Bestimmung einem jeden bei seiner Annahme nach der Habilitation vom Dekan bekannt zu machen.

§. 52.: Kein Privatdozent hat, als solcher und vermöge seiner Anciennität, Anspruch auf Beförderung zur Professur; diese hängt vielmehr nur von dem Bedürfniß der Fak. und der Tüchtigkeit der Person ab. Gesuche der Privatdoz. um Beförderung sind nicht vor Ablauf von drei Jahren seit der Habilitation des Privatdoz. zulässig, und sind zunächst bei der Fak. einzureichen, welche darüber, nach Befinden der Umstände, an das Min. berichtet. — Die Fak. ist befugt, einem Privatdoz. bei leichteren Anstößigkeiten durch den Dekan Verwarnung oder Verweis zu ertheilen, und bei wiederholten oder gröberen Verstößen eines Privatdoz. auf seine gänzliche Remotion bei dem Min. anzutragen. —

Vergl. auch unten sub III. 2. über Beförderungen. Ueber Remotionsfälle s. o. die Einl.

4) Vergl. o. S. 486.

bilitation erforderlich ist, mit Ausschluß der erst später vom Dekan einzuholenden Genehmhaltung des Offizii des K. außerord. Reg.-Bevollm.;[1]) 2) ein Curriculum vitae in Latein. Sprache; 3) eine geschriebene oder gedruckte Abhandlung aus jedem der Hauptfächer, über welche er zu lesen gedenkt, in der Regel in Latein. oder auch in Deutscher Sprache. — Die Doktor- oder etwanige Magister-Dissertation des Adspiranten kann nicht als hinreichend zu diesem Zwecke angesehen werden.[2])

§. 55. Die Eingabe des Habilitanden, nebst Allem, was dazu gehört, hat der Dekan in der nächsten Sitzung an die Fakultät zu bringen. Nachdem sie sich überzeugt hat, daß dem genügt sei, was zur regelmäßigen Erlangung des Grades erforderlich ist, welches in Bezug auf den Doktorgrad nach den in Abschn. II. §. 7. enthaltenen Bestimmungen, so weit sie hierher gehören, zu beurtheilen ist,[3]) wählt sie in ders. Sitzung, durch geheime Abstimmung mit absoluter Stimmenmehrheit, zwei Kommissarien, denen die genaue Prüfung der eingereichten Probeschriften obliegt. Keiner der Gewählten darf ohne die triftigsten, von der Fak. gebilligten Gründe den ihm gewordenen Auftrag ablehnen. Der Fak. ist auch gestattet, jedoch nur in dringenden Fällen, wenn für dies Geschäft, ihrer Ueberzeugung nach, die Fak. in dem Augenblick nicht genügend besetzt ist, einen zu ihr gehörigen Prof. ordin. designatus, oder einen Prof. extraord., der nicht mehr blos designatus ist, mit seinem Einverständnisse, zum Kommissarius zu ernennen, der dann auch für sein Gutachten die dem Kommissar. nach §. 62. zustehenden Gebühren erhält. Jedem der Kommissar. werden zur Prüfung vierzehn Tage bewilligt. Sie sind verpflichtet, über die Probeschriften ein motivirtes Urtheil schriftlich abzugeben, woraus erhellt, in welchem Grade der Adspirant, in Rücksicht auf Gelehrsamkeit sowohl, als auf Geist, ausgezeichnet zu nennen ist. Der Dekan läßt die Probeschriften, nebst den Urtheilen der beiden Kommissar., sodann bei der Fak. umlaufen, welche hiernächst in einer Sitzung, durch absolute Mehrheit der Stimmen, über die Zulassung entscheidet. Zu einer gültigen Entscheidung ist aber erforderlich, daß wenigstens die Hälfte der Fakultätsmitglieder anwesend sei; die ohne gültige Entschuldigung Ausbleibenden trifft die im §. 31. bestimmte Geldstrafe.[4]) Ist einer der begutachtenden Kommissar. nicht Mitglied der Fak., so ist er dennoch zu dieser Sitzung einzuladen, ist jedoch nicht gesetzlich verbunden, Theil zu nehmen, und zählt auch nicht in der Abstimmung. Fällt das Urtheil in der Sitzung nicht günstig aus, so hat die Fak. zu bestimmen, ob der Adspirant geradezu abzuweisen, oder ihm eine genügendere Probeschrift abzufordern sei, welche ihr jedoch nicht vor Ablauf eines Jahres vorgelegt werden darf.

§. 56. Hat die Fak. beschlossen, den Ansuchenden zur Habilitation zuzulassen, so muß derselbe eine Probevorlesung,[5]) in der Regel in Deutscher Sprache,

---

1) Das C. R. des Min. d. G., U. u. Med. Ang. v. 13. Dec. 1819 an die außerord. Reg.-Bevollm. bei den Univers. schrieb vor: daß die Fakultät von jedem Kand. „sich die über seine bisherigen Verhältnisse und sein Leben vorhandenen Zeugnisse vorlegen lasse, und Ihnen darüber berichte." Im Falle eines Bedenkens sollte demnächst Bericht an das Min. erfolgen. (Koch, II. S. 7.)

2) Dies wurde schon durch R. dess. Min. v. 2. April 1830 an den außerord. Reg.-Bevollm. bei der Univers. zu Berlin in Betreff einer Habilitation in der jur. Fak. ausgesprochen, weil dies. „dadurch in den Fall gesetzt werde, eine von einer andern inländ. Fak. bereits beurtheilte Arbeit einer nochmaligen Censur zu unterwerfen." (Koch, II. S. 9.)

3) §. 7.: „Für einen ordentlich promovirten Doktor ist — nur Derj. zu achten, welcher den Doktorgrad von der philos. Fak. einer gesetzmäßig konstituirten, und mit dem Rechte der Ertheilung akadem. Würden versehenen Univers. entweder nach allen vorgeschriebenen Leistungen, oder honoris causa, und zwar wegen seiner schriftstellerischen oder anderweitigen notorischen Verdienste um eine, in das Gebiet dieser Fak. gehörige Wissenschaft erhalten hat." Das weiter der Fak. beigelegte Recht, Promotionsmängel zu ergänzen, oder selbst honoris causa den Betreff. zu promoviren, bezieht sich blos auf berufene Prof. ord.

4) 1 Thlr. Kour., der von der Dividende der Fak.-Kasse am Schlusse des Dekanats abgezogen wird.

5) Nach dem oben S. 491 Note 1 alleg. R. v. 16. Juni 1833, an die med.

über ein von der Fak. aufgegebenes, oder von dem Ansuchenden mit ihrer Beistimmung gewähltes Thema vor der versammelten Fak. halten. Dem Ansuchenden steht frei, die Vorlesung Lateinisch zu halten. Betrifft die Habilitation die philolog. oder histor. Wissenschaften, so kann die Fak. ihrerseits die Vorlesung in Latein. Sprache fordern. — Will er über mehrere Fächer Vorlesungen halten, so ist die Fak. berechtigt, über jedes Hauptfach auch eine besondere Probevorlesung zu verlangen, kann jedoch hiervon, nach Erwägung der Umstäude, auch abgehen. Zu einer gültigen Entscheidung in dieser Sitzung ist die Anwesenheit von mindestens der Hälfte der Fakultätsmitglieder erforderlich, und trifft die, ohne gültige Entschuldigung, Ausbleibenden die im §. 31. verordnete Geldstrafe.

§. 57. Zur Ausarbeitung jeder solchen Probevorlesung erhält der Ansuchende eine Frist von vier Wochen, nachdem ihm das Thema bekannt gemacht worden, und nur auf Vorstellung besonderer Gründe kann die Fak. Ausnahmen hiervon bewilligen.

§. 58. Nach beendigter Probevorlesung vor der versammelten Fak., wird mit dem Verfasser über den Inhalt ders. ein Kolloquium gehalten, welches in der Regel der Prof., in dessen Hauptfach die Vorlesung gehört, anfängt, an welchem aber auch jedes andere Mitglied der Fak. Theil nehmen kann. — Die Fak. ist berechtigt, zu diesem Kolloquium erforderlichen Falls auch einen zu ihr gehörigen Prof. ord. designatus oder Prof. extraord, der nicht mehr blos designatus ist, mag ders. Kommissar. zur Begutachtung der Probeschriften gewesen sein, oder nicht, mit seinem Einverständnisse zuzuziehen; jedoch giebt dieser nur sein Gutachten, ohne daß seine Stimme bei der Entscheidung mitzählte, und wird auch für diese Funktion nicht remunerirt.

§. 59. Nach beendigtem Kolloquium entfernt sich der Ansuchende aus der Versammlung, und es wird durch absolute Stimmenmehrheit der anwesenden Fak.-Mitglieder der Beschluß gefaßt, ob er als Privatdozent anzunehmen sei oder nicht. Den Erfolg hiervon hat ihm der Dekan nach der Sitzung bekannt zu machen.

§. 60. Ist der Beschluß der Fak. günstig ausgefallen, so hat der angenommene Privatdoz. noch eine öffentliche Vorlesung in Latein. Sprache über ein Thema, welches ebenfalls auf die, §. 56. angegebene Weise bestimmt wird, zu halten, wozu ihm von der Fak. eine Frist von drei Monaten nach gehaltener Probevorlesung bewilligt wird, von welcher die Fak. nur nach Erwägung besonderer Gründe Ausnahmen zu machen berechtigt ist.

§. 61. Die Einladung zu dieser öffentl. Vorlesung geschieht durch einen Latein. Anschlag, wovon auf Kosten des Privatdoz. 150 Ex. gedruckt werden. Ein Ex. wird öffentlich angeschlagen, von den übrigen werden zwölf an das Min. gesandt, und die erforderl. Zahl an die Prof. der Univers. und die übrigen besonders berechtigten Personen vertheilt, und zu Akten genommen. Nach vollendeter Habilitation hat die Fak. dem Min. die geschehene Vollziehung ders. anzuzeigen.[1])

§. 62. Die Kosten der Habilitation betragen, außer 5 Thlr. Kour., welche von dem Dekan für die Univers.-Bibliothek erhoben und an die Quästur abgeliefert werden, für einen auswärts promovirten 40 Thlr. Gold, für einen hier promovirten 20 Thlr. Gold.[2]) Die an die Univers.-Bibl. zu zahlenden Gebühren

---

Fak. zu Berlin, soll die Probevorlesung nicht durch einen freien, extemporirten Vortrag über ein von der Fak. erwähltes wissenschaftl. Thema ersetzt werden.

1) R. des Min. der G., U. u. Med. Ang. v. 19. Aug. 1837 an den außerordentl. Reg.-Bevollm. zu Bonn.

Auf Ew. Ber. v. 20. v. M. findet das Min. im Einverständnisse mit Ihnen es zweckmäßig, daß den Fak. der dortigen Univ. zur Pflicht gemacht werde, über die Habilitation ihrer Privatdoz. in jedem einzelnen Falle einen ausführlichen Bericht zu erstatten, in welchem näher auseinander zu setzen ist, in welcher Art der Habilitationsakt zu Stande gekommen, und der Kand die ihm gestellte Aufgabe gelöst, insbes. in wie weit er Lehrtalent und Darstellungsgabe an den Tag gelegt hat. (Koch, II. S. 13.)

2) Durch R. dess. Min. v. 27. April 1835 war der jur. Fak. für die Habilitation nur eine, unter die Mitglieder zu vertheilende Remuneration von 6 Friedrichsdor, wie in Halle, bewilligt. (Koch, a. a. O.) — In Bonn betragen die Gebühren 25 Thl. Gold, die laut R. v. 26. Sept. 1835, wie auch die Nostrifi-

sind erst dann fällig, wenn der Adspirant die Probevorlesung in consessu facultatis mit günstigem Erfolge gehalten hat; die übrigen Gebühren sind sogleich bei der Meldung zu zahlen. Wird der Adspirant gleich nach der Prüfung der Probeschriften oder nach der Probevorlesung in consessu fac. abgewiesen, so wird ihm die erlegte Summe, mit Ausnahme von 15 Thlr. Gold, zurückgegeben.

§. 63. In jedem Falle, die Habilitation mag vollzogen sein oder nicht, erhält am Schlusse des Dekanatsjahres der Dekan, der die Verhandlung bis zu der Abstimmung über die Probeschriften in der deshalb gehaltenen Sitzung fortgeführt hat, 5 Thlr. Gold aus der Fakultätskasse, jedoch mit der §. 19. festgesetzten Ausnahme, daß, falls der Bewerber in der Abstimmung über die Probeschriften zugelassen worden, aber seine Vorlesung in consessu fac. nicht mehr unter dems. Dekan gehalten hat, von welchem die Abstimmung über die Probeschriften geleitet worden, diese Remuneration demj. Dekan zufällt, unter welchem die letztgen. Vorlesung gehalten wird. Außerdem erhält am Schlusse des Dekanatsjahres jedes der beiden Fakultätsmitglieder, welche ein kommissarisches Urtheil in obenged. Weise abgegeben haben, aus der Fakultätskasse ebenfalls 5 Thlr. Gold. Die Söhne und Brüder der fungirenden, emerirten und verstorbenen Prof. der Univ., und des fungirenden Universitätsrichters, Quästors und Sekretärs haben von den Kosten der Habilitation, mit Ausnahme des an die Univ.-Bibliothek Kommenden, Befreiung.

§. 64. Der Fak. bleibt es vorbehalten, einem in der gelehrten Welt schon vortheilhaft bekannten Manne, der jedoch die philos. Dotorwürde rite erlangt haben muß, die Kosten der Habilitation, mit Ausnahme des für die Univ.-Bibliothek zu Zahlenden, und die Prüfung selbst zu erlassen, worüber durch absolute Stimmenmehrheit in einer Sitzung entschieden wird.

(Koch, I. S. 149.)

Dazu:

Erl. des Min. d. G., U. u. Med. Ang. (v. Raumer) v. 1. Dec. 1853 an die med. und philos. Fak. der K. Univers. zu Berlin.

Um einem übermäßigen Andrange von Privatdozenten bei der 2c. Fak. zu wehren, empfehle ich ders., die statutarischen Bestimmungen in Betreff der Habilitation von Privatdoz. mit angemessener Strenge zur Ausführung zu bringen, und fortan keinen als Privatdozenten zuzulassen, der den desfallsigen statutarischen Anforderungen nicht auf eine ausgezeichnete Weise vollständig genügt hat. Unter den hier vorwaltenden eigenthümlichen Verhältnissen wird es nur durch folgerechte Anwendung einer solchen Strenge möglich sein, die Zahl der Privatdoz. bei der 2c. Fak. auf das richtige Maaß zurückzuführen und junge Männer von mittelmäßigen Fähigkeiten von einer Laufbahn zurückzuhalten, auf welcher selbst das entschiedene wissenschaftliche Talent nur durch große und anhaltende Anstrengungen die vielen Schwierigkeiten zu besiegen vermag, die dem glücklichen Gelingen entgegen stehen. Sollte die 2c. Fak. nach näherer reiflicher Erwägung für räthlich erachten, die statutarischen Anforderungen in Betreff der Habilitation von Privatdoz. noch zu steigern, so sehe ich den desfallsigen gutachtlichen Vorschlägen zur weiteren Beschlußnahme entgegen.

(Min. Bl. d. i. V. 1853. S. 5.)

2) Beschränkung der Privatdoz. auf eine bestimmte Zahl oder Zeit.

a) R. des Min. d. G., U. u. Med. Ang. v. 31. Juli 1829 an den außerord. Reg.-Bevollm. bei der Univers. zu Berlin.

Unter den von der philos. Fak. der hies. Univ. in Ihrem wohl motivirten,

---

kationsgebühren, in die betr. Fakultätskasse fließen. (Koch, II. S. 18.) Dortige Habilitanden, die ebendaselbst promovirt sind, bleiben ganz frei; auch brauchen sie, falls sie ihre Absicht, sich in Bonn zu habilitiren, gleich bei der Promotion erklären, als Habilitationsleistung blos die öffentliche Vorlesung zu halten. Vergl. die dortigen Fak. Stat.

Durch das oben S. 491 Note 1. alleg. R. v. 16. Juni 1833 an die medizin. Fak. in Berlin wurde bestimmt, daß der Habilitand sich binnen ½ J. nach der erhaltenen Erlaubniß der Fak. zur Habilitation auch wirklich habilitiren müsse, bei Verlust der venia legendi.

von Ihnen unterm 9. d. M. eingereichten Gutachten vorgetragenen Umständen hat das Min. für räthlich erachtet, der Beförderung der Privatdozenten N. N. zu außerordentlichen Professoren noch Anstand zu geben. Dagegen kann das Min. sich mit dem Antrage der Fak., die Zahl der Privatdoz. für die Hauptfächer auf ein Maximum zu beschränken, aus den in dem Separat-Voto des Prof N. richtig angegebenen Gründen nicht einverstanden erklären. Der von der Fak. bei diesem Antrage beabsichtigte Zweck wird sich füglich erreichen lassen, wenn die Fak. ihre Anforderungen an diej., die sich zur Habilitation bei ihr melden, auf eine angemessene Weise steigert, und keinen als Privatdoz. zuläßt, der diesen Anforderungen nicht auf eine ausgezeichnete Weise vollständig genügt hat.[1]) Auch giebt das Min. der Fak. zu näherer Erwägung anheim, ob und wie weit sie es für nützlich erachtet, von jetzt an allen denen, welche sich bei ihr habilitiren wollen, die Befugniß, bei ihr Vorlesungen zu halten, immer nur auf eine bestimmte Anzahl von Jahren zu ertheilen, so daß sie verpflichtet sind, nach Verlauf dieses Zeitraums auf's Neue diese Erlaubniß bei der Fak. nachzusuchen, und sich den von ihr noch näher zu bestimmenden Habilitationsleistungen zu unterwerfen. Auf diese Weise können diej. Privatdoz., welche sich als solche einige Jahre hindurch versucht, und nichts Ausgezeichnetes geleistet haben, ohne erhebliche Schwierigkeiten und blos durch Verweigerung der Erlaubniß zur Fortsetzung ihrer Vorlesungen beseitigt, und auch veranlaßt werden, noch frühzeitig genug einen andern Lebenslauf zu ergreifen.

(Koch, II. S. 9.)

b) Die Fakultätsstatuten von Bonn bestimmen die Zahl der Privatdoz. für beide theol. und die med. Fak. auf je 6, für die jur. auf 7, und für die philos. auf 18. In allen Fak. wird die venia legendi nur auf 4 Jahre ertheilt, nach deren Ablauf sie durch Fakultätsbeschluß prolongirt werden kann.

Die Berliner Fak.-Statuten, obschon auch sie erst nach den Wiener Konferenzbeschlüssen ergangen sind, erhalten keine derartige Zahl- oder Zeitbestimmung.

3) Repetenten haben im Allgem. die für Privatdozenten vorgeschriebenen Leistungen zu erfüllen. In Bonn dürfen sogar die Privatdoz. der jur. und med. Fak. in den ersten beiden Jahren nach ihrer Habilitation nur Repetitorien und Examinatorien veranstalten. Dagegen ist in beiden theol. Fak. daselbst zugelassen, daß solche die nur in einzelnen Fächern der Theol. als Repetenten auftreten wollen, sich lediglich durch ein Fakultäts-Examen habilitiren, und Lizentiaten überhaupt als Repetenten zugelassen werden, ohne daß dabei der Ablauf der bei Ertheilung der venia legendi vorgeschriebenen zweijähr. Frist seit absolvirtem Triennium erforderlich wäre. (s. o. S. 491. Note 1.)

4) Einfluß des Religionsbekenntnisses.

Wenn auch nach Art. 12. der Verfassung der Genuß der bürgerlich und staatsbürgerl. Rechte von dem religiösen Bekenntnisse unabhängig sein soll, und im Art. 4. ebendas. öffentliche Aemter, unter Einhaltung der gesetzlichen Bedingungen, für alle dazu Befähigte gleich zugänglich erklärt werden, so wird doch, nachdem den Katholiken in Bonn nnd Breslau, außer den theolog. Fak., besondere katholische Lehrstühle des Rechts, der Philosophie nnd neuerdings sogar der Geschichte zugestanden sind, auch auf der andern Seite ihr statutarischer Ausschluß von Halle und Königsberg, wie er aus nachstehendem R. erhellt, nach wie vor, Anspruch auf Beachtung zu machen haben.

---

1) Eben so wies das ob. S. 491 Note 1. alleg. R. v. 16. Juni 1833 an die med. Fak. zu Berlin die Festsetzung einer Zahl der Privatdoz. zurück, gestattete aber, daß die Fak. ihre Anforderungen steigere, sobald sie mehr als 11 Privatdoz. zähle.

R. des Min. der G., U. u. Med. Ang. v. 28. Dec. 1838 an den außerord. Reg.-Bevollm. zu Halle.

Das Min. eröffnet Ew. auf Ihren Ber. v. 28. v. M, die Zulassung eines der kath. Konfession zugethanen Privatdoz. betr., daß nach Kap. I. §. 2. der Statut. der dortigen Univ. v. 1. Juli 1694 das Bekenntniß aller und jeder Prof. ders. zur evang. Kirche vorausgesetzt wird. Was in dieser statutarischen Bestimmung nur in Betreff der Prof. vorausgesetzt ist, leidet nach dem Sinne dieser Bestimmung und im Zusammenhange mit ihrer Quelle, den Statuten der ehemal. Univ. in Wittenberg, auch auf die Privatdoz. sämmtl. Fak. um so mehr Anwendung, als die Privatdoz. mit den Prof. der betr. Fak. eine Korporation bilden, und nicht füglich anzunehmen ist, daß die Privatdoz., als Mitglieder dieser Korporation von der Voraussetzung ausgenommen sein sollten, welche der Gesetzgeber in Hinsicht der übrigen Korporationsmitglieder gemacht hat. Da ferner, so viel das Min. weiß, diese statutarische Voraussetzung in Hinsicht der Prof., und selbst bei Zulassung von Privatdoz. bis jetzt beobachtet worden, auch bei der Univ. in Königsberg, deren Statuten eine ähnliche Bestimmung enthalten, die Zulassung katholischer Kand. als Privatdoz. bisher nicht gestattet worden: so scheint es dem Min. nicht thunlich, in Hinsicht des Kand. N. N. von dem Statut und der bisherigen Observanz abzuweichen. Hierzu ist um so weniger Grund vorhanden, als die Statuten der Univ. in Berlin, Bonn, Breslau und Greifswald die Zulassung katholischer Kand. zur Habilitation als Privatdoz. nicht hinderlich sind, und somit dem N. N. noch auf vier Landesuniv. die Laufbahn eines Privatdoz. offen steht.

(Koch, II. S. 14.)

Die Vorschriften über Zulassung der Juden zu akadem. Lehrämtern, vergl. ob. S. 30 Note 1.

III. Professoren.

1) Eintheilung der Professoren.

Dieselbe erhellt am vollständigsten aus dem nachstehenden Paragraphen der Statuten für die Univers. zu Bonn v. 1. Sept. 1827:

§. 34. In jeder der fünf Fak. theilen sich die Professuren 1) in stehende ordentliche Professuren, oder diej. akadem. Lehrämter, mit welchen die Verpflichtung verbunden ist, über bestimmte, zu der betr. Fak. gehörige Lehrfächer regelmäßig Vorlesungen zu halten; 2) in ordentliche Honorar-Professuren, zu denen Uns solche Männer, die sich als Universitätslehrer auszeichnen, oder besonders dazu eignen, auch bei vollständiger Besetzung der stehenden ordentlichen Professuren, von Unserm Min. der G., U. u. Med. Ang. in Vorschlag gebracht werden können; [1]) 3) in außerordentliche Professuren, zu welchen ausgezeichnetere, angehende akadem. Dozenten befördert werden sollen, theils, um sie in dem von ihnen gewählten Berufe aufzumuntern, theils, um mittelst solcher außerordentlichen Professoren die stehenden ordentl. Professoren in den ihnen anvertrauten Lehrfächern zu unterstützen, und zu ergänzen. — Wir bestätigen hierbei den bereits bestehenden Grundsatz, daß so wenig die Privatdoz. ein Recht auf eine außerordentl. Professur, als die außerordentlichen Professoren ein Recht auf eine ordentliche oder Honorar-Professur haben, und daß daher bei der einen, wie der andern Beförderung, überall nicht auf Anciennität, sondern lediglich auf Verdienst und Qualifikation Rücksicht genommen werden soll.

(Koch, I. S. 196.)

Die stehenden ordentl. Professuren sind durch die verschiedenen Unterrichtsfächer in ihrer Zahl bestimmt, [2]) was bei den übrigen Professuren

---

1) Sie nehmen nicht an der Fak. im engern Sinne, wohl aber an den auf den Senat sich beziehenden Rechten Theil: §. 16. a. a. O.

2) Ihre neueste Vermehrung besteht darin, daß laut einer vom Min. v. Raumer extrahirten K. O. an beiden paritätischen Univ. Bonn und Breslau, wie in der jur. Fak. das Kirchenrecht, und in der phil. die Philosophie im engern Sinne,

nicht der Fall ist. Der ordentl. Professor hat die Verpflichtung, aber keineswegs das ausschließliche Recht, über sein Fach zu lesen.

Honorar-Professoren werden in den Berliner Statuten nicht erwähnt. (s. o. S. 414 ff.)

2) Anstellung der Professoren.

Zu einer solchen muß das Min. die Genehmigung des Königs einholen: V. v. 27. Okt. 1810 sub c. (s. in Bd. 1. S. 249.), weshalb auch die Univers.-Statuten die Professoren als „vom Könige und Min. berufene" akadem. Lehrer bezeichnen. In Bonn hat nach allen Fak.-Statuten jede Fak. das Recht, bei Besetzung einer ordentl. Professur dem Min. durch den Kurator drei geeignete Personen gutachtlich in Vorschlag zu bringen. Auch kann sie Privatdozenten, welche sich drei Jahre hindurch bewährt haben, dem Min. zur Beförderung zu außerord. Profess. vorschlagen. Diesfällige Gesuche der Privatdoz. müssen zunächst an die Fak. gehen. (s. o. S. 490 Note 1.)

In Betreff des Amtseides, der in der Regel vom Rektor und Universitätsrichter abgenommen wird, gelten gegenwärtig die allgem. Vorschriften. (s. o. S. 72 und Bd. 1. S. 454.)

3) Habilitationsleistungen der Professoren.

Außer der Eintragung seines Namens und Lebenslaufs in das dazu bestimmte Stammbuch der Fak. muß jeder Prof. bestimmten Antrittsleistungen genügen. So lange er dies nicht gethan hat, wird er nur als Prof. designatus betrachtet, und im Kataloge aufgeführt. Als solcher kann und muß er zwar Vorlesungen halten, darf aber nicht die sonstigen Rechte eines Fakultätsmitgliedes ausüben. (Vergl. sub I. 1. und II. 1. die §§. 101. 104. 55. und 58. der mitgeth. Fak.-Statuten.) Erst nach seinen Habilitationsleistungen wird er durch den Dekan in die Fak., und demnächst durch den Rektor in einer Senatssitzung eingeführt. Die Leistungen selbst sind bei den einzelnen Univers. verschieden. Doch ist

a) überall vorgeschrieben, daß jeder ordentliche (in Bonn auch jeder außerord.) Professor den Doktorgrad seiner Fak., wenn er ihn noch nicht besitzt, binnen Jahresfrist nachträglich gewinnen muß [1]) Vergl. Abschn. II. der o. S 415 ff mitgeth. Berliner Univers.-Statuten, sowie S. 491 Note 3.

b) Von andern Antrittsleistungen wird in Berlin gefordert, daß der Habilitand binnen einem Vierteljahr ein Latein. Programm in Druck gebe, und sich einer Antrittvorlesung oder Rede unterziehe, in Bonn genügt die Antrittsrede, die im Laufe des Semesters oder in der ersten Hälfte des folg. Semesters gehalten werden soll. [2]) Am ausführlichsten sind die Bestimmungen für Breslau, welche das R. des Min. d. G., U. u. Med. Ang. v. 28. März 1836 an den dortigen Reg.-Bevollm. dahin trifft:

---

so künftig auch in letztgedachter Fak. die Geschichte von einem evang. und einem kathol. Prof. vorgetragen werden soll. (Nat. Zeit. 1853. Nr. 553., vergl. Nr. 209. die Kammerverhandlung v. 7. Mai darüber.)

Geistliche der Prov. Sachsen haben eine Professur lutherischer Theologie in Halle verlangt. Ueber die Gewährung dieses Antrags ist nichts bekannt geworden. (Nat. Zeit. 1853. Nr. 574.)

1) Vorher wird er in Berlin gar nicht zu den andern Habilitationsleistungen zugelassen.

2) Bei der kathol. theol. Fak. müssen außerdem sämmtliche Prof. und Privatdozenten, ehe sie ihre Vorlesungen anfangen, das kathol. Glaubensbekenntniß nach Vorschrift des trident. Konzils vor Dekan und Fak. ablegen. Das Latein. von allen Anwesenden unterzeichnete Protokoll darüber ist an das Min. und an den Erzbischof einzusenden: §. 26. der Fak. Stat.

1) wer zum Professor extraord. befördert wird, gleichviel ob er von auswärts kommt, oder an der dortigen Univ. schon dozirte, ob er sich schon auswärts habilitirt hat, oder nicht, soll eine Lateinische Dissertation schreiben und über dieselbe disputiren; 2) wer vom Extraordinarius an der dortigen Univ. zum Ordinarius befördert wird, und sich dort bereits auf die sub 1. angegebene Art habilitirt hat, soll die Freiheit haben, außer der Dissertation, zu disputiren, oder eine Rede zu halten; 3) wer von auswärts kommt und noch nicht auswärts schon ordentlicher Prof. gewesen ist, hat eine Dissertation zu schreiben und darüber zu disputiren; 4) wer schon Ordinarius auf einer andern Univ. war, und an die dortige Univ. berufen wird, hat die Freiheit, nachdem er eine Dissertation hat drucken lassen, eine Rede zu halten oder zu disputiren; 5) es können jedoch, wenn ein zum Prof. ord. oder extraord. Ernannter noch nicht Doktor seiner Fak. ist, mit Genehmigung der Fak., die Promotions- und Habilitationsleistungen in Eins zusammen gezogen werden.

(Koch, II. S. 5.)

4) Besondere Wirkungen der jurist. Professur.

Es bestimmt Art. XV. des G. v. 26. April 1851, betr. die Zusätze zur V. v. 2. Jan. 1849:

3) Wer mindestens vier Jahre die Stelle eines ordentl. Prof. der jur. Fak. bei einer inländ. Univ. bekleidet hat, kann zum etatsmäßigen Mitgliede eines jeden Gerichts ernannt werden, ohne daß die Ablegung der für Richter vorgeschriebenen Prüfung oder für die Ernennung zum Mitgliede eines Appellationsgerichts oder des Obertribunals die vorgängige Anstellung bei einem Gerichte erster Instanz oder bei einem Appellationsgerichte erforderlich ist. — Richter können zugleich Professoren der jur. Fak. einer Univ. sein.

(G. S. 1849. S. 186.)

Dazu:

§. 3. des G. v. 17. März 1852, über die Vereinigung der beiden obersten Gerichtshöfe, in Betreff der Anstellung der Mitglieder:

Hinsichtlich der ordentl. Prof. der jur. Fak. bei einer inländ. Univ. kommen jedoch die Bestimmungen des Art. XV. Nr. 3. des G. v. 26. April 1851 zur Anwendung.

(G. S. 1852. S. 73.)

IV. Rechtsverhältnisse der Universitäts-Lehrer während der Amtsdauer.

Im Allgemeinen bestimmt das A. L. R. II. 12:

§. 73. Alle, sowohl ordentliche, als außerordentliche Professoren, Lehrer und Offizianten auf Universitäten genießen, außer was den Gerichtsstand betrifft, die Rechte der Königlichen Beamten. (Tit. 10. §. 104. sq.)

Die hier, mit Rücksicht auf die frühere Ausdehnung der akadem. Gerichtsbarkeit, in Ansehung des Gerichtsstandes gemachte Ausnahme, fiel schon in Folge der spätern Einschränkungen jener hinweg, und die akadem. Lehrer theilten das den K. Beamten zugestandene forum exemtum. (Anh. §. 24. zu §§. 74—76. A. G. O. I 2.) Gegenwärtig ist auch dieses aufgehoben, und akadem. Lehrer stehen, wie sonst Jedermann, unter dem ordentlichen Gerichte, welches für den Ort oder Bezirk zunächst und unmittelbar bestellt ist: §. 9. V. v. 2. Jan. 1849. (G. S. 1849. S. 3.)

In Folge der Eigenschaft der akadem. Lehrer als Staatsdiener gelten die allgem. für diese gegebenen Vorschriften auch in Ansehung ihrer. Diese Vorschriften sind bereits in dem 4. Kap. des von den Lehrern an höhern Schulen handelnden 2. Abschn. der vor. Abth. aufgeführt.[1]) In wie weit

---

1) Vergl. auch Bd. 1. S. 463.

dieselben für die Univers.-Lehrer noch besonders wiederholt oder modifizirt sind, soll die nachstehende Darstellung ergeben

1) Politisches Verhalten. Vgl. o. S. 98 ff. u. Bd. 1 S. 474 ff. Insbes. ist das am letztern Ort S. 480 gegebene, an sämmtl. Reg. ergangene C. R. v. 19. April 1850, betreff. die Theilnahme an Vereinen, auch den Univers. zugefertigt durch C. R. des Min. d. G., U. u. Med. Ang. (v. Ladenberg) v. 19. April 1850 an sämmtliche Rektoren (Prorektoren) und Senate der Landes-Univers.

Dem Rektor (Prorektor) und Senat ꝛc. kommunizire ich anliegend ein Exemplar der heute an die K. Reg. erlassenen C. Verf, betr. die Theilnahme von Beamten an solchen Vereinen, welche statutenmäßig oder faktisch eine feindselige Partheinahme gegen die Staatsreg. beabsichtigen, zur Kenntnißnahme. Die würdige Haltung, welche die überwiegende Mehrzahl der Universitätslehrer auch in der aufgeregtesten Zeit des J. 1848 zu bewahren gewußt hat, bürgt mir dafür, daß von ihnen keiner mich in die Nothwendigkeit versetzen werde, wegen einer, mit den Pflichten eines Staatsbeamten und eines öffentlichen Lehrers nicht verträglichen Ausübung des Vereinsrechts im Disziplinarwege einzuschreiten. Auch zu den Universitäts-Beamten im engeren Sinne darf ich nach den im J. 1848 gemachten Erfahrungen ein gleiches Vertrauen hegen. Sollte dennoch der eine oder der andere die ihm in Ausübung des Vereinsrechts gesteckte Grenze nicht gebührend beachten, so wird eine entsprechende Ermahnung Seitens des H. Rektors genügen, um dem betheiligten Lehrer oder Beamten seine Pflichten zu vergegenwärtigen und ihn zur Erfüllung ders. auch in dieser Beziehung zu vermögen. Sollte aber diese Hoffnung wider alles Erwarten getäuscht werden, so werden der H. Rektor und Senat die Nothwendigkeit eines ernsten Einschreitens meinerseits im Interesse der Würde und des Gedeihens der Univ. nicht verkennen und erwarte ich in solchem Falle eine unverzügliche Anzeige behufs weiterer Beschlußnahme.
(Min. Bl. d. i. V. 1850. S. 98. Nr. 131.)

2) Disziplin. G. v. 21. Juli 1852.[1]) Bd. 1. S. 492 flg.

Auf den Univers. bildet die Fak. im engern Sinne eine Disziplinar-

---

1) Ueber die ältern Vorschriften s. Bd. 1. S. 491. — Zu der letztvorangegangenen V. v. 11. Juli 1849 erließ das Min. der G., U. u. M. Ang. (v. Ladenberg) das folgende C. R. v. 6. Aug. 1849 an sämmtl. Rektoren (Pror.) und Senate der K. Landesuniv.

Die K. Staatsreg. hat sich veranlaßt gesehen, durch zwei, am 10. und 11. Juli d. J. ergangene V. nähere Bestimmungen in Betreff der Dienstdisziplin über die richterl. und die nichtrichterl. Beamten zu treffen. Die letztere dieser V. findet auch auf die öffentl. Lehrer und Unterrichts-Beamten Anwendung.

Es gereicht mir zur besondern Genugthuung und Freude, dem akadem. Lehrerstande meine vollste Anerkennung bezeugen zu können, daß ders — die Verirrungen einzelner Wenigen abgerechnet — in seiner großen Gesammtheit in den vorübergehenden schweren Zeiten treu und fest zu der Sache des Rechts und der Ordnung gehalten und dadurch, wie durch seinen geistigen und sittlichen Einfluß auf die akadem. Jugend, wie auf die größeren Kreise des Volkes, zur Wiederbefestigung der öffentl. Zustände wesentlich mit beigetragen hat. Ich gründe hierauf die wohlberechtigte Hoffnung, daß die Reg. sich nie in die traurige Nothwendigkeit versetzt sehen werde, gegen ein Mitglied dieses Standes die Strenge des Ges. in Anwendung bringen zu müssen. Indem ich daher dem H. Rektor (Prorektor) und dem Senat anheimgebe, da, wo und in der Ausdehnung, in in welcher Dieselben es für erforderlich erachten, die akadem. Lehrer der dortigen Hochschule auf die Bestimmungen der V. v. 11. Juli und insbes. auf die Forderungen aufmerksam zu machen, welche die Staatsreg. im §. 20. an alle in öffentlichen Diensten stehenden Personen zu richten sich genöthigt sieht, veranlasse ich den H. Rektor ꝛc. und den Senat zugleich, den akadem. Lehrern meinen herzlichen Dank für ihr bisher bewiesenes Verhalten auszusprechen und meine zuversichtliche Hoffnung, daß die Zukunft hierin nichts ändern werde, an den Tag zu legen. (Min. Bl. d. i. V. 1849. S. 167.)

Behörde über ihre Mitglieder, indem sie statutengemäß das Recht zu schriftlichen und mündlichen Verweisen hat

a) gegen jedes Mitglied, welches sich in schriftl. oder mündl. Verhandlungen Beleidigungen oder Ungebührlichkeiten gegen die Fak. oder einzelne Mitglieder zu Schulden kommen läßt;

b) gegen die Privatdozenten. (s. o. S. 490 Note 3.)

In Bezug auf diese letztern hat die Fak. auch das Recht, eine halbjährige Interdiktion auszusprechen (vergl. die Bonner Fak. Stat.) oder ihre gänzliche Remotion zu beschließen, beides jedoch nur mit Genehmigung des Min. Indessen erscheint es zweifelhaft, ob diese statutarischen Bestimmungen dem G. v. 21. Juli 1852 gegenüber noch jetzt Geltung zu beanspruchen haben. Außerdem wird den Fakultätsmitgliedern in den Statuten insbesondere die Amtsverschwiegenheit zur Pflicht gemacht. (Vergl. Bd. 1. S. 464. 837.)

3) Ueber Untersuchungen gegen Beamte und Schutz derselben gegen Beleidigungen im Amte vergl. Bd. 1. S. 508, 510 und unten den 4. Abschn.

4) Urlaub. (Vgl. Bd. 1. S. 520.)

Wer außer den Ferien [1]) die Univers. länger als auf drei Tage verläßt, muß nicht nur dem Rektor und Dekan Anzeige machen, sondern auch förmlichen Urlaub einholen: §. 9. des II. Abschn. der S. 416 mitgeth. Berliner Univers.-Stat. — Die in Betreff des letztern ergangenen besondern Vorschriften sind folgende:

a) Einreichung des Gesuchs vor Anfang der Kollegien. Diese Maaßregel ist getroffen, um den zu frühen Schluß der Vorlesungen zu hindern. Die betreff. V., insbes. das C. R. v. 28. Juni 1825, sind im folg. Abschn. zu vergleichen.

b) Begründung des Gesuchs.

C. R. des Min. d. G., U. u. Med. Ang. v. 8. April 1826 an die außerord. Reg.-Bevollm. bei den Univers.

Die jetzt wieder häufig eingehenden Urlaubsgesuche der Professoren veranlassen das Min. Ew. zu eröffnen, daß wegen Besorgung von Familienangelegenheiten nur in besondern Fällen, deren Dringlichkeit durch eine Bescheinigung näher nachgewiesen werden muß, und wegen einer zu unternehmenden Badereise, nur auf ein ärztliches Zeugniß Urlaub vor dem Eintritte der Universitätsferien den Prof. ertheilt werden wird. — Die Allerh. Bestimmung v. 21. Mai 1824, und die auf den Grund ders. erlassene Verf. des Min. v. 28. Juni v. J. [2]) muß gegenwärtig schlechterdings zur Ausführung kommen, und wenn das Min. darauf bisher nicht mit Strenge gehalten hat, so ist solches lediglich deshalb geschehen, um die neuen Anordnungen nicht so plötzlich, sondern nach und nach in Wirksamkeit treten zu lassen. Das Min. fordert daher Ew. hierdurch auf, obige Eröffnung baldigst zur Kenntniß der Univ. zu bringen, auch keine anderen, als den erwähnten Bestimmungen gemäße Urlaubsgesuche der Prof. anzunehmen und hierher einzureichen, so wie es denn auch außerdem noch erwartet, daß Ew. sich in jedem einzelnen Falle, über die bescheinigte Ursache zu einem Urlaubsgesuche gutachtlich äußern werden.

(Koch, II. S. 15.)

c) Beförderung der Gesuche durch das Kuratorium.

α) R. dess. Min. v. 14. Aug. 1827 an den außerord. Reg.-Bevollm. zu Berlin. (s. o. S. 409 sub 4.)

Das Min. hat bemerkt, daß seit einiger Zeit die Urlaubsgesuche der Prof. auf

---

1) Den ord. Prof. ist die Anzeige an den Dekan sogar auch bei Reisen innerhalb der Ferien vorgeschrieben. (Berliner Fak. Stat.)

2) Vgl. o. sub a. Die K. O. v. 21. Mai 1824 betrifft die akadem. Disziplin, und ordnete die Wiedereinführung kürzerer Ferien an.

hiesiger Univ. unmittelbar bei dems. eingereicht werden, und gedachte Gesuche lediglich deshalb nicht an die Behörde zurückgesandt, um die Verf. auf beregte Anträge nicht aufzuhalten. — Ew. werden aber hierdurch aufgefordert, sämmtlichen Prof. und Dozenten, so wie überhaupt allen Angehörigen der Univ. wiederholentlich zu eröffnen, daß so wie alle Anträge, so wie auch die Urlaubsgesuche der Reg. Bevollm. an das Min. gelangen müssen, und daher bei dens. zum Zweck der Einreichung beim Min., zu übergeben sind.

(Koch, II. S. 16.)

β) R. v. 19. Juni 1837, nachstehend sub d.

γ) Ueber die Begutachtung der Gesuche durch den Reg.-Bevollmächt. (jetzt Kurator). Vgl. ob. sub b. das C. R v. 8. April 1826.

d) Nachweis der Vertretung von Seiten der Aufseher über akadem. Sammlungen.

R. dess. Min. v. 19. Juni 1837 an den außerord. Reg.-Bevollm. zu Königsberg.

Das unterz. Min. kann das von Ew. in dem Ber. v. 18. Okt. v. J. angezeigte Verfahren des N. dortselbst, daß ders. damals eine Reise hierher unternommen hat, ohne Ihnen davon Anzeige zu machen, noch nachzuweisen, in welcher Art er für die ihm untergebenen akadem. Sammlungen gesorgt hatte, nicht billigen, und überläßt Ihnen solches dem N. in angemessener Art bemerklich zu machen. Zugleich bestimmt das Min. hierdurch, daß künftig zu den Reisen der Prof. — mit Ausnahme der Reisen, welche sich auf die Zeit der gesetzlichen Ferien beschränken, — der Urlaub durch das Univ. Kuratorium bei dem Min. nachzusuchen ist, die Aufseher der akadem. Sammlungen aber von jeder Reise dem Kuratorium unter Nachweisung zureichender Vertretung Anzeige zu machen haben.

(Koch, II. S. 17.)

e) Urlaubsgesuche der Privatdozenten.

R. dess. Min. v. 25. Jan. 1838 an den außerord. Reg.-Bevollm. zu Breslau.

Das unterz. Min. eröffnet Ew. hierdurch auf die Anfrage in dem Ber. v. 16. v. M. u. J., daß die für die Reisegesuche der Prof. erlassenen Anordnungen auf die Privatdozenten keine Anwendung finden.

(Koch, II. S. 17.)

5) Heirathskonsens. (s. Bd. 1. S. 527.) Vgl. unten sub VI. die K. O. v. 4. Juni 1838, wonach Universitäts-Lehrern der Heirathskonsens nur ertheilt werden soll, wenn sie entweder der allgem., oder der bei ihrer Univers. bestehenden besondern Wittwenkasse beigetreten sind.

6) Nebenämter oder Gewerbe.

a) Im Allgem. setzt Uebernahme oder Betrieb von solchen die Genehmigung des Min. voraus: K. O. v. 13. Juli 1839, §. 19. Gewerbeordn. v. 17. Jan. 1845.[1]) (s. in Bd. 1. S. 527.)

b) Insbesondere bei Vormundschaften ist zur Uebernahme, zu welcher übrigens Univers.-Lehrer nur hinsichtlich der Kinder von Verwandten oder Amtsgenossen angehalten werden können, die Genehmigung der Vorgesetzten erforderlich: §. 161. 213. A. L. R. II. 18. (s. in Bd. 1. S. 533.) Dazu bestimmt das

C. R. des Min. d. G., U. u. Med. Ang. (v. Altenstein) v. 2. April 1825 an sämmtl. H. Reg.-Bevollm. bei den K. Univers.:

---

1) Schon das R. des Min. der G., U. u. Med. Ang. v. 26. Jan. 1826 an den Rektor und Senat der Univ. zu Berlin bestimmte: „in Gemäßheit der bestehenden allgem. Dienstordn., daß von jetzt an kein ordentl. oder außerordentl. Prof. irgend ein zur Univ. nicht gehöriges Nebenamt übernehmen soll, ohne zuvor die desfallsige Genehmigung des Min. nachgesucht und erhalten zu haben.“ (Koch, II. S. 4.)

Das Min. bevollmächtigt Ew. hierdurch, mit Bezugnahme auf die §§. 161. und 162. Tit. 18. Th. II. des A. L. R. [1]), den Prof. und übrigen Universitäts-Verwandten künftig bei vorkommenden Fällen den Konsens zur Uebernahme der Vormundschaften, den Verhältnissen gemäß, zu ertheilen, oder zu verweigern.

(A. IX. S. 382.)

c) Zu Geschwornen können Professoren berufen werden: V. v. 3. Jan. 1849.

§. 63 — Ohne Rücksicht auf den zu 9. erwähnten Steuersatz (18 Thlr. an Klassen- oder 20 Thlr. an Grund- oder 24 Thlr. an Gewerbesteuer) sind jedoch wählbar zu Geschworenen: — die Professoren 2c.

(G. S. 1849. S. 25.)

d) Ueber die Zulassung der Doktoren der Rechte als Defensoren und die Vereinigung des Richteramts mit jurist. Professuren s. oben S. 488 sub 7. a. β. und S. 497 sub 4.

7) Rang der Univers.-Lehrer [2])

a) im Verhältniß zu andern Staatsbeamten.

α) Ueber das Rangverhältniß der Rektoren.

R. des Min. d. G., U. u. Med. Ang. (v. Altenstein) v. 9. April 1819:

Der Senat der Univ. wird hierdurch benachrichtigt, daß des Königs Maj. mittelst A. K. O. v. 31. Dec. pr. den Rektoren sämmtlicher Landes-Univ. für die Dauer ihres Rektorats den Rang der Ministerialräthe zweiter Klasse (nach der K. V. v. 7. Febr. 1817 den der Geh. Obertribunals- und Geh. Ober-Reg. Räthe und der wirklichen Reg. Präsidenten) und mit ihm Kourfähigkeit beizulegen allergnädigst geruht haben.

(A. III. S. 427. und wiederholt im C. R. dess. Min. v. 25. Aug. 1827 an die K. Oberpräs. zur öffentl. Bekanntmachung. (A. XI. S. 668.)

β) Ueber das Rangverhältniß der Professoren.

K. O. v. 13. Nov. 1817:

— 3) die an den Univ. angestellten ordentl. Prof. stehen, wenn sie nicht bereits mit einem, ihnen einen höhern Rang gewährenden Titel versehen sind, mit den wirklichen Reg. und O. L. G. Räthen, die außerord. Prof. dahingegen mit den Reg. und O. L. G. Assessoren in einem und dems. Range.

Berlin 2c.

Friedrich Wilhelm.

An
den Staatskanzler Fürsten v. Hardenberg.

(Koch, II. S. 1.)

b) Rangverhältniß der Univers.-Lehrer unter einander. Nach den Univers.- und Fak.-Statuten der einzelnen Univers. richtet sich der Rang der ordentl. wie der außerord. Professoren nach der Reihenfolge ihrer Anstellung (ihres ersten Professor-Patents), der der Privatdozenten nach dem Datum ihrer Habilitation. Die Fak. folgen, wie nachsteht, aufeinander: 1) die theolog. (wo evang. und kathol. theolog. Fak. bestehen, wechseln sie Jahr um Jahr im Vorrange), 2) die jurist., 3) die medizin., 4) die philos. Fakultät.

---

1) §. 162. Für Räthe bei K. Kollegiis muß die Erlaubniß des den Koll. vorgesetzten Departements 2c. nachgesucht werden.

2) Unter den Ehrenbezeigungen für Univ. Lehrer ist zu erwähnen, daß nach einem durch R. des Min. der G., U. u. Med. Ang. v. 20. Febr. 1837 genehmigten Statut v. 24. Nov. 1836 in Berlin im Senatszimmer eine Sammlung von Bildnissen aller ordentl. Prof. der dortigen Univ. angelegt, und in der Aula eine, vom Senat und Min. zu bestimmende und zu ergänzende Auswahl von Marmorbüsten berühmter verstorbener Prof. aufgestellt werden sollte. (Koch, II. S. 5.)

8) Amtstracht.

Während durch K. O. v. 4. März 1820 (s. in Bd. 1. S. 474.) den akadem. Lehrern die sogen. altdeutsche Tracht verboten wurde, ist ihnen in neuester Zeit für feierliche Gelegenheiten eine alterthümliche Umhüllung durch Luthermäntel oder Doktorröcke vorgeschrieben. Die diesfälligen V. in die Sammlungen aufzunehmen, hat man nicht für nöthig befunden. Die Zeitungen berichten über ihren Inhalt:

Zufolge der neuesten V. tragen die Rektoren der Preuß. Univ. demnächst bei feierlichen Gelegenheiten einen langen goldgestickten Mantel von purpurfarbenem Sammt und ein rundes Baret von gleichfarbigem Sammt. Die Dekane, mit Ausnahme jener der kath. theol. Fak, tragen über den gewöhnlichen schwarzen Frack ein vorn offenes, weites und faltiges Oberkleid, einen sogen. Doktorrock, von wollenem Stoffe, in den Farben ihrer Fakultäten: die evang. theol. Fak. violet, in's Schwarze spielend; die jur. purpurroth; die med. scharlachroth und die phil. dunkelblau. Die ordentl. Prof. tragen schwarze Doktorröcke von wollenem Stoffe, mit Aufschlägen in den Fakultätsfarben. Die außerordentl. Prof. tragen eben solche Röcke, jedoch ohne Fakultätsfarben. Die erstern sind zur Anschaffung der Robe und des Barets verpflichtet, den letztern so wie den Privatdozenten ist dieselbe freigestellt.

(Nat. Zeit. 1853. Nr. 456.)

9) Was die Amtseinkünfte im Allg., Steuer-Immunitäten,[1]) und Beamten-Vorrechte bei Exekutionen anlangt, so sind in den Sammlungen keine besondern Bestimmungen für die Univers.-Lehrer vorhanden. Es muß deshalb auf die betreff. allgem. Vorschriften zurückgewiesen werden, welche theils oben für die Lehrer der höhern Schulen (S. 109—115) theils im 1. Bd. (S. 820 über Dienstwohnungen, S. 830 über Diäten,[2]) S. 834 über die Klassensteuer, S. 837 über die Exekutionen) aufgeführt worden sind.

Insbesondere dagegen gehören zu den Amtseinkünften der Univers.-Lehrer:

a) die Dividenden aus den Fakultätskassen, welche aus Promotions,- Inskriptions,- Zeugniß- und ähnlichen Gebühren fließen, und unter die Mitglieder der Fakultäten, wie auch an den Rektor und die Verwaltungsbeamten nach, bei den einzelnen Univers. verschieden bestimmten Verhältnisse vertheilt werden. Vgl. die bei den Verwaltungs-Etats der einzelnen Univers. (oben im 2. Kap. des 1. Abschn.) in Betreff der „Einnahmen aus eigenem Erwerbe“ gegebenen Notizen.

b) Die Honorariengelder, über welche sowohl die oben a. a. O. befindlichen Uebersichten, als im 4. Abschn. die Vorschriften über Zahlung und Stundung zu vergleichen.

---

1) Eine Befreiung der akadem. Lehrer von Staats- und Kommunalsteuern wurde schon durch R. der Min. d. G., U. u. M. Ang., d. Inn. und d. Fin. v. 26. April 1819 an das Univ. Kuratorium in Breslau, und durch R. der Min. d. G., U. u. M. Ang. und d. Inn. v. 6. Sept. 1819 an den Prof. Gesenius zu Halle (A. III. S. 426, 731) nicht anerkannt. Es wurde zwar darauf hingewiesen, daß nach einer K. O. v. 30. Jan. 1817 noch eine V. über die Wiederherstellung der Immunitäten der Geistl. und Lehrer zu erwarten sei, in der Folge erging aber nur das in der 3. Abth. gegebene G. v. 11. Juli 1822 über Heranziehung der Staatsdiener zu Kommunallasten.

2) Das R. des Min. d. G., U. u. M. Ang. v. 16. Juni 1836 an den außerord. Reg. Bevollm. zu Bonn bemerkte, daß die Vorsteher akadem. Institute, wenn sie ähnliche Reisen, die zum Ankaufe einer Sammlung für ihr Institut, mit dem Anspruche auf Diäten und Fuhrkosten unternehmen wollen, vorher ausdrückliche höhere Ermächtigung einholen müssen. (Koch, II. S. 552.)

V. Amtserledigung.

Ueber die Erledigung des akadem. Lehramts durch Todesfall, Niederlegung[1]) oder Amtsentsetzung vergl. die allgem. Bestimmungen Bd. 1. S. 538, 539, 547. In Betreff der Pensionirung ist sowohl das Pensionsregl. v. 30. April 1825, laut §. 5. dess., als der 8. Abschn. des Disziplinarges. v. 21. Juli 1852, der das Verfahren bei nothwendigen Emeritirungen regelt, laut §. 96. das.,[2]) von der Anwendung auf Univers.-Lehrer ausgeschlossen (s. in Bd. 1. S. 540, 508.). Hiernach würden Pensionsbewilligungen für dieselben, so weit nicht etwa bei der Anstellung spezielle Zusicherung erfolgt, von der Genehmigung des Königs abhängen: V. v. 27. Okt. 1810 sub 3, b. (s. in Bd. 1. S. 248.) Vergl. auch Artikel 98. der Staatsverfassung v. 31. Jan. 1850. (G. S. 1850. S. 32.)

VI. Sorge für die Hinterbliebenen.

1) Sterbe- und Gnaden-Monat (s. in Bd. 1. S. 552,). Die Anwendung der allgem. Grundsätze auf Univers.-Lehrer ergiebt sich aus den nachstehenden Verf.

a) Das R. des Min. der G., U. u. Med. Ang. v. 29. Aug. 1838 an den außerord. Reg.-Bevollm. bei der Univers. zu Halle, welches ausnahmsweise einer Professorwittwe ein Gnadenquartal gewährte, bestimmt:

In ferneren derartigen Fällen muß nach der Bestimmung sub 2. der A. K. O. v. 27. April 1816 [3]) verfahren, und wenn ein mehr als einmonatliches Gehalt den Hinterbliebenen zu Theil werden soll, dazu jedesmal diesseitige Genehmigung eingeholt werden, da die Prof. an den Univ. keineswegs zu den Beamten der in jener A. K. O. sub 1. geb. Kathegorie gerechnet werden können.

(Koch, II. S. 955.)

---

1) In den Berliner Fak.-Statuten ist jedem ausscheidenden Dozenten insbes. schriftliche Anzeige von seinem Austritt an die Fak. zur Pflicht gemacht.

2) Weder die V. v. 29. März 1844 über das bei Pensionirungen zu beobachtende Verfahren (G. S. 1844. S. 90), noch der gleiche Abschn. (§§. 95 bis 102.) der Disziplinar-V. v. 11. Juli 1849 (G. S. 1849. S. 71), welcher bis auf einige geringe Redaktionsveränderungen mit §§. 88 – 95. des G. v. 21. Juli 1852 wörtlich übereinstimmt, hatten diese Beschränkung.

In Kochs Univ. ist über Pensionirung lediglich unter den Vorschriften über das Rechnungswesen (Bd. II. S. 1022) der allgemein erlassene Beschl. des Staatsmin. v. 21. Nov. 1837 mitgetheilt, wonach bei Berechnung der Jahres-Pensionsbeträge angefangene Thaler als voll gerechnet werden sollen, um bei den Monatsberechnungen der Pensionssumme Bruchpfennige zu vermeiden.

3) „Auf den von dem Staatsmin. in dem Ber. v. 12. d. Mts. Mir gemachten Vortrag will Ich genehmigen, daß 1) den Hinterbliebenen der Beamten, welche als Mitglieder und Subalternen, resp. zu einem Kollegium gehören oder bei dems. arbeiten, außer dem Sterbemonat jedesmal noch die volle Besoldung für die zunächst folgenden drei Monate, 2) den Hinterbliebenen derj. Offizianten, welche nicht in kollegialischen Verhältnissen stehen, außer dem Sterbemonat noch die Besoldung für den nächsten Monat gezahlt werden kann; will auch gestatten, daß im letzteren Fall auch dann ein zwei- oder dreimonatlicher Gnadengehalt gezahlt werden darf, wenn die Uebertragung der Stelle des Verstorbenen ohne besonderen Kostenaufwand für die Staatskassen erfolgen kann. Wegen der Dienstwohnungen bestimme Ich, 3) daß nach dem Absterben eines Offizianten die Sessions-Arbeitsstube ohne Verzug geräumt, insofern die letztere aber so belegen ist, daß sie nicht füglich von der Familienwohnung abgesondert werden kann, eine andere Stube zum Arbeitszimmer eingeräumt werden soll, und daß die Familie des Verstorbenen demnächst auch für die Dauer der Gnadenmonate in der Dienstwohnung bleiben darf. Sollte bei Ablauf des letzten Monats wegen des damit

b) R. dess. Min. v. 4. Dec. 1838 an dens.

Das Min. erwidert Ew. auf die Ber. v. 11. April und 18. Okt. c. Folgendes. Nach der A. K. O. v. 6. Febr. 1825 [1]) sollen die bei den übrigen Staatsdienern ergangenen Bestimmungen über den Sterbemonat und das Gnadenquartal auch auf diej. Professoren, Lehrer und sonstigen Beamten Anwendung finden, welche seit dem 1. Jan. 1825 bei der dortigen Univ. angestellt worden sind. Hiernach ist die Zahlung der Besoldung des am 22. Jan. 1836 verstorbenen Lektors der Französischen Sprache an die Seitenverwandten dess. für den Sterbemonat und das Gnadenquartal unzulässig, da die A. K. O. v. 15. Nov. 1819 [2]) sich bestimmt darüber ausspricht, daß der Regel nach nur der Wittwe, den Kindern und Enkeln des Verstorbenen ein Anspruch auf den Sterbemonat und das Gnadenquartal zustehen, und nur in den Fällen, wo der Erblasser der Ernährer armer Eltern, Geschwister, Geschwisterkinder oder Pflegekinder gewesen ist, den Ministern frei gelassen sein solle, ausnahmsweise dens. das Gnadengehalt anzuweisen. Wenn daher bei dem N. keiner der zuletzt erwähnten Fälle vorhanden sein sollte, dann müssen die den Seitenverwandten bereits gezahlten, eben so wie die bei dem Depositorio des O. L. G. zu Naumburg annoch beruhenden Beträge wieder eingezogen werden. — Rücksichtlich der bei der dortigen Univ. vor dem 1. Jan. 1825 angestellten Prof. verbleibt es bei den früheren statutenmäßigen Bestimmungen, und es wird sonach das Gnadenjahr nur den Wittwen, Kindern und Pflegekindern zu bewilligen sein, da die Seitenverwandten bisher schon auf diese Bewilligung keinen Anspruch gehabt haben, und dens. nach Analogie der für die übrigen Staatsdiener geltenden Bestimmungen auch kein Anspruch auf den Sterbemonat oder das Gnadenquartal eingeräumt werden kann. — Hiernach muß auch die Zahlung der Besoldung des am 28. Febr. c. verstorbenen Prof. N. an die Seitenverwandten dess. pro April und Mai cessiren. — Wenn ein Prof., Lehrer oder Beamter der dorti-

---

nicht übereintreffenden Miethsquartals das anderweite Unterkommen der Familie Schwierigkeiten finden, so soll solche entweder mit dem früher eintretenden Miethsquartal die Wohnung räumen, und durch den Dienstnachfolger für die Monate entschädigt werden, für welche ihr eigentlich die freie Wohnung noch zukommt, oder die Familie soll bis zum nächstfolgenden Miethsquartal darin belassen werden, und nur verpflichtet sein dem Nachfolger im Dienst ein gewöhnliches Absteigequartier für seine Person und einen oder mehrere Domestiken einzuräumen."

Dazu bestimmte die K. O. v. 27. Mai 1816: daß auch „den Hinterbliebenen der Pensionärs ohne Ausnahme außer dem Sterbemonat noch ein Gnadenmonat zu Theil werden soll." (G. S. 1816. S. 201.)

1) „Auch überzeuge Ich Mich, daß es der Begünstigung eines vollen Gnadenjahres für die Wittwen und Waisen der Prof., nach Errichtung und Dotirung der dortigen Wittwen- und Waisenkasse, nicht mehr bedarf, und genehmige daher, daß bei den seit dem 1. Jan. d. J. anzustellenden Prof., Lehrern und Beamten der Univ. Halle-Wittenberg, sofern deren Nachgelassene bisher auf eine längere Zeit den Genuß des Einkommens ihres Erblassers zu verlangen berechtigt waren, die bei den übr. Staatsdienern ergangenen Bestimmungen über den Sterbemonat und das Gnadenquartal zur Anwendung kommen."

2) „Auf den Ber. des Staatsmin. v. 3. d. Mts. setze Ich zur Deklaration Meiner O. v. 27. April 1816 hierdurch fest, daß nur dasj., was die Hinterbliebenen eines Beamten, der bemerkten K. O. gemäß, an Besoldung außer dem Sterbequartal erhalten, für dieselben Gnadenbewilligung ist, — daß auf letztere kein Gläubiger des Verstorbenen Anspruch hat, — daß solche der Regel nach nur der Wittwe, den Kindern und Enkeln des Verstorbenen, ohne Rücksicht, ob sie dessen Erben sind oder nicht, zusteht, — daß aber den Ministern als Depart.-Chefs frei gelassen ist, im Falle der Erblasser Ernährer armer Eltern, Geschwister, Geschwisterkinder oder Pflegekinder gewesen ist, ausnahmsweise dens. das Gnadengehalt anzuweisen, und die Minister jeden Falls befugt sein sollen, die Vertheilung dess. unter die Hinterbliebenen zu reguliren und dessen Verwendung zu bestimmen. Zugleich genehmige Ich, daß diese Bestimmungen des Gnadengehalts auch auf den Gnadenmonat, welche den Hinterbliebenen der Pensionärs außer dem Gnadenmonat bewilligt ist, angewendet werden."

gen Univ., es mag dessen Anstellung vor oder nach dem 1. Jan. 1825 erfolgt sein, sein Gehalt für das Quartal, in welchem er stirbt, bereits empfangen hat, so findet eine Zurückzahlung des gegen die Bestimmungen der A. K. O. v. 27. April 1816 zu viel erhobenen Betrages nicht Statt.

(Koch, II. S. 957.)

2) In der Regel steht den Hinterbliebenen eines Prof. auch noch eine Zeitlang eine **Theilnahme an den Fakultäts-Emolumenten** zu, deren Dauer und Betrag in den einzelnen Fak.-Statuten regulirt ist.

3) **Wittwen- und Waisenkassen.**

Außer der allgem. Wittwenkasse (s. o. S. 133 flg.) hat jede Univers. ihre besondere Wittwen- und Waisenkasse.

a) Verpflichtung zum Beitritt.

K. O. v. 4. Juni 1838 an den Staatsmin. Frh. v. Altenstein.

Um die nach Ihrem Ber. v. 17. v. M. noch fehlende Bestimmung über den Beitritt der Universitätslehrer zu der allgem. Wittwen-Verpflegungsanstalt nachzuholen, bin ich zwar mit Ihnen einverstanden, daß von denj. Lehrern, welche ihre Ehefrauen in die bei jeder Univ. bestehende Professoren-Wittwen- und Waisen-Versorgungsanstalt einkaufen, nicht zugleich auch der Beitritt zur allgem. Wittwen-Verpflegungsanstalt verlangt werden kann; die völlige Freisprechung von der letztern ohne Vorbehalt könnte jedoch die Folgen haben, daß weder der einen noch der andern Anstalt beigetreten würde. Unter diesen Umständen genehmige und bestimme Ich, daß die Universitätslehrer, welche Mitglieder der bei den Univ. bestehenden Prof.-Wittwen- und Waisen-Versorgungsanstalten sind, oder werden wollen, zwar von dem Beitritt zur allgem. Wittwen-Verpflegungsanstalt entbunden bleiben können, daß sie aber gehalten sind, einer oder der andern Anstalt beizutreten, und ihnen der Heirathskonsens nur ertheilt werden darf, wenn sie sich darüber in einer oder der andern Beziehung genügend ausgewiesen haben.

Berlin rc. Friedrich Wilhelm.

(Koch, II. S. 987.)

b) Wittwen- und Waisenkassen der einzelnen Univers. Sie sind nur für die ord. und außerord. Prof., die mit letztern gleichstehenden Bibliothekare und Prosektoren, so wie für den Univers.-Richter, Quästor und Sekretär bestimmt. Ueber dies. werden von Koch, Bd. II. S. 958 flg. die nachstehend aufgeführten V. mitgetheilt:

α) **Berlin**: die durch R. des Min. d. Inn. v. 11. Sept. 1816 genehmigten Statuten der Professoren-, Wittwen- und Waisen-Versorgungsanstalt für die Univ. zu Berlin de eod. (Staatszuschuß jährl. 1000 Thlr., Eintrittsgeld, baar oder durch Wechsel, 150 Thlr., Jahresbeitrag 24 Thlr., Wittwenpension 240 Thlr., Zuschuß für Kinder 60—120 Thlr.)

β) **Bonn**: die vom Könige vollzogenen Statuten der Wittwen- und Waisen-Versorgungsanstalt für die Univ. zu Bonn v. 28. März 1822 nebst Nachträgen v. 8. Juni 1831 zu §§. 2. 3. und 12., v. 30. Jan. 1838 zu §. 2., R. v. 31. Okt. 1835 wegen Beginnes der Beitrittsverpflichtung mit der Vereidung, K. O. v. 31. Okt. 1837, wegen Beginnes der Pension nach Ablauf der Gnadenmonate. (Koch, II. S. 962 ff.) — Vgl. §§. 172—175. der Univ. Stat. (Koch, I. S. 218.) — Eintrittsgeld u. s. w. wie Berlin. Die Anstalt erhielt vom Staat 10,000 Thlr. Stiftungskapital und 500 Thlr. Jahreszuschuß. Sie besaß 1837 ein Vermögen von 56,050 Thlr., zählte 44 Mitglieder und zahlte an Pensionen 1960 Thlr. aus.

(Koch, I. S. 182.)

γ) **Breslau**: die vom Könige vollzogenen Statuten der Professoren-, Wittwen- und Waisen-Versorgungsanstalt für die Univ. zu Breslau v. 28. März 1822. (Koch, II. S. 969) Staatszuschuß, Eintrittsgeld u. s. w. wie in Berlin. 1837 besaß die Anstalt ein Vermögen von 27,775 Thlr. und zahlte an Pensionen 2400 Thlr. aus. Als Privatstiftungen bestehen der **Schmidtsche** und der **Hackemannsche** Prof. Wittwen-Pensionsfonds; aus ersterm kommen jährl. circa 55, aus letzterm 350 Thlr. zur gleichen Vertheilung unter die Professorenwittwen.

(Koch, I. S. 308.)

δ) Greifswald: die dort. Prof. Wittwenkasse hatte nach Kochs Bemerkung (II. S. 987) eine neue Einrichtung zu erwarten. Bis dahin beruhte ihre Organisation auf den Statuten von 1735, dem Rezeß v. 20. Dec. 1795 und den Statuten v. 8. März 1814. Sie beschränkte sich auf ordentliche Prof., die bei ihrem, in ihre Willkühr gestellten, Eintritt ein für alle Mal 50 Thlr. zu erlegen hatten. Aus der Univ. Kasse erhielt sie 227 Thlr. Zuschuß, und hatte außerdem Einnahmen aus mehreren Berechtigungen.

(Koch, I. S. 354.)

ε) Halle: die vom Könige vollzogenen Statuten der Wittwen- und Waisen-Versorgunganstalt für die Univ. Halle-Wittenberg v. 23. März 1824 nebst den R v. 16. Okt. 1835 und 26. Sept. 1838 über die zu Kapitalanlagen, mit Ausnahme des Ankaufs von Staatspapieren und Pfandbriefen, erforderliche Genehmigung des Univ. Kuratoriums. (Koch, II. S. 975.) Staatszuschuß, Eintrittsgeld u. s. w. wie in Berlin. Die Anstalt wird in zwei Abth. verwaltet, unter den Namen „Vereinigte Hallesche Fonds" und „Wittenberger Wittwenfonds." Erstrer hatte 1837 ein Vermögen von 3685 Thlr. Gold und 29,925 Thlr. Kur. Die Einnahme betrug 3919 Thlr. 16 Sgr 7 Pf. Letztrer hatte an Vermögen 11,000 Thlr. Konv. Gold und 23,275 Thlr. Kur., an Einnahme 1594 Thlr. 11 Sgr. 1 Pf. Von der Gesammt-Einnahme von 5513 Thlr. 28 Sgr. 8 Pf. wurden 2720 Thlr. zu Pensionen und 50 Thlr. zu Begräbnißgeldern verausgabt.

(Koch, I. S. 438.)

ζ) Königsberg: die vom Min. d. G., U. u. M. Ang. unterm 4. Aug. 1835 bestätigten Statuten der Wittwen- und Waisen-Versorgungsanstalt für die Univ. zu Königsberg. (Koch, II. S. 982.) Staatszuschuß jährl. 1000 Thlr., Antrittsgeld, durch Revers, 150 Thlr., Jahresbeitrag 32 Thlr., Pensionen wie in Berlin. 1837 hatte die Anstalt an Vermögen 13,525 Thlr., an Einnahme 2509 Thlr. nebst 139¼ Sch. Roggen. Letztre und 1092 Thlr. von der Baareinnahme wurden zu Pensionen verwandt. Privatstiftungen ähnlichen Zweckes unter der Verwaltung der Univ. sind 1) die v. der Gröben-Schönwiesesche adliche Fräulein- und Wittwenstiftung mit 6 Stellen von 120 Thlr.; 2) die Bohliussche Stiftung, aus der eine Professorwittwe jährl. 50 Thlr. erhält, während der Ueberrest der Einnahme kapitalisirt wird, um künftig aus den Zinsen Wittwen in die Habersbergsche Stiftung einkaufen zu können; 3) die Franksche Stiftung, aus der jährlich zwei Wittwen je 15¼ Thlr. erhalten.

(Koch, I. S. 546.)

Dritter Abschnitt.

Lehrverfassung der Universitäten.

Die Lehrverfassung der Univers. beruht auf der Eintheilung derselben in Fakultäten[1]) und der Verpflichtung dieser letztern, für vollständige Ausfüllung des ihnen obliegenden Lehrkreises zu sorgen. Dies geschieht zunächst durch die Vorlesungen, Disputatorien ꝛc., neben diesen aber auch durch die akadem. Institute, Schriften und Preisausschreiben. Zu den Vorschriften über die Lehrverfassung gehören endlich die Bestimmungen

1) Vgl. o. S. 405, so wie Abschn. II. der S. 415 mitgetheilten Berliner Univ. Statuten. Es ist überall in Preußen die althergebrachte Eintheilung in vier Fakultäten beibehalten, und Alles, was bei dem Wachsthume des wissenschaftlichen Gebietes nicht anders unterzubringen war, zur philos. Fak. gewiesen. Diese letztre hat sich darum meist in verschiedene Unterabtheilungen gegliedert, z. B. für Philosophie, für Philologie, für Mathem. und Naturwissenschaften, für Staatswissenschaften (Kameralia) ꝛc.

über die Ferien, durch welche die einzelnen Abschnitte des Univers.-Kursus geregelt sind.

I. Die akademischen Vorlesungen.

Um zu einer Uebersicht über die Zahl und die Gegenstände derselben zu gelangen, ist

1) der Lektionskatalog

vorgeschrieben, welcher vor Beginn jedes Semesters bei jeder Univers. aufgestellt und publizirt werden muß.

a) Einrichtung desselben.

R. des Min. der G., U. u. Med. Ang. (v. Altenstein) v. 8. Sept. 1820 an den außerord. Reg.-Bevollm. zu Halle.

1) Um die Wissenschaften, welche halbjährlich vorgetragen werden, leichter zu übersehen, und um in die Anordnung der Lektionskataloge sämmtlicher K. Univ. mehr Gleichförmigkeit zu bringen, ist künftig außer dem Lateinischen Lektionskataloge, auch noch ein Deutsches, nach den Wissenschaften geordnetes Verzeichniß der halbjährlichen Vorlesungen zu entwerfen und einzureichen. 2) In dem eingereichten, nach den Fak geordneten Latein. Lektionskatalog sind die Vorlesungen der ordentl. und außerordentl. Prof., und der Privatdoz. in den einzelnen betr. Fak. durch besondere Ueberschriften von einander zu sondern. 3) In dem Latein. Katalog muß angemerkt werden, welche Vorlesungen publice und gratis, und welche privatim oder privatissime gehalten werden. [1]) — In dem künftig zu entwerfenden, nach den Wissenschaften geordneten Deutschen Katalog der halbjährlichen Vorlesungen darf die nähere Bestimmung der Publika und der Privat-Vorlesungen gleichfalls nicht fehlen. — 7) Es wird gut sein, künftig, wie in den Lektionskatalogen der übrigen Landesuniv. geschieht, die Namen der Prof. und übrigen Dozenten, ohne ihnen Lateinische Endungen zu geben, drucken zu lassen.

(Koch, II. S. 178.)

b) Ordnung der Dozenten.

α) R. dess. Min. v. 27. März 1822 an den außerord. Reg.-Bevollm. zu Breslau.

— Um für die Zukunft zu vermeiden, daß die Stellung der einzelnen Prof. in dem Latein. Lektionsverzeichnisse nicht weiter Veranlassung zu Rangstreitigkeiten geben könne, will ich hierdurch festsetzen, daß in dem halbjährl. Latein. Lektionsverzeichnisse der dortigen Univ. von jetzt an die Prof. und Dozenten nach dem Alphabet, und zwar mit dens. Abtheilungen zwischen ordentl. und außerordentl. Prof. und Privatdozenten, und mit Voranstellung des zeitigen Dekans der betr. Fak. aufgeführt werden sollen rc.

(Koch, II. S. 181.)

β) R. dess. Min. v. 2. März 1820 an den außerord. Reg.-Bevollm. zu Bonn.

— Die Lehrer in den verschiedenen Künsten sind nicht blos in dem Deutschen, sondern auch in dem Latein. Kataloge namentlich aufzuführen, und es kann unter ihnen auch der provisorisch angenommene Lehrer der Fechtkunst genannt werden.

(Koch, II. S. 177.)

---

1) Auch die wöchentl. Stundenzahl und die Tagesstunden sollen angegeben werden: s. u. sub b. ε. — Durch C. R. des Min. der G., U. u. Med. Ang. v. 21. Okt. 1824 an sämmtl. außerordentl. Reg. Bevollm. bei den Univ. wurde auch noch die Beifügung eines chronologischen Lektionsverzeichnisses verlangt, durch R. dess. Min. v. 29. Nov. 1837 an den außerordentl. Reg. Bevollm. zu Breslau aber bestimmt, daß dass. künftig nicht mehr beigefügt zu werden brauche. (Koch, II. S. 192, 235.)

c) Vollständigkeit und Ordnung der Gegenstände.

α) R. des Min. d. Inn. v. 22. März 1816 an das Kuratorium der Univers. zu Königsberg

— Ueberhaupt wünscht das Min., daß die Fak. der Theologen, Juristen und Mediziner sich immer über die in jeder zu haltenden Vorlesungen einigen mögen, damit in keiner Kollegia fehlen, die alle Semester erforderlich sind, oder in bestimmter Folge wiederkehren müssen, und keine dagegen mehrmals, als nöthig ist, angekündigt, sondern alle unter die Dozenten jeder Fak. angemessen vertheilt werden.
(Koch, II. S. 176.)

β) R. dess. Min. v. 25. März 1813 an die akadem. Organisations-Kommission zu Breslau, welches bestimmt:

daß künftig die Uebungen und Lektionen des medizin. Klinici, und des philol. Seminars eben so hinter den Lektionen der med. Fak. und der philolog. Abth. der philos. Fak. im Deutschen, im Latein. Kataloge aber die letztere hinter den Lektionen der philos. Fak. überhaupt aufgeführt werden müssen, wie dies mit den Uebungen des evang. theol. Seminars hinter den Lektionen der evang. theol. Fakultät geschieht.
(Koch, II. S. 175.)

γ) R. dess. Min. v. 2. März 1815 an das Univers.-Kuratorium, welches verordnet:

daß die erklärenden Vorlesungen über Schriften des alten Testaments, insofern die theol. Tendenz dabei vorherrscht, also auch die von dem Kons. Rath N. angekündigten Vorlesungen über die messianischen Psalmen, künftig mit unter den Vorlesungen der theol. Fak., dagegen alle Vorlesungen über Orientalische Sprachen, und also auch über die Hebräische, bei denen die linguistische Seite die Hauptsache ist, unter den Vorlesungen der philos. Fak. anzuzeigen sind.
(Koch, a. a. O.)

δ) In dem sub b, β. angeführten R. v. 2. März 1820 heißt es:

— Die in dem nach den Wissenschaften geordneten Lektionskatalog, unter der für die Philosophie bestimmten Abtheilung aufgeführten Vorlesungen des Prof. N. über Pädagogik, Didaktik und deren Geschichte müssen unter einem besondern für Pädagogik, als einer zwar philos., aber durch Erfahrungskenntnisse sehr bedingten Kunstlehre zu bestimmenden Titel in dem Katalog aufgeführt werden. Eben so gehört die von dem N. angekündigte Vorlesung über Politik nicht zu den streng philos. Disziplinen, und muß daher ihre Stelle unter dem Titel der Staatswissenschaft finden.

ε) R. des Min. d. G., U. u. Med. Ang. (v. Altenstein) v. 22. März 1822 an den außerord. Reg.-Bevollm. zu Halle.

3) In dem Latein., wie in dem Deutschen, nach den Wissenschaften geordneten Verzeichnisse muß bei jeder einzelnen Vorlesung sowohl die Tagesstunde, zu welcher sie gehalten werden soll, als auch die ders. zu widmende wöchentliche Stundenzahl ausdrücklich und genau angegeben werden. 8) Die in dem theol. pädagog. Seminar halbjährlich anzustellenden Uebungen sind zwar nach wie vor unter den Vorlesungen der theol. Fak. in dem Deutschen und Latein. Verzeichnisse mit aufzuführen, jedoch muß am Schlusse des Latein. und Deutschen Verzeichnisses unter der Rubrik „Oeffentliche gelehrte Anstalten" des theol. pädagog. Seminars noch besonders gedacht werden. Dasselbe gilt auch von dem philolog. Seminar, so wie von dem med. und chirurg. Klinikum, von der Lehranstalt für Geburtshülfe, von dem botan. Garten u. s. w.
(Koch, II. S. 181.)

d) Termine der Aufstellung und Einreichung des Katalogs an das Ministerium.

α) R. des Min. d. Inn. v. 18. Mai 1815 an die Univers. zu Berlin.

Damit das Verzeichniß der auf hies. Univ. zu haltenden Vorlesungen dergestalt zeitig erscheine, daß es vor dem Schluß des alten Semesters nicht nur in den

Händen der Studirenden, sondern auch in den Intelligenzblättern der allgem. Literaturzeitung sich befinden kann, wird auf den Antrag des Rektors und Senats hierdurch festgestellt: 1) es muß resp. den 1. März und den 1. Aug. jeden Jahres der Lektionskatalog abgedruckt, und dessen Verkauf alsdann in den Zeitungen angekündigt sein. 2) Derj. ordentl. oder außerordentl. Prof., der resp. am 15. Jan. und 15. Juni jeden J. die von ihm im nächstfolgenden Semester zu haltenden Vorlesungen dem jedesmaligen Dekan seiner Fak. in gehöriger Form nicht eingereicht haben wird, verfällt in eine unerläßliche Geldstrafe von Fünf Thlrn. Kourant, welche zu der kleinen Rektoratskasse eingezogen werden soll, aus der die Büreaubedürfnisse der Univ. und ähnliche kleine Ausgaben der Art bestritten werden. 3) Jeder, Seitens der Univ. an die Mitglieder der Akad. der Wissensch. für jedes Semester zu erlassenden Einladung soll fortan die Bemerkung hinzugefügt werden, daß, wenn sie die obgeb. Termine, ohne ihre Vorlesungen einzuschicken, vorübergehen ließen, dies für eine Erklärung, in dem bevorstehenden Semester nicht lesen zu wollen, angenommen werden müsse. 4) Die Privatdozenten sollen ohne Weiteres aus dem Katalog weggelassen werden, wenn sie zu den bemerkten Terminen ihre Vorlesungen nicht eingeschickt haben sollten.

(Koch, II. S. 176.)

β) In dem sub c, ε. angef. R. v. 22. März 1822 heißt es:

1) Das Verzeichniß der Vorlesungen für das Sommersemester ist jedesmal in der 2. Hälfte des Mon. Jan und spätestens bis zum 25. Jan., und das für das Wintersemester jedesmal in der 2. Hälfte des Mon. Juni und spätestens bis zum 25. Juni, hierher einzureichen.[1])

e) Einreichung der Kataloge der kathol. theolog. Fak. bei den betreff. bischöfl. Behörden.

R. dess. Min. v. 25. Febr. 1823 an die außerord. Reg.-Bevollm. zu Bonn und Breslau, desgl. an das K. Oberpräs. zu Münster.

Da das Min. es nicht angemessen findet, die kathol. theol. Fak. der dortigen Univ. in eine unmittelbare Verbindung mit der bischöfl. Behörde zu bringen, so werden Ew. hierdurch aufgefordert, der bischöfl. Behörde die halbjährl. Lektionsverzeichnisse der kathol. theol. Fak. jedesmal vor deren Einsendung an das Min. zur Aeußerung mitzutheilen. Ew. haben die bischöfl. Behörde hiervon gleich jetzt zu benachrichtigen und sie zu ersuchen, ihre Aeußerung über das Lektionsverzeichniß jedesmal an Sie zu richten, und Ihnen auch sonst zu eröffnen, was sie etwa in Hinsicht der geb. Fak. zu desideriren habe, weil solches der einzige verfassungsmäßige Weg sei, auf welchem Abhülfe bei dem Min. veranlaßt werden könne. Der kathol. theol. Fak. haben Ew. zugleich zu eröffnen, daß dieselbe jede, die Univ. und das Lehramt bei ders. betr. Mittheilung der bischöfl. Behörde Ihnen mit ihrem Gutachten einzureichen, und deren Beantwortung so lange sich zu enthalten habe, bis sie weiter von dem Min. beschieden worden. — Um aber durch diese Mittheilung des Lektionsverzeichnisses an die bischöfl. Behörde dessen Bekanntmachung nicht zu verzögern, wird die kathol. theol. Fak. von Ew. auch anzuweisen sein, daß sie früher als alle andere Fak. Ihnen ihre Lektionsverzeichnisse einreiche.

(Koch, II. S. 183.)

f) Ueber Abweichungen vom gedruckten Katalog bestimmen:

α) C. R. dess. Min. v. 31. Mai 1824 an die K. Univers.

Das Min. fordert den Rektor ꝛc. hierdurch auf, in jedem Falle, wo ein Prof. oder Privatdozent bei der Univ. sich veranlaßt sehen sollte, eine von ihm angekündigte Vorlesung nicht zu halten, oder statt ihrer eine andere anzukündigen, oder im Laufe der Vorlesungen ein Kollegium oder Disputatorium, welches im Lektionskataloge nicht schon angezeigt und genehmigt worden, eintreten zu lassen; eine jede solche Veränderung dem Min. auf dem vorgeschriebenen Wege durch den außerord.

---

1) In dem R. v. 2. März 1820 (b. β.) waren diese auf Anfang Jan. und Juli festgesetzt.

Reg. Bevollm. vorher anzuzeigen, und die Genehmigung einzuholen. In eiligen Fällen ist der außerord. Reg. Bevollm. autorisirt, eine provisorische Genehmigung zu ertheilen, deren Sanktion indeß immer das Min. sich vorbehält.

(Koch, II. S. 186.)

β) Insbesondere wegen nicht zu Stande gekommener Vorlesungen. C. R. dess. Min. v. 12. Aug. 1826 an die K. Univers.

Das Min. findet sich veranlaßt, hierdurch anzuordnen, daß von jetzt an in den einzureichenden halbjährigen Verzeichnissen der gehaltenen und nicht gehaltenen Vorlesungen bei den letztern, wenn sie wegen Mangels an Zuhörern nicht zu Stande gekommen sind, jedesmal bemerkt werden soll, wie viel Studirende sich zu dem angekündigten Kollegio, es mag nun ein Publikum oder Privatum gewesen sein, gemeldet haben.

(Koch, II. S. 198.)

2) Anordnung einzelner Vorlesungen und Uebungen.

In den Univers.- so wie in den Fak.-Statuten ist der allgem. Grundsatz aufgestellt, daß jeder Studirende während seines Trienniums auf der Univers. Gelegenheit finden muß, über alle Hauptdisziplinen seiner Fak. Vorlesungen zu hören, und zwar Vorlesungen der ordentl. und außerord. Professoren. In Folge davon hat das Min. nicht nur vielfach einzelne Vorlesungen besonders angeordnet, sondern auch überhaupt Vorschriften und Rathschläge über den akadem. Unterricht ertheilt. Die diesfälligen, meist bei Prüfung der eingesandten Lektionskataloge als Rüge von Mängeln ergangenen, Verfügungen, sind die nachstehend angeführten:

a) Für die theolog. Fakultät:

α) R. v. 22. März 1816 (1, c. α.): daß Dogmatik in keinem Halbjahre in dem Lektionsverzeichnisse der theol. Fak. fehlen dürfe.

β) R. v. 8. Sept. 1820 (1. a.): daß die allgem. und spezielle Patrologie, so wie die Erklärung der hierzu geeigneten Griech. und Latein. Kirchenväter in dem Kursus der theol. Fak. nicht fehlen dürfen. — Sie war nach dem Monitum des Min. in Halle seit 2 Jahren nicht gelesen worden. (s. u. ε.)

γ) R. dess. Min. v. 16. Jan. 1822 an den außerord. Reg.-Bevollm. zu Bonn:

— Die Einleitung in das Neue Test., eine auch für den kathol. Theologen unentbehrliche Vorlesung, vermisse ich ungern unter der Lektionen der kathol. theol. Fak. Diese Disziplin muß künftig in jedem Jahre Einmal vorgetragen werden.

(Koch, II. S. 179.)

δ) R. dess. Min. v. 5. Febr. 1822 an den außerord. Reg.-Bevollm. zu Königsberg:

— Die Exegese sämmtlicher Schriften des Neuen Test. muß jedesmal in dem Zeitraume von 1½, höchstens 2 Jahren vollendet werden, damit alle Studirende der Theologie Gelegenheit erhalten, binnen der geb. Zeit einen vollständigen Kursus in der Exegese des Neuen Test. machen zu können.

(Koch, II. S. 180.)

ε) R. dess. Min. v. 2. Aug. 1824 an denselben.

— 1) Für die Exegese des Alten Test. ist durch die Eine, von dem Prof. N. angekündigte Vorlesung über den Jesaias nicht genügend gesorgt, und kann von der dortigen theol. Fak. mit Grund gefordert werden, daß sie ihren Studirenden Gelegenheit verschaffe, dort in einem Zeitraume von etwa zwei Jahren einen vollständigen Kursus des Alten Test. machen zu können. Auch vermißt das Min. unter den von der theol. Fak. angekündigten Lektionen ungern eine Vorlesung über die christliche Moral, von welcher im laufenden Semester nur der theoretische Theil ist angekündigt worden; die allgem. und spezielle Patrologie und die biblische Archäologie sind seit längerer Zeit auf der dortigen Univ. nicht vorgetragen worden, worauf die theol. Fak. aufmerksam zu machen ist.

(Koch, II. S. 186.)

b) Für die jurist. Fakultät.

α) R. deff. Min. v. 3. Aug. 1822 an denf. (Koch, II. S. 182.): daß nothwendig in jedem halben Jahre die Pandekten gelesen werden müssen. (f. u. *β*, *ββ*.)

β) Staatsrecht und Völkerrecht.

αα) R. deff. Min. v. 8. Aug. 1824 an den außerord. Reg.-Bevollm. zu Berlin:

— Ungern vermißt das Min. unter den Lektionen der jur. Fak. eine Vorlesung über das Völkerrecht, welche besonders geeignet scheint, durch die praktische Entwickelung der Formen, durch welche die civilisirten Nationen der neueren Zeit ihren Verkehr gegen die Ueberschreitungen der rohen Macht und Leidenschaften gesichert haben, die Studirenden von leeren Abstraktionen und Ueberspannungen in politischen Dingen zurückzuführen, und sie gründlich zu belehren, wie sich die sämmtl. Verhältnisse zu einander allmählig aus den Kämpfen von Jahrhunderten, und aus der am Ende immer siegreichen Macht der wahren Gerechtigkeit und Billigkeit zu einem positiven System herausgebildet haben, das in der Natur seine Entstehung, seine Festigkeit und Dauer hat, und gegen welches alle Theorien vergebens kämpfen werden, die nur auf vorübergehende Stimmungen der Völker und Individuen gegründet sind. Das Min erwartet daher von der jur. Fak. der K. Fr. Wilh. Univ. vertrauungsvoll, daß sie künftig auch das Völkerrecht in den Kreis ihrer Vorlesungen ziehen, und dadurch dem desfallsigen bisherigen Bedürfnisse abhelfen werde.

(Koch, II. S. 187.)

ββ) C. R. deff. Min. v. 11. Sept. 1824 an die außerord. Reg.-Bevollm. bei den Univers. Dasselbe betrifft das Studium des Staatsrechts und das Verhältniß der historischen und der praktischen Schule in der Jurisprudenz. In Bezug auf das Staatsrecht wird gesagt:

Dasselbe ward bis gegen das Ende des vor. Jahrh. als zweiter Theil des Naturrechts angesehen, und mit dems. gelehrt, das Naturrecht aber größtentheils von Juristen bearbeitet und vorgetragen, und zum jurist. Studium und Kursus gerechnet; es war daher damals nicht Theil des philos. Studiums. Diese Stellung hat sich aber gegenwärtig bedeutend verändert, indem das Natur-, wie das allgem. Staatsrecht größtentheils als Theil des philos. Studiums angesehen, behandelt und vorgetragen wird, und aus dem jurist. mehr und mehr ausgeschieden ist. Hieraus folgt von selbst, daß die Vorlesungen über das allgem. Staatsrecht gegenwärtig nicht mehr, wie dies ehedem ausschließlich der Fall war, blos von Juristen, sondern von allen denj., welche an philosoph. Kollegien Theil nehmen, mithin von allen Studirenden, gehört werden. Die praktischen Folgen dieser veränderten Stellung sind erheblich. Einmal ward das allgem. Staatsrecht früher von Mitgliedern der Juristen-Fak., also von Männern vorgetragen, deren Phantasie durch positives Recht geregelt war, andern Theils folgte aber bei den Schülern auf das allgem. Staatsrecht, das ganze übrige Rechtsstudium, und insonderheit das des positiven Deutschen Staatsrechts. In diesem Studium des positiven Rechts wurden die excentrischen Ansichten, welche der junge Mann in den Vorlesungen über das allgem. Staatsrecht erhalten haben mochte, geläutert und berichtigt. — Es ist durchaus erforderlich, darauf zu sehen, daß das Natur- und besonders das allgem. Staatsrecht nach gehörig geprüften, nicht blos von schädlichen Grundsätzen freien, sondern auf richtigen, angemessenen Grundsätzen beruhenden Systemen vorgetragen werde. Wenn es gleich zu wünschen ist, daß beide Wissenschaften von Professoren der Rechtswissenschaft vorzugsweise gelehrt werden, so wird doch dies weder allgemein, noch zugleich als Regel anzunehmen und auszuführen sein, jedoch muß strenge darauf gehalten werden, daß sie nur von geprüften, gereiften, und nach Gesinnungen, wie in Gründlichkeit der Wissenschaft zuverlässigen Männern gelehrt werden. Nicht minder ist darauf zu halten, daß diese Vorlesungen in der Regel nur nach gedruckten Kompendien von anerkanntem Werthe gehalten werden.

In Bezug auf den zweiten Punkt heißt es, nach der Bemerkung, daß die ehemalige elegante Jurisprudenz gegenwärtig unter dem Namen der historischen Schule das Uebergewicht erlangt habe:

— Das Min. läßt dieser histor Schule und ihrem wohlthätigen Einflusse auf das gründliche Studium der Rechtswissenschaft alle Gerechtigkeit widerfahren, und wird deren Erhaltung und Beförderung auf den einheimischen Univ. nach wie vor sich eifrigst angelegen sein lassen. Allein dem Min. liegt nicht minder ob, dafür zu sorgen, daß die praktische Schule vollständig und gründlich aufrecht erhalten werde. Dies ist nicht allein für die Rechtswissenschaft selbst wesentliche Bedingung ihres Fortschreitens, sondern auch für die große Bestimmung der Univ., dem Staatsdienste tüchtige, brauchbare, und mit gründlicher Kenntniß des Rechts und lebendigem Sinn für dass. ausgerüstete Männer zu bilden, schlechthin unerläßlich. Die Erfahrung hat bereits gelehrt, daß Studirende, wegen Vernachlässigung der praktischen Schule auf einheimischen Univ., letztere auf einige Zeit verlassen, um auf auswärtigen mindestens Pandekten nach dem Geiste der praktischen Schule zu hören. Ein anderer erheblicher Nachtheil besteht darin, daß Studirende, welche nicht eigentlich der Rechtswissenschaft, sondern den Kameralwissenschaften und überhaupt dem administrativen Dienste sich widmen, an den jurist. Vorlesungen der histor. Schule weniger und nicht gründlich Theil nehmen, weil sie darin die nähere Beziehung auf ihre praktische Bestimmung vermissen. Der administrative Staatsdienst wird dadurch des wesentlichen und großen Vorzuges beraubt, Beamte zu besitzen, welche rechtswissenschaftlich gebildet, und mit fester praktischer Rechtskenntniß ausgerüstet sind. Wo möglich noch größer ist der daraus für den Justizdienst entstehende Nachtheil, indem dadurch dems. Männer entzogen werden, die auch in der praktischen Schule der Rechtswissenschaft gründlich und vielseitig gebildet worden. Das Min. muß daher darauf halten, daß auf jeder einheimischen Univ. das Rechtsstudium im Geiste und Systeme der praktischen Schule erhalten, mithin in jedem halben Jahre mindestens eine Vorlesung über Institutionen, und eine über Pandekten in diesem Geiste gehalten werde.

(Koch, II. S. 189.)

γγ) Mit Bezugnahme auf §. 450. des Anh. zu §. 3. A. G. O. III. 4. die Justiz-Min. R. v. 1. Jan. 1797, und v. 17. Aug. 1830, wodurch bei der Behauptung mehrerer Rechtsstudenten: sie hätten in den ersten 2 J. alle erforderlichen Kollegia absolvirt, darauf aufmerksam gemacht wurde, daß zu den Gegenständen des Auskultaturexamens auch Staats- und Völkerrecht gehöre, schärft das C. R. des Min. d. G., U. u. Med. Ang. v. 16. Sept. 1830 an die juristischen Fak. wiederholt ein:

daß von jetzt an regelmäßig in jedem Jahre eine Vorlesung über Deutsches Staatsrecht und Europäisches Völkerrecht angekündigt werde.

(Koch, II. S. 206.)

γ) Vaterländisches Recht. (A. L. R. und A. G. O.)

αα) In dem oben (a. γ.) angef. R. v. 16. Jan. 1822 war bemerkt:

— Von jeder jur. Fak. ist mit Grund zu fordern, daß sie dem Rechte des Staats, für dessen Dienst sie zunächst die Studirenden auszubilden hat, eine besondere Aufmerksamkeit widme, und die Studirenden durch die erforderl. Vorlesungen zu einer gründl. Kenntniß gerade dieses Rechts anleite.

ββ) In dem oben (a. δ.) angef. R. v. 5. Febr. 1822 heißt es:

Künftig muß über das vaterländische Recht in jedem Jahre Einmal gelesen werden.

γγ) Auf Grund des Justiz-Min. R. v. 21. Mai 1826 (Koch, II. S. 193.), welches das A. L. R. und die A. G. O. v. 1. Jan. 1828 an für Gegenstände des Auskultaturexamens erklärte, machte das C. R. des Min. d. G., U. u. Med. Ang. v. 22. Juni 1826 an die K. Univers. den jurist. Fak. zur Pflicht:

Sorge zu tragen, daß jeder, der von Mich. d. J. ab drei volle auf einander folgende Jahre den Studien auf der Univ. obliegt, Gelegenheit erhalte, auch über das A. L. R. und die A. G. O. die erforderl. Vorlesungen zu hören. Um aber zu verhindern, daß manche Studirende sich mit dem Studio der Landesges., welches nur dann erst mit Nutzen erfolgen kann, wenn auf den Univ. ein tüchtiger Grund in der Rechtstheorie gelegt ist, unvorbereitet und zu früh beschäftigen, und versäumen möchten, sich eine genügende, nicht bei einer oberflächl. Uebersicht stehen bleibende Kenntniß der Hauptzweige der theoret. Jurisprudenz erwerben, will das Min. zugleich hierdurch anordnen, daß nur diej. inländ. Studirenden zu den Vorlesungen über die vaterländ. Gesetzgebung zugelassen werden sollen, welche nachweisen können, daß sie die erforderl. Vorlesungen über das Natur- und Staatsrecht, über das Römisch, das Deutsche und kanonische Recht bereits gehört haben.

(Koch, II. S. 194.)

δδ) C. R. des Min. der G., U. u. Med. Ang. (v. Altenstein) v. 9. Jan. 1840 an die jur. Fakultäten der K. Univers.

Da das K. Justizmin., zufolge einer Mittheilung v. 30. Nov. v. J., angeordnet hat, daß von Ostern d. J. ab Niemand zur ersten jurist. Prüfung zugelassen werden soll, wenn er nicht den Nachweis führt, daß er auf der Univ. die Vorlesungen über das A. L. R. gehört hat; so fordert das unterz. Min., nach dem Wunsche des K. Justizmin., die jur. Fak. auf, darauf zu halten, daß in jedem Semester Vorlesungen über das A. L. R. angekündigt werden, weil sonst die Kandidaten des Rechts der ihnen auferlegten Verpflichtung nicht genügen können.

(M. Bl. d. i. V. 1840. S. 49.)

δ) Französisches Civil- und Kriminalrecht.

R. des Min. der G., U. u. Med. Ang. v. 31. Okt. 1831 an den außerord. Reg.-Bevollm. zu Bonn.

Das K. Justizmin. hat darauf angetragen, daß bei der Univ. in Bonn auch Vorlesungen über das Französ. Civil- und Kriminalrecht gehalten werden möchten, da diese Vorlesungen für die Justizverfassung in den Rheinlanden von entschiedener Wichtigkeit seien, und die jurist. Staatsprüfungen der jungen Rheinländer auch auf das Franzöf. Recht gerichtet wären, zu dessen Erlernung sie sich bisher genöthigt gesehen hätten, auf einige Semester auswärtige Univ. zu besuchen. Diesem Antrage gemäß fordert das unterz. Min. Ew. auf, die jur. Fak. der Univ. in Bonn anzuweisen, von dem nächsten Semester an über das Französ. Civil- und Kriminalrecht, mit Einschluß des Prozesses, regelmäßig Vorlesungen zu halten.

(Koch, II. S. 208.)

ε) Polizeirecht.

In dem oben (a. *γ*.) angeführten R. v. 16. Jan. heißt es:

— Auch das Polizeirecht ist unberücksichtigt geblieben, obwohl die wissenschaftl. Kenntniß gerade dieses Rechts für jeden gebildeten Staatsbürger erforderlich, besonders aber für alle Staatsdiener im Fache der Administration wie der gerichtl. Praxis ganz unentbehrlich ist. Ich gebe daher gern der Hoffnung Raum, daß das eine oder das andere Mitglied der dortigen jur. Fak. künftig auch das Polizeirecht zum Gegenstand seiner Vorlesungen bestimmen, und dadurch auch zu seinem Theile mitwirken werde, um die falschen und verworrenen Vorstellungen, welche gerade in Bezug auf dieses Recht in der gegenwärtigen Zeit sich hier und da geltend machen möchten, zu beseitigen, und eine gründliche Einsicht in diesem wichtigen Zweige der Rechtswissenschaft zu befördern und zu verbreiten.

c) Für die med. Fak.

α) Durch C. R. des Min. der G., U. u. Med. Ang. v. 21. Aug. 1823 wurden die mediz. Fak. verpflichtet, den Studirenden der Chirurgie Gelegenheit zur theoretischen und praktischen Erlernung der sogen. kleinen Chirurgie zu geben. (Koch, II. S. 184.)

β) Durch R. dess. Min. v. 23. Okt. 1823 an den außerord. Reg.-Bevollm. zu Breslau wurde von der dort. mediz. Fak. alljährlich ein wissenschaftl. Kollegium über die Viehseuchen für künftige Physiker verlangt. (Koch, II. S. 186.)

γ) Daß gerichtliche Medizin und medizin. Polizei gelesen werden müssen, erhellt aus dem C. R. deff. Min. (Eichhorn) v. 14. Dec. 1841 an die mediz. Fak., wodurch künftige Aerzte und Physiker verpflichtet werden, diese Fächer zu hören. (Min. Bl. d. i. V. 1841. S. 327.)

δ) Im J. 1832 wurde durch C. R. deff. Min. (v. Altenstein) v. 13. Jan. 1832 den sämmtl. med. Fak. eine noch im Laufe des Semesters zu haltende Vorlesung über die Cholera zur Pflicht gemacht, um die Zuhörer den Aerzten zur nöthigen Aushülfe zutheilen zu können. (Koch, II. S. 215.)

d) Für die philos. Fak.

α) R. deff. Min. v. 21. Febr. 1822 an den außerord. Reg.-Bevollm. zu Berlin.

Bei der Ausdehnung, welche einzelnen Theilen der Naturwissenschaft auf der hiesigen Univ. in den betr. Vorlesungen gegeben wird, scheint es mir besonders nöthig, daß jährlich Einmal die Encyklopädie und Methodologie der Naturwissenschaften vorgetragen werde, damit die Studirenden dadurch in den Stand gesetzt werden, das Verhältniß der einzelnen Zweige der Naturwissenschaft zu dem Ganzen ders. richtig zu beurtheilen, und hiernach ihre Studien abzumessen.

(Koch, II. S. 180.)

β) In dem oben (1. a) angef. R. v. 8. Sept. 1820 wurde verordnet:

— 6) Bei dem gegenwärtigen Standpunkte der Philosophie muß ich darauf dringen, daß der Philosophie der Natur von jetzt an eine größere Aufmerksamkeit von Seiten der philos. Fak. gewidmet, und jährlich wenigstens Einmal eine ausführl. Vorlesung über diesen wichtigen Theil der philosoph. Wissenschaften angekündigt werde.

γ) Wegen der Vorlesungen über allgem. Naturkunde s. ob. S. 41. C. R. v. 2. Dec. 1842.

δ) Ueber Alterthums-Wissenschaften.

R. deff. Min. v. 27. Febr. 1823 an den außerordentl. Reg.-Bevollm. zu N.

— 4) Hinsichtlich der angekündigten Vorlesungen über klassische Philologie muß ich die schon mehrmals gemachte Erinnerung um so dringender wiederholen, je weniger es zu billigen ist, daß unter den neun angekündigten Vorlesungen über klassische Philologie auch nicht eine einzige ist, welche die systematische Behandlung einer der eigentlichen Alterthums-Wissenschaften bezweckt. Die Erklärung einzelner Griechischen und Latein. Schriften, worauf sich der Prof. N. fast ausschließlich beschränkt hat, ist allerdings leichter, als die Bearbeitung und Darstellung einer zur Alterthumskunde gehörigen Wissenschaft. Die Pflicht der Prof. der klassischen Philologie ist es aber, auch die schwierigeren Aufgaben ihres Berufs so viel als möglich zu lösen, und neben der allerdings nothwendigen Erklärung der Werke einzelner Schriftsteller, in welchen sich der Geist des Alterthums am reinsten abspiegelt, auch die übrigen Elemente im Leben der klassischen Welt wissenschaftlich zu ergründen und darzustellen, damit die Studirenden durch die Vorträge der betr. Prof. zu einer umfassenden, wahren und lebendigen Erkenntniß der klassischen Welt in ihrem gesammten religiösen, wissenschaftlichen, öffentlichen und besondern Leben angeleitet werden.

(Koch, II. S. 184.)

e) Für alle Fak. gemeinschaftlich.

α) Encyklopädie und Methodologie.

In dem oben (a. γ.) angef. R. v. 16. Jan. 1822 wird gelegentlich einer Erinnerung an die med. Fak. zu Bonn gesagt:

— und ich muß daher meine frühern Erinnerungen über die Nothwendigkeit, daß in jeder Fak. jährlich Einmal die Enzyklopädie und Methodologie der betr. Wissenschaften vorgetragen werde, hierdurch wiederholen.

β) Veranstaltung Lateinischer Vorlesungen, Examinatorien und Disputatorien.[1])

αα) In dem oben (a. δ.) angef. R. v. 5. Febr. 1822 wurde weiter ausgesprochen:

Auch findet sich unter den Vorlesungen der jur. Fak. weder ein Examinatorium und Disputatorium, noch ein in Latein. Sprache zu haltendes Kollegium über einen angemessenen wissenschaftl. Gegenstand. Da jeder Prof. vermöge seiner Bestallung verpflichtet ist, Examinatoria und Disputatoria zu halten, so ist der oben bemerkte Mangel um so weniger zu verantworten. — Uebrigens muß auch in der med. Fak., wie in sämmtl. übrigen Fak., halbjährlich eine Vorlesung in Latein. Sprache über einen geeigneten Gegenstand gehalten werden.

ββ) In dem oben (d. α.) angef. R. v. 21. Febr. 1822 war gesagt:

— Der jur. Fak. ist zuzumuthen, daß sie künftig halbjährlich über einen angemessenen Gegenstand wenigstens Eine Vorlesung in Latein. Sprache halte. Dieselbe Zumuthung ist auch an die übrigen Fak. zu richten, welche bis jetzt noch gar keine Vorlesungen in Latein. Sprache gehalten haben, was um so mehr auffällt, als auf den übrigen Landesuniv. von jeder Fak. regelmäßig in jedem Semester eine Latein. Vorlesung über einen geeigneten Gegenstand angekündigt und gehalten wird.

γγ) Desgl. bestimmt das oben (b. α.) angef. R. v. 3. Aug. 1822:

— Ueberhaupt ist der theol. Fak. zu empfehlen, mit den dortigen Studirenden der Theologie recht fleißig Disputatoria über angemessene Gegenstände aus dem Gebiete der Theologie zu halten, so wie auch den Prof. der übrigen Fak. die statutarische Einrichtung der dortigen Univ., nach welcher über die collegia publica Examinatoria und Disputatoria gehalten werden sollen, in Erinnerung zu bringen, indem zweckmäßig geleitete Disputationen eines der wirksamsten Bildungsmittel für die Studirenden sind, welches aber in neuerer Zeit mit Unrecht fast ganz vernachlässigt worden ist; die Examinatorien aber zu genauerer Einprägung des Vorgetragenen förderlich sind, und den Prof. eine nähere Bekanntschaft mit der wissenschaftl. Bildung ihrer Zuhörer verschaffen.

δδ) R. des Min. der G., U. u. Med. Ang. v. 11. Aug. 1824 an den außerord. Reg.-Bevollm. zu Breslau.

— Von der evang. theol. Fak. ist weder ein Examinatorium noch ein Disputatorium angekündigt worden, was den früheren Anordnungen des Min. widerspricht, welchen zufolge halbjährlich von jeder Fak. ein in Latein. Sprache zu haltendes Examinatorium und Disputatorium anzukündigen ist.

(Koch, II. S. 187.)

γ) Veranstaltung repetitorisch-konversatorischer Uebungen mit den Studirenden.

C. R. des Min. der G., U. u. Med. Ang. (Eichhorn) v. 17. April 1844 an sämmtliche Fak. der K. Univers.

Zu den Gegenständen von allgemeiner Wichtigkeit, welche seit der Wiedergeburt des Deutschen Vaterlandes die öffentl. Theilnahme beschäftigen, gehört vorzüglich die Wirksamkeit der Univ. Diese großen, mit der Geschichte der Nation verwachsenen Institute haben von jeher die doppelte Bestimmung gehabt: die

1) Für die Juristen insbes. ist Uebung in der Latein. Sprache wiederholt eingeschärft durch C. R. des Min. d. G., U. u. M. Ang. v. 11. April 1826, welches auf Lateinische Vorlesungen, Examinatoria und Disputatoria dringt (Koch, II. S. 193), und durch C. R. dess. Min. v. 27. Juni 1826, welches Lateinisch-exegetische Vorlesungen über die Quellen des Röm. und Kanon. Rechts empfiehlt. (Koch, II. S. 195.) — Auch von den Prof. der Philologie wurde noch besonders durch das oben (a. γ.) angef. R. v. 16. Jan. 1822 gefordert: daß sie unter einander abwechselnd halbjährlich über einen hierzu geeigneten Gegenstand eine Latein. Vorlesung halten.

Wissenschaften selbst zu fördern, und junge Männer durch Mittheilung ders. zu einer höhern, geistigern Auffassung des Lebens in allen seinen Thätigkeiten, besonders zum Staats- und Kirchendienste vorzubereiten. Wie vollkommen die Deutschen Univ. der ersten Bestimmung genügt haben, davon giebt der gegenwärtige Zustand der Wissenschaften ein die ganze Nation ehrendes Zeugniß. Weniger ungetheilte Anerkennung haben in neuerer Zeit die Bestrebungen der Univ. hinsichtlich ihrer anderen, nicht minder wichtigen Aufgabe gefunden. Ausgezeichnete Prof. selbst haben in dieser Beziehung Zweifel und Bedenken sich nicht enthalten können. Die Staats- und kirchl. Prüfungs-Kommissionen vermissen nicht selten diej. Erfassung der Fakultäts-Disziplinen und Geübtheit der geistigen Kräfte, welche sie als allgem. Bedingung einer ersprießl. Wirksamkeit im Staats- und Kirchendienste fordern müssen. Auch unter den besseren Zöglingen der Univ. fehlt es nicht an solchen, die mit dem Gefühle eines nicht selbst verschuldeten Mangels ihrer Bildung auf die Studienjahre zurückblicken. Unter den Ursachen, welche dieser, den segensreichen Einfluß der Univ. auf das Leben in Kirche und Staat schwächenden Erscheinung zum Grunde liegen, wird besonders der Mangel eines innigeren geistigen Verkehrs zwischen Lehrern und Lernenden hervorgehoben und allgemein als ein Uebel anerkannt, welches nicht nur auf die wissenschaftl., sondern auch auf die sittl. Bildung der Jugend nachtheilig einwirkt. In dieser Hinsicht bedauert man zunächst das Zurücktreten einer akadem. Unterrichtsform, wodurch ein solcher Verkehr sonst bei fast allen Unterrichtsgegenständen vermittelt wurde.

Früher waren mit den zusammenhängenden Vorträgen disputatorische und konservatorische Uebungen verbunden, in welchen sich die Blüthe der wahren Lehr- und Lernfreiheit zeigte. Gegenwärtig stehen die Zuhörer mit ihren Lehrern zwar noch in denj. Lehrgegenständen in näherer selbstthätiger Verbindung, wo die Natur der Sache dieses nothwendig mit sich führt: die übrigen Disziplinen werden aber meistens nur vorgetragen. Bei dieser Methode können nur die talentvolleren und wissenschaftlich begeisterten unter den Studirenden eine freie, wissenschaftl. Selbstthätigkeit gewinnen und bewahren; die größere Zahl versinkt unter dem bloßen Hören und Nachschreiben des Gehörten nur zu leicht in eine Passivität, die, indem sie es zu keiner förderlichen wissenschaftl. Thätigkeit kommen läßt, zugleich als eine Quelle sittlicher Verirrungen betrachtet werden muß. Diese jungen Männer sind es, deren Bedürfnisse zunächst am nachdrücklichsten auf ein näheres Verkehren mit den Lehrern, auf eine Unterrichtsform hinweisen, wie sie früher von den besten Lehrern am eifrigsten geübt wurde. Aufgeschreckt durch die bevorstehenden Staats-Examina, nehmen sie nämlich am Schlusse ihrer akadem. Laufbahn zu Noth-Examinatorien und Repetitorien ihre Zuflucht, die aber, getrennt von den zusammenhängenden Vorträgen der Fakultäts-Prof und der rechten Triebfeder des Lehrens und Lernens ermangelnd, keine Früchte tragen können. Mit vollem Rechte führen deshalb fast alle Fak. Klage über diese traurige Abirrung eines großen Theils der akadem. Jugend von den Wegen einer gründlichen, wissenschaftl. Bildung, indem dadurch auch die treuesten Bemühungen von Lehrern, dem Publikum gegenüber, in ein wenig günstiges Licht gestellt werden. Auch abgesehen von dem Interesse der wissenschaftlichen Bildung, welche das Vaterland den Univ. anvertraut, kann es den Fak nicht gleichgültig sein, welche Urtheile sich im praktischen Leben über ihre Lehrwirksamkeit bilden.

Im Hinblick auf diese, oft tief empfundenen Uebelstände, haben daher einflußreiche und bedeutende Universitätslehrer schon vor Jahren auf die Nothwendigkeit einer Wiederaufnahme der früheren Unterrichtsform, soweit dieses ohne Beeinträchtigung der erforderl. zusammenhängenden Vorträge und der in dem Wesen der Univ. begründeten Lehrfreiheiten geschehen könne, aufmerksam gemacht. Namentlich wies Friedrich August Wolf kräftig und treffend darauf hin, wieviel besser die Studien gedeihen würden, wenn die Lehrer sich nur die Mühe geben wollten, den Lehrgegenstand in seinen Hauptmomenten mit ihren Zuhörern auch in dialogischer Weise frei zu besprechen und ihnen zugleich Gelegenheit zur Uebung in geordneter und deutlicher mündlicher Entwickelung der Gedanken zu geben. Andere machten auf die Vortheile aufmerksam, welche ein innigerer geistiger Verkehr zwischen den Trägern der Wissenschaften und den jungen Männern, die sich zur Verwaltung der höchsten Interessen des praktischen Lebens vorbereiten, für die höhere sittliche Ausbildung und Führung haben werde. Wie gern die Jugend ihrerseits sich mit Herz und Sinn ausgezeichneten Männern anschließt, und welchen mächtigen Einfluß diese auf Charakter und Gesinnung zu üben vermögen, davon giebt es Beispiele, die jene Beschränkung des Verhältnisses zwischen Lehrer und Lernenden auf bloßes Vorlesen und Zuhören doppelt bedauern lassen. Deshalb haben auch in der neuesten Zeit mehrere ausgezeichnete Universitätslehrer und andere Männer, denen das Gedeihen und der Ruhm der Deutschen Univ. am Herzen liegt, der vorgesetzten Behörde diesen Gegenstand wiederholt und dringend zur näheren Prüfung empfohlen.

Ich habe dazu um so bereitwilliger die Hand geboten, als ich seit dem Antritte meines Amtes von Anfang an, in steter Vergegenwärtigung der von Sr. Maj. dem Könige mir kund gegebenen erhabenen Absichten, für meine Pflicht gehalten habe, jede Gelegenheit wahrzunehmen, um die Univ., diese reichen und stets frischen Quellen Deutscher Bildung, gegen falsche Auffassungen zu schützen. Von dem Grundsatze ausgehend, daß die Formen des Universitätsunterrichts, sofern sie mit dem Wesen freier wissenschaftl. Bildung überhaupt, und namentlich mit der ganzen Eigenthümlichkeit der Deutschen wissenschaftl. Bildung verknüpft sind, eine unantastbare Berechtigung in sich selbst haben, konnte ich meine Aufmerksamkeit nur auf solche Veränderungen richten, welche in keiner Weise in jenen Formen, wozu auch besonders die zusammenhängenden Vorträge gehören, zum Nachtheil gereichen.

Die zuerst erörtete Frage, ob dem Uebel nicht durch Erweiterung oder veränderte Einrichtung der vorhandenen praktischen und theoretischen Seminarien, oder durch Anstellung eigener Repetenten bei allen Fak. abgeholfen werden könne, mußte nach sorgfältiger Erörterung aller Verhältnisse verneint werden; dagegen führten die Erfolge, welche bereits einzelne Lehrer durch einen freieren, konversatorischen und repetitorischen Verkehr mit ihren Zuhörern in Beziehung auf ihre zusammenhängenden Vorträge erreicht hatten, zu dem Wunsche, daß solche Uebungen so viel als möglich mit allen dazu irgend geeigneten Vorträgen verbunden werden möchten. Diese Wiederaufnahme eines konservator. und repetitor. Verkehrs der Lehrer mit den Studirenden bei allen Vorlesungen, wo sie im Laufe der Zeit abgekommen sind, hängt aber mit der Lehrfreiheit jedes einzelnen Universitätslehrers zu innig zusammen, als daß sie auf dem Wege einer allgem. Vorschrift von Seiten der aufsehenden Behörde bewirkt werden könnte. Denn abgesehen davon, daß die Schwierigkeiten, welche mit der Abänderung gewohnter Lehrmethoden stets verbunden sind, sich nur durch freie Ueberzeugung und Anstrengung der Lehrer selbst überwinden lassen, liegt es auch in der Natur der wieder aufzunehmenden Uebungen selbst, daß sie nur gedeihen können, wenn Lehrer und Lernende sich aus freiem Antriebe dazu vereinigen. Ich habe daher an die Verpflichtung der Universitätslehrer zu disputatorischen und examinatorischen Uebungen, die in den Bestallungen ders. absichtlich fortwährend festgehalten worden ist, nicht besonders erinnern wollen, sondern es vorgezogen, den angegeben Zweck auf dem Wege der Berathung mit den Univ. und den einzelnen Fak. zu verfolgen. Die eingegangenen zahlreichen Gutachten stimmen bei aller Verschiedenheit der Wünsche und Ansichten im Einzelnen, in der Hauptsache, mit wenigen Ausnahmen, dennoch darin überein, daß neben den zusammenhängenden Vorträgen eine auf freie Geistesanregung berechnete dialogische Form der Mittheilung und ein dadurch begründeter innigerer geistiger Verkehr zwischen den Universitätslehrern und ihren Zuhörern als wahres Bedürfniß fühlbar geworden sei. Einzelne Stimmen, welche in der Zurückführung konversatorischer und ähnlicher Uebungen den Anfang einer Umwandelung der Univ. in retrograde Abrichtungsanstalten, Abstumpfung des wissenschaftl. Denkens, Verdumpfung der Lehrer und Schüler und dergl. erblicken, verrathen ein zu tiefes Mißverständniß, als daß sie Beachtung finden könnten. Desto sorgfältigere Berücksichtigung glaubte ich dagegen den in verschiedenen Gutachten hervorgehobenen Schwierigkeiten widmen zu müssen, welche der Ausführung theils aus der Natur des vorgetragenen Stoffs, theils aus der Individualität der Dozenten, theils auch aus dem Zeitaufwande und einer zu großen Anzahl von Zuhörern entgegentreten. Wenn ich auch der in anderen Gutachten geäußerten Ansicht beitreten muß, daß es keinen Lehrgegenstand giebt, der nicht mittelst einer konversator. Besprechung verdeutlicht und unverlierbarer gemacht werden könnte, so verkenne ich doch auch nicht, daß dazu in Absicht einzelner Lehrgegenstände eine Geschicklichkeit von Seite des Lehrers gehört, die man sich in späteren Jahren nicht leicht mehr aneignen kann. Weniger Gewicht wird auf den Einwurf des

Zeitaufwandes zu legen sein, da dieser durch den Gewinn in der Sache reichlich aufgewogen wird. Dagegen wird das Hinderniß einer zu großen Anzahl von Zuhörern allerdings ein besonderes Verfahren, welches von jedem Lehrer nach den Umständen zu bemessen ist, nöthig machen.

Mit Rücksicht auf die von mir eingezogenen Gutachten und in Uebereinstimmung mit dem wesentlichen Inhalte derselben, nehme ich keinen Anstand, den Fak. nunmehr Folgendes zu eröffnen:

1) Es wird den Fak. und den einzelnen Lehrern empfohlen, einen innigeren Verkehr mit der studirenden Jugend durch Verbindung repetitorisch-konversatorischer Uebungen mit den zusammenhängenden Vorträgen als eine **freie** Aufgabe ihrer Lehrwirksamkeit ins Auge zu fassen, indem sie einerseits selbst sich diese Unterrichtsform aneignen, andererseits ihre Zuhörer dafür empfänglich zu machen suchen. Ueberzeugt, daß dadurch das Leben auf den Univ. nicht allein in wissenschaftlicher, sondern auch in sittlicher Beziehung einen heilsamen, von allen Vaterlandsfreunden dringend gewünschten Aufschwung erhalten wird, hege ich das volle Vertrauen, daß sämmtliche Universitätslehrer, besonders aber die anerkannt hervorragenden unter ihnen, alle ihre Bestrebungen dahin richten werden, den großen Zweck einer inneren freien Regeneration des Universitätlebens zu erreichen.

2) **Wie** die Uebungen einzurichten und mit den zusammenhängenden Vorträgen zu verbinden sind, bleibt um so mehr dem Ermessen der einzelnen Dozenten überlassen, als nicht nur der Stoff eine Verschiedenheit bedingt, sondern auch dem Einen die repetitorische und examinatorische, dem Andern die konversatorische Form mehr zusagen kann. Es wird nur der allgem. Grundsatz festzuhalten sein, daß es bei diesen Uebungen auf Verdeutlichung und Durchdringung der Hauptmomente der vorgetragenen Wissenschaft abgesehen ist, und daß sie daher nicht unabhängig von den zusammenhängenden Vorträgen stattfinden dürfen, wenn sie den beabsichtigten Erfolg gewähren sollen. Indem so die gen. Uebungen dazu dienen, den wesentl. Inhalt der zusammenhängenden Vorträge zum wahren Eigenthum der Zuhörer zu machen, fällt die von einigen Lehrern geäußerte Befürchtung einer Schmälerung der aus den zusammenhängenden Vorträgen entspringenden Vortheile weg.

3) Da die beabsichtigten Uebungen nur auf dem Boden der ächten wissenschaftl. Lehr- und Lernfreiheit gedeihen können, so bleibt es auch dem **freien Willen der Studirenden** überlassen, ob sie die dargebotene Gelegenheit, in den Gegenstand der Vorlesungen tiefer einzudringen, benutzen oder auch einmal angefangene Uebungen fortsetzen wollen oder nicht.. Edlere und begabtere Jünglinge werden selbst das schöne Band freier Liebe und Fügsamkeit knüpfen helfen, welches zu allen Zeiten den strebsameren Theil der Jugend mit Lehrern verbindet, die ihr mit Wohlwollen die Hand reichen. Obwohl ich hierauf hauptsächlich die Hoffnung eines guten Erfolges gründe, so finde ich doch auch kein Bedenken gegen die in den meisten Gutachten befürwortete Anwendung geeigneter Aufmunterungsmittel, und bin daher ganz einverstanden, daß bei Verleihung akademischer und anderer Benefizien auf die Zeugnisse fleißiger Theilnahme an den beabsichtigten Uebungen Rücksicht genommen werde, so wie es sich denn auch von selbst versteht, daß solche Zeugnisse den Kandidaten bei den Staatsprüfungs-Kommissionen nur zu besonderer Empfehlung gereichen können.

4) Sowie es nach dem aufgestellten Grundsatz freier Lehrwirksamkeit denj. Dozenten, die entw. in dem Stoffe ihres Lehrgegenstandes, oder in ihrer Individualität, oder auch in einer zu großen Anzahl von Zuhörern Schwierigkeiten finden, welche sie auch bei dem besten Willen mit Glück nicht überwinden zu können glauben, überlassen bleibt, die gewünschten Uebungen auf dasj. Maaß oder diej. Einrichtung zu beschränken, welche jene Hindernisse bedingen, so kann es besonders auch den bejahrten Dozenten in keiner Beziehung zum Vorwurfe gereichen, wenn sie Bedenken tragen, sich auf eine ungewohnte Unterrichtsform einzulassen. Unter den bejahrten Dozenten finden sich nicht wenige Männer, welche durch die Tiefe ihrer zusammenhängenden wissenschaftlichen Vorträge und durch die sittliche Würde ihrer Person allein schon, auch ohne repetitorische oder konversator. Uebungen, den segenreichsten Einfluß auf die akadem. Jugend üben.

5) Im Hinblick auf das Eindringen vagen Raisonnirens, welches hie und da, wie in früheren Zeiten, so auch jetzt wieder stattgefunden hat, ist in anerkennenswerther Fürsorge für die Aufrechthaltung guter Zucht und Sitte von mehreren

Seiten auf verschiedene Lehrgegenstände hingewiesen worden, über welche man unter den obwaltenden Umständen eine näher eingehende Konversation mit den Studirenden eher zu vermeiden, als herbeizuführen haben möchte. Ich kann, nach sorgfältiger Erwägung der stattgefundenen, im Ganzen nur von schwachen Kräften getragenen Abirrungen von den gediegenen Wegen der wissenschaftl. Bildung, dieses Bedenken in seiner Allgemeinheit nicht theilen. Da die Männer, welchen ordentliche akadem. Lehrstühle anvertraut werden, in der Regel auf der Höhe der wissenschaftl. Bildung stehen, und sittliche Würde und Geistesgegenwart genug haben, um dem Ausbruche schlechter Gesinnungen und verkehrter Ansichten mit nachdrücklichem Erfolge zu begegnen, so glaube ich vielmehr, daß Erörterungen über religiöse und politische Gegenstände mit jungen Männern, die dem Staats- und Kirchendienste nahe stehen, dazu dienen werden, die geistige und sittliche Gesundheit der akadem. Jugend zu pflegen und einzelne abirrende Gemüther wieder auf den rechten Weg zurückzuleiten.

6) Hinsichtlich der Theilnahme der Privatdoz. an den einzuführenden Uebungen, ist das Bedenken erhoben worden, daß dazu eine Beherrschung des Stoffs und eine Gewandheit der dialektischen Bewegung gehören, die man nur älteren geübten Dozenten zutrauen könne. So richtig diese Bemerkung im Allgem. ist, kann ich mich doch nicht dazu bewogen finden, die angehenden akadem. Lehrer von der Gelegenheit auszuschließen, sich in einer Unterrichtsform zu üben, von welcher vorzugsweise für die Zukunft eine erfreuliche und erfolgreiche Belebung der Deutschen Univ. Studien zu erwarten ist. Aus diesem Gesichtspunkte wünsche ich vielmehr, daß die betr. Fak. besondere Aufmerksamkeit auf diej. Privatdoz. lenken mögen, welche sich durch gewandte und zweckmäßige Handhabung konversatorischer Uebungen auszeichnen. Es versteht sich von selbst, daß die Privatdoz. bei derartigen Versuchen, in Absicht der Art der Anwendung, welche sie von jenen Uebungen machen, der statutenmäßigen Beaufsichtigung der Fak., welcher sie angehören, unterworfen bleiben. In den seltenen Fällen, wo ein einzelner Privatdozent sich mit eiteler Selbstgefälligkeit in ein falsches Treiben verirrt, sind die Fak. durch ihre Statuten mit hinlänglicher Auktorität ausgerüstet, um die Ehre ihrer Korporation zu schützen und die Grenzen der Lehrfreiheit gegen Mißbrauch sicher zu stellen.

Indem ich somit diese wichtige Angelegenheit der Einsicht und dem Eifer der Fakultäten vertrauungsvoll anheim gebe, wünsche ich nichts angelegentlicher, als daß Liebe für die akadem. Jugend, die einer tief in die Wohlfahrt des Vaterlandes eingreifenden Bestimmung entgegengeführt wird, und wahres Interesse für freie wissenschaftliche und sittliche Bildung aller Lehrer zu dem Streben vereinigen möge, sich den Dank des Vaterlandes dadurch zu verdienen, daß sie unseren Univ. einen neuen Aufschwung in Wissenschaft und Sitte geben. Um dazu von meiner Seite, so viel an mir ist, durch Beseitigung etwaiger Hindernisse und durch Förderung günstiger Erfolge nachhaltig mitwirken zu können, veranlasse ich die K. Fak., jeden Prof. und Privatdozenten aufzufordern, am Schlusse des Semesters dem Dekan schriftlich anzuzeigen, was von ihm durch Veranstaltung konversatorischer oder ähnlicher dialogischer Uebungen, neben den zusammenhängenden Vorträgen, für die wissenschaftl. Ausbildung seiner Zuhörer versucht worden ist. Die H. Dekane haben sodann diese Anzeigen zu sammeln und dem ihrer Univ. vorgesetzten Reg. Bevollm. so zeitig einzureichen, daß noch vor Anfang des nächsten Semesters von diesem über das Gesammt-Ergebniß an mich Ber. erstattet werden kann.

(M. Bl. d. i. V. 1844. S. 147.)

3) Studienpläne.

Um den Erfolg der Studien zu sichern und zu verhüten, daß die Universitätszeit ungenutzt verfließe, wird die Absolvirung bestimmter Vorlesungen als Bedingung der Zulassung zu den Staatsprüfungen aufgestellt, [1])

---

1) Für die Juristen insbes. erklärt auf Grund eines Just. Min. R. v. 16. Nov. 1844 das C. R. des Min. d. G., U. u. M. Ang. (Eichhorn) v. 8. Dec. 1844 an sämmtliche außerord. Reg. Bevollm.:

daß von dem Ablauf des Wintersemesters 18$\frac{44}{45}$ an kein Rechtskandidat zu der

eigentliche Studienpläne dagegen, welche ins Einzelne den Umfang und Fortgang des akadem. Kursus regeln, sind auf den Preuß. Univers nicht vorgeschrieben. Im Gegentheil erklärte ein R. des Min. des Inn. v. 25. April 1816 an die Univers. zu Breslau in Bezug auf einen philosophischen Studienplan:

— Daß den Studirenden eine Vorschrift zum planmäßigen Hören der philos. Vorlesungen nicht gegeben werden kann, werden die Lehrer der Philosophie selbst einsehen. Auf den Univ., wo das Studium der Philosophie am meisten geblüht hat, ist dies auch nicht die Folge äußerer Zwangsmittel oder Vorschriften, sondern der Vortrefflichkeit der Lehrer der Philosophie und des ächt wissenschaftl. Geistes der bessern Mehrzahl aller Prof. gewesen, die, weit entfernt durch fabrikmäßige Abrichtung der jungen Leute in den Brotfächern um werthlosen Beifall und schnöden Verdienst zu wetteifern, diesen vielmehr durch wissenschaftliche Gründlichkeit zu gewinnen, und so auch durch ihren gemeinschaftlichen Einfluß auf die jungen Leute diese zu denj. allgem. Studien, auf denen aller höhere Erfolg auch in den Fakultätsstudien beruht, hinzuleiten gesucht haben.

(Koch, II. S. 176.)

In der Folgezeit sind nun zwar Studienpläne mehrfach von einzelnen Fakultäten entworfen worden, aber nur als Rathschlag für die Studirenden, nicht als Gebot.[1]) Sie werden bei der Immatrikulation entweder gratis mitgetheilt, oder es wird dafür eine geringe Gebühr eingezogen.[2])

---

ersten jurist. Prüfung zugelassen werden soll, welcher nicht akademische Vorlesungen über nachfolgende Wissenschaften gehört hat: 1) Logik; 2) Juristische Encyklopädie und Methodologie; 3) Naturrecht (Rechts-Philosophie); 4) Geschichte und Institutionen des Röm. Rechts; 5) Pandekten; 6) Deutsche Rechtsgeschichte; 7) Deutsches Privatrecht; 8) Kirchenrecht; 9) Lehnrecht; 10) Europäisches Völkerrecht; 11) Deutsches Staatsrecht; 12) Kriminalrecht; 13) Gerichtliche Medizin; 14) Preußisches Privatrecht; 15) Gemeinen Civilprozeß; 16) Gemeinen Kriminalprozeß.

Außerdem sollen diej. Rechtskand., welche sich für den Justizdienst in der Rheinprov. ausbilden wollen, auch noch die Vorlesungen über das in der Rheinprov. zur Anwendung kommende Recht und Prozeßverfahren besucht haben.

Ew. veranlasse ich, diese Verf. der jur. Fak. mit der Aufforderung mitzutheilen, sie vollständig zur Kenntniß der ihr angehörenden Studirenden zu bringen und dieselben dabei zugleich in angemessener Weise zu ermahnen, daß sie über den Besuch der geb. Vorlesungen nicht ihre allgem. wissenschaftl. Bildung vernachlässigen, und in jedem Semester wenigstens eine philosophisch, historische oder philologische Vorlesung fleißig hören. (M. Bl. d. i. V. 1845. S 305.)

Damit die erforderlichen Vorlesungen gründlich gehört werden können, ist demnächst auch für das Univ. Studium eine bestimmte Zeitdauer, ein Triennium (für den Mediziner ein Quadriennium) vorgeschrieben.

1) Ein Gebot über die Einrichtung des Studiums enthält das oben (2. b. γ.) angef. C. R. v. 22. Juni 1826, indem es die Zulassung zu den Vorlesungen über das vaterländ. Recht von vorheriger Absolvirung bestimmter anderer Kollegien abhängig macht. — In ähnlicher Weise schreibt ein C. R. des Min. d. G., U. u. M. Ang. v. 22. Juni 1827 den med. Fak. vor: „daß von jetzt an kein Studirender der Medizin zu den praktischen Kollegien, und namentlich zur praktischen Selbstbenutzung der klinischen Anstalt eher zugelassen werden soll, als bis er durch Vorlegung der Zeugnisse der betr. Prof. wird dargethan haben, daß er die erforderl. Vorlesungen über die theoret. Grundwissenschaften bereits gehört, und zur praktischen Ausübung der Medizin, Chirurgie oder Geburtshülfe sich gehörig vorbereitet hat. (Koch, II. S. 199.)

2) So bestimmt das R. des Min. d. G., U. u. M. Ang. v. 12. Febr. 1838 an den außerord. Reg. Bevollm. zu Bonn: „Eben so ist das Min. damit einverstanden, daß von den Studirenden — die der kathol. theol. Fak. nicht ausgenommen — für jedes ihnen einzuhändigende Exemplar des Studienplans eine Gebühr

In Kochs Univers. finden sich im 2. Band von solchen Plänen folgende abgedruckt:

a) Für die Theologen:

α) Seitens der evang. theol. Fak. zu Bonn: Plan des akadem. Studiums der evang. Theologie, in Bezug auf Benutzung der Vorlesungen und Theilnahme an den Seminarübungen der Univ. zu Bonn, v. 22. Okt. 1837. (S. 235.)

β) Seitens der kathol. theol. Fak. zu Bonn: Studienplan v. 3. Juni 1829, vom Min. d. G., U. u. M. Ang., nach beifälliger Aufnahme Seitens des Erzbischofs von Köln, genehmigt durch R. v. 25. März 1829. (S. 203.)

γ) Seitens der theol. Fak. zu Halle: Studienplan für die Studirenden der Theologie auf der Univ. Halle. B. 1832. (S. 216.) Derselbe enthält zugleich die Vorschriften über die Seminare und wissenschaftl. Institute, über Immatrikulation, Annahme der Vorlesungen, Benefizien, Abgang und Staatsprüfungen.

b) Für die Juristen: Seitens der jur. Fak. zu Bonn: Anleitung zum Studium der Rechtswissenschaft, nebst Studienschema für die Univ. zu Bonn, v. 4. Dec. 1837. (S. 239.)

c) Für die Mediziner:[1])

α) Seitens der med. Fak. zu Berlin: Studienplan für die Mediziner auf der Univ. zu Berlin v. 3. Aug 1827 (S. 201).

β) Seitens der med. Fak. zu Bonn: Uebersicht einer Studienanordnung für die Studirenden der Medizin auf der Univ. zu Bonn v. 23. April 1835 (S. 245), laut Nachricht des Dekans v. Okt. 1837 vom Min. d. G., U. u. M. Ang. genehmigt.

γ) Seitens der med. Fak. zu Breslau: Anleitung für die Studirenden der Medizin auf der Univ zu Breslau zu einer zweckmäßigen Ordnung ihrer akadem. Studien v. 1. Juli 1826. (S. 197.)

δ) Seitens der med. Fak. zu Halle: Studienplan für die Studirenden der Medizin auf der Univ. Halle v. 1. Jan. 1827. (S. 198.)

d) Für die Studenten der Philosophie:

α) Studienplan der philos. Fak. auf der Univ. Bonn v. 1. Okt. 1837. (S. 249.)

β) Studienplan für die Studirenden der philos. Fak. der Univ. Halle v. 1831. (S. 208.)

γ) Das C. R. v. 7. Febr. 1806 an die Landesuniv. gab eine Anleitung zum kameralistischen Studium, und verlangte, daß danach jede Univ. einen „Studienplan für angehende Kameralisten" entwerfen solle, aber nur als „guten Rath, — da Uns nicht unbekannt ist, daß vieler Ursachen halber weder den Lehrern, noch den Lernenden genau vorgeschrieben werden kann, in welcher Folge diese die Kollegien hören, und jene dieselben lesen sollen."

(Koch, II. S. 173.)

4) Pflichten der Professoren.

Dieselben beziehen sich theils auf das Halten von Vorlesungen, theils auf die Studienaufsicht und Kontrolle des Kollegienbesuchs. Hier ist nur von den erstern die Rede. In Betreff der letztern vergl. den folg. Abschn.

a) Verpflichtung öffentliche Vorlesungen (Publica) zu halten. Dieselbe ist in den Univers. und Fak. Statuten sowohl den ord. als auch den außerord. Prof. auferlegt, und zwar entw. beiden für jedes Semester,

---

von 2½ Sgr. eingezogen, daß der Univ. Sekretär mit der Einziehung dieser Gebühren beauftragt, und daß dems. für die damit verbundene Mühwaltung eine Provision von 10 Proz. bewilligt werde. — Die zu erwartende Einnahme ist in der Univ. Rechnung gehörigen Orts nachzuweisen, und demnächst auch etatsmäßig zu machen. (Koch, II. S. 262.)

1) Das in der vor. Note angef. C. R. v. 22. Juni 1827 bemerkt, daß einer frühern Verf. des Min. gemäß den Studirenden der Med. bei ihrer Inskription eine gedruckte Anleitung zu einer zweckmäßigen Ordnung ihrer Studien eingehändigt werde.

oder so, daß nur erstere in jedem Semester, letztere aber nur jährlich ein Publikum zu lesen haben. Das erstere ist in Bonn, das zweite in Berlin der Fall. (Vergl. den VIII. Abschn. der ob. S. 425 ff. mitgeth. Berliner Stat.) Insbes. sind hierüber ergangen:

α) R. des Min. d. G., U. u. Med. Ang. (v. Altenstein) v. 24. Juli 1822 an den außerord. Reg.-Bevollm. zu Berlin.

Die Prof. der übrigen Landesuniv. sind theils durch die Statuten der betr. Fak., theils durch ihre Bestallungen verpflichtet, alle halbe Jahre über einen Zweig der von ihnen zu lehrenden Wissenschaften ein Kollegium unentgeltlich zu lesen; sie kommen dieser Verpflichtung regelmäßig nach, und ihre öffentlichen Vorlesungen werden, den halbjährlich eingereichten Listen zufolge, von den Studirenden fleißig und zahlreich besucht. Sowohl wegen des Nutzens, den die Studirenden aus einer öffentlichen Vorlesung über einen zweckmäßig gewählten wissenschaftl. Gegenstand ziehen können, als auch zur Vermeidung von Exemplifikationen, muß ich fortwährend wünschen, daß diej. ordentl. Prof., denen eine solche Verpflichtung noch nicht vermöge ihrer Bestallung auferlegt ist, aus freiem Antriebe thun werden, was die Prof. der übrigen Landesuniv., zum Theil unter weniger günstigen ökonomischen Verhältnissen, bestimmter Vorschriften zu Folge, zu thun verpflichtet sind.
(Koch, II. S. 182.)

β) R. dess. Min. v. 13. Febr. 1830 an denselben.

Der Rektor und Senat der hies. Univ. hat in dem von Ihnen eingereichten Ber. v. 7. Nov. pr., unter Darstellung der Nachtheile, welche die öffentlichen oder unentgeltlichen Vorlesungen für die Studirenden haben, darauf angetragen, daß die Prof. von der Verpflichtung, solche Vorlesungen zu halten, entbunden werden möchten. Unter Bezugnahme auf die desfallsigen Anträge eröffnet das Min. Ihnen hierdurch: 1) daß es die amtliche Verpflichtung der ord. und außerord. Prof., halbjährlich eine öffentliche Vorlesung zu halten, nicht aufheben kann, da vermöge ihrer Bestallungen diese Verpflichtung einen wesentl. Theil ihres Berufs ausmacht, und es überhaupt nicht thunlich ist, amtliche Verpflichtungen blos von der Willkühr der betr. Individuen abhängig zu machen. Dagegen will das Min. die gratis anzukündigenden Vorlesungen der Privatdoz. hierdurch der besondern Aufsicht und Kontrolle der betr. Fak. unterwerfen, so daß jeder Privatdozent von jetzt an zu jeder von ihm gratis anzukündigenden Vorlesung erst die Zustimmung der Fak. einholen soll. Hierbei bleibt indessen den Privatdoz., welchen die Zustimmung der Fak. zu den fragl. Vorlesungen verweigert wird, der Rekurs an das Min. unbenommen. 2) Will das Min. genehmigen, daß die Publika nicht in den Anmeldungsbogen verzeichnet, und nicht von den Dozenten testirt werden. Hiervon sollen jedoch alle diej. Fälle ausgenommen sein, in welchen die Doz. selbst aus eigener Bewegung auf den Wunsch der betr. Studirenden sich veranlaßt sehen, den Besuch der von ihnen gehaltenen Publika zu testiren.
(Koch, II. S. 205.)

b) Ueber die **Privatvorlesungen** der Prof. bestimmen:

α) das R. v. 16. Jan. 1822. (s. o. S. 510.)

— Daß der Prof. N., außer der von ihm angekündigten öffentlichen Vorlesung, nur Ein Privatkollegium, und zwar wöchentlich nur in zwei Stunden zu lesen beabsichtigt, kann ich um so weniger für genügend erachten, als von jedem ordentl. Prof. billiger Weise zu fordern ist, daß er, wie es auch von den meisten in der Regel geschieht, halbjährlich außer dem vorschriftsmäßigen Publiko noch zwei Privatkollegia ankündige und halte.

β) das R. v. 2. März 1820. (s. o. S. 507.)

— Wenn es gleich sehr zu billigen ist, daß jeder Prof. der kath. theol. Fak. in jedem halben Jahre eine Vorlesung grade in derj. theol. Disziplin ankündiget, mit welcher er sich vorzüglich beschäftigt hat, und für welche er besonders berufen ist, so folgt doch hieraus nicht, daß er die übrigen theol. Disziplinen aus dem Kreise seiner Vorlesungen gänzlich ausschließen dürfe.

c) Jeder Dozent, welcher über eine zu einer **andern** Fak. **gehörige** Disziplin lesen will, muß die Genehmigung dieser Fak. einholen. Im

Weigerungsfall steht ihm der Rekurs an den Min. frei. So bestimmen die Univers. Statuten.

d) Schluß der Vorlesungen.

Die Pflicht, seine Vorlesungen pünktlich mit Beginn des Semesters anzufangen, versteht sich von selbst, und ist in einzelnen Univers.=Statuten noch ausdrücklich ausgesprochen, z. B. für Bonn. Was dagegen den Schluß der Kollegien anlangt, so hat sich von jeher die Neigung gezeigt, denselben von der Durchführung des Gegenstandes mehr als von der vorgeschriebenen Dauer des Semesters abhängig zu machen. Dies hat mehrfache Verfügungen gegen das zu frühe Schließen der akadem. Vorträge, so wie über das zu diesem Behufe übliche Dupliren ders. und über die Beurlaubung der Dozenten vor Ablauf des Semesters (s. o. S. 409 sub 4.) hervorgerufen.

α) C. R. des Min. d. G., U. u. Med. Ang. v. 28. Juni 1825 an die außerord. Reg.=Bevollm. bei den Univers.

Es sind Fälle vorgekommen, daß Univ.=Dozenten, welche wegen zu erbittenden Urlaubs ihre Vorlesungen früher, als gesetzlich gestattet ist, zu beendigen wünschen, mit dem diesfälligen Gesuche erst kurz vor der Zeit, wenn sie zu schließen gedenken, sich an das Min. gewendet, und zugleich angezeigt haben, daß sie bereits seit längerer Zeit mit Rücksicht auf den zeitigern Schluß die Zahl ihrer Vorlesungen vermehrt hätten. Sie haben mithin unstatthafter Weise eine Bewilligung vorausgesetzt, die sie erst zu erwarten hatten. — Damit dergl. Unregelmäßigkeiten nicht weiter vorfallen, wird hierdurch festgesetzt, daß künftig alle Dozenten, welche im Laufe eines Semesters einen Urlaub, oder die Genehmigung zum früheren Schlusse ihrer Vorlesungen zu erhalten wünschen, ihr Gesuch schon vor dem Anfange der Kollegien hier dem Min. anzubringen, und dessen Entscheidung abzuwarten haben, ehe sie die gewöhnliche Zahl der wöchentlichen Stunden vermehren. — Für diej. Fälle jedoch, wo unvorhergesehene Umstände einen Urlaub wünschenswerth oder nöthig machen, sind diese dem Min. in gehöriger Art näher anzuzeigen und nachzuweisen; Ew. aber soll es überlassen bleiben, alsdann vorläufig und bis zum Eingange der Urlaubsbewilligung die Erlaubniß zum Dupliren der Vorlesungen ertheilen zu dürfen. — Ew. werden hierdurch beauftragt, diese Bestimmung zur Kenntniß der Univ. zu bringen, und zugleich dahin zu wirken, daß, ehe die Urlaubsgesuche der einzelnen Doz. eingereicht werden, in jeder Fak. darüber unter den ders. angehörenden Doz. eine nähere Mittheilung Statt finde, daß in ders. nicht allzuviel Vorlesungen früher als zur gesetzlichen Zeit ausfallen, und dadurch die Absicht der Allerh. Ortes angeordneten Bestimmungen über die Dauer der Ferien vereitelt werde.

(Koch, II. S. 15.)

β) R. dess. Min. v. 9. April 1828 an den außerord. Reg.=Bevollm. zu Berlin.

Um dem zu frühen Schließen der Vorlesungen auf der hiesigen Univ. während des Sommersemesters vorzubeugen, scheint es dem Min. räthlich, daß nach dem Vorschlage in Ihrem desfallsigen Ber. v. 20. Febr. d. J. der zeitige Rektor aufgefordert werde, noch vor dem Anfang der Vorlesungen des Sommersemesters ein Cirkular an sämmtliche Dozenten zu erlassen, auf welches sich jeder zu erklären hat, ob er das Min. um Ertheilung eines Urlaubs vor Anfang der Ferien zu ersuchen beabsichtigt, und bis zu welchem Termine er jede seiner Vorlesungen hinauszuführen gedenkt. Das Min. veranlaßt Sie, hiernach das Erforderliche an den zeitigen Rektor zu verfügen, und dems. zugleich zu eröffnen, daß nur diej. Doz. auf Ertheilung eines Urlaubs vor Anfang der Ferien zu hoffen haben, welche dens. vor dem Anfange der Sommervorlesungen nachsuchen werden. Mit der obigen Maaßregel kann ganz füglich auch die verbunden werden, daß sämmtliche Fak. noch vor dem Anfange der Sommervorlesungen nachsuchen werden. Mit der obigen Maaßregel kann ganz füglich auch die verbunden werden, daß sämmtliche Fak. noch vor dem Anfange der Sommervorlesungen zusammentreten, und ihre Mitglieder veranlassen, sich für die gesetzmäßige Dauer der Hauptvorlesungen verantwortlich zu machen, und sich darüber gegenseitig zu verständigen. Endlich will das Min. auch hierdurch festsetzen, daß jeder Dozent, der durch gültige Ursachen besonders früh zu schließen, und deshalb Urlaub vor dem Anfange der Ferien nachzu=

suchen sich veranlaßt sehen sollte, dies vor dem Anfange der Vorlesungen mittelst des schwarzen Brettes öffentlich den Studirenden bekannt zu machen von jetzt an verpflichtet sein soll.

(Koch, II. S. 16.)

γ) Das R. dess. Min. v. 14. Mai 1828 an den außerordentl. Reg.-Bevollm. zu Halle bestimmt:

2) Ist die bereits bestehende Vorschrift, daß kein Doz. ohne Genehmigung des Min. seine Vorlesungen früher als 8 Tage vor dem festgesetzten Schlußtermine beendigen dürfe, streng zu befolgen. Zu dem Zwecke hat jeder Doz. am Schlusse des Semesters eine pflichtmäßige Anzeige des Schlußtages den außerord. Reg. Bevollm. einzureichen, welche in dem das letzte Viertelj. betr. Disziplinarber. jederzeit auch hierüber eine genaue Anzeige aufnehmen werden.

(Koch, II. S. 202. Auch der Univ. Bonn zugefertigt durch R. v. 26. Juni 1828.)

δ) Das R. dess. Min. v. 27. Febr. 1834 an den außerord. Reg.-Bevollm. zu Bonn fordert wiederholt: daß die Vorlesungen nicht vor Ablauf der gesetzl. Frist geschlossen werden. (Koch, II. S. 233.)

ε) C. R. des Min. der G., U. u. Med. Ang. (v. Altenstein) v. 20. Juni 1834 an die Rekt. und Senate sämmtlicher Univers.

Das Min. hat Gelegenheit gehabt zu bemerken, daß die von mehreren Prof. der diesseitigen Univ. für das letzte Wintersemester angekündigten Vorlesungen wiederum vor der gesetzl. Zeit geschlossen worden. Durch solches zu frühes Schließen der Vorlesungen entstehen nicht nur für den Unterricht, sondern auch für die Disziplin auf den Univ. viele und wesentl. Nachtheile, so daß es dringend nothwendig wird, diesem gesetzwidrigen und schon oft gerügten Verfahren einiger Prof. mit wirksamen Maaßregeln entgegen zu treten. Die Schwierigkeiten, welche sich der Aufrechthaltung der Vorschriften, betr. den Anfang und Schluß der halbjährigen Vorlesungen, entgegenstellen, sind dem Min. nicht unbekannt; auch entgeht es dems. nicht, wie vielfach sich die Wurzeln dieses halbjährlich wiederkehrenden Uebels sowohl in die Eigenthümlichkeiten dieses Univ. Lehrwesens, als in die persönl. Verhältnisse der Studirenden erstrecken. Wenn in Folge nachgesuchter Urlaubsreisen Hauptkollegia vor dem gesetzl. Termin geschlossen werden, so pflegen dadurch die Hörsäle der zurückbleibenden Prof. und Doz. zu veröden. Das Min. hat daher seine Ansicht schon früher dahin ausgesprochen, daß es räthlicher sein wird, den Urlaub auf das ganze Semester auszudehnen, als auf die letzten Monate dess. zu beschränken, und ist, um den Gang des halbjähr. Kursus ungestört zu erhalten, in erforderl. Fällen geneigter, für das ganze halbe Jahr den Urlaub zu ertheilen, als eine Abkürzung der Vorlesungen und einen zu frühen Schluß zu gestatten. Das Min. wird bei eingehenden Urlaubsgesuchen diesen Gesichtspunkt mehr und mehr im Auge behalten, und verspricht in dieser Beziehung dem H. Rektor und Senat seine thätige Mitwirkung. Im Uebrigen giebt das Min. der Hoffnung Raum, daß die Entfernung des gerügten Uebels von den diesseitigen Univ. auch ohne Anwendung von Strafmitteln, zu welchen sich das Min. aus nahe liegenden Gründen nur im äußersten Falle entschließen möchte, wenigstens im Wesentl. gelingen wird, wenn der H. Rektor und Senat, wie es die Verantwortlichkeit der gesammten Univ. und jeder Fak. insbes. für den ordentl. Fortgang der Vorlesungen mit sich bringt, die Aufrechthaltung der den Schluß der halbjährl. Vorlesungen betr. gesetzl. Vorschrift auf jede zweckdienliche Weise zu bewirken, ernstlich bemüht ist.

(A. XIX. S. 399.)

ζ) Noch im J. 1854 hat eine generelle Bestimmung des Min. d. G., U. u. Med. Ang. eingeschärft, daß mit besonderer Strenge darauf gesehen werden solle, daß an den Univers. der Schluß der Kollegia für das Sommersemester von keinem der Doz. vor dem 15. Aug. jeden Jahres geschehe. (Nat. Zeit. 1854. Nr. 340.)

η) Ueber das Dupliren der Vorlesungen enthalten die Univers.-Statuten die allgem. Vorschrift: daß dazu nur vakante Stunden genommen werden dürfen, d. h. solche, in denen weder in der betreff., noch in der philos. Fak. Vorlesungen Statt finden.

e) Kollisionen in Ansehung der Vorlesungen.

α) Zwischen Publicis und Privatis über denselben Gegenstand. Sind Privatdozenten betheiligt, so gelten die Vorschriften sub 5. Ueber derartige Kollisionen zwischen Professoren erging das R. des Min. des Inn. v. 6. Juli 1816 an das Kuratorium zu Breslau:

Dem Kuratorium wird auf den Ber. v. 29. v. M. eröffnet, daß das unterz. Min. wohl die von den Prof. der med. Fak. in Antrag gebrachte Einrichtung, welcher zufolge ein und dass. Kollegium in dem nämlichen Semester nicht zugleich privatim und auch publice gelesen werden soll, als ein, jedoch nur diej., welche es unterzeichnet haben, nicht auch die prof. extraord. und die Privatdoz. bindendes Uebereinkommen der Fakultätsmitglieder genehmigen kann, so lange sie als ein solches besteht. Gegen ihre Verwandlung in eine statutarische Einrichtung aber sprechen erhebliche Gründe, um derentwillen das Min. den Antrag darauf ablehnen muß.

(Koch, II. S. 177.)

β) In Betreff der Zeit. Hierüber bestimmte bei Gelegenheit eines Spezialfalles das R. des Min. d. G., U. u. Med. Ang. (v. Altenstein) v. 28. Febr. 1839 an den außerord. Reg.-Bevollm. zu Bonn:

Da jeder Prof. das Recht hat, die Tageszeit für die von ihm zu haltenden Vorlesungen frei zu wählen, so kann der Kollision, in welche der N. mit mehreren seiner Kollegen in Hinsicht der für seine Vorlesungen gewählten Stunde gerathen ist, nicht füglich von dem Min. mittelst Verf. abgeholfen werden. Vielmehr muß das Min. lediglich dem Prof. N. überlassen, sich bei den Berathungen, die in der dort. philos. Fak. in Betr. der anzukündigenden Vorlesungen und der für dieselben anzusetzenden Tageszeit halbjährlich stattfinden, mit den betr. Prof. in der fragl. Beziehung zu einigen.

(A. XXIII. S. 103.)

γ) In Betreff der Auditorien.[1])

Die Vorlesungen, mit Ausnahme der Privatissima, sollen nach den Univers.-Statuten in den Auditorien der Univers.-Gebäude gehalten werden, und bei der Auswahl die ordentl. Prof. den außerord. und diese den Privatdoz. vorgeben. Mit Bezug hierauf bestimmen:

αα) R. des Min. der G., U. u. Med. Ang. v. 18. Sept. 1820 an die Univers. zu Berlin.

Um über den Gebrauch der Auditorien zu jeder Zeit eine Uebersicht zu erlangen, wird der von dem K. außerord. Reg. Bevollm. vorgeschlagene Ausweg genehmigt, daß in dem Sprachzimmer ein Buch niedergelegt werde, in welchem jeder Doz. den Anfang und das Ende seiner Vorlesungen. mit Angabe des zu gebrauchenden Auditorii, aufzuzeichnen hat. Von denj. Doz., die das Sprachzimmer nicht besuchen, sind diese Anzeigen dem Quästor zu übersenden, und von diesem am Abend dess. Tags in das Buch einzutragen.

(Koch, II. S. 262.)

ββ) R. dess. Min. vom 13. Nov. 1838 an den außerord. Reg.-Bevollm. zu Königsberg, welches ablehnte:

„im Allgem. auszusprechen, daß den Dirigenten und Beamten der dort. Univ. Institute zwar ein vorzügliches Recht auf Benutzung der in dens. eingerichteten Auditorien zustehe, daß solche aber auch unter zu bestimmenden Modalitäten Andern, namentlich auch Privatdozenten, zugestanden werden könne, indem ein solcher Ausspruch nur Prätensionen und Reibungen hervorrufen, und den geregelten Gang der Institutsdirektionen hindern würde."

Nur gegen unbegründete Beschränkungen werde einzuschreiten, und der möglichst freie Gebrauch der Institute herzustellen sein.

(Koch, II. S. 554.)

---

1) Ueber die Plätze der Studenten s. den folg. Abschn.

f) Schutz des geistigen Eigenthums der Dozenten in Ansehung ihrer Vorlesungen: G. v. 11. Juni 1837:

§. 3. (c. Was dem Nachdruck gleich zu achten.) Dem Nachdruck wird gleich geachtet, und ist daher ebenfalls verboten, der ohne Genehmigung des Autors oder seiner Rechtsnachfolger bewirkte Abdruck a) von Manuskripten aller Art, b) von nachgeschriebenen Predigten und mündlichen Lehrvorträgen, gleichviel ob dieselben unter dem wahren Namen des Autors herausgegeben werden, oder nicht. — Dieser Genehmigung bedarf auch der rechtmäßige Besitzer eines Manuskripts oder einer Abschrift deff. (Lit. a.) ingl. nachgeschriebener Predigten oder Lehrvorträge (Lit. b.).

(G. S. 1837. S. 165.)

Dazu:

Gutachten des Geh. Ober Trib. v. 13. Febr. 1844:

daß das G. v. 11. Juni 1837 zur Anwendung der in dems. vorgeschriebenen Strafen, sowohl beim Nachdruck selbst, als auch bei einem, dems. nach §. 3. gleich zu achtenden Abdrucke nachgeschriebener mündlicher Lehrvorträge, eine eigennützige Absicht nicht erfordert.

(Min. Bl. d. i. V. 1844. S. 84.)

5) Beschränkungen der Privatdozenten.

Statutengemäß sind die Privatdoz. auf diej. Disziplinen eingeschränkt, für welche speziell sie sich habilitirt haben,[1]) und Anschläge zu ihren Vorlesungen am schwarzen Brett sollen mit dem vidi des Dekans versehen sein.[2]) Im Uebrigen gelten auch für sie die oben sub 4. c—f. aufgeführten Vorschriften. Daneben ist aber Folgendes bestimmt:

a) In Betreff der Publica. Daß die Privatdoz. keine Verpflichtung haben, publice zu lesen, sprechen die Statuten aus. In Ansehung ihrer Berechtigung dazu entscheidet:

α) das R. des Min. d. G., U. u. Med. Ang. v. 2. April 1832 an den außerord. Reg.-Bevollm. zu Halle:

Das Min. kann es nicht genehmigen, daß zu Folge des von Ew. unterm 19. v. M. erstatteten Ber. der Privatdoz. N. bei der dortigen Univ. im bevorstehenden Semester, statt der von ihm angekündigten, und von dem Min. bereits gebilligten Privatvorlesungen, jetzt über die Institutionen des Röm. Rechts und zwar gratis lesen will. Vielmehr muß es bei den früher von ihm angekündigten Vorlesungen sein Bewenden behalten. — Zugleich will das Min. für alle Fak. der dortigen Univ. hierdurch anordnen, daß kein Privatdoz. neben einem ord. oder außerord. Prof. ein Kollegium gratis ankündigen soll, welches die letztern privatim zu halten gedenken.

(Koch, II. S. 11.)

Der am Schlusse des vorstehenden R. ausgesprochene Grundsatz war bereits in den R. deff. Min. v. 16. Juni und 12. Nov. 1830 an den außerord. Reg.-Bevollm. zu Berlin in Betreff und auf Antrag der dortigen med. Fak. in gleicher Weise aufgestellt. (Koch, II. S. 10, 11.) Allgemein für alle Fak. zu Berlin wurde er wiederholt durch R. deff. Min. v. 7. Nov. 1832 an dens.

(Koch, II. S. 216.)

β) Einer besondern Genehmigung der Fakultät wurden in Berlin die

---

1) In Bonn ist eine stufenweise Zulassung der Privatdoz. zu den Vorlesungen eingeführt.

2) So bestimmen die Berliner Fak.-Stat. — Andere insbes. von der dortigen med. Fak. beantragte Einschränkungen, wie z. B. Weglassung der Kollegien der über eine bestimmte Zahl vorhandenen Privatdozenten aus dem Lektionskatalog, Beschränkung der Privatdoz. in den ersten 2 J. auf privata rc., wurden durch die sub a. α. angef. R. v. 16. Juni und 12. Nov. 1830 zurückgewiesen. Ueber die Beschränkung auf Repetitorien in Bonn s. o. S. 494 sub 3.

Publica der Privatdozenten unterworfen durch das oben (4, a. β.) angef. R. v. 13. Febr. 1830.

b) Eine Verpflichtung, überhaupt zu lesen, ist den Privatdoz. insofern auferlegt, als demj., welcher zwei Semester hindurch keine Vorlesung ankündigt, die venia legendi bis auf neuen Antrag suspendirt wird. Vgl. §. 51. der ob. S. 490 Note 1 mitgeth. Fak.-Stat. Nach den für die med. Fak. ergangenen Vorschriften kann sogar in diesem Falle Verlust der venia leg. eintreten: Vergl. das sub c. α. folgende R. v. 16. Juni 1833. In dem oben (a. α.) angef. R. v. 16. Juni 1830 war dagegen bestimmt:

Ad 5. genehmigt das Min., daß ein Privatdoz., welcher zwei Jahre hindurch nicht gelesen hat, eo ipso als ausgeschieden betrachtet werde.

c) Nähere Vorschriften über die Vorlesungen der Privatdoz. in der med. Fak. zu Berlin ertheilte:

α) R. des Min. d. G., U. u. Med. Ang. v. 16. Juni 1833.

— Was die übrigen Vorschläge betrifft, so setzt das Min. hierdurch Folgendes fest: Ad 2. Jeder Privatdoz. scheidet aus der Zahl ders. aus, wenn er ein Jahr lang kein Kollegium gelesen hat, ausgenommen, wenn er hieran durch Krankheit, wissenschaftliche Reisen oder von Seiten der Reg. erhaltene außerordentliche Aufträge verhindert worden ist. — Ad 4. Kein Privatdoz darf einem Zuhörer die Erlaubniß ertheilen, seine Gratis- und Privat-Vorlesungen zu besuchen, welcher nicht durch Bescheinigung darthut, daß er sich bei dem Quästor zu dem Kollegium gemeldet hat. Ausgenommen hiervon sind nur die Eleven des K. Friedrich-Wilhelms-Instituts und der K. med. chirurg. Akademie für das Militair. — Ad 6. Vorlesungen über Hauptdoktrinen, welche von ordentl. Professoren gelesen werden, dürfen Privatdozenten nur unter folgenden Bedingungen lesen: a) nur privatim und unter genauer Kontrolle, nach den bei dem Quästor eingegangenen Meldungen der wirklich bezahlenden Zuhörer. Bestimmungen über die erforderliche Zahl der Honorar zahlenden Zuhörer bleiben der Fak. überlassen; b) nur zu dems. Preis, um welchen der ordentl. Prof. dass. Kollegium lies't, und in nicht weniger Stunden wöchentlich, als dieser. — Ad 7. Das Ablesen der Hefte anderer Lehrer ist den Privatdoz nur bei den Examinatorien und Repetitorien, wo es sich übrigens von selbst versteht, außerdem aber gar nicht gestattet. In Fällen, wo ein Privatdozent sich der Hefte eines andern Lehrers mit dessen Zustimmung als Grundlage zu freien Vorträgen bedienen will, soll ihm nicht gestattet sein, solches im Lektionsverzeichnisse oder am schwarzen Brette anzukündigen.

(Koch, II. S. 12.)

β) R. dess. Min. v. 24. Nov. 1853:

Alle Ankündigungen von Privatdozenten, betr. Privat-Institute, klinische Institute, praktische Uebungen an Kranken oder Leichen, Vorführung von Kranken u. dgl. sind künftig weder in dem halbjährigen Lektionsverzeichnisse dieser Univ., noch in den unter der Autorität der med. Fak. geschehenden Anschlägen am schwarzen Brette zuzulassen; auch etwaige Testate von Privatdoz. über dergl. Uebungen Behufs der Zulassung zu den med. Promotionsprüfungen, nicht weiter zu berücksichtigen. Die mit dem K. Charité-Krankenhause in Verbindung stehenden klinischen Institute, deren Leitung Privatdozenten übertragen ist, oder in Zukunft übertragen werden könnte, sind von diesen Maaßregeln ausgenommen. (Nat. Zeit. 1853. Nr. 591. — Dazu wird später berichtet: Fakultät und Min. hätten sich dahin ausgesprochen, daß dem R. keine Absicht zu Grunde liege, der Lehrfreiheit Schranken zu setzen. Nat. Zeit. 1854. Nr. 91.)

γ) Anschläge der Privatdoz. der Med. über medicina forensis hat neuerdings die jurist. Fak. in Berlin von ihrem schwarzen Brett zurückgewiesen, weil sie nicht dahin gehörten, den gleichen Anschlag eines Prof. ord. der Med. aber zugelassen, weil dieser nicht einfach zurückgewiesen werden könne. (Nat. Zeit. 1854. Nr. 511.)

d) Ueber Vorlesungen von Privatdozenten der philos. Fak. in theol.

Fächern bestimmte ein R. des Min. d. G., U. u. Med. Ang. v. 22. Juni 1827 an den außerord. Reg.-Bevollm. zu Halle:

daß von jetzt an kein Privatdoz. der dortigen philos. Fak. eine exegetische Vorlesung über das A. und N. Test., über die Einleitung in dass. und über Kirchengeschichte ankündigen und halten soll, ohne vorher die desfallsige Genehmigung des Min. durch Sie nachgesucht und erhalten zu haben.

(Koch, II. S. 200.)

e) Hinsichtlich der Benutzung der Univers. Bibliothek genehmigte das R. dess. Min. v. 14. März 1838 an den außerord. Reg.-Bevollm. zu Königsberg:

daß den Privatdoz. der dort. Univ., welche nicht etwa durch andere amtl. Verhältnisse zu den Personen gehören, denen nach dem Regl. für die dort. K. Bibliothek v. 17. Okt. 1822 Abschn. V. §. 6. die selbstständige Benutzung ders. zusteht, solche mit der Einschränkung gewährt werde, daß sie selbst nicht berechtigt sein sollen, die im §. 11. bezeichnete Bürgschaft für andere nicht berechtigte Personen und Studirenden zu leisten, und daß sie bei Benutzung der Bibliothek in Kollisionsfällen den Prof. auf bestimmte nachstehen müssen.

(Koch, II. S. 14.)

II. Akademische Institute und Sammlungen. [1])

1) Arten und Benutzung derselben.

Vergl. die im 2. Kap. des 1. Abschn. bei den einzelnen Univers. sub Nr. 5. gegebenen Nachweisungen und die dabei angef. Regl. und Instruktionen, so wie den VII. Abschnitt der ob. S. 425 mitgeth. Univers.-Statuten und ob. S. 525 das R. v. 13. Nov. 1838.

2) Inventarisation und Rechnungsführung.

a) Anlegung und Führung der Inventarien.

α) R. des Min. d. G., U. u. Med. Ang. v. 24. Okt. 1824 an den Univers. Kanzler zu Greifswald:

Die Direktoren der Kabinette ꝛc. sind Verwahrer fremder Sachen. Wie bei den Rendanten von Kassen finden die Vorschriften des A. L. R. Th. I. Tit. XIV. §. 135. sq. analog auf sie Anwendung. Sie haben die Verpflichtung, von ihrer Verwaltung Rechenschaft abzulegen, welche in doppelter Art bewirkt wird: I. durch Rechnungslegung, II. durch Revisionen.

I. Die Rechnungslegung ist zwiefach, nämlich: 1) über Geld, 2) über Naturalien. Diese wird jährlich einzufordern sein, und kommt dabei Folgendes in Betracht. A. Einnahme. a) Bestand. Es ist durchaus nothwendig, überall auszumitteln und darauf zu halten, daß, wo Grundinventarien fehlen, solche sofort angelegt werden. Bei der ersten Anlegung muß die Richtigkeit des Inventarii durch einen Dritten, bei den Universitäts-Instituten zu Greifswald am zweckmäßigsten durch Ew. attestirt werden. b) Zugang. Der Zugang muß durch Hinweisung auf die Geldrechnung belegt werden. — In Betreff der extraordinairen Einnahmen, Schenkungen, die nicht durch die Geldrechnung laufen, muß dadurch Kontrole eingeführt werden, daß vor Annahme der Schenkungen Ew. Anzeige gemacht, und eine Einnahmeorder extrahirt wird. — B. Ausgabe. a) Verkauf. Auch hier muß genau auf die Einnahme der Geldrechnungen Bezug genommen werden. b) Defekte können nicht ohne Weiteres in Abgang gestellt werden, sondern müssen vorher motivirt und Ausgabeorders dazu extrahirt werden. — C. Der Rechnungsabschluß muß den für die nächste Rechnung bleibenden Bestand des Inventarii nachweisen.

---

1) Unter die akadem. Institute ist auch der akadem. Gottesdienst zu zählen, in Betreff dessen in neuerer Zeit in Breslau Streit entstanden ist: ob er unter dem Kuratorium oder unter der Geistlichkeit stehe. (Nat. Zeit. 1853. Nr. 466.) Ueber die Pflichten der Studenten der Theologie in dieser Beziehung vergl. den folg. Abschn.

II. Revisionen. Die Revision der Kabinette rc. kann nicht von dem Direktor allein vorgenommen werden, sondern von einem Dritten. Es wird genügen, wenn eine Generalrevision nur etwa alle fünf Jahre erfolgt, wogegen alle Jahre eine theilweise Revision einzelner Abtheilungen füglich wird Statt finden können. Ueber die geschehenen Revisionen müssen den Dir. Atteste ausgestellt werden, welche den Rechnungen beizufügen sind.

(Koch, II. S. 547.)

β) Für Bonn hat der dort. außerord. Reg.=Bevollm. unterm 23. Mai 1820 eine Instr. zur Anlegung der Inventarien erlassen, und demnächst eine Reihe von Formularen dazu aufgestellt, welche durch R. des Min. d. G., U. u. Med. Ang. v. 31. Jan. 1824 für zweckmäßig erklärt wurden. (Koch, II. S. 540 flg.)

b) Beifügung der Inventarien oder Zu= und Abgangslisten zu den Jahresrechnungen.

α) Das C. R. der Oberrechnungskammer v. 27. Jan. 1826 bestimmt mit Bezug auf §. 20. der Instr. v. 18. Dec. 1824:

1) Zur Verminderung der Schreiberei, und zur Erleichterung für die Rechnungsführer sollen von jetzt ab, der Regel nach, weder die über die Dienst= und Kassen=Utensilien und Geräthschaften, einschließlich der zu den erstern etwa gehörenden Bücher und Landkarten zu führenden Inventarien selbst, noch die Ab= und Zugangsnachweisungen den Rechnungen beigefügt werden, und bleibt deren Einforderung nur für einzelne Fälle vorbehalten, wo sich bei Revision der Rechnungen besondere Veranlassung dazu finden sollte. Dagegen muß

2) nicht nur bei den Rechnungen derj. Kassen, welche die Verwendung der zur Unterhaltung ihrer Utensilien und Geräthschaften, und der Utensilien rc. ihrer vorgesetzten Behörde ausgesetzten Fonds nachzuweisen haben, sondern auch bei allen übrigen Kassen, Magazinen rc., deren Utensilien rc. aus dem Fonds einer andern Kasse unterhalten werden, durch eine Bescheinigung ihrer vorgesetzten Behörde dargethan werden: „daß die Inventarien ordnungsmäßig geführt, die gehörig geprüften Zugänge darin nachgetragen, die Abgänge als unvermeidlich nachgewiesen, und die vorhanden sein sollenden Inventarienstücke wirklich vorgefunden worden sind.“

3) Unter jeder Liquidation oder Quittung über den Geldbetrag für angeschaffte, den Inventarien hinzutretende Utensilien und Geräthschaften muß von demj. Beamten, welcher mit der Führung des Inventarii beauftragt ist, bescheinigt sein: „daß die angeschafften Gegenstände in das Inventarium, und auf welcher Seite und unter welcher Nummer deff. eingetragen worden sind.“

4) Findet die eben ged. Bestimmung sub 3) zwar auch auf die Liquidationen der Geldbeträge für alle andere als die zu den Dienst=Utensilien und Geräthschaften gehörenden Inventarienstücke, mithin auch auf die zu Kunst= und andern Sammlungen rc. gehörigen Gegenstände Anwendung; hinsichtlich der Führung der Inventarien von allen andern Gegenständen als den gewöhnlichen Dienst= und Kassen=Utensilien und Geräthschaften, einschließlich der dazu gehörigen Bücher und Landkarten, so wie in Ansehung der Einsendung, oder resp. Nichteinsendung dieser Inventarien mit den Rechnungen, behält es aber bei den diesfälligen bisherigen Anordnungen bis dahin sein Bewenden, daß deshalb nach Verschiedenheit der einzelnen Institute besondere Bestimmungen, insofern sie noch nöthig erachtet werden, ergehen werden.

(Koch, II. S. 548.)

β) Das R. des Min. d. G., U. u. Med. Ang. v. 4. Nov. 1826 an den außerord. Reg.=Bevollm. zu Bonn erklärt vorstehende Verf. auch auf die Inventarien der sämmtlichen akadem. Institute und deren Sammlungen für unbedenklich anwendbar. (Koch, II. S. 549.)

c) Inventarisations=Atteste. (s. o. S. 187 sub III. 2. b.) Die in dem ob. sub b. α. angef. C. R. v 27. Jan. 1826 (sub 3.) getroffene Bestimmung war den Dirigenten der wissenschaftl. und Kunst=Institute zu Berlin schon durch C. R. des Min. der G., U. u. Med. Ang. v. 5. Nov. 1825 in gleicher Weise auferlegt. (Koch, II. S. 548.)

d) Revisionen.

α) Ueberhaupt: s. ob. S. 528 ff. das R. v. 24. Okt. 1824. Nr. II.

β) Ueber Generalrevisionen äußerte sich das R. des Min. der G., U. u. Med. Ang. v. 1. Okt. 1822 an den außerordentl. Reg.-Bevollm. zu Bonn bei Gelegenheit der Instr. deff. v. 23. Mai 1820 (s. o. a. β.) dahin:

Auch habe ich zu Ihnen das volle Vertrauen, daß Sie Ihrer Seits auf die pünktliche Ausführung der von Ihnen erlassenen Verf. sorgfältig halten, und von Zeit zu Zeit durch Revision der einzelnen Inventarien sich die erforderliche Ueberzeugung verschaffen werden. Um aber die Kontrole in dieser Hinsicht noch zu schärfen, halte ich für nöthig, auch bei der dortigen Univ. die Einrichtung zu treffen, die bei der Univ. in Breslau bereits besteht. Bei dieser wird nämlich nach Ablauf von fünf Jahren von jeder Sammlung auf den Grund des letzten Inventarii und mit Berücksichtigung der in der Zwischenzeit angelegten Zu- und Abgangs-Nachweisungen (Inventarien-Rechnungen) von dem Universitätsquästor ein neues, vollständiges Inventarium angefertigt, und von der Kalkulatur sowohl auf den Grund des letzten Inventarii, als auch nach den bei den Rechnungen der letzten 5 Jahre befindlichen Zu- und Abgangs-Nachweisungen geprüft. Hiernächst wird von einem durch das Univ. Kuratorium hierzu ernannten Kommissar, wozu bisher gewöhnlich der Univ. Richter bestimmt worden, mit Zuziehung des Quästors und der betr. Prof., welchen die Sammlung anvertraut ist, das Inventarium an Ort und Stelle revidirt, eine Verhandlung über den Befund aufgenommen, nach welchem letztern endlich das Inventarium entweder sogleich, oder erst nach erfolgter Berichtigung der bei der Lokalrevision etwa vorgefundenen Mängel von dem Univ. Kuratorio als richtig anerkannt wird.

(Koch, II. S. 539.)

γ) Ueber die gewöhnl. Revisionen bestimmt das R. deff. Min. v. 12. Sept. 1830 an dens.

Das Min. verkennt zwar nicht die Schwierigkeiten, welche sich nach Ew. Ber. v. 30. April c. der angeordneten periodischen Revision und Kontrole der wissenschaftl. Sammlungen bei der dortigen Univ. entgegenstellen, bemerkt aber, daß bei diesem von Zeit zu Zeit vorzunehmenden Geschäfte nicht davon die Rede sein kann, alle vorhandenen Inventarienstücke durchzusehen, vielmehr wird es, wie es bei den Revisionen hier geschieht, vollkommen genügen, wenn einzelne Klassen 2c. vorgenommen und nach den vorhandenen Katalogen durchgesehen werden, ohne daß diesem Geschäfte ein unverhältnißmäßig großer Zeitaufwand gewidmet, und es auch am besten sein wird, wenn Ew., als erste Verwaltungsbehörde der dortigen Univ., dasselbe selbst übernehmen.

(Koch, II. S. 552.)

δ) Verbindung von Revisions-Attesten mit den Inventarien-Attesten. (Nr. 2. des C. R. v. 27. Jan. 1826 s. ob. S. 529.)

αα) Das ob. S. 529 sub b. β. angef. R. v. 4. Nov. 1826 schließt:

Dabei hat das Min., Hinsichts der vorzunehmenden Revision der vorhanden sein sollenden Inventarienstücke, auf seine desfallsige Verf. v. 1. Okt. 1822 unter abschriftl. Mittheilung ders. Bezug genommen, und unter Verhoffen des Einverständnisses der K. Ober-Rechnungskammer vorgeschlagen, das vorgeschriebene Attest dahin ausstellen zu lassen: „daß die Inventarienstücke, welche bei der vorschriftsmäßigen Revision hätten vorhanden sein sollen, bei derselben wirklich vorgefunden worden."

ββ) R. der Oberrechnungskam. v. 3. Dec. 1828 an die Univers. zu Halle, Breslau und Königsberg.

Im Verfolg unserer C. Verf. v. 27. Jan. 1826, welche wir dem 2c. Kuratorio zur Nachricht und pflichtmäßigen Befolgung mitgetheilt haben, finden wir uns veranlaßt, hierdurch festzusetzen, daß a) in den danach über die Richtigkeit der Inventarien zu ertheilenden Bescheinigungen jederzeit bemerkt werden muß, wann die letzte der periodisch anzuordnenden speziellen Revisionen des betr. Inventarii Statt gefunden hat, und daß b) mit der Rechnung desj. Jahres, in welchem eine solche

Revision vorgenommen worden, jedesmal auch die darüber aufgenommene kommissarische Verhandlung in beglaubigter Abschrift einzureichen ist.

(Koch, II. S. 551.)

$\gamma\gamma$) R. des Min. der G., U. u. Med. Ang. v. 10. April 1833 an den außerord. Reg.-Bevollm. zu Berlin.

Ew. werden hierdurch in Folge eines Monitums der K. Ober-Rechnungskammer aufgefordert, sämmtlichen Institutsdirigenten der hies. Univ. zu eröffnen, daß in den jährlich von ihnen einzureichenden Inventarienattesten vom Jahre 1835 ab das Datum, an welchem die letzte Revision der Inventarien bewirkt worden ist, vermerkt werden muß.

(Koch, II. S. 552.)

3) Ablieferung von Pflichtexemplaren an die Univers. Bibliotheken.

Früher bestand die Verpflichtung, daß jeder Buchhändler 2 Exempl. der von ihm vorgelegten Schriften an die K. Bibliothek in Berlin unentgeltlich abliefern mußte. Dies wurde noch durch R. v. 28. Sept. 1789 eingeschärft. (Rabe, Bd. 13. S. 195.) Art. XV. des Censur-Ed. v. 18. Okt. 1819 (G. S. 1819. S. 224.) entband die Verleger von dieser Leistung, doch wurde sie schon 1824 unter Ausdehnung auf die Univers. Bibliotheken wieder eingeführt. Es bestimmen:

a) die K. O. v. 28. Dec. 1824 an die Staatsmin. Frh. v. Altenstein, v. Schuckmann und Gr. v. Bernstorff:

— Demnächst bestimme ich mit Abänderung des XV. Art. der V. v. 18. Okt. 1819, daß 5) v. 1. Jan. 1825 an jeder Verleger wiederum schuldig sein soll, zwei Exemplare jedes seiner Verlagsartikel, und zwar eins an die große Bibliothek hierselbst, das andere aber an die Bibliothek der Univ. derj. Prov., in welcher der Verleger wohnt, unentgeltlich einzusenden.

Berlin rc.

Friedrich Wilhelm.

(G. S. 1825. S. 2.)

b) Die Ausführung dieser Bestimmung regelte das C. R. des Min. d. G., U. u. Med. Ang. (v. Altenstein) v. 1. März 1826 an sämmtliche Oberpräs. wie folgt:

1) Es kann zwar keinem Zweifel unterworfen sein, daß, wenn ein inländischer Schriftsteller Selbstverleger einer von ihm verfaßten Schrift ist, er selbst auch für richtige Ablieferung des an die hiesige große K. Bibliothek abzugebenden Freiex. einstehe und dafür Sorge tragen muß. Nicht minder aber ist er hiezu verpflichtet, wenn er selbst auch nicht die Druckkosten des Werks getragen hat, sondern diese von einem Andern bestritten sind. Ist der Selbstverleger einer Schrift ein Auswärtiger, so muß der inländ. Buchdrucker, welcher dies. gedruckt hat, für die richtige Ablieferung des Freiexemplars sorgen.

2) Erscheint ein Werk in verschiedenen Ausgaben, z. B. auf Druck- und Schreib- oder Velinpapier, ohne Kupfer und Karten, und mit dens., mit schwarzen und mit illuminirten Kupfern und Karten, so muß immer ein Exemplar der besten und vollständigsten Ausgabe an die hiesige K. Bibliothek unentgeldlich abgeliefert werden; Pracht- und Präsent-Exemplare auf dickem und steifem Papiere jedoch ausgenommen.

3) Die Termine der Ablieferungen sind vier Wochen nach Beendigung jeder Oster- und jeder Michaelismesse. Alsdann ist jeder Verleger, oder wer sonst für die Ablieferung zu sorgen hat, verpflichtet, von jedem seiner jedesmaligen neuen Verlagsartikel ein Exemplar an die hiesige K. Bibliothek einzusenden, und die bei ders. angestellten Bibliothekare sind berechtigt darauf zu dringen.

4) Sollte ein Verpflichteter einmal diese Termine inne zu halten verhindert sein, so muß er die Ablieferung der Freiexemplare seiner sämmtl. im Laufe des Jahres gedruckten Verlagsartikel spätestens am Schlusse des Jahres — falls dieselbe nicht früher von den Bibliothekaren verlangt sein sollte — bewerkstelligen. Wenn ein Buchhändler im Laufe des ganzen Jahres nichts verlegt hat, so muß er

dies ebenfalls am Jahresschlusse der hiesigen K. Bibliothek ausdrücklich und schriftlich anzeigen.

5) Jeder Verleger ist verbunden, ein Verzeichniß seiner Verlagsartikel, welche er der K. Bibliothek übersendet, ders. in duplo beizulegen, wovon er das eine Ex. zurückerhält, um sich in einem streitigen Falle damit auszuweisen, das andere aber bei den Akten der K. Bibliothek aufbewahrt wird.

Das Min. trägt Ew. auf, obige Festsetzungen durch die Amtsbl. zur allgem. Kenntniß zu bringen, und hegt zu sämmtlichen Verlegern von Druckschriften im Preuß. Staate das Vertrauen, daß sie durch pünktliche Befolgung ders. die hiesige K. Bibliothek, als die Central-Bibliothek des Staats, mit den Produkten der typographischen Industrie dess. in gehöriger Vollständigkeit auszustatten sich beeifern, und eine Ehre darin setzen werden, zu deren Ausbildung zu einem wahrhaft nationalen Institut das Ihre beitragen zu können.

Damit aber von Seiten der K. Bibliothek die Ablieferung gehörig kontrollirt werden könne, so veranlaßt das Min. Ew. hierdurch, am Schlusse jedes Jahres ein Verzeichniß der in dortiger Prov. gedruckten Schriften, mit Einschluß der Wochen-, Monats- und allgem. Zeitschriften, mit Bemerkung der Verleger, der K. Bibliothek zu übersenden, welches um so leichter sein wird, da alljährlich von jedem Censor ein Verzeichniß der von ihm censirten Schriften dem Oberpräs. seiner Prov. eingereicht werden muß.

Zugleich überläßt das Min Ew. ähnliche Bestimmungen auch wegen der Ablieferung an die Universität, wohin das zweite Ex. der in dortiger Prov. verlegten Druckschriften abgegeben werden muß, zu treffen.

(A. X. S. 88.)

c) Die beiden vorstehenden V. wurden durch die, in gleicher Art von den übrigen Oberpräs. erlassene, Bek. des Oberpräs. der Provinz Sachsen v. 11. Febr. 1847 [1]) mit der Maaßgabe eingeschärft:

daß diej. Verlagsartikel, von welchen die Freier. nicht spätestens binnen drei Mon. nach Ablauf des Jahres der Herausgabe an die betr. beiden Bibliotheken eingesendet sind, unverzüglich im Wege des Buchhandels angekauft, und die Kosten des Ankaufs von den Säumigen eingezogen werden.

(Min. Bl. d. i. V. 1847. S. 85.)

d) Zur Erläuterung bestimmte die K. O. v. 12. März 1847 an das Staatsmin., daß es bei den bisherigen Grundsätzen sein Bewenden behalte:

wonach alle Druckschriften ohne Ausnahme, Kupferwerke und Landkarten aber dann ablieferungspflichtig anzusehen sind, wenn sie in Begleitung eines gedruckten Textes, gleichviel von welchem Umfange und von welcher Bedeutung, erscheinen. (Min. Bl. d. i. V. 1847. S. 164. — Vgl. C. R. des Min. der G., U. u. Med. Ang. v. 17. April 1847, welches diese K. O. den sämmtl. Reg. Bevollm. bei den Univ. mittheilt: a. a. O. S. 257.)

e) Die Bestimmung der K. O. v. 28. Dec. 1824 findet sich wiederholt, sowohl in §. 4. der Preß-V. v. 30. Juni 1849 (G. S. 1849. S. 226.), als in §. 6. des neuen Preß-G. v. 12. Mai 1851. (G. S. 1851. S. 275.)

f) Daß der Stempel für Pflichtexemplare von Zeitungen und Kalendern restituirt werde, verfügte das C. R. des Finanzmin. (Gr. v. Alvensleben) v. 24. Dec. 1840. (Min. Bl. d. i. V. 1840. S. 488.) Daß das-

---

1) In Ansehung der K. Bibliothek zu Berlin war eine Erinnerung an die Ablieferung von Pflichtexemplaren schon durch die, vom Min. der G., U. u. Med. Ang. mittelst C. R. v. 25. Febr. 1840 den Reg. zur Aufnahme in die Amtsbl. zugefertigte, Bek. des Oberbibliothekars v. 24. Dec. 1839 erfolgt, worin insbesondere vorgeschrieben wurde, daß Zeitungen, wenn es nicht anders verlangt wird, erst am Jahresschluß in vollständigen Jahrgängen einzusenden, so wie, daß auch von einzelnen Abdrücken aus größern Werken, von allen neuen Auflagen, und eben so von solchen Werken, von denen die vorräthigen Ex. in einen neuen Verlag angekauft werden, Pflichtexemplare abzuliefern. (Min. Bl. d. i. V. 1840. S. 93, 94.)

selbe von der Zeitungssteuer für dergl. Pflichtexemplare gilt, bestimmte der Erl. der Min. d. Fin. und d. Inn. v. 24. Okt. 1853. (Staatsanz. 1854. Nr. 42. S. 306.)

III. Akademische Schriften.

Dieselben sollen, wie die Schulprogramme (s. o. S. 158 ff.) an die K. Bibliothek in Berlin, und auch an die Univers. Bibl. daselbst eingesandt werden. Das C. R. v. 26 Mai 1819 (s. o. a. a. O.), welches von Programmen und Schulschriften der verschiedenen Unterrichtsanstalten" spricht, wurde auch auf die Univers. angewandt, und wiederholt in Erinnerung gebracht:

a) durch C. R. des Min. der G., U. u. Med. Ang. (v. Altenstein) v. 13. Sept. 1832 an sämmtl. Rektoren der Univers. (A. XVII. S. 405.)

b) durch C. R. dess. Min. v. 9. Juni 1838 an die außerord. Reg.-Bevollm. bei den Univers.

Durch die C. Verf. v. 26. Mai 1819, 26. Okt. 1820 und 17. März 1821[1]) ist die Einsendung zweier Ex. von sämmtlichen, im Laufe des Jahres bei den inländ. Univ. erschienenen akadem. Schriften an die hiesige K. Bibliothek angeordnet worden. Wenn schon dieser Anordnung, zufolge des Berichts des Ober-Bibliothekars rc. hierselbst, von Seiten der Univ. in so fern genügt wird, daß die Einsendung der Universitätsschriften im Ganzen regelmäßig geschieht, so ist doch bei der hiesigen K. Bibliothek nicht wohl zu kontroliren, ob sämmtliche, im Laufe eines J. bei den verschiedenen Univ. erschienenen Lektionskataloge, Dissertationen und sonstige Schriften an die K. Bibliothek gelangen. Ferner ist es wünschenswerth, daß auch die hiesige Univ. Bibliothek ein Exemplar der inländ. Univ. Schriften erhalte. Das Min. bestimmt daher, daß künftig von den inländ. Univ. Schriften alljährlich an die hiesige K. Bibliothek 2 Ex. und an die hiesige Univ. Bibliothek 1 Ex. eingesendet, und jeder Sendung ein Verzeichniß ders. beigefügt werden soll, unter welchem der betr. K. Reg. Bevollm. zu bescheinigen hat, daß im Laufe des J. nicht mehr als die übersendeten Schriften bei der Univ. erschienen sind.

(Koch, II. S. 617.)

c) Dazu bestimmte das C. R. dess. Min. v. 17. Febr. 1840 an dies.

Ew. werden hierdurch aufgefordert, von den dem Min. vorschriftsmäßig einzureichenden Dissertationen und Programmen, wenn dieselben naturwissenschaftliche Gegenstände enthalten, außer der gewöhnlichen Zahl, noch zwei Ex. besonders einzusenden.

(Min. Bl. d. i. V. 1840. S. 93.)

IV. Akademische Preise.

Auf allen Pr. Univers. ist die Einrichtung getroffen, daß jährlich für die Studirenden Preisaufgaben ausgeschrieben, und diej., welche sie am besten lösen, belohnt werden. Die Grundzüge dieser Einrichtung sind folgende: Jede Fak. hat jährlich eine Preisfrage aufzugeben, mit Ausnahme der philos., welche zwei Aufgaben stellt,[2]) und zwar abwechselnd in einem Jahre eine allgemein philosophische und eine mathematische oder physikalische. Diese Aufgaben sollen keine praktischen, sondern rein wissenschaftliche Gegenstände betreffen. Die Wahl ihres Themas steht jeder einzelnen Fak. zu, und erfordert eine Majorität von $\frac{2}{3}$ der Stimmen. Am Geburts-

1) Letztere beide ungedruckt.

2) Das R. des Min. der G., U. u. Med. Ang. v. 27. März 1832 bewilligte der philos. Fak. in Königsberg, bei welcher die Preise nur 25 Thlr. betragen, einen dritten Preis von gleicher Höhe.

(Koch, II. S. 326.)

tage des Königs[1]) werden die verschiedenen Aufgaben durch ein Latein. Programm bekannt gemacht. Die Abhandlungen darüber müssen in der Regel Lateinisch abgefaßt und binnen einer Frist von 9 Monaten unter Adresse der Fak. beim Univers.-Sekretär versiegelt eingereicht werden. Sie sind mit einem versiegelten Zettel zu begleiten, der im Innern den Namen des Verfassers, und außen dass. Motto trägt, welches unter den Titel der Abhandl. zu setzen ist. Die Abhandlung cirkulirt demnächst mittelst Laufzettels unter den Mitgliedern der betr Fak., welche darauf, in einer wenigstens 14 Tage vor dem Preistermin zu haltenden Sitzung, auf schriftl. Vortrag desj., der das Thema vorgeschlagen hat, durch absolute Stimmenmehrheit über die Zuerkennung des Preises entscheiden. Eine Halbirung des Preises unter zwei gleich würdige Bewerber, oder eine ungleiche Theilung zwischen dem besten und nächstbesten (accessit) ist in der Regel zulässig. Ist gar keine preiswürdige Arbeit eingegangen, so werden für das nächste Jahr zwei Preisaufgaben ertheilt. Ist auch dann der Preis nicht zu verwenden, so fällt er entweder in den Univers.-Fonds zurück, oder es muß die Entscheidung des Min. eingeholt werden. Der Preis besteht meist in der Summe von 50 Thlr. Kur., oder in 35 Thlr. Preis und 15 Thlr. Accessit, in Berlin in einer goldenen Medaille von 25 Dukaten Werth.

Von den gekrönten Abhandlungen wird Abschrift zur Univers. Registratur genommen, worauf sie den Verfassern zu freier Disposition wieder eingehändigt werden. Bei nicht gekrönten Abhandlungen wird der Begleitzettel gar nicht geöffnet, sie werden vom Univers.-Sekretär demj. zurückgegeben, der das Motto vorzeigt. Die Namen derj., welche gekrönte Arbeiten verfaßt haben, werden in dem Preisprogramm veröffentlicht.

1) Näheres ergeben die Fak. Statuten so wie die speziellen Preisreglements, welche, wie nachsteht, ergangen sind:

a) für Berlin: Regl. des Min. der G., U. u. Med. Ang. (v. Altenstein) v. 16. Sept. 1824 wegen der Preisaufgaben und Vertheilung der Preise auf der Univ. zu Berlin.
(Koch, II. S. 319.)

b) für Bonn: Regl. dess. Min. v. 4. Mai 1820 in ders. Ang. auf der Univ. zu Bonn. (Koch, II. S. 313. — Vergl. Abschn. 10. der Univ. Stat. ib. I. S. 215.) Jeder Preis beträgt 50 Thlr.; insgesammt sind 300 Thlr. Kour. ausgesetzt;

c) für Breslau: Regl. dess. Min. v. 22. Juli 1821 für die Vertheilung der Prämien auf der Univ. zu Breslau. (Koch, II. S. 316.) Jeder Preis zu 50 Thlr., zusammen 300 Thlr.;

d) für Greifswald: K. O. v. 19. Febr. 1839 an den Staatsmin. Frhrn. v. Altenstein, welche 200 Thlr. aus dem Universitätsfonds zu jährl. Preisvertheilungen aussetzt;
(Koch, II. S. 328.)

e) für Halle: Regl. des Min. der G., U. u. Med. Ang. (v. Altenstein) v. 29. Nov. 1824, betr. die Preisaufgaben und die Vertheilung der Preise auf der Univ. Halle. (Koch, II. S. 320.) Jeder Preis zu 50 Thlr., zusammen 250 Thlr.;

---

1) Der 3 Aug. wurde noch im J. 1853 in der Nachricht über die Preisvertheilung zu Berlin als Preistermin aufgeführt. (Nat. Zeit 1853. Nr. 358.) In der Bek. des Rektors zu Halle v. 16. Sept. 1854 über den Anfang des Wintersemesters heißt es dagegen: „die Vorlesungen werden sofort nach der öffentl. Feier des Geburtsfestes Sr. Maj. des Königs am 15. Okt. d. J. und nach der mit ders. zu verbindenden öffentl. Preisvertheilung beginnen." (Staatsanz. 1854. Nr. 223.)

In Königsberg ist der Krönungstag, der 18. Jan., der Preistermin, laut des in vor. Note alleg. R.

f) für Königsberg: R. des Min. des J. (Depart. für Kult. u. öff. Unterr.) v. 14. Mai 1812 an das Kuratorium zu Königsberg nebst Regl. v. 6. April 1812 für die Preisaufgaben auf der dortigen Univ. (Koch, II. S. 311.) Drei Preise zu 50 Thlr, und in der philos. Fak. zwei zu 25 Thlr., zusammen 200 Thlr., gegenwärtig 225 Thlr. nach R. v. 27. März 1832 (s. o. S. 533 Note 2.);

g) für Münster: R. dess. Min. v. 28. Juni 1831 an den Oberpräs. zu Münster, nebst Regul., betr. die auf der Akademie zu Münster alljährlich aufzustellenden Preisfragen. (Koch, II. S. 324.) Drei Preise zu 25 Thlr., von denen jede Fak. einen alljährlich, und den dritten ein Jahr ums andere zu vergeben hat. [1])

2) Einzelne Vorschriften über Wahl und Genehmigung der Aufgaben sind:

a) in Betreff der naturwissenschaftlichen Aufgaben.

R. des Min. der G., U. u. Med. Ang. v. 23. Aug. 1823 an den außerord. Reg.-Bevollm. zu Bonn.

Das Min. ist mit der von Ew. in dem Ber. v. 6. huj. vorgetragenen Meinung, betr. die von der dortigen philos. Fak. aufgestellte physikalische Preisfrage, einverstanden, daß von den auszusetzenden Preisen die einzelnen naturwissenschaftlichen Doktrinen durchaus nicht auszuschließen seien, daß aber überhaupt bei der Wahl der Fächer, aus denen Preisfragen gewählt werden, darauf gesehen werde, ob Studirende in der Fak. sind, von denen eine glückliche Bewerbung um den Preis erwartet werden kann, und daß die Fak. sich lediglich hiernach, nicht aber nach einem Turnus richte, der allerdings die angegebene Inkonvenienz haben müßte, da die Zahl der gestifteten Preise nicht dauernd erweitert werden kann, wenn gleich das Min. in besondern Fällen auf die Aussetzung außerordentlicher Preise eingehen wird, sobald ein solcher Antrag speziell motivirt, und durch die disponibeln Fonds begünstigt wird.

(Koch, II. S. 318.)

b) in Betreff der theologischen Preisfragen.

C. R. des Min. d. G., U. u. Med. Ang. (v. Ladenberg) v. 12. Juli 1848 an sämmtl. K. außerord. Reg.-Bevollm. bei den Univers., so wie an die theol. Fak. zu Berlin.

In dem wohlbegründeten Vertrauen, daß die evang. theol., so wie die kathol. theol. Fakultäten der Landes-Univ. auch in Zukunft, wie bisher von ihnen geschehen ist, bei der Wahl der Aufgaben zu den von ihnen jährlich zu stellenden Preisfragen alles vermeiden werden, was bei der andern Konfession Anstoß erregen oder den Frieden mit ders. stören könnte, hat das Min. Allerh. Orts darauf angetragen, daß die Allerh. Bestimmung v. 9. Nov. 1824, wonach die von den theol. Fak. zu stellenden Preisfragen jedesmal dem Min. zur Prüfung und Genehmigung vorzulegen sind, fortan nicht mehr in Anwendung gebracht werde. Des Königs Maj. haben mittelst Allerh. O. v. 14. v. M. diesen Antrag zu genehmigen geruht, wovon Ew. hierdurch in Kenntniß gesetzt werden, um demgemäß an die dortige theol. Fak. das Erforderliche zu verfügen.

(Min. Bl. d. i. V. 1848. S. 272.)

V. Die Ferien bei den Universitäten.

Es folgen hier die Bestimmungen über die Dauer der Ferien. In Betreff derselben wurde zunächst durch die bei Gelegenheit der Demagogenuntersuchungen erlassene K. O. v. 21. Mai 1824 (A. VIII. S. 419.) angeordnet, daß die langen Ferien aufgehoben, und dagegen die kürzern Oster-

---

1) Auch am Lyceum Hosianum ist laut K. O. v. 6. Okt. 1835 und R. des Min. der G., U. u. Med. Ang. v. 27. Okt. 1835 nebst Statut v. 7. Juli 1835 zum Andenken an die Prof. Scheill und Busse ein jährlicher Preis von 21 Thlr. gestiftet. (Koch, II. S. 326.)

und Herbstferien, wie sie vor 1806 bestanden, wieder hergestellt werden sollten. In Folge davon bestimmte das Min. der G., U. u. Med. Ang. durch C. R. v. 16. Juni 1824 vorläufig für dieses Jahr die Dauer der Herbstferien auf die Zeit v. 15. Sept. bis zum 18. Okt., und regulirte demnächst durch C. R. v. 15. März 1825 die Ferien dahin: daß die Vorlesungen des Sommersemesters vom ersten Montag nach Jubilate bis zum ersten Sonnabend nach dem 15. Sept., und die Vorlesungen des Wintersemesters vom ersten Mont. nach dem 18. Okt. bis zum Sonnab. vor der Charwoche dauern sollten. (Koch, II. S. 481, 482.)

In neuerer Zeit ist dies wieder abgeändert, und für Lehrer und Studenten die Gelegenheit zu größern Reisen wieder hergestellt worden. Die geltenden Vorschriften sind folgende:

a) C. R. des Min. d. G., U. u. Med. Ang. (Eichhorn) v. 7. Mai 1844 an die K. Prov.-Schulkollegien.

Se. Maj. der König haben mittelst Allerh. O. v. 19. v. M. zu bestimmen geruht, daß auf den Univ., mit Ausnahme der Univ. Königsberg, für welche die bisherige besondere Einrichtung beizubehalten ist, imgl. auf der Akademie zu Münster, die Herbstferien zwei Monate, v. 15. Aug. bis zum 14. Okt., die Osterferien dagegen nur drei Wochen, und zwar, wenn Ostern in den Mon. März fällt, vom Sonntage Palmarum bis zum Sonntage Miserik. Domini, und wenn Ostern in den Monat April fällt, vom Sonntage Judika bis zum Sonntage Quasimodogeniti dauern sollen.

Das K. Prov. Schulkolleg. veranlasse ich, den Inhalt dieser Allerh. O. den Gymnas. der Prov. bekannt zu machen, auch dafür Sorge zu tragen, daß die Allerh. Bestimmung in geeigneter Weise durch die Amtsbl. zur allgem. Kenntniß gebracht werde. Die Gymnas. werden dabei zugleich anzuweisen sein, den Schluß des Winter- und Sommerkursus so einzurichten, daß die zur Univ. abgehenden Schüler einige Zeit vor dem gesetzlichen Anfange der Vorlesungen an dem betr. Universitätsorte sich einfinden können.

(Min. Bl. d. i. V. 1844. S. 150.)

b) Insbes. für Königsberg, wo sonst, abweichend von den übrigen Univers., von Mitte Juli bis Ende Aug. Hundstagsferien als die Hauptferien bestanden, ist eine ähnliche Einrichtung eingeführt durch die K. O. v. 17. Nov. 1851 an den Min. d. G., U. u. Med. Ang.

Auf Ihren Ber. v. 12. d. M. bestimme Ich hierdurch, daß auf der Univ. in Königsberg die bisherigen Hundstagsferien aufgehoben werden, die Herbstferien v. 6. Aug bis 14. Okt., die Osterferien dagegen nur drei Wochen und zwar, wenn Ostern in den Mon. März fällt, vom Sonntag Palm. bis zum Sonntag Miserik. Dom., und wenn Ostern in den Mon. April fällt, vom Sonntag Judika bis zum Sonntag Quasi modo geniti dauern sollen.

Potsdam rc.

Friedrich Wilhelm.
v. Raumer.

(Min. Bl. d. i. V. 1851. S. 281, mitgetheilt an den Oberpräs. und Univ.-Kurator Eichmann zu Königsberg durch Erl. des Min. der G., U. u. Med. Ang. (v. Raumer) v. 4. Dec. 1851 ebendas.)

Vierter Abschnitt.

Die Verhältnisse der Studenten.

Es sind hier die Bestimmungen über das Beziehen der Univers., über die Studien, die Disziplin, über Schulden, Benefizien, über Militairdienst der Studenten, so wie über ihren Abgang zusammen zu stellen.

I. Wahl der Universität.

Die freie Wahl der Universität hat in Preußen eine zweifache Beschränkung gefunden, einestheils durch Verbote, fremde Univers. zu besuchen, anderntheils durch Feststellung einer bestimmten Zeit, die jeder Inländer, wenn er auf eine durch akadem. Studien bedingte öffentliche Anstellung Anspruch macht, auf einer Landes-Univers. zubringen muß.

1) Besuch fremder Universitäten.

Die Ed. v. 14. Okt. 1749, 2. März 1750 und 19. Juni 1751 vergönnten den Besuch ausländischer Univers. und Schulen unbedingt, bei „Verlust aller Beförderungen in K. Staaten," und für Adliche sogar bei Vermögenskonfiskation. Eine Bek. v. 24. Okt. 1783 erneuerte dies Verbot, und da es trotzdem nicht genug beobachtet wurde, so gab ein R. v. 15. Mai 1795, unter Anordnung nochmaliger Publikation desselben: „dem Officio fisci die Vigilanz gegen die Uebertreter" auf. (Rabe, Bd. 3. S. 56.) Als in der Steinschen Periode der Pr. Staat neu aufzuleben begann, erkannte man das Unrichtige dieser Maaßregel, und es bestimmte die K. O. v. 13. April 1810 an den Staatsmin. Gr. zu Dohna:

Mein lieber Staatsminister Graf zu Dohna! Ich finde Mich auf den Ber. der Unterrichts-Sektion v. 4. und den Eurigen v. 6. d. M. veranlaßt, das bis jetzt bestehende Verbot des Besuchens fremder Schulen und Universitäten unbedingt aufzuheben, und überlasse Euch deshalb die weitere Verfügung als Euer wohlaffektionirter König.

Berlin rc.

Friedrich Wilhelm.

(N. C. C. T. XII. p. 1011. — Rabe, Bd. 13. S. 903.)

In demselben Sinne war in den von dem Preuß. Gesandten zu Wien im Febr. und im Mai 1815 vorgeschlagenen Entwürfen zu einer Deutschen Bundesverfassung unter den von jedem Bundesmitgliede seinen Unterthanen unverbrüchlich einzuräumenden Rechten: die Freiheit sich auf jeder Deutschen Lehranstalt zu bilden, mit dem Bemerken aufgeführt, daß der Besuch fremder Univers. nicht einer Auswanderung gleich zu stellen, und eine Erlaubniß dazu auch für die zum Kriegsdienst verpflichteten jungen Leute nur insofern nöthig sei, als sie derselben zu jeder wesentlichen Entfernung von ihrem Wohnorte bedürften. (Klüber, Kongreßakten, II. S. 46. 305.)

Indessen änderten sich die Zeiten. Vom J. 1819 an wurden zuerst einzelne Ausnahmen gemacht; so durch die K. O. v. 6. April und die K. O. v. 28. Juli 1819, welche den Besuch von Jena, und durch die K. O. v. 21. Mai 1824 (mitgeth. durch Publ. des Min. d. G., U. u. Med. Ang. v. 24 Mai 1824. A. VIII. S. 420.), welche den Besuch von Basel wegen der „verderblichen Tendenz" dortiger Lehrer, und den von Tübingen wegen burschenschaftlicher und anderer Umtriebe daselbst untersagte. Und wenn auch diese Verbote, in Ansehung Jenas durch die K. O. v. 24. Mai 1825, und in Ansehung Tübingens durch die K. O. v. 11. Okt. 1826, wieder aufgehoben wurden (vergl. Publ. des Min. der G., U. u. Med. Ang. v. 31. Mai 1825 und Publ. dess. Min. und des Min. d. Inn. u. d. P. v. 14. Okt. 1826. A. IX. S. 383., X. S. 1036.), so folgte doch nach dem Frankfurter Attentat eine allgemeine Suspension der V. v. 13. April 1810 durch die K. O. v. 20. Mai 1833. (G. S. 1833. S. 35.) Durch dieselbe wurde der Besuch fremder Univers. von Neuem bei Verlust der Anstellungsfähigkeit untersagt, jedoch mit der Maaßgabe: daß nur in Ansehung der Univers. zu Erlangen, Heidelberg und Würzburg, wegen bereits ermittelter Theilnahme einzelner Studenten derselben an dem Anschlage auf Frankfurt, das Verbot unbedingt in Kraft treten, in Ansehung der übrigen fremden Univers. aber dem Min. der G.,

U. u. Med. Ang. nachgelassen sein solle, Dispensation zu ertheilen. Das unbedingte Verbot wurde in Folge der diesfälligen Bundesbeschlüsse[1]) durch K. O. v. 18. Dec. 1834 (G. S. 1834. S. 183.) auf die Univers. zu Zürich und Bern ausgedehnt, dagegen wurde dasselbe für Erlangen, Heidelberg und Würzburg durch die K. O. v. 21. Nov. 1836 (G. S. 1836. S. 312.) wieder aufgehoben, und dem Min. d. G., U. u. Med. Ang. gestattet, auch zum Besuche dieser Univers. Erlaubniß zu ertheilen.[2])

Gegenwärtig ist das Recht, auch auf fremden Univers. seine Bildung zu suchen, wieder hergestellt:

a) unbedingt für die Universitäten in den Deutschen Bundesstaaten durch die K. O. v. 13. Okt. 1838 an das Staatsministerium.

Aus dem Ber. des Staatsmin. v. 28. v. M. habe Ich ersehen, daß der Beschluß, den die Deutsche Bundesversammlung zur Feststellung und Aufrechthaltung gemeinsamer Maaßregeln für die Univ. und andere Lehr- und Erziehungs-Anstalten in Deutschland am 14. Nov. 1834 gefaßt hat, auf allen Deutschen Univ. durch die betr. Bundes-Regierungen vollständig in Ausführung gebracht und die Erreichung des gemeinsamen Zwecks der öffentl. Ordnung und Ruhe durch beharrliche und sorgsame Verfolgung der genommenen Maaßregeln zu erwarten ist. Ich will daher, nach dem Antrage des Staatsmin., und in Verfolg Meines Erl. v. 21. Nov. 1836 Meine über den Besuch fremder Univ. erlassene O. v. 20. Mai 1833 anderweit modifiziren und nunmehr, jedoch mit dem Vorbehalt der Reziprozität, festsetzen, daß Meinen Unterthanen der Besuch der Univ. in den übrigen Deutschen Bundesstaaten wiederum gestattet sein soll, ohne dens. von der speziellen Erlaubniß einer Staatsbehörde abhängig zu machen. Ich bestimme jedoch zugleich, daß jeder Preuß. Unterthan, der nach vollendeten Studien sich im Vaterlande um ein öffentl. Amt oder um den Zulaß zur medizin. Praxis bewerben will, bei Verlust dieses Anspruchs, eine Zeit lang auf einer Landesuniv. zu studiren verpflichtet sein soll. Die näheren Bestimmungen behalte Ich einer besonderen V. vor, und erwarte deshalb die Vorschläge des Staatsmin., welches übrigens die gegenwärtige O. durch die G. S. bekannt zu machen hat. Berlin rc.

Friedrich Wilhelm.

(G. S. 1838. S. 501.)

b) bedingt für die Univers. zu Zürich und zu Bern durch die K. O. v. 3. Jan. 1842 an das Staatsmin.

Ich will unter den veränderten Umständen das durch die O. v. 18. Dec. 1834 bestehende unbedingte Verbot des Besuchs der Univ. in Zürich und Bern Seitens Meiner Unterthanen wieder aufheben und den Besuch dieser Univ. nunmehr von der speziellen Genehmigung des Min. der geistl. rc. Ang., welches demgemäß mit Order versehen ist, abhängig machen. Charlottenburg rc.

Friedrich Wilhelm.

(G. S. 1842. S. 77.)

Ueber die Beschränkung des Genusses inländischer Stipendien auf inländischer Univers. vergl. u.

2) Die Verpflichtung, eine Zeit lang auf inländischen Univers. zu studiren,[3]) welche die K. O. v. 13. Okt. 1838 (s. o. 1. a.) aussprach, ist näher bestimmt durch die K. O. v. 30. Juni 1841 an das Staatsmin.

---

1) Der Bundesbefehl v. 11. Sept. 1834 gegen die Univ. zu Bern wurde insbesondere dadurch motivirt, daß als dortige Professoren Ludwig Snell, Siebenpfeifer, Herzog und Troxler berufen seien. (Verhandlungen der Bundesvers. Heidelb. 1848. S. 89.)

2) Das C. R. des Min. d. G., U. u. Med. Ang. v. 16. Jan. 1836 erklärte, daß das Verbot des Besuchs fremder Univ. auch für die Pharmazeuten zu gelten habe.

3) Die Verpflichtung: vor einer Anstellung in Neuvorpommern zwei Jahre in Greifswald zu studiren, wurde durch R. der Min. d. G., U. u. Med. Ang., d.

Nachdem bereits in der K. O. v. 13. Okt. 1838, durch welche der Besuch der Univ. in den Deutschen Bundesstaaten den diesseitigen Unterthanen allgemein wiederum gestattet worden, denselben zugleich die Verpflichtung auferlegt ist, in sofern sie sich nach vollendeten Studien um ein öffentl. Amt oder um die Zulassung zur medizin. Praxis bewerben wollen, eine Zeit lang auf einer Landesuniv. zu studiren, will Ich nunmehr nach dem Antrage im Ber. des Staatsmin v. 17. d. M. diese Studienzeit auf einem Zeitraum von einem und einem halben Jahre hiermit festsetzen. Von dieser Verpflichtung Meiner Unterthanen, drei Semester ihrer Studienzeit auf einer inländ. Univ. zuzubringen, soll derj. Verwaltungs-Chef, in dessen Depart. ein Studirender künftig seine erste Anstellung zu suchen beabsichtigt, in einzelnen Fällen zu dispensiren befugt sein, wenn ein solches Gesuch durch den Genuß von Stipendien oder durch besondere Familienverhältnisse begründet werden kann. Diese Dispensation soll sich aber der Regel nach nicht auf das letzte Jahr der Studienzeit erstrecken. Das Staatsmin. hat diese Bestimmungen, welche jedoch erst in Ansehung der mit dem nächsten Winterhalbjahre ihre Universitätsstudien beginnenden Studirenden in Kraft treten, durch die G. S. zur öffentl. Kenntniß zu bringen. Sanssouci rc.

Friedrich Wilhelm.

(G. S. 1841. S. 139.)

II. Die Immatrikulation der Studenten.

Ueber die Bedingungen, unter welchen die Immatrikulation Statt finden kann, und über das Verfahren dabei, sind folgende Bestimmungen gegeben:

1) Im A. L. R. II. 12.:

§. 74. (Aufnahme der Studirenden.) Die Aufnahme der Studirenden unter die Mitglieder der Universität geschieht durch das Einschreiben in die Matrikel. [1])

§. 75. Wer einmal eingeschrieben worden, bleibt ein Mitglied der Universität, so lange er sich am Sitze derselben aufhält, und daselbst keinen besondern Stand oder Lebensart, die ihn einer andern Gerichtsbarkeit unterwerfen, ergriffen hat. [2])

§. 76. Wer sich Studirenshalber auf eine Universität begiebt, ist schuldig, bei dem Vorsteher des akademischen Senats sich zur Einschreibung zu melden. [3])

Anh. §. 132. Sobald Jemand an dem Orte, wo die Universität ihren Sitz hat, Studirenswegen eintrifft, ist er verpflichtet sich immatrikuliren zu lassen. Wer dies über Acht Tage verschiebt, muß die Gebühren doppelt entrichten.

Auch sollen die Vergehungen derer, welche noch nicht eingeschrieben sind, eben so, wie die der andern Studirenden, von den akademischen Gerichten geahndet werden.

Inn. und d. Fin. v. 13. Sept. 1821, an die K. Reg. zu Stralsund, für erloschen erklärt. (A. 5. S. 632.)

1) Vergl. den VI. Abschn. der ob. S. 422 ff. mitgetheilten Univers.-Statut. Zu den dort, so wie im R. des Min. d. G., U. u. Med. Ang. v. 3. Dec. 1841 (s. oben S. 282 Note 1. a.) als unfähig zur Immatrikulation Bezeichneten (1) Staatsdiener und Militairpersonen, 2) alle, welche einer andern Bildungsanstalt angehören, 3) Gewerbtreibende,) treten ferner: Frauenzimmer: R. des Min. d. G., U. u. Med. Ang. v. 20. Mai 1825 an den außerord. Reg. Bevollm. zu Halle.

Das Min. ist aus den von Ew. in dem Ber. v. 6. d. M. angegebenen Gründen damit einverstanden, das dem Gesuche des Fräuleins N. N., um Zulassung zur Immatrikulation und zu den Vorlesungen bei der dort. Univ., nicht gewillfahret werden könne, und fordert Ew. auf, hiernach die N. N. abschlägig zu bescheiden. (Koch, II. S. 359.)

2) Ueber Suspension des akadem. Bürgerrechts s. u. die bei der akadem. Disziplin zu §. 96. gegebenen Vorschriften.

3) Vergl. die sub 2. angef. Vorschriften aus dem Bundesbeschl. v. 1834.

Auch die Führer und Begleiter der Studirenden, wie auch ihre Bedienten müssen als Personen, welche unter akademischem Gerichtszwange stehen, immatrikulirt werden. [1])

Wer von derselben oder von einer andern Universität relegirt worden, kann ohne vorgängige Genehmigung der den Universitäten vorgesetzten Behörden nicht unter die Studirenden aufgenommen werden.

§. 77. Der Einzuschreibende muß sein mitgebrachtes Schulzeugniß (§. 64.) vorlegen. [2])

§. 78. Wenn er dergleichen, weil er Privatunterricht genossen, nicht mitgebracht hat: so ist der Rektor denselben an die zur Prüfung solcher neuen Ankömmlinge verordnete Kommission zu weisen schuldig.

Anh. §. 133. Inländer müssen entweder ein auf ein vorgängiges Examen sich gründendes Zeugniß, in Rücksicht auf ihre Reife zu den akademischen Studien, von der von ihnen besuchten öffentlichen Schule mitbringen, oder falls sie durch Privatunterricht zur Universität vorbereitet worden, oder auch auf der von ihnen bisher besuchten Schule wegen besonderer Umstände nicht geprüft worden, (worüber alsdann eine Bescheinigung beizubringen ist, ohne welche sie die Matrikel nicht erhalten können) auf der Universität selbst von der dazu verordneten Kommission binnen der ersten Woche nach ihrer Ankunft noch vor der Immatrikulation geprüft werden.

Wer mit dem Zeugnisse der Unreife die Universität bezieht, kann auf keine Benefizien Anspruch machen. Ausländer sind von dieser Prüfung ausgenommen.

§. 79. Wer bei dieser Prüfung noch nicht reif genug, in Ansehung seiner Vorkenntnisse, befunden wird, muß entweder zurückgewiesen, oder mit der nöthigen Anleitung zur Ergänzung des ihm noch fehlenden versehen werden.

Anh. §. 134. Ob der Student bei der vorgeschriebenen Prüfung reif oder unreif zu den akademischen Studien befunden worden, muß in dem bei dem Abgange von der Universität einzuholenden Fakultätszeugnisse bemerkt werden. Doch steht es dem Abgehenden, der ehedem für unreif erklärt worden, frei, auf eine Prüfung der Fakultät, zu welcher er gehört, anzutragen, als in welchem Falle nur allein der Ausfall dieser letzten Prüfung in dem Fakultätszeugnisse bemerkt wird.

§. 80. Der Rektor muß einem jeden ankommenden Studenten die akademischen und Polizeigesetze des Orts bekannt machen, und ihn zu deren gehörigen Beobachtung anweisen. [3])

2) Durch den für ganz Preußen durch Bek. v. 5. Dec. 1835 publizirten Bundesbeschluß v. 13. (14.) Nov. 1834 Art. 1—5.: sind für die Immatrikulation an den Univers. eigene Kommissionen niedergesetzt, und außerdem die Fristen, binnen deren die Meldung erfolgen muß, die beizubringenden Zeugnisse und die sonstigen Bedingungen der Zulassung, namentlich auch wegen konsilirter u. relegirter Studenten, bestimmt. (s. o. S. 385 ff.)

---

1) Durch das Regl. v. 28. Dec. 1810 (s. o. S. 466 ff.) ist diese Bestimmung aufgehoben.

2) Die in den §§. 77—79. und in den dazu gehörigen §§. 133. 134. des Anh. getroffenen Anordnungen sind gegenwärtig durch das Regl. v. 4. Juni 1834, insbes. durch §§. 33. ff dess., ersetzt. (Vergl. o. S. 279.)

3) R. des Min. d. G., U. u. Med. Ang. v. 1. April 1828 an den außerord. Reg. Bevollm. zu Bonn.

Das Min. kann die Bedenken, welche Ew. in dem Ber. v. 5. v. M. gegen den Antrag des zeitigen Rektors der dortigen Univ., die Aspiranten zur Immatrikulation sogleich durch den Handschlag an Eides Statt auf die akadem. Gesetze zu verpflichten, wenn ihnen die Zulassung zu den Vorlesungen bewilligt wird, und sie die Anmeldebogen empfangen, nicht theilen, und will für die Folge genehmigen, daß solches durch den Rektor geschehe. (Koch, II. S. 359.)

Vergl. auch unten sub 3.

Diese Bestimmungen werden jetzt noch in Anwendung gebracht,[1]) da die durch den Bundesbeschluß v. 2. April 1848 (s. o. S. 395—396) ausgesprochene Aufhebung der Ausnahmegesetzte laut C. R. v. 18. Juli 1848 (s. o. S. 409 ff.) nur auf die Mitwirkung der außerord. Reg.-Bevollm. bezogen wird. Außer dieser letztern müssen jedoch, nach der Umgestaltung der Gesetze über das Verbindungswesen (s. u.), auch die Bestimmungen wegen der verbotenen Verbindungen und wegen des Verdachtes der Theilnahme daran, namentlich die bei der Immatrikulation auszustellenden Reverse[2]) (Art. 4. Nr. 4. Art. 5.) als beseitigt gelten.

Ueber die Zusammensetzung der Immatrikulations-Kommissionen bestimmte das C. R. des Min. d. G., U. u. Med. Ang. v. 8. Febr. 1836:

Zur Ausführung des Art. 1. der durch die G. S. publizirten Bundesbeschlüsse v. 14. Nov. 1834, bestimmt das Min., daß die Immatrikulations-Kommission unter dem Vorsitze des Reg. Bevollm.[3]) aus: 1) dem Rektor, 2) dem Universitätsrichter, 3) den Dekanen aller Fak. bestehen, und ihre Funktionen mit dem nächsten Sommersemester beginnen soll. Was die Dekane betrifft, so kann, insofern es den Umständen nach wünschenswerth ist, die Einrichtung getroffen werden, daß für die zu immatrikulirenden Studirenden jeder Fak. mittelst Anschlags am schwarzen Brette für die ganze Dauer der gesetzl. Immatrikulationszeit, also bis zum neunten Tage nach vorschriftsmäßiger Eröffnung der Vorlesungen, bestimmte Tage angesetzt werden, und dann nur der Dekan der betr. Fakultät, welcher im Verhinderungsfalle unbedingt durch ein Mitglied der Fak. nach der Anciennität vertreten werden muß, zugegen ist. — Da es höchst wünschenswerth ist, daß die Prof. möglichst speziell von den Studirenden und deren Verhältniß Kenntniß nehmen, so erwartet das Min., daß die Dekane die Immatrikulation hierzu besonders benutzen, und die während ihrer Amtsführung als solche immatrikulirten Studirenden ihrer Fak. im Auge behalten werden, indem es sich hiervon einen wirksamen Einfluß auf die Handhabung der Disziplin, so wie den stets davon abhängenden Fleiß der Studirenden mit Sicherheit verspricht.[4])

(Koch, II. S. 392.)

3) Außer der Matrikel und dem Anmeldungsbuche (s. u. III.) erhält der Student bei der Immatrikulation zu seiner Legitimation eine Erken-

1) Dies erhellt z. B. aus der Bek. der Immatrikulations-Kommission zu Berlin v. 23. Sept. 1854, wegen der Meldungen für das Wintersemester 18⁵⁴⁄₅₅, welche die im Art. 1. und Art. 2. Nr. 1. 2. und 4. des Bundesbeschl. v. 1834 enthaltenen Anforderungen wiederholt. (Staatsanz. 1854. Nr. 224.)

2) Schon durch C. R. des Min. d. G., U. u. Med. Ang. v. 15. März 1824 (Koch, II. S. 118) wurde eine Verpflichtung des angehenden Studenten auf §. 3. und 4. des Bundesbeschl. v. 20. Sept. 1819 mittelst eines auszustellenden Reverses eingeführt. Nach dem Bundesbeschl. v. 13. Nov. 1834 wurde das Formular zu solchen Reversen durch C. R. dess. Min. v. 29. Febr. 1836 vorgeschrieben und insbes. die Beifügung von Extrakten aus den Bundesbeschl. v. 1819, v. 1834 (Art. 6—12.), aus der K. O. v. 21. Mai 1824 und aus dem Ed. v. 20. Okt. 1798 angeordnet. Den letztern beiden wurde aber durch C. R. dess. Min. v. 28. Febr. 1838 das G. v. 7. Jan. 1838 substituirt. (Koch, II. S. 394, 404. — A. XX. S. 622.)

3) Dieser scheidet gegenwärtig aus.

4) Der Schluß des R. bestimmte: daß der Reg. Bevollm. die Frist des Art. 4. Nr. 2. verlängern kann, und daß die Korrespondenz in den Fällen des Art. 4. Nr. 3. und 4. durch seine Hände gehe.

Für Königsberg wurden durch R. des Min. d. G., U. u. Med. Ang. v. 21. Juli 1836 (Koch, II. S. 399) einige Modifikationen gestattet, indem dort vor der Immatrikulation vom Dekan der philos. Fak. ein sogen. Signum initiationis ertheilt werden muß, auf dessen Grund jene erst erfolgt. Ausdrücklich bemerkt wurde, daß eine Strafe der Säumigkeit erst dann eintreten dürfe, wenn die Verspätung den 9. Tag nach Anfang der Vorlesungen überschreitet.

nungskarte, über deren Aushändigung durch das R des Min. der G., U. u. Med. Ang. v. 7. Juni 1828, an den Rektor und Senat der Univers. zu Berlin, angeordnet wurde:

Das Min. ist einverstanden mit der in ihrem Ber. v. 21. v. M. geäußerten Meinung, daß der zeitige Universitätsrichter, um der durch die bestehenden Gesetze ihm auferlegten Verantwortlichkeit in Handhabung der akadem. Disziplin vollkommen entsprechen zu können, von der Persönlichkeit und den früheren akadem. Verhältnissen der Studirenden, welche hier immatrikulirt werden, sofort bei ihrer Aufnahme nähere Kenntniß erhalten müsse. Da aber die bloße Anwesenheit bei dem Akte der Immatrikulation, wo oft eine bedeutende Anzahl von Studirenden gleichfalls inskribirt wird, zu dem obigen Zwecke nicht ausreicht, so will das Min. hierdurch festsetzen, daß noch außerdem die Studirenden nach vollzogener Immatrikulation und nach geschehener Inskription bei dem Dekan der betr. Fak. angewiesen werden sollen, die Erkennungskarte, welche ihnen bisher von dem Dekan eingehändigt worden, von jetzt an von dem Universitätsrichter in Empfang zu nehmen, und daß sie ihnen nur von diesem ertheilt werden soll. Auf diese Weise erhält der Universitätsrichter bei der Aushändigung der Erkennungskarte an die Studirenden zugleich eine angemessene Veranlassung, sie mit den speziellen polizeil. Einrichtungen hiesigen Orts bekannt zu machen.

(Koch, II. S. 360.)

4) Gebühren für die Immatrikulation.

Der Betrag derselben ist auf den einzelnen Univers. verschieden bestimmt. (Vergl. die im 2. Kap. des 1. Abschn. sub Nr. 4. mitgeth. Verwaltungsetats.) Allgemeine Vorschriften sind

a) Verdoppelung derselben bei Verspätung: §. 132. des Anh. zu A. L. R. (s. ob. S. 539 sub 1.)

b) Verminderung auf die Hälfte für solche, die von einer andern Univers. kommen.

Diese in den Universitäts-Statuten ausgesprochene Bestimmung wurde auf die von der Akademie zu Münster kommenden Studenten ausgedehnt durch C. R. des Min. der G., U. u. Med. Ang. (Eichhorn) v. 30. Jan. 1844 an den außerord. Reg.-Bevollm. zu Bonn, und abschr. an dies. bei den übrigen Univers., so wie an den Rektor und Senat zu Berlin.

Auf Ew. Ber. v. 6. d. M. erkläre ich mich mit Ihnen dahin einverstanden, daß nicht blos, wie es nach dem Wortlaut des R. v. 28. Mai 1833 den Anschein gewinnt, den Theologen und Philologen, welche die K. Akademie zu Münster besucht haben, sondern allen Studirenden, welche bei der theol. oder philos. Fak. der ged. Akad. inskribirt gewesen sind, bei ihrer etwanigen späteren Immatrikulation auf einer andern inländ. Univ. die Matrikel gegen Erlegung der halben Immatrikulationsgebühr auszuhändigen ist.

(M. Bl. d. i. V. 1844. S. 32.)

5) Verzeichnisse der Studirenden.

a) Listen der Immatrikulirten.

α) Ueber Einreichung von halbjährlichen Listen der immatrikulirten Inländer an das Min. d. G., U. u. Med. Ang. s. ob. §. 38. des Regl. v. 4. Juni 1834.

β) Vollständige Listen der Immatrikulirten mußten außerdem, wie als Präventivmaaßregel gegen geheime Verbindungen angeordnet war, dem Min. d. Inn. eingesandt werden. Dies ist aufgehoben durch C. R. des Min. d. Inn. (v. Puttkammer) v. 26. Juni 1848 an sämmtl. K. Reg.-Bevollm. bei den Universitäten.

Da es der durch C. R. v. 4. Juni 1824 ad 9. (A. VIII. S. 425) angeordneten Einsendung vollständiger Verzeichnisse der auf den Univ. immatrikulirten Studirenden, sowie der ebendaselbst erforderten Anzeige aller während des Studiensemesters neu eintretenden Studirenden an das diesseitige Min. nicht mehr bedarf, so wird diesen Mittheilungen von dort fernerhin nicht weiter entgegengesehen werden. (M. Bl. d. i. V. 1848. S. 198.)

b) Gedruckte Studenten-Verzeichnisse.

α) Anfertigung.

Nachdem das Min. d. G., U. u. Med. Ang. durch C. R. v. 6. Okt. 1821, die sämmtl. Reg.-Bevollm. bei den Univers. auf die in Göttingen bestehende Einrichtung halbjährlicher Herausgabe eines gedruckten Studenten-Verzeichnisses aufmerksam gemacht hatte, bestimmte dasselbe die Einrichtung solcher Verzeichnisse näher durch R. v. 27. Dec. 1821 an den außerord. Reg.-Bevollm. zu Bonn:

Die in Ew. Ber. v. 6. huj. enthaltenen Vorschläge wegen des halbjährlich anzufertigenden Verzeichnisses der Studirenden auf der Univ. Bonn finde ich zweckmäßig, und genehmige daher, daß dieses Verzeichniß in der von Ihnen vorgeschlagenen Form, welche dem nächsten Bedürfnisse entspricht, angefertigt, die ganze Sache aber einem der dortigen Pedelle, als Privatunternehmen, übertragen, und ihm überlassen werde, sich über den Verlag der Verzeichnisse mit einer dortigen Buchhandlung zu einigen, oder auch den Verlag selbst zu übernehmen. Als Termine, in welchen die Verzeichnisse unfehlbar erscheinen müssen, ist die Mitte eines jeden Semesters, also der 15. Jan. und der 15. Juni festzusetzen. Zugleich werden Ew. beauftragt, jedesmal vier und zwanzig Ex. des halbjährl. Verzeichnisses hierher einzureichen. — Die Kosten der Anfertigung und des Druckes dieses Verzeichnisses werden ohne Zweifel durch den Verkauf dess. gedeckt werden, und dem Unternehmer noch einen kleinen pekuniären Vortheil übrig lassen. Sollte sich späterhin das Gegentheil ergeben, so bin ich nicht abgeneigt, zur Bestreitung der desfallsigen Kosten noch einen kleinen Zuschuß aus dem Fonds der Univ. zu bewilligen.

Formular.

Laufende Nr.	Namen der Studirenden.	Ankunft. Ostern.	Ankunft. Michaeli.	Geburtsort oder Vaterland.	Studium.	Wohnung. Haus-Nr.	Wohnung. Namen der Straßen.
315	Dümmler, F.	—	38	Berlin.	Philosoph.	17	Dorotheenstraße.
316	Dünhaupt, W.	38	—	Herzogthum Braunschweig	Medizin.	5	Schumannsstr.

(Koch, II. S. 455. — Dasselbe bestimmte das R. dess. Min v. 3. März 1822 an den außerord. Reg. Bevollm. zu Halle. a. a. O.)

β) Kontrolle.

R. dess. Min. v. 13. Febr. 1830 an den außerord. Reg.-Bevollm. zu Berlin.

Das Min. genehmigt auf den Antrag des ꝛc. in dem Ber. v. 5. d. M. unter den angeführten Umständen hiermit, daß 1) das in jedem Semester im Druck erscheinende Verzeichniß der Studierenden der hiesigen Univ. unter die Kontrole des zeitigen Rektors und des Universitätsrichters gestellt werde, welche dafür zu sorgen haben, daß alle für die Richtigkeit des Verzeichnisses zu Gebote stehende Mittel bei der Anfertigung dess. gebraucht werden, und will 2) eben dens. die Bestimmung des Zeitpunktes der Erscheinung des ged. Verzeichnisses überlassen. Jedoch scheint es dem Min. nöthig, diesen Zeitpunkt nicht zu weit hinauszuschieben, weil sonst der Hauptzweck, welcher bei diesem Verzeichnisse beabsichtigt wird, nicht mehr erreicht werden kann.

(Koch, II. S. 463.)

γ) Gegenseitige Mittheilung.

R. dess. Min. v. 7. Jan. 1830 an denselben.

Das Min. beauftragt Ew. hierdurch, von jedem halbjährig erscheinenden Verzeichniß des Personals und der Studirenden der hiesigen Univ. vier Ex. an die außerord. Reg. Bevollm. bei den Univ. in Halle und Bonn von jetzt an einzusenden. Die gen. Reg. Bevollm. sind ebenfalls angewiesen, eine gleiche Anzahl von Ex. der gedr. Verzeichnisse des Personals und der Studirenden, resp. in Bonn und in Halle an Sie einzusenden.

(Koch, II. S. 463.)

c) Fortlaufende Register über die speziellen Verhältnisse der Studirenden sind in Breslau eingeführt und wurden den übrigen Univers. empfohlen durch C. R. des Min. d. G., U. u. Med. Ang. v. 30. Dec. 1825.

Bei der Univ. in Breslau ist ein großes, nach Fakultäten abgesondertes und alphabetisch geordnetes Studentenregister angelegt, welches den Zweck haben soll, ein Centralpunkt zu sein für alle offiziell zur Kenntniß der akadem. Behörden gelangte Notizen, in so weit sie zur Karakteristik des einzelnen Studirenden dienen können. Das Register besteht aus solchen Bogen, wie die in der Anlage befindlichen (a.), und jeder einzelne Student hat ein Folioblatt für sich. Die Art und Weise, wie das fragl. Register geführt wird, so wie welche Notizen darin Platz finden, ist aus der Instruktion (b.) näher zu ersehen. Das Min. überläßt dem Rektor ꝛc., in nähere Berathung zu ziehen, ob und in wie weit es nöthig und räthlich sein dürfte, daß bei der Univ. bisher geführte Studentenregister nach der bei der Univ. in Breslau bestehenden Einrichtung abzuändern oder zu vervollständigen.

Anl. a.

Formular.

Fakultät.	Lit.
I.	Name, Geburtsort und sonstige persönliche und Familien-Verhältnisse des Studirenden.
II.	Datum der Immatrikulation und des Abganges.
III.	Notizen über das Schulprüfungszeugniß.
IV.	Notizen über den Fleiß.
V.	Notizen über die ökonomischen Verhältnisse.
VI.	Notizen über die Sittlichkeit.

Anl. b.

Nach der sub b. mitgeth. Instr. v. 20. Aug. 1825 soll in der II. Rubrik namentlich auch der frühere Besuch anderer Univ. so wie etwaige Aenderung der Fak. bemerkt werden; in der IV. die Theilnahme an Seminarien, die Erwerbung von Prämien und Stipendien darin, die Gewinnung akademischer Preise; in der V. alle Benefizien und Unterstützungen, so wie vorkommende Schuldklagen; in der VI. nicht blos die Strafen, sondern auch Warnungen und Verweise Seitens des Rektors ꝛc.

Im Allgem. hat der Sekretär die Rubriken auszufüllen; die ökonomischen Nachrichten in IV. und V. aber der Quästor. Außer ihnen soll der Rektor, was zu seiner Wissenschaft gelangt, ergänzend eintragen.

(Koch, II. S. 457.)

6) Besondere Vorschriften.

a) In Betreff der kathol. Priester ist durch R. des Min. der G., U. u. Med. Ang. v. 25. Nov. 1826 an den außerord. Reg.-Bevollm. zu Bonn ausgesprochen: daß ordinirte Geistliche ein Maturitätszeugniß beibringen und wie Andre immatrikulirt werden müssen, dazu aber des bischöfl. Konsenses bedürf.n. Geistliche dagegen, die sich schon im Besitz eines Amtes oder einer Pfründe befinden, seien als Beamte nicht mehr zu immatrikuliren. (Koch, II. S. 359).

b) Auch bei evang. Geistlichen hindert die bereits erhaltene Ordination die Immatrikulation nicht.

R. v. 1. April 1828. (Koch, II. S. 360.)

c) Doktoren der Medizin, auch wenn sie schon ihre Staatsprüfung bestanden haben, müssen, sobald sie noch akadem. Vorlesungen oder Lehrinstitute besuchen wollen, immatrikulirt werden. Nur für die bei ders. Univers. promovirten Doktoren, welche schon bisher daselbst studirten, ist eine nochmalige Immatrikulation nicht erforderlich.

R. des Min. der G., U. u. Med. Ang. v. 30. Aug. 1839 an den außerord. Reg.-Bevollm. zu Halle mit R. dess. Min. v. 22. Dec. 1828 an dens., und R. dess. Min. v. 30. Aug. 1839 an den außerord. Reg.-Bevollm. zu Berlin. (A. XXIII. S. 633, 634. Nr. 83, 84.)

d) Immatrikulation von Ausländern. (§. 43. des Regl. v. 4. Juni 1834.) Insbes. bestimmen:

α) Für Polen.

C. R. des Min. d. G., U. u. Med. Ang. v. 27. Juli 1822 an die K. Universität:

Da nach einer, durch die Warschauer Zeitungen bekannt gemachten Kaiserlich Russischen Verf. v. 28. März (9. April) d. J. der Jugend des Königr. Polen der Besuch ausländischer Lehranstalten nur in so fern gestattet worden, als dazu spezielle Erlaubniß Sr. Maj. des Kaisers von Rußland ertheilt worden, — so sind künftig nur solche Studirende aus dem Königr. Polen auf der Univ. aufzunehmen und zu immatrikuliren, welche sich durch spezielle Kaiserl. Erlaubniß ausweisen können.

(Koch, II. S. 534.)

β) Für Ungarn.

C. R. dess. Min. v. 8. Aug. 1828 an die außerord. Reg.-Bevollm. bei den Universitäten.

Der Kaiserl. Oesterreichische Hof hat bekanntlich vor einigen Monaten den jungen Ungarn gestattet, auf auswärtigen Univ. zu studiren, dabei aber den Wunsch geäußert, über den Fleiß und das sittliche und übrige Benehmen ders. auf den fremden Univ. von Zeit zu Zeit Kenntniß zu erhalten. Ew. werden daher veranlaßt, dies., welche auf dortiger Univ. studiren sollten, Ihrer besonderen Aufmerksamkeit empfohlen sein zu lassen, und über sie am Schlusse eines jeden Jahres, von dem laufenden an, zu berichten.

(Koch, II. S. 534. — Besonderer Anzeigen, daß auf einer Univ. keine Ungarn studiren, bedarf es nach dem C. R. v. 30. Jan. 1837 nicht mehr. a. a. O. S. 535.)

γ) In Ansehung Oesterreichischer Unterthanen überhaupt.

C. R. dess. Min. v. 12. Okt. 1835 an dieselben.

Auf den Antrag der Kaiserl. Oesterreich. Gesandtschaft am diesseitigen Hofe fordert das Min. Ew. hierdurch auf, zu verfügen, daß Kaiserl. Oesterreichische Unterthanen auf der Univ. nur dann zugelassen werden, wenn dieselben einen, die Erlaubniß zum Besuche dieser Hochschule bekundenden Kaiserl. Oesterreichischen Paß aufweisen können.

(Koch, II. S. 534.)

δ) In Ansehung solcher Ausländer, die von fremden Univers. weggewiesen sind.

R. dess. Min. v. 2. Aug. 1837 an den außerordentl. Reg.-Bevollm. zu Halle:

Das Min. eröffnet Ew. hierdurch, daß in solchen Fällen, wie der in dem Ber. v. 29. April c. vorgetragene, wenn nämlich ein, von einer andern fremden Univ. mittelst des consilii abeundi weggewiesener Ausländer sich zur Immatrikulation auf einer inländ. Univ. meldet, bei dem unterz. Min. stets anzufragen ist.

(Koch, II. S. 535.)

7) Zulassung zu den akadem. Vorlesungen ohne Immatrikulation: §§. 36. flg. des Regl. v. 4. Juni 1834 und insbes. über die vom Rektor

zu ertheilende akademische Erlaubniß für Hospitanten das dazu gegebene C. R. v. 3. Dec. 1841. Daß zu letzterer die Genehmigung des Kurators nicht erforderlich sei, bestimmte schon der Schluß des oben (sub 1. u. 6 b.) angef. R. v. 1. April 1828:

Auch ist das Min. damit einverstanden, daß es für die von dem Rektor auszustellenden Atteste zur Erlaubniß, die Vorlesungen bei der Univ. hospitando zu besuchen, der förmlichen Genehmigung des Universitäts-Kuratoriums nicht bedürfe, und nur in zweifelhaften Fällen die Papiere der betr. Individuen demselben zur weiteren Veranlassung vorgelegt werden.

(Koch, II. S. 360.)

III. Aufsicht über die Studien und Lebensart der Studenten.

1) Das A. L. R. II. 12. §§. 81—83. bestimmt:

§. 81. (Aufsicht über ihre Studien und Lebensart.) Nach geschehener Immatrikulation muß der Student seine Matrikel dem Dekanus der Fakultät vorlegen.

§. 82. Bemerkt der Dekanus an einem zu seiner Fakultät gehörenden Studenten Unfleiß oder unordentliche Lebensart: so muß er davon dem akademischen Senate Anzeige machen.

§. 83. Dieser muß den Studirenden durch nachdrückliche Ermahnungen zu bessern suchen, und wenn dieselben fruchtlos sind, seinen Aeltern oder Vormündern, so wie diejenigen, von welchen sie Stipendia genießen, davon Nachricht geben.

Anh. §. 135. Wer unter dem Namen eines Studenten allein seinen Vergnügungen nachgeht, und weder die Kollegia besucht, noch sonst gelehrte oder doch dem Zwecke der Universität angemessene Geschäfte treibt, soll auf der Universität nicht gelitten werden.

2) Meldung zu den Vorlesungen und Bezahlung des Honorars.

Außer den allgemeinen in den Univers. Statuten, und im A. L. R. in §. 141. des Anh. (s. u. V.) getroffenen Bestimmungen, sind hierüber für die einzelnen Univers. besondere Reglements ergangen, die jedoch so wenig von einander abweichen, daß auch hier es genügt, nur eines als Beispiel zu geben, und die übrigen blos anzuführen.

a) Reglements.

α) Für Berlin.

Regl. des Min. d. G., U. u. Med. Ang. (v. Altenstein) v. 11. April 1831 über die Meldungen der Studirenden zu den Vorlesungen und die Bezahlung des Honorars auf der Univers. zu Berlin:[1])

In Gemäßheit des §. 12. Abschn. VIII. der Statuten der hies. K. Fr. Wilh. Univ. setzt das Min. d. G., U. u. Med. Ang. in Betr. der Meldung der Studirenden zu den Vorlesungen, der Entrichtung, der Stundung und des Erlasses der Honorare für dieselben, hierdurch Folgendes fest:

I. Von der Meldung zu den Vorlesungen.

§. 1. Jeder Studirende ist verpflichtet, sich wegen der öffentl., Gratis- und Privat-Vorlesungen, die er zu besuchen gedenkt, zuerst an die Quästur zu wenden, und daselbst die anzunehmenden Vorlesungen, gegen Entrichtung des zur Universitätskasse einzuzahlenden Auditoriengeldes, in seinem bei der Immatrikulation erhaltenen Anmeldungsbogen verzeichnen zu lassen.

§. 2. Vor der persönl. Meldung auf der Quästur hat der Studirende den Anmeldungsbogen in der Art auszufüllen, daß er seinen vollständigen Vor- und

---

1) Dazu ist noch eine durch R. des Min. d. G., U. u. Med. Ang. v. 9. April 1832 genehmigte Instr. über die Erhebung der gestundeten Honorare ergangen (Koch, II. S. 291), die indessen gegenwärtig durch eine neue Instr. v. 9. Okt. 1850 ersetzt ist. (Vergl. die Zahlungsaufforderung des Rektors und Univ. Richters v. 12. Jan. 1854. Staatsanz. Nr. 17.)

Zunamen, Vaterland und die Fak., bei welcher er inskribirt ist, eigenhändig einträgt, und unter Ueberschrift des Semesters alle diej. Vorlesungen einschreibt, welche er während des laufenden Semesters zu hören wünscht. Die 2., 3. und 5. Kolumne werden von den Dozenten, bei welchen der Studirende die Vorlesungen hört, und welchen er den Anmeldungsbogen nebst der Quittung der Quästur vorlegt, die 4. Kolumne, betr. die Erlegung, Stundung oder Erlassung des Honorars, von dem Quästor ausgefüllt.

§. 3. Bei dieser Meldung findet, was unten wegen der Bezahlung, Stundung oder des Erlasses der Honorare bestimmt ist, seine Anwendung.

§. 4. Kein Lehrer ist befugt, die Meldung der Studirenden anzunehmen, seinen Namen in den Anmeldungsbogen einzuzeichnen, und einen Platz für die Vorlesung anzuweisen, bevor nicht der §. 2. erwähnte gesetzmäßige Vermerk des Quästors in der 4. Kolumne des Anmeldungsbogens erfolgt ist. Jeder Studirende, der sich zuerst beim Lehrer melden sollte, ist sofort an die Quästur zu verweisen.

§. 5. Fehlt der Lehrer gegen die obige Bestimmung, so hat er eine Ordnungsstrafe zu erlegen, welche die Hälfte des für die Vorlesung angesetzten Honorars beträgt, und welche der Quästor, wo möglich, von dem für den Lehrer erhobenen Honorar abzieht.

§. 6. Diese Ordnungsstrafe ist zur Hälfte der Univ. Wittwenkasse, zur Hälfte dem Univ. Krankenverein verfallen.

§. 7. Einem Studirenden, der mit Umgehung der Quästur eine Vorlesung bei dem Lehrer direkt angenommen hat, soll dieselbe im Abgangszeugnisse nicht eher testirt werden, als bis zuvor die Hälfte des Honorars zur Verwendung nach Vorschrift des §. 6. als Ordnungsstrafe erlegt worden ist.

§. 8. Der Quästor ist verpflichtet, dem Senate Anzeige davon zu machen, wenn ihm Anmeldungsbogen präsentirt werden, auf welchen der Lehrer sich vor dem auf der Quästur geschehenen Vermerk eingezeichnet hat. In jedem Falle, wo der Quästor diese Anzeige unterläßt, hat er selbst den vierten Theil des Honorars zur Verwendung nach Vorschrift des §. 6. als Ordnungsstrafe zu erlegen.

§. 9. Den Studirenden liegt es bei Privat-Vorlesungen ob, sich nach geschehener Meldung auf der Quästur auch bei dem Lehrer durch Abgabe des auf der Quästur erhaltenen Scheins vorzustellen, und um einen Platz anzuhalten, dessen Nummer auf dem Anmeldungsbogen zu vermerken ist, und nach Gutdünken des Lehrers außerdem auch auf einer besonderen Karte verzeichnet werden kann.

II. Von der Erlegung des Honorars.

§. 10. Die Bestimmung des Honorars für die Vorlesungen hängt von dem Lehrer ab, welcher den Quästor darüber instruirt.

§. 11. Die Einzahlung des Honorars abseiten der Studirenden, und zwar für sämmtl. Lehrer der Univ., erfolgt auf der Quästur praen. bei der Anmeldung zu den Vorlesungen. (§. 3.)

§. 12. Der Quästor ist zu einer statutenmäßigen Tantieme von 2 Proz. berechtigt, die er aber abziehen oder sich entrichten lassen kann. Dagegen ist er zur Einziehung und Ablieferung des Honorars, so wie zur Rechnungslegung über dass. verpflichtet.

§. 13. Kein Lehrer ist befugt, das Honorar unmittelbar von Studirenden in Empfang zu nehmen; widrigenfalls tritt die im §. 5. angeordnete Ordnungsstrafe ein. Der Quästor behält in diesem Falle seinen Anspruch auf die Tantieme, die von dem Strafgelde in Abzug gebracht wird, welches den §. 6. gen. Anstalten zu gleichen Theilen zufällt.

§. 14. Einmal bezahltes Honorar oder Auditoriengeld wird von der Quästur nur in dem Falle, daß das betr. Kollegium nicht zu Stande gekommen, oder wenn ein Kolleg. nicht in der angekündigten Stunde zu Stande gekommen, sondern auf eine andere Zeit verlegt ist, zurückgezahlt. Doch geschieht dieses nur während des Laufes des Semesters, nach welcher Zeit das nicht zurückgeforderte Honorar dem Univ. Krankenverein zufällt.

§. 15. Der Quästor ist befugt, in Fällen, wo ein vorübergehendes Zahlungs-Unvermögen nach seinem Ermessen hinreichend bescheinigt wird, kurze Fristen zur Bezahlung des Honorars zu gestatten, doch niemals länger, als bis zum 1. Juli für das Sommer-, und bis zum 1. Jan. für das Wintersemester. Bei dem Lehrer selbst dürfen solche Fristgesuche weder angebracht, noch von dems. berücksichtigt werden.

§. 16. Die auf kurze Zeit gefristeten Honorare ist die Quästur verpflichtet nach Ablauf der Frist beizutreiben, und im Nichtzahlungsfalle die Säumigen dem Univ. Gericht anzuzeigen, widrigenfalls sie für das schuldige Honorar verhaftet bleibt.

§. 17. Wer die zur Zahlung des Honorars gesetzte Frist nicht einhält, muß nach §. 141. Nr. 1. und 5. des Anh. z. A. L. R. im Lauf des nächsten Vierteljahrs gehörig verklagt werden. Zu dem Ende soll der Quästor innerhalb der ersten zehn Tage des Jan. für das Winter- und des Juli für das Sommersemester dem Univ. Richter das Verzeichniß der Restanten übergeben, um das gerichtl. Verfahren hierauf summarisch einzuleiten.

III. Von dem gestundeten oder erlassenen Honorare.

§. 18. Zum freien Besuchen aller Vorlesungen sind absolut berechtigt, und ohne daß es dazu einer Einwilligung des Lehrers bedürfe: 1) die Söhne und Brüder der noch fungirenden oder emeritirten Prof. der hies. Univ.; 2) die Söhne und Brüder der verstorbenen Prof., wenn sie zur Zeit ihres Todes an der hies. Univ. angestellt oder emeritirt waren; 3) die Söhne und Brüder des Univ. Richters, Sekretärs und Quästors nach den bei 1. und 2. angebenen Bestimmungen; 4) die Percipienten des Kurmärkischen Stipendiums.

§. 19. Ob ein Lehrer außerdem zur Stundung oder zum Erlasse sich verstehen wolle, hängt lediglich von demselben ab, doch darf die Stundung oder der Erlaß nur in nachstehend vorgeschriebener Art geschehen. Der Quästor ist verpflichtet, jede den nachfolgenden Bestimmungen zuwiderlaufende Erklärung der Lehrer abzulehnen.

§. 20. Die Lehrer haben ihre Erklärung, ob sie überhaupt die Honorare für ihre Vorlesungen erlassen oder stunden wollen, an die Quästur vor Bekanntmachung der halbjährl. Lektionsverzeichnisse abzugeben. Im Falle eine solche Erklärung nicht erfolgt, wird vermuthet, daß der Lehrer sich zur Stundung verstehe.

§. 21. Die Stundung des Honorars geschieht bis 5 Jahre, nach der erfolgten Anstellung, oder falls der Kandidat nach Ablauf des 5. Jahres, von seinem Abgange an gerechnet, nicht angestellt sein sollte, bis zum vollendeten 6. Jahre nach seinem Abgange.[1]) Jedoch ist der Termin sofort eingetreten, sobald notorisch die Vermögensumstände des Studirenden sich bedeutend gebessert haben; so wie auch das Anerbieten deff. auf eine kürzere Terminstellung immer angenommen werden muß.

§. 22. Die Berechtigung zur Nachsuchung um Stundung oder Erlaß wird von dem Rektor und dem Univ. Richter auf den Grund der einzureichenden und unten näher bestimmten Zeugnisse ertheilt, mit Vorbehalt des Rekurses an den Senat im Falle der Verweigerung.[2]) Bei der Nichtübereinstimmung zwischen dem Rektor und dem Univ. Richter soll der Dekan der betr. Fak. als Obmann den Ausschlag geben.

§. 23. Wer die im §. 22. angegebene Berechtigung nicht erlangt hat, darf auf keine Weise um Stundung oder Erlaß anhalten, und kein Gesuch der Art berücksichtigt werden.

§. 24. Jedes beim Lehrer selbst angebrachte oder von ihm berücksichtigte Gesuch, mit Ausnahme des §. 25. bezeichneten Falles, soll nach den im §. 4 bis 7. enthaltenen Bestimmungen beurtheilt werden.

§. 25. Nur in dem einzigen Falle darf sich der Studirende an den Lehrer selbst wenden und ein Erlaß von dems. verfügt werden, wenn der erstere eine Vorlesung, wofür schon einmal das Honorar bezahlt oder gestundet worden, zum zweitenmal gratis zu hören wünscht.[3])

---

1) Nach der durch R. v. 9. April 1832 genehmigten Instr. wird ein akadem. Grad der Anstellung gleich geachtet.

2) Im R. v. 18. März 1832, an die Univ. Bonn, legte das Min. dem Rektor und Univ. Richter auch das Recht zum Erlasse oder zur halben Stundung bei. (Koch, II. S. 290.)

3) In dem in der vor. Note angef. R. erklärte das Min., daß es die Ver-

§. 26. Bei der Nachsuchung um die Berechtigung, den Erlaß oder die Stundung fordern zu dürfen, sind einzureichen: 1) von Inländern ein Maturitätszeugniß Nr. 1. oder Nr. 2., von Ausländern ein günstiges Schulzeugniß. Bei solchen In- und Ausländern, die bereits auf andern Univ. gewesen sind, wird nächstdem ein günstiges Abgangszeugniß erfordert. Der Mangel dieser Zeugnisse schließt unbedingt die Ertheilung der Berechtigung aus. 2) Ein Zeugniß der Bedürftigkeit.

§. 27. In Ansehung der Bedürftigkeitszeugnisse ist Folgendes festgesetzt: 1) können sie, wenn die Eltern des Studirenden noch am Leben sind, oder wenn derselbe großjährig ist, von dem Magistrate des Wohnorts oder den Amtsvorgesetzten des Vaters ausgestellt sein. Bei Waisen gilt nur das Zeugniß der betr. Vormundschaftsbehörde. 2) Müssen in dem Zeugnisse folgende Punkte enthalten sein: a) Angabe der Vor- und Zunamen und des Alters des Studirenden; b) Amt, Stand und Wohnort der Eltern und bei Waisen der Vormünder; c) Zahl der etwanigen übrigen versorgten und unversorgten Kinder, oder Bemerkung, daß keine vorhanden seien; d) Angabe der Lehranstalt, auf welcher der Bittsteller seine Vorbildung erhalten hat; e) die von Eltern oder Vormündern zu machende bestimmte Angabe der Unterstützung, von welcher Quelle sie auch kommen und von welcher Art sie auch sein möge, welche dem Studirenden jährlich zugesichert worden; f) bestimmte Versicherung, daß die Eltern oder Vormünder nach ihren der attestirenden Behörde genau bekannten Vermögensverhältnissen dem studirenden Sohne oder Mündel nicht mehr, als die unter e. anzugebende Unterstützung gewähren können.[1])

§. 28. Sollte es sich ergeben, daß ein nach den im §. 27. enthaltenen Bestimmungen ausgestelltes Bedürftigkeitszeugniß wahrheitswidrige Angaben enthält, so soll der Rektor und Senat hiervon der vorgesetzten Behörde zur Untersuchung der Sache Anzeige machen.

§. 29. Das Recht der Nachsuchung und die benannte Begünstigung geht für den Studirenden verloren, der in Ansehung des Fleißes oder des sittlichen Betragens sich den Tadel der Lehrer und der akadem. Behörden zuzieht, so wie für denj., welcher durch seine ganze Lebensweise an den Tag legt, daß er zu anderen nicht nothwendigen Ausgaben die Mittel herbeizuschaffen vermöge.

§. 30. Die von der Behörde ertheilte Genehmigung wird auf den Anmeldungsbogen vermerkt, und in Bezug auf dieselbe von der Quästur die Stundung oder der Erlaß, je nach der vom Lehrer gegebenen Erklärung (§§. 19. 20.) verfügt. Hat der Lehrer der Quästur die Weisung ertheilt, überhaupt weder zu stunden, noch zu erlassen, so wird dies dem Studirenden von der Quästur angezeigt.

§. 31. Wenn es auch jedem Lehrer freisteht, das auf der Quästur für ihn bezahlte Honorar den Studirenden zurück zu bezahlen, so darf dies doch weder durch den Quästor geschehen, noch verliert dieser die ihm zukommende Tantieme aus dem angeführten Grunde einer geschehenen Zurückbezahlung. Eben so wenig darf der Quästor Anweisung der einzelnen Lehrer, bestimmten Studirenden Erlaß oder Stundung zu gewähren, berücksichtigen.

§. 32. Die gestundeten Honorare verpflichtet sich der Studirende in der festgesetzten Frist zu bezahlen, und unterzeichnet hierüber einen in folgender Form ausgestellten Revers: „Von dem H. Prof. N. ist mir das Honorar für die Vorlesung . . . . mit . . . Thlr. Gold (Kour.) gestundet worden; ich verpflichte mich, diese Summe gegen Rückgabe des Reverses spätestens innerhalb der ersten . . . Jahre nach meiner Anstellung, oder falls ich nach Ablauf des 5. Jahres von meinem Abgange an gerechnet, nicht angestellt sein sollte, im 6. Jahre nach meinem Abgange zu bezahlen. Berlin 2c."

N. N., Studiosus . . . . . aus . . . .

---

günstigung des §. 25. blos für den Fall beabsichtigt habe, wenn das Kolleg zum 2. Male wieder bei dems. Doz. gehört wird.

1) §§. 26. und 27. sind durch C. R. v. 11. April 1831 den Reg. besonders zur Publikation zugefertigt (A. XV. S. 340), und von neuem publizirt durch Bek. des Rektors und Univ. Richters v. 15. Sept. 1845. (M. Bl. d. i. V. 1845. S. 261.)

§. 33. Beim Abgange von der Univ. werden die gestundeten Honorare, nach Vorschrift des A. L. R., Anh. §. 141. Nr. 1. gerichtlich registrirt und in dem Abgangszeugnisse vermerkt, indem die Behörden angewiesen sind, mit Rücksicht auf diese Vermerkung von der geschehenen Anstellung eines Kand., welcher noch das Honorar schuldig ist, Anzeige zu machen.[1])

§. 34. Für die Einziehung der gestundeten Honorare erhält der Quästor, wenn er sie nach abgelaufener Frist eingetrieben hat, eine Tantieme von 20 Proz., wenn sie aber ohne Aufforderung an ihn eingesandt worden, 2 Proz., wie bei den sogleich bezahlten Honoraren. Falls der Schuldner das Honorar an den Lehrer selbst eingesandt hat, ist dieser verpflichtet, dieselben Tantiemen nach Maaßgabe der beiden Fälle an den Quästor zugleich mit der erforderl. Benachrichtigung abzutragen.

VI. Von den Nichtstudirenden und Hospitanten.

§. 35. Alles Vorstehende ist auch für Nichtstudirende, die von den Lehrern zum Besuch zu den Vorlesungen zugelassen werden, mit folgenden Ausnahmen gültig: 1) die Genehmigung zur Nachsuchung der Stundung oder des Erlasses muß in einer besondern Bescheinigung ertheilt werden; 2) statt der auf den Anmeldungsbogen der Studirenden vom Quästor zu machenden Vermerke dient blos die von dems. gegebene Bescheinigung über bezahltes, gestundetes oder erlassenes Honorar; 3) die Anweisung des Platzes von Seiten des Lehrers geschieht nur durch eine Karte; 4) findet der im §. 22. gewährte Rekurs an den Senat nicht Statt.

§. 36. Diej., deren Immatrikulation aus verschiedenen Gründen noch in suspenso ist, denen aber inzwischen von der Behörde der Besuch der Vorlesungen verstattet worden, sind in allem dies Regl. Betreffenden den Studirenden gleich zu achten.

§. 37. Es ist keinem Studirenden oder Nichtstudirenden erlaubt, eine Vorlesung, zu welcher er sich nicht auf die im Obigen angeordnete Art gemeldet hat, länger als 14 Tage hindurch zu besuchen.

§. 38. Wer überwiesen wird, eine Privatvorlesung im Wintersemester bis Weihnachten, und im Sommersemester bis zum 1. Juli ohne die vorschriftsmäßige Anmeldung besucht zu haben, ist zur Entrichtung der Auditoriengelder und des Honorars verpflichtet, welche von ihm eingezogen werden sollen. Außerdem hat er eine nach Bewandniß der Umstände bis zur Exklusion zu steigernde Disziplinarstrafe zu erwarten.

Obiges Regl., wonach sich die Professoren, Privatdozenten, Lektoren und Studirenden zu richten haben, soll den einen bei ihrer Anstellung und Habilitirung, den anderen bei ihrer Immatrikulation eingehändigt, und kurz vor Anfang jedes Semesters durch Anschlag am schwarzen Brett darauf hingewiesen werden.

(Koch, II. S. 267.)

β) Für Bonn. Regl. dess. Min. v. 10. Sept. 1831 über die Meldungen der Studirenden zu den Vorlesungen und die Zahlung des Honorars auf der Univers. zu Bonn. (Koch, II. S. 278.) Dazu: Nachtrag v. 18. März 1832 und 28. Juni 1837 (a. a. O. S. 290. 309.); Instr. des Rektors und Senats v. 28. März 1834 über die Erhebung der gestundeten Honorare[2]) (a. a. O. S. 297.); Einführung eines neuen Formulars zu dem Anmeldebuch mit Verhaltungsregeln durch R. v. 28. März 1836 (a. a. O. S. 300.); R. v. 16. Mai 1837, welches der Wittwe und den Deszendenten eines Quästors, so wie ihm selbst nach etwaiger Versetzung die aus seiner Geschäftsführung herrührende Honorartantieme zuspricht, und R. v. 2. Sept. 1837, welches dies auf den Fall der Pensionirung ausdehnt. (a. a. O. S. 309, 310).

γ) Für Breslau. Bestimmungen über die Anmeldung der Studiren-

---

1) Nach der durch R. v. 9. April 1832 genehmigten Instr. soll bei Ausländern die Registrirung gleich nach Ausstellung des Reverses stattfinden.

2) Die med. Fak. zu Bonn hat im J. 1853 den Beschluß gefaßt: gar nicht mehr stunden. (Nat. Zeit. Nr. 559. 573.)

den zu den Vorlesungen und die Entrichtung des Honorars auf der Univers. zu Breslau. V. J. 1831.[1]) (Koch, II. S. 284).

δ) Für Greifswald. Regl. des Min. d. G., U. u. Med. Ang. v. 18. Aug. 1831 über die Meldungen der Studirenden und die Zahlung des Honorars auf der Univers. zu Greifswald.[2]) (Koch, II. S. 273.)

ε) Für Halle. Bestimmungen über die Anmeldung zu den Vorlesungen und Entrichtung des Honorars für die Theologie Studirenden auf der Univers. zu Halle vom Jahre 1831. (Koch, II. S. 287.)

ζ) Für Königsberg. Regl. des Min. d. G., U. u. Med. Ang. v. 16. März 1837 über die Meldung der Studirenden zu den Vorlesungen und über die Bezahlung des Honorars auf der Univers. zu Königsberg (Koch, II. S. 303. A XXI. S. 674.) und Dekl. zu §. 2. des Regl. durch R. dess. Min. v. 12. Juli 1839. (A. XXIII. S. 630.) In dem durch dies R. genehmigten Schreiben des Kuratoriums v. 15. Juni 1839, an den akadem. Senat zu Königsberg, wird insbes. in Betreff der Verspätungen bei der Meldung oder Testirung Folgendes festgesetzt:

„Meldet sich ein Studirender nach dem bestimmten Termine bei dem Quästor oder Dozenten, so wird derselbe sofort an den Dekan der betr. Fak. gewiesen. Dieser hat zu untersuchen, ob der Studirende durch Krankheit, oder durch andere, ihm nicht zur Last fallende Hinderungsursachen von einer früheren Meldung abgehalten worden sei. Kann der Studirende dergl. Hinderungsursachen sogleich nachweisen, so bescheinigt ihm dies der Dekan in der letzten Kolumne des Anmeldungsbuchs; vermag der Studirende solches aber nicht, so wird von dem Dekan in ders. Kol. nur vermerkt, daß gegen den Studirenden wegen Versäumniß der Meldung zu den Vorlesungen in der vorgeschriebenen Zeit ein Disziplinarverfahren einzuleiten sein werde, und davon dem Prorektor Anzeige gemacht; in beiden Fällen aber von den Dekanen der Quästor angewiesen, den Studirenden zur Anmeldung und Annahme der Kollegien noch nachträglich zuzulassen. Auch sind der Universitätskasse behufs der Revisionskontrolle monatliche Verzeichnisse von dergl. Studirenden zuzufertigen."

„Eben so muß jeder Studirende, wie bisher, die Zeugnisse über den Besuch der Vorlesungen mit dem Schlusse der Kollegien, und nicht später als vier Wochen nach dem Schlusse sich von dem Dekan (muß heißen: Dozenten) erbitten. Wenn ein Studirender sich später mit dem Gesuche meldet, wird er gleichfalls an den Dekan gewiesen, damit dieser untersuche, ob der Studirende außer Stande gewesen ist, sich die Bescheinigungen früher einzuholen. Erst nachdem der Dekan in der letzten Kol. vermerkt hat, entw. daß der Student die Behinderungsursachen vollständig nachgewiesen, oder daß gegen ihn das Verfahren wegen reglementswidriger Versäumnisse in Nachsuchung der Bescheinigungen eingeleitet worden, kann der Studirende auch noch nach Verlauf von vier Wochen seit dem Schlusse der Kollegien sich von den Dozenten Zeugnisse über den Besuch ihrer Vorlesungen erbitten. Diej. aber, die ohne einen genügenden Entschuldigungsgrund nachweisen zu können, entw. reglementswidrig die rechtzeitige Meldung zu den Vorlesungen verabsäumt, oder sich nicht rechtzeitig die Bescheinigungen über den Besuch der Vorlesungen eingeholt haben, werden auf Grund der geführten Untersuchung nach Bewandniß der Umstände mit einem Prorektoralverweise, oder mit einem zum Fonds der Univ. Handbibliothek fließenden Geldbuße von 10 Sgr. bis 2 Thlr., oder im Unvermögensfalle mit einer verhältnißmäßigen geringen Karzerstrafe, bei Wiederholungen aber und beim Zutritt erschwerender Verhältnisse auch allenfalls mit länger dauerndem Karzer und mit den härteren akademischen Strafen belegt."

---

1) Es ist daraus zu bemerken, daß der Quästor die Vorlesungen auf dem Anmeldebogen einträgt, daß die Dürftigkeitszeugnisse zur Stundung vor dem Abgange nochmals bestätigt, und Kollegientestate am Schlusse des Semesters eingeholt werden müssen, da sie nach Anfang des folg. Semesters nicht mehr ertheilt werden.

2) In Greifswald giebt „eminenter Fleiß" Anspruch auf Erlaß der Honorare, der jedoch nur stets auf ein ½ J. bewilligt wird.

η) Für Münster. Das R. des Min. der G., U. u. Med. Ang. v. 17. Sept. 1831, an das Oberpräs. zu Münster, genehmigte, daß für die dortige Akademie ähnliche Vorschriften, wie für Berlin (α) aufgestellt würden. Dem entsprechend setzte der Beschluß der philos. Fak. v. 25. April 1836, mit Ausschluß des Erlasses, allgem. Normen für die Stundung der Honorare fest. (Koch, II. S. 284. 302).

b) Die Anmeldebücher.

α) Form. Es werden für die einzelnen Univers. besondere Formulare mitgetheilt, die jedoch im Wesentlichen in folgender Gestalt übereinkommen:

Formular zum Anmeldungsbogen. 1)

	1.	2.	3.		4.		5.
Laufende Nummer der Vorlesungen.	Angabe der Vorlesungen.	Namen der Lehrer, von ihnen selbst einzuschreiben.	Tag der Meldung.	Nummer der Zuhörer-Liste.	Vermerk des Quästors, betreffend		Zeugnisse der Lehrer über den Besuch der Vorlesungen.
					die Honorare.	die Auditoriengelder.	
	I. Im Semester 18 A. Privatvorlesungen.						
	B. Publica						

In den neuern Formularen (z. B. für Bonn v. 28. März 1836, für Königsberg beim Regl. v. 16. März 1837: Koch, II. S. 300, 308) ist am Schlusse eine neue Kolumne „Bemerkungen der Behörden" hinzugefügt, auch hat das Königsberger Formular zwei besondere Kolumnen für „Nummer und Quästur" und Zeugnisse der Dozenten „im Laufe der Vorlesung." Vergl. auch das R. v. 13. Febr. 1830 (oben S. 522 sub β.), welches für Berlin die publica von der Aufzeichnung und Testirung im Anmeldebuch ausschloß.

1) Die auf diesem Bogen einzuschreibenden Zeugnisse dienen für In- und Ausländer zur Ausstellung der Sitten- und Abgangs-Zeugnisse. — Inländer sind verpflichtet, bei ihrem Abgange von der Univ. ein Fakultätszeugniß über die besuchten Vorlesungen und ihren Fleiß, so wie bei dem Rektor ein Universitätszeugniß über ihre Aufführung einzuholen. Diese Zeugnisse müssen sechs Wochen vor dem Abgange nachgesucht werden, dessen Zeitpunkt durch den gesetzl. Schlußtermin des Semesters bestimmt wird. Da in diesem Falle das Anmeldebuch nicht bis zum Schlusse in den Händen des Studirenden bleibt, so soll er nach dem R. v. 5. Mai 1833 und den Verhaltungsregeln für Bonn eine Abschrift daraus über das letzte Semester zur Beglaubigung beim Dekan vorlegen, und auf diese demnächst testiren lassen. Ausländer sind verpflichtet, ihren Abgang dem Rektor und dem Dekan ihrer Fak. anzuzeigen, und berechtiget, ein Universitätszeugniß über ihr Betragen zu verlangen, welches ihnen aber nur auf Vorlegung eines Fakultätszeugnisses ausgestellt werden kann. Wer von der Univ. abgeht, ohne in den ersten vier Wochen nach dem Abgange ein Fakultätszeugniß und respective ein Universitätszeugniß zu verlangen, muß für die Ausstellung derselben doppelte Gebühren entrichten.

β) Verhaltungsregeln. Außer den Vorschriften, welche sich aus den sub a. angef. Regl. ergeben, sind noch besondere Verhaltungsregeln in Bezug auf die Anmeldebücher zusammengestellt: so z. B. für Bonn (genehmigt durch das R. v. 28. März 1836, welches zugleich den Preis des Anmeldebuchs auf 2½ Sgr. bestimmt. Koch, II. S. 300.) und für Königsberg (Anl. b. des Regl. v. 16. März 1837.). Die letztern lauten:

Verhaltungsregeln.

1. Jeder Studirende hat sich nach Empfang des Anmeldebuches mit demſ. zu dem Dekan seiner Fak. zu begeben, um die Eintragung in das Album der Fak. zu bewirken.

2. Studirende, welche von einer Fak. förmlich zu einer andern übergehen wollen, haben dies den Dekanen beider Fak. persönlich anzuzeigen, und sich darüber die nöthigen Bescheinigungen zu erbitten.

3. Alle Vorlesungen, welche die Studirenden zu besuchen wünschen, auch wenn dieſ. verschiedenen Fak. angehören, müssen in dieses Buch, nach der Reihenfolge der Semester, eingetragen werden. [1])

4. Die Studirenden haben die erste Kolumne der Tabelle selbst auszufüllen; außerdem aber ist es ihnen unbedingt, und nach Befinden sogar bei Strafe der Fälschung, untersagt, sonst noch irgend Etwas in dem Buche zu bemerken, oder das darin Bemerkte zu verändern. [2])

5. Die Annahme der eingetragenen Vorlesungen erhält erst durch die beigefügte Signatur der Dozenten oder Quästoren Beglaubigung.

6. Die Zeugnisse der Doz. werden nur dann als gültig angenommen, wenn ihnen das Datum deutlich beigefügt ist.

7. Jeder Studirende ist verpflichtet, dieses Buch sorgfältig zu bewahren, und dasselbe bei Nachsuchung von Benefizien, Zeugnissen oder Reisepässen jedesmal, auch ohne besondere Aufforderung, vorzulegen. Der Verlust oder Verderb des Buches kann nach Umständen straffällig machen.

(Koch, II. S. 309.)

c) Einziehung gestundeter Honorare.

Die allgem. Vorschriften sind in dem Eingangs alleg. §. 141. des Anh. zu A. L. R. und in den sub a. angef. Regl. enthalten. [3]) Insbes. ist bestimmt:

---

1) In Folge eines neuerlichen Falles, wo ein Auskultator, der durch einen Dritten eine Vorlesung auf seinen Namen hatte annehmen und testiren lassen, wegen dieses Betrugs entlassen worden ist, wurde von Rektor und Senat zu Berlin mittelst Anschlags wiederholt eingeschärft, daß die Studenten persönlich die Vorlesungen belegen und die Testate darüber einholen sollen. (Voss. Zeit. 1855. Nr. 50.)

2) Nach dem R. des Min. der G., U. u. Med. Ang. v. 13. Sept. 1830 soll in jedem einzelnen Falle geprüft werden, ob eine Fälschung des Anmeldebuchs dem Kriminalgericht zu überweisen, oder blos disziplinarisch zu ahnden ist. Im letztern Falle wird empfohlen: „neben der Karzerstrafe eine anderweitige Disziplinarstrafe, namentlich Unterschrift des Cons. ab. oder Entfernung von der Univ. eintreten zu lassen", und in jedem Falle einen solchen verirrten Studenten, mit Hinweisung darauf, daß seine Handlung in die Kathegorie des Betrugs gehöre, noch besonders zu verwarnen. (Koch, II. S. 136.)

3) Ein im Just. Min. Bl. 1841. S. 335 mitgetheiltes Gutachten des Geh. Ob. Trib. v. 24. Mai 1841 bejaht die beiden Fragen: 1) ob die am Schlusse der Studienzeit bei dem akadem. Gerichte registrirten, und in dem Abgangszeugnisse notirten, wegen Unvermögens gestundeten Honorare, auch wenn sie nicht nach Ablauf des Vierteljahrs bei dem akadem. Gerichte eingeklagt worden sind, gegen den Studirenden selbst, sobald er zu bessern Vermögensumständen gekommen, eine klagbare Verbindlichkeit hervorbringen? — 2) ob unter gleichen Bedingungen der Vater eines solchen Studirenden, wenn er in bessere Vermögensverhältnisse gekommen, zur Erstattung (Erlegung) der Honorare verpflichtet ist.

In Betr. der Verjährung vergl. Bd. 1. S. 771.

α) daß die Quästur ausschließlich zur Einziehung und Einklagung legitimirt sei:

αα) für die Quästur zu Berlin durch die K. O. v. 5. Febr. 1844 an die Staatmin. Mühler und Eichhorn.

Auf Ihren Ber. v. 6. v. M. will Ich hierdurch bestimmen, daß zur Einziehung und Einklagung gestundeter Honorare der Lehrer an der hiesigen Univ. aus denj. Reversen, welche darüber von jetzt an, der Quästur der Univ. von den Studirenden ertheilt werden, nur die Quästur allein legitimirt sein soll, jedoch unbeschadet der Einreden, welche dem Verklagten gegen den stundenden Lehrer oder dessen Rechtsnachfolger zustehen und auch gegen die Klage der Quästur zulässig bleiben. — Diese Bestimmung ist durch die G. S. bekannt zu machen.

Berlin ꝛc.

Friedrich Wilhelm.

(G. S. 1844. S. 69.)

ββ) für die Quästuren der übrigen Universitäten durch die K. O. v. 26. Sept. 1845 an die Staatsmin. Eichhorn und Uhden.

Auf Ihren Ber. v. 3. d. M. bestimme Ich hierdurch, daß Meine O. v. 5. Febr. v. J., wonach zur Einziehung und Einklagung gestundeter Honorare der Lehrer an der Berliner Univ., nur die Quästur allein legitimirt sein soll, auch auf die Quästuren an den übrigen Univ. in Meinen Staaten Anwendung finden soll. Diese Bestimmung ist durch die G. S. bekannt zu machen.

Sanssouci ꝛc.

Friedrich Wilhelm.

(G. S. 1845. S. 681.)

β) daß die Behörden von der geschehenen Anstellung eines Kandid., welcher noch das Honorar schuldig ist, der betreff. Univers. Anzeige zu machen haben.

Daß dies allgem. angeordnet sei, erhellt aus den sub a. angef. Regl. (vergl. §. 33. des Berliner Regl. a. *α*.) Außerdem sind über diese Anstellungsanzeigen eine große Anzahl spezieller R. ergangen. Zuerst wurde durch R. v. 4. Aug. 1810 (Rabe, Bd. 10. S. 395.) hinsichtlich der Justizbeamten bestimmt, daß sie nach der Vereidigung auf ihren Amtseid über etwaige Honorarschulden befragt, und im Bejahungsfalle abschriftliche Mittheilungen an die betreff. Univers. gemacht werden sollten. In der Folge verfügte mit Bezug hierauf das R. des J. Min. v. 15. Okt. 1821 an sämmtl. Landes Justiz-Kolleg. (Jahrb. Bd. 18. S. 278., Gräff, Bd. 1. S. 228.), daß, wenn sich aus dem akadem. Abgangszeugnisse die Stundung des Honorars ergiebt, die Gerichtsbehörden den betreff. Univers. von der Anstellung mit Angabe der Charge und des Charakters Nachricht zu geben hätten, und diese letztre Vorschrift ist durch die R. des J. Min. v. 21. Sept. 1827, 17. Dec. 1829, 16. Juni 1831 und 20. Jan. 1837 (Jahrb. Bd. 30. S. 134, Bd. 34. S. 467, Bd. 37. S. 377, Bd. 49. S. 219., Gräff, Bd. 1. S. 229, Bd. 6. S. 112, Bd. 10. S. 60.) wiederholt. Dieselbe Maaßregel findet sich in Betreff der in Halle studirenden Theologen und Philosophen angeordnet durch C. R. des Min. d. G., U. u. Med. Ang. v. 19. Nov. 1824 an sämmtl. Reg. und Kons. (A. VIII. S. 1098.), in Betreff der Berliner Studenten durch C. R. v. 20. Okt. 1826 (Koch, II. S. 266.), wiederholt durch C. R. v. 30. Nov. 1829 u. 31. Jan. 1837 (A. XIII. S. 827, XXI. S. 88.), und in Betreff der Akademie zu Münster durch C. R. v. 4. Aug. 1837. (A. XXI. S. 673.) In Betreff der Halleschen Studenten wurde darauf durch C. R. des Min. d. G., U. u. Med. Ang. von sämmtl. Prov.-Schulkolleg. und Reg. ein Verzeichniß aller neu angestellten oder beförderten Prediger und Lehrer eingefordert, sofern sie die Univers. Halle vom Jahre 1829 ab besucht hätten, und in ähnlicher Weise wurde endlich durch C. R. dess. Min. v. 4. Juli 1832 verfügt, daß alle Prov.-Behörden alljährlich den Reg.=Bevollm. der betreff. Univers. ein Verzeichniß von denj. bei ihnen erfolgten Anstellungen mittheilen sollten, bei denen sich aus den Abgangszeugnissen eine Stundung des Honorars ergeben hätte. Zugleich wurde, um die Vorlegung der akadem. Abgangszeugnisse möglich zu machen, bestimmt, daß die Prüfungsbehörden, insbes. im geistlichen und Schulfache, vom Kand. eine Abschrift seines Abgangszeugnisses verlangen, diese beglaubigt zu ihren Akten nehmen, das Original aber zurückgeben sollten. (Koch, II. S. 294.) Auch diese Anordnung mußte auf Beschwerde der Univers. zu Bonn durch C. R. v. 18. Mai 1840 in Erinnerung gebracht werden. (Min. Bl. d. i V. 1840. S. 229.) Demnächst wurde bei einer gleichen Erinnerung in Betreff der Univers. zu Berlin

αα) über die Form der jährl. Anstellungs=Verzeichnisse durch C. R. des Min. der G., U. u. Med. Ang. (Eichhorn) v. 29. März 1841 an sämmtl. Prov.=Schulkolleg. und Reg., Folgendes bestimmt:

Die Quästur der hiesigen K. Univ. hat mir angezeigt, daß die alljährlich einzureichenden Verzeichnisse derj. zur Anstellung gelangten Beamten, welchen während ihrer Universitätsstudien Honorare für gehörte Kollegia gestundet worden sind, nicht mit der dem Zwecke entsprechenden Vollständigkeit angefertigt werden, wodurch namentlich bei dem zahlreichen Besuche der hiesigen Univ. ein unverhältnißmäßiger Zeitaufwand für die Quästur herbeigeführt wird. Oft nehmen diese Verzeichnisse nicht blos diej. auf, welchen Honorar gestundet worden, sondern sämmtliche neu angestellte Beamte, die auf hiesiger Univ. studirt haben; dann fehlt aber auch zuweilen die genaue Angabe der Studienzeit, des Geburtsortes, Wohnortes und der sonst erforderlichen Personalien der Betheiligten.

Um für die Zukunft diesen Mängeln abzuhelfen, hat das K. Prov. Schulkoll. (die K. Reg.) die in Rede stehenden Verzeichnisse nach folgenden Rubriken abzutheilen: 1) Vor= und Zunamen der neu angestellten Beamten, welchen Kollegienhonorar gestundet worden ist. 2) Geburtsort derselben, allenfalls mit Angabe des Kreises, worin er liegt. 3) Das Datum des Abgangszeugnisses von der Univ. 4) Betrag der Honorarschuld. 5) Amt und Wohnort des Neuangestellten.

Sollte die Ausfüllung dieser Rubriken im Allgem. Schwierigkeiten haben, so sehe ich dem desfallsigen Ber. des K. Prov. Schulkolleg. (der K. Reg.) entgegen.

(Min. Bl. d. i. V. 1841. S. 117.)

ββ) Insbes. hinsichtlich der Univers. zu Halle ist durch C. R. des Min. d. G., U. u. Med. Ang. (v. Ladenberg) v. 9. Jan. 1850, an sämmtl. K. Reg., und abschr. an sämmtl. K. Kons. und Prov.=Schulkolleg., eine anderweite Instr. ertheilt:

Von Seiten der Univ. Halle ist darüber geklagt worden, daß die bisherigen Anordnungen, betr. die Anzeigen der Anstellung solcher Kand., welchen als Studirenden Honorare für akadem. Vorlesungen gestundet worden sind, sich als unzureichend erwiesen haben. Ich sehe mich deshalb veranlaßt, die K. Reg., unter Bezugnahme auf §. 124. Tit. 12. Th. II. des A. L. R. und §. 141. des ersten Anh. zu demf., hierdurch zu veranlassen, von den den verschiedenen Fak. der gen. Univ. angehörig gewesenen Studirenden diej. Kand., welche eine Anstellung im dortigen Bez. erhalten und in deren Abgangszeugnissen bemerkt ist, daß ihnen Honorare für gehörte Kollegien gestundet worden, unter Angabe des ihnen verliehenen Amtes, des Ortes ihrer Anstellung und des mit dem Amte verbundenen Einkommens der Quästur der Univ. in Halle anzuzeigen, damit die Prof., deren Schuldner sie sind, sich mit ihnen einigen, oder sie in rechtlichen Anspruch nehmen können.

Rücksichtlich der Mediziner ist bei deren Vereidigung als praktische Aerzte von dem Abgangszeugniß Kenntniß zu nehmen und wenn sich danach die Stundung von Honoraren ergiebt, der Quästur anzuzeigen, an welchem Orte sich die Betheiligten niederzulassen gedenken.

(Min. Bl. d. i. V. 1850. S. 30. Durch R. de eod. (a. a. O. S. 31.) dem Prorektor und Senat der Univ. zu Halle mitgetheilt, unter Hinweisung auf das R. v. 15. Okt. 1821 in Betreff der Studirenden der Rechte.)

γ) daß die Korrespondenz der Quästuren behufs der Einziehung gestundeter Honorare Portofreiheit genießt.

C. R. des Min. d. G., U. u. Med. Ang. v. 28. Juli 1834 an die außerord. Reg.-Bevollm. bei den Universitäten.

Der H. Gen. Postmeister v. Nagler Ex. hat auf Vermittelung des Min. den Quästuren sämmtlicher Univ. der Monarchie für die Informations-Korrespondenz, welche sie Behufs der Einziehung von gestundeten Honoraren mit denj. Behörden führen, in deren Bereich die Schuldner angestellt sind, die Portofreiheit unter der Bedingung bewilligt, daß diese Korrespondenz mit einem öffentlichen Siegel verschlossen, und mit der Rubrik: „Informations-Korrespondenz der Quästur" bezeichnet werden muß.

(Koch, II. S. 300.)

d) Auditoriengelder.

Um den Ausgaben für Heizung und Beleuchtung der Hörsäle zu Hülfe zu kommen, ist mehrfach eine kleine Abgabe, unter dem Namen Auditoriengeld, eingeführt, welche für jede Vorlesung, für eine öffentliche so gut wie für eine private, im Sommer wie im Winter, und von jedem Zuhörer, Student wie Nichtstudent, auf der Quästur zur Univers. Kasse eingezogen wird. Die hierüber ergangenen Vorschriften sind folgende:

α) für Berlin: R. des Min. d. G., U. u. Med. Ang. v. 12. Jan. 1826, welches das Auditoriengeld für die dort. Univers. einführt, und den Betrag auf 2½ Sgr. für jede belegte Vorlesung festsetzt, und R. dess. Min. v. 13. Febr. 1830, welches diesen Betrag auf das Doppelte erhöht. (Koch, II. S. 266, 267. Vergl. §. 1. des Regl. sub a. α.)

β) für Bonn: Regl. dess. Min. v. 5. Dec. 1833, welches die seit Sommer 1832 versuchte Einführung des Auditoriengeldes definitiv bestätigt, und den Betrag bei Privatis auf 5, bei Publicis auf 2½ Sgr. fixirt. (a. a. O. S. 295.)

γ) für Königsberg: R. dess. Min. v. 6. Okt. 1832, welches die Erhebung eines Auditoriengeldes von 5 Sgr. für jede Vorlesung auf der dort. Univers. genehmigt. (a. a. O.)

e) Plätze der Studenten in den Auditorien.

Der Dozent soll jedem Studenten bei Annahme der Vorlesung einen bestimmten numerirten Platz im Hörsale anweisen. Dies verfügen:

α) R. des Min. d. G., U. u. Med. Ang. v. 26. Sept. 1829 an den außerord. Reg.-Bevollm. zu Berlin.

Bei einer Erörterung über den Zweikampf ist angeführt, daß auf den Univ. ein bedeutender Theil der auf dens. vorfallenden Zweikämpfe durch die Ungewißheit der Plätze in den Kollegien veranlaßt werde. Es soll nämlich auch hier die Ansicht gelten, daß ein Studirender, welcher in einem Kolleg. einen bestimmten Platz erhalten und belegt hat, dess. dadurch, daß er drei Vorlesungen versäumt, dergestalt verlustig werde, daß derselbe von jedem andern Studirenden, in so fern dieser zur Beiwohnung der Vorlesung überhaupt berechtigt ist, eingenommen werden könne. Die Akten des Min. bestätigen allerdings die Erfahrung, daß hierdurch Streitigkeiten, und durch dieselben Duelle zwischen dem belegenden und dem später okkupirenden Studenten veranlaßt werden. Diese Ansicht ist aber auch, hiervon abgesehen, in mehr als Einer Hinsicht der Ordnung nachtheilig, und insonderheit auch dem Prof. in der Uebersicht seiner Zuhörer hinderlich. — Das Min. sieht sich hierdurch veranlaßt, diesen Gegenstand zur nähern Erwägung und Abstellung zu empfehlen. Es ist allerdings wünschenswerth und angemessen, daß wie auf mehreren andern Univ., so auch auf der hiesigen, in jedem Kolleg. einem jeden Studirenden ein bestimmter Platz angewiesen werde, und dems., auch wenn er davon einige Zeit keinen Gebrauch gemacht haben sollte, verbleibe, und daß daher kein Studirender den ihm angewiesenen Platz verändern und einen andern einnehmen dürfe, und mithin die oben angeführte Sitte abgestellt werde. Dem Min. erscheint es angemessen, daß dieses noch vor dem Anfang des neuen Semesters, und auch nachher von Zeit zu Zeit nicht allein durch öffentlichen Anschlag und vielleicht auch durch ein Publ.

in den hiesigen Zeitungen zur Kenntniß sämmtlicher Studirenden gebracht, sondern ihnen auch bei Belegung der Kollegien, etwa durch einen Vermerk auf der Karte, bekannt gemacht werde.

(Koch, II. S. 262.)

β) §. 9. des Regl. v. 11. April 1831 (s. o. a. *α*.), und eben so die Regl. für Bonn, Greifswald, Königsberg, und der Studienplan für die Theologen zu Halle. (Koch, II. S. 229.)

3) **Leitung des Studiums durch die Dozenten.**

Außer dem, was die Univers.- und Fak.-Statuten bestimmen (vergl. den II. Abschn. der ob. S. 415 ff. mitgeth. Berliner Stat.) sind hierüber folgende V. ergangen:

a) C. R. des Min. d. G., U. u. Med. Ang. v. 14. Sept. 1824 an die außerord. Reg.-Bevollm. bei den Universitäten.

Wenn gleich die Leitung der Studien der Studirenden und die Aufsicht auf deren zweckmäßige Einrichtung nach den Gesetzen der einheimischen Univ. der akadem. Obrigkeit obliegt, so hat doch die Erfahrung gelehrt, daß anderweitige Dienstgeschäfte es der letzteren nicht erlauben, diesem Gegenstande eine, der Wichtigkeit dess. angemessene, volle Aufmerksamkeit zu widmen, sondern vielmehr nicht selten Studirende entweder gar keine, oder nur wenige Kollegien hören, oder sich blos auf die allernothwendigsten beschränken, oder sie ganz zweckwidrig wählen und auf einander folgen lassen, oder endlich sie nachlässig und unordentlich hören. — Die hieraus in jeder Beziehung entstehenden Nachtheile sind so bedeutend, daß sie die ernsthafteste Fürsorge aller derj. auffordern, welchen des Königs Maj. die Leitung der wichtigen Angelegenheit des akadem. Unterrichts zu übertragen geruht haben. — Nach der Ansicht des Min. kann den angeführten Nachtheilen am zweckmäßigsten dadurch vorgebeugt werden, daß auf jeder Univ. eine Anzahl von Professoren die nähere Aufsicht auf die Studien der einzelnen Studirenden in den obenged. Beziehungen übernehmen. — Es wird hierbei darauf ankommen, ob hierzu vorzugsweise diej. Prof., unter deren Dekanat die Studirenden ihre akademische Laufbahn angefangen haben, dergestalt zu wählen, daß sie auch nach Niederlegung des Dekanats ihre spezielle Aufsicht fortsetzen, oder ob dazu, ohne Rücksicht auf Dekanat oder anderes akadem. oder Fakultätsamt, besonders dazu geeignete und geneigte Prof. unter eine näher zu ermittelnde Form zusammentreten. — In dem einen, wie in dem andern Falle werden sie die Bestimmung haben, die Studien der ihnen besonders überwiesenen Studirenden überhaupt zu leiten und zu beaufsichtigen, insonderheit aber darauf zu sehen, daß jeder derselben nicht blos Kollegien besucht, sondern auch dabei eine zweckmäßige Wahl trifft, sie ordentlich und regelmäßig besucht und benutzt. Unerläßlich wird es dabei sein, daß die Prof. sich in vollständiger Kenntniß derj. Kollegien erhalten, welche jeder, ihrer besonderen Aufsicht anvertraute Studirende bereits gehört hat, und sich die Ueberzeugung verschaffen, daß derselbe an den Vorlesungen ordentlich und regelmäßig Theil nimmt, daß sie diej., die hierunter fehlen, mit väterlichem Ernste zurechtweisen, und erst wenn derselbe fruchtlos geblieben ist, zum obrigkeitlichen Ernste des Rektors und Senats oder des Reg. Bevollm. ihre Zuflucht nehmen. Eben so nothwendig ist, daß ohne ihr Gutachten keine akadem. Benefizien vertheilt werden, und daß die bewilligten Benefizien nicht anders als auf das halbjährlich zu ertheilende Studienattest derselben erhoben werden.

(Im Folgenden empfiehlt das Min. die obigen Andeutungen weiterer Erwägung, und sieht bestimmten Vorschlägen entgegen. Koch, II. S. 190.)

b) R. dess. Min. v. 9. Jan. 1830 an den außerord. Reg.-Bevollm. zu Königsberg.

Das Min. ist damit einverstanden, daß ein den Studirenden von den Dozenten gegebener freundlicher Rath über einen festzuhaltenden Studienplan, und über die Wahl der Kollegien in sukzessiver Ordnung, auf regelmäßigen Fleiß und Erregung wissenschaftlichen Interesses vorzugsweise einwirken. Nicht oft genug kann es den Prof. wiederholt werden, daß sie verpflichtet sind, dem Fleiße, den wissenschaftl. Studien, der sittlichen Führung der Studirenden eine fortwährende Aufmerksamkeit zu widmen, und daß ein Rath, eine Warnung zur rechten Zeit von einem Prof., auf die rechte Weise an die Studirenden gerichtet, mehr fruchtet, als noch so viele polizeiliche Verordnungen. Der akadem. Senat ist hierauf wiederholt aufmerksam zu machen.

(Koch, II. S. 205.)

c) C. R. v. 8. Febr. 1836. (s. ob. S. 541.) Vergl. auch die Instr. v. 13. Jan. 1825 über Ausfertigung der Abgangs- und Sittenzeugnisse unten sub VIII.

d) Für die Studenten der **Theologie** ist nicht blos der Besuch der Vorlesungen, sondern auch **Theilnahme am Gottesdienst** und **Abendmahl** vorgeschrieben.

C. R. dess. Min. v. 29. Sept. 1827 an die K. Kons.,

daß die evang. Kandidaten der Theologie vor ihrer Zulassung zu der Prüfung pro licentia concionandi dem K. Kons. auch darüber, zu welcher Kirche sie sich während ihrer Universitätsjahre gehalten, und wie weit sie als Studirende an dem Genusse des heil. Abendmahls Theil genommen haben, von jetzt an nähere Auskunft geben, und zu dem Ende ein Zeugniß des betr. evang. Geistlichen, aus dessen Händen sie während ihrer Universitätsjahre das heil. Abendmahl empfangen haben, beibringen sollen.

(Koch, II. S. 453. In gleicher Weise an die evang. theol. Fakultäten. Die R. v. 4. Mai, 22. Juni, 19. und 25. Aug. 1827 hatten bereits Aehnliches verordnet. a. a. O. S. 452.)

e) In Betreff des Praktisirens von Seiten der Stud. der Mediz. erklärt ein Anschlag des Rekt. und Senats zu Berlin am schwarzen Brett:

Da nach Anzeige des K. Polizei-Präs. Fälle vorgekommen sind, daß hies. Stud. der Med., auf ihre eigene Hand, ohne Assistenz einer approbirten Medizinalperson, Entbindungen vollzogen haben, so wird auf Erl. des Min. d. G., U. u. Med. Ang. v. 5. März 1855 den Studenten, unter Hinweisung auf §. 199. des Strafgb.[1]), streng untersagt, Entbindungen zu vollziehen, zu denen sie nicht vom klin. Inst. für Geburtshülfe aus kommittirt worden sind.

(Voss. Zeit. 1855. Nr. 70.)

4) **Kontrolle des Besuchs der Vorlesungen.**

a) Im Laufe der Vorlesung:

C. R. des Min. d. G., U. u. Med. Ang. v. 29. Juni 1827 an die K. Universität.

Ein ausgezeichneter Lehrer an einer inländ. Univ. läßt, um den Fleiß seiner Zuhörer im Besuche seiner Vorlesungen genauer kennen zu lernen, und hiernach das ihnen zu ertheilende Zeugniß abmessen zu können, zu unbestimmten Zeiten während seiner Vorlesungen eine Liste herumgehen, worauf sich die anwesenden Studirenden, die das betr. Kolleg. angenommen haben, unterschreiben müssen. Diese Einrichtung hat bisher die gute Folge gehabt, daß nur diej. Studirenden, welche ausdauernd hörten, von jenem Lehrer Zeugnisse ihres Fleißes begehrt haben. Obwohl das Min. aus nahe liegenden Gründen Bedenken trägt, diese Einrichtung allen Prof. und Doz. zur Nachachtung vorzuschreiben, so beauftragt dass. dennoch den Rektor und Senat, sie zur Kenntniß sämmtlicher Fak. zu bringen, und ihnen hierbei zu eröffnen, daß es der näheren Beurtheilung jedes einzelnen Doz. überlassen bleiben soll, ob und wie weit er in seinen Vorlesungen das fragliche Verfahren gleichfalls in Anwendung zu bringen für dienlich erachte.

(Koch, II. S. 200.)

b) Maaßregeln gegen das Verlassen der Vorlesungen vor dem Schlusse des Semesters.

α) Das R. des Min. der G., U. u. Med. Ang. v. 12. Nov. 1822, an die Univers. zu Berlin und per copiam an die übrigen, bestimmt:

---

1) Geldbuße von 5—50 Thlr. oder Gefängniß bis zu 6 Mon. (G. S. 1851. S. 140.)

daß jeder Prof. von jetzt an in den an die inländ. Studirenden zu ertheilenden Zeugnissen ausdrücklich bemerkt, ob sie die bei ihm angenommenen Vorlesungen regelmäßig und bis zum Schlusse besucht haben, oder nicht, und daß die betr. Fak. die desfallsigen Bemerkungen der einzelnen Prof. in das von ihr zu ertheilende Fakultätszeugniß, über die von einem jeden inländ. Studirenden besuchten Vorlesungen und seinen darin bewiesenen Fleiß, mit gewissenhafter Strenge aufnehme. Das Min sieht sich veranlaßt, die obenged. Maaßregel sowohl den einzelnen Fak., als auch den ordentl. und außerordentl. Prof. und den Privatdoz. hierdurch zur Pflicht zu machen, und als gesetzliche Norm vorzuschreiben.

(Koch, II. S. 182.)

β) Das R. deff. Min. v. 14. Mai 1828 an den Reg.-Bevollm. zu Halle setzt ferner fest:

daß 1) nur dann Vorlesungen in die Abgangszeugnisse der Studirenden aufgenommen werden dürfen, wenn von dem Doz. pflichtmäßig auf dem Hauptanmeldebogen bezeugt worden, daß der Studirende das Kolleg. bis zum Schlusse gehört, oder sich durch ein Attest des Dekans der Fak. über die Nothwendigkeit, den Besuch der Vorlesungen einzustellen, ausgewiesen hat, in welchem letztern Falle jedoch die beim Aufhören des Kollegienbesuchs noch nicht vorgetragenen Theile der Vorlesung speziell anzugeben, und in das Abgangszeugniß mit aufzunehmen sind. Diese Bestimmung ist den Studirenden am Anfange jedes Semesters durch Anschlag in Erinnerung zu bringen.

(Koch, II S. 202. Durch R. v. 26. Juni 1828 auch dem Reg.-Bevollm. zu Bonn zur Nachachtung mitgetheilt.)

γ) Das C. R. deff. Min v. 20. Sept. 1828, an den Reg.-Bevollm. zu Bonn und abschr. an die übrigen, gestattet, jedoch mit besonderer Beziehung auf die Instr. v. 13. Jan. 1825 über die Ausfertigung der Abgangs- und Sittenzeugnisse,

daß den Studirenden schon acht Tage vor dem Schlusse der Vorlesungen attestirt werden könne, solche bis zum Schlusse gehört zu haben.

(Koch, II. S. 527.)

δ) Endlich heißt es im R. deff. Min. v. 24. Febr. 1834 an den Reg.-Bevollm. zu Bonn:

Es muß darauf gehalten werden, daß die akadem. Vorlesungen nicht früher geschlossen, und vor Ablauf der gesetzl. Frist den Studirenden zu den Ferienreisen keine Erlaubnißscheine ertheilt und ausgehändigt werden.[1])

(Koch, II. S. 233.)

5) Reisen der Studenten.

Zu den Maaßregeln, welche seit 1819 zur Verhütung geheimer Verbindungen auf den Univerf. ergriffen wurden, gehört auch die Beschränkung und Bewachung der Reisen der Studenten. Schon 1820 wurden durch C. R. des Min. d. Inn. und d. Pol. v. 17. Febr. die Reg. angewiesen: einem Studenten nur dann einen Paß oder eine Legitimationskarte zu ertheilen, wenn er mit einem Atteste der Univerf. und des Reg.-Bevollm. versehen sei, wonach von Seiten der Univerf. Nichts entgegenstehe. (Koch, II S. 477.) Daß die Matrikel von den Polizeibehörden und der Gensd'armerie nicht als genügende Reiselegitimation angesehen werden dürfe, verfügte das C. R. deff. Min. v. 28. Mai 1821 (Koch, II. S. 478.), und, abgesehen von der Einschränkung der Ferien (s. ob. S. 535 sub V.), welche größere Reisen unmöglich machen mußte, bestimmte die K. O. v. 21. Mai 1824 wörtlich:

---

1) Dasselbe war schon durch R. des Min. d. G., U. u. M. Ang. v. 20. Febr. 1824 an den Reg. Bevollm. zu Halle, und durch C. R. des Min. d. Inn. u. d. P. v. 16. Juni 1824 in Ansehung der den Studenten zu ertheilenden Reisepässe bestimmt. (Koch, II. S. 480, 509.)

„daß den Studenten alle Reisen ins Ausland und nach andern inländischen Univ. nur mit Genehmigung des Polizeiministeriums, nach Ausweis nothwendiger Geschäfte ertheilt werden sollen."

Diese Verf., so wie das R. des Min. d. G., U. u. Med. Ang. v. 20. Febr. 1824 (Koch, II. S. 508.), welches überhaupt die Ertheilung von Reisepässen vor dem Schlusse der Vorlesungen verbot, wurden von dem Min. d. Inn. und d. Pol. (v. Schuckmann) mittelst C. R. v. 16. Juni 1824 den Polizei-Präsidien, Direktorien ꝛc. besonders eingeschärft:

— Das K. ꝛc. wird angewiesen, hiernach sowohl bei Ertheilung eigener Pässe, als bei Erwirkung der Reg. und Min. Pässe zu verfahren und dortigen Studirenden Reisepässe nicht anders, als auf das vorschriftsmäßige Attest des Reg. Bevollm. und in der darin bestimmten Art, Zeit und Frist zu ertheilen. — Dem K. ꝛc. wird auf dort anwesende Studirende fremder Univ., besonders auf diej., die außerhalb der Ferien dort ankommen, die genaueste Aufmerksamkeit wiederholentlich zur Pflicht gemacht, da die Erfahrung gelehrt hat, daß durch dergl. herumtreibende und burschenschaftlich hausirende Subjekte die Studirenden auf den einheim. Univ. zu Unfleiß, Herumtreiben, unnützen Ausgaben, auffallender, unanständiger und unsittlicher Tracht und geheimen Verbindungen verleitet werden. Einheimische Studirende werden jener Tracht sich von selbst enthalten; denj. aber, welche in ders. von auswärtigen Univ. dort ankommen, ist der Aufenthalt nicht zu gestatten, sondern sie sind ohne Rücksicht auf ihre Legitimation sofort von Polizeiwegen wegzuschaffen. Diej., welche mit Bändern und anderen Emblemen von Verbindungen und insonderheit von der Burschenschaft dort sich einfinden sollten, sind sogleich polizeilich anzuhalten und zu vernehmen, demnächst aber dem K. Reg. Bevollm. zur Disposition zu stellen, und, falls derselbe in Ansehung ihrer keine Verfügungen treffen zu wollen erklärt und ihnen den Aufenthalt nicht ausdrücklich gestattet, polizeilich sogleich aus der Stadt zu schaffen, und ihnen dabei der mitgebrachte Paß, welcher mit den Vernehmungs-Protokollen an das Polizeimin. einzusenden, abzunehmen und dagegen in gerader Richtung auf die Univ., woher sie gekommen, ein neuer Paß mit gesperrter Reiseroute unentgeldlich zu ertheilen.

(Der Schluß des R. theilt das Verbot der Beherbergung reisender Studenten zur Nachachtung und Unterstützung mit. A. VIII. S. 440. Koch, II. S. 480.)

Durch spätere V. erhielt die Ueberwachung der Studentenreisen folgende Organisation:

a) Reise-Erlaubnißscheine.

α) Einführung derselben.

C. R. des Min. d. G., U. u. Med. Ang. v. 22. Juni 1833 an die außerord. Reg.-Bevollm. bei den Universitäten.

Um den Mißbräuchen vorzubeugen, welche von den Matrikeln der Studirenden zur Legitimation von Reisenden gemacht werden können, hat das unterz. Min. sich mit dem K. Polizeimin. dahin vereinigt, daß die Matrikeln von den Polizeibehörden in keinem Falle als gültige Legitimations-Urkunden bei Reisen angenommen werden sollen. [1]) Dagegen ist den Studirenden zu nothwendigen Reisen von der Universitätsbehörde, namentlich dem Rektor und dem Richter, ein Erlaubnißschein auszufertigen, welcher ein vollständiges Signalement, so wie die eigenhändige Namensunterschrift des Studirenden enthalten muß, und Ew. zur Genehmigung vorgelegt werden soll. Ohne einen solchen Erlaubnißschein darf kein Studirender Reisen unternehmen.

(A. XVII. S. 466. Koch, II. S. 482.)

Vorstehendes C. R. wurde vom Min. d. Inn. u. d. P. durch C. v. 3. Juli 1833 den Reg. mitgetheilt, mit dem Zusatze:

— Mit diesem Erlaubnißscheine haben die betr. Studirenden sich bei Reisen im Inlande zu legitimiren, bei Reisen in das Ausland aber ist ihnen auf den Grund derselben von den dazu berechtigten Polizeibehörden nach den Umständen der Abgangspaß auszustellen, und darin ausdrücklich des erhaltenen Erlaubniß-

---

1) Vgl. Art. 2. Nr. 4. des B. B. v. 13. Nov. 1834 oben S. 385.

scheines zu erwähnen, und dem Passe beizuheften, wobei jedoch zu berücksichtigen ist, ob dergl. Pässe nach den ergangenen Anordnungen nicht etwa von meinem Min. auszustellen, und deshalb die Anträge bei mir zu machen sind.

(A. XVII. S. 465. Koch, a. a. O.)

β) Form.

Durch C. R. des Min. der G., U. u. Med. Ang. v. 15. Juli 1833 wurde den außerord. Reg.-Bevollm. das nachstehende Formular zugefertigt:

Personsbeschreibung.	Nr.
Alter	Der H. Studirende der
Größe Fuß Zoll	gebürtig, erhält die Erlaubniß zur Reise nach
Haar	über
Stirn	und zurück. Der angebliche Zweck der Reise ist
Augenbraunen	
Augen	
Nase	Dieser Reise-Erlaubnißschein muß an den Haupt-Aufenthaltsorten der betr. Orts-Polizeibehörde zum Visiren vorgelegt, und nach Vollendung der Reise sogleich an die Universitätsbehörde, oder an die betr. Polizeibehörde des Ortes, wo die Reise beendigt wird, regelmäßig zurückgeliefert werden. (Bei Reisen ins Ausland heißt es an Stelle des vorstehenden Satzes: „Auf den Grund dieses Reise-Erlaubnißscheines muß zur Reise in das Ausland die Ausstellung eines Passes bei der K. Polizeibehörde nachgesucht werden.")
Mund	
Bart	
Kinn	
Gesicht	
Gesichtsfarbe	
Besondere Zeichen	Berlin, am ten 18
	(L. S.) Der Rektor und der Richter hiesiger Fr.-Wilh. Univ.
Unterschrift des Reisenden	Der Regierungs-Bevollmächtigte an hiesiger Fr.-Wilh. Univ.
	Ger. Jour. Nr. Univ.-Gerichts-Sekretär.

(Koch, II. S. 484.)

Dazu:

αα) C. R. dess. Min. v. 5. Okt. 1833, daß in dem Erlaubnißschein auch die Dauer der Reise zu vermerken. (Koch, II. S. 486)

ββ) C. R. dess. Min. v. 25. Juni 1842.

Um den Mißbräuchen vorzubeugen, welche mit den, durch die C. Verf. v. 22. Juni 1833 eingeführten Reise-Erlaubnißscheinen der Studirenden, bei Reisen nach dem Auslande in einzelnen Fällen getrieben worden sind, bestimme ich hierdurch, im Einverständnisse mit dem H. Min. d. Inn., daß in die Formulare für diese Reisescheine der Zusatz aufzunehmen ist: daß auf Grund ders. bei beabsichtigten Reisen in das Ausland die Ausstellung eines Passes bei der betr. Polizeibehörde nachgesucht werden müsse, und daß der Reiseschein demzufolge den vorschriftsmäßig zu lösenden Paß nicht ersetzen könne.

(M. Bl. d. i. V. 1833. S. 207. Eben so: R. des Min. d. Inn. u. d. P. v. 6. Juni 1842 an die K. Reg. zu Köln. a. a. O.)

γ) Gebühren. Das R. des Min. der G., U. u. Med. Ang. v. 16. März 1834 an den außerord. Reg.-Bevollm. zu Berlin, gestattet für den Reiseschein 5 Sgr. zu erheben, welche zu gleichen Theilen dem Univers. Richter und dem Gerichtssekretär zufallen, von denen der erstere die Druckkosten zu bestreiten und außerdem die Befugniß hat, Unvermögenden

den Reiseschein unentgeltlich zu ertheilen. (Koch, II. S. 490.) Das R. dess. Min. v. 20. Juni 1834 an den außerord. Reg.-Bevollm. zu Bonn genehmigt eine Ausfertigungsgebühr von 2 Sgr. von Reisescheinen für das Inland an den Univers.-Sekretär. (a. a. O. S. 492.)

δ) Die Stempelfreiheit dieser Reisescheine ist ausgesprochen durch R. dess. Min. v. 9. Mai 1834 an den außerord. Reg.-Bevollm. zu Bonn. (a. a. O. S. 491.)

ε) Rückgabe nach vollendeter Reise. Vergl. ob. S. 561 das Formular und unten sub b. das C. R. v. 29. Jan. 1834. Vergl. auch über die halbjährl. Meldung bei der Immatrik.-Komm.[1]) den B. B. v. 13. Nov. 1834. Art. 1. (s. o. S. 385.)

b) Ertheilung der Reiseerlaubniß.

C. R. des Min. d. G., U. u. Med. Ang. v. 7. Okt. 1833 an sämmtl. außerord. Reg.-Bevollm. an den Universitäten.

1) Keinem Studirenden darf die Erlaubniß zu einer Reise außer den Ferienzeiten ertheilt werden. 2) Diese Erlaubniß ist nicht anders zu gewähren, als wenn der Studirende nachweiset, daß sein Vater oder Vormund die Reise, welche sowohl der Zeit, als den zu besuchenden Gegenden nach bestimmt anzugeben ist, genehmigt, und die erforderlichen Geldmittel dazu bewilligt hat. 3) Zu Reisen nach andern Univ. ist die Genehmigung des Min., unter bestimmter Angabe des Zwecks der Reise, nachzusuchen. 4) Eine Ausnahme von den Festsetzungen sub 1. bis 3. kann nur von dem Reg. Bevollm. in solchen Fällen, wo Gefahr im Verzuge ist, gemacht werden. Es ist jedoch alsdann die Ursache der Bewilligung in der letztern ausdrücklich anzugeben. 5) Die allgem. polizeil. Verordnungen über das Reisen im In- und Auslande werden durch vorstehende Bestimmungen nicht ausgeschlossen, müssen vielmehr neben denselben genau beobachtet werden.

(A. XVII. S. 656. Koch, II. S. 486.)

Vorstehenden Bestimmungen wurde auf Grund eines C. des Min. d. Inn. u. d. P. v. 3. Jan. 1834 durch C. R. des Min. d. G., U. u. Med. Ang. v. 29. Jan. 1834 an die außerord. Reg.-Bevollm. bei den Univers. hinzugefügt:

daß Studirenden, welche an verbotenen Verbindungen Theil genommen haben, oder auch nur dessen verdächtig sind, nur eine beschränkte Reiseroute mit Vermeidung aller Universitätsorte ausgestellt werden darf. Damit aber die Beachtung dieser Reiseroute gesichert werde, ist die Verpflichtung darin aufzunehmen: dieselbe an den Haupt-Aufenthaltsorten der Orts-Polizeibehörde zum Visiren vorzulegen. Außerdem ist in sämmtliche für Studirende von den Universitätsbehörden auszufertigende Erlaubnißscheine die Bestimmung einzurücken, daß sie nach Vollendung der Reise an die Univ., oder an die Polizeibehörde des Orts, wo die Reise beendigt wird, zur Kontrole eigenmächtiger Abweichungen, von dem angegebenen und gebilligten Reiseplane, und deren Rüge zurück zu liefern sind.

(A. XVIII. S. 161. Koch, II. S. 486. — Zusammengestellt sind obige Vorschriften in der Bek. des Reg.-Bevollm., Prorekt. und Univ. Richters zu Halle v. 24. Febr. 1834. Koch, II. S. 488. Vgl. R. v. 24. Febr. 1834 ob. S. 559.)

c) Ministerial-Genehmigung.[2])

---

1) Die Strafe der unterlassenen Meldung sollte das erste Mal in Karzer, dann im cons. ab., hiernächst aber in Remotion bestehen: R. des Min. d. G., U. u. Med. Ang. v. 13. Juni 1836 an den Reg.-Bevollm. in Königsberg. — Auch besondere Atteste über den während der Ferien gemachten Aufenthalt sind stempelfrei: K. O. v. 25. Aug. 1836. (Koch, II. S. 399, 401.)

2) Den in Preußen studirenden Oesterreichern sollte nach dem R. des Min. d. Inn. u. d. P. v. 15. Jan. 1836 kein Reiseschein ohne Genehmigung der Oesterreichischen Gesandtschaft in Berlin ertheilt werden. (Koch, II. S. 495.)

Die Bestimmung, daß ausländischen Studenten nur auf Preußischen Ministerialpaß oder Visa eines Pr. Gesandten der Eintritt in Preußen gestattet werde, ist durch C. R. des Min. d. Inn. u. d. P. v. 28. Sept. 1838 zurückgenommen. (Koch, II. S. 497.)

Dieselbe war nach der K. O. v. 21. Mai 1824 zu Reisen in das Ausland oder nach andern Univers. erforderlich. Letzteres wurde durch das C. R. v. 7. Okt. 1833 wiederholt. Nähere Bestimmungen ergingen

α) über die diesfälligen Gesuche: daß dieselben mindestens 4 Wochen vor der Reise dem Reg.-Bevollm. zu übergeben, und von diesem mit seinem Gutachten an das Min. einzureichen seien: C. R. des Min. der G., U. u. Med. Ang. v. 16. April 1834, R. dess. Min. v. 30. Mai 1834 und C. R. dess. Min. v. 20. Aug. 1834 (Koch, II. S. 491, 492, 493.) und zwar unmittelbar an das Polizeiministerium: K. O. v. 26. Okt. 1834, C. R. des Min. d. G., U. u. Med. Ang. v. 1. Nov. 1834 (Koch, II. S. 493.) und C. R. des Min. d. Inn. u. d. P. v. 23. Nov. 1834. (A XVIII. S. 163.);

β) hinsichtlich der Reisen nach andern Univers.: daß auch zu Reisen nach inländischen Univers. die Genehmigung des Min. erforderlich sei: R. des Min. d. Inn. u. d. Pol. v. 28. Febr. 1834, R. des Min. d. G., U. u. Med. Ang. v. 10. März und 30. Juni 1834 (Koch, II S. 489, 490, 492). und zwar auch für abgehende Studenten, außer wenn sie der gerade Postweg in die Heimath über eine Universitätsstadt führt: C. R. des Min. d. Inn. u. d. Pol. v. 10. Mai 1834. (A. XVIII. S. 164., Koch, II. S. 491.) Auch wurde nachgelassen, daß, wenn ein unverdächtiger Student eine andere inländische Universität zur Fortsetzung seiner Studien beziehen wolle, zur Reise dahin die Erlaubniß des Reg.-Bevollm. genüge: R. des Min. d. G., U. u. Med. Ang. v. 31. Juli und 11. Aug. 1834 (Koch, II. S. 493. 140.), C. R. des Min. d. Inn. u. d. Pol. v. 29. März 1835. (A. XIX. S. 200., Koch, II. S. 494.);

γ) hinsichtlich der Reisen in das Ausland: durch R. des Min. d. Inn. u. d. P. v. 1. Okt. 1834 und R. des Min. d. G., U. u. Med. Ang. v. 4. Dec. 1834 wurde in Folge einer Vermuthung des Bundestagsgesandten v. Nagler, daß die häufigen Reisen der Studirenden nach Konstanz nur zur Umgehung der zu Schweizerreisen erforderlichen Min.-Erlaubniß vorgegeben sein möchten, besondere Vorsicht bei der Paßausfertigung für Studenten empfohlen. In der Folge wurde jedoch durch R. des Min. d. Inn. (Gr. v. Arnim) v. 28. Nov. 1842 an die K. Reg. zu Breslau, Merseburg, Köln und Trier bestimmt:

daß auch bei den von Studirenden nach der Schweiz und Frankreich beabsichtigten Reisen lediglich nach den bestehenden allgem. gesetzl. Vorschriften verfahren werde, welchen zufolge dergl. Päße von den Reg. oder den von dens. beauftragten Behörden ohne Anfrage bei dem Min. ausgefertigt werden können.

(M. Bl. d. i. V. 1842. S. 400.)

d) Paßkarten für Studenten.

Schon durch R. des Min. d. Inn. v. 7. Sept. 1842, wegen Legitimationsführung bei Reisen auf der Eisenbahn war bestimmt:

daß Studirende auf Grund der ihnen von der Univ. ertheilten Erkennungskarten zu Reisen auf den Eisenbahnen nicht zugelassen werden können, da die Gültigkeit der Erkennungskarten auf den Universitätsort beschränkt bleibt; zur Ertheilung einer Paßkarte an Studirende bedarf es aber in jedem Falle eines besondern Attestes des Univ. Bevollm.

(M. Bl. d. i. V. 1842. S. 356.)

Gegenwärtig ist, auf Grund des zu Dresden abgeschlossenen Paßkarten-Vertrags v. 21. Okt. 1850 Art. 2., durch die V. des Min. d. Inn. (v. Westphalen) v. 31. Dec. 1850 wegen Legitimationsführung der Reisenden durch Paßkarten vorgeschrieben:

§. 3. Paßkarten dürfen nur solchen Personen ertheilt werden, welche 1) der Polizeibehörde als vollkommen zuverlässig und sicher bekannt, auch 2) selbständig sind, und 3) in dem Bezirk der ausstellenden Behörden ihren Wohnsitz haben. — In Beziehung auf die Bedingungen unter 2. und 3. können ausnahmsweise Paßkarten ertheilt werden: a) Studirenden, mit Zustimmung der betr. Univ. Behörde, am Universitätsorte rc.

(M. Bl. d. i. V. 1851. S. 12.)

e) Heutiges Recht.

Von den im Obigen zusammengestellten Vorschriften können diej., welche sich auf die Mitwirkung der Reg.-Bevollm. beziehen, keine Anwendung mehr finden. Dasselbe muß mit denj. der Fall sein, welche, wie die Beschränkung des Besuchs anderer Univers.-Orte, lediglich als Maaßregeln gegen Studentenverbindungen erscheinen, da sie sich in direktem Gegensatze mit dem verfassungsmäßigen Vereinsrecht befinden. Dagegen sind die besondern Reise-Erlaubnißscheine für die Studenten vom Min. der G., U. u. Med. Ang. aufrecht erhalten. Das Pr. Korresp.-Büreau berichtet hierüber:

Mehrere Jahre hindurch war die Bestimmung, daß Studirende, welche eine Reise zu unternehmen beabsichtigen, sich zu dem Behufe mit besondern Reisescheinen, die das Univ. Gericht ausstellt, zu versehen hatten, außer Anwendung gekommen. Diese Bestimmung ist durch ausdrückliche Anordnung des Min. der G., U. u. Med. Ang. nicht blos hergestellt, sondern auch so verschärft, daß jede Zuwiderhandlung mit 3 Tagen Karzer bestraft wird. Nöthigenfalls können zur Vollstreckung dieser Strafe auch auswärtige Behörden requirirt werden.

(Nat. Zeit. 1854. Nr. 491.)

6) Beherbergen fremder Studenten.

Die hierüber ergangenen Vorschriften stehen in unmittelbarer Verbindung mit den Beschränkungen der Studentenreisen, und werden deshalb, wie folgt, hier eingereiht.

a) Das C. R. des Min. d. Inn. u. d. P. v. 1. März 1820 verbot den Studenten nur die Aufnahme von Konsiliirten oder Relegirten, bei achttägigem Karzer, forderte sie aber auf, bei 2 Thlr. Geldstrafe dem Hauswirthe jeden Besuch, insbes. den fremder Studenten, am Tage der Aufnahme sofort anzuzeigen. Der Hauswirth wurde zur sofortigen Meldung an die Polizei, und diese zur unverzüglichen Anzeige an den Reg.-Bevollm. verpflichtet. (A. IV. S. 538.)

b) Ein Verbot, fremde Studenten überhaupt aufzunehmen, erfolgte erst durch das C. R. des Min. der G., U. u. Med. Ang. (v. Altenstein) v. 9. Juni 1824 an die K. Universität.

Aus den Akten der seither auf verschiedenen Univ. angestellten Untersuchungen über burschenschaftliche Verbindungen hat sich ergeben, daß die Ausbreitung derselben und die Kommunikation unter ihren Verzweigungen hauptsächlich durch Reisen und wechselseitige Besuche ihrer Mitglieder befördert und unterhalten, und daß diese durch die in den burschenschaftlichen Verbindungen bestehenden Einrichtungen wegen Beherbergung reisender Bundesglieder erleichtert werden. Aus diesem Grunde und weil das Beherbergen fremder Studirender überhaupt mancherlei Nachtheile für den Fleiß und die Finanzen der Wirthe sowohl als der Gäste mit sich führt, und die wechselseitigen Besuche der Studirenden verschiedener Univers., nicht selten Störungen der Ruhe und Ordnung zur Folge haben, findet das Min., nach dem von auswärtigen Univ.-Vorgesetzten schon gegebenen Beispiele, sich bewogen, den Studirenden die Beherbergung Studirender anderer, sowohl inländischer als auswärtiger Univ. hierdurch ernstlich zu untersagen, dergestalt, daß denj. Studenten, welcher einen Studenten von einer anderen Univ. bei sich beherbergt, eine das doppelte der Zeit der geschehenen Beherbergung betragende, und im Wiederholungsfalle zu verschärfende Karzerstrafe treffen soll. Sobald dem Rektor (Pror.) eine Anzeige wegen Uebertretung des Verbots von dem K. außerord. Reg. Bevollm. zugeht, ist der betr. Studirende nicht nur zur Verantwortung und Strafe zu ziehen, sondern auch über den Zweck der Reise des von ihm Beherbergten, imgl., ob ders. auf ein von einem anderen Studirenden ausgestelltes Einquartierungsbillet von ihm aufgenommen sei, zu vernehmen. Findet sich das Letztere, oder ergiebt sich irgend ein anderer Verdacht, oder eine Spur des Zusammenhangs der Reise mit verbotenen Studenten-Verbindungen, so ist nicht nur dem K. außerordentl. Reg. Bevollm. das Vernehmungs-Protokoll zu weiterer Veranlassung einzureichen, sondern es ist auch sofort der Aussteller eines solchen Einquartierungsbillets mit ders. Strafe, wie derj., welcher ihm Folge geleistet, zu belegen. Von obigem Verbote macht der einzige Fall eine Ausnahme, wenn ein leiblicher oder Stiefbruder, oder ein sonst naher Verwandter den andern besucht, seine Beherbergung nicht auf ein von einem anderen Studenten ausgestelltes Einquartierungsbillet geschehen ist, und sich, bei der auch in diesem Falle nicht zu unterlassenden Vernehmung, kein unerlaubter, besonders das Verbindungswesen betr. Zweck der Reise ergiebt, oder sonst entdeckt wird.

(A. VIII. S. 437. Durch C. de eod. den sämmtl. Reg. Bevollm. zur strengen Aufsichtsführung mitgetheilt, und durch R. v. 5. Aug. 1824 auf Kandidaten und Gymnasiasten ausgedehnt. a. a. O. S. 832.)

c) Vorstehende Bestimmungen wurden neu eingeschärft durch das C. R. der Ministerial-Kommission v. 18. Mai 1834. (A. XVIII. S. 86.)

d) Gegen ihre heutige Anwendung spricht jedoch die oben sub 5. e. gemachte Bemerkung.

IV. Akademische Disziplin.

Ueber die Verwaltung der akadem. Disziplin sind die im 3. Kap. des 1. Abschn. über die akadem. Gerichtsbarkeit zusammengestellten Vorschriften, insbes. die Regl. v. 28. Dec. 1810 und v. 18. Nov. 1819 (s. oben S. 466 ff. und 468 ff.) zu vergleichen, zu denen die schon mehrfach angef. K. O. v. 21. Mai 1824 [1]) bestimmte:

III. daß den gewählten Rektoren und Senatoren auf den Universitäten zwar die in der Instruktion und in dem Reglement v. 18. Nov. 1819 beigelegten Attributionen verbleiben, dagegen aber, wenn sie nicht mit dem gebührenden Ernste die akademische Disziplin handhaben und ihre übrigen Pflichten erfüllen, Ich an deren Stelle andere unmittelbar ernennen werde, und darüber unfehlbar und ohne Nachsicht die Vorträge des Min. der G., U. u. Med. Ang. erwarte.

(A. VIII. S. 419.) — Sub I. der K. O. wurde die jetzt beseitigte Einrichtung der Reg. Bevollm. bestätigt; sub II. die Aufrechthaltung der gegen die Verbindungen ergangenen Ges. dem Polizeimin. untergeordnet; IV. betraf die Ferien, V. die Reisen der Studenten, und VI. das Verbot von Tübingen und Basel. s. oben S. 535 sub V., 559 sub 5. und 537.)

1) Disziplinarvorschriften des A. L. R.

Das A. L. R. enthält hierüber in den §§. 84—96. und den §§. 136 bis 140. des Anh. [2]) folgende Bestimmungen:

§. 84. (Von der akademischen Disziplin.) Alle Studirende müssen den allgem. Polizeigesetzen des Landes und Orts [3]) sowohl, als den besondern die akadem. Zucht betreffenden Vorschriften und Anordnungen die genaueste Folge leisten.

Anh. §. 136. So weit die akadem. Vorrechte und Gesetze keine Ausnahme machen, sind die Studenten auf den K. Univ., gleich andern Unterthanen, alle

---

1) Sie wurde den außerort. Reg. Bevollm. noch besonders eingeschärft durch C. R. des Min. d. G., U. u. Med. Ang. v. 25. Mai 1824. (A. VIII. S. 421.)

2) Diese Paragraphen des Anh. sind den auf Spezialbefehl des Königs vom Min. (v. Wöllner) erlassenen „allgemeinen Ges. für alle K. Pr. Univ." v. 23. Febr. 1796 entnommen. (Rabe, Bd. 3. S. 280.)

3) Die allgem. Polizeistrafgesetze, deren Strafen bis zu 50 Thlr. Geldstrafe oder 6 Wochen Gefängniß steigen, sind in den §§. 332—349. des Strafgesetzb. v. 14. April 1851 (G. S. 1851. S. 169) enthalten. Ueber den Erlaß ortspolizeilicher Vorschriften, deren höchstes Strafmaaß auf 10 Thlr. Geldstrafe festgesetzt ist, vgl. G. v. 11. März 1850 über die Polizeiverwaltung (G. S. 1850. S. 265 und Ergänz. zu §§. 10—22. A. L. R. II. 17.). — Polizeivergehen der Studirenden gehören nach §. 3. der Anweisung des Min. des J. v. 24. Nov. 1847 vor die Univ.-Gerichte. (Min. Bl. d. i. V. 1847. S. 286.)

Gesetze des Staats zu beobachten schuldig; doch werden sie in Absicht auf die aus allgemeinen gesellschaftlichen, oder aus Familienverhältnissen entspringenden persönlichen Rechte, besonders in Ansehung der Großjährigkeit und wegen des Erbrechts auf ihren Nachlaß, nach den Gesetzen ihrer Heimath beurtheilt, wofern sie nicht den Vorsatz, auf der Akademie ihren beständigen Wohnsitz zu nehmen, ausdrücklich oder stillschweigend erklärt haben.

Auch bei Kriminalfällen, besonders in Ansehung der Duelle [1]), sind die

---

1) Vgl. §. 9. des Regl. v. 28. Dec. 1810 und §. 11. des Regl. v. 18. Nov. 1819, deren Fortgültigkeit nach Goltdammer (Materialien, Bd. 2. S. 351) bei der Revision des Strafgesetzb. mehrmals anerkannt worden ist.

Das Strafgesetzb. bestimmt über das Duell, wie folgt:

XIV. Titel. Zweikampf.

§. 164. Die Herausforderung zum Zweikampfe mit tödtlichen Waffen, so wie die Annahme einer solchen Herausforderung, wird mit Einschließung bis zu 6 Monaten bestraft.

§. 165. Einschließung von 2 Monaten bis zu 2 Jahren tritt ein, wenn die Herausforderung ausdrücklich dahin gerichtet ist, daß einer der beiden Theile das Leben verlieren soll, oder wenn diese Absicht aus der gewählten Art des Zweikampfes erhellet.

§. 166. Diej., welche den Auftrag zu einer Herausforderung übernehmen und ausrichten (Kartellträger), werden mit Einschließung bis zu 6 Wochen bestraft.

§. 167. Die Strafe der Herausforderung und der Annahme derselben, so wie der Kartellträger fällt weg, wenn die Partheien den Zweikampf vor dessen Beginne aus eigener Bewegung aufgegeben haben.

§. 168. Der Zweikampf wird mit Einschließung von 3 Monaten bis zu 5 Jahren bestraft. Ist einer von beiden Theilen getödtet worden, so tritt Einschließung von 2 bis zu 12 Jahren ein.

§. 169. Wer seinen Gegner in einem Zweikampfe tödtet, welcher den Tod eines von beiden Theilen herbeiführen sollte (§. 165.), wird mit Einschließung von 3 bis zu 20 Jahren bestraft.

§. 170. Ist ein Zweikampf ohne Sekundanten vollzogen worden, so kann die sonst begründete Strafe um die Hälfte, jedoch niemals über die Dauer von 20 Jahren geschärft werden.

§. 171. Ist eine Tödtung oder körperliche Verletzung mittelst vorsätzlicher Uebertretung der vereinbarten Regeln eines Zweikampfes bewirkt worden, so ist der Uebertreter, sofern nicht nach den vorhergehenden Bestimmungen eine härtere Strafe begründet ist, nach den allgem. Vorschriften über das Verbrechen der Tödtung oder der Körperverletzung zu bestrafen. (Vgl. Tit. XV. und XVI.)

§. 172. Die Sekundanten, so wie die zum Zweikampfe zugezogenen Zeugenärzte und Wundärzte sind straflos; auch sind dieselben nicht verpflichtet, über den beabsichtigten oder ausgeführten Zweikampf der Staatsbehörde anders, als auf deren Aufforderung Anzeige zu machen.

§. 173. Die Kartellträger bleiben straffrei, wenn sie ernstlich bemüht gewesen sind, den Zweikampf zu verhindern.

§. 174. Wer einen Andern zum Zweikampfe mit einem Dritten absichtlich, insonderheit durch Bezeigung oder Androhung von Verachtung, anreizt, wird, wenn der Zweikampf stattgefunden hat, mit Gefängniß von 3 Monaten bis zu 2 Jahren bestraft. (G. S. 1851. S. 135.)

In Folge eines Pistolenduells setzte das Min. der G., U. u. Med. Ang. durch das R. v. 14. Okt. 1826 an den außerord. Reg. Bevollm. zu Berlin, unter Aufforderung sämmtlicher akadem. Behörden zu geschärfter Wachsamkeit, fest: „daß künftig in allen Fällen, wo selbst die Intention eines in dieser Beziehung an sich schon doppelt strafbaren Pistolenduells unter Studenten zur Kenntniß gebracht worden, sowohl gegen diej., welche sich auf Pistolen zu schlagen Willens sind, als gegen die Kartellträger und designirten Sekundanten, als auch gegen diej., welche nur Kenntniß von der Absicht gehabt und die Anzeige versäumt haben, nach aller Schärfe der bestehenden Duellgesetze verfahren, folglich sämmtlich sofort zur strengsten Untersuchung gezogen, jedenfalls aber alle

Studenten den allgem. Landesgesetzen unterworfen, und es wird deshalb ausdrücklich auf das allgem. Landrecht verwiesen; doch soll kein Arzt oder Wundarzt verpflichtet sein, der Obrigkeit von einem vorgefallenen, zum Behuf der Kur, zu seiner Kenntniß gekommenen Duell, Kenntniß zu geben, vielmehr in solchem Falle ein gewissenhaftes Stillschweigen beobachten, bis daß die Obrigkeit, wenn sie durch andere Mittel die That entdeckt, deren Vernehmung darüber veranlaßt.

§. 85. Besonders müssen Schlägereien, Schwelgereien und andere zum öffentlichen Aergernisse, oder zur Störung der gemeinen Ruhe und Sicherheit gereichende Excesse der Studenten, nachdrücklich geahndet werden.

Anh. §. 137. 1) Studirende müssen sich in jeder Hinsicht anständiger Sitten befleißigen. Sittenlosigkeit und Unanständigkeiten, besonders auch in Ansehung der Kleidung, werden das erstemal mit ernstlichem Verweise, im Wiederholungsfalle mit Karzer und Verlust der bisher genossenen Wohlthaten, und wenn auch dadurch die Besserung nicht bewirkt wird, mit Entfernung von der Universität bestraft. [1])

---

und jede als grobe Excedenten, wegen des ausgezeichneten Mangels sittlicher Gesinnungen und einer auffallenden Rohheit, mit der Relegation belegt werden. — Eine gleiche Strenge ist auch gegen diej. in Anwendung zu bringen, welche die bisher üblichen Vorsichtsmaaßregeln bei Vollziehung der Duelle auf Hiebwaffen, als da sind: eine schützende Kopfbedeckung, Unterleibsbinden und Bügel oder Körbe an den Hiebern versäumen, oder andere, als die gewöhnlichen Schlagrappiere, z. B. krumme Säbel u. dgl. anwenden. In allen solchen Fällen, und wo nur immer die rohe und strafbare Gesinnung ein Duell gefährlicher und eine Aussöhnung oder leichte Abmachung der Sache unmöglich zu machen, sich zeigt, sind gleichfalls Duellanten und Sekundanten zur strengsten Untersuchung zu ziehen, und die Strafen der Relegation oder des consilii abeundi ohne Nachsicht gegen sie zu verhängen. (Koch, II. S. 133. — Vergl. jedoch §. 172. des Strafgesetzb.)

1) Die V. v. 23. Juli 1798 wegen Verhütung und Bestrafung der die öffentl. Ruhe störenden Exzesse der Studirenden, welche bei dergl. Exzessen die Untersuchung und Vollziehung der Strafe den Polizeibehörden übertrug, unterwarf die Studenten der Prügelstrafe. Es heißt:

Bei groben, die öffentl. Sicherheit störenden Exzessen soll in keinem Fall auf Geldbuße oder Relegation, sondern jederzeit auf Gefängniß oder körperliche Züchtigung erkannt werden, wobei dem Erkenntnisse vorzubehalten ist, in wie fern nach erlittener Bestrafung der Verbrecher von der Akademie fortgeschafft werden müsse.

Sollten so grobe Exzesse vorfallen, daß eine vorstehendermaaßen zu schärfende Gefängnißstrafe nicht für hinlänglich zu achten wäre, so soll körperliche Züchtigung Platz greifen. Welche Art zu wählen sei, soll nach den individuellen Verhältnissen des zu Bestrafenden in jedem vorkommenden Falle in dem abzufassenden Urtel bestimmt werden. Eine jede solche Züchtigung muß als ein väterliches Besserungsmittel angesehen, sie muß im Gefängnisse in Gegenwart der Vorgesetzten vollstreckt, und von diesen mit den nöthigen Ermahnungen begleitet werden. Ueberhaupt ist dafür zu sorgen, daß vernünftiges Ehrgefühl des Bestraften dadurch nicht gekränkt, sondern derselbe so behandelt werde, als wenn er sich noch auf einer niedern Schule und in den Jahren befände, wo Züchtigungen, welche Eltern oder Lehrer veranlassen, in der Folge zu keinem Vorwurfe gereichen können. Berlin ꝛc.

(L. S.) Friedrich Wilhelm.
Goldbeck. Massow.

(N. C. C. X. S. 1663. Rabe, Bd. 5. S. 158.)

Davon, daß diese V. des Königs zur Anwendung gekommen, hat nichts verlautet. Ausdrücklich aufgehoben ist sie nicht. Da indeß weder die spätern Regl. v. 1810 und 1819 über die Verwaltung der akadem. Disziplin, noch die allgem. Strafgesetze, die Prügelstrafe zulassen, so darf man die V. v. 23. Juli 1798 als antiquirt betrachten.

2) Das Baden und Schwimmen darf bei Vermeidung einer Achttägigen Karzerstrafe nicht anders als an den dazu von der Polizei sicher befundenen Orten geschehen.

3) Wer das Hausrecht verletzt, oder sich in Oerter und Versammlungen, welche nur für gewisse Personen bestimmt sind, namentlich bei Hochzeiten, eindrängt, hat Dreitägige Karzerstrafe, und, im Fall dabei begangener Ausschweifungen, noch härtere Ahndung zu erwarten. Gleiche Strafe trifft diej., welche bei Schulprüfungen des Orts Lärm erregen, und sie durch Unfug stören.

4) Wer auf öffentl. Plätzen und Straßen in Maske oder sonst verkleidet erscheint, hat eine Dreitägige Karzerstrafe verwirkt, und werden hiermit alle Schlittenfahrten in Maske bei gleicher Strafe ernstlich verboten.

5) Noch härtere Strafe trifft den, welcher liederliche Häuser besucht, oder sich eines verdächtigen Umgangs mit liederlichen Weibsbildern schuldig macht.

6) Außer dem Falle einer Reise, wohin bloße Spazierfahrten und Spazierritte nicht zu rechnen sind, sollen Studenten keine Waffen oder andere gefährliche Werkzeuge bei sich tragen.

7) Gefährliche Rappiere, besonders die nicht mit Leder überzogenen Haurappiere, sollen nicht gelitten, sondern da, wo sie sich befinden, weggenommen, und diej., welche sie bei sich haben, und sonst davon Gebrauch machen, mit Achttägiger Karzerstrafe belegt werden. [1])

8) Die Studirenden müssen die Akzise- und Zoll-, wie auch die Polizeigesetze des Orts, bei Vermeidung der darin bestimmten Strafe, genau beobachten, besonders müssen sie sich des schnellen Fahrens und Reitens in den Städten, auf den Brücken, oder wo sonst ein Schade zu besorgen ist, enthalten.

---

1) Dazu: a) K. O. v. 7. April 1804, wegen verbesserter Einrichtung der Universität Halle: Was den Fechtboden betrifft, so ist dieser noch weniger als die Reitbahn für Studirende nützlich, und kann vielmehr dazu beitragen, die Neigung zum Duelliren zu unterhalten. Da nun aber jetzt die Stelle eines Fechtmeisters erledigt ist, so soll solche unbesetzt bleiben. Zugleich muß aber auch alles Winkelfechten verboten und gegen Kontraventionen strenge gewacht werden. (Koch, II. S. 92.)

b) K. O. v. 12. Juni 1805, wegen des verbotenen Winkelfechtens.

Se. K. Maj. von Preußen haben in Erfahrung gebracht, daß, obwohl in den akadem. Gesetzen bereits das gefährl. Rappieren den auf Unsern Univ. Studirenden bei achttägigem Karzer untersagt worden, doch bisher wenig darauf geachtet worden. Allerh. Dies. haben daher durch K. O. v. 7. April 1804 zu verordnen gerneht, daß alles Winkelfechten verboten sein und die Kontravenienten strenge bestraft werden sollen. Da jedoch diese landesväterl. Absicht nicht völlig erreicht werden kann, wenn es den Bürgern und Einwohnern auf den Univ. nach wie vor erlaubt sein soll, den Studenten absichtlich zum Winkelfechten einen Boden, eine Remise, Scheune oder andere Gelegenheit, es sei nun unentgeltlich, oder gegen eine verabredete Miethe zu überlassen; so verordnen Se. K. Maj. hierdurch, daß deshalb nicht nur keine gerichtliche Klage wegen rückständigen Miethszinses von den Universitätsgerichten angenommen, noch überhaupt stattfinden soll, sondern außerdem die gegen dieses Verbot kontravenirenden Bürger und Einwohner nach Bewandniß der Umstände mit einer fiskalischen Geldstrafe von 5 bis 10 Thlrn. oder verhältnißmäßigem Gefängniß, und im Wiederholungsfalle doppelt so hart bestraft, der Student hingegen mit der in akadem. Gesetzen festgesetzten Karzerstrafe belegt werden sollen. — Damit sich Niemand bei vorkommenden Kontraventionen gegen diese V. mit der Unwissenheit ders. entschulgen könne, soll dies. durch öffentl. Aushang bei dem Rathhause und am schwarzen Brett jeder Univ. Stadt von den Magisträten, den akadem. und Stadtgerichten publizirt, und mit dieser Publikation jährlich einmal fortgefahren werden. Sign. Berlin rc.

Auf Sr. K. Maj. Allergn. Spezialbefehl.
v. Goldbeck. v. Hardenberg. v. Massow.

(NCC. T. XI. Nr. 36. de 1805., Matthis, Bd. 1. S. 389, Rabe, Bd. 8. S. 303.)

Auch müssen sie zur Verhütung des Feuerschadens die vorgeschriebene Vorsicht gebrauchen; besonders durch Vermeidung des Schießens, der Feuerwerke, und des Tabackrauchens an Orten, wo leicht Schaden zu besorgen ist, z. B. in der Nähe von Gebäuden und andern leicht entzündbaren Gegenständen, vornehmlich auf den Straßen, es sei in Städten oder Dörfern und Wäldern, wie auch innerhalb der Gebäude in der Nähe der Betten, auf Böden oder in Ställen.

9) Studenten, welche sich zur Zeit eines Tumult oder in größerer Zahl nach Mitternacht auf der Straße finden lassen, haben die Vermuthung böser Absicht, oder eines liederlichen Lebenswandels wider sich; auch muß Niemand nach zehn Uhr Abends sich in einem Wirthshause antreffen lassen.

10) Wer andere zum Tumultuiren oder zu anderm Unfug auffordert, oder anreizt, oder sich bei einem Tumulte als Anführer brauchen läßt, wird, wofern nicht bei dem Tumulte eine noch härtere Strafe verwirkt worden, wenigstens mit der Relegation bestraft. Alle Theilnehmer an einem Tumulte haben nach dem Verhältnisse, wie sie dabei mitgewirkt, entweder Relegation, oder das Consilium abeundi, oder angemessene Karzerstrafe zu erwarten.

11) Oeffentliche Aufzüge, mit oder ohne Musik zu Wagen, zu Pferde oder zu Fuß, dürfen von Studenten, ohne besondere Erlaubniß der akadem. Obrigkeit, bei Vermeidung Dreitägiger Karzerstrafe, nicht unternommen werden. [1]) Gleiche Bewandniß hat es mit den Versammlungen auf öffentl. Plätzen und Straßen, wenn sie nicht nach vorgängiger Warnung der akadem. Obrigkeit und ihrer Diener, oder der Wache, wieder aus einander gehen. Auch das Einholen neuer Ankömmlinge, und die Abnöthigung eines Schmauses, und anderer unnöthiger Ausgaben, wird aufs ernstlichste verboten, und jede Beschimpfung und Kränkung derselben verschuldet nachdrückliche Bestrafung.

12) Dauernde Gesellschaften und Verbindungen zu einem bestimmten Zwecke können nicht ohne Vorwissen der akadem. Obrigkeit errichtet werden, und haben, ohne deren Erlaubniß, die Vermuthung einer gesetzwidrigen Absicht wider sich. Sobald aber eine mit Vorwissen der Obrigkeit bestehende Gesellschaft auf irgend eine Art Andre zum Eintritt, oder zum Beharren in ihr nöthigen wollte, soll die Gesellschaft nicht länger geduldet werden. Auch sind alle diej. strafbar, welche Andre zu Kollekten nöthigen, besonders werden alle Orden und Landsmannschaften bei Strafe einer immerwährenden Relegation von allen Univ. in den K. Landen hiermit ernstlich untersagt; wie denn auch durch neuerliche Reichstagsschlüsse die Veranstaltung getroffen worden, daß diej., welche deswegen relegirt werden, auf keiner Univ. in Deutschland wieder aufgenommen werden. [2])

13) Hohe und alle Hazardspiele sind unerlaubt. [3]) Welches Spiel für hoch zu achten, bleibt der Beurtheilung der akadem. Gerichte vorbehalten. Wer das erstemal eines zu hohen Spiels schuldig befunden wird, muß ernstlich gewarnt, im Wiederholungsfalle aber mit Dreitägiger Karzerstrafe belegt werden. Gleiche Strafe hat der zu erwarten, welcher, obschon das erstemal, sich auf Hazardspiele einläßt. Wer Bank macht, hat Vierzehntägige Karzerstrafe verwirkt. Verdoppelung der Strafe tritt im Wiederholungsfalle ein. Wer aus dem Spiele ein Gewerbe macht, erhält das Consilium abeundi, und hat, wenn er des Betrugs überführt wird, schimpfliche Relegation zu erwarten.

Aller Gewinn aus unerlaubtem Spiel fällt der Armenkasse zu. Auch aus unerlaubtem Spiele und wegen dessen, was dazu geliehen worden, findet keine Klage Statt.

Hat ein Student dem andern zu Hazardspielen Geld geliehen: so wird er wie ein Spieler bestraft.

---

1) Vergl. §. 10. des G. v. 11. März 1850 unten sub 2.

2) Die Gesetzgebung über das Verbindungswesen s. u. sub 2. — Ein R. es Min. d. Inn. u. d. P. v. 31. Juli 1822 verbot den Wirthen bei Konzessionserlust, an Studenten ohne polizeil. Genehmigung Lokale zu regelmäßigen Zusamenkünften zu vermiethen, und drohte insbes. gleiche Strafe denj. Besitzern öffentcher Häuser an, welche den Stud. Zimmer zur Betreibung von verbotenen azardspielen hergeben, oder solche bei sich dulden. (Koch, II. S. 115.)

3) Vergl. R. v. 31. Juli 1822 in vorst. Note und §. 267. des Strafgb.

14) Des lauten Gesanges, des Knallens mit Peitschen, und des die Ruhe und Ordnung störenden Getöses, müssen sich die Studenten zu jeder Zeit, besonders in der Nacht, und zur Zeit des Gottesdienstes enthalten, oder Vier und zwanzigstündige bis Dreitägige Karzerstrafe gewärtigen. Wer den öffentl. Gottesdienst auf irgend eine Art stört, wird nach den Landesgesetzen bestraft. [1])

15) Beleidigungen der zur Erhaltung der öffentl. Ruhe und Ordnung bestimmten Personen, besonders der Pedelle, wie auch der militairischen, Bürger- und Schaarwache und der Nächtwächter, ziehen langwierige Karzer- und nach Bewandniß der Umstände, selbst Festungsstrafe nach sich. [2])

16) Wer die akadem. Obrigkeit selbst, oder einzelne öffentliche Lehrer gröblich beleidigt, wird nach ausgestandener Gefängnißstrafe relegirt, oder hat nach Beschaffenheit der Umstände noch härtere Strafe, dem peinlichen Rechte gemäß, zu erwarten. Wer in einem Kollegio oder bei einer öffentlichen Rede, Disputation oder Promotion durch unanständiges Pochen, Scharren, Lachen, oder auf andere Weise absichtlich Unruhe erregt, soll, nach Beschaffenheit der Umstände, mit Karzer, oder wohl gar mit Relegation bestraft werden.

17) Wenn Studirende etwas bei der akadem. Obrigkeit nachsuchen: so muß dies mit Bescheidenheit und nicht Haufenweise geschehen. Verletzung dieses Gesetzes zieht verhältnißmäßige Karzerstrafe, und im Falle eines dabei gebrauchten Ungestüms, Relegation nach sich.

18) Wer den ihm auferlegten Arrest bricht, wird sogleich ins Gefängniß gebracht; und wer dies ohne Erlaubniß der akadem. Obrigkeit verläßt, hat eine Vierzehntägige Karzerstrafe verwirkt.

§. 86. Der Rektor oder Prorektor ist vorzüglich, und nach ihm der akademische Senat, für alle entstandene Unordnungen, welche durch genauere Aufmerksamkeit und Sorgfalt hätten vermieden werden können, dem Staate verantwortlich.

§. 87. Gefängnißstrafe muß an Studirenden nur zu solchen Zeiten und Stunden, wo sie dadurch an Besuchung der Kollegien nicht verhindert sind, vollzogen werden. [3])

Anh. §. 138. Hierin findet eine Ausnahme dann Statt:

1) wenn die Karzerstrafe bekanntlich unfleißige Studenten trifft;
2) wenn der Student ohnedies schon während der Untersuchung im Gefängniß gesessen, oder aus Furcht vor der Verhaftnehmung sich während der Zeit, da die Vorlesungen gehalten werden, in oder außer dem Bezirke der Univ. verborgen gehalten hat;
3) wenn auf eine längere als Vierwöchentliche Karzerstrafe erkannt worden.

---

1) Mit 1 Mon. bis 3 J. Gefängniß: Strafgb. §. 136.

2) Ueber Widerstand gegen die Staatsgewalt vergl. Strafgb. §§. 87. ff. — Ueber Beleidigung öffentl. Behörden und Beamten §. 102. ebendas. — Ueber Verrufserklärungen: Art. 11. des Bundesbeschl. v. 13. Nov. 1834. (s. o. S. 385.)

3) Vergl. den VI. Abschn. der oben S. 422 ff. mitgeth. Univ.-Statuten, und §. 18. des Regl. v. 18. Nov. 1819.

Dazu bestimmt die K. O. v. 11. April 1812 an den Staats- und Just. Min. v. Kircheisen und an den Staatsrath v. Schuckmann:

Ich will auf Ihren Ber. v. 8. d. M. die Zeit der Vollziehung der Karzerstrafe, ohne Rücksicht auf die diesfällige Bestimmung des A. L. R. Thl. 2. Tit. 12. §. 87., lediglich von dem Ermessen der akadem. Obrigkeit, nach der ihr beigelegten Disziplinargewalt abhängig sein lassen, und autorisire Sie, den Geh. Staatsrath v. Schuckmann, danach die akadem. Behörden anzuweisen.

Potsdam rc. Friedrich Wilhelm.

(Koch, II. S. 96.)

Für die einzelnen Univ. sind besondre Karzerordnungen ergangen: a) für Berlin v. 6. Aug. 1812 (Koch, II. S. 161); — b) für Bonn v. 30. Aug. 1836 mit Nachtrag v. 20. Dec. 1838 (a. a. O. S. 163); — c) für Breslau v. 8. April 1821 (a. a. O. S. 165); — d) für Greifswald v. 28. März 1833 (a. a. O. S. 167); — e) für Halle v. 12. Juli 1831 (a. a. O. S. 169); f) für Königsberg v. 14. Mai 1836 (a. a. O. S. 170). — Vergl. R. v. 10. Mai 1836 sub 3. a.

§. 88. Sie muß mit gänzlicher Entfernung aller Gesellschaft, und Entziehung der gewöhnlichen Bequemlichkeiten des Lebens verbunden sein.

§. 89. Wiederholte grobe Excesse, Widersetzlichkeit gegen den akadem. Senat und dessen zur Ausübung der akadem. Zucht verordnete Bediente; Aufwiegeleien, Rottenstiftungen, und Verführung Anderer müssen mit Relegation bestraft werden.

§. 90. Von der erkannten Relegation muß den Aeltern oder Vormündern des Straffälligen sofort Nachricht gegeben, er selbst aber so lange in gefänglicher Haft behalten werden, bis dieselben seinetwegen weitere Verfügungen treffen. [1])

Anh. §. 139. Bei jedem Consilio abeundi muß ein Gleiches geschehen; auch muß von jeder Relegation jeder andern Preuß. Univ. Nachricht gegeben werden.

§. 91. Von jeder erkannten Relegation muß dem der Univ. vorgesetzten Departement [2]), mit Beilegung des Erkenntnisses, Anzeige geschehen, damit dieses, nach Beschaffenheit der Umstände, die übrigen Univ. gegen die Aufnahme eines solchen Subjekts, vor hinlänglich nachgewiesener Besserung, warnen; auch dem Departement, von welchem der Relegirte, nach der Fakultät, zu welcher er gehört, eine künftige Beförderung zu erwarten hat, davon Nachricht geben könne.

§. 92. Ein Relegirter soll weder am Orte, noch in der Nachbarschaft, unter irgend einem Vorwande geduldet werden.

§. 93. Jede angränzende Gerichtsobrigkeit ist schuldig, ihn auf Requisition des akadem. Senats aus ihrer Botmäßigkeit fortzuschaffen.

§. 94. Grobe Excesse, wenn sie sich auch noch nicht zur Relegation qualifiziren, sollen dennoch mit Gefängniß-, niemals aber mit bloßer Geldstrafe geahndet werden.

Anh. §. 140. Grobe und wiederholte Ausschweifungen oder anhaltender Unfleiß eines Benefiziaten sollen den Kollatoren zur Genießung der genossenen Vortheile angezeigt werden.

§. 95. So wenig die Relegation, als eine nach den Gesetzen verwirkte Gefängnißstrafe, kann mit Gelde abgekauft werden.

§. 96. In Ansehung wirklicher Verbrechen der Studirenden hat es bei den Vorschriften der Kriminalgesetze sein Bewenden. [3])

---

1) Ueber das Verfahren gegen konsiliirte und relegirte Studenten s. u. sub 3.

2) Ueberhaupt mußten Quartallisten über die Disziplinarfälle eingesandt werden. Dies ist aufgehoben durch C. R. v. 6. Nov. 1848. (s. o. S. 410.)

3) Vergl. Anh. §. 136.

Bei Kriminaluntersuchungen tritt Suspension des akadem. Bürgerrechts ein: R. des Min. d. G., U. u. Med. Ang. (v. Altenstein) v. 24. Nov. 1823:

Nach den Statuten sowohl der Berliner (Abschn. VI.) als der Breslauer Univ., wird das akadem. Bürgerrecht eines Studirenden, der wegen Verbrechen zur gerichtl. Untersuchung gezogen ist, bis zur ausgemachten Sache suspendirt. Es tritt daher die Suspension erst ein, wenn das Gericht die wirkliche Einleitung der Untersuchung gegen den Verdächtigen verhängt, und ihre Folgen sind weder die Entfernung des Angeschuldigten von der Univ., noch seine vorläufige Ausschließung von dem bis zur Beendigung der Untersuchung fortgesetzten Besuch der Vorlesungen; sie liegen vielmehr nur darin, daß während der Suspension seines akadem. Bürgerrechts der Studirende unter der gewöhnl. Ortsobrigkeit steht, fernere Exzesse dess. mithin resp. von den ordentl. Gerichten und der Polizei geahndet werden, zu welchem Zweck ihm auch die Erkennungskarte abgenommen wird, die ihm bei seiner Immatrikulation, um sich damit als Studirender legitimiren zu können, eingehändigt wird. Das Min. genehmigt, daß eine gleiche Maaßregel auch in Halle angewendet werde. Es ist aber nöthig, nicht blos den Einzelnen die wirklich erfolgte Suspension ihres Bürgerrechts jedesmal ausdrücklich bekannt zu machen, sondern auch zur Kenntniß der Studirenden zu bringen, daß das Min. zu dieser allgem. Maaßregel die Autorisation ertheilt habe. rc. (A. VII. S. 416, Koch, II. S. 117.)

Ueber die Vollstreckung der Strafe bestimmt das R. des Just. Min. v. 9. Jan. 1813 an das Kammergericht:

Auf Veranlassung einer Requisition des Depart. im Min. d. Inn. für den Kultus und öffentl. Unterricht wird das K. Kammergericht hierdurch angewiesen,

2) Studenten-Verbindungen. (s. ob. Einl. S. 374 ff. und §. 137. des Anh. zu A. L. R. Nr. 12., s. ob. S. 569.)

Nachdem schon die K. O. v. 6. Jan. 1816 (G. S. 1816. S. 5.) allgemein das Edikt v. 20. Okt. 1798, wegen Verhütung und Bestrafung geheimer Verbindungen eingeschärft hatte, wurden in Folge der Bundesbeschlüsse v. 1819, insbes. die Studentenverbindungen, Gegenstand einer großen Anzahl von Verordnungen. An die Instr. v. 18. Nov. 1819 für die Reg.-Bevollm. (s. o. S. 406 ff.) schloß sich die K. O. v. 7. Juli 1821 (G. S. 1821 S. 107.) an, welche dens. die Befugniß einräumte, nach ihrer Ueberzeugung verdächtige Studenten, ohne weitere gerichtliche Untersuchung und ohne Mitwirkung des Univers.-Richters oder des akadem. Senats, sofort von der Univers. zu entfernen. Demnächst verordnete die K. O. v. 21. Mai 1824, über die Bestrafung aller geheimen, besonders der burschenschaftl. Verbindungen auf den Preuß. Univers. (G. S. 1824. S. 122.): daß alle dergl. Verbindungen, als in die Kathegorie der Ed. v. 20. Okt. 1798 und 6. Jan. 1816 gehörig, kriminalrechtlich geahndet werden, und neben der angedrohten 6—10jährigen Festungs- oder Zuchthausstrafe (die bei hochverrätherischen Zwecken sogar bis zu lebenswieriger Einsperrung oder Todesstrafe gesteigert werden konnte,) jederzeit die Unfähigkeit zu allen öffentlichen Aemtern zur Folge haben sollten,[1]) — eine Vorschrift, welche

---

in den Fällen, wo ein wegen gemeiner Vergehen zur Kriminaluntersuchung gezogener Studirender zu einer nicht höhern Gefängnißstrafe verurtheilt wird, als der akadem. Senat nach dem Jurisdiktionsregl. v. 28. Dec. 1810 erkennen darf, die Vollstreckung der Strafe dem Senate zu überlassen, dergestalt, daß der Verurtheilte seine Strafe auf dem Karzer abbüßen kann. (Koch, II. S. 96.)

1) Was man sich damals unter den Studentenverbindungen dachte, erhellt aus der Darstellung, die das C. R. des Min. d. Inn. u. d. P. (v. Schuckmann) v. 4. Juni 1824 davon in Folgendem giebt:

Nach den Untersuchungs-Akten und den, zu dens. von mehreren Hundert Theilnehmern an diesen Umtrieben niedergelegten, durchweg übereinstimmenden, substantiirten Geständnissen hat das geheime Verbindungswesen auf den mehrsten Deutschen Univ. seit dem J. 1821 folgende Gestalt erhalten. An der Spitze dess. befand sich ein, nicht bloß für die akadem. Jahre, sondern besonders für die nachfolgenden bürgerl. Verhältnisse geschlossener geheimer Bund. Ders. stand mit revolutionairen Vereinen in Frankreich, Italien und in der Schweiz in näherer Verbindung, und war von dort ausgegangen; sein Zweck war geradezu Umsturz der in Deutschland bestehenden Staatsverfassung, und zu seinen Mitteln zu diesem Zweck gehörte Erregung von Unzufriedenheit, von Aufstand und von Revolutionen, Meuchelmord der Bundesfeinde, unbedingter Gehorsam gegen unbekannte Obere, Unverbindlichkeit des den Reg. geleisteten Eides, Zulässigkeit des Meineides gegen dies., Uebung in den Waffen, und und möglichste Verbreitung der Richtung des Bundes; die Mitgl. des letzteren haben ihm und seinen Zwecken und Mitteln mittelst körperl. Eidschwurs Gehorsam und Treue gelobt, und hatten in Beziehung auf den Bund Deutschland in 10 Kreise getheilt, von welchen jeder einen eigenen Vorsteher hatte; er hielt von Zeit zu Zeit geh. Zusammenkünfte auf den Univ. in Halle, Leipzig, Jena, Göttingen, Erlangen, Würzburg, Heidelberg, Tübingen und Freiburg, wovon einzelne Abth. von Bundesgliedern, welche mit denen, welche die Univ. bereits verlassen hatten, in fortgesetzter Verbindung standen. Bei dem in diesem Bunde herrschenden strengen Geheimniß, und da die Mitgl. selbst gegenseitig sich nicht alle bekannt sein durften, hat man bisher nur Hundert und einige, theils auf Univ., theils bereits in öffentl. Verhältnissen stehende Mitgl. dieses Bundes, und unter dems. 5 Kreisvorsteher ermitteln, und theils hier, theils in andern Deutschen Staaten zur Unters. ziehen können. Zu den Bestrebungen dieses Bundes gehörte insonderheit die: durch die allgemeine Burschenschaft die Grundsätze des Bundes unter die akadem. Jugend zu verbreiten, letztere nach

sich, wie durch die K. O. v. 12. Jan. 1833 (Jahrb. Bd. 43. S. 636., Gräff, Bd. 8. S. 125.) ausdrücklich deklarirt wurde, nicht blos auf politische, sondern auf alle geheimen Studentenverbindungen bezog. Hierauf folgte der Bundesbeschluß v. 13. (14.) Nov. 1834, welcher in den Art. 6—10. die Bestrafung der Studentenverbindungen regulirte (s. o. S. 384 ff.), und endlich das nachstehende

---

und nach für die Zwecke des Bundes zu gewinnen, und daher die Burschenschaft unter die unmittelbare Leitung dess. zu bringen, und ders. als Mittel zur Beförderung seines hochverräther. Zwecks sich zu bedienen. Diese strafbare Leitung der Burschenschaft erfolgte nach folgenden Abstufungen. Unmittelbar unter dem obged. revolutionairen Bunde standen die geheimen burschenschaftl. Vereine, welche theils aus Mitgl. des Bundes, theils aus andern, vorzüglich burschenschaftlich gesinnten Mitgl. der Burschenschaft bestanden, welchen letzteren der geh. Bund und die Theilnahme der übr. Vereinsmitglieder an dems. unbekannt war. Der Zweck dieser geh. Vereine war theils die Aufrechthaltung und Leitung der Burschenschaft, theils aber die Ausbildung, Verbreitung und Befestigung der Grundsätze des Bundes; sie waren die Vorschule des letzteren, und beschäftigten sich theoretisch mit denj. Grundsätzen und Bestrebungen, zu deren Anwendung und Ausführung der Bund bestimmt war: sie hatten außerdem die Bestimmung, daß der Bund in ihnen künftige Mitgl. bildete und kennen lernte; diese geh. Vereine hielten jährlich unter einander gemeinschaftl. Zusammenkünfte, und theilten sich zu diesem Ende in zwei Hauptsysteme; zu dem Norddeutschen gehörten die zu Halle, Jena, Leipz. und Göttin., und zu dem Süddeutschen die zu Erl., Würzb., Heidelb., Tüb. und Freib.; jedes dieser beiden, in den Grundsätzen völlig übereinstimmenden Systeme hielt gemeinschaftl. Zusammenkünfte; die allgemeinen waren mit den sogen. allgem. Burschentagen verbunden. Unter der geh. Leitung dieser Vereine stand auf jeder der ged. Univ. die Burschenschaft oder sogen. Allgemeinheit. Von den Mitgl. der geh. Vereine, welche letztere die unbekannten nächsten Obern der Burschenschaft waren, befanden sich allemal einige im Vorstande, dessen übrigen Mitgl. die Vereine nicht bekannt waren; die Vereine standen zur Burschenschaft in eben dem Verhältnisse, in welchem der geh. Bund sich zu dem Vereine befand; die Burschenschaft diente den letzteren zu eben den Zwecken, zu welchen diese dem Bunde bestimmt waren. Die ersten Grundzüge der Zwecke, welche in besonderer Beziehung auf Deutschland, in Deutschl. in den geh. Vereinen theoretisch behandelt wurden, und zu deren praktischen Behandlung der geh. Bund geschlossen war: Gleichheit, Freiheit und Einheit, wurden in ihrer unbestimmten und daher gefährl. Allgemeinheit in der Burschenschaft entwickelt, und die einzelnen Mitgl. dafür empfänglich gemacht. Aktenmäßig haben die sogen. Lesezirkel in dieser Beziehung besonders nachtheilig gewirkt. Sie wurden von den einzelnen Mitgl. des Bundes und der Vereine, zum Theil auch der Burschenschaft gemeinschaftlich mit einer kleinen Anzahl von Mitgl. der letztern gehalten, und in dens. Schriften, welche zur Verbreitung der Bundesgrundsätze besonders geeignet waren, vorzüglich die berüchtigten Ludenschen Vorlesungen über Politik, gelesen und kommentirt, und dabei Abstufungen unter den Studirenden, nach Maaßgabe ihrer Vorschritte in diesen Grundsätzen beobachtet. So sind z. B. im vorigen Jahre in Halle im ersten Lesekursus Fries, Ludens, Jahns und dergl. Schriften, im zweiten aber die Spanische Kortes-Konstitution und deren Kommentarien gelesen. — Es liegt hiernach von selbst vor, daß die ganze Deutsche akadem. Jugend in Beziehung auf politische Gesinnungen und Anhänglichkeit an Fürst, Vaterland und Verfassung, und in Rücksicht auf Haß gegen alles bestehende und auf den thörigten Irrwahn, zu dessen Verbesserung und Umsturz berufen zu sein, unter dem unmittelbaren Einfluß eines, den vollen Thatbestand des Hochverraths in sich vereinigenden, und die gewaltsamsten Mittel zulassenden geh. revolutionairen Bundes stand. ꝛc.

(A. VIII. S. 426.)

G. v. 7. Jan. 1838 über die Bestrafung der Studentenverbindungen.[1])

Wir Friedrich Wilhelm 2c. haben die wegen Studentenverbindungen bisher ergangenen gesetzlichen Vorschriften mit Rücksicht auf die Beschlüsse der D. Bundesvers. v. 14. Nov. 1834 einer sorgfältigen Prüfung unterwerfen lassen, und verordnen nunmehr auf den Antrag Unseres Staatsmin. und nach erforderlichem Gutachten Unseres Staatsraths, unter Aufhebung aller früheren Vorschriften über diesen Gegenstand, für den ganzen Umfang Unserer Monarchie, was folgt:

§. 1. (Verbot der Stud.-Verb.) Alle Studentenverbindungen, ohne Unterschied der dabei gebrauchten Benennungen (als Orden, Landsmannschaften, Burschenschaft u. s. w.), sind verboten.

§. 2. (Strafe der einfachen Stud.-Verb.) Die Strafe der Uebertretung dieses Verbots besteht: 1) für die Stifter, Vorsteher und Beamten einer solchen Verbindung, und für alle diej., welche Andere zum Beitritt verleitet, oder zu verleiten gesucht haben, in dem consilium abeundi oder der Relegation; 2) für die übrigen Mitglieder in strengem Karzer; bei wiederholter oder fortgesetzter Uebertretung, so wie bei andern erschwerenden Umständen, in der Unterschrift des consilii abeundi, im consilium oder in der Relegation; 3) insofern aber eine Stud.-Verb. mit Studirenden anderer Univers. in irgend eine Gemeinschaft tritt, so sol-

1) Durch dies G. wurden alle frühern V. und mit dens. alle zu deren Ausführung ergangenen Ministerial-Verfügungen antiquirt. Dahin gehören, außer den schon oben bei der Immatrikulation in Ansehung der Reverse, bei den Reisen der Studenten und bei dem Beherbergen fremder Studenten als jetzt unanwendbar bezeichneten R., noch folgende: C. R. des Min. d. G., U. u. Med. Ang. v. 28. April 1823: Ausschluß derer, die sich an polit. Umtrieben betheiligen von den zur Univ. gehörigen Semin. (Koch, II. S. 116); C. R. dess. Min. v. 25. Mai 1824, und das in vorst. Note angef. C. R. des Min. d. Inn. u. d. P. v. 4. Juni 1824, welche im Allgem. die Ausführung der K. O. v. 21. Mai 1824 einschärften (A. VIII. S. 421, 425, Koch, II. S. 120, 123). In Folge einer K. O. v. 31. März 1824, welche den Mitgliedern der Breslauer Verbindungen eine limitirte Begnadigung gewährt hatte (Jahrb. Bd. 24. S. 139, Gräff, Bd. 3. S. 29): C. R. des Min. d. Inn. u. d. P. v. 13. Juli 1824: daß keine abermalige Begnadigung zu hoffen sei; C. R. des Min. d. G., U. u. Med. Ang. v. 19. Juli 1824, welches die Bedingungen der Gnade, insbes. Reue und Versprechen der Besserung, auseinandersetzte, und R. dess. Min. v. 22. März 1825 über die Notiz in den Zeugnissen (A. VIII. S. 434, IX. S. 103, Koch, II. S. 127, 128); C. R. dess. Min. v. 19. Aug. 1824, wonach die Abgangszeugnisse jedenfalls eine Notiz über die Theilnahme oder Nichttheilnahme an geh. Verbindungen enthalten sollten; v. 15. Sept. 1824, wonach Studenten von ausw. Univ. nur, wenn sie sich als völlig unverdächtig legitimiren, immatrikulirt werden durften; v. 23. Aug. 1826, wodurch Strenge zur Pflicht gemacht, und das Tragen bunter Bänder und Mützen, so wie der „längst verrufenen Altdeutschen Tracht" bei sofortiger Exklusion verboten wurde (Koch, II. S. 130, 131, 132); C. R. des Min. d. Inn. u. d. P. v. 17. Juli 1826 an die Reg. über Abwehr verkehrter Grundsätze aus dem Staatsdienst (A. X. S. 783); C. R. der Min. d. G., U. u. Med. Ang., d. Inn. u. d. Fin. v. 25. Juli 1827: daß keiner, dessen Abgangszeugniß Theilnahme an verbot. Verbindungen ergiebt, ohne ausdrückliche Min. Genehmigung anzustellen (Koch, II. S. 134). — Ferner C. R. des Just. Min. v. 2. März 1834 mit allgem. Einschärfung der bestehenden Vorschriften (A. XVIII. S. 81); R. des Min. d. G., U. u. Med. Ang. v. 9. Febr. 1836, daß über jeden Antrag der Studenten: einen Verein zu bilden, an das Min. zu berichten (Koch, II. S. 149), und C. R. der Min. Komm. v. 11. März 1838: daß kein Burschenschafter zur weiteren Ausbildung, falls ihm solche gestattet wird, auf derselben Univ. wieder zuzulassen (A. XXII. S. 101, Koch, II. S. 160).

Von den V. über die polit. Anfragen vor Anstellungen sind die wesentlichen schon oben S. 69 angeführt, mit dem C. R. v. 16. Okt. 1840, welches dies. abschaffte. — Die Ministerial-Kommission zu den Untersuchungen wurde durch K. O. v. 11. Nov. 1840 aufgehoben.

len alle diej. Mitglieder, welche einen thätigen Antheil hieran genommen haben, mit Relegation bestraft werden.

§. 3. Diej. Studirenden, welche für eine Stud.-Verb., ohne Mitglieder ders. zu sein, dennoch thätig gewesen sind, sollen gleichfalls nach den Bestimmungen des §. 2. bestraft werden.

§. 4. Der mit dem consilium oder der Relegation Bestrafte kann nur durch besondere Erlaubniß des Min. der Unterrichts-Ang. auf einer Univers. wiederum zugelassen werden. Diese Erlaubniß ist jedoch 1) nach dem consilium nie vor sechs Mon., nach der Relegation nie vor einem Jahre; 2) überhaupt aber nie für dieselbe Univers., wo die Strafe verwirkt worden, zu ertheilen.

§. 5. Auch verliert ein so Bestrafter, wenngleich er die Erlaubniß zur Fortsetzung seiner Studien erhält, den Genuß akademischer Stipendien und Benefizien, welche aus öffentl. Fonds, von Korporationen, Kirchen u. s. w. verliehen sind, oder deren Verleihung an die Zustimmung der Staatsbehörde gebunden ist, sowie die Befreiung von Honorar-Zahlungen. Eine Wiederverleihung kann nicht anders als mit besonderer Genehmigung des Min. der Unterrichts-Ang. Statt finden.

§. 6. (Strafe der politischen Stud.-Verb.) Gehört es jedoch zu den Zwecken oder zu den Beschäftigungen einer Stud.-Verb, über Veränderungen in der Verfassung oder Verwaltung eines bestimmten Staats, oder auch der Staaten überhaupt, Berathschlagungen, in welcher Absicht es sei, anzustellen, so haben, außer der im §. 2. bestimmten Ahndung, die Stifter, Vorsteher und Beamten ders. ein- bis sechsjährige, die übrigen Theilnehmer aber sechsmonatliche bis dreijährige Gefängniß- oder Festungsarrest-Strafe verwirkt.

§ 7. (Erschwerende Umstände.) Eine Erhöhung dieser Strafen (§. 6.) tritt ein, wenn dergl. Verbindungen entweder 1) ihren Mitgliedern Verpflichtungen auferlegen, welche über die Zeit des akadem. Zusammenlebens an dieser Univers., oder über die Studienzeit überhaupt, hinausreichen sollen, oder 2) mit Stud.-Verbindungen auf andern Univers., oder mit solchen inländ. oder ausländ. Vereinen von Nichtstudenten, die nach den in Unseren Staaten bestehenden Vorschriften als unerlaubt anzusehen sind, auf irgend eine Weise, z. B. durch Briefwechsel, Mittheilung ihrer Statuten, Satzungen oder Beschlüsse, oder durch Zusammenkünfte mittelst Abgeordneter u. s. w. in Beziehung und Verkehr treten, oder wenn 3) die Mitglieder die Erfüllung der von ihnen übernommenen Verpflichtungen eidlich, oder durch Versicherung an Eides Statt oder auf Ehrenwort angeloben, oder 4) unbekannten Oberen Gehorsam, oder bekannten Oberen einen unbedingten Gehorsam versprechen, oder 5) zur Verheimlichung ihrer Zwecke und Beschäftigungen falsche Statuten vorlegen, oder sonst andere, als ihre wirkl. Zwecke vorspiegeln, oder wenn 6) in einer solchen Verbindung mehrere und höhere Grade und Abstufungen Statt finden, gegen diej. Theilnehmer, welche Wissenschaft davon haben, oder sich selbst in den höheren Graden befinden. — In jedem dieser Fälle soll für die Stifter, Vorsteher und Beamten achtzehnmonatliche bis zehnjährige, für die übrigen Mitgl. neunmonatliche bis sechsjährige Gefängniß- oder Festungsarrest-Strafe ausgesprochen werden.

§. 8. (Konkurrenz von Verbrechen.) Bestehet der Zweck einer solchen Studentenverbindung (§§. 6. 7.) in einer schon an sich als Vergehen oder Verbrechen strafbaren Handlung, oder ist von der Verbindung im Ganzen oder von einzelnen Mitgliedern ders. irgend ein anderes Vergehen oder Verbrechen aus Anlaß der Verbindung unternommen, begünstiget oder ausgeführt worden, so sollen die allgem. Gesetze über konkurrirende Verbrechen (A. L. R. II. 20. §. 57.) zur Anwendung kommen.

§. 9. (Verlust der Anstellungsfähigkeit rc.) Außerdem soll kein, wegen Theilnahme an einer §§. 6. bis 8. bezeichneten Stud.-Verbind. Verurtheilter zu einem öffentl. Amte, oder zur ärztlichen oder chirurg. Praxis, oder zu einer akadem. Würde, oder als Privatdozent auf einer Univers. zugelassen, oder mit einer Konzession zur Ertheilung von Privatunterricht versehen werden. — Die Unfähigkeit zu allen diesen Funktionen ist jedesmal im Erkenntnisse auszusprechen.

§. 10. (Besonderer Gerichtsstand.) Die Untersuchung und Entscheidung in allen, §§. 6. bis 8. bezeichneten Fällen, wird dem Kammergerichte zu Berlin übertragen.

§. 11. (Befugnisse und Pflichten der Behörden.) Den akadem. Behörden, so wie den allgem. Polizeibehörden wird nach wie vor die Aufsicht gegen alle

Stud.-Verb. beigelegt. Ihnen gebührt der erste Angriff und die polizeiliche Untersuchung, nach deren Abschluß das Polizeimin., nach Maaßgabe der ermittelten Resultate, weitere Maaßregeln oder Bestimmungen zu treffen, oder die Sache an das Kammergericht zu Berlin abzugeben hat.

§. 12. (Konkurrenz von Studenten und Nichtstud.) Wenn Nichtstudenten an Stud.-Verb. Theil nehmen oder wissentlich dazu Vorschub leisten, so werden sie nach den vorstehenden Bestimmungen mit der Maaßgabe bestraft, daß den gegen die Studenten Statt findenden Disziplinarstrafen (§. 2.) Gefängniß- oder Festungsarrest-Strafe von drei Mon. bis zu zwei Jahren substituirt werden muß. — Wenn dagegen Studenten an unerlaubten Verbindungen von Nichtstudenten Theil nehmen, so sollen auf sie dieselben Strafgesetze, wie auf die übrigen Mitglieder, angewendet werden.

§. 13. (Erlaubte Vereinigungen und deren Grenzen.) Verabredungen von Studirenden zu Zusammenkünften für einzelne, genau bestimmte, an sich erlaubte Zwecke, wie geselliges Vergnügen, wissenschaftliche oder Kunstbildung, Leibesübung, sind als Studentenverbindungen nicht zu betrachten, und daher den vorstehenden Strafbestimmungen nicht unterworfen.[1]) — Wenn jedoch durch die Verabredung solcher Zusammenkünfte eine Vereinigung gebildet wird, die auf den Grund einer schriftlichen Urkunde eine Verfassung, mit Vorstehern, Beamten, Gesetzen erhält, so soll dieselbe, ohne Rücksicht auf den darin angegebenen erlaubten Zweck, unter dem Verbot der Stud.-Verb. (§. 1.) begriffen sein, und mit den in §§. 2. bis 5. angedrohten Strafen belegt werden. Urkundlich ꝛc.

Berlin ꝛc.

(L. S.) Friedrich Wilhelm.

v. Müffling. Frh. v. Altenstein. v. Kamptz. Mühler v. Rochow.

Beglaubigt; Für den Staatssekretär Düesberg.

(G. S. 1838. S. 13.)

Auch dieses Gesetz ist nicht mehr anwendbar.[2]) Studentenvereine

---

1) Vergl. die vom Rektor und Senat erlassenen Statuten des Musikvereins der Studirenden zu Breslau v. 4. Dec. 1834 und das R. des Min. der G., U. u. Med. Ang. v. 15. Dec. 1828 über die Bewilligung akadem. Lokale zu den Konzerten (Koch, II. S. 464. 467.); — die Statuten des akadem. Vereins für Lausitzische Geschichte und Sprache zu Breslau v. 12. Juli 1838 mit Genehmigungs-R. des Min. d. G., U. u. Med. Ang. v. 9. Juli 1838, nach welchem der §. 13. des G. v. 7. Jan. 1838 auf ausdrücklich von den Beh. approbirte Studentenverbindungen gar nicht zu beziehen ist (a. a. O. S. 472.); — R. dess. Min. v. 5. Dec. 1826 über Genehmigung und Unterstützung des Studenten-Gesangvereins zu Halle, und Statuten des allgem. Halleschen Museums v. 6. April 1831, welches Studenten auf Empfehlung eines ord. Prof. als außerordenliche Mitglieder aufnimmt. (a. a. O. S. 466, 467.)

2) Zwar behauptet Goltdammer (Material. Bd. 2. S. 156), daß dasselbe neben §§. 98. und 99. des Strafgb. (s. u.) als Spezialgesetz fortbestehe, indessen ohne nähere Begründung. — Wentzel (Ergänz. des Strafgb. S. 525) erklärte es für beseitigt nach den gedachten Paragraphen des Strafgb. und dem Vereinsges. v. 11. März 1850 (s. u.). Derselbe bemerkt, — indem er die Frage: ob und in wie weit der die akadem. Disziplin betr. Theil des G. v. 7. Jan. 1838 noch Geltung habe, von der Erörterung ausschließt, — es sei von der Pr. Reg. auf das Bestimmteste gezeigt worden, daß sie die Bundesbeschl. v. 20. Sept. 1819, 12. Aug. 1824, 5. Juli 1832 und 14. Nov. 1834 nicht mehr als fortbestehend betrachte, insbes. dadurch, daß die Reg. Bevollm. an den Univ. verschwunden sind, und daß die Abgangszeugnisse der Studenten nicht mehr über die Theilnahme an Studentenverbindungen enthalten. — In den Ergänz. (Bd. XIII. S. 542 zu den ged. Paragraphen des Strafgb.) wird die Beseitigung des G. v. 7. Jan. 1838 als unzweifelhaft bezeichnet, theils auf Grund des §. 4. der V. v. v. 6. April 1848 und Art. 30. der Verfassungsurkunde, und in Folge der Aufhebung der zu Grunde liegenden Bundesbeschl., theils weil das ged. G. zu den Strafbestimmungen gehört, die Materien betreffen, auf welche das Strafgb. sich bezieht (oben in den §§. 98. und 99.), alle solche Strafbestimmungen aber durch Art. II.

und Versammlungen unterliegen gegenwärtig dem allgem. Recht, und wenn auch die Unterwerfung der Studenten unter die akadem. Disziplin es nothwendig macht, daß sie bei den erforderlichen Anzeigen und Genehmigungs-Einholungen sich zunächst an ihre akadem. Obrigkeit wenden, so darf doch diese bei Verwaltung der Disziplin sich nicht in Widerspruch mit den durch die Staatsverfassung garantirten Rechten setzen. Die Grundzüge des heutigen Vereins- und Versammlungsrechts sind in folgenden V. niedergelegt:

a) V. v. 6. April 1848 über einige Grundlagen der künftigen Preuß. Verfassung:

§. 4. Alle Preußen sind berechtigt, sich friedlich und ohne Waffen in geschlossenen Räumen zu versammeln, ohne daß die Ausübung dieses Rechts einer vorgängigen polizeilichen Erlaubniß unterworfen wäre. Auch Versammlungen unter freiem Himmel können, insofern sie für die öffentl. Sicherheit und Ordnung nicht gefahrbringend sind, von der Obrigkeit gestattet werden. — Eben so sind alle Preußen berechtigt, zu solchen Zwecken, welche den Strafgesetzen nicht zuwiderlaufen, sich ohne vorgängige polizeiliche Erlaubniß in Gesellschaften zu vereinigen. — Alle das freie Vereinigungsrecht beschränkenden, noch bestehenden gesetzlichen Bestimmungen werden hiermit aufgehoben.

(G. S. 1848. S. 87.)

In Folge hiervon bestätigten die Art. 27. u. 28. der oktroyirten Verfassung v. 5. Dec. 1848 (G. S. 1848. S. 378.) das freie Vereins- und Versammlungsrecht, und es erging eine V. v. 29. Juni 1849 über die Verhütung des Mißbrauchs desselben. (G. S. 1849. S. 221.)

b) Die revidirte Staatsverfassung v. 31. Jan. 1850 bestimmt:

Art. 29. Alle Preußen sind berechtigt, sich ohne vorgängige obrigkeitliche Erlaubniß friedlich und ohne Waffen in geschlossenen Räumen zu versammeln. — Diese Bestimmung bezieht sich nicht auf Versammlungen unter freiem Himmel, welche auch in Bezug auf vorgängige obrigkeitliche Erlaubniß der Verfügung des Gesetzes unterworfen sind.

Art. 30. Alle Preußen haben das Recht, sich zu solchen Zwecken, welche den Strafgesetzen nicht zuwiderlaufen, in Gesellschaften zu vereinigen. — Das Gesetz regelt, insbes. zur Aufrechthaltung der öffentl. Sicherheit, die Ausübung des in diesem und in dem vorstehenden Art. (29.) gewährleisteten Rechts. — Politische Vereine können Beschränkungen und vorübergehenden Verboten im Wege der Gesetzgebung unterworfen werden.

(G. S. 1850. S. 20.)

---

des Einführungsges. v. 24. April 1851 ausdrücklich außer Wirksamkeit gesetzt sind. Zu den in Kraft bleibenden besondern Strafgesetzen über Materien „in Hinsicht deren das Strafgb. nichts bestimmt" kann das G. v. 7. Jan. 1838 nicht gezählt werden, ist auch als solches unter den im geb. Art. II. namhaft gemachten Beispielen nicht aufgeführt.

Auch in der Praxis scheint die Aufhebung des G. v. 7. Jan. 1838 für unbenklich gehalten zu werden, wie aus den zahlreichen Zeitungsannoncen über öffentliche Einladungen zu Verbindungsfesten erhellt. Doch wird berichtet, daß im J. 1853 die Berliner Univ.-Behörden den „burschenschaftlichen Bestrebungen" der Teutonia besondere Aufmerksamkeit zuwandten, die Senioren citirten, und Statuten und Papiere der Verbindung mit Beschlag belegten. (Nat. Zeit 1853. Nr. 229.)

Im Uebr. ist in der Neuzeit die Bildung religiöser Studentenvereine bemerkenswerth, zu welcher Richtung theils die Wingolfiten zu zählen sind, die 1854 mit Zuziehung Tholuks in Eisenach eine Versammlung hielten, theils die von kathol. Seite zu Breslau errichtete Studenten-Brüderschaft der ewigen Anbetung des heil. Sakraments des Altars. (Nat. Zeit. 1854. Nr. 283. Beil. und Nr. 316.) In die Missionsvereine wurden die Studenten von jeher hineingezogen, und, wie z. B. in Berlin, besondere Studenten-Missionsvereine gegründet.

c) An die Stelle der V. v. 29. Juni 1849 trat die V. v. 11. März 1850 über die Verhütung eines die gesetzliche Freiheit und Ordnung gefährdenden Mißbrauchs des Versammlungs- und Vereinigungsrechts:

Wir Friedrich Wilhelm ꝛc. ꝛc. verordnen für den ganzen Umfang der Monarchie, unter Zustimmung beider Kammern, was folgt:

§. 1. Von allen Versammlungen, in welchen öffentliche Angelegenheiten erörtert oder berathen werden sollen, hat der Unternehmer mindestens 24 Stunden vor dem Beginne der Versammlung, unter Angabe des Ortes und der Zeit ders., Anzeige bei der Orts-Polizeibehörde zu machen. Diese Behörde hat darüber sofort eine Bescheinigung zu ertheilen. — Beginnt die Versammlung nicht spätestens eine Stunde nach der in der Anzeige angegebenen Zeit, so ist die später beginnende Versammlung als vorschriftsmäßig angezeigt nicht anzusehen. Dasselbe gilt, wenn eine Versammlung die länger als eine Stunde ausgesetzten Verhandlungen wieder aufnimmt.

§. 2. Die Vorsteher von Vereinen, welche eine Einwirkung auf öffentliche Angelegenheiten bezwecken, sind verpflichtet, Statuten des Vereins und das Verzeichniß der Mitglieder binnen 3 Tagen nach Stiftung des Vereins, und jede Aenderung der Statuten oder der Vereinsmitglieder binnen 3 Tagen, nachdem sie eingetreten ist, der Orts-Polizeibehörde zur Kenntnißnahme einzureichen, derselben auch auf Erfordern jede darauf bezügliche Auskunft zu ertheilen. — Die Orts-Polizeibehörde hat über die erfolgte Einreichung der Statuten und der Verzeichnisse, oder der Abänderungen ders, sofort eine Bescheinigung zu ertheilen. — Die Bestimmungen dieses und des vorhergehenden §. beziehen sich nicht auf kirchliche und religiöse Vereine und deren Versammlungen, wenn diese Vereine Korporationsrechte haben.

§. 3. Wenn für die Versammlungen eines Vereines, welcher eine Einwirkung auf öffentliche Ang. bezweckt, Zeit und Ort statutenmäßig oder durch einen besonderen Beschluß im Voraus feststeht, und dieses wenigstens 24 Stunden vor der ersten Versammlung zur Kenntniß der Orts-Polizeibehörde gebracht worden ist, so bedarf es einer besonderen Anzeige, wie sie der §. 1. erfordert, für die einzelnen Versammlungen nicht.

§. 4. Die Orts-Polizeibehörde ist befugt, in jede Versammlung, in welcher öffentl. Ang. erörtert und berathen werden sollen, einen oder zwei Polizeibeamte oder eine oder zwei andere Personen als Abgeordnete zu senden. — Die Abgeordneten dürfen, wenn sie Polizeibeamte sind, nur in ihrer Dienstkleidung oder unter ausdrücklicher Kundgebung ihrer dienstlichen Eigenschaft erscheinen. Sind sie nicht Polizeibeamte, so müssen sie durch besondere Abzeichen erkennbar sein. — Den Abgeordneten muß ein angemessener Platz eingeräumt, ihnen auch auf Erfordern durch den Vorsitzenden Auskunft über die Person der Redner gegeben werden.

§. 5. Die Abgeordneten der Polizeibehörde sind, vorbehaltlich des gegen die Betheiligten gesetzlich einzuleitenden Strafverfahrens, befugt, sofort jede Versammlung aufzulösen, bezüglich deren die Bescheinigung der erfolgten Anzeige (§§. 1. und 3.) nicht vorgelegt werden kann. Ein Gleiches gilt, wenn in der Versammlung Anträge oder Vorschläge erörtert werden, die eine Aufforderung oder Anreizung zu strafbaren Handlungen enthalten; oder wenn in der Versammlung Bewaffnete erscheinen, die der Aufforderung des Abgeordneten der Obrigkeit entgegen, nicht entfernt werden.

§. 6. Sobald ein Abgeordneter der Polizeibehörde die Versammlung für aufgelöst erklärt hat, sind alle Anwesenden verpflichtet, sich sofort zu entfernen. Diese Erklärung kann nöthigenfalls durch die bewaffnete Macht zur Ausführung gebracht werden.

§. 7. Niemand darf in einer Versammlung bewaffnet erscheinen, mit Ausnahme der im Dienste befindlichen Polizeibeamten.

§. 8. Für Vereine, welche bezwecken, politische Gegenstände in Versammlungen zu erörtern, gelten außer vorstehenden Bestimmungen nachstehende Beschränkungen:

a) sie dürfen keine Frauenspersonen, Schüler und Lehrlinge als Mitglieder aufnehmen;

b) sie dürfen nicht mit anderen Vereinen gleicher Art zu gemeinsamen Zwecken in Verbindung treten, insbes. nicht durch Komite's, Ausschüsse, Central-Organe oder ähnliche Einrichtungen oder durch gegenseitigen Schriftwechsel.

Werden diese Beschränkungen [1]) überschritten, so ist die Orts-Polizeibehörde berechtigt, vorbehaltlich des gegen die Betheiligten gesetzlich einzuleitenden Strafverfahrens, den Verein bis zur ergehenden richterlichen Entscheidung (§. 16.) zu schließen. — Frauenspersonen, Schüler und Lehrlinge dürfen den Versammlungen und Sitzungen solcher politischen Vereine nicht beiwohnen. Werden dieselben auf die Aufforderung des anwesenden Abgeordneten der Obrigkeit nicht entfernt, so ist Grund zur Auflösung der Versammlung oder der Sitzung (§§. 5. 6.) vorhanden.

§. 9. Oeffentliche Versammlungen unter freiem Himmel bedürfen der vorgängigen schriftlichen Genehmigung der Orts-Polizeibehörde. — Die Genehmigung ist von dem Unternehmer, Vorsteher, Ordner oder Leiter derselben mindestens 48 Stunden vor der Zusammenkunft nachzusuchen, und darf nur versagt werden, wenn aus Abhaltung der Versammlung Gefahr für die öffentliche Sicherheit oder Ordnung zu befürchten ist. — Soll die Versammlung auf öffentlichen Plätzen, in Städten und Ortschaften, oder auf öffentlichen Straßen stattfinden, so hat die Orts-Polizeibehörde bei Ertheilung der Erlaubniß auch alle dem Verkehr schuldige Rücksichten zu beachten. Im Uebrigen finden auf solche Versammlungen die Bestimmungen der §§. 1. 4. 5. 6. und 7. Anwendung.

§. 10. Den in den vorhergehenden §§. erwähnten Versammlungen werden öffentliche Aufzüge in Städten und Ortschaften oder auf öffentl. Straßen gleichgestellt. Bei Einholung der Genehmigung ist der beabsichtigte Weg anzugeben ꝛc.

(Die übrigen §§. enthalten neben dem Verbot von Versammlungen unter freiem Himmel innerhalb 2 Meilen von der jedesmaligen Residenz des Königs, oder von dem Sitze der Kammern während der Sitzungsperiode, hauptsächlich Strafbestimmungen, und zwar verwirken: zu §. 1.: wegen unterlassener Anzeige der Unternehmer 5—50 Thlr. Geld- oder 8 Tage bis 6 Wochen Gefängnißstrafe, Platzgeber, Vorsteher, Ordner, Leiter, Redner 5—50 Thlr. Geldbuße. — Zu §. 2.: wegen unterlassener Mittheilung: Vorsteher 5—50 Thlr. Geldbuße, wegen wissentlich unrichtiger Mittheilung außerdem 8 Tage bis 6 Wochen Gefängniß. — Zu §. 4.: wegen Verweigerung eines angemessenen Platzes: Unternehmer, Vorsteher, Ordner oder Leiter 10—100 Thlr. Geld- oder 14 Tage bis 6 Mon. Gefängnißstrafe, ebenso der Vorsitzende wegen Verweigerung oder wissentlich unrichtiger Ertheilung der Auskunft. — Zu §§. 5. 6. 8.: jeder, der nach Auflösung sich nicht sofort entfernt, 5—50 Thlr. Geld- oder 8 Tage bis 3 Mon. Gefängnißstrafe. — Zu §. 8.: wegen Ueberschreitung des Verbotes a. oder b.: Vorsteher, Ordner, Leiter 5—50 Thlr. Geld- oder 8 Tage bis 3 Mon. Gefängnißstrafe, eben so die, welche einem, auch vorläufig, geschlossenen Vereine als Mitglieder beitreten. Wer sich gegen das Verbot a. aufnehmen läßt: 5—50 Thlr. Geldbuße. — Bei poliz. Schließung muß binnen 48 St. Anzeige an den Staatsanwalt, und von dessen Seite binnen weitere 8 Tage Anklage (resp. Antrag auf Voruntersuchung) oder Nachricht an die Polizeibehörde erfolgen, daß die Schließung aufzuheben. — Zu §§. 9. und 10.: bei Mangel der Genehmigung: Theilnehmer an Versammlungen in Städten, Ortschaften oder auf öffentlichen Straßen, oder nach Bekanntmachung eines Verbots, oder gegen §. 11.: Geldbuße von 1—5 Thlr., Redner in den gleichen Fällen 5—50 Thlr. Geld- oder 8 Tage bis 3 Mon. Gefängnißstrafe, eben so in jedem Falle Unternehmer, Ordner, Leiter. — Zu §. 7.: Wer bewaffnet erscheint: 14 Tage bis 6 Mon. Gefängniß, Aufforderung dazu, Verbreitung ders., Austheilung von Waffen: 6 Wochen bis 1 Jahr Gefängniß. — Bei Verletzung von §. 8. a. oder b. kann der Richter, im Wiederholungsfalle muß er neben der Strafe auf Schließung des Vereins erkennen.

(G. S. 1850. S. 277.)

d) Art. II. des Ges. v. 14. April 1851 über die Einführung des Strafgesetzb. führt unter den in Kraft bleibenden besondern Strafgesetzen ausdrücklich die V. „über den Mißbrauch des Vereins- und Versammlungsrechts" auf. (G. S. 1851. S. 93.)

---

1) Wahlvereine unterliegen dens. nicht; §. 21. der V.

e) Das Strafgesetzbuch v. 14. April 1851 erklärt lediglich folgende Vereine für strafbar:

§. 98. Die Theilnahme an einer Verbindung, deren Dasein, Verfassung oder Zweck vor der Staatsregierung geheim gehalten werden soll, oder in welcher gegen unbekannte Obere Gehorsam, oder gegen bekannte Obere unbedingter Gehorsam versprochen wird, ist an den Mitgliedern mit Gefängniß bis zu 6 Mon., und an den Stiftern, Vorstehern und Beamten der Verbindung mit Gefängniß von 1 Mon. bis zu 1 Jahr zu bestrafen. — Gegen öffentliche Beamte ist zugleich auf zeitige Unfähigkeit zur Bekleidung öffentlicher Aemter zu erkennen.

§. 99. Die Theilnahme an einer Verbindung, zu deren Zwecken oder Beschäftigungen es gehört, Maaßregeln der Verwaltung oder die Vollziehung von Gesetzen durch ungesetzliche Mittel zu verhindern oder zu entkräften, wird an den Mitgliedern mit Gefängniß von 2 Mon. bis zu 1 Jahr, und an den Stiftern, Vorstehern und Beamten der Verbindung mit Gefängniß von 6 Mon. bis zu 2 J. bestraft. — Gegen öffentliche Beamte ist zugleich auf zeitige Unfähigkeit zur Bekleidung öffentlicher Aemter zu erkennen.

(G. S. 1851. S. 121.)

f) Insbesondere über die Benutzung der akadem. Lokalien zu Versammlungen der Studirenden [1]) bestimmt das

C. R. des Min. d. G., U. u. Med. Ang. (v. Ladenberg) v. 18. Aug. 1848 an den Prorektor und das Generalkonzil zu Halle und abschr. zur Nachachtung an die übrigen Universitäten.

Der H. Prorektor und das Generalkonzil haben in ihrem Ber. v. 7. d M. den Wunsch der dortigen Studirenden vorgetragen, daß ihnen der freie Mitgebrauch der Universitäts-Aula zu ihren Versammlungen ein für allemal gestattet werde, und sich darüber gutachtlich näher geäußert. Ich kann mich mit den Aeußerungen und Anträgen der Berichterstatter im Wesentlichen nur einverstanden erklären.

Das Hausrecht über die Räume des Univ. Gebäudes gebührt den verfassungsmäßigen Vertretern der akadem. Korporation, insbes. dem Prorektor, als dem Vorstande ders. Die Benutzung dieser Räume kann daher nur mit Bewilligung dieser Berechtigten stattfinden, die Studirenden haben kein unmittelbares Recht darauf. Daß eine solche Erlaubniß zur Benutzung der akadem. Räume nicht allgemein, ein für allemal, sondern nur in jedem einzelnen Falle, und nicht als Ausfluß eines den Studirenden zustehenden Rechts ertheilt werden könne, darin kann ich mich hiernach mit dem H. Pror. und dem Gen. Konzil nur einverstanden erklären. Eben so wenig finde ich aber auch, mit Rücksicht auf die von den Berichterstattern bezeugte anerkennungswerthe Haltung der dortigen Studirenden, ein Bedenken, den H. Pror. erbetenermaaßen zu ermächtigen, in jedem einzelnen Falle, nach Prüfung der Umstände und unter gehöriger Garantie, die Erlaubniß zur Benutzung der Aula für allgem. Versammlungen der Studirenden zu ertheilen. Gegen die gleichzeitig für nothwendig erachteten Garantien, daß die Erlaubniß zur Benutzung der Aula nur der Gesammtheit der Studirenden, nicht auch einzelnen Fraktionen und Korps ders., ertheilt, daß durch die Studenten-Versammlungen weder die Vorlesungen, noch die akadem. Feierlichkeiten gestört, die Lokalien der Univ. nicht beschädigt, verursachter Schaden aber von den Studenten ersetzt, daß in den Versammlungen nicht Unangemessenes oder Gesetzwidriges verhandelt und endlich auch nicht geraucht werde, so wie daß diese Garantie vornehmlich in der Persönlichkeit derer zu suchen sei, welche die Versammlungen berufen und das Amt der Ordner in ihnen ausüben: ist nichts zu erinnern. — Dem umsichtigen Ermessen des H. Pror. bleibt es hiernach überlassen, von der ihm ertheilten Ermächtigung, unter Aufrechthaltung der von ihm und dem Gen. Konzil geforderten Garantien, den geeigneten Gebrauch zu machen.

(Min. Bl. d. i. V. 1848. S. 271.)

---

1) Früher erklärte ein R. des Min. d. G., U. u. Med. Ang. v. 7. Nov. 1828, an den Reg. Bevollm. zu Berlin, es für unzulässig, in den Hörsälen, vom Katheder herab, andere als akadem. Vorträge zu gestatten, und insbes. Studenten die Benutzung des Katheders zu erlauben, welches ausschließlich für die Dozenten bestimmt sei. (Koch, II. S. 203.)

3) Verfahren gegen konsilirte und relegirte Studenten. (s. ob. S. 571 §§. 90. bis 93. A. L. R. II. 12.)

a) Haft bis zur Entfernung vom Universitätsorte.

α) Dieselbe soll auch bei eingelegtem Rekurse (§. 13. Regl. v. 28. Dec. 1810, §. 16. Regl. v. 18. Nov. 1819) eintreten. Dies bestimmte das C. R. des Min d. G., U. u. Med. Ang. v. 20. Sept. 1817, an die Universitäten zu Berlin, Halle, Breslau und Königsberg, mit folgender Maaßgabe:

Uebrigens bleibt dem Senate überlassen, diese Haft in Hausarrest zu verwandeln, wenn der Student verspricht, sich den Gesetzen dess. zu unterwerfen, und von der Gestattung dieser Milderung keine nachtheilige Folgen zu besorgen sind. Sobald aber sich dergl. Folgen entweder schon wirklich zeigen, oder mit Grund befürchten lassen, muß augenblicklich die gefängliche Haft wiederum an die Stelle des bereits nachgegebenen Hausarrestes treten. — Die Benachrichtigung der Aeltern oder Vormünder des Relegirten erfolgt ebenfalls auf der Stelle, ungeachtet des genommenen Rekurses. Der Senat muß jedem Relegirten, der den Rekurs nehmen zu wollen erklärt, einen angemessenen, jedoch möglichst kurzen Termin setzen, binnen welchem er den Rekurs rechtfertige, d. h. seine Beschwerden ausführe. Leistet er auf besondere Ausführung Verzicht, so werden sofort die Akten, entgegengesetzten Falls die Ausführung mit den Akten, und der Ber. des Senats beim Min. eingereicht. In der Regel muß die Ausführung, welche die Rechtfertigung des Rekurses enthält, innerhalb 24 Stunden, nachdem sie beim Rektor eingereicht worden, an das Min. befördert, und dabei angezeigt werden, wie es mit der Haft des Relegirten gehalten sei. Auf diese Weise wird das Rekursverfahren abgekürzt, und verhindert, daß die Relegirten während desselben neuen Unfug stiften, zu dessen Verhütung auch der Ortspolizei von der Relegation ungesäumt Nachricht gegeben werden muß, damit sie Anstalten treffe, daß nicht noch kurz vor, oder gar bei dem Abgange des Relegirten selbst irgend etwas vorfalle, wodurch den akadem. Behörden eben so sehr, wie der Polizei selbst Hohn gesprochen würde. Denen, die mit dem Consilio abeundi bestraft werden, mag der Senat nach Ermessen die Angabe der Univ., auf welcher sie ihre Studien fortzusetzen gedenken, abfordern, und demnächst dieser Univ. von dem verhängten Consilio Nachricht geben.

(Koch, II. S. 101.)

β) Auch bei Rekursen gegen ein consilium abeundi.

R. dess. Min. v. 2. Aug. 1819 an die Univers. zu Berlin.

Das unterz. Min. trägt kein Bedenken, auf den Antrag v. 28. v. M. die Univ. hierdurch zu authorisiren, daß auch bei Rekursgesuchen gegen die auf das Consilium abeundi lautenden Erkenntnisse vorläufig mit der Inkarzerirung desj., gegen den ein solches Erkenntniß ergangen ist, verfahren wird, da im §. 139. des Anh. zum A. L. R. bereits bestimmt ist, daß auch bei dem Consilio abeundi nach §. 90. Tit. 12. Th. 2. des A. L. R., welcher dem R. v. 20. Sept. 1817 zum Grunde liegt, verfahren werden soll. Das Min. wird übrigens dafür sorgen, daß in allen dergl. Rekurssachen möglichst schnell Bescheidung erfolgt. Um Letzteres zu bewirken, hat dieselbe daher künftig bei Rekursgesuchen auch die früheren Verhandlungen der Imploranten einzureichen.

(Koch, II. S. 113.)

γ) Die fortdauernde Gültigkeit dieses im §. 90. A. L. R. I. c. vorgeschriebenen Verfahrens sprach das R. dess. Min. v. 12. März 1836. an den Reg.-Bevollm. zu Bonn, aus. (Koch, II. S. 150.)

δ) Ausnahmsweise wurde, statt der Haft, sofortige Rücksendung in die Heimath gestattet durch

R. dess. Min. v. 10. Mai 1836 an denselben.

Das Min. nimmt zwar keinen Anstand, auf Ew. Ber. v. 18. v. M. zu genehmigen, daß der Reg. Bevollm., nach protokollarischer Vernehmung der definitiv konsilirten oder religirten Studirenden, ihre sofortige Abreise in die Heimath, als Ausnahme von der Vorschrift des §. 90. rc., in geeigneten Fällen veranlasse, kann aber die Schwierigkeiten, welche der Ausführung dieser gesetzlichen Bestimmung entgegentreten, nicht für sehr erheblich erachten. Denn 1) was den fehlenden Unterhalt der wegzuweisenden Studirenden betrifft, so ist die Lage der Sache keine andere, als wenn ein zur Relegation oder zum consilium abeundi von dem akad. Senate Verurtheilter den Rekurs ergreift, die gesetzliche Verpflichtung der Eltern, oder deren Stellvertreter, zur Erstattung des zum dringend Nöthigen erforderlichen Vorschusses unterliegt aber keinem Zweifel. Die Dauer der Haft ist: 2) auf die nach dem Postenlaufe, unter Freilassung eines Posttags, nöthige Zeit, worauf die Eltern oder Vormünder aufmerksam zu machen sind, zu beschränken, und wird, sobald nach Ablauf dieser Frist die Wegschaffung verfügt, in der Regel den Zeitraum von 10 bis 12 Tagen nicht erreichen. 3) Die Bewilligung von Freistunden in freier Luft für die zu einer 3 Tage übersteigenden Karzerstrafe verurtheilten Studirenden ist überhaupt ein dringendes Bedürfniß. Das Min. fordert deshalb Ew. auf, hierzu im Allgem. die erforderliche Einrichtung zu treffen, über sich etwa darbietende Hindernisse aber zu berichten. 4) Im Fall die vorhandenen Karzer nicht ausreichen, ist gleichmäßig auf eine angemessene Vermehrung um so mehr Bedacht zu nehmen, als bei dem Gewicht, welches das Conc. ab. durch die Bundesbeschlüsse v. 14. Nov. 1834 erhalten hat, zu erwarten ist, daß diese härtere Strafe seltener gewählt werden wird. — Die Karzerstrafe kann nur dann in das richtige Verhältniß zu dieser Strafe treten, wenn sie mit dem nöthigen Ernste, und einer die Kommunikationen nach außen hin ausreichend abschneidenden Strenge vollstreckt wird. Das Min. benutzt daher diesen Anlaß, Ew. Aufmerksamkeit diesen Gegenstand besonders zu empfehlen. Auf die Konsiliirten und Relegirten, deren Betragen und nachtheiliger Einfluß auf Andere diese höchsten akadem. Strafen begründet hat, ist nicht die mindeste Rücksicht zu nehmen, und die gesetzliche Folge ihrer Strafe um so strenger, durch möglichste Aufhebung jeder Kommunikation mit anderen Studirenden, zur Ausführung zu bringen, als sie zugleich im Zwecke der Strafe liegt.

(Koch, II. S. 151.)

b) Benachrichtigung der Polizeibehörde.

α) C. R. des Min. d. G., u Med. Ang. v. 28. Jan. 1820 an die Reg.-Bevollm. bei den Univers., und gleichlautend C. R. des Min. d. Inn. u. d. P. v. 1. März 1820 an die betreff. Regierung.

1) daß alle auf Relegation oder Consilium abeundi ergangenen Erkenntnisse, sobald sie rechtskräftig geworden, von der Univ. der Orts-Polizeibehörde mitzutheilen sind, daß 2) allen Studirenden unter Androhung achttägiger Karzerstrafe zu verbieten ist, Konsiliirte oder Relegirte in ihre Wohnungen aufzunehmen, und 3) daß überhaupt bei Vermeidung einer Geldstrafe von 2 Thlr. die Studirenden alle bei ihnen wohnenden Personen, mithin auch die sie besuchenden Studirenden fremder Univ., und nicht immatrikulirte junge Leute am Tage der Aufnahme sofort ihren Hauswirthen anzeigen müssen.

(Diese Anordnung soll auch auf die in Poppelsdorf wohnenden Studenten Anwendung finden 2c.)

(A. IV. S. 138. Koch, II. S. 114.)

β) Das C. R. dess. Min. v. 20. Juni 1834 fordert die Reg.-Bevollm. auf:

auch jede von einer auswärt. Univ. ihnen zugehende Nachricht von der Relegation, Konsiliirung oder Exklusion eines akadem. Bürgers der Polizeibehörde ungesäumt mitzutheilen.

(Koch, II. S. 139.)

γ) Eingeschärft wurden vorstehende V. durch die C. R. der Min.-Komm. (v. Kamptz, Mühler, v. Rochow) v. 18. Mai und 3. Juli 1834, an die Reg.-Bevollm. bei den Univers., an die betreff. Reg. 2c., mit der Maaßgabe, daß Relegirte und Konsiliirte auf 3, Exkludirte auf 1 Jahr an dem betreff. Univers.-Ort nicht wieder erscheinen dürfen, außer wenn sie ihre Heimath daselbst haben, und daß allen von auswärts Kommenden die polizeil. Aufenthalskarte gegen Deposition des Passes nur auf schriftl. Bewilligung der akadem. Behörde ertheilt werden darf. (A. XVIII. S. 86. 88.) Dazu erklärte das Schreiben ders. Komm. v. 13. Juli 1834 an das Min. d. G., U. u. Med. Ang., daß die erstere Bestimmung wegen der Relegirten ꝛc. sich auf alle, nicht blos auf die wegen geh. Verbindungen Verurtheilten, beziehe. (a. a. O. S. 89., vergl. §. 4. G. v. 7. Jan. 1838 und Nr. 3. u. 4. des Art. 4. des Bundesbeschl. v. 13. (14.) Nov. 1834.)

c) Benachrichtigung sämmtl. Univers. und des Min.

Sowie überhaupt von den vorsteh. Maaßregeln (b. β. γ.) diej. keine Geltung mehr zu beanspruchen haben, die aus dem Verbote der Studentenverbindungen oder aus den Ausnahmegesetzen des Deutschen Bundes hervorgegangen sind, so muß auch die sub 4. des Art. des B. B. v. 13. Nov. 1834 und demzufolge durch die C. R. des Min. d. G., U. u. Med. Ang. v. 5. Okt. 1835 und 15. Aug. 1836 (Koch, II. S. 148. 152.) zu Händen der Reg.-Bevollm. (für Oesterreich zu Händen der Geh. Hof- und Staatskanzlei zu Wien: C. R. v. 13. Okt. 1837, a. a. O. S. 157.) vorgeschriebene gegenseitige Benachrichtigung der Deutschen Univers. über die von ihnen verfügten Wegweisungen als nicht mehr erforderlich angesehen werden. Es bewendet jetzt bei §. 91. des A. L. R. I. c.

d) Folgen der Wegweisung sind außer der nach dem angef. §. 91. beschränkten Zulassung zur Fortsetzung des Studiums:

α) Ausschluß oder Aufschub der Staatsprüfungen:

$\alpha\alpha$) C. R. des Min. der G., U. u. Med. Ang. v. 10. März 1828 an die K. Universität.

Ein neuerdings vorgekommener Fall, daß ein relegirter Studirender, nachdem er auf anderen Univ. zur Vollendung seiner Studien zugelassen worden war, von den Justizbehörden wegen seiner schlechten Aufführung während der Universitätszeit zum Examen nicht verstattet worden ist, veranlaßt das Min., dies der K. Univers. hierdurch bekannt zu machen, um die Studirenden zur Warnung durch einen Anschlag davon in Kenntniß zu setzen.

(Koch, II. S. 135.)

$\beta\beta$) C. R. dess. Min. (Eichhorn) v. 22. Mai 1844 an sämmtl. K. Kons. und Prov.-Schulkolleg., welches sich nach Anführung des §. 4. G. v. 7. Jan. 1838 und Art. 7. Nr. 6. des B. B. v. 13. Nov. 1834, wie folgt, ausspricht:

Nach Analogie dieser letztern Bestimmung wird auch denj. Studirenden, welche wegen anderer Vergehen, als wegen Theilnahme an verbotenen Verbindungen, von einer Deutschen Univ. konsiliirt oder relegirt worden sind, der Besuch einer andern Univ. in der Regel nicht vor dem Ablauf eines halben oder ganzen Jahres nach ergangenem Strafresolut gestattet. Diese im Interesse der akadem. Disziplin aufrecht zu erhaltende Wirkung der Strafe der Relegation und des Konsils muß auch zur Aufrechthaltung des Bundesbeschlusses für solche Fälle gesichert bleiben, wo ein Studirender im Laufe des letzten Semesters seines Aufenthalts auf Universitäten konsiliirt oder relegirt worden ist, und zwar um so mehr, als von solchen Studirenden, welche dem Abgange von der Univ. überhaupt und dem Uebergange ins praktische Leben so nahe standen, mehr noch als von jüngeren Studirenden erwartet werden muß, daß sie durch ihr Betragen keinen Anlaß zu so ernstlichen Rügen von Seiten der akadem. Disziplin geben.

Zu dem Ende wird hierdurch bestimmt, daß ein Studirender, der nach Ausweis seines Univ. Abgangs-Zeugnisses im letzten Semester seines Aufenthalts auf der Univ. konsiliirt oder relegirt worden ist, noch nicht als ein solcher betrachtet werden kann, welcher rite sein akadem. Triennium absolvirt hat, daß er daher auch nicht zu den ersten Prüfungen zugelassen werden kann, auch wenn er faktisch schon das Triennium absolvirt und sämmtliche Testate über die vorschriftsmäßig zu hörenden Vorlesungen erhalten haben sollte. Ein solcher Studirender muß vielmehr noch eine andere Univ. besuchen und von dieser ein Zeugniß seines Wohlverhaltens beibringen, wenn nicht besondere Gründe zu einer Ausnahme vorliegen, über welche dann an mich zur Entscheidung zu berichten ist.

(Vom Justizmin. ist in gleicher Weise unterm 31. Mai 1844, von den Min. des J. u. d. Fin. eben so unterm 23. Juni 1844 verfügt. Min. Bl. d. i. V. 1844. S. 193, 194.)

β) Verbot, den Militairdienst an einem Univers.-Orte abzuleisten: die durch C. R. des Min. der G., U. u. Med. Ang. v. 15. Okt. 1832 mitgetheilte K. O. v. 10. Aug. 1832 an die Staatsmin. Frh. v. Altenstein, v. Hake und Frh. v. Brenn:

Ihrem gemeinschaftlichen Antrage v. 31. v. M. gemäß genehmige Ich die vorgeschlagene Bestimmung, daß den mit der Relegation, dem Cons. ab. oder der Exklusion bestraften Studirenden nicht gestattet sein soll, ihre Militairdienstpflicht an irgend einem Universitätsorte abzuleisten, und überlasse Ihnen die weitere Verfügung.

Berlin rc.

Friedrich Wilhelm.

(Koch, II. S. 529.)

Dazu:

C. R. des Min. d. G., U. u. Med. Ang. (v. Ladenberg) v. 9. April 1842 an sämmtl. Reg.-Bevollm. bei den Universitäten.

Um die Befolgung der A. K. O. v. 10. Aug. 1832 für die Zukunft möglichst zu sichern, hat das K. Kriegsmin. unter dem 13. v. M. auf den Antrag des unterz. Min. den Kommandeurs derj. Truppentheile, welche in Universitätsorten in Garnison stehen, die Anweisung zugehen lassen, daß sie bei dem nachgesuchten Eintritte in den Militairdienst von Seiten eines Studirenden, mit Rücksicht auf die ged. A. O. von diesem stets ein Zeugniß der Univ Behörde an dem betr. Garnisonorte darüber erfordern sollen: daß der Aufnahme des Studirenden in jener Hinsicht kein Bedenken entgegen stehe.

Ew. setzt das Min. hiervon mit der Veranlassung in Kenntniß, den H. Rektor der dortigen K. Univ. aufzufordern, die fraglichen Atteste den Studirenden vorkommenden Falles auszustellen. Die Ertheilung ders. kann keinen Schwierigkeiten unterliegen, da die Univ. von den erkannten Strafen der ged. Art sich vorschriftsmäßig gegenseitig Mittheilung machen, und mithin das Attest in allen Fällen ertheilt werden kann, in welchen eine solche Mittheilung nicht erfolgt, oder einem solchergestalt Bestraften der Aufenthalt auf der Univ. durch das unterz. Min. gestattet worden ist. Entgegengesetzten Falles ist nicht nur die Militair-Behörde von der Unzulässigkeit der Annahme eines solchen Studirenden zu unterrichten, sondern zugleich dafür zu sorgen, daß derselbe vorschriftsmäßig sofort aus der Universitätsstadt entfernt werde.

(Min. Bl. d. i. V. 1842. S. 117.)

V. Rechte der Studirenden in ihren Privat-Angelegenheiten, besonders in Ansehung des Schuldenmachens.

Hierüber verordnet das A. L. R. II. 12. §§. 97—126. und §§. 141 bis 145. des Anh.

§. 97. In ihren Privatangelegenheiten bleiben Studirende der Regel nach den Gesetzen ihres Geburtsorts, oder ihrer Heimath unterworfen.

§. 98. So lange Studirende noch unter Aeltern oder Vormündern stehen, bleibt es, wegen ihrer Unfähigkeit, für sich allein verbindliche Verträge zu schließen, bei den allgem. gesetzlichen Vorschriften.

§. 99. Kein Studirender, er mag der väterlichen oder vormundschaftlichen Gewalt noch unterworfen sein, oder nicht, kann, so lange er auf Universitäten ist, ohne Vorwissen und Konsens des akadem. Gerichts, gültig Schulden kontrahiren, oder Bürgschaften übernehmen.

§. 100. Kostgeld, Waschgeld, Perückenmacher- und Barbierlohn soll nicht über 1 Mon.; Stubenmiethe, Bettzins und Aufwartung nicht über Ein Viertelj.; Arzneien und Arztlohn nicht über Ein halbes J.; und das Honorarium für die Kollegia höchstens nur bis zum Ende des Kollegii geborgt werden.

§. 101. Schneider und Schuster können nur auf Zehn, so wie Buchbinder nur auf Drei Thlr. Kredit geben, und müssen diesen Kredit auf länger als 1 Mon. nicht ausdehnen.

§. 102. Das Honorarium für den Unterricht in Sprachen und Leibesübungen darf nicht über Drei Monate kreditirt werden.

§. 103. Alle vorstehend (§. 100. 101. 102.) benannte Gläubiger müssen, wenn die Zahlung mit Ablauf der bestimmten Frist nicht erfolgt, ihre Forderungen längstens binnen Acht Tagen, bei Verlust derselben, gerichtlich einklagen.

Anh. §. 141. 1) Die Honoraria für die Kollegia müssen zur Hälfte von den Studirenden vorausbezahlt, die andere Hälfte aber in der Mitte des halben Jahres zu Johannis oder Neujahr entrichtet werden. In Fällen, wo Lehrer bei dem, durch ein gerichtliches Attest von der Obrigkeit des Geburtsorts bescheinigten, Unvermögen eines Studirenden genöthigt sind, ihm die Honoraria für die Kollegia so lange zu stunden, bis er durch Beförderung zu einem öffentlichen Amte, oder durch sonstige Verbesserung seiner Vermögensumstände in den Stand gekommen, dieselben zu bezahlen, verbleibt ihnen bis dahin ihr Anspruch an solchen ungekränkt. Sie müssen aber dafür besorgt sein, daß beim Abgange des Studirenden der Betrag der Schuld, gleich andern, von dem akademischen Gerichte registrirt, und zugleich in dem akademischen Zeugnisse notirt wird. [1])

2) Repetenten, welche die von Andern gehaltenen Vorlesungen in dem Zeitraume, in welchem sie gehört worden, mit dem Studirenden wiederholen, haben, in Ansehung des Honorarii mit den akadem. Lehrern gleiche Rechte, wegen anderer Privatstunden aber, sind sie den Sprach- und Exerciermeistern gleich zu achten.

3) Der bisher gestattete Kredit von Fünf und zwanzig Thalern bei Kaufleuten, welche Materialien zur Kleidung liefern, wird wegen des Mißbrauchs, daß diese Materialien häufig verkauft oder versetzt werden, ganz aufgehoben; dagegen den Schneidern in dem Betracht, daß ein angemessenes fertig gemachtes Kleid weniger Gelegenheit zum Mißbrauche giebt, bis auf Fünf und zwanzig Thaler inklusive der Materialien zu kreditiren nachgelassen. Buchhändler, Schuhmacher, Aufwärter und Aufwärterinnen können nur auf Zehn Thaler, Buchbinder nur auf Drei Thaler Kredit geben, und zwar nicht über ein Vierteljahr. [2])

4) Kostgeld, Waschgeld, Friseur- und Barbierlohn, Stubenmiethe, Bettzins, Aufwartung, Arzeneien und Arztlohn, auch was für den Unterricht in Sprachen und Leibesübungen zu bezahlen ist, sollen ebenfalls nicht über ein Vierteljahr geborgt werden.

5) Alle diese von 1—4. gültige Schulden behalten das Vorrecht gesetzlicher Schulden nur, wenn sie nach dem Ablaufe des Vierteljahres, in welchem sie kontrahirt sind, in dem unmittelbar darauf folgenden Vierteljahr eingeklagt werden. [3])

---

1) Ueber Zahlung und Stundung des Honorars s. o. III. 2. S. 546 ff. — Der §. 141. des Anh. beruht auf einer V. v. 8. Jan. 1802. (N. C. C. T. XI. S. 367, Rabe, Bd. 7. S. 5.)

2) R. des Just. Min. (auf Spezialbefehl) v. 17. Mai 1803 an den Instruktionssenat des Kammergerichts: daß den Hutmachern und Beutlern auf den Univ. ein Kredit von 4 Thlr. an die Studenten, unter den Nr. 3. 4. 5. 6. festgesetzten Einschränkungen verstattet werden könne. (N. C. C. T. XI. S. 1845, Rabe, Bd. 7. S. 466.)

3) In Betreff der hier vorgeschriebenen Verjährungsfristen für Studentenschulden verordnen:

a) das G. v. 31. März 1838, wegen Einführung kürzerer Verjährungsfristen, daß es bei den hier im §. 141. des Anh., festgesetzten Fristen sein Bewenden behält. (G. S. 1838. S. 249)

b) R. des Just. Min. (auf Spezialbefehl) v. 10. März 1806 an die Univ. Gerichte zu Halle:

Die Vorschrift, Anh. z. A. L. R. §. 141. Nr. 1. und §. 145., giebt deutlich zu erkennen, daß bei dem Kreditgeben und Nehmen der Studirenden lediglich auf die Zeitpunkte gesehen worden, wo selbige ihre Unterhaltungsgelder erhalten, und davon die Schulden bezahlen können. Hierauf gründet sich die Disposition des §. 141., wo sie beim Anfange der Kollegien, Ostern und Michaelis, die Hälfte der Honorarien für die Kollegia, und die anderere Hälfte zu Johannis und Neujahr bezahlen sollen; ferner im §. 145., wo die Miethszeit

6) Wenn also ein solcher privilegirter Gläubiger binnen dieser festgesetzten Frist die Schuld bei dem akadem. Gerichte nicht anhängig macht, so kann er damit nicht weiter gehört werden. [1])

---

wegen der Wohnungen und andern Gelasses lediglich auf die Quartale des Kalenders eingeschränkt sind. Wenn also Nr. 5. §. 141. bestimmt worden, daß die gesetzl. Schulden nach dem Ablauf des Viertelj., in welchem sie kontrahirt sind, in dem unmittelbar darauf folg. Viertelj. eingeklagt werden sollen: so ist daraus klar, daß nur die Vierteljahre, welche mit dem ersten Ostertage, 24. Juni, 29. Sept. und 25. Dec. anfangen, und gegen welche die Studiosen ihre Unterhaltungsgelder quaest. jährlich empfangen, gemeint sein können; daher eine Schuld, welche in dem Viertelj. von Mich. bis Weihn. gemacht werden, in dem nächsten Viertelj. von Weihn. bis Ostern eingeklagt werden muß. Daß hieraus für diej. Kreditoren, welche zu Anfang des Quartals, und diej., welche zu Ende dess. kreditiren, resp. längere und kürzere Kredit-Termine entstehen, ist völlig unerheblich, da das Kreditiren bei jedem Einwohner ein ganz freiwilliges Geschäft ist, wobei er sich gehörig prospiziren muß, und das keine weitere Begünstigung verdient. Was die andere, in Eurem Ber. angeführte Meinung betrifft: so weichet selbige in Ansehung des Erfolgs von der erstern im wesentlichen ab. Denn da nach der allegirten Vorschrift die längste Frist zur Einklagung mit dem letzten Tage des nach der Kontrahirung unmittelbar folgenden Vierteljahrs abläuft: so muß derj. Gläubiger, welcher vor dem 25. Dec. Kredit gegeben, doch vor dem ersten Ostertage klagen, wo die dreimonatl. Frist verlaufen ist. Wenn ihr aber diese Frist bis ultimo Mai nach Verlauf von 5 Monaten hinaussetzen wollet, wo der Student seinen Unterhalt schon vor 2 Monaten empfangen, und oft schon verzehrt und ausgegeben hat; so würde diesem der Sinn des Ges. entgegen sein. Zur Vermeidung der Schuldklagen würde ein solcher prolongirter Termin bei unordentlichen zur Verschwendung geneigten Studenten wenig beitragen, und das vorgeschlagene Registriren der Schulden kann auch nicht extendirt werden, da es nur den Kredit befördert, und zu gleichen Zwecken die Eltern zur Zahlung nicht verbindlich machen kann. rc. (N. C. C. T. XII. S. 71, Rabe, Bd. 8. S. 492.)

c) R. des Just. Min. (ad mandatum) v. 8. Okt. 1806 an dies.:

Das Registriren der Schulden ist nur als eine Ausnahme von der Regel in den nicht zu vermeidenden Fällen nachgelassen, und in dem R. v. 10. März 1806 ist Euch bereits der Nachtheil bemerklich gemacht worden, der aus der Extension entstehen würde. Die kurze Verjährungsfrist bei den Studentenschulden soll den Kredit vermindern, und es ist ganz natürlich, daß dadurch die Schuldklagen gegen die Studenten gehäuft werden. Dieses ist aber, um den Zweck zu erreichen, nicht zu vermeiden, und haben die Syndici sich der schleunigen Instruktion dieser nur einfachen und leicht zu entscheidenden Prozesse ohne Aufenthalt zu unterziehen. Die Sache hat keinesweges so viele Schwierigkeiten auf sich, als Ihr Euch vorstellet, und es muß daher bei den, in dem R. v. 10. März weitläuftig auseinander gesetzten Gründen, wonach es bei der gesetzl. Vorschrift verbleiben muß, sein Bewenden behalten. Jedoch verstehet es sich von selbst, daß der in Eurem Ber. erwähnte Vergleich, wenn derselbe zum gerichtl. Protokoll binnen der sub No. 5. §. 141. des Anh. zum L. R. vorgeschriebenen Frist geschlossen und niedergeschrieben wird, die Stelle der daselbst vorgeschriebenen Klage vertritt, und es alsdann, so wie auch, wenn auf gleiche Weise das gerichtl. Anerkenntniß der klagbar gemachten Schuld von Seiten des Beklagten erfolgt, der Anstellung dieser Klage nicht weiter bedarf. (N. C. C. T. XII. S. 771, Rabe, Bd. 8. S. 683.)

d) Das Ob. Trib. nimmt in dem Judikate v. 22. Dec. 1837 an, daß es auf die eingetretene Verjährung der Studentenschuld dann nicht weiter ankommen könne, wenn ein späteres rechtsgültiges Anerkenntniß der Schuld vorhanden. da alsdann die Bestimmung des §. 564. A. L. R. I. 9. zur Anwendung komme, (Centralbl. 1838. S. 299. Vgl. auch im Allgem. das in Hinschius Wochenschr. Bd. 2. S. 89 mitgetheilte Judikat.)

1) Die frühern Quartallisten über die Schuldklagen, deren Form und Ein-

7) Sollten die während des letzten Vierteljahrs, welches der Studirende sich auf der Univ. aufhält, in Gemäßheit der von 1—4. kontrahirten Schulden, wegen Abgangs des Studirenden, binnen der in Nr 5. bestimmten Frist nicht eingeklagt werden: so muß der Gläubiger dafür sorgen, daß selbige von dem akadem. Gerichte registrirt werden.

8) Zu dem Ende steht es dem Gläubiger frei, die Person oder Sachen eines abgehenden Studirenden so lange mit Arrest zu belegen, bis die Schuld registrirt worden ist.

9) Wenn jedoch der Gläubiger mit dem Schuldner über die Richtigkeit oder die Summe der Schuldforderung sich nicht einigen können: so ist es genug, wenn der Gläubiger solche bestimmt angiebt, und der Schuldner sich darüber erklärt, und soll die Abreise durch ausführliche Instruktion solcher Schuldsachen nicht aufgehalten werden.

§. 104. Alle andere Privatschulden eines Studirenden sind nichtig, und begründen keine Klage.

§. 105. Auch die Verträge, wodurch Sicherheit oder Bürgschaft dafür bestellt worden, sind unkräftig.

§. 106. Die dafür eingelegten Pfänder müssen unentgeldlich zurückgegeben werden. [1])

Anh. §. 142. Die Pfänder müssen auf jeden Fall zurückgegeben werden, sie mögen von den Studirenden selbst, oder von einem Dritten, oder auch unter dem Scheine eines Verkaufs den Gläubigern eingehändigt worden sein. Wegen Betten, Wäsche, Kleidungsstücke und Bücher soll die Entschuldigung des Pfandgläubigers oder Käufers, wie er nicht gewußt habe, daß sie einem Studirenden gehörten, niemals stattfinden.

§. 107. Ist auf eine solche ungültige Schuld von dem Studenten etwas bezahlt worden: so können die Aeltern oder Vormünder dasselbe unter fiskalischer Assistenz zurückfordern. [2])

§. 108. Hat Jemand einem Studirenden Geld oder Geldeswerth zu unnützen Ausgaben, oder gar zur Ueppigkeit oder Schwelgerei geliehen, oder sonst kreditirt: so soll er, außer dem Verluste der Schuld, auch noch um den ganzen Betrag derselben fiskalisch bestraft werden.

§. 109. Hat der Schuldner ein solches Darlehn ganz oder zum Theil bezahlt: so ist der Fiskus außer der Strafe, auch das Gezahlte von dem Gläubiger beizutreiben berechtigt.

---

reichung das C. R. v. 8. Oktober 1839 (A. XXIII. S. 838) näher bestimmte, sind aufgehoben: C. R. v. 6. Nov. 1848 (s. o. S. 410).

1) R. des Min. d. G., U. u. Med. Ang. v. 10. Aug. 1829 an den Reg. Bevollm. zu Bonn:

Was die in Ew. Ber. v. 21. v. M. wegen der Jurisdiktions-Konflikte in Frage gebrachten Grundsätze im Allgem. betrifft, so ist a) bei an und für sich rechtsgültigen Schulden der Studirenden das nach sonstiger Beschaffenheit der Forderung gemeinrechtlich begründete Pfändungsrecht des Gläubigers, wie in dem hier in Rede stehenden Fall der Retention wegen Miethsforderungen, nirgend durch das Gesetz aufgehoben, mithin die Retention allerdings wie gegen andere Schuldner gestattet, und b) bei Klagen der Studirenden wegen dergl. ausgeübter Retention die Kompetenz des ordentl. Gerichts des Gläubigers wohlbegründet, welches aber c) bei seiner Entscheidung selbstredend auf die besondern gesetzl. Vorschriften über die Bedingungen zur Rechtsgültigkeit der Schulden von Studirenden gebührende Rücksicht nehmen muß, in welcher Rücksicht denn namentlich d) auch eine an und für sich aus erlaubtem Kredite entstandene, aber — bei der dem Gläubiger hierbei nicht zu Statten kommenden Abwartung der Einlösung der retinirten Effekten oder der Klage des Schuldners, — nicht binnen der gesetzmäßigen Frist bei dem akadem. Gerichte eingeklagte Forderung, allerdings für an sich selbst ungültig, und mithin nach Ablauf des Einklagungstermines die Retention nicht mehr für rechtmäßig zu achten ist. (Koch, II. S. 135.)

2) Nicht der Student selbst: §. 138. A. L. R. II. 2. Vergl. jedoch §. 170. A. L. R. I. 16. (§§. 702. ff. ib. I. 11.).

Anh. §. 143. Wer auf Pfänder, Wechsel oder Handschriften den Studirenden Geld leiht, oder Kaufmannswaaren statt baaren Geldes auf Kredit giebt, und ihnen auf diese Weise das Verschwenden und Schuldenmachen erleichtert, hat zu gewärtigen, daß, wenn auch solche Schulden von den Studirenden bezahlt werden, doch das Bezahlte entweder auf Ansuchen der Aeltern und Vormünder, oder wenn diese sich nicht melden, von dem akadem. Fiskus wieder eingezogen werden wird.

§. 110. Wenn aber ein Studirender, durch das Außenbleiben der ihm zu seinem Unterhalte ausgesetzten Gelder, oder durch andere für ihn unvermeidliche Zufälle, in die Nothwendigkeit, ein Darlehn zu seiner Subsistenz aufzunehmen, gesetzt ist: so muß er sich mit seinem Gläubiger bei dem akadem. Gerichte melden, und dessen Einwilligung nachsuchen. [1])

§. 111. Das Gericht muß die angebliche Nothwendigkeit und Bedürfniß des Schuldners, so wie die übrigen Umstände der Sache, genau prüfen; und wenn sich nichts dabei zu erinnern findet, den Konsens unter das aufzustellende Instrument verzeichnen.

§. 112. Besonders muß darauf gesehen werden, daß die Summe des aufzunehmenden Darlehns die wirkliche gegenwärtige Bedürfniß des Schuldners nicht übersteige.

§. 113. Der Regel nach darf das akadem. Gericht für einen Studirenden nicht mehr an Schulden konsentiren, als der vierte Theil der ihm zu seinem jährlichen Unterhalte bestimmten Summe beträgt.

§. 114. Wenn also ein Studirender dergl. Konsens sucht, muß er zuvörderst glaubhaft angeben, wie viel ihm zu seinem Unterhalte auf der Akademie bestimmt worden.

§. 115. Findet sich das akadem. Gericht durch besondere Umstände veranlaßt, den Kredit des Studirenden auf ein höheres Quantum zu erstrecken: so muß dieses, und die Gründe davon, in dem Konsense ausdrücklich bemerkt werden.

§. 116. Gleich nach ertheiltem Konsense muß das Gericht den Aeltern oder Vormündern des Schuldners davon Nachricht geben.

§. 117. Der Konsens selbst muß allemal nur auf eine bestimmte Zeit, und zwar nur auf so lange gegeben werden, als nöthig ist, um den Aeltern oder Vormündern zu Treffung der nöthigen Zahlungsanstalten Raum zu lassen.

§. 118. Mit dem Ablaufe dieser Frist muß der Gläubiger, wenn er inzwischen nicht befriedigt worden, es dem akadem. Gerichte, bei Verlust seines Rechts, anzeigen.

§. 119. Das Gericht muß alsdann die den Aeltern oder Vormündern des Schuldners vorgesetzte Obrigkeit, mit Zufertigung des Instruments, requiriren, diese zu Abtragung der Schuld allenfalls exekutivisch anzuhalten.

§. 120. Alle Gerichte in K. Landen sollen gehalten sein, dergl. Requisitionen, wegen Beitreibung einer gesetzmäßig konsentirten Schuld, ohne Gestattung prozessualischer Weitläuftigkeit Folge zu leisten.

§. 121. Glauben die Aeltern oder Vormünder, erhebliche Einwendungen gegen die Schuld zu haben: so müssen sie den Betrag bei dem requirirten Gerichte niederlegen, und die Einwendungen gegen den Gläubiger vor dem akadem. Gerichte ausführen.

§. 122. Gegen diese den konsentirten Gläubigern zu verschaffende prompte Rechtshülfe, dürfen sie den Schuldner selbst, während des Laufes seiner Studien, mit Exekutionen nicht beunruhigen.

---

1) §. 24. des Regl. v. 18. Nov. 1819. (S. 472.) — Es gab auch bei einzelnen Univ. besondere Zahlungskommissionen, unter deren Administration die pekuniären Verhältnisse eines Studenten mehr oder minder gestellt werden konnten. So wurde eine solche Komm. für Halle durch Regl. v. 18. Juni 1802, für Frankfurt durch Regl. v. 10. Sept. 1803 (Rabe, Bd. 13. S. 535, 564) eingerichtet. Die erstere wurde laut Nachricht des Prorektors v. 28. Febr. 1825 durch R. des Min. d. G., U. u. Med. Ang. v. 6. Dec. 1824 wiederhergestellt, und hauptsächlich zur Vermittelung der Zahlung des Honorars, der Wohnungsmiethe nnd Aufwartung, und des Mittagstisches bestimmt, zugleich aber auch zur Uebernahme völliger Administrationen ermächtigt. (A. IX. S. 384.)

§. 123. Steht der Studirende nicht mehr unter Aeltern oder Vormündern: so kann der Gläubiger sich auf die Person und das Vermögen des Schuldners selbst, der gesetzmäßigen Exekutionsmittel bedienen.

§. 124. Hat ein solcher Schuldner die Univ. ohne Befriedigung seiner konsentirten Gläubiger verlassen: so steht diesen frei, ihn überall, wo er sich betreffen läßt, mit Personalarrest zu verfolgen.

Anh. §. 144. Hat der Schuldner die Univ. ohne Befriedigung der nach 1—4. (§. 100—103.) privilegirten, oder von dem akadem. Gerichte konsentirten Gläubiger verlassen: so bleibt diesen zwar der Weg Rechtens gegen ihren Schuldner unverschränkt; falls sie aber aus seinem Vermögen ihre Befriedigung nicht erhalten könnten, kann gegen ihn zum Personalarreste nicht geschritten werden, sondern die Gläubiger müssen mit der Zahlung so lange in Geduld stehen, bis der Schuldner durch Vermögensanfälle, oder Versorgung zu besserm Vermögen gekommen, und in zahlbaren Stand gesetzt worden.

§. 125. Für die dem akadem. Gerichte in dergl. Angelegenheiten zufallenden Bemühungen soll demselben eine billige Belohnung in der ihm vorzuschreibenden Sporteltaxe bestimmt werden.

§. 126. Dagegen soll aber auch das akadem. Gericht, wenn es pflichtwidriger Weise in unnütze und übermäßige Schulden gewilligt, oder sonst, durch Kollusion mit einem Studirenden, Jemand zum Borgen an denselben verleitet hat, einem solchen Gläubiger für seine Forderung selbst haften.

Anh. §. 145. 1) Wenn ein Studirender eine Wohnung, Stallung oder anderes Gelaß miethet, und kein schriftlicher Vertrag geschlossen worden, oder der schriftliche Vertrag die Miethzeit nicht näher bestimmt: so ist anzunehmen, daß der Miethvertrag von Ostern bis Michaelis, oder von Michaelis bis Ostern geschlossen worden.

2) Sollte der Miethvertrag im Johannis- oder Weihnachtstermine seinen Anfang nehmen: so gilt derselbe bis zum nächstfolgenden Michaelis- oder Ostertermine.

3) Die Aufkündigung der Wohnung muß spätestens in den Drei ersten Tagen des letzten Vierteljahres geschehen.

4) Die Wohnung muß beim Ablaufe der Miethzeit innerhalb Dreier Tage, nach Ablauf des Termins, wieder geräumt werden.

VI. Akademische Stiftungen und Benefizien.

1) Uebersicht der vorhandenen Stiftungen.

Die den bedürftigen Studenten gewährten Unterstützungen bestehen theils in Freitischen, theils in baaren Geldzahlungen, theils im Erlasse oder der Stundung des Honorars. Von letzterem ist schon oben (S. 546 flg.) gehandelt. Die andern Benefizien sind den bestimmten einzelnen Univers. überwiesen. Allgemeine, auf jede, wenigstens inländische, Univers. sich beziehende Stipendien giebt es nur wenige. Es gehört dahin das von der **Bank** gestiftete Stipendium für Theologen, für welches jährl. 750 Thlr. zur möglichst gleichen Vertheilung auf alle Univers. (mit Ausschluß von Greifswald) ausgesetzt sind, und welches vom Min. der G., U. u. Med. Ang. und dem Chef der Hauptbank gemeinschaftlich vergeben wird. (Vgl. die vom König vollzogene Stiftungsurkunde v. 11. Nov. 1823. Koch, II. S. 917.) Ferner sind die beiden **Siebenbürgschen** Stipendien à 80 Thlr. anzuführen, die event. auch an Inländer verliehen werden, für Theologen bestimmt, und unter die Direktion des mons pietatis gestellt sind. (Vgl. Regl. v. 29. April 1836, C. R. v. 9. Nov. 1839 und K. O. v. 12. Mai 1818. a. a. O. S. 927.) Eben so ist endlich die v. **Stägemannsche** Stiftung, welche in zwei Stipendien à 150 Thlr., — eines zunächst für die Familie des Stifters und eines für die Zöglinge des Schindlerschen Waisenhauses — besteht, an keine bestimmte Univers. gebunden. (Vergl. das durch K. O. v. 23. Juni genehm. Statut v. 6. Mai 1838. a. a. O. S. 932.) Dasselbe mag noch mit vielen Familienstipendien der Fall sein, doch sind in Betreff dieser nur wenig Nachrichten veröffentlicht. Ueber die bei den einzelnen Univers. zu Stipendien und Freitischen gewidmeten Unterstützungsfonds werden dagegen in Kochs Univers. folgende Angaben gemacht, bei denen aber nicht zu vergessen, daß seit den J. 1837 u. 1838, auf welche sie sich beziehen, manche Veränderungen [1]) eingetreten sein können:

Unterstützungsfonds der einzelnen Universitäten:

(Bei den mit *) bezeichneten Stiftungen hat die stiftende Gemeinde ihren Angehörigen, oder der Stifter seiner oder andern Familien, oder überhaupt bestimmten Personen ein vorzügliches Anrecht, oder auch sich selbst das Präsentationsrecht vorbehalten.)

a) Bei der Univers. zu Berlin: 1) der Kurmärksche Stipendienfonds mit 9 Stipendien zu 100, und 2 zu 50 Thlr. für Eingeborne der Mark, wovon 5 Adliche und 4 Bürgerliche. Kollation auf 3 Jahre, doch nicht über die Univers. hinaus. Kollator: Min. d. G., U. u. Med. Ang. Vergl. die Stiftungsurkunde v. 4. Jan. 1686, K. O. v. 23. März 1812, R. v. 4. Dec. 1820, 28. Febr. 1828 und K. O. v. 14. Okt. 1838 (Koch, II. S. 901 flg.). Jeder Stipendiat muß eine Oratio halten; bevor er dies gethan, soll ihm sein Abgangszeugniß nicht gegeben werden: R. v. 17. Nov. 1823 und 11. April 1825 (a. a. O. S. 908. 910.) — 2) Stipendienstiftung der K. Immediatkommission zur Vertheilung von Prämien auf Staatsschuldscheine: 7250 Thlr. Kapital, 6 halbjährl. Stip., wovon 4 zu 50, 2 zu 45 Thlr., für Theologen. Vgl. die Stiftungsurkunde v. 13. Okt. 1822 mit K. Genehmigung v. 2. Nov. 1822. (a. a. O. S. 915.) — 3) Der Kirchenkollektenfonds zur Unterstützung hülfsbedürftiger Stud. Aus den dazu gewiesenen 6 Reg. Bez. (Potsdam, Frankfurt, Stettin, Köln, Danzig, Marienwerder) fließen im Durchschnitt jährlich über 2400 Thlr. zusammen, wovon 2000 Thlr. durch eine eigene Komm., und über 400 Thlr. durch das Min. d. G., U. u. Med. Ang. vertheilt werden. — 4) Der Fonds für studirende Griechen: 2300 Thlr. Kap., woraus 1 Stipend. für einen Griechischen Unterthan auf 1, 2 höchstens 3 J. durch das Min. d. G., U. u. Med. Ang. laut K. O. v. 2. Sept. 1830. — 5) Das Sohstensche Stipend. aus den Zinsen von 400 Thlr. Kap., wird alle 2 Jahr vergeben. — 6) Das Bendemannsche Stip. aus den Zinsen von 2500 Thlr. Kap., halbjährlich 2 Stip., eins von 20, eins von 10 Thlr., vom akadem. Senat zu vergeben. Vgl. Stiftungsurkunde und Regl. v. 20. Jan. 1827 mit K. O. v. 26. Febr. 1827. (a. a. O. S. 920.) — 7) Die Guretzkysche Stiftung für Theologen, gegen 600 Thlr. Kap. — 8) Der Schmalzsche Freitisch aus den Zinsen von 2400 Thlr. Kap. und milden Jahresbeiträgen, durch Rektor und Senat zu vergeben. Vergl. Bek. v. 1. und R. v. 13. Juni 1831. (a. a. O. S. 923.) — 9) Die Schleiermachersche Stiftung aus den Zinsen von gegen 4250 Thlr. Kap. und jährl. Beiträgen 1 Stip. v. 200 Thlr. für einen Theologen, durch ein besonders Kuratorium zu verleihen. Vergl. die durch R. v. 12. Aug. 1835 genehmigten Statuten. (a. a. O. S. 925.) — 10) Die Dr. Franz Hornsche Stiftung von 5000 Thlr. Kap., dessen Zinsen zur Unterstützung kranker Studenten dienen sollen. Vgl. die Stiftungsurk. v. 1. Febr. 1838, K. O. v. 28. Mai und R. v. 11. Juni 1838. (a. a. O. S. 929.) — Nr. 5—10 sind Privatstiftungen.

b) Bei der Univers. zu Bonn: Die Einnahme des Unterstützungsfonds soll in 5985⅓ Thlr. bestehen, wovon 3000 Thlr. Staatszuschuß, 2000 Thlr. aus den Kollekten in Rheinland und Westphalen, 381 Thlr. Zinsen und 604⅓ Thlr. aus Privat-Stiftungen. Unter die letztern gehören die der Gemeinde zu Sinzig,*) des Stadtraths zu Andernach,*) der die Gemeinden zu Cobern, Dirblich und Güls,*) jede von 100 Thlr. jährl. zu einem Freitisch, ferner 10 Thlr. jährl.

---

1) Vergl. die Bek. der Oberlausitzschen Landstände v. 3. Juli 1854 über die von ihnen zu verleihenden Stipendien, worunter für Univers. ein Gersdorfsches, ein v. Schindelsches, 3 Landesstip. und 1 Universitätsstip. besonders für solche Theol., die der wendischen Sprache mächtig sind. (Staatsanz. 1854. Nr. 163. S. 1259.)

Reisestip. vom Stadtrath zu Andernach, 25 Thlr. jährl. Geldstip. der Landgemeinden Andernach,*) 200 Thlr. jährl. zu zwei Geldstip. von der Stadt Koblenz,*) endlich Kapitalstiftungen: 208⅓ Thlr. von der Gemeinde Kraucaburg, 50 Thlr. vom Reg.-Dir. Keßler, 100 Thlr. vom Pf. Rheidt, 100 Thlr. von der Klosterfrau Gerhards, 1000 Thlr. vom L. G. R. Schlipper, 100 Thlr. vom Griechenverein in Elberfeld, 175 Thlr. von einem Ungenannten. (Koch, I. S. 183.) — Ueber die bei der Vertheilung der Stip. zu befolgenden Grundsätze vergl. R. v. 12. Dec. 1833 und 24. Aug. 1838, wonach aus dem öffentl. Stiftungsfonds 90 Stip., und zwar 30 größere zu jährl. 60, und 60 kleinere zu jährl. 30 Thlr., allemal halbjährlich verliehen werden. (Koch, II. S. 894. 900.) — Außerdem besteht unter den Stud. zu Bonn ein Krankenverein, 18¾ mit 334 Theilnehmern, die durch regelmäßige Beiträge einen Fonds zur Unterstützung kranker Studenten beschaffen.

c) Bei der Univers. zu Breslau: Die Einnahme des Unterstützungsfonds beträgt gegen 6020 Thlr., wovon 1400 Thlr. Staatszuschuß, gegen 2000 Thlr. aus den Kollekten der Prov. Schlesien und Posen, gegen 150 Thlr. Antheil an den Immatrikulationsgebühren, und über 2500 Thlr. aus Privatstiftungen. Die letztern sind folgende: 1) das Altmärkische Stip. von 37½ Thlr., zunächst für Söhne der Professoren. Die Univers. hat die Kollation; — 2) das Brachvogelsche v. 1646 mit einem Kap. von 5150 Thlr., woraus 3 Stip. à 62 Thlr., auf 2 J. für studirende Liegnitzer, dann für solche aus dem Fürstenthum Liegnitz, demnächst Schlesier. Die Kollation haben die Dekane der theol., jurist. u. med. Fak.; — 3) der Brücknersche Stipendienfonds von 550 Thlr., 1818 gegründet, 1 Stip. von 22 Thlr.; — 4) der Caussesche,*) 1789 gest., mit jährl. 820 Thlr., vertheilt in drei Familienstip. und zwei für evang. Theologen à 145 Thlr.; — 5) die v. Clostersche Familienstiftung*) von 1588 mit 1200 Thlr. Kap., woraus 1 Stip. von 48 Thlr. auf 3 J., zunächst für die Familien von Closter und von Lüderitz, dann an andere Studirende; konferirt von dem ältesten der Vettern des Stifters und dem Rekt.; — 6) der Czernikowsche Stiftungsfonds v. 2000 Thlr. Kap., 1611 gegr., mit 2 Stip. à 40 Thlr. auf 3 J., konferirt vom Rektor und einem Magistratsmitgliede zu Frankfurt a. O.; — 7) das Fickersche Stip.,*) 1828 gegr., jährlich 40 Thlr., event. für Studenten der Med. aus Liegnitz, aus dem Kr. Liegnitz, aus Niederschlesien auf 3 J.; — 8) der Gölickesche Stipendienfonds,*) 1744 gegr., 2725 Thlr. Kap., 2 Stip. zu 60½ Thlr., das eine als Familienstipendium, das andere für einen Stud. der evang. Theol. Die Univers. hat die Kollation; — 9) das Grünbergsche Stip., 575 Thlr. Kap., 1 Stip. von 23 Thlr. für einen Stud. der evang. Theol. Die Fak. hat die Kollation; — 10) das Heidenreichsche Stip.,*) 1761 gegr., mit 6425 Thlr. Kap., 3 Stip. zu 84 Thlr., erst für Abkömmlinge des Stifters, dann für Stud. der evang. Theol. aus Frankfurt oder der Mark, dann für Stud. der Rechte oder Med. aus Frankfurt; auf 3 J. von der Univers.; — 11) der Jungnitzsche*) Stipendienfonds für kathol. Theologen, 1830 gegr., 2000 Thlr. Kap., erst für Abkömmlinge des Stifters, 2 Stip. von 50 Thlr. auf 2½ J.; — 12) das Jungnitzsche Stipendium für Studirende des höheren Lehramts, 1000 Thlr. Kap. Die kathol. theol. Fak. hat hier wie ad 11. die Kollation; 1 Stip. von 50 Thlr. auf 2 J.; — 13) der Bruckmannsche*) Stipendienfonds, 1623 gestiftet, mit 1740 Thlr. Kap.; 3 Stip. à 25 Thlr. auf 4 J. Kollation bei der Univers. mit Zuziehung der Descendenten der Stifterin, die den Vorzug haben; — 14) die v. Schönaichschen*) Stipendien, nämlich das von Schönaich-Giersdorffsche, 1694 gest., mit 5000 Thlr. à 6 pCt. auf das Gut Giersdorff; 2 Stipendien à 60 Thlr. auf 3 J. für Theologen reformirter Konfession; Kollator der Senior der v. Schönaichschen Familie, die den Vorzug hat. Dann das v. Schönaich-Amtitzsche Stip., 1700 gegründet, 5000 Thlr. à 6 pCt. zu gleicher Bestimmung. Die Zinsen betragen jetzt 209 Thlr., von denen der Fürst zu Carolath 3 Stip. à 60 Thlr. mit Zustimmung der theol. Fak. vergiebt; — 15) das Schuckmannsche Stip. aus freiwilligen Beiträgen und der Universitätskasse mit 500 Thlr. begründet; die Zinsen per 20 Thlr. werden in den Fak. abwechselnd vom Senate konferirt; — 16) der Stroblsche Stipendienfonds, 1807 mit 3641 Thlr. begründet, wovon 3 Stip. à 38 Thlr. auf 3 J. an kathol. Theologen verliehen werden und 38 Thlr. für arme oder kranke Studirende bestimmt sind; — 17) der Werliennssche Stipendienfonds, 1645 mit 6350 Thlr. zu 6 Stip. à 41 Thlr. begründet, je zwei für die theol., jurist.

und mediz. Fak., bei jeder für einen Märker und einen Schlesier. Die Dekane haben die Kollation; — 18) das Wimpinasche Stipendium, 1516 mit 500 Fl. begründet, zunächst für kathol. Stud. ohne Fakultätsunterschied. (Koch, II. S. 308.) Außerdem eine Dr. Henschelsche Stiftung für jüdische Med. behufs ihrer Promotion: Kapital 2000 Thlr., Statut v. 29. Dec. 1836 mit K. Genehmigung. (Koch, II. S. 936.) — Vergl. auch Gesetze für die Inhaber K. Freitischstellen zu Breslau v. 27. Juni 1832 und R. über die Vertheilung der Freitische v. 12. Dec. 1837. (a. a. O. S. 896. 898.) — Endlich besteht ein Krankenunterstützungs-Verein der Stud., vergl. Statut v. 4. März 1826. (a. a. O. S. 943.)

d) Bei der Univers. zu Greifswald: Einnahme gegen 4600 Thlr., wovon 2240 Thlr. aus der Univers. Kasse, 144 Thlr. aus der Univ. Forstkasse, 144 Thlr. Kollektengelder aus dem Reg. Bez. Stralsund, 558 Thlr. Beiträge der Studenten, welche den Freitisch genießen, 17 Thlr. Levesche Stiftung zu einem Abendtisch, und gegen 1500 Thlr. aus Privatstiftungen. Letztere sind: 1) der Dir. von Nemingasche Stipendienfonds: 8415 Thlr. Kap., woraus 10 Stip. à 34 Thlr., zur Hälfte für Jur., an Landeskinder, auch Mekleuburger, auf 3 J. (wovon 2 in Greifswald) vom Rektor und Senat zu verleihen; — 2) das Mag. v. Nemingasche Stip. 342 Thlr. Kap., woraus 1 Stip. von 17 Thlr. an einem Theol. auf 3 J. von Rektor und Senat; (ist nicht an Greifswald gebunden.) — 3) der v. Blüchersche Stip. Fonds, 590 Thlr. Kap., die Familie hat die Kollation; — 4) der Lembkesche*) Stip. Fonds, 9288 Thlr. Kap., woraus 8 Stip. von etwas über 50 Thlr. auf 3 J. (wovon 2 in Greifswald) vom Senior der Familie; — 5) das v. Meviussche*) Stipend., 338¾ Thlr. Kap., woraus 1 Stip. von 13½ Thlr. vom Senior der Familie; — 6) das Overkampsche*) Stip., 678¾ Thlr. Kap., woraus 1 Stip. von 30 Thlr. auf 3 J. (wovon 2 in Greifswald.); — 7) das Scheffelsche*) Stip., 1404 Thlr. Kap., woraus 1 Stip. von 49 Thlr., zunächst für Professorensöhne und Familienglieder, von der Univers. zu verleihen; — 8) der v. Szirmazsche*) Stip. Fonds. 6560 Thlr. Kap., woraus 6 Stip. von 52 Thlr. an Ungarn, aus des Stifters Familie, welche die Kollation hat; — 9) der v. Usedomsche*) Stip. Fonds, 2075 Thlr. Kap., woraus 3 Stip. à 29 Thlr.; — 10) der v. Walkenitzsche Stip. Fonds, 3450 Thlr. Kap., woraus 6 Stip. à 25 Thlr. für Theologen oder Philos. (Koch, I. S. 355.); — In Betreff der Freitische vergl. Gesetze für die Konviktoristen zu Greifswald v. 5. Nov. 1825, und Instrukt. für die Freitischsenioren de eod. (Koch, II. S. 885. 887.) — Endlich besteht ein Verein zur Verpflegung kranker Stud., vergl. Statut v. 6. Dec. 1830. (a. a. O. S. 889.)

e) Bei der Univers. Halle: Einnahme 12884 Thlr., wovon 6329 Thlr. aus dem Freitischfonds (und zwar in 3 Abth.: A. 5068 Thlr. aus dem luther., B. 882 Thlr. aus dem reform. und C. 379 Thlr. aus dem Magdeburgschen Prov. Freitisch-Fonds,); 350 Thlr. aus dem Nosokomium in Wittenberg für kranke Stud., 469 Thlr. 26 Sgr. 11 Pf. Hallesche und 5735 Thlr. 7 Sgr. 8 Pf. Wittenberger Stiftungen. Die Halleschen Stiftungen sind: 1) das Hoffmannsche Legat: 509 Thlr. Kap., wovon 20 Thlr. Zinsen, zunächst für Wittwen und Waisen, event. für Stud.; — 2) das Röttgersche, 306 Thlr. Kap., woraus 1 Stip von 12 Thlr. für einen Theol.; — 3) das Krügersche, 1171 Thlr. Kap., wovon 49 Thlr. Zinsen zu 2 Stip. an Theol. auf 2 J.; — 4) das Klemmersche, 89 Thlr. Kap., dessen Zinsen am 8. Dec. (dem Geburtstage der Stifterin, Dienstmagd Marie Klemmer) an einen Stud. der Theol. ausgezahlt werden; — 5) das Dreissigsche, 180 Thlr. Kap., deren Zinsen einem Stud. zufließen; — 6) die Meneschen*) Legate, eins mit 2632 Thlr. Kap. und 107 Thlr. Zinsen, woraus 3 Stip. für Theol. auf 4 J., das andere mit 1530 Thlr. Kap., wovon die Zinsen, 61 Thlr., an Stud. der Theol. zu vertheilen. — Nr. 1—6 stehen unter der theol. Fak.; — 7) der Krugsche*) Stiftungsfonds, 5000 Thlr. Kap., 200 Thlr. Zinsen, wovon 50 Thlr. Familienstip., 50 Thlr. überhaupt Stip., 50 Thlr. zu einer Preisfrage und 50 Thlr. für die Univers. Bibl.; — 8) das Wenschsche Stip. aus den Zinsen von 200 Thlr. Kap. — Die Wittenberger Stiftungen bestehen aus 1700 Thlr. K. Stipendien (20 Stip. zu 30, und 30 zu 20 Thlr., der Ueberrest zu außerord. Unterst. für das theol. Sem. rc.), aus einem für das Konviktorium bestimmten Beitrag von 456 Thlr., und aus folgenden akademischen Stiftungen: 1) die Gödensche*) mit 49 Thlr. Zinsen des Fonds, woraus jeder

Fak. 1 Stip.; — 2) die Beskausche mit 32 Thlr. Zinsen, 1 Stip. auf 4 J., welches die Familie ertheilt; — 3) das Bergersche*) Stip. von über 40 Thlr. für einen Theologen; — 4) das Schlomansche*) Stip. von über 30 Thlr. auf 3 J.; — 5) die Pollichsche*) Stiftung von 50 Thlr. Zinsen zu 2 Stip., welche der Senior der Familie vertheilt; — 6) das Gabrielsche*) Stip. von circa 15 Thlr. für einen Theol.; — 7) der v. Wallwitzsche Fonds mit 37 Thlr. Zinsen, die abwechselnd 4 J. Wittenberger Professorensöhne als Stipendium, und dann 3 J. lang eine Professorenwittwe erhält; — 8) die Silbermannsche*) Stiftung mit 13 Thlr. Zinsen; — 9) das Banzersche Stip. mit 437 Thlr. Kap., für Med. auf 3 J. (nicht liquid.); — 10) das Unruhsche*) Stip. mit 85 Thlr. Einnahme, zunächst für die Familie Leyser; — 11) die v. Wolframsdorffsche Stiftung mit 956 Thlr. Zinsertrag, wovon 18 Stip. à 50 Thlr. für Sachsen, aus dem Kgr. wie aus der Prov., und zwar 13 für Theol., 4 für Jur. auf 3 J. und 1 abwechselnd für beide auf 1 J.; — 12) das Donathsche*) Stip. mit 98 Thlr. Einnahme, zunächst für die Familie Leyser; — 13) die Siegismundsche*) Stiftung mit 103 Thlr. Einnahme, vorzüglich für Theologen auf 2 J.; — 14) die Thielemannsche*) mit 57 Thlr. Zinsen zu 2 Stip. auf 2 Jahre; — 15) die Suevesche mit 70 Thlr. Einnahme zu 2 Stip. für Jur.; — 16) der v. Marschallsche Fonds mit 736 Thlr. Einnahme, wovon 14 Stip. à 50 Thlr. (7 für Theol. und 7 für Jur.) für Sachsen, wie bei 11.; — 17) die Straußsche Stiftung mit 29 Thlr. Einnahme, wovon 2 Stip. auf 1 Jahr; — 18) die v. Einsiedelsche mit 30 Thlr. Zinsen, welche die Familie vergiebt; — 19) die Deutschmannsche*) mit 14 Thlr. Einnahme zu 1 Stip.; — 20) das Marpergersche*) von 52 Thlr. für Theol. auf 3 Jahre; — 21) das Batersche*) Stip. von 61 Thlr. für Med.; — 22) das Kornfailsche von 54 Thlr. für Med. auf 3 auch 4 J.; — 23) das v. Marschallsche von 46 Thlr. für Theol. auf 6 Jahre, welches die Familie vergiebt; — 24) die Sägersche*) Stiftung mit 164 Thlr. Einnahme zu 2 Stip., wovon wenigstens 1 an einen Theol., zunächst für Kärnthner auf 5 J. vom Magistrat zu Spital in Oberkärnthen zu vergeben, event. von den Prof. der Wittenberger Fund.; — 25) der Ungarische Fonds mit 596 Thlr. Einkommen, welches in Stip. von 50—100 Thlr. an geborne Ungarn, auf 3 J., zu vertheilen; — 26) die Poldtsche*) Stiftung mit 143 Thlr. Einnahme, zu 1 Stip. für einen Ungarn. — Die Kollation der aufgeführten Stip. steht, wo nichts anderes bemerkt, den Professoren der Wittenberger Fundation zu. (Koch, I. S. 441.) — Der reform. Freitisch ist mit dem luther. vereinigt, und der Ertrag der dafür in andern Prov. veranstalteten Kollekten den dortigen Univers. überlassen worden: C. R. v. 16. Sept. 1826. (Koch, II. S. 953.) — Endlich fließen auch von der unter dem Sächs. Min. d. Kultur stehenden v. Neefeschen Stiftung 4 Stip. nach Halle. — Im J. 1838 wurde eine Dr. Niemannsche Stiftung errichtet, mit 300 Thlr. Kap., zu Büchergeschenken an Med. Vgl. das durch K. O. v. 12. Juni 1838 bestät Statut v. 25. Sept. 1837. (a. a. O. S. 939.)

f) Bei der Univers. zu Königsberg: Die Stiftungen bestehen in 2000 Thlr. jährl zu K. Stip. von 100, 150 und 200 Thlr. Vgl. Regl. v. 26. Febr. 1817 (Koch, II. S. 880.); in dem Univers. Konviktorium mit einer Einnahme von 2845 Thlr. Geld und 2684 Scheffel Roggen, vgl. das durch K. O. v. 12. Mai 1835 genehmigte Regul. (Koch, I. S. 548.) und in einer großen Menge, meist vom akadem. Senat verwalteter, oder doch (wie Nr. 12. 15. 27. 42. 53.) von ihm kontrollirter Privatstiftungen von 8470 Thlr. 4 Sgr. 8 Pf. Jahresertrag. Diese Privatstiftungen sind folgende: 1) das Behmianum*): 1 Stip. von 20 Thlr. für Theol.; — 2) das Behro-Sverinianum: 2 Stip. zu 11 Thlr., eins vergiebt die Familie; — 3) das Bergianum: 1 Stip. von 3 Thlr.; — 4) das Borkianum: 2 Stip. zu 12 Thlr.; — 5) das Buthenianum: 2 Stip. für Pommern von zusammen 35 Thlr.; — 6) das Canitzianum: wovon jetzt 3 Thlr. an einen armen Stud.; — 7) das Dreierianum*): 1 Stip. von circa 11 Thlr.; — 8) das Eichichtianum*): 2 Stip. von 12 Thlr.; — 9) das Farenholdianum*): 1 Stip. von 15 Thlr.; — 10) das Fehrianum*): 1 Stip. von 6 Thlr.; — 11) das Finkianum*), wovon jährlich 61 Thlr. zu vertheilen; — 12) das Fischerianum primum mit 20,534 Thlr. Kap. und 860 Thlr. Zinsen. Sobald diese 900 Thlr. erreichen, sollte die Stipendienvertheilung beginnen; — 13) das Fischerianum*) alterum mit 21 Thlr. Zinsen für Theol; — 14) das Gerhard-Jansenianum: jährlich $16\frac{2}{3}$ Thlr., die nur Dozenten zufließen; — 15) das Groebenianum: jährlich

33⅓ Thlr., wie 14.; — 16) das Grundianum*): 1 Stip. von 10 Thlr.; — 17) das Hagianum*): 1 Stip. von 19 Thlr. für Theol.; — 18) das Hartmannianum: jährlich 2 Thlr. 21 Sgr. für den Rektor; — 19) das Jesterianum*) mit 1(2½ Thlr. Zinsen zu Stip. für Theol.; — 20) das Knobelsdorfianum: 1 Stip. von 3 Thlr.; — 21) das Koesianum, desgl.; — 22) das Kospothianum*): 1 adl. Stip. von 26⅝ Thlr. und 2 bürgerl. Stip. von zusammen 26⅝ Thlr.; — 23) das Kowalewskianum*): 1 Stip. von 47 Thlr.; — 24) das Koczikianum*): 1 Stip. von 13 Thlr.; — 25) das Kreytzenianum: 162 Thlr. 17 Sgr. jährl. zu 2 Stip.; — 26) das Kurczinnianum*): 1 Stip. von 103 Thlr.; — 27) das Kypkianum zu Freiwohnungen, eine Stiftung, die außer einem eingericht. Gebäude 506 Thlr. jährl. Einnahme hat; — 28) das Lindstaedtianum*): jährl. 71⅓ Thlr. zu Stip.; — 29) das Lüneburgianum*): 1 Stip. von 10 Thlr.; — 30) das Mathematicum-Blaesingianum: 1 Stip. von 30 Thlr. für Mathematiker; — 31) das Math. Blaes. alterum, desgl. von 21 Thlr.; — 32) das Oelmannianum: 1 Stip. von 53 Thlr.; — 33) das Orlovianum primum*): 1 Stip. von 16⅔ Thlr.; — 34) das Orlov. alterum: 37 Thlr. jährl. zur Pflege kranker Stud.; — 35) das Paetschianum: 1 Stip. von 70⅔ Thlr. für einen Theol.; — 36) das Quandtianum majus*): 4 Stip. à 47½ Thlr. für Theologen; — 37) das Quandt. minus: 5 Stip. à 5 Thlr. für Theol.; — 38) das Reimannianum*): 2 Stip. von zusammen 35 Thlr.; — 39) das Reimerianum*): 203 Thlr. jährlich zu Stip. für Theol. und Jur.; — 40) das Rhodianum: 1 Stip. von 100 Thlr. für Philos. und Jur. — 41) das Sabletzkianum*): 1 Stip. von 24 Thlr. für Theol. — 42) das Scharfianum majus*): 4 Stip. à 100 Thlr.; — 43) das Scharf. minus*): 1 Stip. von 23 Thlr. für Theol.; — 44) das Schimmelpfennigianum*): 4 Stip. à 100 Thlr., von der Familie verwaltet; — 45) das Schreiberianum: 80 Thlr. Zinsen zu Preisen für Reden am Sterbetage Kants; — 46) das Schumannianum*): 3 Stip. für Theol. von zusammen 43 Thlr.; — 47) das Steino-Heilsbergianum*): 1 Stip. von 5 Thlr.; — 48) das Straubeanum*): 2 Stip. von zusammen 111 Thlr. für Theol.; — 49) das Tettavianum: 20 Thlr. jährlich an 3 Stud. zu vertheilen; — 50) das Tetzelio-Stephanianum*): 1 Stip. von 10 Thlr.; — 51) das Thekio-Wegnerianum*): 2 Stip. à 6 Thlr.; — 52) das Thierianum, woraus 845 Thlr. zu Stip. (1837 nicht liquid.); — 53) das Truchsessianum: 12 Thlr. an den Rektor zur Aufmunterung; — 54) das Truchs. alterum: 4 Thlr. an Dozenten; — 55) das Trumerianum*): 1 Stip. von 80 Thlr. für Med.; — 56) das Wagnerianum*); 1 Stip. von 4 Thlr.; — 57) das Wildio-Rübianum*): 1 Stip. von 47 Thlr.; — 58) das Wittianum*): 2 Stip à 59 Thlr.; — 59) das Wulff-Gehlhaarianum*): 1 Stip. von 123 Thlr. für Theologen. — Außer den aufgef. Stipendienbeträgen werfen die betreff. Fonds Reservebeträge ab, die aufgesammelt werden, und vielfach besondere Emolumente für den Rektor und die Dozenten. Ein großer Theil der Stiftungen war ursprünglich höhern Betrags, hat aber Verluste erlitten. (Koch, I. S. 549.) — Ueber die Administration erhielt der akadem. Senat unterm 11. Juni 1821 vom Min. d. G., U. u. Med. Ang. eine besondere Instr. (Koch, II. S. 682.)

2) Verleihung der akademischen Benefizien.

a) Vorgängige mündliche Prüfung.

Eine solche hat neuerdings das C. R. des Min. der G., U. u. Med. Ang. (v. Raumer) v. 28. Nov. 1853, an die K. Univers.-Kuratoren, allgemein angeordnet.

Die für Studirende bestimmten Benefizien fallen nicht selten Individuen zu, welche durch Mangel an Fleiß die Absichten der Stifter und Kollatoren vereiteln. Es ist die Pflicht der Univ. Behörden, diesem Uebelstande nach Möglichkeit vorzubeugen und, so weit ihnen eine Mitwirkung bei der Verleihung akadem. Benefizien zusteht, solche Einrichtungen zu treffen, daß der Zweck dieser Wohlthaten gesichert bleibe und nur diej. Studirenden an dens. Theil nehmen, welche, neben der Erfüllung der sonstigen stiftungsmäßigen Bedingungen, überzeugende Proben eines ernsten und anhaltenden Fleißes ablegen. Hierüber können, abgesehen von den Preis-Aufgaben und den Arbeiten in den Seminarien, nur Prüfungen der betr. Studirenden durch den Dekan ihrer Fak. oder durch einen Professor des Faches, welchem sie sich vorzugsweisse widmen, ausreichende Gewißheit geben. Demgemäß bestimme ich Folgendes:

Diej. akadem. Benefizien, deren Verleihung den Univ. Behörden zusteht oder auf ihren Antrag durch die Aufsichtsbehörde erfolgt, dürfen fortan nur solchen Studirenden verliehen werden, welche in einer von dem Dekan ihrer Fak. oder von einem durch diesen zu bezeichnenden Prof. ihres Fachs mit ihnen vorgenommenen mündl. Prüfung eine gewissenhafte Anwendung ihrer Zeit und ein, der Dauer ihrer akadem. Studien entsprechendes Maaß von Kenntnissen dargethan haben. Dies findet Anwendung sowohl auf einmalige, als auch auf fortdauernde, periodisch wiederkehrende Unterstützungen, namentlich auch auf die Freitische. Dergl. fortdauernde Unterstützungen dürfen daher jedesmal höchstens nur für ein Semester verliehen werden und der anderweitigen Verleihung muß jedesmal die Prüfung des Benefiziaten vorangehen. Die Einrichtung und den Umfang der letztern will ich zunächst dem Ermessen der Prüfenden überlassen, indem ich zu der Einsicht und dem Pflichteifer der Prof. das Vertrauen hege, daß sie, in Anerkennung der Wichtigkeit des Gegenstandes, um welchen es sich handelt, ihrerseits nach besten Kräften dazu beitragen werden, daß die, eine Förderung des akadem. Studiums bezweckenden Wohlthaten nur würdigen und diesem Zweck durch die That entsprechenden Jünglingen zu Theil werden. Eine zu große Belästigung kann aus dieser Einrichtung für die Prüfenden nicht hervorgehen, da bei gehöriger Festhaltung des Zwecks und bei dem entsprechender Stellung der Fragen die Prüfung in mäßiger Zeit beendet sein kann. Nähere desfallsige Anordnungen, wenn die Erfahrung sie als nothwendig darstellen sollte, behalte ich mir vor. Ueber den Ausfall der Prüfung ist ein kurzes Zeugniß auszustellen, welches dem Unterstützungsgesuch beigefügt wird.

Bei der Verleihung derj. akadem. Benefizien, hinsichtlich welcher das Kollaturrecht anderen, als den Univ. und deren Aufsichtsbehörden, Kommunen, Korporationen, Familien oder Privatpersonen zusteht, haben die akadem. Behörden insofern mitzuwirken, als in den meisten derartigen Fällen die Stipendiaten vor der Empfangnahme des Stipendiums resp. der einzelnen Raten desselben testimonia diligentiae, welche unter der Autorität des Rektors resp. des betr. Dekans ausgefertigt sind, beibringen müssen. Werden diese Zeugnisse, wie es seither nicht selten geschehen ist, nur auf Grund der von den Stipendiaten angenommenen Vorlesungen und eines Zeugnisses über den Besuch ders. ausgestellt, so gewähren sie keine zuverlässige Bürgschaft für den Fleiß des Studirenden und sinken zu einer bloßen Form herab. Um dies zu verhüten, sind testimonia diligentiae von jetzt ab nur auf Grund einer Prüfung, wie solche oben angeordnet ist, und unter Aufnahme des Ergebnisses ders. auch in dem Falle auszufertigen, wenn sie nach der Angabe des Extrahenten nicht eines Stipendiums wegen erbeten werden.

Ew. veranlasse ich, das General-Konzil, den Senat, die Fakultäten und die Benefizien-Kommission, so wie die etwa sonst noch bei Verleihung akadem. Benefizien resp. bei der Ausfertigung der testimonia diligentiae betheiligten Behörden und Beamten der dort. Univ. von diesen Anordnungen, welche sofort in Kraft treten, zur Nachachtung in Kenntniß zu setzen, deren Befolgung zu überwachen, und vorkommenden Falls auch Ihrerseits danach zu verfahren. Ich bemerke nur noch, daß strengere Bestimmungen, welche etwa bereits hinsichtlich der Ermittelung und Kontrole des Fleißes der Stipendiaten bestehen, in Kraft bleiben; sollten in dieser Hinsicht aber Modifikationen rathsam erscheinen, so erwarte ich darüber Ihren Bericht. Am Schlusse des künftigen Jahres wünsche ich einen Bericht über die Ausführung und den Erfolg der gesammten Anordnung, so wie die Mittheilung der Anträge, welche sich daran anknüpfen möchten.

(M. Bl. d. i. V. 1853. S. 275. — Vergl. die sub 1. angef. besondern Regl., und das C. R. v. 22. Jan. 1851, Bd. 1. S. 483.)

b) Nachweis der Bedürftigkeit.

Ueber den Inhalt der beizubringenden Dürftigkeitsatteste, welche stempelfrei sind, sprachen sich die Bek. der Reg. zu Arnsberg v. 22. Mai 1829, der Reg. zu Königsberg v. 29. März 1832 und der Univ. Halle v. 13. Aug. 1832, durch C. R. des Min. der G., U. u. M. Ang. v. 24. Sept. 1832 allen Reg. zur Publikation zugefertigt, wiederholt aus. (A. XIII. S. 546., XVI. S. 414. 661., Koch, II. S. 891.) Neuerdings ist über die bei der Univers. Halle Behufs der Stipendien beizubringenden Bedürftigkeits-Zeugnisse durch das C. R. des Justizmin. (Simons) v. 20. Mai 1850 bestimmt:

Nach einer Mittheilung des H. Min. d. G., U. u. Med. Ang. ist das der Benefizien-Kommission der Univ. zu Halle obliegende Geschäft der Vertheilung von Stipendien dieser Univ. durch die Unvollständigkeit der bei der Bewerbung um dies. beigebrachten Bedürftigkeits-Zeugnisse vielfach erschwert werden. Da dergl. Zeugnisse für bevormundete Stipendien-Bewerber von den betr. Vormundschaftsbehörden zu ertheilen sind, so wird dens. nach dem Antrage des gen. H. Min. hierdurch bekannt gemacht, daß die für Kuranden auszustellenden Zeugnisse der geb. Art enthalten müssen: a) den vollständigen Namen und die Angabe des Alters des Kuranden; b) die Bezeichnung des Amts, Standes und Wohnorts der Eltern dess. und der Vormünder; c) die Zahl der etwa vorhandenen, versorgten oder unversorgten Geschwister, oder die Bemerkung, daß keine solche vorhanden seien; d) die Angabe der Lehranstalt, auf welcher der Kurande seine Vorbildung erhalten hat; e) die bestimmte Angabe der dems. für seine Studienzeit jährlich zugesicherten Unterstützung, aus welcher Quelle sie auch kommen und von welcher Art sie auch sein möge; f) die bestimmte Versicherung, daß das unter vormundschaftlicher Verwaltung befindliche — in dem Zeugnisse näher anzugebende — Vermögen des Kuranden die Darreichung einer höhern Unterstützung, als die zugesicherte, nicht gestatte. — Die Vormundschaftsbehörden werden demzufolge hierdurch angewiesen, die von ihnen zu ertheilenden Bedürftigkeits-Zeugnisse für Bewerber um Stipendien der Univ. zu Halle den vorstehend angegebenen Erfordernissen gemäß einzurichten.

(M. Bl. d. i. V. 1850. S. 126. — Vergl. §. 27. des Regl. v. 11. April 1831, S. 280.)

c) Schulzeugniß der Reife. Vgl. §. 34. des Regl. v. 4. Juni 1834. (s. o. S. 280.)

d) Immatrikulation.

R. des Min. d. G., U. u. Med. Ang. v. 30. Mai 1838 an die Reg. zu Merseburg.

Auf den Ber. der K. Reg. v. 3. Nov. v. J., die Erforderniße der zum Genuß von Stipendien berechtigten Studirenden betr., eröffnet ders. das unterz. Min., daß nach gesetzlicher, im A. L. R. Th. I. Tit. 4. §§. 65. 66. vorgeschriebenen Regel die Auslegung einer jeden Willenserklärung, mithin auch der Dispositionen über eine Stipendienstiftung, zunächst nach der gemein gewöhnlichen, insbes. zur Zeit der geschehenen Willenserklärung üblichen Wortbedeutung geschehen muß. Nach dieser wird aber unter einem Studirenden, wenn nicht eine andere Meinung sich in ausdrücklichen näheren Bestimmungen des Erklärenden, oder in dem sonstigen besonderen Zusammenhange seiner Disposition zu erkennen giebt, nur ders. einer Wissenschaft Beflissene verstanden, welcher Behufs ihrer Erlernung eine Univ. bezogen, und auf ders. das akadem. Bürgerrecht erworben hat. Nur einem solchen kann daher auch, bei von selbst sich verstehendem Zutreffen auch der sonstigen gesetz- oder stiftungsmäßigen Bedingnisse, die Genußberechtigung zu einem für Studirende gestifteten Stipendio zuerkannt werden, sofern nicht in der vorbemerkten Weise, durch besondere Bestimmung des Stifters, die Befähigung auch von Eleven anderer wissenschaftlicher Lehrinstitute festgesetzt ist. In der Praxis wird es übrigens bei den meisten Stipendien sich um die von der K. Reg. gestellte Interpretations-Frage nicht einmal handeln, da in der Regel schon der ausdrückl. Inhalt der Stiftungsurkunden auf ein Universitätsstudium der Benefiziaten, in der Qualität wirklicher akadem. Bürger, und häufig unter bestimmter Benennung auch der von ihnen zu beziehenden Univ., zu lauten pflegt; so wie gleichermaaßen schon von der K. Reg. selbst darauf hingedeutet ist, daß bei den Zöglingen anderer, meistentheils schon ihre eigenthümlichen Benefizien gewährender Ausbildungs-Institute, wegen dieses Umstandes auch das bei dem größten Theile der Stipendien-Stiftungen mit geltende Requisit der Bedürftigkeit des Benefiziaten nicht mehr zutreffen würde. (Koch, II. S. 899.) — Die Unzulässigkeit der Bewilligung von Univ. Stipendien an Eleven des med. chir. Fr. Wilh. Instituts in Berlin war schon durch R. dess. Min. v. 16. Okt. 1833, an das Prov. Schulkoll. in Koblenz, und eben so in Betr. der med. chir. Lehranstalten überhaupt durch R. dess. Min. v. 5. Sept. 1837, an die Reg. zu Erfurt, ausgesprochen. (Koch, II. S. 893, 896.) — Hiermit hängt zusammen, daß die Gewährung des Fortgenusses von Stip.

über die Univ. Zeit hinaus, im Allgemeinen abgelehnt wurde: R. deff. Min. v. 22. Nov. 1833, an das Prov. Schulkoll. zu Koblenz.

(Koch, II. S. 893.)

e) Nachweis der Vaccination. Vgl. §. 54. des Regul. v. 8. Aug. 1835 (s. in Bd. 1. S. 569.), eingeschärft durch C. R. des Prov.-Schulkolleg. zu Magdeburg v. 18. Aug. 1837. (Koch, II. S. 895.)

f) Aufhebung der konfessionellen Beschränkungen.

Das R. des Min. d. G., U. u. Med. Ang. v. 3. März 1828, an das Konf. und Prov.-Schulkoll. der Prov. Brandenburg, erklärte noch, daß die Union auf die akadem. Benefizien keinen Einfluß habe, und die etwaigen konfessionellen Bestimmungen der Stiftungsurkunden nach wie vor zu beachten seien. (Koch, II. S. 887.) In Betreff der K. Stipendien verordnet dagegen jetzt das R. deff. Min. (v. Ladenberg) v. 3. Jan. 1849 an den Prorektor und Senat der Universität N.:

Da in Betreff der Vergebung der, bei der dort. Univ. bestehenden, K. Stipendien und Freitische ausschließlich an geistliche, beziehungsweise evang. Studirende keine eigentl. Fundationsurkunden, sondern nur reglementarische Vorschriften vorhanden sind, letztere aber durch die spätere in der Allerh. K. O. v. 21. März v. J. und in der V. v. 6. April v. J. gesetzlich ausgesprochene Allerh. Willensmeinung als abgeändert zu betrachten auch mit der Verfassungsurk. v. 5. v. M. und J. unvereinbar sind, so nehme ich nicht Anstand, auf den Ber. v. 20. v. M., der Ansicht beizutreten, daß aus diesem Grunde die Kollatoren der ged. Benefizien befugt sind, solche ohne Rücksicht auf das Bekenntniß fernerhin zu vergeben.

(M. Bl. d. i. V. 1849. S. 18.)

g) Versagung inländischer Stipendien zum Besuche auswärtiger Universitäten.

α) R. des Min. d. G., U. u. Med. Ang. (v. Altenstein) v. 29. Aug. 1822 an die K. Reg. zu Erfurt.

Der K. Reg. wird auf die Anfrage in dem Ber. v. 10. v. M. hierdurch eröffnet, daß ein besonderes Gesetz, wodurch die Verleihung von inländ. Stipendien nach ausländ. Univ. verboten wird, nicht existirt, weil es eines solchen bis zum J. 1810 auch gar nicht bedurft hat, indem bis dahin das, noch durch das C. R. v. 24. Okt. 1783 erneuerte gänzliche Verbot des Besuchs auswärtiger Univ. bestanden hat, und mithin, dem K. Ed. v. 19. Juni 1751 gemäß, bis dahin gänzliche Ausschließung von jeder Anstellung und bei Adlichen sogar die Vermögens-Konfiskation Folge des Besuchs ausländischer Univ. gewesen ist. Als durch die Allerh. K. O. v. 13. April 1810 der Besuch fremder Univ. nachgelassen worden, ist die Frage über die Stipendien nicht besonders zur Sprache gekommen, aber unbedenklich ist es die Absicht Sr. Maj. des Königs nicht gewesen, durch inländische Stipendien den Besuch auswärtiger Univ. zu erleichten, und es ist daher noch jetzt dahin zu sehen, daß alle Stipendien, wo der Besuch einer auswärt. Univ. nicht ausdrückliche Stiftungs-Bedingung ist, nur auf Preußischen Univ. bezogen werden.

(A. VI. S. 665. Den Reg. und Konf. in Rheinl. und Westphalen, so wie den übrigen durch zwei C. R. deff. Min. v. 23. Sept. 1822 zur Nachachtung zugefertigt. a. a. O.)

β) Ausnahme für Familienstipendien.

R. deff. Min. v. 30. Sept. 1835 an die Reg. in Potsdam.

Durch die Anwendung dieses Grundsatzes können aber bei Familienstiftungen die Rechte der Familie nicht alterirt werden, und eben so wenig kann, wenn ein Stipendium ausdrücklich für eine auswärtige Univ. gestiftet ist, die Verleihung einem Bedenken unterliegen. ꝛc.

(A. XIX. S. 725.)

2) Anzeige von der erfolgten Verleihung.

a) Dergleichen Anzeigen wurden eingeführt durch

C. R. des Min. d. G., U. u. Med. Ang. v. 13. Dec. 1819 an alle Regierungen.

Der K. Reg. wird hierdurch aufgegeben, durch die Amtsbl. eine Aufforderung an alle Kollatoren von Benefizien für Studirende zu erlassen, die von ihnen bewilligten Unterstützungen dem K. außerord. Reg. Bevollm. der Univ., wo der Perzipient studirt, bekannt zu machen, damit hiernach das wirkliche Bedürfniß der Studirenden, insofern sie noch außerdem um Benefizien ansuchen, beurtheilt werden kann.

(Koch, II. S. 882.)

b) Zur Kontrole wurden unter Wiederholung der vorstehenden V. Verzeichnisse der Stipendien eingefordert durch

R. dess. Min. v. 1. Nov. 1824 an die Reg. zu Merseburg.

Da nach einem Ber. des außerord. Reg. Bevollm. bei der Univ. in Halle v. 20. v. M. die wenigsten Behörden ihm die Perzipienten der von ihnen zu vergebenden Stipendien anzeigen, dies aber durchaus nöthig ist, so wird die K. Reg. hierdurch angewiesen, sich von den sämmtlichen Kollatoren ihres Bez. die zu vergebenden Stipendien tabellarisch anzeigen zu lassen, und solche dem geb. Reg. Bevollm. mitzutheilen, damit derselbe zeitig genug die unterlassenen Anzeigen bemerken und zur Kenntniß der K. Reg. bringen kann.

(Koch, II. S. 885.)

c) Nochmals wiederholt wurden diese Vorschriften durch C. R. des akadem. Senats zu Königsberg v. 13. Juni 1832 (A. XVI. S. 413.) und durch C. R. des Min. d. G., U. u. Med. Ang. (Eichhorn) v. 19. Aug. 1841 an sämmtl. K. Reg. und abschr. an sämmtl. Kons., Prov.-Schulkolleg. und Reg.-Bevollm. bei den Univers., wo es mit Bezug auf das R. v. 1. Nov. 1824 heißt:

Bei der großen Zahl von Studirenden, welche Unterstützungen und andere akadem. Benefizien nachsuchen, und der Unzulänglichkeit der hierzu vorhandenen Mittel, ist es höchst wünschenswerth, daß die akadem. Behörden von den Stipendien ꝛc., welche die Studirenden anderweit bereits beziehen, stets genaue Kenntniß erhalten, um darauf bei Vertheilung der wenigen akadem. Benefizien Rücksicht nehmen und dem Falle begegnen zu können, daß Studirende, welche schon im Genusse angemessener Beihülfen ꝛc. sind, nicht zum Nachtheile anderer gleich würdiger Studirender, welche in einer dürftigeren Lage sich befinden und der Hülfe dringender bedürfen, weiter bedacht werden. Ich finde mich daher veranlaßt, die Eingangs geb. Verf. hierdurch in Erinnerung zu bringen und deren Befolgung der K. Reg. angelegentlich anzuempfehlen.

(Min. Bl. d. i. V. 1841. S. 278.)

3) Ueber den Quittungsstempel bestimmen:

a) R. des Min. d. G., U. u. Med. Ang. (v. Raumer) v. 6. April 1854 an die K. Reg. zu N. und abschriftl. zur Nachachtung an sämmtl. übrige K. Reg., Prov.-Schulkolleg., Univers.-Kuratorien ꝛc.

Durch die Verf. v. 17. Aug. pr. ist die K. Reg. darauf aufmerksam gemacht, daß nach den R. des H. Finanzmin. v. 24. Dec. 1845 und des H. Gen. Dir. der Steuern v. 29. Mai 1852 (Min. Bl. d. i. V. 1853. S. 70) fortlaufende Stipendien als periodische Hebungen zu betrachten sind, über welche gemäß der Vorschrift des §. 8. des Stempelges. v. 7. März 1822 Jahresquittungen auf dem tarifmäßigen, nach dem empfangenen Jahresbetrage zu berechnenden Stempel ausgestellt werden müssen. Zugleich ist die K. Reg. angewiesen, künftig auf die Ausstellung solcher Jahresquittungen über Stipendien zu halten.

Der H. Finanzmin. hat gegenwärtig die Eingangs geb. Erlasse dahin deklarirt, daß die Quittungen über Studien-Stipendien nur dann stempelpflichtig seien, wenn die Stipendien auf unbestimmte Zeit dauernd bewilligt worden sind. In dem Falle jedoch, daß Studien-Stipendien, wie es in der Regel geschieht, auf bestimmte Zeit, z. B. auf ein Jahr, verliehen werden, seien die Quittungen darüber nicht nach §. 8. des Stempelges. zu behandeln, da alsdann solche Beträge nicht als periodische Hebungen aus öffentlichen Kassen anzusehen sind, vielmehr finde darauf die Tarif-Position: „Quittungen" bei den Ausnahmen zu Litt. e. Anwendung, wonach Quittungen über Unterstützungen aus öffentlichen Fonds stempelfrei bleiben sollen, wie dies auch schon im diesseitigen C. Erl. v. 30. Okt. 1847 ausgesprochen ist.

(Min. Bl. d. i. V. 1854. S. 92. Nr. 113.)

b) C. R. dess. Min. v. 6. April 1854 an sämmtl. K. Regierungen.

Unter Bezugnahme auf die C. Verf. vom heut. Tage, die Stempelpflichtigkeit der Quittungen über Studien-Stipendien betr., übersende ich der K. Reg. hiemit zur Kenntnißnahme und Nachachtung Abschrift einer an den K. Univ. Kurator zu N. hinsichtlich der Stempelfreiheit der Quittungen über die aus Privatstiftungen durch öffentliche Kassen gezahlten Stipendien am 21. Dec. pr. erlassenen Verf. (a.).

Anl. a.

Ew. Ber. v. 17. Okt. c. hat mir Veranlassung gegeben, mit dem H. Finanzmin. über die Frage: ob auch Quittungen über solche periodische Hebungen, welche, wie die dortigen Univ. Stipendien, nicht aus K. Kassen, sondern nur durch eine K. Kasse gezahlt werden, der Stempelpflichtigkeit unterliegen, in Kommunikation zu treten.

Derselbe hat sich dahin erklärt, daß, wenn es sich von Privat-Stipendien handele, deren Zahlung an die Stipendiaten nur vermittelst der Kasse der K. Univers. erfolge, der §. 8. des Stempelges. v. 7. März 1822 nicht Platz greife, indem hier ausdrücklich nur von periodischen Hebungen aus öffentlichen Kassen die Rede, mithin anzunehmen sei, daß die Vorschrift, nach welcher es in Betreff der Ausstellung und der davon abhängigen Stempelpflichtigkeit der Quittungen auf den Jahresbetrag der Hebungen ankommen solle, sich lediglich auf Zahlungen beziehe, die mit Kassengeldern zu leisten sind. Privat-Stipendiengelder lassen sich aber auch dann nicht als öffentliche Gelder ansehen, wenn die Stipendien-Stifter die Anordnung getroffen haben, daß selbige bei einer öffentlichen Behörde verwaltet und durch deren Kasse gezahlt werden sollen.

Berlin, den 21. Dec. 1853.

Der Min. der G., U. u. Med. Ang.

(Min. Bl. d. i. V. 1854. S. 93. Nr. 114.)

4) Ueber die Justifikation von Stipendien- und Freitisch-Ausgaben verordnet das

C. R. dess. Min., Unterr. Abth. (v. Kamptz) v. 19. Sept. 1828 an sämmtl. K. Reg., Konf. und Prov.-Schulkollegien.

Das Min. macht der K. Reg. (dem K. Konf. ꝛc.) hierdurch zur Nachachtung und weiteren Veranlassung bekannt, daß die K. Ober-Rechnungskammer im Einverständnisse mit dems. von jetzt an darauf halten wird, daß zur Justifikation von Stipendien- und Freitisch-Ausgaben für die Studirenden auf den K. Universitäten:

I. bei Verausgabung der ersten Rate: a) ein von einer gerichtlichen Behörde oder von dem betr. Magistrate ausgestelltes Dürftigkeits-Zeugniß, b) das Maturitäts-Zeugniß Nr. I. oder II. [1]) und wo nur das Zeugniß Nr. III. hat ertheilt werden können, c) die Anweisung des Min. beigebracht, und

II. jede der folgenden Verausgabungen entweder a) durch eine besondere Zahlungs-Anweisung des betr. K. außerord. Reg. Bevollm., bei welcher vorausgesetzt wird, daß sich derselbe von der fortdauernden Würdigkeit des Stipendiaten überzeugt habe, oder b) wenn die Zahlung ohne besondere Anweisung nur mit Bezugnahme auf die ursprüngliche Bewilligung geschieht, durch ein von Seiten des Fak. Dekans ausgestelltes testimonium diligentiae et morum, belegt werde.

(A. XII. S. 687.)

5) Verlust der Benefizien wegen Vergehen oder Unfleiß. Vergl. §. 140. des Anh. zum A. L. R. II. 12. (s. ob. S. 571.)

6) Hinsichtlich der für den akadem. Unterstützungsfonds bestimmten Kollekten sind wiederholte Verf. ergangen, um deren schnelle und pünkt-

1) Jetzt nach dem Regl. v. 4. Juni 1834: Zeugniß der Reife.

liche Ablieferung herbeizuführen; insbes. vgl. C. R. v. 3. (5.) Mai 1826, und für die Rheinprov. und Westphalen das C. v. 28. Jan. 1822. Daselbst sind die Ablieferungstermine der Osterkollekte am 1. Juli, der Michaeliskollekte am 1. Jan.: C. R. v. 20. Dec. 1836. (Koch, II. S. 950. 940. 954.) Der Kollektenzettel braucht gegenwärtig nur von dem Pfarrer, und nicht mehr nach dem C. R. v. 3. (5.) Mai 1826 außerdem vom Kirchenvorsteher und Küster, unterschrieben zu werden: C. R. v. 24. Okt. 1848. (Min. Bl. d. i. V. 1848. S. 344.)

Die Vertheilung der Kollekten auf die einzelnen Prov. und Reg.-Bez. so wie ihr summarischer Betrag erhellt aus der Uebersicht sub 1.

VII. Militairdienst der Studenten.

1) Die Studenten sind vermöge ihres Maturitäts-Zeugnisses zum einjährigen Freiwilligendienst berechtigt, und dürfen dens. ohne Unterbrechung ihrer Studien an einem Universitätsorte ableisten. Vgl. die in der vorigen Abth. S. 302 ff. gegebenen Vorschriften.[1])

2) Befreiung der Studenten der Theologie.

a) Für evang. Theologen bestimmt der Beschluß des Staatsmin. v. 15. Sept. 1854, zunächst auf 5 Jahre v. 1. Jan. 1855 ab:

daß die evang. Theologen bis zum Ablauf des 25sten Lebensjahres von der Einstellung zum Militairdienst vorläufig zurückgestellt, und daß demnächst diej., welche bis dahin die Prüfung pro licentia concionandi bestanden haben und unter die Zahl der zum Predigen berechtigten Kandidaten aufgenommen worden sind, gänzlich von der Militair-Dienstpflicht befreit, diej. aber, welche die geb. Prüfung nicht bestanden haben und unter die Zahl der zum Predigen berechtigten Kandidaten nicht aufgenommen worden sind, der geb. Begünstigung für verlustig erklärt und nachträglich zur Erfüllung ihrer Militair-Dienstpflicht herangezogen werden sollen.

(Min. Bl. d. i. V. 1854. S. 199. Mitgetheilt durch C. Erl. der Min. des J. und des Kr. v. 11. Okt. 1854 ib.)

b) Für kathol. Theologen ist schon im J. 1835 ein ähnlicher Beschl. des Staatsmin. ergangen, der dies. nur dann, wenn sie bis zum 25. Jahre die Subdiakonats-Weihe noch nicht erhalten haben, wiederum in die allgem. Militairpflicht zieht. (C. R. der Min. d. G., U. u. Med. Ang., des Kr. und d. Inn. u. d. Pol. v. 5. Sept. 1835. A. XIX. S. 866.) Dieser Beschluß ist von 5 zu 5 Jahren erneuert worden, zuletzt laut C. R. ders. Min. v. 19. Sept. 1854 wiederum auf die 5 Jahre 1855 bis einschließl. 1859. (Min. Bl. d. i. V. 1854. S. 199.)

3) Verhältniß der Studenten während ihrer Militairzeit zur akadem. Disziplin.

a) Verlust der Benefizien kann gegen sie ausgesprochen werden.

R. des Min. d. G., U. u. Med. Ang. v. 13. Dec. 1824 an den Rektor zu Greifswald.

Das Min. bemerkt auf Ew. Ber. v. 5. d. M. über die Disziplinarereignisse unter den dortigen Studirenden während des verflossenen Monats, daß es keinem

---

1) Vgl. auch den IV. Abschn. der Univ.-Statuten für Berlin (s. ob. S. 421 ff.). — Wegen Zurückweisung Relegirter &c. s. o. S. 584 sub β. — Daß Gesuche um Verstattung kürzerer Dienstzeit, Zurückstellung, und ähnl., lediglich zum Ressort der Min. d. Kriegs und d. Inn. gehören, und an diese, nicht aber an das Min. d. G., U. u. Med. Ang. einzureichen sind, soll nach dem C. R. des letztern v. 15. Juli 1836 den Stud. zur Verhütung von Verzögerungen bekannt gemacht werden. (A. XX. S. 624.) — Auch können auf Pr. Univ. als Freiwillige ihre Militärpflicht ableisten: K. O. v. 21. März 1850. (M. Bl. d. i. V. 1850. S. 86.)

Zweifel unterworfen ist, auch denj. Studirenden, welche während der Zeit ihres freiwilligen Militairdienstes unter der militairischen Gerichtsbarkeit stehen, die bisher genossenen akadem. Benefizien durch einen Senatsbeschluß zu entziehen, wenn sie sich des Genusses ders. unwürdig zeigen, weil dieses nicht in die Militairverhältnisse eingreift. Die Militairbehörde kann auch nicht umhin, der Requisition der Univ. Behörde, um Untersuchung der Sache wider solche Studirende zu dem vorbemerkten Zweck, zu entsprechen, und die Akten dem akadem. Senat zur Entscheidung mitzutheilen. Eine doppelte Bestrafung involvirt ein solches Verfahren in der Regel nicht, und bleibt es dem Senat überlassen, wenn auch bei der Militairbehörde das Vergehen geahndet wird, darauf in Bestimmung der obged. Folgen mit Rücksicht zu nehmen.

(Koch, II. S. 529. — Wiederholt im R. v. 12. Juni 1837 an den Reg.-Bevollm. zu Bonn. a. a. O. S. 530.)

b) Sie bedürfen keines Ausweises über den gemachten Ferienaufenthalt: R. dess. Min. v. 30. Sept. 1837 an den Reg.-Bevollm. zu Bonn. (Koch, II. S. 402.)

c) Vollstreckung militairischer Disziplinarstrafen gegen Kriegsreservisten durch das akadem. Gericht.

R. des Min. d. Inn. (Gr. v. Arnim) v. 30. April 1843 an die K. Reg. zu Stralsund.

Von der Meinungsverschiedenheit, welche zwischen der K. Reg. und dem Univ. Gerichte zu Greifswald über die Kompetenz zur Bestrafung des zur Kriegsreserve gehörigen Studiosus N., wegen unterlassener Anmeldung beim Bezirks-Feldwebel, entstanden ist, hat der H. Min. der geistl. ꝛc. Ang. hierher Mittheilung gemacht. Mit Bezug hierauf wird der K. Reg. Folgendes eröffnet.

Die fragliche Strafe trägt allerdings den Charakter einer militairischen Disziplinarstrafe; da jedoch die Vollstreckung ders. den Civilbehörden übertragen ist, so hat nach §. 8. lit. b. des Regl. v. 18. Nov. 1819 in dem vorliegenden Falle die Festsetzung und Vollstreckung der Strafe von Seiten des Univ. Gerichts erfolgen müssen. Der Kompetenz der letzteren Behörde ungeachtet, kann aber die Strafe als fructus jurisdictionis nicht zur Univ. Kasse fließen, da die durch dergl. Strafen aufkommenden Geldbeträge nach Bestimmung der A. K. O. v. 3. März v. J. einem bestimmten Spezialfonds zu Gunsten des Instituts der Landwehr zugewiesen sind. Der H. Geh. Staatsmin. Eichhorn ist daher diesseits ersucht worden, das Univ. Gericht zu veranlassen, daß der von dems. eingezogene Strafbetrag der K. Reg. übersandt werde.

(Min. Bl. d. i. V. 1843. S. 183.)

VIII. Dauer der Universitätsstudien und Abgang von der Universität.

1) Dauer des Studiums und Dispensation.

Schon durch die K. O. v. 7. April 1804, wegen verbesserter Einrichtung der Univers. Halle, wurde ein Triennium angeordnet, und dazu durch C. v. 27. Nov. 1804 bestimmt, daß eine Dispensation von dieser Frist nur auf Grund einer besondern Prüfung ertheilt werden solle. (Koch, II. S. 497. 499.) Für das Justizfach wurde dagegen durch die R. v. 6. Sept. und 6. Nov. 1809 unbedingte Zurückweisung zum Studium nur dann vorgeschrieben, wenn der sich Meldende noch nicht 2½ Jahre studirt und kein Abgangszeugniß aufzuweisen hatte. Erfüllte er nur eine von beiden Bedingungen, so konnte Dispensation erfolgen. — Gegenwärtig ist

a) den Studenten der Theologie, Jurisprudenz und Philosophie ein Triennium, denen der Medizin ein Quadriennium vorgeschrieben. Vgl. die Statuten der Fak. und in Betr. der Med. die C. R. v. 7. Jan. 1826. (Koch, II. S. 66.)

b) Ueber die Berechnung dieses Triennii und Quadr. entscheidet der §. 39. des Regl. v. 4. Juni 1834. (s. o. S. 285). Vgl. C. R. v. 22. Mai 1844. (s. o. S. 583.)

c) Ueber die Dispensation davon erklärte zwar das C. R. des Min. d. G., U. u. Med. Ang. v. 19. März 1819 an die K. Univers. unter Erinnerung an die K. O. v. 7. April 1804 und unter Hervorhebung der großen Anforderungen, die in allen Fächern des Wissens gestellt werden müßten:

Es haben deswegen die K. Min. d. Just., d. Inn. und d. Fin., in Gemeinschaft mit dem Min. d. G., U. u. Med. Ang., sich bewogen gesehen, die frühern V. wegen des triennii ac. den Prov. Just. und Verwaltungsbehörden, so wie den geistl., Schul- und Med. Behörden wieder in Erinnerung zu bringen, und dens. den Beschluß zu eröffnen, daß künftig gar keine Dispensation mehr ertheilt werden soll.

(Koch, II. S. 503.)

Indeß ist dieser Beschluß nicht buchstäblich ausgeführt worden, wie aus dem nachstehenden C. R. des Justizmin. (Simons) v. 2. Juli 1851 an sämmtl. Gerichtsbehörden erhellt:

Die in neuerer Zeit sich besonders häufenden Gesuche um Dispensation vom triennium acad. berechtigen zu der Annahme, daß viele Studirende nicht sowohl eine vollständige und gründliche wissenschaftliche Vorbildung zum praktischen Justizdienste sich anzueignen, als vielmehr blos den formellen, die Zulassung zur Prüfung bedingenden Vorschriften nothdürftig zu genügen bemüht sind.

Für die Zukunft wird daher bei der Regel, die Gesuche um Abkürzung des triennii acad. zurückzuweisen, festgehalten, und eine Dispensation ausnahmsweise nur solchen Studirenden ertheilt werden, welche zwar einen dreijährigen akadem. Kursus zurückgelegt, jedoch während eines kleineren Theils dess. philosophische oder andere, dem Studium der Rechtswissenschaft förderliche Kollegia gehört haben. Indeß muß auch in diesem Ausnahmefalle von dem Kandidaten der Nachweis geführt werden, daß er die vorgeschriebenen juristischen Vorlesungen sämmtlich fleißig gehört habe, so wie denn überhaupt die Dispensation nur unter der Bedingung ertheilt wird, daß der Kandidat das Auskultator-Examen vollständig besteht; andernfalls ist dieselbe als erloschen zu betrachten.

(Min. Bl. d. i. V. 1851. S. 129. — Den sämmtl. jur. Fak. mitgetheilt durch C. R. des Min. der G., U. u. Med. Ang. v. 17. Juli 1851 ib.)

2) Die akademischen Abgangszeugnisse.

a) Das A. L. R. II. 12. §§. 127—129. verordnet:

§. 127. (Von akademischen Zeugnissen.) Jeder Studirende muß, wenn er die Univ. verlassen will, bei seinen Lehrern Zeugnisse seines Fleißes und seiner Ordnung in Abwartung der Lehrstunden nachsuchen, und selbige dem Vorsteher des akadem. Senats zustellen.

§. 128. Dieser muß die Richtigkeit derselben unter dem Siegel der Univ. bekräftigen, und zugleich bemerken: ob gegen das sittliche Betragen des Abgehenden, während seines Aufenthalts auf der Akademie, etwas Nachtheiliges bekannt geworden sei.[1])

§. 129. Jeder Landeseingeborne, welcher sich zur Uebernehmung eines Amts, oder sonst zur Ausübung seiner Wissenschaften qualifiziren will, muß dergl. Zeugniß von einer inländischen Akademie vorlegen.

b) Ueber die Ausstellung der Abgangs- so wie der Sittenzeugnisse sind ausführliche Vorschriften durch das C. R. des Min. der G., U. u. Med. Ang. v. 13. Jan. 1825, an alle K. Univers.,[2]) unter Mittheilung eines Formulars (A.) und einer besondern Instr. (B.), gegeben:

---

1) Nach der Instr. v. 8. Nov. 1819 sollte der Reg.-Bevollm. das Zeugniß mit unterschreiben, und nach dem Bundesbeschl. v. 13. Nov. 1834 sollte es sich über die Theilnahme an verbotenen Verbindungen aussprechen. Beides ist jetzt nicht mehr der Fall. (s. ob. S. 395—396 und 409 ff., so wie S. 572 ff.)

2) Hierdurch ist das C. R. dess. Min. v. 20. Febr. 1824 an den Reg. Bevollm. in Halle (A. VIII. S. 417) antiquirt.

Nach den Statuten der hiesigen Univ. ist jeder Inländer verpflichtet, ein Universitätszeugniß über seine Aufführung einzuholen, wofür an Gebühren excl. des Stempels 1 Thlr. 14 gGr. entrichtet werden; jeder Studirende ist aber auch berechtigt, von seiner Fak. ein Zeugniß über die von ihm besuchten Vorlesungen und seinen darin bewiesenen Fleiß zu verlangen, wofür excl. des Stempels 2 Thlr. 14 gGr. zu entrichten sein sollen. — Jene erst erwähnten Zeugnisse sind bisher in der Regel so abgefaßt worden, daß, wenn nicht erlittene Verweise oder Strafen angeführt werden mußten, dem Abiturienten in ganz allgem. Ausdrücken ein wohlgesittetes und ordnungsmäßiges Verhalten beigelegt worden ist, und wenn auch in den gewählten Beiwörtern einige Verschiedenheit Statt gefunden, so ist die Bezeichnung doch niemals bestimmt genug gewesen, um die jungen Männer einigermaaßen genau zu charakterisiren und denen, die ein Interesse daran haben, einen sicheren Maaßstab des Urtheils, der Erwartung und der Behandlung zu geben. Für die Studirenden selbst aber hat die Rücksicht auf das künftige Abgangszeugniß bis jetzt nur von geringerem Einfluß auf die Einrichtung ihres Betragens sein können. — Zu der Aufführung eines Studirenden muß mehr gerechnet werden, als blos sein Verhalten in Beziehung auf den Buchstaben der akadem. Ges.; es gehört auch dazu sein Kollegien- und Privatfleiß, sein ganzes sittl. Benehmen in jeder Beziehung und sein ökonom. Verhältniß. Ueber alle diese Punkte muß daher das Abgangszeugniß, wenn es seinem Zwecke entsprechen soll, möglichst vollständige Notizen enthalten.

I. Was zuerst den Fleiß betrifft, so wird künftig das Zeugniß sub Nr. 6. sämmtliche von dem Abiturienten gehörte Vorlesungen nach der Reihenfolge der Semester, und bei jeder den Vermerk, ob er ders. regelmäßig oder mit besonderem ꝛc. Fleiße, oder unterbrochen und unordentlich beigewohnt habe, enthalten müssen. — Damit aber diese Notizen genau und zuverlässig ausfallen können, wird hierdurch festgesetzt: 1) Jeder Studirende erhält bei seiner Immatrikulation einen Anmeldungsbogen mit der Verpflichtung, selbigen sowohl, wenn er sich bei dem Doz., dessen Vorlesungen er zu hören gedenkt, als wenn er sich bei dem Quästor meldet, vorzulegen, damit die nöthigen eigenhändigen Eintragungen erfolgen können, auch ihn am Schlusse des Semesters und zwar nicht früher als acht Tage vor, und nicht später als acht Tage nach Beendigung der Vorlesungen, jedoch mit Ausnahme des ad 4. bezeichneten Falles, denj. Doz., deren Kollegia er angenommen hat, zu überreichen, damit von ihnen das erforderl. Zeugniß hinzugefügt werde. 2) Jeder Dozent hat bei der Anmeldung zu seinen Vorlesungen, mittelst Vorzeigung des geb. Bogens, seinen Namen in die 2. Kolumne des Formulars neben jeder von ihm zu haltenden Vorlesung eigenhändig einzuzeichnen, auch demnächst das Zeugniß über den Besuch der angenommenen Kollegien, und zwar nicht früher und nicht später, als zu der oben angegebenen Zeit, jedoch mit einziger Ausnahme des ad 4. ged. Falles, mit seiner Namensunterschrift und dem Dato der Ausstellung in der 5. Kol. eigenhändig hinzuzufügen. Eben so sind die in der 3. und 4. Kol. gehörenden Vermerke jedesmal von dem Quästor eigenhändig einzuzeichnen. 3) Wie von den einzelnen Doz. erwartet werden darf, daß sie bei Ertheilung der Zeugnisse mit der genauesten Sorgfalt und Gewissenhaftigkeit zu verfahren gewilligt sind, so ist ihnen bei dieser Veranlassung noch besonders zu empfehlen, daß sie auch eine besondere Aufmerksamkeit auf ihre Zuhörer wenden, damit sie im Stande sind, mit Sicherheit anzugeben, ob die Einzelnen fleißig oder nicht ihre Kollegien besucht haben. Es werden daher diej., welche durch die allzugroße Zahl ihrer Zuhörer oder durch Kurzsichtigkeit verhindert sind, alle und jede genau und sicher zu beobachten, wohlthun, älteren geeigneten und bewährten Studirenden aus der Zahl ihrer Zuhörer das Geschäft eines Fiskals oder Famulus zur Kontrole des Kollegienfleißes zu übertragen. 4) Jeder Studirende hat bei Nachsuchung seines Abgangszeugnisses seinen Anmeldungsbogen einzureichen, damit daraus der Inhalt der 1., 2. und 5. Kol. wörtlich in das Zeugniß aufgenommen werden könne. Da indessen die Abiturienten, wie unten ausführlicher festgesetzt ist, sich jederzeit sechs Wochen vor ihrem Abgange um Ertheilung des Zeugnisses zu bewerben haben, so wird für das Abgangssemester nachgelassen, daß die Doz. auch schon früher als zu der sub 2. und 3. angegebenen Zeit die Atteste über den Kollegienbesuch einzeichnen dürfen. — Uebrigens ist bei Abfassung der Zeugnisse, wenn auch in den nächsten Semestern der vorgeschriebene Anmeldungsbogen dabei noch nicht ganz oder theilweise zum Grunde gelegt werden kann, dennoch von jetzt an möglichst darauf zu sehen, daß die gehörten Vorlesungen nach der Folge der Semester geordnet werden, da es zur Beurtheilung des Studienganges nicht blos darauf ankommt, zu wissen, welche Kollegien, sondern auch in welcher Aufeinanderfolge sie gehört worden sind.

II. Das Attest über das sittliche Verhalten wird unter Nr. 7. des Formulars eingetragen, und enthält: 1) Die etwa ertheilten Verweise und Strafen, mit bestimmter, kurzer Angabe der Veranlassung. Doch soll in solchen Fällen, wo wegen eines leichten Vergehens Verweis oder Strafe hat zuerkannt werden müssen, der Bestrafte aber durch ein übrigens untadelhaftes und ausgezeichnetes Betragen verdient, daß jenes Vergehens im Abgangszeugnisse zu seinem Nachtheile nicht weiter erwähnt werde, dem jedesmaligen Rektor nach seinem Ermessen gestattet sein, die Sache im Senate zum Vortrag zu bringen und darauf anzutragen, daß die erlittene Strafe in das Zeugniß nicht aufgenommen werde. Zu einem günstigen Beschlusse soll jedoch eine Mehrheit von wenigstens zwei Drittheilen der Stimmen und die Einwilligung des Reg. Bevollm. erforderlich sein. 2) Ein möglichst bestimmtes, genau und charakteristisch bezeichnendes Urtheil über das ganze sittliche Verhalten des Abiturienten, so weit solches denj., welchen das Konzept des Abgangszeugnisses vorgelegt wird, aus Akten oder Privatnotizen bekannt geworden ist, wobei nöthigenfalls auch der aus Nr. 6. bereits bekannte Fleiß oder Unfleiß als Moment berücksichtigt werden kann. — Das Min. darf vertrauen, daß dieser Theil des Zeugnisses, wie er es verdient, als der wichtigste und schwierigste werde betrachtet und daher mit aller Sorgfalt, unparteiischer Gewissenhaftigkeit und strenger Erwägung des Zweckes und Einflußes dieses Attestes, zugleich aber mit milder und väterlicher Rücksicht auf jugendliche Eigenthümlichkeit und Unerfahrenheit, von denen, die bei der Abfassung konkurriren, werde behandet werden.

III. Da auch das ökonom. Verhältniß des Abiturienten während seiner akadem. Zeit bei Beurtheilung seines Verhaltens von Wichtigkeit ist, so sollen auch die darauf bezüglichen Notizen in das Abgangszeugniß und zwar ebenfalls unter Nr. 7. aufgenommen werden. In dieser Beziehung wird festgesetzt: 1) Wenn der Studirende niemals Schulden halber gerichtlich belangt worden ist, so soll dies ausdrücklich im Zeugnisse zu seinem Lobe erwähnt werden, vorausgesetzt, daß auch außergerichtlich nicht Verschwendung oder Unordnung in seinen Geldangelegenheiten von ihm bekannt geworden ist. 2) Ist derselbe aber Schulden halber vor Gericht belangt worden, so soll wohl unterschieden werden, ob ihm dabei Leichtsinn, Verschwendung und unordentlicher Lebenswandel zur Last fällt, oder ob durch unvermeidliche Verhältnisse oder unverschuldete Zufälle augenblickliche Verlegenheiten herbeigeführt sind, und er nachmals in den ihm gesetzten Terminen die schuldige Zahlung prompt geleistet hat. — Im letzteren Falle, und wenn dergl. nur ein, höchstens zwei Mal vorgekommen ist, soll nach diesfälligem Beschlusse des Senates unter den ad II. 1. bestimmten Modalitäten der Punkt der Schuldklagen ganz mit Stillschweigen übergangen werden dürfen, im ersteren Falle aber die Zahl der gegen ihn erhobenen Schuldklagen ausdrücklich angegeben und nach Bewandniß der Umstände geschärfter Tadel seiner Unordnung oder Verschwendung hinzugefügt werden, wobei dem Ermessen des Reg. Bevollm. überlassen bleibt, ob in den Fällen, wo ein solcher unordentlicher Wirth eines Stipendii oder einer Unterstützung aus öffentl. Mitteln sich zu erfreuen gehabt hat, auch dieses Umstandes, der sonst nicht in das Abgangszeugniß aufzunehmen ist, als eines erschwerenden gedacht werden soll.

IV. Anlangend das Verfahren bei Einholung und Abfassung der Abgangszeugnisse wird hierdurch bestimmt: 1) Jeder Abiturient, der ein Abgangszeugniß verlangt, soll sich dazu spätestens sechs Wochen vor seinem Abgange unter Einreichung des zu I. 1. gedachten Anmeldungsbogens persönlich bei dem Univ. Richter melden. Jedoch kann in den Fällen, wo der Abgang eines Studirenden wegen unvorhergesehener Umstände früher, als er hatte erwarten können, Statt haben soll, auf geführten Beweis,, daß dem Studirenden dabei keine Versäumniß zur Last falle, der zur Anmeldung bestimmte sechswöchentliche Zeitraum nach Bewandniß der Sache durch besondere Bewilligung des Reg. Bevollm. abgekürzt werden. Die Dispensation aber von der persönl. Anwesenheit auf der Univ., zur Empfangnahme des Abgangszeugnisses, kann nur vom Min. ertheilt werden. 2) Der erste Entwurf des Abgangszeugnisses geschieht vom Univ. Richter, welcher dazu den Anmeldungsbogen und die betr. Akten der Univ. und des Gerichtes zu benutzen, und aus seiner etwanigen persönl. Kenntniß des Individui das Nöthige hinzuzufügen hat. 3) Von ihm gelangt das Konzept zunächst jedesmal an den Dekan der philos. Fak., und von diesem, wenn der Studirende nicht der philos. Fak. angehört, an den Dekan der betr. Hauptfakultät, welche beide nach ihrer Kenntniß und Meinung von dem Abiturienten, besonders in Beziehung auf seinen Fleiß, und die Richtung und den Erfolg seiner Studien, das ihnen erforderlich Scheinende hinzuzufügen, oder zu bemerken befugt sind. 4) Demnächst erhält der Rektor das Konzept, um auch das Seinige hinzuzusetzen, oder in den ad II. 1. und III. 2. angegebenen Fällen, und wenn eine Verschiedenheit der Meinungen unter den bei Abfassung Konkurrirenden Statt finden sollte, die Sache im Senat zum Vortrag und Beschlusse zu bringen. 5) Endlich wird auch das Konzept dem Reg. Bevollm. vorgelegt, damit auch dieser sich, besonders hinsichtlich der Theilnahme an geh. Verbind., nach der ihm über diesen Punkt beiwohnenden speziellen Kenntniß nöthigenfalls äußern könne. 6) Die Reinschrift wird sodann von den beiden betr. Dekanen und von dem Rektor unterschrieben, von dem Reg. Bevollm. bestätigt, und durch den Sekretär und Quästor, welcher die Gebühren zu empfangen hat, dem Abiturienten persönlich ausgehändigt.

V. Was nun die für das Abgangszeugniß zu entrichtende Gebühren betrifft, so sieht das Min. wohl ein, daß bei der durch vorstehende Bestimmungen einzuführenden neuen Form der Abgangszeugnisse die Ertheilung der in den Statuten eigens erwähnten Studienzeugnisse, zu deren Einforderung die Studirenden gegen Erlegung der dort bestimmten Gebühren berechtigt sind, künftig in sehr vielen Fällen unnöthig werden, und dadurch für dies., denen die daraus fließenden Einnahmen angewiesen sind, ein Ausfall entstehen wird, für welchen billiger Weise eine angemessene Entschädigung zu wünschen sein dürfte. Indessen geht aus den Bestimmungen der Statuten ein etwaniger Anspruch auf diese Entschädigung keinesweges hervor, da die Studirenden nicht verpflichtet, sondern nur berechtigt sind, ein besonderes Studienzeugniß zu fordern, und daher, wenn das ihnen ertheilte Abgangszeugniß über ihre Aufführung auch den erforderl. Nachweis über ihren Fleiß enthält, welcher unbezweifelbarer Weise und in vollkommener Uebereinstimmung mit den Vorschriften des A. L. R. Th. II. Tit. 12. §. 127. und 128. als zu dem Begriffe der Aufführung gehörend angesehen werden muß, nicht nöthig haben werden, von ihrer Berechtigung Gebrauch zu machen. — Unter diesen Umständen muß das Min. Bedenken tragen, eine Erhöhung der Gebühren für das Abgangszeugniß, deren Billigkeit dasselbe übrigens nicht verkennen will, definitiv festzusetzen, sondern hält dafür, daß eine feste Entscheidung über diesen Punkt bis zur Revision der Universitätsstatuten, welche beabsichtigt wird, ausgesetzt bleiben müsse; will jedoch den Rektor und den Senat hierdurch aufgefordert haben, sich gutachtlich darüber zu äußern, nach welchen billigen und der bisherigen Einrichtung angemessenen Sätzen einstweilen und bis zur Publikation neuer Statuten ein vorläufiges Regulativ für die Gebühren angenommen werden könne.

VI. Außer den eigentlichen Abgangszeugnissen werden von Studirenden auch häufig Zeugnisse der Aufführung und des Fleißes erbeten, denen sie sich zu besondern Zwecken, namentlich für Erlangung von Stipendien ꝛc. bedienen wollen. Hinsichtlich dieser wird bestimmt: 1) daß jedes dergl. Studienzeugniß (D.) nicht anders, als auf den Grund des vorgezeigten mehr erwähnten Anmeldungsbogens ausgefertigt, mithin das Attest über den Fleiß nach den betr. Bemerkungen der Dozenten hinzugefügt werden muß, von den im laufenden Semester gehörten Vorlesungen aber nichts anders ausgesagt werden darf, als daß sie von dem Studirenden angenommen werden seien. 2) Daß jedes Sittenzeugniß (E.) nach den nämlichen Grundsätzen, welche in dieser Beziehung für das Abgangszeugniß gelten, abgefaßt, mithin namentlich die positive Bescheinigung, daß der Studirende sich wohlgesittet und ordnungsmäßig betragen habe, nicht anders hinzugefügt werden soll, als wenn dieses Lob mit gutem Grunde ausgesprochen werden kann; wogegen in allen Fällen, in denen dieses oder ein ähnliches Prädikat nicht als positiv begründet nachgewiesen werden kann, nur ausgesagt werden darf, daß über den Studirenden etwas Nachtheiliges nicht bekannt geworden sei.

Anl. A.

Wir Rektor und Senat der K. Preuß. Univ. zu . . . . bekunden durch dieses Abgangszeugniß, daß H. (vollständiger Vor- und Familienname), geboren zu (No. 1.) . . . . Sohn (No. 2.) . . . .
zu den akademischen Studien (No. 3.) . . . .

vorbereitet, auf den Grund (No. 4.) ....
am (Monatstag und Jahrzahl) bei uns immatrikulirt worden ist, sich seitdem bis zum (Monatstag und Jahrzahl) als Studirender hier aufgehalten, und sich (No. 5.) beflissen hat.

Während dieses Aufenthaltes hat derselbe bei unserer Univ. nach den vorgelegten Zeugnissen die nachstehend verzeichneten Vorlesungen gehört.

No. 6.

Hinsichtlich seines Verhaltens (No. 7.)

Einer Theilnahme an verbotener Verbindung unter Studirenden ist derselbe (No. 8.) [1])

Zu Urkund dessen ist dieses Zeugniß unter dem Insiegel der Univ. ausgefertigt, und von dem zeitigen Rektor, auch von den gegenwärtigen Dekanen der... und der philos. Fakultät eigenhändig unterzeichnet worden.

Berlin, den (Monatstag und Jahr).

(Unterschrift des Rektors.) (Unterschrift des Dekans der Hauptfakultät.)

(Unterschrift des Dekans der philos. Fakultät.)

(Siegel im schwarzen Farbeabdruck.)

Gesehen durch den Regierungs-Bevollmächtigten.

(Unterschrift desselben.)

Anl. B.

Instruktion.

No. 1. und 2. Die Rubrik: Geburtsort oder Vaterland, wird jetzt häufig so ausgefüllt, daß sie zu großen Mißverständnissen Anlaß giebt. Der Sohn eines Mannes, der nie aufgehört hat Preußischer Staatsdiener zu sein, giebt sich für einen Russen, Polen, Baiern, Hanoveraner, wenn sein Vater zu der Zeit, da er geboren ward, gerade bei den damals Pr. Landeskollegien zu Bialystock, Warschau, Anspach oder Aurich angestellt war. Bleibt die Angabe des Geburtsortes immer ein wissenswerthes Datum, so darf doch auch das gegenwärtige Verhältniß des Vaters, oder der seine Stelle vertretenden Angehörigen nicht fehlen, da dieses bestimmt, wessen gegenwärtiger Unterthan der Studirende sei. — Man wird daher in No. 1. einzufüllen haben: den Namen des Geburtsortes mit dessen näherer verständlicher Bezeichnung, so weit es deren bedarf, also z. B. geboren zu Berlin, — Königsberg in Pr., — Rummelsburg im Reg. Bez. Köslin, — Altdorf bei Nürnberg, — Genzien bei Arendsee in der Altmark. — No. 2. Im gewöhnlichsten Falle lebt die Familie im Geburtsorte, und der Sohn steht noch unter elterlicher Gewalt, dann ist einzutragen: z. B. Sohn — des Pfarrers daselbst, — eines Kaufmanns daselbst, — des bereits verstorbenen Bürgermeisters daselbst, — eines bereits verstorbenen Gastwirths daselbst rc. — Oft ist die Familie nachher verzogen, hat einen andern Stand erhalten u. dgl, dann ist einzutragen: geboren zu Bialystock, Sohn eines jetzigen Reg. Rathes zu Arnsberg in Westphalen, oder: geboren zu Krakau bei Magdeburg, Sohn eines zu Groß-Mühlingen verstorbenen Schuhmachers rc. — Zuweilen hat die Familie, von welcher der Studirende unterhalten wird, nach dem Tode des Vaters einen andern Wohnort gewählt, welches nicht unwichtig ist, besonders wenn der neue Wohnort unter anderer Landeshoheit liegt. Dies Verhältniß kann daher in den Zeugnissen nicht übergangen werden. Also beispielsweise: geboren zu Helmstädt, Sohn eines bereits verstorbenen Wundarztes daselbst, dessen Wittwe jetzt in Magdeburg wohnt rc. — In seltneren Fällen ist der Studirende Mitglied einer anderen Familie geworden, und dadurch selbst in ein anderes bürgerliches Verhältniß getreten, welches nicht minder bemerkenswerth ist; z. B. geboren zu Rostock, Sohn eines daselbst verstorbenen Kaufmanns, seitdem aufgenommen von seinem Oheim, dem Kaufmann N. zu Stralsund. — Endlich kann zuweilen vorkommen, daß ein Studirender bereits völlig selbständig ist, und auch dieses bedarf der Angabe; z. B. geboren zu Stettin, Sohn eines daselbst verstorbenen Tischlermeisters, als Kompagniechirurgus vom 12. Infanterie-Regiment entlassen; oder: geboren zu Breslau, Sohn eines daselbst verstorbenen Kaufmanns, bereits volljährig und Besitzer des Ritterguts N. bei Glogau.

Zu No. 3. und 4. rc. (Die hier über Schulunterricht und Schulzeugniß ein-

---

1) Dies, so wie die Unterschrift des Reg.-Bevollm. fällt weg.

zurückenden Nachrichten bestimmen sich jetzt nach dem Regl. v. 4. Juni 1834 §§. 33. ff., insbes. §. 40.)

Zu No. 5. wird nun auszufüllen sein, welcher der drei oberen Fakultäten der Abgehende angehört hat. Bei den zur philos. Fak. Eingeschriebenen aber wird es nöthig, das besondere Fach anzugeben, dem der Abgehende sich gewidmet hat, da hier die Verhältnisse so mannigfaltig sind. Auch müssen bei der medizin. Fak. diej., welche sich nur für die Chirurgie allein bestimmt haben, und in der Regel nicht zu Doktoren promovirt sein wollen, nur als der Chirurgie, nicht als der Medizin Beflissene bezeichnet werden. — Die Meisten bleiben bei dem Studio, zu welchem sie sich immatrikuliren lassen; aber für das Abgangszeugniß kommt es doch besonders darauf an, zu welchem Studio sich der Abgehende gegenwärtig bekennet, daher hat die Fassung des Zeugnisses so gestellt werden müssen, daß des Ueberganges zu einem andern Studio, wenn er stattgefunden hat, ausdrücklich erwähnt werden kann. Es würde also z. B. auszufüllen sein: „und sich — während dieser Zeit der Rechtswissenschaft — beflissen hat", oder „und sich — im ersten Jahre der Gottesgelahrtheit, nachmals aber der Philologie — beflissen hat."

No. 6. wird ganz nach Anleitung des vorgeschriebenen Anmeldebogens dergestalt ausgefüllt, daß übersehen werden kann, welche Kollegia, bei welchen Doz. und mit welchem Erfolge der Abiturient in jedem Semester gehört habe. Uebrigens bedarf es dann fernerhin nicht der ausdrücklichen Anführung, ob das Triennium absolvirt sei, oder nicht, da dies aus dem Verzeichnisse der gehörten Vorlesungen, und dem Datum der Immatrikulation und des Abganges in dem oder den Abgangszeugnissen von selber hervorgeht.

Zu No. 7. Diese Nummer enthält das eigentliche Sittenzeugniß, und soll sich sowohl über die vor dem akadem. Gerichte etwa verhandelten Disziplinarfälle und die erlittenen Strafen, als über den Punkt der Schuldklagen, als auch über das ganze sittliche Verhalten des Abiturienten, wobei auch der aus No. 6. bereits sich ergebende Fleiß oder Unfleiß nöthigenfalls als Moment berücksichtiget werden kann, in Lob oder Tadel so kurz, so bestimmt und so gewissenhaft wie irgend möglich, nach den deshalb speziell ertheilten Vorschriften äußern, und ist deshalb mit ganz besonderer Sorgfalt, zwar mit billiger Unterscheidung jugendlichen Leichtsinns von sittlicher Verderbtheit, aber auch mit aller der unpartheiischen Strenge abzufassen, welche diesen Abgangszeugnissen ihren unfehlbaren Einfluß auf das ganze Verhalten der Studirenden sichern wird. Es geht übrigens aus der Natur der Sache hervor, daß hier Beispiele der Abfassung nicht gegeben werden können, sondern diese lediglich der Beurtheilung derjenigen, welche die Materialien zu diesem wichtigen Artikel zu liefern haben, überlassen bleiben muß.

Zu No. 8. (ist antiquirt).

Anl C.

(Ein Formular zum Anmeldebuch, wie schon oben S. 552 gegeben.)

Anl. D.

Der Studiosus (theol. Herr Joh. Heinrich N.)

hat nach Inhalt der von ihm vorgelegten Zeugnisse (im Sommer-Semester 1835)

auf der hiesigen Friedrich Wilhelms-Univ. die Vorlesungen besucht, welche auf der beiliegenden beglaubigten Abschrift des Anmeldungsbogens verzeichnet sind.

Solches wird demselben (zur Nachsuchung eines Stipendiums)

im Namen und unter dem Siegel der unterzeichneten Fakultät hierdurch bezeuget.

Berlin, den ten 18

[Gesehen
der Regierungs-Bevollmächtigte
an hiesiger Universität.] (L. S.) Die (theologische) Fakultät.

Studienzeugniß
für den (Stud. theol. Hrn. N.)

Anl. E.

Dem Studiosus (theol. Herrn Johann Heinrich N. aus Berlin gebürtig) welcher am (21. April 1835) auf der hiesigen Friedrich Wilhelms-Universität immatrikuliret worden ist, wird (zum Zweck der Erhebung eines Stipendiums)

unter des Rektors und Richters Unterschrift und dem Universitätssiegel hiermit bezeuget, daß über ihn etwas Nachtheiliges nicht bekannt geworden, [insbesondere auch, daß er, so viel bisher zur Kenntniß der Universität gekommen, hier der Theilnahme an einer verbotenen Verbindung nicht bezüchtigt ist].

Berlin, den ten 18

[Gesehen
der Regierungs-Bevollmächtigte an hiesiger Universität.] (L. S.) Der Rektor und der Richter der Universität.

Sittenzeugniß
für den (Stud theol. Hrn. N.)

(Die mit [] eingeschlossenen Worte fallen jetzt aus.)
(Koch, II. S. 510.)

c) Dazu sind noch folgende besondre Anordnungen [1]) ergangen:

α) C. R. des Min. d. G., U. u. Med. Ang. (Eichhorn) v. 7. Dec. 1842 an alle Reg.-Bevollm. ꝛc., wonach den Abgangszeugnissen der Theologen der Vermerk beigefügt werden soll:

„daß diej. Kand. der Theol., welche eine Anstellung im Schul- oder Predigtamte zu erhalten wünschen, verpflichtet seien, sich sofort nach der Rückkehr von der Univ. bei dem Superint., in dessen Sprengel sie sich niederlassen, persönlich zu melden."

(M. Bl. d. i. V. 1842. S. 414.)

β) Mitunterschrift des Universitäts-Richters.

R. deff. Min. v. 9. Nov. 1835 an den Reg.-Bevollm. zu Bonn

Ew. erwidert das Min. auf den Ber. v. 11. Aug. d. J., wie dass. es ebenfalls für angemessen hält, daß der dortige Univ. Richter in gleicher Art, wie dies bei der hiesigen K. Univ. eingeführt ist, die Reinschrift der Abgangszeugnisse der Studirenden unterzeichne.

(Koch, II. S. 527.)

γ) Folge der Unterschriften.

C. R. deff. Min. v. 25. April 1836 an alle Reg.-Bevollmächtigten.

Ein über die Unterschriften der Abgangszeugnisse der Studirenden entstandener Zweifel veranlaßt das unterz. Min. hierdurch zu bestimmen, daß auf allen Univ. gleichmäßig jedes Abgangszeugniß nach dem bisherigen, übrigens beizubehaltenden Formular auf der linken Seite neben dem Siegel der Univers. 1) von dem Rektor (Prorektor), und darunter 2) von dem Univ. Richter, auf der rechten Seite deff. aber 1) von dem Dekan der Fak., welcher der Studirende angehört hat, und darunter 2) von dem Dekan der philos. Fak. unterschrieben werde.

(Koch, II. S. 528.)

δ) Stempel.

C. R. deff. Min. v. 30. Juli 1824 an alle Universitäten.

Ein bisheriges, wie bemerkt worden, verschiedenartiges, zum Theil nicht durch die gesetzlichen Bestimmungen gerechtfertigtes Verfahren, in Absicht der Ausfertigung der den Studirenden bei ihrem Abgange zu ertheilenden Zeugnisse, giebt dem Min. Veranlassung, die ꝛc. darauf aufmerksam zu machen, daß nicht blos zu dem Fakultätszeugniß der gesetzliche 15 Sgr. Stempel adhibirt werden muß, sondern eben so auch zu dem Sittenzeugniß, wo dasselbe besonders ertheilt wird, und kann die Maaßregel, letzteres auf das andere Blatt deff. Bogens auszufertigen, davon nicht befreien, indem es alsdann vielmehr eines Stempelbogens von 1 Thlr. und des Vermerks bei dem zweiten Attest bedarf, daß und wie der Stempel bei dem ersten befindlich ist. Dagegen leidet es keinen Zweifel, nur den einfachen Stempel

1) Ueber den Vermerk wegen der gestundeten Honorare s. o. S. 546 ff.

zu nehmen, wenn beide Zeugnisse in eine und dieselbe Ausfertigung zusammengezogen werden.

(Koch, II. S. 509.)

Dazu erinnert α) das R. deſſ. Min. v. 5. April 1827, an den Reg.-Bevollm. zu Halle, daß der Stempelbogen, wenn derselbe blos beigefügt wird, ohne das Zeugniß selbst auf ihn zu schreiben, mit dem gesetzlichen Kassationsvermerk versehen werden muß (Koch, II. S. 526.); — β) das R. deſſ. Min. v. 25. April 1836, an den Reg.-Bevollm. zu Königsberg, empfiehlt, die in Berlin bestehende Einrichtung nachzuahmen, wonach die Stempelung der Zeugnisse vor der Ausfertigung bei dem K. Stempelamte erfolgt. (Koch, II. S. 528.)

d) Aushändigung der Abgangszeugnisse.

C. R. deſſ. Min. v. 3. März 1830 an alle Reg.-Bevollmächtigte.

Zur Vermeidung von Mißverständnissen ist es durchaus nothwendig, daß das Abgangszeugniß, welches die ganze Zeit des Aufenthalts auf der Univ. umfaßt, den Studirenden erst bei ihrem wirklichen Abgange von der Univ. ausgehändigt werde. Das Min. fordert Sie daher hierdurch auf, strenge darauf zu halten, daß keinem Studirenden sein Abgangszeugniß früher, als er die Univ. wirklich verläßt, und deren Gerichtsbarkeit nicht mehr unterworfen ist, verabfolgt und event. darin dasj., was in dem Zeitraume zwischen der Ausfertigung und Aushändigung des Zeugnisses Erhebliches wider ihn vorgekommen sein möchte, nachträglich aufgenommen werde.

(Koch, II. S. 527.)

c) Abschaffung der vorläufigen Abgangszeugnisse.

Solche waren insbes. bei den Theologen Behufs ihrer Meldung zum Examen üblich. Das Min. der G., U. u. Med. Ang. suchte durch die C. R. v. 29. April 1826 an die Konſ. ꝛc., an die theolog. Fakultäten und an die Reg.-Bevollm. (Koch, II. S. 521 flg.), so viel als möglich, gleichförmige und vollständige Ausfertigung derſ. herbeizuführen. Indeß fand es sich später bewogen, die Ertheilung solcher vorläufiger Zeugnisse ganz zu untersagen.

C. R. des geh. Min. (v. Ladenberg) v. 26. Aug. 1840 an sämmtl. evang. theol. Fakultäten.

Um den nachtheiligen Folgen vorzubeugen, welche nach der bisherigen Erfahrung aus der Ertheilung vorläufiger Abgangszeugnisse an die Studirenden der Theologie Behufs ihrer Meldung zur Prüfung pro licentia concionandi entstanden sind, sieht sich das Min. veranlaßt, der evang. theol. Fak. die Ertheilung solcher vorläufigen Abgangszeugnisse an Studirende der Theologie von jetzt an hierdurch gänzlich zu untersagen. Sämmtliche K. Konſ. sind von diesem Beschluß in Kenntniß gesetzt, und in Verfolg der C. Verf. v. 29. April 1826 angewiesen worden, künftig auf dergl. vorläufige Abgangszeugnisse die sich zur Prüfung pro licentia concionandi meldenden Kandidaten der Theologie nicht weiter mit den Aufgaben zu den von ihnen zu liefernden schriftlichen Prüfungsarbeiten zu versehen.

(Min. Bl. d. i. V. 1840. S. 293. Nr. 516.)

Zugleich sämmtlichen Rekt. und Senaten, so wie sämmtlichen Reg.-Bevollm. mitgetheilt, mit dem Auftrage:

den Inhalt jener Verf. auch den übrigen Fak. mit der Weisung zu kommuniziren, sich gleichfalls von jetzt an der Ertheilung vorläufiger Abgangszeugnisse gänzlich zu enthalten.

(a. a. O. Nr. 517.)

Fünfte Abtheilung.

Die sonstigen zur Förderung der Kultur vorhandenen Anstalten.

Es kann sich in diesem dem eigentlichen „Unterrichtswesen" gewidmeten Werke nicht darum handeln, eine vollständige Darstellung aller Anstalten zu geben, welche zur Förderung der Kultur dienen; dies würde das Hereinziehen anderer, in sich abgerundeter Gebiete der Gesetzgebung erfordern. Hier muß es genügen auf die Hauptabtheilungen dieser Kulturhebel und auf die wesentlichsten der darüber ergangenen Verordnungen aufmerksam zu machen.

I. Die Akademien.

1) Die Akademie der Wissenschaften in Berlin.

Gegründet durch Diploma v. 11. Juli 1700; vollständig eingerichtet durch Ed. v. 3. Juni 1710, neu organisirt durch Statuten v. 24. Jan. 1744. (Rabe, Bd. 1. Abth. 1. S. 197. 293., Abth. 2. S. 190.) In ihrer jetzigen Einrichtung besteht sie seit 1812 in 4 Klassen: für Physik, Mathematik, Philosophie, Geschichte. Ihr Zweck ist nicht zu lehren, sondern die Wissenschaft durch Prüfung des Vorhandenen und Forschung zu fördern. Die Mitglieder sind ordentliche, außerord. und Ehrenmitglieder. Sie werden von der Akademie gewählt, vom Min. vorgeschlagen und vom Könige bestätigt. (Vergl. auch Bd. 1. S. 250.)

2) Die Akademie der Künste zu Berlin.

Gegründet 1699 durch Ed. v. 20. März; mit Privilegien für die akadem. Künstler v. 31. Aug. 1707 und 29. April 1786, und einem Regl. v. 26. Jan. 1790. (Rabe, Bd. 1. Abth. 7. S. 511 flg., Bd. 2. S. 3) Sie umfaßt die Fächer der bildenden Künste, der Architektur, Musik, die Zeichnen- und die Kunst- und Gewerbeschule (s. o. S. 351 sub 3.), veranstaltet Ausstellungen und Preisbewerbungen,[1]) und ist zugleich eigentliche Unterrichts-

---

1) Vergl. Regul. v. 22. Jan. 1853 über die Preisbewerbungen in der Malerei und Skulptur. (M. Bl. d. i. V. 1853. S. 158.) — Es wird ein großer Preis von 500 Thlr. jährl. auf 3 J. oder von 750 Thlr. jährl. auf 2 J. ertheilt. Ein anderer Preis, der Mich. Beersche, von 500 Thlr. auf 1 Jahr ist für Juden bestimmt.

anstalt, indem sie, außer den bei den Fachschulen erwähnten Lehrinstituten, in der Akademie im engern Sinne ihre Eleven zu Künstlern bildet: Vgl. R. des Min. der G., U. u. Med. Ang. v. 22. Mai 1830 mit der Nachricht über die Lehrinstitute der Akademie und R. dess. Min. v. 14. März 1838 mit dem Regl. für die Eleven der Kunstakademie (A. XIV. S. 337. XXII. S. 108.) Eine neue Organisation der Verwaltung und des Betriebes der Kunstangelegenheiten wurde durch Min. Bek. v. 14. Juli 1848 verheißen. (Min. Bl. d. i. V. 1848. S. 198.)

3) Unter den Akademien und gelehrten Gesellschaften in den Prov. sind vorzugsweise die Leopoldinisch-Karolinische Akademie der Naturforscher in Breslau, und die Kunstakademien in Düsseldorf und Königsberg zu erwähnen. (Vergl. auch IV.)

II. Sammlungen.

1) Die K. Bibliothek in Berlin,[1]) 1661 gegründet. Vergl. den Ber. des Oberbibliothekars (Dr. Pertz) v. 22. April 1854. (Staatsanz. S. 794. 802.)

2) Das K. Museum zu Berlin. Vergl. das vom Könige vollzogene Statut v. 15. Jan. 1835. (A. XIX. S. 1131.)

3) Archive. Provinzialarchive und in Berlin das K. Haus- und das geh. Staatsarchiv. Vergl. Bek. des Oberpräs. der Rheinprovinz v. 29. Febr. 1832, der Reg. zu Münster v. 3. Mai 1832 (A. XVI. S. 48. 349.), so wie über das K. Haus- und das geh. Staatsarchiv den A. Erl. v. 20. März 1852. (Min. Bl. d. i. V. 1852. S. 80.)

4) Das statistische Büreau zu Berlin. C. R. des Min. d. Inn. v. 21. Mai 1851 (Min. Bl. d. i. V. 1851. S. 75.) mit Nachricht über Einrichtung und Zweck des statist. Büreaus.

5) Der zoologische Garten zu Berlin. K. O. v. 7. Mai 1845 mit den Statuten des Aktienvereins des zool. Gartens in Berlin v. 27. Febr 1845. (Min. Bl. d. i. V. 1845. S. 163.)

6) Unter den Prov.-Sammlungen sind vorzugsweise die Bibliotheken zu Bonn, Köln, Trier, Danzig und Breslau, so wie die Bildergallerie in Düsseldorf zu erwähnen.

III. Einzelne Vorschriften und Einrichtungen.

1) Sorge für Erhaltung der Kunstgegenstände und Denkmale der Vorzeit. Vergl. Bd. 1. S. 729. Außer den dort angef. R. ist noch das C. R. v. 31. Okt. 1830 sub 4. b. (A. XIV. S. 775.), die Bek. des Oberpräs. v. Westphalen v. 4. Jan. 1834, die C. Verf. der Reg. zu Trier v. 24. Febr. 1834 und das C. R. des Min. d. G., U. u. Med. Ang. v 19. Aug. 1837 (A. XVIII. S. 24. 26, XXI. S. 599.) hervorzuheben, und zu dem C. R. v. 24. Jan. 1844, über die Einsetzung eines Konservators der Kunstdenkmäler, die sub I. 2. alleg. Min. Bek. v. 14. Juli 1848 zu vergleichen.

2) Einsendung von Kunstsachen 2c. an den König. C. R. des Staatsmin. v. 12. Aug. 1840. (Min. Bl. d. i. V. 1840. S. 341.)

3) Aussetzung eines von 5 zu 5 Jahren zu ertheilenden Preises von Tausend Thalern Gold für das beste Werk über Deutsche Geschichte. Vergl. Pat. v. 18. Juni 1844. (G. S. 1844. S. 403.)

---

1) Ueber die Einreichung von Pflichtexemplaren s. o. S. 531 sub 3.

4) Stiftung einer besondern Klasse des Ordens pour le mérite für Wissenschaften und Künste. Vgl. Urkunde v 31. Mai 1842. (G. S. 1842. S. 195.)

IV. Freies Vereins- und Versammlungsrecht.

Von je hat die Assoziation als Mittel, wissenschaftliche und Kulturzwecke zu fördern gedient. Nach allen Richtungen gab und giebt es eine große Anzahl dazu bestimmter Vereine, [1]) die sich auf das Mannigfaltigste gestaltet haben. Die Grundlage ihrer rechtlichen Existenz besteht gegenwärtig in den Art. 29. und 30. der Staatsverfassung, welche im Art. 31. wegen Ertheilung der Korporationsrechte auf „das Gesetz“ verweist. (s. o. S. 577.)

V. Die freie Presse.

Art. 27. u. 28. der Staatsverfassung (G. S. 1850. S. 20.) und G. über die Presse v. 12. Mai 1851. (G. S. 1851. S. 273.) Vgl. v. Rönne, das Gesetz über die Presse v. 12. Mai 1851, mit dem Reg. Entwurfe und den Komm. Berichten beider Kammern zusammengestellt rc. nebst Kommentar. Breslau, Aderholz, 1851.

---

1) In den Sammlungen finden sich mitgetheilt: ein Publ. des Oberpräs. in Stettin v. 15. Okt. 1824 über die Gesellschaft für Pommersche Geschichts- und Alterthumskunde (A. VIII. S. 1049) und eine Bekanntmachung des Oberpräs. der Rheinprov. v. 18. März 1848 mit Einladung zum Beitritt und zur Unterstützung des naturhist. Vereins der Rheinlande und Westphalens. (M. Bl. d. i. V. 1848. S. 155.) Vergl. oben S. 337 Note 1.)

Nachträge

der bis Anfang Juli 1855 veröffentlichten Verordnungen und Nachrichten.

Zum ersten Bande:

Zu S. 620. Ueber die Beschäftigung jugendlicher Arbeiter in Fabriken vergl. Min. Erl. v. 14. Nov. 1854, welcher das G. v. 16. Mai 1853 einschärft (Staatsanz. 1855. S. 221. Nr. 31.), so wie die von der Reg. zu Arnsberg erlassene Dienstanweisung v. 20. Nov. 1854 für den Fabriken-Inspektor des dortigen Reg. Bez. (Staatsanz. 1855. S. 598 Nr. 81.)

Zu S. 660. In der Voss. Zeitung 1855 Nr. 99. wird mitgetheilt, daß das im Preuß. Landtags-Absch. v. 28. Okt. 1838 erwähnte Alterniren zwischen kathol. und evang. Lehrern an einer Schule durch C. R. des Min. der G., U. u. Med. Ang. v. 13. Febr. 1855 für unzulässig erklärt und angeordnet sei, sich bei der Wahl des Lehrers rücksichtlich seiner Konfession nach der Stiftung zu richten, bei Aenderung der Bevölkerungsverhältnisse die Entscheidung des Min. einzuholen, und, statt einen zweiten Lehrer an gemischten Schulen anzustellen, lieber eine zweite konfessionelle Schule zu errichten. Zugleich wird erwähnt, daß die Zerennerschen Schriften nicht als Schulbücher gebraucht werden sollen.

Zu S. 762 Note 1. Das R. v. 17. Sept. 1835 ist wiederholt durch allgem. Verf. des Justizmin. v. 27. Febr. 1855. (Staatsanz. 1855. S. 482. Nr. 66.)

Zu S. 886. Ueber die Prüfung von Taubstummen-Lehrern ist durch C. R. des Min. der G., U. u. Med. Ang. v. 10. Febr. 1855 ein älteres R. v. 22. Juni 1831 zur Oeffentlichkeit gebracht worden. (Staatsanz. 1855. S. 423. Nr. 58.)

Zu S. 895. Vergl. unten Nachtrag zu Bd. 2. S. 73.

Zum zweiten Bande:

Zu S. 6. Note 1. S. 399. Im Staatshaushalts-Etat für 1855 werden beim Min. der G., U. u. Med. Ang. unter den Ausgaben aufgeführt:

6) Universitäten 473,821 Thlr.
7) Zuschuß für Gymnasien und Realschulen 307,309 Thlr.
8) Elementar-Unterrichtswesen 415,090 Thlr.
9) Kunst und Wissenschaft 183,060 Thlr.
12) Zur Verbesserung der äußern Lage des geistlichen und Lehrstandes 175,952 Thlr.

Ferner als einmalige außerordentliche Ausgaben:

2) Zu Reparaturen an dem Univ. Gebäude zu Breslau, Restbetrag 3,105 Thlr.
3) Zur Unterstützung der Gymnasiallehrer 10,000 Thlr.
4) Zum Bau von Gymnasial-Gebäuden 21,517 Thlr.
5) Zur Unterstützung der Elementarlehrer 35,000 Thlr.
6) Zur Unterstützung armer Künstler und Literaten 1,000 Thlr.
7) Zur Fortsetzung des Baues des neuen Museums und seiner künstlerischen Dekoration 50,000 Thlr.

(Staatsanz. 1855. S. 886, 888 Nr. 116. — Vergl. zu S. 109.)

Zu S. 13. VI. 2. Die Realschule zu Burg erhielt die Befähigung, zum Baufach zu entlassen, durch Bek. v. 7. Febr. 1855. (Staatsanz. 1855. S. 273 Nr. 38.)

Zu S. 73. Note 2. Ueber die Ausführung der Oktober-Regulative spricht sich das C. R. des Min. der G., U. u. Med. Ang. v. 28. März 1855 anerkennend aus. (Staatsanz. 1855. S. 590. Nr. 80.)

Zu S. 87. Note 1. S. 476. Ueber Ermittelung und Ueberweisung versorgungsberechtigter Militairpersonen haben die K. General-Kommandos und General-Inspektionen durch R. des Kriegsmin. v. 30. März 1855 eine besondere Instr. erhalten. (Staatsanz. 1855. S. 650. Nr. 87.)

Zu S. 109. Amtseinkommen. Laut Staatsanz. 1855. S. 1150. Nr. 148. sind seit Mitte des J. 1852 im Umfang des Preuß. Staats an dauernden jährlichen Gehaltszulagen regulirt worden:

für Lehrer an Gymnasien 57,776 Thlr.,
" " " Schullehrer-Seminaren 7,657 Thlr.,
" " " Elementarschulen 121,155 Thlr.

theils aus Fonds der Anstalten, theils aus Gemeinde-, theils aus Staatsmitteln. Die Regulirung schreitet noch fort. (Vergl. Bd. 1. S. 810, sowie das oben zu S. 73 angef. C. R. v. 28. März 1855.)

Zu S. 111. Die Umzugskosten sind neu regulirt durch den K. Erl. v. 26. März 1855, wonach zu erwähnen:

		a) auf allgem. Kosten.	b) auf Transportkosten für je 5 Meilen.
I.	Beamten der ersten Rangklasse	600 Thlr.	30 Thlr.
II.	" " zweiten Rangklasse	350 "	24 "
III.	" " dritten Rangklasse	250 "	18 "
IV.	Ober-Reg.-Räthen und Gleichstehenden .	180 "	15 "
V.	Beamten der vierten Rangklasse	130 "	12 "
VI.	" " fünften Rangklasse	80 "	9 "
VII.	Beamten, die über den Subalternen der Prov. Behörden stehen, ohne zu obigen zu gehören	70 "	8 "
VIII.	Subalternen I. Klasse bei Prov. Behörden	60 "	7 "
IX.	Subalternen II. Klasse	50 "	6 "
X.	Unterbedienten	25 "	4 "

Daneben werden auch die persönlichen Reisekosten nach der V. v. 10. Juni 1848 gewährt.

Bei Versetzungen lediglich auf Antrag des Beamten erfolgt jedoch gar keine Vergütigung.

Der halbjährige Betrag der Einkommens-Besserung geht von dem Umzugskostensatze ab. Uebersteigt er denselben, so werden nur die persönlichen Reisekosten gezahlt.

Nicht etatsmäßig angestellte Beamte erhalten ebenfalls nur diese letztern.

Beamte ohne Familie erhalten nur die Hälfte vom Umzugskostensatze.

Die Entfernung wird nach dem kürzesten Wege, die angefangene Zahl von 5 Meilen für voll, der Umzugskostensatz nach der Stelle, aus welcher die Versetzung erfolgt, berechnet.

(Staatsanz. 1855. S. 590. Nr. 80. Vgl. S. 501, wozu zu bemerken, daß die 4. Rangklasse durch die O. L. G. Räthe ꝛc., die 5. durch die O. L. G. Assessoren gebildet wird.

Zu S. 132. 503. Wittwen und Deszendenten eines verstorbenen Pensionairs ist der Gnadenmonat zu gewähren, ohne Rücksicht darauf, ob sie sich bei demselben aufgehalten haben, oder nicht: Bescheid des Min. des J. v. 16. Jan. 1855. (Staatsanz. 1855. S. 341. Nr. 48.)

Auch die Hinterbliebenen der dauernd beschäftigten und durch fixirte Beträge remunerirten Hülfsarbeiter erhalten die in den K. O. v. 27. April 1816 und v. 15 Nov. 1819 festgesetzten Gnadenbewilligungen: K. Erl. v. 18. April 1855. (Staatsanz. 1855. S. 1029. Nr. 133.)

Zu S. 201. s. u. zu S. 496. Religionslehrbücher.

Zu S. 284. Die Ertheilung der Erlaubniß zur Immatrikulation ohne Maturitätszeugniß ist laut Bekanntm. des Univ. Kuratoriums zu Berlin v. 30. April 1855 durch R. des Min. der G., U. u. Med. Ang. v. 25. dess. Mts. den Kuratorien delegirt. (Staatsanz. 1855. S. 774. Nr. 103.)

Zu S. 297. Note 1. Vergl. die Bestimmungen des Min. für Handel, Gew. u. öff. Arb. v. 8. Febr. 1855 über das zweite Examen der Postbeamten. (Staatsanz. 1855. S. 305. Nr. 43.)

Zu S. 299. Ueber die Termine der bei der Ober-Militair-Examinations-Kommission pro 1855—56 abzuhaltenden Portepeefähnrichs- und Offiziers-Prüfungen vergl. Bek. v. 20. Febr. 1855. (Staatsanz. 1855. S. 389. Nr. 54.)

Zu S. 317. 477. An die Stelle des Tit. 50. der A. G. O. tritt mit dem 1. Okt. 1855 die neue Konkursordnung. Vergl. Einführungsges. v. 8. Mai 1855. (Staatsanz. 1855. S. 1053. Nr. 136.)

Zu S. 347. Note 1. Die Bek. v. 3. Juni 1829 über das Seydlitzsche Stipendium ist vom Vorsitzenden des Vereins für Gewerbfleiß (v. Pommer-Esche) unterm 12. Mai 1855 mit der Modifikation wiederholt, daß die Anmeldungen bis zum 1. Juli erfolgen müssen. (Staatsanz. 1855. S. 880. Nr. 115.)

Zu S. 366. Note 2. Vergl. die Bestimmungen des Min. der G., U. Med. Ang. v. 7. Febr. 1855 über die Erwerbung der Qualifikation als Departements-Thierarzt. (Staatsanz. 1855. S. 305. Nr. 43.)

Zu S. 399. s. o. zu S. 6. Note 1. Staatshaushalts-Etat für 1855.

Zu S. 401. Das K. Statut für das Domkandidatenstift zu Berlin v. 22. Nov. 1853 findet sich nebst Erläuterungen zu demselben und zur Hausordnung abgedruckt im Staatsanz. 1855. S. 1158. Nr. 149.

Zu S. 405. Ueber die Frequenz der Deutschen Univers. im Winter 1854—55 und im Sommer 1855 werden folgende Angaben gemacht:

Baden	Heidelberg	1854—55:	695.	1855:	?
"	Freiburg .	"	344.	"	311.
Baiern . . .	München .	"	1531.	"	1496.
"	Würzburg	"	818.	"	792.
"	Erlangen .	"	521.	"	?
Hannover . . .	Göttingen	"	713.	"	713.
Kurhessen . . .	Marburg .	"	251.	"	229.
Hessen-Darmstadt	Gießen .	"	378.	"	366.
Meklenburg . .	Rostock .	"	92.	"	?
Sachsen, Königr.	Leipzig .	"	813.	"	808.
Sächs. Herzogth.	Jena . .	"	?	"	384.
Würtemberg . .	Tübingen .	"	693.	"	697.

(Augsb. Allgem. Zeit. 1855. Nr. 182.)

Die Frequenz der Preußischen Univ. war im Sommer 1855:

Universität.	Theologen. evangel. Inländer.	Theologen. evangel. Ausl.	Theologen. kathol. Inl.	Theologen. kathol. Ausl.	Juristen. Inländer.	Juristen. Ausländ.	Mediz. Inländer.	Mediz. Ausländ.	Philos. Inländer.	Philos. Ausländ.	Summe. Inländer.	Summe. Ausländ.	Summe. Summe.	Nicht immatrikul. Zuhörer.
Berlin. . .	171	34	—	—	471	85	234	40	213	87	1089	246	1335	589
Bonn . . .	46	7	192	7	236	33	82	6	144	47	700	100	800	22
Breslau . .	64	1	203	3	268	1	130	9	128	9	793	23	816	39
Greifswald	32	1	—	—	57	1	72	1	50	3	211	6	217	4
Halle . . .	327	64	—	—	137	7	50	7	60	13	574	91	665	29
Königsberg	71	—	—	—	141	1	78	6	49	4	339	11	350	?
Münster . .	—	—	178	*	—	—	—	—	165	*	—	—	343	?
	711	107	573	10	1310	128	646	69	809	163	3706	477	4526	683

(Staatsanz. 1855. S. 1198, 1063, 1223, 1070, 1119, 1112, 1134.)

Zu S. 476. s. o. zu S. 87. Note 1. Militair-Versorgungs-Berechtigte.

Zu S. 477. s. o. zu S. 317. Konkursvorrechte.

Zu S. 479. Die Benennung „Herrenhaus“ für die erste, und „Haus der Abgeordneten“ für die zweite Kammer ist eingeführt durch Ges. v. 30. Mai 1855. (Staatsanz. 1855. S. 991. Nr. 128.)

Zu S. 480. Note 1. Dasselbe ist durch K. Erl. v. 15. Jan. 1855 hinsichtlich der in Gemäßheit des G. v. 20. Mai 1854 durch K. Erl. v. 24. Nov. 1854 ausgeschriebenen fernern Staatsanleihe von 15 Millionen Thaler bestimmt. (Staatsanz. 1855. S. 357. Nr. 50., Staatsanz. 1854. S. 2161. Nr. 284.)

Zu S. 496. 201. In der K. O. v. 5. Febr. 1855 ist bestimmt:

„um den Behörden der evang. Kirche die Ausübung der ihnen obliegenden Pflicht zur Wahrung des Bekenntnisses beim evang. Religionsunterrichte in den Volksschulen, den Schullehrer-Seminaren und den höhern Schulen möglich zu machen, daß die in diesen Unterrichts-Anstalten zu gebrauchenden Religions-Lehrbücher der Genehmigung der Kirchenbehörden unterliegen sollen, und daß auch bei der Anstellung der ordentl. und außerordentl. Professoren der Theologie an den Univ., und der evang. geistlichen Räthe bei den Reg., insofern dieselben zugleich Mitglieder der Konsistorien sind, so wie der Direktoren an den evang. Schullehrer-Sem., jedesmal das Gutachten des evang. Ober-Kirchenrathes in Beziehung auf Bekenntniß und Lehre des Anzustellenden zu erfordern ist ꝛc.“

(Staatsanz. 1855. S. 965. Nr. 125.)

Zu S. 503. s. o. zu S. 132. Gnadenquartal ꝛc.

Zu S. 600. Vergl. C. R. des Min. der G., U. u. Med. Ang. v. 17. Jan. 1855 über Entlassung der bereits im Militairdienst befindlichen evang. Theologen. (Staatsanz. 1855. S. 185. Nr. 26.)

Zu S. 611. Vergl. das Verzeichniß der Vorlesungen und praktischen Uebungen bei der K. Akademie der Künste im Sommerhalbjahre v. 1. April bis Ende Sept. d. J. vom Vice-Dir. Prof. Herbig v. 14. Febr. 1855. (Staatsanz. 1855. S. 445. Nr. 61.)

I.

Chronologisches Register.

Die Verordnungen der Prov.-Behörden sind als solche bezeichnet (Reg. V., Konf. V. ꝛc.); die R., C. R., Erlasse ꝛc., bei denen eine solche Bezeichnung fehlt, sind von den Min. ergangen. Wo bei einer V. mehrere Seitenzahlen angeführt sind, ist diejenige, auf welcher sich der Abdruck der V. befindet, vor den bloßen Allegaten durch größeren Druck hervorgehoben.

1455—1809.

1810.

1811.

1812.

1820.

1821.

1822.

1823.

1824.

1825.

1826.

1827.

1828.

1829.

1830.

1831.

1832.

1833.

1834.

1835.

1836.

1837.

1838.

1839.

1840.

1841.

1842.

1843.

1844.

1845.

1846.

1847.

1848.

1849.

1853.

1854.

1855.

II.

Alphabetisches Sachregister.

A.

B.

C.

D.

E.

F.

G.

H.

J.

K.

L.

M.

N.

O.

P.

Q.

R.

S.

T.

U.

V.

W.

Z.

Verzeichniß einiger Druckfehler.

S. 4. Z. 9. v. u. lies geschichtliche Statt geschichtlich.
= 6. = 17. v. u. = im Jan. 1849 Statt im Jan. 1819.
= 18. = 5. v. o. = v. 12. Juli 1810 Statt v. 12. Juni 1810.
= 23. = 34. v. u. = Remuneration Statt Kommission.
= — = 10. v. u. = bei diesen Komm. Statt bei dieser Komm.
= 56. = 14. v. o. = in ihrer Fortbildung bedürfen. Diese Prüfung pro asc. findet in allen den Fällen statt, wo ein Lehrer der untern Klassen zu einer Lehrstelle Statt in ihrer Lehrstelle.
= 61. = 15. v. u. = 1827 Statt 1824.
= 65. = 10. v. u. = zu einem andern Stande Statt zu einem Stande.
= 69 = 4. v. u. = Vgl. zu letzterem: Statt Vgl. zu letztere.
= 73. = 16. v. o. = 1835 Statt 1825.
= —. = 2. v. u. = 1854 Statt 1855.
= 74. = 19. v. u. = 1828 Statt 1829.
= 102. = 7. v. o. = 1819 Statt 1849.
= 119. = 16. v. u. = Zulagen Statt Inlagen.
= 128. = 31. v. u. = ꝛc. (s. o. 1.), und im §. 17. die Festsetzung dieser Beiträge oder Inschüsse Statt ꝛc. (s. o. 1.), oder Zuschüsse.
= 136. = 10. v. u. = urgirt Statt urpirt.
= 143. = 24. v. o. = Zeit Statt Zett.
= 164. = 8. v. o. = v. 31. Aug. 1838 Statt v. 31. Aug.
= 167. = 5. v. o. = 1840 Statt 1849.
= 175. = 4. v. o. = 9) Statt 8)
= 189. = 26. v. u. = Nr. 4. und 9. Statt Nr. 4.
= 198. = 17. v. o. = VIII. 2. b. Statt VIII. 2. 6.
= 201. = 14. v. o. = das R. Statt des R.
= 206. = 5. v. u. = beieilenden Statt beeilenden.
= 213. = 29. v. u. = Anabasis Statt Anabanis.
= 215. = 2. v. o. = bedingten Statt unbedingten.
= 216. = 2. v. u. = amplifizirt Statt anglifizirt.
= 219. = 7. v. o. = Diktion Statt Direktion.
= 222. = 28. v. u. = Beziehung auf Statt Beziehung.
= 225. = 20. v. o. = im praktischen Leben Statt im praktischen.
= 227. = 13. v. u. = Fälle Statt Fülle.
= 236. = 13. v. u. = Geschichtsunterricht Statt Gedächtnißunterricht.
= 245. = 15. v. o. = Vielecke Statt Vierecke.
= 247. = 2. v. u. = festgesetzt Statt fortgesetzt.
= 251. = 12. v. u. = v. 8. April Statt v. April.
= 256. = 10. v. o. = vokationsmäßig Statt vakationsmäßig.
= 258. = 15. v. u. = A. Statt a.
= 273. = 5. v. u. = 1834 Statt 1384.
= 274. = 10. v. u. = §. 31. S. 277, sowie unten S. 279 die Note zu §. 33. Statt §. 31., sowie unten S. 277 ꝛc.
= 275. = 24. v. u. = 1850 Statt 1838.
= 280. = 7. v. u. = zu der Honorarstundung Statt zu den Honorarstunden.

S. 296.	Z. 4. v. o.	lies	abzumahnen Statt abzunehmen.
„ 298.	„ 33. v. o.	„	Maturitäts-Zeugnisses Statt Militair-Zeugnisses.
„ 343.	„ 9. v. u.	„	K. O. v. 22. Okt. 1849 Statt K. O. v. 22. 1849.
„ 347.	„ 8. v. u.	„	1829 Statt 1929.
„ 354.	„ 3. v. o.	„	Juli Statt Juni.
„ 362.	„ 13. v. o.	„	1854 Statt 1853.
„ 366.	„ 19. v. u.	„	mit diesen Statt mit dieser.
„ 369.	„ 13. v. o.	„	des 4. Jahrh. Statt des 14. Jahrh.
„ —	„ 11. v. u.	„	Antecessoren Statt Autocessoren.
„ —	„ 1. v. u.	„	Segusio Statt Sugusio.
„ 370.	„ 22. v. o.	„	Disputationen Statt Deputationen.
„ 371.	„ 23. v. u.	„	dicitur Statt dicitus.
„ —	„ 15. v. u.	„	licentiam Statt licentatiam.
„ 372.	„ 30. v. u.	„	Kanzlerwürde Statt Kanzelwürde.
„ 373.	„ 24. v. o.	„	auch nicht Statt und nicht.
„ 390.	„ 31. v. u.	„	Separatvotum Statt Separatum.
„ —	„ 15. v. u.	„	eine ministerielle Veranlassung Statt eine Veranlassung.
„ 406.	„ 26. v. u.	„	V. v. 26. Dec. 1808 Statt R. v. 26. Dec. 1808.
„ —	„ 18. v. u.	„	V. v. 30. April 1815 Statt R. v. 30. April 1815.
„ —	„ 3. v. u.	„	Nr. IV. und V. Statt Nr. III. und IV.
„ 413.	„ 22. v. o.	„	eingereiht Statt eingereicht.
„ 451.	„ 11. v. u.	„	verrechnet Statt vermehrt.
„ 481.	„ 14. v. u.	„	artium Statt actium.
„ 491.	„ 1. v. u.	„	S. 490 Statt 491.
„ 493.	„ 4. v. u.	„	S. 490 Statt 491.
„ 494.	„ 15 u. 3. v. u.	„	S. 490 Statt 491.
„ 500.	„ 5. v. o.	„	so auch die Urlaubsgesuche durch den Reg. Bevollm. Statt so wie auch die Urlaubsgesuche der Reg. Bevollm.
„ 521.	„ 11. v. o.	„	V. 1832 Statt B. 1832.
„ 528.	„ 17. v. o.	„	auf bestimmte Zeit Statt auf bestimmte.
„ 537.	„ 9. v. o.	„	verpönten Statt vergönnten.
„ 538.	„ 13. v. u.	„	auf inländische Statt inländischer.
„ 552.	„ 21. v. u.	„	Nummer der Quästur Statt Nummer und Quästur.
„ 554.	„ 5. v. u.	„	C. R. des Min. der G., U. u. Med. Ang. v. 26. Mai 1832 Statt C. R. des Min. der G., U. u. Med. Ang.
„ 600.	„ 2. v. u.	„	Auch können Meklenburger auf Statt Auch können auf.
„ 602.	„ 6. v. u.	„	v. 18. Nov. 1819 Statt v. 8. Nov.

Anhang

zu den Nachträgen S. 617.

Zu S. 598. Die mitgetheilten Reskripte v. 6. April 1854 haben ihre Bedeutung verloren durch den Cirkular-Erlaß des Min. der G., U. u. Med. Ang. v. 18. Sept. 1854 an sämmtl. K. Reg., betr. die Stempelfreiheit der Quittungen über die Studienstipendien aus Staatsfonds.

Der H. Finanzmin. hat neuerdings die unbedingte Stempelfreiheit aller Quittungen über Studienstipendien aus Staatsfonds anerkannt. Die K. Reg. setze ich hiervon mit Bezugnahme auf meinen Erlaß v. 6. April d. J. zur Nachachtung in Kenntniß. (Min. Bl. d. i. V. 1854. S. 200.)

Gedruckt bei Julius Sittenfeld in Berlin.

FSC
www.fsc.org
MIX
Papier | Fördert gute Waldnutzung
FSC® C083411

Kolibri 360 GmbH
Ferdinand-Jühlke-Straße 7
99095 Erfurt, Deutschland
produktsicherheit@kolibri360.de